TEACHER'S EDITION

D'accord! 3

LANGUE ET CULTURE DU MONDE FRANCOPHONE

VISTA® HIGHER LEARNING

Boston, Massachusetts

Cover photos: clockwise from top left: characters from the **D'ACCORD! Roman-photo** video program in Aix-en-Provence, France; Oriental Mosaic at the Mosque Hassan II in Casablanca, Morocco; colorful French Macarons in Paris; France, Morbihan, Belle-Île-en-Mer, Le Palais, new harbour

Publisher: José A. Blanco

President: Janet Dracksdorf

Vice President, Editorial Director: Amy Baron

Executive Editor: Sharla Zwirek

Senior National Language Consultant: Norah Lulich Jones

Editorial Development: Diego García, Erica Solari

Project Management: Maria Rosa Alcaraz

Technology Production: Egle Gutiérrez, Tatiana Bustamante, Sonja Porras, Paola Ríos Schaaf

Design: Jessica Beets, Liliana Bobadilla, Robin Herr, Michelle Ingari, Susan Prentiss, Nick Ventullo

Production: Oscar Díez, Jennifer López, Lina Lozano, Fabián Montoya, Andrés Vanegas

Student Text ISBN: 978-1-61857-865-5
Teacher's Edition ISBN: 978-1-61857-868-6
Printed in Canada.

1 2 3 4 5 6 7 8 9 10 TC 18 17 16 15 14

TEACHER'S EDITION

Table of Contents

Level 1 Scope and Sequence T4

Level 2 Scope and Sequence T5

Level 3 Scope and Sequence T6

Program Overview. T7

D'accord! At-a-Glance. T10

The VHL Story T21

How **D'accord!** Works T22

- Differentiation T22
- Best Practices T23
- Assessment. T24
- Performance Assessment. T25

Pacing Guide: Traditional Schedule T26

Pacing Guide: Block Schedule T28

D'accord! and the *Standards for Foreign Language Learning* T30

Index of Cultural References T31

Front Matter to the **D'accord!** Student Textbook

- Table of Contents of the Student Edition iv
- Map of the Francophone World x
- Map of North and South America xii
- Map of France xiii
- Map of Europe xiv
- Map of Africa xv
- Using **D'accord!** xvi
- Studying French xx
- Thematic Vocabulary xxvii
- Acknowledgments xxxii

The Student Textbook with marginal annotations 1

D'accord! 1 Scope and Sequence

Unit/Lesson	Contextes	Structures	Culture/Panorama
Unité 1 Salut!			
Leçon 1A	Greetings and goodbyes Introductions and expressions of courtesy	Nouns and articles Numbers 0–60	Greetings and manners
Leçon 1B	People and things around a classroom	The verb **être** Adjective agreement	French diversity **Le monde francophone**
Unité 2 Au lycée			
Leçon 2A	Academic life	Present tense of regular –**er** verbs Forming questions and expressing negation	French school life
Leçon 2B	Everyday activities	Present tense of **avoir** Telling time	**Le bac** **La France**
Unité 3 La famille et les copains			
Leçon 3A	Family, friends, and pets	Descriptive adjectives Possessive adjectives	The family in France
Leçon 3B	More descriptive adjectives Professions and occupations	Numbers 61–100 Prepositions of locations and disjunctive pronouns	Relationships **Paris**
Unité 4 Au café			
Leçon 4A	Places and activities around town	The verb **aller** Interrogative words	Popular leisure activities
Leçon 4B	Going to a **café**	The verbs **prendre** and **boire**; Partitives Regular –**ir** verbs	**Café** culture **La Normandie** **La Bretagne**
Unité 5 Les loisirs			
Leçon 5A	Leisure activities	The verb **faire** Irregular –**ir** verbs	Soccer in France
Leçon 5B	Weather	Numbers 101 and higher Spelling-change –**er** verbs	Public spaces in France **Les Pays de la Loire** **Le Centre**
Unité 6 Les fêtes			
Leçon 6A	Parties and celebrations	Demonstrative adjectives The **passé composé** with **avoir**	**Carnaval**
Leçon 6B	Clothing and colors	Indirect object pronouns Regular and irregular –**re** verbs	Fashion **L'Aquitaine** **Le Midi-Pyrénées** **Le Languedoc-Roussillon**
Unité 7 En vacances			
Leçon 7A	Travel arrangements Transportation	The **passé composé** with **être** Direct object pronouns	Tahiti
Leçon 7B	Hotels and accomodations	Adverbs The formation of the **imparfait**	Vacations **Provence-Alpes-Côte d'Azur** **Rhône-Alpes**
Unité 8 Chez nous			
Leçon 8A	Parts of the house Furniture	The **passé composé** vs. the **imparfait**	Housing in the Francophone world
Leçon 8B	Household chores	The **passé composé** vs. the **imparfait** The verbs **savoir** and **connaître**	Household interiors **L'Alsace** **La Lorraine**

D'accord! 2 Scope and Sequence

2

Unit/Lesson	Contextes	Structures	Culture/Panorama
Reprise			
	Review of Level 1 vocabulary	Review of Level 1 grammar	Summer vacation activities
Unité Préliminaire Chez nous			
Leçon PA	Parts of the house Furniture	The **passé composé** vs. **the imparfait**	Housing in the Francophone world
Leçon PB	Household chores	The **passé composé** vs. the **imparfait** The verbs **savoir** and **connaître**	Household interiors **L'Alsace** **La Lorraine**
Unité 1 La nourriture			
Leçon 1A	Food	The verb **venir** and the **passé récent** **Devoir**, **vouloir**, **pouvoir**	French gastronomy and the **Guide Michelin**
Leçon 1B	Dining Specialty food shops	Comparatives and superlatives of adjectives and adverbs Double object pronouns	French meals **La Bourgogne** **La Franche-Comté**
Unité 2 La santé			
Leçon 2A	Parts of the body Daily routine	Reflexive verbs Reflexives: **Sens idiomatique**	Healthcare in France
Leçon 2B	Maladies and remedies	The **passé composé** of reflexive verbs The pronouns **y** and **en**	**La sécurité sociale** **La Suisse**
Unité 3 La technologie			
Leçon 3A	Computers and electronics	Prepositions with the infinitive Reciprocal reflexives	Technology
Leçon 3B	Cars and driving	The verbs **ouvrir** and **offrir** The **conditionnel**	Cars **La Belgique**
Unité 4 En ville			
Leçon 4A	Errands	**Voir**, **croire**, **recevoir**, and **apercevoir** Negative/Affirmative expressions	Small shops
Leçon 4B	Giving and getting directions	**Le futur simple** Irregular future forms	French cities and towns **Le Québec**
Unité 5 L'avenir et les métiers			
Leçon 5A	At the office Making phone calls	**Le futur simple** with **quand** and **dès que** The interrogative pronoun **lequel**	Telephones in France
Leçon 5B	Professions	**Si** clauses Relative pronouns **qui**, **que**, **dont**, **où**	Unions and strikes **L'Afrique du Nord**
Unité 6 L'espace vert			
Leçon 6A	Environmental concerns	Demonstrative pronouns The subjunctive	The ecological movement in France
Leçon 6B	Nature	The subjunctive Comparatives and superlatives of nouns	National parks **L'Afrique de l'Ouest** **L'Afrique centrale**
Unité 7 Les arts			
Leçon 7A	Performance arts	The subjunctive Possessive pronouns	Theater in France
Leçon 7B	Literary arts TV and movies	The subjunctive	Haitian painting **Les Antilles** **La Polynésie française**

D'accord! 3 Scope and Sequence

3

Lesson	Contextes	Structures	Imaginez/Culture	Film/Littérature
Reprise	Review of Levels 1 and 2 vocabulary	Review of Levels 1 and 2 grammar		
Leçon 1 Ressentir et vivre	Relationships	Spelling-change verbs The irregular verbs **être**, **avoir**, **faire**, and **aller** Forming questions	**Les États-Unis** **Les francophones d'Amérique**	**Court métrage:** *À tes amours* **(France)** **Littérature:** *Il pleure dans mon cœur* de Paul Verlaine
Leçon 2 Habiter en ville	Towns and cities	Reflexive and reciprocal verbs Descriptive adjectives and adjective agreement Adverbs	**La France** **Rythme dans la rue: La fête de la Musique**	**Court métrage:** *J'attendrai le suivant* **(France)** **Littérature:** *Mai 1968* de Jacques Prévert
Leçon 3 L'influence des medias	News and media	The **passé composé** with **avoir** The **passé composé** with **être** The **passé composé** vs. the **imparfait**	**Le Québec** **Guy Laliberté, un homme hors du commun**	**Court métrage:** *Le Technicien* **(Canada)** **Littérature:** *99 Francs* de Fréderic Beigbeder
Leçon 4 La valeur des idées	Human rights Politics	The **plus-que-parfait** Negation and indefinite adjectives and pronouns Irregular **–ir** verbs	**Les Antilles** **Haïti, soif de liberté**	**Court métrage:** *La révolution des crabes* **(France)** **Littérature:** *Discours sur la misère* de Victor Hugo
Leçon 5 La société en évolution	Contemporary life	Partitives The pronouns **y** and **en** Order of pronouns	**L'Afrique de l'Ouest** **La jeunesse africaine va à l'école sur Internet**	**Court métrage:** *Samb et le commissaire* **(Suisse)** **Littérature:** *Le marché de l'espoir* de Ghislaine Sathoud
Leçon 6 Les générations que bougent	Families Stages of life Food	The subjunctive: impersonal expressions; will, opinion, and emotion Demonstrative pronouns Irregular **–re** verbs	**L'Afrique du Nord et le Liban** **Jour de mariage**	**Court métrage:** *De l'autre côté* **(Algérie/France)** **Littérature:** *La logique des grands* de Olivier Charneux
Leçon 7 À la recherche du progrès	Technology and inventions The sciences	The comparative and superlative of adjectives and adverbs The **futur simple** The subjunctive with expressions of doubt and conjunctions; the past subjunctive	**La Belgique, la Suisse, et le Luxembourg** **CERN: À la découverte d'un univers particulier**	**Court métrage:** *Le Manie-Tout* **(France)** **Littérature:** *Solitude numérique* de Didier Daeninckx
Leçon 8 S'évader et s'amuser	Leisure activities Sports Shopping	Infinitives Prepositions with geographical names The **conditionnel**	**L'océan Indien** **La Réunion, île intense**	**Court métrage:** *Le ballon prisonnier* **(France)** **Littérature:** *Le football* de Sempé-Goscinny
Leçon 9 Perspectives de travail	At the office Banking and finances	Relative pronouns The present participle Irregular **–oir** verbs	**L'Afrique Centrale** **Des Africaines entrepreneuses**	**Court métrage:** *Bonne nuit Malik* **(France)** **Littérature:** *Profession libérale* de Marie Le Drian
Leçon 10 Les richesses naturelles	Nature The environment	The past conditional The future perfect **Si** clauses	**La Polynésie française, la Nouvelle-Calédonie, l'Asie** **Les richesses du Pacifique**	**Court métrage:** *L'homme qui plantait des arbres* **(Québec, Canada)** **Littérature:** *Baobab* de Jean-Baptiste Tati-Loutard

Program Components

For you

- Teacher's Edition
- Teacher Supersite
- Video Program DVD
  - *Roman-photo*
  - *Film Collection*
- Testing Program
- Answer Key

For your students

- Student Edition with Supersite
- *Cahier de l'élève*
- *eCahier* online workbook
- vText interactive, online textbook

Supersite available for each level

Supersite

Integrated content
means a better student experience

- All textbook "mouse-icon" activities and additional online-only practice activities
- Immediate feedback for most activities via auto-grading
- Interactive **French Grammar Tutorials**
- **Partner Chat** tool for recording live student conversations and submitting to the gradebook
- **My Vocabulary** tool for compiling, saving, and organizing words
- **Virtual Chat** activities for simulating conversations that build students' confidence
- Streaming video of the ***Roman-photo Reprise*** episodes, ***Le Zapping*** authentic TV clips, and **Film Collection** short films
- Textbook and Audio Program MP3s
- **Audio-synced readings** for all ***Culture*** and ***Littérature*** selections
- Oral record-submit activities
- Reference resources: online dictionary, audio flashcards
- iPad®-friendly, for on-the-go access

Visit: **vistahigherlearning.com/demo-request-SE** for trial access.

Supersite

Specialized resources
ensure successful implementation

- Online assessments
- Answer Keys
- MP3 files of the complete Textbook, Audio Program, and Testing Audio Programs
- Audio and video scripts with English translations
- Lesson Plans in an editable format
- Grammar Presentation slides
- Digital Image Bank (PDFs)

Online tools
facilitate instruction

- A gradebook to manage classes, view rosters, set assignments, and manage grades
- Online administration of quizzes, tests, and exams
- A communication center for announcements, notifications, and responding to help requests
- **Live Chat** tool for instant messaging, audio, and video chat with students
- **Voiceboards** for oral assignments, group discussions, homework, projects, and explanations of complex material
- Tools to integrate your own content into the Supersite
    - Create your own **Partner Chats** and open-ended activities
    - Upload videos and outside resources
- Single sign-on feature for easy integration with your school's LMS
- Reporting tools for summarizing student data
- Complete access to the Student Supersite

Also available:

- ***eCahier*** Embedded audio for anytime listening
- **vText** for each level: online, interactive version of the Student Edition with links to textbook activies, audio, video, and more.

Communication beyond the classroom

A major goal of language instruction is to help students express themselves efficiently and appropriately during oral conversation. **Virtual Chat** and video **Partner Chat** features help accomplish that goal in a way that's familiar to students—after all, online chatting is part of their everyday lives!

Supersite chat activities provide:

- A communication tool that today's students prefer to use
- Increased opportunities for spoken production, beyond the face-to-face classroom
- A portal that helps reduce students' affective filter and build confidence
- An easy-to-use grading tool that makes grading a breeze
- Integration with the Supersite, so that chat activities can be assigned, and graded work flows into the gradebook
- A recorded portfolio of students' spoken work

A fresh approach to grammar

Interactive **French Grammar Tutorials** entertain and inform students by pairing grammar rules with fun explanations and examples.

Featuring *le professeur*—an amusing character who grabs students' attention with his humorous gags and lighthearted approach to grammar—these assignable, interactive presentations are a handy reference tool and support students' independent study. Interactive questions help check understanding, plus end-of-tutorial activities can be submitted for a grade.

Lighten backpacks!
The Supersite and vText are **iPad®-friendly.***

* Students must use a computer for audio recording and select presentations and tools that require Flash or Shockwave.

Beginning with the student in mind

Content overview provides an at-a-glance summary of the film, culture, literature, and grammar topics covered in the chapter.

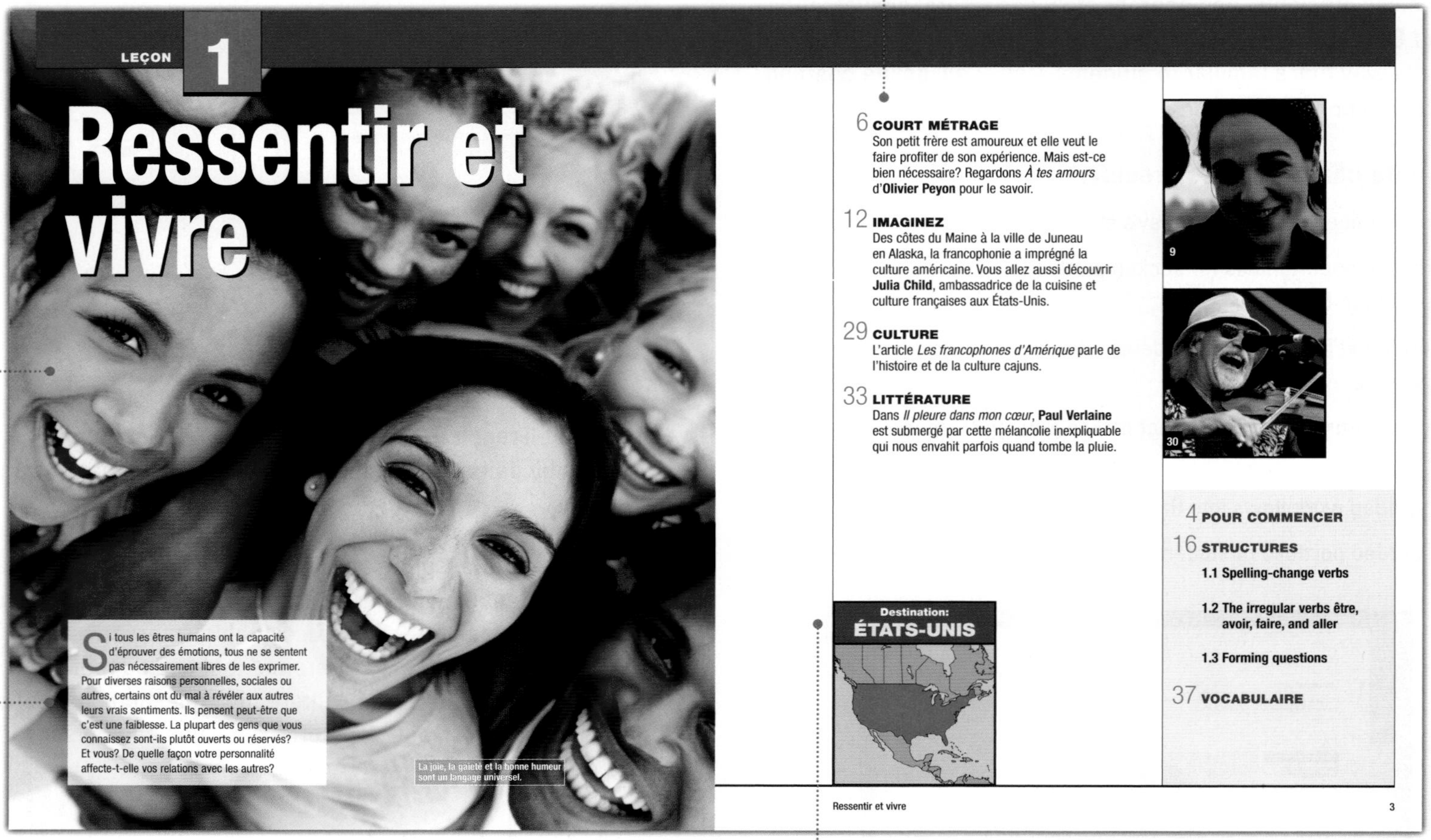

LEÇON 1

Ressentir et vivre

Si tous les êtres humains ont la capacité d'éprouver des émotions, tous ne se sentent pas nécessairement libres de les exprimer. Pour diverses raisons personnelles, sociales ou autres, certains ont du mal à révéler aux autres leurs vrais sentiments. Ils pensent peut-être que c'est une faiblesse. La plupart des gens que vous connaissez sont-ils plutôt ouverts ou réservés? Et vous? De quelle façon votre personnalité affecte-t-elle vos relations avec les autres?

La joie, la gaieté et la bonne humeur sont un langage universel.

6 **COURT MÉTRAGE**
Son petit frère est amoureux et elle veut le faire profiter de son expérience. Mais est-ce bien nécessaire? Regardons *À tes amours* d'**Olivier Peyon** pour le savoir.

12 **IMAGINEZ**
Des côtes du Maine à la ville de Juneau en Alaska, la francophonie a imprégné la culture américaine. Vous allez aussi découvrir **Julia Child**, ambassadrice de la cuisine et culture françaises aux États-Unis.

29 **CULTURE**
L'article *Les francophones d'Amérique* parle de l'histoire et de la culture cajuns.

33 **LITTÉRATURE**
Dans *Il pleure dans mon cœur*, **Paul Verlaine** est submergé par cette mélancolie inexplicable qui nous envahit parfois quand tombe la pluie.

4 **POUR COMMENCER**

16 **STRUCTURES**
1.1 Spelling-change verbs
1.2 The irregular verbs être, avoir, faire, and aller
1.3 Forming questions

37 **VOCABULAIRE**

9

30

Destination:
ÉTATS-UNIS

Ressentir et vivre 3

All chapters open with images that provide visual context for the chapter theme, plus a theme-related introductory paragraph ideal for class discussion.

Destination A locator map highlights the country or region of study.

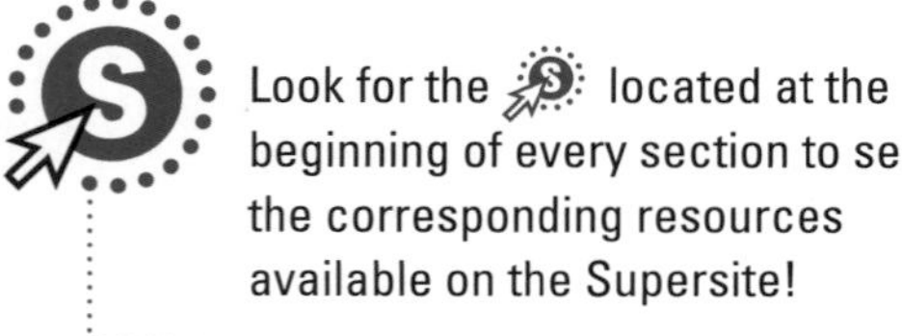

Look for the [S icon] located at the beginning of every section to see the corresponding resources available on the Supersite!

Setting the stage for communication

Dynamic, full-color photos or art visually illustrate selected vocabulary terms.

Easy-to-study thematic lists present useful vocabulary.

Mise en pratique starts the chapter's activity sequence with controlled practice.

POUR COMMENCER

Les relations personnelles

Audio: Vocabulary Practice My Vocabulary

Les relations

une âme sœur *soul mate*
une amitié *friendship*

des commérages (m.) *gossip*
un esprit *spirit*
un mariage *marriage; wedding*
un rendez-vous *date*
une responsabilité *responsibility*

compter sur *to rely on*
draguer *to flirt; to try to "pick up"*
s'engager (envers quelqu'un) *to commit (to someone)*
faire confiance (à quelqu'un) *to trust (someone)*
mentir *(conj. like* **sentir***) to lie*
mériter *to deserve; to be worth*
partager *to share*
poser un lapin (à quelqu'un) *to stand (someone) up*
quitter quelqu'un *to leave someone*
rompre *(irreg.) to break up*

sortir avec *to go out with*

(in)fidèle *(dis)loyal*

Les sentiments

agacer/énerver *to annoy*
aimer *to love; to like*
avoir honte (de) *to be ashamed (of)/embarrassed*
en avoir marre (de) *to be fed up (with)*
s'entendre bien (avec) *to get along well (with)*
gêner *to bother; to embarrass*
se mettre en colère contre *to get angry with*
ressentir *(conj. like* **sentir***) to feel*
rêver de *to dream about*
tomber amoureux/amoureuse (de) *to fall in love (with)*

accablé(e) *overwhelmed*
anxieux/anxieuse *anxious*
contrarié(e) *upset*
déprimé(e) *depressed*
enthousiaste *enthusiastic; excited*
fâché(e) *angry; mad*
inquiet/inquiète *worried*

jaloux/jalouse *jealous*
passager/passagère *fleeting*

L'état civil

divorcer *to get a divorce*
se fiancer *to get engaged*
se marier avec *to marry*
vivre *(irreg.)** **en union libre** *to live together (as a couple)*

célibataire *single*
veuf/veuve *widowed; widower/widow*

La personnalité

avoir confiance en soi *to be confident*

affectueux/affectueuse *affectionate*
charmant(e) *charming*
économe *thrifty*
franc/franche *frank; honest*
génial(e) *great; terrific*
(mal)honnête *(dis)honest*
idéaliste *idealistic*
inoubliable *unforgettable*
(peu) mûr *(im)mature*
orgueilleux/orgueilleuse *proud*
prudent(e) *careful*
séduisant(e) *attractive*
sensible *sensitive*
timide *shy*

tranquille *calm; quiet*

ressources: vText | CE pp. 1-3 | vhlcentral.com Leçon 1

*The verb **vivre** is irregular in the present tense: **je vis, tu vis, il/elle vit, nous vivons, vous vivez, ils/elles vivent.**

4 Leçon 1

POUR COMMENCER

Mise en pratique

1 L'intrus Quel mot ne va pas avec les autres? Identifiez-le.

1. affectueux • contrarié • déprimé • accablé
2. inquiet • tranquille • anxieux • prudent
3. fidèle • honnête • sincère • malhonnête
4. direct • franc • loyal • jaloux
5. beau • orgueilleux • séduisant • charmant
6. fiancés • commérages • âme sœur • union libre
7. agacer • en avoir marre • bien s'entendre • se mettre en colère
8. rompre • aimer • compter sur • faire confiance

2 La description Quel terme de la liste correspond le mieux à chaque phrase? Soyez logique!

avoir honte | draguer | poser un lapin | sensible
déprimé | inoubliable | responsabilité | veuf/veuve

1. Je rêve de sortir avec elle depuis longtemps. Chaque fois que je la vois, j'essaie de la convaincre d'aller au restaurant ou au cinéma.
2. Ma tante habite seule. Son mari est mort il y a quatre ans.
3. Je suis souvent triste et je n'ai pas envie de sortir ni de voir des gens.
4. J'ai vu un film dont je me souviendrai toujours.
5. Ma petite sœur pleure facilement si on lui fait une critique.
6. J'avais rendez-vous avec quelqu'un. Je l'ai attendu au restaurant jusqu'à dix heures et quart mais il n'est jamais venu.

3 Votre personnalité Répondez aux questions puis calculez vos points. Quel est le résultat de votre test? Comparez-le avec celui d'un(e) camarade de classe.

Oui	Quelquefois	Non	
☐	☐	☐	1. Devenez-vous anxieux/anxieuse quand il y a beaucoup de monde?
☐	☐	☐	2. Est-ce que ça vous gêne de montrer vos émotions?
☐	☐	☐	3. Avez-vous peur d'être le premier/la première à parler?
☐	☐	☐	4. L'idée d'avoir un rendez-vous avec quelqu'un que vous ne connaissez pas vous fait-elle peur?
☐	☐	☐	5. Est-ce que ça vous intimide de flirter avec quelqu'un que vous ne connaissez pas?
☐	☐	☐	6. Avez-vous peur de parler en public?
☐	☐	☐	7. Réfléchissez-vous longtemps avant de prendre une décision?
☐	☐	☐	8. Est-il plus important d'être agréable que franc dans la vie?
☐	☐	☐	9. Diriez-vous que vous êtes d'accord avec un(e) de vos ami(e)s juste pour éviter un conflit?
☐	☐	☐	10. Vous sentez-vous facilement gêné(e) dans certaines situations?

Barème (*Key*)

Oui = 0 point
Quelquefois = 1 point
Non = 2 points

Résultats

0 à 7	Vous avez tendance à être introverti(e). Sortez plus souvent!
8 à 11	Vous n'êtes ni introverti(e) ni extraverti(e). Bon équilibre!
12 à 20	Vous avez tendance à être extraverti(e). Écoutez un peu les autres!

Practice more at vhlcentral.com.

Ressentir et vivre 5

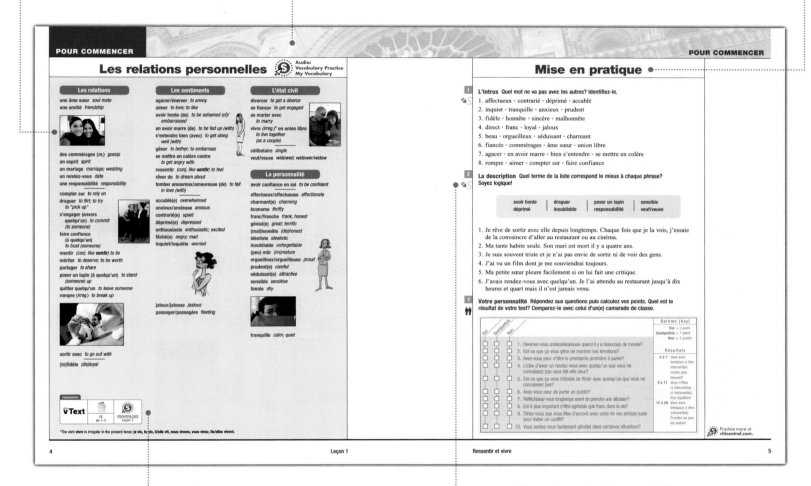

Ressources boxes reference additional print and digital student resources.

Mouse icons indicate activities that teachers can assign on the Supersite. All close-ended practice activities are auto-graded with immediate feedback.

The **vText** online textbook is fully interactive. Students can click the links to access practice activities, audio, and video.

Award-winning short films provide opportunities for extended interpretive communication

Dynamic and eye-catching movie posters visually introduce the film.

A synopsis of the film's plot with captioned video stills visually prepares the class for the film and introduces some of the expressions students will encounter.

COURT MÉTRAGE

Video: Short Film

à tes amours

Une production de ATHÉNAÏSE Producteur délégué DAVID SALBOT
Réalisateur OLIVIER PEYON Scénariste OLIVIER PEYON/CYRIL BRODY
Directeur de la photo CHRISTOPHE BOYER Ingénieur du son YVES COMÉLIAU
Monteuse JOËLLE DUFOUR Exportateur DAVID SALBOT
Acteurs JOCELYNE DESVERCHÈRE/GUILLAUME BARBOT

SCÈNES

COURT MÉTRAGE

INTRIGUE *Il est amoureux. Sa grande sœur veut lui donner des conseils. Mais en a-t-il vraiment besoin?*

1

LA SŒUR C'est incroyable ce que tu as grandi, hein! L'année dernière, tu étais aussi grand que moi, puis là tu me dépasses d'une tête.

2

LA SŒUR Si tu étais amoureux, tu me le dirais?
LE FRÈRE Ça te regarde pas.
LE SŒUR Ben allez, tu es amoureux? Ben alors, tu me dis? Comment elle s'appelle?
LE FRÈRE Elle s'appelle Céleste.

3

LA SŒUR Et elle t'aime?
LE FRÈRE Ben je sais pas.
LA SŒUR Comment ça, tu sais pas? Tu lui as pas demandé, tu lui as rien dit?
LE FRÈRE Oh mais ça se fait pas comme ça, hein.
LA SŒUR Ben qu'est-ce que tu attends, de te la faire piquer?
LE FRÈRE Si tu crois que c'est facile.

4

LE FRÈRE J'y arriverai jamais.
LA SŒUR Mais si. Dis-lui ce qui te passe par la tête, c'est tout.
LE FRÈRE Je te dis que je pourrai pas.
LA SŒUR Mais arrête, tu pourras. Je suis sûr que tu en meurs d'envie. Tiens! On n'a qu'à essayer. Imagine que je suis Céleste. Je te dis d'imaginer.
LE FRÈRE Bon... Céleste... heu, je t'aime.

5

LA SŒUR C'est bien... c'est bien, mais c'est un peu court, non?

6

LE FRÈRE Mais comment tu veux que je développe là, si tu parles tout le temps!
LA SŒUR Bon ben d'accord, excuse-moi, je me tais!

Note **CULTURELLE**

«À tes amours»

Quand on porte un toast, on dit généralement: «Santé!», «À ta santé!» ou «À votre santé!», mais on peut aussi dire: «À tes/vos amours!» si on veut souhaiter bonne chance à quelqu'un dans sa vie amoureuse. On dit également: «À tes amours» à quelqu'un qui vient d'éternuer (*sneeze*) deux fois de suite. Quand quelqu'un éternue pour la première fois, c'est: «À tes souhaits». Bien sûr, il faut utiliser: «À vos souhaits» et «À vos amours» avec quelqu'un qu'on ne connaît pas bien.

8 Leçon 1 Ressentir et vivre 9

Note culturelle sidebars provide relevant cultural information related to the ***Court métrage***.

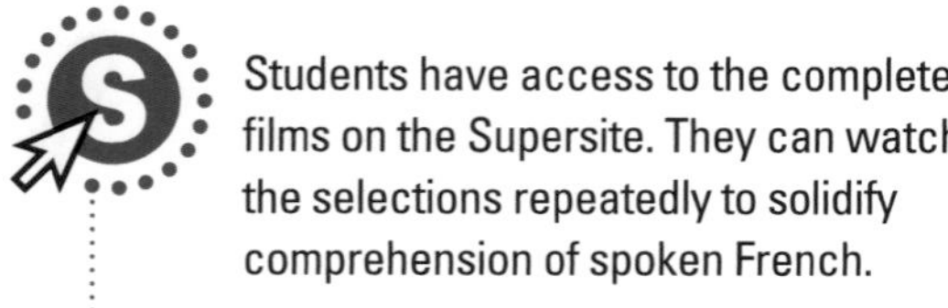

Students have access to the complete films on the Supersite. They can watch the selections repeatedly to solidify comprehension of spoken French.

Extensive support for pre- and post-viewing of authentic media

Pre-viewing activities set the stage for the short-subject film and provide key background information to facilitate comprehension.

Post-viewing activities go beyond checking comprehension, allowing students to explore and analyze broader themes.

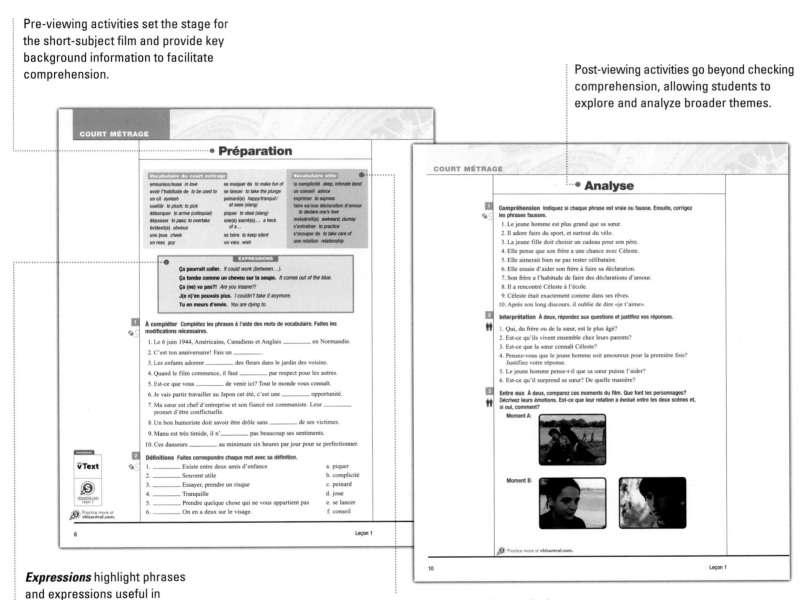

COURT MÉTRAGE

Préparation

Vocabulaire du court métrage

amoureux/euse *in love*
avoir l'habitude de *to be used to*
un cil *eyelash*
cueillir *to pluck; to pick*
débarquer *to arrive (colloquial)*
dépasser *to pass; to overtake*
évident(e) *obvious*
une joue *cheek*
un mec *guy*
se moquer de *to make fun of*
se lancer *to take the plunge*
peinard(e) *happy/tranquil/ at ease (slang)*
piquer *to steal (slang)*
une(e) sacré(e)... *a heck of a...*
se taire *to keep silent*
un vœu *wish*

Vocabulaire utile

la complicité *deep, intimate bond*
un conseil *advice*
exprimer *to express*
faire sa/une déclaration d'amour *to declare one's love*
maladroit(e) *awkward, clumsy*
s'entraîner *to practice*
s'occuper de *to take care of*
une relation *relationship*

EXPRESSIONS

Ça pourrait coller. *It could work (between...).*
Ça tombe comme un cheveu sur la soupe. *It comes out of the blue.*
Ça (ne) va pas?! *Are you insane?!*
J(e n)'en pouvais plus. *I couldn't take it anymore.*
Tu en meurs d'envie. *You are dying to.*

1 **À compléter** Complétez les phrases à l'aide des mots de vocabulaire. Faites les modifications nécessaires.

1. Le 6 juin 1944, Américains, Canadiens et Anglais ________ en Normandie.
2. C'est ton anniversaire! Fais un ________.
3. Les enfants adorent ________ des fleurs dans le jardin des voisins.
4. Quand le film commence, il faut ________ par respect pour les autres.
5. Est-ce que vous ________ de venir ici? Tout le monde vous connaît.
6. Je vais partir travailler au Japon cet été, c'est une ________ opportunité.
7. Ma sœur est chef d'entreprise et son fiancé est communiste. Leur ________ promet d'être conflictuelle.
8. Un bon humoriste doit savoir être drôle sans ________ de ses victimes.
9. Manu est très timide, il n'________ pas beaucoup ses sentiments.
10. Ces danseurs ________ au minimum six heures par jour pour se perfectionner.

2 **Définitions** Faites correspondre chaque mot avec sa définition.

1. ________ Existe entre deux amis d'enfance — a. piquer
2. ________ Souvent utile — b. complicité
3. ________ Essayer, prendre un risque — c. peinard
4. ________ Tranquille — d. joue
5. ________ Prendre quelque chose qui ne vous appartient pas — e. se lancer
6. ________ On en a deux sur le visage. — f. conseil

vText

vhlcentral.com Leçon 1

Practice more at vhlcentral.com.

6 Leçon 1

COURT MÉTRAGE

Analyse

1 **Compréhension** Indiquez si chaque phrase est vraie ou fausse. Ensuite, corrigez les phrases fausses.

1. Le jeune homme est plus grand que sa sœur.
2. Il adore faire du sport, et surtout du vélo.
3. La jeune fille doit choisir un cadeau pour son père.
4. Elle pense que son frère a une chance avec Céleste.
5. Elle aimerait bien ne pas rester célibataire.
6. Elle essaie d'aider son frère à faire sa déclaration.
7. Son frère a l'habitude de faire des déclarations d'amour.
8. Il a rencontré Céleste à l'école.
9. Céleste était exactement comme dans ses rêves.
10. Après son long discours, il oublie de dire «je t'aime».

2 **Interprétation** À deux, répondez aux questions et justifiez vos réponses.

1. Qui, du frère ou de la sœur, est le plus âgé?
2. Est-ce qu'ils vivent ensemble chez leurs parents?
3. Est-ce que la sœur connaît Céleste?
4. Pensez-vous que le jeune homme soit amoureux pour la première fois? Justifiez votre réponse.
5. Le jeune homme pense-t-il que sa sœur puisse l'aider?
6. Est-ce qu'il surprend sa sœur? De quelle manière?

3 **Entre eux** À deux, comparez ces moments du film. Que font les personnages? Décrivez leurs émotions. Est-ce que leur relation a évolué entre les deux scènes et, si oui, comment?

Moment A:

Moment B:

Practice more at vhlcentral.com.

10 Leçon 1

Expressions highlight phrases and expressions useful in understanding the film.

Vocabulaire features the words that students will encounter and actively use in the ***Court métrage*** section.

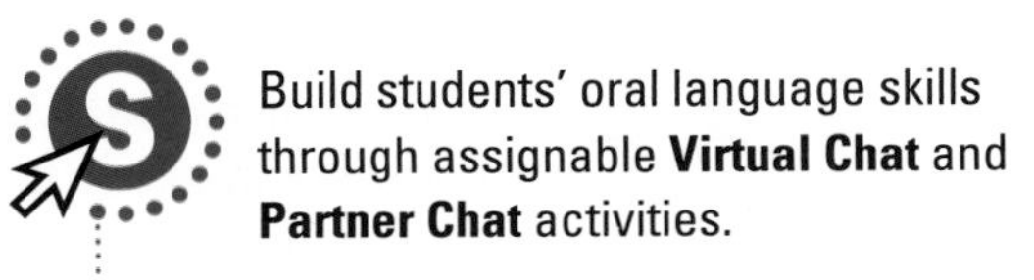

Build students' oral language skills through assignable **Virtual Chat** and **Partner Chat** activities.

Culture presented in context

Imaginez presents high-interest readings about Francophone countries and regions.

D'ailleurs provides key information to understanding the context of the reading.

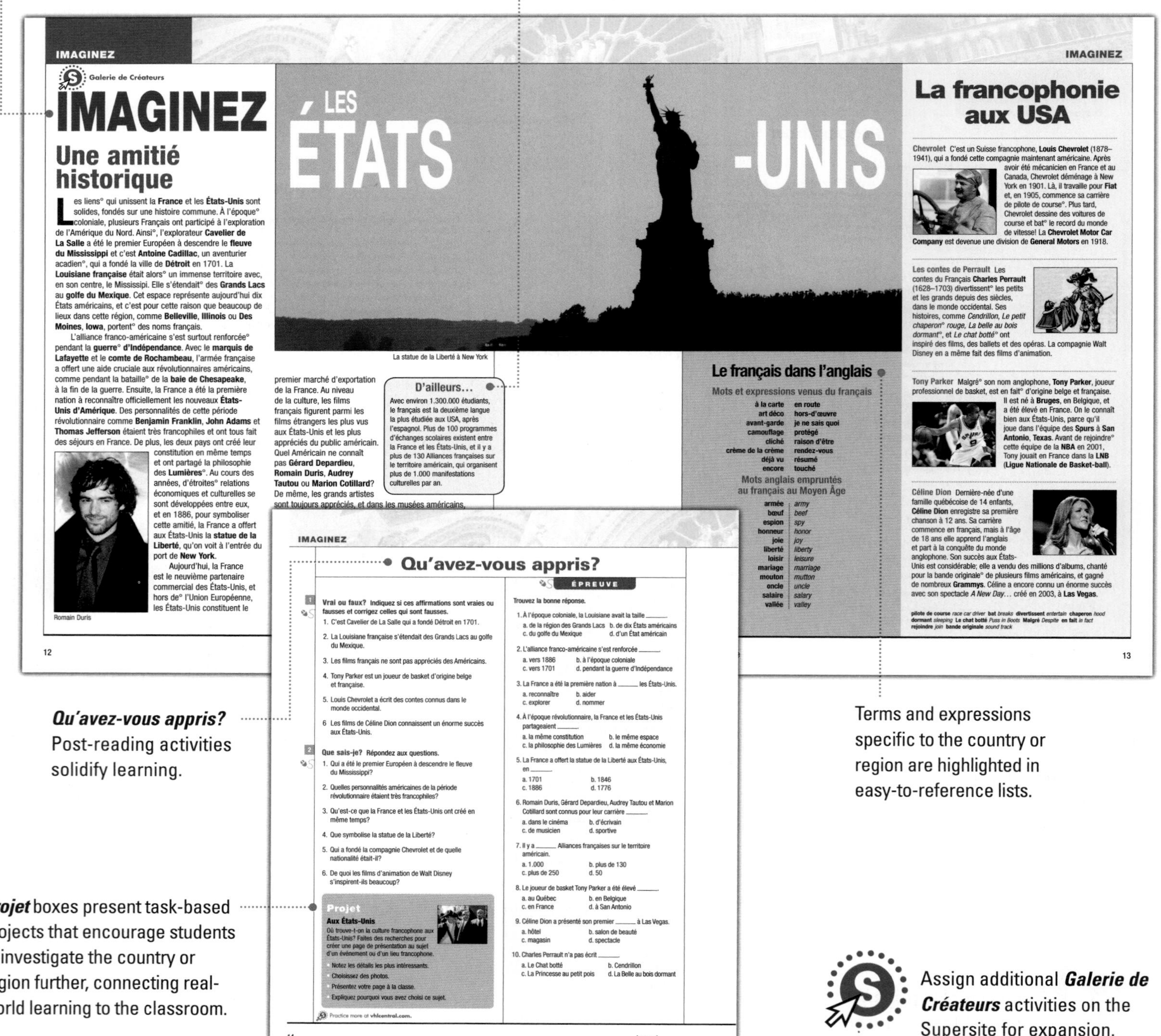

IMAGINEZ

Galerie de Créateurs

IMAGINEZ

Une amitié historique

Les liens° qui unissent la **France** et les **États-Unis** sont solides, fondés sur une histoire commune. À l'époque° coloniale, plusieurs Français ont participé à l'exploration de l'Amérique du Nord. Ainsi°, l'explorateur **Cavelier de La Salle** a été le premier Européen à descendre le **fleuve du Mississippi** et c'est **Antoine Cadillac**, un aventurier acadien°, qui a fondé la ville de **Détroit** en 1701. La **Louisiane française** était alors° un immense territoire avec, en son centre, le Missisipi. Elle s'étendait° des **Grands Lacs** au **golfe du Mexique**. Cet espace représente aujourd'hui dix États américains, et c'est pour cette raison que beaucoup de lieux dans cette région, comme **Belleville**, **Illinois** ou **Des Moines**, **Iowa**, portent° des noms français.

L'alliance franco-américaine s'est surtout renforcée° pendant la **guerre° d'Indépendance**. Avec le **marquis de Lafayette** et le **comte de Rochambeau**, l'armée française a offert une aide cruciale aux révolutionnaires américains, comme pendant la bataille° de la **baie de Chesapeake**, à la fin de la guerre. Ensuite, la France a été la première nation à reconnaître officiellement les nouveaux **États-Unis d'Amérique**. Des personnalités de cette période révolutionnaire comme **Benjamin Franklin**, **John Adams** et **Thomas Jefferson** étaient très francophiles et ont tous fait des séjours en France. De plus, les deux pays ont créé leur constitution en même temps et ont partagé la philosophie des **Lumières**°. Au cours des années, d'étroites° relations économiques et culturelles se sont développées entre eux, et en 1886, pour symboliser cette amitié, la France a offert aux États-Unis la **statue de la Liberté**, qu'on voit à l'entrée du port de **New York**.

Romain Duris

Aujourd'hui, la France est le neuvième partenaire commercial des États-Unis, et hors de° l'Union Européenne, les États-Unis constituent le premier marché d'exportation de la France. Au niveau de la culture, les films français figurent parmi les films étrangers les plus vus aux États-Unis et les plus appréciés du public américain. Quel Américain ne connaît pas **Gérard Depardieu**, **Romain Duris**, **Audrey Tautou** ou **Marion Cotillard**? De même, les grands artistes sont toujours appréciés, et dans les musées américains,

12

LES ÉTATS-UNIS

La statue de la Liberté à New York

D'ailleurs...

Avec environ 1.300.000 étudiants, le français est la deuxième langue la plus étudiée aux USA, après l'espagnol. Plus de 100 programmes d'échanges scolaires existent entre la France et les États-Unis, et il y a plus de 130 Alliances françaises sur le territoire américain, qui organisent plus de 1.000 manifestations culturelles par an.

Le français dans l'anglais

Mots et expressions venus du français

à la carte, art déco, avant-garde, camouflage, cliché, crème de la crème, déjà vu, encore, en route, hors-d'œuvre, je ne sais quoi, protégé, raison d'être, rendez-vous, résumé, touché

Mots anglais empruntés au français au Moyen Âge

armée	*army*
bœuf	*beef*
espion	*spy*
honneur	*honor*
joie	*joy*
liberté	*liberty*
loisir	*leisure*
mariage	*marriage*
mouton	*mutton*
oncle	*uncle*
salaire	*salary*
vallée	*valley*

IMAGINEZ

La francophonie aux USA

Chevrolet C'est un Suisse francophone, **Louis Chevrolet** (1878–1941), qui a fondé cette compagnie maintenant américaine. Après avoir été mécanicien en France et au Canada, Chevrolet déménage à New York en 1901. Là, il travaille pour **Fiat** et, en 1905, commence sa carrière de pilote de course°. Plus tard, Chevrolet dessine des voitures de course et bat° le record du monde de vitesse! La **Chevrolet Motor Car Company** est devenue une division de **General Motors** en 1918.

Les contes de Perrault Les contes du Français **Charles Perrault** (1628–1703) divertissent° les petits et les grands depuis des siècles, dans le monde occidental. Ses histoires, comme *Cendrillon*, *Le petit chaperon° rouge*, *La belle au bois dormant°*, et *Le chat botté°* ont inspiré des films, des ballets et des opéras. La compagnie Walt Disney en a même fait des films d'animation.

Tony Parker Malgré° son nom anglophone, **Tony Parker**, joueur professionnel de basket, est en fait° d'origine belge et française. Il est né à **Bruges**, en Belgique, et a été élevé en France. On le connaît bien aux États-Unis, parce qu'il joue dans l'équipe des **Spurs** à **San Antonio**, **Texas**. Avant de rejoindre° cette équipe de la **NBA** en 2001, Tony jouait en France dans la **LNB** (**Ligue Nationale de Basket-ball**).

Céline Dion Dernière-née d'une famille québécoise de 14 enfants, **Céline Dion** enregistre sa première chanson à 12 ans. Sa carrière commence en français, mais à l'âge de 18 ans elle apprend l'anglais et part à la conquête du monde anglophone. Son succès aux États-Unis est considérable; elle a vendu des millions d'albums, chanté pour la bande originale° de plusieurs films américains, et gagné de nombreux **Grammys**. Céline a encore connu un énorme succès avec son spectacle *A New Day...* créé en 2003, à **Las Vegas**.

pilote de course *race car driver* **bat** *breaks* **divertissent** *entertain* **chaperon** *hood* **dormant** *sleeping* **Le chat botté** *Puss in Boots* **Malgré** *Despite* **en fait** *in fact* **rejoindre** *join* **bande originale** *sound track*

13

IMAGINEZ

Qu'avez-vous appris?

1 Vrai ou faux? Indiquez si ces affirmations sont vraies ou fausses et corrigez celles qui sont fausses.

1. C'est Cavelier de La Salle qui a fondé Détroit en 1701.
2. La Louisiane française s'étendait des Grands Lacs au golfe du Mexique.
3. Les films français ne sont pas appréciés des Américains.
4. Tony Parker est un joueur de basket d'origine belge et française.
5. Louis Chevrolet a écrit des contes connus dans le monde occidental.
6. Les films de Céline Dion connaissent un énorme succès aux États-Unis.

2 Que sais-je? Répondez aux questions.

1. Qui a été le premier Européen à descendre le fleuve du Mississippi?
2. Quelles personnalités américaines de la période révolutionnaire étaient très francophiles?
3. Qu'est-ce que la France et les États-Unis ont créé en même temps?
4. Que symbolise la statue de la Liberté?
5. Qui a fondé la compagnie Chevrolet et de quelle nationalité était-il?
6. De quoi les films d'animation de Walt Disney s'inspirent-ils beaucoup?

Projet

Aux États-Unis

Où trouve-t-on la culture francophone aux États-Unis? Faites des recherches pour créer une page de présentation au sujet d'un événement ou d'un lieu francophone.

- Notez les détails les plus intéressants.
- Choisissez des photos.
- Présentez votre page à la classe.
- Expliquez pourquoi vous avez choisi ce sujet.

Practice more at vhlcentral.com.

ÉPREUVE

Trouvez la bonne réponse.

1. À l'époque coloniale, la Louisiane avait la taille ______.
   a. de la région des Grands Lacs b. de dix États américains c. du golfe du Mexique d. d'un État américain
2. L'alliance franco-américaine s'est renforcée ______.
   a. vers 1886 b. à l'époque coloniale c. vers 1701 d. pendant la guerre d'Indépendance
3. La France a été la première nation à ______ les États-Unis.
   a. reconnaître b. aider c. explorer d. nommer
4. À l'époque révolutionnaire, la France et les États-Unis partageaient ______.
   a. la même constitution b. le même espace c. la philosophie des Lumières d. la même économie
5. La France a offert la statue de la Liberté aux États-Unis, en ______.
   a. 1701 b. 1846 c. 1886 d. 1776
6. Romain Duris, Gérard Depardieu, Audrey Tautou et Marion Cotillard sont connus pour leur carrière ______.
   a. dans le cinéma b. d'écrivain c. de musicien d. sportive
7. Il y a ______ Alliances françaises sur le territoire américain.
   a. 1.000 b. plus de 130 c. plus de 250 d. 50
8. Le joueur de basket Tony Parker a été élevé ______.
   a. au Québec b. en Belgique c. en France d. à San Antonio
9. Céline Dion a présenté son premier ______ à Las Vegas.
   a. hôtel b. salon de beauté c. magasin d. spectacle
10. Charles Perrault n'a pas écrit ______.
    a. Le Chat botté b. Cendrillon c. La Princesse au petit pois d. La Belle au bois dormant

14 Leçon 1

Qu'avez-vous appris? Post-reading activities solidify learning.

Projet boxes present task-based projects that encourage students to investigate the country or region further, connecting real-world learning to the classroom.

Terms and expressions specific to the country or region are highlighted in easy-to-reference lists.

Assign additional ***Galerie de Créateurs*** activities on the Supersite for expansion.

Authentic Francophone cultural media and figures for interpretive communication

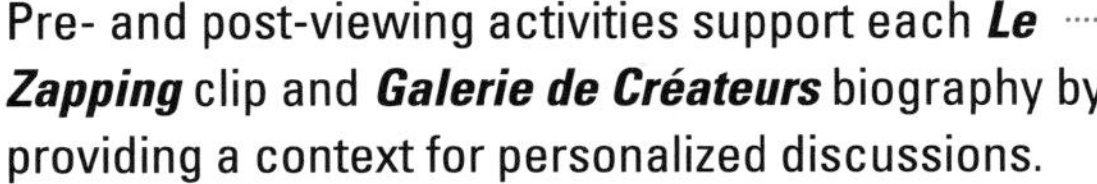

Pre- and post-viewing activities support each ***Le Zapping*** clip and ***Galerie de Créateurs*** biography by providing a context for personalized discussions.

IMAGINEZ

Le Zapping

Video: TV Clip

Le droit de vote

1 Préparation Répondez aux questions.

1. À quel âge est-ce qu'on peut voter dans votre pays?
2. Êtes-vous intéressé(e) par la politique? Pourquoi ou pourquoi pas?

Vocabulaire du film

la convocation *registration notice*
un acquis *a benefit; something earned*
apporter sa voix *to cast one's vote; literally: to bring one's voice*
sauter sur l'occasion *to seize the opportunity*

Qu'en pensent les jeunes Belges?

Aux élections européennes de 2009 en Belgique, les primo-votants représentaient environ 8% des électeurs (*voters*). Les primo-votants sont les personnes qui votent pour la première fois, c'est-à-dire une majorité de jeunes. Un sondage (*survey*) réalisé en mai 2009 par l'Université de Liège et Dedicated Research a résumé les opinions des jeunes électeurs belges francophones. Même si deux jeunes sur trois (*two out of three*) déclarent s'intéresser peu à la politique, 86% d'entre eux estiment que voter est «utile» ou «très utile». Voter est un droit pour 38,9%, une chance pour 30,2%, un devoir pour 24,5% et une corvée (*chore*) pour 6,5%. 51% des jeunes ne pensent pas que «la plupart des hommes politiques soient corrompus» et 55% veulent croire (*want to believe*) que les politiciens essaient en général «d'améliorer la société». Enfin, 33% se sentent proches des écologistes, 27,4% du Parti Socialiste, 23,5% du Mouvement Réformateur, et seulement 1,5% du Centre Démocrate Humaniste (CDH), l'ancien Parti Social Chrétien.

2 Compréhension Répondez aux questions.

1. Les jeunes du film pensent-ils que voter est un droit ou une corvée?
2. Pourquoi le parti CDH attire-t-il les deux jeunes de la fin de l'interview?

3 Discussion **Avec un(e) partenaire, décidez si vous êtes d'accord ou non avec ces affirmations; puis expliquez votre décision à la classe.**

1. Voter est un acquis de la démocratie, pas un droit.
2. Les jeunes doivent absolument voter; ainsi ils peuvent changer l'avenir d'un pays.

4 Application Un sondage

Préparez, avec votre classe, un sondage pour découvrir si les élèves de votre école s'intéressent à la politique et pour connaître leur opinion sur le rôle du vote dans la vie des jeunes. Comparez les résultats avec le sondage belge.

Practice more at **vhlcentral.com.**

Ressentir et vivre

IMAGINEZ

Galerie de Créateurs

Photographie: Yann Arthus-Bertrand (1946–)

1 Préparation Répondez aux questions.

1. «Une image vaut mille mots.» Êtes-vous d'accord avec cette phrase? Expliquez pourquoi ou pourquoi pas.
2. Comment est-ce que vous partagez vos photos avec vos amis? À quelle fréquence est-ce que vous les partagez avec eux? Avez-vous des sujets de photo préférés?

Une image vaut mille mots

Amoureux de la nature, Yann Arthus-Bertrand a dirigé une réserve naturelle dans le sud de la France puis il a étudié les lions au Kenya. Là, il a découvert que la photographie permettait de faire passer ses messages mieux que les mots. Il s'est alors engagé dans ce domaine et a publié un grand nombre de livres sur la nature. Son plus grand projet a été, avec l'aide de l'UNESCO, la création d'une banque d'images sous forme de livre, *La Terre vue du Ciel*, qui a eu un succès international.

2 Compréhension Répondez aux questions.

1. De quoi Arthus-Bertrand a-t-il été directeur?
2. Qu'est-ce qu'il a étudié au Kenya?
3. Comment a-t-il décidé de faire passer ses messages aux autres?
4. Qu'est-ce que c'est, *La Terre vue du Ciel*?

3 Discussion **Discutez de ces questions avec un(e) partenaire puis avec la classe. Comment la photographie peut-elle «faire passer les messages mieux que les mots»? Dans quelles situations est-ce que les mots sont plus forts que les images? Expliquez.**

4 Application Ensemble en mission

D'après la lecture, l'UNESCO a aidé Arthus-Bertrand parce que l'organisation avait confiance en son message et en son moyen de l'exprimer. Préparez une présentation orale ou écrite dans laquelle (a) vous définissez un message que vous voudriez faire passer aux autres et (b) vous suggérez des personnes ou des groupes qui peuvent vous aider dans votre mission.

Le centre Pompidou, Paris, France

Yann Arthus-Bertrand

Practice more at **vhlcentral.com.**

Habiter en ville 51

Le Zapping TV clips from around the Francophone world allow students to see and hear native speakers.

Galerie de Créateurs features important cultural and artistic figures from the country or region highlighted, along with background information on their lives and careers.

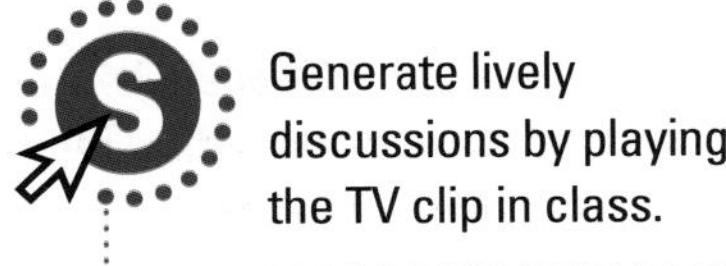

Generate lively discussions by playing the TV clip in class.

Grammar as a tool not a topic

The ***Structures*** section include three grammar points, each with explanations written in a clear, comprehensible language for easy understanding.

Photos from the ***Court métrage*** show the grammar in context.

Carefully designed charts and diagrams call out key grammatical structures and forms, as well as important related vocabulary.

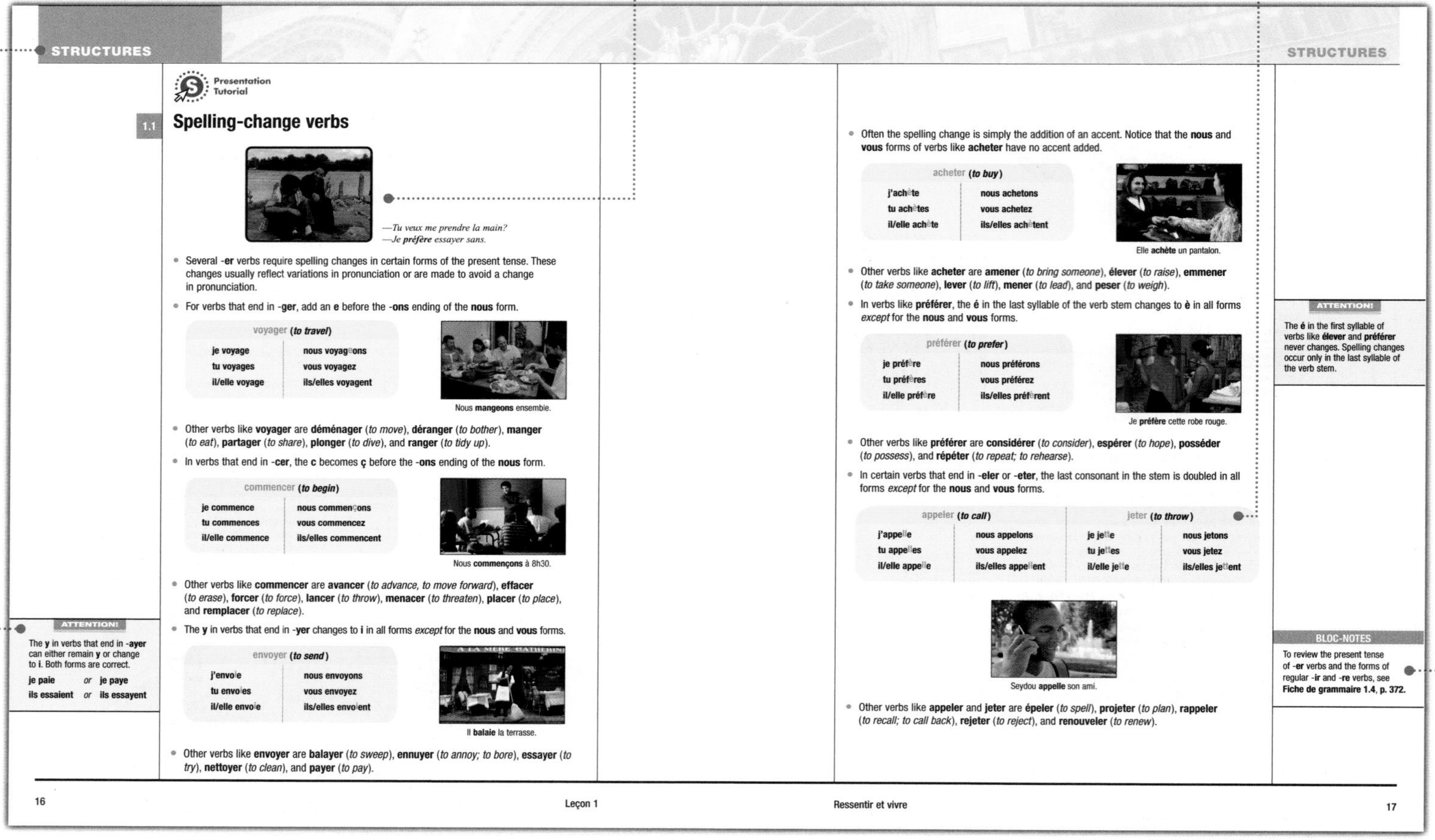

STRUCTURES

Presentation Tutorial

1.1 Spelling-change verbs

—Tu veux me prendre la main?
*—Je **préfère** essayer sans.*

- Several -**er** verbs require spelling changes in certain forms of the present tense. These changes usually reflect variations in pronunciation or are made to avoid a change in pronunciation.
- For verbs that end in -**ger**, add an **e** before the -**ons** ending of the **nous** form.

voyager (*to travel*)	
je voyage	nous voyageons
tu voyages	vous voyagez
il/elle voyage	ils/elles voyagent

Nous **mangeons** ensemble.

- Other verbs like **voyager** are **déménager** (*to move*), **déranger** (*to bother*), **manger** (*to eat*), **partager** (*to share*), **plonger** (*to dive*), and **ranger** (*to tidy up*).
- In verbs that end in -**cer**, the **c** becomes **ç** before the -**ons** ending of the **nous** form.

commencer (*to begin*)	
je commence	nous commençons
tu commences	vous commencez
il/elle commence	ils/elles commencent

Nous **commençons** à 8h30.

- Other verbs like **commencer** are **avancer** (*to advance, to move forward*), **effacer** (*to erase*), **forcer** (*to force*), **lancer** (*to throw*), **menacer** (*to threaten*), **placer** (*to place*), and **remplacer** (*to replace*).
- The **y** in verbs that end in -**yer** changes to **i** in all forms *except* for the **nous** and **vous** forms.

envoyer (*to send*)	
j'envoie	nous envoyons
tu envoies	vous envoyez
il/elle envoie	ils/elles envoient

A LA MERE CATHERINE

Il **balaie** la terrasse.

- Other verbs like **envoyer** are **balayer** (*to sweep*), **ennuyer** (*to annoy; to bore*), **essayer** (*to try*), **nettoyer** (*to clean*), and **payer** (*to pay*).

ATTENTION!

The **y** in verbs that end in -**ayer** can either remain **y** or change to **i**. Both forms are correct.

je paie *or* **je paye**
ils essaient *or* **ils essayent**

16 Leçon 1

STRUCTURES

- Often the spelling change is simply the addition of an accent. Notice that the **nous** and **vous** forms of verbs like **acheter** have no accent added.

acheter (*to buy*)	
j'achète	nous achetons
tu achètes	vous achetez
il/elle achète	ils/elles achètent

Elle **achète** un pantalon.

- Other verbs like **acheter** are **amener** (*to bring someone*), **élever** (*to raise*), **emmener** (*to take someone*), **lever** (*to lift*), **mener** (*to lead*), and **peser** (*to weigh*).
- In verbs like **préférer**, the **é** in the last syllable of the verb stem changes to **è** in all forms *except* for the **nous** and **vous** forms.

préférer (*to prefer*)	
je préfère	nous préférons
tu préfères	vous préférez
il/elle préfère	ils/elles préfèrent

Je **préfère** cette robe rouge.

- Other verbs like **préférer** are **considérer** (*to consider*), **espérer** (*to hope*), **posséder** (*to possess*), and **répéter** (*to repeat; to rehearse*).
- In certain verbs that end in -**eler** or -**eter**, the last consonant in the stem is doubled in all forms *except* for the **nous** and **vous** forms.

appeler (*to call*)		jeter (*to throw*)	
j'appelle	nous appelons	je jette	nous jetons
tu appelles	vous appelez	tu jettes	vous jetez
il/elle appelle	ils/elles appellent	il/elle jette	ils/elles jettent

Seydou **appelle** son ami.

- Other verbs like **appeler** and **jeter** are **épeler** (*to spell*), **projeter** (*to plan*), **rappeler** (*to recall; to call back*), **rejeter** (*to reject*), and **renouveler** (*to renew*).

ATTENTION!

The **é** in the first syllable of verbs like **élever** and **préférer** never changes. Spelling changes occur only in the last syllable of the verb stem.

BLOC-NOTES

To review the present tense of -**er** verbs and the forms of regular -**ir** and -**re** verbs, see **Fiche de grammaire 1.4, p. 372.**

Ressentir et vivre 17

Attention! sidebars provide students with on-the-spot linguistic or language-learning information related to the grammar point.

Bloc-notes sidebars reference other grammar points relevant to the structures presented and refer students to the supplemental ***Fiches de grammaire*** found at the end of the book.

Students can watch the grammar rules come alive with interactive, animated **French Grammar Tutorials** featuring *le professeur.*

Engaging and carefully scaffolded formats

Mise en pratique activities provide a wide range of guided exercises in context.

Communication offers opportunities for creative expression using the chapter's grammar and vocabulary in interactions with a partner, a small group, or the entire class.

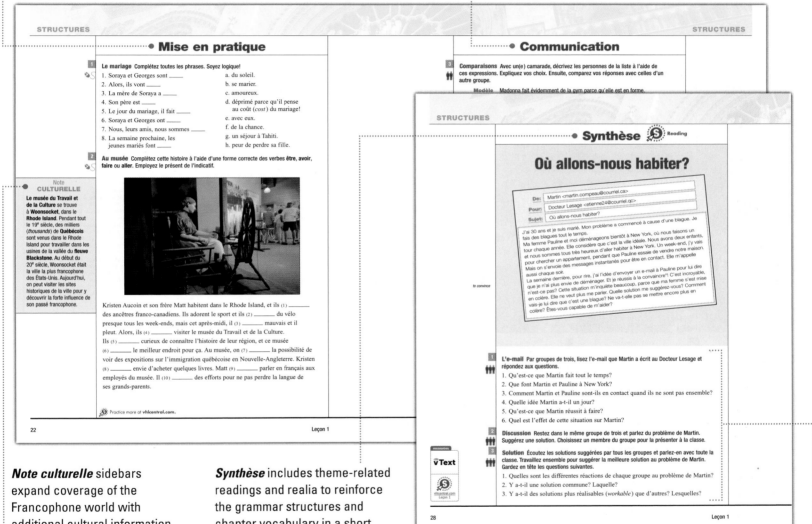

STRUCTURES

Mise en pratique

1 **Le mariage** Complétez toutes les phrases. Soyez logique!

1. Soraya et Georges sont ____
2. Alors, ils vont ____
3. La mère de Soraya a ____
4. Son père est ____
5. Le jour du mariage, il fait ____
6. Soraya et Georges ont ____
7. Nous, leurs amis, nous sommes ____
8. La semaine prochaine, les jeunes mariés font ____

a. du soleil.
b. se marier.
c. amoureux.
d. déprimé parce qu'il pense au coût (*cost*) du mariage!
e. avec eux.
f. de la chance.
g. un séjour à Tahiti.
h. peur de perdre sa fille.

2 **Au musée** Complétez cette histoire à l'aide d'une forme correcte des verbes **être, avoir, faire** ou **aller**. Employez le présent de l'indicatif.

Kristen Aucoin et son frère Matt habitent dans le Rhode Island, et ils (1) ______ des ancêtres franco-canadiens. Ils adorent le sport et ils (2) ______ du vélo presque tous les week-ends, mais cet après-midi, il (3) ______ mauvais et il pleut. Alors, ils (4) ______ visiter le musée du Travail et de la Culture. Ils (5) ______ curieux de connaître l'histoire de leur région, et ce musée (6) ______ le meilleur endroit pour ça. Au musée, on (7) ______ la possibilité de voir des expositions sur l'immigration québécoise en Nouvelle-Angleterre. Kristen (8) ______ envie d'acheter quelques livres. Matt (9) ______ parler en français aux employés du musée. Il (10) ______ des efforts pour ne pas perdre la langue de ses grands-parents.

Note CULTURELLE

Le musée du Travail et de la Culture se trouve à **Woonsocket**, dans le **Rhode Island**. Pendant tout le 19e siècle, des milliers (*thousands*) de **Québécois** sont venus dans le Rhode Island pour travailler dans les usines de la vallée du **fleuve Blackstone**. Au début du 20e siècle, Woonsocket était la ville la plus francophone des États-Unis. Aujourd'hui, on peut visiter les sites historiques de la ville pour y découvrir la forte influence de son passé francophone.

Practice more at **vhlcentral.com.**

22 Leçon 1

STRUCTURES

Communication

3 **Comparaisons** Avec un(e) camarade, décrivez les personnes de la liste à l'aide de ces expressions. Expliquez vos choix. Ensuite, comparez vos réponses avec celles d'un autre groupe.

Modèle Madonna fait évidemment de la gym parce qu'elle est en forme.

STRUCTURES

Synthèse

Reading

Où allons-nous habiter?

De: Martin <martin.compeau@courriel.ca>
Pour: Docteur Lesage <etienne24@courriel.qc>
Sujet: Où allons-nous habiter?

J'ai 30 ans et je suis marié. Mon problème a commencé à cause d'une blague. Je fais des blagues tout le temps.

Ma femme Pauline et moi déménageons bientôt à New York, où nous faisons un tour chaque année. Elle considère que c'est la ville idéale. Nous avons deux enfants, et nous sommes tous très heureux d'aller habiter à New York. Un week-end, j'y vais pour chercher un appartement, pendant que Pauline essaie de vendre notre maison. Mais on s'envoie des messages instantanés pour être en contact. Elle m'appelle aussi chaque soir.

La semaine dernière, pour rire, j'ai l'idée d'envoyer un e-mail à Pauline pour lui dire que je n'ai plus envie de déménager. Et je réussis à la convaincre°! C'est incroyable, n'est-ce pas? Cette situation m'inquiète beaucoup, parce que ma femme s'est mise en colère. Elle ne veut plus me parler. Quelle solution me suggérez-vous? Comment vais-je lui dire que c'est une blague? Ne va-t-elle pas se mettre encore plus en colère? Êtes-vous capable de m'aider?

° to convince

1 **L'e-mail** Par groupes de trois, lisez l'e-mail que Martin a écrit au Docteur Lesage et répondez aux questions.

1. Qu'est-ce que Martin fait tout le temps?
2. Que font Martin et Pauline à New York?
3. Comment Martin et Pauline sont-ils en contact quand ils ne sont pas ensemble?
4. Quelle idée Martin a-t-il un jour?
5. Qu'est-ce que Martin réussit à faire?
6. Quel est l'effet de cette situation sur Martin?

2 **Discussion** Restez dans le même groupe de trois et parlez du problème de Martin. Suggérez une solution. Choisissez un membre du groupe pour la présenter à la classe.

3 **Solution** Écoutez les solutions suggérées par tous les groupes et parlez-en avec toute la classe. Travaillez ensemble pour suggérer la meilleure solution au problème de Martin. Gardez en tête les questions suivantes.

1. Quelles sont les différentes réactions de chaque groupe au problème de Martin?
2. Y a-t-il une solution commune? Laquelle?
3. Y a-t-il des solutions plus réalisables (*workable*) que d'autres? Lesquelles?

ressources

vText

vhlcentral.com Leçon 1

28 Leçon 1

Note culturelle sidebars expand coverage of the Francophone world with additional cultural information.

Synthèse includes theme-related readings and realia to reinforce the grammar structures and chapter vocabulary in a short, captivating format.

Interpersonal activities encourage students to demonstrate proficiency with the chapter's vocabulary and grammar. ***Synthèse*** activities provide built-in, consistent review and recycling as students progress through the text.

Assign controlled practice activities on the Supersite for homework so students come to class ready to communicate.

Reading skills developed in context

Vibrant, eye-catching photos visually illustrate the reading.

Comprehensible readings present students with additional cultural information related to the chapter theme and country or region of focus.

CULTURE

Reading
Audio: Synced Reading

Les **francophones** d'Amérique

Chaque année, vers le mois de septembre, les Festivals acadiens de Lafayette, en Louisiane, célèbrent les divers aspects de la culture cajun: musique, gastronomie, art et artisanat… Cette tradition a commencé à l'époque de la «fièvre» cajun qui a fait redécouvrir une culture en voie de disparition.

C'est au 17e siècle qu'une communauté francophone s'est installée en Acadie, à l'est du Canada, où on trouve aujourd'hui la Nouvelle-Écosse° et les régions voisines. La communauté a souffert de l'invasion des Britanniques pendant la guerre de Sept Ans (1754–1763) et de la déportation en France, en Angleterre et dans les colonies britanniques. De nombreux Acadiens ont fui. Ils ont suivi le fleuve Mississippi pour aboutir° en Louisiane, en 1765. C'est alors qu'est née la culture cajun, ce terme étant° une altération anglaise du mot «acadien». Jusqu'au 20e siècle, d'autres francophones, du Canada, des Antilles et d'ailleurs, ont rejoint les Cajuns.

En 1921, un nouvel obstacle se présente, quand le gouvernement de la Louisiane déclare obligatoire l'éducation en anglais. À partir de ce moment, la culture cajun est en danger d'extinction. Heureusement, en 1968, le gouvernement local crée le Conseil pour le Développement du Français en Louisiane (CODOFIL) et on appelle Acadiana le sud-ouest de l'État, où se trouve la majorité des Cajuns. Aujourd'hui, le français est enseigné dans les écoles, parfois dans des programmes d'immersion.

Outre° le retour de l'enseignement du français, la culture cajun a connu une renaissance, dans les domaines de la gastronomie et de la musique. Depuis ses origines, la musique est un mélange d'influences étrangères provenant d'Afrique, des Antilles ou du reste des États-Unis. Le musicien Dewey Balfa a contribué à la popularité de la musique acadienne depuis les années 1960, et la nouvelle vague de musiciens cajuns continue de la faire évoluer. Celle-ci est devenue si populaire que des groupes se sont formés dans d'autres villes américaines, comme les Femmes d'enfer à Seattle ou Bone Tones à Minneapolis.

La gastronomie est l'autre ambassadeur culturel des Cajuns. Originaire de l'Acadiana, elle s'inspire de la cuisine provençale, et ses principaux ingrédients sont le poivron, l'oignon et le céleri. Grâce à des chefs comme Paul Prudhomme et Emeril Lagasse, dont on voit les émissions télévisées, cette gastronomie s'est répandue° dans beaucoup de villes et de cuisines américaines.

Les cultures acadienne et cajun ont su résister à tous les événements qui ont voulu les détruire. Le peuple cajun a réussi son intégration: il s'est assimilé à la société américaine sans abandonner ses traditions ni son mode de vie. ■

Nova Scotia · end up · being · Besides · has spread

> La culture cajun a connu une renaissance aux États-Unis, dans les domaines de la gastronomie et de la musique.

Les instruments de musique

Le violon° et l'accordéon, les principaux instruments de la musique cajun, sont accompagnés de la guitare, du triangle, de l'harmonica et de la planche à laver°, ou «frottoir» en cajun. Ce dernier instrument se joue à l'aide de dés à coudre° avec lesquels on frotte° la planche ou on tape° dessus.

fiddle · washboard · thimbles · rubs/hits

Glosses provide definitions of unfamiliar words that aid in comprehension without interrupting the reading flow.

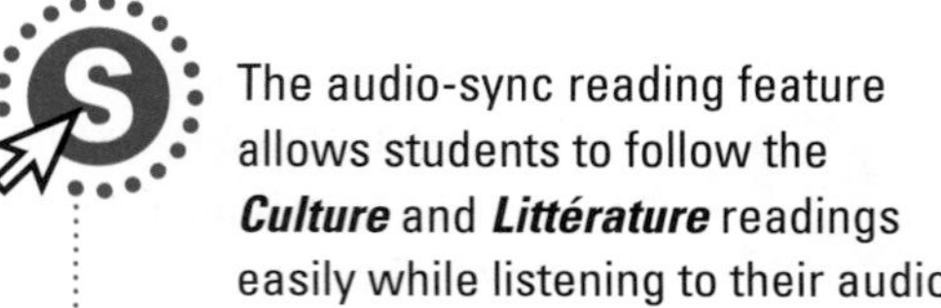

The audio-sync reading feature allows students to follow the ***Culture*** and ***Littérature*** readings easily while listening to their audio.

Literary readings for interpretive communication

Each reading is presented in an attention-grabbing visual style.

Authentic literary selections from well-known Francophone authors present new avenues for using the chapter's grammar, vocabulary, and themes.

LITTÉRATURE

Il pleure dans mon cœur

Paul Verlaine

LITTÉRATURE

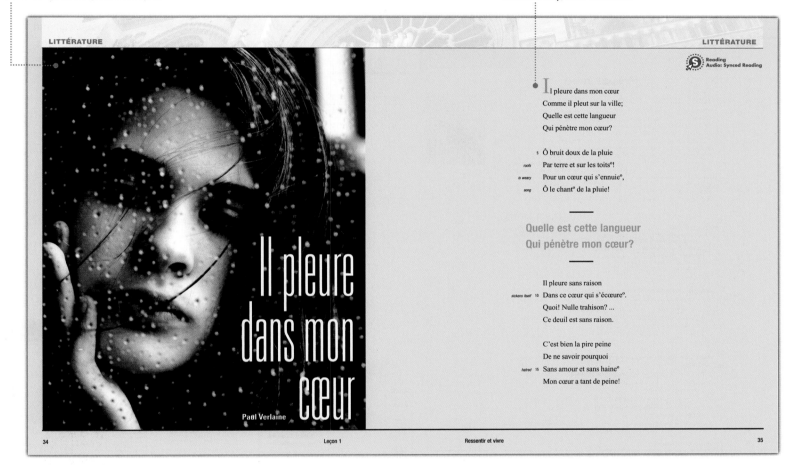

Reading
Audio: Synced Reading

Il pleure dans mon cœur
Comme il pleut sur la ville;
Quelle est cette langueur
Qui pénètre mon cœur?

Ô bruit doux de la pluie
Par terre et sur les toits°!
Pour un cœur qui s'ennuie°,
Ô le chant° de la pluie!

roofs
is weary
song

Quelle est cette langueur
Qui pénètre mon cœur?

Il pleure sans raison
Dans ce cœur qui s'écœure°.
Quoi! Nulle trahison? ...
Ce deuil est sans raison.

sickens itself

C'est bien la pire peine
De ne savoir pourquoi
Sans amour et sans haine°
Mon cœur a tant de peine!

hatred

34 Leçon 1 Ressentir et vivre 35

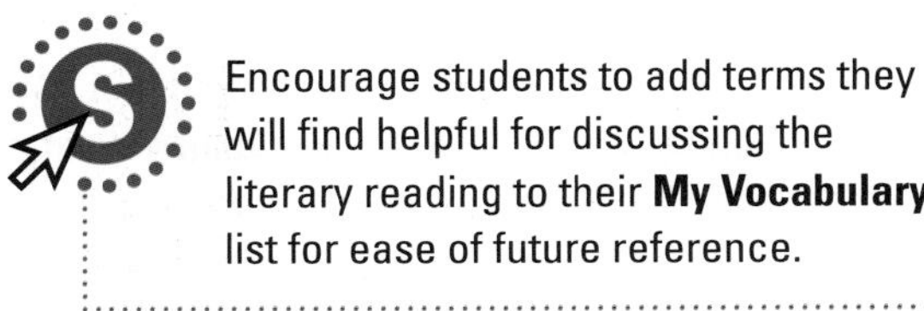

Encourage students to add terms they will find helpful for discussing the literary reading to their **My Vocabulary** list for ease of future reference.

Pre- and post-reading support for *Culture* and *Littérature*

Préparation highlights active vocabulary that students will encounter in each reading, as well as other words that might prove useful for discussions. Activities practice the vocabulary, as well as provide additional pre-reading support.

Analyse post-reading activities check students' understanding and motivate them to discuss the topic of the reading, express their opinions, and explore how it relates to their own experiences.

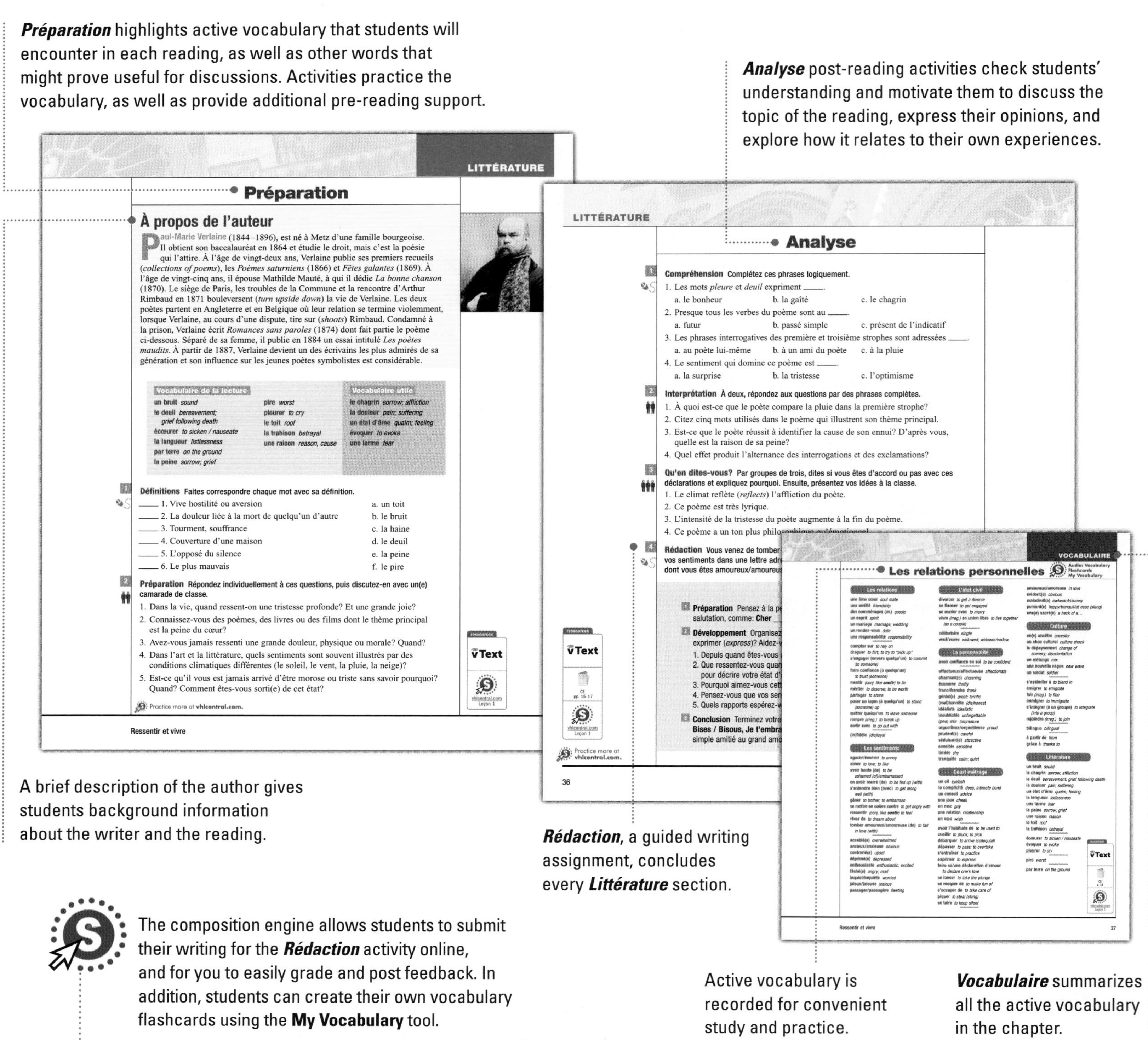

LITTÉRATURE

Préparation

À propos de l'auteur

Paul-Marie Verlaine (1844–1896), est né à Metz d'une famille bourgeoise. Il obtient son baccalauréat en 1864 et étudie le droit, mais c'est la poésie qui l'attire. À l'âge de vingt-deux ans, Verlaine publie ses premiers recueils (*collections of poems*), les *Poèmes saturniens* (1866) et *Fêtes galantes* (1869). À l'âge de vingt-cinq ans, il épouse Mathilde Mauté, à qui il dédie *La bonne chanson* (1870). Le siège de Paris, les troubles de la Commune et la rencontre d'Arthur Rimbaud en 1871 bouleversent (*turn upside down*) la vie de Verlaine. Les deux poètes partent en Angleterre et en Belgique où leur relation se termine violemment, lorsque Verlaine, au cours d'une dispute, tire sur (*shoots*) Rimbaud. Condamné à la prison, Verlaine écrit *Romances sans paroles* (1874) dont fait partie le poème ci-dessous. Séparé de sa femme, il publie en 1884 un essai intitulé *Les poètes maudits*. À partir de 1887, Verlaine devient un des écrivains les plus admirés de sa génération et son influence sur les jeunes poètes symbolistes est considérable.

Vocabulaire de la lecture

un bruit *sound*
le deuil *bereavement; grief following death*
écœurer *to sicken / nauseate*
la langueur *listlessness*
par terre *on the ground*
la peine *sorrow; grief*
pire *worst*
pleurer *to cry*
le toit *roof*
la trahison *betrayal*
une raison *reason, cause*

Vocabulaire utile

le chagrin *sorrow; affliction*
la douleur *pain; suffering*
un état d'âme *qualm; feeling*
évoquer *to evoke*
une larme *tear*

1 **Définitions** Faites correspondre chaque mot avec sa définition.

____ 1. Vive hostilité ou aversion — a. un toit
____ 2. La douleur liée à la mort de quelqu'un d'autre — b. le bruit
____ 3. Tourment, souffrance — c. la haine
____ 4. Couverture d'une maison — d. le deuil
____ 5. L'opposé du silence — e. la peine
____ 6. Le plus mauvais — f. le pire

2 **Préparation** Répondez individuellement à ces questions, puis discutez-en avec un(e) camarade de classe.

1. Dans la vie, quand ressent-on une tristesse profonde? Et une grande joie?
2. Connaissez-vous des poèmes, des livres ou des films dont le thème principal est la peine du cœur?
3. Avez-vous jamais ressenti une grande douleur, physique ou morale? Quand?
4. Dans l'art et la littérature, quels sentiments sont souvent illustrés par des conditions climatiques différentes (le soleil, le vent, la pluie, la neige)?
5. Est-ce qu'il vous est jamais arrivé d'être morose ou triste sans savoir pourquoi? Quand? Comment êtes-vous sorti(e) de cet état?

Practice more at **vhlcentral.com.**

Ressentir et vivre

LITTÉRATURE

Analyse

1 **Compréhension** Complétez ces phrases logiquement.

1. Les mots *pleure* et *deuil* expriment ____.
   a. le bonheur b. la gaîté c. le chagrin
2. Presque tous les verbes du poème sont au ____.
   a. futur b. passé simple c. présent de l'indicatif
3. Les phrases interrogatives des première et troisième strophes sont adressées ____.
   a. au poète lui-même b. à un ami du poète c. à la pluie
4. Le sentiment qui domine ce poème est ____.
   a. la surprise b. la tristesse c. l'optimisme

2 **Interprétation** À deux, répondez aux questions par des phrases complètes.

1. À quoi est-ce que le poète compare la pluie dans la première strophe?
2. Citez cinq mots utilisés dans le poème qui illustrent son thème principal.
3. Est-ce que le poète réussit à identifier la cause de son ennui? D'après vous, quelle est la raison de sa peine?
4. Quel effet produit l'alternance des interrogations et des exclamations?

3 **Qu'en dites-vous?** Par groupes de trois, dites si vous êtes d'accord ou pas avec ces déclarations et expliquez pourquoi. Ensuite, présentez vos idées à la classe.

1. Le climat reflète (*reflects*) l'affliction du poète.
2. Ce poème est très lyrique.
3. L'intensité de la tristesse du poète augmente à la fin du poème.
4. Ce poème a un ton plus philo...

4 **Rédaction** Vous venez de tomber ... vos sentiments dans une lettre adr... dont vous êtes amoureux/amoureu...

1 **Préparation** Pensez à la p... salutation, comme: **Cher** ...

2 **Développement** Organisez... exprimer (*express*)? Aidez-v...
1. Depuis quand êtes-vous...
2. Que ressentez-vous quan...
3. Pourquoi aimez-vous cet...
4. Pensez-vous que vos sen...
5. Quels rapports espérez-v...

3 **Conclusion** Terminez votre... **Bises / Bisous, Je t'embra...** simple amitié au grand am...

Practice more at **vhlcentral.com.**

36

VOCABULAIRE

Les relations personnelles

Ressentir et vivre 37

A brief description of the author gives students background information about the writer and the reading.

Rédaction, a guided writing assignment, concludes every ***Littérature*** section.

The composition engine allows students to submit their writing for the ***Rédaction*** activity online, and for you to easily grade and post feedback. In addition, students can create their own vocabulary flashcards using the **My Vocabulary** tool.

Active vocabulary is recorded for convenient study and practice.

Vocabulaire summarizes all the active vocabulary in the chapter.

The Vista Higher Learning Story

Your Specialized Foreign Language Publisher

Independent, specialized, and privately owned, Vista Higher Learning was founded in 2000 with one mission: to raise the teaching and learning of world languages to a higher level. This mission is based on the following beliefs:

- It is essential to prepare students for a world in which learning another language is a necessity, not a luxury.
- Language learning should be fun and rewarding, and all students should have the tools they need to achieve success.
- Students who experience success learning a language will be more likely to continue their language studies both inside and outside the classroom.

With this in mind, we decided to take a fresh look at all aspects of language instructional materials. Because we are specialized, we dedicate 100 percent of our resources to this goal and base every decision on how well it supports language learning.

That is where you come in. Since our founding, we have relied on the invaluable feedback of language teachers and students nationwide. This partnership has proved to be the cornerstone of our success, allowing us to constantly improve our programs to meet your instructional needs.

The result? Programs that make language learning exciting, relevant, and effective through:

- unprecedented access to resources
- a wide variety of contemporary, authentic materials
- the integration of text, technology, and media
- a bold and engaging textbook design

By focusing on our singular passion, we let you focus on yours.

The Vista Higher Learning Team

500 Boylston Street, Suite 620, Boston, MA 02116-3736 TOLL-FREE: 800-618-7375
TELEPHONE: 617-426-4910 FAX: 617-426-5209 www.vistahigherlearning.com

Differentiation

Knowing how to appeal to learners of different abilities and learning styles will allow you to foster a positive teaching environment and motivate all your students. Here are some strategies for creating inclusive learning environments. Consider also the ideas at the base of the Teacher's Edition (TE) pages. Extension and expansion activities are also suggested.

Learners with Special Needs

Learners with special needs include students with attention priority disorders or learning disabilities, slower-paced learners, at-risk learners, and English-language learners. Some inclusion strategies that work well with such students are:

Clear Structure By teaching concepts in a predictable order, you can help students organize their learning. Encourage students to keep outlines of materials they read, classify words into categories such as colors, or follow prewriting steps.

Frequent Review and Repetition Preview material to be taught and review material covered at the end of each lesson. Pair proficient learners with less proficient ones to practice and reinforce concepts. Help students retain concepts through continuous practice and review.

Multi-sensory Input and Output Use visual, auditory, and kinesthetic tasks to add interest and motivation, and to achieve long-term retention. For example, vary input with the use of audio recordings, video, guided visualization, rhymes, and mnemonics.

Additional Time Consider how physical limitations may affect participation in special projects or daily routines. Provide additional time and recommended accommodations.

Different Learning Styles

Visual Learners learn best by seeing, so engage them in activities and projects that are visually creative. Encourage them to write down information and think in pictures as a long-term retention strategy; reinforce their learning through visual displays such as diagrams, videos, and handouts.

Auditory Learners best retain information by listening. Engage them in discussions, debates, and role-playing. Reinforce their learning by playing audio versions of texts or reading aloud passages and stories. Encourage them to pay attention to voice, tone, and pitch to infer meaning.

Kinesthetic Learners learn best through moving, touching, and doing hands-on activities. Involve such students in skits and dramatizations; to infer or convey meaning, have them observe or model gestures such as those used for greeting someone or getting someone's attention.

Advanced Learners

Advanced learners have the potential to learn language concepts and complete assignments at an accelerated pace. They may benefit from assignments that are more challenging than the ones given to their peers. The key to differentiating for advanced learners is adding a degree of rigor to a given task. Examples include sharing perspectives on texts they have read with the class, retelling detailed stories, preparing analyses of texts, or adding to discussions. Here are some other strategies for engaging advanced learners:

Timed Answers Have students answer questions within a specified time limit.

Persuading Adapt activities so students have to write or present their points of view in order to persuade an audience. Pair or group advanced learners to form debating teams.

Pre-AP®

While Pre-AP® strategies are associated with advanced students, all students can benefit from the activities and strategies that are categorized as Pre-AP® in **D'accord!** Long-term success in language learning starts in the first year of instruction, so these strategies should be incorporated throughout students' language-learning career.

D'accord! is particularly strong in fostering interpretive communication skills. Students are offered a variety of opportunities to read and listen to spoken language. The *Culture* and *Littérature* sections provide various types of authentic written texts, and the *Roman-photo* and *Court métrage* videos feature French spoken at a natural pace. Encourage students to interact with as much authentic language as possible, as this will lead to long-term success.

Heritage Language Learners

Heritage language learners are students who come from homes where a language other than English is spoken. French heritage learners are likely to have adequate comprehension and conversation skills, but they could require as much explicit instruction of reading and writing skills as their non-heritage peers. Because of their background, heritage language learners can attain, with instruction adapted to their needs, a high level of proficiency and literacy in French. Use these strategies to support them:

Support and Validate Experiences Acknowledge students' experiences with their heritage culture and encourage them to share what they know.

Develop Literacy and Writing Skills Help students focus on reading as well as grammar, punctuation, and syntax skills, but be careful not to assign a workload significantly greater than what is assigned to non-heritage learners.

Best Practices

The creators of **D'accord!** understand that there are many different approaches to successful language teaching and that no one method works perfectly for all teachers or all learners. These strategies and tips may be applied to any language-teaching method.

Maintain the Target Language

As much as possible, create an immersion environment by *using* French to *teach* French. Encourage the exclusive use of the target language in your classroom, employing visual aids, mnemonics, circumlocution, or gestures to complement what you say. Encourage students to perceive meaning directly through careful listening and observation, and by using cognates and familiar structures and patterns to deduce meaning.

Cultivate Critical Thinking

Prompt students to reflect, observe, reason, and form judgments in French. Engaging students in activities that require them to compare, contrast, predict, criticize, and estimate will help them to internalize the language structures they have learned.

Encourage Use of Circumlocution

Prompt students to discover various ways of expressing ideas and of overcoming potential blocks to communication through the use of circumlocution and paraphrasing.

Assessment

As you use the **D'accord!** program, you can employ a variety of assessments to evaluate progress. The program provides comprehensive, discrete answer assessments, as well as more communicative assessments that elicit open-ended, personalized responses.

Testing Program

The **D'accord!** Testing Program offers two quizzes for each **Contextes** section and every grammar point in **Structures** in Levels 1 and 2. Each **Quiz I** uses discrete answer formats, such as multiple-choice, fill-in-the-blanks, matching, and completing charts, while **Quiz II** uses more open-ended formats, such as asking students to write sentences using prompts or respond to a topic in paragraph format. There is no listening comprehension section for the **Quizzes**. Level 3 **Quizzes** for the **Pour commencer** and **Structures Quizzes** follow a similar format to those in Levels 1 and 2.

Two **Lesson** and **Unit Tests** are available for Levels 1 and 2. Versions **I** and **II** are interchangeable, for purposes of administering make-up tests. All of the **Tests** contain a listening comprehension section. Level 3 has one **Test** for each lesson. Cumulative **Exams** in all three levels encompass the main vocabulary fields, key grammar points, and the principal language functions covered in corresponding textbook chapters. All levels contain **Optional Test Sections**.

The Testing Program is also available on the Supersite so that you can customize the components by adding, eliminating, or moving items according to your classroom and student needs.

Portfolio Assessment

Portfolios can provide further valuable evidence of your students' learning. They are useful tools for evaluating students' progress in French and also suggest to students how they are likely to be assessed in the real world. Since portfolio activities often comprise classroom tasks that you would assign as part of a lesson or as homework, you should think of the planning, selecting, recording, and interpreting of information about individual performance as a way of blending assessment with instruction.

You may find it helpful to refer to portfolio contents, such as drafts, essays, and samples of presentations, when writing student reports and conveying the status of a student's progress to his or her parents.

Ask students regularly to consider which pieces of their own work they would like to share and help them develop criteria for selecting representative samples. Prompt students to choose a variety of media to demonstrate development in all four language skills.

Strategies for Differentiating Assessment

Here are some strategies for modifying tests and other forms of assessment according to your students' needs.

Adjust Questions Direct complex or higher-level questions to students who are equipped to answer them adequately and modify questions for students with greater needs. Always ask questions that elicit thinking, but keep in mind the students' abilities.

Provide Tiered Assignments Assign tasks of varying complexity depending on individual student needs.

Promote Flexible Grouping Encourage movement among groups of students so that all learners are appropriately challenged. Group students according to interest, oral proficiency levels, or learning styles.

Adjust Pacing Pace the sequence and speed of assessments to suit your students' needs. Time advanced learners to challenge them and allow slower-paced learners more time to complete tasks or to answer questions.

Performance Assessment

As we move toward increasing students' use of French within real-life contexts, our assessment strategies need to expand in focus too. Students need to demonstrate what they can *do* with French, so we want to employ assessments that come as close as possible to the way French is used in authentic settings. *Performance assessments* provide meaningful contexts in which to measure authentic communication. They begin with a goal, a real-life task that makes sense to students and engages their interest. To complete the task, students progress through the three modes of communication: they read, view, and listen for information (interpretive mode); they talk and write with classmates and others on what they have experienced (interpersonal mode); and they share formally what they have learned (presentational mode).

Within the **D'accord!** activity sequence, you will find several opportunities for performance assessment. Consider using the Voiceboard tool or Partner Chat activities as the culmination of an oral communication sequence. The *Rédaction* assignment at the end of the *Littérature* section has students apply the chapter context to a real-life task.

Six Steps in Using the D'accord! Instructional Design

Step 1: Context

Begin each lesson by asking students to provide *from their own experience* words, concepts, categories, and opinions related to the theme. Spend quality time evoking words, images, ideas, phrases, and sentences; group and classify concepts. You are giving students the "hook" for their learning, focusing them on their most interesting topic—themselves—and encouraging them to invest personally in their learning.

Step 2: Vocabulary

Now turn to the vocabulary section, inviting students to experience it as a new linguistic *code* to express what they *already know and experience* in the context of the lesson theme. Vocabulary concepts are presented in context, carefully organized, and frequently reviewed to reinforce student understanding. Involve students in brainstorming, classifying and grouping words and thoughts, and personalizing phrases and sentences. In this way, you will help students see French as a new tool for self-expression.

Step 3: Media

Once students see that French is a tool for expressing their own ideas, bridge their experiences to those of French speakers through the *Court métrage* section. The *Court métrage* films present and review vocabulary and structure in accurate cultural contexts for effective training in both comprehension and personal communication.

Step 4: Culture

Now bring students into the experience of culture as seen *from the perspective* of those living in it. Here we share Francophone cultures' unique geography, history, products, perspectives, and practices. Through *Culture* readings, *Le Zapping* (authentic video), and *Galerie de Créateurs* biographies, students experience and reflect on cultural experiences beyond their own.

Step 5: Structure

We began with students' experiences, focusing on bridging their lives and language to the target cultures. Through context, media, and culture, students have incorporated both previously-learned and new grammatical structures into their personalized communication. Now a formal presentation of relevant grammar demonstrates that grammar is a tool for clearer and more effective communication. Clear presentations and invitations to compare French to English build confidence, fluency, and accuracy.

Step 6: Skill Synthesis and Communication

Pulling all their learning together, students now integrate context, personal experience, communication tools, and cultural products, perspectives, and practices. Through extended reading, writing, listening, speaking, and cultural exploration in scaffolded progression, students apply all their skills for a rich, personalized experience of French.

D'accord! 3 Pacing Guide

DAY	Warm-up / Activate	Present / Practice / Communicate	Reflect / Conclude / Connect
1 Context for Communication	• Evoke student experiences & vocabulary for context [5] • Present **Point de départ** [5] **10 minutes**	• Present vocabulary using images, phrases, categories, association [15] • Students demonstrate, role-play, illustrate, classify, associate, & define [10] **25 minutes**	• Students restate context [5] • Introduce homework: Complete selected **Mise en pratique** activities (text or **Supersite**) [5] **10 minutes**
2 Vocabulary as a Tool	• Students restate context and connect to vocabulary [5] • Student pairs/small groups review homework activities [5] **10 minutes**	• Students complete **Mise en pratique** **25 minutes**	• Students review and personalize key vocabulary in context [5] • Introduce homework: **Supersite** flashcards; end-of-chapter list with audio; remaining auto-graded activities [5] **10 minutes**
3 Media as a Bridge	• Assessment: **Pour commencer** **5 minutes**	• Orient students to **Court métrage** through video stills with observation, role-play, and prediction [5] • Students complete selected **Préparation** activities [15] • First viewing of **Court métrage** [10] **30 minutes**	• Student pairs reflect on **Court métrage** content and connection to vocabulary and context [5] • Introduce homework: Watch or finish watching **Court métrage** on the **Supersite** [5] **10 minutes**
4 Media as a Bridge	• Role-play or review of homework activities [5] • Review **Court métrage** [5] **10 minutes**	• Second viewing of **Court métrage** [10] • Complete remaining **Analyse** activities [10] • Student pairs/small groups write/illustrate sentences on context-vocabulary-**Court métrage** connections [5] **25 minutes**	• Students share sentences/illustrations with whole class [5] • Introduce homework: Watch **Court métrage** again on **Supersite**; complete remaining auto-graded activities [5] **10 minutes**
5 Culture for Communication	• Review **Court métrage** [5] • Student pairs/small groups review homework activities [5] **10 minutes**	• Present select **Imaginez** features in whole class or in small groups using jigsaw, numbered heads together, etc. [20] • Student pairs/small groups do selected item(s) from **Qu'avez-vouz appris?** [10] **30 minutes**	• Introduce homework: Use **Supersite** to do **Projet** or **Qu'avez-vouz appris?** **5 minutes**
6 Culture for Communication	• Student pairs/small groups review homework activities **5 minutes**	• Students complete **Qu'avez-vouz appris?**, sharing results with partners [5] • Guide students through **Préparation** activities for **Le Zapping** or **Galerie de Créateurs** [5] • Watch **Le Zapping** or present **Galerie de Créateurs**, using text or **Supersite** [15] • Student pairs complete post-viewing/reading activities; show **Le Zapping** clip again as necessary [10] **35 minutes**	• Introduce homework: Complete remaining **Le Zapping/Galerie de Créateurs** activities using text or **Supersite** **5 minutes**
7 Structure as a Tool	• Student pairs share results of completed **Le Zapping/Galerie de Créateurs** activities **5 minutes**	• Present grammatical concept using text and **Supersite** (tutorials, slides) [20] • Students begin **Mise en pratique** [15] **35 minutes**	• Introduce homework: Complete selected **Mise en pratique** activities in text or on **Supersite**; watch tutorials (**Supersite**) **5 minutes**
8 Structure in Context	• Student groups review homework activities **5 minutes**	• Students complete remaining **Mise en pratique** activities [10] • Students do **Communication** activities [20] **30 minutes**	• Student pairs explain grammatical structure to partner [5] • Introduce homework: Complete remaining auto-graded activities on **Supersite** [5] **10 minutes**
9 Structure as a Tool	• Assessment: **Structures** **5 minutes**	• Present grammatical concept using text and **Supersite** (tutorials, slides) [20] • Students begin **Mise en pratique** [15] **35 minutes**	• Introduce homework: Complete selected **Mise en pratique** activities in text or on **Supersite**; watch tutorials (**Supersite**) **5 minutes**
10 Structure in Context	• Student groups review homework activities **5 minutes**	• Students complete remaining **Mise en pratique** activities [10] • Students do **Communication** activities [20] **30 minutes**	• Student pairs explain grammatical structure to partner [5] • Introduce homework: Complete remaining auto-graded activities on **Supersite** [5] **10 minutes**

DAY	Warm-up / Activate	Present / Practice / Communicate	Reflect / Conclude
11 Structure as a Tool	• Assessment: **Structures** 5 minutes	• Present grammatical concept using text and **Supersite** (tutorials, slides) [20] • Students begin **Mise en pratique** [15] 35 minutes	• Introduce homework: Complete selected **Mise en pratique** activities in text or on **Supersite**; watch tutorials (**Supersite**) 5 minutes
12 Structure in Context	• Student groups review homework activities 5 minutes	• Students complete remaining **Mise en pratique** activities [10] • Students do **Communication** activities [20] 30 minutes	• Student pairs explain grammatical structure to partner [5] • Introduce homework: Complete remaining auto-graded activities on **Supersite** [5] 10 minutes
13 Communication-based Synthesis and Review	• Assessment: **Structures** 5 minutes	• Connect lesson context to language structures and communication via group speaking and writing presentations (**Synthèse**) 35 minutes	• Introduce homework: Assign **Préparation** vocabulary and the accompanying activity for **Culture** in text or on **Supersite** 5 minutes
14 Skill Synthesis: Interpretive (Culture Reading)	• Student groups review homework activities 5 minutes	• Guide students through remaining **Préparation** activities for **Culture** [10] • Students read **Culture** (whole class or small groups) [20] • Student pairs/small groups begin **Analyse** [5] 35 minutes	• Introduce homework: Reread **Culture** and complete **Analyse** activities (text or **Supersite**) 5 minutes
15 Skill Synthesis: Interpretive (Littérature)	• Review **Culture** and homework activities 5 minutes	• Guide students through **Préparation** activities for **Littérature** [10] • Students read **Littérature** (whole class or small groups) [20] • Student pairs/small groups begin **Analyse** [5] 35 minutes	• Introduce homework: Reread **Littérature** and complete **Analyse** activities (text or **Supersite**) 5 minutes
16 Skill Synthesis: Presentational (Writing)	• Student pairs review **Littérature** and homework activities 5 minutes	• Guide students through the **Rédaction** activity for **Analyse** [10] • Students prepare writing plan, sharing with a partner [10] • Students complete writing assignment [10] 30 minutes	• Confirm understanding of assessment content and grading rubric [5] • Introduce homework: Prepare for chapter test using text and **Supersite**; complete **Rédaction** [5] 10 minutes
17 Assessment	**Orientation** Students look over chapter content in preparation **5 minutes**	**Lesson Test: 40 minutes**	

D'accord! 3 Pacing Guide

DAY	Warm-up / Activate	Present / Practice / Communicate
1 Context for Communication	• Evoke student experiences & vocabulary for context [5] • Present **Point de départ** [5] **10 minutes**	• Present vocabulary using images, phrases, categories, association [15] • Students demonstrate, role-play, illustrate, classify, associate, & define [15] **30 minutes**
2 Media as a Bridge	• Assessment: **Pour commencer** **5 minutes**	• Orient students to **Court métrage** through video stills with observation, role-play, and prediction [5] • Students complete select **Préparation** activities [15] • First viewing of **Court métrage** [10] **30 minutes**
3 Culture for Communication	• Review **Court métrage** [5] • Student pairs/small groups review homework activities [5] **10 minutes**	• Present select **Imaginez** features in whole class or in small groups using jigsaw, numbered heads together, etc. [15] • Student pairs/small groups do selected item(s) from **Qu'avez-vouz appris?** [15] **30 minutes**
4 Structure in Context	• Student pairs/small groups review homework activities **5 minutes**	• Present grammatical concept using text and **Supersite** (tutorials, slides) [20] • Students begin **Mise en pratique** [15] **35 minutes**
5 Structure in Context	• Assessment: **Structures** **5 minutes**	• Present grammatical concept using text and **Supersite** (tutorials, slides) [20] • Students begin **Mise en pratique** [15] **35 minutes**
6 Structure in Context	• Assessment: **Structures** **5 minutes**	• Orient students to **Roman-photo** and **Expressions utiles** through video stills with observation, role-play, and prediction [10] • View, discuss, re-view **Roman-photo** [25] **35 minutes**
7 Skill Synthesis	• Assessment: **Structures** **5 minutes**	• Connect lesson context to language structures and communication via group speaking and writing presentations (**Synthèse**) **35 minutes**
8 Skill Synthesis	• Review **Culture** and homework activities **5 minutes**	• Guide students through **Préparation** activities for **Littérature** [10] • Students read **Littérature** (whole class or small groups) [25] **35 minutes**
9 Assessment	• Student groups present **Rédaction** **15 minutes**	• Guide a review of lesson context, vocabulary, structures, skills **20 minutes**

Reflect	Present / Practice / Communicate	Reflect / Conclude	DAY
Student pairs restate context of vocabulary and create personalized sentences **5 minutes**	• Students complete **Mise en pratique** **25 minutes**	• Students review key vocabulary through personalized phrases and sentences [5] • Student pairs or small groups review **Mise en pratique** [5] • Introduce homework: **Supersite** flashcards; end-of-chapter list with audio; remaining auto-graded activities [5] **15 minutes**	1
Student pairs reflect on **Court métrage** content and connection to vocabulary and context **5 minutes**	• Second viewing of **Court métrage** [10] • Students complete **Analyse** activities [20] • Student pairs/small groups write/illustrate sentences on context-vocabulary-**Court métrage** connections [5] **35 minutes**	• Students reflect on connection of vocabulary and video to chapter context [5] • Introduce homework: Watch or finish watching **Court métrage** on the **Supersite**; complete remaining auto-graded activities [5] **10 minutes**	2
Individual students reflect on information presented and identify concept or topic of initial personal interest **5 minutes**	• Guide students through **Préparation** activities for **Le Zapping** or **Galerie de Créateurs** [10] • Watch **Le Zapping** or present **Galerie de Créateurs**, using text or **Supersite** [15] • Student pairs complete post-viewing/reading activities; show **Le Zapping** clip again as necessary [10] **35 minutes**	• Introduce homework: Complete remaining auto-graded activities on **Supersite**; use **Supersite** to do **Projet** **5 minutes**	3
Student pairs explain grammatical structure to partner **5 minutes**	• Students complete remaining **Mise en pratique** activities [10] • Students do **Communication** activities [25] **35 minutes**	• Introduce homework: Complete remaining auto-graded activities on **Supersite**; watch tutorials (**Supersite**) **5 minutes**	4
Student pairs explain grammatical structure to partner **5 minutes**	• Students complete remaining **Mise en pratique** activities [10] • Students do **Communication** activities [25] **35 minutes**	• Introduce homework: Complete remaining auto-graded activities on **Supersite**; watch tutorials (**Supersite**) **5 minutes**	5
Student pairs explain grammatical structure to partner **5 minutes**	• Students complete remaining **Mise en pratique** activities [10] • Students do **Communication** activities [25] **35 minutes**	• Introduce homework: Complete remaining auto-graded activities on **Supersite**; watch tutorials (**Supersite**) **5 minutes**	6
Evoke student experiences and cultural knowledge using the photo that accompanies the **Culture** reading **5 minutes**	• Guide students through **Préparation** activities for **Culture** [10] • Students read **Culture** (whole class or small groups) [20] **30 minutes**	• Student pairs/small groups begin **Analyse** [5] • Introduce homework: Reread **Culture** and complete **Analyse** activities (text or **Supersite**) [5] **10 minutes**	7
Student pairs/small groups do **Analyse** **15 minutes**	• Guide students through the **Rédaction** activity for **Analyse**, connecting to chapter context [15] • Students prepare writing plan, sharing with a partner [10] **25 minutes**	• Introduce homework: Complete **Rédaction** **5 minutes**	8
Student pairs confirm understanding of assessment content and grading rubric **10 minutes**	**Assessment** **Lesson Test: 40 minutes**		9

D'accord! and the *Standards for Foreign Language Learning*

D'accord! promotes and enhances student learning and motivation through its instructional design, based on and informed by the best practices of the *Standards for Foreign Language Learning in the 21st Century* as presented by the American Council on the Teaching of Foreign Languages (ACTFL).

D'accord! blends the underlying principles of the five Cs (Communication, Cultures, Connections, Comparisons, Communities) with features and strategies tailored specifically to build students' speaking, listening, reading, and writing skills. As a result, right from the start students are given the tools to express themselves articulately, interact meaningfully with others, and become highly competent communicators in French.

Key Standards annotations, at the beginning of each section in the TE, highlight the most important standards met in that section. Below is a complete list of the standards.

The Five Cs of Foreign Language Learning

1. Communication

Students:

1. Engage in conversation, provide and obtain information, express feelings and emotions, and exchange opinions. (Interpersonal mode)
2. Understand and interpret written and spoken language. (Interpretive mode)
3. Present information, concepts, and ideas to an audience of listeners or readers. (Presentational mode)

2. Cultures

Students demonstrate an understanding of the relationship between:

1. The practices and perspectives of the culture studied.
2. The products and perspectives of the culture studied.

3. Connections

Students:

1. Reinforce and further their knowledge of other disciplines through French.
2. Acquire information and recognize distinctive viewpoints only available through French language and cultures.

4. Comparisons

Students demonstrate understanding of:

1. The nature of language through comparisons of the French language and their own.
2. The concept of culture through comparisons of the cultures studied and their own.

5. Communities

Students:

1. Use French both within and beyond the school setting.
2. Show evidence of becoming life-long learners by using French for personal enjoyment and enrichment.

Adapted from ACTFL's *Standards for Foreign Language Learning in the 21st Century*

D'accord! 3 Index of Cultural References

Affaires/Finances
Africa Microfinance Network (AFMIN), 325
Africaines entrepreneuses, 324–325
Banque de développement des États de l'Afrique Centrale (BDEAC), 307
banques luxembourgeoises, 233
droit de vote, 15
francs CFA (monnaie des pays africains francophones), 317
Mestral, Georges de (inventeur du velcro, Suisse), 243
nickel (Nouvelle-Calédonie), 343
Oui Marketing (Canada), 309
perliculture (Tahiti), 361
programme «Femme Crédit Épargne» (FCE), 325
Vendredi (journal), 87

Architecture
Carthage (Tunisie), 194
Essaouira (Maroc), 195

Art
Fresque des Lyonnais (Lyon, France), 49
fresques murales en trompe-l'œil (France), 49
Mur du cinéma (Cannes, France), 49
peinture haïtienne, 139

Artistes
Arthus-Bertrand, Yann (photographe, France), 51
Fortune, Gérard (peintre, Haïti), 139
Manuel, Michèle (peintre, Haïti), 139
Matisse, Henri (peintre, France), 81

Cinéma
Écrans noirs (festival de cinéma, Cameroun), 307
Gaumont, Léon (fondateur de Gaumont, France), 94
La société de production cinématographique Gaumont (France), 94
Réalisateurs
Amaouche, Nassim (France), 190
Arcand, Denys (Québec), 98
Back, Frédéric (Québec), 338
Danan, Bruno (France), 302
Fecteau, Simon-Olivier (Canada), 80
Gelblat, Cyril (France), 264
Le Piouffle, Georges (France), 228
Orreindy, Philippe (France), 44
Panh, Rithy (Cambodge), 345
Peyon, Olivier (France), 8
Pins, Arthur de (France), 116
Sillig, Olivier (Suisse), 152

Coutumes/Vie quotidienne
activités de loisir (France), R7
conduire (France), R16
couples (France), R19
faire la manche dans le métro (France), 45
foulard islamique et les écoles publiques en France, 188
«hennayat» (tatoueuse, Maghreb), 213
henné (plante, Maghreb), 213
mariage algérien, traditions et cérémonies, 213
professions libérales, 328–329
système métrique, 161

Écologie
forêts tropicales du Gabon, 307
lagoonariums (Tahiti et Bora Bora), 361

Éducation
Agence Universitaire de la Francophonie (AUF), 175
Alain (philosophe et professeur, France), 322
bac (France), R3
éducation à distance, 175
éducation en Afrique, 174–175
Université Virtuelle Africaine (UVA), 175

Fêtes
carnaval de Guyane (Guyane française), 121
fête de la Musique (France), 66–67
fête de la Saint-Jean (Québec), 85
fête des Lumières (Lyon, France), 48
fête du Citron (Menton, France), 49
Fête nationale suisse (Suisse), 153
Guetna (Mauritanie), 170
Heiva (Tahiti), 343

Indigènes
Berbères (Afrique du Nord), 195
Touaregs (désert du Sahara), 157

Histoire/Politique
Acadiens, histoire des, 31
Algériens en France, histoire des, 191
arrondissements de Paris, R24
Bové, José (activiste, France), 173
Cajuns, histoire des, 31
De Gaulle, Charles (homme politique, France), 84
événements de mai 1968 (France), 69–71
Kamatari, Esther (princesse et femme politique, Burundi), 307
Mahé de La Bourdonnais, Bertrand-François (navigateur, France), 278
Moreau de Séchelles, Jean (contrôleur des finances sous Louis XV, France), 278
mouvement altermondialiste, 173
piraterie dans la mer des Caraïbes, 120–121
primo-votants (belges), 15
Senghor, Léopold Sédar (homme politique et poète, Sénégal), 176
Taché, Eugène-Étienne (homme politique et architecte, Québec), 85
Taubira, Christiane (femme politique, Guyane), 131

Îles
Bora Bora (archipel de la Société), 361
Djerba (Tunisie), 200
île d'Aldabra (Seychelles), 269
La Réunion, 286–287
Mangaréva (archipel des Gambier), 335
Marie-Galante (Guadeloupe), 135
Saint-Barthélemy (Guadeloupe), 121, 135
Tahiti (archipel de la Société), 361

Langues/Dialectes
agni (Côte d'Ivoire), 166
baoulé (Côte d'Ivoire), 166
diaoula (Côte d'Ivoire), 166
français 12, 166
sénoufa (Côte d'Ivoire), 166

Littérature
Beigbeder, Frédéric (France), 105
Charneux, Olivier (France), 215
Daeninckx, Didier (France), 253
Goscinny, René (France), 289
Hugo, Victor (France), 141
Le Drian, Marie (France), 327
L'instant même (maison d'édition, Québec), 90
Mars, Kettly (Haïti), 139
Perrault, Charles (France), 13
Prévert, Jacques (France), 69
Sathoud, Ghislaine (République du Congo), 177
Sempé, Jean-Jacques (France), 289
Tati-Loutard, Jean-Baptiste (République du Congo), 363
Tocqueville, Alexis de (France), 27
Torabully, Khaleel Khal (île Maurice), 271
Victor, Gary (Haïti), 139

Musique/Danse
Balfa, Dewey (musicien, États-Unis), 31
Blou, Léna (danseuse, Guadeloupe), 123
Dion, Céline (chanteuse, Québec), 13
instruments de musique cajun, 31
Laliberté, Guy (co-fondateur et administrateur du Cirque du Soleil, Québec), 102-103
musique cajun et acadienne, 31
Sax, Adolphe (inventeur du saxophone, Belgique), 243

Nourriture/Boisson
cacao ivoirien, 157
café ivoirien, 157
calalou, 156
chocolat belge, 233
confitures d'Afrique, 325
cuisine créole, 134
dattes (Mauritanie), 170
gastronomie cajun, 31
Lagasse, Emeril (chef, États-Unis), 31
poutine (Québec), 85
Prudhomme, Paul (chef, États-Unis), 31
riz et les rizières (Cambodge, Laos, Vietnam), 342
thé à la menthe (des pays de Maghreb), 194
tô, 156
vanille (Madagascar), 268

Pays/Régions
L'Afrique Centrale, 306–307
L'Afrique de l'Ouest, 156–157, 175
L'Afrique du Nord, 194–195
L'Algérie, 194, 212–213
Les Antilles, 120–121
L'Asie, 342–343
La Belgique, 232–233
Le Bénin, 156, 163
Burkina Faso, 156
Le Cambodge, 342
Les Comores, 268
La Côte d'Ivoire, 172
Les États-Unis, 12–13, 31
La France, R11, 48–49, 58, 66–67, 339
Haïti, 138–139
Inde, 343
Le Liban, 194
Le Luxembourg, 232–233
Madagascar, 268, 283
Mali, 157
Le Maroc, 194–195, 204
Niger, 156
La Nouvelle-Calédonie, 343, 352, 361
L'océan Indien, 268–269
La Polynésie française, 342–343, 361
Le Québec, 84–85, 102–103
République démocratique du Congo, 306
République du Congo, 306
Les Seychelles, 268
La Suisse, 232–233, 250–251
Togo, 162
La Tunisie, 194–195, 208
Le Vietnam, 342

Sites d'intérêt
barrière de corail (Nouvelle-Calédonie), 361
Casbah (Alger, Algérie), 194
désert du Sahara (Afrique), 170
fleuve Congo (Afrique Centrale), 312
montagne de Bueren (Liège, Belgique), 233
mur de *je t'aime* (Paris, France), 146
musée du Travail et de la Culture (Woonsocket, Rhode Island), 22
Parcs
- jardin de Pamplemousse (île Maurice), 269
- Jardin des papillons (Martinique), 127
- parc national de Basse-Casamance (Sénégal), 157
- parc national de W, 156
- Réserve Nationale de Faune d'Arly, 156

piton de la Fournaise (île de la Réunion), 269, 286–287
RÉSO (ville souterraine, Montréal), 85
site de Timgad (Algérie), 195

Science/Technologie
clonage, 248
parabole et son effet sur la vie quotidienne, 254–255
Nao (robot humanoïde, France), 235
recherche scientifique (Suisse), 251

Sport/Passe-temps
Compétitions
- le Grand Raid, 287
- les Jeux des îles de l'océan Indien (JIOI), 274
- la Mégavalanche, 287
- la Tahiti Pearl Regatta, 343
- le Tour de la Martinique, 121

foot (France), 265
Merlin, Jean-Joseph (inventeur des patins à roulette, Belgique), 243
Parker, Tony (joueur de basket, (France), 13
Piccard, Bertrand (pilote de montgolfière, Suisse), 233
rollers (France), 49
yole ronde (Martinique), 121

Stylisme de mode
Saint Laurent, Yves (couturier, France), 197

D'accord! 3

LANGUE ET CULTURE DU MONDE FRANCOPHONE

Boston, Massachusetts

Cover photos: clockwise from top left: characters from the **D'ACCORD!** **Roman-photo** vvideo program in Aix-en-Provence, France; Oriental Mosaic at the Mosque Hassan II in Casablanca, Morocco; colorful French Macarons in Paris; France, Morbihan, Belle-Île-en-Mer, Le Palais, new harbour

Publisher: José A. Blanco
President: Janet Dracksdorf
Vice President, Editorial Director: Amy Baron
Executive Editor: Sharla Zwirek
Senior National Language Consultant: Norah Lulich Jones
Editorial Development: Diego García, Erica Solari
Project Management: Maria Rosa Alcaraz
Technology Production: Egle Gutiérrez, Tatiana Bustamante, Sonja Porras, Paola Ríos Schaaf
Design: Jessica Beets, Liliana Bobadilla, Robin Herr, Michelle Ingari, Susan Prentiss, Nick Ventullo
Production: Oscar Díez, Jennifer López, Lina Lozano, Fabián Montoya, Andrés Vanegas

Student Text ISBN: 978-1-61857-865-5
Printed in Canada.
Library of Congress Control Number: 2013948679

1 2 3 4 5 6 7 8 9 10 TC 18 17 16 15 14

D'accord! 3

LANGUE ET CULTURE DU MONDE FRANCOPHONE

TABLE DES MATIÈRES

Reprise

Épisode 1	Épisode 2	Épisode 3
Irregular verbs **être**, **faire**, **aller** et **avoir** . . . . **R2** Descriptive adjectives . . **R2, R3, R4** Question formation **R4**	Adverbs . . . . **R6, R7, R8** **Passé composé** with **avoir** and **être** **R8**	**Passé composé** with **avoir** and **être** . . . . **R10, R11, R12** The **passé composé** vs. the **imparfait** **R11, R12**

	POUR COMMENCER	COURT MÉTRAGE	IMAGINEZ
Leçon 1 **Ressentir et vivre**	**Les relations personnelles** . . . . . **4** l'état civil la personnalité les relations les sentiments	*À tes amours* (6 min.) . . . . **6** France, 2001 Réalisateur: Olivier Peyon	Les États-Unis. . . . . **12** LE ZAPPING: Le droit de vote. **15**
Leçon 2 **Habiter en ville**	**En ville** . . . . **40** les activités les gens les indications les lieux pour décrire	*J'attendrai le suivant...* (4.5 min.). . . . . **42** France, 2002 Réalisateur: Philippe Orreindy	La France . . . . **48** GALERIE DE CRÉATEURS: Yann Arthus-Bertrand. **51**
Leçon 3 **L'influence des médias**	**L'univers médiatique** . . . . **76** le cinéma et la télévision les gens des médias les médias la presse	*Le Technicien* (8 min.) . . . . **78** Canada, 2009 Réalisateur: Simon-Olivier Fecteau	Le Québec. . . . . **84** LE ZAPPING: *Vendredi* **87**

Épisode 4	Épisode 5	Épisode 6
Partitives . . . . .R14 Pronouns . . . . R15, R16 The pronouns **y** et **en** . . . R15, R16	Subjunctive . . . . .R18 Comparatives and superlatives . . . . R19, R20 Infinitives R20	**Futur** and **futur antérieur**. . . . .R22 **Si** clauses and the **conditionnel passé**. . . . . . . .R23 **Futur** and **conditionnel** R24

STRUCTURES	FICHES DE GRAMMAIRE Optional Sequence	CULTURE	LITTÉRATURE
1.1 Spelling-change verbs . . . . .16 **1.2** The irregular verbs **être, avoir, faire,** and **aller**. . . . . .20 **1.3** Forming questions 24	**1.4** Present tense of regular **-er, -ir,** and **-re** verbs . . . .372 **1.5** The imperative 374	*Les francophones d'Amérique* 29	*Il pleure dans mon cœur*. . . . . .33 Paul Verlaine, France poème
2.1 Reflexive and reciprocal verbs. . . . . .52 **2.2** Descriptive adjectives and adjective agreement . . .56 **2.3** Adverbs. 60	**2.4** Nouns and articles . . . . . . .376 **2.5 Il est** and **c'est** 378	*Rythme dans la rue: La fête de la Musique*. 65	*Mai 1968*. . . . . .69 Jacques Prévert, France poème
3.1 The **passé composé** with **avoir** . . . . .88 **3.2** The **passé composé** with **être** . . . . .92 **3.3** The **passé composé** vs. the **imparfait** 96	**3.4** Possessive adjectives . . . .380 **3.5** The **imparfait**: formation and uses. 382	*Guy Laliberté, Un homme hors du commun* 101	*99 Francs* . . . . .105 Fréderic Beigbeder, France extrait de roman

TABLE DES MATIÈRES

	POUR COMMENCER	COURT MÉTRAGE	IMAGINEZ
Leçon 4 **La valeur des idées**	**La justice et la politique . . . . . 112** les gens les lois et les droits la politique la sécurité et le danger	*La révolution des crabes* (5 min.) . . . . **114** France, 2004 Réalisateur: Arthur de Pins	Les Antilles . . . . **120** GALERIE DE CRÉATEURS: Léna Blou **123**
Leçon 5 **La société en évolution**	**Crises et horizons . . . . 148** en mouvement les changements les problèmes et les solutions	*Samb et le commissaire* (15 min.) . . . . **150** Suisse, 1997 Réalisateur: Olivier Sillig	L'Afrique de l'Ouest. . . . . **156** LE ZAPPING: Oxfam **159**
Leçon 6 **Les générations qui bougent**	**En famille . . . . 186** la cuisine la personnalité la vie familiale les étapes de la vie les générations les membres de la famille	*De l'autre côté* (29 min.). . . . . . **188** Algérie/France, 2004 Réalisateur: Nassim Amaouche	L'Afrique du Nord et le Liban . . **194** GALERIE DE CRÉATEURS: Yves Saint Laurent **197**
Leçon 7 **À la recherche du progrès**	**Le progrès et la recherche . . . 224** la technologie les gens dans les sciences les inventions et la science l'univers et l'astronomie	*Le Manie-Tout* (16 min.) . . . . . **226** France, 2005 Réalisateur: Georges Le Piouffle	La Belgique, la Suisse et le Luxembourg . . . . **232** LE ZAPPING: Nao **235**

	STRUCTURES	FICHES DE GRAMMAIRE Optional Sequence	CULTURE	LITTÉRATURE
	4.1 The **plus-que-parfait** . . . . 124 **4.2** Negation and indefinite adjectives and pronouns . . 128 **4.3** Irregular **-ir** verbs. 132	**4.4** Demonstrative adjectives . . . . 384 **4.5** The **passé simple** 386	*Haïti, soif de liberté* 137	*Discours sur la misère* . . . . . . 141 Victor Hugo, France discours
	5.1 Partitives. . . . . 160 **5.2** The pronouns **y** and **en** . . . 164 **5.3** Order of pronouns 168	**5.4** Object pronouns . . . . 388 **5.5** Past participle agreement 390	*La jeunesse africaine va à l'école sur Internet* 173	*Le marché de l'espoir* . . . . 177 Ghislaine Sathoud, Congo nouvelle
	6.1 The subjunctive: impersonal expressions; will, opinion, and emotion . . . . 198 **6.2** Demonstrative pronouns. . . . . 202 **6.3** Irregular **-re** verbs 206	**6.4** Disjunctive pronouns . . . . . 392 **6.5** Possessive pronouns 394	*Jour de mariage* 211	*La logique des grands*. . . . . . . 215 Olivier Charneux, France nouvelle
	7.1 The comparative and superlative of adjectives and adverbs . . . 236 **7.2** The **futur simple** . . . . 240 **7.3** The subjunctive with expressions of doubt and conjunctions; the past subjunctive 244	**7.4** Past participles used as adjectives . . . . 396 **7.5** Expressions of time 398	*CERN: À la découverte d'un univers particulier*. 249	*Solitude numérique*. . . . . 253 Didier Daeninckx, France nouvelle

TABLE DES MATIÈRES

	POUR COMMENCER	COURT MÉTRAGE	IMAGINEZ
Leçon 8 **S'évader et s'amuser**	**Les passe-temps . . . . .260** les arts et le théâtre le shopping et les vêtements le sport le temps libre	*Le ballon prisonnier* (13 min.) . . . .**262** France, 2003 Réalisateur: Cyril Gelblat	L'océan Indien. . . . .**268** GALERIE DE CRÉATEURS: Khaleel «Khal» Torabully. **271**
Leçon 9 **Perspectives de travail**	**Le travail et les finances. . . . .298** le monde du travail les finances les gens au travail	*Bonne nuit Malik* (15 min.) . . . .**300** France, 2006 Réalisateur: Bruno Danan	L'Afrique Centrale . . . .**306** LE ZAPPING: La semaine des jeunes diplômés **309**
Leçon 10 **Les richesses naturelles**	**Notre monde. . . . . .334** la nature les animaux les phénomènes naturels se servir de la nature ou la détruire	*L'homme qui plantait* *des arbres* (30 min.). . . . .**336** Québec, 1987 Réalisateur: Frédéric Back	La Polynésie française, la Nouvelle-Calédonie, l'Asie . .**342** GALERIE DE CRÉATEURS: Rithy Panh. **345**

APPENDICES

Fiches de grammaire **369**

Appendice A

Dialogues des courts métrages **412**

Appendice B

Tables de conjugaison **440**

STRUCTURES	FICHES DE GRAMMAIRE Optional Sequence	CULTURE	LITTÉRATURE
8.1 Infinitives . . . . **272** **8.2** Prepositions with geographical names. . . . . . **276** **8.3** The **conditionnel** **280**	**8.4** Prepositions with infinitives . . . . **400** **8.5** The subjunctive after indefinite antecedents and in superlative statements. . . . **402**	*La Réunion, île intense* **285**	*Le football - Le Petit Nicolas* . . . . **289** Sempé-Goscinny, France roman illustré
9.1 Relative pronouns. . . . . **310** **9.2** The present participle . . . . **314** **9.3** Irregular **-oir** verbs. **318**	**9.4 Savoir** vs. **connaître** . . . . . **404** **9.5 Faire causatif** **406**	*Des Africaines entrepreneuses*. **323**	*Profession libérale*. . . . . **327** Marie Le Drian, France nouvelle
10.1 The past conditional. . . . . **346** **10.2** The future perfect . . . . . . **350** **10.3 Si** clauses. **354**	**10.4** Indirect discourse. . . . . . . **408** **10.5** The passive voice. **410**	*Les richesses du Pacifique* . . . **359**	*Baobab* . . . . **363** Jean-Baptiste Tati-Loutard, République du Congo poème

Appendice C

Vocabulaire

Français–Anglais 454

Anglais–Français 483

Appendice D

Index. 508

Credits 510

Le monde francophone

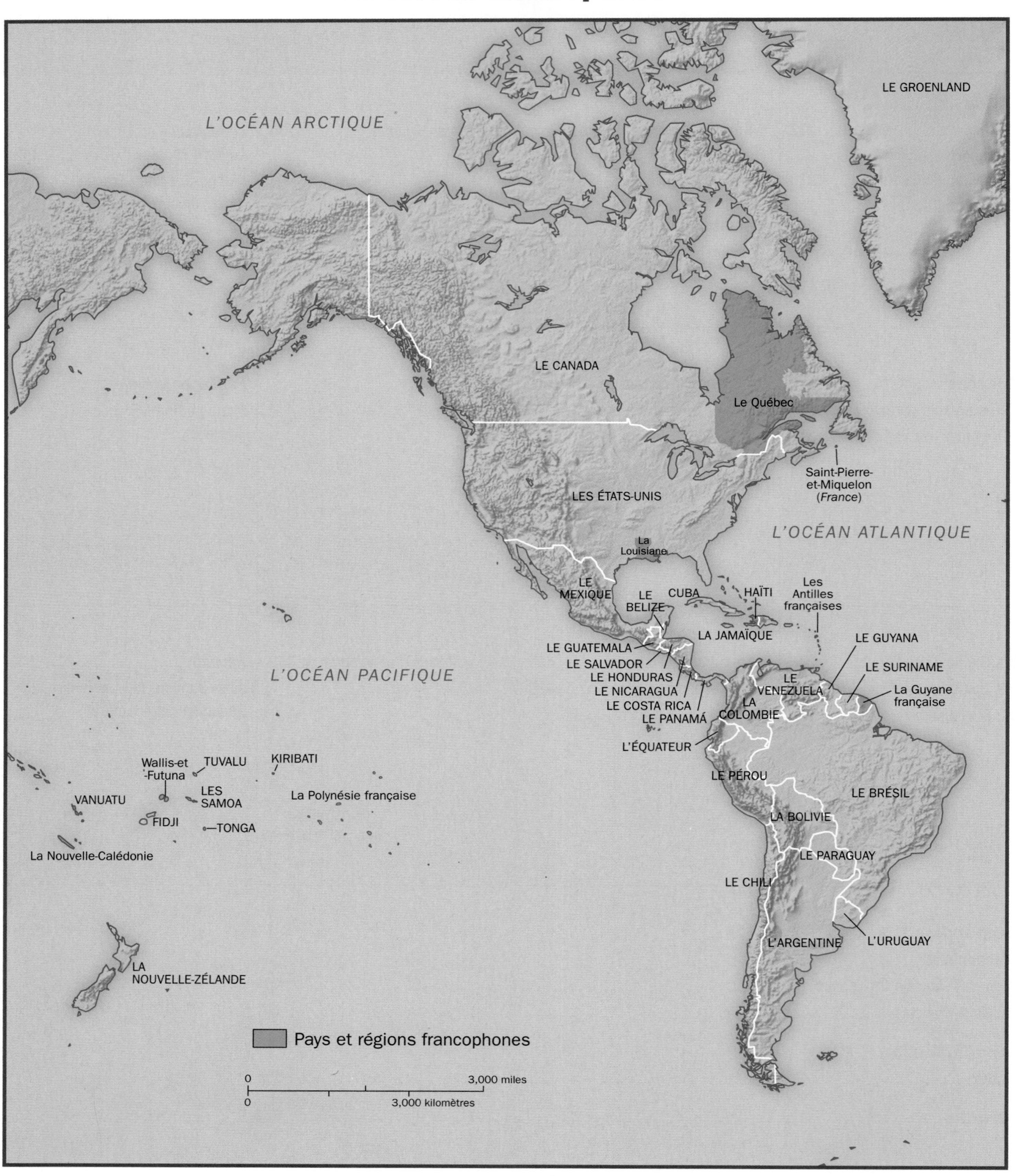

L'OCÉAN ARCTIQUE
LE GROENLAND
LE CANADA
Le Québec
Saint-Pierre-et-Miquelon (France)
LES ÉTATS-UNIS
L'OCÉAN ATLANTIQUE
La Louisiane
LE MEXIQUE
LE BELIZE
CUBA
HAÏTI
Les Antilles françaises
LA JAMAÏQUE
LE GUATEMALA
LE SALVADOR
LE HONDURAS
LE NICARAGUA
LE COSTA RICA
LE PANAMÁ
LE GUYANA
LE SURINAME
La Guyane française
LE VENEZUELA
LA COLOMBIE
L'ÉQUATEUR
LE PÉROU
LE BRÉSIL
LA BOLIVIE
LE PARAGUAY
LE CHILI
L'ARGENTINE
L'URUGUAY
L'OCÉAN PACIFIQUE
Wallis-et-Futuna
TUVALU
KIRIBATI
LES SAMOA
La Polynésie française
VANUATU
FIDJI
TONGA
La Nouvelle-Calédonie
LA NOUVELLE-ZÉLANDE
Pays et régions francophones
0
3,000 miles
0
3,000 kilomètres

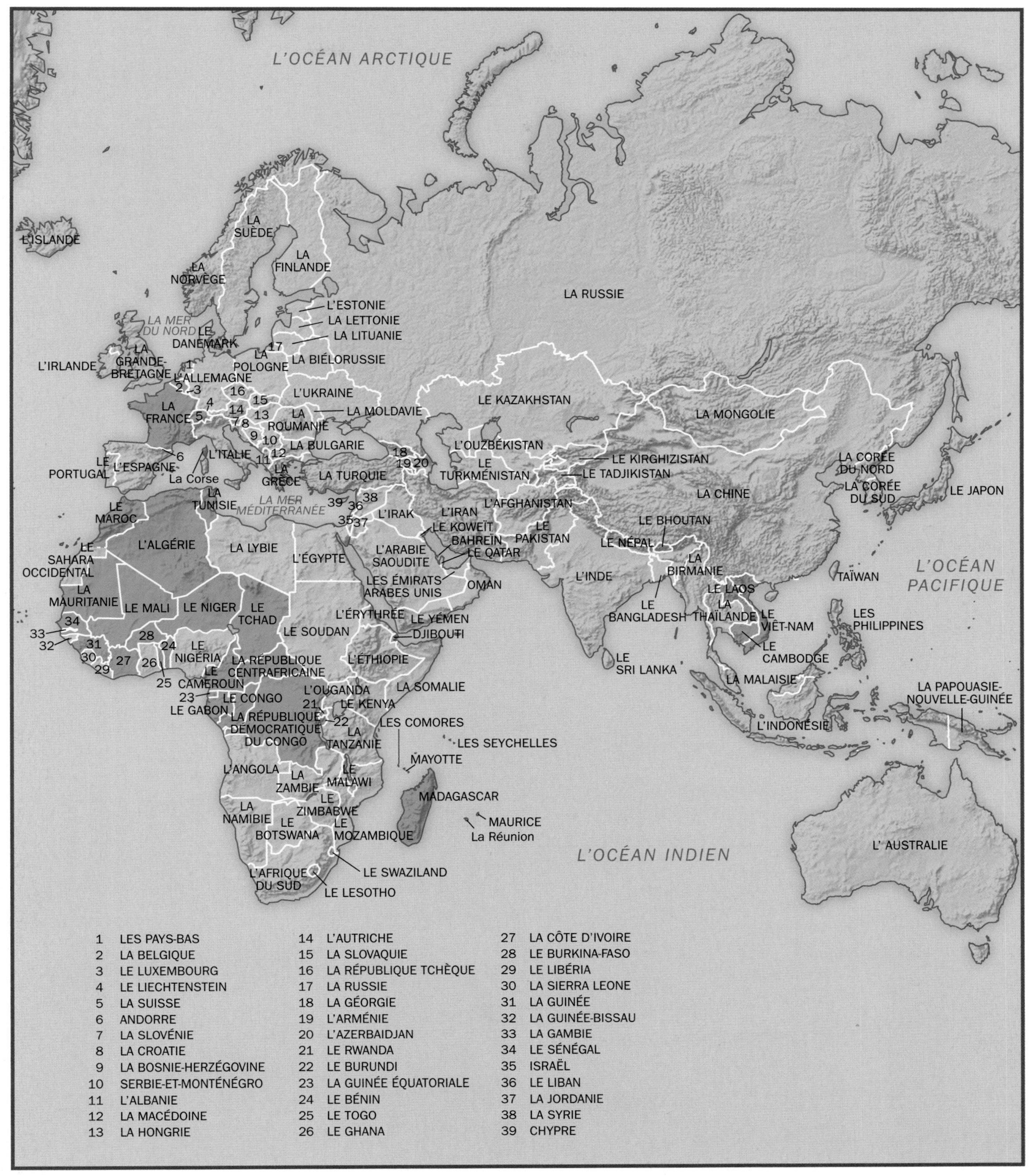

L'OCÉAN ARCTIQUE
L'OCÉAN PACIFIQUE
L'OCÉAN INDIEN
LA MER DU NORD
LA MER MÉDITERRANÉE
L'ISLANDE
LA SUÈDE
LA NORVÈGE
LA FINLANDE
L'ESTONIE
LA LETTONIE
LA LITUANIE
LE DANEMARK
L'IRLANDE
LA GRANDE-BRETAGNE
LA POLOGNE
LA BIÉLORUSSIE
L'ALLEMAGNE
L'UKRAINE
LA FRANCE
LA MOLDAVIE
LA ROUMANIE
LA BULGARIE
L'ITALIE
LE PORTUGAL
L'ESPAGNE
La Corse
LA GRÈCE
LA TURQUIE
LA TUNISIE
LE MAROC
L'ALGÉRIE
LA LYBIE
L'ÉGYPTE
LE SAHARA OCCIDENTAL
LA MAURITANIE
LE MALI
LE NIGER
LE TCHAD
LE SOUDAN
LE NIGÉRIA
LA RÉPUBLIQUE CENTRAFRICAINE
LE CAMEROUN
LE GABON
LE CONGO
LA RÉPUBLIQUE DÉMOCRATIQUE DU CONGO
L'OUGANDA
LE KENYA
LA TANZANIE
L'ÉRYTHRÉE
LE YÉMEN
DJIBOUTI
L'ÉTHIOPIE
LA SOMALIE
LES COMORES
LES SEYCHELLES
MAYOTTE
L'ANGOLA
LA ZAMBIE
LE MALAWI
LA NAMIBIE
LE ZIMBABWE
LE BOTSWANA
LE MOZAMBIQUE
MADAGASCAR
MAURICE
La Réunion
L'AFRIQUE DU SUD
LE SWAZILAND
LE LESOTHO
LA RUSSIE
LE KAZAKHSTAN
LA MONGOLIE
L'OUZBÉKISTAN
LE KIRGHIZISTAN
LE TADJIKISTAN
LE TURKMÉNISTAN
L'IRAK
L'IRAN
L'AFGHANISTAN
LE KOWEÏT
BAHREÏN
LE QATAR
L'ARABIE SAOUDITE
LES ÉMIRATS ARABES UNIS
OMAN
LE PAKISTAN
LE NÉPAL
LE BHOUTAN
L'INDE
LA CHINE
LA CORÉE DU NORD
LA CORÉE DU SUD
LE JAPON
TAÏWAN
LA BIRMANIE
LE BANGLADESH
LE LAOS
LA THAÏLANDE
LE VIÊT-NAM
LE CAMBODGE
LES PHILIPPINES
LE SRI LANKA
LA MALAISIE
L'INDONÉSIE
LA PAPOUASIE-NOUVELLE-GUINÉE
L' AUSTRALIE
1 LES PAYS-BAS
2 LA BELGIQUE
3 LE LUXEMBOURG
4 LE LIECHTENSTEIN
5 LA SUISSE
6 ANDORRE
7 LA SLOVÉNIE
8 LA CROATIE
9 LA BOSNIE-HERZÉGOVINE
10 SERBIE-ET-MONTÉNÉGRO
11 L'ALBANIE
12 LA MACÉDOINE
13 LA HONGRIE
14 L'AUTRICHE
15 LA SLOVAQUIE
16 LA RÉPUBLIQUE TCHÈQUE
17 LA RUSSIE
18 LA GÉORGIE
19 L'ARMÉNIE
20 L'AZERBAIDJAN
21 LE RWANDA
22 LE BURUNDI
23 LA GUINÉE ÉQUATORIALE
24 LE BÉNIN
25 LE TOGO
26 LE GHANA
27 LA CÔTE D'IVOIRE
28 LE BURKINA-FASO
29 LE LIBÉRIA
30 LA SIERRA LEONE
31 LA GUINÉE
32 LA GUINÉE-BISSAU
33 LA GAMBIE
34 LE SÉNÉGAL
35 ISRAËL
36 LE LIBAN
37 LA JORDANIE
38 LA SYRIE
39 CHYPRE

L'Amérique du Nord et du Sud

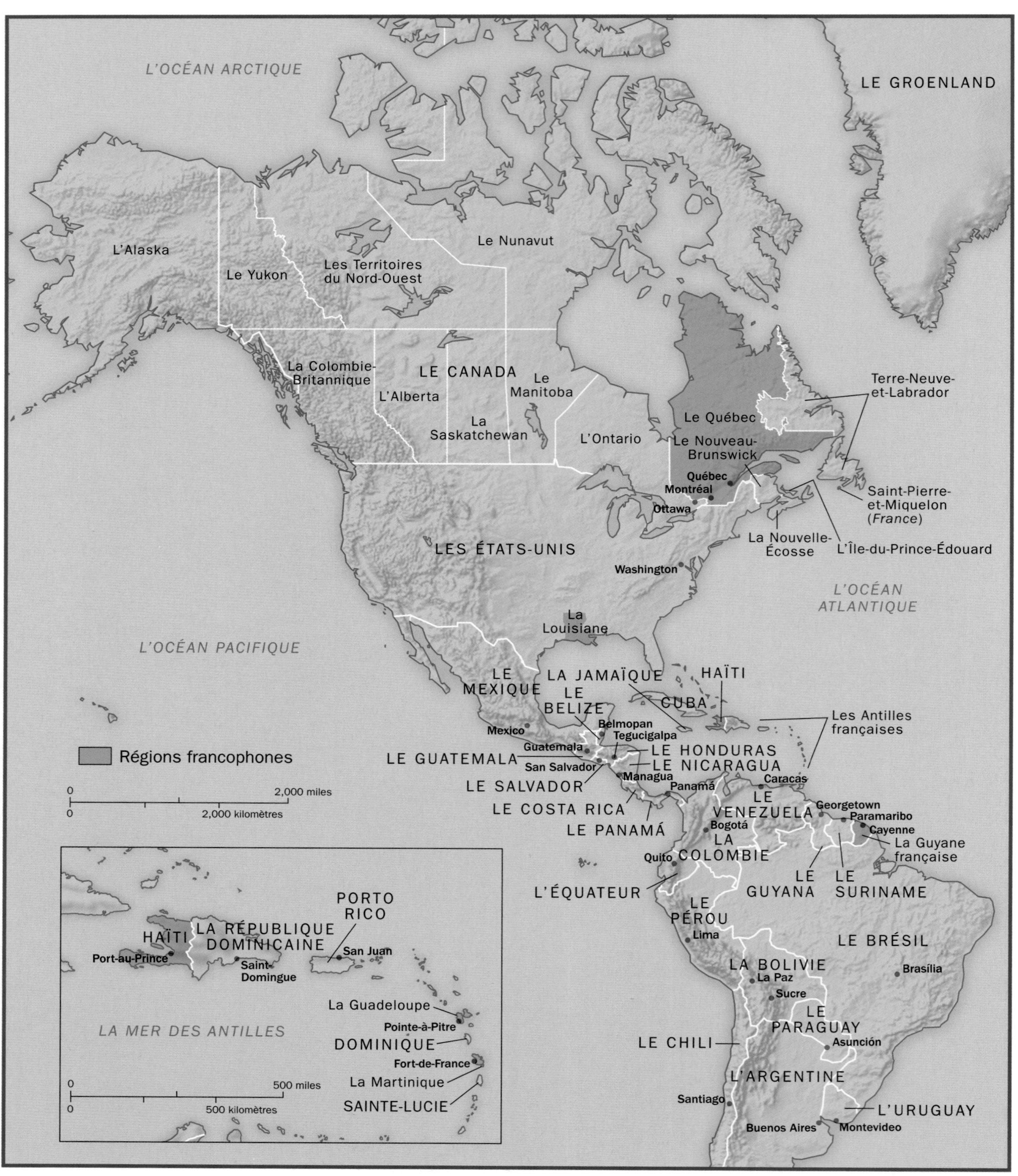
L'OCÉAN ARCTIQUE
LE GROENLAND
L'Alaska
Le Yukon
Les Territoires du Nord-Ouest
Le Nunavut
La Colombie-Britannique
LE CANADA
L'Alberta
Le Manitoba
La Saskatchewan
L'Ontario
Le Québec
Le Nouveau-Brunswick
Terre-Neuve-et-Labrador
Québec
Montréal
Ottawa
Saint-Pierre-et-Miquelon (*France*)
La Nouvelle-Écosse
L'Île-du-Prince-Édouard
LES ÉTATS-UNIS
Washington
L'OCÉAN ATLANTIQUE
La Louisiane
L'OCÉAN PACIFIQUE
LE MEXIQUE
LA JAMAÏQUE
HAÏTI
LE BELIZE
CUBA
Les Antilles françaises
Mexico
Belmopan
Tegucigalpa
Régions francophones
Guatemala
LE HONDURAS
LE GUATEMALA
San Salvador
LE NICARAGUA
LE SALVADOR
Managua
Panamá
Caracas
0 2,000 miles
0 2,000 kilomètres
LE COSTA RICA
LE VENEZUELA
Georgetown
Paramaribo
Cayenne
LE PANAMÁ
Bogotá
LA COLOMBIE
La Guyane française
Quito
L'ÉQUATEUR
LE GUYANA
LE SURINAME
LE PÉROU
Lima
LE BRÉSIL
LA BOLIVIE
La Paz
Brasília
Sucre
LE PARAGUAY
LE CHILI
Asunción
L'ARGENTINE
Santiago
L'URUGUAY
Buenos Aires
Montevideo
PORTO RICO
HAÏTI
LA RÉPUBLIQUE DOMINICAINE
Port-au-Prince
San Juan
Saint-Domingue
La Guadeloupe
Pointe-à-Pitre
LA MER DES ANTILLES
DOMINIQUE
Fort-de-France
La Martinique
0 500 miles
0 500 kilomètres
SAINTE-LUCIE

La France

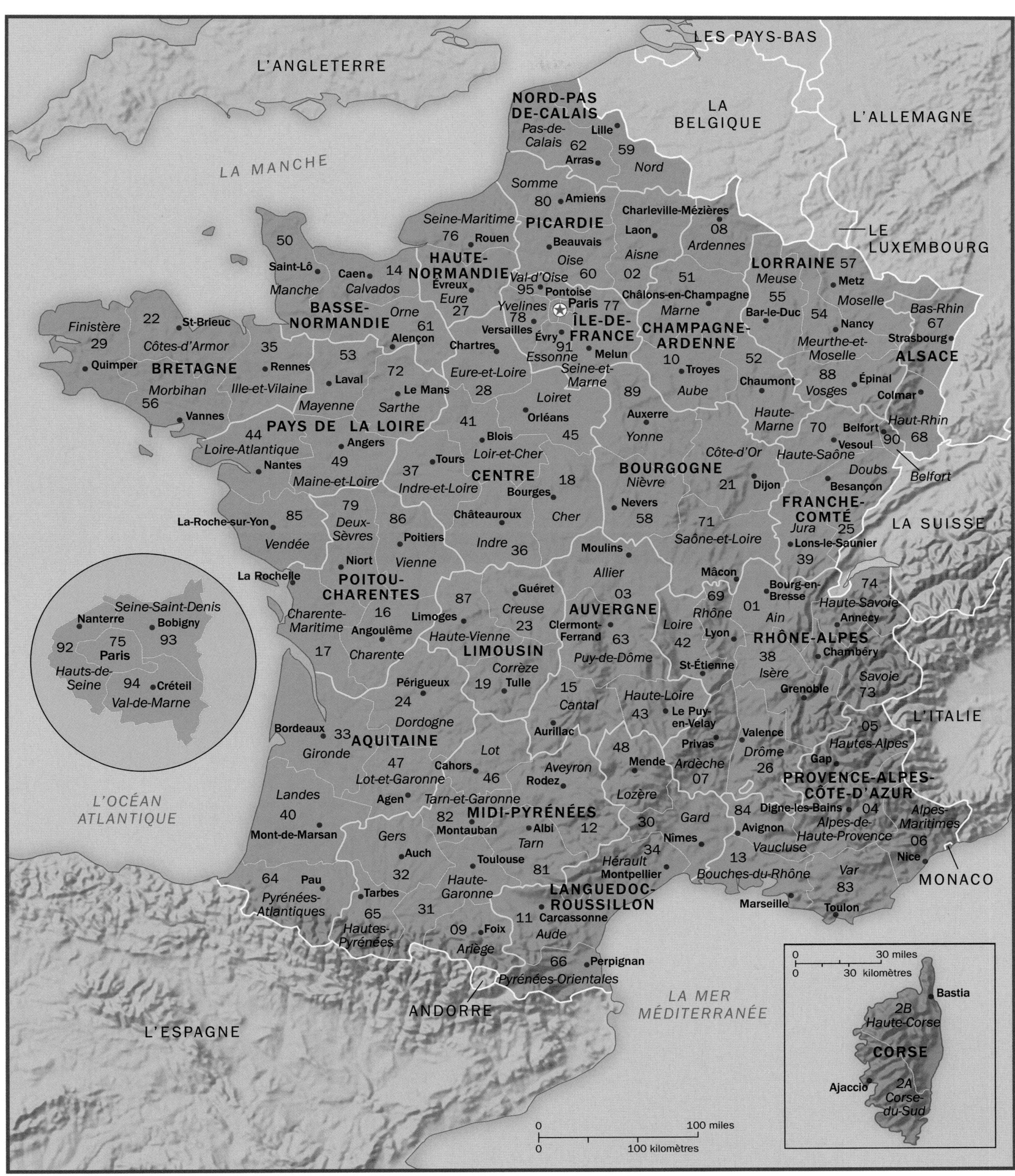

LES PAYS-BAS
L'ANGLETERRE
LA BELGIQUE
L'ALLEMAGNE
LA MANCHE
LE LUXEMBOURG
LA SUISSE
L'ITALIE
MONACO
ANDORRE
L'ESPAGNE
L'OCÉAN ATLANTIQUE
LA MER MÉDITERRANÉE
NORD-PAS DE-CALAIS
Pas-de-Calais 62
Lille
Arras
59 Nord
Somme 80
Amiens
PICARDIE
Seine-Maritime 76
Rouen
Charleville-Mézières
08 Ardennes
Laon
Aisne 02
Beauvais
Oise 60
HAUTE-NORMANDIE
50
Saint-Lô
Manche
Caen
14 Calvados
Évreux
Eure 27
Val-d'Oise 95
Pontoise
LORRAINE 57
Metz
Moselle
Meuse 55
51 Marne
Châlons-en-Champagne
Bar-le-Duc
54
Nancy
Meurthe-et-Moselle
Bas-Rhin 67
Strasbourg
ALSACE
BASSE-NORMANDIE
Orne 61
Alençon
Yvelines 78
Versailles
Paris 77
ÎLE-DE-FRANCE
Évry
91 Essonne
Melun
Seine-et-Marne
CHAMPAGNE-ARDENNE
10 Troyes
Aube
52
Chaumont
Haute-Marne
88 Vosges
Épinal
Colmar
Haut-Rhin 68
Finistère 29
Quimper
22 St-Brieuc
Côtes-d'Armor
BRETAGNE
35 Rennes
Ille-et-Vilaine
Morbihan 56
Vannes
53 Laval
Mayenne
72 Le Mans
Sarthe
Chartres
Eure-et-Loire 28
Loiret
Orléans
45
89 Auxerre
Yonne
70 Vesoul
Haute-Saône
Belfort 90
Belfort
PAYS DE LA LOIRE
44 Loire-Atlantique
Nantes
Angers
49 Maine-et-Loire
41 Blois
Loir-et-Cher
37 Tours
Indre-et-Loire
CENTRE
18 Bourges
Cher
BOURGOGNE
Nièvre
Côte-d'Or
21 Dijon
Doubs
Besançon
FRANCHE-COMTÉ
Jura 25
Lons-le-Saunier
39
La-Roche-sur-Yon
85 Vendée
79 Deux-Sèvres
Niort
86 Poitiers
Vienne
Châteauroux
Indre 36
Nevers 58
71 Saône-et-Loire
Moulins
Allier 03
Mâcon
Bourg-en-Bresse
01 Ain
74 Haute-Savoie
Annecy
La Rochelle
POITOU-CHARENTES
Charente-Maritime 17
16 Angoulême
Charente
87 Limoges
Haute-Vienne
Guéret
Creuse 23
LIMOUSIN
AUVERGNE
Clermont-Ferrand
63 Puy-de-Dôme
Loire 42
69 Rhône
Lyon
RHÔNE-ALPES
38 Isère
Chambéry
Savoie 73
Grenoble
St-Étienne
Seine-Saint-Denis
Nanterre
Bobigny
92
75 Paris
93
Hauts-de-Seine
94 Créteil
Val-de-Marne
Corrèze
19 Tulle
Périgueux
24 Dordogne
15 Cantal
Aurillac
Haute-Loire
43 Le Puy-en-Velay
Valence
Drôme 26
05 Hautes-Alpes
Gap
Bordeaux
33 Gironde
AQUITAINE
Lot
Cahors 46
47 Lot-et-Garonne
Agen
Aveyron
Rodez
48 Mende
Lozère
Privas
Ardèche 07
PROVENCE-ALPES-CÔTE-D'AZUR
Digne-les-Bains 04
Alpes-de-Haute-Provence
Alpes-Maritimes 06
Nice
Landes 40
Mont-de-Marsan
Tarn-et-Garonne 82
Montauban
MIDI-PYRÉNÉES
Albi
Tarn 81
12
30 Gard
Nîmes
84 Avignon
Vaucluse
13 Bouches-du-Rhône
Marseille
Var 83
Toulon
Gers
Auch
32
Toulouse
Haute-Garonne 31
Hérault 34
Montpellier
LANGUEDOC-ROUSSILLON
64 Pau
Pyrénées-Atlantiques
Tarbes
65 Hautes-Pyrénées
09 Foix
Ariège
11 Carcassonne
Aude
66 Perpignan
Pyrénées-Orientales
0 30 miles
0 30 kilomètres
Bastia
2B Haute-Corse
CORSE
Ajaccio
2A Corse-du-Sud
0 100 miles
0 100 kilomètres

L'Europe

0 500 miles
0 500 kilomètres
Pays francophones
LA MER DE BARENTS
LA MER DE NORVÈGE
L'ISLANDE
Reykjavik
LA SUÈDE
LA FINLANDE
LA NORVÈGE
Helsinki
LA RUSSIE
Tallinn
Oslo
Stockholm
L'ESTONIE
Moscou
Riga
LA LETTONIE
LA MER DU NORD
LE DANEMARK
LA MER BALTIQUE
LA LITUANIE
Copenhague
Vilnius
LA RUSSIE
Minsk
Dublin
LES PAYS-BAS
L'IRLANDE
LA GRANDE-BRETAGNE
LA BIÉLORUSSIE
Berlin
Varsovie
La Haye
LA POLOGNE
Kiev
Londres
Bruxelles
L'ALLEMAGNE
L'UKRAINE
LA BELGIQUE
L'OCÉAN ATLANTIQUE
Prague
Luxembourg
LA RÉPUBLIQUE TCHÈQUE
Paris
LA SLOVAQUIE
LA MOLDAVIE
LE LUXEMBOURG
LE LIECHTENSTEIN
Bratislava
Vienne
Chisinau
Budapest
Berne
L'AUTRICHE
LA SUISSE
LA HONGRIE
LA ROUMANIE
LA FRANCE
Ljubljana
Zagreb
Bucarest
LA MER NOIRE
LA SLOVÉNIE
Belgrade
LA CROATIE
LA BOSNIE-HERZÉGOVINE
SERBIE-ET-MONTÉNÉGRO
Monte Carlo
Sarajevo
LA BULGARIE
Andorre-la-Vieille
Sofia
LE PORTUGAL
ANDORRE
MONACO
L'ITALIE
Skopje
LA MACÉDOINE
La Corse
Rome
Tirana
LA TURQUIE
Madrid
L'ALBANIE
Lisbonne
L'ESPAGNE
LA GRÈCE
La Sardaigne
Athènes
La Sicile
Nicosie
CHYPRE
MALTE
La Valette
LA MER MÉDITERRANÉE
LE MAROC
LA TUNISIE
L'ALGÉRIE
LA LIBYE
L'ÉGYPTE

L'Afrique

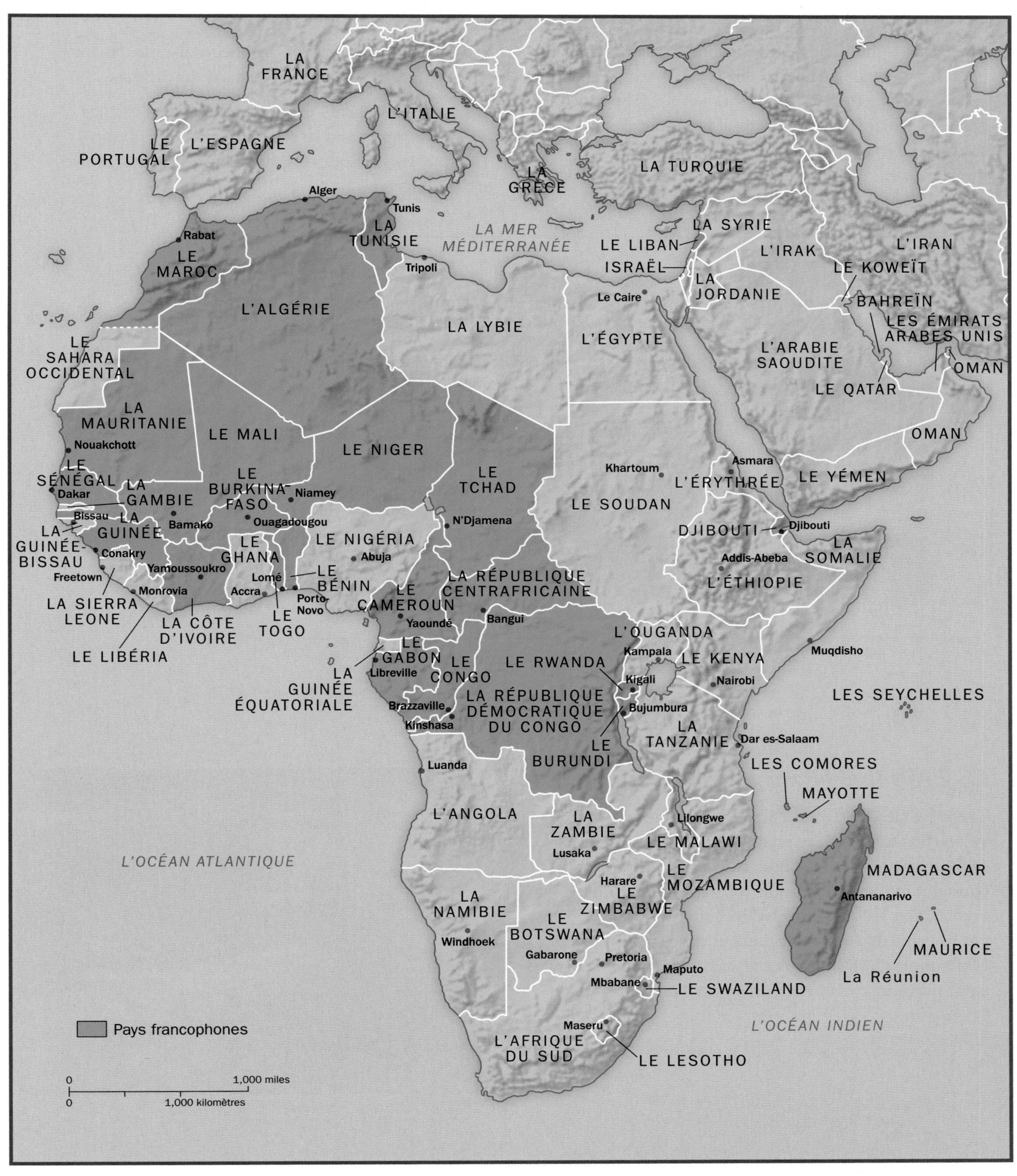

LA FRANCE
L'ITALIE
LE PORTUGAL
L'ESPAGNE
LA GRÈCE
LA TURQUIE
Alger
Tunis
LA TUNISIE
Rabat
LE MAROC
LA MER MÉDITERRANÉE
LA SYRIE
LE LIBAN
L'IRAK
L'IRAN
ISRAËL
Tripoli
LA JORDANIE
LE KOWEÏT
Le Caire
BAHREÏN
L'ALGÉRIE
LA LYBIE
L'ÉGYPTE
LES ÉMIRATS ARABES UNIS
L'ARABIE SAOUDITE
OMAN
LE QATAR
LE SAHARA OCCIDENTAL
LA MAURITANIE
LE MALI
LE NIGER
OMAN
Nouakchott
Asmara
Khartoum
LE TCHAD
L'ÉRYTHRÉE
LE YÉMEN
LE SÉNÉGAL
Dakar
LA GAMBIE
LE BURKINA FASO
Niamey
LE SOUDAN
Bissau
Bamako
Ouagadougou
N'Djamena
Djibouti
DJIBOUTI
LA GUINÉE-BISSAU
LA GUINÉE
LE NIGÉRIA
LA SOMALIE
Conakry
LE GHANA
Abuja
Addis-Abeba
Freetown
Yamoussoukro
Lomé
LE BÉNIN
LA RÉPUBLIQUE CENTRAFRICAINE
L'ÉTHIOPIE
Monrovia
Accra
LE CAMEROUN
LA SIERRA LEONE
Porto Novo
Bangui
LE TOGO
LA CÔTE D'IVOIRE
Yaoundé
L'OUGANDA
LE LIBÉRIA
LE GABON
Kampala
LE KENYA
Muqdisho
LE CONGO
LE RWANDA
Libreville
Kigali
Nairobi
LA GUINÉE ÉQUATORIALE
LA RÉPUBLIQUE DÉMOCRATIQUE DU CONGO
LES SEYCHELLES
Brazzaville
Bujumbura
Kinshasa
LA TANZANIE
Dar es-Salaam
LE BURUNDI
Luanda
LES COMORES
MAYOTTE
L'ANGOLA
LA ZAMBIE
Lilongwe
LE MALAWI
Lusaka
L'OCÉAN ATLANTIQUE
MADAGASCAR
Harare
LE MOZAMBIQUE
LE ZIMBABWE
Antananarivo
LA NAMIBIE
LE BOTSWANA
Windhoek
MAURICE
Gabarone
Pretoria
Maputo
La Réunion
Mbabane
LE SWAZILAND
L'OCÉAN INDIEN
Pays francophones
Maseru
L'AFRIQUE DU SUD
LE LESOTHO
0
1,000 miles
0
1,000 kilomètres

ROMAN-PHOTO VIDEO PROGRAM

The **Roman-photo** video series contains 36 dramatic episodes—one for each lesson in Levels 1 and 2, and 6 episodes in the **Reprise** chapter in Level 3. The episodes present the adventures of four college students who are studying in the south of France at the Université Aix-Marseille. They live in apartments above and near Le P'tit Bistrot, a café owned by Valérie Forestier. The videos tell their story and the story of Madame Forestier and her teenage son, Stéphane.

The first four episodes in the Level 3 **Reprise** chapter review the topics and structures from Levels 1 and 2. The final two episodes bring you up-to-date on the lives of the characters.

THE CAST

Here are the main characters you will meet when you watch Roman-photo:

Of Senegalese heritage
Amina Mbaye

From Washington, D.C.
David Duchesne

From Paris
Sandrine Aubry

From Aix-en-Provence
Valérie Forestier

Of Algerian heritage
Rachid Kahlid

And, also from Aix-en-Provence
Stéphane Forestier

LE ZAPPING VIDEO PROGRAM

The **D'ACCORD!** Level 3 Supersite features authentic video clips from commercials and newscasts for each odd-numbered lesson. These clips have been carefully chosen to be comprehensible for students learning French, and are accompanied by activities and vocabulary lists to facilitate understanding. More importantly, though, these clips are a fun and motivating way to improve your French!

D'ACCORD! FILM COLLECTION

Fully integrated with your textbook, the **D'ACCORD!** Film Collection contains short-subject films by francophone filmmakers that are the basis for the pre- and post-viewing activities in the **Court métrage** section of each lesson of Level 3. These films offer entertaining and thought-provoking opportunities to build your listening comprehension skills and your cultural knowledge of French speakers and the francophone world.

Besides providing entertainment, the films serve as a useful learning tool. As you watch the films, you will observe characters interacting in various situations, using real-world language that reflects the lesson themes as well as the vocabulary and grammar you are studying. The films are available on the **D'ACCORD!** Level 3 Supersite.

Film Synopses

LEÇON 1

À tes amours

(France; 6 minutes)

On vacation catching up with her little brother, a young woman learns that he is in love for the first time. She hastily offers her advice…

LEÇON 2

J'attendrai le suivant…

(France; 4.5 minutes)

Tonight's ride on the Lyons **métro** is far from ordinary for one young woman. She may have finally found love.

LEÇON 3

Le Technicien

(Canada; 8 minutes)

A TV repairman encounters a customer with an unusual complaint. Can he fix the problem?

LEÇON 4

La révolution des crabes

(France; 5 minutes)

The crabs of the Gironde River estuary share a common destiny. Unable to change direction, they are doomed to walk the same straight path their entire lives. Or are they…?

LEÇON 5

Samb et le commissaire

(Suisse; 15 minutes)

Police Commissioner Knöbel's holiday is interrupted by a report of a stolen soccer ball, and he finds himself face to face with an African boy named Samb.

LEÇON 6

De l'autre côté

(Algérie/France; 29 minutes)

Samir, the son of Algerian immigrants living in France, left home and became a lawyer. When he returns to the old neighborhood, he is confronted by an unexpected culture shock.

LEÇON 7

Le Manie-Tout

(France; 16 minutes)

On his way to school, curiosity leads young Martin into the handyman's shop. What he finds inside is a world where everything can move, fly, and dance…provided it has a name. Martin's discovery will change his life and he hopes that of his brother too.

LEÇON 8

Le ballon prisonnier

(France; 13 minutes)

Young Dylan Belgazi will one day become a professional soccer player. His father said so.

LEÇON 9

Bonne nuit Malik

(France; 15 minutes)

Malik is raising his adoring younger brother Bilal all alone. Both face new challenges in their lives—Malik has a new job and Bilal a school assignment. Malik can help with the homework, but is the role model worthy of his brother's admiration?

LEÇON 10

L'homme qui plantait des arbres

(Québec; 30 minutes)

Elzéard Bouffier is a shepherd who lives in a remote valley in the Alps of Provence. A man of few words, he sets himself the task of transforming an arid landscape into a thriving forest, one seed at a time.

Each section of your textbook comes with activities on the **D'ACCORD!** Supersite, many of which are auto-graded with immediate feedback. Plus, the Supersite is iPad®-friendly*, so it can be accessed on the go! Visit vhlcentral.com to explore the wealth of exciting resources.

Audio: Vocabulary **Practice** **My Vocabulary**	**POUR COMMENCER** Listen to the audio recording of the vocabulary, and practice using Flashcards, My Vocabulary, and activities that give you immediate feedback.
Video: Short Film	**COURT MÉTRAGE** Viewing and understanding films created by and for native French speakers is a true test of your progress in learning French. Work through the pre- and post-viewing activities and watch the film as many times as you need to understand the dialogue, plot, and cultural aspects offered by each film.
Galerie de Créateurs **Video: TV Clip**	**IMAGINEZ** Online activities about additional Francophone creative personalities are available on the Supersite. In addition, watch the **Le Zapping** video again outside of class so that you can pause and repeat to really understand what you hear.
Presentation **Tutorial**	**STRUCTURES** Watch an animated, interactive tutorial or review the presentation.
Reading	**SYNTHÈSE** The **Synthèse** reading is available on the Supersite for at-home review.
Reading **Audio: Synced Reading** **Interactive Map**	**CULTURE and LITTÉRATURE** Listen along with the Audio-Synced Reading for additional practice listening to French speakers and reinforcing the pronunciation of written French.
Audio: Vocabulary **Flashcards** **My Vocabulary**	**VOCABULAIRE** Just what you need to get ready for the test! Review the vocabulary with audio and Flashcards.

* Students must use a computer for audio recording and select presentations and tools that require Flash or Shockwave.

Icons

Familiarize yourself with these icons that appear throughout **D'ACCORD!**

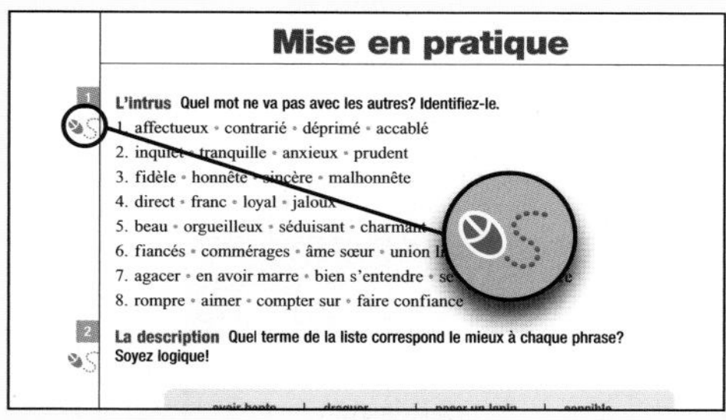

Activity Online
The mouse icon indicates when an activity is also available on the Supersite.

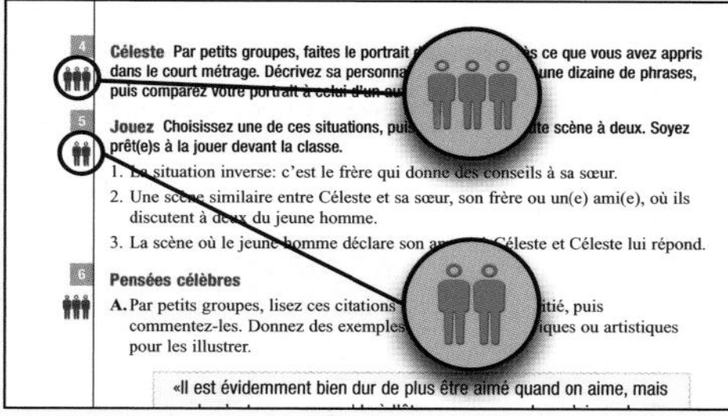

Pair/Group Activities
Two faces indicate a pair activity, and three indicate a group activity.

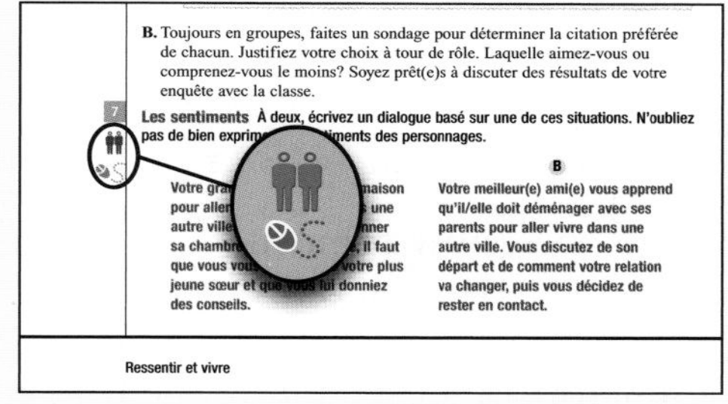

Partner Chat/Virtual Chat Activities
Pair and mouse icons together indicate that the activity may be assigned as a Partner Chat or Virtual Chat video or audio activity on the Supersite.

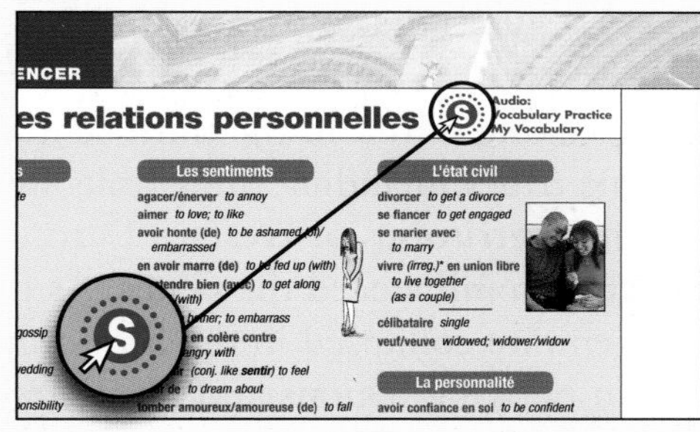

Supersite
Additional practice on the Supersite, not included in the textbook, is indicated with this icon.

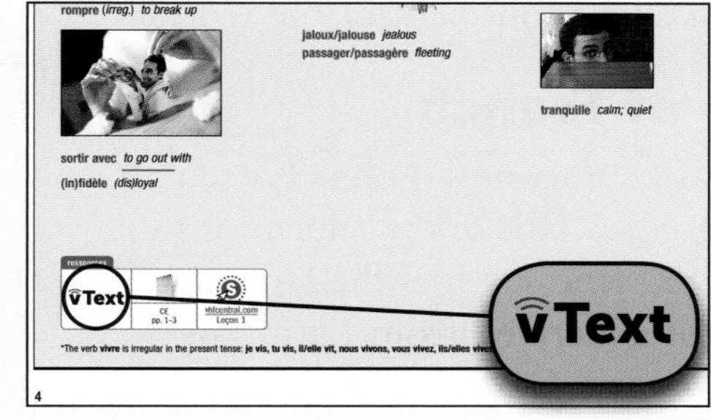

vText
Material is also available in the interactive online textbook.

Resources

Ressources boxes let you know exactly which print and technology ancillaries you can use to reinforce and expand on every section of the lessons in your textbook. They even include page numbers when applicable.

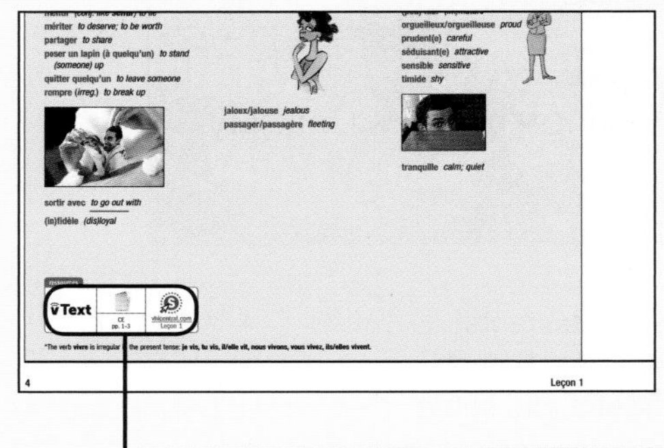

vText
Materials also available in the interactive online textbook

Cahier de l'élève
All-in-one workbook with additional vocabulary and grammar practice; audio activities; and integrated writing activities

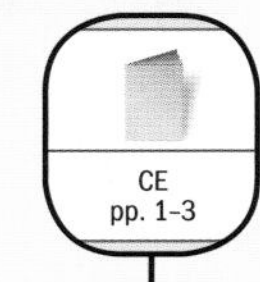

Supersite
Additional practice on the Supersite, not included in the textbook

The French-speaking World

Do you know someone who speaks French? Chances are you do! French is the fourth most commonly spoken language in the U.S., after English, Spanish, and Mandarin, and is the second most common language in some states. More than 1 million Americans speak French at home. It is the official language of more than twenty-five countries and an official language of the European Union and United Nations. English and French are the only two languages that are spoken on every continent of the world.

The French-speaking World

Speakers of French
(approx. 200 million worldwide)

America and the Caribbean	7%
Asia and Oceania	1%
Europe	42%
North Africa and the Middle-East	11%
Sub-Saharan Africa and the Indian Ocean	39%

Source: Organisation internationale de la Francophonie

The Growth of French

Have you ever heard someone say that French is a Romance language? This doesn't mean it's romantic—although some say it is the language of love!—but that it is derived from Latin, the language of the Romans. Gaul, a country largely made up of what is now France and Belgium, was absorbed into the Roman Empire after the Romans invaded Gaul in 58 B.C. Most Gauls began speaking Latin. In the third century, Germanic tribes including the Franks invaded the Roman territories of Western Europe. Their language also influenced the Gauls. As the Roman empire collapsed in the fifth century, people in outlying regions and frontiers were cut off from Rome. The Latin spoken by each group was modified more and more over time. Eventually, the language that was spoken in Paris became the standard for modern-day French.

French in the United States

1500 | 1600 | 1700

1534
Jacques Cartier claims territories for France as he explores the St. Lawrence river, and the French establish fur-trading posts.

1600s
French exploration continues in the Great Lakes and the Mississippi Valley. La Salle takes the colony of Louisiana for France in 1682.

1685–1755
The Huguenots (French Protestants) form communities in America. French Acadians leave Nova Scotia and settle in northern New England and Louisiana.

French in the United States

French came to North America in the 16th and 17th centuries when French explorers and fur traders traveled through what is now America's heartland. French-speaking communities grew rapidly when the French Acadians were forced out of their Canadian settlement in 1755 and settled in New England and Louisiana. Then, in 1803, France sold the Louisiana territory to the United States for 80 million francs, or about 15 million dollars. Overnight, thousands of French people became citizens of the United States, bringing with them their rich history, language, and traditions.

This heritage, combined with that of the other French populations that have immigrated to the United States over the years, as well as U.S. relations with France in World Wars I and II, has led to the remarkable growth of French around the country. After English and Spanish, it is the third most commonly spoken language in the nation. Louisiana, Maine, New Hampshire, and Vermont claim French as the second most commonly spoken language after English.

You've made a popular choice by choosing to take French in school; it is the second most commonly taught foreign language in classrooms throughout the country! Have you heard people speaking French in your community? Chances are that you've come across an advertisement, menu, or magazine that is in French. If you look around, you'll find that French can be found in some pretty common places. Depending on where you live, you may see French on grocery items such as juice cartons and cereal boxes. In some large cities, you can see French language television broadcasts on stations such as TV5Monde. When you listen to the radio or download music from the Internet, some of the most popular choices are French artists who perform in French. In fact, French music sales to the United States have more than doubled since 2004. French and English are the only two official languages of the Olympic Games. More than 20,000 words in the English language are of French origin. Learning French can create opportunities within your everyday life.

1800 **1900** **2000**

1803
The United States purchases Louisiana, where Cajun French is widely spoken.

1980s
Nearly all high schools, colleges, and universities in the United States offer courses in French as a foreign language. It is the second most commonly studied language.

2009
French is the fourth most commonly spoken language in the U.S., with 1.3 million speakers.

Why Study French?

Connect with the World

Learning French can change how you view the world. While you learn French, you will also explore and learn about the origins, customs, art, music, and literature of people all around the world. When you travel to a French-speaking country, you'll be able to converse freely with the people you meet. And whether here in the U.S. or abroad, you'll find that speaking to people in their native language is the best way to bridge any culture gap.

Learn an International Language

There are many reasons for learning French, a language that has spread to many parts of the world and has along the way embraced words and sounds of languages as diverse as Latin, Arabic, German, and Celtic. The French language, standardized and preserved by the **Académie française** since 1634, is now among the most commonly spoken languages in the world. It is the second language of choice among people who study languages other than English in North America.

Understand the World Around You

Knowing French can also open doors to communities within the United States, and it can broaden your understanding of the nation's history and geography. The very names Delaware, Oregon, and Vermont are French in origin. Just knowing their meanings can give you some insight into, of all things, the history and landscapes for which the states are known. Oregon is derived from a word that means "hurricane," which tells you about the windiness of the Columbia River; and Vermont

City Name	Meaning in French
Bel Air, California	"good air"
Boise, Idaho	"wooded"
Des Moines, Iowa	"river of the monks"
Montclair, New Jersey	"clear mountain"

comes from a phrase meaning "green mountain," which is why its official nickname is The Green Mountain State. You've already been speaking French whenever you talk about these states!

Explore Your Future

How many of you are already planning your future careers? Employers in today's global economy look for workers who know different languages and understand other cultures. Your knowledge of French will make you a valuable candidate for careers abroad as well as in the United States. Doctors, nurses, social workers, hotel managers, journalists, businesspeople, pilots, flight attendants, and many other kinds of professionals need to know French or another foreign language to do their jobs well.

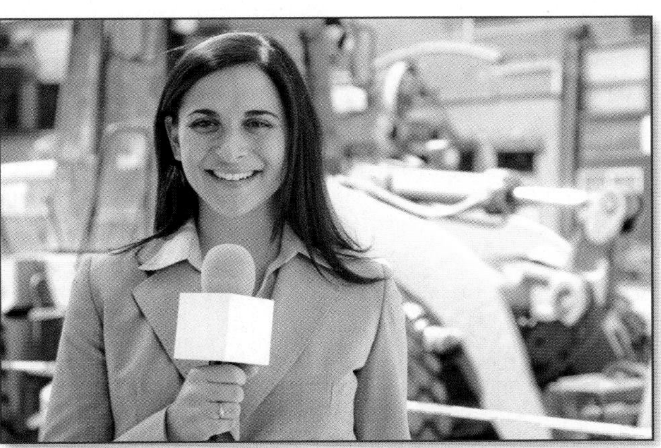

Expand Your Skills

Studying a foreign language can improve your ability to analyze and interpret information and help you succeed in many other subject areas. When you begin learning French, much of your studies will focus on reading, writing, grammar, listening, and speaking skills. You'll be amazed at how the skills involved with learning how a language works can help you succeed in other areas of study. Many people who study a foreign language claim that they gained a better understanding of English and the structures it uses. French can even help you understand the origins of many English words and expand your own vocabulary in English. Knowing French can also help you pick up other related languages, such as Portuguese, Spanish, and Italian. French can really open doors for learning many other skills in your school career.

How to Learn French

Start with the Basics!

As with anything you want to learn, start with the basics and remember that learning takes time!

Vocabulary Every new word you learn in French will expand your vocabulary and ability to communicate. The more words you know, the better you can express yourself. Focus on sounds and think about ways to remember words. Use your knowledge of English and other languages to figure out the meaning of and memorize words like **téléphone, l'orchestre,** and **mystérieux.**

Grammar Grammar helps you put your new vocabulary together. By learning the rules of grammar, you can use new words correctly and speak in complete sentences. As you learn verbs and tenses, you will be able to speak about the past, present, or future; express yourself with clarity; and be able to persuade others with your opinions. Pay attention to structures and use your knowledge of English grammar to make connections with French grammar.

Culture Culture provides you with a framework for what you may say or do. As you learn about the culture of French-speaking communities, you'll improve your knowledge of French. Think about a word like **cuisine** and how it relates to a type of food as well as the kitchen itself. Think about and explore customs observed at **le Réveillon de la Saint-Sylvestre** (New Year's Eve) or **le Carnaval** (or Mardi Gras, "fat Tuesday") and how they are similar to celebrations you are familiar with. Observe customs. Watch people greet each other or say good-bye. Listen for sayings that capture the spirit of what you want to communicate!

Listen, Speak, Read, and Write

Listening Listen for sounds and for words you can recognize. Listen for inflections and watch for key words that signal a question such as **comment** (how), **où** (where), or **qui** (who). Get used to the sound of French. Play French pop songs or watch French movies. Borrow books on CD from your local library, or try to attend a meeting with a French language group in your community. Download a podcast in French or watch a French newscast online. Don't worry if you don't understand every single word. If you focus on key words and phrases, you'll get the main idea. The more you listen, the more you'll understand!

Speaking Practice speaking French as often as you can. As you talk, work on your pronunciation, and read aloud texts so that words and sentences flow more easily. Don't worry if you don't sound like a native speaker, or if you make some mistakes. Time and practice will help you get there. Participate actively in French class. Try to speak French with classmates, especially native speakers (if you know any), as often as you can.

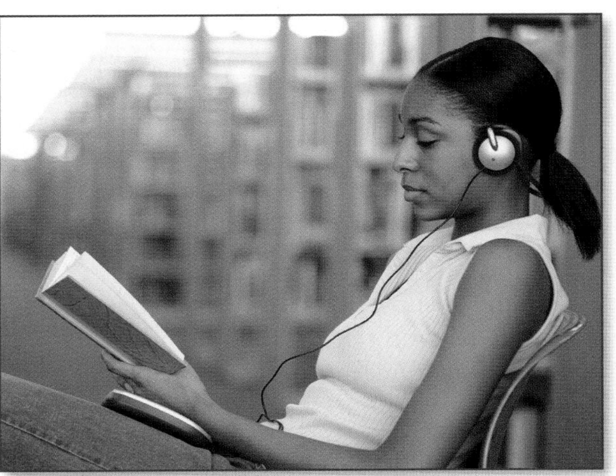

Reading Pick up a French-language newspaper or a magazine on your way to school, read the lyrics of a song as you listen to it, or read books you've already read in English translated into French. Use reading strategies that you know to understand the meaning of a text that looks unfamiliar. Look for cognates, or words that are related in English and French, to guess the meaning of some words. Read as often as you can, and remember to read for fun!

Writing It's easy to write in French if you put your mind to it. Memorize the basic rules of how letters and sounds are related, practice the use of diacritical marks, and soon you can probably become an expert speller in French! Write for fun—make up poems or songs, write e-mails or instant messages to friends, or start a journal or blog in French.

Tips for Learning French

- **Listen** to French radio shows, often available online. Write down words you can't recognize or don't know and look up the meaning.
- **Watch** French TV shows or movies. Read subtitles to help you grasp the content.
- **Read** French-language newspapers, magazines, Websites, or blogs.
- **Listen** to French songs that you like—anything from a best-selling pop song by Shy'm to an old French ballad by Edith Piaf. Sing along and concentrate on your pronunciation.

- **Seek** out French speakers. Look for neighborhoods, markets, or cultural centers where French might be spoken in your community. Greet people, ask for directions, or order from a menu at a French restaurant in French.
- **Pursue** language exchange opportunities in your school or community. Try to join language clubs or cultural societies, and explore opportunities for studying abroad or hosting a student from a French-speaking country in your home or school.

Practice, practice, practice!

Seize every opportunity you find to listen, speak, read, or write French. Think of it like a sport or learning a musical instrument—the more you practice, the more you will become comfortable with the language and how it works. You'll marvel at how quickly you can begin speaking French and how the world that it transports you to can change your life forever!

- **Connect** your learning to everyday experiences. Think about naming the ingredients of your favorite dish in French. Think about the origins of French place names in the U.S., like Baton Rouge and Fond du Lac, or of common English words and phrases like **café, en route, fiancé, matinée, papier mâché, petite,** and **souvenir.**
- **Use** mnemonics, or a memorizing device, to help you remember words. Make up a saying in English to remember the order of the days of the week in French (L, M, M, J, V, S, D).
- **Visualize** words. Try to associate words with images to help you remember meanings. For example, think of a **pâté** or **terrine** as you learn the names of different types of meats and vegetables. Imagine a national park and create mental pictures of the landscape as you learn names of animals, plants, and habitats.
- **Enjoy** yourself! Try to have as much fun as you can learning French. Take your knowledge beyond the classroom and find ways to make your learning experience your very own.

Bonjour et au revoir

Bonjour. *Good morning.; Hello.*
Bonsoir. *Good evening.; Hello.*
Salut! *Hi!; Bye!*

À bientôt. *See you soon.*
À demain. *See you tomorrow.*
À plus tard. *See you later.*
Au revoir. *Good-bye.*
Bonne journée! *Have a good day!*

Ça va? *What's up?; How are things?*
Comment allez-vous? (*form.*) *How are you?*
Comment vas-tu? (*fam.*) *How are you?*
Comme ci, comme ça. *So-so.*
Je vais bien/mal. *I am doing well/badly.*

De rien. *You're welcome.*
Excusez-moi. (*form.*) *Excuse me.*
Excuse-moi. (*fam.*) *Excuse me.*
Merci beaucoup. *Thank you very much.*

Les présentations

Comment vous appelez-vous? (*form.*) *What is your name?*
Comment t'appelles-tu? (*fam.*) *What is your name?*
Je m'appelle... *My name is...*
Je vous/te présente... (*form./fam.*) *I would like to introduce (name) to you.*

À l'école

assister *to attend*
écouter *to listen (to)*
enseigner *to teach*
étudier *to study*
passer un examen *to take an exam*

---

l'art (*m.*) *art*
la biologie *biology*
le droit *law*
la gestion *business administration*
l'histoire (*f.*) *history*
l'informatique (*f.*) *computer science*
les langues (étrangères) (*f.*) *(foreign) languages*
les mathématiques (maths) (*f.*) *mathematics*

---

une bourse *scholarship, grant*
un cours *class, course*
un devoir *homework*
l'école (*f.*) *school*
une note *grade*

---

un(e) ami(e) *friend*
un(e) camarade de chambre *roommate*
un(e) camarade de classe *classmate*
un(e) étudiant(e) *student*
une fille *girl*
un garçon *boy*
un professeur *teacher, professor*

---

un bureau *desk; office*
une chaise *chair*
un ordinateur *computer*
une table *table*
un tableau *blackboard; picture*

---

un cahier *notebook*
une chose *thing*
un crayon *pencil*
une feuille (de papier) *sheet of paper*
un sac à dos *backpack*
un stylo *pen*

La famille

un beau-frère *brother-in-law*
un beau-père *father-in-law; stepfather*
une belle-mère *mother-in-law; stepmother*
une belle-sœur *sister-in-law*
un(e) cousin(e) *cousin*
un demi-frère *half-brother; stepbrother*
une demi-sœur *half-sister; stepsister*
les enfants (*m.*, *f.*) *children*
un époux/une épouse *spouse*
une femme *wife; woman*
une fille *daughter; girl*
un fils *son*
un frère *brother*
une grand-mère *grandmother*
un grand-père *grandfather*
les grands-parents (*m.*) *grandparents*
un mari *husband*
une mère *mother*
un neveu *nephew*
une nièce *niece*
un oncle *uncle*
les parents (*m.*) *parents*
un père *father*
une petite-fille *granddaughter*
un petit-fils *grandson*
les petits-enfants (*m.*) *grandchildren*
une sœur *sister*
une tante *aunt*

Les personnes

antipathique *unpleasant*
beau/belle *beautiful; handsome*
bon(ne) *kind; good*
blond(e) *blond*
brun(e) *dark (hair)*
châtain *brown (hair)*
drôle *funny*
fort(e) *strong*
gentil(le) *nice*
grand(e) *big; tall*
gros(se) *fat*
jeune *young*
joli(e) *pretty*
laid(e) *ugly*
mauvais(e) *bad*
méchant(e) *mean*
modeste *modest, humble*
petit(e) *small, short (stature)*
roux/rousse *red-haired*
vieux/vieille *old*

Professions et occupations

un(e) architecte *architect*
un(e) artiste *artist*
un(e) athlète *athlete*
un(e) avocat(e) *lawyer*
un coiffeur/une coiffeuse *hairdresser*
un(e) dentiste *dentist*
un homme/une femme d'affaires *businessman/woman*
un ingénieur *engineer*
un(e) journaliste *journalist*
un médecin *doctor*
un(e) musicien(ne) *musician*

Dans la ville

un centre commercial *shopping center, mall*
un cinéma (ciné) *movie theater, movies*
une église *church*
une épicerie *grocery store*
un grand magasin *department store*
un magasin *store*
un marché *market*
un musée *museum*
un parc *park*
une piscine *pool*
une place *square; place*
un restaurant *restaurant*
une banlieue *suburbs*
un centre-ville *city/town center, downtown*

À table

avoir faim *to be hungry*
avoir soif *to be thirsty*
manger quelque chose *to eat something*

---

une baguette *baguette (long, thin loaf of bread)*
le beurre *butter*
un croissant *croissant (flaky, crescent-shaped roll)*
un éclair *éclair (pastry filled with cream)*
des frites (*f.*) *French fries*
un fromage *cheese*
le jambon *ham*
un pain (de campagne) *(country-style) bread*
un sandwich *sandwich*
une soupe *soup*
une boisson (gazeuse) *(soft) (carbonated) drink/beverage*
un café *coffee*
une eau (minérale) *(mineral) water*
un jus (d'orange, de pomme, etc.) *(orange, apple, etc.) juice*
le lait *milk*
un thé (glacé) *(iced) tea*

Activités sportives et loisirs

acheter *to buy*
aller à la pêche *to go fishing*
chanter *to sing*
courir *to run*
danser *to dance*
dormir *to sleep*
jouer (à/de) *to play*
marcher *to walk (person); to work (thing)*
nager *to swim*
passer chez quelqu'un *to stop by someone's house*
patiner *to skate*
pratiquer *to play regularly; to practice*
skier *to ski*

---

le baseball *baseball*
le basket(-ball) *basketball*
les cartes (*f.*) *cards*
le cinéma *movies*
les échecs (*m.*) *chess*
le foot(ball) *soccer*
le football américain *American football*
le golf *golf*
un jeu *game*
un joueur/une joueuse *player*
un match *game*
un passe-temps *pastime, hobby*
le sport *sport*
un stade *stadium*
le temps libre *free time*
le tennis *tennis*
le volley(-ball) *volleyball*

Les vêtements

aller avec *to go with*
porter *to wear*
vendre *to sell*

---

un blouson *jacket*
une ceinture *belt*
un chapeau *hat*
une chaussette *sock*
une chaussure *shoe*
une chemise (à manches courtes/longues) *shirt (short-/long-sleeved)*
un chemisier *blouse*
un costume *(man's) suit*
une cravate *tie*
un gant *glove*
un jean *jeans*
une jupe *skirt*
un maillot de bain *swimsuit, bathing suit*
un manteau *coat*
un pantalon *pants*
un pull *sweater*
une robe *dress*
un short *shorts*
un sous-vêtement *underwear*
un tee-shirt *tee shirt*

---

des soldes (*m.*) *sales*
un vendeur/une vendeuse *salesman/saleswoman*

---

bon marché *inexpensive*
cher/chère *expensive*
large *loose; big*
serré(e) *tight*

Les fêtes

faire la fête *to party*
faire une surprise (à quelqu'un) *to surprise (someone)*
fêter *to celebrate*
organiser une fête *to organize a party*

---

une bière *beer*
un biscuit *cookie*
le champagne *champagne*
un dessert *dessert*
un gâteau *cake*
la glace *ice cream*
le vin *wine*

---

un cadeau *gift*
une fête *party; celebration*
un hôte/une hôtesse *host(ess)*
un(e) invité(e) *guest*
un jour férié *holiday*

Partir en voyage

arriver *to arrive*
partir *to leave*
rester *to stay*
retourner *to return*

---

un aéroport *airport*

une arrivée *arrival*
un avion *plane*
un billet aller-retour *round-trip ticket*
un billet (d'avion, de train) *(plane, train) ticket*
un départ *departure*
une douane *customs*
une gare (routière) *train station (bus terminal)*
une station (de métro) *(subway) station*
un vol *flight*

---

une agence de voyages *travel agency*
un agent de voyages *travel agent*
un(e) client(e) *client; guest*
un hôtel *hotel*
un lit *bed*
un passager/une passagère *passenger*
un passeport *passport*
la réception *reception desk*

Les vacances

bronzer *to tan*
faire du shopping *to go shopping*
faire les valises *to pack one's bags*
faire un séjour *to spend time (somewhere)*
partir en vacances *to go on vacation*
prendre un train (un avion, un taxi, un (auto)bus, un bateau) *to take a train (plane, taxi, bus, boat)*
rouler en voiture *to ride in a car*
utiliser un plan *to use/read a map*

---

la mer *sea*
une plage *beach*

Chez soi

un appartement *apartment*
un logement *housing*
un loyer *rent*
un quartier *area, neighborhood*

---

une armoire *armoire, wardrobe*
un canapé *couch*
une commode *dresser, chest of drawers*
un évier *kitchen sink*
un fauteuil *armchair*
un lavabo *bathroom sink*
un meuble *piece of furniture*
un placard *closet, cupboard*

---

une chambre *bedroom*
un couloir *hallway*
une cuisine *kitchen*
un garage *garage*
un jardin *garden; yard*
une salle à manger *dining room*
une salle de bains *bathroom*
une salle de séjour *living/family room*
un salon *formal living/sitting room*
un sous-sol *basement*

Les tâches ménagères

balayer *to sweep*
débarrasser la table *to clear the table*
faire la lessive *to do the laundry*
faire le lit *to make the bed*
faire le ménage *to do the housework*
faire la vaisselle *to do the dishes*
mettre la table *to set the table*
passer l'aspirateur *to vacuum*
repasser (le linge) *to iron (the laundry)*
sortir la/les poubelle(s) *to take out the trash*

Les repas

commander *to order*
cuisiner *to cook*

---

un déjeuner *lunch*
un dîner *dinner*
un goûter *afternoon snack*
un petit-déjeuner *breakfast*

Les fruits

une banane *banana*
une fraise *strawberry*
une orange *orange*
une poire *pear*
une pomme *apple*

Les légumes

l'ail (*m.*) *garlic*
une carotte *carrot*
un champignon *mushroom*
des haricots verts (*m.*) *green beans*
une laitue *lettuce*
un oignon *onion*
des petits pois (*m.*) *peas*
un poivron (vert, rouge) *(green, red) pepper*
une pomme de terre *potato*

Les viandes et les poissons

le bœuf *beef*
un escargot *escargot, snail*
les fruits de mer (*m.*) *seafood*
un pâté (de campagne) *pâté, meat spread*
le porc *pork*
un poulet *chicken*
une saucisse *sausage*
le thon *tuna*
la viande *meat*

Autres aliments

la confiture *jam*
la crème *cream*
l'huile (d'olive) (*f.*) *(olive) oil*
la mayonnaise *mayonnaise*
des pâtes (*f.*) *pasta*
le riz *rice*
un yaourt *yogurt*

La routine

se brosser les dents *to brush one's teeth*
se coucher *to go to bed*
s'habiller *to get dressed*
se laver (les mains) *to wash oneself (one's hands)*
se lever *to get up, to get out of bed*
prendre une douche *to take a shower*
se raser *to shave oneself*
se réveiller *to wake up*
se sécher *to dry oneself*

La santé

aller aux urgences/à la pharmacie *to go to the emergency room/to the pharmacy*
éternuer *to sneeze*
faire une piqûre *to give a shot*
fumer *to smoke*
guérir *to get better*
se blesser *to hurt oneself*
se casser (la jambe/le bras) *to break one's (leg/arm)*
se faire mal (à la jambe, au bras...) *to hurt one's (leg, arm...)*
se fouler la cheville *to twist/sprain one's ankle*
tomber/être malade *to get/to be sick*
tousser *to cough*

---

une allergie *allergy*
une blessure *injury, wound*
une douleur *pain*
une fièvre (avoir de la fièvre) *(to have) a fever*
la grippe *flu*
un rhume *cold*
un symptôme *symptom*

---

un médicament (contre/pour) *medication (to prevent/for)*
une ordonnance *prescription*

---

déprimé(e) *depressed*
sain(e) *healthy*

---

un(e) dentiste *dentist*
un infirmier/une infirmière *nurse*
un(e) pharmacien(ne) *pharmacist*

Le corps

la bouche *mouth*
un bras *arm*
le cœur *heart*
le corps *body*
le cou *neck*
un doigt *finger*
un doigt de pied *toe*
le dos *back*
un genou (genoux *pl.*) *knee (knees)*
la gorge *throat*
une jambe *leg*
le nez *nose*
un œil (yeux *pl.*) *eye (eyes)*
une oreille *ear*
un pied *foot*
la poitrine *chest*
la tête *head*
le ventre *stomach*

L'ordinateur

un CD/compact disc/disque compact *CD, compact disc*
un CD-ROM/cédérom (CD-ROM/cédéroms *pl.*) *CD-ROM(s)*
un clavier *keyboard*
un disque dur *hard drive*
un écran *screen*
un e-mail *e-mail*
un fichier *file*
une imprimante *printer*
un logiciel *software, program*
un site Internet/web *website*
une souris *mouse*

---

démarrer *to start up*
graver *to record, to burn (a CD)*
imprimer *to print*
sauvegarder *to save*
surfer sur Internet *to surf the Internet*
télécharger *to download*

L'électronique

un appareil photo (numérique) *(digital) camera*
un baladeur CD *personal CD player*
une chaîne stéréo *stereo system*
un lecteur (de) CD/DVD *CD/DVD player*
un portable *cell phone*
un poste de télévision *television set*

---

allumer *to turn on*
effacer *to erase*
éteindre *to turn off; to shut off*
fonctionner/marcher *to work, to function*
sonner *to ring*

La voiture

arrêter (de faire quelque chose) *to stop (doing something)*
attacher sa ceinture de sécurité (*f.*) *to buckle/to fasten one's seatbelt*
avoir un accident *to have/to be in an accident*
faire le plein *to fill the tank*
freiner *to brake*
se garer *to park*
rentrer (dans) *to hit*
réparer *to repair*
tomber en panne *to break down*

---

un capot *hood*
un coffre *trunk*
l'embrayage (*m.*) *clutch*
l'essence (*f.*) *gas*
un essuie-glace (essuie-glaces *pl.*) *windshield wiper(s)*
les freins (*m., pl.*) *brakes*
l'huile (*f.*) *oil*
un moteur *engine*
un pare-brise (pare-brise *pl.*) *windshield*
une portière *car door*
un réservoir d'essence *gas tank*
un volant *steering wheel*

---

un agent de police/un(e) policier/policière *police officer*
une amende *fine*
une autoroute *highway*
la circulation *traffic*
un(e) mécanicien(ne) *mechanic*
un permis de conduire *driver's license*
une rue *street*

En ville

faire la queue *to wait in line*

---

une banque *bank*
une bijouterie *jewelry store*
une boutique *boutique, store*
une brasserie *café, restaurant*
un bureau de poste *post office*
une laverie *laundromat*
un salon de beauté *beauty salon*
un commissariat de police *police station*

---

poster une lettre *to mail a letter*

---

une boîte aux lettres *mailbox*
une carte postale *postcard*
un colis *package*
un timbre *stamp*

---

avoir un compte bancaire *to have a bank account*
retirer de l'argent *to withdraw money*

---

les billets (*m.*) *bills, notes*
un compte-chèques *checking account*
un compte d'épargne *savings account*
un distributeur (automatique/de billets) *ATM*

---

suivre *to follow*
tourner *to turn*
traverser *to cross*

---

un bâtiment *building*
un carrefour *intersection*
un chemin *way; path*
un coin *corner*
des indications (*f.*) *directions*
un feu de signalisation (feux *pl.*) *traffic light(s)*
un pont *bridge*

(tout) près (de) *(very) close (to)*
tout droit *straight ahead*

Au travail

gagner *to earn; to win*

---

un(e) employé(e) *employee*
un(e) patron(ne) *manager; boss*
une augmentation (de salaire) *raise (in salary)*

---

passer un entretien *to have an interview*
postuler *to apply*

---

un(e) candidat(e) *candidate, applicant*
une compagnie *company*
un curriculum vitæ (un CV) *résumé*
un métier *profession*
un poste *position*

---

un agent immobilier *real estate agent*
un chauffeur de taxi/de camion *taxi/truck driver*
un(e) comptable *accountant*
un conseiller/une conseillère *consultant; advisor*
un cuisinier/une cuisinière *cook, chef*
un(e) électricien(ne) *electrician*
un homme/une femme politique *politician*
un ouvrier/une ouvrière *worker, laborer*
un plombier *plumber*
un pompier/une femme pompier *firefighter*
un(e) psychologue *psychologist*
un(e) vétérinaire *veterinarian*

La nature

un arbre *tree*
le ciel *sky*
un désert *desert*
une étoile *star*
une falaise *cliff*
l'herbe (*f.*) *grass*
une île *island*
un lac *lake*
la Lune *moon*
une pierre *stone*
une rivière *river*
une vallée *valley*
un volcan *volcano*

L'écologie

améliorer *to improve*
polluer *to pollute*
préserver *to preserve*
recycler *to recycle*
sauver la planète *to save the planet*

---

le déboisement *deforestation*
l'effet de serre (*m.*) *greenhouse effect*
l'énergie nucléaire (*f.*) *nuclear energy*
l'énergie solaire (*f.*) *solar energy*
l'environnement (*m.*) *environment*
l'extinction (*f.*) *extinction*
le réchauffement climatique *global warming*
la surpopulation *overpopulation*
une usine *factory*

Le cinéma et la télévision

un dessin animé *cartoon*
un documentaire *documentary*
un feuilleton *soap opera*
un film (d'aventures, d'horreur, policier, de science-fiction) *(adventure, horror, crime, science fiction) film*
un jeu télévisé *game show*
la météo *weather forecast*

Les arts

les beaux-arts (m.) *fine arts*
un conte *tale*
une critique *review; criticism*
une danse *dance*
une exposition *exhibit*
un festival (festivals *pl.*) *festival*
une œuvre *artwork, piece of art*
un opéra *opera*
une peinture *painting*
une pièce de théâtre *play*
un poème *poem*
un roman *novel*
une sculpture *sculpture*
un tableau *painting*

---

applaudir *to applaud*
faire de la musique *to play music*
faire de la peinture *to paint*
jouer un rôle *to play a role*

---

un compositeur *composer*
un danseur/une danseuse *dancer*
un dramaturge *playwright*
un écrivain/une femme écrivain *writer*
un metteur en scène *director (of a play, a show)*
un orchestre *orchestra*
un peintre/une femme peintre *painter*
un personnage (principal) *(main) character*
un poète/une poétesse *poet*
un réalisateur/une réalisatrice *director (of a movie)*
un sculpteur/une femme sculpteur *sculptor*

On behalf of its authors and editors, Vista Higher Learning expresses its sincere appreciation to the many educators nationwide who reviewed materials from **D'ACCORD!**. Their input and suggestions were vitally helpful in forming and shaping the program in its final, published form.

We also extend a special thank you to Séverine Champeny, development editor, whose hard work was central to bringing **D'ACCORD!** to fruition.

We are especially grateful to our Senior National Language Consultant, Norah Jones, for her continued support and feedback regarding all aspects of the text.

Reviewers

Campbell Ainsworth
The White Mountain School
Bethlehem, NH

Nancy Aykanian
Westwood High School
Westwood, MA

Maureen Mahany Berger
Moses Brown School
Providence, RI

Joyce Besserer
Brookfield Academy
Brookfield, WI

Liette Brisebois
New Trier High School
Winnetka, IL

Susan Brown
Gaston Day School
Gastonia, NC

Felice Carr
Kingswood Regional High School
Wolfeboro, NH

Allégra Clément-Bayard
John Burroughs School
St. Louis, MO

Ann Clogan
Strake Jesuit College Preparatory
Houston, TX

Wynne M. Curry
The Seven Hills School
Cincinnati, OH

Dr. Sherry Denney
Truman Middle School
St. Louis, MO

Gissele Drpich
Burlington High School
Burlington, VT

Pamela S. Dykes
Notre Dame de Sion High School
Kansas City, MO

Dagmar Ebaugh
Woodward Academy
College Park, GA

Lou Ann Erikson
Deerfield High School
Deerfield, IL

Morganne C. Freeborn
New Hampton School
New Hampton, NH

Kim Frisinger
West Ottawa High School
Hollana, MI

Julie Frye
Lexington High School
Lexington, OH

Walter Giorgis-Blessent
The Bronx High School of Science
Bronx, NY

Andreea Gorodea
Marion L. Steele High School
Amherst, OH

Holly Hammerle
Bloomfield Hills High School
Bloomfield Hills, MI

Dalila Hannouche
Professional Children's School
New York, NY

Michael Houston
Montclair Kimberley Academy
Montclair, NJ

Luciana Jeler
Academy of the Sacred Heart
Bloomfield Hills, MI

Cathy Kendrigan
Loyola Academy
Wilmette, IL

Emily Kunzeman
Boston Trinity Academy
Boston, MA

Jennifer L. Lange
Jefferson High School
Cedar Rapids, IA

Julie LaRocque
Assumption High School
Louisville, KY

Sharon Lawrence
The Knox School
St. James, NY

Laura Longacre
Cheshire Academy
Cheshire, CT

Véronique Lynch
Parkway South High School
Manchester, MO

Rachel M. Martin
Cheney High School
Cheney, WA

Irene Marxsen
First Presbyterian Day School
Macon, GA

Mindy Orrison
Centennial High School
Champaign, IL

Margharita Sandillo Reiter
Ranney School
Tinton Falls, NJ

Rebecca Richardson
Sage Hill School
Newport Coast, CA

Caroline M. Ridenour
Heritage Christian School
North Hills, CA

Sonya Rotman
Horace Mann School
Bronx, NY

Renee Saylor
Walcott Intermediate School
Davenport, IA

Laura Schmuck
Carl Sandburg High School
Orland Park, IL

Lisa Slyman
Sperreng Middle School
St. Louis, MO

Christine Stafford
Holy Innocents' Episcopal School
Atlanta, GA

Claudia S. Travers
Ross School
East Hampton, NY

Nitya Viswanath
Amos Alonzo Stagg High School
Palos Hills, IL

Michelle Webster
Watertown High School
Watertown, WI

Abigail Wilder
Champaign Centennial High School
Champaign, IL

Jason R. Wyckoff
Brunswick High School
Brunswick, OH

Valerie N. Yoshimura
The Archer School for Girls
Los Angeles, CA

Reprise

Une nouvelle année commence! Bienvenue à toutes et à tous! Vous avez déjà appris beaucoup de choses. Nous allons maintenant réviser des contextes, le vocabulaire, les structures et les expressions que vous connaissez déjà en regardant quelques épisodes vidéo inédits qui mettent en scène un groupe de jeunes qui vivent et étudient à Aix-en-Provence. Alors, c'est parti! Découvrons ensemble les aventures de ces jeunes Français et continuons à explorer la langue et la culture française!

REPRISE GOALS

- The **Reprise** contains six new dramatic video episodes featuring the characters that appeared in the **Roman-photo** sections of **D'ACCORD!** Volumes 1 and 2. The main characters are four college students: Sandrine, Amina, Rachid, and David; their landlady, Valérie Forestier, who owns a café; and her teenage son, Stéphane.
- Each video episode reviews thematic vocabulary and structures students should be familiar with and can be used to assess areas that may need reteaching or further practice.

TEACHING TIPS

Here are some suggestions on how to review the structures listed in **Bloc-notes**:

- Ask students to read the title and the first bullet on the grammar explanation page to get a quick reminder of the gist of the grammar point.
- Have students scan the charts with the grammar explanation and read the examples.
- Do a quick oral or written warm-up activity that includes questions or items that practice the grammar point.
- For complex grammar points that require more in-depth review, go over the corresponding structure presentations in the textbook with students. Then complete one of the **Mise en pratique** activities that follow together as a class.
- For grammar points with corresponding grammar tutorials available on the Supersite, show the tutorials in class or ask students to watch them ahead of time.

INSTRUCTIONAL RESOURCES

Student Resources
Print: Student Book
Supersite: vhlcentral.com, **vText**, Video, Practice

Teacher Resources
Print: Teacher's Edition, Answer Keys
Technology: Video Program DVD (Film Collection)
Supersite: vhlcentral.com, Lesson Plans, Grammar Tutorials, Video Scripts, Answer Key, Streaming Video (Film Collection), Digital Image Bank, Learning Management System (Gradebook, Assignments)

Voice boards on the Supersite allow you and your students to record and share up to 5 minutes of audio. Use voice boards for presentations, oral assessments, discussions, directions, etc.

Section Goals

In this section, students will
- get reacquainted with the characters featured in the **Roman-photo** sections of **D'ACCORD!** Volumes 1 and 2
- review and practice vocabulary to describe people and discuss relationships
- review common irregular verbs (**être**, **faire**, **aller**, **avoir**), descriptive adjectives, and question formation
- use brainstorming strategies to write a description of an important person in their lives

Key Standards

1.1, 1.2, 1.3, 2.1, 3.1, 5.1

Student Resources
Tutorials: 1.2, 2.2, 1.3
Supersite Activities
Teacher Resources
Answer Keys; Video Script & Translation; **Roman-photo** video

VIDEO SYNOPSIS

In this episode, Stéphane reintroduces us to the important people in his life: his mother, Valérie Forestier, and his friends Sandrine, David, Rachid, Amina, and Astrid. He also discusses how he feels about school and the upcoming important exam he will take at the end of the school year, **le baccalauréat**.

Suggestions

- To reintroduce the video characters, write their names on the board and ask students what they remember about them. To review descriptive adjectives, have students brainstorm adjectives they associate with each character. Then, ask questions to review and practice the common irregular verbs listed in the **Bloc-notes**.
- Have students answer the questions in **Préparation**, then have them use their response to question 3 to introduce themselves orally to their classmates.

BLOC-NOTES

Avant de regarder la vidéo, révisez les verbes irreguliers **être**, **faire**, **aller** et **avoir**, et les adjectifs descriptifs aux pages 20–21 et 56–57 du livre.

PERSONNAGES

Stéphane

Rachid

Amina

Sandrine

Valérie

Astrid

David

Michèle

Scène 1: Stéphane a quelques petits problèmes...

Préparation

Dans cette scène, Stéphane présente quelques personnes de son entourage et parle de son attitude envers les études. Et vous, qui sont les personnes importantes dans votre vie? Quelle attitude avez-vous envers les études? Répondez aux questions suivantes avec des phrases complètes.

1. Comment sont vos parents (ou d'autres personnes importantes de votre famille)? Qu'est-ce qu'ils font?
2. Comment s'appelle votre meilleur(e) ami(e)? Décrivez-le/la: Comment est-il/elle? Qu'est-ce qu'il/elle aime? Qu'est-ce qu'il/elle n'aime pas? Qu'est-ce que vous faites ensemble?
3. Et vous, comment êtes-vous? Qu'est-ce que vous aimez et n'aimez pas? Aimez-vous les études? Pourquoi ou pourquoi pas?

Segment vidéo

Regardez la vidéo pour trouver les réponses aux questions suivantes.

1. Qui sont les quatre personnages féminins dont Stéphane parle dans le segment vidéo? Donnez un détail mentionné par Stéphane au sujet de chacune d'elles.
2. Qu'est-ce que Stéphane n'aime pas? Pourquoi? Qu'est-ce qu'il aime?
3. Comment est-ce que la mère de Stéphane décrit son fils?
4. Pourquoi est-ce que cette année est importante pour Stéphane et Astrid? Que font-ils pour se préparer?
5. Pourquoi est-ce qu'Astrid est fâchée contre Stéphane?

Synthèse

Par petits groupes, parlez de vos familles et de vos cercles d'amis. En quoi sont-ils similaires? Différents? Y a-t-il des choses que vous enviez à vos amis en ce qui concerne leurs relations avec leurs familles et leurs proches? Expliquez. Est-ce que la famille idéale existe, d'après vous? Comment est-elle? Discutez de ces questions en partageant votre expérience personnelle et vos opinions avec la classe.

TEACHING OPTIONS

Structures review If after the warm-up activity suggested in Teaching Tips, you feel that students need further review and practice of the two grammar concepts listed in the **Bloc-notes**, go over the corresponding structure presentations in the textbook with them. Then quickly complete one of the **Mise en pratique** activities that follow each grammar presentation as a class.

EXPANSION

Mini-dictée Use these sentences from the video segment as dictation for further written practice of descriptive adjectives. **1. Ma mère est inquiète. 2. Elle pense que je suis paresseux. 3. Stéphane, tu es intelligent, mais tu n'es pas brillant!**

Scène 2: À la rencontre des amis de Stéphane

Préparation

Dans cette scène, Stéphane nous présente quelques autres personnes importantes dans sa vie et il nous explique pourquoi il considère Rachid un peu comme un frère aîné. Répondez aux questions suivantes sur votre vie avec des phrases complètes.

1. Avez-vous des frères ou des sœurs? Comment sont-ils? (Si vous n'en avez pas, aimeriez-vous en avoir? Pourquoi ou pourquoi pas? Comment serait le frère ou la sœur idéal(e) pour vous?)
2. Avez-vous des parents, des amis ou des connaissances qui ne sont pas de nationalité américaine? De quelle(s) origine(s) sont ces personnes? Donnez quelques détails intéressants au sujet d'une de ces personnes.
3. Y a-t-il quelqu'un dans votre entourage (parent, ami, professeur) qui vous encourage tout particulièrement dans vos études? Qui est cette personne? Que fait-elle pour vous encourager? Appréciez-vous toujours les conseils de cette personne?

Segment vidéo

Regardez la vidéo pour trouver les réponses aux questions suivantes.

1. Comment est Rachid, d'après Stéphane? Comment encourage-t-il Stéphane à se préparer au bac?
2. Comment est-ce qu'Amina décrit Rachid? Et Sandrine?
3. De quelles nationalités sont les deux autres amis de Stéphane, Amina et David?
4. Quelle est la réaction de David quand Amina mentionne Pascal? Pourquoi?

Synthèse

Travaillez avec un(e) partenaire pour créer et jouer la scène suivante. Imaginez que vous allez avoir l'occasion de passer une année chez une famille francophone. Comment est la famille idéale? Utilisez les questions suivantes pour vous aider dans votre discussion: De quelle nationalité est la famille? Où habite-t-elle? Comment sont les enfants? (Parlez des qualités que vous aimeriez trouver chez vos «frères et sœurs» francophones. Mentionnez aussi quelques défauts que vous n'aimeriez pas!)

BLOC-NOTES

Avant de regarder la vidéo, révisez les adjectifs descriptifs aux pages 56–57 du livre.

Note CULTURELLE

Le bac

Le bac, ou baccalauréat, est l'examen très important pour lequel les élèves français se préparent pendant la terminale, c'est-à-dire la dernière année de lycée. Il est nécessaire d'obtenir le bac si on désire poursuivre des études supérieures. Le bac comporte une série d'épreuves qui testent les connaissances des élèves dans les différentes matières étudiées. Pour réussir au bac, il faut avoir une moyenne de 10/20, mais pour ceux qui ont une moyenne d'au moins 8/20, il est possible de passer des examens oraux supplémentaires pour se rattraper. Les élèves qui échouent au bac doivent répéter leur année de terminale et se représenter à l'examen l'année suivante.

DIFFERENTIATION

For Inclusion If some students still need further review of descriptive adjectives, have them watch the grammar tutorial "Descriptive adjectives and adjective agreement" on the Supersite prior to working on the **Préparation** activity.

LEARNING STYLES

For Auditory Leaners Print the videoscript for **Scène 2**, white out all the adjectives and replace them with blanks in order to create a master for a cloze activity. Distribute photocopies to students and have them fill in the blanks with the correct forms of the adjectives, as they watch the video segment.

TEACHING TIPS

Suggestions

- As a warm-up, before you begin working with **Scène 2**, review what happened in **Scène 1** by asking the following questions: **Que font Stéphane et Astrid normalement le mercredi? Pourquoi? Stéphane est-il un élève sérieux? Qu'est-ce qu'il pense des études? Et sa mère, comment réagit-elle au comportement de son fils?**
- Have students watch the segment, then ask them to summarize what they found out about each featured character.

21st CENTURY SKILLS

Social and Cross-cultural Skills
Assign various French-speaking countries to small groups of students and ask them to research the educational system in their assigned country to find out what important exam(s) students take at the end of secondary education. Have them report on their findings orally and compare/contrast with typical exam(s) in your area.

PRE-AP®

Interpersonal Writing with Cultural Comparison
Have students write a letter to introduce themselves to the "ideal Francophone family" they were asked to describe in **Synthèse**. Tell them to include a physical description of themselves as well as some information about their personalities, likes, dislikes, and hobbies. They should also mention some cultural differences such as sports they practice at school, schedules, classes, or exams they normally take. Provide appropriate expressions for opening and closing their letters, such as **Chère famille/Chers amis francophones,** and **Amicalement/Cordialement**. Then have students exchange letters with a partner. Each student will briefly introduce his/her partner orally to the class, based on the information provided in the letter.

TEACHING TIPS

Suggestions

- Ask students to brainstorm interrogative words: **quand, où, qui, combien**, and so on. Have a volunteer write those on the board. Then have students compare the list on the board with the one in the book on page 24.
- Review the four question types presented on page 24. Then have them ask you about your classes, using different question types: **Vous êtes professeur de français, n'est-ce pas? Combien de cours avez-vous?**
- Go over the explanation on the use of **quel** and **lequel** on page 25 with students, having volunteers read the examples out loud.
- As a warm-up before showing the video segment, ask students the following questions: **Qu'est-ce que c'est, un(e) ami(e) virtuel(le)? En avez-vous? Quelles sont les différences entre un(e) véritable ami(e) et un(e) ami(e) virtuel(le)?**

PRE-AP®

Presentational Writing Have students choose the character from the video that they feel they have the most in common with. Have them write a brief portrait of him/her and explain in what way they resemble this character.

Expansion Have students work in small groups to discuss the objects or electronic gadgets they feel they can't live without. Ask the groups to share their conclusions with the rest of the class.

21st CENTURY SKILLS

Collaboration
Establish a partner classroom in a Francophone country. Using email or Skype, have students ask the questions from the lists they created in **Synthèse** to the students in the partner class in order to get acquainted with them.

Scène 3: Les filles et leurs copains

BLOC-NOTES

Avant de regarder la vidéo, révisez la formation des questions et les adjectifs descriptifs aux pages 24–25 et 56–57 du livre.

Préparation

Dans cette scène, Michèle découvre qu'Amina a un ami virtuel. Stéphane, lui, critique Sandrine parce qu'elle est toujours au téléphone. Répondez aux questions suivantes sur la communication et les technologies modernes.

1. Comment communiquez-vous avec vos amis? Aimez-vous les voir en personne et passer du temps avec eux ou bien préférez-vous rester en contact grâce à d'autres modes de communication, tels que le téléphone, les textos ou encore les réseaux sociaux? Est-ce que les moyens de communication que vous utilisez varient en fonction des circonstances? Quels sont les avantages et les inconvénients des différents mode de communication qui sont disponibles de nos jours?
2. Connaissez-vous quelqu'un qui a toujours son ordinateur ou sa tablette près de lui/d'elle ou son portable à la main? Trouvez-vous cela pénible? Pourquoi ou pourquoi pas? Et vous, êtes-vous très dépendant(e) de la technologie moderne? Avez-vous des comptes sur les réseaux sociaux? Si oui, qu'est-ce que vous y faites? Combien de temps passez-vous par jour en ligne? Si non, pourquoi pas? Décrivez l'utilisation que vous faites des technologies modernes pour votre communication dans la vie de tous les jours.
3. Pensez-vous que ce soit une bonne idée de rencontrer des «cyberamis» en ligne? Pourquoi ou pourquoi pas? Et vous, en avez-vous? Expliquez.

Segment vidéo

Regardez la vidéo pour trouver les réponses aux questions suivantes.

1. Qu'est-ce qu'Amina a besoin de faire au café? Pourquoi?
2. Qui est «cyberhomme»? Qu'est-ce que Michèle veut savoir à son sujet, d'après les questions qu'elle pose à Amina?
3. Quel objet est-ce qu'Amina a toujours près d'elle? Et Sandrine?
4. Pourquoi est-ce que Stéphane trouve Sandrine pénible?

Synthèse

Par petits groupes, préparez une liste de questions que vous poseriez à un(e) «cyberami(e)» potentiel(le) pour mieux faire sa connaissance en ligne. Variez le style de questions que vous utilisez. Ensuite, choisissez les cinq questions les plus importantes et présentez-les à la classe.

PRE-AP®

Audiovisual Interpretive Communication Show the video segment once without sound and ask students to describe Amina and Sandrine physically. Then, have students use the visuals in the segment to try and guess what the two young women are like and to hypothesize on their likes and interests. Show the segment again, with sound, and have students update their descriptions based on what they see and hear.

ORAL PRACTICE

Game Set-up: Prepare a list of questions and answers based on the episode. Divide the class into two or more teams.
Rules and procedures: Read aloud the one answer. Teams come up with a question that could logically elicit the answer you read. The student that raises his/her hand first and formulates an acceptable question wins a point. Continue the game until you call out all of the answers on your list.

À vous!

1 **On se présente!**

Faites connaissance avec un(e) camarade de classe! Présentez-vous à tour de rôle et décrivez votre personnalité et vos activités préférées. Posez des questions à votre partenaire pour obtenir plus de détails.

2 **Discussion**

Par petits groupes, discutez des questions suivantes: Qu'est-ce qu'un(e) élève ou un(e) étudiant(e) doit faire pour se préparer à un examen important, comme le bac? Quels sont les avantages et les inconvénients d'étudier avec des ami(e)s, comme le font Stéphane et Astrid? Pensez-vous qu'on doit passer tout son temps avec ses livres quand on va passer un examen important ou bien est-il nécessaire de garder du temps pour les loisirs?

Rédaction

Présentation d'une personne que j'admire

Dans l'épisode que vous venez de regarder, Stéphane vous a présenté plusieurs personnes de son entourage. Vous allez maintenant présenter et décrire une personne (célèbre ou non) que vous admirez et qui a (ou a eu) une influence importante sur votre vie.

STRATÉGIE

Utiliser le remue-méninges pour générer des idées

Il est parfois difficile de commencer à écrire parce qu'on ne sait pas comment générer ou organiser ses idées. Le remue-méninges peut donc être une première étape très utile de l'écriture. Cette technique consiste à réfléchir à son sujet librement et à prendre des notes sur tout ce qui vous vient à l'esprit pendant environ dix minutes. En deuxième étape, relisez et organisez vos notes en une liste avec des catégories logiques. Voici un exemple de catégories dont vous pouvez vous inspirer pour cette activité.

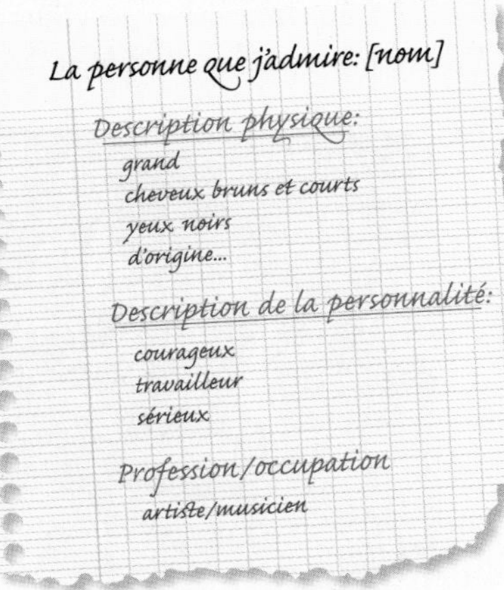

La personne que j'admire: [nom]
Description physique:
grand
cheveux bruns et courts
yeux noirs
d'origine...
Description de la personnalité:
courageux
travailleur
sérieux
Profession/occupation
artiste/musicien

Utilisez maintenant votre liste pour décrire la personne que vous avez choisie. Écrivez un paragraphe pour chaque catégorie. Pour la conclusion, expliquez pourquoi vous admirez cette personne en mentionnant son influence sur votre vie.

TEACHING TIPS

1 Oral Practice Have students introduce their partners to the class.

PRE-AP®

2 Presentational Speaking Have the groups present and explain some of their ideas to the class.

Composition You can also assign the **Rédaction** on the Supersite.

Suggestion Go over the **Stratégie** and the model list with students before assigning the **Rédaction** activity.

21st CENTURY SKILLS

Productivity and Accountability
As a class, brainstorm the qualities that would constitute an "A" assignment. Use the top four suggestions as the class rubric for student work. Ask students to compare a draft of their composition against the rubric before sharing it with their classmates or teachers.

21st CENTURY SKILLS

Technology Literacy
As a project, ask students to choose and research a famous Francophone historical figure and to prepare a digital presentation about him/her. You may wish to provide a list of appropriate historical figures for students to choose from. For example: **Jeanne d'Arc, Napoléon Bonaparte, Charles de Gaulle, Jacques Cartier, Samuel de Champlain, Toussaint Louverture, Léopold Sédar Senghor, Aimé Césaire, Henri Dunant, Marie Curie**.

EXPANSION

Extra Practice In groups, have students discuss personality traits they like and don't like in others. Ask them to give examples of situations from popular culture that illustrate their thoughts and opinions. Then, have the groups compare and contrast their responses with those of another group.

PRE-AP®

Presentational Speaking Ask students to prepare a presentation on the character they described in their **Rédaction**.

Section Goals

In this section, students will
- find out how the characters spend their free time in Aix and what leisure time activities they enjoy
- review and practice vocabulary for describing places and leisure activities
- review adverbs and the **passé composé**
- use notetaking to remember key points

Key Standards

1.1, 1.2, 1.3, 2.1, 2.2, 3.1, 4.2, 5.1

Student Resources
Tutorials: 2.3, 3.1, 3.2
Supersite Activities
Teacher Resources
Answer Keys; Video Script & Translation; **Roman-photo** video

Video Synopsis

In this episode, the students discuss how they spend their free time and what leisure activities they enjoy. Astrid also describes the little joke she and her friends played on Stéphane at his birthday party.

PRE-AP®

Audiovisual Interpretive Communication Previewing Strategy
Tell students that in **Épisode 2**, they're going to find out about the leisure activities the various characters enjoy. Ask: **Et vous, quelles sont vos activités favorites quand vous avez du temps libre? Est-ce que vous faites du sport? Des activités culturelles? Artistiques?** Write down the activities that students mention on the board. Then ask: **Et les jeunes Français, ils aiment les mêmes activités à votre avis?** Point to the list on the board and ask: **Est-ce qu'il y a des activités de votre liste que les jeunes Français ne font peut-être pas? Lesquelles? Pourquoi?** Encourage students to consider and discuss cultural differences.

ÉPISODE 2 La vie à Aix

Tutorials

BLOC-NOTES

Avant de regarder la vidéo, révisez les adverbes aux pages 60–61 du livre.

PERSONNAGES

Astrid

Amina

Sandrine

Rachid

David

Stéphane

Valérie

Scène 1: Les activités de loisirs

Préparation

Dans cette scène, Astrid et les autres jeunes discutent de leurs activités de loisir. Répondez aux questions suivantes avec des phrases complètes.

1. Quand vous vous promenez en ville, que faites-vous? Aimez-vous aller au café pour prendre quelque chose à manger ou à boire avec vos amis ou bien préférez-vous un autre endroit? Expliquez.
2. Qu'aimez-vous faire avec vos amis et votre famille quand vous avez du temps libre? En général, préférez-vous les activités qu'on fait dedans ou celles qu'on fait dehors? Expliquez en donnant quelques exemples.
3. Quels genres d'endroits est-ce qu'on trouve près de chez vous pour faire du sport, pour s'amuser avec des amis ou pour se détendre? Décrivez ce que vous faites dans ces endroits.
4. Que pensez-vous du sport en tant qu'activité de loisir? Quel(s) sport(s) aimez-vous particulièrement? Décrivez vos habitudes en ce qui concerne les loisirs sportifs.

Segment vidéo

Regardez la vidéo pour trouver les réponses aux questions suivantes.

1. Que font les quatre jeunes au début du segment vidéo? Où sont-ils? Qu'est-ce que Sandrine et Amina suggèrent? Pourquoi?
2. Rachid et David ont-ils envie d'accompagner les filles? Expliquez.
3. Qu'est-ce qu'Amina aime beaucoup, d'après Astrid? À qui parle-t-elle virtuellement?
4. En général, qu'est-ce qu'on peut faire au parc à Aix quand il fait beau?
5. Qu'est-ce que Sandrine, Rachid et David décident de faire aujourd'hui?

Synthèse

Avec un(e) partenaire, posez-vous des questions à tour de rôle pour en apprendre plus sur vos activités de loisir. Discutez de celles que vous préférez en donnant des détails. Ensuite, comparez vos préférences avec celles de deux autres paires.

TEACHING TIPS

Structures Review To review adverbs, divide the class into small groups and ask them to refresh their memory by writing down all they remember about them and provide some example sentences that contain a variety of adverbs. Have each group write their examples on the board and ask the class to identify the adverbs.

DIFFERENTIATION

To Challenge Students Instruct students to incorporate as many adverbs as possible in their **Synthèse** conversations. Refer them to the list of common adverbs on page 61.

Scène 2: Un petit tête-à-tête entre Sandrine et David

Préparation

Dans cette scène, Sandrine et David échangent un petit tête-à-tête au parc pendant lequel ils parlent de leurs activités préférées. Répondez aux questions suivantes avec des phrases complètes.

1. Quels sont les sports qui sont les plus populaires aux États-Unis? Les aimez-vous? Les pratiquez-vous? Les regardez-vous (au stade ou à la télévision)? Donnez des détails.
2. Aimez-vous faire des activités culturelles avec vos amis ou votre famille? Lesquelles? À quelle fréquence?
3. Quelles autres activités de loisir aimez-vous? Pratiquez-vous régulièrement une activité artistique, comme le chant, le dessin, la musique ou la danse? Expliquez.

Segment vidéo

Regardez la vidéo pour trouver les réponses aux questions suivantes.

1. Quels sont les trois sports que David mentionne? Lequel est-ce qu'on aime surtout regarder aux États-Unis?
2. Est-ce que David fait souvent du sport? Pourquoi ou pourquoi pas?
3. Et Sandrine, qu'est-ce qu'elle fait avec ses amis?
4. Qu'est-ce que David demande à Sandrine à la fin du segment vidéo?

Synthèse

Par petits groupes, discutez de personnes (célèbres ou non) que vous admirez en raison de leurs talents particuliers dans la pratique d'activités sportives, culturelles, artistiques ou manuelles.

BLOC-NOTES

Avant de regarder la vidéo, révisez les adverbes aux pages 60–61 du livre.

Note CULTURELLE

Les activités de loisir en France

En moyenne, les Français disent pratiquer une dizaine d'activités de loisir de façon assez régulière. Les activités mentionnées le plus fréquemment sont les suivantes: Pour ce qui concerne les loisirs dits culturels, on aime le cinéma, la musique, la lecture, la télévision, les musées et les spectacles. Les activités sportives préférées sont la marche à pied/la randonnée, le vélo, le jogging et la natation. Pour ce qui est du domaine artistique, on apprécie la photographie, la pratique musicale, le chant et la peinture/le dessin. Enfin, les loisirs dits manuels, regroupent notamment la cuisine, le jardinage et le bricolage.

TEACHING TIPS

Suggestions

- As a warm-up, before you begin working with **Scène 2**, ask students to orally summarize what happened in **Scène 1**.
- To reinforce adverbs, show the grammar tutorial "Adverbs" on the Supersite in class. Then have students work in pairs to complete Activity 2 on page 62.

Culture Note There are many parks in and around Aix-en-Provence where people can go to play sports or simply relax with family and friends. The **Parc Rambot**, with its many recreational areas, is a favorite of families with children. In the **Parc Jourdan**, visitors can discover a classical French garden and a statue of Provençal author **Frédéric Mistral**, who spent some time studying in Aix. He was one of the founders of **Félibrige**, a literary and cultural association that promoted the **Occitan** language. He won the Nobel Prize in literature in 1904. The park offers open-air entertainment throughout the summer months. The **Parc Georges Vilers** features an open-air theater and one of the best views of the **Sainte-Victoire** mountain, often painted by Post-Impressionist local artist **Paul Cézanne**. The **Promenade de la Torse** features a lake with aquatic plants and a variety of wildlife, as well as a fitness trail.

21st CENTURY SKILLS

Creativity and Innovation/ Technology Literacy

After sharing the information in **Culture Note** above with your students, ask them to work in small groups to research more information about Aix-en-Provence and to prepare a multimedia presentation about the city. The presentations should highlight various sites, museums, and monuments where people can spend their free time. Ask the groups to also include a section featuring a famous person from or associated with the area.

PRE-AP®

Presentational Speaking Prior to class, select a few paintings by **Cézanne** that you feel are appropriate for your students. Tape printouts of them to the walls. Have students walk around the classroom to look at the paintings and choose the one they like best. Ask them to orally describe and critique the painting they chose, and to explain what they like about it.

DIFFERENTIATION

To Challenge Students Play **Scène 2** a second time, asking students to write down all the activities that are mentioned by the characters. Then, have them write a paragraph in which they describe how they feel about these activities, explain whether they engage in them, and if so, when and where, and say how good they are at them. They should include as many adverbs of time, manner, place, and quantity as possible.

TEACHING TIPS

Suggestions

- Before you begin **Scène 3**, assess students' command of the **passé composé** by asking questions about what happened in **Scènes 1** and **2**. For example: **Qui n'a pas voulu aller au café? Pourquoi? Qui est allé faire une promenade au parc? Est-ce que Sandrine et David ont passé un bon moment ensemble? De quoi ont-ils parlé?**
- Ask students to recall when the **passé composé** is used and to give examples of expressions that frequently trigger the use of this tense. Then have them explain its formation with **avoir** and then with **être**. Remind students that in most cases the past participle agrees in gender and number with the subject when the **passé composé** is formed with **être** but not when it is formed with **avoir**.
- Have students write a short paragraph in which they describe what they did yesterday using the **passé composé**. Have them exchange papers with a partner and correct each other's sentences as needed.

PRE-AP®

Presentational Speaking Have students describe to the class what their partners did yesterday based on the paragraphs they wrote.

21st CENTURY SKILLS

Initiative and Self-Direction Encourage students who feel they need further review of and practice with the **passé composé** to watch the grammar tutorials "The **passé composé** with **avoir**" and "The **passé composé** with **être**" on the Supersite.

Scène 3: Une petite blague pour l'anniversaire de Stéphane

BLOC-NOTES

Avant de regarder la vidéo, révisez les adverbes et le passé composé aux pages 60–61, 88–89 et 92–93 du livre.

Préparation

Dans cette scène, Astrid raconte une petite blague qu'elle et ses amis ont faite à Stéphane le jour de son anniversaire. Et vous, que pensez-vous des blagues? Répondez aux questions suivantes.

1. Avez-vous déjà été victime d'une petite blague? À quelle occasion? Qui vous a fait cette blague? Pourquoi? L'avez-vous trouvée drôle ou pas? Racontez cette expérience.
2. Et vous, avez-vous déjà fait une petite blague à un(e) ami(e) ou un parent? À qui? Pourquoi? Racontez ce que vous avez fait en donnant des détails, puis décrivez la réaction de la personne à qui vous avez fait la blague.
3. Pouvez-vous essayer de deviner quel genre de blague Astrid et ses amis vont faire à Stéphane à l'occasion de son anniversaire? Donnez plusieurs possibilités qui vous paraissent réalistes. (Souvenez-vous que Stéphane adore le sport mais qu'il n'aime pas l'école.)

Segment vidéo

Regardez la vidéo pour trouver les réponses aux questions suivantes.

1. En dehors de la chanson, quelles sont les deux autres passions de Sandrine?
2. Qu'est-ce que Sandrine prépare aujourd'hui?
3. Quels sont les trois cadeaux que les amis de Stéphane ont choisis pour lui? Comment Stéphane réagit-il? A-t-il l'air content? Expliquez.
4. À la fin, comment Astrid explique-t-elle le choix des cadeaux?

Synthèse

Imaginez que vous aussi, vous vouliez faire une petite blague à un(e) ami(e) à l'occasion de son anniversaire. Cette personne adore les loisirs culturels et artistiques mais n'aime pas du tout le sport ni les loisirs manuels. Quelle petite blague pourriez-vous faire à cet(te) ami(e)? Discutez-en par petits groupes et présentez vos meilleures idées à la classe.

TEACHING OPTIONS

Structure Review Because the structures reviewed in this segment are complex, you may feel that you need to go over parts of the corresponding structure presentations in the textbook with students and then complete some of the **Mise en pratique** activities that follow each grammar presentation together as a class.

PRE-AP®

Previewing Strategy Have students share their answers to question 3 in **Préparation** orally. Then show the video segment without sound and ask students to further hypothesize on what is happening, based on what they see. Ask: **Maintenant que vous voyez les images, est-ce que votre réponse est la même ou avez-vous d'autres idées? Expliquez pourquoi**.

À vous!

1 Qu'est-ce qu'on fait ce week-end?

Vous avez décidé de sortir avec des amis ce week-end mais personne n'est d'accord sur le type d'activité. Certains préfèrent aller se promener en ville; d'autres veulent faire du sport; d'autres encore ont envie de faire une activité culturelle ou artistique. Jouez la scène par petits groupes.

2 Discussion

Pour de nombreuses personnes, le sport et les arts restent des activités de loisir, mais d'autres personnes sont tellement douées dans ces domaines qu'elles décident d'en faire leurs carrières professionnelles. Par petits groupes, discutez des questions suivantes: Que doit-on faire si on veut avoir une carrière professionnelle sportive ou artistique? Que pensez-vous de ce choix? À votre avis, est-ce un choix difficile?

À vous la parole

Sondage

Dans l'épisode que vous venez de regarder, les amis ont parlé de leurs activités de loisir. Vous allez maintenant interroger un(e) camarade au sujet de quatre activités de loisir de votre choix (une activité sportive, une activité culturelle, une activité artistique et une activité manuelle).

STRATÉGIE

Prendre des notes sur les points importants: Quoi? Qui? Où? Quand? Comment? Pourquoi?

Quand on fait un sondage, prendre des notes sur les points importants des réponses des personnes interrogées permet de mieux s'en souvenir. Mais attention! Prendre des notes ne veut pas dire transcrire tout ce que les personnes disent mot pour mot! Pour être sûr(e) de n'inclure que ce qui est important, aidez-vous des mots interrogatifs suivants: **Quoi? Qui? Où? Quand? Comment? Pourquoi?** Voici un exemple de tableau qu'on peut utiliser pour prendre des notes pendant un sondage.

Quoi?	*Activité sportive : la natation*
Qui?	*Julie S.*
Où?	*à la piscine et à la plage*
Quand?	*en été, tous les jours, tôt le matin*
Comment?	*sérieusement; elle nage très bien*
Pourquoi?	*elle est très sportive et aime beaucoup l'eau*

Premièrement, choisissez les quatres activités que vous voulez inclure dans votre sondage. Puis, sondez votre camarade en prenant des notes sur ses réponses à l'aide du tableau ci-dessus.

CRITICAL THINKING

Analysis After students have completed their **À vous la parole** interviews, have them work in small groups to share and discuss the results of the surveys. Ask them if they feel that the responses they received are typical of what they expected from young people in your area and have them explain and justify their responses.

DIFFERENTIATION

To Challenge Students Ask your students to work in small groups to make a list of suggestions for someone who want to become a good professional in the fields of sports or arts. They should use adverbs in their responses. Example: **Pour réussir dans le sport, il faut s'entraîner constamment**.

TEACHING TIPS

PRE-AP®

1 Presentational Speaking Have the groups describe what they decided to do to the class and give reasons for their choices.

21st CENTURY SKILLS

Leadership and Responsibility
Have students work in groups to create brochures for French-speaking visitors to your community. To ensure variety, assign a different theme to each group, for example, **Sports et activités de plein air, Sorties en ville entre amis, Musées et monuments, Arts et spectacles, Découverte de la nature**.

2 Oral Practice Have the groups share their answers with the class. Ask them to justify their responses to the last question, giving details and examples that support their answers.

Suggestion Go over the **Stratégie** and the model with students before assigning the **À vous la parole** activity.

Suggestion Refer students back to the **Note culturelle** on page R7 for ideas of leisure activities to include in their interviews.

21st CENTURY SKILLS

Collaboration
After students have completed the interview in **À vous la parole**, arrange to have an email or Skype exchange with a partner class in a Francophone country. Have students conduct a second interview, using the same questions, but this time with a student from the partner class. Then, as a class, discuss the students' second interviews and ask them to compare and contrast the results with those of the first interviews.

Section Goals

In this section, students will

- find out about a trip David took, as well as learn more about Sandrine and Amina's relationships
- review and practice vocabulary for describing past activities and for discussing relationships
- review the **passé composé** with **avoir** and **être** and the **passé composé** vs. the **imparfait**
- use an idea map to prepare a written description

Key Standards

1.1, 1.2, 1.3, 2.1, 2.2, 3.1, 4.2

Student Resources
Tutorials: 3.1, 3.2, 3.3
Supersite Activities
Teacher Resources
Answer Keys; Video Script & Translation; **Roman-photo** video

Video Synopsis

In this episode, David describes a fun trip to Paris that he and his family just took. Sandrine, on the other hand, receives some bad news about an upcoming vacation, which leads to a dispute with her boyfriend Pascal. Pascal then tries to make up with Sandrine, but to no avail.

TEACHING TIPS

Suggestions

- As a warm-up and to review **Épisode 2**, ask students what they recall about David: **Qui est David? Est-il français? D'où vient-il? Que fait-il à Aix? Est-ce que vous vous souvenez des activités de loisir qu'il aime?**
- Call on several students to share their answers to the **Préparation** questions orally with the class.
- After students have watched **Scène 1** and answered the questions in **Segment vidéo**, have them work with a partner to check each other's responses.

ÉPISODE 3 Tout n'est pas toujours bien qui finit bien...

Tutorials

BLOC-NOTES

Avant de regarder la vidéo, révisez la formation du passé composé avec **avoir** et avec **être** aux pages 88–89 et 92–93 du livre.

PERSONNAGES

Stéphane

David

Rachid

Sandrine

Pascal

Amina

Scène 1: À Paris

Préparation

Dans cette scène, David raconte le petit voyage qu'il a fait à Paris. Répondez aux questions suivantes sur un voyage que vous avez fait récemment.

1. Où êtes-vous allé(e)? Avec qui?
2. Quand êtes-vous parti(e)? Combien de temps êtes-vous resté(e) là-bas? Comment avez-vous voyagé?
3. Êtes-vous descendu(e) dans un hôtel ou avez-vous rendu visite à des amis ou des parents?
4. Qu'est-ce que vous avez fait pendant votre séjour? Décrivez vos activités. Ce voyage vous a plu? Pourquoi ou pourquoi pas?

Segment vidéo

Regardez la vidéo pour trouver les réponses aux questions suivantes.

1. Quand est-ce que David est allé à Paris? Qui a-t-il retrouvé là-bas?
2. Qu'est-ce que David et ses parents ont fait vendredi soir?
3. Qu'est-ce que David a visité à Paris? Quelle autre activité a-t-il faite?
4. Qu'est-ce que David a rapporté à Stéphane pour son anniversaire?

Synthèse

Travaillez avec un(e) partenaire. À tour de rôle, posez-vous des questions pour en apprendre plus sur les voyages que vous avez décrits dans Préparation. Ensuite, décrivez le voyage de votre partenaire à la classe.

TEACHING TIPS

Structures Review Ask students to recall when the **passé composé** is used and to explain its formation with both **avoir** and **être**. Then, write a short paragraph about a vacation in the present tense on the board. Have students rewrite the paragraph, replacing present-tense forms with the **passé composé**. Include verbs conjugated with both **avoir** and **être**, as well as verbs with irregular past participles.

CRITICAL THINKING

Comparisons After students have completed the **Synthèse** activity and to wrap up **Scène 1**, ask them to compare and contrast the type of touristic activities they associate with Paris to those visitors to your area would typically do. Ask: **À votre avis, est-ce que les activités touristiques qu'on peut faire à Paris sont différentes de celles qu'on peut faire dans votre région? Expliquez votre point de vue en donnant des exemples.**

Scène 2: Une mauvaise nouvelle

Préparation

Dans cette scène, Sandrine reçoit une nouvelle qui ne lui plaît pas du tout. Répondez aux questions suivantes. Attention au choix des temps du passé!

1. Récemment, avez-vous reçu une nouvelle qui vous a fait très plaisir ou, au contraire, qui ne vous a pas fait plaisir du tout? Expliquez les circonstances de cet événement. C'était quand? Où étiez-vous? Que faisiez-vous quand vous avez eu cette nouvelle?
2. Décrivez cette nouvelle en détails.
3. Comment avez-vous réagi à cette nouvelle? Étiez-vous triste, content(e), fâché(e), déçu(e)? Décrivez vos sentiments et votre réaction.

Segment vidéo

Regardez la vidéo pour trouver les réponses aux questions suivantes.

1. Quels étaient les projets de Sandrine pour Noël? Où voulait-elle aller? Que voulait-elle faire là-bas?
2. Que s'est-il passé ensuite? Quelle nouvelle Pascal a-t-il donnée à Sandrine?
3. Est-ce que Sandrine était contente? Décrivez sa réaction à la nouvelle qu'elle a reçue.

Synthèse

Travaillez en petits groupes pour créer et jouer la scène suivante. Vous aviez des projets (un voyage, une sortie, une petite fête ou toute autre activité de votre choix) avec des amis, mais à la dernière minute, vous devez annuler. Annoncez cette mauvaise nouvelle à vos amis. Expliquez pourquoi vous annulez et excusez-vous. Vos amis vont réagir à cette mauvaise nouvelle et demander des détails sur les raisons de votre annulation.

BLOC-NOTES

Avant de regarder la vidéo, révisez le passé composé aux pages 88–89 et 92–93 et l'emploi du passé composé et de l'imparfait aux pages 96–97 du livre.

Note CULTURELLE

Albertville

Albertville est une ville située en Savoie, dans les Alpes françaises. C'est une destination très prisée par les amateurs de sports d'hiver. En plus de ses pistes de ski, Albertville est célèbre pour son festival du voyage et des découvertes, le Grand Bivouac, qui a lieu chaque année en octobre. Journalistes, écrivains et photographes s'y retrouvent à cette occasion, et on peut assister à de nombreux événements: projection de films, expositions, conférences, et autres animations en tout genre. La ville a aussi accueilli les Jeux olympiques d'hiver en 1992.

TEACHING TIPS

Suggestions

- As a warm-up, before you begin working with **Scène 2**, ask students to imagine they just spent a few days in Paris and to write a blog or social media post, describing what they did there using the **passé composé**. Refer them back to David's description of his trip in **Scène 1**.
- To review the formation of the **imparfait**, remind students that the stem is the **nous**-present tense form minus the **-ons** ending and that the **imparfait** endings are as follows: **-ais, -ais, -ait, -ions, -iez,** and **-aient**. Have volunteers come to the board and write the **imparfait** forms of one verb from each group, for example **aimer, finir,** and **rendre**. Remind students that **être** is the only verb with irregular forms in the **imparfait**: **j'étais, tu étais, il/elle/on était, nous étions, vous étiez, ils/elle étaient**.
- Have the groups act out the skits they created for **Synthèse** for their classmates.

21st CENTURY SKILLS

Creativity and Innovation/ Technology Literacy

Have students work in small groups to research information about Francophone Olympic athletes who won medals at the Albertville games as well as the most recent winter Olympics. Ask them to select one athlete and prepare a multimedia presentation about him/her to share in class.

PRE-AP®

Interpersonal Writing

Synthèse Have students use the same situation they created in small groups but this time they will write their friends an e-mail to cancel their plans. Ask them to apologize and to explain the reason(s) for cancelling in detail. They should also suggest a new date and/or activity.

TEACHING TIPS

Structures Review To review the specific uses of the **imparfait** and the **passé composé**, write the following on the board and ask students to provide an example sentence that illustrates each.

Passé composé
- past actions with a definite beginning or end
- past actions that tell the duration of an event
- series of past actions

CRITICAL THINKING

- reactions or changes in condition or state of mind
- actions that interrupted other actions in the past

Imparfait
- ongoing past actions with no reference to beginning or end
- habitual past actions
- descriptions of mental, physical, or emotional state
- descriptions of what things were like in the past

TEACHING TIPS

Suggestions

- As a warm-up, ask students to orally summarize what happened between Sandrine and Pascal in **Scène 2**. Then ask: **À votre avis, est-ce que les choses vont s'arranger entre eux? Qu'est-ce que Pascal pourrait faire pour se faire pardonner?**
- After students have answered question 4 in **Préparation**, ask them to share with the class some strategies they feel are appropriate and effective when trying to reconcile with someone after a fight.

21st CENTURY SKILLS

Initiative and Self-Direction
Students can monitor their progress online using the Supersite activities and assessments.

PRE-AP®

Audiovisual Interpretive Communication
After students have watched the video segment, ask them to compare what actually happened between Sandrine and Pascal with the predictions they had made in the warm-up activity.

PRE-AP®

Interpersonal Writing with Persuasive Discourse
After students have answered the **Segment vidéo** questions, ask them to assume the role of Pascal and write an e-mail to Sandrine in which he apologizes and tries to persuade her to give him a second chance. Have each student exchange his/her e-mail with a partner who will decide whether or not it was convincing enough to reconsider the breakup.

Scène 3: La rupture

BLOC-NOTES

Avant de regarder la vidéo, révisez le passé composé aux pages 88–89 et 92–93 et l'emploi du passé composé et de l'imparfait aux pages 96–97 du livre.

Préparation

Dans cette scène, Pascal fait une surprise à Sandrine. Malheureusement, Sandrine n'apprécie pas du tout cette surprise. Répondez aux questions suivantes pour décrire une dispute que vous avez eue avec un(e) (petit[e]) ami(e) récemment.

1. Où étiez-vous et que faisiez-vous quand la dispute a eu lieu?
2. Quel était le sujet de cette dispute? Décrivez-la en détails.
3. Comment vous sentiez-vous après la dispute? Parlez de vos sentiments et de votre réaction.
4. Est-ce que vous vous êtes réconcilié(e) avec votre (petit[e]) ami(e)? Si oui, quand et comment? Sinon, pourquoi?

Segment vidéo

Regardez la vidéo pour trouver les réponses aux questions suivantes.

1. Où était Pascal quand il a téléphoné à Sandrine?
2. Qu'est-ce qu'il a dit à Sandrine pour expliquer qu'il était là?
3. Décrivez la réaction de Sandrine à la surprise de Pascal.

Synthèse

Vous entendez-vous toujours bien avec vos amis ou avec les membres de votre famille? Avez-vous parfois des disputes avec certains d'entre eux? Dans quelles circonstances? À votre avis, quelles sont les causes les plus fréquentes de disputes entre amis ou entre membres d'une même famille? Discutez de ce sujet avec un(e) partenaire, puis présentez vos réflexions à la classe.

DIFFERENTIATION

For Inclusion If some students are still having difficulty selecting the correct tenses to use when narrating past events, have them watch the grammar tutorial "The **passé composé** vs. the **imparfait**" on the Supersite prior to working on the activities.

LEARNING STYLES

For Visual Learners To further practice the use of the **passé composé** vs. the **imparfait** before students begin work on **Scène 3**, use the paragraph on page 97 as a fill-in-the-blanks exercise. Copy the text on the board or on a transparency, replacing the verb forms with blanks. Then supply the infinitives of the verbs to be used to complete the paragraph. Have students write the correct forms of the missing verbs and explain their choice of tenses.

À vous!

Discussion

Par groupes de trois ou quatre, discutez de la réaction de Sandrine à la surprise de Pascal. À votre avis, sa réaction était-elle justifiée ou non? Pourquoi? A-t-elle eu raison de rompre avec Pascal? Expliquez votre point de vue. Et vous, avez-vous un jour essayé de faire une surprise à quelqu'un qui a réagi de façon négative? Expliquez ce qui s'est passé.

Conseils

En amitié comme en amour, les malentendus et les disputes sont parfois inévitables. Comment peut-on les surmonter? Que peut-on faire pour réussir à conserver la relation intacte? Discutez de ce sujet en petits groupes et donnez des conseils sur les choses à faire et à ne pas faire pour préserver l'amitié ou l'amour.

Rédaction

Tout n'est pas toujours bien qui finit bien...

Cette phrase, qui est le titre de l'épisode que vous venez de voir, est un jeu de mot sur une expression bien connue. Connaissez-vous cette expression? Vous allez maintenant écrire un récit de voyage au passé pour illustrer le titre de cet épisode.

STRATÉGIE

Utiliser un schéma d'idées pour organiser les détails d'un récit au passé

Quand on fait le récit de quelque chose qui est arrivé dans le passé, il peut être très utile de commencer par faire un schéma d'idées, c'est-à-dire une représentation graphique de ce qui s'est passé. Ce type de graphique permet de se souvenir des différents événements ou détails et d'organiser ses idées de façon logique. Voici un exemple de schéma d'idées au sujet d'un voyage.

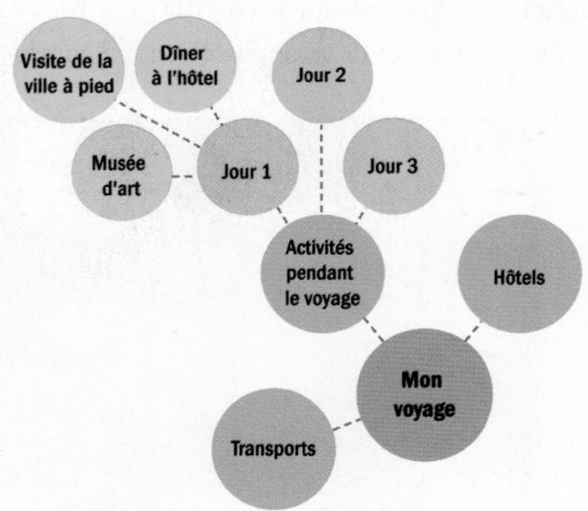

Pensez à un voyage que vous avez fait avec des amis ou des membres de votre famille qui a été gâché par une mauvaise surprise (ou un autre événement, par exemple, vous avez perdu quelque chose, il a fait très mauvais, ou encore vous n'avez pas pu faire une activité que vous aviez très envie de faire). Utilisez le schéma d'idées ci-dessus en l'adaptant pour commencer à organiser les éléments de votre récit de voyage. Racontez ce voyage en détail, y compris ce qui l'a gâché.

TEACHING TIPS

PRE-AP®

1 Discussion Interpersonal Speaking with Persuasive Discourse For further oral practice, divide the class into two groups: (1) students who believe that Sandrine's reaction was justified and that she was right to break up with Pascal and (2) students who feel she overreacted and should have forgiven Pascal. Give the two groups 10 minutes to brainstorm arguments in favor of their positions. Then, hold a whole-class debate, with each group presenting its arguments to defend its opinion.

PRE-AP®

2 Conseils Presentational Speaking Have the groups share their best advice with the class orally.

Composition You can also assign the **Rédaction** on the Supersite.

Suggestion Go over the **Stratégie** and the model with students before assigning the **Rédaction** activity. Have students work with a partner to peer-edit and finalize their idea maps before they begin writing.

Suggestion Encourage students to include transitional words in their **Rédaction** to make their writing flow more smoothly. Refer them to the **Attention!** box on page 97 for useful words and expressions for narrating past events.

PRE-AP®

Presentational Speaking with Cultural Comparison After students have finished their **Rédaction** assignments, have them orally summarize the trips they described for the class. Ask them to compare and contrast their trips with the one described by David back in **Scène 1**.

CRITICAL THINKING

Analysis Divide the class into small groups and have them discuss and reflect on the following statement: **À la fin de l'épisode, Sandrine dit qu'«un cyberhomme, c'est peut-être mieux qu'un petit ami». Que pensez-vous de cette opinion?** Students should consider the positive and negative aspects of virtual relationships, including the dangers of the latter. Encourage them to use examples to illustrate and justify their opinions.

Section Goals

In this section, students will
- find out about a dinner party the characters organized and discover how they dealt with some unexpected problems
- review vocabulary for discussing food, cooking and everyday problems
- review partitives and pronouns
- learn how to use circumlocution

Key Standards

1.1, 1.2, 1.3, 2.1, 2.2, 3.1, 4.2, 5.1, 5.2

Student Resources
Tutorials: 5.1, 5.2, 5.3
Supersite Activities
Teacher Resources
Answer Keys; Video Script & Translation; **Roman-photo** video

Video Synopsis
In this episode, the students prepare for and discuss an upcoming dinner party at Sandrine's. Astrid then describes some unexpected problems David and Rachid encountered in the days that followed the dinner party. Finally, Amina and Rachid make an astonishing discovery about each other.

21st CENTURY SKILLS

Financial, Economic, Business, and Entrepreneurial Literacy
Divide the class into small groups. For each group, prepare a shopping list of ten items found in a supermarket. Use partitives in your lists and include items from various sections of the store. Have the groups visit an online French supermarket, such as Carrefour or Auchan (remind students to use the ".fr" country domain), and find the items on their lists. Ask them to note the brand name and price of each item. Then, discuss their "shopping" experiences and compare the French products and their prices to those found locally.

BLOC-NOTES

Avant de regarder la vidéo, révisez le partitif aux pages 160–161 du livre.

PERSONNAGES

Astrid

Sandrine

Amina

David

Rachid

Stéphane

Scène 1: Des préparatifs pour le dîner

Préparation

Dans cette scène, nos amis s'occupent des préparatifs pour un dîner chez Sandrine. Répondez aux questions suivantes avec des phrases complètes.

1. Est-ce que vous faites parfois les courses pour ou avec votre famille? Où allez-vous pour faire ces achats? Qu'est-ce que vous achetez toujours? Souvent? Parfois? Rarement? Jamais?
2. Aimez-vous faire la cuisine? Qui, dans votre famille, prépare les repas le plus souvent? Qu'est-ce que cette personne aime bien cuisiner? Aimez-vous ce que cette personne prépare, en général? Et vous, quel est votre plat préféré? Quels ingrédients faut-il pour préparer ce plat?
3. Est-ce que chez vous, on reçoit souvent des amis ou de la famille à dîner? À quelle(s) occasion(s)? Qu'est-ce qu'on prépare pour le dîner d'habitude? Que doit-on acheter pour préparer ces plats?
4. Quand vous et votre famille êtes invité(e)s à dîner chez quelqu'un, est-ce que vous apportez un petit cadeau pour vos hôtes? Quel genre de cadeau est approprié dans votre culture?

Segment vidéo

Regardez la vidéo pour trouver les réponses aux questions suivantes.

1. Où sont Sandrine, Amina et David au début de la scène? Que font-ils? Pourquoi?
2. Qu'est-ce qu'ils achètent?
3. Que va préparer Sandrine, d'après vous?
4. Pourquoi Rachid est-il allé en ville? Qu'est-ce qu'il a acheté?
5. Qu'est-ce que David va apporter chez Sandrine?

Synthèse

Imaginez que vous voulez organiser un dîner typiquement français (entrée, plat et dessert de votre choix) pour la classe. Qu'est-ce que vous allez préparer? De quels ingrédients allez-vous avoir besoin? Par petits groupes, discutez de vos idées pour le menu et parlez de ce que vous allez devoir acheter pour préparer ce repas.

PRE-AP®

Presentational Speaking After the groups have finished their **Synthèse** discussions, ask them to present their menus to the class, explaining where their dishes are from, what ingredients are used to prepare them, and sharing any interesting information they discovered while researching these specialties. Then have a whole-class discussion about the various menus to identify the healthiest and the least healthy dinner.

DIFFERENTIATION

To Challenge Students Instruct students to incorporate as many partitives as possible in their **Synthèse** conversations and/or presentations as they discuss their dishes and the way to prepare them. Refer them to the explanations on pages 160-161.

Scène 2: Que des problèmes!

Préparation

Dans cette scène, nos amis ont tous des problèmes plus ou moins graves. Répondez aux questions suivantes avec des phrases complètes.

1. Avez-vous été malade récemment? Que s'est-il passé? Donnez des détails et expliquez ce que vous avez fait pour vous sentir mieux.
2. Est-ce que vous vous êtes déjà blessé(e)? Où? Comment? Que s'est-il passé? Qu'avez-vous fait? (Si vous ne vous êtes jamais blessé[e], parlez de quelqu'un que vous connaissez.) Donnez des détails.
3. Avez-vous déjà perdu un devoir sur lequel vous étiez en train de travailler? Si oui, comment avez-vous réagi? Avez-vous pu retrouver votre travail ou avez-vous dû demander de l'aide? (Sinon, quelle serait votre réaction si cela vous arrivait? Que feriez-vous?)

Segment vidéo

Regardez la vidéo pour trouver les réponses aux questions suivantes.

1. Qu'est-il arrivé à David après le dîner chez Sandrine?
2. Qu'est-il arrivé à Rachid quand il jouait au foot dans le parc? Où a-t-il mal? Qu'est-ce qu'Amina suggère?
3. Sur quoi est-ce que David travaillait quand il a eu son petit problème? Décrivez ce qui s'est passé.
4. Qui est-ce que Rachid pense que David devrait appeler pour l'aider avec ses problèmes d'ordinateur? Pourquoi?

Synthèse

Et vous, que faites-vous quand vous avez des problèmes ou quand vous vous trouvez dans une situation difficile, stressante ou frustrante? Y a-t-il plusieurs façons de gérer ce genre de situations? Lesquelles sont les meilleures, à votre avis? Dans une situation difficile, est-ce que vous essayez de vous débrouiller tout(e) seul(e) ou bien est-ce que vous demandez des conseils? Si oui, à qui? Pourquoi? Quels genres de conseils vous a-t-on déjà donnés? Étaient-ils utiles? Vous est-il déjà arrivé de devoir changer votre manière de gérer un problème? Expliquez et décrivez-en les conséquences. Discutez de ces questions par petits groupes en donnant des exemples précis.

BLOC-NOTES

Avant de regarder la vidéo, révisez les pronoms **y** et **en** et l'ordre des pronoms aux pages 164–165 et 168–169 du livre.

TEACHING TIPS

Suggestions

- Ahead of time, assign the two grammar points to pairs or small groups of students and ask them to refresh their memory by writing down all they remember about the specific points and provide some examples. Then, have students present their review of the grammar points to the whole class. Complement, as needed, if something is missing. Point out the summary chart on page 168.
- As a warm-up before you begin working with **Scène 2**, ask the following questions about **Scène 1: Où étaient les amis au début de la Scène 1? Qu'est-ce qu'ils y ont acheté? Pourquoi Rachid est-il allé chez le chocolatier? Est-ce que David avait un cadeau pour Sandrine? Qu'est-ce qu'il a finalement décidé de lui offrir?** Instruct students to use pronouns in their answers.
- Have students answer the questions in **Préparation** in writing and then share their responses to items 1 and 2 orally with the class.

Culture Note In France, the national health system, **la sécurité sociale ("la sécu")**, is funded by mandatory employer and employee contributions and it provides health coverage to most legal residents. It reimburses between 70 and 100% of medical expenses. For example, a visit to a **médecin généraliste** costs about 23 euros. Seventy percent of this amount is reimbursed; therefore, the patient's charge is 6.60 euros. In addition to **la sécurité sociale,** many people also purchase supplemental insurance from private companies to cover the difference.

PRE-AP®

Interpersonal Speaking As an additional activity, have students work in pairs to discuss problems they've had with technology products (computers, tablets, smartphones) in the past. They should describe the problems giving as much detail as possible and take turns asking each other questions to find out if and how the problems were resolved.

PRE-AP®

Presentational Speaking with Cultural Comparison Have students work in groups to research the health care system in France as well as in other Francophone countries. Ask the groups to present their findings orally. Then, as a class, compare and contrast those systems with the healthcare system in the US.

21st CENTURY SKILLS

Initiative and Self-Direction
Remind students that they can monitor their progress online using the Supersite activities and assessments.

TEACHING TIPS

Suggestions

- To review and reinforce the use of pronouns, assign the tutorials "The pronouns y and en" and "Order of pronouns" before beginning **Scène 3**, and have students do Activity 1 in **Mise en pratique** in preparation. Quickly go over the answers as a class, then have students answer the questions in **Préparation**.
- As a warm-up, ask students to orally summarize what happened in **Scène 2**.
- After viewing the video, have students work in pairs to answer the **Segment vidéo** questions.

Culture Note The car Rachid is driving is a model by PSA Peugeot Citroën, one of the largest car makers in Europe. PSA Peugeot Citroën has sales operations in over 160 countries and employs more than 200,000 workers worldwide. Its main French competitor is Renault, which has been making cars since 1899.

21st CENTURY SKILLS

Leadership and Responsibility
Divide the class into small groups and ask them to prepare a presentation in which they give useful suggestions and advice on how to prevent unexpected issues related to one of the following two themes: **(1) les problèmes d'ordinateur, (2) les pannes de voiture**.

21st CENTURY SKILLS

Financial, Economic, Business, and Entrepreneurial Literacy
Have groups of students research the automobile industry in France and prepare a multimedia presentation about the latest trends and innovations in the field. Then, as a class, compare and contrast typical French cars with American cars. Ask students to hypothesize on the reasons for the differences.

Scène 3: Un premier rendez-vous plutôt raté

BLOC-NOTES

Avant de regarder la vidéo, révisez les pronoms **y** et **en** et l'ordre des pronoms aux pages 164–165 et 168–169 du livre.

Préparation

Dans cette scène, Amina et Rachid font une petite découverte très inattendue... Répondez aux questions suivantes.

1. Travaillez-vous beaucoup sur votre ordinateur? Qu'est-ce que vous faites pour ne pas perdre vos données ou votre travail? Donnez quelques conseils.
2. Avez-vous un jour découvert quelque chose d'inattendu au sujet d'un(e) ami(e) ou d'un membre de votre famille? Racontez.
3. D'après le titre de ce segment et la phrase d'introduction de la partie **Préparation** ci-dessus, que pensez-vous qu'Amina et Rachid vont découvrir? Que va-t-il se passer ensuite, à votre avis? Utilisez votre imagination pour faire plusieurs hypothèses.

Segment vidéo

Regardez la vidéo pour trouver les réponses aux questions suivantes.

1. Qu'est-ce qu'Amina réussit à faire? Qu'est-ce qu'elle lui conseille de toujours faire quand il travaille à l'ordinateur?
2. Pourquoi est-ce que Rachid est content qu'Amina ait pu aider David?
3. Quelle découverte Amina et Rachid font-ils?
4. Que font Amina et Rachid à la fin de l'épisode? Quels problèmes rencontrent-ils?

Note **CULTURELLE**

Conduire en France

En France, même s'il est possible de commencer à apprendre à conduire à seize ans, il faut avoir dix-huit ans pour pouvoir passer le permis de conduire. Cet examen a deux parties. Il faut d'abord suivre des cours théoriques (le code de la route) pendant lesquels on apprend les lois à respecter quand on conduit. On passe ensuite un examen écrit sur le code de la route. Puis, il faut prendre des cours pratiques de conduite jusqu'à ce qu'on soit prêt à passer l'examen sur route. Si on réussit à ces deux examens, on obtient alors son permis de conduire. Ces deux examens sont difficiles et beaucoup de candidats ne réussissent pas du premier coup. Attention! Si un jour vous conduisez en France, ne tournez jamais à droite après un arrêt à un feu qui est rouge. C'est strictement interdit! Il faut attendre que le feu devienne vert, même s'il n'y a personne.

Synthèse

Choisissez un des deux sujets suivants et racontez à un(e) partenaire une anecdote personnelle qui l'illustre.

1. Vous avez un jour apporté votre aide à une personne que vous ne connaissiez pas bien et qui se trouvait dans un situation difficile ou inattendue. Racontez ce qui s'est passé, puis décrivez en quoi votre relation avec cette personne a été affectée par votre geste. Qu'est-ce que cela vous a appris au sujet de votre capacité à aider les autres?
2. Vous vous êtes un jour retrouvé(e) dans une situation difficile ou inattendue et une personne que vous ne connaissiez pas bien (ou que vous ne pensiez pas en mesure de vous aider) vous a apporté son aide. Racontez ce qui s'est passé, puis décrivez votre réaction à ce geste. Étiez-vous surpris(e)? Reconnaissant(e)? Gêné(e)? Avez-vous fait quelque chose de spécial pour remercier cette personne?

PRE-AP®

Presentational Speaking Have students orally summarize their partner's anecdote from **Synthèse** for the class. Instruct them to use as many pronouns as possible.

CRITICAL THINKING

Analysis Divide the class into small groups and have them discuss and reflect on the following statement: **À la fin de l'épisode, Astrid dit: Que va-t-il se passer après? Que vont-ils devenir? Pour en savoir plus, il faut regarder la fin de notre histoire!** Ask students to work with their groups to brainstorm possible endings for the story. Then, have each group present their ideas to the class and have students vote for their favorite ending.

À vous!

1 **Une soirée mémorable**

Avec un(e) partenaire, parlez d'une soirée mémorable que vous avez passée chez des amis ou de la famille chez qui vous étiez invité(e) à dîner. Qu'est-ce que vos hôtes ont servi au repas? Y avait-il des choses (plats ou ingrédients) que vous n'aimiez pas? Avez-vous acheté un cadeau pour vos hôtes? Avez-vous apprécié cette soirée dans l'ensemble? Pourquoi ou pourquoi pas?

2 **Discussion**

Dans l'épisode que vous venez de regarder, Amina et Rachid ont découvert qu'ils étaient en fait Technofemme et Cyberhomme. Discutez des questions suivantes par petits groupes, puis présentez vos idées à la classe. Que se passe-t-il quand deux amis découvrent qu'ils ont des sentiments amoureux l'un envers l'autre? Est-ce que c'est possible de transformer l'amitié en amour? Quels en sont les aspects positifs? Les aspects négatifs? Quelles conséquences cela peut-il avoir sur les relations entre ces deux personnes?

À vous la parole

Notre semaine plus que mouvementée!

Dans l'épisode que vous venez de regarder, nos amis ont eu bien des problèmes! C'est à vous maintenant d'imaginer et de créer une petite scène dans laquelle plusieurs amis discutent de problèmes auxquels ils ont récemment dû faire face.

STRATÉGIE

Utiliser une périphrase quand on ignore un mot: la circonlocution

La circonlocution est une stratégie très utile qu'on peut employer aussi bien à l'écrit qu'à l'oral. On l'utilise quand on ne connaît pas un mot dont on a besoin pour exprimer une idée. La circonlocution consiste à remplacer ce mot par une périphrase, c'est-à-dire un autre mot ou une expression qui a le même sens que le mot qu'on ne connaît pas. Voici deux exemples de périphrases.

une périphrase pour remplacer ce mot [chocolatier]: l'endroit où on achète des chocolats

une périphrase pour remplacer ce mot [se blesser]: se faire mal quelque part

Par petits groupes, faites une liste de problèmes qui peuvent arriver dans la vie de tous les jours. Ensuite, créez une petite scène humoristique dans laquelle plusieurs amis se racontent tous les problèmes qu'ils ont eus et s'en plaignent à tour de rôle. Utilisez votre imagination et la circonlocution pour les mots et les expressions que vous ne connaissez pas. Jouez votre scène devant la classe.

DIFFERENTIATION

To Challenge Students Add another element to Activity 1: **Inventez un problème qui a eu lieu pendant la soirée**. Ask students to imagine and describe the problem, giving as much detail as possible, and to explain if and how it was resolved.

CRITICAL THINKING

Analysis As a follow-up to Activity 2, have students discuss the following questions in small groups: **À votre avis, cela vaut-il la peine de tenter d'avoir une relation amoureuse avec un(e) ami(e) ou bien vaut-il mieux rester seulement amis?** Have the groups share their opinions with the class and explain their view points.

TEACHING TIPS

Culture Note Tell students that when invited to someone's home for dinner in France, it is polite to bring a small gift for the hosts. A box of candy or chocolate is always appropriate. Guests usually do not bring beverages, as the hosts will have already chosen them based on the menu. Flowers are also an appropriate gift, but it is best to have them delivered ahead of time. However, one should never give chrysanthemums or red roses, as those are respectively associated with death and romantic love.

PRE-AP®

Presentational Speaking with Cultural Comparisons As a project, have pairs or small groups of students research dinner party etiquette in France as well as in other Francophone countries. Ask them to orally present their findings to the class. Discuss the similarities and differences between the various cultures and ask students to compare and contrast them with those in their own culture.

Suggestion Go over the **Stratégie** and the examples with students. Then, give them additional words or expressions from this episode's script and ask them to practice using circumlocution to define them. For example: **une boulangerie, être jaloux, une dissertation, être pro de l'informatique, un premier rendez-vous**.

Suggestion If students are having difficulties coming up with a list of problems, tell them they can use the same problems as those encountered by the characters in the video and expand on them.

Section Goals

In this section, students will
- catch up with the characters a year later in their lives, as they prepare for a reunion at **Le P'tit Bistrot**
- review and practice vocabulary for discussing relationships and important events
- review the subjunctive, the comparative and superlative of adjectives and adverbs, and infinitives
- read a strategy about how to use a bilingual dictionary

Key Standards

1.1, 1.2, 1.3, 2.1, 2.2, 3.2, 4.2, 5.2

Student Resources
Tutorials: 6.1, 7.1, 7.3, 8.1
Supersite Activities
Teacher Resources
Answer Keys; Video Script & Translation; **Roman-photo** video

Video Synopsis
In **Épisode 5**, Stéphane and his mother organize a reunion with their friends, whom they have not seen in a year. As the friends begin to arrive at **Le P'tit Bistrot**, they reminisce about past events and important moments they shared while all living in Aix.

TEACHING TIPS
Suggestion **Épisode 5** reviews and practices the various uses of the subjunctive. Assign the following tutorials as homework ahead of time so that students can get an overall review of this mood's many uses and come to class prepared: "The subjunctive: impersonal expressions," "The subjunctive: will, opinion, and emotion," "The subjunctive with expressions of doubt," and "The subjunctive with conjunctions."

ÉPISODE 5 Les retrouvailles

BLOC-NOTES
Avant de regarder la vidéo, révisez le subjonctif aux pages 198–199 et 244–245 du livre.

PERSONNAGES

Valérie

Stéphane

David

Rachid

Sandrine

Amina

Astrid

Scène 1: David et Sandrine

Préparation

Dans cette scène, Stéphane et sa mère se préparent pour l'arrivée de leurs amis qu'ils n'ont pas vus depuis un an. Ils se souviennent de quelques moments importants de l'année passée... Répondez aux questions suivantes avec des phrases complètes.

1. Avez-vous des amis (ou des parents) que vous n'avez pas vus depuis longtemps? Depuis quand? Pourquoi avez-vous perdu le contact avec ces personnes? Si vous aviez l'occasion de revoir ces personnes, que feriez-vous ensemble? De quoi parleriez-vous, à votre avis?
2. Est-ce que dans votre famille, on organise des réunions familiales? Et dans les familles de vos amis? Comparez les habitudes de votre famille et de celles de vos amis. Pensez-vous que ce genre de réunions soit une bonne idée? Pourquoi ou pourquoi pas?
3. Pensez à votre vie l'année passée. Choisissez un moment important pour vous (mais pas trop intime car vous en partagerez ensuite les détails avec vos camarades) et résumez ce qui s'est passé en expliquant l'importance de ce moment particulier.

Segment vidéo

Regardez la vidéo pour trouver les réponses aux questions suivantes.

1. Où se passe la scène? Où est-ce que Stéphane va aller? Pourquoi?
2. Quelles sont les deux choses que Valérie demande à Stéphane de faire?
3. Valérie et Stéphane se souviennent de l'histoire entre David et Sandrine. Résumez ce qui s'est passé entre eux.

Synthèse

Travaillez avec un(e) partenaire et à tour de rôle, posez-vous des questions pour en apprendre le plus possible sur l'événement important que chacun(e) de vous a décrit dans Préparation. Ensuite, chaque élève va résumer l'événement important de son/sa partenaire pour la classe.

TEACHING TIPS

Structure Review Write the following on the board: impersonal expressions, expressions of will, expressions of emotion, expressions of doubt. Ask students to give examples of expressions that trigger this mood for each category and write them on the board. Then, call on students to create example sentences using the expressions on the board.

DIFFERENTIATION

To Challenge Students After students have completed **Préparation**, ask them to answer the following question, using impersonal expressions and the subjunctive: **Que doit-on faire pour qu'une réunion familiale soit réussie?** Instruct them to use 5 of the expressions from the table on page 199. For example: **Il faut qu'on organise la réunion bien à l'avance. Il est indispensable que toute la famille vienne.**

Scène 2: Amina et Rachid

Préparation

Dans cette scène, on découvre comment la relation a évolué entre Amina et Rachid. Répondez aux questions suivantes avec des phrases complètes.

1. À votre avis, qu'est-ce qui fait qu'une relation amoureuse dure? Sur quoi faut-il baser le choix d'un(e) partenaire? Sur le physique? Sur la personnalité? Sur les choses qu'on a en commun? Sur autre chose? Qu'est-ce qui vous semble le plus important? Le moins important?
2. Croyez-vous au grand amour? Pensez-vous qu'on puisse connaître l'amour plusieurs fois dans la vie? Expliquez et justifiez votre opinion.

Segment vidéo

Regardez la vidéo pour trouver les réponses aux questions suivantes.

1. Où en est la relation entre Amina et Rachid? Comment Sandrine le sait-elle?
2. Quelle comparaison Rachid fait-il entre Amina et la fleur qu'il lui donne?
3. Et Sandrine, comment compare-t-elle Rachid et David? Que dit-elle d'autre à leur sujet?

Synthèse

Reprenez vos réponses à la première question de Préparation et travaillez par petits groupes. Utilisez vos réponses comme points de départ pour faire une description détaillée du «couple parfait». Ensuite, comparez et contrastez la vie du couple parfait à celle d'un couple qui a une relation difficile. Comparez vos idées avec celles d'un autre groupe.

BLOC-NOTES

Avant de regarder la vidéo, révisez le comparatif et le superlatif aux pages 236–237.

Note CULTURELLE

Les couples en France

C'est surtout dans les soirées entre amis ou par l'intermédiaire d'amis que les jeunes couples français se rencontrent. En général, ils ont souvent à peu près le même niveau d'études et ils sont issus du même milieu social. Quand ils sortent, les jeunes couples français ont tendance à préférer les sorties en groupe ou avec d'autres couples plutôt que les sorties à deux, et la plupart du temps, chacun paie sa part. En France, on se marie assez tard. La moyenne d'âge est de 31,9 ans pour les hommes et de 30,1 ans pour les femmes.

TEACHING TIPS

Suggestions

- In class, show the tutorial "Comparatives and superlatives of adjectives and adverbs." Then, have students turn to page 237 and point out the irregular comparative and superlative forms in the tables. Do Activity 1 on page 238 as a class, calling on students to supply the correct answers.
- As a warm-up before you begin working with **Scène 2**, ask students to summarize what happened in **Scène 1** orally.
- Have students answer the questions in **Préparation** in writing and then share their responses to item 1 with the class.

21st CENTURY SKILLS

Productivity and Accountability

Provide students with the oral testing rubric found in the Teacher Resources on the Supersite. Ask them to keep these strategies in mind as they work on their group discussions.

21st CENTURY SKILLS

Global Awareness

Read the **Note culturelle** with students. Then ask: **Est-ce que c'est pareil ici? Où se rencontrent les jeunes couples américains? Est-ce qu'ils sortent aussi en groupe, comme les jeunes couples français ou est-ce qu'ils préfèrent sortir en couple? Qui paie quand un jeune couple américain sort? Est-ce que dans votre culture, on se marie plus tôt ou plus tard qu'en France?**

TEACHING TIPS

Structure Review For further practice and review of the comparative and the superlative, ask students to create original statements about the characters using comparatives and superlatives, based on what they've learned about them throughout the **Reprise** episodes. For example: **Rachid ne dessine pas aussi bien que David. C'est Sandrine qui fait le mieux la cuisine**.

PRE-AP®

Presentational Speaking with Cultural Comparison Have students research information about dating and marriage practices in other Francophone countries and report on their findings orally. Ask them to compare and contrast these practices with similar customs in their own culture.

TEACHING TIPS

Suggestions

- As a warm-up and to review and reinforce the comparative and superlative before beginning **Scène 3**, ask students to choose their favorite character from the Video Program and have them write a paragraph in which they compare him/her to the other characters. Ask them to explain why this person is their favorite character.
- To review infinitives, show the tutorial "Infinitives" in class. Remind students that the infinitive is used instead of the subjunctive in sentences with two clauses when there is no change of subject or with impersonal expressions that have a general meaning. Go over the examples at the bottom of page 273 with students. Then remind them that some verbs require the use of a preposition (usually **à** or **de**) before an infinitive. Ask volunteers to give examples.
- After viewing the video, have students work in pairs to answer the **Segment vidéo** questions.

21st CENTURY SKILLS

Social and Cross-cultural Skills
At the end of **Scène 3**, Stéphane is disappointed to find out that he needs to retake some of the **baccalauréat** exams. This is called **le rattrapage** and it consists of oral exams that students who scored at least 8/20 but below 10/20 overall on their written exams must take. Students who scored below 8/20 are not given this opportunity and must repeat their last year of **lycée** prior to attempting **le bac** again. Ask students to compare this process to the practices in your area.

Scène 3: Astrid et Stéphane

BLOC-NOTES

Avant de regarder la vidéo, révisez le comparatif et le superlatif et l'usage de l'infinitif aux pages 236–237 et 272–273 du livre.

Préparation

Dans cette scène, Astrid rejoint Valérie et Sandrine au P'tit Bistro et elles discutent de Stéphane. Répondez aux questions suivantes.

1. Avez-vous changé ces dernières années? Si oui, décrivez ces changements et comparez-vous maintenant et avant. Si non, pourquoi, à votre avis, n'avez-vous pas changé?
2. Connaissez-vous une personne qui a beaucoup changé depuis que vous la connaissez? Décrivez cette personne et expliquez ce qui a changé chez elle et pourquoi. Ces changements sont-ils positifs ou négatifs, d'après vous? Justifiez vos réponses avec des exemples.

Segment vidéo

Regardez la vidéo pour trouver les réponses aux questions suivantes.

1. Qui arrive au début de la scène? Qui est-ce qu'elle cherche? Où pense-t-elle qu'il est probablement?
2. Comment Astrid décrit-elle Stéphane aujourd'hui?
3. Quel événement a eu un impact sur le comportement de Stéphane? Expliquez.

Synthèse

Si vous pouviez changer quelque chose chez vous, que changeriez-vous? Pourquoi? Discutez de ce sujet avec un(e) partenaire en donnant des détails et des exemples. Vous pouvez parler de votre physique, de votre personnalité, de vos habitudes, de vos études, de vos activités, de vos relations avec les autres ou bien d'autres sujets de votre choix.

PRE-AP®

Presentational Speaking After students have completed the **Synthèse** pair work, ask them to present an oral summary of their partner's response to the class.

DIFFERENTIATION

For Inclusion If some students are still having difficulty using comparative and superlatives, have them watch the grammar tutorial "The comparative and superlative of adjectives and adverbs" on the Supersite prior to working on the activities.

À vous!

1 **Deux perspectives différentes**

«Croyez-vous que ce soit mieux qu'elle le sache?» C'est ce que David demande à Valérie au sujet de Sandrine quand il se rend compte qu'elle ne sait pas chanter. Et vous, qu'en pensez-vous? Faut-il toujours être honnête avec ses amis, même si parfois on les blesse, ou vaut-il mieux mentir? Quelles peuvent être les conséquences? Discutez de ces questions avec un(e) partenaire, puis présentez vos opinions au reste de la classe.

2 **Un proverbe**

Par petits groupes, discutez du proverbe français suivant: «Chassez le naturel, il revient au galop.» ("*The leopard can't change its spots.*") Considérez les questions suivantes pour orienter votre discussion: Est-ce que les gens peuvent réellement changer de façon permanente ou bien est-ce que c'est plutôt temporaire, voire impossible? Quel genre d'événements peut pousser une personne à changer, à votre avis? Pourquoi?

Rédaction

Il y a un an...

Dans cet épisode, les amis aixois se préparent à se retrouver un an après s'être séparés et ils parlent des changements qui ont eu lieu dans leurs vies. À vous maintenant de parler des changements qui ont eu lieu dans votre vie ces douze derniers mois.

STRATÉGIE

Utiliser un dictionnaire bilingue

Utiliser un dictionnaire bilingue (traditionnel ou en ligne) n'est pas facile mais comme il est parfois nécessaire d'y avoir recours, il faut apprendre à le faire correctement. Voici quelques conseils pour la bonne utilisation du dictionnaire:

1. Familiarisez-vous avec les abréviations utilisées dans le dictionnaire.
2. Avant de chercher un mot, déterminez la fonction du mot que vous cherchez. Par exemple, imaginez que vous cherchiez le mot français pour *bag*. Cherchez-vous un nom ou bien l'équivalent du verbe *to bag*?
3. Lisez attentivement la définition proposée en faisant attention aux différentes options proposées, aux abréviations et autres indications qui vous aideront à choisir le bon mot (voir l'exemple ci-dessous).
4. Enfin, si vous hésitez entre plusieurs possibilités, revérifiez le sens des mots français dans la partie français-anglais.

bag *n* sac *m*, sachet *m* [container], poche *f*, sac à main *m* [handbag], valise *f* [suitcase], bagage *m*
v emballer, mettre dans un sac [groceries]

Écrivez une composition dans laquelle vous parlez de votre vie pendant l'année qui vient de s'écouler. Parlez de vos études, de votre vie de tous les jours, de vos activités, de vos relations avec les autres.

TEACHING TIPS

1 As a follow-up, have students discuss the following question in small groups: **Pensez-vous qu'une vraie amitié puisse endurer toutes les critiques, ou bien y a-t-il des limites?** Have the groups share and explain their opinions, using examples.

21st CENTURY SKILLS

Creativity and Innovation
As an expansion activity, have students work in small groups to research additional proverbs in French. Ask them to select the most interesting one they find and to create a comic strip to illustrate its meaning. Display the comic strips around the classroom and have students vote on the best ones.

Composition You can also assign the **Rédaction** on the Supersite.

Suggestion Go over the **Stratégie** with students. Then make several bilingual dictionaries available in class and give students sentences in English with underlined words and expressions to look up. Students should work in pairs to practice using the dictionary to find the appropriate French equivalents.

Suggestion To encourage collaborative work, have pairs of students work together to peer-edit each other's first draft and offer suggestions for improvements.

PRE-AP®

Interpersonal Speaking with Persuasive Discourse As a follow-up to Activity 2, ask students the following question: **À votre avis, dans une relation amoureuse, faut-il accepter son/sa partenaire tel(le) qu'il/elle est ou bien est-ce possible de le/la faire changer?** Divide the class into two groups, according to students' responses: (1) those who think one should accept his/her partner as he/she is and (2) those who believe it is possible to make one's partner change. Give the groups 15 minutes to prepare their arguments. Then have them debate this question and argue their respective points of view.

DIFFERENTIATION

To Challenge Students Ask students to add a final paragraph to their **Rédaction** in which they compare and contrast their life a year ago and their life now.

ÉPISODE 6 La réunion

Section Goals

In this section, students will
- find out what the characters have been doing since they last saw one another and discover what they're planning for the future
- review and practice vocabulary for describing goals and future plans
- review the **futur, futur antérieur, conditionnel présent, conditionnel passé,** and **si** clauses
- learn how to use fillers to make conversations sound more natural

Key Standards

1.1, 1.2, 1.3, 2.1, 2.2, 3.1, 4.2, 5.2

Student Resources
Tutorials: 7.2, 8.3, 10.3
Supersite Activities
Teacher Resources
Answer Keys; Video Script & Translation; **Roman-photo** video

Video Synopsis
In this final episode, the reunion at **Le P'tit Bistrot** is in full swing and the friends exchange news and discuss future plans. Stéphane and Astrid reflect on their first year at the university. Sandrine describes how her career plans have changed while David explains that he's back in France and pursuing his studies. Finally, Amina and Rachid discuss their new life together in Paris.

TEACHING TIPS

Suggestion Have volunteers share their responses to item 1 in **Préparation** orally with the class.

Culture Note Explain to students that in France, there are no equivalents to "pre-med" and "pre-law". Unlike in the United States, French high school graduates interested in the fields of medicine and law directly enter the **Faculté de médecine** and the **Faculté de droit**.

Tutorials

BLOC-NOTES

Avant de regarder la vidéo, révisez le futur et le futur antérieur aux pages 240–241 et 350–351 du livre.

PERSONNAGES

Rachid

Valérie

Stéphane

Astrid

Sandrine

David

Amina

Scène 1: L'avenir de Stéphane et d'Astrid

Préparation

Dans cette scène, Valérie, Stéphane, Rachid et Astrid parlent de la première année universitaire de Stéphane et d'Astrid. Répondez aux questions suivantes avec des phrases complètes.

1. Quels sont vos projets une fois que vous aurez fini le lycée? Continuerez-vous vos études? Irez-vous passer un an dans un pays francophone? Entrerez-vous tout de suite dans la vie active? Décrivez vos projets d'avenir en donnant des détails.
2. Comment imaginez-vous votre vie dans cinq ans? Et dans dix ans? Que ferez-vous dans la vie? Aimerez-vous votre travail? Où habiterez-vous? Serez-vous marié(e)? Aurez-vous des enfants? Pensez-vous que vous serez satisfait(e) de votre vie? (Répondez à ces questions par écrit en donnant des détails et conservez bien vos réponses car vous allez les réutiliser dans une autre activité.)

Segment vidéo

Regardez la vidéo pour trouver les réponses aux questions suivantes.

1. Comment s'est terminée la dernière année de lycée de Stéphane? Que fait-il aujourd'hui?
2. Qu'est-ce que Stéphane a enfin compris, d'après sa mère?
3. Qu'est-ce qu'Astrid étudie? Comment trouve-t-elle les études qu'elle a choisies?
4. D'après leurs choix, quels métiers feront probablement Stéphane et Astrid quand ils auront terminé leurs études?

Synthèse

Reprenez vos réponses à la question 2 de Préparation. Circulez dans la classe et parlez de vos projets avec vos camarades. Comparez et contrastez vos idées pour votre avenir. Réagissez aux projets de vos camarades en leur disant si vous pensez que ceux-ci sont réalistes ou pas. Parlez aussi de ce que vos familles, vos amis et vos conseillers d'éducation pensent de vos projets d'avenir.

PRE-AP®

Presentational Speaking with Cultural Comparison There are many exchange programs for students interested in studying abroad, including Erasmus, for European students, and Erasmus Mundus, which is open to non-Europeans. Have students find information about options in the fields of study they are considering. Have them report on their findings orally and compare these programs with similar programs in their country.

CRITICAL THINKING

Analysis After the **Synthèse** group discussions, discuss the following questions: **Quel doit être le rôle de la famille, des amis et des professeurs et conseillers d'éducation en ce qui concerne les choix d'études des jeunes de leur entourage? Ces personnes doivent-elles être très impliquées dans ces décisions ou bien vaut-il mieux laisser les jeunes totalement libres de leurs choix?** Ask students to justify their opinions.

Scène 2: David a une nouvelle

Préparation

Dans cette scène, David et Sandrine parlent de ce qu'ils ont fait depuis la dernière fois qu'ils se sont vus. Répondez aux questions suivantes avec des phrases complètes.

1. En ce qui concerne votre avenir professionnel, avez-vous déjà choisi ce que vous voulez faire ou bien hésitez-vous encore? À votre avis, si on se rend compte qu'on s'est trompé de voie au milieu de ses études, vaut-il mieux recommencer dans une autre voie ou bien continuer ce qu'on a déjà commencé? Expliquez votre point de vue.
2. Si vous appreniez qu'un(e) ami(e) que vous n'avez pas vu(e) depuis longtemps était revenu(e) dans votre ville sans vous prévenir, comment réagiriez-vous? Seriez vous triste? Fâché(e)? Indifférent(e)? Contacteriez-vous cet(te) ami(e) ou attendriez-vous de voir s'il/si elle va vous contacter? Pourquoi?

BLOC-NOTES

Avant de regarder la vidéo, révisez le conditionnel, les phrases avec **si** et le conditionnel passé aux pages 280–281, 346–347 et 354–355.

Segment vidéo

Regardez la vidéo pour trouver les réponses aux questions suivantes.

1. Est-ce que Sandrine est devenue chanteuse professionnelle comme elle le voulait? Expliquez.
2. Que fait David aujourd'hui? Où vit-il?
3. Comment Sandrine réagit-elle quand elle apprend que David est revenu en France il y a déjà trois mois? Que lui dit-elle?
4. Quelle est l'autre nouvelle de David qui n'a pas l'air de trop faire plaisir à Sandrine?

Synthèse

Imaginez que vous avez un(e) ami(e) qui ne sait pas quoi faire après le lycée. Cet(te) ami(e) vient vous voir en espérant que vous pourrez lui donner des conseils. Posez des questions à votre ami(e) pour en apprendre plus sur ce qui l'intéresse, puis proposez des idées d'études et/ou de carrières. Votre ami(e) va réagir à vos suggestions. Jouez cette scène avec un(e) partenaire.

TEACHING TIPS

Suggestions

- Ahead of time, assign the grammar points to small groups of students and ask them to refresh their memory by writing down all they remember about the specific points. Then, have students present their review of the grammar points to the whole class.
- As a warm-up before you begin working with **Scène 2**, ask students to summarize what happened in **Scène 1** orally.
- Have students work in small groups to discuss the second question in item 1 of **Préparation**. Then, have the groups share their responses with the class.

Culture Note Lyon, a UNESCO World Heritage Site, is the third largest city in France and the capital of the **Région Rhône-Alpes**, in east-central France. For many years, Lyon was an important center for the production of silk. It is also the birth place of the **cinématographe**, invented by the Lumière brothers, who made their first film in 1894. Lyon is often referred to as the capital of French gastronomy, and in its traditional restaurants, called **les bouchons**, one can try local specialties like **quenelles**, a mixture of creamed fish, chicken, or meat, and **cervelle de canut**, a type of cheese dip.

21st CENTURY SKILLS

Technology Literacy
Have students work in small groups to create multimedia presentations about the city of Lyon to share with the class. To ensure variety, assign a different focus to each group, for example, **Histoire, Géographie et démographie, Musées et monuments, Gastronomie, Loisirs, Personnages célèbres, Économie et industries principales**.

PRE-AP®

Interpersonal Speaking Have students act out the skits they created in **Synthèse** for the class.

DIFFERENTIATION

For Inclusion If, after the groups have presented their grammar review in class, you feel that students need additional practice with the conditional and **si** clauses, go over the important parts of the corresponding structure presentations in the textbook with them. Then have pairs of students work together to complete one of the **Mise en pratique** activities that follow each grammar presentation. Go over the correct answers together as a class.

Scène 3: La promesse

TEACHING TIPS

Suggestions

- Review what happened in **Scène 2** by having students orally summarize what they found out about Sandrine and David.
- Show the tutorials "**Le futur simple**", "The **conditionnel**", and "**Si** clauses" on the Supersite.
- After students have answered the questions in **Préparation**, call on several to share their responses.

Culture Note The Institut d'Études Politiques de Paris, also known as Sciences Po, is one of France's most competitive and prestigious public research and higher education institutions. It educates students in the area of social sciences.

Suggestion Tell students to not actually share their personal information. Rather they should just discuss how they felt. Group members can then summarize what the situations and feelings had in common and how they differed. Finally, the groups should brainstorm and give advice for being open yet careful when discussing highly personal topics.

21st CENTURY SKILLS

Creativity and Innovation/ Media Literacy

Assign various Parisian **arrondissements** to small groups of students, and have them research information about them. Groups then prepare multimedia presentations of their assigned **arrondissements**. Instruct students to include geographical and historical data, as well as information about any famous monuments, museums, or other places of interest. The presentations should also include practical information for visitors to the area, such as train and subway stations and a list of hotels and restaurants.

BLOC-NOTES

Avant de regarder la vidéo, révisez le futur et le conditionnel aux pages 240–241 et 280–281 du livre.

Préparation

Dans cette scène, les amis continuent à discuter de qu'ils ont fait depuis l'année dernière. Répondez aux questions suivantes.

1. Quels sont les sujets de conversation typiques qu'on aborde à une petite soirée entre amis? Parle-t-on surtout du passé, du présent ou de l'avenir? Donnez des exemples de questions qu'on pourrait entendre à une soirée entre amis.
2. Et si on parle avec des gens qu'on ne connaît pas, est-ce qu'on parle des mêmes choses? Donnez des exemples de sujets de conversation qu'on pourrait utiliser pour faire connaissance.

Note **CULTURELLE**

Les arrondissements de Paris

Depuis 1795, la ville de Paris est divisée en arrondissements (12 au départ, puis 20 depuis 1859). Un arrondissement est une division administrative, avec sa propre mairie et son propre conseil d'administration. Le 1er arrondissement est au centre de Paris. Les autres arrondissements sont disposés en spirale vers la droite et vers l'extérieur de la ville. Le 5e arrondissement, qui est celui où Amina dit qu'elle habite, est l'arrondissement de l'Université de la Sorbonne et du Quartier latin. C'est l'arrondissement préféré de beaucoup d'étudiants.

Segment vidéo

Regardez la vidéo pour trouver les réponses aux questions suivantes.

1. Où habite Amina aujourd'hui? Que fait-elle? Et Rachid, que fait-il?
2. Quel genre de sujet de conversation Astrid aborde-t-elle? Que veut-elle savoir? Quelle est la réaction de Valérie?
3. D'après la vidéo, que feront les amis l'année prochaine et les années suivantes le même jour à la même heure? Que pensez-vous de cette idée? Aimeriez-vous faire la même chose avec vos amis du lycée?

Synthèse

Par petits groupes, discutez des questions suivantes. Est-ce qu'il vous est déjà arrivé de partager des informations importantes, des opinions personnelles, des rêves ou des aspirations avec quelqu'un qui a eu une réaction qui vous a déplu (par exemple, cette personne s'est moquée de vous ou bien a raconté ce que vous lui aviez dit à d'autres personnes sans votre consentement)? Décrivez les circonstances. Comment avez-vous réagi? Avez-vous été déçu(e)? Blessé(e)? Fâché(e)? Est-ce que cela a changé votre façon de partager ce type d'informations personnelles avec les autres? Expliquez.

PRE-AP®

Presentational Speaking with Cultural Comparison Have students work in small groups to research the various options for higher education in France, such as **grandes écoles, universités, IUT, écoles spécialisées**. Have the groups present their findings orally to the class, comparing and contrasting the French options with those available to students in your area.

PRE-AP®

Presentational Writing Have students write a composition in which they describe the situation and the circumstances they discussed in small groups in the **Synthèse** section. Have them exchange their compositions for peer-editing.

À vous!

1 **Sujets tabous**

Par petits groupes, discutez des questions suivantes, puis présentez vos idées au reste de la classe. Parlez-vous de tout avec vos amis ou bien considérez-vous qu'il y a certains sujets de conversation qui sont tabous? Lesquels? Pourquoi? Pensez-vous que ces sujets tabous sont les mêmes dans toutes les cultures? Expliquez.

2 **Discussion**

Dans ce dernier épisode, Valérie explique que Stéphane a compris qu'il était le seul à pouvoir contrôler son avenir. Êtes-vous d'accord avec l'idée que l'on est maître de son destin ou bien pensez-vous qu'il y a des choses qui sont en dehors de notre contrôle? Mettez-vous en deux groupes selon que vous êtes d'accord ou non avec l'affirmation. Débattez de cette question en justifiant vos opinions et en donnant des exemples pour illustrer votre point de vue. Essayez de convaincre l'autre groupe que vous avez raison!

À vous la parole

La réunion des «anciens élèves»

Dans l'épisode que vous venez de regarder, les amis se sont retrouvés pour célébrer leur amitié et prendre des nouvelles les uns des autres. Maintenant, c'est à vous d'organiser une réunion des «anciens élèves» de votre lycée.

STRATÉGIE

Incorporer des mots bouche-trous pour rendre les conversations plus naturelles

Le terme «mot bouche-trou» ou «mot de remplissage» désigne un mot ou une expression souvent placés en début ou en fin de phrase qui n'a pas véritablement de fonction dans la phrase si ce n'est de permettre à la personne qui parle de réfléchir à ce qu'elle va dire ou à signaler à l'interlocteur qu'il peut réagir. Ces mots existent dans toutes les langues et ils sont très fréquemment employés à l'oral. Voici quelques exemples de ces mots en français:

Au début de la phrase	Euh... Eh bien/Eh ben... Bon/Ben... Dis/Dites... Alors...	**À la fin de la phrase**	..., quoi/hein. ..., tu vois/vous voyez (ce que je veux dire)? ..., tu sais/vous savez. ..., tu comprends/vous comprenez? ..., tu crois/tu ne crois pas?

Imaginez que dix ans ont passé et que vous assistez à la réunion des «anciens élèves» de votre lycée. Circulez dans la classe et discutez avec vos «anciens» camarades. Évoquez ensemble des souvenirs de vos années au lycée, échangez des nouvelles et parlez de vos projets d'avenir. Utilisez votre imagination et essayez d'incorporer des mots bouche-trous pour rendre vos conversations plus naturelles. Attention! N'en abusez quand même pas et ne posez pas de questions trop indiscrètes!

TEACHING TIPS

1 Expansion As a follow-up to Activity 1, give students the following situation, asking how they would react: **Imaginez que, pendant une soirée, on vous pose une question que vous jugez indiscrète. Comment réagiriez-vous? Est-ce que vous y répondriez ou bien est-ce que vous essaieriez de changer de sujet de conversation? Expliqueriez-vous à la personne que vous trouvez sa question trop indiscrète?**

Suggestion Go over the **Stratégie** with students and model the pronunciation of the filler words and expressions in the box. Assign various situations to pairs of students, for example **une invitation à dîner, l'annonce d'une bonne/mauvaise nouvelle, un récit de vacances**. Have the pairs create mini-conversations according to their given situations, using as many fillers as possible.

Suggestion Tell students to refer back to their answers to **Scène 1 Préparation** to help prepare their conversations.

CRITICAL THINKING

Synthesis Divide the class into groups of 6 students and have them brainstorm ideas to answer the following question: **À la fin de l'épisode, Amina suggère que les amis continuent à se retrouver au P'tit Bistrot tous les ans. À votre avis, que se sera-t-il passé dans un an? Et dans cinq ans?**

PRE-AP®

Interpersonal Speaking As a follow-up to the **Critical Thinking** activity on the left, have students in each group assume the roles of the 6 students in the Video Program and ask them to create and role-play a skit featuring the characters during their reunion at **Le P'tit Bistrot** five years from now. Have the groups take turns presenting their skits to the class who will vote on the best one.

D'accord! 3

LANGUE ET CULTURE DU MONDE FRANCOPHONE

Lesson Goals

In **Leçon 1**, students will:

- learn vocabulary related to relationships, feelings, marriage, and personality
- watch the short film ***À tes amours***
- learn about the connections between the U.S. and France
- watch a TV clip about voting in Belgium
- learn spelling-change verbs
- learn the irregular verbs **être**, **avoir**, **faire**, and **aller**
- learn how to form questions
- read an article about Francophone music and cuisine in the U.S.
- read writer **Paul Verlaine**'s poem ***Il pleure dans mon cœur***

21st CENTURY SKILLS

Initiative and Self-Direction
Students can monitor their progress online using the Supersite activities and assessments.

TEACHING TIPS

Point de départ
Ask students to comment on the photo to the right. Help them by saying: **Imaginez ce que ressentent ces jeunes élèves. Quelles relations ont-ils?** Read the paragraph with the class and have small groups discuss the closing questions. Have them list their family members or closest friends and whether each fits more into the category of **réservé** or **ouvert**.

Suggestion Refer students to the caption. Do they agree that happiness, often expressed with a smile and laughter, can be a universal language?

LEÇON 1

Ressentir et vivre

Si tous les êtres humains ont la capacité d'éprouver des émotions, tous ne se sentent pas nécessairement libres de les exprimer. Pour diverses raisons personnelles, sociales ou autres, certains ont du mal à révéler aux autres leurs vrais sentiments. Ils pensent peut-être que c'est une faiblesse. La plupart des gens que vous connaissez sont-ils plutôt ouverts ou réservés? Et vous? De quelle façon votre personnalité affecte-t-elle vos relations avec les autres?

La joie, la gaieté et la bonne humeur sont un langage universel.

INSTRUCTIONAL RESOURCES

Student Resources
Print: Student Book, Workbook (*Cahier de l'élève*)
Supersite: vhlcentral.com, **vText**, *eCahier*, Audio, Video, Practice

Teacher Resources
Print: Teacher's Edition, Answer Keys, Testing Program
Technology: Audio MP3s on CD (Textbook, Testing Program, Audio Program), Video Program DVD (Film Collection)
Supersite: vhlcentral.com, Lesson Plans, Grammar Tutorials, Grammar Slides, Testing Program, Audio and Video Scripts, Answer Key, Audio MP3s, Streaming Video (Film Collection), Digital Image Bank, Learning Management System (Gradebook, Assignments)

Voice boards on the Supersite allow you and your students to record and share up to five minutes of audio. Use voice boards for presentations, oral assessments, discussions, directions, etc.

6 **COURT MÉTRAGE**
Son petit frère est amoureux et elle veut le faire profiter de son expérience. Mais est-ce bien nécessaire? Regardons *À tes amours* d'**Olivier Peyon** pour le savoir.

12 **IMAGINEZ**
Des côtes du Maine à la ville de Juneau en Alaska, la francophonie a imprégné la culture américaine. Vous allez aussi découvrir **Julia Child**, ambassadrice de la cuisine et culture françaises aux États-Unis.

29 **CULTURE**
L'article *Les francophones d'Amérique* parle de l'histoire et de la culture cajuns.

33 **LITTÉRATURE**
Dans *Il pleure dans mon cœur*, **Paul Verlaine** est submergé par cette mélancolie inexpliquable qui nous envahit parfois quand tombe la pluie.

9

30

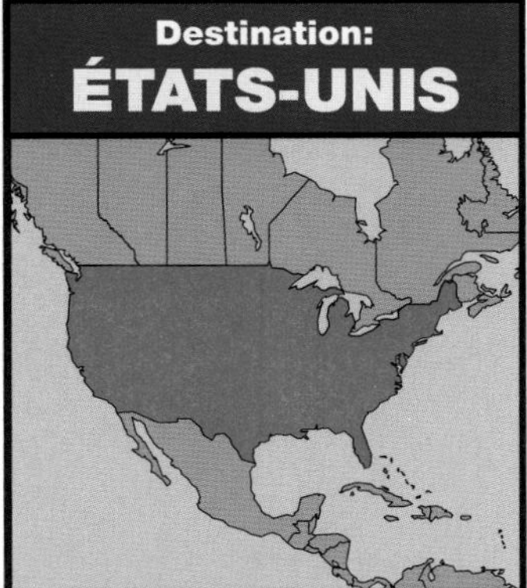

4 **POUR COMMENCER**

16 **STRUCTURES**

1.1 Spelling-change verbs

1.2 The irregular verbs être, avoir, faire, and aller

1.3 Forming questions

37 **VOCABULAIRE**

TEACHING TIPS

Previewing Strategy Ask students to describe what they see in the two photos on **p. 3**. Ask them how they think they relate to the lesson theme.

Suggestion Have students work in pairs to make up two questions about each photo on **pages 2-3**. Then have them exchange the questions with another pair. Pairs ask and answer each other's questions.

NATIONAL STANDARDS

Communities Point out that there are Francophone radio programs broadcast in the U.S. Have students research examples. Ask them to listen to a program and report on it to the class. Alternatively, they can locate examples of print Francophone media in the U.S. and bring them to class.

DIFFERENTIATION

For Inclusion Have students work in pairs, with a stronger student in each pair. The stronger student gives one-sentence descriptions for the photos on these two pages (at least two descriptions for each one). The other student identifies the appropriate photo.

DIFFERENTIATION

To Challenge Students Have students choose one of the three photos on these two pages. Students should write a paragraph that includes the following: a description of what they see, how the people in the photos feel, and what the people might be saying. Students can read their paragraphs to the class for classmates to guess which picture is being described.

Section Goals

In **Pour Commencer**, students will learn and practice vocabulary related to relationships, feelings, marriage, and personality.

Key Standards

1.1, 1.2, 4.1

Student Resources
Cahier de l'élève, pp. 1–3; Supersite: Activities, Vocabulary, *eCahier*
Teacher Resources
Answer Keys; Audio Script; Audio Activity MP3s/CD; Testing program: Vocabulary Quiz

TEACHING TIPS

Language Learning

- Direct students to the vocabulary lists and present opposing adjectives, acting them out and having students repeat after you.
- Have students work in pairs to create ten sentences using the new vocabulary to describe **un ami idéal, une amie idéale, un père idéal**, or **une mère idéale**. Have groups share their responses.

Synonymes

- To say that something, such as an ad or story, is dishonest, use **mensonger/mensongère**.
- Point out that **mûr(e)** also means ripe when describing fruits or vegetables.
- **orgueilleux/orgueilleuse** (negative connotation)↔**fier/fière** (positive connotation)
- **passager**↔**éphémère** (more literary)

POUR COMMENCER

Les relations personnelles

Les relations

une âme sœur *soul mate*
une amitié *friendship*

des commérages (*m.*) *gossip*
un esprit *spirit*
un mariage *marriage; wedding*
un rendez-vous *date*
une responsabilité *responsibility*

compter sur *to rely on*
draguer *to flirt; to try to "pick up"*
s'engager (envers quelqu'un) *to commit (to someone)*
faire confiance (à quelqu'un) *to trust (someone)*
mentir (*conj. like* **sentir**) *to lie*
mériter *to deserve; to be worth*
partager *to share*
poser un lapin (à quelqu'un) *to stand (someone) up*
quitter quelqu'un *to leave someone*
rompre (*irreg.*) *to break up*

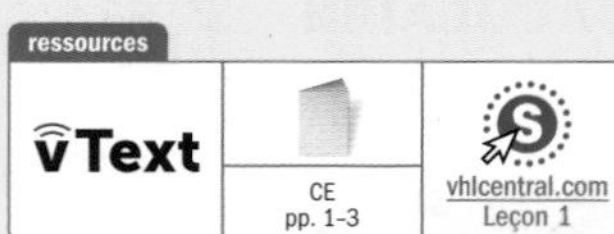

sortir avec *to go out with*

(in)fidèle *(dis)loyal*

Les sentiments

agacer/énerver *to annoy*
aimer *to love; to like*
avoir honte (de) *to be ashamed (of)/ embarrassed*
en avoir marre (de) *to be fed up (with)*
s'entendre bien (avec) *to get along well (with)*
gêner *to bother; to embarrass*
se mettre en colère contre *to get angry with*
ressentir (*conj. like* **sentir**) *to feel*
rêver de *to dream about*
tomber amoureux/amoureuse (de) *to fall in love (with)*

accablé(e) *overwhelmed*
anxieux/anxieuse *anxious*
contrarié(e) *upset*
déprimé(e) *depressed*
enthousiaste *enthusiastic; excited*
fâché(e) *angry; mad*
inquiet/inquiète *worried*

jaloux/jalouse *jealous*
passager/passagère *fleeting*

L'état civil

divorcer *to get a divorce*
se fiancer *to get engaged*
se marier avec *to marry*
vivre (*irreg.*)* en union libre *to live together (as a couple)*

célibataire *single*
veuf/veuve *widowed; widower/widow*

La personnalité

avoir confiance en soi *to be confident*

affectueux/affectueuse *affectionate*
charmant(e) *charming*
économe *thrifty*
franc/franche *frank; honest*
génial(e) *great; terrific*
(mal)honnête *(dis)honest*
idéaliste *idealistic*
inoubliable *unforgettable*
(peu) mûr *(im)mature*
orgueilleux/orgueilleuse *proud*
prudent(e) *careful*
séduisant(e) *attractive*
sensible *sensitive*
timide *shy*

tranquille *calm; quiet*

ressources

vText	CE pp. 1-3	vhlcentral.com Leçon 1

*The verb **vivre** is irregular in the present tense: **je vis, tu vis, il/elle vit, nous vivons, vous vivez, ils/elles vivent.**

DIFFERENTIATION

For Kinesthetic Learners With students' books closed, choose a volunteer to pantomime a word from the vocabulary list. The student who guesses the word in French may choose to pantomime the next word or select another student to do so.

DIFFERENTIATION

For Visual Learners Play Memory. Prepare 25 cards. Write 12 French words, one on each of 12 cards; write English translations on 12 others; leave the last card blank. Turn the cards face down and form teams. The first player turns over two of the cards. If they reveal a match, the player's team earns a point; if not, he or she turns the cards face-down again and the other team takes a turn. The blank card is a free card, matching everything.

Mise en pratique

1 **L'intrus** Quel mot ne va pas avec les autres? Identifiez-le.

1. affectueux • contrarié • déprimé • accablé
2. inquiet • tranquille • anxieux • prudent
3. fidèle • honnête • sincère • malhonnête
4. direct • franc • loyal • jaloux
5. beau • orgueilleux • séduisant • charmant
6. fiancés • commérages • âme sœur • union libre
7. agacer • en avoir marre • bien s'entendre • se mettre en colère
8. rompre • aimer • compter sur • faire confiance

2 **La description** Quel terme de la liste correspond le mieux à chaque phrase? Soyez logique!

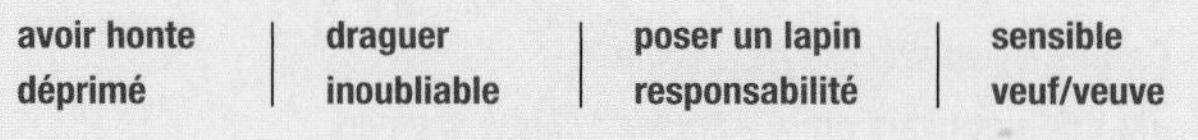

avoir honte
déprimé
draguer
inoubliable
poser un lapin
responsabilité
sensible
veuf/veuve

1. Je rêve de sortir avec elle depuis longtemps. Chaque fois que je la vois, j'essaie de la convaincre d'aller au restaurant ou au cinéma. draguer
2. Ma tante habite seule. Son mari est mort il y a quatre ans. veuve
3. Je suis souvent triste et je n'ai pas envie de sortir ni de voir des gens. déprimé
4. J'ai vu un film dont je me souviendrai toujours. inoubliable
5. Ma petite sœur pleure facilement si on lui fait une critique. sensible
6. J'avais rendez-vous avec quelqu'un. Je l'ai attendu au restaurant jusqu'à dix heures et quart mais il n'est jamais venu. poser un lapin

3 **Votre personnalité** Répondez aux questions puis calculez vos points. Quel est le résultat de votre test? Comparez-le avec celui d'un(e) camarade de classe.

Oui	Quelquefois	Non	
☐	☐	☐	1. Devenez-vous anxieux/anxieuse quand il y a beaucoup de monde?
☐	☐	☐	2. Est-ce que ça vous gêne de montrer vos émotions?
☐	☐	☐	3. Avez-vous peur d'être le premier/la première à parler?
☐	☐	☐	4. L'idée d'avoir un rendez-vous avec quelqu'un que vous ne connaissez pas vous fait-elle peur?
☐	☐	☐	5. Est-ce que ça vous intimide de flirter avec quelqu'un que vous ne connaissez pas?
☐	☐	☐	6. Avez-vous peur de parler en public?
☐	☐	☐	7. Réfléchissez-vous longtemps avant de prendre une décision?
☐	☐	☐	8. Est-il plus important d'être agréable que franc dans la vie?
☐	☐	☐	9. Diriez-vous que vous êtes d'accord avec un(e) de vos ami(e)s juste pour éviter un conflit?
☐	☐	☐	10. Vous sentez-vous facilement gêné(e) dans certaines situations?

Barème (*Key*)

Oui = 0 point
Quelquefois = 1 point
Non = 2 points

Résultats

0 à 7 Vous avez tendance à être introverti(e). Sortez plus souvent!
8 à 11 Vous n'êtes ni introverti(e) ni extraverti(e). Bon équilibre!
12 à 20 Vous avez tendance à être extraverti(e). Écoutez un peu les autres!

Practice more at **vhlcentral.com.**

TEACHING TIPS

1 Suggestion To check comprehension, ask students to describe what the other three words in each group have in common.

1 Expansion In pairs, have students add two more groups of words, using the new vocabulary. Then call on volunteers to indicate the word that does not belong.

2 Expansion

- Ask students to make up sentences related to the two unused words.
- Have students prepare sentences associated with two other new vocabulary words. Then, in groups, have them take turns describing the terms while others guess what is being described.

3 Previewing Strategy Before assigning the activity, take a class survey to find out if anyone has already taken a personality test. Have students predict their results.

3 Expansion After completing the test, ask: **Vos résultats vous surprennent-ils? Expliquez votre réponse.**

DIFFERENTIATION

For Inclusion Point to pictures in the textbook or hold up pictures from a magazine. Ask true/false questions about the pictures, using vocabulary from the chapter. Students indicate thumbs up if the answer is true; thumbs down if it is false.

DIFFERENTIATION

To Challenge Students Using the results of their survey as well as the vocabulary on **p. 4**, have students write a one-paragraph description of their personality. They should cite examples of things they do or have done to support their descriptions.

Section Goals

In **Court métrage**, students will:

- watch the short film ***À tes amours***
- practice listening for and using vocabulary and grammar from the lesson

Key Standards

1.2, 2.1, 2.2, 4.1, 4.2, 5.2

Student Resources
Cahier de l'élève, pp. 16–17; Supersite: Activities, Video, *eCahier*
Teacher Resources
Answer Keys, Video Script & Translation, Film Collection DVD

TEACHING TIPS

Synonymes

- **un mec↔un homme, un type**
- **débarquer↔arriver**
- **piquer↔voler**

Language Learning Point out that *advice* is commonly used in the plural in French, such as in the expression **donner des conseils**. In the singular, **un conseil** will usually translate to *a bit of advice*.

Suggestions

- Ask personalized questions to introduce the new vocabulary. Examples: **Avez-vous l'habitude d'écouter de la musique quand vous faites vos devoirs? Que pensez-vous des personnes qui se moquent des autres?**
- Ask students to relate two vocabulary words and explain the relationship. Example: **se taire** and **un vœu**: **Quand on fait un vœu, on se tait.**

1 Extra Practice

- Ask pairs of students to write similar contextual sentences for three additional vocabulary words.

2 Expansion Challenge pairs of students to use all six words in two or three sentences.

Préparation

Vocabulaire du court métrage

amoureux/euse *in love*
avoir l'habitude de *to be used to*
un cil *eyelash*
cueillir *to pluck; to pick*
débarquer *to arrive (colloquial)*
dépasser *to pass; to overtake*
évident(e) *obvious*
une joue *cheek*
un mec *guy*
se moquer de *to make fun of*
se lancer *to take the plunge*
peinard(e) *happy/tranquil/ at ease (slang)*
piquer *to steal (slang)*
une(e) sacré(e)... *a heck of a...*
se taire *to keep silent*
un vœu *wish*

Vocabulaire utile

la complicité *deep, intimate bond*
un conseil *advice*
exprimer *to express*
faire sa/une déclaration d'amour *to declare one's love*
maladroit(e) *awkward, clumsy*
s'entraîner *to practice*
s'occuper de *to take care of*
une relation *relationship*

EXPRESSIONS

Ça pourrait coller. *It could work (between...).*
Ça tombe comme un cheveu sur la soupe. *It comes out of the blue.*
Ça (ne) va pas?! *Are you insane?!*
J(e n)'en pouvais plus. *I couldn't take it anymore.*
Tu en meurs d'envie. *You are dying to.*

1  **À compléter** Complétez les phrases à l'aide des mots de vocabulaire. Faites les modifications nécessaires.

1. Le 6 juin 1944, Américains, Canadiens et Anglais ___ont débarqué___ en Normandie.
2. C'est ton anniversaire! Fais un ___vœu___.
3. Les enfants adorent ___cueillir___ des fleurs dans le jardin des voisins.
4. Quand le film commence, il faut ___se taire___ par respect pour les autres.
5. Est-ce que vous ___avez l'habitude___ de venir ici? Tout le monde vous connaît.
6. Je vais partir travailler au Japon cet été, c'est une ___sacrée___ opportunité.
7. Ma sœur est chef d'entreprise et son fiancé est communiste. Leur ___relation___ promet d'être conflictuelle.
8. Un bon humoriste doit savoir être drôle sans ___se moquer___ de ses victimes.
9. Manu est très timide, il n'___exprime___ pas beaucoup ses sentiments.
10. Ces danseurs ___s'entraînent___ au minimum six heures par jour pour se perfectionner.

Practice more at **vhlcentral.com.**

2 **Définitions** Faites correspondre chaque mot avec sa définition.

1. ___b___	Existe entre deux amis d'enfance	a. piquer
2. ___f___	Souvent utile	b. complicité
3. ___e___	Essayer, prendre un risque	c. peinard
4. ___c___	Tranquille	d. joue
5. ___a___	Prendre quelque chose qui ne vous appartient pas	e. se lancer
6. ___d___	On en a deux sur le visage.	f. conseil

CRITICAL THINKING

Comprehension Ask pairs of students to sketch a scene or a series of scenes that illustrate at least five to six vocabulary words. Have them present and describe the scene(s) to the class, using the words in contextualized sentences. After all groups have made their presentations, collect and distribute the sketches to different groups. Groups use the sketches to review and practice the vocabulary.

CRITICAL THINKING

Application Have students work in small groups. Ask them to create five short scenarios. Each scenario must elicit one of the **Expressions** as a rejoinder. Students should try to include other vocabulary words from this page as well as from **p. 4**. Have groups present their scenarios to the class, without giving the rejoinders. The class guesses the expression for each scenario.

3 **Et vous?** À deux, répondez aux questions à tour de rôle.

1. Combien de frères et sœurs avez-vous? Sont-ils plus jeunes ou plus âgé(e)s que vous?
2. Avez-vous des personnalités très différentes?
3. Quel type de relation avez-vous? Êtes-vous plutôt complices?
4. Échangez-vous souvent des conseils au sujet de vos relations amoureuses ou amicales?

4 **Je t'aime** Chacun a sa propre façon de révéler son amour. Certains choisissent l'intimité, d'autres préfèrent la théâtralité. À l'aide d'un(e) partenaire, faites une liste des différentes manières de déclarer sa flamme (*one's love*), en vous inspirant si nécessaire de la littérature ou du cinéma.

- En haut de la tour Eiffel.
- En chantant sous sa fenêtre.
- ...

5 **Réactions personnelles** À deux, expliquez comment vous réagissez dans ces situations et quels sont vos sentiments.

1. Vous souhaitez faire la connaissance de l'ami(e) d'un(e) ami(e).
2. Vous recevez une déclaration amoureuse anonyme à la Saint-Valentin.
3. Quelqu'un que vous ne connaissez pas bien vous fait un compliment.
4. Vous rencontrez quelqu'un qui vous plaît à une fête.
5. L'un(e) de vos ami(e)s a des problèmes en amour et vous demande conseil.

6 **Imaginez** Par petits groupes, imaginez ce que font ces personnages et où ils sont. Ont-ils l'air d'avoir des personnalités très différentes? Décrivez leur relation. Ont-ils l'air de bien s'entendre?

TEACHING TIPS

3 Previewing Strategy Tell students that if they do not have any siblings, they can talk about a cousin or a close friend.

PRE-AP®

3 Interpersonal Speaking
- For question 2, ask students to describe their own personalities as well as those of their siblings. Remind them to use vocabulary from **p. 4**.
- For students who answer *no* to question 4, ask for reasons why not. For students who answer *yes*, ask for examples.

4 Suggestions
- Have students present their lists by acting out each situation.
- Discuss with students the names of movies where someone professes his/her love and how/where he/she declares it.

5 Previewing Strategy You may want to provide students with a list of vocabulary words they can use for each situation.

6 Previewing Strategy Before discussing the questions in groups, have volunteers describe the people in as much detail as possible.

6 Expansion Have each group write and act out a brief conversation between the two people. Encourage the use of vocabulary from **p. 4**.

PRE-AP®

Presentational Writing Ask students to first write a letter to an advice columnist about a fictional problem with their love life. Then have them exchange their letters with another student, and write an advice letter for their partner. Have volunteers read their request for advice and the advice response. As a class, discuss the merits of the advice.

PRE-AP®

Presentational speaking Ask students to work in pairs and choose one of the situations in Activity 5. Students then develop a small skit for the situation to present to the class. Remind them to use vocabulary from **pp. 4** and **6**. Students should practice their skits several times in order to provide a clear and fluent presentation.

TEACHING TIPS

Previewing Strategies

- Have students look at the movie poster and describe what they see. Ask: **Quelles émotions pouvez-vous lire sur le visage de cette jeune fille? Selon vous, quelle situation a provoqué cette réaction chez elle?**
- Based on what they see in the poster, the vocabulary they learned, and the activities they have done, ask students to predict what the short film is about.
- Have students look at the six stills from the film on **p. 9**, without reading the captions. Ask students to describe what they see.

Expansion Based on what they see in the six stills, ask students to sketch an alternative poster for the film. After viewing the film have students discuss their posters, commenting on how they might change them.

21st CENTURY SKILLS

Social and Cross-Cultural Skills

Have students work in groups to choose one or two aspects of the film that is different from what they would expect in their daily life. Ask students to write two to three sentences about the difference(s) and how they would explain what is different to a visitor from that culture.

à tes amours

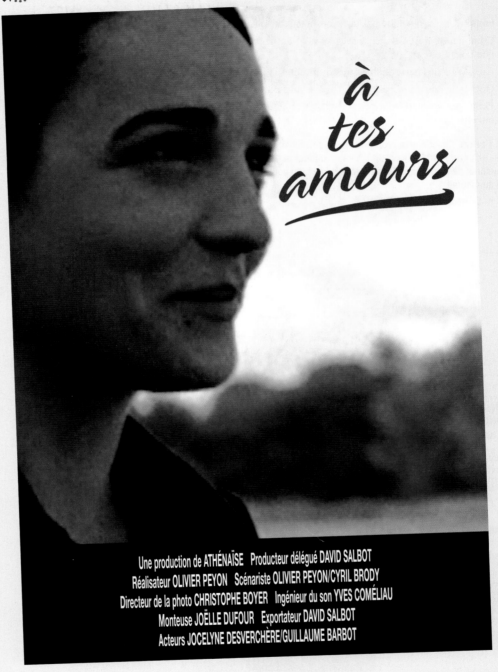

Une production de ATHÉNAÏSE Producteur délégué DAVID SALBOT
Réalisateur OLIVIER PEYON Scénariste OLIVIER PEYON/CYRIL BRODY
Directeur de la photo CHRISTOPHE BOYER Ingénieur du son YVES COMÉLIAU
Monteuse JOËLLE DUFOUR Exportateur DAVID SALBOT
Acteurs JOCELYNE DESVERCHÈRE/GUILLAUME BARBOT

CRITICAL THINKING

Comprehension Assign each student one of the two characters from the film. As students watch, have them observe that character and write down what they notice about the character's body language and speech. After viewing the video, call on volunteers to present their observations. They should use these observations to provide an overall assessment of the character's personality.

CRITICAL THINKING

Evaluation Give students a few examples of film reviews. Discuss the criteria that critics use when evaluating a film, such as cinematography, script, character development, sound effects, pace, etc. Tell students to think about these things as they watch the short film. After watching the film, have students share their opinions based on these criteria.

INTRIGUE *Il est amoureux. Sa grande sœur veut lui donner des conseils. Mais en a-t-il vraiment besoin?*

LA SŒUR C'est incroyable ce que tu as grandi, hein! L'année dernière, tu étais aussi grand que moi, puis là tu me dépasses d'une tête.

LA SŒUR Si tu étais amoureux, tu me le dirais?
LE FRÈRE Ça te regarde pas.
LA SŒUR Ben allez, tu es amoureux? Ben alors, tu me dis? Comment elle s'appelle?
LE FRÈRE Elle s'appelle Céleste.

LA SŒUR Et elle t'aime?
LE FRÈRE Ben je sais pas.
LA SŒUR Comment ça, tu sais pas? Tu lui as pas demandé, tu lui as rien dit?
LE FRÈRE Oh mais ça se fait pas comme ça, hein.
LA SŒUR Ben qu'est-ce que tu attends, de te la faire piquer?
LE FRÈRE Si tu crois que c'est facile.

LE FRÈRE J'y arriverai jamais.
LA SŒUR Mais si. Dis-lui ce qui te passe par la tête, c'est tout.
LE FRÈRE Je te dis que je pourrai pas.
LA SŒUR Mais arrête, tu pourras. Je suis sûr que tu en meurs d'envie. Tiens! On n'a qu'à essayer. Imagine que je suis Céleste. Je te dis d'imaginer.
LE FRÈRE Bon... Céleste... heu, je t'aime.

LA SŒUR C'est bien... c'est bien, mais c'est un peu court, non?

LE FRÈRE Mais comment tu veux que je développe là, si tu parles tout le temps!
LA SŒUR Bon ben d'accord, excuse-moi, je me tais!

Note CULTURELLE

«À tes amours»

Quand on porte un toast, on dit généralement: «Santé!», «À ta santé!» ou «À votre santé!», mais on peut aussi dire: «À tes/vos amours!» si on veut souhaiter bonne chance à quelqu'un dans sa vie amoureuse. On dit également: «À tes amours» à quelqu'un qui vient d'éternuer (*sneeze*) deux fois de suite. Quand quelqu'un éternue pour la première fois, c'est: «À tes souhaits». Bien sûr, il faut utiliser: «À vos souhaits» et «À vos amours» avec quelqu'un qu'on ne connaît pas bien.

CRITICAL THINKING

Comprehension Before watching the short film, ask students to write two paragraphs. The first paragraph summarizes what they learned in the stills. The second paragraph is a prediction of what will happen following scene 6. Partners should correct each other's first paragraph for content and accuracy. They should discuss each other's second paragraph, and decide who has written the most likely ending for the film.

CRITICAL THINKING

Synthesis After watching the film, have pairs of students choose six scenes that they think best represent the content and sequence of the story. Students make a sketch of a "still" for each scene and write a summary under each one. Have students present their sketches and summaries to the class. The class votes on the best representation of the film.

TEACHING TIPS

Film Synopsis A teenage boy discusses his love interest with his older sister (whom he doesn't see very often). His sister gives him some advice.

Suggestion Working in pairs, have students read the still captions aloud, each playing a different role.

Language Note Have students note that in speaking, the **ne** of the **ne...pas** is often dropped. Ask students to find these instances in the captions.

Suggestions

- Have students watch the video (with sound) the first time through, just getting the gist of the story.
- During the second viewing, pause after approximately each minute and have students write down notes about what they saw and heard. Discuss their observations as a class.
- During the third viewing of the film, pause at certain points to ask questions. Examples: **Qu'est-ce que la sœur/le frère ressent à cet instant? Qu'est-ce qu'elle/il va dire ensuite?**

Previewing Strategy Before the third viewing of the short film, you may want to have students preview the comprehension questions on **p. 10**.

NATIONAL STANDARDS

Comparisons After reading the **Note culturelle**, discuss what people in the United States say in similar situations. You may also want to have students research what the French say in other situations or for certain holidays, for example: birthdays, anniversaries, New Years' Day, Independence Day, etc.

TEACHING TIPS

1 Expansion Ask students to create two more true/false statements using new vocabulary from the film. Then have them present the statements to a partner.

2 Suggestions
- For items 2 and 3, ask students to explain how they know the answers.
- For item 5, ask students if it is the young man's actions, words, or both that indicate the answer to the question.

3 Suggestions
- To help students understand the context of each still, replay the film, stopping at the points shown (time codes 2:10, 5:49, 5:32).
- Call on a volunteer from each pair to summarize their discussion.

Analyse

1 Answers may vary slightly.
1. Vrai.
2. Faux. Il n'aime pas le sport.
3. Faux. Son frère a déjà acheté le cadeau.
4. Vrai.
5. Vrai.
6. Vrai.
7. Faux. Il n'en a pas l'habitude.
8. Faux. Il l'a rencontrée dans une fête.
9. Faux. Elle était mieux.
10. Vrai.

1 Compréhension Indiquez si chaque phrase est vraie ou fausse. Ensuite, corrigez les phrases fausses.

1. Le jeune homme est plus grand que sa sœur.
2. Il adore faire du sport, et surtout du vélo.
3. La jeune fille doit choisir un cadeau pour son père.
4. Elle pense que son frère a une chance avec Céleste.
5. Elle aimerait bien ne pas rester célibataire.
6. Elle essaie d'aider son frère à faire sa déclaration.
7. Son frère a l'habitude de faire des déclarations d'amour.
8. Il a rencontré Céleste à l'école.
9. Céleste était exactement comme dans ses rêves.
10. Après son long discours, il oublie de dire «je t'aime».

2 Interprétation À deux, répondez aux questions et justifiez vos réponses.

1. Qui, du frère ou de la sœur, est le plus âgé?
2. Est-ce qu'ils vivent ensemble chez leurs parents?
3. Est-ce que la sœur connaît Céleste?
4. Pensez-vous que le jeune homme soit amoureux pour la première fois? Justifiez votre réponse.
5. Le jeune homme pense-t-il que sa sœur puisse l'aider?
6. Est-ce qu'il surprend sa sœur? De quelle manière?

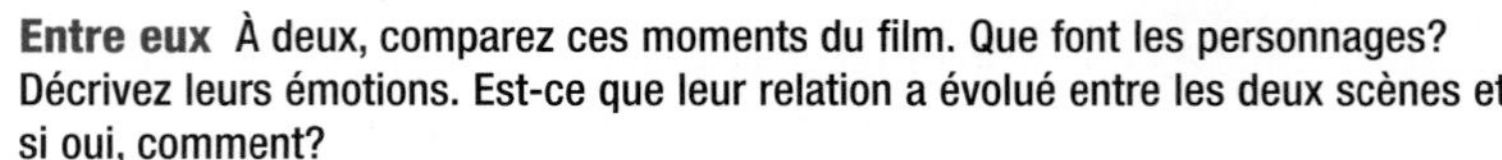

3 Entre eux À deux, comparez ces moments du film. Que font les personnages? Décrivez leurs émotions. Est-ce que leur relation a évolué entre les deux scènes et, si oui, comment?

Moment A:

Moment B:

Practice more at **vhlcentral.com.**

CRITICAL THINKING

Analysis and Evaluation Discuss the following cinematography aspects of the film: (1) the use of sound without visuals at the beginning and end of the film; (2) the setting—the passage of the train, the riverbank setting, the background sounds, and the time of year; (3) the movement of camera focus from the individual to the pair. Ask students if they would change any of these aspects.

CRITICAL THINKING

Application Replay the portion of the video where the young man describes meeting Céleste at the party. Then have students work in pairs to recreate the scene. They can choose to represent the scene with a cartoon strip or with a skit. Have pairs present their work to the class for a vote on the best cartoon and the best skit.

4 **Céleste** Par petits groupes, faites le portrait de Céleste d'après ce que vous avez appris dans le court métrage. Décrivez sa personnalité et ses goûts en une dizaine de phrases, puis comparez votre portrait à celui d'un autre groupe.

5 **Jouez** Choisissez une de ces situations, puis préparez une petite scène à deux. Soyez prêt(e)s à la jouer devant la classe.

1. La situation inverse: c'est le frère qui donne des conseils à sa sœur.
2. Une scène similaire entre Céleste et sa sœur, son frère ou un(e) ami(e), où ils discutent à deux du jeune homme.
3. La scène où le jeune homme déclare son amour à Céleste et Céleste lui répond.

6 **Pensées célèbres**

A. Par petits groupes, lisez ces citations sur l'amour et l'amitié, puis commentez-les. Donnez des exemples personnels, historiques ou artistiques pour les illustrer.

> «Il est évidemment bien dur de plus être aimé quand on aime, mais cela n'est pas comparable à l'être encore quand on n'aime plus.»
>
> *—Georges Courteline*
>
> «Votre véritable ami est celui qui ne vous passe rien et qui vous pardonne tout.»
>
> *—Diane de Beausacq*
>
> «Le contenu d'une cacahouète est suffisant pour que deux amis puissent le partager.»
>
> *—Proverbe burkinabé*
>
> «L'amitié se nourrit de communication.»
>
> *—Michel de Montaigne*

B. Toujours en groupes, faites un sondage pour déterminer la citation préférée de chacun. Justifiez votre choix à tour de rôle. Laquelle aimez-vous ou comprenez-vous le moins? Soyez prêt(e)s à discuter des résultats de votre enquête avec la classe.

7 **Les sentiments** À deux, écrivez un dialogue basé sur une de ces situations. N'oubliez pas de bien exprimer les sentiments des personnages.

A

Votre grand frère va quitter la maison pour aller faire ses études dans une autre ville. Il veut bien vous donner sa chambre, mais en échange, il faut que vous vous occupiez de votre plus jeune sœur et que vous lui donniez des conseils.

B

Votre meilleur(e) ami(e) vous apprend qu'il/elle doit déménager avec ses parents pour aller vivre dans une autre ville. Vous discutez de son départ et de comment votre relation va changer, puis vous décidez de rester en contact.

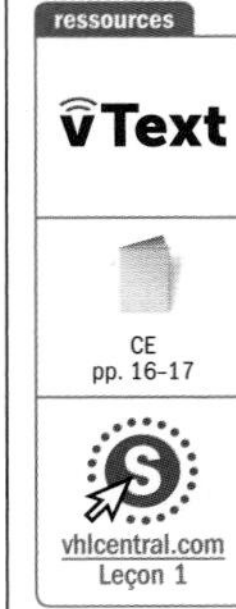

PRE-AP®

Informal Writing While the young man role-plays his declaration of love for Céleste, the sister doesn't say anything. Ask students to write an essay explaining what she is probably thinking. You may want to replay the video so that students can "read" the young woman's expressions and how they change throughout the scene. The essay should conclude with an explanation of the woman's final statement, **Tu as oublié de dire «Je t'aime».**

PRE-AP®

Integrated Skills Have students work in pairs to create an alternate version of the dialogue for the short film. Students should change the relationship between the two people, the issue, and the conversation. The new version should include at least 20 sentences. Each pair then relates the new script while playing the video without sound. Then have an awards ceremony for The Most Original Script.

TEACHING TIPS

4 Suggestion As a variation, students can create a full portrait of the brother or sister.

5 Suggestion You may want to grade students on their skits. If so, provide them with a rubric for grading. Possible criteria are: interest, accuracy of grammar, clarity of pronunciation, choice and range of vocabulary. If possible, film students' skits to include in their portfolios.

6 Language Note **Burkinabé** means related to Burkina Faso, a Francophone country in West Africa.

6 NATIONAL STANDARDS

Connections: Literature Georges Courteline, Diane de Beausacq, and Michel de Montaigne are all French writers. Have students research each one. You may also want to show examples of their works.

21st CENTURY SKILLS

Technology Literacy
Ask students to prepare a digital presentation of a French writer. They should include a quote from the selected writer and provide their personal interpretation of it.

7 Suggestion You may want to let students select another similar scene.

PRE-AP®

7 Interpersonal Speaking Call on pairs to present their dialogues. Remind students to use gestures, facial expressions, and tone to show the people's feelings. Also point out that, as in the film, sometimes silence is a form of expression.

7 Partner Chat You can also assign Activity 7 on the Supersite. Students work in pairs to record the activity online. The pair's recorded conversation will appear in your gradebook.

Section Goals

In **Imaginez**, students will:

- read about the connections between France and the U.S.
- learn some English phrases that come from French
- read about some famous Francophones in the U.S.

Key Standards

2.1, 2.2, 3.2, 4.2, 5.1

21st CENTURY SKILLS

Global Awareness
Students will gain perspectives on the Francophone world to develop respect and openness to others and to interact appropriately and effectively with citizens of Francophone cultures.

Student Resources
Cahier de l'élève, p. 4;
Supersite: Activities, *eCahier*
Teacher Resources
Answer Keys

TEACHING TIPS

Previewing Strategy To orient students to the **Imaginez** section, encourage them to scan **pp. 12–13** just as they would read through the pages of a new magazine. Have them point out photos and features that capture their interest.

Suggestion Ask personalized questions about students' experiences with French language and culture in the United States. Examples: **Pourquoi avez-vous décidé d'apprendre le français? Où et comment le français est-il utilisé aux États-Unis?**

Reading Strategy To determine students' reading levels, read through one or more of the features on **pp. 12–13** as a class. Working your way around the room, have each student read one or two sentences aloud. Review useful reading strategies such as: scanning for cognates, determining meaning from context, and summarizing each paragraph.

IMAGINEZ

La statue de la Liberté à New York

Une amitié historique

Les liens° qui unissent la **France** et les **États-Unis** sont solides, fondés sur une histoire commune. À l'époque° coloniale, plusieurs Français ont participé à l'exploration de l'Amérique du Nord. Ainsi°, l'explorateur **Cavelier de La Salle** a été le premier Européen à descendre le **fleuve du Mississippi** et c'est **Antoine Cadillac**, un aventurier acadien°, qui a fondé la ville de **Détroit** en 1701. La **Louisiane française** était alors° un immense territoire avec, en son centre, le Mississipi. Elle s'étendait° des **Grands Lacs** au **golfe du Mexique**. Cet espace représente aujourd'hui dix États américains, et c'est pour cette raison que beaucoup de lieux dans cette région, comme **Belleville**, **Illinois** ou **Des Moines**, **Iowa**, portent° des noms français.

L'alliance franco-américaine s'est surtout renforcée° pendant la **guerre° d'Indépendance**. Avec le **marquis de Lafayette** et le **comte de Rochambeau**, l'armée française a offert une aide cruciale aux révolutionnaires américains, comme pendant la bataille° de la **baie de Chesapeake**, à la fin de la guerre. Ensuite, la France a été la première nation à reconnaître officiellement les nouveaux **États-Unis d'Amérique**. Des personnalités de cette période révolutionnaire comme **Benjamin Franklin**, **John Adams** et **Thomas Jefferson** étaient très francophiles et ont tous fait des séjours en France. De plus, les deux pays ont créé leur constitution en même temps et ont partagé la philosophie des **Lumières**°. Au cours des années, d'étroites° relations économiques et culturelles se sont développées entre eux, et en 1886, pour symboliser cette amitié, la France a offert aux États-Unis la **statue de la Liberté**, qu'on voit à l'entrée du port de **New York**.

Romain Duris

Aujourd'hui, la France est le neuvième partenaire commercial des États-Unis, et hors de° l'Union Européenne, les États-Unis constituent le premier marché d'exportation de la France. Au niveau de la culture, les films français figurent parmi les films étrangers les plus vus aux États-Unis et les plus appréciés du public américain. Quel Américain ne connaît pas **Gérard Depardieu**, **Romain Duris**, **Audrey Tautou** ou **Marion Cotillard**? De même, les grands artistes sont toujours appréciés, et dans les musées américains, les expositions sur **Monet**, **Gauguin** ou **Cézanne** sont très populaires. Enfin, les liens touristiques sont forts: pour les Américains, la France est le pays de la bonne cuisine, des petits cafés, de la mode et du romantisme; et l'Amérique reste l'une des destinations préférées des touristes français. En somme, l'amitié entre ces deux pays semble faite pour durer°!

liens *ties* **À l'époque** *At the time* **Ainsi** *In this way* **acadien** *from the Canadian region of Acadia* **alors** *at that time* **s'étendait** *stretched* **portent** *have* **s'est renforcée** *strengthened* **guerre** *war* **bataille** *battle* **Lumières** *Enlightenment* **étroites** *tight* **hors de** *outside* **durer** *last*

D'ailleurs...

Avec environ 1.300.000 étudiants, le français est la deuxième langue la plus étudiée aux USA, après l'espagnol. Plus de 100 programmes d'échanges scolaires existent entre la France et les États-Unis, et il y a plus de 130 Alliances françaises sur le territoire américain, qui organisent plus de 1.000 manifestations culturelles par an.

ressources

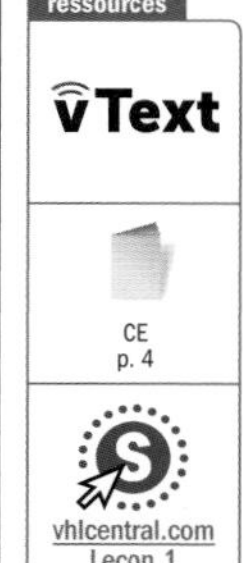

CRITICAL THINKING

Knowledge Have students list the connections between France and the U.S. mentioned in the article. Then have them try to add at least two ideas of their own. Additionally, students can put the connections into the following categories: historic, cultural, or economic.

CRITICAL THINKING

Analysis First, have students discuss the reasons why people study French and/or might belong to the **Alliance française**. Then have them discuss the reasons why French is the second most popular language studied in the U.S. Why do more students study Spanish than French in the U.S.?

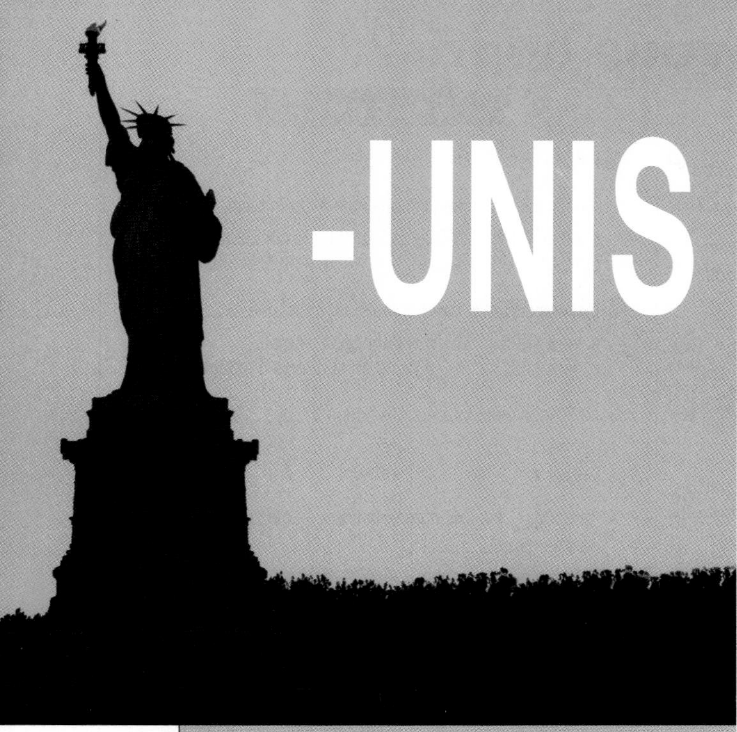

La francophonie aux USA

Chevrolet C'est un Suisse francophone, **Louis Chevrolet** (1878–1941), qui a fondé cette compagnie maintenant américaine. Après avoir été mécanicien en France et au Canada, Chevrolet déménage à New York en 1901. Là, il travaille pour **Fiat** et, en 1905, commence sa carrière de pilote de course°. Plus tard, Chevrolet dessine des voitures de course et bat° le record du monde de vitesse! La **Chevrolet Motor Car Company** est devenue une division de **General Motors** en 1918.

Les contes de Perrault Les contes du Français **Charles Perrault** (1628–1703) divertissent° les petits et les grands depuis des siècles, dans le monde occidental. Ses histoires, comme *Cendrillon*, *Le petit chaperon° rouge*, *La belle au bois dormant°*, et *Le chat botté°* ont inspiré des films, des ballets et des opéras. La compagnie Walt Disney en a même fait des films d'animation.

Tony Parker Malgré° son nom anglophone, **Tony Parker**, joueur professionnel de basket, est en fait° d'origine belge et française. Il est né à **Bruges**, en Belgique, et a été élevé en France. On le connaît bien aux États-Unis, parce qu'il joue dans l'équipe des **Spurs** à **San Antonio**, **Texas**. Avant de rejoindre° cette équipe de la **NBA** en 2001, Tony jouait en France dans la **LNB** (**Ligue Nationale de Basket-ball**).

Céline Dion Dernière-née d'une famille québécoise de 14 enfants, **Céline Dion** enregistre sa première chanson à 12 ans. Sa carrière commence en français, mais à l'âge de 18 ans elle apprend l'anglais et part à la conquête du monde anglophone. Son succès aux États-Unis est considérable; elle a vendu des millions d'albums, chanté pour la bande originale° de plusieurs films américains, et gagné de nombreux **Grammys**. Céline a encore connu un énorme succès avec son spectacle *A New Day...* créé en 2003, à **Las Vegas**.

pilote de course *race car driver* **bat** *breaks* **divertissent** *entertain* **chaperon** *hood* **dormant** *sleeping* **Le chat botté** *Puss in Boots* **Malgré** *Despite* **en fait** *in fact* **rejoindre** *join* **bande originale** *sound track*

Le français dans l'anglais

Mots et expressions venus du français

à la carte	en route
art déco	hors-d'œuvre
avant-garde	je ne sais quoi
camouflage	protégé
cliché	raison d'être
crème de la crème	rendez-vous
déjà vu	résumé
encore	touché

Mots anglais empruntés au français au Moyen Âge

armée	*army*
bœuf	*beef*
espion	*spy*
honneur	*honor*
joie	*joy*
liberté	*liberty*
loisir	*leisure*
mariage	*marriage*
mouton	*mutton*
oncle	*uncle*
salaire	*salary*
vallée	*valley*

TEACHING TIPS

Expansion
- After reading **Le français dans l'anglais,** have students work in pairs to come up with additional French words and expressions that English speakers commonly use.
- List additional French words that have been borrowed or transformed by the English language on the board and have students guess their meanings. Examples: **espace** (space), **forêt** (forest), **honnête** (honest).

Cultural Note Point out that English words of French origin **"empruntés au français"** are words that were French and became English. Mention that these words came into English in the Middle Ages during the period of Norman control over England.

Extra Practice
- Divide the class into small groups and have each group research French companies, automobile or otherwise, that operate in the United States.
- Have students do additional research on Charles Perrault's work and legacy.

Suggestion Ask students if they know any other Francophone athletes that compete in the U.S.

PRE-AP®

Informal Writing Have students locate and read the French version of one of Charles Perrault's stories. Students should then write a summary of the story in French. Creative students may wish to illustrate the summary they write. Say: **Vous allez condenser un conte de Charles Perrault en moins d'une page et éventuellement l'illustrer. Ensuite, vous allez lire votre résumé devant la classe.**

PRE-AP®

Informal Oral Discourse Have students listen to one of Céline Dion's French songs. Have them also locate the lyrics. Then have them present the song to the class and explain its meaning.

TEACHING TIPS

1 Expansion Call on volunteers to write the corrected statements on the board. As a class, correct any spelling, syntactical, or grammatical errors.

2 Expansion Remind students to answer in complete sentences.

Previewing Strategy To prepare for the project, write the **Projet** topic on the board and help students brainstorm specific ideas. Encourage them to think of places or celebrations within and beyond their own communities.

Suggestion Have students practice their **Projet** presentation with a partner before presenting it to the class.

NATIONAL STANDARDS

Cultures Students learned that there are more than 130 **Alliance française** organizations in the U.S. Have students research the history and mission of the **Alliance française**. Have them locate the nearest one and download its brochure and calendar of events. If possible, have students visit the **Alliance** and/or attend one of its events.

Qu'avez-vous appris?

1 **Vrai ou faux?** Indiquez si ces affirmations sont vraies ou fausses et corrigez celles qui sont fausses. Answers may vary slightly.

1. C'est Cavelier de La Salle qui a fondé Détroit en 1701. Faux. Antoine Cadillac a fondé Detroit en 1701.
2. La Louisiane française s'étendait des Grands Lacs au golfe du Mexique. Vrai.
3. Les films français ne sont pas appréciés des Américains. Faux. Ce sont les films étrangers les plus vus et les plus appréciés aux États-Unis.
4. Tony Parker est un joueur de basket d'origine belge et française. Vrai.
5. Louis Chevrolet a écrit des contes connus dans le monde occidental. Faux. Charles Perrault a écrit des contes connus dans le monde occidental.
6. Les films de Céline Dion connaissent un énorme succès aux États-Unis. Faux. La musique de Céline Dion connaît un énorme succès aux États-Unis.

2 **Que sais-je?** Répondez aux questions. Answers may vary slightly.

1. Qui a été le premier Européen à descendre le fleuve du Mississippi? Cavelier de La Salle a été le premier Européen à descendre le fleuve du Mississippi.
2. Quelles personnalités américaines de la période révolutionnaire étaient très francophiles? Des personnalités importantes comme Benjamin Franklin, John Adams ou Thomas Jefferson étaient très francophiles.
3. Qu'est-ce que la France et les États-Unis ont créé en même temps? Ils ont créé leur constitution en même temps.
4. Que symbolise la statue de la Liberté? Elle symbolise l'amitié entre la France et les États-Unis.
5. Qui a fondé la compagnie Chevrolet et de quelle nationalité était-il? Le Suisse francophone Louis Chevrolet a fondé la compagnie Chevrolet.
6. De quoi les films d'animation de Walt Disney s'inspirent-ils beaucoup? Ils s'inspirent des contes de Charles Perrault.

Projet

Aux États-Unis

Où trouve-t-on la culture francophone aux États-Unis? Faites des recherches pour créer une page de présentation au sujet d'un événement ou d'un lieu francophone.

- Notez les détails les plus intéressants.
- Choisissez des photos.
- Présentez votre page à la classe.
- Expliquez pourquoi vous avez choisi ce sujet.

Practice more at **vhlcentral.com.**

ÉPREUVE

Trouvez la bonne réponse.

1. À l'époque coloniale, la Louisiane avait la taille ______.
   a. de la région des Grands Lacs (b.) de dix États américains c. du golfe du Mexique d. d'un État américain
2. L'alliance franco-américaine s'est renforcée ______.
   a. vers 1886 b. à l'époque coloniale c. vers 1701 (d.) pendant la guerre d'Indépendance
3. La France a été la première nation à ______ les États-Unis.
   (a.) reconnaître b. aider c. explorer d. nommer
4. À l'époque révolutionnaire, la France et les États-Unis partageaient ______.
   a. la même constitution b. le même espace (c.) la philosophie des Lumières d. la même économie
5. La France a offert la statue de la Liberté aux États-Unis, en ______.
   a. 1701 b. 1846 (c.) 1886 d. 1776
6. Romain Duris, Gérard Depardieu, Audrey Tautou et Marion Cotillard sont connus pour leur carrière ______.
   (a.) dans le cinéma b. d'écrivain c. de musicien d. sportive
7. Il y a ______ Alliances françaises sur le territoire américain.
   a. 1.000 (b.) plus de 130 c. plus de 250 d. 50
8. Le joueur de basket Tony Parker a été élevé ______.
   a. au Québec b. en Belgique (c.) en France d. à San Antonio
9. Céline Dion a présenté son premier ______ à Las Vegas.
   a. hôtel b. salon de beauté c. magasin (d.) spectacle
10. Charles Perrault n'a pas écrit ______.
    a. Le Chat botté b. Cendrillon (c.) La Princesse au petit pois d. La Belle au bois dormant

CRITICAL THINKING

Evaluation Videotape students' **Projet** presentation and ask students to evaluate their own presentation for completeness, interest, and clarity of speech. Have them write how they could improve the presentation. If time permits, allow them to rework their presentations and re-present them.

CRITICAL THINKING

Comprehension and Synthesis Divide the class into six groups. Assign a number to each picture on **pp. 12-13**, and then assign a picture to each group. Ask groups to write two statements about their picture. Then collect the statements and read each one aloud in random order. Individually, students write the number of the picture being described. They then check their answers with their group members.

Video: TV Clip

Le droit de vote

1 Préparation Répondez aux questions.

1. À quel âge est-ce qu'on peut voter dans votre pays?
2. Êtes-vous intéressé(e) par la politique? Pourquoi ou pourquoi pas?

Vocabulaire du film

la convocation *registration notice*
un acquis *a benefit; something earned*
apporter sa voix *to cast one's vote; literally: to bring one's voice*
sauter sur l'occasion *to seize the opportunity*

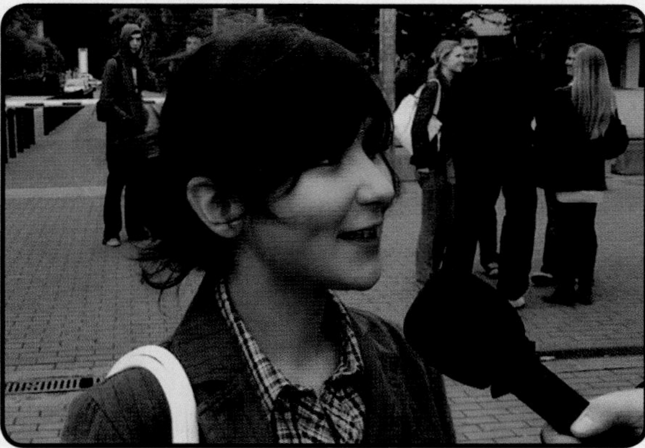

Qu'en pensent les jeunes Belges?

Aux élections européennes de 2009 en Belgique, les primo-votants représentaient environ 8% des électeurs (*voters*). Les primo-votants sont les personnes qui votent pour la première fois, c'est-à-dire une majorité de jeunes. Un sondage (*survey*) réalisé en mai 2009 par l'Université de Liège et Dedicated Research a résumé les opinions des jeunes électeurs belges francophones. Même si deux jeunes sur trois (*two out of three*) déclarent s'intéresser peu à la politique, 86% d'entre eux estiment que voter est «utile» ou «très utile». Voter est un droit pour 38,9%, une chance pour 30,2%, un devoir pour 24,5% et une corvée (*chore*) pour 6,5%. 51% des jeunes ne pensent pas que «la plupart des hommes politiques soient corrompus» et 55% veulent croire (*want to believe*) que les politiciens essaient en général «d'améliorer la société». Enfin, 33% se sentent proches des écologistes, 27,4% du Parti Socialiste, 23,5% du Mouvement Réformateur, et seulement 1,5% du Centre Démocrate Humaniste (CDH), l'ancien Parti Social Chrétien.

2 Compréhension Répondez aux questions.

1. Les jeunes du film pensent-ils que voter est un droit ou une corvée? Les jeunes du film pensent que voter est un droit.
2. Pourquoi le parti CDH attire-t-il les deux jeunes de la fin de l'interview? Le parti CDH attire ces deux jeunes parce que les membres du parti sont temperés, ils ont des idées écologiques et libérales, ils sont bien intégrés au secteur économique, et ils mettent les minorités en avant.

3 Discussion Avec un(e) partenaire, décidez si vous êtes d'accord ou non avec ces affirmations; puis expliquez votre décision à la classe.

1. Voter est un acquis de la démocratie, pas un droit.
2. Les jeunes doivent absolument voter; ainsi ils peuvent changer l'avenir d'un pays.

4 Application Un sondage

Préparez, avec votre classe, un sondage pour découvrir si les élèves de votre école s'intéressent à la politique et pour connaître leur opinion sur le rôle du vote dans la vie des jeunes. Comparez les résultats avec le sondage belge.

 Practice more at **vhlcentral.com**.

Section Goals

In this section, students will:

- watch a video clip about first-time voters in Belgium
- learn about political thoughts of Belgium youth

Student Resources
Cahier de l'élève, p. 4
Supersite: Video, Activities, *eCahier*
Teacher Resources
Video Script & Translation; Answer Key

TEACHING TIPS

PRE-AP®

Audiovisual Interpretive Communication Previewing Strategy Before showing the video, ask students what the voting age is in the U.S. Discuss the pros and cons of voting at this age.

Suggestion Play the video once through for general comprehension. Then play it again, stopping after each person's answer. Check for comprehension by asking students to summarize what was said.

21st CENTURY SKILLS

Social and Cross-Cultural Skills
Have students work in groups to choose one or two aspects of the film that is different from what they would expect in their daily life. Ask students to write two to three sentences about the difference(s) and how they would explain what is different to a visitor from that culture.

CRITICAL THINKING

Comprehension and Application Have students work in groups of four or five. One student plays the interviewer; the others play 18-year-olds being interviewed about the right to vote. The interviewer asks each student: **Qu'est-ce que ça vous fait de voter?** and **Qu'est-ce que vous pensez du droit de vote?** Students answer with their personal opinions, but should draw on information learned in the video clip.

CRITICAL THINKING

Synthesis Take a class survey of the question: **Est-ce que voter est (a) un droit, (b) une chance, (c) un devoir, ou (d) une corvée?** Put students in groups based on their answers. You may want to split any group that has more than 5–6 students. Each group must discuss and then present an explanation for its answer. In addition, students should prepare a slogan and/or argument to encourage young people to vote

Section Goals

In **Structures**, students will learn:

- spelling-change verbs
- the irregular verbs **être, avoir, faire,** and **aller**
- how to form questions

Key Standards

4.1, 5.1

Student Resources
Cahier de l'élève, pp. 5–7; Supersite: Activities, *eCahier*
Grammar Tutorials
Teacher Resources
Answer Keys; Audio Script; Audio Activity MP3s/CD; Testing program: Grammar Quiz

TEACHING TIPS

Suggestions

- You may wish to assign the Grammar Tutorials as homework in preparation for the **Structures** lesson. These tutorials re-present the grammar taught in **D'accord! 1** and **2**.
- With their books closed, ask students to name examples of spelling-change **-er** verbs. Examples: **acheter, célébrer, employer,** etc. Then have them use these verbs in present tense sentences. Ask why it is necessary to change the spelling. (The changes must be made to reflect actual pronunciation.)
- Call on a volunteer to explain why the spelling changes are made for verbs ending in **-ger** and **-cer.** (Both spelling changes are made to preserve the soft **g** and **c** sounds that appear in the other forms of the verb. This avoids the hard **g** and **c** sounds that would result from either consonant being directly followed by the vowel **o**.)

Presentation Tutorial

1.1 Spelling-change verbs

—*Tu veux me prendre la main?*
—*Je* ***préfère*** *essayer sans.*

- Several **-er** verbs require spelling changes in certain forms of the present tense. These changes usually reflect variations in pronunciation or are made to avoid a change in pronunciation.
- For verbs that end in **-ger**, add an **e** before the **-ons** ending of the **nous** form.

voyager (*to travel*)	
je voyage	nous voyageons
tu voyages	vous voyagez
il/elle voyage	ils/elles voyagent

Nous **mangeons** ensemble.

- Other verbs like **voyager** are **déménager** (*to move*), **déranger** (*to bother*), **manger** (*to eat*), **partager** (*to share*), **plonger** (*to dive*), and **ranger** (*to tidy up*).
- In verbs that end in **-cer**, the **c** becomes **ç** before the **-ons** ending of the **nous** form.

commencer (*to begin*)	
je commence	nous commençons
tu commences	vous commencez
il/elle commence	ils/elles commencent

Nous **commençons** à 8h30.

- Other verbs like **commencer** are **avancer** (*to advance, to move forward*), **effacer** (*to erase*), **forcer** (*to force*), **lancer** (*to throw*), **menacer** (*to threaten*), **placer** (*to place*), and **remplacer** (*to replace*).
- The **y** in verbs that end in **-yer** changes to **i** in all forms *except* for the **nous** and **vous** forms.

ATTENTION!

The **y** in verbs that end in **-ayer** can either remain **y** or change to **i**. Both forms are correct.

je paie *or* **je paye**
ils essaient *or* **ils essayent**

envoyer (*to send*)	
j'envoie	nous envoyons
tu envoies	vous envoyez
il/elle envoie	ils/elles envoient

Il **balaie** la terrasse.

- Other verbs like **envoyer** are **balayer** (*to sweep*), **ennuyer** (*to annoy; to bore*), **essayer** (*to try*), **nettoyer** (*to clean*), and **payer** (*to pay*).

DIFFERENTIATION

For Auditory Learners Ask personalized questions using **-ger, -cer,** and **-yer** verbs. Students respond orally. For example: **Où est-ce que vous voyagez avec votre famille? Combien de textos est-ce que vous envoyez par jour?**

DIFFERENTIATION

For Kinesthetic Learners Have students work in pairs. Student A acts out a **-ger, -cer,** or **-yer** verb. Student B should guess which verb is being pantomimed. Then students reverse roles. Students should each act out at least five verbs.

- Often the spelling change is simply the addition of an accent. Notice that the **nous** and **vous** forms of verbs like **acheter** have no accent added.

acheter (*to buy*)	
j'achète	**nous achetons**
tu achètes	**vous achetez**
il/elle achète	**ils/elles achètent**

Elle **achète** un pantalon.

- Other verbs like **acheter** are **amener** (*to bring someone*), **élever** (*to raise*), **emmener** (*to take someone*), **lever** (*to lift*), **mener** (*to lead*), and **peser** (*to weigh*).
- In verbs like **préférer**, the **é** in the last syllable of the verb stem changes to **è** in all forms *except* for the **nous** and **vous** forms.

préférer (*to prefer*)	
je préfère	**nous préférons**
tu préfères	**vous préférez**
il/elle préfère	**ils/elles préfèrent**

Je **préfère** cette robe rouge.

- Other verbs like **préférer** are **considérer** (*to consider*), **espérer** (*to hope*), **posséder** (*to possess*), and **répéter** (*to repeat; to rehearse*).
- In certain verbs that end in **-eler** or **-eter**, the last consonant in the stem is doubled in all forms *except* for the **nous** and **vous** forms.

appeler (*to call*)		jeter (*to throw*)	
j'appelle	**nous appelons**	**je jette**	**nous jetons**
tu appelles	**vous appelez**	**tu jettes**	**vous jetez**
il/elle appelle	**ils/elles appellent**	**il/elle jette**	**ils/elles jettent**

Seydou **appelle** son ami.

- Other verbs like **appeler** and **jeter** are **épeler** (*to spell*), **projeter** (*to plan*), **rappeler** (*to recall; to call back*), **rejeter** (*to reject*), and **renouveler** (*to renew*).

ATTENTION!

The **é** in the first syllable of verbs like **élever** and **préférer** never changes. Spelling changes occur only in the last syllable of the verb stem.

BLOC-NOTES

To review the present tense of **-er** verbs and the forms of regular **-ir** and **-re** verbs, see **Fiche de grammaire 1.4, p. 372.**

TEACHING TIPS

Suggestions

- With books closed, write **acheter, préférer,** and **appeler** on the board. Have students identify the spelling change for each, then think of as many verbs as possible that follow the same spelling-change pattern as each of these verbs.
- For each group of "Other verbs like..." have students give example sentences—one with the subject pronoun **je** or **tu** and one with **nous** or **vous**.
- Point out that doubling the last consonant in the verb stem creates the same type of pronunciation change as adding or changing an accent. So, verbs like **acheter, préférer,** and **appeler** are all very similar.

NATIONAL STANDARDS

Comparisons Have students think about verbs in English and compare them to verbs in French. Does English have verbs with spelling changes in the present tense? If so, how do they change? What other kinds of changes do English verbs have in the present tense? For someone learning both languages, do they think English verb forms are easier to learn than French verb forms?

DIFFERENTIATION

For Inclusion Have students work in pairs. Student A says a spelling-change verb infinitive and a subject pronoun. Example: **commencer – nous**. Student B writes the subject and correct form. Student A checks the work. Students then switch roles. Each student should name and write eight to ten verbs.

DIFFERENTIATION

To Challenge Students Ask students to write a short essay, story, or dialogue using at least six spelling-change verbs—one from each group presented on these two pages. Stories can be serious or silly. Students should read their creations to the class, being careful to pronounce the verbs correctly.

TEACHING TIPS

1 Expansion

- Give students these additional items: **9. rappeler le traiteur** (caterer): **toi (Tu rappelles le traiteur.) 10. espérer que tout va bien: moi (J'espère que tout va bien!)**
- Have students write another list for Jérôme and Mathilde—three things to do after the wedding. Students then exchange lists with another student to make sentences.

2 Suggestion You may wish to have individuals form complete sentences, then check and compare answers with a partner.

3 Previewing Strategy Have a volunteer read the **modèle**, then model one or two more sentences with the class. Example: **Nous ne menaçons pas nos camarades de classe.**

Mise en pratique

1
1. Je paie/paye le pâtissier.
2. Elle remplace les invitations.
3. Ils amènent les grands-parents.
4. Nous rangeons l'appartement.
5. Il nettoie la salle de bains.
6. Ils répètent demain soir.
7. Je jette les vieux journaux.
8. Nous achetons de nouvelles chaussures.

1 **Les fiancés** Jérôme et Mathilde vont bientôt se marier. Jérôme a fait une liste de toutes les tâches à accomplir. Dites ce que fait chaque personne mentionnée.

Modèle **appeler le fleuriste: Mathilde et moi**
Nous appelons le fleuriste.

1. payer le pâtissier: moi
2. remplacer les invitations: ma sœur
3. amener les grands-parents: maman et papa
4. ranger l'appartement: Mathilde et moi
5. nettoyer la salle de bains: mon frère
6. répéter demain soir: les musiciens
7. jeter les vieux journaux: moi
8. acheter de nouvelles chaussures: mon frère et moi

2 Suggested answers
1. Mes enfants préfèrent leur mère.
2. Nous ne payons aucune dette.
3. Je m'ennuie souvent le dimanche.
4. Personne ne balaye jamais dehors.
5. Martine et Sonya effacent les messages sur le répondeur.
6. Mon frère élève mal mes neveux.
7. Nous ne remplaçons pas les fleurs fanées.
8. Vous me dérangez quand j'amène des clients à la maison.

2 **En famille** Kader est déprimé et il en donne les raisons aux membres de sa famille. Formez des phrases complètes.

1. mes enfants / préférer / leur mère
2. nous / ne… aucune / payer / dette
3. je / s'ennuyer / souvent / le dimanche
4. personne / ne… jamais / balayer dehors
5. Martine et Sonya / effacer / messages / sur / répondeur
6. mon frère / élever / mal / mes neveux
7. nous / ne… pas / remplacer / les fleurs fanées (*withered*)
8. vous / me / déranger / quand / je / amener / clients / à la maison

3 **Les amis** Avec un(e) camarade, faites des phrases complètes avec les éléments de chaque colonne.

Modèle Les vrais amis appellent souvent.

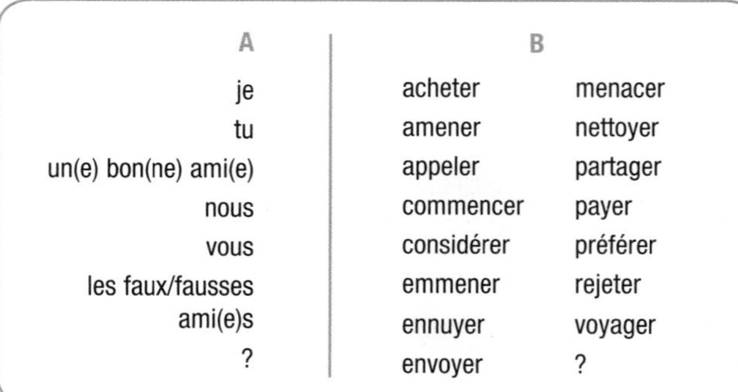

A	B	
je	acheter	menacer
tu	amener	nettoyer
un(e) bon(ne) ami(e)	appeler	partager
nous	commencer	payer
vous	considérer	préférer
les faux/fausses ami(e)s	emmener	rejeter
	ennuyer	voyager
?	envoyer	?

Practice more at **vhlcentral.com.**

DIFFERENTIATION

For Kinesthetic Learners For Activity 2, have students work in small groups. Assign two items to each group. Have them create and act out a small skit for each sentence.

DIFFERENTIATION

For Visual Learners Have students find pictures in magazines or on the Internet that illustrate ten of the verbs in Activity 3. Then have them write their sentences as a caption for each picture.

Communication

4 **Les jeunes mariés** Jacqueline et Thierry viennent de se marier. Avec un(e) camarade, décrivez leur vie ensemble à l'aide des mots de la liste.

commencer	espérer	préférer
considérer	essayer	projeter
déménager	mener	renouveler

Modèle —Thierry projette de chercher un nouveau travail.
—Jacqueline préfère vivre près de Marseille.

5 **Conversation** Avec un(e) camarade, décrivez chaque personne à l'aide du verbe qui lui correspond.

Modèle **préférer: mon frère**
—Mon frère préfère travailler très tard le soir.
—Ma sœur aussi. Elle préfère commencer ses devoirs après dix heures.

1. acheter: mon père
2. posséder: le prof de français
3. rejeter: nos camarades de classe
4. ennuyer: je
5. avancer: nous
6. déranger: mes amis

6 **J'en ai besoin.** Par groupes de trois, dites pourquoi vous avez besoin des éléments de la liste ou pourquoi vous n'en avez pas besoin. Employez des verbes comme **voyager**, **commencer**, **envoyer**, **acheter**, **préférer** ou **appeler**. Chaque phrase doit avoir un verbe différent.

Modèle **une chaîne stéréo**
J'ai besoin d'une chaîne stéréo parce que j'achète beaucoup de CD.

- de l'argent
- une voiture
- un portable
- une valise
- un ordinateur
- un aspirateur
- de bonnes notes
- ?

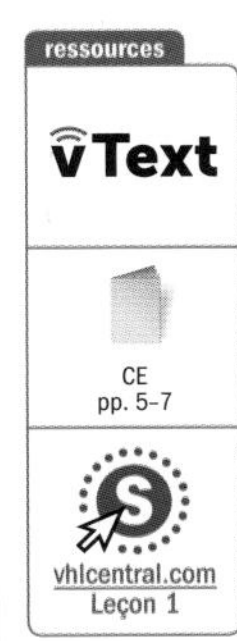

TEACHING TIPS

4 Previewing Strategy Call on two volunteers to read the **modèle** aloud.

4 Expansion Have students determine two more verbs to add to the list. Then have them make appropriate sentences.

5 Expansion Encourage students to add two or more new items.

6 Expansion As a variation, have groups also say what other people need and why. Example: **Mes copains ont besoin d'une corbeille à papier parce qu'ils jettent beaucoup de papier par terre.**

NATIONAL STANDARDS

Comparisons Have students research typical wedding customs in France and compare them to those in the U.S. Which French customs do they find particularly interesting or different?

PRE-AP®

Informal Oral Discourse Give students pictures that illustrate five spelling-change verbs. Give students two minutes to study the pictures and use them as the basis for a story. Say: **Vous allez raconter une histoire à l'aide des verbes illustrés par les images que vous avez reçues. Vous devrez parler pendant une minute sans regarder vos notes; faites bien attention à la prononciation des verbes à changement orthographique.**

PRE-AP®

Presentational Writing Give students 20 minutes to write a well-organized essay with the following title: **Ma première journée d'école cette année**. The essay should include events as they happen in sequential order and use the present-tense of at least eight spelling-change verbs.

Key Standards
4.1, 5.1

Student Resources
Cahier de l'élève, pp. 8–10; Supersite: Activities, *eCahier*
Grammar Tutorials
Teacher Resources
Answer Keys; Audio Script; Audio Activity MP3s/CD; Testing program: Grammar Quiz

TEACHING TIPS
Suggestions
- You may wish to assign the Grammar Tutorials as homework in preparation for the **Structures** lesson. These tutorials re-present the grammar taught in **D'accord! 1** and **2**.
- Briefly review the meanings of these four verbs.
- Explain that forms of **être** are also commonly followed by prepositional phrases, nouns, adverbs, etc. Have students come up with models for each. Examples: **Je suis avec mon ami. Nous sommes élèves. Le professeur n'est pas souvent en retard.**
- You may want to teach the expression **être en train de** + *infinitive* and have students say what they and/or someone they know are in the middle of doing right now. Example: **Je suis en train d'écouter. Mon copain est en train de lire.**
- Remind students that **avoir** is often used in idiomatic expressions; therefore the translation is not always *to have*.

Presentation Tutorial

1.2 The irregular verbs *être*, *avoir*, *faire*, and *aller*

—On **va** s'asseoir?

- The four most common irregular verbs in French are **être**, **avoir**, **faire**, and **aller**. These verbs are considered irregular because they do not follow the predictable patterns of regular **-er**, **-ir**, or **-re** verbs.
- The verb **être** means *to be*. It is often followed by an adjective.

être (*to be*)	
je suis	**nous** sommes
tu es	**vous** êtes
il/elle est	**ils/elles** sont

Je **suis** américain.
I am American.

Ils **sont** timides.
They are shy.

C'**est** un bon film.
It is a good movie.

Nous **sommes** fiancés.
We are engaged.

- The verb **avoir** means *to have*.

avoir (*to have*)	
j'ai	**nous** avons
tu as	**vous** avez
il/elle a	**ils/elles** ont

Ils **ont** froid.

- The verb **avoir** is used in many idiomatic expressions.

avoir… ans *to be … years old*	**avoir envie de** *to feel like*	**avoir de la patience** *to be patient*
avoir besoin de *to need*	**avoir faim** *to be hungry*	**avoir peur de** *to be afraid*
avoir de la chance *to be lucky*	**avoir froid** *to be cold*	**avoir raison** *to be right*
avoir chaud *to be hot*	**avoir honte de** *to be ashamed*	**avoir soif** *to be thirsty*
avoir du courage *to be brave*	**avoir mal à** *to ache, to hurt*	**avoir sommeil** *to be sleepy*
		avoir tort *to be wrong*

ATTENTION!

An idiomatic expression is one that cannot be translated or interpreted literally. Notice that many expressions with **avoir** correspond to English expressions with the verb *to be*.

J'ai dix-neuf ans.
I am nineteen years old.

Mireille a sommeil.
Mireille is sleepy.

DIFFERENTIATION

For Auditory Learners Divide students into pairs and distribute a card with a written description of a scene to each student. The descriptions include several uses of **être, avoir, faire**, and **aller**. Pairs sit back-to-back. One student reads the description to his or her partner, who draws the scene according to the oral description. Students reverse roles and then compare their drawings with the written descriptions.

DIFFERENTIATION

For Visual Learners Have students work in pairs to find pictures (from magazines or the Internet) that illustrate the **avoir** expressions. Half of the class finds pictures for the first eight expressions, the other half of the class for the second eight expressions. Pairs then work together (one pair for each set of expressions). Pair A shows their pictures. Pair B says the expression and then uses the expression in an appropriate complete sentence.

- The verb **faire** means *to do* or *to make.*

faire (*to do; to make*)	
je fais	**nous** faisons
tu fais	**vous** faites
il/elle fait	**ils/elles** font

Elle **fait** de l'exercice.

- **Faire** is also used in numerous idiomatic expressions. Many of these expressions are related to weather, sports and leisure activities, or household tasks.

les sports et les loisirs		les tâches ménagères
faire de l'aérobic *to do aerobics*	**faire du shopping** *to go shopping*	**faire la cuisine** *to cook*
faire du camping *to go camping*	**faire du ski** *to go skiing*	**faire la lessive** *to do laundry*
faire du cheval *to ride a horse*	**faire du sport** *to play sports*	**faire le lit** *to make the bed*
faire de l'exercice *to exercise*	**faire un tour (en voiture)** *to go for a walk (for a drive)*	**faire le ménage** *to do the cleaning*
faire la fête *to party*	**faire les valises** *to pack one's bags*	**faire la poussière** *to dust*
faire de la gym *to work out*	**faire du vélo** *to go cycling*	**faire la vaisselle** *to do the dishes*
faire du jogging *to go jogging*	**le temps**	**d'autres expressions**
faire de la planche à voile *to go windsurfing*	**Il fait beau.** *The weather's nice.*	**faire attention (à)** *to pay attention (to)*
faire une promenade *to go for a walk*	**Il fait chaud.** *It's hot.*	**faire la connaissance de** *to meet (someone)*
faire une randonnée *to go for a hike*	**Il fait froid.** *It's cold.*	**faire mal** *to hurt*
faire un séjour *to spend time (somewhere)*	**Il fait mauvais.** *The weather's bad.*	**faire peur** *to scare*
	Il fait (du) soleil. *It's sunny.*	**faire des projets** *to make plans*
	Il fait du vent. *It's windy.*	**faire la queue** *to wait in line*

- The verb **aller** means *to go.*

aller (*to go*)	
je vais	**nous** allons
tu vas	**vous** allez
il/elle va	**ils/elles** vont

Vont-ils au théâtre?

- You can use **aller** with another verb to tell what is going to happen in the near future. The second verb is in the infinitive. This construction is called the **futur proche** (*immediate future*).

Je vais **tomber** amoureux.
I'm going to fall in love.

Vous allez vous **mettre** en colère?
Are you going to get angry?

BLOC-NOTES

The verb **faire** followed by an infinitive means *to have something done* or *to cause something to happen.* To learn more about **faire causatif**, see **Fiche de grammaire 9.5, p. 406.**

ATTENTION!

Remember, when you negate a sentence in the **futur proche**, place **ne... pas** around the form of **aller**.

Tu ne vas pas regarder le match?

Are you not going to watch the game?

TEACHING TIPS

Language Learning Like **avoir, faire** is used in many idiomatic expressions, so remind students that it does not always mean *to do* or *to make.*

Suggestion Stress the proper pronunciation of **nous faisons**.

Language Learning Mention that **faire** + [*infinitive*] can also mean *to make someone do/ feel something.* Example: **Jean fait pleurer sa petite sœur.** *Jean is making his little sister cry.*

Suggestion Tell students that it is possible to use the **futur proche** in different contexts, especially (but not strictly) when the action is going to happen immediately.

NATIONAL STANDARDS

Cultures Adventure and extreme sports are very popular in France. Many of these sports use the verb **faire**. For example: **faire du parapente/base-jump/ canyoning/saut à l'élastique.** Have students research adventure sports in France, what they entail, and the popular locations.

DIFFERENTIATION

To Challenge Students Play **Qui est-ce?** Students should write a short description of a famous person (real or fictitious) that uses the verbs **être, avoir, faire,** and **aller** at least once each. Students read their descriptions aloud and classmates guess who is being described.

DIFFERENTIATION

For Inclusion Have students create a poster about a person—a friend, relative, or celebrity. Instruct them to write descriptions using **être, avoir, faire,** and **aller.** Each verb used should have an accompanying picture (photo, original art, or art found on the Internet).

TEACHING TIPS

1 Expansion Have pairs check and explain their answers to each other.

1 Extra Practice As a follow-up, have students write a different story about Soraya and Georges using **être, avoir, faire,** and **aller**.

Suggestion Read the **Note culturelle** to the class. Then ask: **Connaissez-vous le Rhode Island ou un autre lieu aux États-Unis où l'influence francophone se fait sentir? Quand vous y allez, y voyez-vous l'influence francophone? Décrivez ce que vous voyez.**

2 Suggestions

- Before beginning the activity, have students look at the picture and describe what they see. To round out a more complete description of **le musée du Travail et de la Culture**, you may also want to have students find other photos on the Internet.
- After completing the activity, have pairs of students read aloud the passage to each other. Students should help each other with pronunciation and intonation.

Mise en pratique

1 

Le mariage Complétez toutes les phrases. Soyez logique!

1. Soraya et Georges sont __c__
2. Alors, ils vont __b__
3. La mère de Soraya a __h__
4. Son père est __d__
5. Le jour du mariage, il fait __a__
6. Soraya et Georges ont __f__
7. Nous, leurs amis, nous sommes __e__
8. La semaine prochaine, les jeunes mariés font __g__

a. du soleil.
b. se marier.
c. amoureux.
d. déprimé parce qu'il pense au coût (*cost*) du mariage!
e. avec eux.
f. de la chance.
g. un séjour à Tahiti.
h. peur de perdre sa fille.

2

Au musée Complétez cette histoire à l'aide d'une forme correcte des verbes **être, avoir, faire** ou **aller**. Employez le présent de l'indicatif.

Note **CULTURELLE**

Le musée du Travail et de la Culture se trouve à **Woonsocket**, dans le **Rhode Island**. Pendant tout le 19e siècle, des milliers (*thousands*) de **Québécois** sont venus dans le Rhode Island pour travailler dans les usines de la vallée du **fleuve Blackstone**. Au début du 20e siècle, Woonsocket était la ville la plus francophone des États-Unis. Aujourd'hui, on peut visiter les sites historiques de la ville pour y découvrir la forte influence de son passé francophone.

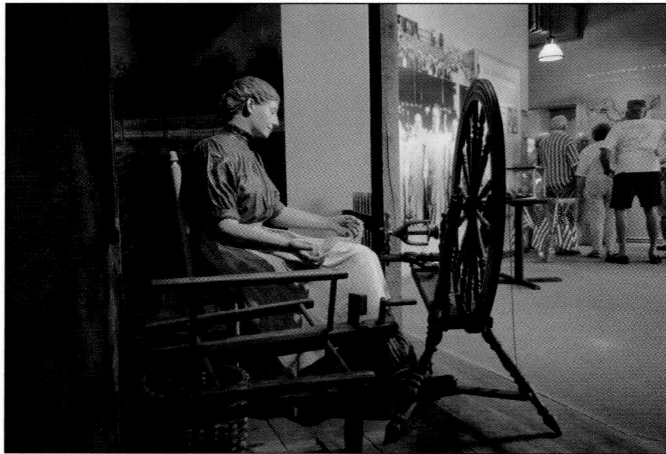

Kristen Aucoin et son frère Matt habitent dans le Rhode Island, et ils (1) __ont__ des ancêtres franco-canadiens. Ils adorent le sport et ils (2) __font__ du vélo presque tous les week-ends, mais cet après-midi, il (3) __fait__ mauvais et il pleut. Alors, ils (4) __vont__ visiter le musée du Travail et de la Culture. Ils (5) __sont__ curieux de connaître l'histoire de leur région, et ce musée (6) __est__ le meilleur endroit pour ça. Au musée, on (7) __a__ la possibilité de voir des expositions sur l'immigration québécoise en Nouvelle-Angleterre. Kristen (8) __a__ envie d'acheter quelques livres. Matt (9) __va__ parler en français aux employés du musée. Il (10) __fait__ des efforts pour ne pas perdre la langue de ses grands-parents.

 Practice more at **vhlcentral.com.**

PRE-AP®

Integrated Skills Have students work in small groups to write a skit based on Activity 2. The skit should have two scenes—the first at home and the second at the museum—and should include multiple uses of **être, avoir, faire,** and **aller**. Students should also use photos and props.

PRE-AP®

Informal Writing Have students research more information about **le musée du Travail et de la Culture** and create a brochure. The brochure should include: one or more photos, location, hours, admission price, exhibits. Students should consider their audience and purpose for writing when determining how to present the information.

Communication

3 **Comparaisons** Avec un(e) camarade, décrivez les personnes de la liste à l'aide de ces expressions. Expliquez vos choix. Ensuite, comparez vos réponses avec celles d'un autre groupe.

Modèle Madonna fait évidemment de la gym parce qu'elle est en forme.

avoir du courage	**faire la cuisine**
avoir honte	**faire la fête**
avoir de la patience	**faire de la gym**
avoir sommeil	**faire le ménage**
avoir tort	**faire du shopping**
?	**?**

- Mariah Carey
- Brad Pitt
- Céline Dion
- Will Smith
- Audrey Tautou
- Johnny Depp

4 **Conseils** À deux, donnez des conseils à ces personnes. Employez à chaque fois le verbe **être** ou **avoir**, une expression avec **faire** et un verbe au futur proche.

Modèle Vous êtes fatiguée. Si vous faites une promenade, vous n'allez pas vous endormir.

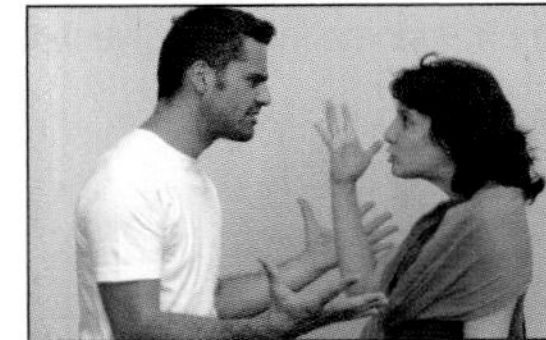

5 **Promesses** Vous avez beaucoup agacé votre meilleur(e) ami(e). Vous promettez de ne plus faire ce qui l'énerve. Il/Elle vous pose des questions pour en être sûr(e). Jouez la scène pour la classe.

Modèle —Je ne vais plus faire de commérages!
—Bon, mais est-ce que tu vas être plus franc/franche?

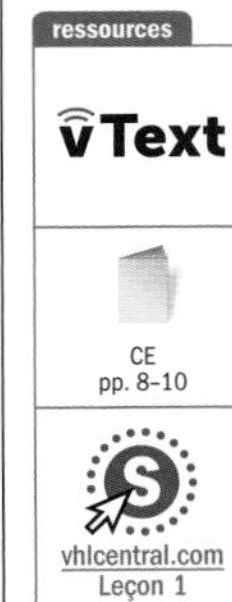

TEACHING TIPS

3 Previewing Strategy Before assigning this activity, have students bring in photos of some celebrities listed or a few of their own favorites for class inspiration and recognition.

4 Extra Practice As a variation, have students choose one of the photos and write a short story about the person/people shown, using as many present-tense indicative forms of **être, avoir, faire,** and **aller** as possible.

5 Suggestion If students do not have personal experience they wish to share, tell them to be creative and invent the details.

PRE-AP®

Interpersonal Speaking
5 Partner Chat You can also assign Activity 5 on the Supersite. Students work in pairs to record the activity online. The pair's recorded conversation will appear in your gradebook.

DIFFERENTIATION

For Auditory Learners Working in pairs, have students make a list of six to ten well-known people, such as actors, athletes, politicians, or business people. Each student gives a one-sentence description of someone on the list (using **être, avoir, faire,** and **aller**) and the other student guesses who it is.

DIFFERENTIATION

For Kinesthetic Learners Give students a list of questions using **être, avoir, faire** and **aller** to ask their classmates. Have them circulate the room to find someone in the class who does each thing. When a student finds someone who answers **Oui**..., that person signs the sheet next to the question.

Key Standards
4.1, 5.1

Student Resources
Cahier de l'élève, pp. 11–14; Supersite: Activities, *eCahier*
Grammar Tutorials
Teacher Resources
Answer Keys; Audio Script; Audio Activity MP3s/CD; Testing program: Grammar Quiz

TEACHING TIPS
Suggestions
- You may wish to assign the Grammar Tutorials as homework in preparation for the **Structures** lesson. These tutorials re-present the grammar taught in **D'accord! 1** and **2**.
- Read the model questions and have students repeat after you.
- Mention that the **-t-** is added purely to smooth out the pronunciation.

Expansion
Ask volunteers to provide a sample question for each interrogative word. Ask other volunteers to answer each question.

NATIONAL STANDARDS
Comparisons Ask students to think about how questions are formed in English. Have them give examples. How are they similar to or different from questions in French? Emphasize that tag questions in English have several forms.

1.3 Forming questions

—*Et **elle t'aime?***

ATTENTION!

You may recall that some ways of formulating a question are more informal than others. Intonation questions are considered informal. **Est-ce que** is somewhat more formal. Inversion is generally more formal.

- Rising intonation is the simplest way to ask a question. Just say the same words as when making a statement and raise your pitch at the end.

Tu connais mon ami Pascal?
Do you know my friend Pascal?

- You can also ask a question using **est-ce que**. If the next word begins with a vowel sound, **est-ce que** becomes **est-ce qu'**.

Est-ce que vous prenez des risques?
Do you take risks?

Est-ce qu'il a cinq ans?
Is he five years old?

- You can place a tag question at the end of a statement.

Tu es canadien, **n'est-ce pas**?
You are Canadian, right?

On va partir à 8h00, **d'accord**?
We're going to leave at 8 o'clock, OK?

ATTENTION!

Use inversion only with pronouns. If the subject is a noun, add the corresponding pronoun and then invert it with the verb.

Votre femme arrive-t-elle ce week-end?
Is your wife arriving this weekend?

To invert **il y a**, use **y a-t-il**.

Y a-t-il une station de métro près d'ici?
Is there a subway station nearby?

Est-ce is the inverted form of **c'est**.

Est-ce ton père là-bas?
Is that your father over there?

- You can invert the order of the subject pronoun and the verb. Remember to add a hyphen whenever you use inversion. If the verb ends in a vowel and the subject is **il**, **elle**, or **on**, add **-t-** between the verb and the pronoun.

Aimes-tu les maths?
Do you like math?

Préfère-t-il le bleu ou le vert?
Does he prefer blue or green?

- To ask for specific types of information, use the appropriate interrogative words.

Interrogative words

combien (de)? *how much/many?*
comment? *how?*
où? *where?*
pourquoi? *why?*
quand? *when?*
que/qu'? *what?*
(à/avec/pour) qui? *(to/with/for) who(m)?*
(avec/de) quoi? *(with/about) what?*

DIFFERENTIATION

For Inclusion Provide students with several examples of questions—using both **est-ce que** and inversion. Have students highlight the subject with one color and the verb with another.
For Inclusion Provide students with several examples of questions using the various formations. Have students identify each one by writing RI (for rising intonation), ECQ (for **est-ce que**), TQ (for tag question), or INV (for inversion).

DIFFERENTIATION

To Challenge Students Provide students with a few headlines from today's news. Ask students to ask for more information or clarification by writing three questions using interrogative words.

- You can use various methods of question formation with interrogative words.

Quand est-ce qu'ils mangent? *When are they eating?*	**Combien** d'élèves y a-t-il? *How many students are there?*

- The interrogative adjective **quel** means *which* or *what*. Like other adjectives, it agrees in gender and number with the noun it modifies.

The interrogative adjective quel

	singular	plural
masculine	quel	quels
feminine	quelle	quelles

—Je suis à l'hôtel. —**Quel** hôtel?	—Carole aime cette chanson. —**Quelle** chanson?

- **Quel(le)(s)** can be used with a noun or with a form of the verb **être**.

Quelle est ton adresse? *What is your address?*	**Quelles sont** tes fleurs préférées? *What are your favorite flowers?*

- To avoid repetition, use the interrogative pronoun **lequel**. Like **quel**, it agrees in number and gender with the noun it modifies. Since it is a pronoun, the noun is not stated.

The interrogative pronoun lequel

	singular	plural
masculine	lequel	lesquels
feminine	laquelle	lesquelles

—Je vais prendre cette jupe. —*I'm going to take this skirt.*	—Laure adore ces bonbons. —*Laure loves these candies.*
—**Laquelle**? —*Which one?*	—**Lesquels?** —*Which ones?*

- **Lequel** and its forms can be used with the prepositions **à** and **de**. When this occurs, the usual contractions with **à** and **de** are made. In the singular, contractions are made only with the masculine forms.

à + lequel = **auquel** ***but*** à + laquelle = **à laquelle**
de + lequel = **duquel** ***but*** de + laquelle = **de laquelle**

—Mon frère a peur du chien. —**Duquel** est-ce qu'il a peur?	—Nous allons au cinéma. —**Auquel** allez-vous?	—Je vais à l'université. —**À laquelle** vas-tu?

- In the plural, contractions are made with both the masculine and feminine forms: **auxquels, auxquelles; desquels, desquelles**.

—Le prof parle aux lycéennes. —**Auxquelles** est-ce qu'il parle?	—Il a besoin de livres. —**Desquels** a-t-il besoin?

TEACHING TIPS

Suggestion Have volunteers identify each example question as intonation, **est-ce que**, or inversion.

Language Learning Emphasize the difference between **que** and **quel**. Say that, although they can both mean *what*, they are not interchangeable.

Suggestion Point out that a common answer to the question **Lequel?** would be **Celui-ci./Celui-là.** The feminine equivalent would be **Laquelle? Celle-ci./Celle-là.**

Language Learning Explain that forms of **auquel** and **duquel** are important since French sentences cannot end with the words **à** or **de**. You may also choose to give the English translation of forms of **auquel** (*to which*) and **duquel** (*from which*).

DIFFERENTIATION

For Auditory Learners Provide students with several more statements similar to those below the chart for **quel**. Be sure to use a variety of masculine, feminine, singular, and plural nouns. Then have students work in pairs. One student should read a statement; the other asks a follow-up clarification question.

DIFFERENTIATION

For Kinesthetic Learners Bring in or draw pairs of pictures of various items (masculine, feminine, singular, and plural items). Each pair of pictures should show the same item(s) in two different colors. For example: **une jupe rouge** and **une jupe bleue.** Have students use the pictures to act out a dialogue. Example: **A: Je vais prendre cette jupe. B: Laquelle? A: La jupe bleue.** Students should use proper intonation and gestures to clarify meaning.

TEACHING TIPS

1 Previewing Strategy Before doing the activity, have volunteers ask intonation questions aloud that correspond to each item.

1 Suggestion To stress the repetitive nature of the activity, have students add **vraiment** to the second question of the model. Example: **Avons-nous *vraiment* rendez-vous avec Karim à la piscine?**

PRE-AP®

2 Interpersonal Speaking
- Have students think of at least one thing that they could have done when they were younger to make their parents angry. Tell them to use the idea(s) to continue the activity.
- Have students play the roles of the two teens and answer the questions by making up information.

3 Expansion
- Have a group of three act out the conversation.
- Have students rewrite the questions using **est-ce que**.

Mise en pratique

1
1. Est-ce que tu as confiance en Myriam? / As-tu confiance en Myriam?
2. Est-ce que Lucie et Ahmed vont faire du sport? / Lucie et Ahmed vont-ils faire du sport?
3. Est-ce que vous rêvez de tomber amoureux? / Rêvez-vous de tomber amoureux?
4. Est-ce qu'Alain drague les filles de la classe? / Alain drague-t-il les filles de la classe?
5. Est-ce que Stéphanie se met souvent en colère? / Stéphanie se met-elle souvent en colère?
6. Est-ce que mes copines espèrent faire un séjour au Canada? / Mes copines espèrent-elles faire un séjour au Canada?

2 Some answers will vary.
1. Combien d'éclairs est-ce que vous mangez par jour?!
2. Avec qui est-ce que tu travailles?!
3. Quel mauvais élève est ton meilleur ami?!
4. Où est-ce que vous allez pendant les cours?
5. Qu'est-ce que vos amis achètent avec leur argent?

Practice more at **vhlcentral.com.**

1 **Les copains** Posez des questions à Gisèle. Formulez chaque question deux fois, d'abord avec **est-ce que**, puis avec l'inversion.

Modèle **nous / avoir rendez-vous / avec Karim / à la piscine**
Est-ce que nous avons rendez-vous avec Karim à la piscine? Avons-nous rendez-vous avec Karim à la piscine?

1. tu / avoir confiance / en Myriam
2. Lucie et Ahmed / aller / faire / du sport
3. vous / rêver / de / tomber / amoureux
4. Alain / draguer / filles / de / la classe
5. Stéphanie / se mettre / souvent / en colère
6. mes copines / espérer / faire / un séjour / Canada

2 **Des parents contrariés** Ces parents sont fâchés contre leurs deux enfants adolescents. La mère pose des questions et le père les réitère avec des interrogatifs. Avec un(e) camarade, alternez les rôles, puis jouez la scène pour la classe.

Modèle **Tu rentres à trois heures du matin?**
À quelle heure est-ce que tu rentres?!

1. Vous mangez cinq éclairs par jour?
2. Tu travailles avec Laurent?
3. Ce mauvais élève est ton meilleur ami?
4. Vous allez au parc pendant les cours?
5. Vos amis achètent des jeux vidéo avec leur argent?

3 **Chez le conseiller matrimonial** D'après (*According to*) les réponses, devinez les questions. Employez l'inversion. Suggested answers

CONSEILLER (1) Votre femme travaille-t-elle trop?
M. LEROUX Ah, oui! Ma femme travaille trop!
CONSEILLER (2) Que fait-elle?
M. LEROUX Elle est psychologue.
CONSEILLER (3) Sortez-vous souvent ensemble?
MME LEROUX Non, malheureusement, nous ne sortons jamais ensemble.
CONSEILLER (4) Votre mari vous demande-t-il de rentrer plus tôt?
MME LEROUX Oui, mon mari me demande souvent de rentrer plus tôt.
CONSEILLER (5) Ses heures de travail vous gênent-elles?
M. LEROUX Bien sûr que ses heures de travail me gênent!
CONSEILLER Bon, (6) pour quelle heure prenons-nous le prochain rendez-vous?
M. LEROUX Prenons le prochain rendez-vous pour onze heures.

DIFFERENTIATION

For Inclusion Before beginning the activities, ask students to write down anything about forming questions that they feel needs further clarification. Reteach these points. Then pair any students still having difficulty with stronger students to complete the activities.

To Challenge Students Have students work in groups of three. Hand out twenty index cards to each group. Students should write a question word/expression on eight cards and put them in one pile. Then they write **être** on one card, **aller** on one card, expressions with **avoir** on five cards, and expressions with **faire** on five cards. These are put in another pile. Students take turns drawing a card from each pile and making up a question with the words. One of the other students must answer the question. A third student listens to both other students to catch any errors.

Communication

4 **À vous de décrire!** Par groupes de trois, regardez chaque photo et posez-vous mutuellement des questions pour décrire ce qui se passe.

Modèle —Combien de personnes y a-t-il?
—Il y a cinq personnes.
—Que font-elles?

5 **Des curieux** Dites à votre camarade ce que vous allez faire pendant les prochaines vacances, à l'aide des mots de la liste. Ensuite, votre camarade va formuler une question avec **lequel** pour avoir plus de détails.

Modèle —Je vais lire un livre.
—Ah bon? Lequel?
—Je vais lire *De la démocratie en Amérique.*

bronzer sur une plage	sortir avec des copains/copines
descendre dans un hôtel	visiter des musées
manger dans un restaurant	visiter une ville
regarder des émissions à la télé	voir un film
?	?

6 **Questions personnalisées** Avec un(e) camarade, posez-vous mutuellement au moins trois questions sur ces thèmes. Présentez ensuite vos réponses à la classe.

Modèle **le/la petit(e) ami(e)**
As-tu un(e) petit(e) ami(e)? Comment est-ce qu'il/elle s'appelle?
À quel lycée va-t-il/elle?

- les cours
- les parents
- les copains
- l'argent
- les passe-temps
- la nourriture

Note **CULTURELLE**

En 1831, le gouvernement français envoie aux États-Unis un écrivain de science politique âgé de 25 ans, **Alexis de Tocqueville**, pour y étudier les prisons. Après un séjour de neuf mois, Tocqueville retourne en France, enthousiasmé par le système démocratique américain, et il écrit ***De la démocratie en Amérique***. Cette analyse politique, qui décrit tout aussi bien la réalité d'aujourd'hui que celle du 19e siècle, est un classique de la littérature française.

ressources

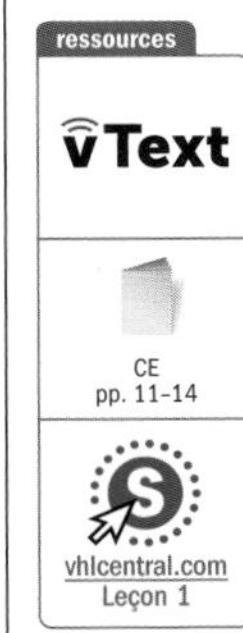

TEACHING TIPS

4 Suggestions

- Have a volunteer group act out the **modèle** and expand it with their own, ad-libbed questions and descriptions.
- Before beginning the activity, students can take notes on what they see in the pictures to guide them with their questions.
- You may wish to bring in additional images to continue this activity.

6 Suggestion Have students incorporate as much vocabulary from this lesson as they can.

PRE-AP®

Interpersonal Speaking

6 Partner Chat You can also assign Activity 6 on the Supersite. Students work in pairs to record the activity online. The pair's recorded conversation will appear in your gradebook.

NATIONAL STANDARDS

Connections: History Have students research the life and times of Alexis de Tocqueville. They should focus on the years he spent in the U.S. and the issues covered in ***De la démocratie en Amérique***. They can also find a summary of the book and the predictions it makes. They should analyze if these predictions came true. For example, he predicted that the issue of slavery would cause conflict in the U.S.

DIFFERENTIATION

For Inclusion Bring in copies of pages from original documents in French (books, newspaper articles, magazines, etc.). Have students go through a few documents and highlight examples of questions.

DIFFERENTIATION

To Challenge Students Tell students to imagine that they are looking for a job and heard that there is an opening at the local **Alliance française**. However, they don't know anything else about the opening. Have them prepare a set of questions to ask. Then have students work in pairs to act out a conversation. Students take turns asking their questions and being the interviewer.

Key Standards
1.1, 1.2

TEACHING TIPS

Previewing Strategy Ask students if they read advice columns or listen to advice radio shows and have them discuss the types of problems people write or call in about. Ask if they would follow advice given by Docteur Lesage or others who offer advice.

Synthèse

Reading

Où allons-nous habiter?

De: Martin <martin.compeau@courriel.ca>

Pour: Docteur Lesage <etienne24@courriel.qc>

Sujet: Où allons-nous habiter?

J'ai 30 ans et je suis marié. Mon problème a commencé à cause d'une blague. Je fais des blagues tout le temps.

Ma femme Pauline et moi déménageons bientôt à New York, où nous faisons un tour chaque année. Elle considère que c'est la ville idéale. Nous avons deux enfants, et nous sommes tous très heureux d'aller habiter à New York. Un week-end, j'y vais pour chercher un appartement, pendant que Pauline essaie de vendre notre maison. Mais on s'envoie des messages instantanés pour être en contact. Elle m'appelle aussi chaque soir.

La semaine dernière, pour rire, j'ai l'idée d'envoyer un e-mail à Pauline pour lui dire que je n'ai plus envie de déménager. Et je réussis à la convaincre°! C'est incroyable, n'est-ce pas? Cette situation m'inquiète beaucoup, parce que ma femme s'est mise en colère. Elle ne veut plus me parler. Quelle solution me suggérez-vous? Comment vais-je lui dire que c'est une blague? Ne va-t-elle pas se mettre encore plus en colère? Êtes-vous capable de m'aider?

° *to convince*

1 Suggestion Ask interpretation questions as well. Example: **À quel moment commence-t-on à mentir quand on fait une blague?**

Extra Practice As a follow-up writing assignment, have students write anonymous letters of their own to Docteur Lesage. Then have classmates write letters of response.

21st CENTURY SKILLS

1 Flexibility and adaptability Remind students to include input from all team members, adapting their presentation so it represents the whole group.

1 Some answers will vary.
1. Il fait des blagues.
2. Ils y font un tour.
3. Ils s'envoient des messages instantanés et Pauline appelle Martin.
4. Il a l'idée d'envoyer un e-mail à Pauline pour lui dire qu'il n'a plus envie de déménager.
5. Il réussit à convaincre Pauline.
6. Elle l'inquiète beaucoup.

1 **L'e-mail** Par groupes de trois, lisez l'e-mail que Martin a écrit au Docteur Lesage et répondez aux questions.

1. Qu'est-ce que Martin fait tout le temps?
2. Que font Martin et Pauline à New York?
3. Comment Martin et Pauline sont-ils en contact quand ils ne sont pas ensemble?
4. Quelle idée Martin a-t-il un jour?
5. Qu'est-ce que Martin réussit à faire?
6. Quel est l'effet de cette situation sur Martin?

2 **Discussion** Restez dans le même groupe de trois et parlez du problème de Martin. Suggérez une solution. Choisissez un membre du groupe pour la présenter à la classe.

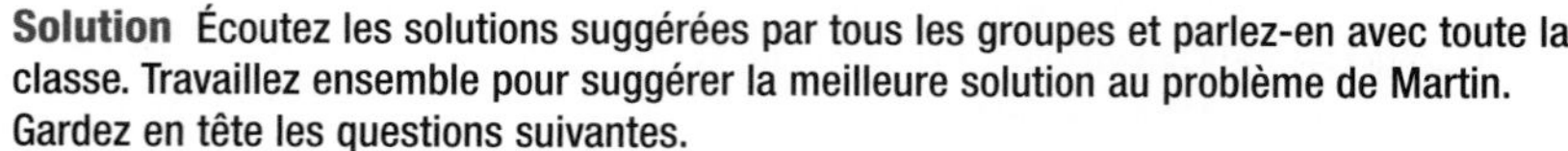

3 **Solution** Écoutez les solutions suggérées par tous les groupes et parlez-en avec toute la classe. Travaillez ensemble pour suggérer la meilleure solution au problème de Martin. Gardez en tête les questions suivantes.

1. Quelles sont les différentes réactions de chaque groupe au problème de Martin?
2. Y a-t-il une solution commune? Laquelle?
3. Y a-t-il des solutions plus réalisables (*workable*) que d'autres? Lesquelles?

ressources

vText

vhlcentral.com
Leçon 1

PRE-AP®

Informal Oral Discourse Have students take notes in response to the question: **Quand vous avez besoin de conseils, où préférez-vous aller? À qui préférez-vous vous adresser?** Then have students talk about their answers, giving the advantages and disadvantages of each one. They should include as many instances as possible of spelling-change verbs, irregular verbs, and question formation.

PRE-AP®

Informal Oral Discourse Eliminate the text from the bubbles of a comic strip and present it to students. Provide two or three questions about the pictures that include and/or elicit spelling-change verbs and irregular verbs. Give students two minutes to prepare a presentation that explains what is happening in the pictures and answers the questions you prepared.

Préparation

Vocabulaire de la lecture	Vocabulaire utile
à partir de *from*	**un(e) ancêtre** *ancestor*
fuir (*irreg.*) *to flee*	**s'assimiler à** *to blend in*
grâce à *thanks to*	**bilingue** *bilingual*
un mélange *mix*	**un choc culturel** *culture shock*
une nouvelle vague *new wave*	**le dépaysement** *change of scenery; disorientation*
rejoindre (*irreg.*) *to join*	**émigrer** *to emigrate*
un soldat *soldier*	**immigrer** *to immigrate*
	s'intégrer (à un groupe) *to integrate (into a group)*

1 **Vocabulaire** Choisissez le bon mot de vocabulaire pour compléter chaque phrase.

1. __Grâce à__ mes parents, je vais aller à l'université l'année prochaine.
2. Il est normal de rendre hommage à nos __ancêtres__, plusieurs fois dans l'année.
3. Une personne qui parle couramment deux langues est __bilingue__.
4. Dans les films d'horreur, le héros ou l'héroïne __fuit__ toujours le monstre ou le méchant (*bad guy*).
5. Cette __nouvelle vague__ artistique mélange le moderne et le traditionnel.
6. Benjamin Franklin a peut-être ressenti __un choc culturel__ quand il est arrivé pour la première fois en France, comme représentant des États-Unis.

2 **Chez vous** Répondez individuellement aux questions par des phrases complètes. Ensuite, comparez vos réponses avec celles de votre camarade.

1. Votre famille a-t-elle conservé des éléments de sa culture ancestrale? Si oui, lesquels? Lesquels préférez-vous? Sinon, quels sont les éléments des autres cultures que vous appréciez le plus?
2. Voudriez-vous que vos enfants et petits-enfants transmettent les traditions que vous avez maintenues dans votre famille?
3. Quelles communautés ethniques différentes de la vôtre existent près de chez vous? Ont-elles parfois des festivals ou des événements qui célèbrent leur culture? Si oui, y avez-vous déjà assisté? Décrivez votre expérience.

3 **Sujets de réflexion** Discutez de ces questions par groupes de trois et comparez vos réponses à celles des autres groupes.

1. Quelles sont les raisons pour lesquelles une personne immigre dans un autre pays?
2. Quand quelqu'un part vivre dans un pays étranger où on parle une autre langue, devrait-il/elle parler à ses futurs enfants dans sa langue ou dans la langue du pays? Expliquez votre réponse.
3. Comment peut-on préserver une culture? Quel rôle joue la langue dans cet effort de préservation?
4. Faut-il s'assimiler pour s'intégrer, ou peut-on arriver à l'intégration en gardant (*while keeping*) sa propre culture?

Section Goals

In **Culture**, students will:

- learn about Francophone culture in North America, particularly the Cajuns of Louisiana.
- discuss immigration and the integration of cultures.

Key Standards

1.2, 2.1, 2.2, 4.2

Student Resources
Supersite: Activities, Synced Reading

TEACHING TIPS

Synonymes
grâce à↔à l'aide de

Suggestions

- Point out that **fuir** can take on the sense of **partir**, **quitter**, or **éviter**, depending on the context.
- For extra practice with the new vocabulary, have students work in pairs to write sentences or definitions using the words from the list.

PRE-AP®

3 Interpersonal Speaking As a homework assignment, have students use these questions and others to interview an immigrant that they know. Tell them to be prepared to report back to the class. You could even invite a Francophone immigrant to visit your class and discuss these issues with your students.

DIFFERENTIATION

For Visual Learners Have students research a historical photo of immigrants arriving in the U.S. Have them present their photos to the class and describe the photo using at least five new vocabulary words.

DIFFERENTIATION

For Auditory Learners Prepare a conversation between two Francophone people who are planning to move to the U.S. Use as many of the vocabulary words as possible. Have two volunteers act out the conversation for the class. Students raise their hands whenever they hear one of the new vocabulary words.

TEACHING TIPS

Previewing Strategy Have students describe the man in the photo and what he is doing. Based on the description, have students predict what they think the cultural reading is about.

Suggestions

- Play a version of the song *Jambalaya (On the Bayou)*, named for a Creole and Cajun dish. There are numerous English covers as well as Cajun French versions performed by Cajun bands.
- If possible, bring in examples of the musical instruments students will read about, such as a violin, accordion, harmonica, or washboard. Play each of the instruments and have students describe the sound. As an alternative, bring in music that uses these instruments.

Reading Strategy Remind students that it's not necessary to understand every word—the gist of the reading is what is important at first.

AFFECTIVE DIMENSION

Students will feel less anxious when confronted with a long reading if they work in pairs or small groups to go through the reading. For example, each student reads a paragraph. Another one says the main idea. A third student mentions a detail from the paragraph.

Les **francophones** d'Amérique

CRITICAL THINKING

Knowledge Preview the reading by asking students what they already know about Louisiana. They can talk about geography, history, and cultural aspects. Have students make a list. When reading the text, students can check off the information that appears in the list.

CRITICAL THINKING

Analysis Have students scan the text for dates and names, and write them down. Based on this information, discuss the likely themes of the reading.

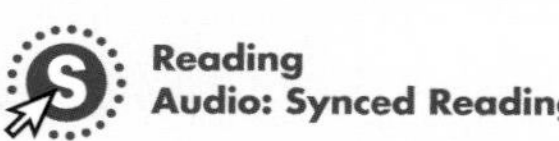

Reading
Audio: Synced Reading

Chaque année, vers le mois de septembre, les Festivals acadiens de Lafayette, en Louisiane, célèbrent les divers aspects de la culture cajun: musique, gastronomie, art et artisanat... Cette tradition a commencé à l'époque de la «fièvre» cajun qui a fait redécouvrir une culture en voie de disparition.

C'est au 17e siècle qu'une communauté francophone s'est installée en Acadie, à l'est du Canada, où on trouve aujourd'hui la Nouvelle-Écosse° et les régions voisines. La communauté a souffert de l'invasion des Britanniques pendant la guerre de Sept Ans (1754–1763) et de la déportation en France, en Angleterre et dans les colonies britanniques. De nombreux Acadiens ont fui. Ils ont suivi le fleuve Mississippi pour aboutir° en Louisiane, en 1765. C'est alors qu'est née la culture cajun, ce terme étant° une altération anglaise du mot «acadien». Jusqu'au 20e siècle, d'autres francophones, du Canada, des Antilles et d'ailleurs, ont rejoint les Cajuns.

Nova Scotia · *end up* · *being*

En 1921, un nouvel obstacle se présente, quand le gouvernement de la Louisiane déclare obligatoire l'éducation en anglais. À partir de ce moment, la culture cajun est en danger d'extinction. Heureusement, en 1968, le gouvernement local crée le Conseil pour le Développement du Français en Louisiane (CODOFIL) et on appelle Acadiana le sud-ouest de l'État, où se trouve la majorité des Cajuns. Aujourd'hui, le français est enseigné dans les écoles, parfois dans des programmes d'immersion.

Outre° le retour de l'enseignement du français, la culture cajun a connu une renaissance, dans les domaines de la gastronomie et de la musique. Depuis ses origines, la musique est un mélange d'influences étrangères provenant d'Afrique, des Antilles ou du reste des États-Unis. Le musicien Dewey Balfa a contribué à la popularité de la musique acadienne depuis les années 1960, et la nouvelle vague de musiciens cajuns continue de la faire évoluer. Celle-ci est devenue si populaire que des groupes se sont formés dans d'autres villes américaines, comme les Femmes d'enfer à Seattle ou Bone Tones à Minneapolis.

Besides

La culture cajun a connu une renaissance aux États-Unis, dans les domaines de la gastronomie et de la musique.

La gastronomie est l'autre ambassadeur culturel des Cajuns. Originaire de l'Acadiana, elle s'inspire de la cuisine provençale, et ses principaux ingrédients sont le poivron, l'oignon et le céleri. Grâce à des chefs comme Paul Prudhomme et Emeril Lagasse, dont on voit les émissions télévisées, cette gastronomie s'est répandue° dans beaucoup de villes et de cuisines américaines.

has spread

Les cultures acadienne et cajun ont su résister à tous les événements qui ont voulu les détruire. Le peuple cajun a réussi son intégration: il s'est assimilé à la société américaine sans abandonner ses traditions ni son mode de vie. ■

Les instruments de musique

Le violon° et l'accordéon, les principaux instruments de la musique cajun, sont accompagnés de la guitare, du triangle, de l'harmonica et de la planche à laver°, ou «frottoir» en cajun. Ce dernier instrument se joue à l'aide de dés à coudre° avec lesquels on frotte° la planche ou on tape° dessus.

fiddle · *washboard* · *thimbles* · *rubs/hits*

TEACHING TIPS

Suggestions

- Have students create word webs of Acadian contributions in the areas of **musique** and **gastronomie.**
- Have students go through the text and locate examples of spelling-change verbs and the irregular verbs **être**, **avoir**, **aller**, and **faire**.
- Working in pairs, have students practice question formation. Student A asks questions for paragraphs 1, 3, 5. Student B asks questions for paragraphs 2, 4, 6. Each student asks one question with **est-ce que**, one with inversion, and one with an interrogative word.
- Print out or draw a copy of the Acadian flag. Point out that the colors represent the **bleu, blanc, rouge** of the French **tricolore** flag. The golden star symbolizes Saint Mary, patron saint of the Acadians and "Star of the Sea." Students can also research other Acadian flags.

NATIONAL STANDARDS

Cultures Cajun French developed from Acadian French. It has also been influenced by Spanish, German, Haitian Creole, and Portuguese. Have students locate texts in Cajun French, bring them to class, and compare the French to metropolitan French.

CRITICAL THINKING

Comprehension Have pairs of students find the topic sentence of each paragraph and record the supporting details. Review responses as a class. Create a master list that all students agree on.

CRITICAL THINKING

Evaluate Discuss the Louisiana state government's decision to allow French to be taught in schools. What was the effect of this decision? Do students feel it was the right decision? Why, or why not?

TEACHING TIPS

1 Expansion

- Ask this additional question: **Comment le peuple cajun a-t-il réussi son intégration dans la société américaine? (Il s'est assimilé sans abandonner ses traditions ni son mode de vie.)**
- Have students check their answers with a partner.

2 Partner Chat You can also assign Activity 2 on the Supersite. Students work in pairs to record the activity online. The pair's recorded conversation will appear in your gradebook.

3 Suggestion Have the groups write a paragraph that summarizes the ideas from their discussion.

Extra Practice As a follow-up activity, have students discuss this question in groups: **Quels avantages a-t-on quand on est immigré ou d'origine étrangère et quels sont les inconvénients?**

NATIONAL STANDARDS

Connections: Literature Have students read Henry Wadsworth Longfellow's poem *Evangeline, A Tale of Acadie.* Students should write a summary of the poem. Volunteers can read the poem aloud to the class.

Analyse

1 Answers may vary slightly.
1. La majorité est venue de la région d'Acadie, au Canada.
2. Ils ont quitté leur colonie parce qu'ils ont souffert de l'invasion des Britanniques.
3. Le gouvernement américain a déclaré obligatoire l'éducation en anglais.
4. Ce sont la musique et la cuisine cajuns.
5. Ce sont le violon et l'accordéon.
6. La cuisine provençale a influencé la cuisine cajun.

1 Compréhension Répondez aux questions par des phrases complètes.

1. D'où est venue la majorité des francophones qui se sont installés en Louisiane au 18e siècle?
2. Pour quelle raison ont-ils quitté leur colonie?
3. Pourquoi la langue et la culture cajuns ont-elles été en danger d'extinction au 20e siècle?
4. À part (*Apart from*) la langue, quels sont les deux éléments les plus visibles de la culture cajun sur le continent américain?
5. Quels sont les deux instruments principaux de la musique cajun?
6. Quelle cuisine a influencé la gastronomie cajun?

2 Opinion Répondez à ces questions avec un(e) camarade.

1. Que ressentiriez-vous si le gouvernement vous interdisait de parler votre langue?
2. Pensez-vous que votre langue et votre culture fassent partie de votre personnalité? Expliquez votre réponse.
3. Pensez-vous que la coexistence de plusieurs cultures crée une société plus forte ou plus faible?

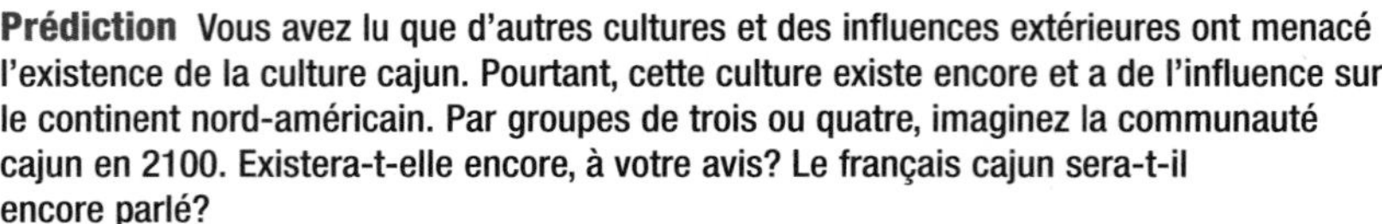
3 Prédiction Vous avez lu que d'autres cultures et des influences extérieures ont menacé l'existence de la culture cajun. Pourtant, cette culture existe encore et a de l'influence sur le continent nord-américain. Par groupes de trois ou quatre, imaginez la communauté cajun en 2100. Existera-t-elle encore, à votre avis? Le français cajun sera-t-il encore parlé?

4 Allez plus loin Pour aller plus loin, imaginez le continent nord-américain en 2100 et répondez aux questions par groupes de trois.

- À votre avis, quelles seront les cultures dominantes sur le territoire?
- Quelles seront les cultures en déclin?
- Quelles langues le peuple américain parlera-t-il?
- L'anglais persistera-t-il à dominer comme unique langue officielle?
- L'éducation bilingue ou plurilingue (*multilingual*) sera-t-elle une réalité?

ressources

vText

vhlcentral.com
Leçon 1

Practice more at **vhlcentral.com.**

PRE-AP®

Presentational Writing Ask students to expand upon Activity 2, question 3, in writing. Students should explain the reasons for their answers and support their ideas with details. Then have each student exchange papers with another student. They should evaluate each other's writing for clarity of reasoning, use of vocabulary, and accuracy of structure and writing conventions.

PRE-AP®

Presentational Speaking Have students locate a French version of a Cajun recipe (from recipe sites in France). Students draw pictures to illustrate each step. They present the steps to the class, teaching the vocabulary words for the ingredients and actions.

Préparation

À propos de l'auteur

Paul-Marie Verlaine (1844–1896), est né à Metz d'une famille bourgeoise. Il obtient son baccalauréat en 1864 et étudie le droit, mais c'est la poésie qui l'attire. À l'âge de vingt-deux ans, Verlaine publie ses premiers recueils (*collections of poems*), les *Poèmes saturniens* (1866) et *Fêtes galantes* (1869). À l'âge de vingt-cinq ans, il épouse Mathilde Mauté, à qui il dédie *La bonne chanson* (1870). Le siège de Paris, les troubles de la Commune et la rencontre d'Arthur Rimbaud en 1871 bouleversent (*turn upside down*) la vie de Verlaine. Les deux poètes partent en Angleterre et en Belgique où leur relation se termine violemment, lorsque Verlaine, au cours d'une dispute, tire sur (*shoots*) Rimbaud. Condamné à la prison, Verlaine écrit *Romances sans paroles* (1874) dont fait partie le poème ci-dessous. Séparé de sa femme, il publie en 1884 un essai intitulé *Les poètes maudits*. À partir de 1887, Verlaine devient un des écrivains les plus admirés de sa génération et son influence sur les jeunes poètes symbolistes est considérable.

Vocabulaire de la lecture

un bruit *sound*
le deuil *bereavement; grief following death*
écœurer *to sicken / nauseate*
la langueur *listlessness*
par terre *on the ground*
la peine *sorrow; grief*
pire *worst*
pleurer *to cry*
le toit *roof*
la trahison *betrayal*
une raison *reason, cause*

Vocabulaire utile

le chagrin *sorrow; affliction*
la douleur *pain; suffering*
un état d'âme *qualm; feeling*
évoquer *to evoke*
une larme *tear*

1 **Définitions** Faites correspondre chaque mot avec sa définition.

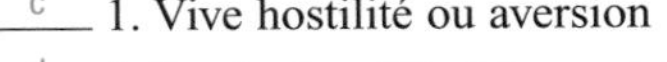

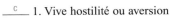

c 1. Vive hostilité ou aversion
d 2. La douleur liée à la mort de quelqu'un d'autre
e 3. Tourment, souffrance
a 4. Couverture d'une maison
b 5. L'opposé du silence
f 6. Le plus mauvais

a. un toit
b. le bruit
c. la haine
d. le deuil
e. la peine
f. le pire

2 **Préparation** Répondez individuellement à ces questions, puis discutez-en avec un(e) camarade de classe.

1. Dans la vie, quand ressent-on une tristesse profonde? Et une grande joie?
2. Connaissez-vous des poèmes, des livres ou des films dont le thème principal est la peine du cœur?
3. Avez-vous jamais ressenti une grande douleur, physique ou morale? Quand?

4. Dans l'art et la littérature, quels sentiments sont souvent illustrés par des conditions climatiques différentes (le soleil, le vent, la pluie, la neige)?

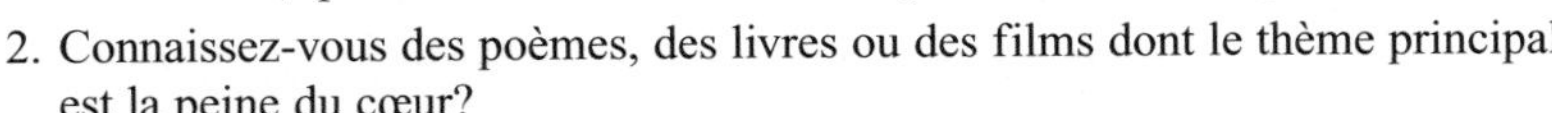

5. Est-ce qu'il vous est jamais arrivé d'être morose ou triste sans savoir pourquoi? Quand? Comment êtes-vous sorti(e) de cet état?

Practice more at **vhlcentral.com.**

Section Goals

In **Littérature**, students will:
- read about writer **Paul-Marie Verlaine**, then read his poem ***Il pleure dans mon cœur***
- discuss emotions, relationships, and love

Key Standards

1.2, 2.2, 3.1, 5.2

Student Resources
Cahier de l'élève, pp. 15–17; Supersite: Activities, Synced Reading, *eCahier*
Teacher Resources
Answer Keys

TEACHING TIPS

Language Note Have students notice the words **à propos de** in the section title. This is an example of a French term that has become part of the English language. Have students give examples of English usage.

NATIONAL STANDARDS

Connections: Social Studies **Le siège de Paris** was a key battle of the Franco-Prussian War that ended in January 1871. It resulted in the unification of Germany and the transfer of the Alsace-Lorraine region from France to Germany. **La Commune** was the government that ruled Paris afterwards, from March to May of 1871. Have students research the details of the battle and the ensuing government in Paris. They may want to present the information in a timeline.

1 Expansion Have pairs of students write similar definitions for three of the unused terms.

DIFFERENTIATION

For Inclusion Have students look at the formation of questions used in Activity 2. Ask them to locate the subject, verb, and any interrogative word in each question. Have them read each one aloud to practice intonation.

DIFFERENTIATION

To Challenge Students Have students work in small groups to write a short story that incorporates at least five vocabulary terms. They should first create a storyboard or flowchart to outline the sequence of events. The first student writes the first event, the second student the second, and so on. Students then present their stories to the class.

TEACHING TIPS

Suggestions

- Have students describe the photo. Then ask how this photo relates to the title of Lesson 1: **Ressentir et vivre**.
- Have a volunteer read aloud the title of the poem: ***Il pleure dans mon cœur***. Ask students to make a sketch that shows how they would illustrate this title. Call on a few students to show and explain their sketches. Alternatively, students can research photos online.

Expansion Tell students to create a word web. The main circle has the word **la pluie**; Students then write words they associate with **la pluie**—physical and emotional—in circles around the term. Ask volunteers to write their webs on the board and discuss the results.

AFFECTIVE DIMENSION

To make students feel less apprehensive about reading poetry in French, have them bring in a favorite or well-known English poem. Talk about the poem's structure (stanzas, rhyming or free verse, punctuation, alliteration, etc.) and its content (imagery, meaning, etc.).

Il pleure dans mon cœur

Paul Verlaine

PRE-AP®

Informal Oral Discourse Ask students if they have ever sat watching the rain through the window. Then ask: **En général, à quoi pensez-vous quand vous regardez la pluie tomber? Quel impact est-ce que la pluie a sur vous?**

PRE-AP®

Informal Writing Before reading the poem, ask students to read just the highlighted question on **p. 35**: **Quelle est cette langueur / Qui pénètre mon cœur?** Have them write a paragraph first explaining what they think the question means and then predicting the content of the rest of the poem.

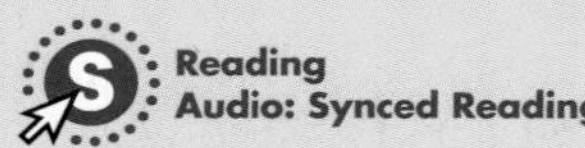

Il pleure dans mon cœur
Comme il pleut sur la ville;
Quelle est cette langueur
Qui pénètre mon cœur?

Ô bruit doux de la pluie
roofs Par terre et sur les toits°!
is weary Pour un cœur qui s'ennuie°,
song Ô le chant° de la pluie!

Quelle est cette langueur
Qui pénètre mon cœur?

Il pleure sans raison
sickens itself Dans ce cœur qui s'écœure°.
Quoi! Nulle trahison? ...
Ce deuil est sans raison.

C'est bien la pire peine
De ne savoir pourquoi
hatred Sans amour et sans haine°
Mon cœur a tant de peine!

TEACHING TIPS

Reading Strategy Play the dramatic recording of the poem a few times. Remind students that it is not necessary to understand every single word, especially during the first listening. Then give students a few minutes to read the poem aloud to a partner and discuss the meaning. Have one student present the pair's interpretation to the class.

Suggestions

- Ask students to read through the poem and create a quick sketch to illustrate each stanza. Have volunteers present and explain their sketches.
- Ask students to notice and describe the rhyming pattern in the poem. Talk about the effect and the musicality this creates.
- Ask students what sound is alliterated in the poem—the "p" sound. Discuss its effect.
- Have students locate the spelling-change verbs in the poem: **pénétrer, s'ennuyer**. Ask two volunteers to write the conjugation of the verbs on the board and highlight the spelling change.

Extra Practice Ask students to find another poem by Verlaine, and then read it aloud and summarize it for the class.

CRITICAL THINKING

Analysis and Synthesis Ask pairs to reread the poem and write a paragraph of at least four sentences in French that captures the gist of Verlaine's poem. Then have pairs get together to compare their summaries of the poem's meaning.

CRITICAL THINKING

Analysis Ask students to think about another romantic poem with which they are familiar. They should locate a print version for reference. Then have them compare and contrast this poem with Verlaine's. They can look at the following features: the speaker, theme, tone, form, imagery and symbolism, meter and rhyme, and sound. Ask students to finish the analysis with their opinion of each poem, which one they prefer, and why.

TEACHING TIPS

1 Expansion Have students write two or more of their own comprehension questions, then work in pairs to answer each other's questions.

2 Expansion Have pairs share their responses with the class.

3 Suggestion Give groups the option of writing and explaining their own statement about the poem.

4 Suggestion You may wish to introduce additional terms of endearment or affectionate expressions. Examples: **mon petit cœur, mon petit chat, mon trésor**, etc.

4 Extra Practice As an alternate writing assignment, have students write a poem/letter in response to Verlaine's ***Il pleure dans mon cœur***.

21st CENTURY SKILLS

Productivity and Accountability
As a class, brainstorm the qualities that would constitute an "A" assignment. Use the top four suggestions as the class rubric for student work. Ask students to prepare a draft of their composition against the rubric before sharing it with their classmates or teachers.

Analyse

1 Compréhension Complétez ces phrases logiquement.

1. Les mots *pleure* et *deuil* expriment ____.
   a. le bonheur b. la gaîté (c.) le chagrin
2. Presque tous les verbes du poème sont au ____.
   a. futur b. passé simple (c.) présent de l'indicatif
3. Les phrases interrogatives des première et troisième strophes sont adressées ____.
   (a.) au poète lui-même b. à un ami du poète c. à la pluie
4. Le sentiment qui domine ce poème est ____.
   a. la surprise (b.) la tristesse c. l'optimisme

2 Interprétation À deux, répondez aux questions par des phrases complètes.

1. À quoi est-ce que le poète compare la pluie dans la première strophe?
2. Citez cinq mots utilisés dans le poème qui illustrent son thème principal.
3. Est-ce que le poète réussit à identifier la cause de son ennui? D'après vous, quelle est la raison de sa peine?
4. Quel effet produit l'alternance des interrogations et des exclamations?

2 Suggested answers.
1. Le poète compare la pluie à des larmes qui coulent dans son cœur.
2. pleure, langueur, s'écœure, deuil, peine
3. Non, le poète n'en sait pas lui-même la cause. Answers will vary.
4. Answers will vary

3 Qu'en dites-vous? Par groupes de trois, dites si vous êtes d'accord ou pas avec ces déclarations et expliquez pourquoi. Ensuite, présentez vos idées à la classe.

1. Le climat reflète (*reflects*) l'affliction du poète.
2. Ce poème est très lyrique.
3. L'intensité de la tristesse du poète augmente à la fin du poème.
4. Ce poème a un ton plus philosophique qu'émotionnel.

4 Rédaction Vous venez de tomber follement amoureux/amoureuse de quelqu'un. Décrivez vos sentiments dans une lettre adressée à votre meilleur(e) ami(e), ou même à la personne dont vous êtes amoureux/amoureuse. Suivez le plan de rédaction.

Plan

1 Préparation Pensez à la personne à laquelle vous adressez la lettre. Choisissez une salutation, comme: **Cher ____ / Chère ____, Mon amour, Mon cœur...**

2 Développement Organisez vos idées. Quels sont les sentiments que vous voulez exprimer (*express*)? Aidez-vous de ces questions pour écrire votre lettre:
1. Depuis quand êtes-vous amoureux/amoureuse?
2. Que ressentez-vous quand vous pensez à cette personne? Utilisez des métaphores pour décrire votre état d'âme.
3. Pourquoi aimez-vous cette personne?
4. Pensez-vous que vos sentiments soient réciproques?
5. Quels rapports espérez-vous avoir avec cette personne à l'avenir?

3 Conclusion Terminez votre lettre par la formule qui convient, telle que: **Amitiés, Bises / Bisous, Je t'embrasse, Je t'aime,** ou **Ton amour.** Ces exemples vont de la simple amitié au grand amour.

ressources
vText
CE pp. 15–17
vhlcentral.com Leçon 1

Practice more at **vhlcentral.com.**

CRITICAL THINKING

Analysis On the Internet, have students research other French poets who were contemporaries of Verlaine. Students then work in groups, choose one of the poets, research his/her background, and then compare and contrast the poet with Verlaine. Students should put the information into a web, which they then share with the class. They should also present at least one poem by the other poet.

CRITICAL THINKING

Synthesis and Application Have students work in pairs to create a video version of Verlaine's ***Il pleure dans mon cœur***. The visuals for the video should include images (sketches, photos, and/or video clips) to accompany each line of the poem. The audio should consist of a reading of the poem plus background music. Students might want to view any versions online for ideas.

Les relations personnelles

Audio: Vocabulary
Flashcards
My Vocabulary

Les relations

une âme sœur *soul mate*
une amitié *friendship*
des commérages (*m.*) *gossip*
un esprit *spirit*
un mariage *marriage; wedding*
un rendez-vous *date*
une responsabilité *responsibility*

compter sur *to rely on*
draguer *to flirt; to try to "pick up"*
s'engager (envers quelqu'un) *to commit (to someone)*
faire confiance (à quelqu'un) *to trust (someone)*
mentir *(conj. like* ***sentir****)* *to lie*
mériter *to deserve; to be worth*
partager *to share*
poser un lapin (à quelqu'un) *to stand (someone) up*
quitter quelqu'un *to leave someone*
rompre *(irreg.)* *to break up*
sortir avec *to go out with*

(in)fidèle *(dis)loyal*

Les sentiments

agacer/énerver *to annoy*
aimer *to love; to like*
avoir honte (de) *to be ashamed (of)/embarrassed*
en avoir marre (de) *to be fed up (with)*
s'entendre bien (avec) *to get along well (with)*
gêner *to bother; to embarrass*
se mettre en colère contre *to get angry with*
ressentir *(conj. like* ***sentir****)* *to feel*
rêver de *to dream about*
tomber amoureux/amoureuse (de) *to fall in love (with)*

accablé(e) *overwhelmed*
anxieux/anxieuse *anxious*
contrarié(e) *upset*
déprimé(e) *depressed*
enthousiaste *enthusiastic; excited*
fâché(e) *angry; mad*
inquiet/inquiète *worried*
jaloux/jalouse *jealous*
passager/passagère *fleeting*

L'état civil

divorcer *to get a divorce*
se fiancer *to get engaged*
se marier avec *to marry*
vivre *(irreg.)* **en union libre** *to live together (as a couple)*

célibataire *single*
veuf/veuve *widowed; widower/widow*

La personnalité

avoir confiance en soi *to be confident*

affectueux/affectueuse *affectionate*
charmant(e) *charming*
économe *thrifty*
franc/franche *frank*
génial(e) *great; terrific*
(mal)honnête *(dis)honest*
idéaliste *idealistic*
inoubliable *unforgettable*
(peu) mûr *(im)mature*
orgueilleux/orgueilleuse *proud*
prudent(e) *careful*
séduisant(e) *attractive*
sensible *sensitive*
timide *shy*
tranquille *calm; quiet*

Court métrage

un cil *eyelash*
la complicité *deep, intimate bond*
un conseil *advice*
une joue *cheek*
un mec *guy*
une relation *relationship*
un vœu *wish*

avoir l'habitude de *to be used to*
cueillir *to pluck; to pick*
débarquer *to arrive (colloquial)*
dépasser *to pass; to overtake*
s'entraîner *to practice*
exprimer *to express*
faire sa/une déclaration d'amour *to declare one's love*
se lancer *to take the plunge*
se moquer de *to make fun of*
s'occuper de *to take care of*
piquer *to steal (slang)*
se taire *to keep silent*

amoureux/amoureuse *in love*
évident(e) *obvious*
maladroit(e) *awkward/clumsy*
peinard(e) *happy/tranquil/at ease (slang)*
une(e) sacré(e) *a heck of a…*

Culture

un(e) ancêtre *ancestor*
un choc culturel *culture shock*
le dépaysement *change of scenery; disorientation*
un mélange *mix*
une nouvelle vague *new wave*
un soldat *soldier*

s'assimiler à *to blend in*
émigrer *to emigrate*
fuir *(irreg.)* *to flee*
immigrer *to immigrate*
s'intégrer (à un groupe) *to integrate (into a group)*
rejoindre *(irreg.)* *to join*

bilingue *bilingual*

à partir de *from*
grâce à *thanks to*

Littérature

un bruit *sound*
le chagrin *sorrow; affliction*
le deuil *bereavement; grief following death*
la douleur *pain; suffering*
un état d'âme *qualm; feeling*
la langueur *listlessness*
une larme *tear*
la peine *sorrow; grief*
une raison *reason*
le toit *roof*
la trahison *betrayal*

écœurer *to sicken / nauseate*
évoquer *to evoke*
pleurer *to cry*

pire *worst*

par terre *on the ground*

ressources

DIFFERENTIATION

For Visual Learners Have students create a collage illustrating twenty words and expressions from the following categories of vocabulary, since these are the ones that may require additional practice: **Les relations**, **Court métrage**, **Littérature**, and **Culture**. To support the connection between the picture and the written word, have them write the French word under each picture.

DIFFERENTIATION

For Visual Learners Students should choose a word from the lesson vocabulary and draw something to illustrate it. The class then guesses the word in the illustration.

Key Standards

4.1

Student Resources
Cahier de l'élève, p. 18; Supersite: Vocabulary, *eCahier*
Teacher Resources
Audio Activity MP3s/CD; Testing program: Lesson Test

TEACHING TIPS

Language Learning

- Make flashcards or a vocabulary list. Keep these flashcards or vocabulary lists for reviewing later in the year, especially for mid-year and final exams.
- Working in pairs, students quiz each other on vocabulary. One gives the English meaning and the other answers with the French word.
- Students choose ten words and write a paragraph using them, perhaps to describe an ideal relationship (Ex: a couple, friends, or family members).
- For the list **Les sentiments**, have students say a situation when they feel each emotion or do each thing. For example, [**agacer = Mon frère m'agace quand il parle pendant que je fais mes devoirs.**]
- For the list **La personnalité**, have students name a person or a situation for each word. For example, [**génial = Ma prof de français est géniale.**]

21st CENTURY SKILLS

Leadership and Responsibility Extension Project
Establish a partner classroom in the Francophone world. As a class, have students decide on three questions they want to ask the partner class related to the topic of the lesson they have just completed. Based on the responses they receive, work as a class to explain to the partner class one aspect of their responses that surprised the class and why.

Lesson Goals

In **Leçon 2**, students will:

- learn vocabulary related to the city, including places, directions, people, activities and descriptions
- watch the short film ***J'attendrai le suivant...***
- learn about the French cities of **Marseille** and **Lyon**
- be introduced to the photographer Yann Arthus-Bertrand
- learn reflexive and reciprocal verbs
- learn descriptive adjectives and adjective agreement
- learn the formation, categories, and position of adverbs
- read an article about the annual music day in France
- read writer Jacques Prévert's poem ***Mai 1968***

21st CENTURY SKILLS

Initiative and Self-Direction
Students can monitor their progress online using the Supersite activities and assessments.

TEACHING TIPS

Point de départ

- Have students look at the photo. Ask:

1. Qu'est-ce que vous voyez dans cette photo?
2. Comparez ce que vous voyez ici avec ce qu'on peut voir à la campagne. Quelles sont les similarités et les différences?

- Bring in a map of Paris. Draw a star on the board and say: **Voici une étoile.** Show students the map and explain that the **place de l'Étoile** is so named because of the 12 radiating avenues that stretch out from it in the shape of a star.

LEÇON 2

Habiter en ville

Ah, l'attrait de la grande ville! Depuis des années, la campagne perd ses habitants. Qu'implique la vie urbaine, en fait? Est-il nécessairement plus facile de rencontrer des gens en ville qu'à la campagne? Oui, habiter en ville, c'est pratique... mais à quel prix?

Paris de nuit

INSTRUCTIONAL RESOURCES

Student Resources
Print: Student Book, Workbook (*Cahier de l'élève*)
Supersite: vhlcentral.com, **vText**, *eCahier*, Audio, Video, Practice

Teacher Resources
Print: Teacher's Edition, Answer Keys, Testing Program
Technology: Audio MP3s on CD (Textbook, Testing Program, Audio Program), Video Program DVD (Film Collection)

Supersite: vhlcentral.com, Lesson Plans, Grammar Tutorials, Grammar Slides, Testing Program, Audio and Video Scripts, Answer Key, Audio MP3s, Streaming Video (Film Collection), Digital Image Bank, Learning Management System (Gradebook, Assignments)

Voice boards on the Supersite allow you and your students to record and share up to five minutes of audio. Use voice boards for presentations, oral assessments, discussions, directions, etc.

42 **COURT MÉTRAGE**
Un beau jour, à Lyon, une jeune femme pense trouver l'amour de sa vie dans le métro. Le réalisateur **Philippe Orreindy** nous fait participer à cette rencontre dans *J'attendrai le suivant...*

48 **IMAGINEZ**
Vous avez envie de visiter la France, mais vous ne savez pas où aller? Pas de problème! Destination: Marseille et Lyon, deux grandes cités qui se disputent le titre de deuxième ville de France. Toujours indécis? Le célèbre photographe **Yann Arthus-Bertrand** prend de l'altitude et nous expose sa vision singulière de la France et du monde.

65 **CULTURE**
L'article *Rythme dans la rue: La fête de la Musique* nous parle d'un phénomène culturel majeur qui a débuté en France et qui s'est développé dans d'autres pays.

69 **LITTÉRATURE**
Paris montre son visage révolutionnaire dans le poème, *Mai 1968*, de **Jacques Prévert**.

Destination:
FRANCE

45

66

40 **POUR COMMENCER**

52 **STRUCTURES**

2.1 Reflexive and reciprocal verbs

2.2 Descriptive adjectives and adjective agreement

2.3 Adverbs

73 **VOCABULAIRE**

TEACHING TIPS

Previewing Strategy Ask students if they have ever visited any cities in France or in other Francophone countries. Have them share their impressions. In groups, ask them to describe their own favorite cities, Francophone or otherwise. Ask: **Quelle est votre ville préférée? Pourquoi la préférez-vous?**

NATIONAL STANDARDS

Comparisons
Point out that the monument in the photo on **p. 38** is called **l'arc de Triomphe**. Commissioned in 1806 by Napoleon, the arch honors all who have fought for France. The names of generals and wars are inscribed on the arch. Under the arch are the Tomb of the Unknown Soldier and the eternal flame, which were added in 1920 following World War I. Have students name similar monuments in Washington, DC, or other cities in the United States and discuss their significance.

CRITICAL THINKING

Evaluation As a class, brainstorm a list of words to describe aspects of city life, for example: museums, concerts, noise, traffic. Have two volunteers write each word on a separate card. Then hand out one card to each student in the class. Each cardholder must come up to the front of the class and categorize the word under **Avantage de la vie urbaine** or **Inconvénient de la vie urbaine** and defend the choice. As a conclusion, have one student summarize for the class the advantages of living in the city and one student summarize the disadvantages.

Section Goals

In **Pour Commencer**, students will learn and practice vocabulary related to places, directions, people, activities, and descriptions.

Key Standards

1.1, 1.2, 4.1

Student Resources
Cahier de l'élève, pp. 19-21; Supersite: Activities, Vocabulary, *eCahier*
Teacher Resources
Answer Keys; Audio Script; Audio Activity MP3s/CD; Testing program: Vocabulary Quiz

TEACHING TIPS

Synonymes

la banlieue↔la périphérie
un édifice↔un bâtiment
un(e) étranger/étrangère↔un(e) inconnu(e)
un hôtel de ville↔une mairie
rouler↔se déplacer (en voiture)

Suggestion Point out that **étranger/étrangère** (as well as **inconnu[e]**) is also a commonly used adjective.

NATIONAL STANDARDS

Comparisons

After reviewing the vocabulary in the section **Les lieux**, have students name which places and things are found in their town/city. They can also elaborate by giving the places' names and/or locations.

POUR COMMENCER

En ville

Audio: Vocabulary Practice
My Vocabulary

Les lieux

un arrêt d'autobus *bus stop*
une banlieue *suburb; outskirts*
une caserne de pompiers *fire station*
le centre-ville *city/town center; downtown*
un cinéma *cinema; movie theater*

un commissariat de police *police station*
un édifice *building*
un gratte-ciel *skyscraper*
un hôtel de ville *city/town hall*
un jardin public *public garden*
un logement/une habitation *housing*
un musée *museum*
le palais de justice *courthouse*
une place *square; plaza*
la préfecture de police *police headquarters*
un quartier *neighborhood*
une station de métro *subway station*

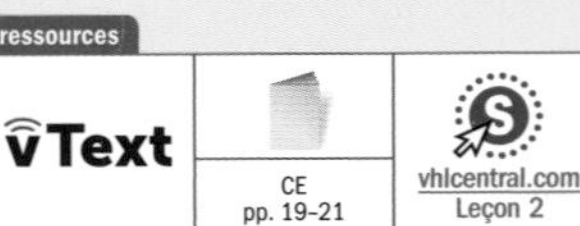

Les indications

la circulation *traffic*
les clous *crosswalk*

un croisement *intersection*
un embouteillage *traffic jam*
un feu (tricolore) *traffic light*
un panneau *road sign*
un panneau d'affichage *billboard*
un pont *bridge*
un rond-point *rotary; roundabout*
une rue *street*
les transports en commun *public transportation*
un trottoir *sidewalk*
une voie *lane; road; track*

descendre *to go down; to get off*
donner des indications *to give directions*
être perdu(e) *to be lost*

monter (dans une voiture, dans un train) *to get (in a car, on a train)*
se trouver *to be located*

Les gens

un agent de police *police officer*
un(e) citadin(e) *city-/town-dweller*
un(e) citoyen(ne) *citizen*
un(e) colocataire *roommate; co-tenant*
un(e) conducteur/conductrice *driver*
un(e) étranger/étrangère *foreigner; stranger*
le maire *mayor*
un(e) passager/passagère *passenger*
un(e) piéton(ne) *pedestrian*

Les activités

les travaux *construction*
l'urbanisme *city/town planning*
la vie nocturne *nightlife*

améliorer *to improve*
s'amuser *to have fun*
construire *to build*
empêcher (de) *to stop; to keep from (doing something)*
s'ennuyer *to get bored*
s'entretenir (avec) *to talk; to converse*
passer (devant) *to go past*
peupler *to populate*
rouler (en voiture) *to drive*
vivre *to live*

(peu/très) peuplé(e) *(sparsely/densely) populated*

Pour décrire

animé(e) *lively*
bruyant(e) *noisy*

inattendu(e) *unexpected*
plein(e) *full*
privé(e) *private*
quotidien(ne) *daily*
sûr(e)/en sécurité *safe*
vide *empty*

DIFFERENTIATION

For Inclusion Label it! Give small groups of students each a magazine picture. Encourage them to use the vocabulary words, especially for places and directions, to make labels for as many things as possible in their picture. Then have them exchange labels and pictures with another group and work to place the labels correctly on the picture.

DIFFERENTIATION

To Challenge Students Pairs create flashcards for 15 new words and place them French-side down, English-side up. Set a timer for one minute. Say, **Élève A, allez-y!** Student A points to a card, names the vocabulary, and flips the card over to check. If correct, A keeps the card. If incorrect, A returns the card to French-side down. After one minute is up, set the timer for Student B. The student with the most cards at the end of six minutes wins.

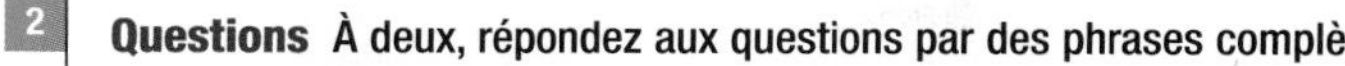

2 **Questions** À deux, répondez aux questions par des phrases complètes.

1. Avez-vous l'habitude de faire confiance aux inconnus ou vous méfiez-vous toujours des autres?
2. Vous êtes-vous déjà trompé(e) sur le caractère de quelqu'un? En bien ou en mal? Sinon, connaissez-vous quelqu'un que les apparences ont trompé?
3. Quels traits de caractère ont de l'importance pour vous quand vous choisissez un copain ou une copine?
4. Avez-vous déjà ressenti un lien très fort avec quelqu'un que vous veniez juste de rencontrer ou avec qui vous n'aviez jamais parlé? Sinon, pensez-vous qu'un vrai rapport de ce type est possible?

3 **Que se passe-t-il?** À deux, observez ces images extraites du court métrage et imaginez, en deux ou trois phrases par photo, ce qui va se passer.

4 **Petites annonces** Remplissez les colonnes du tableau pour vous décrire et dire ce que vous recherchez chez une personne. Puis, à l'aide de ces idées, écrivez un paragraphe. Enfin, comparez-le à celui d'un(e) camarade de classe.

Modèle Bonjour! Je suis un charmant jeune homme de vingt ans. Je cherche une femme intelligente et amusante entre dix-huit et trente ans. Je suis aussi…

	Vous	La personne recherchée
Âge		
Physique		
Personnalité		
Loisir(s) et intérêt(s)		

5 **À votre avis** Répondez aux questions à deux. Puis, donnez votre avis sur la question suivante: Vivre en ville ou vivre à la campagne: qu'est-ce qui est le plus agréable?

- Habitez-vous en ville ou à la campagne?
- Comment allez-vous au lycée?
- Quelles activités pratiquez-vous après les cours?
- Pensez-vous qu'il y a plus de choix d'activités en ville ou à la campagne?

TEACHING TIPS

2 Expansion Have students discuss this additional question: **Est-ce que quelqu'un vous a déjà sollicité(e) dans la rue ou dans le métro?** Possible follow-up questions: **Que vous a-t-il/elle demandé? Quelle a été votre réaction?**

3 Expansion Have pairs form groups of four to compare their predictions about the film.

4 Suggestion As a variation, tell students to write their paragraphs without revealing their name. Collect their papers and read a few aloud. The class guesses whose ad it is.

5 Expansion Have students think of at least two of their own questions to ask their partner.

NATIONAL STANDARDS

Cultures
The film takes place in **Lyon**, France. Have students research basic facts about the city, as well as photos. Divide the class into six groups and assign each one a category: history, geography, economy, tourism, culture, transportation. Each group presents its research to the rest of the class.

PRE-AP®

Audiovisual Interpretive Communication
Students look back on their own experiences with and/or attitudes about the particular theme or context to which the film will relate.

CRITICAL THINKING

Comprehension Before watching the film, ask students to share their knowledge of and experience with public transportation and meeting strangers. Record students' thoughts in two webs on the board.
Analysis Working in pairs, students write a paragraph about the significance of the woman in the poster on the following page, predicting her significance in the film.

CRITICAL THINKING

Synthesis KWL chart: Students fill in the chart with what they already Know about the film and questions about what they Want to know about the film, leaving space to record what they Learned from the film after viewing.

TEACHING TIPS

Previewing Strategy Have students look at the movie poster. Ask: **Où se trouve cette femme? Qu'est-ce qu'elle attend? Que pouvez-vous déduire sur sa vie en regardant cette photo?**

Expansion Ask students to sketch an alternative poster for the film before and after viewing. Then discuss the posters, commenting on how they changed.

NATIONAL STANDARDS

Cultures
France has always figured prominently in the world of cinema. Have students research French involvement in the history of cinema as well as famous French actors, directors, and movies. Have them make short presentations to the class about what they learned.

21st CENTURY SKILLS

Social and Cross-Cultural Skills
Have students work in groups to choose one or two aspects of the film that is different from what they would expect in their daily life. Ask students to write two to three sentences about the difference(s) and how they would explain what is different to a visitor from that culture.

J'attendrai
le suivant...
Prix du Court Métrage aux European Film Awards, 2004; Nominé aux Oscars 2003, aux Césars 2004
Une production de LA BOÎTE Scénario THOMAS GAUDIN/PHILIPPE ORREINDY
Réalisation PHILIPPE ORREINDY Production CAROLINE PERCHAUD/ÉRIC PATTEDOIE
Production exécutive VALÉRIE REBOUILLAT Photographie ÉRIC GENILLIER
Montage ANNE ARAVECCHI Musique ALAIN MARNA Son DOMINIQUE DAVY
Acteurs SOPHIE FORTE/THOMAS GAUDIN/PASCAL CASANOVA

PRE-AP®

Integrated Skills Tell students to study the poster and to imagine the possible details of this film: the content, plot, where it is being shown, who wrote it, etc. Tell them to jot down their thoughts in a notebook to use in an informal speaking activity. Then have students write both parts of a conversation in which they invite their friend Anne to see the film with them. Anne should ask questions about the film before finally agreeing to see it.

Say: **Écrivez une conversation téléphonique dans laquelle vous appelez Anne pour l'inviter à voir le film *J'attendrai le suivant...* avec vous. N'oubliez pas d'inclure les questions d'Anne et vos réponses.**

INTRIGUE *Une jeune femme pense trouver l'amour de sa vie dans le métro.*

ANTOINE Bonsoir. Je m'appelle Antoine et j'ai 29 ans. Rassurez-vous, je ne vais pas vous demander d'argent. J'ai lu récemment qu'il y avait, en France, près de cinq millions de femmes célibataires. Où sont-elles?

ANTOINE Je crois au bonheur. Je cherche une jeune femme qui aurait du mal à rencontrer quelqu'un et qui voudrait partager quelque chose de sincère avec quelqu'un.

ANTOINE Voilà. Si l'une d'entre vous se sent intéressée, elle peut descendre discrètement à la station suivante. Je la rejoindrai sur le quai.

HOMME Mais arrêtez! Restez célibataire! Moi ça fait cinq ans que je suis marié avec une emmerdeuse°. Si vous voulez, je vous donne son numéro et vous voyez avec elle. Mais il ne faudrait pas venir vous plaindre après!

ANTOINE C'est très aimable, Monsieur, mais je ne cherche pas la femme d'un autre. Je cherche l'amour, Monsieur. Je ne cherche pas un marché. (*À tout le monde*) Excusez ce monsieur qui, je pense, ne connaîtra jamais l'amour.

ANTOINE Mesdemoiselles, je réitère ma proposition. S'il y en a une parmi vous qui est sensible à ma vision de l'amour, eh bien, qu'elle descende.

La femme descend.

emmerdeuse *pain in the neck*

Note CULTURELLE

Faire la manche dans le métro

Ceux qui font la manche° passent dans les rames de métro, s'adressent aux passagers et les divertissent. Ils chantent, font de la musique ou autre chose pour récolter° de l'argent. Cette activité est interdite, mais, en général, les passagers trouvent ces gens sympathiques. On peut même dire qu'ils font partie de la vie du métro.

font la manche *panhandle*
récolter *collect*

Film Synopsis Tonight's ride on the **Lyon métro** is far from ordinary for one young woman. She may have finally found love.

TEACHING TIPS

Previewing Strategy

- Read and discuss the dialogue in the video still captions before viewing the film. Then ask: **À votre avis, pourquoi Antoine veut-il savoir où sont toutes les Françaises célibataires? Donneriez-vous des informations personnelles à des étrangers comme le fait Antoine?**
- Divide the class into groups of three and assign a role to each student. Have students read the script aloud, and then ask them to characterize **Antoine**. Ask: **Comment caractérisez-vous Antoine? Quels adjectifs employez-vous pour le décrire?**
- Keep a tally of students' opinions on the board, both before and after viewing the film.

Suggestion Allow time for students to study the pictures and read the text under each one.

Viewing Strategy While viewing the film, ask students to pay attention to the characters' facial expressions and note their own reactions to the emotions they observe.

CRITICAL THINKING

Comprehension Ask students to write a paragraph-long summary of the film based only on the stills and the captions below them. Have volunteers read their summaries to the class.

CRITICAL THINKING

Synthesis Ask pairs of students to write an ending to the film, to follow video still 6. Their scenes should show what happens to all the characters at the end of the film.

TEACHING TIPS

1 Expansion Have students write a brief summary of the film based on their responses to the activity.

2 Expansion Encourage students to use the new vocabulary from **Court métrage** to answer and ask each other additional questions about the film.

3 Expansion Call on two volunteers to act out the role-play, based on their answers to the activity.

21st CENTURY SKILLS

3 Flexibility and adaptability
Remind students to include input from all team members, adapting their presentation so it represents the whole group.

4 Expansion Have groups act out their alternate ending for the class.

NATIONAL STANDARDS

Communities
Have students do research to identify French-language films that have recently won prizes at international film festivals. Have students learn the resources available for viewing such films (video rental services, online video sites, cable, school events, etc.).

Analyse

1 Answers may vary slightly
1. Il demande où sont toutes les femmes célibataires.
2. Il dit qu'il est informaticien, qu'il gagne bien sa vie, qu'il est sportif et qu'il fait bien la cuisine.
3. Ça fait trois ans et demi qu'il est seul et il en a marre de chercher quelqu'un par Minitel ou sur Internet.
4. Il pense qu'Antoine devrait rester célibataire.
5. Il propose qu'Antoine appelle sa femme et sorte avec elle.
6. Il fait un sketch pour gagner de l'argent.

1 **Compréhension** Répondez aux questions par des phrases complètes.

1. Que demande Antoine aux passagers?
2. Comment se décrit-il?
3. Pourquoi dit-il qu'il cherche une femme célibataire de cette façon?
4. Pourquoi un homme dans la rame de métro l'interrompt-il?
5. Que propose cet homme?
6. Quelle est la vraie raison du discours d'Antoine?

2 **Opinion** À deux, répondez aux questions par des phrases complètes.

1. À quoi pense la jeune femme tout au début du film quand elle marche seule en ville?
2. À votre avis, que ressent Antoine quand la femme descend de la rame de métro?
3. Que ressent la jeune femme une fois sur le quai?
4. Pourquoi pensez-vous que le court métrage s'intitule *J'attendrai le suivant…*? Expliquez bien votre réponse.

3 **Jeu de rôles** Imaginez-vous dans une situation similaire à celle du film. Vous pensez trouver l'amour avec un(e) inconnu(e) que vous trouvez séduisant(e). Que feriez-vous à la fin et que diriez-vous à l'inconnu(e)? Devant la classe, jouez vos rôles ou lisez votre réponse.

4 **La fin** Par groupes de trois, imaginez en cinq ou six phrases deux autres fins à cette histoire. Ensuite, comparez vos idées à celles des autres groupes.

- une fin heureuse
- une fin triste

Practice more at **vhlcentral.com.**

CRITICAL THINKING

Analysis Ask students to discuss whether or not they believe in true love. Encourage volunteers to explain their responses with stories or anecdotes.

CRITICAL THINKING

Evaluation Have pairs of students write a movie critique of the short film. Hand out model movie critiques from French magazines, if possible. Before students begin, discuss the structure and important elements of a critique.

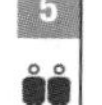
5 **Comment faire?** À deux, faites une liste de quatre ou cinq moyens qu'une personne a aujourd'hui de trouver l'âme sœur. Dites quels sont leurs avantages et leurs inconvénients. Ensuite, comparez votre liste à celles de vos camarades de classe et discutez-en.

6 **Qui est-ce?** Par groupes de trois, décrivez la vie des trois personnages du film. Pour chacun des personnages, écrivez au moins cinq phrases sur sa vie quotidienne, sa vie sentimentale et sa vie professionnelle.

- Où habite-t-il/elle?
- Quelle est sa profession?
- Comment est-il/elle physiquement?
- Qu'aime-t-il/elle faire le week-end?

7 **À vous la parole!** Répondez aux questions par des phrases complètes.

1. Avez-vous déjà joué un mauvais tour (*dirty trick*) à quelqu'un? Si oui, l'avez-vous regretté? Sinon, n'avez-vous jamais eu envie de le faire?
2. À votre avis, quel est le meilleur moyen de rencontrer quelqu'un quand on habite en ville?
3. Qu'aimeriez-vous trouver en ville?
4. Qu'y a-t-il en ville que vous n'aimeriez pas voir?
5. Est-ce mieux d'habiter en ville ou à la campagne? Pourquoi?
6. Pensez-vous qu'on se sente plus souvent seul(e) en ville ou à la campagne?

8 **Réalisation** À deux, imaginez que vous deviez faire un court métrage sur le thème de la ville. Quel sujet choisiriez-vous? Expliquez votre choix. Comparez-le à ceux de la classe.

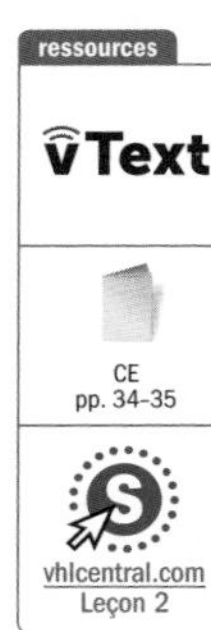

TEACHING TIPS

5 Suggestion Tell pairs to include details for each idea, such as where and when.

6 Suggestion Encourage students to use their imagination and to be as specific as possible. Examples: **Antoine habite en ville et il prend le métro tous les jours pour aller au travail. Je pense que la femme vient de la campagne. Il semble qu'elle n'a pas beaucoup d'expérience de la ville / qu'elle n'habite pas en ville depuis longtemps.**

7 Expansion After students answer the questions individually, have them form small groups to talk about their feelings and preferences.

7 Virtual Chat You can also assign Activity 7 on the Supersite. Students record individual responses that appear in your gradebook.

8 Extra Practice As a project, have students use their answers to write their own **court métrage** scripts. If time permits, have them record their films. Then play them in class.

PRE-AP®

Presentational Writing The main female character in the film never speaks. Have students imagine what she is thinking throughout Antoine's sketch, and write her inner monologue for the entire scene.

PRE-AP®

Interpersonal Speaking Working in pairs, have students discuss how they think Antoine feels when he sees the woman get off the subway. Then have students imagine that Antoine follows the woman off the train to explain the misunderstanding. They should create a dialogue between Antoine and the woman and present it to the class.

Section Goals

In **Imaginez**, students will:

- read about the French cities of **Lyon** and **Marseille**
- be introduced to phrases commonly used in France
- learn about some well-known activities and sites in France

21st CENTURY SKILLS

Global Awareness
Students will gain perspectives on the Francophone world to develop respect and openness to other cultures.

Key Standards

2.1, 2.2, 3.2, 4.2, 5.1

Student Resources
Cahier de l'élève, p. 22; Supersite: Activities, *eCahier*
Teacher Resources
Answer Keys

AFFECTIVE DIMENSION

Some students may feel anxious when reading informational texts. Explain briefly that the text is about France's two largest cities after Paris. Ask students what they would expect to find in a text about cities. Elicit answers such as location, population, history, and cultural sites. Explain that this is the information they will find in the reading.

TEACHING TIPS

Suggestion Encourage students to preview the text by looking at the text features, such as headings, visuals, captions, glosses, etc. These features will help familiarize them with the content before reading, thus improving comprehension.

Extra Practice Have students read **pp. 48–49** before class. To check comprehension, list the important sites mentioned in the article and have students work in pairs to write a brief description of each place. Call on volunteers to share their responses with the class.

IMAGINEZ LA FRANCE

Marseille et Lyon

La France compte environ 36.000 villes et villages de toutes tailles. La ville la plus connue, c'est bien sûr Paris, mais d'autres villes ont aussi beaucoup d'intérêt. **Marseille** et **Lyon**, qui se disputent le titre de deuxième ville de France, ont toutes les deux leur charme propre et méritent le détour.

Appelée la «cité phocéenne» pour avoir été fondée par des **Grecs** de la ville de **Phocée**, en **Asie Mineure**, en 600 avant J.-C.°, Marseille, capitale européenne de la culture 2013, est aujourd'hui une ville très peuplée de la **côte méditerranéenne**. Elle est d'une grande diversité culturelle grâce à sa situation géographique. Parler de Marseille, c'est parler de la bouillabaisse (soupe de poissons), de la pétanque, des plages, d'un grand port commercial et surtout du **Vieux-Port**. Celui-ci est maintenant un site touristique très animé, avec une succession de restaurants et de magasins. Marseille est une ville très urbanisée, mais elle possède aussi des atouts° naturels. Ses calanques°, qui donnent sur la mer, sont appréciées pour leur caractère secret et leur beauté. Au large de° la côte, les **îles du Frioul** constituent un site exceptionnel pour les plongeurs° et les amoureux de la nature. Non loin de là se trouve le **château d'If**, une prison rendue célèbre par la légende de l'homme au masque de fer et par **Alexandre Dumas** avec son roman *Le Comte de Monte-Cristo*.

De son côté, Lyon, antique cité romaine fondée en 43 avant J.-C., est une ville attirante° pour de multiples raisons. Traversée par deux fleuves, le **Rhône** et la **Saône**, et voisine des **Alpes** et de **Genève**, Lyon a été la capitale de la **Gaule** sous l'Antiquité, un grand centre de la **Renaissance** et la capitale de la **Résistance** pendant la **Seconde Guerre mondiale**. La richesse de son histoire a été reconnue par l'**UNESCO**, qui a fait d'une grande partie de la ville le plus grand espace classé° au patrimoine° mondial. Lyon est aussi un grand carrefour° économique européen depuis longtemps et elle est le siège° de quelques organisations internationales comme **Interpol**. Son statut de capitale de la gastronomie et de la soie, et de lieu de naissance du cinéma renforce sa notoriété. Lyon connaît un grand succès en France et en Europe avec un événement annuel: la **fête des Lumières**. Pendant cette célébration, les Lyonnais mettent des lumières à leurs fenêtres et les bâtiments de la ville sont illuminés par des jeux de lumière.

Les villes françaises composent toutes le visage du pays. Il serait dommage de passer à côté.

Vue de Marseille

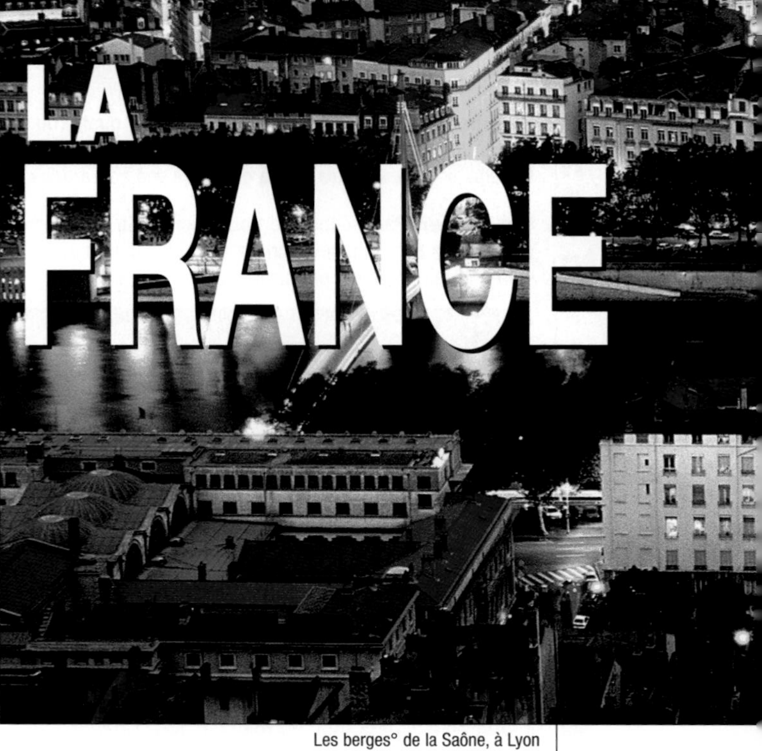

Les berges° de la Saône, à Lyon

D'ailleurs...

Marseille et **Lyon** se disputent la place de deuxième ville de France en raison de l'ambiguïté du nombre d'habitants. Si on parle de la ville intra-muros°, Marseille est deuxième avec 800.000 habitants contre 480.000 pour Lyon. Par contre, si on considère l'agglomération, c'est Lyon qui est deuxième avec 2.140.000 habitants contre 1.715.000 pour Marseille. C'est une question qui n'est toujours pas réglée°.

avant J.-C. *BC* **atouts** *assets* **calanques** *rocky coves* **Au large de** *Off* **plongeurs** *scuba divers* **attirante** *attractive* **classé** *listed* **patrimoine** *heritage* **carrefour** *hub* **siège** *headquarters* **intra-muros** *proper* **réglée** *settled* **berges** *river banks*

ressources

vText

CE p. 22

vhlcentral.com Leçon 2

CRITICAL THINKING

Synthesis In small groups, have students choose a graphic organizer that allows them to analyze and synthesize the information for one of the cities mentioned in the article. Example: outline, web, chart, etc. Have groups complete the graphic organizer and present it to the class.

CRITICAL THINKING

Comprehension Divide the class into six groups. Assign each group one of the pictures on **pp. 48-49**, and ask them to write four statements about their picture. Then collect the statements. Read the statements aloud and in random order. Have students point to the picture being described.

Découvrons la France

Rollers en ville On pratique la randonnée urbaine en rollers dans la France entière. Des associations organisent ces randonnées dans les rues, de jour ou de nuit. Même les policiers sont en rollers pour en assurer la sécurité. C'est d'abord à Paris que les gens se sont enthousiasmés pour ce genre d'activité. Le but° de ces randonnées, qui peuvent compter jusqu'à 15.000 participants dans la capitale, est de partager le plaisir du sport et son sentiment de liberté.

Trompe-l'œil Une partie des murs en France sont nus, ce qui n'est pas joli. L'idée est alors née de couvrir ces murs de **fresques murales° en trompe-l'œil**. Ce sont des peintures qui simulent, de manière très réaliste, des façades d'immeubles. Les plus belles façades, comme la **Fresque des Lyonnais** à **Lyon** ou le **Mur du cinéma** à **Cannes**, trompent° beaucoup de visiteurs.

Les péniches Mode de transport fluvial°, les péniches° sont aussi à l'origine d'un nouveau style de vie depuis la fin des années 1960; elles ont été transformées en **bateaux-logements**. Les berges, principalement à **Paris**, sont donc devenues l'adresse d'un grand nombre de personnes. Petit à petit, ces maisons-péniches sont devenues presque conventionnelles et elles ont aujourd'hui tout le confort nécessaire.

La fête du Citron Inaugurée en 1934, cette fête a le même esprit que les carnavals d'hiver. Chaque année en février, la ville de **Menton**, sur la **Côte d'Azur**, organise un ensemble de manifestations liées à un thème choisi. La décoration des chars° et des expositions est faite de citrons, d'oranges et d'autres agrumes°. Pour finir, il y a un grand feu d'artifice°.

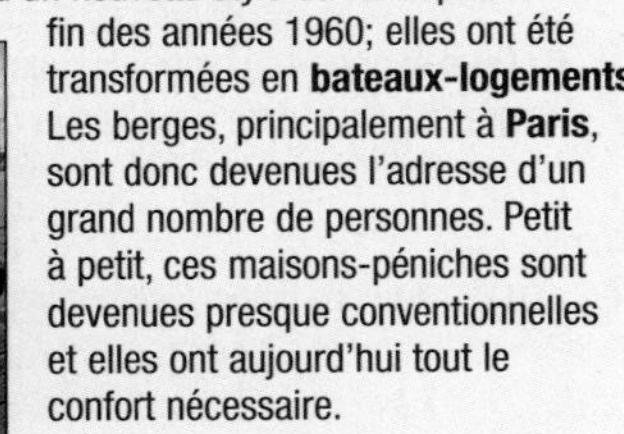

but *purpose* **fresques murales** *murals* **trompent** *fool* **fluvial** *on rivers* **péniches** *barges* **chars** *parade floats* **agrumes** *citrus fruit* **feu d'artifice** *fireworks display*

Le français parlé en France

Paris

balayer devant sa porte	s'occuper de ses affaires d'abord
Ça ne mange pas de pain.	Ça ne demande pas un gros effort.
le macadam	le trottoir
le trottoir	la croûte (*crust*) autour d'une tarte

Lyon

un bouchon	restaurant typique de Lyon
le dégraissage	le pressing; *dry-cleaning*
la ficelle	le funiculaire
une gâche	une place (dans un bus, dans un avion, etc.)
un(e) gone	un(e) enfant
s'en voir	avoir du mal à faire quelque chose: **Je m'en vois pour faire la cuisine.** (*I can't cook.*)

Marseille

le bataclan	beaucoup de choses sans valeur
fada	fou/folle
un fan	un(e) enfant
Peuchère!	Le/La pauvre!
un(e) pitchoun(ette)	un(e) enfant
Zou!	Allez!

TEACHING TIPS

Extra Practice

- Have students work in small groups to create either a dialogue or a story that includes words from **Le français parlé en France**. They should present their work before the class, which will translate it into standard French.
- Divide the class into small groups and have each group select one of the buildings, events, or other sites mentioned on this page. Have students do additional research and prepare a postcard from an imaginary visit to that site. The front of the postcard should feature a dramatic photograph and the back should describe what they learned about the site.
- Refer students to the map of France at the beginning of the book. Ask each student to choose a different city in France and do additional research. Students should find three facts about the city: one historical, one geographic, and one cultural.

NATIONAL STANDARDS

Connections: Literature

For advanced classes, have students read all or a portion of ***Le Comte de Monte-Cristo.*** Alternatively, show one of the many versions of the film.

21st CENTURY SKILLS

Technology Literacy

Ask students to prepare a digital presentation on one French city, inspired by the information on these two pages.

PRE-AP®

Interpersonal Speaking Working in pairs, have students make up a phone conversation. Student A has just returned from a trip to **Lyon**. Student B asks questions about the city. Student A answers the questions, using information from the reading and the expressions in **Le français parlé en France**. Pairs sit back-to-back and present their telephone conversations to the class.

PRE-AP®

Presentational Writing Ask students to research a city in their state or another state that tourists should visit. Have them create a brochure with facts about the city and visuals with captions.

TEACHING TIPS

1 Expansion Ask students to write two more true/false statements and exchange them with a partner.

2 Suggestion Have students complete the comprehension activities with a partner, scanning or rereading portions of the texts as necessary.

PREVIEWING STRATEGY

To elicit possible details of the trip, ask students questions about their travel interests and list their responses on the board. Examples: **Qu'aimez-vous faire pendant un voyage? Quel genre de climat préférez-vous? Aimez-vous faire du sport? Préférez-vous passer des vacances culturelles ou reposantes?** To the right of each item on the list, help students brainstorm places in **Lyon** and **Marseille** to add to their itinerary.

Qu'avez-vous appris?

1 **Vrai ou faux?** Indiquez si ces affirmations sont vraies ou fausses, et corrigez les fausses. Answers may vary slightly

1. Il existe environ 26.000 villes et villages en France. Faux. Il existe environ 36.000 villes et villages en France.
2. Lyon est connue pour sa bouillabaisse, ses plages et son grand port de commerce. Faux. Marseille est connue pour sa bouillabaisse, ses plages et son grand port de commerce.
3. La ville de Lyon est traversée par la Seine. Faux. La ville de Lyon est traversée par le Rhône et la Saône.
4. L'agglomération de Lyon est plus grande que celle de Marseille. Vrai.
5. Les policiers autorisent les Français à faire des randonnées en rollers, dans les villes. Vrai.
6. Les péniches sur les fleuves de France sont utilisées uniquement dans un but commercial. Faux. Les péniches sont souvent utilisées comme logements.

2 **Questions** Répondez aux questions. Answers may vary slightly

1. Pourquoi appelle-t-on Marseille «la cité phocéenne»? Elle a été fondée par des Grecs venus de la ville de Phocée.
2. Comment certaines villes de France ont-elles décidé de s'embellir? Elles ont décidé de couvrir des murs nus de fresques murales en trompe-l'œil.
3. Comment le château d'If est-il devenu célèbre? C'était avec la légende de l'homme au masque de fer et avec *Le Comte de Monte-Cristo*.
4. Quelle fête a lieu chaque année dans la ville de Menton? La fête du Citron a lieu chaque année dans la ville de Menton.
5. De quoi la ville de Lyon est-elle la capitale aujourd'hui? La ville de Lyon est la capitale de la gastronomie et de la soie.
6. Quel événement lyonnais rassemble chaque année un grand nombre de Français et d'Européens? La fête des Lumières rassemble chaque année un grand nombre de Français et d'Européens.

Projet

Un voyage de Lyon à Marseille

Imaginez que vous alliez visiter Lyon et Marseille. Recherchez toutes les informations dont vous avez besoin pour créer votre itinéraire. Ensuite, préparez votre voyage.

- Choisissez le mois et la durée (*length*) de votre séjour dans chaque ville.
- Sélectionnez les endroits à visiter et les activités à pratiquer.
- Présentez votre itinéraire à la classe. Montrez-le avec le plan de chaque ville et expliquez pourquoi vous avez choisi ces endroits et ces activités. (Facultatif)

Practice more at **vhlcentral.com.**

ÉPREUVE

Trouvez la bonne réponse.

1. Marseille est une ville ______.
   a. peu peuplée b. secrète
   (c.) cosmopolite d. heureuse
2. Les îles du Frioul et les calanques près de Marseille sont des endroits ______ d'exception.
   (a.) naturels b. chers
   c. urbains d. habités
3. Parce que Marseille et Lyon ont été fondées sous l'Antiquité, elles sont ______.
   (a.) anciennes b. modernes
   c. uniques d. nouvelles
4. Lyon est le siège d'Interpol et de plusieurs autres ______.
   a. ports touristiques (b.) organisations internationales
   c. centres historiques d. calanques
5. Par le passé, on envoyait les prisonniers ______.
   a. à la fête des Lumières b. à l'UNESCO
   c. sur les îles du Frioul (d.) au château d'If
6. Lyon est la capitale ______ de la France.
   a. industrielle (b.) gastronomique
   c. culturelle d. universelle
7. Lyon a été un grand centre de la/du ______.
   a. fête du Citron b. Réforme
   c. roller (d.) Renaissance
8. La fête du Citron date de ______.
   a. 1982 b. 1968
   (c.) 1934 d. 1908
9. On va à Marseille si on veut visiter ______.
   (a.) le Vieux-Port b. la Côte d'Azur
   c. le Rhône d. des péniches
10. Lyon est le lieu de naissance de la/du ______.
    a. médecine b. gastronomie
    (c.) cinéma d. soie

CRITICAL THINKING

Synthesis Ask students to prepare a ten-question **épreuve** to accompany their projects. After presenting their itinerary, the rest of the class takes the **épreuve** to demonstrate their understanding.

CRITICAL THINKING

Evaluation Before beginning their projects, have the class determine a list of evaluation criteria. Students then use these criteria to evaluate their classmates' presentations. In addition, students should also give two or three suggestions for how the presentation could be improved.

Galerie de Créateurs

Photographie: Yann Arthus-Bertrand (1946–)

1 Préparation Répondez aux questions.

1. «Une image vaut mille mots.» Êtes-vous d'accord avec cette phrase? Expliquez pourquoi ou pourquoi pas.
2. Comment est-ce que vous partagez vos photos avec vos amis? À quelle fréquence est-ce que vous les partagez avec eux? Avez-vous des sujets de photo préférés?

Une image vaut mille mots

Amoureux de la nature, Yann Arthus-Bertrand a dirigé une réserve naturelle dans le sud de la France puis il a étudié les lions au Kenya. Là, il a découvert que la photographie permettait de faire passer ses messages mieux que les mots. Il s'est alors engagé dans ce domaine et a publié un grand nombre de livres sur la nature. Son plus grand projet a été, avec l'aide de l'UNESCO, la création d'une banque d'images sous forme de livre, *La Terre vue du Ciel*, qui a eu un succès international.

2 Compréhension Répondez aux questions.

1. De quoi Arthus-Bertrand a-t-il été directeur? d'une réserve naturelle
2. Qu'est-ce qu'il a étudié au Kenya? les lions
3. Comment a-t-il décidé de faire passer ses messages aux autres? par la photographie
4. Qu'est-ce que c'est, *La Terre vue du Ciel*? une banque d'images sous forme de livre

3 Discussion Discutez de ces questions avec un(e) partenaire puis avec la classe. Comment la photographie peut-elle «faire passer les messages mieux que les mots»? Dans quelles situations est-ce que les mots sont plus forts que les images? Expliquez.

4 Application Ensemble en mission

D'après la lecture, l'UNESCO a aidé Arthus-Bertrand parce que l'organisation avait confiance en son message et en son moyen de l'exprimer. Préparez une présentation orale ou écrite dans laquelle (a) vous définissez un message que vous voudriez faire passer aux autres et (b) vous suggérez des personnes ou des groupes qui peuvent vous aider dans votre mission.

Le centre Pompidou, Paris, France

Yann Arthus-Bertrand

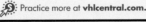

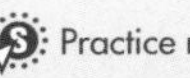

Practice more at **vhlcentral.com.**

Section Goals

In this section, students will:
- learn about the photographer Yann Arthus-Bertrand

Student Resources
Cahier de l'élève, p. 22; Supersite: Video, Activities, *eCahier*
Teacher Resources
Video Script & Translation; Answer Key

TEACHING TIPS

PRE-AP®

Previewing Strategy
- Ask students whether they think this photograph by Yann Arthus-Bertrand is representative of Paris. Have them suggest other representative landmarks or monuments.
- Have students work in small groups to choose five places of interest that they would include if they were working on a book of images representative of your area. Have the groups present their lists to the class and explain their choices.
- Ask students to describe the photo of **le centre Pompidou**. Then ask them what they see that they would not see if the picture had been taken from the street. Ask them what they think of aerial photography.
- For a dramatic portrayal of Arthus-Bertrand's work and legacy, suggest that students look at his book *Earth from Above* (***La Terre vue du Ciel***).

NATIONAL STANDARDS

Cultures Yann Arthus-Bertrand founded the international environmental organization GoodPlanet in 2005. Have students research the principles behind this organization and some of the projects in which it has been involved. Ask students to present their findings to the class and give their opinion of the work being done.

CRITICAL THINKING

Application Show additional photographs by Yann Arthus-Bertrand and have students describe and compare them. Ask them to guess where each photograph was taken. For each photograph, ask them to summarize its message. Then ask them to bring in three or four of their own photographs. Have them describe the photos for the class and explain their message. Have them also explain how their photos represent who they are and their interests.

CRITICAL THINKING

Expansion Have students further research the work and life of Yann Arthus-Bertrand and report back to the class. You may also wish to show one of his films or documentaries and discuss it as a class.

Section goals

In **Structures**, students will learn:

- reflexive and reciprocal verbs
- descriptive adjectives and adjective agreement
- the formation, categories, and position of adverbs

Key Standards

4.1, 5.1

Student Resources
Cahier de l'élève, pp. 23-25; Supersite: Activities, *eCahier*, Grammar Tutorials
Teacher Resources
Answer Keys; Audio Script; Audio Activity MP3s/CD; Testing program: Grammar Quiz

TEACHING TIPS

Language Learning

- Remind students not to translate reflexive verbs word for word since many French reflexives are idiomatic. Unlike French, most reflexive verbs in English do not need reflexive pronouns (*myself, yourself,* etc.). Example: **Winnie s'habille à 8h00.** *Winnie gets dressed at 8:00. (NOT Winnie dresses herself...)* **Elle se dépêche tous les matins.** *She hurries every morning. (NOT She hurries herself...)*
- To ensure comprehension, give additional examples: **1. La mère s'habille. Elle habille son enfant. 2. Je me lave le visage. Je lave mon chien.** Then have students think of their own examples.

Extra Practice Photocopy a bingo card for each student, with the daily routine verbs listed at the top. Students illustrate each verb in at least one box (some verbs more than once) to fill all the boxes. For the first few rounds, pantomime the action and call out the infinitive. In later rounds, call out conjugated forms of the verb or sample sentences.

Presentation Tutorial

2.1 Reflexive and reciprocal verbs

- Reflexive verbs typically describe an action that the subject does to or for himself, herself, or itself. Reflexive verbs are conjugated like their non-reflexive counterparts but always use reflexive pronouns.

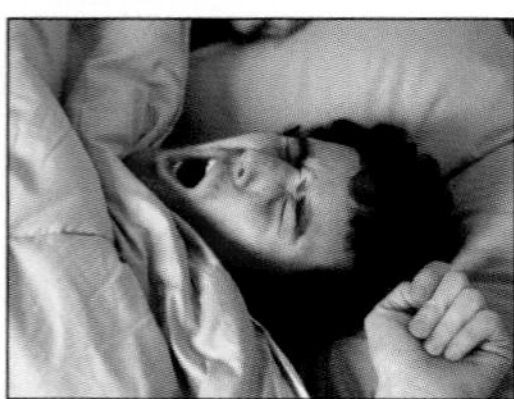

Reflexive verb

Bruno se réveille.

Non-reflexive verb

Bruno réveille son fils.

Reflexive verbs

se réveiller ***to wake up***

je	me **réveille**
tu	te **réveilles**
il/elle	se **réveille**
nous	nous **réveillons**
vous	vous **réveillez**
ils/elles	se **réveillent**

- Many verbs used to describe routines are reflexive.

s'arrêter *to stop (oneself)*	**se fâcher (contre)** *to get angry (with)*	**se lever** *to get up*
se brosser *to brush*	**s'habiller** *to get dressed*	**se maquiller** *to put on makeup*
se coucher *to go to bed*	**s'habituer à** *to get used to*	**se peigner** *to comb*
se couper *to cut oneself*	**s'inquiéter** *to worry*	**se raser** *to shave*
se déshabiller *to undress*	**s'intéresser (à)** *to be interested (in)*	**se rendre compte de** *to realize*
se dépêcher *to hurry*	**se laver** *to wash oneself*	**se reposer** *to rest*
se détendre *to relax*		

- Some verbs can be used reflexively or non-reflexively. Use the non-reflexive form if the verb acts upon something other than the subject.

La passagère **se fâche**.
The passenger is getting angry.

Tu **fâches** la passagère.
You are angering the passenger.

PRE-AP®

Interpersonal Writing Have students write an e-mail to a friend describing changes in their daily routine when they are on vacation. Review with them the forms of reflexive verbs. Tell them they must also include at least two questions in the e-mail. They should begin with a proper salutation, and end with a closing such as: Your friend, Until next time, etc. Say: **Écrivez un e-mail à votre ami(e) dans lequel vous expliquez comment les vacances modifient votre routine quotidienne. Utilisez 12 verbes de la page 52.**

- Many non-reflexive verbs change meaning when they are used with a reflexive pronoun and might not literally express a reflexive action.

aller *to go*	**s'en aller** *to go away*
amuser *to amuse*	**s'amuser** *to have fun*
apercevoir *to catch sight of*	**s'apercevoir** *to realize*
attendre *to wait (for)*	**s'attendre à** *to expect*
demander *to ask*	**se demander** *to wonder*
douter *to doubt*	**se douter de** *to suspect*
ennuyer *to bother*	**s'ennuyer** *to get bored*
entendre *to hear*	**s'entendre bien avec** *to get along with*
mettre *to put*	**se mettre à** *to begin*
servir *to serve*	**se servir de** *to use*
tromper *to deceive*	**se tromper** *to be mistaken*

- A number of verbs are used only in the reflexive form, but may not literally express a reflexive action.

se méfier de *to distrust*	**se souvenir de** *to remember*
se moquer de *to make fun of*	**se taire** *to be quiet*

- Form the affirmative imperative of a reflexive verb by adding the reflexive pronoun at the end of the verb with a hyphen in between. For negative commands, begin with **ne** and place the reflexive pronoun immediately before the verb.

Habillons-nous. Il faut partir!
Let's get dressed. We have to leave!

Ne vous inquiétez pas.
Don't worry.

- Remember to change **te** to **toi** in affirmative commands.

Repose-toi bien ce week-end.
Rest up this weekend.

Tais-toi!
Be quiet!

- In reciprocal reflexives, the pronoun means *(to) each other* or *(to) one another*. Because two or more subjects are involved, only plural verb forms are used.

Nous **nous retrouvons** au stade.
We are meeting each other at the stadium.

Elles **s'écrivent** des e-mails.
They write one another e-mails.

- Use **l'un(e) l'autre** and **l'un(e) à l'autre**, or their plural forms **les un(e)s les autres** and **les un(e)s aux autres**, to emphasize that an action is reciprocal.

Béa et Yves se regardent.
Béa and Yves look at each other.
Béa and Yves look at themselves.

but Béa et Yves se regardent **l'un l'autre**.
Béa and Yves look at each other.

Ils s'envoient des e-mails.
They send each other e-mails.
They send themselves e-mails.

but Ils s'envoient des e-mails **les uns aux autres**.
They send each other e-mails.

BLOC-NOTES

Commands with non-reflexive verbs are formed the same way as with reflexive verbs. See **Fiche de grammaire 1.5, p. 374** for a review of the imperative.

BLOC-NOTES

The pronoun **se** can also be used with verbs in the third person to express the passive voice. See **Fiche de grammaire 10.5, p. 410**.

TEACHING TIPS

Language Learning

- Point out that these reflexive verbs have totally idiomatic meanings and must be memorized. However, many are closely related to their non-reflexive counterparts. Call on volunteers to cite examples. Example: **demander** and **se demander**: *to wonder* is very closely related to *to ask*, but it reflects back on the speaker to mean *to ask oneself*.
- To simplify, write several sentence pairs on the board to illustrate the differences in meaning. Examples: **Il demande une chemise à sa mère. Il se demande s'il a raison.**

Extra Practice

- Play charades using the reflexive verbs on **pp. 52–53**. Then, as a variation, say commands and have students indicate their comprehension by pantomiming the action.
- To challenge students, assign pairs of students a verb and its reflexive counterpart. Have them write sentences that show the verbs' different meanings.

DIFFERENTIATION

To Challenge Students Ask students to sit in a circle. Say one sentence that begins a story and uses a reflexive verb. The student to the right continues the story, using a different reflexive verb. Encourage students to be creative and even silly as the story grows. See how many times around the circle you can go.

DIFFERENTIATION

For Inclusion Distribute 19 index cards to each student. Have them write a reflexive verb from **pp. 52–53.** on one side of each and make simple drawings or stick figures to illustrate the verbs on the other side. Under the drawing, they should write a short descriptive sentence. Students can use the cards to practice the verbs with a partner.

TEACHING TIPS

1 Previewing Strategy As a warm-up, ask students about their own habits and schedules. Example: **Vers quelle heure vous couchez-vous?**

2 Expansion In pairs, tell students to describe their own morning and evening routines. In an advanced class, have them describe what they did last Saturday morning.

2 Suggestion To simplify, have a class brainstorming session before students complete part B of Activity 2. Ask the class to suggest possible friends and family of Sylvie, encouraging them to choose people with very different routines. Examples: **la grand-mère de Sylvie, son meilleur ami, sa petite cousine**, etc.

Mise en pratique

1  **Le lundi matin** Complétez le paragraphe sur ce que font Charles et Hélène le lundi matin. Utilisez la forme correcte des verbes pronominaux correspondants.

s'apercevoir	se dépêcher	se maquiller
se brosser	s'en aller	se quitter
se casser	s'habiller	se raser
se coucher	se laver	se réveiller
se couper	se lever	se sécher

Le dimanche soir, Charles et Hélène (1) ___se couchent___ tard. Évidemment, ils mettent du temps à (2) ___se réveiller___ le lendemain matin. Charles est celui qui (3) ___se lève___ le premier. Il (4) ___se dépêche___ de prendre sa douche et de (5) ___se raser___ avec un rasoir électrique. Deux minutes plus tard, Hélène entre dans la salle de bain. Pendant qu'elle prend sa douche, (6) ___se sèche___ les cheveux et (7) ___se maquille___, Charles prépare le petit-déjeuner. Quand Hélène est prête, ils prennent leur petit-déjeuner. Puis, ils (8) ___se brossent___ les dents et (9) ___se lavent___ les mains. Ensuite, ils vont dans la chambre pour choisir leurs vêtements et (10) ___s'habiller___. Puis ils (11) ___s'en vont___ vite au travail. Charles (12) ___s'aperçoit___ alors qu'il a mis des chaussures de couleurs différentes!

2 **Tous les samedis**

A. À deux, décrivez ce que fait Sylvie tous les samedis, d'après (*according to*) les illustrations.

Elle se lève/se réveille à neuf heures.

Elle se lave à dix heures.

Elle s'habille à onze heures moins le quart.

Elle se maquille à midi moins dix.

B. Quelles sont les habitudes de quatre amis ou membres de la famille de Sylvie le samedi matin? Décrivez ce qu'ils font en cinq ou six phrases. Utilisez des verbes pronominaux et soyez créatifs.

 Practice more at **vhlcentral.com.**

DIFFERENTIATION

For Inclusion Download or photocopy a page from a daily planner. Model how to fill it in using your daily routine. Encourage students to fill in the planner with their own daily routine, using as many reflexive verbs as they can.

DIFFERENTIATION

For Inclusion Play a game of **Jacques a dit** before students begin Activity 1. Have the whole class stand up. Say, for example, **Jacques a dit: Rasez-vous**. Students pantomime shaving. Then say: **Maquillez-vous**. Students stay still because "Jacques" didn't say so.

Communication

3 **Et toi?** À deux, posez-vous tour à tour ces questions. Répondez-y avec des phrases complètes et expliquez vos réponses.

1. À quelle heure te réveilles-tu généralement le samedi matin? Pourquoi?
2. T'endors-tu en cours?
3. En général, à quelle heure te couches-tu pendant le week-end?
4. Que fais-tu pour te détendre après une longue journée?
5. Te lèves-tu toujours juste après que tu t'es réveillé(e)? Pourquoi?
6. Comment t'habilles-tu pour sortir le week-end? Et tes amis?
7. Quand t'habilles-tu de façon élégante?
8. T'amuses-tu quand tu vas à une fête? Et quand tu vas à une réunion de famille?
9. Mets-tu beaucoup de temps à te préparer avant de sortir?
10. T'inquiètes-tu de ton apparence?

11. Est-ce que tes amis et toi vous téléphonez souvent? Combien de fois par semaine?
12. Connais-tu quelqu'un qui s'inquiète toujours de tout?
13. T'excuses-tu parfois pour des choses que tu as faites?
14. Te disputes-tu avec tes amis? Et avec ta famille?
15. T'est-il déjà arrivé de te tromper sur quelqu'un?

4  **Dans le bus** Vous rentrez du lycée en bus, et vous voyez un(e) ami(e) se faire voler de l'argent (*have his/her money stolen*). Que faites-vous? Travaillez par groupes de trois pour représenter la scène. Employez au moins cinq verbes de la liste.

s'arrêter	se fâcher	se servir de
s'attendre à	se mettre à	se taire
se douter	se moquer de	se tromper
s'en aller	se rendre compte de	s'inquiéter

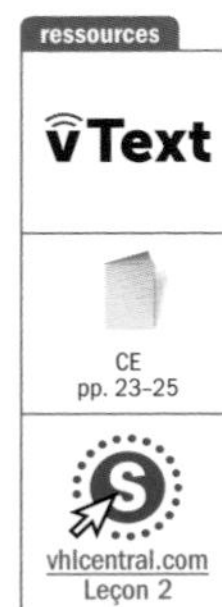

TEACHING TIPS

3 Expansion
- Call on students to share their partners' responses with the rest of the class.
- Have students think of three more questions to ask their partner.
- Have students create a personality test as found in a magazine based on the questions in Activity 3. Show sample personality tests so students know how to word questions and assign points. Then have students exchange their tests and take them.

3 Virtual Chat You can also assign Activity 3 on the Supersite. Students record individual responses that appear in your gradebook.

4 Expansion Have groups act out the scene for the class. Encourage them to use props.

PRE-AP®

4 Interpersonal Writing As a follow-up writing assignment, have students write an e-mail about the experience to send to a friend.

LEARNING STYLES

For Kinesthetic Learners As a class, brainstorm ideas for skits about daily routines. Say: **C'est lundi matin et M. et Mme Levetot essaient de tirer leurs enfants du lit; c'est samedi soir et un de leurs enfants rentre très tard**; etc. Students should form small groups to write and then practice their skit before presenting it to the class.

LEARNING STYLES

For Auditory Learners After completing and sharing their scenes from Activity 4, students form pairs. With a volunteer, model how to sit back-to-back and have a phone conversation with a friend about seeing someone you dislike at a **café**. Remind students that sitting back-to-back allows them to rely on their listening skills as they would in a real phone conversation.

Key Standards
4.1, 5.1

Student Resources
Cahier de l'élève, pp. 26-28; Supersite: Activities, *eCahier,* Grammar Tutorials
Teacher Resources
Answer Keys; Audio Script; Audio Activity MP3s/CD; Testing program: Grammar Quiz

TEACHING TIPS

Previewing Strategy Call on a student to identify the adjective in the **Court métrage** quote. (**célibataires**) Then have that student explain why the adjective is plural. (Because **célibataires** modifies the plural noun **femmes**.)

- Additional examples: **(mentir) menteur → menteuse; (créer) créateur → créatrice; (narrer) narrateur → narratrice; supérieur → supérieure; extérieur → extérieure**

Suggestion Point out that the first letter of a noun of nationality is capitalized when referring to a person. Example: **un(e) Français(e)**

Expansion Ask students to provide an appropriate masculine and feminine noun for each example adjective in the box; for example: **un chien blanc, une maison blanche**.

NATIONAL STANDARDS

Connections: Art
Provide students with the names of several well-known French artists (Degas, Monet, Manet, Renoir, Cézanne, etc.) Have students research and write a short biography of one artist. Also have them copy or print out a painting by the artist that they particularly like. Ask students to share their biography and painting and describe the painting to the class using descriptive adjectives.

Presentation Tutorial

2.2 Descriptive adjectives and adjective agreement

—J'ai lu qu'il y avait en France près de cinq millions de femmes ***célibataires****.*

Gender

- Adjectives in French agree in gender and number with the nouns they modify. Masculine adjectives with these endings derive irregular feminine forms.

Ending	Examples
-c → -che	**blanc → blanche; franc → franche**
-eau → -elle	**beau → belle; nouveau → nouvelle**
-el → -elle	**cruel → cruelle; intellectuel → intellectuelle**
-en → -enne	**ancien → ancienne; canadien → canadienne**
-er → -ère	**cher → chère; fier → fière**
-et → -ète	**complet → complète; inquiet → inquiète**
-et → -ette	**muet → muette (*mute*); net → nette**
-f → -ve	**actif → active; naïf → naïve**
-on → -onne	**bon → bonne; mignon → mignonne (*cute*)**
-s → -sse	**bas → basse (*low*); gros → grosse**
-x → -se	**dangereux → dangereuse; heureux → heureuse**

Cette station de métro est-elle **dangereuse**?
Is this subway station dangerous?

Les **nouvelles** banlieues se trouvent loin d'ici.
The new suburbs are located far from here.

ATTENTION!

Remember that the first letter of adjectives of nationality is not capitalized.

Ahmed préfère le cinéma italien.
Ahmed prefers Italian cinema.

Laura Johnson est citoyenne américaine.
Laura Johnson is an American citizen.

- Adjectives whose masculine singular form ends in **-eur** generally derive one of three feminine forms.

Condition	Ending	Examples
the adjective is directly derived from a verb	-eur → -euse	(rêver) rêveur → rêveuse (travailler) travailleur → travailleuse
the adjective is not directly derived from a verb	-eur → -rice	(conserver) conservateur → conservatrice (protéger) protecteur → protectrice
the adjective expresses a comparative or superlative	-eur → -eure	inférieur → inférieure meilleur → meilleure

ATTENTION!

Remember to use the masculine plural form of an adjective to describe a series of two or more nouns in which at least one is masculine.

La rue et le quartier sont animés.
The street and the neighborhood are lively.

DIFFERENTIATION

For Inclusion Ask students to create adjective word webs. First, have them write the following masculine nouns in three circles: **un homme, un édifice, un quartier**. Students make three subsequent circles connected to each noun circle and write appropriate adjectives for the nouns. Then have students do the same for the following feminine nouns: **une femme, une maison, une rue**.

DIFFERENTIATION

To Challenge Students Ask students to choose one of the following topics: (a) **Un étranger ou une étrangère**, (b) **Un jardin public**, (c) **La banlieue**. Students write a descriptive paragraph of 100–150 words, using at least five adjectives.

- Some adjectives have feminine forms that differ considerably from their masculine singular counterparts, either in spelling, pronunciation, or both.

doux → douce	**frais → fraîche**	**public → publique**
faux → fausse	**gentil → gentille**	**roux → rousse**
favori → favorite	**grec → grecque**	**vieux → vieille**
fou → folle	**long → longue**	

Position

- French adjectives are usually placed after the noun they modify, but these adjectives are usually placed *before* the noun: **autre**, **beau**, **bon**, **court**, **gentil**, **grand**, **gros**, **haut**, **jeune**, **joli**, **long**, **mauvais**, **meilleur**, **nouveau**, **petit**, **premier**, **vieux**, and **vrai**.

Je ne connais pas ce **jeune** homme.
I don't know that young man.

Vous aimez les **nouveaux** films?
Do you like the new movies?

- Before a masculine singular noun that begins with a vowel sound, use these alternate forms of **beau**, **fou**, **nouveau**, and **vieux**.

beau	**bel**	**un bel édifice**
fou	**fol**	**un fol espoir (*hope*)**
nouveau	**nouvel**	**un nouvel appartement**
vieux	**vieil**	**un vieil immeuble**

- Notice that the meanings of these adjectives are generally more figurative when they appear before the noun and more literal when they appear after the noun.

ancien	l'**ancien** château	*the **former** castle*
	un château **ancien**	*an **ancient** castle*
cher	**cher** ami	***dear** friend*
	une voiture **chère**	*an **expensive** car*
dernier	la **dernière** semaine	*the **final** week*
	la semaine **dernière**	***last** week*
grand	une **grande** femme	*a **great** woman*
	une femme **grande**	*a **tall** woman*
même	le **même** musée	*the **same** museum*
	le musée **même**	*this **very** museum*
pauvre	ces **pauvres** enfants	*those **poor (unfortunate)** children*
	ces enfants **pauvres**	*those **poor (penniless)** children*
prochain	le **prochain** cours	*the **following** class*
	mercredi **prochain**	***next** Wednesday*
propre	ma **propre** chambre	*my **own** room*
	une chambre **propre**	*a **clean** room*
seul	la **seule** personne	*the **only** person*
	la personne **seule**	*the person **who is alone***

ATTENTION!

Color adjectives that are named after nouns include **argent** (*silver*), **citron** (*lemon*), **crème** (*cream*), **marron** (*chestnut*), **or** (*gold*), and **orange** (*orange*).

Remember that the adjective **châtain** is used to describe brown hair. You can use it in the plural, but it is very rarely used in the feminine.

Elle a les cheveux châtains.
She has brown hair.

ATTENTION!

Color adjectives that are named after nouns are invariable, as are color adjectives that are qualified by a second adjective.

Il conduit une voiture marron.
He's driving a brown car.
Elle porte une jupe bleu clair.
She's wearing a light blue skirt.

BLOC-NOTES

Adjectives can also be derived from verb forms like the present and past participles. See **Fiche de grammaire 7.4, p. 396** and **Structures 9.2, pp. 314–315**.

TEACHING TIPS

Language Learning Advise students to study irregular feminine adjectives, as they will be necessary to form many useful adverbs in **Structures 2.3**.

Suggestion Point out that some of these adjectives, combined with certain nouns, are placed after the noun to maintain their literal meaning. Examples: **une femme bonne, un homme bon**. **Une bonne femme** can have a pejorative meaning, while **un bonhomme**, a colloquial term to describe an older man, can also be pejorative, or used as an endearment for a little boy (**mon bonhomme**).

NATIONAL STANDARDS

Communities
Using the key words "French newspapers," ask students to research and print out a few articles from one or more French newspapers on the Internet. Have students find and circle the adjectives used within the articles and note whether they are masculine or feminine.

LEARNING STYLES

For Auditory Learners Have students write a short description of someone they know (famous or not) using the adjectives. Then, have them take turns reading their descriptions to a group. The rest of the group should guess who the person is.

LEARNING STYLES

For Visual Learners Ask students to choose ten adjectives from the list of examples. Each adjective should have a different ending. Then have them look in magazines or on the Internet for pictures that illustrate their adjectives. They should then add the appropriate caption to the picture, using a noun and adjective.

TEACHING TIPS

1 Suggestion Before completing the activity, be sure students understand which noun in each sentence the adjective refers to. Students may want to write out the sentences and circle these nouns.

2 Expansion
- Ask students to explain why the three adjectives left over do not work in each sentence.
- Ask pairs of students to write three more items. Then have them exchange items with another pair and complete the items.

PRE-AP®

3 Presentational Writing Have students write an original classified ad using as many adjectives as possible. The ad should not be for romance, but rather for travel companions, odd jobs, etc.

NATIONAL STANDARDS

Communities
Have students imagine that they are going to visit Nice. Have them do research online—in French—to plan what they are going to do or see. Have them choose a place to visit or an event to attend and report details to the class. They should incorporate adjectives into their report.

Mise en pratique

Note CULTURELLE

Nice est située dans le sud de la **France**, sur la **Côte d'Azur**, à proximité de l'**Italie**. Ses plages de granit sur la **Méditerranée**, sa cuisine caractéristique et sa situation géographique font de Nice la deuxième ville touristique française.

1 **Les Niçois** Christophe habite à Nice. Lisez ses commentaires et accordez les adjectifs.

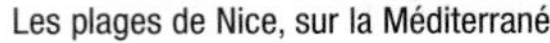
Les plages de Nice, sur la Méditerranée

1. Le maire de Nice, Christian Estrosi, est vraiment ___fier___ (fier) de sa ville.
2. Les citadins et les touristes apprécient l'action ___protectrice___ (protecteur) des policières.
3. Ma copine et ses parents habitent un ___bel___ (beau) appartement en banlieue.
4. Ses amies sont de ___bonnes___ (bon) élèves.
5. Une conductrice ne doit pas être ___rêveuse___ (rêveur) sur la route!
6. Les piétons qui traversent l'avenue Jean Médecin en dehors (*outside*) des clous sont ___fous___ (fou)!

2 **La vie de Marine** Complétez chaque phrase et choisissez le bon adjectif.

1. Marine a une amie ___franche___ (bon, bonne, franc, franche).
2. À seize ans, c'est une fille ___naïve___ (intellectuel, folles, naïve, jeunes).
3. Elle s'entend bien avec les gens ___sincères___ (bon, belles, sincères, travailleur).
4. Sa mère essaie d'acheter des légumes ___frais___ (frais, fraîche, propre, chères).
5. Ses parents sont ___conservateurs___ (conservateurs, grec, protectrices, actives).
6. Ils habitent un ___vieil___ (complet, vieil, bruyant, élégant) appartement.
7. Elle préfère regarder de ___nouvelles___ (nouvelles, favorites, publiques, fausses) émissions de télévision.
8. Marine aime bien ses voisins, parce que ce sont des gens ___heureux___ (beaux, jeunes, mignonne, heureux).

3 **Une petite annonce** Gabrielle recherche quelqu'un avec qui elle pourrait voyager. Complétez sa petite annonce et accordez les adjectifs de la liste.

aventurier	châtain	dernier	nouveau	seul
bleu	cher	français	propre	violet foncé

petite ANNONCE

MERCREDI 20 septembre

Pendant mon séjour en France, je voudrais voyager dans autant de villes (1) ___françaises___ que possible! Je n'aime pas visiter de (2) ___nouveaux___ endroits toute (3) ___seule___. Alors, je cherche une personne qui aime l'aventure parce que moi aussi, je suis (4) ___aventurière___. Je n'ai pas beaucoup d'argent, donc je ne peux pas acheter de billets (5) ___chers___. En plus, je suis indépendante, alors le week-end (6) ___dernier___, quand j'ai voyagé à Paris, j'ai fait mes (7) ___propres___ projets de voyages. Si vous voulez me rencontrer, je serai la fille en robe (8) ___violet foncé___, aux yeux (9) ___bleus___ et aux cheveux (10) ___châtains___, au café des Artistes du centre-ville. Rendez-vous le 27 septembre, à 16h30.

Practice more at **vhlcentral.com.**

DIFFERENTIATION

For Inclusion For Activity 2, ask students to work in pairs and draw a simple picture to illustrate each sentence. Have them write the complete sentence under each picture. Then have them take turns showing the pictures and reading the sentences to the class.

DIFFERENTIATION

To Challenge Students For Activity 3, have students write a response to Gabrielle, using adjectives to explain why they are the best travel companion.

Communication

4 **Dans ma ville** Quelqu'un vous pose des questions sur votre ville. Vous ne répondez que par le contraire. Posez ces questions et répondez-y avec un(e) camarade de classe.

Modèle —Les logements sont-ils grands?
—Non, ils sont petits.

1. Ce quartier est-il sûr? Non, il est dangereux.
2. Votre rue est-elle tranquille? Non, elle est animée/bruyante.
3. Les voies sont-elles privées? Non, elles sont publiques.
4. Cet édifice est-il nouveau? Non, il est ancien/vieux.
5. Les gratte-ciel sont-ils bas? Non, ils sont hauts.
6. Les gens sont-ils paresseux? Non, ils sont travailleurs.

5 **Un nouvel élève** Un nouvel élève vient d'arriver. Vous essayez de faire sa connaissance. Jouez les deux rôles avec un(e) camarade de classe.

1. Où habitais-tu avant?
2. C'est la première fois que tu déménages?
3. Comment était ton ancien(ne) appartement/maison?
4. Est-ce que tu aimes ton nouveau quartier?
5. Quels sont tes loisirs préférés?
6. Est-ce que tu as déjà des ami(e)s ici?
7. Et toi? Tu veux me poser des questions?

6 **Comment est...?** Avec un(e) camarade de classe, trouvez au moins deux façons (*ways*) de décrire chaque image. Comparez vos descriptions avec un autre groupe et discutez des différences avec la classe.

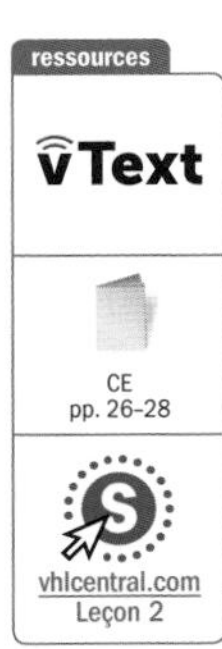

TEACHING TIPS

4 Suggestion Tell students to use adjectives from this lesson's vocabulary in their responses whenever possible.

4 Extra Practice Have students make a list of nouns and adjectives to describe their town or city, then write a paragraph using the words.

5 Expansion Ask what other questions students would ask a prospective roommate. Then have them rank all the questions from most to least important.

5 Virtual Chat You can also assign Activity 5 on the Supersite. Students record individual responses that appear in your gradebook.

6 Suggestion Tell students to use as many descriptive adjectives as possible, and remind them to make all necessary agreements.

21st CENTURY SKILLS

Technology Literacy
Ask students to prepare a digital presentation in which they describe several images using as many adjectives as possible. They should include photos of people, places and objects.

LEARNING STYLES

For Kinesthetic Learners For Activity 4, have pairs of students act out the scene and answer the questions as appropriate to their neighborhood. They should use props, intonation, and gestures to communicate the questions and answers.

LEARNING STYLES

For Auditory Learners Working in pairs, ask students to make a list of places and things in their town or city. Students then take turns describing the place or thing while the other student guesses.

Key Standards
4.1, 5.1

Student Resources
Cahier de l'élève, pp. 29-32; Supersite: Activities, *eCahier,* Grammar Tutorials
Teacher Resources
Answer Keys; Audio Script; Audio Activity MP3s/CD; Testing program: Grammar Quiz

TEACHING TIPS

Previewing Strategy Briefly review the function and meaning of an adverb, or call on a volunteer to do so. (Adverbs typically describe or modify verbs, but also other adverbs, adjectives, and other parts of speech. Adverbs usually answer the question: how?) Then have a student pick out the adverb in the **Court métrage** quote. If they need help understanding, ask: ***Comment* peut-elle descendre? (discrètement)**

Suggestions
- You may wish to assign the Grammar Tutorials as homework in preparation for the **Structures** lesson. These tutorials re-present the grammar taught in **D'accord! 1** and **2**.
- Tell students to turn back to the list of adjectives in the box on **p. 56** and determine which words might be used as adverbs. Then have them form and pronounce the adverb form of these words and use them in a sentence.

Expansion With the class, list other adjectives ending in **-ant** or **-ent**. Examples: **différent, méchant, élégant, charmant, bruyant, prudent**, etc. Then call on students to pronounce the adverb that corresponds to each and write it on the board. Examples: **différemment, méchamment**, etc.

Presentation Tutorial

2.3 Adverbs

*—Eh bien, elle peut descendre **discrètement** à la station suivante.*

Formation of adverbs

- To form an adverb from an adjective whose masculine singular form ends in a consonant, add the ending **-ment** to the adjective's feminine singular form. If the masculine singular ends in a vowel, simply add the ending **-ment** to that form.

absolu	**absolument** *absolutely*
doux	**doucement** *gently*
franc	**franchement** *frankly*
naturel	**naturellement** *naturally*
poli	**poliment** *politely*

- To form an adverb from an adjective whose masculine singular form ends in **-ant** or **-ent**, replace the ending with **-amment** or **-emment**, respectively.

bruyant	**bruyamment** *noisily*
constant	**constamment** *constantly*
évident	**évidemment** *obviously*
patient	**patiemment** *patiently*

- An exception to this rule is the adjective **lent**, whose corresponding adverb is **lentement**. Remember that the endings **-amment** and **-emment** are pronounced identically.
- A limited number of adverbs are formed by adding **-ément** to the masculine singular form of the adjective. If this form ends in a silent final **-e**, drop it before adding the suffix.

confus	**confusément** *confusedly*
énorme	**énormément** *enormously*
précis	**précisément** *precisely*
profond	**profondément** *profoundly*

- A few adverbs, like **bien**, **gentiment**, **mal**, and **mieux**, are entirely irregular. The irregular adverb **brièvement** (*briefly*) is derived from **bref** (**brève**).

LEARNING STYLES

For Visual Learners Use pictures from magazines or the Internet to present adverbs. Pass out the pictures. Students should look at the pictures and give a description. For example, for a picture of a person waiting at a bus stop: **Cette personne attend patiemment.**

LEARNING STYLES

For Auditory Learners Have students first write a list of five activities they do and how they do them; for example, **Je conduis patiemment**. Then, working in pairs, Student A reads each sentence. To show comprehension, Student B pantomimes the sentence. Then Student B says how he/she does the same activity. Students then reverse roles.

Categories of adverbs

- Most common adverbs can be grouped by category.

time	alors, aujourd'hui, bientôt, d'abord, de temps en temps, déjà, demain, encore, enfin, ensuite, hier, jamais, maintenant, parfois, quelquefois, rarement, souvent, tard, tôt, toujours
manner	ainsi (*thus*), bien, donc, en général, lentement, mal, soudain, surtout, très, vite
opinion	heureusement, malheureusement, peut-être, probablement, sans doute
place	dedans, dehors, ici, là, là-bas, nulle part (*nowhere*), partout (*everywhere*), quelque part (*somewhere*)
quantity	assez, autant, beaucoup, peu, trop

Position of adverbs

- In the case of a simple tense (present indicative, **imparfait**, future, etc.), an adverb immediately follows the verb it modifies.

Gérard s'arrête **toujours** au centre-ville.
Gérard always stops downtown.

Il attend **patiemment** au feu.
He waits patiently at the traffic light.

- In the **passé composé**, place short or common adverbs before the past participle. Place longer or less common adverbs after the past participle.

Nous sommes **déjà** arrivés à la gare.
We already arrived at the train station.

Vous avez **vraiment** compris ses indications?
Did you really understand his directions?

Il a conduit **prudemment**.
He drove prudently.

Tu t'es levée **régulièrement** à six heures.
You got up regularly at six o'clock.

- In negative sentences, the adverbs **peut-être**, **sans doute**, and **probablement** usually precede **pas**.

Elle n'est pas **souvent** chez elle.
She is not often at home.

but

Elle n'a **peut-être** pas lu ton e-mail.
She probably has not read your e-mail.

- Common adverbs of time and place typically follow the past participle.

Elle a commencé **tôt** ses devoirs.
She started her homework early.

Nous ne sommes pas descendus **ici**.
We did not get off here.

- In a few expressions, an adjective functions as an adverb. Therefore, it is invariable.

coûter cher *to cost a lot*	**sentir bon/mauvais** *to smell good/bad*
parler bas/fort *to speak softly/loudly*	**travailler dur** *to work hard*

ATTENTION!

In English, adverbs sometimes immediately follow the subject. In French, this is *not* the case.

My sister ***constantly*** *wakes me up.*

Ma sœur me réveille constamment.

BLOC-NOTES

There are other compound tenses in French that require a form of **avoir** or **être** and a past participle. See **Structures 4.1, pp. 124–125** for an introduction to the **plus-que-parfait**.

TEACHING TIPS

Language Learning Point out that adverbs, like other parts of speech, fall into semantic categories. Tell students that knowing this will help them learn the meanings and uses of different adverbs.

Extra Practice This lesson's **Court métrage, pp. 44–45,** may be used to preview or reinforce adverbs, as well as adjectives. Play the film and ask students to list all the adjectives and adverbs they hear. Then have them create original sentences using the words from their list.

NATIONAL STANDARDS

Communities
Ask students to locate articles on French-language sites that contain examples of adverbs. Have students print out the articles and highlight the adverbs. They should also note the category of the adverb: time, manner, opinion, place, quantity.

LEARNING STYLES

For Kinesthetic Learners Write sentences on the board that could include adverbs; for example: **Je passe devant l'hôtel de ville.** Write adverbs on sticky notes, enough for one per student, being sure that each adverb can be placed in at least one of the sentences. Hand out the sticky notes. Each student comes to the board, places the adverb with an appropriate sentence and in the correct position, and reads the sentence aloud. Another student says if the sentence is correct.

TEACHING TIPS

1 Expansion Have students make up five more items and exchange them with a partner. Alternatively, have students write five adverbs. Their partner writes the adjectives from which they are derived.

1 Extra Practice Have pairs ad-lib a short conversation that uses as many of these adjectives and adverbs as possible.

2 Expansion Give additional sentences with three placement options. Example: **N'avez-vous _______ pas _______ vu _______ (encore)... (N'avez-vous pas encore vu...)**

3 Expansion Have students list errands around town and say how they run them. Example: **faire les courses: Je fais les courses régulièrement.**

Mise en pratique

1 Les adverbes Écrivez l'adverbe qui correspond à chaque adjectif.

1. facile _facilement_
2. heureux _heureusement_
3. jaloux _jalousement_
4. quotidien _quotidiennement_
5. mauvais _mal_
6. conscient _consciemment_
7. profond _profondément_
8. meilleur _mieux_
9. public _publiquement_
10. indépendant _indépendamment_

2 Deux sortes d'amis Décidez s'il faut placer les adverbes avant ou après les mots qu'ils modifient.

Jérôme et Patricia (1) _______ habitent _maintenant_ (maintenant) à Lyon. Ils ont beaucoup d'amis à Paris qui leur (2) _______ rendent _souvent_ (souvent) visite. Ils sont (3) _toujours_ heureux _______ (toujours) de les recevoir parce qu'ils sont (4) _très_ fiers _______ (très) de leur ville. Ils ont deux sortes d'amis: ceux qui (5) _______ sortent _fréquemment_ (fréquemment) en boîte, et ceux qui (6) _______ aiment _mieux_ (mieux) les musées. Les amis qui préfèrent les musées ont (7) _______ téléphoné _hier_ (hier) pour dire qu'ils ne viendront (8) _peut-être_ pas _______ (peut-être) cet été. Ils ont (9) _déjà_ fait _______ (déjà) des projets! Ils ont (10) _______ choisi _tôt_ (tôt) leurs vacances cette année: ils ne visiteront (11) _______ pas _obligatoirement_ (obligatoirement) Lyon tous les ans. Ils dansent (12) _incroyablement_ bien _______ (incroyablement) et ils ont envie d'aller chez des amis qui sortent en boîte!

3 Suggested answers
1. Il cherche impatiemment des vêtements.
2. Elle demande poliment son argent.
3. Ils parlent bruyamment.
4. Elle attend nerveusement l'arrivée du train.
5. Ils font lentement leurs courses.
6. Il aime bien écouter Alain.
7. Il parle franchement à son père.
8. Les films coûtent cher.
9. Elle est habillée élégamment.
10. Elle parle gentiment à sa cousine.

3 La famille Giscard Travaillez à deux pour dire, à tour de rôle, comment les membres de cette famille font les choses quand ils sont en ville.

Modèle **Isabelle est à la poste. Elle est rapide.**
Elle achète rapidement des timbres.

1. Martin est au magasin. Il est impatient.
2. Mme Giscard est à la banque. C'est une femme polie.
3. Paul et Franck sont au café. Ce sont des frères bruyants.
4. Maryse est à la gare. Elle est nerveuse.
5. Les grands-parents sont au supermarché. Ils sont lents.
6. M. Giscard se promène avec son fils Alain. C'est un bon père.
7. Alain est avec M. Giscard. C'est un garçon très franc.
8. Les cousines sont au cinéma. C'est cher.
9. Sophie va au restaurant ce soir. Elle a une robe élégante.
10. Isabelle va au jardin public avec sa petite cousine. Elle est gentille quand elle parle à sa cousine.

Practice more at **vhlcentral.com.**

PRE-AP®

Presentational Speaking Ask students to bring in eight to ten photos of when they were younger. The pictures should illustrate adverbs as well as the adjectives and reflexive and reciprocal verbs from this lesson. Have them share the photos with a small group, and have classmates ask several questions about what was going on in the pictures. (Students may need to invent some things that are not there.) Finally, ask students to make a two-minute recording or speak for two minutes about their pictures, without reading anything. Say: **Vous allez nous parler de vos photos pendant deux minutes, sans regarder vos notes. Utilisez des adverbes et des adjectifs, ainsi que des verbes réfléchis et réciproques.**

Communication

4 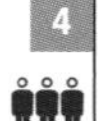

Sondage Interviewez un maximum de camarades différent(e)s. Font-ils ces choses toujours, fréquemment, parfois, rarement ou jamais? Comparez vos résultats avec ceux du reste de la classe.

Modèle **travailler à la bibliothèque**
—Travailles-tu toujours à la bibliothèque?
—Non, mais j'y travaille parfois.

	Toujours	Fréquemment	Parfois	Rarement	Jamais
1. aller voir un match de baseball					
2. faire du vélo					
3. prendre le métro					
4. faire du shopping avec sa mère					
5. aller en cours à pied					
6. visiter un musée le week-end					
7. assister à des concerts					
8. s'ennuyer le samedi soir					

5 

Vivre en ville À tour de rôle, posez ces questions à un(e) camarade de classe. Dans vos réponses, employez les adverbes de la liste ou d'autres adverbes.

absolument	mal	simplement
énormément	quelquefois	souvent
franchement	peut-être	tard
jamais	récemment	?

1. Traverses-tu la rue dans les clous? Pourquoi?
2. Aimes-tu aller au musée? Lequel?
3. Es-tu monté(e) au dernier étage d'un gratte-ciel? Lequel?
4. Fais-tu des promenades dans les jardins publics? Où?
5. As-tu fait du sport cette semaine? Où? Quand?
6. Que fais-tu quand on te demande des indications en ville?
7. T'es-tu entretenu(e) avec quelqu'un en particulier cette semaine? Qui? De quoi avez-vous parlé?
8. Prends-tu les transports en commun?

6 

Les gens heureux Travaillez à deux pour dire ce que les gens font pour être heureux. Employez des adverbes dans vos réponses.

Modèle Pour rester heureux, ils font souvent de la gym.

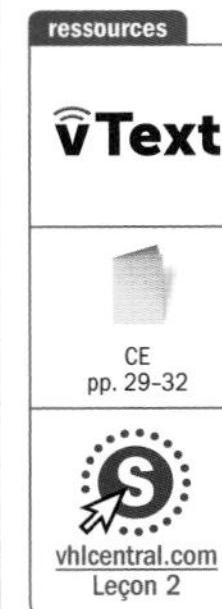

TEACHING TIPS

4 Expansion
- Have students add two more activities to include in the survey.
- Compile the results of the survey to determine which activity or occurrence is most/least common among students.

5 Suggestion Before beginning the task, review the sentences. Have students identify the tense of the verbs. If the verb is in the **passé composé**, students should also identify the past participle. This will help students determine the placement of the adverbs.

5 Expansion Have pairs think of two more questions whose answers require an adverb. Then have them form groups of four and switch questions. Groups then compare their answers and adverb usage.

5 Virtual Chat You can also assign Activity 5 on the Supersite. Students record individual responses that appear in your gradebook.

6 Suggestion Encourage students to be creative and look at their vocabulary lists for inspiration.

6 Partner Chat You can also assign Activity 6 on the Supersite. Students work in pairs to record the activity online. The pair's recorded conversation will appear in your gradebook.

DIFFERENTIATION

To Challenge Students Have small groups create a survey entitled "**Les clés du bonheur**" similar to the one in Activity 4. Then have the rest of the class take the survey. Compile the results to determine what students do to be happy.

DIFFERENTIATION

For Inclusion Provide an abbreviated word bank for each item to assist students as they complete Activity 5.

Key Standards
1.1, 1.2

TEACHING TIPS

Previewing Strategies

- Preview the reading by asking students if any unexpected events have recently taken place in their lives. Discuss whether the occurrence happened randomly or because of a deviation in their daily routine.
- Have pairs discuss these questions: **As-tu souvent, rarement ou quelquefois envie de changer ta routine quotidienne? D'habitude, que fais-tu pour changer cette routine? Quelles en sont les conséquences?**

21st CENTURY SKILLS

Creativity and Innovation
Ask students to prepare a presentation on creative ways to change daily routines, inspired by the reading on this page.

1 Expansion Ask additional comprehension questions. Example: **Pourquoi le jeune homme se fâche-t-il contre lui-même?**

2 Expansion Ask students to imagine what will become of the two characters from the story. Have them discuss what kind of relationship they will have, how often they will meet up with each other, etc.

NATIONAL STANDARDS

Connections: Social Studies
The first **métro** line in Paris was completed in 1900. Have students research the **métro**, its history, how it works, and the kinds of tickets one can purchase. Students can also print out a map to see the various lines and stations.

Synthèse  Reading

Un rendez-vous inattendu

Depuis un bon moment, je me rends compte que je ne vais presque jamais en ville! J'habite dans une belle ville animée, pourtant je reste trop souvent à la maison, le soir et le week-end. Je m'ennuie! Il est évident qu'il faut faire des projets…

Je décide donc de me lever tôt parce que j'ai rendez-vous avec cette ville merveilleuse! Je me réveille précisément à 7h00. Je me lave et je me rase juste avant de prendre tranquillement un bon petit-déjeuner: du thé chaud et des fruits frais. Je m'habille rapidement. Je mets un jean, une chemise blanche, et un pull bleu. Ensuite, je prends mon sac à dos et je m'en vais!

À la station de métro près de chez moi, j'achète un carnet de dix tickets parce que ça coûte moins cher. En attendant° le prochain train, j'aperçois sur le quai° une jolie musicienne folklorique qui chante agréablement et joue de la guitare. La musique de la charmante jeune femme est mélodieuse mais son chapeau est vide! Je lui laisse quelques modestes pièces. Je me demande comment elle s'appelle, mais je suis tellement timide que je reste muet. Fâché contre moi-même, je monte dans le métro sans rien dire.

Je passe une matinée passionnante au centre-ville. Je vois des tableaux splendides et de belles sculptures au musée d'art moderne. L'après-midi, je me perds complètement! Avant même que je demande des indications, un conducteur sympa m'indique que l'édifice juste en face de moi, c'est l'hôtel de ville. Heureusement, je m'oriente facilement.

Il est tard et je suis fatigué, alors je me détends dans le parc municipal. Tout à coup, la belle musicienne du métro se présente devant moi. Nous nous regardons longuement. Ensuite, nous nous parlons!

Une fin de journée inoubliable et inattendue en ville… j'espère en vivre d'autres comme celle-là! ■

While waiting for
platform

1. Le jeune homme a rendez-vous avec sa ville parce qu'il s'ennuie chez lui.
2. Il prend le métro/les transports en commun.
3. Il voit une charmante jeune femme qui chante et joue de la musique folklorique.

1 Qu'avez-vous compris? Répondez aux questions par des phrases complètes.

1. Pourquoi le jeune homme a-t-il rendez-vous avec sa ville?
2. Comment va-t-il de sa maison jusqu'au centre-ville?
3. Qui aperçoit-il sur le quai du métro?

2 À vous de raconter À deux, inspirez-vous des questions pour continuer l'histoire.

1. Comment est le jeune homme qui raconte cette histoire?
2. Que fait-il de son après-midi à part se perdre en ville? Où va-t-il?
3. Quand est-ce que le jeune homme et la charmante musicienne vont se revoir? Qu'est-ce qu'ils vont faire?

3 L'inattendu Avez-vous récemment vécu une coïncidence ou une situation inattendue? Écrivez un paragraphe de cinq ou six lignes qui explique ce qui vous est arrivé. Employez des adverbes dans votre description. Ensuite, racontez votre histoire par petits groupes.

ressources

DIFFERENTIATION

For Inclusion Have students skim the text and compile a list of words they are not familiar with. Have them work in pairs to determine the meaning of the words in context.

DIFFERENTIATION

To Challenge Students Ask students to create a series of cartoon scenes that illustrate the story. For each scene, students should include text in either a thought bubble or a speech bubble. They should use vocabulary encountered throughout the unit as well as reflexive and reciprocal verbs, adjectives, and adverbs.

Préparation

Vocabulaire de la lecture	Vocabulaire utile
une ambiance *atmosphere*	**la batterie** *drums*
s'étendre *to spread*	**un défilé** *parade*
une fanfare *marching band*	**une fête foraine** *carnival*
une manifestation *demonstration*	**un feu d'artifice** *fireworks display*
rassembler *to gather*	**une foire** *fair*
le soutien *support*	**se réunir** *to get together*
	unir *to unite*
	un violon *violin*

1 

À choisir Choisissez le mot qui correspond à chaque définition. Ensuite, utilisez cinq de ces mots pour écrire des phrases.

1. Ce que fait un groupe de personnes dans la rue pour exprimer leurs idées ou leurs opinions
   a. une ambiance (b.) une manifestation c. un défilé
2. Le climat psychologique d'un événement ou d'un endroit
   a. la promotion b. la fanfare (c.) l'ambiance
3. Le fait que quelque chose prenne de plus grandes proportions
   a. se promener (b.) s'étendre c. rassembler
4. Quand quelqu'un aide quelqu'un d'autre, physiquement ou moralement
   (a.) le soutien b. la publicité c. la fanfare
5. L'action de réunir plusieurs personnes
   a. inviter b. protéger (c.) rassembler
6. Un groupe de musiciens qui défilent dans la rue
   (a.) une fanfare b. des spectateurs c. un chanteur

2 

Sujets de réflexion Répondez individuellement aux questions par des phrases complètes. Ensuite, comparez vos réponses avec celles d'un(e) camarade de classe.

1. À quels événements culturels avez-vous assisté? Étaient-ils locaux, régionaux, nationaux ou internationaux?
2. Qu'est-ce que vous aimez dans les grands événements culturels?
3. Vous est-il arrivé de participer activement à l'un de ces événements?
4. Allez-vous souvent à des concerts?
5. Jouez-vous d'un instrument de musique? Si oui, lequel? Sinon, de quel instrument aimeriez-vous jouer?
6. Quel est votre genre de musique préféré? Pourquoi?
7. À quoi vous fait penser le concept d'une fête de la musique?

3 

À votre avis Par groupes de trois, donnez votre avis sur les avantages que peut avoir un événement culturel ou artistique organisé par le gouvernement local ou fédéral. Qu'est-ce que ce genre d'événement apporte à un peuple?

Section Goals

In **Culture**, students will:
- learn about the **fête de la Musique** in France and around the world
- discuss community-based festivals

Key Standards

1.2, 2.1, 2.2, 4.2

Student Resources
Supersite: Activities, Synced Reading

TEACHING TIPS

Synonymes
rassembler↔réunir
s'étendre↔s'étaler

1 Expansion After going over the answers, have individuals define four of the unused terms. Then, pairs will match each other's definitions with words from the activity.

2 Expansion After pairs finish, discuss different students' experiences and class likes and dislikes as they relate to music.

3 Expansion Tell groups to generate a list of main points to organize their thoughts. Then have them present the results of their discussion to the class.

PRE-AP®

Presentational Speaking Have students complete a two-column chart under the heading **Un événement culturel**. In the left column, students write the words **Qui? / Quoi? / Quand? / Où? / Pourquoi? / Comment?** In the right column, students fill in notes for each question word and then describe the event to the class. Say: **Vous allez nous parler d'un événement culturel pendant deux minutes, sans regarder vos notes.**

PRE-AP®

Integrated Skills Play a song by a contemporary French singer. Tell students to close their eyes and listen to the music and words. Play the song again. This time, students should write down their overall impressions of the music, noting what it makes them think of. Play the song a third time, stopping at particular points. Have students write the words they understand. Finally, play the song one more time. Follow up with a discussion of the song and its singer.

TEACHING TIPS

Previewing Strategy
To simplify, suggest that students read the passage once, finding all the cognates. Discuss as a class the meanings of the words and determine if they're true or false cognates.

Suggestion As an alternative reading method, you may divide the class into six groups. Assign each group a paragraph of the reading. Have the groups read their paragraph several times for complete comprehension. Then have them write a summary to present to the class.

NATIONAL STANDARDS

Connections: Music
Have students research the names of musical instruments in French. Ask students who study or are interested in music to obtain audio samples of different genres of music from France to play for the class. Play the music and ask students to name the instruments they hear and to identify the genre.

21st CENTURY SKILLS

Global Awareness
Students will gain perspectives on the Francophone world to develop respect and openness to others and to interact appropriately and effectively with citizens of Francophone cultures.

Rythme dans la rue: La fête de la Musique

CRITICAL THINKING

Comprehension Have pairs of students find the topic sentence of each paragraph and then record the supporting details. Review responses as a class, and demonstrate how to use a Main Idea Supporting Details organizer to record student responses.

CRITICAL THINKING

Application and Evaluation As a class, determine standards for evaluating music; for example: **qualité de la musique, qualité des paroles,** etc. Then have students work in pairs to research online a piece of music by a French musician/singer. Ask students to listen to the music/song several times and evaluate it according to the criteria. Then have them present the piece to the class along with their critique. The class can evaluate the pieces as well.

Faites de la musique

Ce slogan est particulièrement bien choisi. C'est un jeu de mots qui illustre la raison pour laquelle la fête de la Musique a été créée: permettre à tout le monde d'y participer, d'une manière ou d'une autre.

Le 21 juin 1982, le Ministre de la Culture, Jack Lang, a inauguré la fête de la Musique, destinée à promouvoir la musique au quotidien, en France. Plus manifestation musicale que festival, cette fête encourage les musiciens amateurs et professionnels à descendre dans la rue et à partager leur musique avec le public.

La France s'y connaît en manifestations. Ses citoyens descendent le plus souvent dans la rue pour exprimer leur colère. Mais le 21 juin, la rue devient, pendant toute une journée, un lieu où on exprime sa joie et l'amour de la musique, et où on célèbre l'arrivée de l'été.

Le ministère de la Culture et de la Communication supervise l'organisation de cette fête, aujourd'hui l'un des événements les plus importants de France. La principale fonction du ministère dans cette manifestation est d'organiser de grands concerts de musiciens professionnels, sur les places ou dans les édifices publics des grandes villes. La place de la République à Paris et la place Bellecour à Lyon, par exemple, deviennent des lieux de concerts de rock en plein air, alors que° les musées, les écoles et les hôpitaux accueillent° des spectacles moins importants. On trouve partout en France d'autres événements plus modestes. Ceux-ci sont en grande partie organisés par des personnes ou des groupes de personnes, avec le soutien du ministère. Une promenade en ville peut amener° à la rencontre d'un groupe d'enfants qui chantent devant leur école, d'étudiants en musique qui testent leur dernière composition sur le trottoir ou d'un cadre qui saisit l'occasion de montrer ses talents de guitariste.

Tous les concerts et spectacles de la fête de la Musique sont gratuits, ce qui permet aux Français de tous âges et de toutes catégories socioprofessionnelles d'y participer. Cela crée une ambiance populaire et conviviale.

Un des buts° de la fête de la Musique est de révéler les musiques du monde. Elle prête autant d'attention à la musique contemporaine qu'aux genres musicaux plus traditionnels. Par exemple, on trouve un DJ de musique électronique à deux rues d'un quatuor à cordes°, ou on peut voir une fanfare passer devant un concert de rap. Le reggae, le jazz, la musique classique, le funk, la pop, l'opéra, le hip-hop, le hard rock… tous les genres y sont représentés. C'est ce côté éclectique qui donne de l'intérêt à cette célébration.

> **La rue devient, pendant toute une journée, un lieu où on exprime sa joie.**

Au cours de° son histoire, la France a connu peu d'événements qui aient réussi à rassembler les Français. Mais en voilà un qui relève le défi° chaque année, depuis plusieurs décennies. On voit ce désir d'unir les gens s'étendre toujours plus loin. La fête de la Musique a eu un tel° succès en France que depuis 1985, à l'occasion de l'Année européenne de la musique, des villes comme Berlin, Bruxelles, Rome et Londres organisent leur propre manifestation, le même jour. Aujourd'hui, le 21 juin représente la célébration de la musique dans plus de cent pays. Cela prouve que cette fête de la joie a encore un bel avenir devant elle. ■

while · *host* · *lead* · *goals* · *string quartet* · *In the course of* · *rises to the challenge* · *such*

TEACHING TIPS

Suggestion Ask students to create a chart with the following headings: **Reflexive/ Reciprocal Verbs, Adjectives,** and **Adverbs**. Students skim the reading and list words under the appropriate headings.

Expansion Create a cloze exercise from one of the paragraphs, and distribute it to students. With books closed, read the paragraph to students, who fill in the missing words. Students then open their books and check their work.

NATIONAL STANDARDS

Connections: Social Studies Ask students to research an aspect of French society raised by the statement: **La France s'y connaît en manifestations.** What role have demonstrations played in France's history?

CRITICAL THINKING

Comprehension Have pairs of students reread the text, one paragraph at a time. After reading each paragraph, they should close their books and write a paraphrase. Point out that there are different ways to paraphrase something, but the important thing is to recall the facts in their own words. At the end, they should compare their paraphrases with another pair.

CRITICAL THINKING

Synthesis Have students work in pairs, and assign a paragraph to each pair. Students compose three questions. They then ask another pair their questions. Next, they move to another group and ask the questions again. Students continue until they have answered questions about each paragraph.

TEACHING TIPS

1 Expansion Have students check and compare their answers with a partner.

2 Expansion Have students report their partner's answers to the class. Then tally the results on the board to find out what role music plays in students' lives.

3 Cultural Note The original quote by the English playwright William Congreve is "Music hath charms to soothe the savage breast…" which is often mistaken as "savage beast," and sometimes incorrectly attributed to Shakespeare.

3 Partner Chat You can also assign Activity 3 on the Supersite. Students work in pairs to record the activity online. The pair's recorded conversation will appear in your gradebook.

4 Suggestion As a variation, have students complete the chart for a concert or event they have attended. They can present the information to the class.

Analyse

1 Answers may vary slightly.
1. Elle a été créée pour promouvoir la musique au quotidien.
2. Le ministère de la Culture et de la Communication organise les grands concerts professionnels.
3. Les manifestations musicales ont lieu en plein air.
4. Tout le monde peut participer à cette fête parce qu'elle est gratuite.
5. Tous les genres de musique sont représentés à cette fête.
6. Plus de cent pays célèbrent la fête de la Musique.

1 Compréhension Répondez aux questions par des phrases complètes.

1. Pourquoi la fête de la Musique a-t-elle été créée?
2. Qui organise les grands concerts professionnels?
3. Où ont lieu les manifestations musicales?
4. Qui peut participer à cette fête? Pourquoi?
5. Quels sont les genres de musique représentés à cette fête?
6. Qui, avec la France, célèbre la fête de la Musique?

2 La musique et vous À deux, répondez aux questions par des phrases complètes.

1. Aimeriez-vous célébrer la fête de la Musique?
2. Quels événements ressemblant à la fête de la Musique connaissez-vous?
3. Écoutez-vous de la musique étrangère? Pourquoi?
4. Quand écoutez-vous le plus souvent de la musique? Donnez des détails.
5. Y a-t-il un type de musique que vous n'aimez pas? Pourquoi?

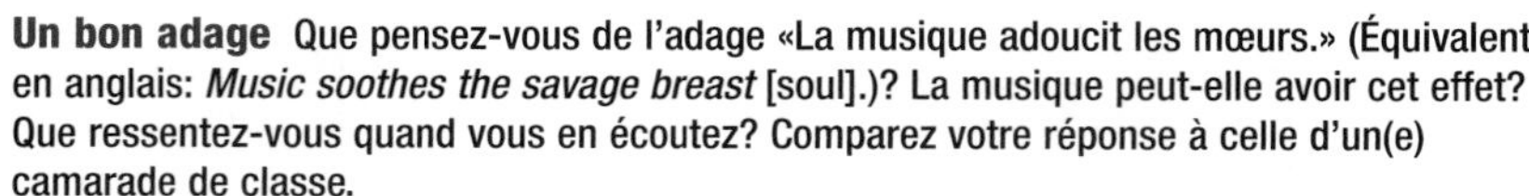

3 Un bon adage Que pensez-vous de l'adage «La musique adoucit les mœurs.» (Équivalent en anglais: *Music soothes the savage breast* [soul].)? La musique peut-elle avoir cet effet? Que ressentez-vous quand vous en écoutez? Comparez votre réponse à celle d'un(e) camarade de classe.

4 C'est vous l'organisateur! Imaginez que vous représentiez le ministère de la Culture et de la Communication. Par groupes de trois, organisez un concert. Où va-t-il avoir lieu? Quels artistes allez-vous inviter? Écrivez le programme de la fête avec une description des artistes. N'oubliez pas le caractère éclectique de l'événement. Ensuite, comparez votre proposition à celles des autres groupes.

Nom de l'événement	
Ville et lieux	
Dates et heures	
Type(s) de musique	
Artistes invités	

5 Chez vous Chaque année, le gouvernement français organise certaines fêtes nationales. Votre ville organise-t-elle des événements gratuits organisés? Sinon, que proposeriez-vous à votre gouvernement local? Expliquez à la classe.

ressources

vText

vhlcentral.com
Leçon 2

Practice more at **vhlcentral.com.**

CRITICAL THINKING

Analysis Ask students to choose one sentence from the reading that stands out to them. Have them write the sentence on a piece of paper and an explanation of its significance in the paragraph.

CRITICAL THINKING

Evaluation Have students consider what they've learned and prepare three questions that they still have regarding **la fête de la Musique**, French music in general, or festivals in France. Have the class share their questions. For homework, they should research their questions.

Préparation

À propos de l'auteur

Poète et scénariste, Jacques Prévert (1900–1977) est une des personnalités françaises les plus célèbres en France et dans le monde. Sa passion pour la lecture, la poésie et le spectacle était évidente dès son enfance. Dans les années 1920, Prévert participe au mouvement surréaliste. Par la suite, il écrit les scénarios et les dialogues de films, dont certains sont des chefs-d'œuvre du cinéma français. En 1945, il publie *Paroles*, dont les poèmes sont toujours largement connus, lus et étudiés dans les écoles. De même, ses sept autres recueils ont eu énormément de succès et ont été traduits en plusieurs langues. Avec sa poésie pleine d'humour, pacifiste et rebelle, Jacques Prévert est devenu un classique de la littérature française.

Vocabulaire de la lecture

afin de *in order to*
une cinémathèque *film library (often with theater)*
un cri *a shout, a cry*
cloîtrer *to cloister; to enclose*
l'espoir (*m.*) *hope*
greffer *to transplant; to graft*
mensonger/mensongère *lying; deceptive*
O.R.T.F. *Office de la Radio et de la Télévision françaises*
usé(e) *worn out*
la vérité *truth*

Vocabulaire utile

une contestation *a protest*
une grève (sur le tas) *a (sit-in) strike*
un orateur *speaker; orator*
le passé *past*
un préavis *notice*
protester *to protest*

1 

Les synonymes Trouvez des synonymes dans le nouveau vocabulaire pour les mots suivants.

1. histoire passé
2. protestation contestation
3. exclamation cri
4. souhait espoir
5. fatigué usé
6. réalité vérité
7. manifester protester
8. trompeur mensonger
9. enfermer cloîtrer
10. transplanter greffer
11. pour afin de
12. arrêt de travail grève

2 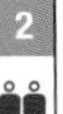

Préparation Lisez attentivement ces questions. Expliquez vos réponses et discutez-en avec un(e) camarade de classe.

1. Dites-vous toujours la vérité? Et quand vous étiez petit(e)?
2. Avez-vous connu des gens qui racontaient des mensonges? Quels types de mensonges?
3. Comment réagissez-vous aux mensonges? Pensez-vous qu'ils soient parfois justifiés?
4. Trouvez-vous qu'une cinémathèque soit une bonne idée? Pourquoi?
5. Avez-vous déjà observé une grève ou une contestation? Expliquez.

 Practice more at **vhlcentral.com.**

ressources

Note CULTURELLE

La France n'oubliera jamais les événements de **mai 1968**. Le pays était complètement paralysé par une grève générale et par des manifestations. **Les Français** étaient mécontents (*dissatisfied*) à tous les niveaux de la société et tout le monde manifestait en solidarité, pas seulement les étudiants et les ouvriers. On exigeait de la vieille garde l'évolution de traditions fossilisées qui empêchaient l'accès équitable aux possibilités d'avancement dans l'éducation et dans le travail.

Section goals

In **Littérature**, students will:
- learn about French author Jacques Prévert
- read his poem, ***Mai 1968***

Key Standards

1.2, 2.2, 3.1, 5.2

Student Resources
Cahier de l'élève, pp. 33-35; Supersite: Activities, Synced Reading, *eCahier*
Teacher Resources
Answer Keys

TEACHING TIPS

Cultural Note The **O.R.T.F.** was the single national provider for French public broadcasting from 1964 to 1974, when the monopoly was split into several separate public radio and television stations.

1 Extra Practice Have students write a conversation using at least ten words from the vocabulary.

2 Expansion For item 1, ask students to give a specific example for each question. **Dans quelles circonstances est-ce que vous ne dites pas la vérité? À quelle occasion n'avez-vous pas dit la vérité quand vous étiez petit(e)s?**

NATIONAL STANDARDS

Cultures
Surrealism was a cultural movement that started in the 1920s. It encompassed literature, art, film, music, and philosophy. Paris was the center of the movement. Have students research the elements of surrealism, well-known people from each area, and examples of each one.

CRITICAL THINKING

Analysis The introduction about the author states: **Jacques Prévert est devenu un classique de la littérature française.** Ask students for their ideas on what qualities make an author a "**classique.**" Is it the same for a movie? A car? An item of clothing?

CRITICAL THINKING

Knowledge Ask students to share what they know about the significance of demonstrations and strikes. **Quelles sont certaines des raisons pour lesquelles les gens manifestent ou font la grève?** Record the information on the board.
Synthesis Have students work in pairs to create a biographical web about Prévert and share it with the class.

MAI 1968

Jacques Prévert

Et si la jeunesse ouvre la bouche...

TEACHING TIPS

Suggestions

- With books closed, tell students that you will display an image and you want them to call out their impressions. Show the image on **p. 70** and record all the students' responses. Then discuss how the picture might relate to the reading.
- Have a discussion about the various ways to bring about reform in an organization or a society. Ask: **Quand une réforme est nécessaire, quels sont les différents moyens d'action pour changer les choses?** Elicit ideas such as: discussions, committees, legislation, strikes, demonstrations. Then ask: **Qu'est-ce qui est le plus efficace? Une manifestation pacifique ou une confrontation violente? Pourquoi?**

NATIONAL STANDARDS

Connections: History

May of 1968 was a watershed moment in France's history. It represented a shift from conservative to more liberal ideals in politics, education, and human rights. Have students research the events in more detail, beginning with the events leading up to May 1968, the events of May 1968, and the results. They can create a timeline to accompany their report.

CRITICAL THINKING

Comprehension Ask pairs of students to translate into English the line from Prévert's poem **Et si la jeunesse ouvre la bouche...** Record all translations on the board. Ask students what they expect from the poem based on this line.

CRITICAL THINKING

Synthesis Working in pairs, have students write a description of the photo. They can use ideas from the Suggestions above, as well as vocabulary from **pp. 40** and **69**. Besides including what is obvious in the photo, they should include a description of what is not obvious (the overall setting, where the people came from, etc.).

I

On ferme!
Cri du cœur des gardiens du musée homme usé
Cri du cœur à greffer
à rafistoler°
Cri d'un cœur exténué°
On ferme!
On ferme la Cinémathèque et la Sorbonne avec
On ferme!
On verrouille° l'espoir
On cloître les idées
On ferme!
O.R.T.F. bouclée°
Vérités séquestrées
Jeunesse bâillonnée°
On ferme!
Et si la jeunesse ouvre la bouche
par la force des choses
par les forces de l'ordre
on la lui fait fermer
On ferme!
Mais la jeunesse à terre
matraquée° piétinée°
gazée° et aveuglée°
se relève pour forcer les grandes portes ouvertes
les portes d'un passé mensonger
périmé°
On ouvre!
On ouvre sur la vie
la solidarité
et sur la liberté de la lucidité.

II

Des gens s'indignent que l'Odéon° soit occupé alors qu'ils° trouvent encore tout naturel qu'un acteur occupe, tout seul, la Tragi-Comédie-Française depuis de longues années afin de jouer, en matinée, nuit et soirée, et à bureaux fermés°, le rôle de sa vie, l'Homme providentiel, héros d'un très vieux drame du répertoire universel: l'Histoire ancienne°. ■

rafistoler: to patch up; exténué: exhausted; verrouille: bolts up; bouclée: with its mouth closed; bâillonnée: gagged; matraquée: bludgeoned; piétinée: trampled; gazée: gassed; aveuglée: blinded; périmé: expired; l'Odéon: theater in Paris; qu'ils: while they; à bureaux fermés: full house; l'Histoire ancienne: History repeating itself

TEACHING TIPS

Suggestions

- Remind students of the triple read method for reading comprehension: 1. read once to gain general comprehension; 2. read carefully a second time, listing and looking up important, unknown words; 3. read a third time for complete comprehension and enjoyment.
- Ask students to notice the punctuation in part I. Ask: **Sans compter le point final qui conclut le poème, quelle est le seul signe de ponctuation utilisé par l'auteur? Qu'est-ce que vous pouvez en déduire?**
- Have students work in groups to read the poem aloud. This will help them practice pronunciation, fluency, and tone.

AFFECTIVE DIMENSION

To reduce possible anxiety about poetry, first discuss the differences between poetry and short stories (length, style, format) and some of the features of poetry (imagery, repetition, free verse). Read the poem aloud and have students just listen for tone and repetition. Then have students work in small groups to help each other with unknown vocabulary or general understanding and interpretation.

PRE-AP®

Integrated Skills After students read the poem ***Mai 1968***, ask them to think about an experience they remember that concerned being treated unfairly. Have them share their memories of these experiences in small groups. Finally, tell them to write about the experience and to compare their recollection with ***Mai 1968***. Say: **Partagez une anecdote avec votre groupe. Utilisez l'imparfait et le passé composé.** Are there similarities between the way you felt and the feelings of the student protesters in the poem ***Mai 1968***?

TEACHING TIPS

1 Expansion List different students' answers on the board. Then have individuals explain and defend their answers to the class.

1 Suggestion As an alternative, ask students to work in pairs to complete the questions and explain their answers.

2 Expansion Have students debate their answers with a partner.

3 Expansion Ask students the following question related to themes discussed in this lesson: **Est-ce que la vie en ville nous rapproche ou nous sépare?** Ask: **Comment Jacques Prévert répondrait-il à cette question? Pourquoi?**

4 Previewing Strategy Before writing, have pairs identify all occurrences of adjectives, adverbs, and reflexive verbs in ***Mai 1968***. Then discuss which usages would be most helpful in writing their descriptions.

Analyse

1 Suggested answers
1. ouvre la bouche, forcer les portes
2. ceux qui ferment, les gardiens du musée homme usé
3. le gouvernement, la tradition, la vieille garde
4. la Cinémathèque, la Sorbonne, l'O.R.T.F., la bouche des jeunes, l'espoir, les idées
5. les gardiens du musée homme usé, le gouvernement, la police
6. la police
7. pour forcer les grandes portes ouvertes
8. celles qui veulent garder l'ancien système

1 Compréhension Répondez aux questions.

1. Donnez quelques mots ou expressions du poème qui expriment le sentiment de contestation.
2. Qui a un cœur à greffer, un cœur exténué?
3. Qui cloître les idées?
4. Qu'est-ce qui ferme?
5. Qui ferme tout?
6. Qui matraque et piétine la jeunesse?
7. Pourquoi la jeunesse se relève-t-elle?
8. Qui sont les personnes qui s'indignent que l'Odéon soit occupé?

2 Interprétation Répondez aux questions par des phrases complètes.

1. Pourquoi est-ce important de fermer les lieux?
2. Que représentent «les gardiens du musée homme usé»? Pourquoi désirent-ils tout fermer?
3. Pourquoi y a-t-il des hommes usés et des cœurs exténués?
4. Pourquoi est-ce que le passé est un passé mensonger?
5. Que représente l'acteur de la Tragi-Comédie-Française?
6. Pourquoi le poème a-t-il deux parties? En quoi sont-elles différentes?
7. Quel effet le poète veut-il produire par la répétition du cri «On ferme»?
8. Quelle est l'attitude du poète? Son opinion sur la situation est-elle évidente?

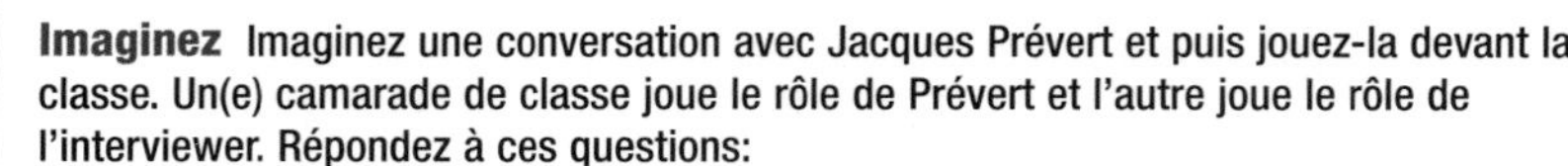

3 Imaginez Imaginez une conversation avec Jacques Prévert et puis jouez-la devant la classe. Un(e) camarade de classe joue le rôle de Prévert et l'autre joue le rôle de l'interviewer. Répondez à ces questions:

- Où était Prévert en mai 1968?
- A-t-il participé aux manifestations?
- Pourquoi a-t-il écrit le poème *Mai 1968*?

4 Rédaction Décrivez un problème que les étudiants d'aujourd'hui souhaitent résoudre (*to solve*) dans le monde. Suivez le plan de rédaction pour écrire votre point de vue sur les thèmes pour lesquels les étudiants actuels (*current*) manifestent. Dans votre rédaction, employez des verbes pronominaux, des adjectifs descriptifs et des adverbes.

Plan

1 **Présentation** Décrivez les changements que les étudiants d'aujourd'hui souhaitent voir dans le monde.

2 **Point de vue** Donnez votre propre point de vue sur les thèmes pour lesquels les étudiants actuels manifestent.

3 **Comparaison** Expliquez en quoi les mouvements d'aujourd'hui ressemblent à ceux de 1968 ou en diffèrent. Vous pouvez mentionner des événements en France ou dans votre propre pays.

ressources
vText

CE pp. 33–35
vhlcentral.com Leçon 2

Practice more at **vhlcentral.com.**

PRE-AP®

Presentational Speaking During May 1968, numerous slogans appeared in posters and as graffiti. For example, one slogan was "**Sois jeune et tais-toi**." Have students research three of these slogans, present them to the class (they can download images from the Internet), and explain their significance. **Vous allez nous parler d'un slogan de mai 1968 pendant deux minutes, sans regarder vos notes.**

PRE-AP®

Presentational Writing Have students think about the question: **Est-ce que le changement est toujours pour le meilleur?** Tell them to first take notes in a two-column chart with the headings **Oui** and **Non**. They then use their notes to write a short essay. They should include specific examples for each side of the argument as well as a conclusion. They should also include reflexive/reciprocal verbs, descriptive adjectives, and adverbs.

En ville

Audio: Vocabulary
Flashcards
My Vocabulary

Les lieux

un arrêt d'autobus *bus stop*
une banlieue *suburb; outskirts*
une caserne de pompiers *fire station*
le centre-ville *city/town center; downtown*
un cinéma *cinema; movie theater*
un commissariat de police *police station*
un édifice *building*
un gratte-ciel *skyscraper*
un hôtel de ville *city/town hall*
un jardin public *public garden*
un logement/une habitation *housing*
un musée *museum*
le palais de justice *courthouse*
une place *square; plaza*
la préfecture de police *police headquarters*
un quartier *neighborhood*
une station de métro *subway station*

Les indications

la circulation *traffic*
les clous *crosswalk*
un croisement *intersection*
un embouteillage *traffic jam*
un feu (tricolore) *traffic light*
un panneau *road sign*
un panneau d'affichage *billboard*
un pont *bridge*
un rond-point *rotary; roundabout*
une rue *street*
les transports en commun *public transportation*
un trottoir *sidewalk*
une voie *lane; road; track*

descendre *to go down; to get off*
donner des indications *to give directions*
être perdu(e) *to be lost*
monter (dans une voiture, dans un train) *to get (in a car, on a train)*
se trouver *to be located*

Les gens

un agent de police *police officer*
un(e) citadin(e) *city-/town-dweller*
un(e) citoyen(ne) *citizen*
un(e) colocataire *roommate; co-tenant*
un(e) conducteur/conductrice *driver*
un(e) étranger/étrangère *foreigner; stranger*
le maire *mayor*
un(e) passager/passagère *passenger*
un(e) piéton(ne) *pedestrian*

Les activités

les travaux *construction*
l'urbanisme *city/town planning*
la vie nocturne *nightlife*

améliorer *to improve*
s'amuser *to have fun*
construire *to build*
empêcher (de) *to stop; to keep from (doing something)*
s'ennuyer *to get bored*
s'entretenir (avec) *to talk; to converse*
passer (devant) *to go past*
peupler *to populate*
rouler (en voiture) *to drive*
vivre *to live*

(peu/très) peuplé(e) *(sparsely/densely) populated*

Pour décrire

animé(e) *lively*
bruyant(e) *noisy*
inattendu(e) *unexpected*
plein(e) *full*
privé(e) *private*
quotidien(ne) *daily*
sûr(e)/en sécurité *safe*
vide *empty*

Court métrage

un lien *connection*
un marché *deal*
une rame de métro *subway train*
un sketch *skit*
une voie *means; channel*
un wagon *subway car*

duper *to trick*
se méfier de *to be distrustful/wary of*
se plaindre *(conj. like* ***éteindre****) to complain*
se rassurer *to reassure oneself*
réitérer *to reiterate*
rejoindre *to join*
solliciter *to solicit*

débile *moronic*
gêné(e) *embarrassed*
insensible *insensitive*

Culture

une ambiance *atmosphere*
la batterie *drums*
un défilé *parade*
une fanfare *marching band*
une fête foraine *carnival*
un feu d'artifice *fireworks display*
une foire *fair*
une manifestation *demonstration*
le soutien *support*
un violon *violin*

s'étendre *to spread*
rassembler *to gather*
se réunir *to get together*
unir *to unite*

Littérature

une cinémathèque *film library*
une contestation *a protest*
un cri *a shout, a cry*
l'espoir (*m.*) *hope*
une grève (sur le tas) *a (sit-in) strike*
O.R.T.F. *Office de la Radio et de la Télévision françaises*
un orateur *speaker; orator*
le passé *past*
un préavis *notice*
la vérité *truth*

cloîtrer *to cloister; to enclose*
greffer *to transplant; to graft*
protester *to protest*

mensonger/mensongère *lying; deceptive*
usé(e) *worn out*

afin de *in order to*

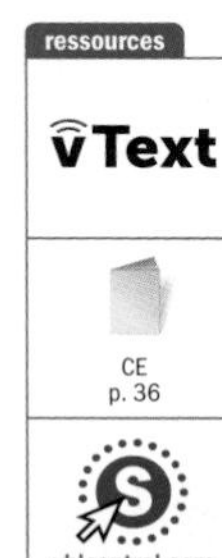

Key Standards

4.1

Student Resources
Cahier de l'élève, p. 36; Supersite: Vocabulary, *eCahier*
Teacher Resources
Audio Activity MP3s/CD; Testing program: Lesson Test

TEACHING TIPS

Suggestions

- Flashcards: Students will learn the vocabulary much better if they incorporate it into their long-term memory. One way to do this is to reinforce the meaning visually or kinesthetically. Encourage students to make flashcards with a picture on one side and the word on the other. For vocabulary that doesn't lend itself to pictures, have students write a cloze sentence.
- Encourage students to pick 20 of the most useful words. Have them write sentences using those words. Sentences should convey the meanings of the words.
- Play a game of **Dessinez, c'est gagné!** Divide the class into two teams. Have a member from each team come to the board. Secretly give them a vocabulary word that can be represented visually. Then the members draw a picture that represents the word. The first team to guess the word gets a point..

21st CENTURY SKILLS

Leadership and Responsibility Extension Project
Establish a partner classroom in the Francophone world. As a class, have students decide on three questions they want to ask the partner class related to the topic of this lesson. Based on the responses they receive, work as a class to explain to the partner class one aspect of their responses that surprised the class and why.

LEARNING STYLES

For Visual Learners Have students create a collage illustrating 20 words and expressions from the vocabulary list. Display the collages around the room. Then give each student a pad of sticky notes. Have each student choose a collage and try labeling the pictures.

LEARNING STYLES

For Auditory Learners Have students form five groups. Assign each one a vocabulary category: **les lieux, les indications,** etc. Each group makes a sign for the group's category. Allow groups several minutes to review and practice the words in their category. Then read vocabulary words in random order, allow time for groups to raise their card when they hear a word from their category. If two groups raise their card, discuss if the word could be in both categories.

Lesson Goals

In **Leçon 3**, students will:

- learn vocabulary related to the media, people of the media, film, television, and the press
- watch the short film ***Le Technicien***
- read about **le Québec**, a Francophone province of Canada
- watch a video about the newspaper ***Vendredi***
- learn the **passé composé** with **avoir**
- learn the **passé composé** with **être**
- learn about the uses of the **passé composé** as compared to the **imparfait**
- learn about circus performer and media mogul Guy Laliberté
- read an excerpt from the novel ***99 Francs***, by writer Frédéric Beigbeder

21st CENTURY SKILLS

Initiative and Self-Direction
Students can monitor their progress online using the Supersite activities and assessments.

TEACHING TIPS

Point de départ Ask students to describe what is happening in the photo. Then read the paragraph with the class and have small groups discuss the closing questions. Have students give examples of how **les médias** (a) **divertissent**, (b) **informent**, (c) **mobilisent**, (d) **agacent**, (e) **font peur**. Ask a volunteer from each group to report back to the class. Then encourage further debate on how the proliferation of the media affects our lives.

LEÇON 3

L'influence des médias

La télévision. La radio. Internet. Les journaux. Les magazines. Nous sommes bombardés 24 heures sur 24, sept jours sur sept. Les médias divertissent. Ils informent. Ils mobilisent. Ils agacent. Ils font peur. Les médias sont-ils trop présents dans notre vie? Quelle influence ont-ils sur nous?

Peut-on absorber tout ce que les médias ont à proposer?

INSTRUCTIONAL RESOURCES

Student Resources
Print: Student Book, Workbook (*Cahier de l'élève*)
Supersite: vhlcentral.com, **vText**, *eCahier*, Audio, Video, Practice

Teacher Resources
Print: Teacher's Edition, Answer Keys, Testing Program
Technology: Audio MP3s on CD (Textbook, Testing Program, Audio Program), Video Program DVD (Film Collection)
Supersite: vhlcentral.com, Lesson Plans, Grammar Tutorials, Grammar Slides, Testing Program, Audio and Video Scripts, Answer Key, Audio MP3s, Streaming Video (Film Collection), Digital Image Bank, Learning Management System (Gradebook, Assignments)

Voice boards on the Supersite allow you and your students to record and share up to five minutes of audio. Use voice boards for presentations, oral assessments, discussions, directions, etc.

78 **COURT MÉTRAGE**
À la suite de problèmes avec un poste de télévision, un technicien hors du commun est appelé au domicile d'un vieux monsieur. Va-t-il parvenir à résoudre les problèmes en question? À découvrir dans *Le Technicien* de **Simon-Olivier Fecteau**.

84 **IMAGINEZ**
À la fois vaste et intime, traditionnel et moderne, le **Québec**, c'est la vie au rythme de l'**Amérique du Nord** mais en français. Si vous n'y êtes jamais allé(e), vous allez certainement en avoir envie. Puis vous allez découvrir *Vendredi*, un journal pas comme les autres.

101 **CULTURE**
Créateur du Cirque du Soleil, homme d'affaires, touriste spatial... Mais qui est vraiment **Guy Laliberté**? Découvrons-le ensemble.

105 **LITTÉRATURE**
Dans cet extrait de *99 Francs*, **Frédéric Beigbeder** dénonce l'omniprésence de la publicité dans nos vies et l'invasion des messages à caractère commercial dans les médias modernes. Est-ce que l'image de notre société que nous imposent les publicitaires correspond vraiment à la réalité?

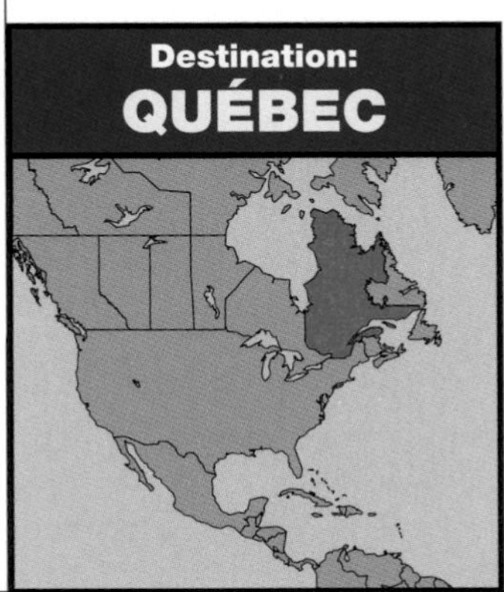

81

102

76 **POUR COMMENCER**

88 **STRUCTURES**

3.1 The passé composé with avoir

3.2 The passé composé with être

3.3 The passé composé vs. the imparfait

109 **VOCABULAIRE**

TEACHING TIPS

Suggestions

- Ask students: **Avez-v regardé les nouvelles télévision récemment?** I have them summarize a news story they remember and explain how they felt about the topic and the way it was presented.
- Ask if any students have ever been to **Québec** or know anyone who has. Have them share their personal experiences and impressions, or what they know about the province from others.

NATIONAL STANDARDS

Connections: Geography
Print out a blank map of the U.S. and Canada. Be sure that the map includes a distance key. Have students indicate the location of their town or city and the location of **Montréal, Québec**. Then have them calculate the distance they would need to travel to visit **Montréal**. Also talk about the means of transportation for getting there and how long it would take.

DIFFERENTIATION

For Inclusion Ask students to list the following forms of media on a piece of paper: **la télévision, la radio, Internet, les journaux, les magazines, le cinéma.** Next to each, they should write how or why they use that media.

DIFFERENTIATION

To Challenge Students Have students work in small groups to discuss the following questions: **Quels médias sont en train d'évoluer? De quelle manière? Quels sont les médias qui risquent de disparaître et pourquoi?**

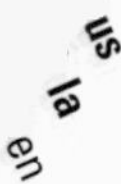

…press.

…ndards

…, 1.2, 4.1

Student Resources
Cahier de l'élève, pp. 37-39; Supersite: Activities, Vocabulary, *eCahier*
Teacher Resources
Answer Keys; Audio Script; Audio Activity MP3s/CD; Testing program: Vocabulary Quiz

TEACHING TIPS

Synonymes

- **les actualités↔les info(rmation)s**
- You can also say **l'actualité sportive, politique**, etc.
- **une vedette↔une star**
- Point out that **une nouvelle** can also mean *short story* in a literary context.
- Explain that newspaper sections can be called **une page, une chronique**, or **une rubrique**, depending on the length. For example, **la page société** and **la chronique sportive** are also correct.

Suggestion Bring in examples of Francophone newspapers and magazines and hand them out to pairs of students. Have pairs list the various sections and the general content of each before presenting to the class.

Previewing Strategy Initiate a discussion about current trends, the latest fads, and popular culture. Ask about the importance of television, news, and online media in students' lives: **Suivez-vous l'actualité? Croyez-vous toutes les informations diffusées à la télévision? À la radio? Dans les journaux? Vous intéressez-vous aux potins des stars?**

POUR COMMENCER

L'univers médiatique

Les médias

l'actualité (*f.*) *current events*
la censure *censorship*
un événement *event*
un message/spot publicitaire; une publicité (une pub) *advertisement*
les moyens (*m.*) de communication; les médias (*m.*) *media*
la publicité (la pub) *advertising*
un reportage *news report*
un site web/Internet *web/Internet site*
une station de radio *radio station*

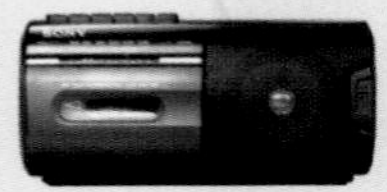

s'informer (par les médias) *to keep oneself informed (through the media)*
naviguer/surfer sur Internet/le web *to search the web*

actualisé(e) *updated*
en direct *live*
frappant(e)/marquant(e) *striking*
influent(e) *influential*
(im)partial(e) *(im)partial; (un)biased*

ressources

vText | CE pp. 37-39 | vhlcentral.com Leçon 3

Les gens des médias

un(e) animateur/animatrice de radio *radio presenter*
un auditeur/une auditrice *(radio) listener*
un(e) critique de cinéma *film critic*
un éditeur/une éditrice *publisher*
un(e) envoyé(e) spécial(e) *correspondent*
un(e) journaliste *journalist*
un(e) photographe *photographer*
un réalisateur/une réalisatrice *director*
un rédacteur/une rédactrice *editor*
un reporter *reporter (male or female)*
un téléspectateur/une téléspectatrice *television viewer*

une vedette (de cinéma) *(movie) star (male or female)*

Le cinéma et la télévision

une bande originale *sound track*
une chaîne *network*
un clip vidéo; un vidéoclip *music video*
un divertissement *entertainment*
un documentaire *documentary*
l'écran (*m.*) *screen*
les effets (*m.*) spéciaux *special effects*
un entretien/une interview *interview*
un feuilleton *soap opera; series*
une première *premiere*
les sous-titres (*m.*) *subtitles*

divertir *to entertain*
enregistrer *to record*
retransmettre *to broadcast*
sortir un film *to release a movie*

La presse

une chronique *column*
la couverture *cover*
un extrait *excerpt*
les faits (*m.*) divers *news items*
un hebdomadaire *weekly magazine*
un journal *newspaper*

la liberté de la presse *freedom of the press*
un mensuel *monthly magazine*
les nouvelles (*f.*) locales/internationales *local/international news*
la page sportive *sports page*
la presse à sensation *tabloid(s)*
la rubrique société *lifestyle section*
un gros titre *headline*

enquêter (sur) *to research; to investigate*
être à la une *to be on the front page*
publier *to publish*

PRE-AP®

Integrated Skills Have students listen to a French-language radio station on the Internet. Have them listen to a news or cultural broadcast for about five minutes, taking notes on the content and using vocabulary from **p. 76**. Then have them send an e-mail to a friend, describing what they heard and recommending whether or not to listen to this station or program. Tell students: **Relisez les notes que vous avez prises et écrivez un email à un(e) ami(e) en incorporant le vocabulaire de la page 76. Vous lui expliquerez ce que vous venez d'entendre et lui recommanderez, ou non, cette émission de radio.**

Mise en pratique

1 **Les analogies** Complétez chaque analogie à l'aide du mot le plus logique de la liste.

actualisé	la censure	frappant	un réalisateur	un site web
un auditeur	enregistrer	un journaliste	retransmettre	la une

1. un reporter : un reportage :: un journaliste : un journal
2. la télévision : un téléspectateur :: la radio : un auditeur
3. important : influent :: marquant : frappant
4. un rédacteur : un magazine :: un réalisateur : un film
5. la une : un journal :: la couverture : un magazine
6. un film : le cinéma :: un site web : Internet
7. une émission : retransmettre :: un divertissement : divertir
8. l'impartialité : la partialité :: la liberté de la presse : la censure

2 **Quelques nouvelles** Complétez chaque phrase à l'aide des mots ou des expressions les plus logiques.

animateur	écran	en direct	média
clip vidéo	effets spéciaux	frappante	vedette

Reportage exclusif (1) en direct sur la chaîne TV5.
Cette (2) vedette de cinéma sort un nouveau film avec beaucoup d' (3) effets spéciaux.
Son nouveau (4) clip vidéo a détruit la réputation de ce chanteur.
L'influence des sites Internet: une enquête (5) frappante!
Les déclarations partiales d'un (6) animateur de radio mettent ses auditeurs en colère.

3 **À votre avis** Dites si vous êtes d'accord ou pas avec chaque affirmation. Ensuite, comparez vos réponses avec celles de vos camarades de classe.

	Oui	Non
1. Aujourd'hui, il est plus facile de s'informer qu'avant.	☐	☐
2. Grâce aux médias, les gens connaissent mieux le monde.	☐	☐
3. La liberté de la presse est un mythe.	☐	☐
4. La publicité essaie de divertir le public.	☐	☐
5. La presse à sensation n'a qu'un seul objectif: informer le public.	☐	☐
6. On trouve plus de reportages impartiaux sur Internet que dans la presse.	☐	☐
7. Dans les médias, les images ont plus d'influence que les mots.	☐	☐
8. Si on veut s'informer, il vaut mieux regarder la télévision que lire les journaux.	☐	☐

4 **Un reportage** Avec un(e) camarade, imaginez que vous soyez reporter. Quel sujet choisiriez-vous pour votre prochain reportage? Préparez le reportage.

Practice more at
vhlcentral.com.

TEACHING TIPS

1 Expansion Ask pairs to think of two or three of their own analogies using the new vocabulary.

2 Expansion Have students create two of their own news titles using the new vocabulary.

3 Suggestion Encourage students to support their opinions with specific examples.

4 Previewing Strategy To help students prepare, ask: **Qui voudriez-vous interviewer? Pourquoi vous intéressez-vous à cette personne?**

4 Partner Chat You can also assign Activity 4 on the Supersite. Students work in pairs to record the activity online. The pair's recorded conversation will appear in your gradebook.

Extra Practice

- Have students write a short paragraph for the society section of the newspaper. They should summarize a celebrity interview.
- Ask students to write an original news item (e.g. weather report, movie review, sports article). Have the class vote on the most original, funniest, most realistic, etc.

NATIONAL STANDARDS

Cultures In France, there are a few TV guides that cover programming; for example, **Télé Poche** and **Télé 7 Jours**. Bring print copies into class or have students research the guides online to find the names of French television stations. Have them look at the programming for one of these stations and talk about the types of programs shown, as well as specific shows or movies being played.

DIFFERENTIATION

For Inclusion On the board, write the words: **la radio, le cinéma, la presse, la télévision**, and **le magazine**. For each media form, have students call out related words from **Pour commencer.** Examples: **radio: un animateur, un auditeur, une station de radio**. After one pass through the list, you might challenge students by having them close their books and repeat the activity with new words.

DIFFERENTIATION

To Challenge Students Have students write a description of a typical night's programming on a major TV station. Using as many words as possible from the vocabulary, they should include information on the news, commercials, a series, and a movie.

Section Goals

In **Court métrage**, students will:

- watch the short film ***Le technicien***
- practice listening for and using vocabulary and grammar from the lesson

Key Standards

1.1, 1.2, 2.1, 2.2, 4.2

Student Resources
Cahier de l'élève, pp. 52-53; Supersite: Video, Activities, *eCahier*
Teacher Resources
Answer Keys, Video Script & Translation, Film Collection DVD

TEACHING TIPS

Previewing Strategy Ask personalized questions to introduce the new vocabulary. Examples: **Avez-vous déjà eu l'occasion de faire une bonne action? Comment êtes-vous intervenu(e)?**

Synonymes

- **s'accroître↔ augmenter**
- Point out that **PME** stands for **Petites et Moyennes Entreprises.** In France, businesses with 20 to 249 workers are considered **PME**.

1 Expansion

- Call on two volunteers to act out the conversation for the class.
- Ask comprehension and follow-up questions. Examples: **De quelle hausse est-ce que Sylvain parle? Pourquoi Magali a-t-elle été obligée de faire une croix sur ses vacances l'été dernier? D'après vous, qu'est-ce que Sylvain va répondre au commentaire de Magali à la fin de la conversation?**

2 Expansion Have students compare their answers in pairs.

Préparation

ATTENTION!

The verb **s'accroître** is a reflexive verb. Like all such verbs, it is conjugated with **être** in the **passé composé**. Its past participle is **accru.**

Depuis 2005, l'incidence des cancers s'est accrue de 35% pour les hommes et de 43% pour les femmes.

Since 2005, cancer rates have risen 35% for men and 43% for women.

Vocabulaire du court métrage

la bourse *stock market*
brisée *broken*
la décroissance *recession*
la devise *currency*
faire une croix sur *to forget about*
flou *blurry*
une hausse *gain*
une PME *SME (Small and Medium Enterprises [businesses])*
la reddition *surrender*
s'accroître *to rise, to increase*

Vocabulaire utile

un bon samaritain *good Samaritan*
faire une bonne action *to do a good deed*
intervenir *to intervene, to get involved*
résoudre *to resolve*

EXPRESSIONS

C'est pas le genre d'affaires qu'on prend. *It's not the kind of thing we handle.*
Complètement raté! *A huge miss!*
T'as pas fini. *You're not done yet.*

1 Les nouvelles **Magali et Sylvain parlent de l'actualité. Choisissez les mots de la liste qui complètent leur conversation.**

MAGALI Tu as lu les nouvelles aujourd'hui?
SYLVAIN Oui, et une fois de plus, elles sont assez mauvaises! À commencer par la (1) ___hausse___ du prix de l'électricité et de l'eau. Il faut toujours payer plus! Et le gouvernement ne veut jamais (2) ___intervenir___ pour essayer de limiter ces augmentations.
MAGALI Écoute, Sylvain, le gouvernement ne peut pas (3) ___résoudre___ tous les problèmes. Et puis, il y a des problèmes bien pires que ça. Tu as vu que la dernière (4) ___PME___ du village vient de fermer?
SYLVAIN Oui, c'est triste! C'est à cause de la (5) ___décroissance___ dans la région. Le nombre de gens qui n'ont plus de travail va encore (6) ___s'accroître___ et ce sera vraiment dur pour ces gens de retrouver du travail.
MAGALI L'économie va de plus en plus mal. Moi, l'année dernière, j'ai perdu beaucoup d'argent à la (7) ___bourse___, tu sais, et du coup, il a fallu (8) ___faire une croix sur___ mes vacances d'été.
SYLVAIN Moi aussi! Mais j'ai décidé de (9) ___faire une bonne action___ à la place. J'ai travaillé tout l'été pour une association qui aide les pauvres.
MAGALI Ah oui? Dis donc, tu es un (10) ___bon samaritain___, toi!

2 Les médias **Répondez aux questions par des phrases complètes.**

1. Comment restez-vous informé(e) sur l'actualité locale et internationale? Regardez-vous les informations à la télévision ou sur Internet? Écoutez-vous la radio? Décrivez vos habitudes.
2. Lisez-vous souvent la presse? Préférez-vous lire le journal ou un magazine hebdomadaire ou mensuel? Pourquoi? Quelles rubriques lisez-vous souvent dans la presse? Lesquelles ne lisez-vous jamais? Expliquez.
3. D'après vous, quels sont les meilleurs médias pour présenter l'actualité de manière objective et impartiale? Pourquoi?

ressources

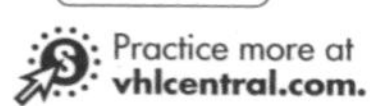

PRE-AP®

Presentational Speaking Bring appropriate recent news articles from Francophone newspapers and magazines to class. Have students select one whose topic is of interest to them. Have them read it and then orally summarize it using vocabulary from **p. 76**.

PRE-AP®

Presentational Writing Put the following list on the board: **les faits divers, les nouvelles locales, les nouvelles nationales, les nouvelles internationales, la page sportive,** and **la rubrique société.** Have students pick two of the categories and invent 2–3 headlines for each. Example: **la page sportive: Le Sénégal a gagné la Coupe du Monde de football; Football américain: Les Dallas Cowboys n'iront pas au Superbowl.**

3 **À la télé** Répondez aux questions avec un(e) camarade.

1. Regardez-vous beaucoup la télévision? Pourquoi la regardez-vous en général? Est-ce que c'est plutôt pour vous informer ou pour vous divertir? Quels sont vos types de programmes préférés? Lesquels n'aimez-vous pas? Expliquez.
2. Que pensez-vous de la manière dont on présente l'actualité à la télévision? Y a-t-il trop de mauvaises nouvelles et pas assez de bonnes nouvelles? À votre avis, est-ce qu'on accorde la même importance à toutes les nouvelles? Expliquez votre point de vue.

4 **Un événement récent** Par petits groupes, discutez d'un événement marquant ou d'un fait divers qui a récemment fait la une de l'actualité. Que s'est-il passé? Pourquoi cet événement ou fait divers vous a-t-il frappé(e) (*did it strike you*)? Décrivez et expliquez votre réaction en donnant des détails.

5 **Un bon samaritain** Répondez aux questions avec un(e) camarade.

1. Connaissez-vous des personnes qui font souvent de bonnes actions? Quel genre d'actions? Quelles sont les qualités de ces personnes? Pourquoi une personne décide-t-elle de faire une bonne action, d'après vous?
2. Pensez-vous qu'il y ait beaucoup de bons samaritains dans le monde? Leurs actions peuvent-elles faire une véritable différence? Expliquez votre point de vue en donnant des exemples.
3. Et vous, si vous pouviez réaliser la bonne action de votre choix, que feriez-vous? Pourquoi?

6 **Photographies** Dans ce court métrage, un technicien est appelé chez un client qui pense que sa télévision est cassée. À deux, regardez les photographies et essayez d'imaginer ce qui va se passer. Pensez-vous que la télévision du monsieur soit vraiment cassée? Quel est le véritable problème?

TEACHING TIPS

3 Previewing Strategy As a warm-up question, ask: **Pourriez-vous vivre sans télévision? Pourquoi?**

3 Expansion Bring in excerpts from TV programs in French (in print or from the Internet). Based on their answers to the first set of questions, have students work in small groups to identify shows that they would probably like or dislike.

4 Expansion Ask the groups to select an event from their discussion that did not have a positive outcome. Have them continue working together to answer the following question: **Si vous pouviez intervenir pour changer l'issue** (*outcome*) **de cet événement, que feriez-vous?**

5 Suggestion After completing the activity, have students share with the class the good deeds they discussed in the last question. Have the class vote to elect "**le meilleur samaritain**".

6 Suggestion Ask questions about the photos to help students form predictions. Examples: **Où a probablement été prise la photographie de gauche? Quel est le sujet de celle de droite, d'après vous? Est-ce que ces photos illustrent de bonnes ou de mauvaises nouvelles?**

CRITICAL THINKING

Analysis Have students work in pairs to imagine and compare the life of a good Samaritan who becomes famous as a result of his/her good deed(s). Describe the before and after phases. Then talk about which changes are for the better and which are for the worse, and why.

CRITICAL THINKING

Evaluation Before students watch the short film, have them imagine that they are film critics. Have them jot down three criteria they will use to evaluate the film; for example: cinematography, plot/script, character development. After the class has watched the film, have students share their personal opinions based on these criteria.

TEACHING TIPS

Film Synopsis When a television repairman shows up at the home of a client, he is surprised by a very unusual request. Will he be able to accommodate his client's request?

Suggestions

- Have students describe the movie poster and give their opinion of it.
- Point out that the title is simply the main character's profession. Ask students if they think this is a good title, based on the picture in the poster and in the stills.

21st CENTURY SKILLS

Social and Cross-Cultural Skills Have students work in groups to choose one or two aspects of the film that is different from what they would expect in their daily life. Ask students to write two to three sentences about the difference(s) and how they would explain what is different to a visitor from that culture.

Video: Short Film

Un film de Simon-Olivier Fecteau
LE TECHNICIEN
avec PIERRE COLLIN • Directrice de la photographie GENEVIÈVE PERRON
Monteur SIMON-OLIVIER FECTEAU • Directrice de casting ANIK PION
Directeur artistique GREG NOWAK • Directeur cinéma numérique JEAN-PIERRE TRUDEL

CRITICAL THINKING

Analysis Ask students to write a portrait of the technician based on how he appears on the poster. They should hypothesize on what his personality and everyday life are like.

CRITICAL THINKING

Analysis and Synthesis After students have watched the film, ask them whether they think the poster portrays the technician as he is revealed in the film and whether their hypotheses about him were correct. Ask them to suggest or create an alternate poster based on his actions in the film.

INTRIGUE *Un technicien est appelé chez un client âgé qui pense avoir des problèmes avec sa télévision.*

CLIENT C'est ma TV. Elle est toute brisée. Elle est toute brisée.
TECHNICIEN OK. OK. Ben, si vous me laissez entrer, on va regarder ça.
CLIENT Regarde!
TECHNICIEN Ben, écoutez, c'est une vieille TV. C'est normal, c'est un peu flou.
CLIENT Non, non, non, regarde!

Jour 238 de cette guerre qui, jusqu'à présent, a fait des milliers de victimes... La crise économique mondiale frappe à tous les niveaux. La famine en Éthiopie touche des millions d'enfants entraînant chez plusieurs la malnutrition grave ou même la mort.

CLIENT Peux-tu me réparer ma TV?
TECHNICIEN Écoutez, euh... c'est pas le genre d'affaires qu'on prend, juste... Y a pas de formation qui... qui...
CLIENT Peux-tu la réparer?
TECHNICIEN Bien... On va regarder si c'est pas un problème technique. Peut-être les câbles...

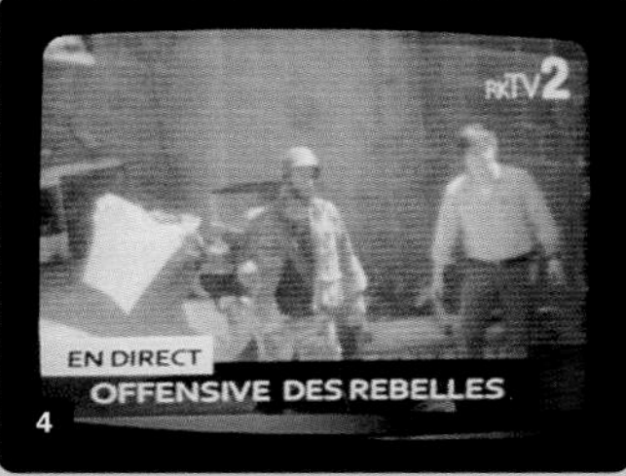

Mesdames et messieurs, c'est absolument incroyable. Le chef des sudistes offrirait sa reddition, se rendrait. C'est un conflit quasi-centenaire qui serait réglé. Nous assistons à un jour véritablement historique. Maintenant, l'information qui demeure, c'est de connaître l'identité de cet homme...

Aujourd'hui, à la bourse mondiale, le NASDAQ a affiché une hausse saisissante de 2400 points et qui semble avoir redémarré l'économie mondiale. Aucun analyste n'est en mesure d'expliquer cette hausse.

Mesdames et messieurs, nous apprenons à l'instant qu'un tsunami a frappé la côte ouest du Japon... La secousse sismique d'une magnitude de 9,3 sur l'échelle de Richter s'est produite...

Note CULTURELLE

Le français parlé au Québec

Au Québec, les relations ont tendance à être plus informelles et décontractées qu'en France et ceci se remarque facilement dans les conversations de tous les jours. La particule **ne** de l'expression négative **ne... pas** est souvent omise par les Québécois. On entendra, par exemple, comme dans le court métrage, «C'est pas le genre d'affaires qu'on prend» au lieu de «Ce n'est pas le genre d'affaires qu'on prend». L'expression «il n'y a pas» deviendra même «y a pas». Le tutoiement est aussi beaucoup plus fréquemment utilisé au Québec que dans la plupart des autres pays francophones. Le vouvoiement, lui, est surtout employé par égard à l'âge de l'interlocuteur, comme on le voit dans le film.

CRITICAL THINKING

Analysis Have students work in pairs and write on separate strips of paper ten sentences summarizing the events of the video. Then have them give the strips of paper to another pair to put in sequential order. Those students should then read their sequence aloud and have an opportunity to reorder any sentences that might be in the wrong order.

CRITICAL THINKING

Synthesis Working in pairs, ask students to write a scene that shows what happens next. Have students share the details of, or act out, their "sequel". Take a class vote for the best sequel.

TEACHING TIPS

Cultural Note Another particularity of Canadian French is to use **tu** to form questions in informal conversation. For example, **Elle est-tu cassée, ma télé?** (for **Est-ce que ma télé est cassée?**). In such cases, **tu** functions as an interrogative particle and it should never be confused with the subject pronoun **tu**.

Previewing Strategy Ask pairs to read the dialogue aloud while a third student reads the journalists' parts. Then have them think of three questions they would like to have answered while viewing the film. Write some of their questions on the board.

PRE-AP®

Audiovisual Interpretive Communication
Students look back on their own experiences with and/or attitudes about the particular theme or context to which the film will relate.

Viewing Strategy Ask students to pay close attention to the characters' facial expressions and to their own reactions to the characters' actions and emotions while viewing the film. This will help students understand the content and themes of the film.

Suggestions

- After viewing the film, have students work in small groups to propose alternate titles. Have the groups present them, explaining their reasons for their choices. Finally, have the class vote on the best alternate title.
- Ask students to point to each still and describe what they see. Encourage further use of the language by asking questions.
- Ask students to consider what they would do in the technician's situation.

TEACHING TIPS

1 Suggestion If necessary, replay scenes from the film to help students answer the questions.

1 Expansion Have students write 4–5 true/false statements based on the film. Have them exchange papers with a partner and indicate which are true and which are false. Ask them to correct the false statements

2 Expansion Have pairs write two additional interpretation questions for other pairs to answer.

3 Expansion Have students use their imagination to invent other ways the technician could intervene to change the world.

4 Suggestion Ask each group to share its top ranking good deed orally with the class and explain why it is in first place.

5 Suggestion Divide the class into 2 groups and have them debate question 2. One group believes the technician will become famous while the other argues that he will prefer to remain anonymous. Have the two groups discuss potential reasons and consequences for the technician's choice.

Analyse

1 Answers may vary slightly.
1. Il vient réparer la télévision. Il vérifie que ce n'est pas un problème technique ou un problème de câbles. Il pense que l'image est mauvaise parce que la télévision est vieille.
2. Il y a la crise et les entreprises sont très touchées.
3. Il y a une guerre, une augmentation du nombre de cancers et la famine en Éthiopie. Une petite fille a aussi disparu et l'équipe de curling a une très mauvaise saison et ne va pas pouvoir aller aux Jeux olympiques.
4. Il décide d'intervenir pour essayer de changer les choses dans le monde.
5. La guerre est terminée. Un homme inconnu a parlé au chef de la rébellion et celui-ci s'est rendu.
6. Le pays est devenu riche; l'économie mondiale a redémarré.
7. On a peut-être trouvé un remède contre le cancer.
8. Le joueur de curling a gagné son match et va pouvoir aller aux Jeux olympiques.
9. Elle avait disparu mais elle a été retrouvée par un homme dans la forêt.
10. C'est un homme inconnu (le technicien).

3 Answers will vary.

1 Compréhension **Répondez aux questions par des phrases complètes.**

1. Que fait le technicien chez le monsieur? D'après lui, pourquoi l'image sur la télévision n'est-elle pas de bonne qualité?
2. Décrivez la situation économique au début du court métrage.
3. Quelles sont les autres mauvaises nouvelles mentionnées par les journalistes?
4. Qu'est-ce que le technicien décide de faire quand il comprend le désespoir du vieux monsieur?
5. Quel est l'événement historique mentionné par le journaliste dans la deuxième partie du court métrage? Donnez les détails de ce qui s'est passé.
6. Pourquoi voit-on les Éthiopiens danser? Que s'est-il passé d'autre de positif dans l'économie mondiale?
7. Que s'est-il passé d'incroyable dans le domaine de la médecine?
8. Et dans le monde du sport, quelle est la bonne nouvelle?
9. Décrivez ce qui est arrivé à la petite Émilie.
10. D'après les journalistes, qui est à l'origine de tous ces changements positifs?

2 Interprétation **Répondez aux questions avec un(e) camarade.**

1. À votre avis, le vieux monsieur pense-t-il vraiment que sa télévision est cassée? Décrivez et expliquez le petit malentendu entre lui et le technicien au début du court métrage.
2. Expliquez la réponse suivante du technicien quand le client insiste pour qu'il répare sa télévision: «C'est pas le genre d'affaires qu'on prend, juste... Y a pas de formation qui... qui...»
3. Décrivez la fin du court métrage et expliquez le dernier commentaire du client.

3 Un article **Écrivez un article, à la manière de ceux qu'on trouve dans le journal, dans lequel vous résumez les interventions et les actions du technicien.**

4 Les bonnes actions **Par petits groupes, discutez de l'intervention du technicien dans les divers problèmes dans le monde et évaluez ses bonnes actions. Laquelle est la plus louable (*commendable*), d'après vous? Pourquoi? Classez ses bonnes actions de la plus louable à la moins importante puis donnez les raisons de votre choix.**

5 Suite **Par petits groupes, imaginez la suite de l'histoire du court métrage en considérant les questions suivantes.**

1. Que va faire le technicien maintenant? Va-t-il reprendre son travail comme avant ou bien va-t-il continuer ses interventions et ses bonnes actions dans le monde? Expliquez et justifiez votre réponse.
2. En quoi sa vie va-t-elle changer? Deviendra-t-il célèbre ou préférera-t-il rester anonyme? Pourquoi, à votre avis?

Practice more at **vhlcentral.com.**

CRITICAL THINKING

Evaluation Ask pairs of students to write a review of the **court métrage**. In the first few lines they should summarize the film and give the actors' and director's names. In the middle of the paragraph, students should give their opinion of the film. In the final few lines, students should recommend the film to certain types of people for specific reasons.

CRITICAL THINKING

Analysis Brainstorm a list of themes evident in the short film; for example, hopelessness and the desire to help others. Then divide the class into small groups and have them discuss the themes, drawing from their own experiences.

6 

À l'aide, monsieur le technicien! Par petits groupes, discutez de trois problèmes qui touchent votre pays en ce moment. Vous pouvez vous inspirer de la liste ci-dessous et/ou considérer d'autres problèmes. Ensemble, évaluez les trois problèmes sélectionnés et choisissez celui qui vous semble le plus important aujourd'hui. Discutez des causes et des conséquences de ce problème en donnant des détails et des exemples. À votre avis, que pourrait faire le technicien pour essayer de résoudre ce problème? Échangez quelques idées en groupes, puis présentez la meilleure à la classe.

- la pauvreté (*poverty*) et la précarité (*insecurity, instability*)
- le problème des sans-abris (*homelessness*)
- la crise économique
- le chômage (*unemployment*)
- les problèmes de l'environnement
- les problèmes liés à la santé
- la violence et le crime

7 

Citations Choisissez une des trois citations suivantes et discutez-en par petits groupes.

1. Aimez-vous ces émissions? Pourquoi?
2. Les personnages de ces émissions se comportent-ils de manière habituelle?
3. Quel effet a la caméra sur le comportement de ces personnes, à votre avis?
4. Qu'est-ce qu'il y a de réel dans ces émissions?

«Une bonne action trouve toujours sa récompense».
—*Alexandre Dumas*

«L'homme n'est point fait pour méditer, mais pour agir».
—*Jean-Jacques Rousseau*

«La bonne action qu'on fait n'est pas toujours celle qu'on croit faire».
—*Victor Hugo*

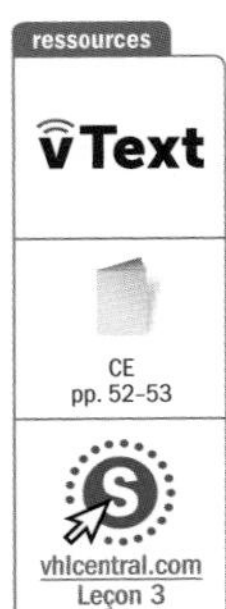

TEACHING TIPS

6 Previewing Strategy Before assigning the activity, have students brainstorm a list of important problems faced by your country. Then ask: **Pourquoi pensez-vous que ces problèmes sont importants?**

 **21st CENTURY SKILLS**

6 Flexibility and Adaptability Remind students to include input from all team members, adapting their presentation so it represents the whole group.

NATIONAL STANDARDS

Cultures/Comparisons Assign various Francophone countries to small groups of students and have them research societal and environmental problems that are prevalent in these countries. Have students present their findings to the class, explaining the causes and consequences of these problems. Then, as a class, compare and contrast these problems with those students discussed in Activity 6.

7 Expansion Divide the class into 3 groups and have each one research information on one of the authors listed in Activity 7. Have them prepare a short biography to share with the class.

CRITICAL THINKING

Application Ask pairs of students to create alternate posters for the short film based on what they have seen and discussed. Display the posters at the front of the room and ask the class to vote on different categories: **Le meilleur dessin, Le meilleur contenu, Le plus original, etc.**

CRITICAL THINKING

Synthesis Have students work in pairs to write and act out an interview between a journalist and the technician after he has officially been identified. Students should include information about the following in their interviews: the technician's personal life, his reasons for deciding to intervene, other problems he might want to try and resolve, and his plans for the future.

Section Goals

In **Imaginez**, students will:

- read about **le Québec**
- be introduced to phrases commonly used in **le Québec**
- learn about some well-known activities and sights in **le Québec**

Key Standards

2.1, 2.2, 3.2, 4.2, 5.1

21st CENTURY SKILLS

Global Awareness
Students will gain perspectives on the Francophone world to develop respect and openness to other cultures.

Student Resources
Cahier de l'élève, p. 40; Supersite: Activities, *eCahier*
Teacher Resources
Answer Keys

TEACHING TIPS

Suggestion
Explain to students that Quebec is the name of a province of Canada as well as of the capital city of that province. Tell them to use **le Québec** when referring to the Province of Quebec and **Québec** (no article) to refer to Quebec City.

AFFECTIVE DIMENSION
Have students work in pairs (one student in each pair should be a stronger student) and look at the features of the **Imaginez** spread before reading. Students should look at headlines, photos, captions, bold words, and feature boxes. What do all these features tell them about the reading?

NATIONAL STANDARDS
Connections: Music The songs of Gilles Vigneault and Félix Leclerc celebrate **Québec** and its cultural identity. Have students choose one singer and research his life, his music, and his impact.

Galerie de Créateurs

IMAGINEZ

LE QUÉBEC

Une manifestation en faveur de la souveraineté du Québec

La souveraineté du Québec

Un **Québec** francophone et souverain, voilà l'idée que va défendre **René Lévesque** (1922–1987) pendant toute sa carrière politique. D'abord journaliste, Lévesque occupera plusieurs postes de ministre sous le gouvernement de **Jean Lesage** (1912–1980), **Premier ministre** du Québec dans les années 1960.

Pendant cette période, qu'on a appelée la **Révolution tranquille**, l'idée de la souveraineté du Québec, c'est-à-dire de la création d'un pays québécois à part entière°, domine le débat politique. L'éducation francophone et laïque° se développe et une vraie politique culturelle est mise en place. Les Québécois prennent conscience de leur identité propre et de leur culture francophone.

Ce phénomène se reflète surtout dans la chanson et dans le cinéma. Des chanteurs comme **Félix Leclerc** (1914–1988) et **Gilles Vigneault** (1928–) défendent l'idée de la souveraineté et font renaître la tradition de la chanson francophone québécoise. **Robert Charlebois** (1944–) reprend cette tradition et la modernise. Le cinéma québécois francophone se développe grâce à la création, en 1967, de la **Société de Développement de l'Industrie Cinématographique Canadienne** (SDICC) qui apporte une aide financière aux réalisateurs comme **Denys Arcand**.

Sur le plan politique, c'est en 1968 que René Lévesque fonde le **Parti québécois** ou PQ, qui demande la souveraineté du Québec. Quand Lévesque est élu Premier ministre en 1976, c'est la première fois qu'un tel° parti arrive au pouvoir. Dès° l'année suivante, la **Loi 101** pour la défense du français est votée. En effet°, beaucoup de jeunes Québécois choisissaient de recevoir une éducation en anglais. Cette loi oblige tous les immigrants à aller à l'école française. En outre°, l'affichage° doit être en français dans les lieux publics et dans les magasins.

René Lévesque, fondateur du Parti québécois

Aujourd'hui, grâce à ces mesures, le Québec est à plus de 82% francophone. Cependant, le cœur° du programme indépendantiste est bien la souveraineté totale. Celle-ci ne peut vraiment se faire que si la majorité des Québécois votent en sa faveur.

Une série de **référendums** est organisée: si la population répond «oui», le Québec s'émancipera. Mais voilà: à chaque fois, le «non» l'emporte°! Au référendum de 1995, il n'y avait plus que 50.000 voix° de différence, alors les partisans du «oui» n'ont pas encore dit leur dernier mot. Affaire à suivre…

D'ailleurs…

Le 24 juillet 1967, le président français, **Charles de Gaulle**, qui est en visite à **Montréal**, proclame son soutien au mouvement de souveraineté du Québec. Pendant un discours° qu'il prononce du balcon de l'Hôtel de ville, il s'exclame: «Vive Montréal! Vive le Québec! Vive le Québec... libre! Vive le Canada français et vive la France!»

à part entière *on its own* **laïque** *secular* **un tel** *such a* **Dès** *From* **En effet** *Indeed* **En outre** *In addition* **affichage** *display/posting* **cœur** *core* **emporte** *wins* **voix** *votes* **discours** *speech*

ressources

vText

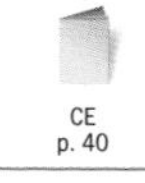

CE p. 40

vhlcentral.com Leçon 3

PRE-AP®

Presentational Writing Ask students to research current events in **Québec**, focusing on the current political situation and especially any information about the independence movement. Students should first take notes, then write a short essay summarizing their findings.

CRITICAL THINKING

Analysis Locate a recording of ***Gens du pays*** by Gilles Vigneault. The song is sometimes called the unofficial national anthem of **Québec**. Have students listen to the recording and explain why they think it symbolizes the **Québec** sovereignty movement. You may also want to distribute a copy of the lyrics.

Découvrons le Québec

Je me souviens Cette devise° est apparue sur les plaques d'immatriculation° québécoises en 1939. **Eugène-Étienne Taché**, architecte et homme politique québécois, fait graver°, en 1883, «Je me souviens» au-dessus de° la porte du parlement québécois. Taché n'a jamais précisé ce qu'il a voulu dire par ces mots, mais ils sont probablement liés à l'histoire de la Province que cette façade rappelle.

La fête de la Saint-Jean Le 24 juin, c'est le jour de la **Saint-Jean-Baptiste**, le patron des Canadiens francophones. C'est aussi, depuis 1977, la Fête nationale du Québec. Arrivée en Amérique avec les premiers colons français, cette fête, qui a des racines° à la fois païennes° et religieuses, y est célébrée depuis 1638 environ. Aujourd'hui, c'est un immense festival qui donne aux Québécois l'occasion de montrer leur fierté° et leur héritage culturel.

La poutine Elle consiste en un mélange de frites et de fromage cheddar râpé°, le tout recouvert d'une sauce brune chaude qui fait fondre° le fromage. C'est une spécialité québécoise très appréciée qui trouve son origine dans les milieux ruraux° des années 1950. Aujourd'hui, au Québec, presque tous les restaurants à service rapide offrent de la poutine.

La ville souterraine de Montréal Construite vers 1960 et appelée **RÉSO** depuis 2004, la ville souterraine° comprend 60 complexes résidentiels et commerciaux reliés par° 30 kilomètres de tunnels. On y trouve sept stations de métro et deux gares qui desservent° la banlieue, des banques, des centres commerciaux, des bureaux et même des hôtels. Plus de 500.000 personnes y passent chaque jour, surtout en hiver!

devise *motto* **plaques d'immatriculation** *licence plates* **graver** *to engrave* **au-dessus de** *above* **racines** *roots* **païennes** *pagan* **fierté** *pride* **râpé** *grated* **fondre** *melt* **ruraux** *rural* **souterraine** *underground* **reliés par** *linked by* **desservent** *serve*

Le français parlé au Québec

Le joual (français québécois)

un abreuvoir	une fontaine; *drinking fountain*
l'achalandage (*m.*)	la circulation
une aubaine	une promotion; *sale, promotion*
avoir l'air bête	être désagréable, impoli
bienvenue	de rien
une blonde	une copine; *girlfriend*
bonjour	au revoir
un breuvage	une boisson
un char	une voiture
chauffer	conduire
un chum	un copain; *boyfriend, male friend*
la crème glacée	la glace
débarquer (du bus, du métro)	descendre
le déjeuner	le petit-déjeuner
le dîner	le déjeuner
être plein	avoir trop mangé; *to be full*
magasiner (faire du magasinage)	faire des courses
ça mouille	il pleut
le souper	le dîner

PRE-AP®

Integrated Skills Have students work in pairs to create a conversation between two young people in the city of **Montréal**. Their goal is to use as many of the **joual** expressions as possible. Pairs should present their skits to the class, using appropriate intonation, gestures, props and visuals to support their stories.

PRE-AP®

Presentational Speaking Ask students to research the main events in the history of **Québec**. They should summarize the information on a timeline, adding illustrations to accompany as many events as possible. Say: **Vous allez préparer une présentation orale qui condense l'histoire du Québec. N'oubliez pas d'inclure une chronologie ainsi que des illustrations.**

TEACHING TIPS

Cultural Note Point out that many French words and expressions used in the province of **Québec** were part of the spoken French language centuries ago. Over the years, ***le joual*** (another name for the French spoken in **Québec**) has been enriched by other influences, including English. Though it is certainly still the French language, **Québec** French has many different words and expressions than what is considered "standard" French (from France).

Synonymes Point out these additional expressions from Quebec:

Je suis tanné(e)!↔Je suis fatigué(e)!
prendre une marche↔se promener
être sur son 36↔être chic
des patates (*f.*) frites↔des frites
une piastre↔un dollar
des flots↔des enfants

Suggestion Ask students to locate a recipe for **la poutine**. Ask them to present the recipe using illustrations for the ingredients and for the steps in the recipe.

Suggestion Ask students what they think were the reasons for building **la ville souterraine de Montréal**.

NATIONAL STANDARDS

Cultures Have students find a calendar showing all of the Canadian holidays throughout the year. Then have them find out information about one holiday in depth and write a paragraph about it before they present their findings to the class. Be sure that all holidays are covered. You might have students create an illustration with a caption to communicate the atmosphere or traditions of "their" holiday.

TEACHING TIPS

Previewing Strategy Ask students to read the activities and **Épreuve** questions before reading **pp. 84-85**. As they read, have them take notes on information relating to the comprehension questions.

Suggestion Ask students to list at least one question they have after reading **pp. 84-85**. Then encourage students to research the answers to their questions and present both questions and answers to the class.

1 Suggestion Make Activity 1 into a contest. Have students work in groups of six. Give an index card to the first student in the group and have him or her hold the card vertically. Ask the question. The student writes the answer and passes the card to the next student. Continue in this manner until one group finishes and the last person in the group brings the card to you. The team that finishes first and has more correct answers is the winner.

Extra Practice Ask pairs of students to create another **Épreuve** where one of the wrong answers is actually the correct answer. Pairs exchange these new **Épreuves** and answer the questions.

Suggestion Have students work in groups to prepare and present the project.

Qu'avez-vous appris?

1 **Vrai ou faux?** Indiquez si les affirmations sont vraies ou fausses, et corrigez les fausses. Answers may vary slightly.

1. L'un des plus grands défenseurs d'un Québec francophone et souverain était Félix Leclerc. Faux. L'un des plus grands défenseurs d'un Québec francophone et souverain était René Lévesque.
2. La notion de la souveraineté du Québec domine le débat politique, pendant la Révolution tranquille. Vrai.
3. Le cinéma québécois francophone se développe grâce à la création du Parti québécois. Faux. Le cinéma québécois francophone se développe grâce à la création de la Société de Développement de l'Industrie Cinématographique Canadienne.
4. L'ancien président français Charles de Gaulle était pour la souveraineté du Québec. Vrai.
5. «Je me souviens» est l'hymne national du Québec. Faux. C'est la devise du Québec.
6. RÉSO est le nom donné à une fête québécoise importante. Faux. C'est le nom donné à une ville souterraine qui a été construite sous Montréal vers 1960.

2 **Questions** Répondez aux questions. Answers may vary slightly.

1. Pourquoi 1976 est-elle une année importante pour le Parti québécois? 1976 est une année importante pour le PQ parce que René Lévesque est élu Premier ministre.
2. Quel est une des conséquences de la Loi 101? La Loi 101 oblige l'affichage en français dans les lieux publics et dans les magasins.
3. Qui sont les deux chanteurs qui contribuent à la renaissance de la chanson francophone québécoise? Félix Leclerc et Gilles Vigneault contribuent beaucoup à sa renaissance.
4. Quelle sorte de fête est la Saint-Jean aujourd'hui? C'est un immense festival qui donne aux Québécois l'occasion de montrer leur fierté et leur héritage culturel.
5. Qu'est-ce que la poutine? C'est une spécialité québécoise. C'est un mélange de frites et de Cheddar râpé recouvert d'une sauce brune.
6. Qu'est-ce que «la Révolution tranquille»? C'est l'époque où l'idée de la création d'un pays québécois à part entière domine le débat politique.

Projet

Festivals au Québec

Vous connaissez déjà la fête de la Saint-Jean, mais le Québec est une Province aux multiples festivals. Imaginez que vous soyez agent de publicité et que vous deviez créer une brochure pour un festival francophone au Québec. Faites des recherches pour choisir un festival et trouver les informations nécessaires.

- Quel est le nom du festival?
- Quelles sont ses dates?
- Quel est son thème?
- Que fait-on au festival pour s'amuser? (trois activités)

Practice more at **vhlcentral.com.**

ÉPREUVE

Trouvez la bonne réponse.

1. ______ est un réalisateur francophone québécois.
   (a.) Denys Arcand b. Robert Charlebois c. Jean Lesage d. René Lévesque
2. ______ fonde le Parti québécois en 1968.
   a. Félix Leclerc b. Saint-Jean Baptiste c. Jean Lesage (d.) René Lévesque
3. ______ est pour la souveraineté du Québec.
   a. La population canadienne (b.) Le Parti québécois c. Atlan d. La loi 101
4. Charles de Gaulle a soutenu ______.
   (a.) le mouvement de souveraineté du Québec b. Eugène-Étienne Taché c. la Loi 101 d. la construction du RÉSO
5. La devise du Québec est ______.
   a. «Vive le Québec libre!» b. «Au bout de la route» (c.) un rappel de l'histoire d. un hommage à Lévesque
6. La phrase «Je me souviens» est inscrite sur ______.
   a. les permis de conduire québécois b. le drapeau québécois (c.) les plaques d'immatriculation d. les cartes d'électeurs
7. La Saint-Jean-Baptiste est ______.
   a. un parti politique b. un quartier souterrain c. une spécialité québécoise (d.) la Fête nationale du Québec
8. La poutine a son origine dans les ______ du Québec.
   a. chaînes internationales b. restaurants rapides (c.) milieux ruraux d. quartiers industriels
9. Dans le RÉSO, il y a des complexes résidentiels et commerciaux reliés par des ______.
   (a.) tunnels b. minibus c. tramways d. autoroutes
10. Plus de ______ personnes passent par le RÉSO tous les jours, surtout en hiver.
   a. 300.000 (b.) 500.000 c. 50.000 d. 400.000

CRITICAL THINKING

Application Have students work in groups to create a TV commercial using the information from their brochures for the **Projet**. The commercial is part of a ***Visitez le Québec*** campaign. One student should be a commentator interviewing other students who are acting out short scenes from the celebration.

CRITICAL THINKING

Synthesis Have students work in pairs to discuss the advantages and disadvantages of **Québec**'s proposed sovereignty from the rest of Canada. They should consider culture, government, economy, education, natural resources, etc. They can also base their ideas on what might happen if one of the U.S. states decided to secede.

 Video: TV Clip

Vendredi

1 Préparation Répondez aux questions.

1. Comment vous tenez-vous au courant de l'actualité?
2. Quels sont les avantages des journaux traditionnels? Quels sont les avantages de l'Internet?

Vocabulaire du film

fournir *to relay; to supply*
subsister *to remain*

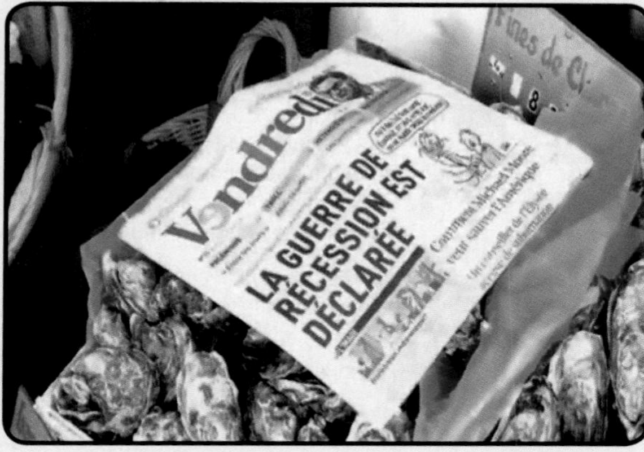

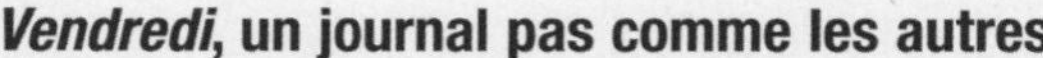

Vendredi, un journal pas comme les autres

Dans le paysage (*landscape*) médiatique français, *Vendredi* est un véritable OVNI (*UFO*) parce qu'il va à l'inverse de la presse traditionnelle. Quand la plupart des journaux s'efforcent (*are trying hard*) encore de publier leurs articles sur Internet, *Vendredi*, lui, transfère chaque semaine les «meilleures infos du Net» sur papier. Ses journalistes y rassemblent (*gather*) pour nous l'info la plus croustillante (*latest-breaking*) parmi des (*among*) centaines de sites et blogs. Le principe ressemble un peu à celui du célèbre *Courrier international* qui traduit en français les meilleurs articles de la presse étrangère. D'ailleurs (*Moreover*), Jacques Rosselin, qui est à l'origine de ce dernier (*the latter*), est également un des pères de *Vendredi*. Souhaitons à *Vendredi* le même succès que *Courrier international*! Dans cette pub, *Vendredi* remet en cause (*challenges*) l'aspect pratique de l'information en ligne et prône (*advocates*) un retour au papier, support (*medium*) aux usages multiples.

2 Compréhension Répondez aux questions par des phrases complètes.

1. Selon le clip, quelle est la révolution associée à la modernité? l'invasion des nouvelles technologies
2. Qu'est-ce que l'homme moderne a la possibilié de faire grâce à l'Internet? Il peut trouver des informations croustillantes que les médias traditionnels ne lui fournissent pas.
3. Qu'est-ce qu'on trouve dans *Vendredi*, d'après le clip? On y trouve l'info qui change.

3 Discussion Répondez aux questions en donnant des détails.

1. Expliquez l'ironie de la dernière phrase de la vidéo: «Internet, c'est pas mal, mais le papier, ça reste utile. Surtout vendredi, c'est le jour du poisson!»
2. Est-ce que c'est une bonne idée d'utiliser l'ironie dans la publicité, à votre avis? Expliquez.

4 Application Les nouvelles

Est-ce que votre école ou votre communauté rassemble les dernières nouvelles pour les distribuer à tout le monde? Si oui, décrivez comment elle le fait. Pensez-vous que ce soit un moyen efficace de diffuser l'information? Sinon, proposez une idée qui permette la diffusion des actualités dans votre école ou votre communauté. Quel format choisiriez-vous? Papier? Internet? Autre chose? Pourquoi?

 Practice more at **vhlcentral.com.**

CRITICAL THINKING

Comprehension and Analysis Ask students to make a chart with the titles **La presse papier** and **La presse en ligne** and the column headings: **Avantages** and **Inconvénients**. Have them brainstorm ideas and complete the chart in small groups. Then, discuss the pros and cons as a class.

CRITICAL THINKING

Application For one week, have students read the news online from various websites from the Francophone world. Students should choose eight to ten articles that interest them the most and compile the articles in print format to create their own version of ***Vendredi***. Have volunteers present their newspapers to the class, summarizing the articles. Display the newspapers and give students a block of time to read each other's work.

Section Goals

In this section, students will:

- watch a video clip about the French newspaper ***Vendredi***

Student Resources
Cahier de l'élève, p. 40; Supersite: Video, Activities, *eCahier*
Teacher Resources
Video Script & Translation; Answer Key

TEACHING TIPS

PRE-AP®

Audiovisual Interpretive Communication
Before watching the video clip, discuss with students the various ways to obtain local, national, and international news. Make a list on the board. Then take a survey to see which are the most popular with students.

Suggestions

- Before showing the video, ask students to summarize in French an interesting article they recently read online or in a newspaper.
- Ask students to describe the events in the first 30 seconds of the video clip. Ask what these events teach us about reading news online.
- Have students create five true/false statements in writing about ***Vendredi***. Have them exchange their papers with a partner and complete the activity, providing corrections for the false statements.
- Discuss the following as a class: **Le journal *Vendredi* va-t-il avoir du succès, à votre avis? Pourquoi ou pourquoi pas?**

21st CENTURY SKILLS

Social and Cross-Cultural Skills
Have students work in groups to choose one or two aspects of the film that is different from what they would expect in their daily life. Ask students to write two to three sentences about the difference(s) and how they would explain what is different to a visitor from that culture.

Section Goals

In **Structures**, students will learn:

- the **passé composé** with **avoir**
- the **passé composé** with **être**
- the uses of the **passé composé** as compared to the **imparfait**

Key Standards

4.1, 5.1

Student Resources
Cahier de l'élève, pp. 41–43; Supersite: Activities, *eCahier*, Grammar Tutorials
Teacher Resources
Answer Keys; Audio Script; Audio Activity MP3s/CD; Testing program: Grammar Quiz

TEACHING TIPS

Previewing Strategies

- You may wish to assign the Grammar Tutorials as homework in preparation for the **Structures** lesson. These tutorials re-present the grammar taught in **D'accord! 1** and **2**.
- To preview the **passé composé**, share an anecdote about something funny or embarrassing that happened in the past to you or to someone you know. Use only verbs conjugated with **avoir**. Write the **passé composé** of the verbs you use on the board as you tell the story.

Extra Practice Divide the class into small groups. Give groups two minutes to think of as many regular **-er, -ir**, and **-re** verbs as possible. When the time is up, have students ask each other questions using the **passé composé** of 4 of the verbs on their list.

Language Learning As a memorization aid, have students group the irregular past participles into categories based on similarities in their spelling. Example: **conduit, écrit, dit.**

3.1

The *passé composé* with *avoir*

La devise d'Éthiopie a fait un gain historique de 1200%, ce qui a propulsé le pays le plus pauvre au rang des plus riches.

- To talk about completed events in the past, you can use the **passé composé**. The **passé composé** of most verbs is formed by combining the past participle of the main verb with the present tense of **avoir**.
- In the **passé composé**, the form of **avoir** changes according to the subject, but the past participle usually remains the same. The past participles of regular **-er**, **-ir**, and **-re** verbs follow predictable patterns.

Marcel **a gagné** au loto!

ATTENTION!

Whenever a direct object is placed before a past participle, the past participle agrees with it in gender and number. Compare these sentences:

Sophie a lu la bande dessinée.
(No agreement)
Sophie read the comic strip.

Sophie l'a lue.
(Past participle agrees with **bande dessinée.**)
Sophie read it.

BLOC-NOTES

For more information about past participle agreement with **avoir**, see **Fiche de grammaire 5.5, p. 390.**

The *passé composé* of regular -er, -ir, and -re verbs

	manger	choisir	vendre
j'ai **tu** as **il/elle** a **nous** avons **vous** avez **ils/elles** ont	**mang**é	**chois**i	**vend**u

- Several irregular verbs also have irregular past participles.

avoir	**eu**	**mettre**	**mis**
boire	**bu**	**ouvrir**	**ouvert**
conduire	**conduit**	**pleuvoir**	**plu**
connaître	**connu**	**pouvoir**	**pu**
courir	**couru**	**prendre**	**pris**
croire	**cru**	**recevoir**	**reçu**
devoir	**dû**	**rire**	**ri**
dire	**dit**	**savoir**	**su**
écrire	**écrit**	**suivre**	**suivi**
être	**été**	**vivre**	**vécu**
faire	**fait**	**voir**	**vu**
lire	**lu**	**vouloir**	**voulu**

DIFFERENTIATION

For Inclusion Have students work in pairs or groups of three to practice the **passé composé** of regular and irregular verbs. If possible, distribute small whiteboards and a dry-erase marker to each group.

DIFFERENTIATION

To Challenge Students Have students work in pairs. They will play a game using dice to review the irregular past participles. Player 1 chooses an irregular verb and throws the dice to determine a subject pronoun—1 = **je**; 2 = **tu**; 3 = **il/elle**; 4 = **nous**; 5 = **vous**; 6 = **ils/elles**. Player 2 gives the subject and the **passé composé** form. He/She gets one point for a correct answer.

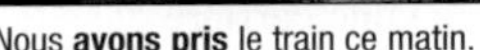
Nous **avons pris** le train ce matin.

Il **a couru** longtemps.

- Use the **passé composé** to talk about completed actions or events in the past or to describe a reaction or change in state of mind or condition.

On **a enregistré** le feuilleton **lundi**. *We recorded the soap opera Monday.*	J'**ai vécu** en France **pendant six mois**. *I lived in France for six months.*
Soudain, on **a eu** peur. *Suddenly, we were afraid.*	**Hier**, il a commencé à pleuvoir. *Yesterday, it started to rain.*

- Sentences in the **passé composé** often include a reference to a specific moment in time or duration. These expressions are used frequently in the **passé composé**:

à ce moment-là *at that moment*	**pendant une heure (un mois, etc.)** *for an hour (a month, etc.)*
enfin *at last*	**récemment** *recently*
finalement *finally*	**soudain** *suddenly*
hier (matin, soir, etc.) *yesterday (morning, evening, etc.)*	**tout à coup** *all of a sudden*
immédiatement *immediately*	**tout de suite** *right away*
longtemps *for a long time*	**une fois (deux fois, etc.)** *once (twice, etc.)*
lundi (mardi, etc.) dernier *last Monday (Tuesday, etc.)*	

- In the **passé composé**, the placement of adverbs varies. These short adverbs go between the helping verb and the past participle:

assez	**déjà**	**peut-être**	**toujours**
beaucoup	**encore**	**presque**	**trop**
bien	**enfin**	**seulement**	**vite**
bientôt	**longtemps**	**souvent**	**vraiment**
	mal	**sûrement**	

- Some common longer adverbs, such as **probablement** and **certainement**, are also placed between the helping verb and the past participle.

Ils ont **certainement** invité Claude. *Certainly they invited Claude.*	Elle a **probablement** oublié le rendez-vous. *She probably forgot the appointment.*

- Longer adverbs can also follow the past participle, especially if they express the manner in which something is done.

J'ai trouvé le cinéma **facilement**. *I found the movie theater easily.*	Elle a parlé **rapidement** de sa carrière. *She spoke quickly about her career.*

BLOC-NOTES

You will learn more about when to use the **passé composé** and when to use the **imparfait** in **Structures 3.3, pp. 96–97.**

ATTENTION!

Remember, to negate a sentence in the **passé composé**, place the **ne... pas** (**ne... jamais**, etc.) around the helping verb.

Nous n'avons jamais vu ce documentaire.

TEACHING TIPS

Suggestions

- You may also want to teach students **tout à l'heure** (*a little while ago; in a little while*) and **désormais** (*from then on; from now on*), which is more literary. Tell them that context will indicate which of the two English translations these expressions represent.
- Challenge small groups of students to write a paragraph that uses all the expressions in the box.

Suggestion Mention that it is also correct to place **facilement** and **rapidement** between the auxiliary and the past participle.

LEARNING STYLES

For Kinesthetic Learners To practice verbs in the **passé composé**, throw a soft, foam ball (or a suitable substitute) to a student and call out a verb and a subject. The student must conjugate the verb in the **passé composé**, then throw the ball to a classmate and name a different verb and subject.

LEARNING STYLES

For Kinesthetic Learners Put students in teams of six. Give the first student on each team a piece of chalk. Write one verb on the board and the first students should run and write the **je** form of the verb in the **passé composé**. They then run back to their team and pass the chalk to the next player, who runs to the board to conjugate the **tu** form. The chalk is passed until a team conjugates the complete verb correctly.

TEACHING TIPS

1 Suggestion Have students exchange papers and correct each other's work. They should refer to the verb chart and list on **p. 88**.

1 Extra Practice Have students research Céline Dion or Roch Voisine and write a short **note culturelle** about them using the **passé composé**.

21st CENTURY SKILLS

Technology Literacy
Ask students to prepare a digital presentation on Céline Dion, Roch Voisine, or another singer of their choice, using the **passé composé**.

3 Expansion Have students write the story in small groups. Then ask volunteers to read their group's story to the class, who will vote on the best written, the funniest, or the most creative.

21st CENTURY SKILLS

3 Flexibility and Adaptability
Remind students to include input from all team members, adapting their story so it represents the whole group.

Mise en pratique

Note **CULTURELLE**

Fondées en 1986, les éditions **L'instant même** ont commencé par publier des écrivains québécois. Aujourd'hui, cette maison d'édition québécoise publie des auteurs du monde francophone et d'ailleurs, principalement des essais, des nouvelles et des romans.

1 **À compléter** Mettez les verbes au passé composé.

1. La maison d'édition, L'instant même, ___a publié___ (publier) cette anthologie.
2. Tu ___n'as pas enregistré___ (ne pas enregistrer) mon émission préférée jeudi dernier?
3. Nous ___avons attendu___ (attendre) deux heures sous la pluie.
4. Après avoir réfléchi, j' ___ai choisi___ (choisir) une carrière dans le cinéma.
5. Céline Dion et Roch Voisine ___ont chanté___ (chanter) une chanson ensemble.
6. Vous ___avez entendu___ (entendre) la publicité pour le nouveau reportage à la radio?
7. Hier soir, au cinéma, je ___n'ai pas pu___ (ne pas pouvoir) lire les sous-titres.
8. Pendant deux ans, ma famille et moi ___avons vécu___ (vivre) à Montréal.
9. Au centre-ville, je ___n'ai pas conduit___ (ne pas conduire) ma voiture.
10. Vous ___avez appris___ (apprendre) le français au Québec?

2 **À transformer** Mettez chaque phrase au passé composé.

1. L'envoyée spéciale travaille tard. ___L'envoyée spéciale a travaillé tard.___
2. Je ne bois pas trop de café. ___Je n'ai pas bu trop de café.___
3. D'abord, vous devez vérifier vos sources. ___D'abord, vous avez dû vérifier vos sources.___
4. Les acteurs jouent bien leur rôle. ___Les acteurs ont bien joué leur rôle.___
5. Malheureusement, il pleut sans arrêt. ___Malheureusement, il a plu sans arrêt.___
6. On veut s'informer. ___On a voulu s'informer.___
7. Dans ton métier de journaliste, tu dis toujours la vérité. ___Dans ton métier de journaliste, tu as toujours dit la vérité.___
8. Nous ne croyons jamais la presse à sensation. ___Nous n'avons jamais cru la presse à sensation.___
9. Ils suivent les documentaires sur l'histoire canadienne. ___Ils ont suivi les documentaires sur l'histoire canadienne.___
10. Je ris à cause de cette bande dessinée. ___J'ai ri à cause de cette bande dessinée.___

3 **À vous la parole!** Assemblez les parties de chaque colonne pour écrire une histoire au passé. Utilisez votre imagination!

A	B	C	D
récemment	je	connaître	
une fois	mon/ma camarade de chambre/colocataire	mettre	
la semaine dernière	mes amis/copains	savoir	
à ce moment-là	mon/ma (petit[e]) ami(e)	conduire	?
tout à coup	la vedette de cinéma	courir	
enfin	le photographe	suivre	
?	?	?	

Practice more at **vhlcentral.com.**

LEARNING STYLES

For Visual Learners Ask students to think of a funny thing that happened to them in the past and to make a comic-strip presentation of the story. One scene should represent each part of the event. Then students can label the scenes with phrases or verbs in the **passé composé**.

LEARNING STYLES

For Auditory Learners Give students a list of activities they might have done yesterday, such as: **assister à un match de football** or **conduire une voiture**. They go around the room asking and answering a question for each activity; for example: **Est-ce que tu as assisté à un match de football hier?** When they find someone who says **oui**, they write the name next to the activity. They should also ask an additional question; for example: **Avec qui as-tu assisté au match?**

Communication

4 **Vos activités** Voici une liste d'activités. Quand avez-vous fait ces choses récemment? Avec un(e) camarade de classe, posez-vous des questions à tour de rôle.

Modèle **écouter une bande originale**
—Quand est-ce que tu as écouté une bande originale récemment?
—J'ai écouté une bande originale ce matin.
—Quelle bande originale as-tu écoutée?
—J'ai écouté la bande originale du film *Slumdog Millionaire*.

regarder un documentaire	lire un hebdomadaire	naviguer sur le web
voir un feuilleton	réussir à un examen	faire une annonce
écrire/recevoir un e-mail	graver un CD pour un(e) ami(e)	ouvrir un journal
être en vacances	prendre une photographie	rire aux éclats

5 **La première** Imaginez que quelqu'un vous ait invité(e) à la première d'un film populaire. Avec un(e) camarade, discutez de l'événement auquel vous avez assisté le week-end passé.

- Quels vêtements as-tu mis?
- As-tu vu des personnes célèbres?
- Les reporters ont-ils interviewé les vedettes?
- Quelles questions ont-ils posées?
- Comment ont-elles répondu?
- Tes amis et toi, avez-vous pris des photos?
- De qui avez-vous fait la connaissance?
- ...?

6 **Les divertissements** Que faites-vous pour vous divertir? Quelles sortes d'activités pratiquez-vous?

A. Faites une liste de dix à quinze choses amusantes que vous avez faites ou que vous avez eu envie de faire le mois dernier.

B. À deux, demandez à votre camarade s'il/si elle a pratiqué les activités de votre liste et écrivez oui ou non à côté de chacune.

C. Par groupes de quatre, décrivez tour à tour ce que votre camarade a fait ou n'a pas fait le mois dernier. Limitez-vous à quatre ou cinq activités par personne.

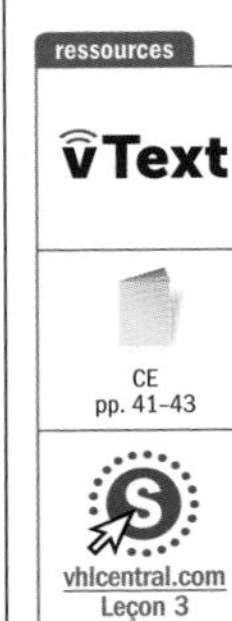

TEACHING TIPS

4 Suggestion Before completing the activity, have students go through the list of verbs and write the past participle of each one.

4 Expansion Encourage students to ask each other about additional activities they have done recently, besides the ones given.

4 Partner Chat You can also assign Activity 4 on the Supersite. Students work in pairs to record the activity online. The pair's recorded conversation will appear in your gradebook.

5 Language Learning You may want to give students the term **le tapis rouge**.

5 Expansion As a follow-up activity, ask: **Vous êtes-vous déjà trouvé(e) face à face avec une vedette de cinéma ou de la chanson? Si oui, qu'avez-vous fait?** Have pairs discuss.

DIFFERENTIATION

For Inclusion Before assigning Activity 5, write a sample script for the activity. Underline the parts students can change for their own conversations. Also provide students with a list of sample replacements for each underlined part.

DIFFERENTIATION

To Challenge Students Have pairs of students write a variation of Activity 5 with the title **Une soirée**. Students should first make a list of questions to ask. They then ask and answer questions about a party they each went to recently.

Key Standards
4.1, 5.1

Student Resources
Cahier de l'élève, pp. 44–46; Supersite: Activities, *eCahier*, Grammar Tutorials
Teacher Resources
Answer Keys; Audio Script; Audio Activity MP3s/CD; Testing program: Grammar Quiz

TEACHING TIPS
Previewing Strategies
- You may wish to assign the Grammar Tutorials as homework in preparation for the **Structures** lesson. These tutorials re-present the grammar taught in **D'accord! 1** and **2**.
- To preview the grammar point, first orally describe where you went yesterday (using verbs that use **être** in the **passé composé**). Also say what you did at each place (using verbs that use **avoir** in the **passé composé**). Then repeat your story, writing the subject + verb on the board as you say each one. Ask students to notice and explain the difference in the verbs.

Language Learning In pairs, have students take turns closing their books while their classmate quizzes them on these verbs' meanings and past participles (both masculine and feminine).

Suggestions
- Remind students of the irregular past participles for **mourir** and **naître**.
- Call on volunteers to supply a sample **passé composé** sentence (orally and/or in writing) for each verb.

Suggestion Call on volunteers to write other examples on the board and say them aloud.

3.2 The *passé composé* with *être*

Émilie est allée au parc et elle n'est pas rentrée chez elle.

- Some verbs use the present tense of **être** instead of **avoir** as the helping verb in the **passé composé**. Notice that most of them are verbs of motion.

Infinitive	Past participle	
aller	allé	*to go*
arriver	arrivé	*to arrive*
descendre	descendu	*to go down, to descend*
devenir	devenu	*to become*
entrer	entré	*to enter*
monter	monté	*to go up, to ascend*
mourir	mort	*to die*
naître	né	*to be born*
partir	parti	*to leave*
passer	passé	*to pass by*
rentrer	rentré	*to go back (home)*
rester	resté	*to stay*
retourner	retourné	*to return*
revenir	revenu	*to come back*
sortir	sorti	*to go out*
tomber	tombé	*to fall*
venir	venu	*to come*

ATTENTION!

These verbs usually do not take direct objects. When they do take one, their meanings are usually different and they use the helping verb **avoir** instead of **être**.

Elle est sortie.
She went out.

Il a sorti un livre de son sac.
He took a book out of his bag.

Nous sommes passés par là.
We went through there.

Nous avons passé une semaine à faire ce reportage.
We spent a week doing that piece.

The verbs **monter**, **descendre**, and **rentrer** can also take direct objects.

- When the helping verb is **être**, the past participle agrees in gender and number with the subject.

Mélanie est **rentrée** tôt.
Mélanie came home early.

Ses parents sont **sortis**.
Her parents went out.

Je suis **arrivée** à l'hôtel.

Nous sommes **allés** au supermarché.

BLOC-NOTES

For more information about past participle agreement, see **Fiche de grammaire 5.5, p. 390.**

DIFFERENTIATION

For Inclusion Write verbs at random on the board. Have students say if they use **avoir** or **être** in the **passé composé**. Then have them write the verbs and the past participles in their notebooks.

DIFFERENTIATION

To Challenge Students Challenge students to create a mnemonic device for remembering the verbs that use **être** in the **passé composé**. For example, they could make a phrase that uses the first letter(s) of each verb in alphabetical order, or invent a name that includes the first letter of each verb (much like the "DR and MRS VANDERTRAMPP" list).

- Reflexive and reciprocal verbs also use the helping verb **être** in the **passé composé**. The reflexive or reciprocal pronoun is placed before the form of **être**.

Vous **vous êtes** blessé? *Did you hurt yourself?*	On **s'est** téléphoné. *We phoned one another.*

- To negate a reflexive or reciprocal verb in the **passé composé**, place the **ne… pas** (**ne… jamais**, etc.) around the pronoun and the helping verb.

Je **ne** me suis **pas** rappelé son nom. *I did not remember her name.*	Tu **ne** t'es **pas** endormi avant minuit? *You didn't fall asleep before midnight?*

- Like other verbs that take **être** in the **passé composé**, the past participle *usually* agrees in gender and number with the subject.

Elle s'est **habillée** rapidement. *She got dressed quickly.*	Nous nous sommes **disputés**. *We argued.*

Elles se sont **regardées** dans le miroir.

- If the verb is followed by a direct object, the past participle *does not agree* with the subject. Compare these two sentences.

Elle s'est **lavée**. *She washed (herself).*	Elle s'est **lavé** les cheveux. *She washed her hair.*

- Some reciprocal verbs take indirect rather than direct objects. In this case, the past participle *does not agree*. Here is a partial list of reciprocal verbs that take indirect objects: **s'écrire**, **se dire**, **se téléphoner**, **se parler**, **se demander**, and **se sourire**.

Nous nous sommes **écrit**. *We wrote to one another.*	Elles se sont **demandé** pourquoi. *They wondered why.*

Ils se sont **parlé**.

ATTENTION!

In the expression **se rendre compte de**, the past participle never agrees, because **compte** acts as the direct object and follows the verb.

Elle s'est rendu compte de la situation.
She became aware of the situation.

ATTENTION!

Remember, an indirect object in French is preceded by the preposition **à** when no pronoun is used.

Elle parle à Monsieur Guy.
She's talking to Mr. Guy.

Je téléphone souvent à mes parents.
I often call my parents.

TEACHING TIPS

Suggestion Review reflexive and reciprocal verbs as taught on **pp. 52-53.** Have students change each sample sentence on those pages to the **passé composé**.

Language Learning Stress that past participles of reflexives and reciprocals only agree in number and gender if the reflexive pronoun is also considered the direct object of the sentence. Examples: **Elles se sont blessées.** (**Se** is the direct object, therefore there is agreement.) **Elles se sont téléphoné.** (**Se** is the indirect object because **téléphoner** takes the preposition **à**, therefore there is no agreement.)

Suggestion To emphasize the distinction between the two model sentences, ask two female student volunteers to pantomime them. Then provide additional similar sentences and ask other students to pantomime them. Example: **Ils se sont coupés. Ils se sont coupé le doigt.**

Suggestion Have students write sentences in the **passé composé** using verbs that take direct as well as indirect objects. Check their work to make sure they grasp the concept before proceeding to the activities.

EXPANSION

Oral Practice Replay portions of the court métrage where Émilie is talking about the objects in her bag. Stop after she shows each object and ask students: **Qu'est-ce qu'elle a montré? Qu'est-ce qu'elle a dit? Utilisez des verbes conjugués au passé composé avec *avoir* et, si possible, quelques autres avec *être* dans vos réponses.**

PRE-AP®

Presentational Writing Ask students to write a summary of the action in a movie they have seen. They should first organize their ideas in a flow chart of events. Then they write their description using verbs conjugated with both **avoir** and **être** in the **passé composé**.

TEACHING TIPS

1 Suggestions

- Ask students to first identify the verb in each of the **patron**'s sentences and give its infinitive form.
- Have a pair of students act out the conversation using appropriate intonation and gestures.

Mise en pratique

1 

Des accusations Votre patron accuse souvent ses employés. Employez le passé composé pour lui prouver que ses accusations sont injustes. Some answers will vary.

Modèle **PATRON** Édouard arrive toujours en retard!

VOUS Mais non. Il ___est arrivé___ tôt hier.

PATRON Vous partez toujours à quatre heures!
VOUS Mais non. Nous (1) ___sommes parti(e)s___ à six heures hier.
PATRON Élisabeth rentre toujours chez elle à midi!
VOUS Mais non. Elle (2) ___est rentrée___ chez elle, à sept heures hier soir.
PATRON Vous revenez du déjeuner au bout de (*after*) trois heures!
VOUS Mais non. Je (3) ___suis revenu(e)___ au bout de vingt minutes aujourd'hui.
PATRON Personne ne vient au bureau le week-end!
VOUS Mais si. Abdel et Sofia (4) ___sont venus___ samedi.
PATRON Valérie et Carine descendent trop souvent au café!
VOUS Mais non. Elles (5) ___sont descendues___ au café une fois.

2 **Grand reportage** Hier, l'équipe de la chaîne de télé a eu beaucoup de travail. Dites comment la journée a différé d'une journée normale.

Modèle **Le rédacteur se réveille à six heures normalement. (cinq heures)**
Hier, il s'est réveillé à cinq heures.

1. La journaliste se maquille une fois normalement. (trois fois)
2. Les réalisatrices se lèvent tôt normalement. (encore plus tôt)
3. Les envoyés spéciaux se couchent à minuit normalement. (une heure du matin)
4. La rédactrice et l'envoyée spéciale s'écrivent dix e-mails normalement. (trente)
5. Normalement, le reporter s'endort après le déjeuner. (après le dîner)

2
1. Hier, elle s'est maquillée trois fois.
2. Hier, elles se sont levées encore plus tôt.
3. Hier, ils se sont couchés à une heure du matin.
4. Hier, elles se sont écrit trente e-mails.
5. Hier, il s'est endormi après le dîner.

2 Expansion Give students these additional items:
6. Normalement, le photographe ne se dispute presque jamais avec ses collègues. (souvent) (Hier, il s'est souvent disputé avec ses collègues.)
7. Les présentateurs se parlent peu normalement. (beaucoup) (Hier, ils se sont beaucoup parlé.)
8. L'envoyée spéciale rentre à vingt heures normalement. (minuit) (Hier, elle est rentrée à minuit.)

3 **Soirée romantique** Employez au passé composé chaque verbe de la liste, une fois avec **avoir** et une fois avec **être**.

descendre | **monter** | **passer** | **sortir**

Samedi, mon petit ami Arnaud et moi, nous (1) ___sommes sortis___ pour aller au cinéma. Arnaud voulait voir le nouveau film que Gaumont (2) ___a sorti___. Il (3) ___est passé___ chez moi vers 18h00. Après le film, nous (4) ___avons descendu___ la rue des Orfèvres, où Arnaud m'a acheté de belles fleurs. Nous avons dîné au Café des vedettes et ensuite, nous (5) ___sommes montés___ sur la colline (*hill*), derrière la place du général de Gaulle. Nous (6) ___sommes descendus___ une heure plus tard. Arnaud a pris un bus pour rentrer chez lui, et moi, j'ai pris un taxi. Chez moi, ma mère (7) ___a monté___ les fleurs dans sa chambre, parce que j'ai un secret qu'Arnaud ne connaît pas: je suis allergique aux fleurs! Mais nous (8) ___avons passé___ une très bonne soirée quand même.

3 Expansion For a review of the **passé composé** with **avoir**, ask students to point out the other occurrences in the paragraph, such as: **m'a acheté, avons dîné, a pris, ai pris.**

Note CULTURELLE

La société de production cinématographique **Gaumont**, établie en 1895, est la plus ancienne du monde. Son fondateur, **Léon Gaumont**, est un pionnier de la production et de la distribution cinématographiques. Il met au point (*develops*) le projecteur avant de passer à la production de films et à l'ouverture de salles de cinéma. Aujourd'hui, Gaumont est une des sociétés françaises de cinéma les plus importantes.

Practice more at **vhlcentral.com.**

DIFFERENTIATION

To Challenge Students Have students work in pairs to write a conversation similar to the one in Activity 1—this time between a parent and his/her teenager. They should try to only use verbs conjugated with **être** in the **passé composé**. Volunteers should present the conversations to the class.

DIFFERENTIATION

For Inclusion For Activity 3, remind students that the four verbs in the box are conjugated with **avoir** in the **passé composé** only when there is a direct object. Give students two sample sentences for each verb—one without a direct object and one with a direct object. Have them circle the subjects, underline the verbs, and highlight any direct objects.

Communication

4 

La semaine dernière Circulez dans la classe pour demander à différent(e)s camarades s'ils/si elles ont fait ces choses la semaine dernière. Écrivez leurs noms dans une liste.

Modèle **aller au cinéma**
—Es-tu allé(e) au cinéma la semaine dernière?
—Oui, je suis allé(e) au cinéma. J'ai vu un excellent film!
—Ah bon? Lequel?

Activités	Noms
1. s'endormir pendant une émission	Rebecca
2. se coucher après minuit	
3. se réveiller après onze heures du matin	
4. partir en voyage	
5. arriver en retard quelque part (*somewhere*)	
6. se disputer avec quelqu'un	
7. passer chez quelqu'un	
8. tomber	
9. se coucher avant neuf heures du soir	
10. devenir impatient(e)	

5 

En ville Avec un(e) partenaire, parlez de la dernière fois que vous avez visité une ville.

Modèle —Et où es-tu allé(e) à Québec?
—Je suis allé(e) au musée de la Civilisation. Ma famille et moi, nous nous sommes promené(e)s sur la terrasse Dufferin aussi.

- Pourquoi y es-tu allé(e)?
- Quand es-tu parti(e)?
- Où t'es-tu promené(e)?
- Où es-tu sorti(e) le soir?
- Où as-tu dormi?
- Quand es-tu rentré(e)?

6 

Interview Par groupes de trois, jouez le rôle d'un reporter et d'un couple vedette. Le couple décrit au reporter sa journée d'hier, une journée typique… de vedette! Utilisez les verbes de la liste au passé composé et jouez la scène pour la classe.

aller	s'habiller	se raser
arriver	se lever	rentrer
se brosser les dents	se maquiller	se réveiller
se coucher	partir	…?

ressources

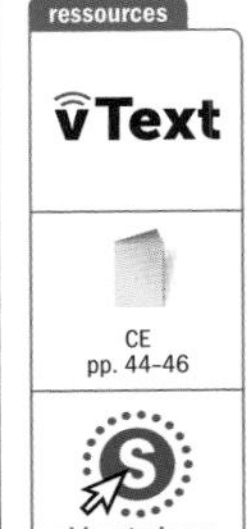

TEACHING TIPS

4 Suggestion You may wish to have students do this activity in two concentric circles, the inner circle facing out and the outer circle facing in so students face each other. At the end of each dialogue, the outer circle rotates clockwise.

5 Suggestion You may want to model the activity first by having students ask you about a city you have visited.

5 Partner Chat You can also assign Activity 5 on the Supersite. Students work in pairs to record the activity online. The pair's recorded conversation will appear in your gradebook.

6 Previewing Strategy As a brief warm-up and review, have groups talk about a typical day of their own using the verbs listed.

NATIONAL STANDARDS

Cultures **La ville de Québec** is the capital city of the province of **Québec**. It got its name from the Algonquin word Kébec, meaning "where the river narrows," because it is located at a narrowing point of the Saint Lawrence River. The city has several important historic and cultural sites. Some of these are **le château Frontenac, le musée de la Civilisation, le Musée National des beaux-arts du Québec, la terrasse Dufferin**, and **les plaines d'Abraham**.

LEARNING STYLES

For Auditory Learners When students complete Activity 4, read each item aloud in question form; as volunteers respond and give the name of another student, begin conversations with that student. Example: **Qui s'est endormi pendant une émission?** Student responds: **Maya s'est endormie pendant une émission.** Ask Maya: **Maya, pendant quelle émission est-ce que tu t'es endormie?** Maya responds: **Je me suis endormie pendant [nom d'une émission].**

For Visual Learners For Activity 6, ask students to make simple pictures for each of their answers. At the end of the activity, they create a storyboard with the pictures to use for practicing their scene before presenting it to the class.

Key Standards
4.1, 5.1

Student Resources
Cahier de l'élève, pp. 47–50; Supersite: Activities, *eCahier*, Grammar Tutorials
Teacher Resources
Answer Keys; Audio Script; Audio Activity MP3s/CD; Testing program: Grammar Quiz

TEACHING TIPS

Suggestions
- You may wish to assign the Grammar Tutorials as homework in preparation for the **Structures** lesson. These tutorials re-present the grammar taught in **D'accord! 1** and **2**.
- Remind students of the three main English translations of the **passé composé**, for example: **il a eu le trac** = *he had stage fright, he has had stage fright,* or *he did have stage fright.*

Suggestion Ask students to write a sample sentence of their own for each of the uses of the **passé composé**.

Suggestion Remind students that the translation of the **imparfait** (*was, was ______-ing,* and *used to ______*) depends on context.

Suggestion Ask students to write a sample sentence of their own for each of the uses of the **imparfait**.

3.3 The *passé composé* vs. the *imparfait*

—Comme je pensais, ce n'est pas le câble. J'ai tout vérifié.

- Although the **passé composé** and the **imparfait** both express past actions or states, the two tenses have different uses and, therefore, are not interchangeable.
- In general, the **passé composé** is used to describe events that were *completed* in the past, whereas the **imparfait** refers to *continuous* states of being or repetitive actions.

Uses of the passé composé

- Use the **passé composé** to express actions viewed by the speaker as completed.
- Use it to express the beginning or end of a past action.

L'émission **a commencé** à huit heures.
The show started at eight o'clock.

J'**ai fini** mes devoirs.
I finished my homework.

- Use it to tell the duration of an event or the number of times it occurred in the past.

J'**ai habité** en Europe pendant six mois.
I lived in Europe for six months.

Il **a regardé** le clip vidéo trois fois.
He watched the music video three times.

- Use it to describe a series of past actions.
- Use it to indicate a reaction or change in condition or state of mind.

Il **s'est fâché**.
He became angry.

À ce moment-là, j'**ai eu** envie de partir.
At that moment, I wanted to leave.

Ils **sont arrivés** à 14h00, ils **ont pris** un café et ils **sont partis**.

Uses of the imparfait

- Use the **imparfait** to describe ongoing past actions without reference to beginning or end.

Tu **faisais** la cuisine.
You used to cook.

Et moi, je **faisais** la vaisselle.
And I would do the dishes.

- Use it to express habitual actions in the past.

D'habitude, je **prenais** le métro.
Usually, I took the subway.

On se **promenait** dans le parc.
We used to take walks in the park.

- Use it to describe mental, physical, and emotional states.
- Use it to describe conditions or to tell what things were like in the past.

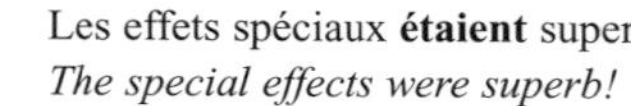

Les effets spéciaux **étaient** superbes!
The special effects were superb!

Il **faisait** froid.
It was cold.

Hier, Martine **était** malade.

LEARNING STYLES

For Visual Learners Draw a timeline on the board. Read the models and make marks in one color to show completed actions in the past. Then shade the areas in between with a different color and point out that the **imparfait** describes ongoing action in the past.

LEARNING STYLES

For Auditory Learners Ask students to make two cards, one that reads **passé composé** and another that reads **imparfait**. At first, slowly say sentences in either the **passé composé** or the **imparfait** and encourage students to raise the appropriate sign. Gradually increase speed and difficulty by having two verbs in different tenses in one sentence.

The passé composé and the imparfait used together

- The **passé composé** and the **imparfait** often appear together in the same sentence or paragraph.
- When narrating in the past, the **imparfait** describes *what was happening*, while the **passé composé** describes the actions that *occurred* or *interrupted* the ongoing activity. Use the **imparfait** to provide background information and the **passé composé** to tell what happened.

Je **faisais** mes devoirs quand tu **es arrivé**.

Samedi soir, je **regardais** la télévision quand j'**ai entendu** un bruit bizarre. J'**avais** l'impression que c'**était** un animal. Le bruit **semblait** venir de la cuisine. J'**ai ouvert** la porte très lentement. Sur la table, il y **avait** un écureuil! Il **mangeait** mon pain. Quand il m'**a vue**, il **a eu** peur et il **est parti** par la fenêtre.

Saturday evening, I was watching television when I heard a strange noise. I had the impression that it was an animal. The noise seemed to be coming from the kitchen. I opened the door very slowly. On the table, there was a squirrel! It was eating my bread. When it saw me, it got scared and went out the window.

ATTENTION!

Here are some transitional words that are useful for narrating past events:

d'abord *first*
après *afterwards*
au début *in the beginning*
avant *before*
enfin *at last*
ensuite *next*
finalement *finally*
pendant que *while*
puis *then*

Different meanings in the imparfait and the passé composé

- The verbs **vouloir**, **pouvoir**, **devoir**, **savoir**, and **connaître** have particular meanings in the **passé composé** and in the **imparfait**.

infinitive	passé composé	imparfait
connaître	Quand as-tu **connu** ma femme? *When have you* ***met*** *my wife?*	Je **connaissais** très bien la ville. *I* ***knew*** *the city very well.*
devoir	Nous **avons dû** payer en espèces. *We* ***had to*** *pay in cash.* Il **a dû** oublier. *He* ***must have*** *forgotten.*	Je **devais** arriver à sept heures. *I* ***was supposed to*** *arrive at 7 o'clock.* Il **devait** faire ses devoirs le soir. *He* ***used to have to*** *do his homework in the evening.*
pouvoir	Il pleuvait, mais Florent **a pu** venir quand même. *It was raining, but Florent* ***managed to*** *come anyway.*	Elle **pouvait** m'aider. *She* ***could*** *help me.*
savoir	Il **a su** qui était le rédacteur. *He* ***found out*** *who the editor was.*	Elle **savait** vraiment chanter. *She really* ***knew*** *how to sing.*
vouloir	Véronique **a voulu** faire du ski. *Véronique* ***tried to*** *ski.* Je **n'ai pas voulu** aller avec lui. *I* ***refused*** *to go with him.*	Nous **voulions** aller à la première. *We* ***wanted*** *to go to the premiere.*

BLOC-NOTES

Savoir and **connaître** are *not* interchangeable. For more information about their uses, see **Fiche de grammaire 9.4, p. 404.**

TEACHING TIPS

Suggestion Read sentences with the **passé composé** and the **imparfait**. Ask students to raise their right hand if they hear the **passé composé** and their left hand if they hear the **imparfait**.

Suggestion Emphasize that **pouvoir** in the **imparfait** describes what the subject is capable of, regardless of whether the action was attempted. **Pouvoir** in the **passé composé** states what the subject managed (or did not manage) to do.

Extra Practice Play parts of the **court métrage *Émilie Muller*** with examples of the **passé composé** and **imparfait**. Create a cloze activity with the script by blocking out the verb forms they will hear, or simply have them write down the examples they hear.

NATIONAL STANDARDS

Communities If possible, invite a Francophone speaker from your community to talk briefly about his/her childhood and adolescence. If an actual visit is not possible, you might arrange the interview by telephone or web. Students should ask questions that use both the **passé composé** and the **imparfait**. Encourage students to see that knowing French will allow them to learn about the lives of others.

TEACHING OPTIONS

Oral Practice After explaining the difference between the **passé composé** and the **imparfait**, have students write one question for each classmate using at least one of the past tenses appropriately. They should make up a question for the teacher as well. Example: **Jean, quel âge avais-tu quand tu as rencontré ton meilleur ami?** They should then circulate around the room, asking their questions and recording the answers. Tell students: **Ce soir, à la maison, vous allez retranscrire les réponses de vos camarades à la troisième personne. Demain, en classe, vous nous lirez une phrase sur chaque personne à haute voix.**

PRE-AP®

Presentational Writing Have students research the life of Jacques Cartier, the French explorer who claimed Canada for France. They should write a short essay about his explorations using both the **passé composé** and the **imparfait**.

TEACHING TIPS

1 Expansion Have pairs check their answers and resolve any differences they have.

1 Extra Practice Ask pairs of students to write five more sentence completions. Students exchange sentences with another pair, complete the sentences, and check the answers.

2 Suggestion Tell students that **le courriel** means **l'e-mail** in Québécois French.

PRE-AP®

2 Interpersonal Writing

- Ask students to write Monique's response to the **courriel**. They should include an explanation for why she did not reply to Étienne's **texto**.
- Either orally or in writing, students should describe **Une histoire incroyable!** that they have experienced.

3 Expansion Have pairs do a follow-up communicative activity based on their answers. They might ask: **Que faisais-tu quand...?** or **Que s'est-il passé quand...?**

Mise en pratique

1 **À compléter** Choisissez le passé composé ou l'imparfait pour compléter ces phrases.

1. Dans mon enfance, je/j' ___lisais___ (lire) presque tous les soirs *Stuart Little*.
2. Après avoir terminé leurs études, Hélène et Danielle ___sont devenues___ (devenir) rédactrices.
3. Le documentaire ___était___ (être) intéressant au début, mais on ___n'a pas aimé___ (ne pas aimer) la fin.
4. Le jour où tu ___as eu___ (avoir) dix-huit ans, tu ___as décidé___ (décider) de passer une année au Canada.
5. Les enfants ___se couchaient/se sont couché(e)s___ (se coucher) quand vous ___êtes rentré(e)(s)___ (rentrer).

2 **Une célébrité** Monique et Étienne sont allés au cinéma plus tôt ce soir. Complétez ce courriel et conjuguez logiquement les verbes à l'imparfait ou au passé composé.

arriver	bien rentrer	ne pas encore répondre	ne rien faire	recevoir
avoir	être	ne pas se parler	pleuvoir	voir

De: Étienne <etienne24@courriel.qu>

Pour: Monique <monique.compeau@courriel.ca>

Sujet: Une histoire incroyable!

Salut Monique,

Tu (1) ___es bien rentrée___ chez toi? Je m'inquiète parce que tu (2) ___n'as pas encore répondu___ à mon texto. ☹ Tu l' (3) ___as reçu___?

Tu ne vas jamais croire ce qui me/m' (4) ___est arrivé___ après notre rendez-vous au ciné. Tu te souviens qu'il (5) ___pleuvait___ à verse? Alors, je/j' (6) ___étais___ en train de marcher vers mon arrêt de bus quand, tout à coup, je/j' (7) ___ai vu___ notre réalisateur préféré—Denys Arcand! Son épouse et lui (8) ___avaient___ l'air pressé, donc nous (9) ___ne nous sommes pas parlé___ immédiatement. Je/J' (10) ___n'ai rien fait___ de mal, mais j'ai réussi à converser avec eux!

Appelle-moi bientôt pour qu'on en parle!

Grosses bises,
Étienne

Note
CULTURELLE

Denys Arcand est né en 1941 à Deschambault, au **Québec**. Il est réalisateur et scénariste de films comme *Le Déclin de l'empire américain*, sorti en 1986 et nominé pour l'**Oscar** du meilleur film en langue étrangère en 1987. La suite de ce film, et un de ses autres chefs-d'œuvre, *Les Invasions barbares*, a reçu cet Oscar en 2003. Ces deux films (et *Jésus de Montréal* en 1990) ont aussi reçu le **Prix Génie** (*Genie Award*).

3 **Des interruptions** Combinez les mots de chaque colonne pour dire ce que les gens faisaient quand ils ont été interrompus.

Modèle **Vous écoutiez la radio quand le téléphone a sonné.**

je	aller	quand	vous	commencer à...
tu	conduire		le professeur	dire que...
nous	dormir		mes parents	savoir que...
la vedette	écouter		mon ami(e)	sortir de...
vous	manger		le public	voir...
?	?		?	?

Practice more at **vhlcentral.com.**

PRE-AP®

Presentational Speaking Tell students to bring in a childhood photo from when they were younger than seven years old. Have them share the photo with a small group, and have classmates ask several questions about what was going on in the picture. Tell students to use the **imparfait** to describe the context of the photo, and then to give five actions that took place sequentially at the event in the picture. (They may have to invent some things that are not there.) Finally, ask students to make a two-minute recording or speak for two minutes about the picture, without reading anything. Say: **À l'aide du passé composé et de l'imparfait, vous allez nous raconter la scène que cette photo a capturée. Vous devrez parler pendant deux minutes, sans regarder vos notes.**

Communication

4 **Des dates marquantes**

A. Voici cinq événements marquants dans la vie de Benoît. À deux, posez-vous les questions à tour de rôle pour compléter la description de chaque événement.

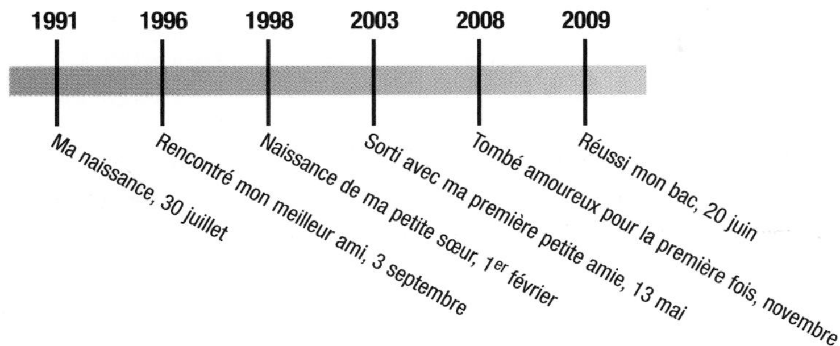

Modèle —Qu'est-ce qui s'est passé dans la vie de Benoît en 1991?
—Le 30 juillet 1991, Benoît est né.
—Où et avec qui était-il?
—Il était à l'hôpital avec sa mère.

B. Maintenant, pensez à cinq dates marquantes de votre vie et écrivez-les. Ensuite, par petits groupes, décrivez les détails de chaque événement.

Date	Qu'est-ce qui s'est passé?	Avec qui étiez-vous?	Où étiez-vous?	Quel temps faisait-il?
Modèle				
le 3 mars 2010	**J'ai fait la connaissance du président.**	**J'étais avec un copain.**	**Nous étions à New York.**	**Il pleuvait.**

5 **Une histoire** Par groupes de trois ou quatre, complétez ces phrases, en utilisant (*using*) le passé composé ou l'imparfait. Ensuite, changez l'ordre des phrases pour raconter une histoire logique.

1. Ensuite, sur la chaîne 2, …
2. Pendant que nous…
3. Puis, à la station de radio, …
4. À ce moment-là, …
5. Soudain, …
6. Récemment, …

6 

Interview À deux, jouez les rôles d'un reporter et d'une personne célèbre. Le reporter doit informer le public sur le passé de la personne et c'est à vous de décider ce que l'interviewé(e) a fait pour devenir célèbre. Utilisez le passé composé et l'imparfait dans toutes les questions et toutes les réponses.

Modèle **REPORTER** Saviez-vous que votre ex-fiancé s'est marié en secret avec l'actrice vedette de son dernier film?

VEDETTE Oui, bien sûr, je l'ai su tout de suite.

ressources
vText
CE pp. 47-50
vhlcentral.com Leçon 3

TEACHING TIPS

4 Suggestions
- You might want to recap how to express the date in French. Then go over the **modèle** with a volunteer.
- Before completing part **B**, have students bring in photos from the events in their life they want to describe. If they don't have photos, they can bring in photos from magazines and make up a story.

PRE-AP®

4 Presentational Writing Ask students to write a brief biography of Benoît's life from 1991 to 2009.

5 Expansion
- Suggest additional sentence starters for students to complete. Example: **7. La semaine dernière, …**
- Have groups create simple drawings for their **histoire logique**. Groups then use the illustrations to present the stories to the class. Each student should present at least one picture.

6 Suggestion Have students incorporate as much vocabulary from this lesson as they can.

6 Partner Chat You can also assign Activity 6 on the Supersite. Students work in pairs to record the activity online. The pair's recorded conversation will appear in your gradebook.

DIFFERENTIATION

To Challenge Students Have students form pairs. Give each pair a different comic strip or series of photos with the captions removed. Have students use the **passé composé** and **imparfait** to describe what happened in the pictures and write the dialogue and captions. Display their work around the room and allow time for the class to walk around and enjoy the work.

PRE-AP®

Presentational Writing For Activity 6, tell students to jot down notes during their interview. They should then use these notes to write up a story to be published in a celebrity magazine. Compile all stories and bind them to create the magazine.

Key Standards
1.1, 1.2

TEACHING TIPS

Previewing Strategy Preview the reading by asking students to describe how and what has changed in **l'univers médiatique** over the last thirty years. Have them list any major changes in the news and the media in general and when they think the changes occurred. Then have the class compare lists.

1 Suggestion Ask students to preview the questions in Activity 1 before reading the article.

1 Expansion Give students these additional items: **7. Qu'est-ce que Marguerite ne savait pas à propos (*about*) des émissions? (Elle ne savait pas qu'il est possible de les enregistrer.) 8. Qu'est-ce que Marguerite n'a pas fait depuis 1977? (Elle n'a lu ni journaux ni magazines.)**

2 Expansion Also have students discuss which kinds of news have interested them most. Ask: **La semaine dernière, quel type de presse avez-vous le plus lu?**

3 Suggestion If no students (or few of them) have been written about in a newspaper, have them talk about what they would like to have written about them.

NATIONAL STANDARDS

Comparisons Bring in samples of various French-language newspapers and magazines. Give the samples to small groups of students. Ask students to determine what English-language newspaper or magazine it is similar to and why. Then have students find an interesting short article to summarize and present to the class.

Synthèse

Au bout de trente ans

LES FAITS DIVERS

Le grand réveil

Marguerite Bouchard, de Jonquière, s'est réveillée vendredi dernier, après avoir passé trente ans dans le coma. Toute sa famille était choquée. Marguerite se promenait rue des Victoires en avril 1980 quand une voiture, qui roulait trop vite, l'a renversée°.

Christophe, le frère aîné de Marguerite, était près d'elle et tapait° une lettre sur son ordinateur, au moment où elle a ouvert les yeux et commencé à parler. Elle lui a demandé pourquoi sa machine à écrire° avait ce petit écran. Il s'est immédiatement rendu compte que sa sœur vivait encore dans le passé.

Pendant ces trente dernières années, bien sûr, Marguerite ne s'est pas informée.

Elle a cru, d'après° sa famille, que les vieilles vedettes de la télé qu'elle connaissait en 1980 étaient toujours célèbres. Toutes les émissions qu'elle préférait ne sont plus à la mode, et quand elle est sortie du coma, elle ne savait même pas qu'il est possible aujourd'hui de les enregistrer.

Marguerite, qui pendant si longtemps n'a pas eu de contact avec les moyens de communication, n'a jamais navigué sur Internet. Avant son accident, elle écoutait tous les jours des reportages à la radio et regardait les nouvelles à la télévision. Depuis 1980, Marguerite n'a lu ni journaux ni magazines.

renversée° *struck*; tapait° *was typing*; machine à écrire° *typewriter*; d'après° *according to*

1 Some answers will vary.
1. Elle était dans le coma, et elle s'est réveillée.
2. Une voiture qui roulait trop vite a renversé Marguerite.
3. Pourquoi sa machine à écrire avait ce petit écran.
4. Il s'est rendu compte que sa sœur vivait encore dans le passé.
5. Elle a cru qu'elles étaient toujours célèbres.
6. Elle n'a jamais navigué sur Internet.

1 Compréhension À deux, répondez aux questions.

1. Qu'est-il arrivé à Marguerite au bout de trente ans?
2. Comment l'accident est-il arrivé?
3. Qu'est-ce que Marguerite a demandé à son frère?
4. De quoi Christophe s'est-il rendu compte?
5. Qu'est-ce que Marguerite a cru au sujet des vieilles vedettes?
6. Qu'est-ce que Marguerite n'a jamais fait?

2 Discussion Par groupes de trois, posez-vous ces questions.

1. Comment vous informez-vous? Lisez-vous le journal? Regardez-vous la télé? Y a-t-il un moyen de communication que vous préférez aux autres? Pourquoi?
2. Est-il important de connaître toute l'actualité? Pourquoi?
3. Combien de temps peut-il se passer au maximum sans que vous vous informiez des dernières nouvelles? Une heure? Une journée? Une semaine? Pourquoi?
4. Vous est-il arrivé de ne pas lire le journal, de ne pas regarder la télé, etc. pendant longtemps? Pendant combien de temps? Y a-t-il eu une nouvelle qui vous a surpris(e) après cette période?

3 Dans le journal **Avez-vous déjà été le sujet d'un fait divers dans le journal? Que vous est-il arrivé? Par groupes de quatre, expliquez à vos camarades ce que le journal a écrit sur vous. Ensuite, partagez l'histoire la plus intéressante du groupe avec la classe.**

LEARNING STYLES

For Auditory Learners Prepare a recording of the news article. Have students listen to the article. Play the recording through at least once for students to get the gist. Then play it again, stopping after each sentence. Have students specifically listen for the verbs and tell you what they heard. Then play the recording again for complete comprehension.

LEARNING STYLES

For Visual Learners Have small groups of students create a series of pictures to accompany the news article—at least two per paragraph. They should put the pictures in random order on a desk. Then students take turns reading each paragraph. The other group members take turns displaying the pictures as the appropriate portion of the text is read.

Préparation

Vocabulaire de la lecture

apparaître *to appear*
un cirque *circus*
un milliardaire *billionaire*
une multinationale *multinational company*
la notoriété *fame*
redoutable *formidable*
un saltimbanque *street performer; entertainer*
sensibiliser (le public à un problème) *to increase (public) awareness (of an issue)*

Vocabulaire utile

attirer l'attention sur *to draw attention to*
convaincre *to convince, to persuade*
s'engager *to get involved*
se mobiliser *to rally*
un réseau *network*
soutenir (une cause) *to support (a cause)*

1 

Vocabulaire Complétez les phrases à l'aide des mots de vocabulaire présentés sur cette page. Faites les conjugaisons ou ajoutez les articles nécessaires.

1. Marie m'a dit que George Clooney allait encore ___apparaître___ dans une nouvelle publicité pour le café.
2. De nos jours, de plus en plus d'acteurs ___s'engagent___ en faveur d'une cause.
3. Les hommes politiques utilisent les médias pour ___sensibiliser___ le public à leur programme.
4. Certains journaux ___soutiennent___ les hommes politiques lors des campagnes électorales.
5. Cet homme est ___milliardaire___, il est si riche qu'il ne sait quoi faire de son argent.
6. La publicité ___attire l'attention___ du public sur un produit ou une idée.
7. Quand il était petit, Pierre voulait toujours aller au ___cirque___ car il adorait les clowns.
8. Cet artiste est si connu que sa ___notoriété___ dépasse les frontières de son pays.

2  

Discussion À deux, répondez aux questions.

1. Est-ce que vous êtes influencé(e)s par les publicités qui utilisent une personne célèbre pour vendre un produit ou défendre une cause? Pourquoi ou pourquoi pas?
2. Connaissez-vous des artistes, des hommes ou des femmes célèbres qui défendent des causes humanitaires?
3. À votre avis, quel est le meilleur média pour sensibiliser le public à une cause humanitaire? Pourquoi?
4. De nombreux acteurs utilisent leur image pour soutenir des causes humanitaires. La notoriété aide-t-elle à mobiliser l'opinion publique? Comment?
5. Les acteurs qui mettent leur célébrité au service d'une cause humanitaire le font-ils par générosité ou pour améliorer leur propre image auprès du public? Discutez.

3 

Dur dur d'être célèbre! En petits groupes, jouez la situation suivante:

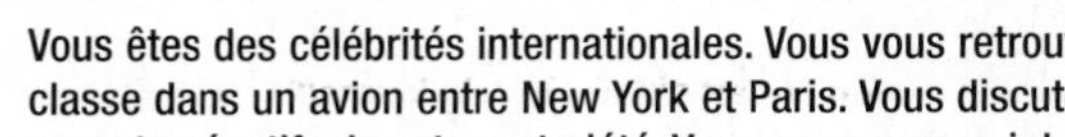

Vous êtes des célébrités internationales. Vous vous retrouvez par hasard en première classe dans un avion entre New York et Paris. Vous discutez des aspects positifs et des aspects négatifs de votre notoriété. Vous essayez aussi de comprendre la fascination que la popularité exerce sur le public en général.

Practice more at **vhlcentral.com.**

Section Goals

In **Culture**, students will read about the Quebecois entrepreneur, philanthropist, and space tourist Guy Laliberté.

Key Standards

1.2, 2.1, 2.2, 4.2

Student Resources
Supersite: Activities, Synced Reading

TEACHING TIPS

Synonymes
apparaître↔figurer
notoriété↔célébrité
redoutable↔formidable

1 Previewing Suggestion Before beginning the activity, go over the conjugation of **apparaître**, **soutenir**, and **convaincre**.

1 Expansion Have pairs of students write similar definitions for three of the unused terms. Then have pairs exchange papers and complete each other's definitions.

2 Expansion For question 2, compile a class list of names and causes. Take a poll as to which famous person is the most influential.

3 Suggestions
- Suggest to students that they first make a list of positive and negative aspects and use the list to guide their conversations.
- Students may also want to have their "celebrities" discuss why they wanted to be famous in the first place.

LEARNING STYLES

For Visual Learners Have students work in pairs to make flashcards of the new vocabulary. They should write the word/expression on one side and a picture or cloze sentence on the other. Students use the cards to quiz each other. They might also use the cards to play a game of **Memory**.

LEARNING STYLES

For Visual Learners Have pairs of students research at least six French words or expressions to describe **le cirque** (in addition to **un saltimbanque**). Then ask students to create a visual (sketch or collage of photos) to illustrate the terms. Each pair then gets together with another pair to present the visuals and to teach each other the new vocabulary.

TEACHING TIPS

Previewing Strategy Have students read the title of the article. Then ask them to describe the visuals. Finally, based on the title and photography, ask students to predict what they think the reading will be about.

Reading Strategy Tell students that as they read, they should take notes on the main idea and details for each paragraph. This will help them understand the content better. They can write their notes in a graphic organizer, such as an outline or a two-column chart.

Suggestions

- Have pairs of students work together to compile their main idea and detail notes. (See Reading Strategy above.) Ask them to use these notes to write a summary of each paragraph. Then ask various students to read each paragraph. Stop after each paragraph and ask for a summary of that paragraph.
- If possible, ask students to record themselves reading a paragraph from the reading. Then working with a partner, have them evaluate each other's pronunciation and fluency. They should then re-record the passage and re-evaluate to judge their improvement.

21st CENTURY SKILLS

Global Awareness
Students will gain perspectives on the Francophone world to develop respect and openness to others and to interact appropriately and effectively with citizens of Francophone cultures.

GUY LALIBERTÉ

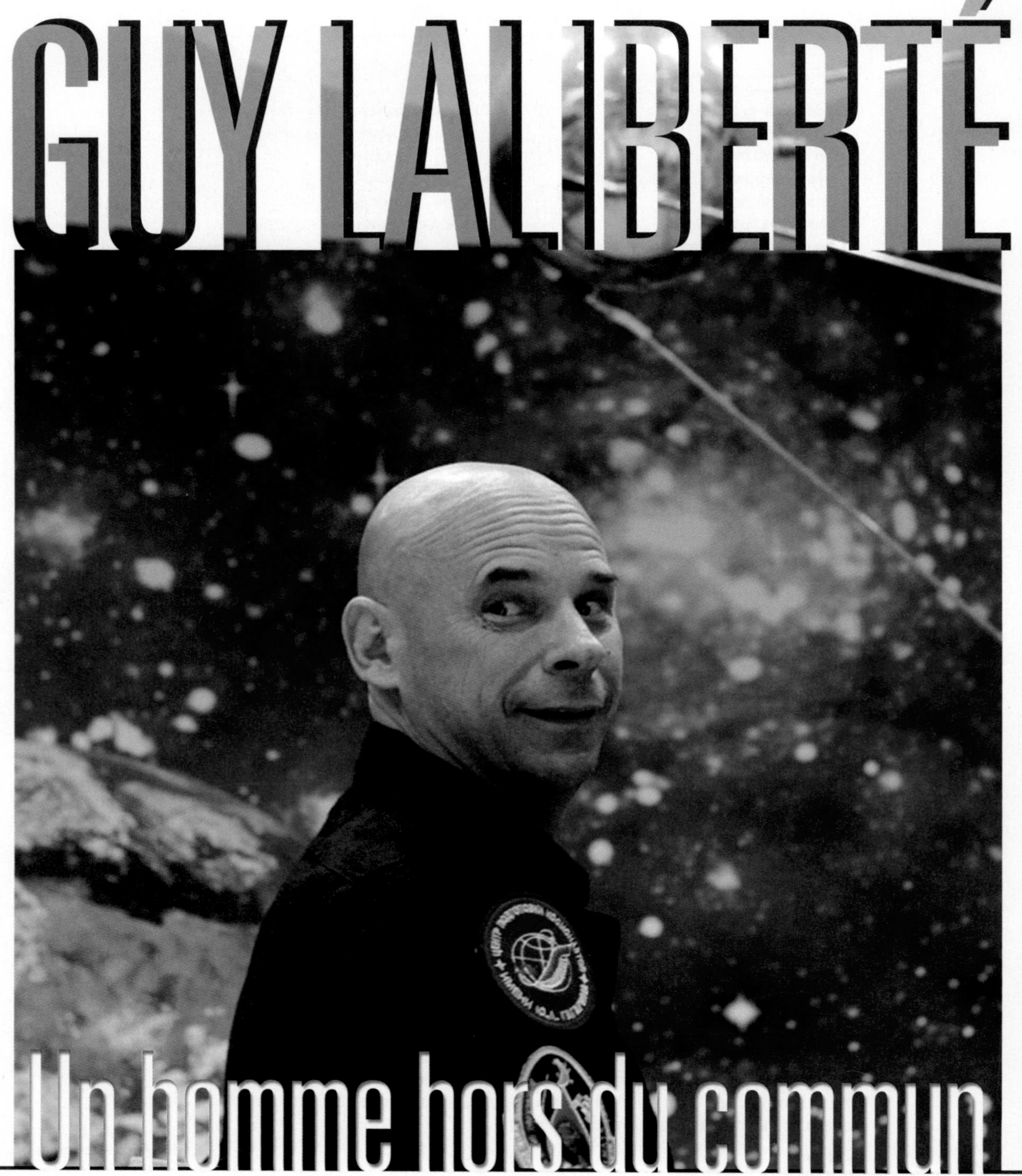

Un homme hors du commun

CRITICAL THINKING

Comparisons Have students research information about the format and acts of **le Cirque du Soleil**. Then ask them to talk about their opinion of this kind of circus, compared to traditional circuses. Ask: **Quelles sont les différences entre ces deux genres? Qu'appréciez-vous dans le style du Cirque du Soleil? Avez-vous déjà assisté à un des spectacles de la troupe québécoise?**

PRE-AP®

Presentational Writing Ask students to research and watch an online video of **le Cirque du Soleil**. Then have them write a two-paragraph journalistic review. The first paragraph should be a detailed description of what they saw. The second paragraph should be an evaluation. The closing statement should recommend or not recommend the circus to potential viewers.

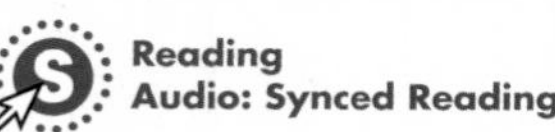
Reading
Audio: Synced Reading

Vous avez dû entendre parler de Guy Laliberté. Ce québécois mondialement connu ne cesse° d'apparaître dans les médias. Jongleur°, cracheur de feu°, accordéoniste, créateur du célèbre Cirque du Soleil mais aussi redoutable joueur de poker, homme d'affaires° des plus fortunés de la planète et même touriste spatial, Guy Laliberté ne cesse de nous surprendre.

Guy Laliberté est né à Québec en 1959. À quatorze ans, il quitte sa famille pour devenir saltimbanque, cracheur de feu et accordéoniste. En 1984, il a l'idée géniale de donner au spectacle de rue une dimension internationale. Il fonde alors avec un ami le Cirque du Soleil, une entreprise québécoise de divertissement° artistique dont la spécialité est le cirque contemporain. Il crée ainsi une toute nouvelle forme d'art du spectacle où se mélangent théâtre, musique, danse, spectacle de rue et magie du cirque. Le concept est extrêmement novateur° et va connaître un succès extraordinaire. En effet, le Cirque du Soleil est désormais° une multinationale qui emploie plus de 4.000 personnes de par le monde parmi lesquels plus de 1.000 artistes dont certains sont d'anciens sportifs professionnels reconvertis. Cette compagnie présente de nombreux spectacles au Canada et dans le monde entier. Longue est la liste des villes qui ont accueilli°, accueillent ou accueilleront les productions de divertissement artistique de Guy Laliberté: Las Vegas, Orlando, New York, mais aussi Tokyo, Macao et bientôt Dubaï, Los Angeles et très certainement bien d'autres villes encore car Laliberté voit grand, toujours plus grand.

L'homme qui a commencé comme saltimbanque dans une petite ville du Québec est devenu milliardaire. Laliberté règne sur un véritable empire car les ramifications de la première multinationale de divertissement artistique sont multiples. Il y a, par exemple, la maison de disque qui distribue les produits musicaux des productions de la compagnie, la société de production cinématographique qui distribue les documentaires et les enregistrements° des spectacles. La liste de ces ramifications est longue et loin d'être close°.

La personnalité et la fortune fulgurante° de Laliberté ont fait l'objet de très nombreux articles de journaux et continuent de fasciner les médias du monde entier. Son dernier coup de théâtre° médiatique est surprenant°: Laliberté est parti comme touriste spatial à bord d'un vaisseau° en compagnie d'un cosmonaute russe et d'un astronaute américain. En s'envolant ainsi dans l'espace, l'artiste cherche par sa notoriété à sensibiliser le monde à l'importance de la conservation des réserves d'eau potable. En effet, Laliberté défend le développement durable et l'environnement. En 2007, il a créé *One Drop*, une fondation qui cherche à assurer un meilleur accès à l'eau potable° aux populations les plus pauvres du monde. En se servant des médias pour aider les autres, Guy Laliberté se place du côté de ces fondateurs de multinationales qui cherchent par leur pouvoir financier, mais aussi par leur immense notoriété médiatique, à changer le monde. ■

> **La personnalité et la fortune fulgurante de Laliberté continuent de fasciner les médias.**

cease (cesse) · *Juggler / fire-eater* (Jongleur / cracheur de feu) · *businessman* (homme d'affaires) · *entertainment* (divertissement) · *innovative* (novateur) · *now* (désormais) · *have hosted* (ont accueilli) · *recordings* (enregistrements) · *finished* (close) · *dazzling* (fulgurante) · *stunt* (coup de théâtre) · *surprising* (surprenant) · *spaceship* (vaisseau) · *drinking water* (eau potable)

TEACHING TIPS

Suggestions

- Show the class an online video clip of Guy Laliberté's trip into space aboard the *Soyuz* space capsule and the International Space Station. Discuss with students their opinion of space tourism.
- Ask students to go through the text and locate examples of verbs in the **passé composé**. Have them write a list of the forms from the text, and then write the infinitive next to each one.
- Ask students to locate the words from the **Vocabulaire de la lecture** within the article and read those sentences aloud. Then have them provide original sentences with the words.

Expansion Create a cloze exercise from one of the paragraphs (or part of a paragraph), and distribute it to students. With books closed, read the paragraph to students, who fill in the missing words. Students then open their books and check their work.

PRE-AP®

Presentational Writing Have students research the events of Laliberté's space voyage and summarize them in a brief paragraph.

CRITICAL THINKING

Evaluation After reading about Guy Laliberté, ask students for their evaluation of the man. Ask: **Admirez-vous Guy Laliberté? Pourquoi ou pourquoi pas?** Then ask: **Si vous pouviez avoir une conversation avec Guy Laliberté, qu'est-ce que vous lui diriez?**

CRITICAL THINKING

Analysis Ask students to research *One Drop*, the reason for its founding and what the foundation has done. Students can also watch an online video of Laliberté talking about the foundation. Ask students their opinion of the foundation. Then ask: **Si vous pouviez faire un don d'un million de dollars, choisiriez-vous *One Drop* comme bénéficiaire? Préféreriez-vous donner votre argent à une autre cause? Expliquez.**

TEACHING TIPS

1 Suggestion Have students write out their answers. Ask volunteers to write them on the board for the class to check.

PRE-AP®

2 Presentational Writing Ask students to write a paragraph for one of their answers as a homework assignment. Remind students to review the lesson vocabulary and grammar and to include examples in their paragraphs.

3 Suggestion As a variation, have students work in pairs to complete the activity.

4 Previewing Suggestion Tell students to look at websites of various foundations for ideas as to how to create a campaign.

21st CENTURY SKILLS

4 Technology Literacy Have students create a multimedia presentation of their foundation.

Analyse

1 Suggested answers.
1. Il est québécois/du Québec /canadien/du Canada.
2. Il la quitte parce qu'il veut devenir saltimbanque, cracheur de feu et accordéoniste.
3. Il a créé le Cirque du Soleil.
4. C'est une entreprise de divertissement artistique dont la spécialité est le cirque contemporain.
5. Il emploie plus de 4.000 personnes.
6. C'est une deuxième carrière pour les sportifs professionnels.
7. Il a créé la première multinationale de divertissement artistique.
8. Il veut sensibiliser le monde à l'importance de la conservation des réserves d'eau potable.
9. Il a créé *One Drop*, une fondation qui cherche à assurer un meilleur accès à l'eau potable.
10. Ils essaient de changer le monde en utilisant leur pouvoir financier et leur immense notoriété médiatique.

1 Compréhension Répondez aux questions par des phrases complètes.

1. De quelle nationalité est Guy Laliberté?
2. Pourquoi Guy Laliberté quitte-t-il sa famille à quatorze ans?
3. Pour quelle raison Guy Laliberté est-il tellement connu?
4. Qu'est-ce que le Cirque du Soleil?
5. Combien de personnes est-ce que le Cirque du Soleil emploie?
6. Pour qui le Cirque du Soleil représente-t-il une deuxième carrière?
7. Quel nouveau type de multinationale Guy Laliberté a-t-il créé?
8. Qu'est-ce que Guy Laliberté cherche à faire en devenant (*by becoming*) touriste spatial?
9. Qu'est-ce que Guy Laliberté a créé en 2007?
10. Par quels moyens certains grands fondateurs d'entreprise multinationale cherchent-ils à changer le monde?

2 Réflexion À deux, répondez aux questions par des phrases complètes.

1. À votre avis, pourquoi Guy Laliberté est-il un homme hors du commun?
2. Est-il facile d'utiliser les médias comme le fait Guy Laliberté?
3. Comment expliquez-vous le succès de Guy Laliberté?
4. Pourquoi la fondation *One Drop* de Guy Laliberté est-elle une fondation importante?
5. Pourquoi être le premier artiste dans l'espace est-il un coup de théâtre médiatique?

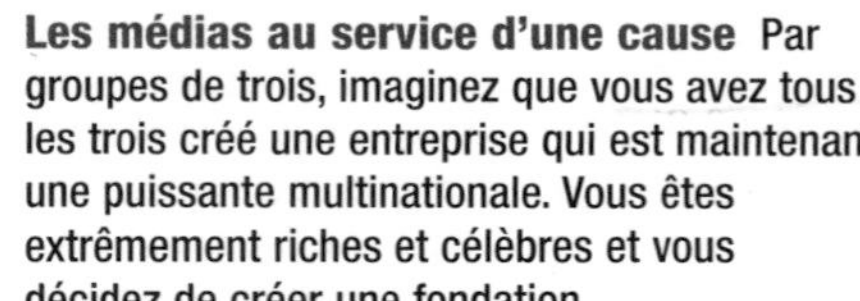

3 L'utilisation des médias Guy Laliberté est un homme d'affaires qui utilise les médias pour défendre une cause. À deux, trouvez dans l'actualité des exemples d'autres hommes/femmes d'affaires ou d'autres personnes qui utilisent les médias et leur notoriété pour changer le monde. Comment font-ils? Quelles causes défendent-ils? Les trouvez-vous sincères ou manipulateurs?

4 Les médias au service d'une cause Par groupes de trois, imaginez que vous avez tous les trois créé une entreprise qui est maintenant une puissante multinationale. Vous êtes extrêmement riches et célèbres et vous décidez de créer une fondation.

- Trouvez un nom et dessinez un logo pour cette fondation.
- Quelle cause est-ce que votre fondation défend?
- Comment allez-vous utiliser les médias d'une manière originale pour présenter et faire connaître votre cause?

ressources
vText
vhlcentral.com Leçon 3

Practice more at **vhlcentral.com.**

CRITICAL THINKING

Synthesis and Evaluation Tell students to look for ads for humanitarian causes in various media. Have them choose two ads and either bring in a copy of the print ad or write a description of the TV or radio ad. Discuss the humanitarian cause, how it is presented to the public, and by whom. Ask students to evaluate the effectiveness of the ad. Then, as a class, decide which media had the most successful presentation.

CRITICAL THINKING

Knowledge and Application Make a two-column chart on the board with the following headings: **Internet** and **télévision**. Ask students what sub-categories for ad placement might come under each one, such as Twitter or product placement in TV shows. Then, call out the names of various products and have students decide which sub-category would be the best vehicle for an ad for that product and why.

Préparation

À propos de l'auteur

Frédéric Beigbeder (1965–), est né à Neuilly-sur-Seine d'une famille aisée (*well-off*). En 1990, à l'âge de vingt-cinq ans, il publie son premier roman, *Mémoires d'un jeune homme dérangé*. Il devient ensuite concepteur-rédacteur (*advertising copywriter*) dans une agence de publicité. Suite à la parution (*publication*) de son roman satirique *99 francs* (dont cet extrait est tiré) qui dénonce l'invasion de la publicité dans notre société, Beigbeder est licencié (*fired*) de l'agence de publicité pour laquelle il travaillait.

Vocabulaire de la lecture

affronter *to face; to brave*
un ascenseur *elevator*
en moyenne *on average*
envahir *to invade*
un forfait *phone plan; fixed rate*
gratuit *free (without cost)*
une grotte *cave*
une ombre *shadow*
une paroi *wall*
une sonnerie *ringtone*

Vocabulaire utile

une émission *TV program*
une enseigne *store name*
une marque *brand*
le matraquage *hype; overkill*
la société de consommation *consumer society*

1 

Slogans **Complétez ces slogans publicitaires à l'aide des mots de vocabulaire présentés sur cette page. Faites les conjugaisons nécessaires.**

1. Est-ce que votre ___forfait___ mensuel vous coûte trop cher? Faites plaisir à votre portefeuille (*wallet*) avec *Peucher Télécom*!
2. Êtes-vous fatigué(e) des nuages et du froid? Redécouvrez votre ___ombre___ sous le soleil de la Corse!
3. Est-ce que votre jardin est ___envahi___? Une seule solution: l'insecticide *Libérator*!
4. Sors de l'ordinaire! Personnalise ton/ta ___sonnerie___ sur *dringdring.fr*!
5. Trois chaussures pour le prix de deux! Pour tout achat d'une paire de chaussures Trio, la troisième chaussure est ___gratuite___!!

2

Discussion **Avec un(e) partenaire, répondez aux questions suivantes.**

1. À votre avis, combien de publicités voyez ou entendez-vous par jour?
2. Quel média vous expose à la plus grande quantité de publicités?
3. Aimez-vous la publicité? Y prêtez-vous attention? Expliquez.
4. Quelles sont certaines de vos publicités préférées?
5. La publicité modifie-t-elle votre consommation? Si oui, comment?
6. Aimez-vous la musique d'ascenseur? Quelles en sont les caractéristiques?
7. Est-ce que les sonneries de portable (personnalisées) vous dérangent (*bother you*)?
8. Préférez-vous le silence ou l'animation? Pourquoi?

3

Campagne publicitaire **Vous travaillez dans une agence de communication et un client vous a demandé de créer la campagne publicitaire de son nouveau produit. Choisissez un nom accrocheur (*catchy*) pour le produit que votre professeur vous aura assigné, puis préparez en petits groupes un sketch représentatif de la campagne télévisuelle que vous allez proposer. N'oubliez pas d'inclure un slogan dans votre publicité et présentez votre campagne au reste de la classe.**

Practice more at **vhlcentral.com.**

Section Goals

In **Littérature**, students will:
- learn about French author Frédéric Beigbeder
- read an excerpt from his novel ***99 francs***

Key Standards

1.2, 2.2, 3.1, 5.2

Student Resources
Cahier de l'élève, pp. 51–53; Supersite: Activities, Synced Reading, *eCahier*
Teacher Resources
Answer Keys

TEACHING TIPS

Synonymes
- **fuir↔s'échapper (de)**

Cultural Note Neuilly-sur-Seine is a suburb of Paris, abutting the western edge of the city. It is an area of upscale residences as well as home to the headquarters of many corporations.

Suggestion Ask students to research basic information on the **lycées Montaigne** and **Louis-le-Grand**, as well as the names of famous alumni.

1 Expansion Have students write two more cloze slogans for new words not included in the activity. Then have them switch with a partner and complete each other's slogans.

2 Suggestions
- Before answering question 2, make a list of all the places students encounter ads throughout the day.
- For question 5, ask students for examples of specific ads that have influenced their buying decisions.
- For question 6, make a list of all the places where students hear "elevator music" besides in elevators.

CRITICAL THINKING

Analysis First discuss with students what Frédéric Beigbeder's job as an advertising copywriter entailed. Then ask students to speculate on why Beigbeder was fired from this job. Ask: **Pensez-vous qu'il était juste de renvoyer Beigbeder dans ces circonstances? Justifiez votre point de vue.**

PRE-AP®

Integrated Skills Have students work in pairs. Ask them to write a short story that includes at least five of the new vocabulary words. They should also create an illustration to accompany their work. Have students present their stories to the class. As a variation, some pairs can pantomime their story for the class to guess the narration.

Teaching Tips

Previewing Strategies

- Ask a volunteer to read aloud the quote from the reading. Based on the information learned about Frédéric Beigbeder, have students discuss the meaning of the quote.
- Ask students to create a sketch to illustrate the meaning of the quote. Have volunteers show and explain their sketches.
- Have students describe the image on this page. Then ask how the image might relate to the reading.

NATIONAL STANDARDS

Connections: History In the reading, Beigbeder refers to Plato, the Greek philosopher and teacher. Ask students to research a brief biography of Plato, his basic teachings, and his allegory of the cave.

Reading Strategy There are many descriptive words in the reading that students can use to create mental images. Tell students that describing or sketching mental images as they read will help them understand the reading better.

99 FRANCS

Frédéric Beigbeder

En ce temps-là°, on mettait des photographies géantes de produits sur les murs, les arrêts d'autobus, les maisons, le sol, les taxis, les camions, la façade des immeubles en cours de ravalement°, les meubles, les ascenseurs, les distributeurs de billets°, dans toutes les rues et même à la campagne. La vie était envahie par des soutiens-gorge°, des surgelés°, des shampooings antipelliculaires° et des rasoirs triple lame. L'œil humain n'avait jamais été autant sollicité de toute son histoire: on avait calculé qu'entre sa naissance et l'âge de 18 ans, toute personne était exposée en moyenne à 350.000 publicités. Même à l'orée° des forêts, au bout° des petits villages, en bas des vallées isolées et au sommet des montagnes blanches, sur les cabines de téléphérique°, on devait affronter des logos «Castorama», «Bricodécor», «Champion Midas» et «La Halle aux Vêtements». Jamais de repos° pour le regard° de l'homo consommatus.

Le silence aussi était en voie de disparition°. On ne pouvait pas fuir les radios, les télés allumées, les spots criards° qui bientôt s'infiltreraient jusque dans vos conversations téléphoniques privées. C'était un nouveau forfait proposé par Bouygues Telecom: le téléphone gratuit en échange de coupures publicitaires° toutes les 100 secondes. Imaginez: le téléphone sonne, un policier vous apprend la mort de votre enfant dans un accident de voiture, vous fondez en larmes° et au bout du fil°, une voix chante «Avec Carrefour je positive°». La musique d'ascenseur était partout, pas seulement dans les ascenseurs. La sonnerie des portables stridulait° dans le TGV, dans les restaurants, dans les églises et même les monastères bénédictins résistaient mal à la cacophonie ambiante. (Je le sais: j'ai vérifié.) Selon l'étude mentionnée plus haut, l'Occidental° moyen était soumis° à 4.000 messages commerciaux par jour.

L'homme était entré dans la caverne de Platon. Le philosophe grec avait imaginé les hommes enchaînés dans une caverne, contemplant les ombres de la réalité sur les murs de leur cachot°. La caverne de Platon existait désormais°: simplement elle se nommait télévision. Sur notre écran cathodique, nous pouvions contempler une réalité «Canada Dry» : ça ressemblait à la réalité, ça avait la couleur de la réalité, mais ce n'était pas la réalité. On avait remplacé le Logos° par des logos projetés sur les parois humides de notre grotte.

Il avait fallu deux mille ans pour en arriver là. ■

L'œil humain n'avait jamais été autant sollicité de toute son histoire.

Back then; (in the process of) being renovated; ATMs; bras / frozen foods; anti-dandruff; edge; at the very end; cable-car; rest; the eye; in the process of disappearing; shrill ads; commercial breaks; burst into tears / at the other end of the line; stay optimistic; chirped; Westerner / subjected; cell; now; reason (rationality)

CRITICAL THINKING

Application Ask students to keep track over one day's time of all the ads they see or hear, noting the location and the product advertised for each one. Discuss students' results as a class, noting the number of ads and the variety of locations. Ask students: **Aviez-vous conscience du nombre de publicités auxquelles vous êtes exposé(e)s chaque jour? Pensez-vous que ce soit une bonne ou une mauvaise chose? Pourquoi?**

CRITICAL THINKING

Comprehension Before students begin reading, assign one of the three paragraphs to each student. After they read, students write two comprehension questions for their paragraph. Then students work in groups of three where all three paragraphs are represented. Students then check their classmates' comprehension by asking their questions.

TEACHING TIPS

Suggestions

- Play the audio for students to first just listen and get the gist.
- Working in pairs, have students go through the reading and identify cognates.
- Play the audio a second time, pausing to ask questions to check understanding.
- Working in pairs, have students go through the reading noting the verb in each sentence. Most are in the **imparfait** form. (Others are in the **plus-que-parfait**. You may want to pre-teach this form.) Have students give the infinitive for each verb form.

Cultural Note When Beigbeder denounces the distorted reality portrayed by television, he recycles a French slogan for Canada Dry that read: **Ça a la couleur de l'alcool, le goût de l'alcool... mais ce n'est pas de l'alcool.** Nowadays, the Canada Dry brand name is sometimes used in the French language to qualify something that looks like, but does not have the functionality/properties of what it pretends to be.

Expansion Ask students to look on the Internet for images for the logos mentioned in the reading. Have students print out the images, discuss what they are advertising, and display them in the class.

Extra Practice Ask students to read additional excerpts from ***99 francs*** and summarize what they read for the class.

CRITICAL THINKING

Application Ask students to research the names of two French products, stores, or restaurants. Then have them locate an online print or video ad for each one. Students present the ads to the class for a discussion of the product, the message, the slogan, and the effectiveness.

CRITICAL THINKING

Synthesis Have students work in pairs. Half the pairs discuss the pros of advertisements; the other pairs discuss the cons. Then hold a class debate. After the debate, take a class vote to determine whose arguments were stronger.

TEACHING TIPS

1 Suggestion Have students work in pairs to complete the activity. They should indicate where in the text each answer is found.

2 Suggestion Have pairs form groups of four or six to compare and discuss how they interpreted the reading.

3 Suggestion Have students present their slogan translations to you for evaluation.

4 Suggestion Tell students to take notes on the answers to the questions in the **Plan**. They should then organize these notes in a logical order to create their paragraphs.

Suggestion Ask students to research or create a visual to illustrate Plato's allegory. The visual can be a drawing or a photo or a collage. Display the visuals around the classroom.

Analyse

1 Suggested answers
1. La publicité pour des biens matériels envahissait la vie.
2. On les trouve partout.
3. Les médias, la radio, la télévision, la publicité et les téléphones portables menacent le silence.
4. Le téléphone est gratuit en échange de publicités toutes les 100 secondes.

ressources

vText

CE pp. 51-53

vhlcentral.com Leçon 3

1 Compréhension Répondez aux questions par des phrases complètes.

1. Selon l'auteur, qu'est-ce qui, «en ce temps-là», envahissait la vie des hommes?
2. Où est-ce qu'on peut trouver les logos d'enseignes commerciales?
3. Selon l'auteur, qu'est-ce qui menace le silence dans notre société?
4. Quel est le concept du nouveau forfait proposé par Bouygues Telecom?

2 Interprétation Avec un(e) partenaire, répondez aux questions par des phrases complètes.

1. À quelle époque est-ce que l'auteur fait référence quand il dit «En ce temps-là»? Pourquoi utilise-t-il cette formule?
2. «L'œil humain n'avait jamais été autant sollicité de toute son histoire». Que veut dire l'auteur?
3. À la fin du premier paragraphe, quelle métaphore l'auteur utilise-t-il pour décrire la relation entre l'homme et les logos publicitaires?
4. Pourquoi l'auteur appelle-t-il «homo consommatus» la nouvelle étape de l'évolution humaine face au matraquage publicitaire?
5. L'auteur compare les médias et la publicité à un envahisseur bruyant et l'homme moderne à un esclave prisonnier de son influence. Relevez tous les termes qui indiquent cette relation dans le deuxième paragraphe du texte.
6. Dans sa comparaison avec la caverne de Platon, à quoi l'auteur assimile-t-il les émissions de télévision? Et la télévision elle-même? Et les téléspectateurs?

3 Imaginez À deux, choisissez un slogan publicitaire que vous connaissez puis traduisez-le en français. Dans le cadre du nouveau forfait de téléphonie portable proposé par Bouygues Télécom, imaginez, comme le fait Frédéric Beigbeder, une situation absurde où la réalité pourrait être confrontée à ce slogan. Soyez prêt(e)s à exposer votre situation au reste de la classe.

Note CULTURELLE

Dans son allégorie de la caverne, le philosophe Platon imagine un groupe de personnes qui auraient vécu toute leur vie enchaînées dans une caverne. Ils tournent le dos à l'entrée et la seule chose qu'ils puissent voir sont les ombres du monde extérieur projetées sur les parois de leur grotte par un feu allumé derrière eux. Mais ces ombres leur donnent-elles une représentation conforme de la réalité ou ces personnes sont-elles prisonnières des apparences?

4 Rédaction Frédéric Beigbeder nous dit que la réalité cathodique, le monde dépeint (*depicted*) par la télévision, «ressemblait à la réalité, [...] avait la couleur de la réalité, mais [...] n'était pas la réalité». Commentez cette citation à l'aide du plan de rédaction.

Plan

1. **Préparation** Réfléchissez aux questions suivantes. Qu'est-ce qui définit la réalité? Comment distinguez-vous ce qui est réel de ce qui ne l'est pas? Est-ce que quelque chose peut sembler (*seem*) réel sans l'être? Comment? Quel est le rôle de la télévision? Pourquoi la regardez-vous? Quel type d'émission, et donc d'images, peut-on voir à la télévision?
2. **Point de vue** Que pensez-vous du monde qui est représenté à la télévision? Quelles différences voyez-vous entre votre réalité et celle de la télévision? Est-ce plus souvent la télévision qui veut ressembler à la vie de tous les jours ou la vie de tous les jours qui veut ressembler aux images projetées par la télévision?
3. **Conclusion** Résumez (*Summarize*) vos arguments.

Practice more at **vhlcentral.com.**

EXPANSION

Extra Practice Ask students to revisit the question on the lesson opener on **p. 74**: **Peut-on absorber tout ce que les medias ont à proposer?** Tell students to think about what they learned throughout the lesson—and especially in **Littérature**—when answering the question. Also ask: **Est-ce que votre réponse a changé depuis le début de la leçon? Dans quelle mesure?**

PRE-AP®

Presentational Writing Ask students to write an essay with the title: **La publicité à l'école: pour ou contre?** Tell students to first take notes in a two-column chart with the headings **Pour** and **Contre**. They then use their notes to write their essay. Remind students to include specific examples for each side of the argument as well as a conclusion. Students may want to interview the school principal and other school leaders to get their opinions as well.

L'univers médiatique

Audio: Vocabulary
Flashcards
My Vocabulary

Les médias

l'actualité (f.) *current events*
la censure *censorship*
un événement *event*
un message/spot publicitaire; une publicité (une pub) *advertisement*
les moyens (m.) de communication; les médias (m.) *media*
la publicité (la pub) *advertising*
un reportage *news report*
un site web/Internet *web/Internet site*
une station de radio *radio station*

s'informer (par les médias) *to keep oneself informed (through the media)*
naviguer/surfer sur Internet/le web *to search the web*

actualisé(e) *updated*
en direct *live*
frappant(e)/marquant(e) *striking*
influent(e) *influential*
(im)partial(e) *(im)partial; (un)biased*

Les gens des médias

un(e) animateur/animatrice de radio *radio presenter*
un auditeur/une auditrice *(radio) listener*
un(e) critique de cinéma *film critic*
un éditeur/une éditrice *publisher*
un(e) envoyé(e) spécial(e) *correspondent*
un(e) journaliste *journalist*
un(e) photographe *photographer*
un réalisateur/une réalisatrice *director*
un rédacteur/une rédactrice *editor*
un reporter *reporter (male or female)*
un téléspectateur/une téléspectatrice *television viewer*
une vedette (de cinéma) *(movie) star (male or female)*

Le cinéma et la télévision

une bande originale *sound track*
une chaîne *network*
un clip vidéo; un vidéoclip *music video*
un divertissement *entertainment*
un documentaire *documentary*
l'écran (m.) *screen*
les effets (m.) spéciaux *special effects*
un entretien/une interview *interview*
un feuilleton *soap opera; series*
une première *premiere*
les sous-titres (m.) *subtitles*

divertir *to entertain*
enregistrer *to record*
retransmettre *to broadcast*
sortir un film *to release a movie*

La presse

une chronique *column*
la couverture *cover*
un extrait *excerpt*
les faits (m.) divers *news items*
un hebdomadaire *weekly magazine*
un journal *newspaper*
la liberté de la presse *freedom of the press*
un mensuel *monthly magazine*
les nouvelles (f.) locales/internationales *local/international news*
la page sportive *sports page*
la presse à sensation *tabloid(s)*
la rubrique société *lifestyle section*
un gros titre *headline*

enquêter (sur) *to research; to investigate*
être à la une *to be on the front page*
publier *to publish*

Court métrage

un bon samaritain *good Samaritan*
la bourse *stock market*
la décroissance *recession*
la devise *currency*
une hausse *gain*
une PME *SME (Small and Medium Enterprises [businesses])*
la reddition *surrender*

faire une bonne action *to do a good deed*
faire une croix sur *to forget about*
intervenir *to intervene, to get involved*
résoudre *to resolve*
s'accroître *to rise, to increase*

brisée *broken*
flou *blurry*

Culture

un cirque *circus*
un milliardaire *billionaire*
une multinationale *multinational company*
la notoriété *fame*
un réseau *network*
un saltimbanque *street performer; entertainer*

apparaître *to appear*
attirer l'attention sur *to draw attention to*
convaincre *to convince, to persuade*
s'engager *to get involved*
se mobiliser *to rally*
sensibiliser (le public à un problème) *to increase (public) awareness (of an issue)*
soutenir (une cause) *to support (a cause)*

redoutable *formidable*

Littérature

un ascenseur *elevator*
une émission *TV program*
une enseigne *store name*
un forfait *phone plan; fixed rate*
une grotte *cave*
une marque *brand*
le matraquage *hype; overkill*
une ombre *shadow*
une paroi *wall*
la société de consommation *consumer society*
une sonnerie *ringtone*

affronter *to face; to brave*
envahir *to invade*

gratuit *free (without cost)*
en moyenne *on average*

ressources

Key Standards

4.1

Student Resources
Cahier de l'élève, p. 54; Supersite: Vocabulary, *eCahier*
Teacher Resources
Audio Activity MP3s/CD; Testing program: Lesson Test

TEACHING TIPS

Language Learning

- Have students make flashcards or a vocabulary list. (Helpful hint: Keep these flashcards or vocabulary lists for reviewing later in the year, especially for mid-year and final exams.)
- Ask students to write a 20-question vocabulary quiz for their classmates. Encourage them to vary the style of questions. Examples: multiple choice, fill-in, sentence writing, picture identification. Then have students exchange their quiz with another student. Once students have completed their quizzes, they return them for correction to the person who designed it.
- Give students blank bingo cards with large squares. List 20-30 vocabulary words that lend themselves to being represented through pictures. Have students illustrate a vocabulary word in each square. Then give each student a small handful of playing pieces (beans, coins, pieces of paper, etc.). Play several rounds of bingo, allowing students to win horizontally, vertically, or diagonally.

21st CENTURY SKILLS

Leadership and Responsibility Extension Project
Establish a partner classroom in the Francophone world. AS a class, have students decide on three questions they want to ask the partner class related to the topic of the lesson they have just completed. Based on the responses they receive, work as a class to explain to the partner class one aspect of their responses that surprised the class and why.

DIFFERENTIATION

For Inclusion Have students chose twenty words and expressions from the vocabulary list. Encourage them to choose the words that they have had difficulty remembering. Then have them create a collage with magazine clippings, downloaded images, or their own drawings, illustrating the words and expressions.

DIFFERENTIATION

To Challenge Students Divide the class into seven groups. Assign a vocabulary category to each group. Students write short skits. Each skit must include as many people as there are in the group and must include at least seven words from the category. Have groups present their skits. The class votes on the best one.

Lesson Goals

In **Leçon 4**, students will:

- learn vocabulary related to the law, legal rights, politics, public officials, and national security
- watch the short film ***La révolution des crabes***
- read about piracy in the Antilles
- be introduced to the dancer Léna Blou
- learn the **plus-que-parfait**
- learn about negation and indefinite adjectives and pronouns
- learn about irregular **-ir** verbs
- read an article on the history and culture of Haiti
- read writer Victor Hugo's speech **«Détruire la misère»**

21st CENTURY SKILLS

Initiative and Self-Direction
Students can monitor their progress online using the Supersite activities and assessments.

TEACHING TIPS

Point de départ Have students describe what they see in the photo. Ask: **Quel est le rapport entre cette image et le titre de cette leçon? Connaissez-vous des groupes qui ont récemment dû défendre leurs idées?**

Suggestions

- As a class, read the text in the white box and discuss answers to the questions.
- Working in small groups, have students talk about a time when they had an idea that was valued and another time when an idea of theirs was rejected. Ask: **Qu'avez-vous ressenti dans ces moments-là?**

LEÇON 4

La valeur des idées

Qu'est-ce qui donne de la valeur à une idée? Son originalité, l'impact qu'elle peut avoir sur un groupe ou sur une société? Cependant, une nouvelle idée fait parfois peur aux membres d'un groupe, parce qu'elle les oblige à changer, et il faut souvent du courage pour la faire adopter. Une idée, même bonne, sert-elle à quelque chose, s'il n'y a personne pour la mettre en pratique?

Les lycéens et les étudiants français n'hésitent pas à descendre dans la rue pour exprimer leurs idées et défendre leurs intérêts. Que voyez-vous écrit sur les mains de ces jeunes? Pourquoi manifestent-ils, d'après vous?

INSTRUCTIONAL RESOURCES

Student Resources
Print: Student Book, Workbook (*Cahier de l'élève*)
Supersite: vhlcentral.com, **vText**, *eCahier*, Audio, Video, Practice

Teacher Resources
Print: Teacher's Edition, Answer Keys, Testing Program
Technology: Audio MP3s on CD (Textbook, Testing Program, Audio Program), Video Program DVD (Film Collection)
Supersite: vhlcentral.com, Lesson Plans, Grammar Tutorials, Grammar Slides, Testing Program, Audio and Video Scripts, Answer Key, Audio MP3s, Streaming Video (Film Collection), Digital Image Bank, Learning Management System (Gradebook, Assignments)

Voice boards on the Supersite allow you and your students to record and share up to five minutes of audio. Use voice boards for presentations, oral assessments, discussions, directions, etc.

114 **COURT MÉTRAGE**
Dans *La révolution des crabes,* film d'animation en noir et blanc, **Arthur de Pins** décrit la tragédie des «crabes dépressifs» qui sont incapables de changer de route. Ils suivent toujours la même ligne droite, jusqu'au jour où...

120 **IMAGINEZ**
Les pirates vous fascinent-ils? Un article sur les pirates des Caraïbes vous fera découvrir des aspects peu connus de leur existence, en particulier l'aide qu'ils ont apportée aux révolutionnaires. La chorégraphe guadeloupéenne **Léna Blou** vous initiera à une autre facette méconnue de la culture des **Caraïbes**, sa danse.

137 **CULTURE**
La république d'**Haïti**, vous connaissez. Mais saviez-vous que cette île est le premier État noir indépendant du monde? C'est aussi un pays de peintres.

141 **LITTÉRATURE**
Dans son *Discours sur la misère*, **Victor Hugo** s'adresse aux membres de l'Assemblée nationale pour leur faire prendre conscience de la misère du peuple français.

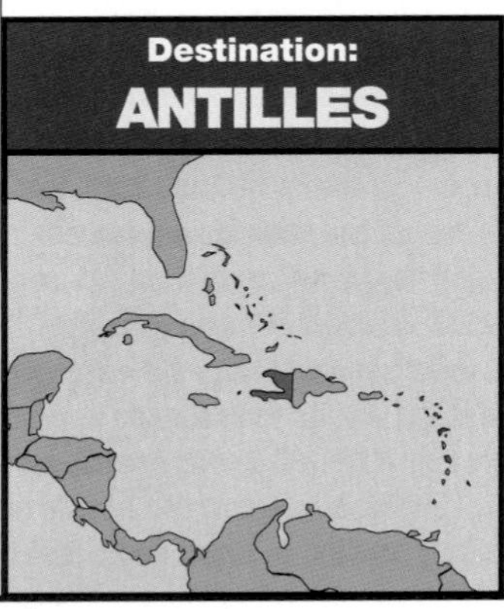

112 **POUR COMMENCER**

124 **STRUCTURES**

4.1 The plus-que-parfait

4.2 Negation and indefinite adjectives and pronouns

4.3 Irregular -ir verbs

145 **VOCABULAIRE**

TEACHING TIPS

Suggestion
Ask students if they have ever taken part in a demonstration? Why? If not, would they ever? Which ideas or values do they feel strongly enough about to openly fight for them?
Ask: **Avez-vous déjà participé à une manifestation? Était-elle pacifique ou mouvementée? Quelle cause défendiez-vous? Quelles idées combattiez-vous? Quelles valeurs êtes-vous prêt(e)s à défendre ouvertement si nécessaire?**

Suggestion Ask volunteers to answer the question: **Les pirates vous fascinent-ils?** Have students explain why or why not.

Language Note Point out that **guadeloupéen/guadeloupéenne** is the adjective of nationality to describe someone from **Guadeloupe**.

NATIONAL STANDARDS

Connections: Geography The word **Antilles** is the name given to some of the islands in the Caribbean. The Greater Antilles are in the north and include the large islands of Cuba, Jamaica, Hispaniola, and Puerto Rico. The Lesser Antilles include the smaller islands that stretch from east of Puerto Rico around and down to the islands north of Venezuela. Geographically they are considered part of North America. Provide students with an unlabeled map of the Caribbean and have them write in French the names of the different islands that make up the Antilles.

CRITICAL THINKING

Comprehension Have students work in pairs to make up two questions about each picture on the two pages. Then have them exchange questions with another pair. Pairs ask and answer each other's questions.

CRITICAL THINKING

Synthesis Ask students to create a **KWL** (Know/Want to Know/Learned) chart. Students fill in the chart with what they already know about **Haïti** and questions about what they want to know about **Haïti**. After reading the **Culture** section, they should return to their KWL chart and complete the "Learned" column.

Section Goals

In **Pour commencer**, students will learn and practice vocabulary related to the law, legal rights, politics, public officials, and national security.

Key Standards

1.1, 1.2, 4.1

Student Resources
Cahier de l'élève, pp. 55–57; Supersite: Activities, Vocabulary, *eCahier*
Teacher Resources
Answer Keys; Audio Script; Audio Activity MP3s/CD; Testing program: Vocabulary Quiz

TEACHING TIPS

Synonymes
emprisonner↔incarcérer
un délit↔une infraction

- Point out that **la criminalité/le crime** refer to *crime* in general, but **un crime** refers to a specific, violent crime. **Un crime** can also mean *a murder*, while **un délit** often refers to a misdemeanor. Mention the phrase **prendre quelqu'un en flagrant délit de...** *to catch someone red-handed*.
- Explain that **un(e) activiste** (*militant activist*) and **un(e) militant(e)** (*activist*) are **faux-amis**.
- Describe how the terms **gauche**, **centre**, and **droite** are used in political discourse, just as in English.

Suggestion Bring in several examples of French newspapers. Hand them out to pairs of students. Have them highlight any lesson vocabulary they find in them. Pairs can then share their findings with another group.

POUR COMMENCER

La justice et la politique

Audio: Vocabulary Practice My Vocabulary

Les lois et les droits

un crime *murder; violent crime*
la criminalité *crime (in general)*
un délit *(a) crime*
les droits (*m.*) de l'homme *human rights*
une (in)égalité *(in)equality*

une (in)justice *(in)justice*
la liberté *freedom*
un tribunal *court*

abuser *to abuse*
approuver une loi *to pass a law*
défendre *to defend*
emprisonner *to imprison*
juger *to judge*

analphabète *illiterate*
coupable *guilty*
(in)égal(e) *(un)equal*
(in)juste *(un)fair*
opprimé(e) *oppressed*

La politique

un abus de pouvoir *abuse of power*

une armée *army*
une croyance *belief*
la cruauté *cruelty*
la défaite *defeat*
une démocratie *democracy*
une dictature *dictatorship*
un drapeau *flag*

le gouvernement *government*
la guerre (civile) *(civil) war*
la paix *peace*
un parti politique *political party*
la politique *politics*
la victoire *victory*

avoir de l'influence (sur) *to have influence (over)*
se consacrer à *to dedicate oneself to*
élire *to elect*
gagner/perdre les élections *to win/lose elections*
gouverner *to govern*
voter *to vote*

conservateur/conservatrice *conservative*
libéral(e) *liberal*
modéré(e) *moderate*
pacifique *peaceful*
puissant(e) *powerful*
victorieux/victorieuse *victorious*

Les gens

un(e) activiste *militant activist*
un(e) avocat(e) *lawyer*

un(e) criminel(le) *criminal*
un(e) député(e) *deputy (politician); representative*
un homme/une femme politique *politician*
un(e) juge *judge*
un(e) juré(e) *juror*
un(e) président(e) *president*
un(e) terroriste *terrorist*
une victime *victim*
un voleur/une voleuse *thief*

La sécurité et le danger

une arme *weapon*
une menace *threat*
la peur *fear*

un scandale *scandal*
la sécurité *security, safety*
le terrorisme *terrorism*
la violence *violence*

combattre (*irreg.*) *to fight*
enlever/kidnapper *to kidnap*
espionner *to spy*
faire du chantage *to blackmail*
sauver *to save*

ressources
vText | CE pp. 55–57 | vhlcentral.com Leçon 4

DIFFERENTIATION

For Inclusion Find photos from newspapers, magazines, or the Internet that illustrate words from the vocabulary. Display the pictures and ask true/false questions about them, using the vocabulary. Students indicate thumbs-up if the answer is true and thumbs-down if it is false.

DIFFERENTIATION

To Challenge Students Using the same pictures from the For Inclusion suggestion, tell students that each photo is from a newspaper article. Ask them to write a headline for each one, using the vocabulary. Post the photos and accompanying headlines where the class can view them.

Mise en pratique

1 **Synonymes et antonymes** Remplissez la liste de synonymes et d'antonymes pour les mots suivants.

Synonymes		Antonymes	
1. équivalence	égalité	6. défaite	victoire
2. terreur	peur	7. guerre	paix
3. protéger	défendre	8. victime	criminel(le)
4. pacifiste	pacifique	9. conservateur	libéral
5. opinion	croyance	10. innocent	coupable

2 **Qui est-ce?** Dites qui parle dans chaque situation.

1. une activiste 2. un terroriste 3. un voleur 4. une avocate 5. un homme politique

3 a. J'espionnais des résidences dans un quartier riche. Quand une famille est partie en vacances, je suis entré dans leur maison. Je n'ai pas eu le temps de prendre l'argent, parce que des policiers sont arrivés. J'ai essayé de fuir, mais ils m'ont arrêté. Au tribunal, le juge m'a condamné à trois mois de prison.

1 b. Je suis membre d'un groupe politique qui croit en la démocratie. Nous sommes pour la liberté des citoyens du monde et contre la dictature. Nous combattons les dictatures, parce que nous pensons que c'est une forme d'emprisonnement.

5 c. Je m'occupe des affaires publiques dans ma région. Aux dernières élections, soixante-quinze pour cent des habitants qui ont voté m'ont choisi. J'ai aussi gagné les élections il y a quatre ans.

4 d. Je m'intéresse beaucoup plus à la justice qu'à la politique. Chaque jour, je défends mes clients, qui sont souvent victimes d'injustices. En plus, je me consacre à la défense des droits de l'homme.

2 e. Je suis membre d'une armée spéciale. Nous faisons peur aux gens pour les informer sur nos croyances et sur nos luttes. Nous utilisons aussi la violence et la cruauté pour détruire ce qui est injuste dans le monde. Nous utilisons fréquemment le chantage pour atteindre notre but.

3 **Définir et inventer** Dans un groupe de trois ou quatre, définissez les mots de la liste. Ensuite, inventez une histoire qui inclut au moins huit des douze mots.

chantage	démocratie	espionner	politique
combattre	dictature	libéral	scandale
criminel	égalité	pacifique	sécurité

4 **Au tribunal** Imaginez que vous soyez avocat(e). Décrivez quelle sorte de droit vous pratiquez. Si vous choisissez le droit pénal (*criminal*), défendez-vous des clients qui sont coupables? Qu'est-ce qui est le plus important: défendre la justice ou gagner un salaire élevé? Discutez de vos idées avec celles d'un(e) camarade de classe.

Practice more at **vhlcentral.com.**

TEACHING TIPS

1 Expansion Give additional items, such as: **Synonyme: un criminel (un voleur); Antonyme: approuver (rejeter).**

2 Expansion
- Have students draw additional vocabulary words from a bag, and then come up with clues like those in the activity. Have them take turns guessing each word.
- Use the clues as the basis for a cloze activity. Rewrite the passages on a separate sheet, leaving blanks for words from the vocabulary. Read each paragraph (and tell students the word being described) and have students write in the missing words.

3 Expansion Ask volunteers from each group to read their stories to the class.

4 Suggestion You may want to provide students with examples of type of law: **droit fiscal, droit des affaires, droit de la famille, droit du travail, droit de la santé, droit immobilier, droit des étrangers, droit sur la propriété intellectuelle, droit militaire, etc.**

DIFFERENTIATION

To Challenge Students Have students work in pairs and play Odd Man Out. Each student should prepare five sets of three words—two that are related and one with no association to the other two. Students take turns solving their partners' word sets.

DIFFERENTIATION

To Challenge Students Have students write the words from Activity 3 on a sheet of paper. Then have them write two things they associate with that word. They can be new or previously learned words, or the names of people or places. Examples: **faire du chantage- argent, crime; démocratie- les États-Unis, gouvernement**

Section Goals

In **Court métrage**, students will:

- watch the short film ***La révolution des crabes***
- practice listening for and using vocabulary and grammar from the lesson

Key Standards

1.2, 2.1, 2.2, 4.1, 4.2, 5.2

Student Resources
Cahier de l'élève, pp. 70–71; Supersite: Video, Activities, *eCahier*
Teacher Resources
Answer Keys, Video Script & Translation, Film Collection DVD

TEACHING TIPS

Suggestions

- Before watching the film, ask the class what they know about how crabs walk. (Some students might know that certain species move only sideways.) Tell them that the species featured in the movie is described as a **crabe dépressif**, and suggest that they listen for why crabs of that species in particular could have a reason to be depressed.
- Ask the students a series of objective questions to determine whether they understand the vocabulary expressions: **Einstein était-il bête? Est-ce qu'un bateau est mangeable?**
- Challenge the class to spontaneously compose a story using all the expressions from the vocabulary list. You can keep track of which expressions are used by writing them on the board.

1 Suggestion Tell students in groups of three to work on the puzzle together and then review the answers with the whole class.

Préparation

Vocabulaire du court métrage

- **bête** *stupid*
- **bifurquer** *to turn off course; to change direction*
- **carré(e)** *square*
- **se casser** *to scram*
- **se douter (de)** *to suspect*
- **un(e) esclave** *slave*
- **les mœurs (*f.*)** *customs, habits*
- **passionnant(e)** *exciting*
- **rigoler** *to laugh; to joke*
- **une tare** *defect*
- **une trajectoire** *path*

Vocabulaire utile

- **basculer** *to change radically; to tip over*
- **un bateau** *boat*
- **déçu(e)** *disappointed*
- **faire exprès** *to do it on purpose*
- **se libérer** *to free oneself*
- **mangeable** *edible*

EXPRESSIONS

À quelque chose malheur est bon. *Some things are a blessing in disguise.*
Bref… *In short…*
C'est pas tout, ça! *Well, it was nice talking to you...*
voir le jour *to be born (lit. first see the light of day)*

1 Vocabulaire

A. Complétez la grille.

Horizontalement
A. Idiot, inepte.
C. Changer de direction.
F. Manières de vivre; coutumes.
J. Pour être heureux dans la vie, il faut ______.

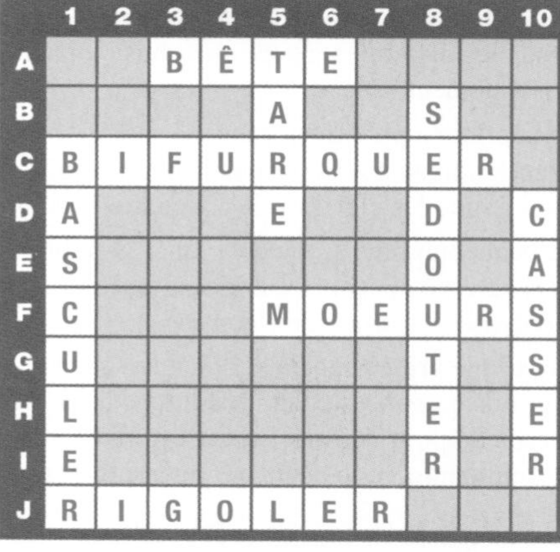

	1	2	3	4	5	6	7	8	9	10
A			B	Ê	T	E				
B					A			S		
C	B	I	F	U	R	Q	U	E	R	
D	A				E			D		C
E	S							O		A
F	C				M	O	E	U	R	S
G	U							T		S
H	L							E		E
I	E							R		R
J	R	I	G	O	L	E	R			

Verticalement
1. Changer radicalement.
5. Un défaut ou un inconvénient.
8. Soupçonner.
10. J'en ai marre de cette fête. Je vais me ______.

B. Écrivez quatre phrases en utilisant au moins quatre mots de la grille.

2 Changer sa vie Répondez aux questions par des phrases complètes.

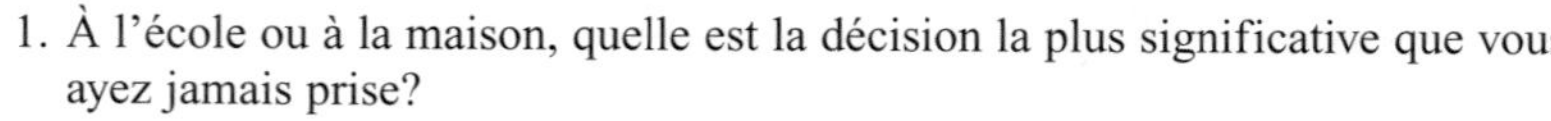

1. À l'école ou à la maison, quelle est la décision la plus significative que vous ayez jamais prise?
2. Comment cette décision a-t-elle changé, ou même bouleversé, votre vie familiale ou scolaire?
3. Décrivez une situation devant laquelle vous vous êtes senti(e) impuissant(e)? Avez-vous réussi à altérer le cours des choses?
4. Dans le contexte du lycée, avez-vous l'impression que tout est possible ou y a-t-il des limites aux changements que vous pouvez suggérer?

ressources
vText
vhlcentral.com Leçon 4

Practice more at **vhlcentral.com.**

CRITICAL THINKING

Evaluation Have students recall movies they have watched where people are pressured to conform to a certain type of behavior. Ask them if those movies were realistic and if the opinions of other people matter to them. Then ask why or why not.

CRITICAL THINKING

Comprehension Ask students to give examples from their lives to demonstrate the meaning of **À quelque chose malheur est bon.** If they struggle to say something in French, help them by writing the expression on the board for the class to see.

3 **Citations** Par groupes de trois, décidez si vous êtes d'accord ou pas avec chaque citation. À quel contexte, scolaire ou familial, associez-vous chacune de ces citations? Comparez vos idées avec celles des autres groupes.

> **Qui a confiance en soi conduit les autres.**
> **Horace, poète latin**
>
> **L'individu n'agit que s'il éprouve (*feels*) un besoin.**
> **Gaston Bachelard, philosophe français**

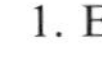

4 **Questions** À deux, répondez aux questions.

1. Est-ce que l'opinion des autres influence vos actions?
2. Quel effet l'image qu'on a de soi a-t-elle sur notre humeur? Est-ce que l'opinion qu'on a de soi-même peut avoir un impact sur nos décisions? Si oui, de quelle manière?
3. Est-il préférable d'être original(e) au risque de se marginaliser ou de respecter les conventions même si cela vous oblige à trahir vos idéaux (*betray your ideals*)?
4. Quel est le plus difficile, affirmer (*assert*) son originalité ou se conformer à la masse?
5. Pensez-vous qu'une seule personne puisse changer les mœurs de tout un groupe? Expliquez et donnez des exemples historiques.

5 **Que se passe-t-il?** Regardez les images et décrivez ce que vous voyez. Ensuite, imaginez ce qui va se passer.

TEACHING TIPS

3 Suggestion When students are done discussing the expressions in groups, take a general survey of the class to determine how many students agree with each.

21st CENTURY SKILLS

3 Collaboration
If you have access to students in a Francophone country, ask them to comment the quotes with your class, so that they provide them with some ideas for the discussion.

5 Suggestion You might need to provide some expressions to help students describe the images: **un pêcheur, un filet, une étoile de mer, le fond de la mer, une épave** (*wreck*) **de voiture, une machine à laver**.

5 Expansion For each of the events pictured, have students draw a frame that represents what happens next. Then have them write the accompanying dialogue underneath it.

PRE-AP®

Audiovisual Interpretive Communication
Students interact with prompts that engage more senses on which to both reflect and prepare to understand the film.

CRITICAL THINKING

Knowledge and Evaluation In one scene of the movie, a bigger crab makes fun of a smaller one by asking him if he's following **le droit chemin**. Ask students how this expression is a pun. Then ask them to assess in general the wisdom of groups: **Dans notre société, qui définit le droit chemin? Le groupe ou l'individu?**

CRITICAL THINKING

Application Do you have a career or college major planned? What would you do if you suddenly had to change course because of an economic or political event, or because your family needed you to? Ask students these questions, having them research a secondary career or course of study as a back-up plan and write a brief description.

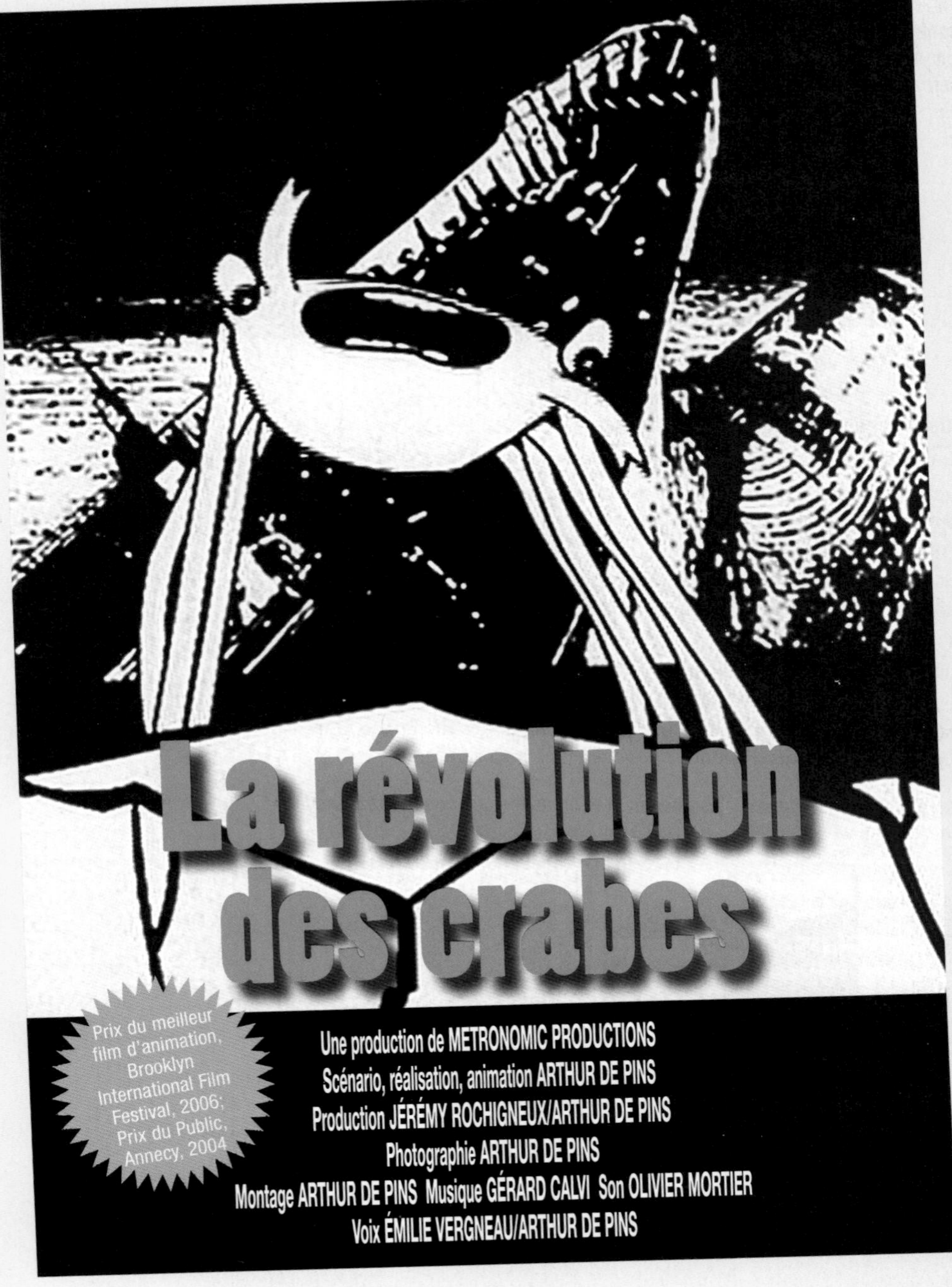

TEACHING TIPS

Suggestion Ask the class to describe what is happening in the scene from the movie depicted in the poster. You might want to use the following questions as prompts: **Qu'est-ce que ce crabe fait ici? Comment ce crabe est-il devenu philosophe? Pourquoi est-il fier d'être un *Pachygrapsus marmoratus*?**

NATIONAL STANDARDS

Connections: Social Studies Point out to students that the title at the beginning of the film is represented with a hammer and sickle and ask them what those symbols are most commonly associated with. Then tell them to research historical connections between Russia and France.

AFFECTIVE DIMENSION

If students are getting hung up on particular expressions in the dialogue, remind them that watching the film on the Supersite allows them to pause and look at captions or to watch a whole passage to get the gist and then replay to understand all the words afterwards.

21st CENTURY SKILLS

Social and Cross-Cultural Skills Have students work in groups to choose one or two aspects of the film that is different from what they would expect in their daily life. Ask students to write two to three sentences about the difference(s) and how they would explain what is different to a visitor from that culture.

CRITICAL THINKING

Comprehension Ask the class to separate into groups and pick another scene from the movie that would represent the theme appropriately. Then have them sketch their scenes and present them to the class. You might suggest that they begin their presentations with the phrase **C'est le passage du film où...**

PRE-AP®

Presentational Speaking Tell students that a *fable* is a story in which animals behave like people, and that it usually teaches some kind of lesson. Ask them to relate a few fables to their classmates. Remind them that they do not have to be traditional fables like the ones by Aesop—that Disney movies can count, as well.

INTRIGUE *Les «crabes dépressifs» vont-ils enfin être capables de changer de trajectoire?*

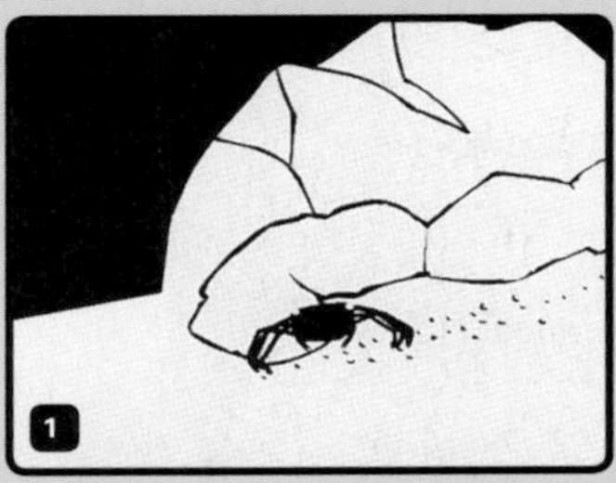

NARRATEUR Personne ne se doute de la tragédie qui nous frappe depuis cent vingt millions d'années. Nous, les Pachygrapsus marmoratus, ou «crabes dépressifs», nous sommes les crabes carrés, les pas beaux, même pas bouffables°.

NARRATEUR La nature ne nous a pas accordé le droit de pouvoir tourner. Une tare génétique qui nous condamne à marcher toute notre vie suivant la même ligne droite.

NARRATEUR Un jour, un gamin a arraché° les pattes° de l'un d'entre nous. Le pauvre a tourné en rond pendant des mois. Le crabe réfléchissait, et il est devenu philosophe. Enfin, disons un peu moins bête que les autres. Il a compris beaucoup de choses sur notre condition.

NARRATEUR Ses pattes ayant repoussé°, il est monté sur un rocher.
CRABE Mes frères, nous sommes esclaves de notre carapace°! Les tourteaux° savent tourner, mais ne vont nulle part. Nous, on va tout droit, mais au moins, on va quelque part!

NARRATEUR D'accord, on ne peut toujours pas tourner. Mais maintenant, on est fier. Bien des années plus tard, à la suite d'une catastrophe... j'allais me faire aplatir° par un ferry qui recouvrait toute ma trajectoire. J'étais foutu°!

NARRATEUR J'avais tourné, et compris que si on ne tournait pas, ce n'était pas à cause de notre carapace. C'est parce qu'on était trop con°.

bouffables *edible* **arraché** *ripped off* **pattes** *legs* **ayant repoussé** *having grown back* **carapace** *shell* **tourteaux** *edible crabs* **me faire aplatir** *get flattened* **foutu** *done for* **con** *stupid*

Note
CULTURELLE

Pachygrapsus marmoratus

Le Pachygrapsus marmoratus est un crabe qui vit principalement sur les côtes de la Méditerranée, de la mer Noire et sur les côtes atlantiques françaises et marocaines. Il peut mesurer jusqu'à 4 cm de long et possède une carapace presque entièrement carrée. Il est caractérisé par une couleur marbrée°, d'où son nom scientifique «marmoratus». Ce crustacé vit dans l'eau, sur les rochers, mais il peut rester assez longtemps hors de° l'eau. Le «crabe dépressif» est aussi connu sous le nom de «crabe qui court», parce que ses mouvements sont très rapides.

marbrée *marbled* **hors de** *out of*

TEACHING TIPS

Film Synopsis A crab that has always walked in a straight line learns to change directions. Some crabs disapprove of his behavior, but it represents a revolution for the species.

Previewing Strategies

- Ask the class to look over the stills and make predictions about what will happen in the film short. Then have them work in groups of two to create captions for the stills.
- Draw attention to the **Intrigue** question at the top of the page. Then ask students to look at the last two stills at the bottom of the page without reading the captions and say what is motivating the crab to change directions.

Suggestions

- Have individual students read the captions under the stills aloud. Take time to correct pronunciation and ask comprehension questions about the captions.
- Once they've seen the movie, ask students what surprised them in the plot. Then have them revise the captions that they made for the stills under Previewing Strategies.

CRITICAL THINKING

Knowledge and Comprehension Ask students what the word **carapace** means. Then ask for two explanations given in the movie for why the crabs cannot change directions.

CRITICAL THINKING

Analysis The narrator comes to a surprising conclusion about why crabs of his species walk only in a straight line. Point out what he says about it. Then ask the class these questions: **Est-ce qu'un crabe est réellement capable de changer de comportement de cette manière? Est-ce qu'un film doit toujours être plausible?**

TEACHING TIPS

1 Suggestion Check over the answers aloud with the class. For questions that seem more difficult, replay the video segment that corresponds.

2 Extra Practice Ask students to use the expressions they supplied for this activity to write new sentences. Then propose that individual students read their sentences aloud to the class.

3 Suggestions
- Have students fill in as many answers for part A as they can. Then work with the class to complete the rest of the answers.
- Ask students what a **fonctionnaire** is. Suggest to them that it is used as a synonym for **conformiste** in this context.
- For part B, tell the class to write out each of the sentences to be put in order on a separate sticky note. Play the video again while everyone puts the notes in order on their desks. Then students can supply the answers as letters and numbers.

Analyse

1 Answers may vary slightly.
1. Ils croient qu'ils ne peuvent pas tourner.
2. Les humains n'en veulent pas parce que ce sont des crabes carrés, pas beaux et pas mangeables.
3. Ils ne tournent pas parce qu'ils sont trop bêtes.
4. Un enfant lui a arraché les pattes et il a tourné pendant des mois.
5. Il a changé de direction.
6. Ils ont dit que le crabe narrateur était fou et qu'il n'avait pas de dignité.

1 Compréhension **Répondez aux questions par des phrases complètes.**
1. Quel est le problème de ces crabes?
2. Pourquoi les humains ne veulent-ils pas de ces crabes?
3. Pourquoi ces crabes ne tournent-ils pas, d'après le narrateur?
4. Comment un des crabes est-il devenu philosophe?
5. Qu'a fait le crabe narrateur pour changer son destin?
6. Comment les autres crabes ont-ils réagi à ce qu'a fait le crabe narrateur?

2 À compléter **Complétez ces phrases à l'aide des mots de vocabulaire de la page 114.**
1. Personne ne __se doute__ de la tragédie des Pachygrapsus marmoratus.
2. Ce sont les crabes __carrés__, les pas beaux, et même pas bouffables.
3. C'est une espèce qui n'a jamais demandé à __voir le jour__.
4. Ils ont __une tare__ qui les condamne à suivre la même ligne droite.
5. «Nous sommes __esclaves__ de notre carapace!» dit le philosophe.
6. Chez ces crabes, on ne __rigole__ pas avec __les mœurs__.

3 À relier

A. À deux, faites correspondre les images aux phrases.

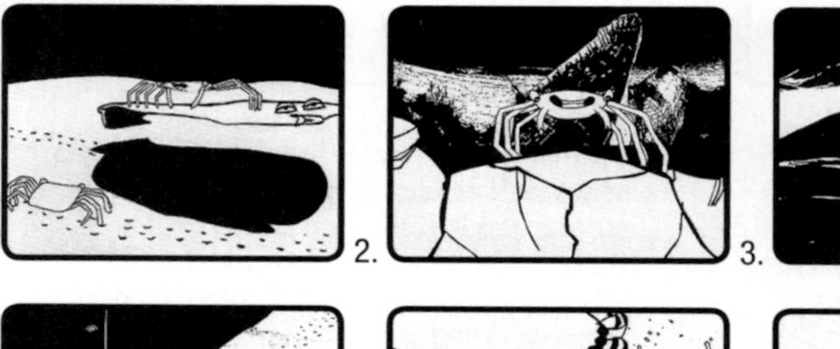

1. 2. 3.

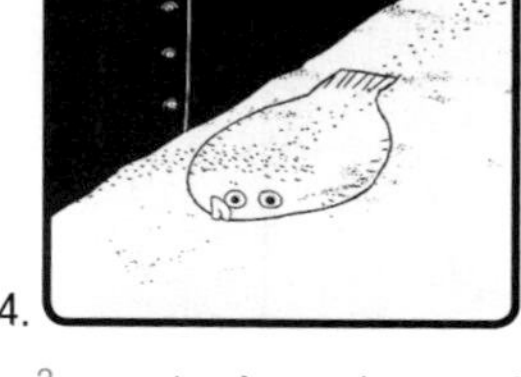

4. 5. 6.

__2__ a. Après avoir tourné en rond pendant longtemps, il est devenu philosophe.
__4__ b. À cet endroit précis, un Pachygrapsus marmoratus a changé de direction.
__1__ c. «On dirait que c'est mon jour de chance! Je change de trajectoire!»
__3__ d. Les enfants s'amusent à torturer les crabes.
__6__ e. Ils finissent par devenir fonctionnaires.
__5__ f. Maintenant, ils sont fiers d'être des Pachygrapsus marmoratus.

B. Remettez les six séquences dans l'ordre chronologique.

1. __d, 3__ 2. __e, 6__ 3. __c, 1__ 4. __a, 2__ 5. __f, 5__ 6. __b, 4__

Practice more at **vhlcentral.com.**

PRE-AP®

Presentational Writing Ask students to invent a fable of their own, consisting of either a storyboard with dialogue underneath or of a page and a half with descriptive language setting the scene.

PRE-AP®

Interpersonal Speaking Have students in pairs write a one-minute dialogue between two crabs that expresses a generational difference in how crabs should behave. The older crab should argue for traditional movement in a single line and the younger one should argue for changing directions.

4 **Interprétation** À deux, répondez aux questions et expliquez vos réponses.

1. Comment expliquez-vous que cette espèce de crabes soit aussi appelée "crabe dépressif"?
2. Après le premier monologue, deux crabes se quittent et l'un d'eux est frustré. Expliquez la situation.
3. Comment le crabe philosophe a-t-il donné une nouvelle perspective à son peuple?
4. À votre avis, pourquoi le crabe narrateur a-t-il décidé de se remettre sur sa trajectoire d'origine?

5 **Et vous?** Répondez aux questions.

1. Êtes-vous d'accord avec le proverbe «à quelque chose malheur est bon»? Donnez des exemples.
2. Avez-vous déjà vécu une mauvaise expérience qui avait finalement un bon côté?
3. Connaissez-vous quelqu'un qui a vécu quelque chose de similaire? Si oui, quel en a été le point positif?
4. Quelles sont les similarités entre le monde des crabes et le monde des êtres humains, tel que (*as*) vous le voyez?
5. Si vous étiez le crabe qui a bifurqué, quel destin auriez-vous choisi?

6 **Si, c'est possible!** Le crabe narrateur a osé (*dared*) tourner et la réaction de ses semblables (*fellow crabs*) a été très négative. Si vous essayiez un jour de remettre en question une convention établie de la vie au lycée, comment réagiraient l'administration, ou même vos camarades? Divisez la classe en deux camps. D'abord, le groupe des agitateurs doit déterminer le changement radical que ses membres vont proposer. Ensuite, pendant que l'équipe des révolutionnaires développe son argumentaire, l'autre groupe, qui représente l'ordre établi, prépare une liste de réactions conformistes. Confrontez ensuite vos idées au cours d'un petit débat et n'hésitez pas à improviser.

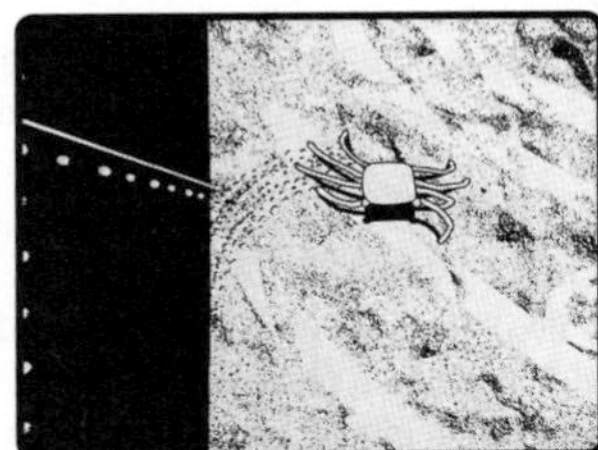

— Mais il est fou!

— Il a bifurqué! Mais où est donc passée sa dignité?

7 **La fin**

A. Par petits groupes, imaginez comment finit la vie du crabe narrateur de l'histoire selon deux scénarios possibles. Ensuite, écrivez un paragraphe d'au moins six lignes pour chaque scénario.
- sa vie avec sa trajectoire d'origine
- sa vie avec sa nouvelle trajectoire

B. Lisez votre paragraphe à la classe, qui choisira la meilleure fin.

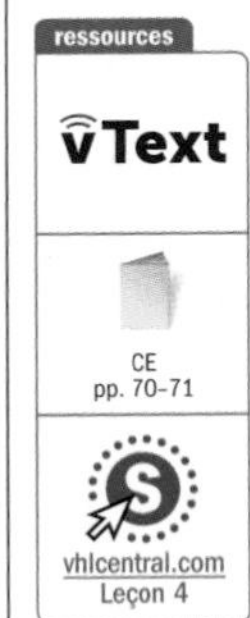

ressources
vText
CE pp. 70–71
vhlcentral.com Leçon 4

CRITICAL THINKING

Application Tell students to imagine that they are in a social group that practices hazing. They're asked to participate in a ritual that makes them uncomfortable. They want to resist, but the other members of the group tell them it is traditional to participate. Ask students in groups of three to write and then play out this scenario before the class.

CRITICAL THINKING

Synthesis Have small groups put together a graphic timeline that shows the history of the species *Pachygrapsus marmoratus* as it is presented in the film. Their timeline should include images and words. Ask them to share their timeline with their classmates.

TEACHING TIPS

4 Suggestion After students working in pairs have answered the questions, have them review their answers with a partner from another pair.

5 Suggestion Ask the class if they know any expressions in English similar in meaning to **À quelque chose malheur est bon**. (*Every cloud has a silver lining*; *Make lemonade from lemons*, etc.)

6 Expansion Tell the class that French students shut down the universities in May of 1968 because they wanted reforms. The students who participated in the revolt are called ***Soixante-huitards***. Have the class do some research on the events of May 1968 or on famous ***68ards***.

7 Extra Practice Have students write six lines that imagine how the achievement of one crab changes the course of history for the species *Pachygrapsus marmoratus*. Tell them to share their stories with the class.

21st CENTURY SKILLS

7 Flexibility and Adaptability Remind students to include input from all team members, adapting their composition so it represents the whole group.

Section Goals

In **Imaginez**, students will:
- read about piracy in the Antilles
- be introduced to words commonly used in the Antilles
- learn about some well-known activities and sights in the Antilles

Key Standards

2.1, 2.2, 3.2, 4.2, 5.1

Student Resources
Cahier de l'élève, p. 58; Supersite: Activities, *eCahier*
Teacher Resources
Answer Keys

TEACHING TIPS

Previewing Strategy Have students scan **pp. 120–121**. Encourage them to look at titles, words in boldface, art, photographs, and captions.

Suggestion Have students take notes on important facts to use for class discussion and post-reading activities. Tell them their notes need not be complete sentences and that they should try to rephrase ideas in their own words.

Extra Practice In pairs, ask students to find additional photographs of the places mentioned on this spread. Then, have them create and write a postcard using one of their photos.

NATIONAL STANDARDS

Connections: Social Studies France played a prominent role in the early exploration and colonization of the Caribbean. On a map, have students locate the islands mentioned in **Imaginez**. Then ask them to research the history of France's influence on these and other islands.

IMAGINEZ

Alerte! Les pirates!

«À l'abordage°!» Au 17e siècle, tous les voyageurs des **Antilles** avaient peur d'entendre ce cri. En effet, chaque traversée° les livrait à la merci° d'horribles pirates qui hantaient la **mer des Caraïbes**. Des noms comme le **capitaine Morgan** ou le **capitaine Kidd** pour les **Britanniques**, et **Jean Bart** ou **Robert Surcouf** pour les **Français** semaient l'épouvante°. **Pirates**, corsaires, et boucaniers… leur réputation était terrible!

Pourtant la piraterie avait son utilité. À l'époque, les nations européennes se disputaient les Caraïbes et n'avaient pas les moyens financiers de mettre en place une force navale dans une région aussi vaste. Les **Espagnols** constituaient la plus grande puissance coloniale des Antilles, mais en 1564, ce sont les **Français** qui ont été les premiers non-espagnols à s'y installer, à **Fort Caroline**, aujourd'hui près de **Jacksonville**, en **Floride**. Bien qu'ils n'y soient pas restés très longtemps — ils en ont vite été chassés par les **Espagnols** — les Français ont profité de l'emplacement de leurs colonies pour saisir° l'or et l'argent que les **Espagnols** extrayaient° des mines sud-américaines. La piraterie permettait aussi aux Français de s'emparer° des bateaux marchands qui visitaient les ports de **Saint-Pierre** en **Martinique**, **Basse-Terre** en **Guadeloupe** ou **Cap Français** à **Saint-Domingue** (aujourd'hui **Haïti**), trois colonies françaises à l'époque.

Un galion, bateau armé des temps anciens

Il existait différents types d'équipages°. Les **corsaires** étaient souvent des nobles ou de riches entrepreneurs qui travaillaient directement pour le roi. Cette piraterie-là rapportait bien°. Les pirates ordinaires, eux, étaient indépendants et beaucoup vivaient sur **l'île de la Tortue**, colonie française au nord de Saint-Domingue. Les **boucaniers**, les

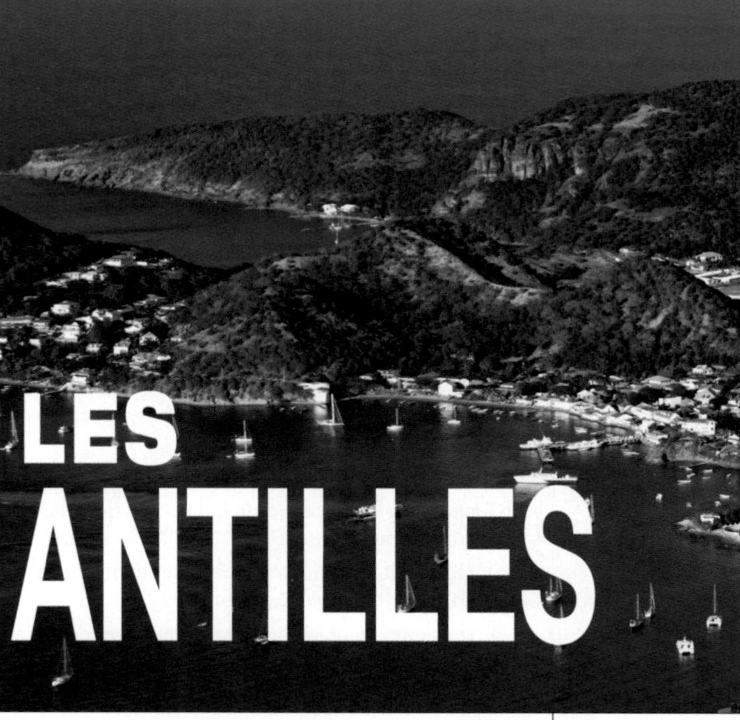

Vue aérienne d'une île de l'archipel des Saintes, Guadeloupe

pirates des Antilles, étaient de véritables aventuriers. Leur nom vient du «boucan», une grille de bois sur laquelle ils faisaient griller la viande et les poissons, à la manière des populations locales, les **Amérindiens Arawak**. C'est un groupe linguistique qui comprend plusieurs tribus. Ils sont les premiers à avoir contact avec les Européens. Les boucaniers étaient réputés pour leur vie en plein air et leurs festins bruyants. Parmi leurs lieux favoris: **Saint-Barthélemy**, **Port-de-Paix** à Saint-Domingue et des petites îles comme **les Saintes**, en Guadeloupe.

Les sociétés de pirates, qu'on appelait aussi des **flibustiers**, étaient égalitaires, et même révolutionnaires pour l'époque. Les pirates étaient les seuls marins à pouvoir élire leur capitaine démocratiquement. Celui-ci combattait avec eux, au lieu de° leur donner des ordres de loin. Le butin° était partagé entre tous les membres de l'équipage, et les invalides recevaient des indemnités°. En temps de guerre, la piraterie devenait très active. En temps de paix, les pirates faisaient de la contrebande°, pour le bonheur de tous. Beaucoup allaient par exemple au petit village

À l'abordage! *a pirate cry used when taking over another ship* **traversée** *crossing* **livrait à la merci** *put at the mercy* **semaient l'épouvante** *spread terror* **saisir** *seize* **extrayaient** *extracted* **s'emparer** *to grab* **équipages** *crews* **rapportait bien** *was profitable* **au lieu de** *instead of* **butin** *booty* **indemnités** *compensation* **contrebande** *smuggling*

ressources

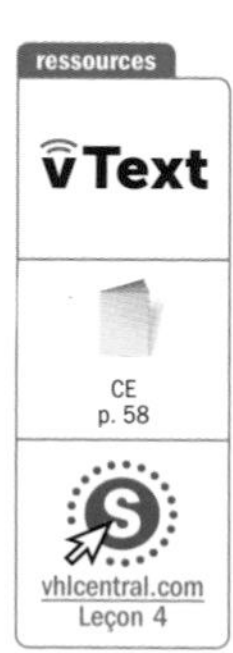

CRITICAL THINKING

Comprehension Students should work in groups of three to create a summary, in their own words, of the role pirates played in the history of the Antilles. Have groups present their summaries to the class.

CRITICAL THINKING

Application Have students imagine that they are on a ship in the Antilles in the 17th century. The ship has been attacked by pirates who have made off with valuable goods. Students write a letter home to their family in France telling about the attack and the situation with pirates in the Caribbean.

de **Pointe-Noire**, en Guadeloupe, pour vendre leurs marchandises à très bon prix. Ce village doit son nom aux roches volcaniques qu'on aperçoit au nord.

Aujourd'hui, si vous allez aux Antilles, vous aurez peu de chance de rencontrer des pirates. Par contre, vous pourrez toujours déguster° un bon poulet boucané en souvenir du passé!

déguster *savor*

Des mots utilisés aux Antilles

Guadeloupe et Martinique

un acra	un beignet de poisson ou de légumes
une anse	une baie
une doudou	une chérie
le giraumon	le potiron; *pumpkin*
une habitation	une plantation, un domaine agricole
le maracudja	le fruit de la passion
une morne	une colline; *hill*
une trace	un chemin; *path*
le vesou	le jus de la canne à sucre
un zombi	un revenant; *ghost*; *zombie*

Découvrons les Antilles

Saint-Barthélemy **Saint-Barth** est une île du nord des Caraïbes, qui porte le nom du frère de **Christophe Colomb**. Aujourd'hui, l'île fait partie des **Antilles françaises**, mais elle a aussi été espagnole et suédoise. À présent, elle est connue pour son tourisme de luxe. Entre une chaîne de montagnes et une barrière de corail°, ses 14 plages ont chacune un caractère unique. Cette grande diversité s'accompagne d'un climat paradisiaque. L'île fait ainsi le bonheur des vacanciers et des stars.

Les yoles rondes La yole ronde est un voilier° inventé en **Martinique**, dans les années 1940. Elle s'inspire du **gommier**, le bateau traditionnel, et de la yole européenne. Ses premiers utilisateurs étaient les marins pêcheurs°, qui faisaient la course° quand ils rentraient de la pêche. La yole ronde est aujourd'hui un véritable sport nautique, dont l'événement le plus populaire est le **Tour de la Martinique**, une course en sept étapes° autour de l'île.

Le carnaval de Guyane En **Guyane française**, le carnaval ne ressemble à aucun autre. Il est d'abord exceptionnellement long, parce qu'il dure deux mois: du jour de l'Épiphanie, le 6 janvier, au mercredi des Cendres, début mars. Il est aussi à la fois populaire, multiethnique et traditionnel, avec des costumes historiques comme celui du boulanger ou de l'ours°. C'est surtout une grande fête qui rassemble tous les Guyanais.

John James Audubon (1785–1851) Tout le monde en Amérique connaît **J. J. Audubon**, le fameux ornithologue et naturaliste, et la **National Audubon Society** créée en sa mémoire. Audubon, d'origine française, est né en Haïti. Il a grandi en France, près de Nantes, et a émigré aux États-Unis en 1803. Dans son œuvre, *Les oiseaux d'Amérique* (1840), il a dessiné, en quatre volumes, toutes les espèces connues d'oiseaux d'Amérique du Nord.

barrière de corail *coral reef* **voilier** *sailboat* **marins pêcheurs** *fishermen* **faisaient la course** *raced* **étapes** *stages* **ours** *bear*

TEACHING TIPS

Suggestions

- Point out that French is the official language of the French West Indies and that **le créole** is also spoken.
- Also point out that the French West Indies are made up of Guadeloupe, Martinique, Saint-Martin, and Saint-Barthélemy. Former French West Indies islands include Hispaniola, Dominica, Grenada, The Grenadines, Saint Croix, Saint Kitts, Saint Lucia, Saint Vincent, Tobago.
- Tell students that Audubon's real name is **Jean-Jacques Fougère Audubon**. Have them look at his works and discuss his legacy.

AFFECTIVE DIMENSION

If students had trouble understanding the text the first time through, tell them to reread it on their own. Encourage them not to get flustered by words they do not know. Have them rely on cognates and familiar words to help them work through the passage. If anyone is still having trouble, pair the student with a stronger student and have them work through the text again together.

NATIONAL STANDARDS

Connections: Biology John James Audubon is the namesake and inspiration of the National Audubon Society. Its mission is "to conserve and restore natural ecosystems, focusing on birds, other wildlife, and their habitats for the benefit of humanity and the earth's biological diversity." Have students research the Audubon Society and how its work carries on the name and legacy of John James Audubon.

PRE-AP®

Integrated Skills Ask pairs of students to write and act out a mini-skit using at least seven words from **Des mots utilisés aux Antilles**.

Presentational Writing Have students research the Antilles islands of Guadeloupe and Saint-Barthélemy. They should take notes on each island's history, geography, economy, and culture. Finally, they will prepare an essay of 200 words in which they compare and contrast the two islands. Correct the essay according to the most recent AP rubrics. Tell them: **Vous allez écrire une rédaction d'environ 200 mots dans laquelle vous allez comparer et contraster l'histoire, la géographie, l'économie et la culture des îles de Guadeloupe et de Saint-Barthélemy.**

TEACHING TIPS

Suggestion Have students complete the comprehension activities with a partner, scanning or rereading portions of the text as necessary.

Épreuve Have students work in pairs. Student A asks questions 1-5 orally (in the style of *Who Wants to be a Millionaire?*). Student B, with book closed, answers the questions. Students reverse roles for questions 6-10.

2 Suggestion Ask volunteers to write their complete sentences on the board for the class to verify or correct.

Projet To prepare students for the project, ask them if they are familiar with any pirate movies. Have them give examples, recent or not, such as *The Goonies, Pirates of the Caribbean*, etc. Ask them questions about the everyday life of a pirate. Examples: **Quelles sont les occupations des pirates? Où vivent-ils? Qui sont leurs amis? Et leurs ennemis?**

Qu'avez-vous appris?

1 Correspondances Faites correspondre les mots et les noms avec les définitions.

1. __f__ John James Audubon
2. __e__ le boucan
3. __b__ Saint-Barthélemy
4. __d__ la yole ronde
5. __a__ le Tour de la Martinique
6. __c__ l'ours

a. une course nautique en sept étapes
b. une île qui fait le bonheur des touristes et des stars
c. un des costumes traditionnels du carnaval de Guyane
d. un voilier qui s'inspire du gommier et de la yole européenne
e. une grille de bois pour faire cuire le poisson ou la viande
f. un ornithologue né en Haïti

2 Complétez Complétez chaque phrase de manière logique. Answers may vary.

1. ... est un cri qui faisait peur aux voyageurs du 17e siècle. «À l'abordage!»
2. Aux Antilles, au 17e siècle, on risquait de rencontrer des pirates... à chaque traversée.
3. La piraterie était utile quand les nations... n'avaient pas les moyens de mettre en place une force navale.
4. Les touristes qui visitent Saint-Barth peuvent apprécier... son climat paradisiaque, ses quatorze plages, ses montagnes et sa barrière de corail.
5. Le carnaval de Guyane est... très long, traditionnel, multiethnique et populaire.
6. John James Audubon était gardien du patrimoine naturel américain parce qu'... il a dessiné toutes les espèces d'oiseaux connues d'Amérique du Nord.

Projet

Dans la peau d'un boucanier

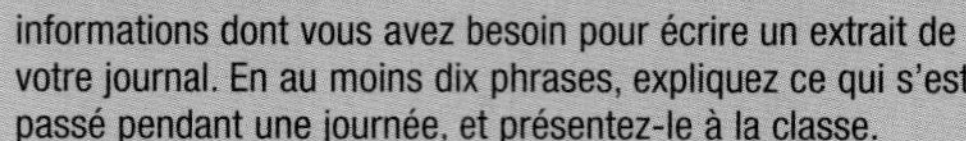

Imaginez que vous soyez un pirate ou un boucanier du 17e siècle. Recherchez les informations dont vous avez besoin pour écrire un extrait de votre journal. En au moins dix phrases, expliquez ce qui s'est passé pendant une journée, et présentez-le à la classe.

- Inventez des aventures et donnez des détails. Où êtes-vous allé(e)s? Qui avez-vous rencontré? Quels problèmes avez-vous eus? Comment avez-vous survécu?
- Dessinez un plan de la route que vous avez suivie.

 Practice more at **vhlcentral.com.**

ÉPREUVE

Trouvez la bonne réponse.

1. Des noms comme le capitaine Morgan, le capitaine Kidd, Jean Bart et Robert Surcouf semaient ______.
   a. la joie — (b.) l'épouvante — c. le bonheur — d. le calme
2. ______ travaillaient directement pour le roi.
   a. Les flibustiers — (b.) Les corsaires — c. Les pirates — d. Les boucaniers
3. Les pirates ordinaires étaient ______.
   a. riches — b. anglais — c. nobles — (d.) indépendants
4. Le boucan était à l'origine utilisé par ______.
   a. les boucaniers — b. les colons — (c.) les Amérindiens Arawak — d. les marins
5. Les sociétés pirates étaient très avancées pour leur époque, parce qu'elles étaient ______.
   a. hiérarchiques — b. célèbres — c. riches — (d.) égalitaires
6. Le butin était partagé entre ______ de l'équipage.
   (a.) tous les membres — b. tous les capitaines — c. tous les bateaux — d. tous les invalides
7. En temps de paix, les pirates faisaient ______.
   a. du commerce — (b.) de la contrebande — c. la guerre — d. des réparations
8. La recette qui rappelle les pirates des Antilles s'appelle ______.
   (a.) le poulet boucané — b. le rhum — c. le poisson — d. la viande cuite
9. ______ porte le nom du frère de Christophe Colomb.
   (a.) Saint-Barthélemy — b. Cap Français — c. Saint-Domingue — d. Fort Caroline
10. Les premiers utilisateurs des yoles rondes étaient ______.
   a. les boucaniers — b. les Espagnols — (c.) les marins pêcheurs — d. les Amérindiens Arawak

CRITICAL THINKING

Evaluation Have students consider what they learned about the Antilles and pirates and prepare three questions that they still have. Compile a class list of questions. Have students research the answers for homework.

PRE-AP®

Presentational Speaking Ask pairs of students to research one of the islands of the French West Indies. They should then prepare a TV commercial, using information from **Imaginez** and their research, that persuades tourists to visit. Students present their commercials to the class. Video record each commercial for students to self-evaluate.

Galerie de Créateurs

Danse: Léna Blou

1 Préparation Répondez à ces questions sur les arts et l'expression artistique.

1. Il existe beaucoup de formes d'arts. Nommez-en quelques-unes. Lesquelles parmi ces formes d'arts vous attirent le plus? Pourquoi?
2. Quels sont vos artistes préférés? Dans quels types d'art s'illustrent-ils? Quelles sont leurs idées? Comment les expriment-ils à travers l'art?
3. Et vous, vous exprimez-vous à travers une pratique artistique? Laquelle? Si vous n'avez pas de pratique artistique, décrivez de quelle manière vous préférez vous exprimer et pourquoi?

Et Léna Blou créa Techni' Ka

Cette danseuse guadeloupéenne obtient plusieurs diplômes d'interprétation chorégraphique en jazz et en danse contemporaine. Elle perfectionne d'abord sa formation par des stages en Europe et aux États-Unis auprès d' (*with*) éminentes personnalités de cette discipline. Forte de son expérience, elle ouvre une école de danse à Pointe-à-Pitre, et en 1995, crée la troupe de danseurs Trilogie. Elle veut faire connaître et transmettre (*pass on*) l'esthétique chorégraphique traditionnelle des Caraïbes. Elle modernise même la danse traditionnelle guadeloupéenne, le Gwo-Ka, en créant (*by creating*) la technique de danse «Techni' Ka». Blou est ainsi une artiste à la fois (*both*) moderne et traditionnelle qui désire mettre la danse de son île au même rang de popularité que la salsa ou le tango. Pour cela, elle dirige des stages de Techni' Ka en Europe et aux États-Unis.

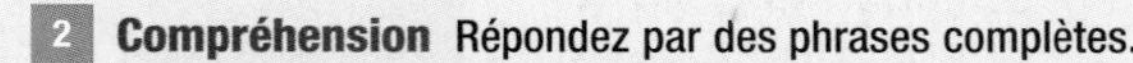

2 Compréhension Répondez par des phrases complètes.

1. Décrivez la préparation professionnelle de Léna Blou.
   Elle obtient plusieurs diplômes d'interprétation chorégraphique en jazz et en danse contemporaine; elle fait des stages auprès d'éminentes personnalités de la danse.
2. Identifiez et décrivez les choses suivantes, selon la lecture: Trilogie, Gwo-Ka, Techni' Ka.
   Trilogie est une école de danse fondée par Blou; Gwo-Ka est la danse traditionnelle guadeloupéenne; Techni' Ka est la technique de danse créée par Blou qui modernise la danse traditionnelle.
3. Quel est le but professionnel de Blou en ce qui concerne la danse guadeloupéenne?
   Elle désire mettre la danse guadeloupéenne au même rang de popularité que la salsa ou le tango.

3 Discussion Discutez en groupes puis avec la classe. En quoi est-ce que les traditions d'une culture influencent les arts de cette culture? Pensez à votre culture ou à une autre que vous connaissez, et donnez des exemples d'arts qui expriment les traditions de cette culture.

4 Application Au cœur d'une culture

Le Gwo-Ka raconte les traditions et la culture guadeloupéennes par la musique et la danse. Le Techni' Ka s'inspire de cette danse et la modernise. Choisissez des exemples d'art qui racontent votre culture ou, si vous préférez, créez votre propre œuvre d'art pour exprimer les traditions de votre culture. Faites une présentation à la classe.

Practice more at **vhlcentral.com.**

Section Goals

In this section, students will:

- learn about the dancer Léna Blou

Student Resources
Cahier de l'élève, p. 58; Supersite: Activities, *eCahier*
Teacher Resources
Answer Key

TEACHING TIPS

Suggestions

- Before students read about Léna Blou, discuss how cultural traditions often influence dance and music. Ask students for examples from U.S. cultures (examples: square dancing, rap music, break dancing). After students have read the paragraph, ask what tradition(s) influence Léna Blou's choreography.
- Have students work with a partner to answer the **Compréhension** questions. Then have each student write five true/false questions about Léna Blou. Students should exchange papers and correct the false statements.
- Ask students to compare and contrast Léna Blou with another dancer they're familiar with.

NATIONAL STANDARDS

Cultures Gwo-Ka is a type of Guadeloupean folk music and dance. The music is created by different sized hand drums and the singing is guttural. The dance tells folk stories. You may want to show students online videos of Gwo-Ka.

21st CENTURY SKILLS

Social and Cross-Cultural Skills Have students work in groups to choose one or two aspects of the film that is different from what they would expect in their daily life. Ask students to write two to three sentences about the difference(s) and how they would explain what is different to a visitor from that culture.

CRITICAL THINKING

Application Display the art work students chose or created in the classroom, as in an art gallery. Have students walk around the "gallery" and comment on the display, as if attending the opening of an exhibit. Ask them to compare and contrast two of their favorite pieces, and explain why they like them.

PRE-AP®

Presentational Speaking Have students work in small groups to research other types of music and dance popular in various Francophone countries or regions. Have them present their findings orally. Ask them to find appropriate video clips to show during their presentations.

Section Goals

In **Structures**, students will learn:

- the **plus-que-parfait**
- negation and indefinite adjectives and pronouns
- irregular –**ir** verbs

Key Standards

4.1, 5.1

Student Resources
Cahier de l'élève, pp. 59–61; Supersite: Activities, *eCahier*
Teacher Resources
Answer Keys; Audio Script; Audio Activity MP3s/CD; Testing program: Grammar Quiz

TEACHING TIPS

Language Learning

- Tell students to think of the pluperfect as the "past in the past." That is, when a past-tense context has already been established and they wish to say what had happened even before that, use the **plus-que-parfait**.
- As a memorization aid, have students group the irregular past participles into categories based on their similarities. Example: **conduit, écrit, dit.**
- Draw a timeline on the board to compare and contrast the **passé composé** and the **plus-que-parfait**.

Suggestion Call on four volunteers to write the four sample sentences on the board. Then have them show and explain the agreement or non-agreement of the past participles.

Presentation

4.1 The *plus-que-parfait*

—*Eh oui,* ***j'avais tourné.***

- The **plus-que-parfait** is used to talk about what someone *had done* or what *had occurred* before another past action, event, or state. Like the **passé composé**, the **plus-que-parfait** uses a form of **avoir** or **être** — in this case, the **imparfait** — plus a past participle.

The *plus-que-parfait*

voter	finir	perdre
j'avais voté	j'avais fini	j'avais perdu
tu avais voté	tu avais fini	tu avais perdu
il/elle avait voté	il/elle avait fini	il/elle avait perdu
nous avions voté	nous avions fini	nous avions perdu
vous aviez voté	vous aviez fini	vous aviez perdu
ils/elles avaient voté	ils/elles avaient fini	ils/elles avaient perdu

RECENT PAST	REMOTE PAST
Nous lui avons dit *We told her*	**que Sarkozy avait gagné les élections.** *that Sarkozy had won the election.*
L'accusé souriait *The accused was smiling*	**parce que les juges ne l'avaient pas mis en prison.** *because the judges had not put him in prison.*

BLOC-NOTES

See **Fiche de grammaire 5.5, p. 390**, for a review of agreement with past participles.

- Recall that some verbs of motion, as well as a few others, take **être** instead of **avoir** as the auxiliary verb in the **passé composé**. Use the **imparfait** of **être** to form the **plus-que-parfait** of such verbs and make the past participle agree with the subject.

Les avocats ne savaient pas que vous **étiez** déjà **partie**.
The lawyers didn't know that you had already left.

On a découvert que les victimes **étaient mortes** à la suite de leurs blessures.
They discovered that the victims had died of their injuries.

- Use the **imparfait** of **être** as the auxiliary for reflexive and reciprocal verbs. Make agreement whenever you would do so for the **passé composé**.

Avant le dîner, le président et sa femme **s'étaient levés** pour recevoir les invités.
Before dinner, the president and his wife had gotten up to welcome the guests.

Il ne savait pas que nous **nous étions téléphoné** hier soir.
He didn't know that we had phoned each other last night.

DIFFERENTIATION

For Inclusion Have students work in pairs and take turns creating sentences about things they had seen and done prior to last year. Have them name one thing they had done, and one thing they had not done, said, or seen. Example: **Avant l'année dernière, j'avais (déjà) voyagé à San Francisco. Je n'avais pas/jamais nagé dans l'océan.**

DIFFERENTIATION

To Challenge Students In groups of three, have one student state something in the past; the second mentions a related event, and the third combines both into a single statement using the **plus-que-parfait**.

M. Vartan a reçu une amende. Il ne **s'était** pas **arrêté** au feu.

- In all other cases as well, agreement of past participles in the **plus-que-parfait** follows the same rules as in the **passé composé**.

La police a trouvé les armes qu'il avait **cachées**. *The police found the weapons that he had hidden.*	Le président a signé la loi que le congrès avait **approuvée**. *The president signed the law that the congress had passed.*

- Use the **plus-que-parfait** to emphasize that something happened in the past before something else happened. Use the **passé composé** to describe completed events in the more recent past and the **imparfait** to describe conditions or habitual actions in the more recent past.

Action in remote past . . .	**completed action in recent past**

L'activiste n'**avait** pas **fini** de parler quand vous **avez coupé** le micro.
The activist hadn't finished talking when you cut off the microphone.

Condition in recent past . . .	**action in remote past**

Il y **avait** des drapeaux partout parce que le président **était arrivé** la veille.
There were flags everywhere because the president had arrived the day before.

- The **plus-que-parfait** is also used after the word **si** to mean *if only…* (*something else had taken place*). It expresses regret.

Si j'**avais su** que tu avais un plan! *If only I had known you had a map!*	**Si** seulement il n'**était** pas **arrivé** en retard! *If only he hadn't arrived late!*

- To say that something had *just* happened in the past, use a form of **venir** in the **imparfait** + **de** + the infinitive of the verb that describes the action.

Je **venais de raccrocher** quand le téléphone a sonné de nouveau. *I had just hung up when the phone rang again.*	Le président **venait de signer** l'accord quand on a entendu l'explosion. *The president had just signed the treaty when we heard the explosion.*

ATTENTION!

In informal speech, speakers of English sometimes use the simple past to imply the past perfect. In French, you still use the **plus-que-parfait**.

Le voleur a cherché les papiers que l'avocate avait posés sur son bureau.

The thief looked for the papers that the lawyer placed (had placed) on her desk.

BLOC-NOTES

Si clauses can also contain a verb in the present tense or **imparfait**. See **Structures 10.3, pp. 354–357**, to learn more about **si** clauses.

TEACHING TIPS

Language Learning Remind students that, in any grammatical structure where a direct object precedes a past participle, the past participle must agree in gender and number with its direct object.

Suggestion Write the two sample sentences on the board. Show the agreement visually by putting a box around the agreement portion of the past participle and then drawing an arrow back to the noun.

Suggestions

- Point out that **Si j'avais su…** is a common expression used to express regret.
- Give scenarios for students to respond to using **Si** + **plus-que-parfait**. Examples: **vous avez raté votre examen de conduite; vous vous êtes perdu(e)(s) en essayant de trouver la maison de votre nouvel(le) ami(e); vous n'avez pas d'argent pour le déjeuner.**

LEARNING STYLES

For Auditory Learners Have students work in groups of four. Students take turns playing the role of someone making an acceptance speech, and the others decide what award is being given, and for what. The speaker must use the past perfect.

LEARNING STYLES

For Visual Learners Find a cartoon or photo that shows an event. Have students create a storyboard of what happened leading up to the event pictured. Then, have them share their visuals and stories with a small group.

TEACHING TIPS

1 Suggestion Ask questions to check students' comprehension. Examples: **Qu'est-ce que ses parents lui avaient appris quand elle était petite? Qu'avait-elle essayé de faire?**

2 Expansion Have students invent two of their own sentences modeled on those in the activity. Their partner will fill in the correct **plus-que-parfait** form.

3 Expansion Have students check their work with a partner.

NATIONAL STANDARDS

Connections: History French citizens have been awarded over 55 Nobel Prizes, including eight Nobel Peace Prizes. Have students research a list of Nobel Prize winners from France and point any that they are familiar with.

Mise en pratique

1 

Un prix Nobel Pendant une interview, une militante de l'organisation «Un monde tranquille» parle de sa vie avant 1998, année où elle a reçu le prix Nobel de la paix. Employez le plus-que-parfait pour compléter ses phrases.

Quand j'étais petite, mes parents m' (1) avaient appris (apprendre) que les gens avaient besoin d'aide et j' (2) avais essayé (essayer) de nombreuses fois de me rendre utile. À l'université aussi, avant 1998, j' (3) avais combattu (combattre) l'injustice et j' (4) avais défendu (défendre) la liberté. Mes amis et moi, nous (5) nous étions promis (se promettre) d'aider les opprimés. À cette époque, j' (6) avais pensé (penser) devenir avocate. Mais avant de prendre ma décision, la présidente de l'organisation (7) était venue (venir) me parler et elle (8) avait fini (finir) par me convaincre de devenir militante.

2 

Dans le journal Les phrases suivantes viennent d'un journal politique. Mettez-les au plus-que-parfait.

se consacrer	fuir	perdre
élire	gagner	retourner

Modèle La femme politique avait eu de l'influence dans son parti, mais au moment des élections, elle n'en avait plus.

1. Le candidat avait perdu les élections, et il ne le savait pas encore.
2. Les gouvernements s'étaient consacrés à la lutte contre l'inégalité.
3. Tu avais élu un bon représentant, le meilleur depuis des années.
4. Les kidnappeurs du fils du président avaient fui à l'approche de la police.
5. Monsieur et Madame Duval, vous étiez retournés au tribunal avant midi?
6. Je leur disais que nous avions gagné notre lutte contre la dictature.

3 **De cause à effet** Employez le plus-que-parfait pour expliquer pourquoi ces choses se sont passées.

Modèle **Je me suis réveillé dans la nuit. Le téléphone a sonné.**
Je me suis réveillé dans la nuit parce que le téléphone avait sonné.

1. Elle n'a pas pu rentrer chez elle le soir. Elle a perdu les clés de la maison le matin.
2. Nous avons voté dimanche. Nous avons regardé le débat politique à la télévision samedi.
3. Ma mère nettoyait la cuisine. Les invités sont partis.
4. Le parti conservateur a perdu les élections. Le peuple a voté pour le parti écologiste.
5. Elles sont sorties. Personne ne leur a dit que j'arrivais.
6. J'ai caché (*hid*) les confitures de fraises. Mon colocataire a mangé toutes les confitures de pêches.
7. Les activistes entraient dans la salle. Le maire a fini son discours.
8. La justice régnait. La démocratie a gagné.

3 Answers may vary slightly.
1. Elle n'a pas pu rentrer chez elle le soir parce qu'elle avait perdu les clés de la maison le matin.
2. Nous avons voté dimanche parce que nous avions regardé le débat politique samedi.
3. Ma mère nettoyait la cuisine parce que les invités étaient partis.
4. Le parti conservateur a perdu les élections parce que le peuple avait voté pour le parti écologiste.
5. Elles sont sorties parce que personne ne leur avait dit que j'arrivais.
6. J'ai caché les confitures de fraises parce que mon colocataire avait mangé toutes les confitures de pêches.
7. Les activistes entraient dans la salle parce que le maire avait fini son discours.
8. La justice régnait parce que la démocratie avait gagné.

Practice more at **vhlcentral.com.**

DIFFERENTIATION

To Challenge Students Provide students with several current news headlines and/or political stories. Ask students to write their own sentences based on these actual events, using the six verbs in Activity 2.

DIFFERENTIATION

For Inclusion Have pairs of students create a two-frame illustration for each answer in Activity 3. Then have them present their illustrations indicating the action or situation in each frame as they read the appropriate part of the sentence.

Communication

4 **Vacances antillaises** Claire revient de ses vacances aux Antilles et raconte tout à son ami. À deux, créez le dialogue avec ces verbes. Employez le plus-que-parfait.

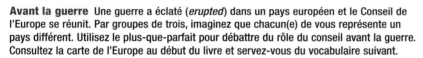

adorer	permettre
aller	préférer
apprécier	savoir
avoir de la chance	visiter
finir	voir

Modèle JULIEN Qu'est-ce que tu as apprécié à la Martinique?

CLAIRE J'ai vu des milliers de papillons dans un jardin. Jamais je n'avais eu la chance d'assister à un tel spectacle!

5 **À votre avis?** Que pensez-vous du gouvernement actuel? Est-il meilleur que le gouvernement précédent? À deux, donnez votre opinion et servez-vous du plus-que-parfait.

Modèle —Le gouvernement actuel a fait de bonnes choses jusqu'à maintenant.

—Peut-être, mais je pense que le gouvernement précédent avait réussi à...

6 **Avant la guerre** Une guerre a éclaté (*erupted*) dans un pays européen et le Conseil de l'Europe se réunit. Par groupes de trois, imaginez que chacun(e) de vous représente un pays différent. Utilisez le plus-que-parfait pour débattre du rôle du conseil avant la guerre. Consultez la carte de l'Europe au début du livre et servez-vous du vocabulaire suivant.

Modèle —Avant la guerre, nous avions déjà accusé votre président d'abus de pouvoir.

—Peut-être, mais c'est mon pays qui avait combattu pour les droits de tous les Européens.

—Tous nos pays avaient espionné leur armée, et personne n'avait rien dit!

abuser	espionner
approuver	faire du chantage
avoir de l'influence	juger
combattre	kidnapper
se consacrer à	sauver
défendre	voter

Note CULTURELLE

Le **Jardin des papillons** (*butterflies*), à l'**Anse Latouche**, en **Martinique**, est un parc dédié (*dedicated*) à l'élevage (*breeding*) de papillons du monde entier. Les plantes de ce jardin y créent un écosystème idéal. Les visiteurs ont la chance d'évoluer au milieu des innombrables (*countless*) insectes qui y vivent en toute liberté.

ressources

vText

CE pp. 59-61

vhlcentral.com Leçon 4

4 Partner Chat You can also assign Activity 4 on the Supersite. Students work in pairs to record the activity online. The pair's recorded conversation will appear in your gradebook.

TEACHING TIPS

5 Previewing Strategy Before assigning this activity, discuss the questions in the direction lines as a class. Then have two students act out the **modèle**.

5 Suggestion You may want to first review some of the major political issues, successes, and failures of the previous presidential administration and those of the current administration.

5 Extra Practice Hold a class debate. Half the class feels the current president is doing a good job, the other half feels the president is not doing a good job. Some of the issues to address are: economy, education, health care, foreign policy, security, taxes, immigration, etc.

5 Partner Chat You can also assign Activity 5 on the Supersite. Students work in pairs to record the activity online. The pair's recorded conversation will appear in your gradebook.

6 Suggestion Put the names of several E.U. countries in a hat. Have students choose which country they will represent. Then allow three to five minutes for brainstorming.

PRE-AP®

Presentational Speaking Ask students to choose a vacation place or a local tourist site they have been to and give a short oral presentation about it, using the verbs in the **plus-que-parfait**. Tell them: **Vous allez nous présenter un lieu de vacances ou une attraction touristique locale digne d'intérêt. Vous devrez parler pendant une minute sans regarder vos notes. Dites-nous ce que vous y aviez fait après y avoir passé une journée.**

PRE-AP®

Presentational Speaking Ask students to think of a TV show or a movie they have seen that had a lot of action in it. Have them relate the plot using the **passé composé**, the **imparfait**, and the **plus-que-parfait**.

Key Standards
4.1, 5.1

Student Resources
Cahier de l'élève, pp. 62–64; Supersite: Activities, *eCahier*
Teacher Resources
Answer Keys; Audio Script; Audio Activity MP3s/CD; Testing program: Grammar Quiz

TEACHING TIPS
Suggestions
- First say a series of affirmative present tense sentences. Have students make them negative with **ne...pas**. Then do the same for sentences in the **passé composé** and the **plus-que-parfait**.
- Ask various students: **Qu'est-ce que vous n'aimez pas du tout?** Then: **Qu'est-ce que vous n'avez pas encore fait?**
- Remind students that **moi non plus** generally means *me neither*.
- Use magazine pictures to practice the use of **oui** and **si**. Example: **La femme porte une belle robe? Oui, elle porte une belle robe. / La femme n'a pas de sac. Mais si, elle a un sac.**
- Mention that after a **ni... ni... ne...** construction around a subject, the subsequent verb can be conjugated in the plural if the action of the verb applies to both subjects. Example: **Ni la salade ni l'eau ne font grossir.** vs **Ni l'athlète russe ni l'athlète belge n'a reçu la médaille d'or.** (only one person can receive the gold medal.)

Presentation

4.2

Negation and indefinite adjectives and pronouns

*—Nous sommes une espèce qui **n'a jamais** demandé à voir le jour.*

ATTENTION!

When forming a question with inversion, place **ne** first, then any pronouns, then the verb. Place **pas** in last position.

Ne vous êtes-vous pas consacré à la lutte contre la criminalité?

Did you not dedicate yourself to the fight against crime?

BLOC-NOTES

To review commands and how to negate them, see **Fiche de grammaire 1.5, p. 374**. To learn how to negate an infinitive, see **Structures 8.1, pp. 272–273**.

Moi and **toi** are disjunctive pronouns. To learn more about them, see **Fiche de grammaire 6.4, p. 392**.

Negation

- To negate a phrase, you typically place **ne... pas** around the conjugated verb. If you are negating a phrase with a compound tense such as the **passé composé** or the **plus-que-parfait**, place **ne... pas** around the auxiliary verb.

Infinitive construction	Passé composé
Ça **ne** va **pas** faire un scandale, j'espère. *This won't cause a scandal, I hope.*	La famille **n'**a **pas** fui la ville pendant la guerre. *The family didn't flee the town during the war.*

- To be more specific, use variations of **ne... pas**, such as **ne... pas du tout** and **ne... pas encore**.

Le président **n'**aime **pas du tout** les brocolis.
The president doesn't like broccoli at all.

La voleuse **n'**a **pas encore** choisi sa victime.
The thief has not chosen her victim yet.

- Use **non plus** to mean *neither* or *not either*. Use **si**, instead of **oui**, to contradict a negative statement or question.

—Je n'aime pas la violence.
—I don't like violence.

—Moi **non plus**.
—I don't either.

—Tu n'aimes pas la démocratie?
—You don't like democracy?

—Mais **si**.
—Yes, I do.

- To say *neither... nor*, use **ne... ni... ni...** Place **ne** before the conjugated verb or auxiliary, and **ni** before the word(s) it modifies. Omit the indefinite and partitive articles after **ni**, but use the definite article when appropriate.

Il **n'**y a **ni** justice **ni** liberté dans une dictature.
There is neither justice nor liberty under a dictatorship.

Ni le juge **ni** l'avocat **ne** va juger l'accusé.
Neither the judge nor the lawyer will judge the accused.

- It is also possible to combine several negative elements in one sentence.

On **ne** fait **plus jamais rien**.
We never do anything anymore.

Personne n'a **plus rien** écouté.
No one listened to anything anymore.

DIFFERENTIATION

For Inclusion Give students the opportunity to learn about a classmate they do not usually work with. Have them take turns asking one another what they know and do not know about different parts of the world. Examples: **Est-ce que tu sais quelque chose de la culture chinoise? Non, je ne sais rien de la culture chinoise! (Je sais que...).**

DIFFERENTIATION

To Challenge Students Write negative and positive expressions on index cards and put them in a hat. Call on volunteers to draw a card and say a sentence using that expression.

- Note how the placement of these expressions varies according to their function.

More negative expressions

ne… aucun(e) *none (not any)*	Le congrès **n'**a approuvé **aucune** loi cette année. *The congress didn't approve any laws this year.*
ne… jamais *never (not ever)*	Tu **n'**as **jamais** voté? *You've never voted?*
ne… nulle part *nowhere (not anywhere)*	On **n'**a trouvé l'arme du crime **nulle part**. *They didn't find the crime weapon anywhere.*
ne… personne *no one (not anyone)*	**Personne ne** peut voter; les machines sont en panne. *No one can vote; the machines are broken.*
	Ils **n'**ont vu **personne**. *They didn't see anyone.*
ne… plus *no more (not anymore)*	Il **ne** veut **plus** être analphabète. *He doesn't want to be illiterate anymore.*
ne… que *only*	Je **n'**ai parlé **qu'**à Mathieu. *I only spoke to Mathieu.*
ne… rien *nothing (not anything)*	Les jurés **n'**ont **rien** décidé. *The jury members haven't decided anything.*
	Rien ne leur fait peur. *Nothing frightens them.*

ATTENTION!

To negate a phrase with a partitive article, you usually replace the article with **de** or **d'**.

Il y a des activistes dans la capitale.

There are activists in the capital.

Il n'y a pas d'activistes dans la capitale.

There aren't any activists in the capital.

Indefinite adjectives and pronouns

- Many indefinite adjectives and pronouns can also be used in affirmative phrases.

Indefinite adjectives	Indefinite pronouns
autre(s) *other*	**chacun(e)** *each one*
un(e) autre *another*	**la plupart** *most (of them)*
certain(e)(s) *certain*	**plusieurs** *several (of them)*
chaque *each, every single*	**quelque chose** *something*
plusieurs *several*	**quelques-un(e)s** *some, a few (of them)*
quelques *some*	**quelqu'un** *someone*
tel(le)(s) *such (a)*	**tous/toutes** *all (of them)*
tout(e)/tous/toutes (les) *every, all*	**tout** *everything*

- The adjectives **chaque**, **plusieurs**, and **quelques** are invariable.

Chaque élève a droit à des livres gratuits.
Each student is entitled to free books.

Plusieurs terroristes ont fui.
Several terrorists fled.

- The pronouns **la plupart**, **plusieurs**, **quelque chose**, **quelqu'un**, and **tout** are invariable.

Tout va bien au gouvernement.
Everything goes well in the government.

Il y a **quelqu'un** dehors?
Is there someone outside?

ATTENTION!

Note that the final **-s** of **tous** is pronounced when it functions as a pronoun, but silent when it functions as an adjective.

When you wish to modify **personne**, **rien**, **quelqu'un**, or **quelque chose**, add **de** + [*masculine singular adjective*].

Ce week-end, nous ne faisons rien d'intéressant.

This weekend, we aren't doing anything interesting.

TEACHING TIPS

Language Note Point out that **aucun** may also introduce a subject: **Aucun élève n'a échoué à l'examen.**

Suggestions

- Say sentences aloud that use negative or indefinite expressions and have volunteers say the opposite. Examples:
  1. Il faut toujours défendre les coupables. (Il ne faut jamais défendre les coupables.)
  2. Tout le monde me dit toujours tout. (Personne ne me dit jamais rien.)
- Point out that indefinite adjectives and pronouns are used to indicate number in a non-specific way. Example: **Combien de partis politiques connaissez-vous? (On en connaît plusieurs.)**
- **Certain(e)(s)** can also be a pronoun: **Certains lisent le journal dans le métro.**
- Have students practice **tous** as an adjective and as a pronoun.

Language Note Point out that **ne…que** is a limiting expression. The **que** comes before the word or phrase to which the restriction applies.

LEARNING STYLES

For Auditory Learners Write the names of four vacation spots on four large cards and post them in different corners of the room. Ask students to pick their vacation preference by going to one of the corners. Then have members of the four groups tell each other the reason for their choice as well as one complaint about each of the other places. Their reasons must include negative expressions or indefinite adjectives or pronouns.

LEARNING STYLES

For Visual Learners Post a series of five pictures on the wall. Have students go up and look at the pictures and write a descriptive sentence about each one using a negative expression or an indefinite adjective or pronoun. They should write each sentence on a different slip of paper. Collect all the sentences in a box. Then have students come up one at a time, pick a slip, read it aloud, and tack it next to the appropriate picture.

TEACHING TIPS

1 Expansion Once finished, have pairs act out the dialogue.

2 Suggestions
- Remind students that they may need to change more than just one word to come up with a correct response.
- After completing the activity, have volunteers write their answers on the board and point out the negative expression used and its placement.
- Have a pair of students act out the original statements and the answers using appropriate intonation and gestures.

2 Expansion Give students these additional items: **7. J'ai fait beaucoup de visites touristiques pendant mon voyage d'affaires. (Non, vous n'avez rien fait de touristique pendant votre voyage d'affaires.) 8. Des voleurs ont pris toutes mes affaires. (Non, aucun voleur n'a pris vos affaires.)**

3 Suggestions
- Tell students that the text in the speech bubbles should be the last statement of each dialogue. Encourage them to be creative.
- You may want to encourage students to write dialogues that would require them to use the vocabulary words from **p. 112**.

Mise en pratique

1 Une nouvelle loi Pendant un débat, un défenseur des droits de l'homme contredit les déclarations d'une avocate. Complétez leur dispute à l'aide des nouvelles structures.

Answers may vary slightly.

Modèle
AVOCATE Il faut absolument approuver cette nouvelle loi!
DÉFENSEUR Mais non! Il ___ne faut pas___ approuver cette loi!

AVOCATE La loi donne le pouvoir au peuple de notre nation.
DÉFENSEUR Mais non! La loi (1) ___ne donne aucun___ pouvoir au peuple, et tout le pouvoir au président.
AVOCATE Calmez-vous! Avec cette loi, nous serons toujours une démocratie.
DÉFENSEUR Mais non. Avec cette loi, nous (2) ___ne serons jamais___ une démocratie.
AVOCATE Le gouvernement sera juste et puissant avec ces changements.
DÉFENSEUR Mais non. Il (3) ___ne sera ni juste ni puissant___ avec ces changements.
AVOCATE Certains citoyens apprécient les choses que j'essaie de faire.
DÉFENSEUR Mais non. (4) ___Personne n'apprécie___ ce que vous essayez de faire.
AVOCATE Une telle loi va réduire la menace du terrorisme partout dans le pays.
DÉFENSEUR Mais non. Elle (5) ___ne va réduire nulle part___ la menace du terrorisme.
AVOCATE (6) ___Quelqu'un___ m'a dit que vous étiez désagréable, et maintenant je vois pourquoi.

2 Answers may vary slightly.
1. Non, vous n'avez jamais aimé voyager en avion.
2. Non, personne ne sort dîner avec vous le soir.
3. Non, aucune ville que vous visitez n'est dangereuse.
4. Non, vous n'êtes allé(e) nulle part dans le monde francophone.
5. Si, vous avez déjà vu un pays où il y avait une guerre civile.
6. Non, vous ne vous intéressez plus à la politique des pays que vous visitez.

2 Voyager Imaginez que vous soyez un homme ou une femme politique qui voyage souvent avec un(e) collègue. Vous l'entendez parler de vos voyages, mais vous n'êtes pas d'accord.

Modèle **Quand je voyage à l'étranger, je mange toujours des repas authentiques.**
Non, quand vous voyagez à l'étranger, vous ne mangez jamais de repas authentiques.

1. J'ai toujours aimé voyager en avion.
2. Tous sortent dîner avec moi le soir.
3. Toutes les villes que je visite sont dangereuses.
4. Je suis allé(e) partout dans le monde francophone.
5. Je n'ai pas encore vu de pays où il y avait une guerre civile.
6. Je m'intéresse encore à la politique des pays que je visite.

3  **Disputes** À deux, imaginez les échanges qui provoqueraient ces réponses. Utilisez les adjectifs et les pronoms indéfinis. Ensuite, jouez l'un des dialogues devant la classe.

Je ne ferai jamais ça!

Rien ne t'en empêchera!

Dommage, personne ne s'y intéresse.

Moi non plus.

Je ne devrais ni le voir ni lui parler.

Chacun de nous doit envoyer une lettre.

Un tel scandale ne détruit que la réputation.

Practice more at **vhlcentral.com.**

LEARNING STYLES

For Auditory Learners Prepare sentences using positive and negative expressions. Read each one out loud and call on a student. The student must contradict it, using the opposite expression. Example: **Personne dans cette classe ne boit de café. Moi, je bois du café.**

LEARNING STYLES

For Kinesthetic Learners Have students create a variation of Activity 2. This variation is a skit between two siblings who are arguing about typical sibling issues (chores, TV, homework, activities). They should use negative expressions, indefinite adjectives, and indefinite pronouns and clearly demonstrate them through gestures and props.

Communication

4  **Vos idées** Avec un(e) camarade de classe, posez-vous ces questions à tour de rôle. Développez vos réponses et utilisez les nouvelles structures le plus possible. Ensuite, discutez de vos opinions respectives.

Modèle —Es-tu déjà allé(e) dans un tribunal?

—Non, je ne suis jamais allé(e) dans un tribunal.

Les gens

Es-tu déjà allé(e) dans un tribunal?

Es-tu un(e) militant(e)? En connais-tu un(e)?

As-tu déjà été la victime d'un voleur?

Les lois

Approuves-tu toutes les lois?

Un prisonnier est-il toujours coupable?

L'égalité est-elle présente partout? Dans quelles circonstances ne l'est-elle pas?

La sécurité

As-tu l'impression d'être en sécurité? Pourquoi?

Y a-t-il beaucoup de violence où tu habites?

La menace terroriste te fait-elle peur?

5  **Débat politique** Vous participez à un débat politique. Votre adversaire est le président sortant (*outgoing*) et vous n'êtes pas d'accord avec ce qu'il a fait pendant son mandat. Jouez le dialogue devant la classe.

Modèle —Vous n'avez pas encore démontré que vous êtes le meilleur candidat.

—Je ne l'ai peut-être pas encore démontré, mais pendant ces dernières années, vous ne l'avez jamais démontré non plus.

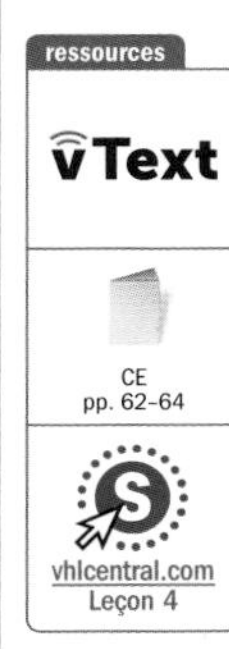

Note CULTURELLE

Née en **Guyane**, **Christiane Taubira** est une femme politique qui a été candidate aux élections présidentielles françaises de 2002. Elle est surtout connue pour être à l'origine d'une loi de 2001 où la France reconnaît que la traite négrière (*slave trade*) transatlantique et l'esclavage (*slavery*) sont des crimes contre l'humanité. Depuis 2012, elle est garde des Sceaux, c'est-à-dire, ministre de la Justice.

TEACHING TIPS

4 Suggestion Whenever possible, students should elaborate on any yes/no answer. They should try to use negative expressions and indefinite adjectives and pronouns in these elaborations. For example, for the **Modèle**, students might add: **Mais j'aimerais bien aller dans un tribunal.** Or **Mais j'ai vu plusieurs procès à la télé.**

4 Expansion For each category, have students think of an original question to ask a classmate.

4 Partner Chat You can also assign Activity 4 on the Supersite. Students work in pairs to record the activity online. The pair's recorded conversation will appear in your gradebook.

5 Suggestion Before students complete the activity, have the class brainstorm a list of issues that a president typically deals with during his/her time in office. Also remind students to review the vocabulary on **p. 112**.

5 Partner Chat You can also assign Activity 5 on the Supersite. Students work in pairs to record the activity online. The pair's recorded conversation will appear in your gradebook.

NATIONAL STANDARDS

Connections: Social Studies The President of the French Republic is elected by direct popular vote and serves for five years with the possibility of two terms. (The term was previously seven years. The five-year term took effect in 2002.) Have students research and report on the current French president and the president's powers.

DIFFERENTIATION

For Inclusion Hand out a copy of a few articles from a French newspaper. Have students highlight negative expressions, indefinite adjectives, and indefinite pronouns. Then have them read the sentences aloud to a partner.

DIFFERENTIATION

To Challenge Students Create sentences using positive expressions. Say each sentence and have students repeat it. Then call on a student to state the corresponding negative expression. Then call on another student to say the new sentence, making all necessary changes. Example: **Quelqu'un a volé mon passeport. / personne / Personne n'a volé mon passeport.**

Key Standards

4.1, 5.1

Student Resources
Cahier de l'élève, pp. 65–68; Supersite: Activities, *eCahier*, Grammar Tutorials
Teacher Resources
Answer Keys; Audio Script; Audio Activity MP3s/CD; Testing program: Grammar Quiz

TEACHING TIPS

Language Learning

- You may wish to assign the Grammar Tutorials as homework in preparation for the **Structures** lesson. These tutorials re-present the grammar taught in **D'accord! 1** and **2**.
- Remind students that regular **-ir** verbs are often called **-ir / -iss** verbs. Briefly review how to conjugate them.

Suggestion Challenge students to write two to five sentences that tell a mini-story and that use one form of each of the five verbs. Stories can be silly.

Language Learning Even though **mourir** is irregular and must be memorized, tell students to note that it follows an ending pattern in the present tense that they already know: **-s, -s, -t, -ons, -ez, -ent.**

NATIONAL STANDARDS

Comparisons Note to students that the six verbs presented on this page all have related words in English because of their Latin origin. Examples: **courir** / current; **dormir** / dormitory; **partir** / part; **sentir** / sentiment; **sortir** / sortie; **mourir** / mortuary. Have students try to add one or more English words for each French verb.

Presentation Tutorial

4.3 Irregular *-ir* verbs

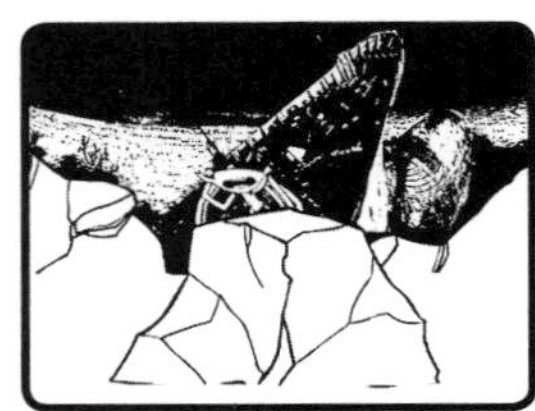

—Le crabe ***est devenu*** *philosophe.*

BLOC-NOTES

For a review of the present-tense conjugation of regular **-ir** verbs, see **Fiche de grammaire 1.4, p. 372**.

ATTENTION!

Sentir means *to sense* or *to smell*. The reflexive verb **se sentir** is used with an adverb to tell how a person feels.

Cette fleur sent très bon!
This flower smells very good!

Je sens qu'il t'aime, même s'il ne le dit pas.
I sense that he loves you, even if he doesn't say it.

Tu es rentrée parce que tu ne te sentais pas bien?
You went home because you didn't feel well?

BLOC-NOTES

To review formation of the **passé composé** with **être**, see **Structures 3.2, pp. 92–93**.

- Many commonly used **-ir** verbs are irregular.
- The following irregular **-ir** verbs have similar present-tense forms.

	courir	dormir	partir	sentir	sortir
je	cours	dors	pars	sens	sors
tu	cours	dors	pars	sens	sors
il/elle	court	dort	part	sent	sort
nous	courons	dormons	partons	sentons	sortons
vous	courez	dormez	partez	sentez	sortez
ils/elles	courent	dorment	partent	sentent	sortent

- The past participles of these verbs are, respectively, **couru**, **dormi**, **parti**, **senti**, and **sorti**. **Sortir** and **partir** take **être** as the auxiliary in the **passé composé** and **plus-que-parfait**.

Pourquoi est-ce que vous **avez dormi** au bureau hier soir?
Why did you sleep in the office last night?

Les armées **sont** définitivement **parties** en 1945, après la guerre.
The armies left for good in 1945, after the war.

- Use **sortir** to say that someone is leaving, as in exiting a building. Use **partir** to say that someone is leaving, as in departing. The preposition **de** often accompanies **sortir**, and the preposition **pour** often accompanies **partir**.

Nous ne **sortons** jamais **de** la salle avant la sonnerie.
We never leave the room before the bell rings.

Le premier ministre **part pour** l'Espagne demain.
The prime minister leaves for Spain tomorrow.

- **Mourir** (*to die*) also is conjugated irregularly in the present tense. Its past participle is **mort**, and it takes **être** as an auxiliary in the **passé composé** and **plus-que-parfait**.

Il fait chaud et je **meurs** de soif!
It's hot, and I'm dying of thirst!

En quelle année la présidente **est**-elle **morte**?
In which year did the president die?

mourir	
je meurs	nous mourons
tu meurs	vous mourez
il/elle meurt	ils/elles meurent

LEARNING STYLES

For Visual Learners Ask students to choose three photos from anywhere in their textbook that can be described with the verbs from this page. Have them write their descriptions and then present them to the class. Example: **p. 23**, top photo: **Elle est très fatiguée parce qu'elle n'a pas bien dormi hier soir.**

LEARNING STYLES

For Kinesthetic Learners Have students work in pairs. Students take turns pantomiming scenarios that illustrate one or more of the six verbs on this page. The other student must describe the scenario in a complete sentence. Each student should do at least three pantomimes.

- These verbs are conjugated with the endings normally used for **-er** verbs in the present tense.

	couvrir	découvrir	offrir	ouvrir	souffrir
je	couvre	découvre	offre	ouvre	souffre
tu	couvres	découvres	offres	ouvres	souffres
il/elle	couvre	découvre	offre	ouvre	souffre
nous	couvrons	découvrons	offrons	ouvrons	souffrons
vous	couvrez	découvrez	offrez	ouvrez	souffrez
ils/elles	couvrent	découvrent	offrent	ouvrent	souffrent

- The past participles of the verbs above are, respectively, **couvert**, **découvert**, **offert**, **ouvert**, and **souffert**.

Qu'est-ce que les organisateurs vous **ont offert** comme boisson?
What did the organizers offer you to drink?

Le criminel **avait ouvert** la porte pour entrer dans le garage.
The criminal had opened the door to enter the garage.

- These verbs are conjugated similarly, with one stem for **je**, **tu**, **il/elle/on**, and **ils/elles**, and a different stem for **nous** and **vous**.

	devenir	maintenir	revenir	tenir	venir
je	deviens	maintiens	reviens	tiens	viens
tu	deviens	maintiens	reviens	tiens	viens
il/elle	devient	maintient	revient	tient	vient
nous	devenons	maintenons	revenons	tenons	venons
vous	devenez	maintenez	revenez	tenez	venez
ils/elles	deviennent	maintiennent	reviennent	tiennent	viennent

- The past participles of these verbs are, respectively, **devenu**, **maintenu**, **revenu**, **tenu**, and **venu**. **Venir** and its derivatives **devenir** and **revenir** take **être** as the auxiliary in the **passé composé** and **plus-que-parfait**.

Le criminel **a tenu** son arme à la main pendant quelques secondes.
The criminal held the weapon in his hand for a few seconds.

La juge **était revenue** de son bureau pour parler aux jurés.
The judge came back from her chambers to talk to the jury.

- The construction **venir** + **de** + [*infinitive*] means to have *just* done something. Use it in the present or **imparfait** to say that something happened in the very recent past.

Les militants **viennent de faire** un discours à l'ONU.
The activists have just made a speech at the UN.

Je **venais** juste **de poser** mon sac par terre quand le voleur l'a pris.
I had just put my bag down on the ground when the thief took it.

BLOC-NOTES

Remember that a past participle usually agrees with its subject in number and gender for verbs that take **être** as an auxiliary. To learn more about past participle agreement, see **Fiche de grammaire 5.5, p. 390**.

TEACHING TIPS

Suggestions

- You may wish to point out additional verbs in the **ouvrir** conjugation group, such as: **recouvrir** (*to re-cover*) and **rouvrir** (*to reopen*).
- Ask students personalized questions using the verbs in the chart. Examples: **Est-ce que vous avez couvert votre livre de français? À quelle heure est-ce que vous avez ouvert les yeux ce matin?** The student who answers should ask another student the same question using the **tu** form.

Language Learning Have students close their books. Then write **venir** and **tenir** on the board, explaining that these are roots of many other verbs. Tell students to list as many verbs as possible like **venir** (**devenir, parvenir, revenir, se souvenir**, etc.) and **tenir** (**appartenir, maintenir, obtenir, retenir, soutenir**, etc.). Briefly go over the verbs' meanings.

Suggestions

- Stress that the only difference between the **tenir** and **venir** conjugation groups is that the former takes **avoir** as its auxiliary verb while the latter takes **être**.
- Again, ask students personalized questions using the verbs in the chart. Examples: **Qu'est-ce que vous tenez à la main? Qu'est-ce que vous faites pour maintenir votre concentration en classe?**

Suggestion Point out that **venir** in the **imparfait** + **de** + [infinitive] is this structure's equivalent to the **plus-que-parfait**.

DIFFERENTIATION

For Inclusion Make three signs: Verbs like **courir**; Verbs like **couvrir**, Verbs like **devenir**. Place the signs on the board or wall. Also make a set of cards with all the infinitives given on **pp. 132-133**. One at a time, hand a card to a student. The student reads the card and then places it under the appropriate sign.

DIFFERENTIATION

To Challenge Students Ask students to write ten sentences — one for each verb. The sentences must (a) use a variety of subjects, (b) vocabulary from **p. 112**, and (c) the **passé composé** or the **plus-que-parfait**.

TEACHING TIPS

1 Suggestion Have students cover the entire left column. Tell them to note possible subjects that would be grammatically correct for each item. Then they match up their potential answer with its closest corresponding item in the left column.

1 Expansion Tell students to rewrite the final sentences in the **passé composé**, making any other necessary changes.

3 Sample answers **Les jurés sont revenus dans le tribunal pour prononcer la sentence il y a quelques secondes. / La victime est sortie de l'hôpital, mais elle ne nous l'avait pas dit. / Vous êtes venu(e) me voir pendant les vacances d'été. / Les policiers courent toujours après les voleurs. / Tu découvres une nouvelle île chaque fois que tu vas aux Antilles. / Le juge maintient son jugement. / Nous partons très bientôt pour Saint-Barthélemy. / J'offre mes compliments au nouveau président.**

Mise en pratique

1 **À compléter** Assemblez les éléments des colonnes pour former des phrases complètes. Chaque élément ne doit être utilisé qu'une fois.

d 1. Tous les enfants…	a. vient d'un journaliste.
e 2. Cet animal…	b. devenons avocats à la fin de l'année.
f 3. Tu…	c. tenez une conférence à quelle heure?
b 4. Mon ami et moi…	d. dorment paisiblement.
a 5. Le scandale…	e. sent toujours d'où vient le danger.
c 6. Vous…	f. souffres toujours d'un mal de tête.

2 **Cuisine créole** Stéphanie et Daniel parlent de leur expérience au restaurant hier soir. Choisissez le bon verbe et conjuguez-le au temps qui convient.

Vous savez que nous (1) découvrons (devenir / découvrir) une cuisine exotique tous les mois. Eh bien, hier soir, Daniel et moi (2) sommes sortis (sortir / sentir) manger dans ce nouveau restaurant créole que vous nous aviez suggéré. Il faut dire que je (3) mourais (dormir / mourir) d'envie d'y aller depuis que vous nous en aviez parlé. Nous (4) avons senti (sentir / venir) la délicieuse odeur épicée depuis la rue. Nous avons essayé toutes sortes de plats traditionnels. Après ça, nous (5) sommes revenus (ouvrir / revenir) enchantés de notre soirée. Finalement, nous (6) partons (courir / partir) pour Saint-Martin la semaine prochaine!

Note **CULTURELLE**

La **cuisine créole** raconte l'histoire des **îles antillaises**, qui sont marquées par l'empreinte du peuple **Caraïbe**, des **Africains**, des **Français** et des **Indiens**. Elle est à base de produits de la mer, souvent macérés (*marinated*) dans un assaisonnement pour qu'ils aient encore meilleur goût.

3 **À choisir** Créez des phrases cohérentes avec les éléments du tableau. Faites attention au temps. N'utilisez chaque élément qu'une fois.

A	B	C
Les jurés	courir	me voir pendant les vacances d'été.
La victime	découvrir	son jugement.
Vous	maintenir	dans le tribunal pour prononcer la sentence il y a quelques secondes.
Les policiers	offrir	de l'hôpital, mais elle ne nous l'avait pas dit.
Tu	partir	mes compliments au nouveau président.
Le juge	revenir	une nouvelle île chaque fois que tu vas aux Antilles.
Nous	sortir	toujours après les voleurs.
Je/J'	venir	très bientôt pour Saint-Barthélemy.
?	?	?

Practice more at **vhlcentral.com.**

PRE-AP®

Presentational Writing Using the paragraph in Activity 2 as a general model, ask students to write a paragraph about an experience they have had at a restaurant. The paragraph should include at least eight irregular **-ir** verbs. Have students work with a partner to peer edit their paragraphs.

EXPANSION

Comparisons Tell students to study the photo on this page and imagine the possible activities and conversations taking place. Say: **Donnez une description de la photo à l'aide de verbes irréguliers en *–ir*.**

Communication

4 **Votre personnalité** À deux, posez-vous des questions à tour de rôle. Utilisez des verbes irréguliers en **-ir** dans vos réponses.

- Tu dors jusqu'à quelle heure le week-end?
- Sors-tu souvent le week-end? Avec qui?
- Souffres-tu beaucoup de la chaleur en été? Du froid en hiver?
- Qu'offres-tu à tes parents pour leur anniversaire? À ton/ta meilleur(e) ami(e)?
- Quelle personne rêves-tu de devenir?
- Pars-tu en vacances tous les ans? Où vas-tu?

5 **Saint-Barthélemy ou Marie-Galante?** Sandra et Timothée planifient leurs prochaines vacances. Sandra veut aller à Saint-Barthélemy, mais Timothée préfère visiter l'île de Marie-Galante.

A. À deux, décidez quelles phrases de la liste correspondent à chaque île, puis complétez le tableau.

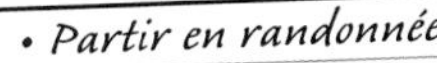

- *Partir en randonnée*
- *Dormir sur la plage*
- *Devenir un(e) aventurier/aventurière*
- *Découvrir la nature luxuriante de l'île*
- *Sortir en boîte de nuit*
- *Revenir enchanté(e) de ses vacances*

Saint-Barthélemy	Marie-Galante
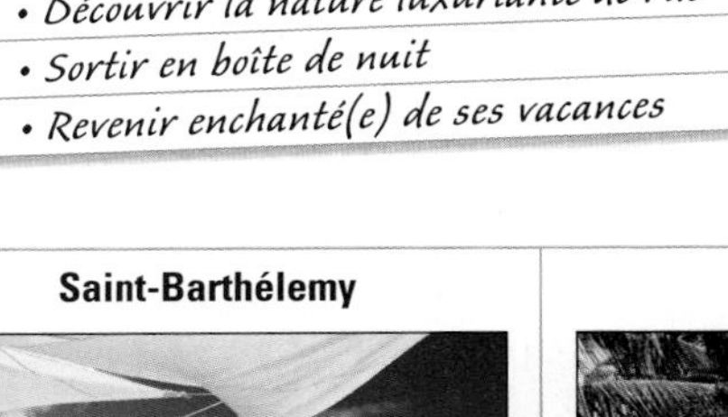	

B. Sandra et Timothée reviennent de leur voyage. À l'aide des phrases ci-dessus, imaginez un dialogue où ils expliquent ce qu'ils ont fait. Faites-le pour chaque île.

ressources

vText

CE pp. 65–68

vhlcentral.com Leçon 4

Note CULTURELLE

Saint-Barthélemy est la Côte d'Azur des Antilles françaises. Par contre, loin d'être le paradis des milliardaires, **Marie-Galante** est une île de rêve pour les fous de nature, qui apprécient beaucoup ses plages. Elles appartiennent au département de la **Guadeloupe**.

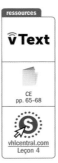

TEACHING TIPS

4 Expansion
- As a follow-up activity, have students list their personality traits using irregular **-ir** verbs.
- Have students create at least three more questions using irregular **-ir** verbs to add to the list.

4 Virtual Chat You can also assign Activity 4 on the Supersite. Students record individual responses that appear in your gradebook.

5 Expansion Tell students to research both **Saint-Barthélemy** and **Marie-Galante** in order to add more phrases to their lists.

PRE-AP®

5 Interpersonal Writing For an optional writing assignment, have students research the two places and write e-mails to their friends about an imaginary vacation to both **Saint-Barthélemy** and **Marie-Galante**. In their messages, remind students to use as many irregular **-ir** verbs as possible.

DIFFERENTIATION

For Inclusion Have students create word search puzzles for the irregular **-ir** verbs. The list of words to find should be the verb infinitives. The words within the puzzle should be the past participles.

DIFFERENTIATION

To Challenge Students Ask students to work in pairs and create the conversation between Sandra and Timothée where they discuss which island to visit. Each must present a valid argument and, in the end, they must make a choice.

Key Standards
1.1, 1.2

TEACHING TIPS

Suggestion To provide cultural context, have students research **la Guyane française** and/or bring in a few regional newspaper articles that highlight recent events and issues there.

1 Suggestions

- Ask volunteers to read each slogan. For each one, have students identify negation, indefinite adjectives and pronouns, and verbs learned in this **Structures** section.
- Make use of any current or recent election campaigns by having students play the roles of real candidates from opposing parties.

3 Suggestion As a variant, have one member of the group play the role of Student Council President, while the other students represent student clubs and organizations.

Synthèse

Reading

L'Union pour la démocratie française

(UDF)

Vous avez voté pour Antoine Éraste en 2002

Parce que vous n'aviez jamais eu un candidat aussi incorruptible!

Sortez de chez vous et votez UDF!

Il faut réélire Antoine!

Le Parti socialiste guyanais PSG

Personne n'a le droit d'être au chômage!

Tel est l'idéal de **THÉLOR MADIN.**

Pour ne plus souffrir, courez aux urnes°!

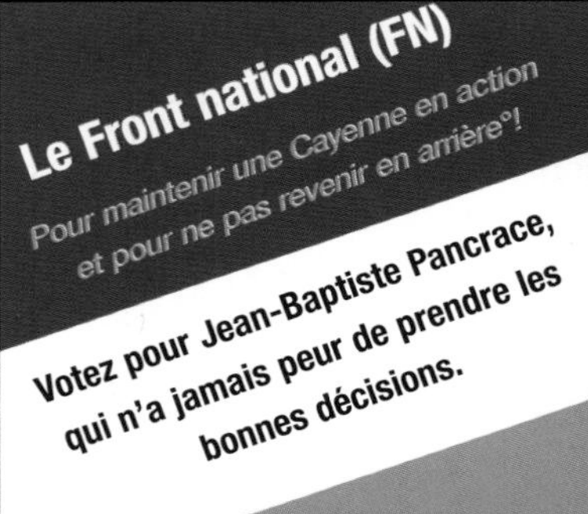

Le Front national (FN)
Pour maintenir une Cayenne en action et pour ne pas revenir en arrière°!
Votez pour Jean-Baptiste Pancrace, qui n'a jamais peur de prendre les bonnes décisions.

Le Parti écologique

LES VERTS

Pour ne plus jamais perdre face à la pollution,

FLEUR DESMARAIS

est la solution!

Chacun doit voter pour les Verts!

urnes *polls* **en arrière** *backward*

1 **Interview** En Guyane, c'est le moment d'élire un nouveau député. Lisez les slogans des différents partis politiques. Choisissez un slogan et imaginez un entretien entre le candidat et un journaliste. Utilisez le plus-que-parfait et d'autres structures de cette leçon.

2 **Reproches** Vous rencontrez l'ancien(ne) député(e) de la Guyane, dont vous n'êtes pas satisfait(e). À deux, imaginez la scène. Utilisez des expressions négatives, et des pronoms et des adjectifs indéfinis pour lui donner votre opinion.

Modèle Vous n'aviez jamais écouté la voix de certaines personnes avant de commencer votre campagne.

3 **Demandes** On demande beaucoup de choses aux hommes et aux femmes politiques, pendant la période des élections. Par petits groupes, imaginez qu'un(e) élève soit le/la candidat(e) et inventez cinq questions que les gens lui poseraient. Utilisez le plus possible les structures et le vocabulaire de cette leçon.

4 **Élection** Avez-vous déjà pris part à une élection ou à sa préparation? Pour quel événement était-ce? Qu'avez-vous fait? Par groupes de quatre, expliquez à vos camarades les impressions positives et négatives que vous avez ressenties à cette occasion.

ressources

vText

vhlcentral.com Leçon 4

PRE-AP®

Integrated Skills Use the keywords **discours politique** to locate videos of political speeches online. Have students listen to the speeches and take notes on the issues discussed. Then have them summarize the speeches orally.

PRE-AP®

Integrated Skills Have students prepare a campaign to run for a seat on their local School Committee. The campaign should include a slogan, an advertisement, and a campaign kick-off speech. Students should talk about the education issues that are important to them and how they might make changes. You might have some students prepare a serious campaign and others a silly campaign.

Préparation

Vocabulaire de la lecture	Vocabulaire utile	
un colon *colonist*	**l'asservissement (*m.*)** *enslavement*	**un régime totalitaire** *totalitarian regime*
l'esclavage (*m.*) *slavery*	**la guerre de Sécession** *the American Civil War*	**la sûreté publique** *public safety*
évadé(e) *escaped*	**une monarchie absolue** *absolute monarchy*	**un système féodal** *feudal system*
renverser *to overthrow*	**la noblesse** *nobility*	**la traite des Noirs** *slave trade*
se révolter *to rebel*	**l'ordre (*m.*) public** *public order*	
vainære (*irreg.*) *to defeat*		

1 **Un peuple révolté** Complétez ce petit résumé (*summary*) de la Révolution française à l'aide des mots de la liste de vocabulaire.

Avant la Révolution, la France était une (1) monarchie absolue. La population était divisée en trois grandes classes: le peuple, le clergé et la (2) noblesse. En 1789, le peuple commence à (3) se révolter contre l'injustice du (4) système féodal qui existait en France depuis le Moyen Âge et qui perpétuait (5) l'asservissement d'une grande partie de la population française au profit des nobles. Le 14 juillet 1789, le peuple prend la Bastille, un symbole de la tyrannie royale. Quelques années plus tard, le roi Louis XVI est (6) renversé, la royauté est abolie en France et l'An I de la République française est proclamé.

2 **Colonisation et esclavage** Répondez aux questions et comparez vos réponses avec celles d'un(e) camarade.

1. Citez les différents types de régimes politiques. Quelles sont leurs caractéristiques?
2. Quels ont été les grands empires coloniaux? Pourquoi ces pays sont-ils devenus colonisateurs?
3. Pouvez-vous citer d'anciennes colonies françaises? Où sont-elles situées? Savez-vous quand et comment elles ont obtenu leur indépendance?
4. À quoi vous fait penser le terme «esclavage»? Expliquez.
5. Que savez-vous d'Haïti?

3 **Les droits de l'homme** Par groupes de quatre, discutez de ces deux extraits de la **Déclaration des droits de l'homme et du citoyen**. Puis, comparez vos idées avec celles d'un autre groupe.

> *Article 1: Les hommes naissent et demeurent (remain) libres et égaux en droits.*
>
> *Article 6: La loi est l'expression de la volonté générale [...] Elle doit être la même pour tous. [...]*

- Êtes-vous d'accord avec les valeurs présentées par ces deux extraits?
- Connaissez-vous des pays où ces principes ne sont pas en vigueur?
- L'égalité existe-t-elle pour tout le monde aux États-Unis?

Section Goals

In **Culture**, students will read about the history and culture of Haiti.

Key Standards

1.2, 2.1, 2.2, 4.2

Student Resources
Supersite: Activities, Synced Reading

TEACHING TIPS

Synonymes
évadé(e)↔fugitif/fugitive, fuyard(e)
la traite des Noirs↔le trafic d'esclaves

- Point out that **évadé(e)** (as well as **fugitif** and **fuyard**) can also be a noun. Example: **un(e) évadé(e)** (*escapee*)
- Mention that the noun corresponding to **renverser** is **un renversement.**

1 Expansion Have students write a few comprehension questions on the paragraph to ask their partner.

2 Suggestion For visual support, have students look at a world map while discussing item #3. Then, as review, go over the locations of the former French colonies as a class.

3 Suggestion Explain to students that **la Déclaration des droits de l'homme et du citoyen** was adopted in 1789. It establishes fundamental rights for French citizens. However, it did not abolish the practice of slavery.

3 Expansion As a follow-up question, ask: **Vous êtes-vous déjà trouvé(e) dans une situation où ces notions étaient remises en question? Citez des exemples.**

LEARNING STYLES

For Visual Learners Have students research works of fine art that illustrate each of the words from the **Vocabulaire de la lecture**. They can do a search in art history books or an image search online using the vocabulary words. For online searches, students might need to use another form of the word (for example: *colony*, rather than *colonist*). Ask each student to present and describe his/her work of art using the vocabulary word. As an expansion of this activity, have students create their own works of art. They should choose at least one word from the **Vocabulaire utile** to illustrate. Volunteers can enter their works of art in a contest. The winner receives a prize, such as extra credit.

TEACHING TIPS

Previewing Strategies

- Tell students to note the article title: **Haïti, soif de liberté**. Based on this title and the photo, what do they predict the article will be about?
- Have students scan the article and note one important feature—there are numerous dates. Tell students to create a timeline from 1492 to today. As they read, ask them to write important events on their time lines. (See also National Standards below.)

NATIONAL STANDARDS

Connections: History The island of Hispaniola was inhabited by the Taino Amerindians when Christopher Columbus discovered it in 1492. The French established a presence on the island in the early 1600s. Spain conceded the western part of the island—which became known as **Haïti**—to France in 1697. Have students add these dates to the timeline they created in the Previewing Strategy. Then have them research other important dates in the history of **Haïti** and add them to their time lines as well.

21st CENTURY SKILLS

Global Awareness
Students will gain perspectives on the Francophone world to develop respect and openness to others and to interact appropriately and effectively with citizens of Francophone cultures.

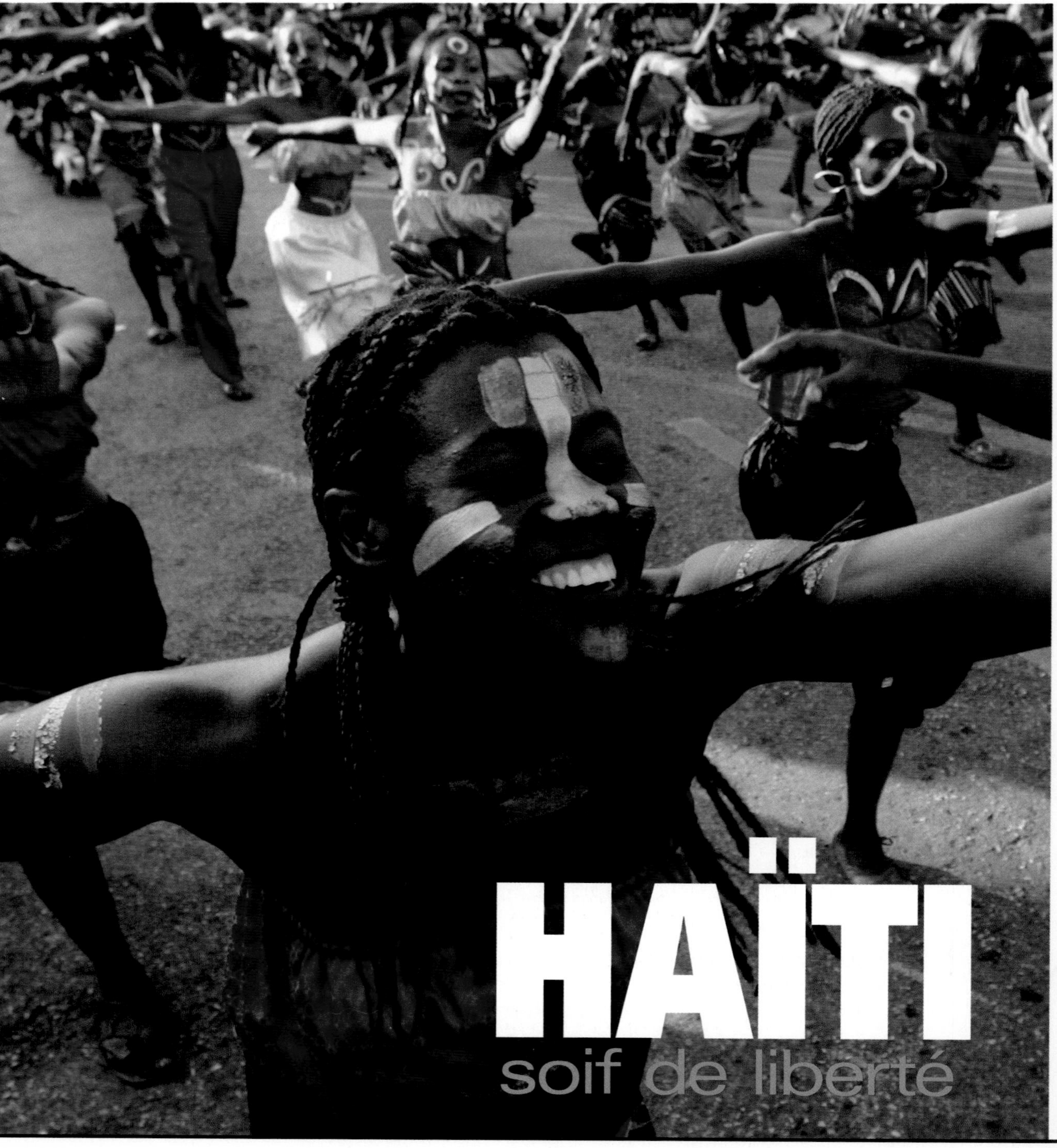

HAÏTI
soif de liberté

CRITICAL THINKING

Comprehension Ask students to explain the metaphor that Toussaint L'Ouverture uses in his quote in lines 24–28. Have students draw a visual of this quote—showing the literal and the symbolic meanings.

CRITICAL THINKING

Analysis Have students create a two-column chart with the headings **Causes** and **Effets**. Tell them to reread the article and identify at least five effects and their causes. Example: **Cause: 1er janvier 1804, Haïti proclame son indépendance; Effet: Haïti est réellement née.**

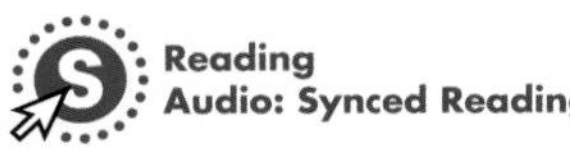

Haïti est réellement née le 1er janvier 1804, le jour de la proclamation de son indépendance. L'île devient alors le premier État noir indépendant. Comment y est-elle arrivée?

La société haïtienne, basée sur l'esclavage, était composée de Blancs, de libres°, d'esclaves et de Noirs marrons. Extrêmement prospère, l'île était le premier producteur mondial de sucre et la plus riche des colonies françaises. C'est la Déclaration des droits de l'homme en France (1789) qui constitue l'élément déclencheur° de la révolution.

En 1791, des esclaves noirs se révoltent contre les colons blancs: c'est le début de la Révolution haïtienne. Pierre Dominique Toussaint Louverture (1743–1803) est un ancien esclave et un des seuls Noirs révolutionnaires qui sachent lire et écrire. Il se joint aux Espagnols, qui occupent l'est de l'île, pour combattre les Français et l'esclavage. Il est fait prisonnier en 1802 et déporté en France, où il mourra en 1803. Avant de quitter Haïti, il dira: «En me renversant°, on n'a abattu° à Saint-Domingue que le tronc de l'arbre de la liberté, mais il repoussera° car ses racines° sont profondes et nombreuses.» Il a raison. Jacques Dessalines, son lieutenant, continue la lutte et finira par vaincre les Français en automne 1803. Il proclame l'indépendance en 1804.

«Cet achat de nègres, pour les réduire en esclavage, est un négoce° qui viole la religion, la morale, les lois naturelles, et tous les droits de la nature humaine.» Cette phrase est écrite en France en 1776, mais la France n'abolit l'esclavage qu'en 1794, par une loi qui ne sera jamais appliquée. Il faut attendre 1848 pour que la France l'abolisse vraiment. La fin de l'esclavage en Haïti est la conséquence de sa lutte pour l'indépendance et de la victoire du peuple haïtien sur les planteurs blancs.

Aujourd'hui, Haïti a une culture où les arts français et africains fusionnent. La France a eu beaucoup d'influence en Haïti jusqu'au milieu du 20e siècle, et cela se ressent dans les textes, marqués par les courants° littéraires français. Puis, dans les années 1950, il y a une révolution de l'écriture. Les écrivains prennent conscience du sentiment d'être haïtiens et cessent de copier les auteurs français. Les racines africaines et la réalité sociale de l'île les inspirent. D'ailleurs°, le créole devient langue littéraire.

Mais en Haïti, c'est la peinture qui est le moyen d'expression artistique le plus courant. Elle est présente partout, et tout le monde a peint au moins une fois dans sa vie. C'est pourquoi le style artistique haïtien va d'un extrême à l'autre, du naïf au surréalisme. On y trouve les mêmes thèmes que dans la littérature: l'origine, les peines° et les espoirs de la société haïtienne.

Le 12 janvier 2010, Haïti est frappé par un terrible tremblement de terre, le plus meurtrier de l'histoire de l'île. En 2011, le peuple élit Michel Martelly, le quatrième président élu démocratiquement. On peut donc espérer un avenir meilleur pour cette société qui, ne l'oublions pas, est la première à s'être libérée de l'esclavage. ■

libres: free black men
déclencheur: trigger
renversant / abattu: By overthrowing me / brought down
repoussera / racines: will grow again / roots
négoce: trade
courants: trends
nouvelles: short stories
D'ailleurs: Moreover
peines: sufferings

Des mots...

Gary Victor (1958–) l'un des écrivains les plus lus, est l'auteur de nouvelles,° de livres pour la jeunesse et de romans. **Kettly Mars** (1958–) décrit, dans ses poèmes, les émotions qu'elle ressent devant l'amour, la beauté de la nature et les objets quotidiens. Avec d'autres auteurs de l'île, qui écrivent en français ou en créole, ils sont garants d'une réelle littérature haïtienne.

Des couleurs...

La peinture haïtienne, c'est d'abord de la couleur, vive et généreuse. **Gérard Fortune** (vers 1930–) est l'un des peintres les plus importants de sa génération. Il commence à peindre en 1978, après avoir été cuisinier. Dans ses tableaux, il mélange le vaudou et le christianisme. **Michèle Manuel** (1935–) vient d'une famille riche et apprend à peindre à **Porto-Rico** et aux **États-Unis**. Ses scènes de marchés sont particulièrement appréciées.

TEACHING TIPS

Suggestions

- Read the article aloud (or ask volunteers). Pause to check understanding and to identify facts. Then have students reread the article in pairs.
- Explain to students that the **Noirs marrons** are black slaves who fled into the forest during the time of slavery.

Extra Practice

- To help gauge students' comprehension of the text, have them write a one-paragraph summary of the article.
- Rewrite the summary of the article, putting each sentence on a separate strip of paper. Jumble the sentences. Have students put the sentences in order.
- Have students create a visual to illustrate the summary.

PRE-AP®

Presentational Speaking with Cultural Comparison Have students identify and then watch/listen to radio and/or TV broadcasts from Haiti. Some of the topics they might look for are current events, literature, or art. Students should take notes and then present a summary to the class including similarities and differences with their own culture.

PRE-AP®

Presentational Speaking Have students research more information about one of the artists mentioned on this page. They should choose and print out from the Internet one of the artist's paintings. Students then give a presentation to the class about the artist as well as a description and personal interpretation of the painting they chose. The presentation should include examples of the various structures studied in this lesson.

TEACHING TIPS

1 Previewing Strategy Ask students to skim the comprehension questions before reading the article on **pp. 138–139**.

1 Expansion Have students prepare three additional questions to ask a partner.

3 Suggestion Before students begin the activity, you may want to present the full text of **la Déclaration des droits de l'homme et du citoyen**.

3 Expansion Have students pass their lists of human rights from one group to another. Then ask the class questions that elicit grammar points from this lesson. Examples: **Certains groupes deviennent-ils des monarchies? Des démocraties? Comment protégez-vous les droits dans votre société?**

21st CENTURY SKILLS

Flexibility and Adaptability
Remind students to include input from all team members, adapting their presentation so it represents the whole group.

Analyse

1 Answers may vary slightly.
1. C'était la plus riche des colonies françaises. La société haïtienne était basée sur l'esclavage et elle était composée de Blancs, de libres, d'esclaves et de Noirs marrons.
2. Elle a déclenché la révolte des esclaves noirs contre les colons blancs, en 1791.
3. En 1804, Haïti a obtenu son indépendance.
4. C'était un ancien esclave noir qui s'est battu contre les Français et contre l'esclavage.
5. La littérature haïtienne d'avant 1950 était très influencée par les courants littéraires français. Aujourd'hui, les auteurs haïtiens sont plus conscients de leur identité haïtienne.
6. La peinture est la forme artistique la plus courante.

1 Compréhension **Répondez aux questions par des phrases complètes.**

1. Décrivez brièvement la société haïtienne avant 1804.
2. Qu'est-ce que la Déclaration des droits de l'homme de 1789 a déclenché en Haïti?
3. Qu'est-ce que l'île d'Haïti a obtenu en 1804?
4. Qui était Pierre Dominique Toussaint Louverture?
5. Quelle différence y a-t-il entre la littérature haïtienne d'avant 1950 et celle d'aujourd'hui?
6. Quelle est la forme d'expression artistique la plus courante en Haïti?

2 Réflexion **Répondez aux questions, puis comparez vos réponses avec celles d'un(e) camarade de classe.**

1. Ce sont la Déclaration des droits de l'homme de 1789 et la Révolution française qui ont été les éléments déclencheurs de la révolte des esclaves en Haïti. Pourquoi, à votre avis?
2. Commentez cette citation de Toussaint Louverture: «En me renversant, on n'a abattu à Saint-Domingue que le tronc de l'arbre de la liberté, mais il repoussera car ses racines sont profondes et nombreuses.»
3. En 1776, on pouvait lire que l'esclavage violait les droits de la nature humaine. Mais il a fallu plus de 70 ans à la France pour réellement abolir l'esclavage. Pourquoi, à votre avis?

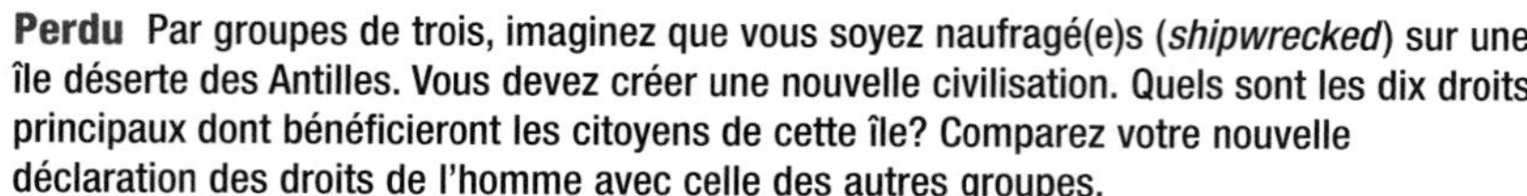

3 Perdu **Par groupes de trois, imaginez que vous soyez naufragé(e)s (*shipwrecked*) sur une île déserte des Antilles. Vous devez créer une nouvelle civilisation. Quels sont les dix droits principaux dont bénéficieront les citoyens de cette île? Comparez votre nouvelle déclaration des droits de l'homme avec celle des autres groupes.**

4 Sûreté publique ou liberté individuelle? **Les attentats terroristes de ce début de siècle ont déclenché un débat sur l'équilibre entre la sûreté publique et la liberté individuelle. À votre avis, est-il nécessaire de sacrifier certaines libertés individuelles pour assurer une plus grande sécurité? Par groupes de trois, discutez de ce sujet, puis présentez le résultat de votre discussion à la classe.**

CRITICAL THINKING

Analysis Ask students to choose one sentence from the article that stands out to them. Have them write the sentence on a piece of paper and give an explanation of its significance in a paragraph.

CRITICAL THINKING

Evaluation Discuss similarities and differences between slavery in **Haïti** and slavery in the U.S.—their origins, their history, important figures, the current situation.

Préparation

À propos de l'auteur

Victor Hugo (1802–1885) est l'un des plus célèbres auteurs français. Poète, dramaturge, critique, romancier, mais aussi intellectuel engagé et homme politique, il est le chef de file (*leader*) du mouvement romantique. Parmi ses principales œuvres, on peut citer *Les Misérables*, *Notre-Dame de Paris*, *Ruy Blas*, et *Hernani*, ainsi que plusieurs recueils de poésie, tels que *Les feuilles d'automne et Les contemplations*. Au cours de sa vie, Hugo a souvent défendu les plus démunis (*destitute*) et il s'est surtout intéressé aux problèmes de société et à la justice. Entre 1840 et 1850, il s'est principalement consacré à la politique. C'est pendant cette période qu'il a été élu député à l'Assemblée nationale législative, le parlement français. Dans son célèbre *Discours sur la misère*, qu'il y prononce en 1849, il s'adresse à ses collègues au sujet de la nécessité de combattre la misère.

Vocabulaire de la lecture	Vocabulaire utile
le devoir *duty*	**le contenu** *content*
épargner *to spare*	**l'inaction (*f.*)** *lack of action*
un fait *fact*	**le manque** *lack*
la misère *poverty*	**la pauvreté** *poverty*
la souffrance *suffering*	**la précarité** *insecurity, instability*
un tort *wrong*	**un problème de société** *societal issue*
	la responsabilité *responsibility*
	s'indigner *to be angered*
	le ton *tone*

1 

Associations Indiquez les associations logiques.

_b_ 1. la maladie	a. l'absence de nourriture
_a_ 2. la faim	b. se porter mal
_e_ 3. les hommes et les femmes politiques	c. perdre la vie
_c_ 4. mourir	d. une victime
_d_ 5. une personne qui souffre	e. le gouvernement

2 

Discussion Par groupes de trois ou quatre, répondez aux questions.

1. Comment imaginez-vous la vie quotidienne dans les quartiers pauvres de Paris au dix-neuvième siècle? Quels sont les problèmes principaux que les gens rencontrent?
2. Et aujourd'hui, quels sont les problèmes de société auxquels les gens doivent faire face? Sont-ils les mêmes qu'au dix-neuvième siècle? Ces problèmes sont-ils semblables dans tous les pays du monde? Discutez de ces questions.
3. À votre avis, à qui revient la responsabilité de résoudre (*resolve*) les problèmes de société? Au gouvernement? Aux citoyens? À des organisations charitables (*charities*)? À d'autres personnes? Est-ce que cette responsabilité devrait être partagée? Donnez votre point de vue en utilisant des exemples pour le justifier.

Section Goals

In **Littérature**, students will:
- learn about author Victor Hugo
- read his speech ***Détruire la misère***

Key Standards

1.2, 2.2, 3.1, 5.2

Student Resources
Cahier de l'élève, pp. 23, 77-78; Supersite: Activities, Synced Reading, *eCahier*
Teacher Resources
Answer Keys

TEACHING TIPS

Suggestion Point out that in addition to being considered one of France's greatest authors, Hugo is also known as a prominent statesman and human rights activist. He was elected to the **Académie française**, the official authority on the French language, in 1841, and is buried at the **Panthéon**, a mausoleum in the Latin Quarter in Paris which houses the remains of the most distinguished French citizens.

Suggestion Ask students if they're familiar with any of the works mentioned in the introduction and have them share any information they have about them.

Suggestion Have students research information about Romanticism as an artistic and literary movement. Ask them to prepare and present a short biography of a famous Romantic author or artist they learned about.

2 Expansion Have the groups share and compare/contrast their answers to questions 1 and 2.

2 Expansion Use question 3 as a debate topic for a whole-class discussion.

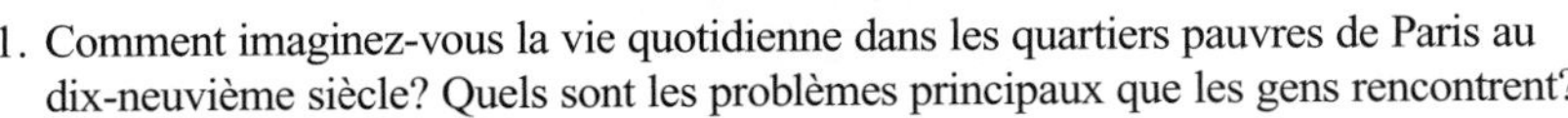

CRITICAL THINKING

Comprehension Ask students to create a biographical web about Victor Hugo.
Analysis Have students think about other authors known for their involvement in politics or societal issues: **Connaissez-vous d'autres auteurs engagés? Lesquels? Quelles sont les causes qu'ils défendent?**

CRITICAL THINKING

Application Have students work in pairs to research citations by Victor Hugo that use words from **Vocabulaire de la lecture** or the **Vocabulaire utile**. For example: **La misère d'un enfant intéresse une mère, la misère d'un jeune homme intéresse une jeune fille, la misère d'un vieillard n'intéresse personne. / La République affirme le droit et impose le devoir.** Have students present their citations to the class and provide an explanation of the meaning.

TEACHING TIPS

Suggestions

- With books closed, tell students that you will display an image and you want them to shout out their impressions. Show the image on this page and record all students' responses.
- Explain that the **Assemblée nationale** is the lower house of the French Parliament. It is composed of 577 **députés** (delegates) elected for five years. The upper house of the French Parliament is called the **Sénat**. It is composed of 348 **sénateurs** elected for six years. When Hugo made his speech in 1849, he was one of the **députés** at the **Assemblée nationale**.
- With books open, have students read the title of the reading selection. Ask: **Qu'est-ce que c'est, un discours? Qui fait des discours en général? À qui s'adressent les discours? Dans quels buts fait-on souvent des discours? Quelles sont les caractéristiques typiques d'un discours?**

Détruire la misère

Discours à l'Assemblée nationale législative: 9 juillet 1849

Victor Hugo

CRITICAL THINKING

Analysis Based on the illustration, the discussion from the **Suggestions** above, the title of the **discours**, and the themes of the lesson, ask students to predict what types of political and/or societal issues Hugo's **discours** will most likely address.

CRITICAL THINKING

Synthesis Working in pairs, have students write a two-to-three sentence caption for the illustration. They should use words from the **Vocabulaire de la lecture** and the **Vocabulaire utile**. Display the captions around the room and allow time for students to walk around to read each one.

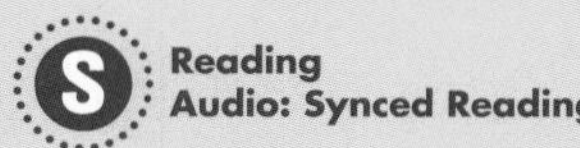

Je ne suis pas, messieurs, de ceux qui croient qu'on peut supprimer la souffrance en ce monde; la souffrance est une loi divine; mais je suis de ceux qui pensent et qui affirment qu'on peut détruire la misère.

Remarquez-le bien, messieurs, je ne dis pas diminuer, amoindrir°, limiter, circonscrire°, je dis détruire. Les législateurs et les gouvernants doivent y songer° sans cesse; car, en pareille matière, tant que le possible n'est pas fait, le devoir n'est pas rempli.

amoindrir° reduce; circonscrire° confine; songer° think about it

villes, où des créatures s'enfouissent° toutes vivantes pour échapper au froid de l'hiver.

Voilà un fait. En voulez-vous d'autres? Ces jours-ci, un homme, mon Dieu, un malheureux homme de lettres, car la misère n'épargne pas plus les professions libérales que les professions manuelles, un malheureux homme est mort de faim, mort de faim à la lettre°, et l'on a constaté, après sa mort, qu'il n'avait pas mangé depuis six jours.

Voulez-vous quelque chose de plus douloureux encore? Le mois passé, pendant la recrudescence du choléra°, on

s'enfouissent° bury themselves; à la lettre° literally; recrudescence du choléra° cholera outbreak

Je ne suis pas [...] de ceux qui croient qu'on peut supprimer la souffrance en ce monde [...] mais je suis de ceux qui pensent et qui affirment qu'on peut détruire la misère.

La misère, messieurs, j'aborde ici le vif de la question°, voulez-vous savoir jusqu'où elle est, la misère? Voulez-vous savoir jusqu'où elle peut aller, jusqu'où elle va, je ne dis pas en Irlande, je ne dis pas au Moyen Âge, je dis en France, je dis à Paris, et au temps où nous vivons? Voulez-vous des faits?

Il y a dans Paris, dans ces faubourgs° de Paris que le vent de l'émeute soulevait naguère° si aisément, il y a des rues, des maisons, des cloaques°, où des familles, des familles entières, vivent pêle-mêle, hommes, femmes, jeunes filles, enfants, n'ayant pour lits, n'ayant pour couvertures, j'ai presque dit pour vêtement, que des monceaux infects de chiffons° en fermentation, ramassés dans la fange° du coin des bornes°, espèce de fumier° des

j'aborde ici le vif de la question° I get to the heart of the matter; faubourgs° neighborhoods; que le vent de l'émeute soulevait naguère° where the revolt stirred not long ago; cloaques° cesspools; monceaux infects de chiffons° piles of disgusting rags; fange° mire; bornes°, fumier° limits, manure

a trouvé une mère et ses quatre enfants qui cherchaient leur nourriture dans les débris immondes° et pestilentiels des charniers° de Montfaucon!

Eh bien, messieurs, je dis que ce sont là des choses qui ne doivent pas être; je dis que la société doit dépenser toute sa force, toute sa sollicitude, toute son intelligence, toute sa volonté, pour que de telles choses ne soient pas! Je dis que de tels faits, dans un pays civilisé, engagent la conscience de la société toute entière; que je m'en sens, moi qui parle, complice et solidaire°, et que de tels faits ne sont pas seulement des torts envers° l'homme, que ce sont des crimes envers Dieu!

Vous n'avez rien fait, j'insiste sur ce point, tant que l'ordre matériel raffermi° n'a point pour base l'ordre moral consolidé! ■

immondes°, charniers° filthy, mass graves; complice et solidaire° knowing and united; envers° against; raffermi° strengthened

TEACHING TIPS

Suggestions

- Play the audio for students to just listen. Then assign the various sections (of two paragraphs each) to different students and have them read the speech aloud. Then play the audio again, pausing to check understanding and to identify details.
- Tell students to make a four-column chart. In each column, they should write keywords to summarize the topic of each of the four sections.
- Have a different volunteer dramatize each section of the speech, as if addressing the **Assemblée nationale** as Victor Hugo. Then have the rest of the class react to the speech or ask questions, as if they were members of the **Assemblée nationale**. Students can refer back to the four-column chart they created to come up with ideas for their questions.

ADVANCED STUDIES

Integrated Skills Have students work in pairs to prepare a set of interview questions they would like to have asked Victor Hugo about his observations and ideas. Then, based on what they have read about him and his speech, they write the answers. Students should also review the structures learned in this lesson and use them in their mock interview. Students practice, then present their interview for the class. Give the class a list of evaluation criteria to use to rate each interview. For example, they could rate on a scale of 1–5 for variety of questions, creativity of answers, accuracy of grammar, use of lesson grammar, clarity of presentation. You may want to give students an opportunity to adjust their interviews based on feedback from the evaluations.

TEACHING TIPS

1 Suggestion Call on volunteers to write their responses on the board. Correct and discuss the answers as a class.

2 Suggestion Have one student from various pairs summarize their answer to each question.

5 Suggestion Have students work with a partner to peer-edit each other's **discours** before turning in their final drafts.

NATIONAL STANDARDS

Connections Have students work in pairs to research information about the French **Assemblée nationale** on its official website at www.assembleenationale.fr. Ask the pairs to share two or three interesting facts they discovered. Then, if you have Internet access in your classroom, work as a class to complete the **Quiz: Connais-tu l'Assemblée nationale?** in the **Juniors/Espaces Jeux** section, under the **Découvrir l'Assemblée** tab of the website.

NATIONAL STANDARDS

Comparisons Based on what students learned in the **Connections** activity above, ask them to compare and contrast the French **Assemblée nationale** with the US House of Representatives.

Analyse

1 Suggested answers
1. Il s'adresse aux hommes politiques de l'Assemblée nationale.
2. Il veut que le gouvernement fasse tout ce qui est possible pour détruire la misère.
3. Il mentionne la souffrance, la misère, la pauvreté des familles parisiennes, la faim, le froid, la maladie et la mort.
4. Elles vivent pêle-mêle dans leurs maisons sans lits, sans couvertures et sans vêtements.
5. Non, les professions libérales en souffrent aussi. Un homme de lettres est mort de faim.
6. Les gens ont été malades du choléra.
7. La société doit faire tout ce qu'elle peut pour que ces choses n'arrivent pas.
8. Non, il dit qu'ils n'ont rien fait.

1 Compréhension Répondez aux questions.

1. À qui s'adresse Victor Hugo dans ce discours?
2. Quel est le but (*goal*) du discours? Que souhaite Victor Hugo?
3. Quels sont les problèmes que Victor Hugo mentionne dans son discours?
4. Comment vivent les familles dans les quartiers pauvres de Paris d'après Hugo?
5. D'après le texte, est-ce que la misère est seulement un problème pour les gens qui ont des professions manuelles? Expliquez et donnez un exemple du texte.
6. Quel problème particulier très grave y a-t-il eu à Paris, d'après le texte?
7. Quelle est la responsabilité de la société envers les problèmes décrits?
8. Est-ce que Victor Hugo pense que les hommes politiques font assez pour détruire la misère? Justifiez votre réponse avec un exemple du texte.

2 Interprétation À deux, répondez par des phrases complètes.

1. Que pensez-vous du ton et du contenu de ce discours? Victor Hugo est-il convaincant, d'après vous? Pourquoi? Justifiez votre opinion.
2. Dans son discours, Hugo dit: «Je dis [...] que de tels faits ne sont pas seulement des torts envers l'homme, que ce sont des crimes envers Dieu!» Que veut-il dire par cette phrase? Comment l'interprétez-vous?
3. Hugo critique l'inaction du gouvernement mais il n'offre pas de suggestions ni de recommandations pour «détruire la misère». Que pensez-vous de cela? Peut-on critiquer le manque d'action des autres sans offrir de solutions?

3 La réponse de l'Assemblée nationale Par petits groupes, imaginez la réponse des hommes politiques de l'Assemblée nationale au discours de Victor Hugo. Que vont suggérer ceux qui sont d'accord avec son évaluation? Et ceux qui ne sont pas d'accord?

4 À vous! Et vous, qu'est-ce que vous suggéreriez pour «détruire la misère» et résoudre les problèmes mentionnés par Victor Hugo? Discutez de ces questions par petits groupes, puis partagez vos idées avec la classe.

5 Rédaction Suivez le plan de rédaction pour écrire un discours que vous aimeriez faire à une personnalité politique pour lui parler d'un problème de société dans votre pays. Employez le plus-que-parfait, la négation, des verbes irréguliers en **-ir** et des adjectifs et des pronoms indéfinis.

Plan

1 **Réflexion** Pensez aux problèmes de société qui existent aujourd'hui dans votre ville, votre région ou votre pays, par exemple l'injustice, l'inégalité, la violence, la criminalité. Choisissez le problème qui vous semble le plus important.

2 **Discours** Écrivez le texte pour un discours dans lequel vous présentez et expliquez le problème qui vous inquiète. Parlez de ses causes et de ses conséquences en exprimant des regrets sur la situation.

3 **Conclusion et recommandations** À la fin de votre discours, résumez brièvement le problème et faites des recommandations pour améliorer la situation.

ressources
vText
CE pp. 69-71
vhlcentral.com Leçon 4

CRITICAL THINKING

Evaluation Ask students to review their prediction about the story from the Critical Thinking activity on **p. 142**. They should determine how close they were and share this information with a partner.

PRE-AP®

Presentational Speaking Have several students share their **discours** out loud with the class. Then, as a class, discuss and evaluate the recommendations in each conclusion.

La justice et la politique

Les lois et les droits

un crime *crime*
la criminalité *crime*
un délit *(a) crime*
les droits (*m.*) de l'homme *human rights*
une (in)égalité *(in)equality*
une (in)justice *(in)justice*
la liberté *freedom*
un tribunal *court*

abuser *to abuse*
approuver une loi *to pass a law*
défendre *to defend*
emprisonner *to imprison*
juger *to judge*

analphabète *illiterate*
coupable *guilty*
(in)égal(e) *(un)equal*
(in)juste *(un)fair*
opprimé(e) *oppressed*

La politique

un abus de pouvoir *abuse of power*
une armée *army*
une croyance *belief*
la cruauté *cruelty*
la défaite *defeat*
une démocratie *democracy*
une dictature *dictatorship*
un drapeau *flag*
le gouvernement *government*
la guerre (civile) *(civil) war*
la paix *peace*
un parti politique *political party*
la politique *politics*
la victoire *victory*

avoir de l'influence (sur) *to have influence (over)*
se consacrer à *to dedicate oneself to*
élire *to elect*
gagner/perdre les élections *to win/lose elections*
gouverner *to govern*
voter *to vote*

conservateur/conservatrice *conservative*
libéral(e) *liberal*
modéré(e) *moderate*
pacifique *peaceful*
puissant(e) *powerful*
victorieux/victorieuse *victorious*

Les gens

un(e) activiste *militant activist*
un(e) avocat(e) *lawyer*
un(e) criminel(le) *criminal*
un(e) député(e) *deputy (politician); representative*
un homme/une femme politique *politician*
un(e) juge *judge*
un(e) juré(e) *juror*
un(e) président(e) *president*
un(e) terroriste *terrorist*
une victime *victim*
un voleur/une voleuse *thief*

La sécurité et le danger

une arme *weapon*
une menace *threat*
la peur *fear*
un scandale *scandal*
la sécurité *security, safety*
le terrorisme *terrorism*
la violence *violence*

combattre (*irreg.*) *to fight*
enlever/kidnapper *to kidnap*
espionner *to spy*
faire du chantage *to blackmail*
sauver *to save*

Court métrage

un bateau *boat*
un(e) esclave *slave*
les mœurs (*f.*) *customs, habits*
une tare *defect*
une trajectoire *path*

basculer *to tip over*
bifurquer *to turn off course, to change direction*
se casser *to scram*
se douter (de) *to suspect*
faire exprès *to do it on purpose*
se libérer *to free oneself*
rigoler *to laugh; to joke*

bête *stupid*
carré(e) *square*
déçu(e) *disappointed*
mangeable *edible*
passionnant(e) *exciting*

Culture

l'asservissement (*m.*) *enslavement*
un colon *colonist*
l'esclavage (*m.*) *slavery*
la guerre de Sécession *the American Civil War*
une monarchie absolue *absolute monarchy*
la noblesse *nobility*
l'ordre (*m.*) public *public order*
un régime totalitaire *totalitarian regime*
la sûreté publique *public safety*
un système féodal *feudal system*
la traite des Noirs *slave trade*

renverser *to overthrow*
se révolter *to rebel*
vaincre (*irreg.*) *to defeat*

évadé(e) *escaped*

Littérature

le contenu *content*
le devoir *duty*
un fait *fact*
l'inaction (*f.*) *lack of action*
le manque *lack*
la misère *poverty*
la pauvreté *poverty*
la précarité *insecurity, instability*
un problème de société *societal issue*
la responsabilité *responsibility*
la souffrance *suffering*
le ton *tone*
un tort *wrong*

épargner *to spare*
s'indigner *to be angered*

ressources

vText

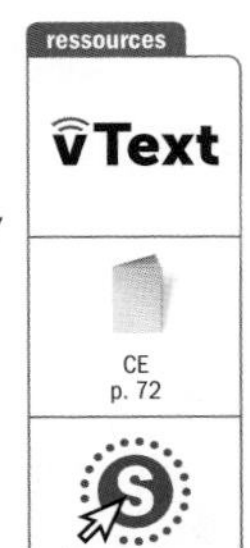

vhlcentral.com
Leçon 4

Key Standards

4.1

Student Resources
Cahier de l'élève, p. 72; Supersite: Vocabulary, *eCahier*
Teacher Resources
Audio Activity MP3s/CD; Testing program: Lesson Test

TEACHING TIPS

Suggestions

- Make flashcards or a vocabulary list with French and English. (Helpful hint: Keep these flashcards or vocabulary lists for reviewing later in the year, especially for mid-year and final exams.)
- Have students work in pairs. They should draw two cards from their set of flashcards and to make up a sentence using both words. If they succeed, they get one point.
- Have students work in pairs. They should study the first group of words for one minute, then close their books and write the words they remember. Then they exchange papers and cross out incorrect or misspelled words. Students continue with the rest of the groups of words. The student with the most correct words at the end receives a small prize.
- Have students put the words from **Court métrage**, **Culture**, and **Littérature** into one of the other groups. They can also add one or more categories, but should be prepared to explain their reasoning.

21st CENTURY SKILLS

Leadership and Responsibility Extension Project
Establish a partner classroom in the Francophone world. As a class, have students decide on three questions they want to ask the partner class related to the topic of this lesson. Based on the responses they receive, work as a class to explain to the partner class one aspect of their responses that surprised the class and why.

LEARNING STYLES

For Auditory Learners Play the alphabet game. Say a letter of the alphabet and students say a word beginning with that letter. (Do not use the letters k, q, u, w, x y, z.) The student who responds says the next letter, and so on.

LEARNING STYLES

For Visual Learners Assign five words to each student. Have them find photos and drawings that represent those words. Call on students to show their photos or drawings. Have classmates guess the words.

Lesson Goals

In **Leçon 5**, students will:

- learn vocabulary related to immigration, diversity, social problems, and change
- watch the short film ***Samb et le commissaire***
- learn about western Africa
- learn about Oxfam
- learn and practice partitives
- learn and practice the pronouns **y** and **en**
- learn and practice the order of pronouns
- read an article about education in western Africa
- read Ghislaine Sathoud's story ***Le marché de l'espoir***

21st CENTURY SKILLS

Initiative and Self-Direction
Students can monitor their progress online using the Supersite activities and assessments.

TEACHING TIPS

Point de départ Ask students these questions: **Qu'est-ce que vous voyez? Où sont-ils? À votre avis, à quoi pensent-ils? Que disent-ils? Quel est le rapport entre cette photo et le titre de la leçon?**

Suggestions

- In small groups, have students discuss the questions raised on this page and then present a summary of their discussions.
- Ask students to describe the benefits and challenges of multiculturalism and diversity in their school and in other settings. Outline their descriptions on the board in two columns: **les avantages** and **les défis**. Have each group propose a solution to one of the challenges.

LEÇON 5

La société en évolution

Dans un monde où les cultures se rencontrent de plus en plus, quel est le rôle du dialogue? Comment profiter des différences dans la manière de penser, de vivre et de voir le monde? Que devons-nous faire pour assurer l'harmonie et, en même temps, éliminer les conflits? Si la diversité donne l'occasion d'enrichir sa propre culture, qu'apporte-t-elle d'autre à une société?

Le mur des *je t'aime* sur la butte Montmartre, à Paris. Avec plus de 300 déclarations d'amour dans plus de 250 langues, un mur prouve qu'il n'est pas fait que pour diviser!

INSTRUCTIONAL RESOURCES

Student Resources
Print: Student Book, Workbook (*Cahier de l'élève*)
Supersite: vhlcentral.com, vText, *eCahier*, Audio, Video, Practice

Teacher Resources
Print: Teacher's Edition, Answer Keys, Testing Program
Technology: Audio MP3s on CD (Textbook, Testing Program, Audio Program), Video Program DVD (Film Collection)
Supersite: vhlcentral.com, Lesson Plans, Grammar Tutorials, Grammar Slides, Testing Program, Audio and Video Scripts, Answer Key, Audio MP3s, Streaming Video (Film Collection), Digital Image Bank, Learning Management System (Gradebook, Assignments)

Voice boards on the Supersite allow you and your students to record and share up to five minutes of audio. Use voice boards for presentations, oral assessments, discussions, directions, etc.

150 **COURT MÉTRAGE**
Le jour de la Fête nationale suisse, Samb, un jeune Africain, passe l'après-midi au commissariat de police. Dans *Samb et le commissaire* d'**Olivier Sillig**, l'homme et l'enfant finissent par se comprendre.

156 **IMAGINEZ**
Attachez vos ceintures! Vous allez partir à la découverte de trois pays d'**Afrique de l'Ouest** avec Grace, une jeune Française. Puis, vous allez découvrir l'association belge **Oxfam**.

173 **CULTURE**
L'Afrique de l'Ouest se développe de plus en plus dans le domaine éducatif. L'article, *La jeunesse africaine va à l'école sur Internet*, nous montre comment les écoles, les universités et les gouvernements africains utilisent l'Internet.

177 **LITTÉRATURE**
Le marché de l'espoir, un conte de la Congolaise **Ghislaine Sathoud**, révèle la cruauté dont les humains peuvent être capables. Mais tout espoir n'est pas perdu...

153

174

148 **POUR COMMENCER**

160 **STRUCTURES**

5.1 Partitives

5.2 The pronouns y and en

5.3 Order of pronouns

183 **VOCABULAIRE**

TEACHING TIPS

Previewing Strategy Ask students to describe what they see in the two photos on **p. 147**. Ask: **Qu'est-ce que les deux photos ont en commun? (On y voit des jeunes gens.) Pouvez-vous deviner un des thèmes de cette nouvelle leçon?**

Suggestion Have students note the title of the reading. Ask how the word **espoir** relates to what they discussed about the two photos on this page.

LEARNING STYLES

For Kinesthetic Learners Display an unlabeled map of Africa on the wall. On index cards, write the names of countries. Hand cards to students and have them come up and tape each cards in the correct place on the map. Students can refer to the map of **l'Afrique** in the front of the book for help. Afterwards, call on various students to highlight the names of the Francophone countries in **l'Afrique de l'Ouest**. Ask other students to highlight the other Francophone countries with another color.

Section Goals

In **Pour commencer**, students will learn and practice vocabulary related to immigration, diversity, social problems, and change.

Key Standards

1.1, 1.2, 4.1

Student Resources
Cahier de l'élève, pp. 73–75; Supersite: Activities, Vocabulary, *eCahier*
Teacher Resources
Answer Keys; Audio Script; Audio Activity MP3s/CD; Testing program: Vocabulary Quiz

TEACHING TIPS

Synonymes
réaliser↔accomplir, concrétiser
baisser↔diminuer, réduire
lutter↔se battre
une polémique↔une controverse
un vœu↔un souhait

Language Learning
- Encourage students to keep a glossary in the back of their notebook with new vocabulary words.
- Explain how to form a sentence using **manquer à**. Example: **Mon pays me manque.** *I miss my country.*

Suggestions
- Have students create complete sentences that describe the photos.
- Using the words in **Les changements**, ask students to make personalized statements.
- Ask students to chose one word from each category to use in a question directed to you.

Crises et horizons

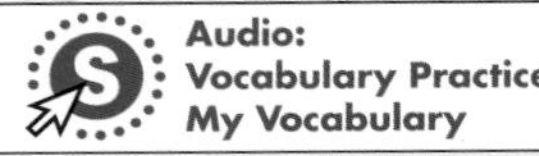

En mouvement

l'assimilation (*f.*) *assimilation*
un but *goal*
une cause *cause*
le développement *development*
la diversité *diversity*
un(e) émigré(e) *emigrant*
une frontière *border*
l'humanité (*f.*) *humankind*
l'immigration (*f.*) *immigration*
un(e) immigré(e) *immigrant*
l'intégration (*f.*) *integration*
une langue maternelle *native language*
une langue officielle *official language*
le luxe *luxury*
la mondialisation *globalization*
la natalité *birthrate*

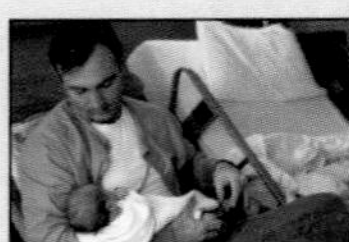

le patrimoine culturel *cultural heritage*
les principes (*m.*) *principles*

aller de l'avant *to forge ahead*
s'améliorer *to better oneself*
attirer *to attract*
augmenter *to grow; to raise*

baisser *to decrease*
deviner *to guess*
prédire (*irreg.*) *to predict*

exclu(e) *excluded*
(non-)conformiste *(non)conformist*

polyglotte *multilingual*
prévu(e) *foreseen*
seul(e) *alone*

Les problèmes et les solutions

le chaos *chaos*
la compréhension *understanding*
le courage *courage*
un dialogue *dialogue*

une incertitude *uncertainty*
l'instabilité (*f.*) *instability*
la maltraitance *abuse*
un niveau de vie *standard of living*
une polémique *controversy*
la surpopulation *overpopulation*
un travail manuel *manual labor*
une valeur *value*
un vœu *wish*

avoir le mal du pays *to be homesick*
faire sans *to do without*
faire un effort *to make an effort*
lutter *to fight; to struggle*

du/due à *due to*
surpeuplé(e) *overpopulated*

Les changements

s'adapter *to adapt*
appartenir (à) *to belong (to)*
dire au revoir *to say goodbye*

s'enrichir *to become rich*

s'établir *to settle*
manquer à *to miss*
parvenir à *to attain; to achieve*
projeter *to plan*
quitter *to leave behind*
réaliser (un rêve) *to fulfill (a dream)*
rejeter *to reject*

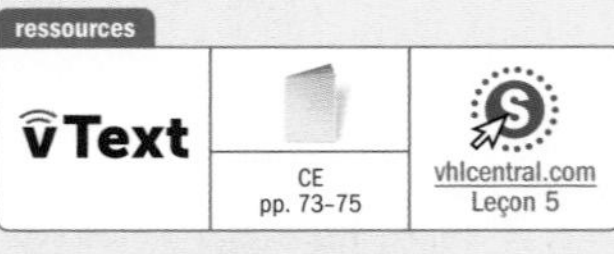

LEARNING STYLES

For Kinesthetic Learners Working in small groups, ask students to think about what people are saying and doing in each photo. They should also think about what happened before and after each shot. Then have them act out (individually or with a partner) one of the scenes. The other group members say which photo is being described by using the key vocabulary word. The students pantomiming should try to use other vocabulary words as well.

LEARNING STYLES

For Visual Learners Find ten different large pictures from a magazine, number them, and post them in front of the class. In pairs, students choose four images and write short descriptions using vocabulary from **Pour commencer**. Encourage them to be creative. Call on volunteers to read their sentences aloud and have classmates guess which image they refer to.

Mise en pratique

1 **L'intrus** Dans chaque cas, indiquez le mot qui ne convient pas.

1. **diversité**
   a. immigration
   b. patrimoine
   (c.) mondialisation
   d. humanité
2. **population**
   a. habitants
   b. citoyens
   c. résidents
   (d.) touristes
3. **but**
   a. faire un effort
   (b.) incertitude
   c. projeter
   d. parvenir
4. **prévu**
   a. prédit
   (b.) exclu
   c. attendu
   d. deviné
5. **manquer**
   (a.) appartenir
   b. avoir le mal du pays
   c. quitter
   d. dire au revoir
6. **polémique**
   a. débat
   b. controverse
   (c.) cause
   d. contestation

2 **Dans le contexte** Écrivez le mot de la liste qui correspond le mieux au contexte de chaque phrase.

s'adapter	émigré	mal du pays	quitter
courage	faire sans	polyglotte	rejeter

1. Il est important de parvenir à se débrouiller (*to manage*) face à une nouvelle situation. s'adapter
2. Au travail, on me demande souvent de voyager parce que je parle plusieurs langues. polyglotte
3. Quand j'étais petit, ma famille n'était pas riche, mais on n'était pas malheureux non plus. faire sans
4. Je n'hésite pas à dire «non» et je refuse les propositions qu'on me fait neuf fois sur dix. rejeter
5. J'ai quitté le pays où je suis né pour trouver un meilleur travail, pas pour des raisons politiques. émigré
6. Voyager à l'étranger, c'est important et amusant en même temps, mais le problème, c'est que ma famille me manque. mal du pays

3 **Questions personnelles** Répondez à chaque question. Discutez de vos réponses avec un(e) camarade de classe.

1. Quelle est votre langue maternelle? Combien de langues parlez-vous?
2. Avez-vous déjà eu le mal du pays? Expliquez la situation.
3. Êtes-vous pour ou contre la mondialisation? Expliquez votre point de vue.
4. Êtes-vous plutôt conformiste ou non-conformiste? Citez trois exemples.
5. Quel est votre but dans la vie? Comment est-ce que vous espérez l'atteindre?
6. Comment décririez-vous votre niveau de vie? À quel point est-il différent de celui que vous espérez avoir dans dix ans?

4 **À l'avenir** Imaginez qu'en 2077, votre enfant trouve une capsule témoin (*time capsule*) que vous aviez préparée cinquante ans auparavant (*prior*). Elle contient des coupures de presse (*clippings*) et des souvenirs de la société de l'époque. À deux, dites ce que vous aviez mis dans cette capsule et expliquez pourquoi ces objets représentent votre génération.

TEACHING TIPS

1 Extra Practice Ask students to explain why the words they chose do not fit.

1 Expansion Divide the class into groups to play a related game. Give them three minutes to list new vocabulary words, along with their opposites. Example: **une cause (un effet); seule (ensemble); augmenter (baisser)**. Collect the lists and go over them on the board. The group who finds the most opposites wins the game.

2 Expansion In pairs, have students add three sentences of their own to the activity, using the new vocabulary. Ask volunteers to read their sentences aloud and have classmates guess the related word.

2 Suggestion Have students say whether or not they agree with the statement in item #1 and why.

3 Expansion Have students discuss and answer these additional questions: **À votre avis, quelles sont les valeurs les plus importantes dans la vie? S'il fallait n'en choisir qu'une seule pour laquelle vous seriez disposé(e) à lutter, laquelle choisiriez-vous?**

3 Virtual Chat You can also assign Activity 3 on the Supersite. Students record individual responses that appear in your gradebook.

4 Partner Chat You can also assign Activity 4 on the Supersite. Students work in pairs to record the activity online. The pair's recorded conversation will appear in your gradebook.

LEARNING STYLES

For Visual Learners Write several nouns from **Pour Commencer** on index cards. On another set of cards, draw or paste pictures of each term. Tape them face down on the board in random order. Divide the class into two teams and have students play Memory. When a match is made, that player's team collects those cards. When all pairs have been matched, the team with the most cards wins.

LEARNING STYLES

For Auditory Learners Divide the class into two teams. Call out an original statement or question using one or more vocabulary words. Example: **Connaissez-vous quelqu'un qui est polyglotte?** Then point to a team member. If the student responds appropriately, his or her team earns a point. Continue for 10-15 points.

Section Goals

In **Court métrage**, students will:

- watch the short film ***Samb et le commissaire***
- practice listening for and using vocabulary and grammar from the lesson

Key Standards

1.2, 2.1, 2.2, 4.1, 4.2, 5.2

Student Resources
Cahier de l'élève, pp. 88–89; Supersite: Video, Activities, *eCahier*
Teacher Resources
Answer Keys, Video Script & Translation, Film Collection DVD

TEACHING TIPS

Synonymes

un(e) bavard(e)↔un moulin à paroles (informal)
défavorisé(e)↔déshérité(e), pauvre

Language Learning

- Mention that **bavard(e)** can also be an adjective.
- Point out that **un flic, un(e) gamin(e)**, and **un(e) môme** are informal.
- Call attention to the homonym **voler** (*to fly; to steal*).

1 Previewing Strategy When going over the answers, replace appropriate parts of the sentences with pronouns, if possible, to preview this lesson's **Structures** section. Examples: **1. Je n'y vais pas parce que c'est le 14 juillet. 2. Thomas n'arrête pas de lui parler.**

2 Extra Practice Have groups of three or four create a short story using as many words from this activity as possible.

Préparation

Vocabulaire du court métrage

un(e) bavard(e) *chatterbox*
brûler *to burn*
un commissaire (de police) *(police) commissioner*
(un jour) férié *public holiday*
un flic *cop*
un(e) gamin(e) *kid*
un(e) môme *kid*
nombreux/nombreuse *numerous*

Vocabulaire utile

avoir des préjugés *to be prejudiced*
un châtiment *punishment*
défavorisé(e) *underprivileged*
supposer *to assume*
une supposition *assumption*
témoigner de *to be witness to*
un témoin *witness*
voler *to steal*

EXPRESSIONS

assurer une permanence *to be on duty*
Ce n'est pas grave. *That's okay/not a problem.*
C'est dingue! *It's/That's crazy!*
J'arrive. *I'll be right there./I'm coming.*
porter plainte *to file a complaint*

1  **À choisir** Parmi (*Among*) les phrases suivantes, choisissez celle qui exprime le mieux l'idée de la première phrase.

1. Je ne vais pas au travail lundi parce que c'est un jour férié.
   a. Je ne vais pas au travail lundi parce qu'on fait la grève.
   b. Je ne vais pas au travail lundi à cause des funérailles de ma grand-mère.
   (c.) Je ne vais pas au travail lundi parce que c'est le 14 juillet.
2. Thomas et sa copine sont tellement bavards.
   a. Thomas est très fâché contre sa copine.
   (b.) Thomas n'arrête pas de parler avec sa copine.
   c. Thomas et sa copine hésitent à se quitter.
3. La famille habite dans un quartier défavorisé.
   a. La famille habite une grande maison moderne.
   (b.) Les loyers des appartements du quartier ne sont pas chers.
   c. La famille s'amuse chaque été dans sa piscine privée.

2  **À assortir** À deux, associez logiquement les mots de la première et de la deuxième colonnes. Ensuite, expliquez la différence entre les mots associés.

c	1. un témoin	a. voler
d	2. un commissaire	b. un(e) môme
b	3. un(e) gamin(e)	c. témoigner de
a	4. un châtiment	d. un flic

ressources
vText
vhlcentral.com
Leçon 5

 Practice more at **vhlcentral.com.**

CRITICAL THINKING

Knowledge Ask students to define the expression **avoir des préjugés**. They should elaborate with specific examples. These can be examples from personal experience or current events.

EXPANSION

Application Ask small groups of students to prepare three short scenarios: one to elicit the response **Ce n'est pas grave**; one for **C'est dingue!**; and one for **J'arrive**. Students should use as many words as possible from the vocabulary lists on this page as well as those on **p. 148**. Have groups present their scenarios for the class.

3 **Que feriez-vous si...?** À deux, répondez aux questions et expliquez vos réponses.

1. Vous êtes professeur et deux de vos élèves ont séché (*skipped*) le cours. L'un est très studieux et l'autre ne travaille pas beaucoup. Les jugez-vous de la même manière ou favorisez-vous l'élève sérieux?
2. Une personne défavorisée et une personne privilégiée commettent le même crime. Devraient-elles recevoir la même punition? Recevraient-elles le même châtiment dans notre société actuelle?

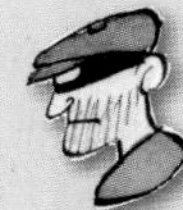

3. Quand un voleur vole quelque chose, est-ce que la valeur de ce qu'il vole devrait être prise en compte au moment de le punir?
4. Votre frère/sœur aîné(e) vous a tourmenté(e) pendant toute votre enfance. Vous comportez-vous de la même manière envers votre frère/sœur cadet(te) ou, au contraire, vous entendez-vous bien avec lui/elle?

5. À la suite d'une erreur commise par son université, on expulse votre frère pour des raisons financières. Est-ce que cette injustice lui donnerait le droit d'endommager (*damage*) sa résidence universitaire?

4 **Question d'opinion** À deux, répondez aux questions et expliquez vos réponses.

1. Vous est-il déjà arrivé de supposer certaines choses au sujet de quelqu'un qui est différent de vous?
2. Pensez-vous que l'immigration permette de mieux apprécier différentes cultures ou encourage-t-elle au contraire le recours aux stéréotypes?
3. Est-ce que quelqu'un vous a déjà jugé(e) sur votre apparence physique, votre nationalité ou votre ethnicité? Comment avez-vous réagi?

5 **Qui est-ce?** Regardez les images et imaginez la vie de ces personnages. Écrivez cinq phrases qui expliquent ce qu'ils aiment faire, qui ils sont et d'où ils viennent.

TEACHING TIPS

3 Expansion Divide the class into five groups and assign one of the situations to each one to further discuss.

4 Suggestion Ask volunteers to share their responses with the class.

4 Extra Practice Ask students to write one more opinion questions using words from the vocabulary. Compile the list of questions on the board. Either discuss responses as a class or have students choose one or two to answer in writing.

5 Previewing Strategy Calling on volunteers, make a list on the board of the things students say to describe the characters. After viewing the film, have students revise their descriptions.

5 Suggestion Before completing the activity, ask students these questions about the person in each picture. **Est-ce une personne favorisée ou privilégiée? Pourquoi dites-vous cela?**

PRE-AP®

Audiovisual Interpretive Communication
Students set themselves up to pay attention.

PRE-AP®

Presentational Writing Ask students to write an essay for their answer to one of the questions in Activity 4. They should be sure to begin with a thesis statement, include at least three specific examples to support this statement, and end with a restatement of the thesis or a summary of ideas. Prepare a scoring rubric based on the latest AP Scoring Guidelines. Some criteria might be: ease of expression; clarity of organization; accuracy of grammar and syntax; variety of vocabulary; topic development.

PRE-AP®

Interpersonal Speaking Have students work in groups of three to create and present a mini-skit that takes place in a courthouse. One student plays a thief, one plays the arresting officer, and the other plays the judge.

Video: Short Film

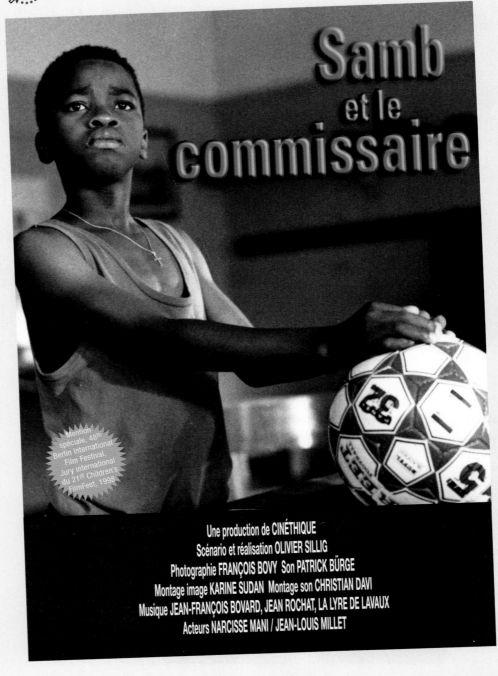

Samb et le commissaire

Mention spéciale, 48th Berlin International Film Festival, Jury international du 21st Children's FilmFest, 1998

Une production de CINÉTHIQUE
Scénario et réalisation OLIVIER SILLIG
Photographie FRANÇOIS BOVY Son PATRICK BÜRGE
Montage image KARINE SUDAN Montage son CHRISTIAN DAVI
Musique JEAN-FRANÇOIS BOVARD, JEAN ROCHAT, LA LYRE DE LAVAUX
Acteurs NARCISSE MANI / JEAN-LOUIS MILLET

TEACHING TIPS

Suggestion Ask various students for a description of the boy in the poster—physical appearance, age, clothing, facial expression, etc. Then ask them to imagine what he is thinking.

NATIONAL STANDARDS

Connections: Social Studies The film takes place in the French-speaking part of Switzerland. Ask students what they know about Switzerland. Tell them to think of five questions they have about the country, choosing from these categories: history, geography, economy, government, culture, food, sports, education. Students research answers to their questions and present them to the class.

AFFECTIVE DIMENSION

Explain to students that they do not need to understand every word they hear. They can rely on visual cues and should listen for cognates and words from the vocabulary. Have students work in pairs to help each other understand any difficult parts of the film.

21st CENTURY SKILLS

Social and Cross-Cultural Skills Have students work in groups to choose one or two aspects of the film that is different from what they would expect in their daily life. Ask students to write two to three sentences about the difference(s) and how they would explain what is different to a visitor from that culture.

CRITICAL THINKING

Comprehension Assign each student one of the main characters from the film. As students watch, have them observe that character and jot down descriptive words based on the character's body language and speech. For inclusion, review descriptive adjectives.

CRITICAL THINKING

Evaluation Before students watch the short film, have them imagine that they are film critics. Have them jot down three criteria they will use in order to evaluate the film. Examples: cinematography, plot, script, character development. After the class has watched the film, have students share their personal opinions based on these criteria.

INTRIGUE *Le jour de la Fête nationale, en Suisse, un commissaire de police interroge un jeune garçon d'origine africaine qui vient de voler un ballon.*

OFFICIER Ils en ont marre, les gens, ils en ont marre.
COMMISSAIRE Je sais, ils sont toujours plus nombreux. Enfin, appeler les flics pour un gamin. Ces stations-service, ils… ils exagèrent, vraiment. Envoyez-le-moi.

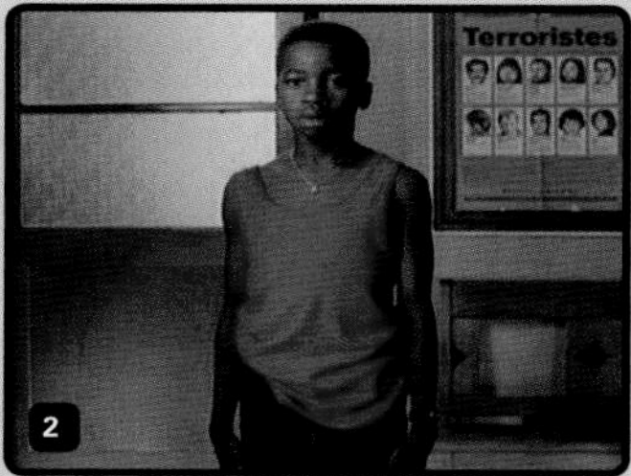

COMMISSAIRE Alors, c'est vrai ce qu'on dit? Vous êtes tous des voleurs. Incroyable! À ton âge, tu es déjà un voleur. Tu t'appelles comment? Ton nom?
SAMB S…
COMMISSAIRE Juste ton nom. Je vous connais, vous êtes des bavards terribles.

COMMISSAIRE Vingt francs. Vingt francs. Porter plainte pour vingt balles. Il faut vraiment que les gens en aient marre de vous. Et tes parents? Ils sont où aujourd'hui, tes parents? Ah, eux aussi, ils sont allés apprendre l'hymne° national?

SAMB Monsieur, je m'appelle Samb. Samb, et toi? Non, non. Juste votre nom.
COMMISSAIRE Knöbel.
SAMB Elle est en vie, votre maman?
COMMISSAIRE Ah oui. Bien sûr.
SAMB Et votre papa, aussi?
COMMISSAIRE Ah oui, aussi.

SAMB Vous avez de la chance.
COMMISSAIRE De la chance?
SAMB Oui. Mes parents à moi, ils sont morts. Kakachnikov! Ils se sont mis à tirer° sur moi, mais j'ai réussi à me cacher°. Quand je suis revenu, tout brûlait. Même mon ballon. Il n'y avait plus rien.

COMMISSAIRE Ah, c'est vous les parents? Ce n'est pas grave. C'est un môme. Bon, on laisse tomber la plainte, on écrase°.
Samb revient.
SAMB Eh, mon ballon!
COMMISSAIRE Ton ballon?

hymne *anthem* **tirer** *shoot* **me cacher** *hide* **écrase** oublie

Note CULTURELLE

La Fête nationale suisse

Célébrée le 1er août, la Fête nationale suisse commémore la naissance de ce pays en 1291. Les hommes politiques font des discours°. On voit des drapeaux sur toutes les façades. On allume° des feux de joie°. Les enfants défilent° dans les rues avec des lanternes en papier et les gens illuminent leurs fenêtres avec des bougies°. Enfin, on se réunit sur les places pour chanter ensemble l'hymne national. La journée se termine souvent par un feu d'artifice et par un barbecue en famille ou entre amis.

discours *speeches* **allume** *light* **feux de joie** *bonfires* **défilent** *parade* **bougies** *candles*

TEACHING TIPS

Film Synopsis Police Commissioner Knöbel's holiday is interrupted by a report of a stolen soccer ball, and he finds himself face to face with an African boy named Samb. Things are not always as simple as they seem.

PRE-AP®

Audiovisual Interpretive Communication Previewing Strategy As a class, read the captions and discuss the visuals. In particular, point out the second image. Discuss the relevance of the **«Terroristes»** poster in the background. Then ask students to write a one-paragraph summary of what they think happens in the film. Ask: **Comment se terminera ce court métrage?**

Suggestions

- After viewing the film, have students revise their summaries.
- Have students read the **Note culturelle**. Then ask them to list and discuss the similarities and differences between the Swiss National Holiday and Independence Day in the U.S., or national holidays in other countries.

CRITICAL THINKING

Analysis Have students watch the film the first time with no sound. Tell them to focus mainly on the setting and the objects in the room. Pause periodically to have students describe what they see. Then play it again with sound, pausing periodically to ask about the significance of the objects they described in the first viewing.

CRITICAL THINKING

Synthesis Have students work in pairs to write on separate strips of paper ten sentences summarizing the events of the video. Then have them give the strips of paper to other pairs to put in chronological order.

TEACHING TIPS

1 Previewing Strategy Have students read the comprehension questions before viewing the film. Afterwards, have them answer the questions in pairs.

1 Expansion
- Ask follow-up questions to #7: **Qu'avez-vous ressenti quand le garçon mimait la façon dont sa famille a été tuée? Qu'est-ce que ce moment du film marque dans l'attitude du commissaire?**
- Ask a follow-up question to #10: **Quelle est la signification du ballon de football?**

2 Expansion Ask this additional question for class discussion: **Quelle sorte de société ce film représente-t-il? Multiculturelle et capable de s'adapter? Pleine de préjugés et instable? Citez des exemples.**

3 Suggestions
- When assigning this activity, replay the portions of the film that highlight the police commissioner's bias.
- In pairs, have students discuss whether **Commissaire Knöbel** reminds them of anyone they know in real life. Ask: **Jugez-vous cette personne différemment parce que vous la connaissez?**

Analyse

1 Answers may vary slightly.
1. Nous sommes le 1er août. C'est la Fête nationale suisse.
2. Il s'appelle Hugo Knöbel.
3. C'est le commissaire (de police).
4. Il a volé un ballon de foot.
5. Il l'a volé parce que son ballon a brûlé.
6. Il a coûté vingt francs.
7. Ils sont morts.
8. On les a tués.
9. Il dit que le commissaire a de la chance parce que ses parents sont encore en vie.
10. Il part avec ses parents adoptifs/un couple blanc/suisse.

1 Compréhension Répondez aux questions par des phrases complètes.

1. Quel jour sommes-nous dans le film? Que signifie cette date?
2. Comment s'appelle l'homme?
3. Qui est-il?
4. Qu'est-ce que le garçon a volé?
5. Pourquoi l'a-t-il volé?
6. Combien cet objet a-t-il coûté?
7. Qu'est-il arrivé aux parents du garçon?
8. Comment cela s'est-il passé?
9. Pourquoi le garçon dit-il que le commissaire a de la chance?
10. Avec qui part le garçon à la fin du film?

2 Interprétation À deux, répondez aux questions et expliquez vos réponses.

1. Pourquoi le commissaire est-il de mauvaise humeur au début du film?
2. De qui parle le commissaire quand il dit: «Vous êtes tous des voleurs»?
3. Pourquoi le commissaire pense-t-il que Samb ne mangera pas le hamburger?
4. Que veut dire le commissaire quand il dit que Samb «connaît» les bananes?
5. Que pense le commissaire quand on lui dit que les parents de Samb sont arrivés?
6. Pourquoi le commissaire met-il de l'argent sur son bureau à la fin du film?

3 Stéréotypes

A. Listez les commentaires du commissaire qui révèlent certains stéréotypes.

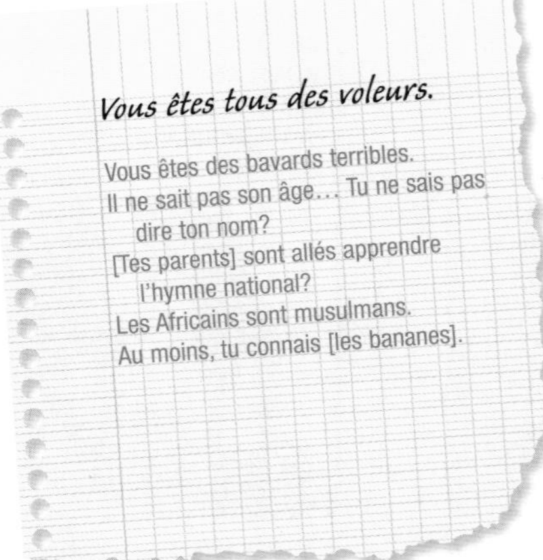

Vous êtes tous des voleurs.
Vous êtes des bavards terribles.
Il ne sait pas son âge… Tu ne sais pas dire ton nom?
[Tes parents] sont allés apprendre l'hymne national?
Les Africains sont musulmans.
Au moins, tu connais [les bananes].

B. Comparez votre liste avec celle d'un(e) camarade et discutez de chaque commentaire à l'aide de ces questions.
- Comment réagissez-vous à ce que dit le commissaire?
- Comment le jugez-vous? Pensez-vous que ce soit quelqu'un de bien?

Practice more at **vhlcentral.com.**

CRITICAL THINKING

Synthesis Ask students to work in pairs and rewrite the story's ending. Have students share their alternative endings with the class. Then take a class vote; you might want to create categories: most creative, most realistic ending, etc.

CRITICAL THINKING

Evaluation Ask students: **À quoi pensez-vous quand vous entendez les mots «Fête nationale»? Selon vous, pourquoi le scénariste a-t-il choisi de situer cette histoire pendant la Fête nationale?**

4 **Rapports humains** Dans quel sens l'opinion du commissaire change-t-elle à propos de Samb? À deux, discutez-en et citez des exemples du film.

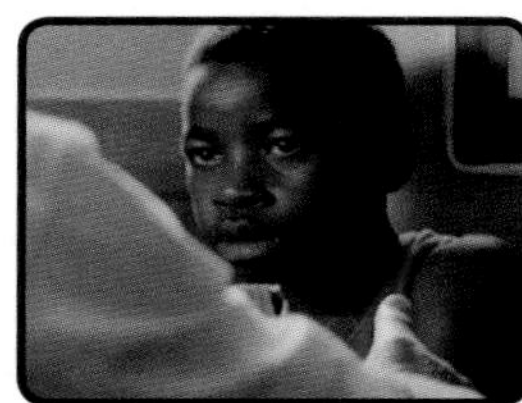

5 **Au tribunal** Imaginez que Samb soit jugé par un tribunal. Le jury n'est pas parvenu à un verdict, et vous êtes les jurés. Formez deux groupes et présentez cinq arguments pour ou contre Samb. Les injustices du passé excusent-elles ses actes d'aujourd'hui?

Pour	Contre

6 **Trois vœux** *Samb et le commissaire* témoigne des changements de la société actuelle et de la diversité culturelle de plus en plus grande dans les pays occidentaux (*western*). Par groupes de trois, imaginez les trois vœux qu'un génie vous accorde pour créer une société plus harmonieuse.

Vous avez droit
à trois vœux.
Que me
demandez-vous?

7 **Intégration** Par groupes de trois, commentez cette déclaration. Dans une société multiculturelle, qui doit s'adapter? Les immigrés ou les habitants? Discutez de cette question et comparez votre point de vue avec la classe.

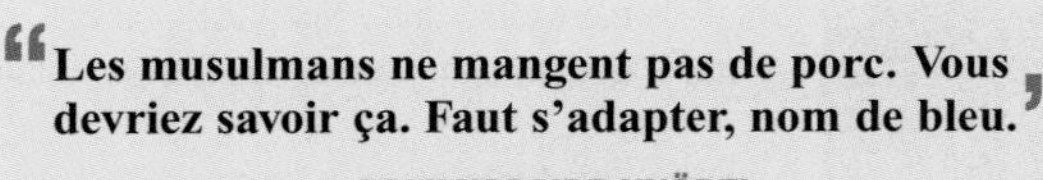

"Les musulmans ne mangent pas de porc. Vous devriez savoir ça. Faut s'adapter, nom de bleu."

– COMMISSAIRE KNÖBEL

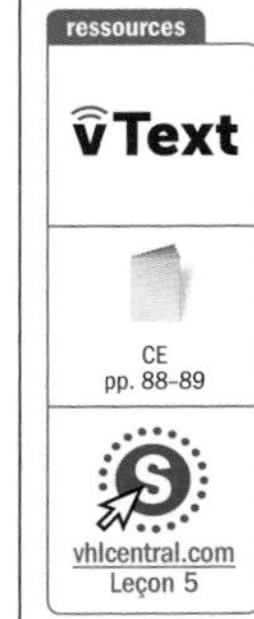

TEACHING TIPS

4 Suggestion Have students create a flowchart that shows how the attitude and actions of the commissioner evolve through the film.

4 Extra Practice As a follow-up activity, ask students to think of a person who has changed their outlook on life, socially or personally. Have them write a brief description of how they met and what the person did to touch their lives.

5 Expansion Have groups decide on a verdict. If they find Samb guilty, what would be the punishment? If they find him not guilty, what would they say to him or recommend to him and his parents?

PRE-AP®

7 Interpersonal Speaking Encourage students to draw examples from their everyday lives. Ask questions to provoke a related discussion. Example: **Comment réagissez-vous face à un étranger qui essaie de vous poser une question sans savoir parler anglais?**

PRE-AP®

Presentational Writing Have students think about what happened when Samb left with his parents. What did they say? Where did they go? How did they feel? Give students 20 minutes to write the scenario including description and dialogue.

PRE-AP®

Presentational Speaking Play the film through without the sound. Ask students to provide narration for one minute of the film. They should talk about the setting, the characters, and recreate the dialogue.

Section Goals

In **Imaginez**, students will:
- read about western Africa
- be introduced to western African words and expressions
- learn about the people and attractions of western Africa

21st CENTURY SKILLS

Global Awareness
Students will gain perspectives on the Francophone world to develop respect and openness to other cultures.

Key Standards

2.1, 2.2, 3.2, 4.2, 5.1

Student Resources
Cahier de l'élève, p. 76; Supersite: Activities, *eCahier*
Teacher Resources
Answer Keys

TEACHING TIPS

Reading Strategy Have students read **pp. 156–157** before class. To check comprehension, list the important sites mentioned in the article and have students work in pairs to write a brief description of each place. Call on volunteers to share their responses with the class.

Cultural Note In 2008, **le Dakar** had to be cancelled due to concerns about possible terrorist attacks. For the same reason, since 2009, it has taken place in South America.

Suggestions
- Display a large map of **l'Afrique de l'Ouest**. Be sure it includes all the locations mentioned in the article. As you read along, ask various students to come up and draw the itinerary.
- Ask students to provide a description of the illustration at the bottom left corner of this page.

Galerie de Créateurs

IMAGINEZ

L'AFRIQUE DE L'OUEST

Sur les traces de mes ancêtres.

Vous avez déjà été en Afrique? Moi, une fois, à l'âge de deux ans, mais j'étais trop petite pour m'en souvenir. Mon nom, Grace Kaboré, m'a toujours intriguée sur mes origines. J'habite à Marseille et maintenant que j'ai fini mes études, c'est le moment idéal pour partir! Mais par où commencer? Je décide de suivre les traces de mes ancêtres et commence par le **Burkina Faso**.

J'arrive à **Ouagadougou**, la capitale du «pays des hommes intègres°» fondée au 15e siècle. Les **Ouagalais** sont chaleureux° et je m'y sens comme chez moi. Je visite le Musée National, où j'en apprends plus sur l'histoire du pays et les différentes ethnies. Ensuite, je décide d'approfondir mes connaissances en artisanat burkinabé et me promène au Village Artisanal, un espace de production et de vente où plus de 500 artisans étalent° leurs créations. Après cinq jours dans la capitale dont le nom signifie « là où on reçoit des honneurs, du respect », je décide de faire un long safari en forme de boucle° **au parc national du W**, site qui s'étend sur l'est du Burkina Faso, une partie du **Niger** et du **Bénin**.

Je commence donc le safari au Burkina Faso, puis continue au Niger. Une fois là-bas, j'en profite pour dévier de ma route et passer une journée sur l'**île de Kanazi**. Là-bas, je fais une ballade en pirogue° sur le **fleuve Niger**, prends en photo des hippopotames et admire le spectacle de la vie courante des habitants sur les berges° du fleuve.

Je reprends mon safari facilement car le parc du W est seulement à une heure et demie de la capitale, **Niamey**. D'ailleurs, les habitants de Kanazi m'ont expliqué que le nom du parc vient de la forme en W du fleuve Niger. La partie nigérienne du parc compte 335.000 hectares, autant vous dire que j'ai vu d'incroyables paysages! La savane avec ses baobabs, antilopes, babouins, et mon animal préféré, l'éléphant! Grâce au guide Djibril, nous avons pu voir cinq lionnes avec leurs lionceaux° boire sur le bord de l'eau. J'ai dormi dans le village de **Karey Kopto**, où les habitants étaient hospitaliers. On a même pu échanger quelques mots en français!

Place des Cinéastes, Ouagadougou, Burkina Faso.

Les jours suivants, je me dirige vers le site **Alfakoara** au nord du Bénin, et reste deux nuits chez une famille **Mokollé** du village **Tchoka**. Gloria, la fille de la famille, me dit que plus tard, elle veut enseigner le français à la capitale du Bénin, **Porto-Novo**.

Mon parcours touche bientôt à sa fin quand j'entre à la **Réserve Nationale de Faune d'Arly**. Cette zone est très prisée° par les chasseurs pour sa faune et sa flore. Je passe mes derniers jours entre Ouagadougou et le parc du W, à **Fada N'Gourma**, où j'assiste au Festival Dilembu au Gulmu

D'ailleurs...

Le **tô** est le plat national au Burkina Faso. Il consiste en une boule de mil ou de maïs accompagnée d'une sauce au gombo°. Au Bénin, c'est le **calalou**, un mélange de gombo, viande, crevettes, feuilles de manioc, oignon, piment et riz.

intègres *honest* **chaleureux** *welcoming* **étalent** *display* **boucle** *loop* **pirogue** *canoe* **berges** *riverbank* **lionceaux** *lion cubs* **prisée** *valued* **mil** *millet* **lutte** *wrestling* **contes** *tales* **ânes** *donkeys* **gombo** *okra*

ressources

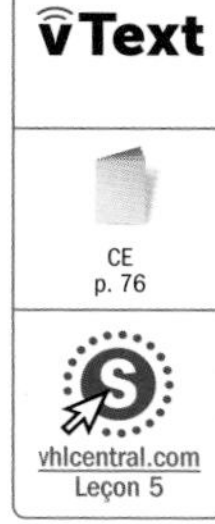

PRE-AP®

Presentational Writing Thierry Sabine's **devise** for **le Dakar** was «**Un défi pour ceux qui partent. Du rêve pour ceux qui restent.**» Ask students to write a paragraph explaining why this is a fitting motto.

PRE-AP®

Integrated Skills There are numerous French-language videos available on the Internet about **le Dakar**. Have students identify one to watch. Then have them provide a summary to the class and explain what they found particularly interesting.

pour fêter les récoltes du mil°. Il y a des activités comme la danse et la lutte° traditionnelles, le récit de contes°, la course d'ânes° et le tir à l'arc. Là-bas, j'ai parlé avec beaucoup de touristes et de locaux!

C'est malheureusement la fin de mon voyage… Je garde d'inoubliables souvenirs et prévois de revenir en Afrique de l'Ouest pour visiter le **Mali**, la **Mauritanie**, la **Côte d'Ivoire**, le **Togo**, le **Sénégal** et la **Guinée**.

Le français parlé en Afrique de l'Ouest

Au Sénégal

aller sénégalaisement bien	aller très bien
un(e) chéri(e)-coco	un(e) petit(e) ami(e)
un pain chargé	un sandwich
une tablette de chocolat	un nid-de-poule; *pothole*

En Côte d'Ivoire

un maquis	un restaurant, un café
mettre papier dans la tête	éduquer

En Afrique de l'Ouest

payer	acheter
un taxi-brousse	un taxi collectif; *shared taxi*

Découvrons l'Afrique de l'Ouest

La Casamance Située au sud du **Sénégal**, c'est la région agricole la plus riche du pays, grâce au **fleuve Casamance** et à une abondante saison des pluies. La **Basse-Casamance**, à l'ouest, en est la partie la plus touristique. On y trouve de nombreux villages installés au milieu de canaux appelés «bolongs». À l'est de la ville de **Cap-Skirring**, on peut admirer le **parc national de Basse-Casamance** avec ses buffles°, ses singes°, ses léopards, ses crocodiles et ses nombreuses espèces d'oiseaux.

Djenné C'est une ville du **Mali** à environ 570 km de **Bamako**, la capitale. Fondée au 9e siècle, elle devient un important centre d'échanges commerciaux° au 12e siècle. Cette ville est connue pour son architecture exceptionnelle. Ses bâtiments sont construits en «banco», ou terre crue°, avec des morceaux de bois appelés «terrons» qui traversent les murs. Le marché du lundi enchante le visiteur par ses couleurs et son animation.

Les Touaregs On les appelle souvent «les hommes bleus», en raison de la couleur du turban, ou chèche, qu'ils portent sur la tête. C'est un peuple nomade d'origine berbère. Ils vivent en tribus dans une société très hiérarchisée. Leur territoire couvre la plus grande partie du désert du **Sahara** et une partie importante du **Sahel** central. C'est un peuple hospitalier° qui accueillent les visiteurs de passage avec le cérémonial du thé. Le thé est servi trois fois, et il est impoli de refuser de le boire.

Le cacao et le café ivoiriens La culture du café et du cacao constitue l'activité économique la plus importante de Côte d'Ivoire. En effet, la moitié de la population vit de cette culture. La **Côte d'Ivoire** est le premier producteur mondial de cacao (40% de la production mondiale) et le cinquième producteur de café (200.000 tonnes par an). Le café produit en Côte d'Ivoire est surtout de type «robusta». Près de 80% de la production est destinée à l'**Europe**.

cases *huts* **buffles** *buffalos* **singes** *monkeys* **commerciaux** *trade* **terre crue** *mud* **hospitalier** *hospitable*

TEACHING TIPS

Cultural Note Tragically, Thierry Sabine and Daniel Balavoine, a popular French singer, died in a helicopter crash due to a sandstorm during **le Dakar** in 1986.

Synonymes
Point out these additional expressions and proverbs:

farcer (Mali, Sénégal)↔plaisanter

un gardinier (Mali, Niger, Sénégal)↔une personne qui est à la fois gardien et jardinier

Si on te lave le dos, frotte-toi le ventre. (Sénégal)↔Aide-toi et le ciel t'aidera.

un tarif (Burkina-Faso)↔un billet

Un grain de maïs a toujours tort devant une poule. (Bénin)↔La raison du plus fort est toujours la meilleure.

NATIONAL STANDARDS

Comparisons Point out that, like the French language, American English has different ways of saying things in different areas of the country. For example, one might hear soda, soda pop, pop, or soft drink. Have students identify other terms that vary across the country.

Previewing Strategy Before students read **Découvrons l'Afrique de l'Ouest**, have them describe each picture and predict what the paragraph will be about.

Extra Practice Divide the class into small groups and have each group select one of the four texts on **p. 157**. Have students do additional research on that subject and ask them to share their information with the class.

CRITICAL THINKING

Application and Evaluation After reading about the many spectacular sights of **l'Afrique de l'Ouest**, ask students to give their opinion of the area. Ask: **Voudriez-vous voyager en Afrique de l'Ouest? Quels pays ou sites touristiques voudriez-vous particulièrement visiter? Pourquoi?**

CRITICAL THINKING

Application Have pairs of students research another primary export of a country in **l'Afrique de l'Ouest**. Students should create a poster that presents their findings and display them around the room.

TEACHING TIPS

Expansion Have students complete Activities 1 and 2 in pairs. Then, have them write three additional comprehension questions to ask the class.

Suggestion Have students complete the **Épreuve** individually. Then go over the answers as a class.

PRE-AP®

Presentational Speaking Projet

- Have students work in groups to prepare and present the project. Then ask: **Quel pays préféreriez-vous visiter? Pourquoi l'avez-vous choisi?**
- Have students project a map or pictures of the places on which they are reporting.

NATIONAL STANDARDS

Connections: Social Studies Political and economic issues in Africa are frequently in the news. Assign one of the Francophone countries of **l'Afrique de l'Ouest** to each student. Students should research current events and report their findings to the class. Ask if any of the events or issues are similar across countries.

Qu'avez-vous appris?

1 **Vrai ou faux?** Indiquez si ces affirmations sont vraies ou fausses, et corrigez les fausses. Answers may vary slightly.

1. 1. Les habitants de Ouagadougou s'appellent les Kaboré. Faux. Ils s'appellent les Ouagalais.
2. Le parc national du W s'étend sur trois pays. Vrai.
3. Le Village Artisanal est un espace d'exposition. Faux. C'est un espace de production et de vente.
4. La ville de Djenné est connue pour son architecture particulière. Vrai.
5. La Côte d'Ivoire est le premier producteur mondial de café. Faux. Elle est le cinquième producteur mondial de café et le premier producteur mondial de cacao.
6. La Casamance est une région du Sénégal. Vrai.

2 **Questions** Répondez aux questions. Answers may vary slightly.

1. Quel événement a lieu à Fada N'Gourma? Le festival Dilembu au Gulmu y a lieu.
2. À quelles activités physiques peut-on assister au Festival Dilembu au Gulmu ? On peut assister à la danse et la lutte traditionnelles, à la course d'ânes et au tir à l'arc.
3. Pour quelle raison la Réserve Nationale de Faune d'Arly est très appréciée des chasseurs? Elle est appréciée des chasseurs pour sa faune.
4. Qu'est-ce qu'on peut voir en Casamance? On y trouve des villages appelés «bolongs» et le parc national de Basse-Casamance.
5. Qui sont les Touaregs? De quelle origine sont-ils? Où vivent-ils? Les Touaregs sont un peuple nomade d'origine berbère. Ils vivent en tribus dans le désert du Sahara et au Sahel.
6. Qu'est-ce que les visiteurs aiment beaucoup à Djenné? Le marché du lundi, en raison de ses couleurs et de son animation.

Projet

Le parc du W

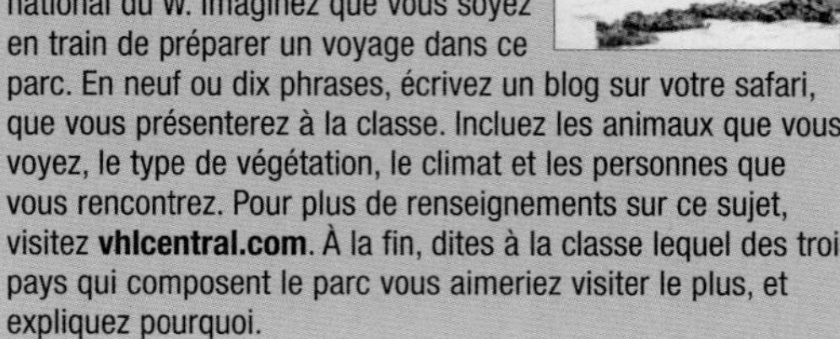

Faites des recherches sur le parc national du W. Imaginez que vous soyez en train de préparer un voyage dans ce parc. En neuf ou dix phrases, écrivez un blog sur votre safari, que vous présenterez à la classe. Incluez les animaux que vous voyez, le type de végétation, le climat et les personnes que vous rencontrez. Pour plus de renseignements sur ce sujet, visitez **vhlcentral.com**. À la fin, dites à la classe lequel des trois pays qui composent le parc vous aimeriez visiter le plus, et expliquez pourquoi.

Practice more at **vhlcentral.com.**

ÉPREUVE

Trouvez la bonne réponse.

1. Au parc du W, on peut voir des animaux comme ______.
   a. des chiens (b.) des antilopes c. des ours d. des tigres
2. Au Mali, Tombouctou est située sur ______.
   a. le Nil (b.) le fleuve Niger c. le Congo d. le fleuve Casamance
3. Le désert du Ténéré se trouve ______.
   a. en Côte d'Ivoire b. au Sénégal (c.) au Niger d. au Mali
4. Dans le centre de la Côte d'Ivoire, on trouve ______.
   (a.) Yamoussoukro b. un grand désert c. Abidjan d. Conakry
5. ______ vivent en Guinée.
   (a.) Les Peuhls b. Les Touaregs c. Les Berbères d. Les pêcheurs
6. ______ se trouve près de la ville de Dakar.
   (a.) L'île de Gorée b. L'île de Ngor c. Le lac Rose d. Bel Air
7. Les maisons de Djenné sont construites avec ______.
   a. de la terre cuite (b.) du banco c. du sable d. des pierres
8. La Côte d'Ivoire est le premier producteur mondial de ______.
   a. tissus b. riz (c.) cacao d. café
9. Les «bolongs» sont des ______.
   a. pirogues (b.) canaux c. villages de pêcheurs d. animaux
10. ______ sont souvent appelés «les hommes bleus».
    a. Les Peuhls b. Les Ivoiriens c. Les Maliens (d.) Les Touaregs
11. Le mont Nimba est une montagne ______.
    a. du Sénégal (b.) de Guinée c. de Mauritanie d. du Mali
12. Le maquis est un restaurant ______.
    a. au Mali b. en Mauritanie (c.) en Côte d'Ivoire d. au Niger

PRE-AP®

Interpersonal Writing Ask students to imagine that they work as rangers or guides at **le parc du W**. Tell them to write an email home about their experience. They should include information about their duties towards visitors, and describe what they see and where they go as they help preserve the park's natural resources.

PRE-AP®

Presentational Speaking Give students five minutes to prepare a response to the following: **Certaines personnes remettent en cause les safaris en raison de leur impact écologique et sur les animaux. Êtes-vous pour ou contre la continuation des safaris et à quelles conditions? Vous allez expliquer votre position à l'oral pendant une minute, sans regarder vos notes.**

Video: TV Clip

Oxfam

1 Préparation Répondez aux questions.

1. En général, vous sentez-vous concerné(e) par les problèmes associés à la surconsommation? Expliquez.
2. Qu'est-ce que les jeunes peuvent faire pour changer les mauvaises habitudes de leurs concitoyens?

Vocabulaire du film

un acheteur décérébré *zombie (brainless) consumer*
l'empreinte *(f.) impact*
point barre *period, end of story*
les poubelles *(f.) de tri (recycling bins)*
un robinet *faucet*
le truc *thing*

Des initiatives pour un monde plus responsable

En Belgique, Oxfam-magasins du monde est une association qui cherche à développer la solidarité Nord-Sud et le commerce équitable (*fair trade*). Elle existe depuis 1976 et fait partie de l'organisation internationale pour le commerce équitable ou WFTO. Pour les plus jeunes, cette association a eu la bonne idée de lancer les Jeunes Magasins du monde-Oxfam ou JM. Les JM sont des petits groupes qui se forment dans les écoles avec l'aide des professeurs. Les jeunes s'y réunissent pour discuter des problèmes actuels et organiser des actions. Certains choisissent d'ouvrir un petit magasin à la récré (*recess*) pour vendre des produits équitables. D'autres mènent des campagnes d'information pour encourager leurs camarades à mieux vivre et à consommer plus intelligemment. Un JM a même fait construire une fontaine à eau dans son école. En effet, les bouteilles en plastique sont mauvaises pour l'environnement, et l'eau, c'est bien plus sain que les sodas!

2 Compréhension Associez l'initiative à la citation correcte d'après le clip. Key: 1-c, 2-d, 3-a, 4-b, 5-e

1. Action M&M
2. Action (JP)2
3. Action •/V
4. Action H2O
5. Action 3É

a. «Il faudrait qu'on multiple les poubelles de tri.»
b. «L'eau en bouteille, c'est un luxe qu'on ne peut pas se permettre.»
c. «Je ne suis pas un acheteur décérébré… Je veux faire mes propres choix.»
d. «Je trouve ça super important de savoir que ce qui est produit, ce que je mange [...] sont payés équitablement.»
e. «Comment est-ce qu'on peut s'imaginer des fraises à Noël?… Ça vient de… beaucoup trop loin.»

3 Discussion Discutez.

Que pensez-vous de l'initiative Jeunes Magasins du monde–Oxfam? Pensez-vous qu'elle puisse vraiment avoir un impact sur les modes de consommation des jeunes? Expliquez.

4 Application Votre initiative

En petits groupes, développez votre propre initiative pour avoir un impact positif sur un problème qui menace notre planète.

Practice more at **vhlcentral.com.**

Section Goals

In this section, students will:
- watch a video clip about the charitable student association ***Jeunes Magasins du monde-Oxfam***

Student Resources
Cahier de l'élève, p. 76; Supersite: Video, Activities, *eCahier*
Teacher Resources
Video Script & Translation; Answer Key

Previewing Suggestion Create a worksheet of ten comprehension questions for the video clip. (You may want to use the videoscript to facilitate this process.) Give students the questions to look over before watching the clip. Based on the questions, have them predict what the clip will be about.

Suggestion Have students watch the video clip straight through the first time. The second time, have them focus on finding the answers to the ten comprehension questions (see Previewing Suggestion). Then have students check their answers with a partner.

TEACHING TIPS

Suggestions
- Ask students which quote in **Compréhension** they most agree with and why.
- Have students continue to work in their groups and create a poster for the initiative they chose and described in **Application**.

21st CENTURY SKILLS

Social and Cross-Cultural Skills Have students work in groups to choose one or two aspects of the film that is different from what they would expect in their daily life. Ask students to write two to three sentences about the difference(s) and how they would explain what is different to a visitor from that culture.

CRITICAL THINKING

Application Ask students if there are any clubs or organizations at school that have charitable goals as their primary objective. Ask for students to name them and describe how they operate. Regardless of whether such clubs exist at your school, ask students to devise a short plan for the creation of such a student organization. The plan should include a statement of the club's goals and a brief description of how to achieve these.

PRE-AP®

Presentational Speaking Have students work in small groups to research other organizations that promote fair trade and sustainable practices in various Francophone countries. Ask them to select one they find particularly interesting and do an oral presentation about it in class.

Section Goals

In **Structures**, students will learn:

- about partitive articles
- the pronouns **y** and **en**
- the order of pronouns

Key Standards

4.1, 5.1

Student Resources
Cahier de l'élève, pp. 77–79; Supersite: Activities, *eCahier*, Grammar Tutorials
Teacher Resources
Answer Keys; Audio Script; Audio Activity MP3s/CD; Testing program: Grammar Quiz

TEACHING TIPS

Suggestions

- Review indefinite articles by making several statements about yourself that include examples of the articles. Ask students to do the same.
- Play the portion of the video where the commissioner receives a phone call from his mother. Have students listen for the partitives as he writes a grocery list.
- Call out various foods. Have students repeat them along with the appropriate partitive article.
- Explain to students that, although they learned to use partitives primarily with food, partitives can also be used in many other contexts. They will see this demonstrated in the **Structures 5.1** activities.

Language Learning
Point out that the rule presented in the fourth bullet is also true for definite articles. Example: **Je n'ai pas aimé le collège**. *I did not like middle school.*

Suggestion Call on students to name other nouns that can be considered both countable and mass. Then have them write sample sentences on the board. Example: **Il voudrait de la soupe**. *He would like some soup*. **Il voudrait une soupe**. *He would like a (bowl of) soup.*

Presentation Tutorial

5.1 Partitives

BLOC-NOTES

For a review of definite and indefinite articles, see **Fiche de grammaire 2.4, p. 376.**

ATTENTION!

Unlike English contractions such as *don't* or *you're*, French contractions are *not* optional or considered informal.

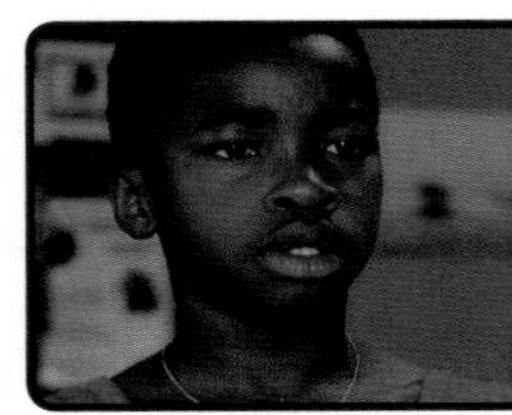

*—Vous avez **de la chance**.*

- You already know how to use the indefinite articles **un**, **une**, and **des**. They are used to refer to whole items. When you want to talk about *part* of something, use partitive articles.
- Partitive articles refer to uncountable items or mass nouns. They usually correspond to *some* or *any* in English.
- The partitive articles are formed by combining **de** with the definite articles **le**, **la**, **l'**, and **les**. Notice that **de** contracts with **le** and **les**.

de + le	du
de + la	**de la**
de + l'	**de l'**
de + les	des

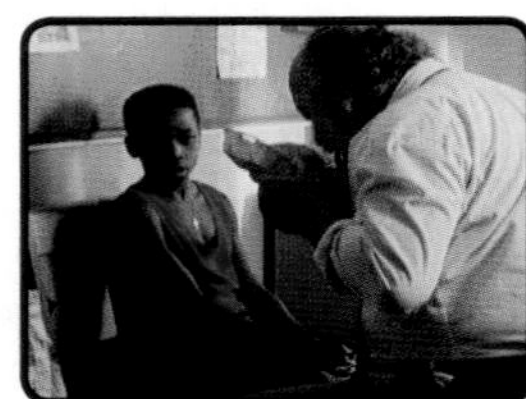

*—Il y a sans doute **du porc** là-dedans.*

- In English, sometimes the words *some* and *any* can be omitted. In French, the partitive *must* be used.

Cet écrivain a **du** courage.
That writer has (some) courage.

Elle lui a montré **de la** compréhension?
Did she show her (any) understanding?

- Some nouns can be countable or mass nouns, depending on the context. Compare these sentences.

Elle prend **un** café. *but* Elle prend **du** café.
She's having a (cup of) coffee. *She's having some coffee.*

DIFFERENTIATION

For Inclusion Provide students with a list of 10–15 sentences with the partitives missing. Students should complete the sentences. Then they should work with a partner to correct each other's work and to take turns reading the items aloud.

DIFFERENTIATION

To Challenge Learners Have students use the vocabulary words from **Pour commencer** on **p. 148** to create six original sentences with partitives. Note that they can use partitives with the nouns or they can use the verbs and choose other nouns. Call on students to read their sentences aloud. The class checks for accuracy.

- The article **des** can function as either a plural indefinite or plural partitive article, depending on whether the nouns can be counted.

Countable	Uncountable
Nous visiterons des musées à Dakar. *We will visit (some) museums in Dakar.*	Nous avons mangé des pâtes. *We ate (some) pasta.*

- In a negative sentence, all partitive articles become **de/d'**.

Les émigrés n'ont plus **de** travail.
The emigrants no longer have (any) work.

La météo n'a pas prédit **de** pluie.
The forecast didn't predict (any) rain.

- Use **de** with most expressions of quantity.

On va acheter **beaucoup de** viande.

- Here are some common expressions of quantity:

assez de *enough*
beaucoup de *a lot of*
une boîte de *a can/box of*
une bouteille de *a bottle of*
un kilo de *a kilogram of*
un litre de *a liter of*
un paquet de *a package of*
(un) peu de *few/(a) little of*
un tas de *a lot of*
une tasse de *a cup of*
trop de *too much of*
un verre de *a glass of*

- In a few exceptions, **des** is used with expressions of quantity:

bien des *many*
la moitié des *half of*
la plupart des *most of*

- No article is used with **quelques** (*a few*) or **plusieurs** (*several*).

Ils ont mentionné **quelques** incertitudes.
They mentioned a few uncertainties.

On utilise **plusieurs** langues officielles.
We use several official languages.

ATTENTION!

Remember that **des** changes to **de** before an adjective followed by a noun.

Ils préfèrent embaucher de jeunes travailleurs.
They prefer to hire young workers.

BLOC-NOTES

For more information about negation, see **Structures 4.2, pp. 128–129**

Note CULTURELLE

French-speaking countries around the world use the metric system. Here are some conversions of metric liquid and dry measures:

25 centiliters = 1.057 cups
1 liter = 1.057 quarts
500 grams = 1.102 pounds
1 kilogram = 2.204 pounds

TEACHING TIPS

Suggestions

- Model some affirmative sentences that contain partitives. Students restate the sentences with **ne...pas**. Also do the reverse.
- Bring in examples of various containers. Use these when presenting the expressions. Ask individual students to come up, hold up one container, and provide an example sentence.

Language Learning Point out that in **bien des, la moitié des**, and **la plupart des** (as well as **la majorité des**), **des** is simply the contraction of the preposition **de** and the definite article **les**, *not* a partitive article. Example: **En Suisse, la plupart des gens sont polyglottes.** *In Switzerland, most people are multilingual.*

NATIONAL STANDARDS

Connections: Math France was the first country to adopt the metric system in the 1790s. Scientists around the world use the metric system in their work. Ask students to research the history of the metric system and its advantages.

LEARNING STYLES

For Auditory Learners Have students work in pairs and take turns naming various food items. The other student first matches it with an expression of quantity, then uses the expression in a complete sentence. Example: **pommes de terre↔un kilo de pommes de terre / Je vais acheter un kilo de pommes de terre au marché.**

LEARNING STYLES

For Kinesthetic Learners Create a "supermarket" with pictures of food items organized by category as in supermarket aisles. Have students walk down the "aisles," choose various items, and say what they are buying. They should use partitive articles and expressions of quantity. They can use affirmative statements as well as negative ones.

TEACHING TIPS

1 Expansion Ask students to research photos of **Lomé** on the Internet to "attach" to the email.

1 Extra Practice As a follow-up activity, have students pretend they are Edwige and write a reply message.

2 Expansion
- Have students compare their sentences with a partner's.
- Have students make their affirmative sentences negative and their negative sentences affirmative.

3 Suggestion Before completing the activity, brainstorm with students a list of non-food words that might be used with partitives. Examples: **amitié, enthousiasme, joie, tristesse, compréhension, incertitude, liberté.**

3 Expansion Ask pairs to read a few of their sentences to the class, who will reply **logique** or **illogique**, depending on whether or not they think the sentence makes sense.

Mise en pratique

Note CULTURELLE

Lomé est la capitale du **Togo**. Cette ville maritime se situe le long du **Golfe de Guinée**. Lomé est une ville frontalière (*border*); son centre-ville n'est qu'à quelques centaines de mètres du Ghana, où se trouve une de ses banlieues.

1 Un week-end à Lomé Thibault écrit un e-mail de Lomé, où il suit une conférence. Complétez le texte à l'aide d'articles indéfinis, de partitifs et d'expressions de quantité.
Suggested answers

De: Thibault <thibault44@email.fr>
Pour: Edwige <edwige.martin@email.fr>
Sujet: Un petit coucou de Lomé

Je passe (1) __plusieurs__ jours à Lomé. C'est incroyable! Cette ville a (2) __de__ grandes plages, (3) __de__ petits restaurants où on sert (4) __de la__ nourriture très variée, et (5) __des__ boîtes de nuit. J'ai (6) __du__ temps le soir pour visiter un peu. Je suis sorti avec (7) __quelques__ collègues hier soir. Il y avait (8) __beaucoup de__ monde. Nous avons commandé (9) __du__ poisson. C'est surprenant à quel point il y a (10) __de la__ diversité dans cette ville.

Grosses bises,
Thibault

2 Un peu d'ordre Reconstituez ces phrases. Utilisez votre imagination pour en créer d'autres. Suggested answers

As-tu	**d'**	**respect de leur part.**
Nous demandons	**de**	**valeur à cet objet.**
J'ai acheté	**de l'**	**asperges dans le frigo.**
Il n'y a plus	**de la**	**courage dans votre vie!**
Ces personnes donnent	**des**	**argent dans ton sac?**
Vous n'avez jamais eu	**du**	**olives pour la salade de ce soir.**
...?		**...?**

1. As-tu de l'argent dans ton sac?
2. Nous demandons du respect de leur part.
3. J'ai acheté des olives pour la salade de ce soir.
4. Il n'y a plus d'asperges dans le frigo.
5. Ces personnes donnent de la valeur à cet objet.
6. Vous n'avez jamais eu de courage dans votre vie!

3 À finir À deux, finissez les phrases à l'aide de partitifs et d'expressions de quantité.

1. Ce pays a beaucoup...
2. Je ne veux plus manger...
3. Je sais que la moitié...
4. Notre peuple a peu...
5. Veux-tu que je donne...
6. Mes amis ont manqué quelques...
7. La population de notre État a trop...
8. Nous sommes sortis pour acheter une boîte...

DIFFERENTIATION

For Inclusion Provide students with a handout of sentences that require a variety of partitives. For each sentence, give two options from which students choose. Example: **Marc a montré (du / de la) courage dans les situations difficiles.**

DIFFERENTIATION

To Challenge Learners Play portions of the **court métrage** without sound. Have students provide narration using partitives and expressions of quantity to describe the setting, the people, and the action.

Communication

4 **Au supermarché** Vous rendez visite à un(e) ami(e) à Abidjan, en Côte d'Ivoire. Vous allez lui préparer un plat typique de votre pays, et vous êtes au supermarché pour acheter les ingrédients. À deux, créez un dialogue où vous expliquez ce qu'il vous faut, et puis échangez vos rôles. Utilisez les partitifs le plus possible.

Modèle —Il te faut des tomates?
—Non, mais je dois acheter de la crème.

5 **Le conseil** Le président du Bénin va parler à une conférence de presse. Vous préparez son discours sur les problèmes de son pays et sur leurs solutions. À deux, imaginez ce qu'il va dire. Servez-vous de la liste de vocabulaire. Ensuite, la classe choisira le meilleur discours.

s'améliorer	la mondialisation
augmenter	le niveau de vie
l'incertitude	parvenir à
l'intégration	la population
lutter	réaliser

6 **À votre avis?** La société a beaucoup de problèmes. Lesquels? Selon vous, que doit-on faire pour les résoudre (*solve*)? Par groupes de trois, discutez de ces problèmes et essayez de trouver des solutions.

Modèle —Il n'y a pas assez de compréhension entre les peuples.
—Il faut encourager le dialogue international.

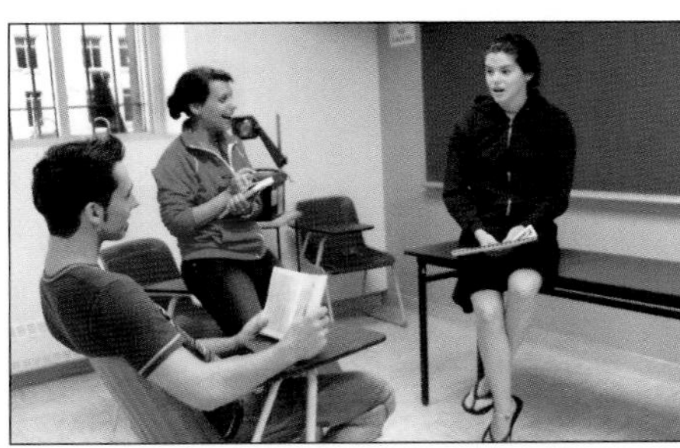

Problèmes	Solutions

Note
CULTURELLE

Petit pays d'Afrique de l'Ouest, le **Bénin** a un régime démocratique et connaît la stabilité politique depuis plusieurs années. Il vit de la culture du coton et de son port (*harbor*), **Cotonou**, qui permet beaucoup d'échanges commerciaux avec le **Niger** et le **Burkina Faso**.

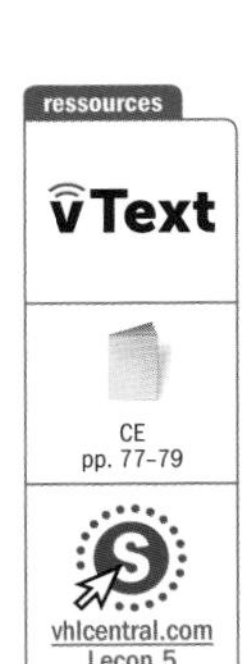

TEACHING TIPS

4 Expansion Have a few pairs act out their conversations for the class.

4 Partner Chat You can also assign Activity 4 on the Supersite. Students work in pairs to record the activity online. The pair's recorded conversation will appear in your gradebook.

4 Extra Practice Have students explain how to make their dish using partitives as much as possible.

5 Suggestion You may want to have students research the current economic and political situation in **Bénin** and use this information in their speeches.

21st CENTURY SKILLS

Civic Literacy

6 Expansion After giving groups time to discuss, make a large version of the table on the board. Have volunteers from different groups fill out the table with their ideas and discuss with the whole class how to implement the proposed solutions as well as the likelihood that they would be successful in a real society.

PRE-AP®

Presentational Speaking Have students do a variation of Activity 5. This time, the speech is for a student's campaign for class president. Students might include information about class size, variety of classes offered, the grading system, the cafeteria food, afterschool activities, sports, school buses, parking, etc.

PRE-AP®

Integrated Skills Have students work in groups of three to prepare a skit that takes place in a restaurant. Two students are customers and one is a server. The skit should include a conversation between the two customers (discussing societal issues) as well as ordering food from the server. Students present their skits, using props. Have the class vote on which skit showcased the most effective use of partitives.

Key Standards

4.1, 5.1

Student Resources
Cahier de l'élève, pp. 80–82; Supersite: Activities, *eCahier*, Grammar Tutorials
Teacher Resources
Answer Keys; Audio Script; Audio Activity MP3s/CD; Testing program: Grammar Quiz

TEACHING TIPS

Language Learning

- You may wish to assign the Grammar Tutorials as homework in preparation for the **Structures** lesson. These tutorials re-present the grammar taught in **D'accord! 1** and **2**.
- Stress that, although they look small and have no clear-cut English counterpart, the adverbial pronouns **y** and **en** are very important in both written and spoken French.
- Remind students that **y** goes: (1) before the conjugated verb; (2) before the infinitive in an infinitive construction; (3) after the verb in an affirmative command.
- Note that for affirmative **tu** commands of **-er** verbs, an **s** is added. Example: **Vas-y!** Note also the liaison.
- Add that **y** can replace verbal expressions, as in phrases such as **Je suis arrivé à finir ce devoir. Y** replaces **à finir ce devoir** to become **J'y suis arrivé.**
- Mention to students that **y** is very rarely used in the imperative when the sentence contains two pronouns. **Y** is more commonly used in negative imperative expressions. Example: **N'apportez pas la valise à la voiture. → Ne l'y apportez pas.**
- Some of the most common idiomatic expressions using **y** are **Allez-y!/ Vas-y!** (*Go ahead!*) and **Allons-y!** (*Let's go!*), as well as **Il y a...** (*There is/are...*) and **Pensez-y.** (*Think about it.*)

Presentation Tutorial

5.2 The pronouns *y* and *en*

- The pronoun **y** often represents a location. In this case, it usually means *there.*

Nous allons **en Côte d'Ivoire**. *We go to the Ivory Coast.*	Nous **y** allons. *We go there.*
Mon sac est **dans ma chambre**. *My purse is in my room.*	Mon sac **y** est. *My purse is there.*
J'habite **à Ouagadougou**. *I live in Ouagadougou.*	J'**y** habite. *I live there.*

- The pronoun **y** can stand for these common prepositions of location and their objects.

à *in or at*
chez *at the place or home of*
dans *in or inside*
derrière *behind*
devant *in front of*
en *in or at*
sur *on*

- **Y** can stand for *non-human* objects of the preposition **à**.

Tu penses toujours **à l'examen**? *Are you still thinking about the test?*	Oui, j'**y** pense toujours. *Yes, I'm still thinking about it.*
Il a répondu **à la question**? *Did he answer the question?*	Oui, il **y** a répondu. *Yes, he answered it.*

- You already know that the preposition **à** can be used in contractions. The pronoun **y** can represent the contraction and its object.

Vous assisterez **au cours de maths**? *Will you attend math class?*	Oui, nous **y** assisterons. *Yes, we will attend.*
Tu vas **aux États-Unis**? *Are you going to the U.S.?*	Oui, j'**y** vais. *Yes, I'm going there.*

ATTENTION!

Remember, the indirect object pronouns **me**, **te**, **lui**, **nous**, **vous**, and **leur** stand for *human* objects of the preposition **à**.

—Avez-vous répondu à Danielle?

—Non, je ne lui ai pas encore répondu.

ATTENTION!

The prepositions used in English do not necessarily translate literally into French. Notice that sometimes no preposition is used at all in English.

—Réponds tout de suite à Danielle!

—Answer Danielle right away!

BLOC-NOTES

For more information about object pronouns, see **Fiche de grammaire 5.4, p. 388**

LEARNING STYLES

For Auditory Learners Give sample sentences with the prepositions, using intonation and gestures to emphasize the meaning of the preposition. Point to students to repeat the sentences using **y** in place of the prepositional phrase.

LEARNING STYLES

For Visual Learners Have students, working in pairs, look back at the photos in this lesson. One student asks a yes/no question using a preposition. The other student responds using **y**. Remind students that **à** + *human* calls for an indirect object pronoun. Example: **Est-ce que le père et l'enfant sont à l'hôpital? Oui, ils y sont.**

- The pronoun **en** stands for the preposition **de** and its object.

Ils n'ont pas **de villes surpeuplées**. *They don't have overpopulated cities.*	Ils n'**en** ont pas. *They don't have any.*

- **En** can replace a partitive article and its object.

Voudriez-vous **de la charcuterie?** *Would you like some cold cuts?*	Nous **en** voudrions. *We would like some.*

- **En** can replace a noun that follows an expression of quantity. In this case, omit the noun and the preposition **de/d'**, but retain the expression of quantity.

Les jeunes ont beaucoup **d'idéaux**. *Young people have a lot of ideals.*	Ils **en** ont beaucoup. *They have a lot (of them).*

- **En** can replace a noun that follows a number. In this case, omit the noun, but retain the number.

Ils veulent **trois tomates**? *Do they want three tomatoes?*	Non, ils **en** veulent **cinq**. *No, they want five (of them).*

- In a negative sentence, the number is not retained.

Nathalie a acheté **deux litres de lait**? *Did Nathalie buy two liters of milk?*	Non, elle n'**en** a pas du tout acheté. *No, she didn't buy any at all.*

- **En** can represent **de** plus a location. In this case, it usually means *from there.*

Ils reviennent **de Lomé**. *They are returning from Lomé.*	Ils **en** reviennent. *They are returning from there.*

- **En** can also stand for a verbal expression with **de**. In this case, **en** often means *about it, for it,* or *from it.*

Avez-vous la force **de supporter ce chaos**? *Are you strong enough to stand this chaos?*	Non, je n'**en** ai pas la force. *No, I am not strong enough for it.*
Tu es capable **de manger tout le gâteau**? *Are you capable of eating the whole cake?*	Non, je n'**en** suis pas capable. *No, I am not capable of it.*

ATTENTION!

Remember, the indefinite articles **un** and **une** are also numbers.

J'ai un frère.

I have one brother.

You can use **en** to represent the object of **un** or **une**. In an affirmative sentence, retain the number.

J'**en** ai **un**.

I have one.

As with other numbers, in a negative sentence, the number is not retained.

Je n'**en** ai pas.

I don't have one.

TEACHING TIPS

Language Learning

- Point out that, like definite and partitive articles, an English translation for **y** and **en** is often not required or non-existent (as with many **aller** expressions). Reiterate that this does not, however, subtract from their importance in French. Examples: **Il faut que j'y aille.** *I have to go.* **On y va**. *Let's go.* **Va-t-en!** *Get out!*
- When negating a sentence that references a specific number (Example: **Elle achète deux baguettes?**), use the negative expression **ne... aucun(e)** (any) when you want to emphasize that the number is actually zero. Example: **Non, elle n'en achète aucune.** (*No, she is not buying any [a single one].*) One is usually expected to respond to the specific number reference in some way, so it can seem as if something is missing if the reply is simply **Non, elle n'en achète pas**. If the negative response involves a lower number, the appropriate negative response would be **Non, elle n'en achète qu'une**.
- Remind students that the pronoun **en** has a homonym: the preposition **en**, as in **en Côte d'Ivoire, en français**, etc. Tell them to pay attention to context in order to tell the two apart.
- Remind students that, as for **y**, the pronoun **en** goes: (1) before the conjugated verb; (2) before the infinitive in an infinitive construction; (3) after the verb in an affirmative command. In addition, in affirmative **tu** commands of **-er** verbs, an **s** is added. Example: **Manges-en!** Note also the liaison.

DIFFERENTIATION

For Inclusion Provide students with a worksheet of sentences that use **de** + noun and **de** + verbal expression. Have students circle the **de** and noun or verbal expression. Have them underline the conjugated verb or the infinitive in an infinitive construction. Then have them rewrite the sentences with **en**.

DIFFERENTIATION

To Challenge Learners Have students work in pairs to write and act out an interview. One student is the reporter asking questions of a political candidate. The questions should all include **de** + noun or **de** + verbal expression. The candidate replies using **en** in the answers. Example: **—Êtes-vous capable de changer le pays? —Oui, bien sûr, j'en suis capable.**

NATIONAL STANDARDS

Connections: Social Studies

La Côte d'Ivoire was a French colony from 1893 to 1960. Since that time it has maintained close ties with France. This close relationship helped the country both economically and politically for many years. However, since the economic crisis of the 1980s, the country has suffered economic, political, and social turmoil. Have students research general facts about the country: history, geography, politics, demographics, economy, flag, etc. to use in the Extra Practice activity below.

TEACHING TIPS

1 Extra Practice Using their research from the Connections: Social Studies activity above, ask pairs of students to create a new version of Activity 1 with facts focused on **la Côte d'Ivoire**. They do not need to restrict their facts to those given in Activity 1. Students can then exchange activities with another pair for completion.

2 Expansion

- Have students check each other's work. Then pairs could act out the conversations.
- Ask students: **Êtes-vous déjà allé(e)s dans un autre pays? Sinon, aimeriez-vous étudier à l'étranger pendant un semestre ou une année scolaire? Quelle est l'importance d'un séjour à l'étranger pour les études?**

PRE-AP®

Presentational Writing

3 Extra Practice Have students form a paragraph that tells a brief story using a few of the sentences.

Mise en pratique

Note CULTURELLE

Bien que le **français** soit la langue officielle de la **Côte d'Ivoire**, on y parle aussi d'autres langues. On compte plus d'une soixantaine de **dialectes locaux**, comme le **baoulé**, le **sénoufa** ou l'**agni**. Le **diaoula** est le dialecte choisi par les commerçants; il est parlé dans tout le pays.

1 **Combien y en a-t-il?** Écrivez une phrase avec les pronoms **y** et **en** pour indiquer le nombre de choses mentionnées.

Modèle **Pays francophones en Afrique de l'Ouest (8)**
Il y en a huit.

1. Couleurs du drapeau togolais (4) Il y en a quatre.
2. Habitants de Bamako, au Mali, dans dix ans (2.000.000) Il y en aura deux millions.
3. Langues couramment employées en Côte d'Ivoire (65) Il y en a soixante-cinq.
4. Partis politiques en Guinée depuis 1992 (16) Il y en a seize.
5. Années de colonisation française au Niger dans le passé (60 environ) Il y en a eu soixante environ.
6. Festivals du film à Ouagadougou, au Burkina-Faso (1) Il y en a un.

2 **À compléter** Katie et Jabril se sont rencontrés aux États-Unis, dans un cours d'anglais pour étudiants étrangers. Complétez leur dialogue par le pronom qui convient: **y** ou **en**.

KATIE Salut, tu vas bien?
JABRIL Oui et non. J' (1) ___en___ ai marre des cours.
KATIE Moi aussi! Qu'est-ce qu'on fait?
JABRIL Je projette un voyage en Afrique. J'aime ce continent. Je m' (2) ___y___ intéresse beaucoup. Et toi?
KATIE Oui, beaucoup! Où comptes-tu aller?
JABRIL J'ai toujours voulu aller au Sénégal.
KATIE C'est vrai?! Pourquoi as-tu toujours voulu (3) ___y___ aller?
JABRIL En fait, ma grand-mère est née au Sénégal. Elle m'(4) ___en___ parle souvent.
KATIE Est-ce que tu prépares beaucoup de plats sénégalais?
JABRIL Non, je n' (5) ___en___ prépare pas beaucoup.
KATIE D'où vient ton grand-père? Du Sénégal aussi?
JABRIL Non, il n' (6) ___y___ est même jamais allé. Il est né en France.
KATIE En France? Moi aussi, j' (7) ___y___ suis née!
JABRIL Tu ne m' (8) ___en___ avais rien dit! Je croyais que tu avais grandi aux États-Unis.
KATIE Non, c'est ma mère qui a passé son enfance à New York.
JABRIL New York? J' (9) ___y___ suis allé une fois, pendant une semaine seulement. J' (10) ___en___ rêve souvent.

3 **Notre société** À deux, faites des phrases à propos de chaque idée donnée.

Modèle **aller chez mes grands-parents** J'y vais pendant les vacances.

- habiter aux États-Unis J'y habite.../Je n'y habite pas...
- aller faire un séjour en Afrique Je (ne) vais (pas) y faire un séjour.
- avoir du courage face au danger J'en ai.../Je n'en ai pas...
- réaliser beaucoup de rêves J'en réalise.../Je n'en réalise pas/aucun...
- s'adapter à la mondialisation Je (ne) m'y adapte (pas)...
- faire partie du monde des humains J'en fais partie...

Practice more at **vhlcentral.com.**

LEARNING STYLES

For Kinesthetic Learners After students have completed Activity 2, write the 16 parts of the conversation on 16 index cards. Hand the first four cards out to four students and ask them to arrange themselves in proper order at the front of the room and read their lines out loud. The "teachers" let students know if they are correct or if they must rearrange themselves. Do the same for the rest of the conversation.

LEARNING STYLES

For Auditory Learners Have students work in pairs. One student is the **y** student, the other is the **en** student. Read aloud a series of sentences—some that would require **y** in a rejoinder and some that would require **en**. Students discuss the sentence and the appropriate student stands up.

Communication

4 **Sondage** Circulez parmi vos camarades de classe afin de leur poser ces questions. Essayez de trouver au moins une personne qui réponde oui à chaque question et une qui réponde non.

Modèle **aimer aller à la campagne pour les vacances**
—Aimes-tu aller à la campagne pour les vacances?
—Non, je n'aime pas y aller pour les vacances.
—Moi si, j'aime y aller pour les vacances.

Et vous?	Noms
1. faire des commérages	________
2. assister sans exception au cours de français	________
3. s'attendre à réussir le prochain examen de français	________
4. aller dans le bureau du principal	________
5. discuter souvent des polémiques	________
6. souhaiter travailler en Côte d'Ivoire	________
7. avoir beaucoup d'incertitudes	________
8. accepter trop d'inégalités dans la vie	________
9. être parvenu(e) à trouver un travail à mi-temps	________
10. connaître des personnes d'Afrique de l'Ouest	________

5 **Carte du monde** À deux, demandez-vous dans quels pays vous avez déjà voyagé, ce que vous y avez vu et si vous aimeriez y retourner.

Modèle —Es-tu déjà allé(e) au Sénégal?
—Non, je n'y suis pas allé(e). Mais j'ai fait un séjour en Guinée.
—Qu'est-ce que tu y as vu?
—J'y ai vu...

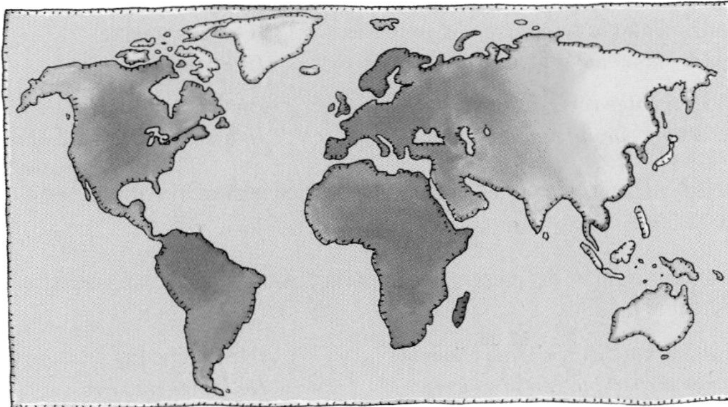

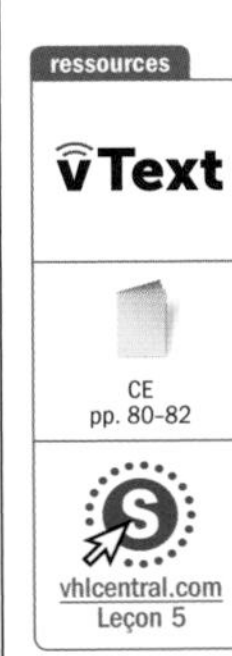

TEACHING TIPS

4 Previewing Strategy Before assigning this activity, you may wish to have individual students go through the list and note whether they should use **y** or **en** to talk about each item. Then have them indicate the part that **y** or **en** will replace. **(1. en; des commérages 2. y; au cours de français 3. y; à réussir le prochain examen de français 4. y; dans le bureau du principal 5. en; des polémiques 6. y; en Côte d'Ivoire 7. en; d'incertitudes 8. en; d'inégalités dans la vie 9. y; à trouver un travail à mi-temps 10. en; des personnes d'Afrique de l'Ouest)**

5 Previewing Strategy To warm up for this activity, have volunteers point out different places they have visited or would like to visit on a world map or globe.

5 Suggestion Variations for this activity: (a) Have students pretend they have visited various countries. (b) Focus on cities in just the United States. (c) Focus on cities and towns in your state.

5 Partner Chat You can also assign Activity 5 on the Supersite. Students work in pairs to record the activity online. The pair's recorded conversation will appear in your gradebook.

DIFFERENTIATION

For Inclusion Pair students who need additional help with students who have grasped the concept of the pronouns **y** and **en**. Working together, have students review each point on **pp. 164–165,** asking and answering questions. Students could rewrite the sample sentences and use highlighting and arrows to clarify the replacement of words and phrases with pronouns.

DIFFERENTIATION

To Challenge Learners Tell students to choose one of the photos on **pp. 164** and **165** to write a short story about. They should include narration and dialogue and should include at least five examples of **y** and five examples of **en**.

Key Standards

4.1, 5.1

Student Resources
Cahier de l'élève, pp. 83–86; Supersite: Activities, *eCahier*, Grammar Tutorials
Teacher Resources
Answer Keys; Audio Script; Audio Activity MP3s/CD; Testing program: Grammar Quiz

TEACHING TIPS

Suggestion Write several sample sentences with direct and indirect objects on the board. Call on students to underline all the direct objects and circle the indirect objects. Then ask volunteers to rewrite the sentences using direct and indirect object pronouns.

Language Learning

- You may wish to assign the Grammar Tutorials as homework in preparation for the **Structures** lesson. These tutorials re-present the grammar taught in **D'accord! 1** and **2**.
- Mention that double object pronoun sequences with **y** are very infrequent. Also point out that sequences of three object pronouns are practically non-existent, and are found almost exclusively in a few rare literary contexts.
- Remind students that all the pronouns are placed right before the verb except when the sentence is in the affirmative imperative, which is explained on **p. 169**.

5.3 Order of pronouns

—Envoyez-**le-moi**.

- French sentences may contain more than one object.

	DIRECT OBJECT	INDIRECT OBJECT
Le politicien explique	**ses principes**	**au reporter.**
The politician explains	*his principles*	*to the reporter.*

- You can replace multiple objects with multiple object pronouns. Use the same pronouns you would use if there were only one object.

Il **les** explique au reporter.
He explains them to the reporter.

Il **lui** explique ses principes.
He explains his principles to him.

Il **les lui** explique.
He explains them to him.

- Where there is more than one object pronoun, they are placed in this order.

me te se nous vous	*before*	le la les l'	*before*	lui leur	*before*	y	*before*	en

Le guide montre **la sculpture aux touristes.**
The guide shows the sculpture to the tourists.

Il **la leur** montre.
He shows it to them.

Qui **s'**occupe **des réservations**?
Who is taking care of the reservations?

Hubert **s'en** occupe.
Hubert is taking care of them.

- Double object pronouns are placed in the same position relative to verbs as single object pronouns.
- In simple tenses, such as the present, the **imparfait**, and the future, pronouns are placed in front of the verb.

Il apporte **le courrier à Mme Delorme.**
He brings the mail to Mrs. Delorme.

Il **le lui** apporte.
He brings it to her.

ATTENTION!

The pronouns **me, te, se, le,** and **la** drop their vowel before other vowel sounds. This always occurs before **y** and **en** and frequently occurs in the **passé composé**.

—Nous t'avons parlé de la polémique?
—Did we talk to you about the controversy?
—Oui, vous m'en avez parlé.
—Yes, you talked to me about it.

LEARNING STYLES

For Kinesthetic Learners Have the class work in groups of five. Give each group 13 index cards. Student 1 represents the first group of five pronouns and writes each word on a separate card in one color. Student 2 represents the second group of four pronouns and writes each word on a separate card in a different color—and so on for Students 3, 4, and 5. Read sentences aloud that contain at least two pronouns each. The appropriate students stand up, display the appropriate cards, and arrange themselves in the correct order.

For Visual Learners Have students locate five interesting pictures from magazines or the Internet. Have them write a caption that includes a question with multiple objects and an answer with object pronouns.

J'attendrai **Jules à la gare**. — Je **l'y** attendrai.
I will wait for Jules at the station. — *I will wait for him there.*

- In compound tenses, such as the **passé composé** and the **plus-que-parfait**, pronouns are placed in front of the helping verb.

On **nous** a parlé **du patrimoine culturel**. — On **nous en** a parlé.
They spoke to us about the cultural heritage. — *They spoke to us about it.*

Vous aviez rendu **les passeports aux voyageurs**. — Vous **les leur** aviez rendus.
You had returned the passports to the travelers. — *You had returned them to them.*

- When there is more than one verb, the pronouns are usually placed in front of the second verb, typically an infinitive.

Tu vas offrir **un biscuit aux enfants**? — Tu vas **leur en** offrir un?
Are you going to buy the children a cookie? — *Are you going to buy them one?*

Je voudrais poser **cette question au prof**. — Je voudrais **la lui** poser.
I would like to ask the teacher this question. — *I would like to ask it to her.*

- When negating sentences with pronouns in simple tenses, place **ne** in front of the pronouns and **pas** after the verb. In compound tenses, place **ne... pas** around the pronouns and the helping verb. When there is more than one verb, **ne... pas** is usually placed around the first one.

Il **ne** le lui apporte **pas**. On **ne** nous en a **pas** parlé. Je **ne** voudrais **pas** la lui poser.

- The order of object pronouns is different in affirmative commands. Notice that hyphens are placed between the verb and the pronouns.

le la les	*before*	moi toi lui nous vous leur	*before*	y	*before*	en

Apportez **le courrier à Mme Delorme!** — Apportez-**le-lui!**
Bring the mail to Mrs. Delorme! — *Bring it to her!*

Racontez **l'histoire aux gamins.** — Racontez-**la-leur.**
Tell the story to the kids. — *Tell it to them.*

- Note that **me** and **te** become **moi** and **toi**. They revert to **m'** and **t'** before **y** or **en**.

Parle-**moi de ta vie**. — Parle-**m'en**.
Talk to me about your life. — *Talk to me about it.*

- The order of pronouns in negative commands is the same as in affirmative statements. Compare these sentences.

Dis-**le-lui**! — Ne **le lui** dis pas!
Tell it to him! — *Don't tell it to him!*

BLOC-NOTES

For a review of past participle agreement, see **Fiche de grammaire 5.5, p. 390.**

BLOC-NOTES

For a review of the imperative, see **Fiche de grammaire 1.5, p. 374.**

TEACHING TIPS

Suggestion Throughout **Structures 5.3**, write the various pairs of sentences on the board. Have students come to the board and draw an arrow from the object pronoun back to the object noun/phrase it replaces.

Language Learning

- Point out that verbs that take direct objects in French do not always necessarily take direct objects in English, and vice versa. Examples: **écouter** and **attendre** take direct objects in French and indirect objects in English.
- Explain how the pronoun **le** can function as a neuter object pronoun in some structures. It is often optional, formal, and for emphasis. When **le** acts in this way, there is seldom an English translation for it. Example:
  — **Peux-tu étudier avec moi?** *Could you study with me?*
  — **Pour la dernière fois, non, je ne le peux pas!** *For the last time, no, I cannot.*
  — **Tu pourrais si tu le voulais.** *You could if you wanted to.*

DIFFERENTIATION

For Inclusion Tell students to work in pairs to create a chant for each chart that will help them remember the order of object pronouns. Then have them share their chants with the class.

DIFFERENTIATION

To Challenge Learners Have students work in pairs to create a multi-framed comic strip called **Les changements**. Each frame must include at least one example of multiple object pronouns. Remind students to incorporate the vocabulary in **Pour commencer** on **p. 148**.

TEACHING TIPS

1 Expansion Have students turn items 2, 3, and 5 into commands. Tell them they can change the verb tenses. Example: 2. **Apportez les cadeaux à mes parents.**

2 Suggestion Ask a volunteer to write out the **Modèle** answer, explaining the thought process used in creating the sentence and changing the objects to pronouns.

Suggestion Call on a volunteer to read aloud the **Note culturelle**. Point out the use of the pronoun **y** in the third sentence. Ask a student to explain its use and position.

3 Suggestion Have students read the postcard. Then ask questions that elicit partial answers to the activity. Example: **Où Jérôme rencontre-t-il souvent les nomades mauritaniens? (Il les rencontre dans l'oasis.)**

Mise en pratique

1
1. N'oublions pas de les y mettre.
2. Les voisins leur en ont apporté.
3. Pouvez-vous nous y emmener?
4. Laisse-le-lui!
5. Tu ne me l'avais jamais dit.

1 À remplacer Remplacez les mots soulignés (*underlined*) par des pronoms.

1. N'oublions pas de mettre <u>les valises</u> <u>dans la voiture</u>.
2. Les voisins ont apporté <u>des cadeaux</u> <u>à mes parents</u>.
3. Pouvez-vous <u>nous</u> emmener <u>à la gare</u>?
4. Laisse <u>son ballon</u> <u>à ton frère</u>!
5. Tu ne <u>m'</u>avais jamais dit <u>que tu voulais y aller</u>.

2
1. On a vu les émigrés à la frontière, au sud de Sissako, hier soir. On les y a vus hier soir.
2. Matthieu donne toujours des conseils à ses amis. Matthieu leur en donne toujours.
3. Il faut beaucoup de courage à cet homme. Il lui en faut beaucoup.
4. Christine n'a jamais laissé de pourboire aux serveurs. Christine ne leur en a jamais laissé.
5. Ma mère va présenter deux nouveaux produits au directeur du marketing. Ma mère va lui en présenter deux.

2 À transformer Faites des phrases avec les éléments et changez les objets en pronoms.

Modèle **je / parler / à vous / de mes cours**
Je vous parle de mes cours. Je vous en parle.

1. on / avoir / voir / émigrés / à la frontière / au sud de Sissako / hier soir
2. Matthieu / donner / toujours / des conseils / à ses amis
3. il faut / beaucoup / courage / à cet homme
4. Christine / ne / avoir / jamais / laisser / de pourboire / aux serveurs
5. ma mère / aller / présenter / deux nouveaux produits / au directeur du marketing

3 Carte postale Jérôme est en train de faire un trekking dans le désert mauritanien et raconte ses aventures à sa sœur. Trouvez les phrases qui ont deux objets et transformez-les en faisant attention à l'ordre des pronoms.

Un grand bonjour de l'oasis de Chinguetti où je passe des moments incroyables! Je rencontre souvent les nomades mauritaniens dans cette oasis. Je leur montrerai mes photos pendant mon prochain séjour ici. Des guides locaux m'ont fait visiter l'oasis hier. En ce moment, c'est la grande fête des dattes. Tout le monde les cueille° et on m'a offert des pâtisseries délicieuses faites avec ces dattes. Les gens chez qui je suis m'ont donné leurs recettes.

Quand je partirai, je dirai à mes nouveaux amis que j'ai beaucoup apprécié mon séjour. J'espère que tu recevras bien cette carte du bout du monde.

À bientôt,

Jérôme

Viviane Dubosc

28, rue des Lilas

Montpellier, France

cueille *picks*

1. Je les y rencontre souvent.
2. Je les leur montrerai pendant mon prochain séjour ici.
3. Des guides locaux me l'ont fait visiter hier.
4. On m'en a offert.
5. Les gens chez qui je suis me les ont données.
6. Quand je partirai, je le leur dirai.

Note CULTURELLE

Le désert du **Sahara** couvre une grande partie de la **Mauritanie**. Dans les oasis, le pays célèbre l'une des fêtes les plus importantes de l'année, la **«Guetna»**. Aux mois de juillet et d'août, on y récolte les **dattes** qui serviront de base à un grand nombre de plats mauritaniens. La musique, la danse et les festins (*feasts*) durent tout le temps de la fête.

Practice more at **vhlcentral.com.**

LEARNING STYLES

For Kinesthetic Learners Write several sentences using multiple object nouns and phrases on slips of paper. Cut up the sentences and put the pieces in envelopes. Give two or three envelopes to pairs of students. Also give each pair an envelope with the pronouns on slips of paper. Students first put the words together to form sentences. Then they remove the object nouns and phrases and replace them with pronouns.

LEARNING STYLES

For Auditory Learners Make up a variety of sentences that contain multiple object pronouns to be used for a **dictée**. You can use the sample sentences on **pp. 168–169** or variations of them. Have students work in pairs to correct each other's sentences and to read them aloud.

Communication

4 **Qui fait quoi?** À tour de rôle, posez-vous des questions à partir de ces illustrations, répondez-y et employez des pronoms. Utilisez votre imagination. Attention à l'ordre des pronoms.

1. 
2. 

3. 
4. 
5. 
6. 

5 **À votre avis** Que pensez-vous de ces affirmations? Discutez-en par groupes de trois. Chaque membre du groupe donne son avis et les deux autres réagissent. Ensuite, imaginez d'autres affirmations.

- L'immigration est une bonne chose pour l'économie d'un pays.
- Il n'est pas nécessaire de connaître la langue officielle du pays dans lequel on vit pour y habiter.
- La mondialisation est la cause de certains problèmes dans le monde.
- Le travail manuel a beaucoup de valeur.
- La lutte des classes est encore une réalité pour certaines personnes.
- La surpopulation diminue le niveau de vie d'un pays.
- ...?

6 **Vos solutions** Vous n'êtes pas d'accord sur les solutions prévues par le gouvernement pour répondre aux problèmes que le pays connaît. Par groupes de trois, exprimez (*express*) votre mécontentement (*dissatisfaction*) par des verbes à l'impératif, à la forme affirmative et négative, avec des pronoms.

Modèle —Il faut que le gouvernement change de tactique immédiatement. Pourquoi ne pas lui envoyer une pétition?
—Oui, écrivons-lui une pétition!
—Et envoyons-la-lui dès que possible!

ressources

vText

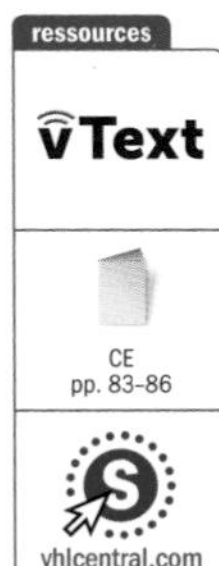

CE pp. 83-86

vhlcentral.com Leçon 5

TEACHING TIPS

4 Suggestion Before beginning the activity, have students give simple descriptions of the pictures.

4 Sample answer for item 1:
— **De quoi parlent ces élèves à leur copain?**
— **Ils lui demandent s'il a envie d'aller au cinéma.**
— **Que leur répond-t-il?**
— **Il leur dit qu'il aimerait y aller.**

4 Partner Chat You can also assign Activity 4 on the Supersite. Students work in pairs to record the activity online. The pair's recorded conversation will appear in your gradebook.

5 Suggestion Have students first read through the sentences individually. Tell them to take notes on each one, listing at least one pro and one con. Then have them work in their groups and discuss the sentences.

5 Expansion Have students relate a few of the bullets back to ***Samb et le commissaire*, pp. 152–153**. Time permitting, show relevant clips of the film in conjunction with this activity.

6 Suggestion Remind students to review the vocabulary on **pp. 148** and **150**. This will help them with their conversation.

PRE-AP®

Presentational Writing Have students choose one statement from Activity 5 to expand on in an essay. Students should present both sides of the argument, providing examples for each. Then they should state their opinion along with an explanation. Provide a scoring rubric based on the latest AP Scoring Guidelines for students to use as a guide when writing their draft and when revising. Some criteria might be: ease of expression; clarity of organization; accuracy of grammar and syntax; variety of vocabulary; support of argument.

Integrated Skills Have students locate French-language websites that cover current events in the United States. Tell them to choose one or more articles or clips about issues such as the economic situation or health care. Students write a summary of the story to present to the class, followed by a personal opinion.

Key Standards
1.1, 1.2

TEACHING TIPS
Suggestions

- Ask students to look at the photo, describe what they see, and predict what the reading will be about.
- Have students work in pairs to read the article.

Expansion

- After students finish with the reading, ask several comprehension questions. Examples: **1. D'où vient Moussa? (Il vient de Côte d'Ivoire.) 2. Que lui a demandé sa famille? (Sa famille lui a demandé de quitter la campagne pour aller travailler en ville.) 3. Pourquoi le lui a-t-elle demandé? (Elle le lui a demandé pour qu'il lui apporte une aide financière.)**
- Have students go through the reading and point out instances of partitives, direct object pronouns, indirect object pronouns, **y**, and **en**. Ask them what each object pronoun, **y**, or **en** replaces.

Synthèse  Reading

Moussa est ivoirien et vit à Yamoussoukro. Il y a deux ans, il a décidé de quitter la campagne pour aller travailler en ville. Il vient d'une famille d'agriculteurs qui le lui a demandé, pour lui apporter une aide financière. Il lui a fallu du courage et de la ténacité pour faire face aux problèmes de la grande ville et pour réussir à atteindre son but.

Moussa est un homme parmi beaucoup d'autres qui ont fait le même choix. C'est une tendance qui s'est accélérée dans les années 1980 en Afrique de l'Ouest, mais surtout en Côte d'Ivoire. Beaucoup de villes ont connu une explosion démographique; le nombre des citadins s'est multiplié par dix. Plus d'une dizaine° de villes ont passé le cap du million d'habitants, alors qu'il n'y en avait qu'une dans les années 1960.

Mais ce phénomène d'«exode rural» n'en est pas vraiment un. En effet, si les villes ont bénéficié de la venue° des populations rurales, l'inverse est vrai aussi pour deux raisons principales. L'espace urbain a attiré les populations et empiété sur° l'espace rural où le nombre de villes, petites ou grandes, a augmenté, soit en élargissant un village, soit en créant une nouvelle ville. Mais au-delà de ces nouvelles villes, les campagnes existent toujours et continuent à nourrir les villes. Et celles-ci le leur rendent bien. Elles apparaissent comme un facteur de développement du monde rural. Donc tout le monde s'y retrouve. Et Moussa, comme tous les autres, prend part à cet échange. Mais il ne faudrait pas que la surpopulation de toutes ces villes en soit le résultat néfaste°.

venue *arrivée*; empiété sur *encroached upon*; dizaine *ten*; néfaste *mauvais*

1 **Qu'en pensez-vous?** Le phénomène d'exode rural existe-t-il ou a-t-il existé où vous habitez? Quelles sont les similarités et les différences de l'exode rural en Afrique de l'Ouest et dans votre région? Écrivez un paragraphe de cinq ou six phrases qui justifie votre opinion. Utilisez les structures de cette leçon.

2 **Conséquences** Par petits groupes, discutez des conséquences positives et négatives de l'exode rural dans votre pays, à l'aide des structures de cette leçon. Servez-vous de la liste pour regrouper vos idées.

Idées	Effets positifs	Effets négatifs
La surpopulation		
L'intégration		
Le développement		
?		

ressources
vText

vhlcentral.com
Leçon 5

DIFFERENTIATION

For Inclusion Have students work in pairs to review the **Structures** in this lesson. Then have them write 10 quiz items that cover all sections, exchange quizzes with another pair, and then correct each other's quizzes. For any wrong items, have pairs help each other review the material and revise the answers.

DIFFERENTIATION

To Challenge Learners Students work in pairs to create a storyboard of the reading text. Each portion should include a caption that uses partitives, expressions of quantity, **y**, **en**, and multiple object pronouns.

Préparation

Vocabulaire de la lecture	Vocabulaire utile
bouger *to move*	**bénéficier de** *to enjoy*
un collège *middle school*	**un défi** *challenge*
l'enseignement (*m.*) *education*	**un écart** *discrepancy, gap*
la formation à distance *distance learning*	**le partage des richesses** *distribution of wealth*
lancer *to launch*	**un partisan** *proponent*
un manque *lack*	**la perte de l'individualité** *loss of individuality*
	revendiquer *to demand*

1 

Le mouvement altermondialiste **Complétez ce petit texte sur José Bové, une des figures du mouvement altermondialiste.**

José Bové, un des (1) partisans les plus connus du mouvement *altermondialiste*, critique la mondialisation. Il (2) revendique un mode de développement plus respectueux à la fois de l'homme — entre autres en ce qui concerne le (3) manque d'accès à l'éducation et à la santé dans les pays pauvres — et de l'environnement. Bové et les altermondialistes dénoncent l' (4) écart grandissant entre les pays pauvres et les pays riches, qui est, selon eux, une conséquence de la mondialisation. Bové pense que «si l'on ne construit pas un monde de (5) partage des richesses, c'est un monde de conflits multilatéraux qui nous attend». Créer un monde humaniste est devenu (6) un défi pour José Bové.

2

L'éducation d'hier et d'aujourd'hui **Répondez aux questions et comparez vos réponses à celles d'un(e) camarade.**

1. Pensez-vous que le développement d'Internet ait révolutionné les modes d'éducation traditionnels dans votre pays? Expliquez.
2. Quel rôle la technologie joue-t-elle dans le système éducatif de votre ville ou au lycée?
3. Est-ce que les élèves bénéficient partout des mêmes technologies de l'information (Internet et autres)? Pourquoi ou pourquoi pas, à votre avis?
4. Que pensez-vous de la formation à distance? Est-ce un mode de formation populaire dans votre pays? Expliquez.

3

Le lycée du futur **Imaginez le système éducatif du futur: Tout est virtuel et tout est à l'échelle (*scale*) mondiale. Il n'y a plus de salles de classe, plus de professeurs, plus de camarades, plus de livres. Seulement des ordinateurs avec accès à Internet et donc une fenêtre ouverte sur le village planétaire. Par groupes de trois, répondez aux questions.**

- Quels seraient les avantages et les inconvénients de ce système?
- À votre avis, y aurait-il encore des lycées?
- Auriez-vous envie d'étudier dans ces conditions? Pourquoi ou pourquoi pas?

Practice more at **vhlcentral.com.**

ressources

vText

vhlcentral.com
Leçon 5

Section Goals

In **Culture**, students will read about education in western Africa.

Key Standards

1.2, 2.1, 2.2, 4.2

Student Resources
Supersite: Activities, Synced Reading

TEACHING TIPS

Suggestion Have pairs of students write three sentences using the new vocabulary. Each sentence must include two of the words/expressions.

Suggestions

- Remind students that **un collège** and *college* are false cognates.
- Mention that it is common to hear the term **un challenge** in French.

1 Extra Practice Have students research José Bové and the alter-globalization movement. Ask them to report back to the class and compare their findings.

21st CENTURY SKILLS

2 Technology Literacy
Ask students to prepare a digital presentation on education in the past and in the present.

3 Expansion

- For the first bullet, have students list **avantages** and **inconvénients** in two columns. Then, they should exchange their lists with another pair and discuss. Finally, list responses on the board. Invite students to comment on any items that they would put in a different category.
- Ask one student from each group to summarize the group's discussion for each question.

PRE-AP®

Integrated Skills Ask students to prepare some questions to ask an older family member or friend about school when they were growing up. Students should take notes during the interview and write an essay entitled **L'éducation d'hier et d'aujourd'hui** that compares and contrasts education in the U.S. in the past and today. Have students read their essays to the class and discuss the changes in education over the years.

PRE-AP®

Presentational Speaking Tell students to think about what their life—especially their school life—would be like without technology. Have them take notes and then present their ideas to the class. Say: **Imaginez comment serait votre vie sans technologie et décrivez-la-nous à l'oral pendant une minute, sans regarder vos notes. Incorporez au moins trois mots du nouveau vocabulaire.**

TEACHING TIPS

Reading Strategies

- Encourage students to keep a list of key words and phrases as they read. If they have any questions as they read, have them note the line numbers for later reference.
- After students read the first paragraph, ask them to identify what they think is the main idea of the article.

Expansion

- Take several photos of students at work in your classroom. Display them on the board. Ask students to compare and contrast these photos with the one on this page.
- The first sentence of the reading says that 60% of the population of Africa is less than 25 years old. Have students research the same statistic for the U.S. Discuss the advantages and disadvantages of a majority younger population and of a majority older population.

NATIONAL STANDARDS

Connections: Social Studies

UNESCO (United Nations Educational, Scientific and Cultural Organization) was founded in 1945. Its headquarters are in Paris. The organization "promotes international cooperation among its 195 Member States and eight Associate Members in the fields of education, science, culture, and communication." Have students look at the French version of UNESCO's website to research its educational activities in **l'Afrique de l'Ouest**.

La **jeunesse africaine** va à **l'école** sur **Internet**

CRITICAL THINKING

Comprehension Ask students to read the sentence in the middle of **p. 175: Dans le domaine éducatif, les choses bougent en Afrique de l'Ouest**. Discuss the implications of the statement for the countries of West Africa. Why is progress in education important to a country's growth and development?

CRITICAL THINKING

Analysis Have students debate the statement: **L'ordinateur est l'outil le plus important dans une salle de classe.**

La population du continent africain est très jeune: 60% ont moins de 25 ans. Un jour, ces jeunes seront responsables de l'avenir de l'Afrique. Mais aujourd'hui, le système éducatif n'y est pas encore assez développé. Beaucoup d'enfants n'ont pas accès à l'éducation. Il est donc temps que les choses bougent.

Et dans le domaine éducatif, les choses bougent en Afrique de l'Ouest. Depuis quelques années, plusieurs projets ont vu le jour dans différents pays, en particulier avec le soutien de l'ONU et de l'UNESCO. Tous les cycles° de l'enseignement sont concernés.

Entre autres°, pour les lycéens, il s'est formé un réseau éducatif à distance basé sur Internet, le Réseau d'Appui° Francophone pour l'Adaptation et le Développement des technologies de l'information et de la communication en éducation (RESAFAD). Cette idée est née d'un accord entre les gouvernements locaux et le ministère français des Affaires étrangères, pour améliorer l'éducation en français, en Afrique. Le RESAFAD privilégie l'éducation de base et propose des espaces d'échanges et de travail sur Internet. Pour cela, chaque capitale d'Afrique de l'Ouest possède un centre multimédia qui a des ordinateurs, une salle de formation et un espace de production de ressources éducatives. L'élève a ainsi accès à l'école grâce au monde virtuel. Les cours mettent surtout l'accent sur les matières scientifiques.

Dans le domaine éducatif, les choses bougent en Afrique de l'Ouest.

Ces programmes sont de plus en plus nombreux. Par exemple, le Sénégal a lancé un site Internet (www.examen.sn) destiné aux élèves de dernière année de collège et de lycée. La Direction générale de l'enseignement secondaire y met à leur disposition les annales d'examens des cinq années précédentes en biologie, en physique et en mathématiques. Ainsi, les élèves peuvent consulter des sujets corrigés°. Ils ont aussi la possibilité d'y recevoir des conseils de rédaction et d'orientation.

L'éducation virtuelle s'est également développée au niveau universitaire, en Afrique de l'Ouest. Il existe deux grands programmes: l'Université Virtuelle Africaine (UVA) et l'Agence Universitaire de la Francophonie (AUF). Ces deux institutions ont mis en place des systèmes de formation universitaire à distance. Pour cela, elles utilisent Internet et les nouvelles technologies. L'UVA est un programme tourné essentiellement vers les formations scientifiques et techniques, dont les diplômes ont la même valeur que ceux des universités ordinaires. Les professeurs qui y participent viennent d'Afrique, d'Amérique du Nord et d'Europe.

Pour sa part, l'AUF propose des formations à distance dans le même esprit. Tous ses diplômes sont principalement axés sur le développement du continent africain. Par exemple, les étudiants peuvent choisir un Master en Éducation et promotion de la santé, un Doctorat en Sciences de l'éducation ou encore un Master en Ingénierie du système de santé. Ces programmes constituent une bonne alternative face au manque de moyens des universités africaines qui voient un afflux toujours plus important d'étudiants.

L'éducation est un des piliers° du développement, l'instrument d'un véritable progrès de la société et de l'économie. Internet rythme aujourd'hui la vie du monde entier. L'Afrique n'en est pas exclue et elle aussi peut enfin profiter du cyberespace. La construction d'une Afrique moderne est maintenant en marche. Son développement culturel, économique et social serait-il alors au bout du chemin? ■

cycles° levels
Entre autres° Among other things
Appui° Support
corrigés° questions with answers
piliers° pillars

TEACHING TIPS

Reading Strategies

- As students read, tell them they will understand the material better if they write a question or summary statement for every paragraph or section. This activity is especially important for readers who need help synthesizing the main ideas of paragraphs.
- Students should take advantage of lesson readings to develop approaches that work best for them. Throughout the school year, students will want to experiment with different reading strategies that you suggest.

Suggestions

- Tell students to preview the **Compréhension** questions on **p. 176** before they read.
- Ask students to locate the words from the **Vocabulaire** de la lecture within the article and read those sentences aloud. Then have them provide original sentences with the words.
- Have students go to the website www.examen.sn and explain what they found.
- To help gauge students' comprehension of the text, have them write a one-paragraph summary.

21st CENTURY SKILLS

Global Awareness
Students will gain perspectives on the Francophone world to develop respect and openness to others and to interact appropriately and effectively with citizens of Francophone cultures.

CRITICAL THINKING

Comprehension After reading the article, have students research more information about RESAFAD. Then ask them to summarize in their own words the importance of RESAFAD in advancing the education of young people in West Africa.

PRE-AP®

Interpersonal Speaking Have students work in pairs. One student is a reporter and the other is a high school student from **Sénégal**. The reporter asks the student about his school experiences and his plans for the future.

TEACHING TIPS

Expansion

- Have pairs check and compare their answers.
- Survey the class to find out if the questions and/or summary statements they wrote while reading helped them complete the activity.

2 Previewing Strategy As a preview for this activity, have students research the movement called **la Négritude**. Then ask follow-up questions, such as: **Comment s'appelle l'homme qui a inventé le terme «négritude»? (Il s'appelle Aimé Césaire.) D'où vient-il et que faisait-il? (C'est un Martiniquais qui était écrivain, homme politique et philosophe.) Quand il était étudiant, qui étaient les co-fondateurs de *L'étudiant noir*? (Léopold Sédar Senghor et Léon-Gontran Damas) Qu'est-ce que la Négritude? (C'est un mouvement culturel et littéraire qui valorise l'identité noire et la solidarité entre les peuples noirs, qui préserve sa culture et qui rejette le racisme et la colonisation française.)**

2 Cultural Note Explain that, prior to the **Négritude** movement, the word **nègre** was typically used negatively. Then the **Négritude** writers reclaimed it as a positive term. However, students should be warned that many people still consider the words **nègre** and **négresse** negative and insulting, and they should therefore be avoided.

2 Partner Chat You can also assign Activity 2 on the Supersite. Students work in pairs to record the activity online. The pair's recorded conversation will appear in your gradebook.

Analyse

1 Answers may vary slightly.
1. Le système éducatif africain n'est pas encore assez développé.
2. C'est un réseau éducatif à distance basé sur Internet.
3. Ils sont dans les capitales d'Afrique de l'Ouest.
4. Le gouvernement du Sénégal a lancé un site Internet destiné aux élèves de dernière année de collège et de lycée.
5. Ils peuvent y consulter les annales des examens des cinq années précédentes.
6. Elles ont mis en place des systèmes de formation universitaire à distance qui utilisent Internet et les nouvelles technologies.
7. Ils viennent d'Afrique, d'Amérique du Nord et d'Europe.
8. Les domaines privilégiés sont le domaine scientifique, le domaine technique et les programmes axés sur le développement du continent africain.

1 **Compréhension** Répondez aux questions par des phrases complètes.

1. Quel est le problème principal du système éducatif africain?
2. Qu'est-ce que le RESAFAD?
3. Où sont les centres du RESAFAD?
4. Quelle initiative le Sénégal a-t-il prise dans le domaine de l'éducation?
5. Qu'est-ce que les élèves peuvent y consulter?
6. Quel type de formation universitaire l'Université Virtuelle Africaine (UVA) et l'Agence Universitaire de la Francophonie (AUF) ont-elles mis en place récemment?
7. D'où viennent les professeurs qui participent à l'Université Virtuelle Africaine?
8. Quels sont les trois domaines de l'enseignement mentionnés dans l'article qui sont privilégiés par les programmes éducatifs?

2 **Citation à commenter** À deux, expliquez et commentez cette citation de Léopold Sédar Senghor (1906–2001), poète, homme politique et premier président du Sénégal.

> «Penser et agir par nous-mêmes et pour nous-mêmes, en Nègres..., accéder à la modernité sans piétiner (*trampling on*) notre authenticité.»

- Que dit Senghor dans cette citation?
- Êtes-vous d'accord avec ce qu'il dit? Expliquez.
- Quel lien voyez-vous entre cette citation et l'article que vous venez de lire?
- Senghor parle spécifiquement des Africains noirs, mais cette citation peut-elle s'appliquer à d'autres peuples dans le contexte de la mondialisation et de la modernisation?

3 **Pour ou contre la mondialisation?** Divisez la classe en deux groupes. Le premier est pour la mondialisation. Le deuxième est contre. Organisez un débat dans lequel chaque groupe explique et défend sa position. Trouvez au moins cinq arguments.

ressources

Practice more at **vhlcentral.com.**

PRE-AP®

Presentational Speaking Have students research and prepare an oral report about Léopold Senghor. First, they should prepare a brief biography with the information about his life that they found to be most important. Then, they should find one of his poems to read aloud to the class. The class discusses the significance of the poem.

PRE-AP®

Presentational Writing For Activity 3, tell students to prepare notes with their ideas before the debate. During the debate, they should take notes on their classmates' ideas. After the debate, students prepare a summary of the debate **Pour ou contre la mondialisation**.

Préparation

À propos de l'auteur

Ghislaine Sathoud (1969–), née à Pointe-Noire, capitale économique et grand port de la République du Congo, est une femme écrivain et une poétesse qui défend la cause des femmes. Elle publie son premier recueil (*collection*) de poèmes à l'âge de 18 ans. Elle part faire des études supérieures en France et au Québec, où elle habite actuellement. Elle écrit pour de grands journaux et participe à des activités qui ont pour but d'améliorer les conditions de vie des femmes immigrées. En 2004, elle sort un premier roman intitulé *Hymne à la tolérance*. Elle a aussi écrit deux pièces de théâtre, *Les maux du silence* (2000), qui parle des difficultés d'une Africaine en occident et *Ici, ce n'est pas pareil chérie!* (2005), qui traite de la violence conjugale.

Vocabulaire de la lecture

une bande *gang*
une couche sociale *social level*
en vouloir (à) *to have a grudge*
s'installer *to settle*
se lancer *to launch into*
mener *to lead*
pareil(le) *similar; alike*
raffoler de *to be crazy about*
une règle *rule*
sourd(e) *deaf*
soutenir *to support*
un(e) tel(le) *such a(n)*

Vocabulaire utile

s'acharner sur *to persist relentlessly*
se décourager *to lose heart*
s'en vouloir *to be angry with oneself*
la persévérance *perseverance*
la vengeance *revenge*

1  **Syllabes** Combinez les syllabes du tableau pour former quatre mots du nouveau vocabulaire. Ensuite, écrivez quatre phrases avec ces mots en utilisant des pronoms.

me	dé	ra	sta
vou	se	s'a	ger
s'in	char	ner	ner
ra	cer	cou	ller

s'acharner, se décourager, s'installer, mener

2  **Discussion** Avez-vous déjà vécu une tragédie? Connaissez-vous quelqu'un qui a été victime d'une tragédie? Comment explique-t-on ces tragédies qui surviennent (*happen*) dans notre vie ou dans le monde? Discutez-en par petits groupes.

3  **L'Afrique francophone** Que savez-vous de l'Afrique francophone et de son histoire? À deux, répondez à autant de questions de la liste que possible. Ensuite, comparez vos connaissances avec celles du reste de la classe.

- Combien de pays francophones y a-t-il en Afrique? Quels sont-ils?
- Quelles autres langues y parle-t-on?
- Quelles religions y pratique-t-on?
- Quels types de gouvernement y trouve-t-on?
- À quelle époque les Européens ont-ils commencé à coloniser le continent?
- Quels pays européens ont colonisé l'Afrique?
- Quels ont été les effets de la colonisation?

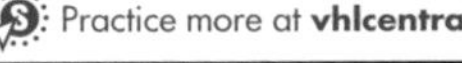
Practice more at **vhlcentral.com.**

Section Goals

In **Littérature**, students will:
- learn about the Congolese writer Ghislaine Sathoud
- read her story ***Le marché de l'espoir***

Key Standards

1.2, 2.2, 3.1, 5.2

Student Resources
Cahier de l'élève, pp. 87–89; Supersite: Activities, Synced Reading, *eCahier*
Teacher Resources
Answer Keys

TEACHING TIPS

Suggestion Point out the play on words in the title ***Les maux du silence*** (**maux** à **mots**).

1 Suggestion If students need a brief review of pronouns to write the five sentences, refer them back to **Structures 5.2, pp. 164–165** and **5.3, pp. 168–169**.

2 Expansion Ask an additional question about tragedies: **Est-il important de comprendre les raisons d'une tragédie personnelle ou mondiale?**

3 Expansion Have a contest to see which group can list 20 Francophone African countries first: **l'Algérie, le Maroc, la Mauritanie, la Tunisie, le Mali, le Niger, le Tchad, le Sénégal, la Guinée, la Côte d'Ivoire, le Burkina-Faso, le Togo, le Bénin, le Cameroun, la Guinée équatoriale, le Gabon, le Congo, la République centrafricaine, la République démocratique du Congo, le Rwanda, le Burundi**

DIFFERENTIATION

For Inclusion Review the conjugation of **vouloir** and **soutenir** as well as the spelling-change verbs **se lancer** and **mener**. Provide students with cloze sentences for the **Vocabulaire de la lecture**. Remind them to use correct verb forms. Have pairs compare answers.

DIFFERENTIATION

To Challenge Learners Ask students to look at current French-language newspapers to find the story of a recent tragedy. Students work in pairs to discuss the story. Ask them to determine if the tragedy was avoidable or not. Ask: **Une tragédie est-elle pire quand elle aurait pu être évitée? Expliquez.**

NATIONAL STANDARDS

Connections: Literature
The characters in Ghislaine Sathoud's stories are often women who are able to use their strength and courage to survive tragedies. Have students research more information about Sathoud to analyze how her literary works reflect her educational and professional background.

TEACHING TIPS

Previewing Strategy Ask one student to read the title aloud. Then have students look at and describe the photo. Ask: **Quel est le rapport entre la photo et le titre ?**

Reading Strategy ***Le marché de l'espoir*** contains many descriptions that help the reader create mental images. Tell students that creating mental images is an effective tool to aid in comprehension. Tell students to stop after each paragraph and create the details in their minds.

Suggestions

- Have students note the partitive article in the title. As they read, students should note other sentences that contain partitives.
- Tell students to also note examples of the pronouns **y** and **en**. They should write the example sentences in a notebook. Next to each sentence, they give the noun/phrase that the pronoun replaces.

Le marché

Ghislaine Sathoud

Yaba était une femme au courage exceptionnel, une vraie légende. Il y a très longtemps de cela, elle avait décidé de se lancer dans la restauration. À l'époque, personne ne se serait imaginé qu'avec la vie luxueuse qu'elle avait menée du vivant de son mari°, elle en aurait été réduite à s'installer dans un coin de notre rue pour y vendre du poisson grillé. Faute de° moyens financiers, elle avait installé un petit marché de nuit dans un endroit proche de° son domicile. Une telle entreprise demandait beaucoup d'énergie et de courage, mais les clients accueillirent° favorablement l'idée et ses efforts furent° récompensés.

Elle travaillait fort, très fort pour subvenir aux° besoins de ses enfants et au fil des mois et des années° d'autres femmes étaient venues s'installer à côté d'elle pour y vendre leurs spécialités et faire du commerce. La clientèle augmenta° sans qu'on ait besoin de faire de publicité. Pas d'affiches. Pas de publicité dans les journaux. Pas de publicité à la télévision! Seulement du bouche à oreille. De fil en aiguille°, le marché de Yaba devint° un symbole de réussite: Jeunes, adultes, hommes et femmes se retrouvaient là le soir, après de longues journées de travail. Chacun y trouvait son compte à sa manière.

du vivant de son mari while her husband was alive
Faute de Lacking
proche de près de
accueillirent ont accueilli
furent étaient
subvenir aux to provide for
au fil des mois et des années over the months and years
augmenta a augmenté
De fil en aiguille One thing leading to another
devint est devenu

PRE-AP®

Interpersonal Speaking Ask students to work in groups of four. Tell them to look at the photo and imagine what the women are saying. Groups should create and perform a skit that makes the photo come alive. Students can base their skits on information from the reading as well as experiences shopping in farmers' markets. The class should evaluate their classmates' skits for interest, clarity and fluency of speech, vocabulary usage, and grammatical accuracy.

PRE-AP®

Integrated Skills Ask students to use their mental images for each paragraph (see Reading Strategy above) to create a series of illustrations for the story. Each illustration should have a caption that provides a simple description of the scene or a simple conversation. Have students present their illustrations and captions to the class.

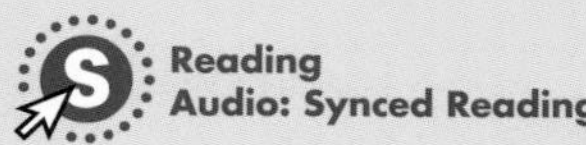

de l'espoir

Les enfants couraient, criaient, jouaient. Les garçons avec des ballons. Les filles avec des cordes à sauter°. De nombreuses femmes vendaient du poisson cuit à la braise avec des bananes frites. Dieu° sait si les gourmands en raffolaient.

Les vendeuses s'installaient là tous les soirs pour vendre leurs produits, se faire un revenu et nourrir° leurs enfants. Chaque année, elles étaient plus nombreuses et les clients aussi. Des clients de toutes les couches sociales. Tout le monde aimait bien acheter du poisson auprès des femmes de notre rue. Certains venaient de loin. On disait que ces femmes avaient une touche spéciale pour l'apprêter°, une façon à nulle autre pareille. Nuit et jour, la rue était noire de monde. Les jeunes y trouvaient des occupations en assurant la sécurité des vendeuses. Les vieillards° discutaient en jouant à des jeux de cartes.

Était-il vrai que le poisson vendu dans cette rue était meilleur que celui des cuisines? Était-ce l'ambiance de fête qui y régnait qui donnait l'illusion d'un goût toujours imité mais jamais égalé? Était-ce la présence des filles de Yaba superbement habillées avec des ensembles aux couleurs chatoyantes° et rayonnantes° qui donnait cette impression? Le poisson cuit à la braise servi dans des plats superbement

cordes à sauter: jump ropes
Dieu: God
nourrir: to nourish
apprêter: to prepare
vieillards: old men
chatoyantes / rayonnantes: shimmering / radiant

AFFECTIVE DIMENSION

Some students will not feel comfortable reading aloud. In this case, use the "tapping reading" strategy to reduce anxiety. Begin reading aloud. As you read, walk around the room and tap on a student's desk. The student reads along with you until you tap on another student's desk.

TEACHING TIPS

Suggestions

- Have students write words whose meanings they are not sure of on a piece of paper. Collect the papers. First ask if anyone already knows the meaning of each word and can provide a sample sentence. If not, use it in a context that clarifies the meaning.
- Play the dramatic recording for lines 28–38. Ask students to imagine the sounds that are implied and described. Have students make some of the sounds. How do these "sound images" relate to the theme of the story?

CRITICAL THINKING

Comprehension Ask pairs of students to choose a graphic organizer that allows them to comprehend each paragraph (outline, web, chart, flowchart, etc.). Have pairs complete the graphic organizer as they read. At the end of the story, have pairs explain how the organizer helped them understand the story.

CRITICAL THINKING

Analysis Have students compare and contrast this market scene with one they are familiar with. They should think about their five senses and talk about what they can see, hear, taste, touch, and smell at each place.

TEACHING TIPS

Suggestions

- Ask a few students to describe some of the details of the photo.
- Have pairs of students make up and then present a conversation between the two people in the photo.
- Ask students to describe how they felt as they read lines 110–139. Ask them if they have heard of any similar events in the world now or in history.

Language Note You may want to point out the numerous examples of the **passé simple** and explain that this is a literary tense and is equivalent to the **passé composé**.

colorés et accompagné de bananes faisait le bonheur des clients. Les filles qui servaient ces mets° succulents faisaient aussi la réputation de l'endroit et on aurait eu du mal à savoir ce qui attirait le plus la clientèle, de la bonne chère° ou des vendeuses. Les deux sans doute!

Le succès des uns s'accompagnant souvent de la jalousie des autres, des rumeurs commencèrent° à circuler sur les raisons du succès du marché de Yaba. On prétendit° que certaines vendeuses ne respectaient pas les règles élémentaires d'hygiène. On disait aussi que d'autres poussaient° des pères de famille à la débauche° en les exposant à la tentation. Jalouses, les épouses de quelques clients habitués s'inquiétaient. On faisait courir diverses balivernes° pour décourager les clients, de toutes les façons possibles! Mais les vendeuses avaient un moral d'acier° et Yaba qui tenait à son marché comme à la prunelle de ses yeux° affirmait dur comme fer que rien ne pouvait empêcher sa prospérité et celle de ses filles; qu'elles devaient continuer contre vents et marées° leurs activités, des activités qui faisaient par ailleurs° vivre de nombreuses familles élargies°! C'étaient des familles de quatre, cinq voire° six enfants sans compter les autres parents° au sens large du terme.

mets *delicacies* · bonne chère *good food* · commencèrent ont commencé · prétendit *claimed* · poussaient *drove* · débauche *debauchery* · balivernes *nonsense* · acier *steel* · la prunelle de ses yeux *apple of her eye* · contre vents et marées *against all odds* · par ailleurs *in addition* · élargies *extended* · voire *or even* · parents *relatives*

Sourde aux médisances°, une clientèle fidèle continuait à soutenir les vendeuses et à affluer°. Notre rue continuait à faire le bonheur des habitants de Dilalou. On y mangeait plus que jamais. On y riait. On y dansait. On y rencontrait aussi des amoureux...

Mais un jour, une bande de jeunes inconnus arrivèrent° au marché. Ils firent irruption° brusquement dans notre rue et tout se passa° très vite. Le coup avait certainement été préparé minutieusement°. Les vendeuses furent surprises. Les clients aussi. Et les assaillants devenus furieux cassèrent° tout ce qui pouvait l'être. Ils battirent° à mort les jeunes mères et les vieilles femmes. Ils battirent les clients. Et ceux qui furent les témoins de cette boucherie ne l'oublieront jamais. La radio annonça° plusieurs morts et de très nombreux blessés, mais il était impossible d'en donner le nombre exact. On ne savait pas qui se trouvait là, le jour de la tragédie. En haut lieu°, on ne voulut pas° vraiment savoir qui étaient les victimes ni pourquoi on s'était acharné ainsi° sur des innocents. Comment avait-on pu mettre autant de vies en péril? Pourquoi? Pourquoi?

Par solidarité, nous serrions les coudes°. Nous refusions de donner raison aux responsables de cette tragédie. On

médisances *slander* · affluer *to flock* · arrivèrent sont arrivés · firent irruption *burst into* · se passa s'est passé · minutieusement consciencieusement · cassèrent ont cassé · battirent ont battu · annonça a annoncé · En haut lieu *In high places* / ne voulut pas n'a pas voulu · ainsi *thus* · serrions les coudes *were sticking together*

PRE-AP®

Presentational Writing Provide students with a photo of a market scene in Africa (available online using the keyword "market" and the name of a Francophone country). Give students 20 minutes to write a description that uses the five senses. Say: **Décrivez cette scène de marché en approximativement 200 mots. Faites marcher vos cinq sens!**

PRE-AP®

Presentational Speaking Show students a copy of the painting *Guernica*, by Pablo Picasso. The picture shows the bombing of the city of Guernica, Spain, in 1937 by German and Italian warplanes. It depicts the tragedies of war, the pain it inflicts, and the suffering of innocent people. After reading the description of the tragedy in the **marché**, have students provide an oral description of *Guernica*.

parlait de règlements de compte°... On parlait de guerre... Mais pourquoi notre marché? Qu'est-ce que notre rue avait fait? Notre marché avait-il vraiment quelque chose à voir dans cette impitoyable° tragédie qui transformait des enfants en véritables assassins? Comment pouvait-on en vouloir à notre marché? Personne ne comprenait pourquoi ce marché avait été l'objet d'une telle violence, d'actes de vandalisme si démesurés°, pourquoi il avait été la scène de toutes ces horreurs. Personne!

Traumatisés, les habitants avaient perdu leur joie de vivre et quand le ciel revêtait° son manteau noir, on se réfugiait dans les maisons. À la tombée de la nuit, notre rue était déserte. Pas un chat dehors. Nouvelles habitudes et repli° sur soi-même. C'était tout le contraire du mode de vie d'ici. Seules les bottes entonnaient° leur chant de désolation dans les rues et dans les esprits. Des soldats nouveaux modèles. Une jeunesse sacrifiée. Des soldats au sang frais. Des enfants soldats qui pillent°, qui tuent. Notre rue n'était plus ce qu'elle était. Pour sortir, on attendait impatiemment le chant du coq qui annoncerait un jour nouveau, mais les pauvres coqs, eux aussi terrorisés, oubliaient d'annoncer le jour.

Comme de nombreux habitants de Dilalou, Yaba se retrouvait sans rien. À la suite° des pillages, elle avait tout perdu. La confusion qui s'était abattue° sur nous dans cette période tumultueuse ne l'épargnait° pas. Mais comme à l'époque de ses débuts, elle refusait de se perdre dans une errance° éternelle, toujours à la recherche d'un refuge. Les souvenirs de la guerre la hantaient° et elle ne se sentirait jamais plus vraiment en sécurité. Mais elle refusait l'idée de déambuler° encore et toujours à la recherche d'un refuge qu'elle ne trouverait jamais parce que l'esprit des lieux qu'elle aimait avait été changé à tout jamais par la guerre. Rien n'était plus comme avant. Rien ne serait plus jamais comme avant. Mais elle était en vie.

Rien n'était plus comme avant. Rien ne serait plus jamais comme avant.

Comme les autres rescapées° du marché, Yaba se remit° vaillamment° à la tâche. Elle remua° ciel et terre pour remettre les pendules à l'heure° et redonner vie à son marché. Elle espérait que la guerre était bel et bien finie, que le marché ne serait pas détruit à nouveau. Elle avait peur mais elle touchait du bois! Elle espérait que ces femmes dont elle était la doyenne° connaîtraient d'autres espaces de bonheur; que le souvenir des victimes innocentes de la tragédie serait associé à une nouvelle prospérité de son marché, rebaptisé° «Marché de l'espoir». Elle espérait, encore et toujours, car avec l'espoir ne dit-on pas que tout est possible? ■

settling of scores · *merciless* · *excessive* · *donned* · mouvement de retrait · commençaient à chanter · *pillage* · *following* · *beat down* · *spared* · *restless wandering* · *haunted* · *to wander* · *survivors* · s'est remise / courageusement · *moved* · *to set the record straight* · la plus âgée · renommé

TEACHING TIPS

Suggestions

- Read one paragraph using echo reading, where you read one sentence at a time and students reread as an echo.
- At the end of the story, ask: **Est-ce que «Marché de l'espoir» est un nom approprié pour le marché reconstruit? L'appelleriez-vous autrement?**
- Ask: **Pourquoi l'auteur a-t-il utilisé le terme «rebaptisé» pour introduire le nouveau nom du marché?**
- Ask: **Quelle était l'intention de l'auteur en écrivant cette histoire?**

CRITICAL THINKING

Analysis Ask students: **Pourquoi est-ce que Yaba, la doyenne, pensait que c'était son devoir de recoller les morceaux et de redonner vie au marché? Quels rôles jouent la jeunesse et le grand âge quand il faut redonner l'espoir après une tragédie?**

CRITICAL THINKING

Evaluation Ask: **Quand une tragédie se produit quelque part, pensez-vous qu'il soit préférable de: (a) reconstruire ce qui a été détruit; (b) ne pas reconstruire, mais édifier un monument; (c) déserter complètement cette endroit? Expliquez.** Discuss as a class, using specific examples if possible.

TEACHING TIPS

1 Expansion Ask students to write a one-paragraph summary of the story, based on their answers to the activity.

2 Expansion

- Discuss students' responses as a class, encouraging them to defend their opinions about the story. Ask students to analyze the importance of the setting. **Comment Sathoud décrit-elle l'ambiance du marché avant et après l'attaque?**
- Ask these additional interpretive questions: **Pourquoi est-il important de savoir au début de l'histoire que le mari de Yaba est mort? Que veut dire la phrase: «En haut lieu, on ne voulut pas vraiment savoir qui étaient les victimes ni pourquoi on s'était acharné ainsi sur des innocents»?**

21st CENTURY SKILLS

Technology Literacy
Ask students to prepare a digital presentation on the chronicle they read about Dilalou.

3 Expansion Ask an additional question: **Est-ce que les jeunes assaillants ont atteint leur objectif? Justifiez votre point de vue.**

Expansion Since students have already reflected upon the story's tragic aspects, have small groups discuss the encouraging and hopeful elements found in ***Le marché de l'espoir***. Ask: **Quelles sont les marques universelles d'optimisme qu'on retrouve dans cette histoire?**

Analyse

1 Suggested answers
1. Ils ont accueilli l'idée favorablement.
2. Tout le monde: jeunes, adultes, hommes et femmes s'y retrouvaient.
3. Le poisson y était meilleur, une ambiance de fête y régnait, les filles servaient des mets succulents.
4. On disait que les vendeuses ne respectaient pas les règles d'hygiène et qu'elles poussaient des pères de famille à la débauche.
5. Ils ont tout cassé, ils ont battu à mort les jeunes mères et les vieilles femmes et ils ont battu les clients.
6. Personne ne comprenait pourquoi le marché avait été l'objet d'une telle violence.
7. Ils ont tout perdu.
8. Yaba espérait que le souvenir des victimes innocentes serait associé à une nouvelle prospérité.

1 Compréhension Répondez aux questions.

1. Comment les clients ont-ils reçu l'idée du marché de Yaba?
2. Qui venait au marché?
3. Qu'est-ce qui faisait l'énorme succès du marché?
4. Quelles rumeurs ont commencé à circuler à propos du marché?
5. Qu'est-ce qu'une bande de jeunes a fait un jour?
6. Qu'est-ce que les habitants ont pensé de la tragédie?
7. Qu'est-ce que les habitants ont perdu à cause des pillages?
8. Pourquoi est-ce que le marché de Yaba a été rebaptisé «Le marché de l'espoir»?

2 Interprétation À deux, répondez aux questions par des phrases complètes.

1. Que représente la période de paix et de prospérité de Dilalou?
2. Qu'est-ce que les personnes qui ont fait circuler des rumeurs espéraient gagner par cette réaction de jalousie?
3. Après la tragédie, les habitants de Dilalou ont parlé de règlements de compte. Que pensez-vous de la vengeance?
4. Que veut dire Sathoud quand elle parle de jeunesse sacrifiée et de soldats au sang frais?
5. Qu'est-ce que les habitants de Dilalou avaient en commun avec toutes les victimes de guerre?
6. Que pensez-vous de la fin de cette histoire? Que révèle-t-elle sur la condition humaine?

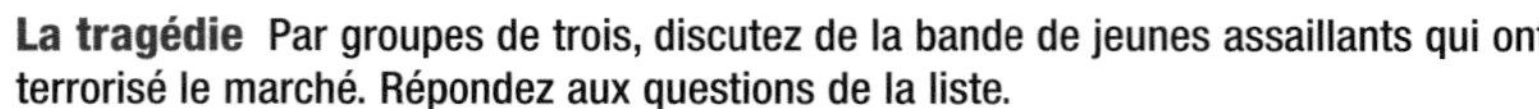

3 La tragédie Par groupes de trois, discutez de la bande de jeunes assaillants qui ont terrorisé le marché. Répondez aux questions de la liste.

- Que voulaient-ils?
- Pourquoi ont-ils fait connaître leurs sentiments par la violence?
- Qui étaient-ils exactement? De quel groupe de la société faisaient-ils partie?
- Quel sentiment universel représentaient-ils?

4 Rédaction Imaginez que vous soyez journaliste et que vous ayez été témoin d'un acte de violence, réel ou fictif, contre un groupe de personnes. Suivez le plan de rédaction pour écrire un article sur cette tragédie. Employez des partitifs et des pronoms.

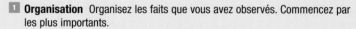

Plan

1. **Organisation** Organisez les faits que vous avez observés. Commencez par les plus importants.
2. **Historique** Décrivez le contexte historique des événements.
3. **Comparaison** Pour terminer, expliquez les répercussions possibles que cet événement pourrait avoir.

ressources
vText
CE pp. 87-89
vhlcentral.com Leçon 5

Practice more at **vhlcentral.com.**

CRITICAL THINKING

Analysis Present Sathoud's poem ***Paix sur la terre:*** **Paix aux hommes de bonne volonté / Pour faire cette paix, inutile de / Prendre les armes. / Apprenons à aimer autrui, / De tout notre cœur. / Pour aimer autrui, / Apprenons à le comprendre./ Pour comprendre autrui, / Apprenons à le connaître. / Connaître, comprendre et aimer autrui / Sont les seules armes à utiliser / Pour conduire à la paix. Une paix comme celle-là / N'a qu'un seul prix: / L'équilibre du monde**. Ask students to discuss the significance of the poem and relate it to the themes of ***Le marché de l'espoir*** as well as to the themes of Lesson 5. Which genre do they feel is best used to express these themes?

Crises et horizons

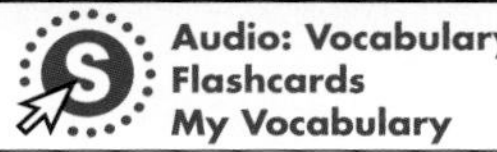

En mouvement

l'assimilation (*f.*) *assimilation*
un but *goal*
une cause *cause*
le développement *development*
la diversité *diversity*
un(e) émigré(e) *emigrant*
une frontière *border*
l'humanité (*f.*) *humankind*
l'immigration (*f.*) *immigration*
un(e) immigré(e) *immigrant*
l'intégration (*f.*) *integration*
une langue maternelle *native language*
une langue officielle *official language*
le luxe *luxury*
la mondialisation *globalization*
la natalité *birthrate*
le patrimoine culturel *cultural heritage*
les principes (*m.*) *principles*

aller de l'avant *to forge ahead*
s'améliorer *to better oneself*
attirer *to attract*
augmenter *to grow; to raise*
baisser *to decrease*
deviner *to guess*
prédire (*irreg.*) *to predict*

exclu(e) *excluded*
(non-)conformiste *(non)conformist*
polyglotte *multilingual*
prévu(e) *foreseen*
seul(e) *alone*

Les problèmes et les solutions

le chaos *chaos*
la compréhension *understanding*
le courage *courage*
un dialogue *dialogue*
une incertitude *uncertainty*
l'instabilité (*f.*) *instability*
la maltraitance *abuse*
un niveau de vie *standard of living*
une polémique *controversy*
la surpopulation *overpopulation*
un travail manuel *manual labor*
une valeur *value*
un vœu *wish*

avoir le mal du pays *to be homesick*
faire sans *to do without*
faire un effort *to make an effort*
lutter *to fight; to struggle*

dû/due à *due to*
surpeuplé(e) *overpopulated*

Les changements

s'adapter *to adapt*
appartenir (à) *to belong (to)*
dire au revoir *to say goodbye*
s'enrichir *to become rich*
s'établir *to settle*
manquer à *to miss*
parvenir à *to attain; to achieve*
projeter *to plan*
quitter *to leave behind*
réaliser (un rêve) *to fulfill (a dream)*
rejeter *to reject*

Court métrage

un(e) bavard(e) *chatterbox*
un châtiment *punishment*
un commissaire (de police) *(police) commissioner*
(un jour) férié *public holiday*
un flic *cop*
un(e) gamin(e) *kid*
un(e) môme *kid*
une supposition *assumption*
un témoin *witness*

avoir des préjugés *to be prejudiced*
brûler *to burn*
supposer *to assume*
témoigner de *to be witness to*
voler *to steal*

défavorisé(e) *underprivileged*
nombreux/nombreuse *numerous*

Culture

un collège *middle school*
un défi *challenge*
un écart *discrepancy, gap*
l'enseignement (*m.*) *education*
la formation à distance *distance learning*
un manque *lack*
le partage des richesses *distribution of wealth*
un partisan *proponent*
la perte de l'individualité *loss of individuality*

bénéficier de *to enjoy*
bouger *to move*
lancer *to launch*
revendiquer *to demand*

Littérature

une bande *gang*
une couche sociale *social level*
la persévérance *perseverance*
une règle *rule*
la vengeance *revenge*

s'acharner sur *to persist relentlessly*
se décourager *to lose heart*
en vouloir (à) *to have a grudge*
s'en vouloir *to be angry with oneself*
s'installer *to settle*
se lancer *to launch into*
mener *to lead*
raffoler de *to be crazy about*
soutenir *to support*

pareil(le) *similar; alike*
sourd(e) *deaf*
un(e) tel(le) *such a(n)*

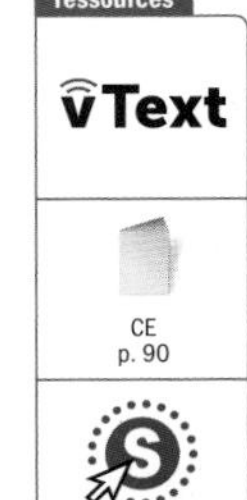

Key Standards

4.1

Student Resources
Cahier de l'élève, p. 90; Supersite: Vocabulary, *eCahier*
Teacher Resources
Audio Activity MP3s/CD; Testing program: Lesson Test

TEACHING TIPS

Language Learning

- Have students work in pairs to quiz each other on the lesson vocabulary. You might consider making this part of the class routine by using the last ten minutes for this purpose twice a week.
- Play Hangman. Have a volunteer represent a lesson vocabulary word on the board by a row of dashes (according to the number of letters). Call on classmates to suggest different letters. Correct letters are written in the word blanks; otherwise, one element is drawn in a hangman diagram. The game is over when the word is guessed or the diagram is complete.

Suggestion Using words from the **Vocabulaire**, have students discuss the significance of the term **le patrimoine culturel** as it relates to globalization.

21st CENTURY SKILLS

Leadership and Responsibility Extension Project
Establish a partner classroom in the Francophone world. As a class, have students decide on three questions they want to ask the partner class related to the topic of the lesson they have just completed. Based on the responses they receive, work as a class to explain to the partner class one aspect of their responses that surprised the class and why.

DIFFERENTIATION

For Inclusion Divide the class into different groups according to the vocabulary categories: **En mouvement, Les problèmes et les solutions**, and **Les changements**. Call out lesson vocabulary and have students from the corresponding group raise their hands. Then have one student from that group stand up and create a sentence using that word.

DIFFERENTIATION

To Challenge Students Have students choose fifteen words and write a paragraph that incorporates the words as well as the grammar points from this lesson.

Lesson Goals

In **Leçon 6**, students will:

- learn vocabulary related to family life, food, personality, and stages of life
- watch the short film ***De l'autre côté***
- learn about North Africa and Lebanon
- read about the designer Yves Saint Laurent
- study the subjunctive
- study demonstrative pronouns
- study irregular **-re** verbs
- read an article about a wedding in Algeria
- read Olivier Charneux's ***La logique des grands***

21st CENTURY SKILLS

Initiative and Self-Direction
Students can monitor their progress online using the Supersite activities and assessments.

TEACHING TIPS

Point de départ
What are the relationships of the people in the photo? What are they doing/saying? How many generations of students' families are alive? Who do they have the best relationship with?

Suggestions

- Ask students what are the various **étapes de la vie**; for example: **l'enfance, l'adolescence, l'âge adulte, la parentalité, la grand-parentalité**.
- As a class, make a list of the things that the various generations might have in common.
- Have students read the first sentence in the white box. Ask: **Quelles choses avez-vous vécues que vos parents n'ont pas vécues?** Then discuss the questions.

LEÇON 6

Les générations qui bougent

Les enfants vivent souvent des choses que leurs parents n'ont pas vécues. Si, pour cette raison, les générations ne se comprennent pas, cette incompréhension est-elle inévitable? L'affection qui existe entre les enfants et les parents ne permet-elle pas, au contraire, aux générations de se rejoindre et de se comprendre?

À chaque étape de la vie, les générations trouvent des points communs.

INSTRUCTIONAL RESOURCES

Student Resources
Print: Student Book, Workbook (*Cahier de l'élève*)
Supersite: vhlcentral.com, **vText**, *eCahier*, Audio, Video, Practice

Teacher Resources
Print: Teacher's Edition, Answer Keys, Testing Program
Technology: Audio MP3s on CD (Textbook, Testing Program, Audio Program), Video Program DVD (Film Collection)

Supersite: vhlcentral.com, Lesson Plans, Grammar Tutorials, Grammar Slides, Testing Program, Audio and Video Scripts, Answer Key, Audio MP3s, Streaming Video (Film Collection), Digital Image Bank, Learning Management System (Gradebook, Assignments)

Voice boards on the Supersite allow you and your students to record and share up to five minutes of audio. Use voice boards for presentations, oral assessments, discussions, directions, etc.

188 **COURT MÉTRAGE**
Samir, un jeune Français d'origine algérienne, revient dans son ancien quartier. Il est aujourd'hui avocat. Ses parents et son frère, par contre, n'ont jamais fait d'études. Dans son court métrage *De l'autre côté*, **Nassim Amaouche** nous montre comment tous doivent s'adapter à cette situation.

194 **IMAGINEZ**
Connaissez-vous le Proche-Orient? Et le Maghreb? Suivez notre reporter qui s'arrête d'abord à Beyrouth, au Liban, puis découvre la magie du Maghreb. Et pour finir, un petit détour par la France où le grand couturier **Yves Saint Laurent,** né en Algérie, a révolutionné la mode.

211 **CULTURE**
C'est *Jour de mariage*! On vous invite à un mariage algérien traditionnel. Vous ne verrez le couple ensemble qu'un peu plus tard...

215 **LITTÉRATURE**
Dans cette nouvelle d'**Olivier Charneux**, un jeune garçon est poussé par ses parents à suivre des cours de musique pour finalement être confronté à *La logique des grands*.

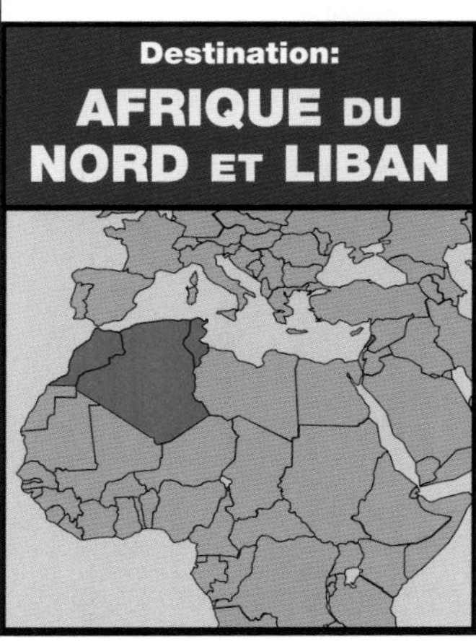

191

212

186 **POUR COMMENCER**

198 **STRUCTURES**

6.1 The subjunctive: impersonal expressions; will, opinion, and emotion

6.2 Demonstrative pronouns

6.3 Irregular -re verbs

221 **VOCABULAIRE**

TEACHING TIPS

Previewing Strategy
Ask students to analyze the meaning of the lesson title both in the literal and figurative senses. In pairs, have students trace the geographical movement of their families over the last few generations. Then discuss how beliefs, priorities, culture, and traditions have evolved over time. Ask: **Les changements culturels qu'a connus une famille peuvent-ils provoquer des conflits entre générations? Si oui, de quelle façon?**

Suggestions
- Ask students to call out what immediately comes to mind when you say **l'Algérie**. Make a list of the words on the board. Then do the same for **le Maroc** and **le Liban**. Keep a copy of the list and revisit it at the end of the lesson. Have students make a second column and add new words to it for each country. How has their knowledge of the countries changed?
- Have students read the section summaries. Ask: **Quel est le rapport entre le contenu de chaque section et le titre de la leçon, «les générations qui bougent»?**

NATIONAL STANDARDS

Connections: Social Studies
Maghreb, an Arabic word that means "place of sunset" or "western," refers to the North African countries of Algeria, Morocco, and Tunisia. Ask students to research and present some basic facts about the area, such as geography, population, history, and culture.

DIFFERENTIATION

To Challenge Students Have students work in pairs to create word webs for the following: **les adolescents, les parents, les grands-parents**. The words should relate to major issues and concerns for each generation. As a class, compile the ideas on a large web on the board. Then compare and contrast the ideas in each web.

DIFFERENTIATION

For Inclusion Present students with a series of **vrai/faux** statements about the visuals and texts on **p. 185**. For example: **Le Liban se trouve en Afrique du Nord. (faux) Samir est d'origine algérienne. (vrai)** Ask students to correct any **faux** statements. This activity can be done orally or in writing.

Section Goals

In **Pour commencer**, students will learn and practice vocabulary related to family members, family life, food, personality, stages of life, and generations.

Key Standards

1.1, 1.2, 4.1

Student Resources
Cahier de l'élève, pp. 91–93; Supersite: Activities, Vocabulary, *eCahier*
Teacher Resources
Answer Keys; Audio Script; Audio Activity MP3s/CD; Testing program: Vocabulary Quiz

TEACHING TIPS

Synonymes

- **gronder↔réprimander**
- **un époux↔un mari**
- **une épouse↔une femme**
- **un beau-fils↔un gendre**
- **une belle-fille↔une bru**
- Mention that **bru** is not used frequently.
- Point out that the term **belle-famille** or **beaux-parents** means *in-laws*. Example: **Nous passons les vacances d'hiver avec ma belle-famille** (*spouse's family*).

Suggestions

- Ask students to use each adjective in **La personnalité** to describe a character in a movie or a TV show.
- Have students write a short paragraph called **Comment élever un enfant**, using at least five of the terms in **La vie familiale**.
- Give various one-sentence descriptions of the photos and pictures. Students point to the image.

POUR COMMENCER

En famille

Audio: Vocabulary Practice
My Vocabulary

Les membres de la famille

un(e) arrière-grand-père/-mère *great-grandfather/grandmother*

un beau-fils/-frère/-père *son-/brother-/father-in-law; stepson/father*
une belle-fille/-sœur/-mère *daughter-/sister-/mother-in-law; stepdaughter/mother*
un(e) demi-frère/-sœur *half brother/sister*
un(e) enfant/fille/fils unique *only child*
un époux/une épouse *spouse; husband/wife*
un(e) grand-oncle/-tante *great-uncle/-aunt*
des jumeaux/jumelles *twin brothers/sisters*
un neveu/une nièce *nephew/niece*
un(e) parent(e) *relative*
un petit-fils/une petite-fille *grandson/granddaughter*

La vie familiale

déménager *to move*
élever (des enfants) *to raise (children)*
être désolé(e) *to be sorry*
gâter *to spoil*
gronder *to scold*

punir *to punish*
regretter *to regret*
remercier *to thank*
respecter *to respect*
surmonter *to overcome*

La cuisine

un aliment *(type or kind of) food*
une asperge *asparagus*
un citron *lemon*
un citron vert *lime*
un conservateur *preservative*
des épinards (*m.*) *spinach*
une fromagerie *cheese store*
un hypermarché *large supermarket*

un raisin (sec) *grape (raisin)*
le saumon *salmon*
une supérette *mini-market*
la volaille *poultry, fowl*

alimentaire *related to food*
bio(logique) *organic*

La personnalité

le caractère *character, personality*

autoritaire *bossy*
bien/mal élevé(e) *well-/bad-mannered*
égoïste *selfish*
exigeant(e) *demanding*

insupportable *unbearable*
rebelle *rebellious*
soumis(e) *submissive*
strict(e) *strict*
uni(e)/lié(e) *close-knit*

Les étapes de la vie

l'âge (*m.*) adulte *adulthood*
l'enfance (*f.*) *childhood*
la jeunesse *youth*
la maturité *maturity*
la mort *death*
la naissance *birth*

la vieillesse *old age*

Les générations

l'amour-propre (*m.*) *self-esteem*
le fossé des générations *generation gap*
la patrie *homeland*
une racine *root*
un rapport/une relation *relation/relationship*
un surnom *nickname*

hériter *to inherit*
ressembler (à) *to resemble, to look like*
survivre *to survive*

ressources
vText | CE pp. 91–93 | vhlcentral.com Leçon 6

LEARNING STYLES

For Visual Learners Ask students to create a family tree that includes people for all of the relationships in **Les membres de la famille**. Have them write a fictitious name and the appropriate vocabulary word under each person.

LEARNING STYLES

For Auditory Learners Have students work in pairs. Using the family trees that they created in the For Visual Learners activity, students make statements about the people. E.g., **C'est l'épouse de Robert. / Elle est fille unique**. The other student identifies the person.

Mise en pratique

1 **Les analogies** Choisissez le meilleur terme pour compléter chaque analogie. Ajoutez l'article ou le partitif devant le nom quand c'est nécessaire.

alimentaire	gronder	jumelles	supérette
arrière-grand-mère	jeunesse	saumon	volaille

1. un grand-oncle : une grand-tante :: un arrière-grand-père : une arrière-grand-mère
2. la mort : la naissance :: la vieillesse: la jeunesse
3. la famille : familiale :: la nourriture : alimentaire
4. une fromagerie : du camembert :: une poissonnerie : du saumon
5. un gratte-ciel : une maison :: un hypermarché : une supérette
6. regretter : être désolé :: punir : gronder

2 **Les devinettes** Répondez à chaque devinette. Utilisez uniquement le nouveau vocabulaire de cette leçon.

1. Au début, j'étais fils unique. Mes parents ont divorcé et mon père s'est remarié avec une femme qui a deux filles. Qui suis-je pour ma nouvelle maman?
2. Je suis un légume vert, fin et long. Je suis une bonne source d'acide folique et de potassium. Que suis-je?
3. Nous sommes de petits fruits ronds. Nous pouvons être verts ou rouges et on a besoin de nous pour faire du vin. Que sommes-nous?
4. Je suis un produit naturel et sans conservateurs. Quelle sorte de produit suis-je?
5. Je ne pense qu'à moi. Je n'aide jamais les autres. Comment suis-je?
6. Je demande beaucoup à mes enfants: réussir à l'école, faire du sport, manger des fruits et des légumes et plein d'autres choses. Mais je ne suis pas trop stricte. Quelle sorte de mère suis-je?

2
1. un beau-fils
2. une asperge
3. des raisins
4. biologique/un produit bio
5. égoïste
6. (une mère) exigeante

3 **Définissez et devinez** Vous définissez six mots et un(e) camarade définit les six autres mots. Ensuite, à tour de rôle, essayez de deviner quel mot va avec chaque définition.

Élève 1:

déménager	jumeau	soumis
hériter	petite-fille	surnom

Élève 2:

beau-père	gâter	patrie
fille/fils unique	insupportable	surmonter

4 **Un repas de famille** Par groupes de cinq, imaginez que vous soyez un membre de la famille Lavelle. Regardez la photo et prenez quelques minutes pour organiser une conversation qui utilise autant de nouveau vocabulaire que possible.

Practice more at **vhlcentral.com.**

TEACHING TIPS

1 Expansion Have students compose their own analogies using the unused words.

2 Expansion In groups, have students create an original riddle using new and recycled vocabulary. Call on a volunteer from each group to read their riddle to the rest of the class, who will guess the answer.

3 Suggestion This activity can be done in two ways. (1) Students first write their six words on index cards. Then they write the definitions on other cards. Pairs take turns matching the words and definitions. (2) Students give each definition out loud and the other student says the word.

PRE-AP®

4 Interpersonal speaking Ask a few groups to present their conversations to the class. Have the class evaluate the conversations for use of vocabulary, accuracy, clarity, and interest.

4 Extra Practice For an oral project, have students prepare a presentation about their own families, using photographs or other visual aids.

DIFFERENTIATION

For Inclusion Have pairs of students make flashcards with the vocabulary word on one side, and on the other a picture, a cloze sentence, or an illustrative example. Pairs quiz each other using the flashcards.

DIFFERENTIATION

To Challenge Students Ask students to write ten sentences with advice about how to be a good parent. They must incorporate at least one word from each vocabulary category.

Section Goals

In **Court métrage**, students will:

- watch the short film ***De l'autre côté***
- practice listening for and using vocabulary and grammar from the lesson

Key Standards

Student Resources
Cahier de l'élève, pp. 106–107; Supersite: Video, Activities, *eCahier*
Teacher Resources
Answer Keys, Video Script & Translation, Film Collection DVD

TEACHING TIPS

Synonymes

- **traîner↔vagabonder**
- **un voyou↔un vaurien**
- **un foulard↔une écharpe**
- Point out that **traîner** in this sense is informal and has a pejorative connotation.

Suggestion Have pairs of students create mini-conversations that use the three **Expressions** and any other vocabulary words of their choosing.

1 Expansion After completing the activity, ask if students have heard about similar controversies. Ask: **Pensez-vous qu'on devrait tous avoir le droit de porter ce qu'on veut à l'école? Y a-t-il des cas spéciaux?** Tell them to use the new vocabulary words whenever appropriate.

2 Expansion

- Ask students to create additional sentences with the words not used in this activity.
- Use the sentences from the activity, as well as a selection from the previous suggestion as the basis for a cloze **dictée**. Have students work in pairs to check for right and wrong answers. For wrong answers, students should consult their text and rewrite the answers.

Préparation

Vocabulaire du court métrage

- **déranger** *to bother, to disturb*
- **mépriser** *to have contempt for*
- **la pension** *benefits*
- **soûler** *to bug; to talk to death*
- **traîner** *to hang around; to drag*
- **un voyou** *hoodlum*

Vocabulaire utile

- **chuchoter** *to whisper*
- **une cité** *low-income housing development*
- **un complexe d'infériorité** *inferiority complex*
- **un foulard** *headscarf*
- **la gêne** *embarrassment*
- **un(e) intellectuel(le)** *intellectual*
- **tendu(e)** *tense*
- **traiter avec condescendance** *to patronize*
- **un(e) travailleur/travailleuse manuel(le)** *blue-collar worker*

EXPRESSIONS

- **comme d'hab'** *as usual*
- **faire son cinéma** *to show off*
- **Qu'est-ce que tu me racontes?** *What are you talking about?*

1 Le foulard islamique Complétez à l'aide des mots de vocabulaire.

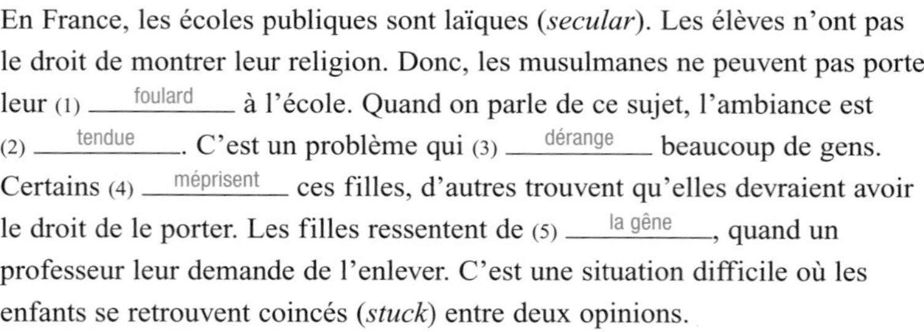

En France, les écoles publiques sont laïques (*secular*). Les élèves n'ont pas le droit de montrer leur religion. Donc, les musulmanes ne peuvent pas porter leur (1) ___foulard___ à l'école. Quand on parle de ce sujet, l'ambiance est (2) ___tendue___. C'est un problème qui (3) ___dérange___ beaucoup de gens. Certains (4) ___méprisent___ ces filles, d'autres trouvent qu'elles devraient avoir le droit de le porter. Les filles ressentent de (5) ___la gêne___, quand un professeur leur demande de l'enlever. C'est une situation difficile où les enfants se retrouvent coincés (*stuck*) entre deux opinions.

2 Associez Trouvez la fin logique de chaque phrase.

___b___ 1. Adolescente, Sophie avait un complexe d'infériorité

___d___ 2. Tout le monde considère que Thomas est un voyou

___a___ 3. Le père de Fatima touche aujourd'hui une très bonne pension

___e___ 4. Sylvain a chuchoté pour ne pas déranger les gens

___c___ 5. Éric me soûle chaque fois qu'il vient chez moi

a. parce qu'il était travailleur manuel et faisait partie d'un bon syndicat.

b. parce que sa sœur était une grande intellectuelle.

c. parce qu'il fait toujours son cinéma devant ma sœur.

d. parce qu'il traîne tout le temps dans la rue avec ses amis.

e. parce qu'il est arrivé à un moment assez tendu dans le film.

Practice more at **vhlcentral.com.**

CRITICAL THINKING

Analysis As a class, make a list of rules from your school's dress code. Discuss the merits of this code. Ask students what changes they would like to make in the dress code and explain their reasoning.

CRITICAL THINKING

Knowledge and Comprehension In small groups, have students discuss movies or TV shows that involve immigrant families. Ask: **Comment est-ce que ces familles sont représentées? Quelle est la relation entre (a) les parents et leurs enfants, et (b) ces familles et les habitants de leur quartier?**

3 **Questions** À deux, répondez aux questions et expliquez vos réponses.

1. Vos parents s'inquiètent-ils beaucoup pour vous ou sont-ils heureux que vous soyez indépendant(e)?
2. Avez-vous de bonnes relations avec vos parents? Expliquez.
3. Êtes-vous heureux/euse de vivre chez vos parents ou aimeriez-vous avoir déjà votre propre logement?

4 **Changements** À deux, discutez des changements des cinquante dernières années. Comment vivait-on avant et comment vit-on aujourd'hui? Remplissez le tableau et comparez vos réponses avec celles des autres groupes.

	Il y a 50 ans	Aujourd'hui
les relations personnelles		
les relations professionnelles		
les relations familiales		
la recherche d'un emploi		
les maisons		
les villes		
le lycée		
les moyens de transport		
les moyens de communication		

5 **L'évolution de la famille** Répondez aux questions par groupes de trois et comparez vos réponses avec celles des autres groupes.

1. Pourquoi avez-vous une vie plus facile que celle qu'ont eue vos parents? Pourquoi est-elle plus difficile?
2. Êtes-vous fier/fière des origines de votre famille? Pourquoi?
3. Connaissez-vous des gens qui ont honte de leur famille ou de leurs parents? Pourquoi en ont-ils honte?
4. Pensez-vous que les enfants doivent s'occuper de leurs parents quand ils sont âgés?

6 **Qui est-ce?** Par petits groupes, regardez les trois images. Imaginez les relations entre tous les personnages. Décrivez comment chacun passe la journée en général.

TEACHING TIPS

3 Suggestions

- For item 1, point out that the verb **s'inquiéter** is a spelling-change verb, similar to **préférer**.
- For item 2, ask a student to explain the use of **de** (rather than **des**) before **bonnes relations**.

3 Expansion Call on students to summarize their partner's answers.

4 Suggestion Remind students to use the **imparfait** to describe how things *used to be.*

4 Expansion As a follow-up activity, add another column to the table labeled **Dans 50 ans**. Have students predict what changes will occur during the next 50 years. Example: **Dans 50 ans, on n'utilisera que le téléphone portable**.

5 Suggestions

- For item 1, ask a student to explain the agreement of the past participle **eue**.
- As an option for item 3, students can talk about a family situation from a movie or a TV show.

21st CENTURY SKILLS

5 Collaboration
If you have access to students in a Francophone country, ask them to discuss the same questions on Activity 5 and share their answers with your class.

PRE-AP®

Audiovisual Interpretive Communication
Students look back on their own experiences with and/or attitudes about the particular theme of the film.

PRE-AP®

Presentational Speaking Have students work in pairs to compile a list of issues that first-generation adult immigrants face. Then have them compile a list of issues that the children of these immigrants face, especially in terms of their relationship with their parents. Finally, have students present their ideas to the class in an oral presentation to be graded based on appropriateness of ideas, range of vocabulary, pronunciation, and fluency.

PRE-AP®

Presentational Writing Have students use the prompt in Activity 5 item 4 as the basis for an essay. Give students fourty minutes to write the essay, encouraging them to first organize their ideas in a graphic organizer. Let them know that they will be scored on the following criteria: appropriateness and range of vocabulary, grammatical accuracy, organization, and style.

TEACHING TIPS

Previewing Strategies

- Tell students to look at the movie poster and describe what they see. Ask: **À votre avis, quelle est la relation entre ces deux personnes?**
- Ask students to read the list of credits. Based on these names, what can students predict about the film?
- Project the six stills from the film without the captions. Ask students to talk about possible familial relationships as well as the nature of those relationships.

NATIONAL STANDARDS

Connections: History

Throughout history, Algeria has had numerous rulers and has been attacked by various tribes and countries, including France. The country was granted full independence from France in 1962. Have students research the history of Algeria and list major events on a timeline.

21st CENTURY SKILLS

Social and Cross-Cultural Skills

Have students work in groups to choose one or two aspects of the film that is different from what they would expect in their daily life. Ask students to write two to three sentences about the difference(s) and how they would explain what is different to a visitor from that culture.

Video: Short Film

De l'autre côté
Prix de la première œuvre au Festival du Court Métrage Méditerranéen de Tanger, 2004; Prix Découverte de la Critique Française, 2004
Une production des FILMS DE CLÉOPÂTRE
Scénario et réalisation NASSIM AMAOUCHE
Production HAKIM SAHRAOUI/CHRISTINE BESSARD
Direction de la photographie CÉDRIC FRANÇOIS ASCENCIO
Montage AURÉLIE MONIER Son JULIEN BROYER Décors JOSEPH GUÉRIN Musique CHEB KHALED
Acteurs BENAÏSSA AHOUARI/KEINE BOUHIZA/YASMINE BELMADI/ABDE DEEN

CRITICAL THINKING

Application Ask pairs of students to create a conversation between the two characters in the poster. They should use words from the vocabulary presented on **p. 188**. As an option, have students work in groups of three where one student plays the character seen in scene 6 on **p. 191**—the same scene as on the poster.

CRITICAL THINKING

Analysis Discuss the meaning of the film title: ***De l'autre côté***. Then ask students to predict how it relates to the people in the poster. After watching the film, have students revisit their predictions and make a revised statement, if necessary.

INTRIGUE *Un jeune avocat d'origine algérienne retourne chez ses parents «de l'autre côté», pour la fête de circoncision de son petit frère.*

LA MÈRE Malik! Ton frère, il va arriver pour la fête. Il prend ta chambre.
MALIK Je vais dormir où, moi?
LA MÈRE Avec le petit.
MALIK S'il te plaît, ne me fais pas ça! Il va me soûler avec ses lapins… J'en ai marre!

SAMIR Ça n'a pas trop changé.
LA MÈRE Ah oui, on a fait un peu la peinture et tout ça.
SAMIR Et Malik, il est où?
LA MÈRE Oh, Malik, il traîne toujours… avec les voyous. Il ne change pas.

SAMIR Samedi, on va avoir une grande fête. Des gens que tu ne connais pas vont te donner plein d'argent, et tu pourras t'acheter plein de cadeaux!
LE PETIT Je sais, Malik m'a dit qu'avec cet argent je pourrai m'acheter une ferme°, des lapins, un coq°, et surtout des lapins!

LE PÈRE Allo? Je m'appelle BOUJIRA. Je vous téléphone au sujet d'un dossier°, là… Je me suis trompé…
LE FONCTIONNAIRE Mais quand même, faites un effort…
SAMIR Il te parle comme à un gamin… Il l'a sentie, ta honte.

MALIK Comment ça doit être dur de passer de l'autre côté… Avec tous ces cravatés°-là qui te regardent sûrement comme un objet exotique quand t'es avec eux. Tu crois que je vois pas?… Il [Le père] [n'] a pas gueulé° de la journée. J'ai été voir maman. Elle m'a tout raconté.

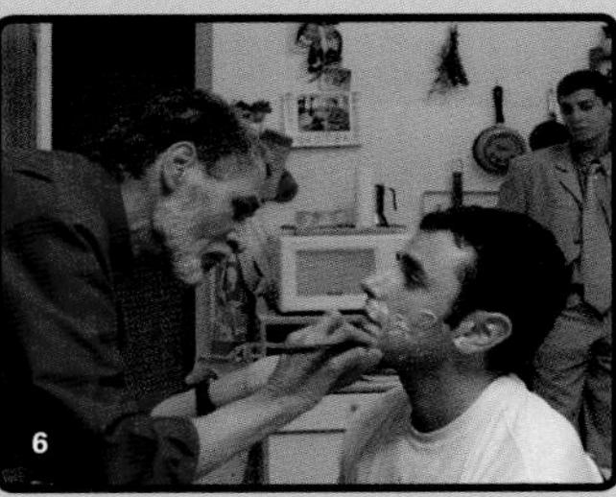

SAMIR Il n'y a que ça comme rasoir?
LE PÈRE Laisse, laisse… tu vas te couper. Tu sais, ton frère, il ne se rase pas. Il a la peau de bébé.
MALIK On y va quand vous voulez.

ferme *farm* **coq** *rooster* **dossier** *file*
cravatés *businesspeople (slang); "suits"*
gueulé *yelled*

Note CULTURELLE

Les Algériens en France

En France, 31% des immigrés viennent du Maghreb. Et la moitié d'entre eux sont algériens. Ils ont commencé à venir en France dans les années 1960 pour des raisons économiques: la France avait besoin de travailleurs et ils avaient besoin de travail. La majorité vit dans la région parisienne et dans le sud-est de la France. Aujourd'hui, 25% d'entre eux font des études supérieures, mais ils doivent encore faire face à° des discriminations quand ils cherchent un travail ou un logement.

faire face à *cope with*

TEACHING TIPS

Film Synopsis Samir, the son of Algerian immigrants living in France, left home and became a lawyer. When he returns to the old neighborhood for his youngest brother's circumcision ceremony, he is confronted by an unexpected culture shock. While his life has taken on a new direction, Samir realizes that the lives of his friends and family have not.

Previewing Strategy In groups of five, have students read the scenes aloud, each playing a different role. (The students playing **le petit** can also be the **fonctionnaire**.) Say: **Étudiez les photos et le texte: Quel est le ton de ce court métrage? Optimiste? Émouvant? Drôle? Sombre?**

Suggestion After reading the **Note culturelle**, have students discuss their reactions in small groups. Ask: **Remarquez-vous des signes de discrimination et d'intolérance dans notre société? Citez un exemple, réel ou inventé. Que faites-vous quand vous êtes confronté(e) à une telle situation?**

CRITICAL THINKING

Comprehension Ask students to write a paragraph summarizing the film according to what they see and read in the stills. Then ask them to write a paragraph that predicts what will happen in the film following scene 6. Have volunteers read their paragraph for the class. Vote on the most likely ending to the film.

CRITICAL THINKING

Analysis After viewing the film, have students determine which six scenes they would choose to represent a summary of the story. Have them sketch a picture of each scene and write the conversation or a summary under it. Post the scenes around the room. Have the class determine the best summary.

Analyse

TEACHING TIPS

1 Suggestion Have students work in pairs to answer the questions.

1 Expansion Ask a follow-up question to #6: **Vous êtes-vous déjà surpris à parler à une personne âgée ou un immigré de la façon dont le fonctionnaire a parlé au père de Samir? Comment expliquez-vous votre acte?**

2 Expansion Ask these additional questions: **Quelles similitudes voyez-vous entre les Boujira et vos propres parents? Avec quel personnage avez-vous le plus de points communs?**

3 Previewing Strategy Before assigning this activity, have students briefly discuss their relationships with their siblings. Ask: **Si vous avez des frères ou des sœurs, vos rapports avec eux/elles ont-ils changé au cours des années?**

NATIONAL STANDARDS

Cultures Approximately 3 million of metropolitan France's 65 million people come from the Maghreb. Have students research France's historic and current immigration demographics. Have them include information as to the economic and political reasons behind the various trends.

1 Answers may vary slightly.
1. Malik est fâché contre sa mère parce qu'elle donne la chambre de Malik à Samir, son frère.
2. Samir est revenu pour la fête de son petit frère.
3. Le père se fâche contre Malik. Il montre beaucoup de respect pour Samir. La mère s'inquiète pour Malik, mais elle admire Samir.
4. Ils sont contents de revoir Samir.
5. Elle organise une fête pour le petit frère.
6. Samir est déçu parce que le fonctionnaire parle à son père comme à un enfant et qu'il pense que son père a honte.
7. Ils y passent pour faire une surprise au petit frère.
8. Malik se sent insulté parce que Samir lui dit qu'il peut lui trouver un poste pas très compliqué, comme si Malik était trop bête pour faire un travail difficile.

1 **Compréhension** Répondez aux questions par des phrases complètes.

1. Pourquoi Malik est-il fâché contre sa mère au début du film?
2. Pour quelle raison Samir est-il revenu?
3. Comment les parents réagissent-ils face à Malik? Et face à Samir?
4. Comment sont Malik et le petit frère quand ils revoient Samir?
5. Pour qui la famille Boujira organise-t-elle une fête?
6. Pourquoi Samir est-il déçu après la conversation de son père avec le fonctionnaire?
7. Pourquoi Malik et ses copains passent-ils à la maison le samedi soir, avant la fête?
8. Quelle est la réaction de Malik quand Samir lui offre un emploi au cabinet où Samir travaille? Pourquoi Malik réagit-il de cette manière?

2 **Interprétation** À deux, répondez aux questions et expliquez vos réponses.

1. Pourquoi Samir est-il venu tout seul, sans son amie?
2. Malik est-il jaloux de son frère, Samir?
3. Samir et Malik respectent-ils leurs parents?
4. Quelle est la nature des relations entre la mère et le père?
5. À votre avis, quel membre de la famille Boujira est le plus heureux? Pourquoi?
6. Comment Samir est-il passé «de l'autre côté»? Et pourquoi passer de l'autre côté est-il difficile (comme le dit Malik)?
7. Pourquoi Malik emploie-t-il souvent des mots arabes, et Samir pas du tout?
8. Imaginez l'avenir du petit frère. Deviendra-t-il comme Samir ou comme Malik?

3 **Samir et Malik** À deux, discutez des différences et des points communs qui existent entre Samir et Malik. Comment se comportent-ils? Qu'est-ce qui les intéresse dans la vie?

 Practice more at **vhlcentral.com.**

PRE-AP®

Presentational Writing Ask students to provide their answer to Activity 2 item 3 in writing. They should include reasons for their answer about each son and give specific supporting examples from the film. Tell students that they will be evaluated on the strength of their reasoning in addition to grammatical accuracy and range of vocabulary.

EXPANSION

Descriptions Provide students with a handout that has a copy of the images from the film on **pp. 189** and **191**. Identify each image with a number. Call out an image number at random and ask questions such as: **Qui est sur cette photo? Que font-ils? Que se disent-ils? Quelle est leur relation? Quelle est l'ambiance de cette photo?**

4 **Les thèmes du film** À deux, réfléchissez aux thèmes du film. À votre avis, quel est le thème principal? Écrivez un paragraphe qui explique ce thème et pourquoi vous l'avez choisi. Suggérez au moins deux thèmes secondaires. Quel est le rapport avec le thème principal?

5 **La fête** Regardez l'image ci-dessous et pensez à la scène de la fête, à la fin du film. Par petits groupes, décrivez la scène puis répondez aux questions.

- Pourquoi la scène de la fête est-elle différente de la vie quotidienne?
- Quel est le personnage dont le comportement est le plus différent, comparé à la vie de tous les jours? Pourquoi?
- Que ressent le petit frère? Et que ressentent ses parents?

6 **Les générations** À deux, écrivez un dialogue basé sur une de ces deux situations.

A

On vous offre la possibilité de faire un stage dans un pays étranger pendant un an, avant de terminer vos études. Vous devez en discuter avec vos parents. Votre père/mère préférerait que vous terminiez d'abord vos études.

B

Votre mère a envie de retourner à l'université pour continuer ses études et elle doit en discuter avec vous. Vous ne pensez pas que ce soit une bonne idée.

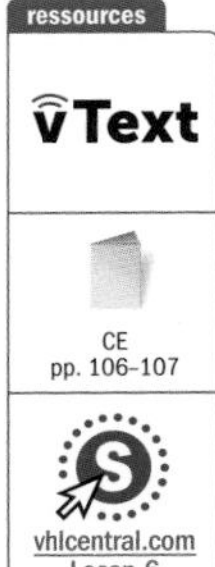

TEACHING TIPS

4 Suggestion You may prefer to have individual students write the paragraph for homework. They can then compare their ideas with a partner during the next class.

5 Previewing Strategy Before assigning this activity, ask: **Avez-vous déjà assisté à une fête de famille? Si oui, l'ambiance de cette fête était-elle semblable à celle de la fin du film?**

PRE-AP®

6 Interpersonal Speaking Have groups of three act out disagreements between parents and their child. The skits can be imagined or based on real events. Have the rest of the class offer opinions on how to solve the problems presented.

Suggestion Discuss the tone of the film and compare students' ideas to the predictions they made before viewing it.

NATIONAL STANDARDS

Cultures There are several holidays and festivals in Algeria throughout the year. Some are political, such as Independence Day (July 5) and Revolution Day (November 1). Others are cultural (such as music festivals) or religious. Have students research the various holidays and festivals and create a calendar of the dates with an accompanying picture and caption for each.

CRITICAL THINKING

Comprehension and Evaluation Ask pairs of students to write a one- to two-paragraph review of the film. Students' introduction should summarize the film. The middle should give their opinion with supporting examples. Their endings should recommend the film (or not) and summarize why.

DIFFERENTIATION

Synthesis Ask students to design a new poster for the film. Each student then presents the new poster to the class, describing what is included and explaining why it represents the film.

Section Goals

In **Imaginez**, students will:

- read about North Africa and Lebanon
- be introduced to sights and attractions of Francophone North Africa
- learn about Arabic words borrowed by French

21st CENTURY SKILLS

Global Awareness
Students will gain perspectives on the Francophone world to develop respect and openness to other cultures.

Key Standards

2.1, 2.2, 3.2, 4.2, 5.1

Student Resources
Cahier de l'élève, p. 94; Supersite: Activities, *eCahier*
Teacher Resources
Answer Keys

TEACHING TIPS

Reading Strategy Remind students of the triple-read method: 1. read once to gain general comprehension; 2. read carefully a second time, looking up important, unknown words; 3. read a third time for complete comprehension and enjoyment.

AFFECTIVE DIMENSION

Have students work in "reading pairs." Tell the pairs that it will help them understand the reading if they divide the long passage into sections. As they read each section, they should decide together what the main ideas are and jot down notes.

Suggestions

- Provide students with a map of North Africa, the Mediterranean, and the Near East that shows the places mentioned in the text. As students read, they should trace the route from one place to the next.
- Display a copy of the flag of Lebanon. Point out the cedar tree in the middle, which symbolizes peace, immortality, and tolerance.

IMAGINEZ

L'AFRIQUE DU NORD

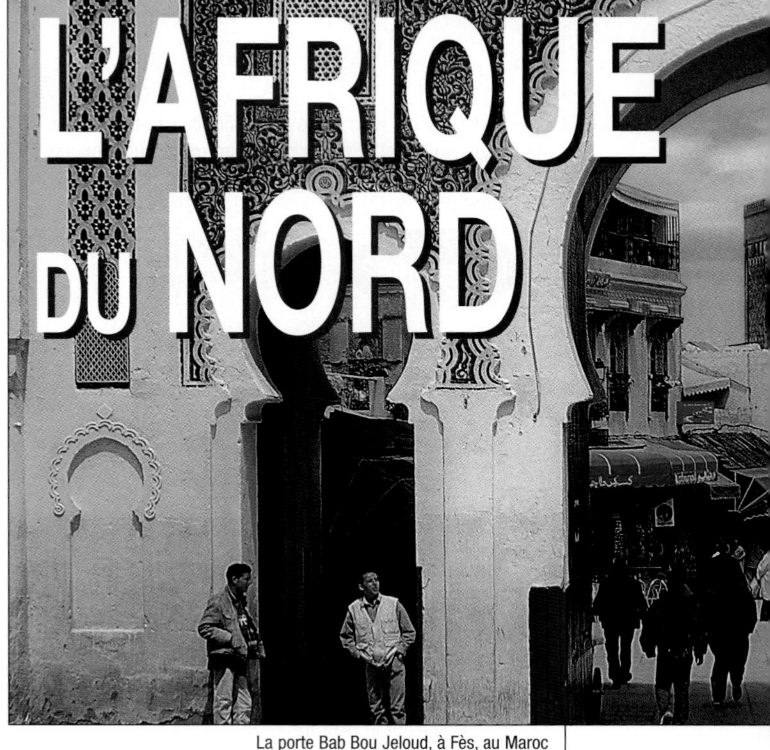

La porte Bab Bou Jeloud, à Fès, au Maroc

Voyage inoubliable!

Parti au **Proche-Orient**° et en **Afrique du Nord**, notre reporter, Jean-Michel Caron, nous fait part de ses impressions de voyage.

«Après un long voyage en avion avec deux escales°, je suis enfin arrivé au **Liban**, le pays du cèdre°, arbre majestueux, qui est devenu le symbole du pays et l'emblème du drapeau. J'ai voulu visiter **Beyrouth**, sa capitale, port de commerce et centre financier, qui est aussi connue pour son intense vie culturelle et nocturne. Cette vie culturelle renaît aujourd'hui et le couturier° à la mode **Elie Saab**, spécialisé dans les somptueuses robes du soir, en est un bel exemple. Comme j'y étais au printemps, je n'ai pas voulu manquer cette expérience unique dont on m'avait parlé: skier le matin dans les montagnes enneigées° de la **chaîne du Liban**, puis aller se baigner dans la **Méditerranée**. Génial!

«J'ai repris l'avion pour me rendre au **Maghreb**, et je me suis d'abord arrêté en **Tunisie**. J'ai choisi d'aller à **Matmata**, au sud-est, où j'ai trouvé un paysage lunaire°, formé de cratères. Saviez-vous que **George Lucas** y avait filmé un épisode de *La guerre des étoiles*? À **Carthage**, près de **Tunis**, la capitale du pays, j'ai visité un site archéologique majeur d'**Afrique du Nord**: les ruines d'une ville dont l'histoire a marqué l'**Antiquité**. Au 9e siècle avant J.-C. (*B.C.*), Carthage, qui veut dire *Nouvelle ville* en phénicien, était un empire tout-puissant. Après avoir été détruite une première fois, elle sera reconstruite et deviendra une grande rivale de **Rome**.

«Puis j'ai quitté la Tunisie pour aller en **Algérie**. **Alger** la blanche offre les charmes d'une capitale portuaire et une vue superbe sur la baie. Elle doit son surnom à la blancheur éclatante des murs de la **Casbah**. La Casbah… on ne peut pas visiter Alger sans passer par ce centre historique. C'est une ancienne forteresse magnifique qui domine la ville. Elle est entourée de petites rues et de maisons aux belles cours intérieures avec une fontaine en leur centre. On voit aussi beaucoup de vestiges° historiques dans la région d'**Oran**, ville côtière à l'ouest d'Alger. Cette ville a aussi inventé le **raï traditionnel**, qui a donné naissance au pop raï moderne et aux artistes comme **Khaled**.

«J'ai terminé mon voyage par le **Maroc**. Si **Rabat** en est la capitale, **Casablanca** est plus moderne. J'y ai admiré la **place Mohamed V**, avec son architecture de style art-déco des années 1930 et sa très belle fontaine, j'ai fait mes courses au marché central et je me suis promené dans le quartier des **Habous**. Construit dans les années 1920, mais dans le style d'une vieille médina, j'ai aimé ce quartier qui mélange le traditionnel et le moderne. À **Fès**, je suis

Dromadaires dans les dunes du Sahara, au Maroc

D'ailleurs…

Le thé à la menthe est la boisson traditionnelle des pays du Maghreb. Il est aussi symbole d'hospitalité et ne peut se refuser. Contrairement à la cuisine préparée par les femmes, le thé est préparé et servi par les hommes, le chef de famille en général.

Proche-Orient *Near East* **escales** *layovers* **cèdre** *cedar* **couturier** *fashion designer* **enneigées** *snowy* **lunaire** *lunar* **vestiges** *remains*

ressources

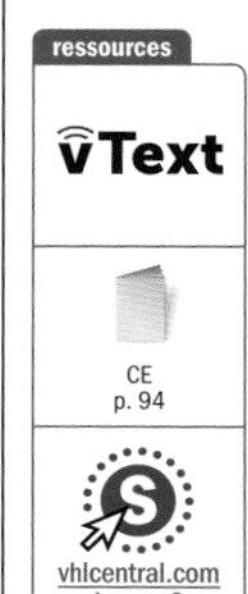

LEARNING STYLES

For Visual Learners After reading about the various sites in Lebanon and North Africa, have students choose the place that interests them most and do additional research on this place. Ask them to present their information, including any visuals, to the class. Then have the class agree on the place that they would all most like to visit.

LEARNING STYLES

For Auditory Learners Play a recording of a song by Khaled or Cheb Mami. As they listen, students should jot down their impressions of the music, the instruments they can distinguish, and how the music makes them feel. Then ask them to compare raï music to other genres of music.

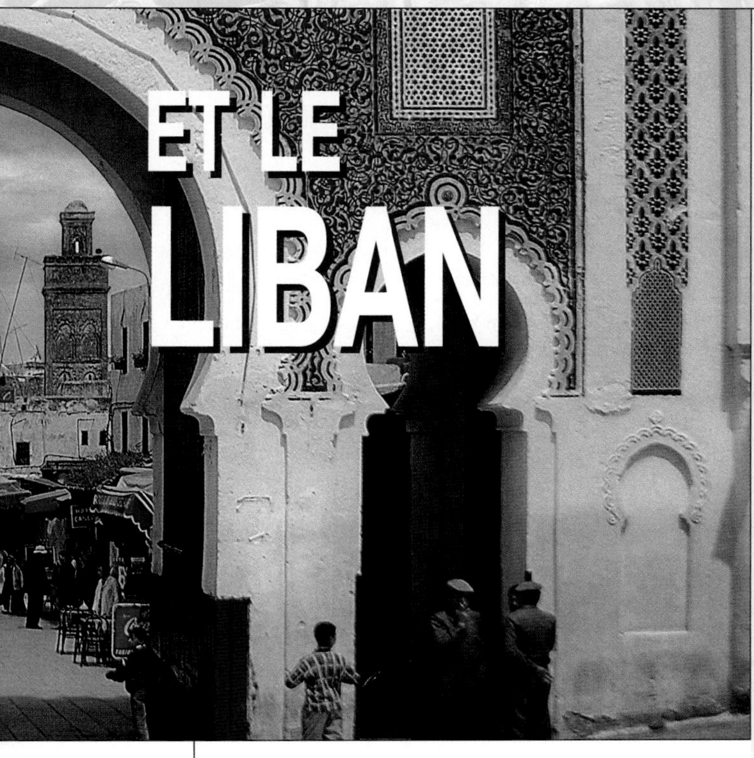

tombé sous le charme de la **médina**, l'une des plus anciennes du monde. On se promène dans de petites rues étroites, on s'arrête pour regarder travailler les artisans. J'ai d'ailleurs rapporté en souvenir un magnifique service à thé en céramique bleue, spécialité de Fès. Et un petit thé à la menthe, maintenant, ça vous dirait?»

L'arabe dans le français

Mots

un bled	un village
une casbah	une maison
un chouïa	un peu
kiffer	aimer beaucoup
un riad	une villa traditionnelle
une smala	une famille
un souk	un désordre

Expressions

C'est pas bézef.	Ce n'est pas beaucoup.
C'est kif-kif.	C'est pareil.
faire fissa	se dépêcher
Il est maboul!	Il est fou!
Zarma!	Ma parole!; *No way!*

Découvrons le Maghreb!

Essaouira Essaouira est un petit port marocain connu pour la douceur de son climat et la gentillesse de ses habitants. Les touristes aiment aussi visiter ses fortifications, sa médina et ses «riads», maisons marocaines traditionnelles, car la ville possède un patrimoine architectural bien conservé. Ses rues, où se rencontrent petits pêcheurs, commerçants, artisans et artistes du monde entier, offrent une atmosphère unique.

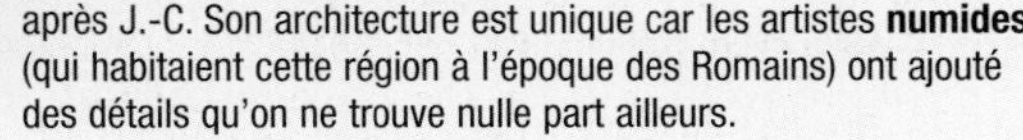

Le site de Timgad Aux portes du désert en Algérie, c'est un site archéologique exceptionnel par sa beauté et son état de conservation remarquables, classé au Patrimoine mondial de l'humanité. C'est une ville romaine construite par l'**empereur Trajan**, en 100 après J.-C. Son architecture est unique car les artistes **numides** (qui habitaient cette région à l'époque des Romains) ont ajouté des détails qu'on ne trouve nulle part ailleurs.

Les Berbères Ils représentent le groupe ethnique le plus ancien d'**Afrique du Nord**. Nombreux au Maroc et en Algérie, ils vivent aussi en Mauritanie, en Tunisie, en Libye et dans le Sahara. Unifiés sous le terme *Imazighen*, «hommes libres», les **Berbères** se différencient par des dialectes locaux variés, comme le touareg ou le kabyle. Depuis l'an 2000, **Berbère Télévision** émet° à **Paris** et aide à promouvoir° cette culture.

Sidi Bou Saïd Ce petit village de pêcheurs, perché sur une falaise, a une vue superbe sur Carthage et sur la baie de Tunis. En 1912, l'arrivée du **baron** français **Rodolphe d'Erlanger**, peintre et musicologue spécialiste de la musique arabe, a transformé Sidi Bou Saïd. Le baron fait restaurer les anciennes maisons et y impose les couleurs **bleu** et **blanc**. Beaucoup d'artistes, comme **Paul Klee**, s'y sont installés pour profiter de la lumière et des couleurs fantastiques. **Camus**, **Hemingway** et **Flaubert** ont tous visité son mythique **Café des Nattes** et ses ruelles à l'ambiance exotique et ensorcelante°.

émet *broadcasts* **promouvoir** *promote* **ensorcelante** *captivating*

TEACHING TIPS

Language Learning Note that the use of French words is also common in the Arabic language in Algeria, Tunisia, Morocco, and Lebanon. Pronunciation is altered due to phonetic differences in the languages, but the words typically keep their same meaning.

Cultural Notes

- Point out that when under French authority, Algeria was considered an official French Region and was the only colonial territory to hold this status. Every person born on Algerian soil during that time received automatic French citizenship.
- Also let students know that the Sahara desert covers most of the Maghreb region.

Suggestions

- If possible, host a "tea time" with mint tea. Use blue paper cups. The boys in the class should prepare and serve the tea.
- Have students work in pairs to write statements that lead to one of the **Expressions** as a rejoinder. Then have them work with another pair. Each pair says their statements and the other pair replies.
- Before reading **Découvrons le Maghreb!**, have students describe the photos and predict the content of paragraphs.

CRITICAL THINKING

Comprehension Ask pairs of students to create a crossword puzzle with the **Mots** from **L'arabe dans le français**. They should write their clues in French, giving an example, a cloze sentence, or a definition. Then have pairs exchange their puzzles with another pair and solve them.

CRITICAL THINKING

Application and Evaluation Ask students to give their opinions of the architecture of **La porte Bab Bou Jeloud**. You might also want to display additional photos as found on the Internet. Students should describe what they like or don't like and why. They can also compare this to other works of architecture with which they are familiar.

TEACHING TIPS

1 Expansion After they have completed Activity 1, have students rewrite the sentences. They can choose to make true sentences false, false sentences true, or leave them as is. Students then work with a partner to respond to each other's new **Vrai ou faux?** statements.

Suggestion Give each student four index cards. They write a, b, c, d on the cards. Read **Épreuve** statements aloud. Students hold up the card with the correct letter of the answer.

2 Expansion Ask students to research two additional pieces of information about the Berbers. Compile the information in a class document. Then ask short-answer questions about the information.

Previewing Strategy To prepare students for the project, ask questions about their interests and list their responses on the board. Examples: **Préférez-vous les grandes villes modernes ou les petites villes qui sont restées anciennes? Aimez-vous la foule ou la tranquillité? Qu'aimez-vous le plus dans une ville: ses monuments ou son ambiance?** To the right of each item on the list, help students brainstorm places in **le Maghreb** to add to their itinerary.

Qu'avez-vous appris?

1 Vrai ou faux? Indiquez si ces affirmations sont vraies ou fausses. Corrigez les fausses. *Answers may vary slightly.*

1. Le Liban est aussi grand que la France. *Faux. C'est un petit pays.*
2. Au Liban, vous pouvez, dans la même journée, faire du ski et vous baigner dans la mer. *Vrai.*
3. George Lucas a filmé un épisode de *La guerre des étoiles* au Maroc. *Faux. George Lucas a filmé un épisode de La guerre des étoiles en Tunisie.*
4. Oran en Algérie est le lieu d'origine du raï traditionnel. *Vrai.*
5. On peut admirer la place Mohamed V à Rabat. *Faux. On peut admirer la place Mohamed V à Casablanca.*
6. Essaouira est connue pour la douceur de son climat et la gentillesse de ses habitants. *Vrai.*

2 Questions Répondez aux questions. *Answers may vary slightly.*

1. Que représente le thé à la menthe au Maghreb? *Il est le symbole de l'hospitalité.*
2. Quel est le surnom de la ville d'Alger? *C'est Alger la blanche.*
3. Que doit-on visiter à Casablanca? *Il faut voir la place Mohamed V et sa magnifique fontaine, le marché central et le quartier des Habous.*
4. Qui sont les Berbères? *C'est le plus ancien groupe ethnique d'Afrique du Nord.*
5. Qu'est-ce qui caractérise les maisons de Sidi Bou Saïd? *Elles sont peintes en bleu et blanc.*
6. Quels écrivains célèbres ont visité Sidi Bou Saïd? *Camus, Hemingway et Flaubert ont visité Sidi Bou Saïd.*

Projet

La traversée du Maghreb

Organisez un voyage où vous traverserez entre trois et cinq villes du Maghreb. Préparez votre voyage d'après ces critères et vos intérêts personnels.

- Dans chaque ville, visitez un important site historique, naturel ou culturel.
- Faites une description de chaque visite dans votre journal.
- Racontez vos aventures à la classe et montrez des photos de chaque lieu visité. Expliquez à vos camarades ce que vous avez découvert et donnez vos impressions de voyage pour chaque destination.

Practice more at **vhlcentral.com.**

ÉPREUVE

Trouvez la bonne réponse.

1. Le Liban est aussi appelé ______.
   a. le petit pays — b. le Paris du Moyen-Orient — (c.) le pays du cèdre — d. le pays du ski
2. Elie Saab est un jeune ______ libanais qui est très à la mode.
   (a.) couturier — b. sportif — c. touriste — d. voyageur
3. À Carthage, on peut visiter ______.
   a. des musées — (b.) des ruines — c. des oasis — d. des riads
4. La Casbah est ______ d'Alger.
   (a.) le centre historique — b. le palais — c. la plage — d. le marché
5. ______ est la capitale du Maroc.
   a. Essaouira — b. Fès — (c.) Rabat — d. Casablanca
6. La Médina de ______ est l'une des plus anciennes du monde.
   a. Casablanca — b. Rabat — c. les Habous — (d.) Fès
7. La ville d'Essaouira a un ______ architectural bien conservé.
   a. marché — (b.) patrimoine — c. palais — d. musée
8. Le site de ______ est une ville romaine construite par l'empereur Trajan.
   a. Essaouira — b. Sidi Bou Saïd — c. Fès — (d.) Timgad
9. Les Berbères vivent en Algérie, au Maroc, en Mauritanie, ______, en Tunisie et dans le Sahara.
   a. en Afrique du Nord — b. en Égypte — c. au Liban — (d.) en Libye
10. Les Berbères parlent des dialectes locaux comme ______.
   a. le swahili et le touareg — b. le français et le kabyle — (c.) le kabyle et le touareg — d. l'arabe et le français

CRITICAL THINKING

Synthesis Divide the class into six groups. Assign each group one of the images on **pp. 194–195**, and ask them to write three statements about their image. Then collect the statements and slowly read them aloud in random order. Students should point to the picture being described.

CRITICAL THINKING

Analysis Have students discuss why they would or would not want to visit the various places mentioned in **Imaginez**. What are the features that appeal to them and why? What doesn't appeal to them?

Galerie de Créateurs

Couture: Yves Saint Laurent

1 Préparation Répondez à ces questions sur le rôle des vêtements.

1. Pensez au rôle des vêtements dans votre vie. Sont-ils importants? En avez-vous beaucoup? En achetez-vous fréquemment? Préférez-vous des vêtements chers ou bon marché? Suivez-vous la mode? Expliquez en donnant des détails.
2. Que disent vos vêtements au sujet de votre personnalité et de votre caractère?

YSL: l'innovation dans la mode

«Je n'ai qu'un regret, ne pas avoir inventé le jean», dira-t-il. Ce grand couturier est né à Oran, en Algérie, où il passe toute son enfance. Il commence sa carrière dans la haute couture comme styliste pour Christian Dior. À la mort de celui-ci en 1957, Yves Saint Laurent, alors âgé de 21 ans, est chargé (a la responsabilité) de sauver la maison Dior de la ruine. Il obtient un grand succès avec sa robe trapèze, contraste avec la mode serrée de l'époque, mais est remplacé à la tête de la maison. Il crée alors sa propre maison de couture en 1962. Saint Laurent est un innovateur à l'origine de nombreuses révolutions dans la mode comme la robe transparente, la saharienne (*safari jacket*) et le smoking (*tuxedo*) féminin. Il veut donner ainsi (de cette façon) plus de pouvoir (*power*) aux femmes en leur offrant la possibilité de porter des vêtements dits masculins comme le pantalon. Il introduit les couleurs vives (*bright*), le noir, qui n'est plus réservé aux cérémonies, et l'univers oriental. La simplicité et l'originalité caractérisent depuis le début la maison YSL.

2 Compréhension Répondez par des phrases complètes.

1. Quel vêtement a apporté son premier grand succès à Yves Saint Laurent? La robe trapèze a été son premier grand succès.
2. Citez trois autres vêtements créés par Saint Laurent qui montrent son désir d'innovation. La robe transparente, la saharienne et le smoking féminin montrent que Saint Laurent est un innovateur.
3. Pourquoi est-ce qu'on peut dire que Saint Laurent a donné plus de pouvoir aux femmes? Il leur a offert la possibilité de porter des vêtements dits masculins comme le pantalon.
4. Qu'est-ce qui caractérise la maison YSL? La simplicité et l'originalité caractérisent la maison YSL depuis son début.

3 Discussion Discutez en groupes puis avec la classe.

Pensez-vous que la mode soit une forme d'art au même titre que les beaux-arts, la musique, la littérature ou le cinéma? Discutez de cette question et justifiez vos opinions.

4 Application Mode et monde

Selon la lecture, Saint Laurent a donné plus de pouvoir aux femmes en leur offrant la posssibilité de porter des vêtements masculins. Cherchez des images de vêtements de la maison YSL, surtout ceux qui étaient innovants. Ensuite, cherchez des images de vêtements qui sont très à la mode actuellement. Préparez une présentation dans laquelle vous comparez leurs styles. Qu'est-ce que ces vêtements disent sur les changements dans la société et dans les attitudes? Parlez des rôles des hommes, des femmes et des jeunes.

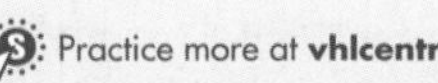
Practice more at **vhlcentral.com.**

Section Goals

In this section, students will:
- learn about fashion designer Yves Saint Laurent

Student Resources
Cahier de l'élève, p. 94; Supersite: Activities, *eCahier*
Teacher Resources
Answer Key

TEACHING TIPS

Suggestions
- Ahead of time, ask students to bring in fashion magazines showing clothing they like and would wear. As a warm-up activity before going over the reading, have them describe the outfits they selected and explain what they like about them.
- Take a class poll to see which of the four designs mentioned in the reading students find most innovative and why.

NATIONAL STANDARDS

Cultures Paris, one of the world's fashion capitals, is where **haute couture** originated in the 1860s. It is home to some of the world's top designers, many of whom are French. Have students research well-known French designers and find photos of their designs from fashion magazines or on the Internet. Ask them to compare and contrast the designs and styles orally.

CRITICAL THINKING

Analysis Discuss Yves Saint Laurent's quote: **«Je n'ai qu'un regret, ne pas avoir inventé le jean».** Ask: **Selon vous, pourquoi est-ce qu'Yves Saint Laurent a dit ça? Avez-vous un regret similaire? Pourquoi?**

CRITICAL THINKING

Expansion Ask students how they think fashion and style will evolve over the next 100 years.

Section Goals

In **Structures**, students will learn:

- the subjunctive
- demonstrative pronouns
- irregular **-re** verbs

Key Standards

4.1, 5.1

Student Resources
Cahier de l'élève, pp. 95–97; Supersite: Activities, *eCahier*, Grammar Tutorials
Teacher Resources
Answer Keys; Audio Script; Audio Activity MP3s/CD; Testing program: Grammar Quiz

TEACHING TIPS

Suggestions

- Remind students that the subjunctive also expresses uncertainty, necessity, and subjectivity in general.
- Write questions with expressions requiring the subjunctive on the board or on a handout. You may wish to use this lesson's **court métrage, *De l'autre côté,*** to contextualize the questions. Examples:
  1. Est-il surprenant que Samir et Malik parlent de manière si différente?
  2. Vaut-il mieux que Malik ne travaille pas avec Samir?
  3. Souhaitez-vous que Samir rende plus souvent visite à sa famille à l'avenir?
  4. Regrettez-vous que Samir choisisse de ne pas venir avec sa copine?
  5. Ses parents sont-ils fâchés que Malik ne réussisse pas à passer de l'autre côté comme son frère?
  6. Pensez-vous que Malik soit aussi intelligent que Samir?
  Have students answer, and then identify the main and subordinate clauses, and why they used the subjunctive.
- Mention that **penser que** is followed by the subjunctive if used in a question: **Pensez-vous qu'il soit en retard?**

6.1 The subjunctive: impersonal expressions; will, opinion, and emotion

*Samir ne veut pas que son père **ait** honte.*

BLOC-NOTES

To review imperfect forms, see **Fiche de grammaire 3.5, p. 382.**

Forms of the present subjunctive

- You have already been using verb tenses in the indicative mood. You can also use French verbs in the *subjunctive* mood, which is used to express an attitude, an opinion, or personal will, or to imply hypothesis or doubt.
- To form the present subjunctive of most verbs, take the **ils/elles** stem of the present indicative and add the subjunctive endings. For **nous** and **vous**, use their **imparfait** forms.

The present subjunctive

	parler	finir	attendre
	parl**ent**	finiss**ent**	attend**ent**
que je/j'	parle	finisse	attende
que tu	parles	finisses	attendes
qu'il/elle	parle	finisse	attende
que nous	parlions	finissions	attendions
que vous	parliez	finissiez	attendiez
qu'ils/elles	parlent	finissent	attendent

- Use the same pattern to form the subjunctive of verbs with spelling or stem changes.

acheter	achète, achètes, achète, achetions, achetiez, achètent
croire	croie, croies, croie, croyions, croyiez, croient
prendre	prenne, prennes, prenne, prenions, preniez, prennent
recevoir	reçoive, reçoives, reçoive, recevions, receviez, reçoivent

- Some verbs are unpredictably irregular in the present subjunctive.

aller	aille, ailles, aille, allions, alliez, aillent
avoir	aie, aies, ait, ayons, ayez, aient
être	sois, sois, soit, soyons, soyez, soient
faire	fasse, fasses, fasse, fassions, fassiez, fassent
pouvoir	puisse, puisses, puisse, puissions, puissiez, puissent
savoir	sache, saches, sache, sachions, sachiez, sachent
vouloir	veuille, veuilles, veuille, voulions, vouliez, veuillent

LEARNING STYLES

For Auditory Learners As a class, orally conjugate subjunctive forms of regular **-er, -re,** and **-ir** verbs. Emphasize the pronunciation of these verb endings. Then call on volunteers to conjugate irregular verbs, correcting pronunciation as needed.

LEARNING STYLES

For Visual Learners Give pairs of students a set of five pictures (from magazines or the Internet) of people in various situations. Students should write two subjunctive sentences for each one, using **vouloir/ne pas vouloir que...** Students then work with another pair. They read their sentences and the other pair matches them with the pictures.

Impersonal expressions and verbs of will and emotion

- Sentences calling for the subjunctive fit the pattern [*main clause*] + **que** + [*subordinate clause*]. In each case, the subjects of the two clauses are different and **que** is used to connect the clauses. Note that although the word *that* is optional in English, the word **que** *cannot* be omitted in French.

MAIN CLAUSE	CONNECTOR	SUBORDINATE CLAUSE
Il est étonnant	**que**	**Thierry ne connaisse pas ses parents.**
It is surprising	*(that)*	*Thierry doesn't know his parents.*

- The subjunctive is used after many impersonal expressions that state an opinion.

Impersonal expressions followed by the subjunctive

Ce n'est pas la peine que... *It is not worth the effort...*	**Il est indispensable que...** *It is essential that...*
Il est bon que... *It is good that...*	**Il est nécessaire que...** *It is necessary that...*
Il est dommage que... *It is a shame that...*	**Il est possible que...** *It is possible that...*
Il est essentiel que... *It is essential that...*	**Il est surprenant que...** *It is surprising that...*
Il est étonnant que... *It is surprising that...*	**Il faut que...** *One must... / It is necessary that...*
Il est important que... *It is important that...*	**Il vaut mieux que...** *It is better that...*

- When the main clause of a sentence expresses will or emotion, use the subjunctive in the subordinate clause.

Expressions of will	Expressions of emotion
demander que... *to ask that...*	**aimer que...** *to like that...*
désirer que... *to desire that...*	**avoir peur que...** *to be afraid that...*
exiger que... *to demand that...*	**être content(e) que...** *to be happy that...*
préférer que... *to prefer that...*	**être désolé(e) que...** *to be sorry that...*
proposer que... *to propose that...*	**être étonné(e) que...** *to be surprised that...*
recommander que... *to recommend that...*	**être fâché(e) que...** *to be mad that...*
souhaiter que... *to hope that...*	**être fier/fière que...** *to be proud that...*
suggérer que... *to suggest that...*	**être ravi(e) que...** *to be delighted that...*
vouloir que... *to want that...*	**regretter que...** *to regret that...*

Notre grand-père **désire qu'**on lui **rende** visite cet été.
Our grandfather wants us to visit him this summer.

Je **suis ravie que** nous **allions** chez notre oncle.
I'm delighted that we're going to our uncle's house.

- Although the verb **espérer** expresses emotion, it does not trigger the subjunctive.

J'**espère** que le nouveau prof n'**est** pas trop strict.
I hope that the new teacher isn't too strict.

Nous **espérons** qu'ils **ont** des citrons à la supérette.
We hope they have lemons at the mini-market.

BLOC-NOTES

If there is no change of subject in the sentence, an infinitive is used after the main verb and **que** is omitted. To learn more about using infinitives in place of the subjunctive, see **Structures 8.1, pp. 272–273.**

ATTENTION!

Some verbs used only in the third person singular, including some used in impersonal expressions, have irregular present subjunctive forms.

valoir (*to be worth it*): qu'il **vaille**

falloir (*to be necessary*): qu'il **faille**

pleuvoir (*to rain*): **qu'il pleuve**

Je ne pense pas que ça en vaille la peine.

I don't think it's worth the effort.

ATTENTION!

The verb **demander** is often used with an indirect object + **de** + [*infinitive*].

Papa nous demande de rentrer avant minuit.

Dad is asking us to come home before midnight.

LEARNING STYLES

For Visual Learners Have groups of three write nine sentences using different verbs and expressions and the subjunctive. Ask volunteers to write some of their group's best sentences on the board. Work with the whole class to read the sentences and check for accuracy.

LEARNING STYLES

For Auditory Learners Make a set of statements about the **court métrage *De l'autre côté***. Some statements should make sense according to the content of the film, some should not. Examples: **Samir est fâché que son père n'ait pas honte. / Malik est ravi que Samir parle avec le fonctionnaire**. Students raise their hand if the statement makes sense. They raise their pencil if it does not.

TEACHING TIPS

Language Learning

- Mention that the subjunctive is used after **Il est triste que...** It is usually found in literary contexts, not often in conversational French.
- Some additional impersonal expressions followed by the subjunctive include: **Il est bizarre/étrange que..., Il est heureux que..., Il est honteux que..., Il est (in)utile que..., Il est juste que..., Il est temps que...**
- Point out that the impersonal expressions **il est heureux/honteux que** are usually found in literary contexts.
- Show some sample sentences that clarify that the infinitive, not the subjunctive, is used in impersonal expressions and with verbs of will and emotion if there is no change of subject. Examples: **Je préfère que tu ailles au théâtre. / Je préfère aller au théâtre**. Then have students change the example sentences in the text to use an infinitive.

AFFECTIVE DIMENSION

Tell students that the subjunctive can seem tricky at first. To allay possible anxiety, encourage students to practice, but also to be patient and give themselves time to grasp its nuances.

Suggestion Play a subjunctive game with groups of three students. Give each group a set of cards containing subjects, verb stems, and verb endings. The verb endings should include indicative and subjunctive endings. Group members divide up the cards. Call out a subject and a verb in the infinitive and have students construct the proper conjugation. Example: You call **parler, tu,** and students hold up **tu parles**. The first group to hold up the correct answer wins the point.

TEACHING TIPS

1 Expansion Have pairs check each other's work. Then have them rephrase some of the items as personal, inventing their own endings. Example: **Je suis étonné(e) que tu saches toutes les réponses!**

2 Extra Practice Have students research Djerba and prepare an itinerary for Géraldine, complete with photos and detailed descriptions of places she will visit.

2 Expansion
- Have students write the travel agent's response to Géraldine.
- Ask students to prepare a similar e-mail to a travel agent about a trip to a place in North Africa or Lebanon that they would like to visit. They should be sure to include different requests than those made by Géraldine.

3 Suggestion Before students prepare their answers, have them describe what they see in each picture.

Mise en pratique

1 À lier Reliez les éléments de chaque colonne pour former des phrases cohérentes.

_e_ 1. Ils sont étonnés que vous…	a. parler avec ton amie au téléphone?
_c_ 2. Il est impossible qu'ils…	b. mangions des épinards.
_b_ 3. Il est bon que nous…	c. finissent à temps.
_a_ 4. As-tu fini de…	d. sois si insupportable?
_f_ 5. Vous souhaitez que je/j'…	e. ayez encore vos arrière-grands-parents.
_d_ 6. Faut-il que tu…	f. apprenne plus de langues.

2 Vacances à Djerba Complétez l'e-mail que Géraldine écrit à son agent de voyages. Mettez au présent du subjonctif les verbes entre parenthèses.

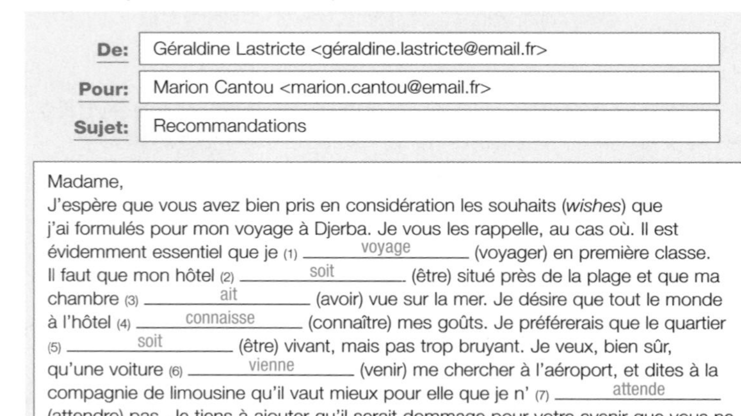

De: Géraldine Lastricte <géraldine.lastricte@email.fr>
Pour: Marion Cantou <marion.cantou@email.fr>
Sujet: Recommandations

Madame,
J'espère que vous avez bien pris en considération les souhaits (*wishes*) que j'ai formulés pour mon voyage à Djerba. Je vous les rappelle, au cas où. Il est évidemment essentiel que je (1) _voyage_ (voyager) en première classe. Il faut que mon hôtel (2) _soit_ (être) situé près de la plage et que ma chambre (3) _ait_ (avoir) vue sur la mer. Je désire que tout le monde à l'hôtel (4) _connaisse_ (connaître) mes goûts. Je préférerais que le quartier (5) _soit_ (être) vivant, mais pas trop bruyant. Je veux, bien sûr, qu'une voiture (6) _vienne_ (venir) me chercher à l'aéroport, et dites à la compagnie de limousine qu'il vaut mieux pour elle que je n' (7) _attende_ (attendre) pas. Je tiens à ajouter qu'il serait dommage pour votre avenir que vous ne (8) _puissiez_ (pouvoir) pas répondre à ces simples souhaits.
Cordialement,
Géraldine Lastricte

Note CULTURELLE

Djerba est une île au large des **côtes tunisiennes.** Connue dans le monde entier pour ses plages, elle est la première destination touristique du pays. Les touristes viennent surtout d'Italie, d'Allemagne et de France. Bien que (*Although*) très tournée vers le tourisme, l'île est restée traditionnelle: on y compte plus de 300 mosquées.

3 L'homme idéal Eugène a decidé de changer de style de vie. Il veut maintenant ressembler à son frère George. Regardez les images et, avec les éléments de la liste, dites à Eugène ce qu'il doit faire pour devenir l'homme idéal.

il est nécessaire que	il vaut mieux que	recommander que
il est possible que	préférer que	suggérer que
il faut que	proposer que	vouloir que

Eugène

George

Practice more at **vhlcentral.com.**

DIFFERENTIATION

For Inclusion Help students become comfortable with some meanings of the subjunctive by doing a matching activity. Write a list of main clauses on the board (Example: **Je demande que…**) along with a list of subordinate clauses. Have students read aloud the subordinate clause that best completes the sentence. Then students work in pairs to figure out the English meanings of the sentences. Have pairs share the meanings with the class.

DIFFERENTIATION

To Challenge Learners Brainstorm a list of possible problems about which someone might write to an advice columnist. Then have students use the present subjunctive to write a response letter giving advice.

Communication

4 **Rêve et réalité** À deux, faites des comparaisons entre ce que vous avez et ce que vous rêvez d'avoir. Aidez-vous des éléments de la liste. N'oubliez pas d'utiliser le présent du subjonctif si nécessaire.

Modèle —As-tu une chambre?
—Oui, j'ai une chambre, mais j'aimerais qu'elle soit plus grande.

aimer que	parents
chambre	préférer que
enfance	regretter que
être content(e) que	relation
frère(s)/sœur(s)	souhaiter que
ordinateur	vouloir que

5 **Recherche...** À deux, regardez les deux annonces et imaginez que vous soyez d'abord la personne qui vende le chiot, puis les touristes qui cherchent un guide. Écrivez la suite des annonces à l'aide du présent du subjonctif. Ensuite, présentez-les à la classe.

Modèle Il est indispensable que la famille adoptive soit gentille.
Il est important que notre guide habite à Alger.

La famille Ouagued vend un chiot (puppy) de la race des épagneuls. Voici une photo de sa mère...
Touristes français recherchent un guide pour leur séjour en Algérie...

6 **Dialogue parents-enfant** Par groupes de trois, imaginez une conversation entre des parents et leur enfant adolescent(e). Ensuite, jouez la scène devant la classe. Utilisez le plus possible le présent du subjonctif.

Modèle **MÈRE** Il faut que tu comprennes que tu passes le bac cette année.
ENFANT Je veux que vous me laissiez tranquille avec mes amis!
PÈRE On préfère que tu ne sortes pas avec eux ce soir.

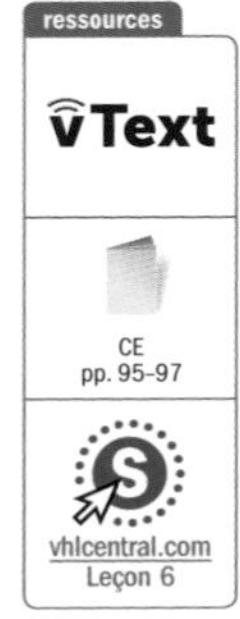

TEACHING TIPS

4 Suggestion Record students' answers on the board. Ask students if they notice any similarities or differences in the answers.

4 Expansion Have each pair add two more words/expressions to the list and create additional statements. Call on volunteers to share their partner's responses with the class.

4 Partner Chat You can also assign Activity 4 on the Supersite. Students work in pairs to record the activity online. The pair's recorded conversation will appear in your gradebook.

5 Suggestion For each situation, call on students to answer specific questions. Examples: **Faut-il que la famille adoptive ait un grand jardin? N'est-il pas nécessaire que le guide comprenne le français?**

PRE-AP®

6 Interpersonal Speaking As a variation, have students think of an argument they have had or can imagine having with a friend or significant other. Have them act it out with a partner, using as many different expressions of will and emotion as they can.

NATIONAL STANDARDS

Communities Have students go through classified ads from French-language newspapers (print or online). What do they notice about the ads? In what ways are they similar to or different from ads in English-language papers?

PRE-AP®

Interpersonal Writing Relationships between friends, family members, or couples can bring joy or sorrow. Have students describe a real or fictional problem to their group and then write a Dear Abby letter describing the problem. Read the letters, making suggestions for grammatical corrections. Then have students rewrite the letters and exchange them with classmates. Each person should respond to the letter he or she has received. Say: **Glissez-vous dans la peau d'Abby. Vous allez répondre à la lettre en donnant au moins trois conseils ou opinions. Utilisez des phrases telles que "Il faut que..." et "il est préférable que...". Commencez et concluez votre lettre avec les formules d'usage.**

Key Standards
4.1, 5.1

Student Resources
Cahier de l'élève, pp. 98–100; Supersite: Activities, *eCahier*, Grammar Tutorials
Teacher Resources
Answer Keys; Audio Script; Audio Activity MP3s/CD; Testing program: Grammar Quiz

TEACHING TIPS
Language Learning
- You may wish to assign the Grammar Tutorials as homework in preparation for the **Structures** lesson. These tutorials re-present the grammar taught in **D'accord! 1** and **2**.
- Briefly review and compare demonstrative adjectives so students do not confuse them with this grammar point.
- Point out that demonstrative pronouns typically refer to a previously-mentioned noun in a sentence.
- Explain that these are forms of **celui**, therefore often referred to as variable demonstrative pronouns.
- Point out the following:
  celui = ce + lui;
  celle = ce + elle;
  ceux = ce + eux;
  celles = ce + elles
- Remind students that demonstrative pronouns cannot be used alone. They are always followed by a **-ci** or **-là**, a relative clause, or a prepositional phrase.

Suggestion Ask guessing-game questions about students' belongings or items in the room. Example: **Celui de Marc est bleu. (son sac)**

Presentation Tutorial

6.2 Demonstrative pronouns

—Tu as vu comme il nous fait son cinéma, ***celui-là****?*

- The demonstrative pronoun **celui** and its forms mean *this one/that one/the one* or *these/those/the ones.* Use them for pointing something out or indicating a preference.

Quel **gâteau** préférez-vous? Le **gâteau** au chocolat ou le **gâteau** aux cerises?
Which cake do you prefer? The chocolate cake or the cherry cake?

Quel **gâteau** préférez-vous? **Celui** au chocolat ou **celui** aux cerises?
Which cake do you prefer? The chocolate one or the cherry one?

- Demonstrative pronouns agree in number and gender with the noun to which they refer.

Demonstrative pronouns

	singular	plural
masculine	celui *this one; that one; the one*	ceux *these; those; the ones*
feminine	celle *this one; that one; the one*	celles *these; those; the ones*

Les deux **supérettes** de mon quartier sont nulles! Et **celles** de ton quartier?
My neighborhood's two mini-markets are lame! And the ones in your neighborhood?

Quels **raisins** est-ce que vous avez achetés hier, **ceux**-ci?
Which grapes did you buy yesterday, these here?

- As with demonstrative adjectives, **-ci** and **-là** can be added after a form of **celui** to distinguish between people or objects that are closer (**celle-ci**) or farther (**celui-là**).

- A form of **celui** can also be followed by a relative clause to mean *the one(s) that* or *the one(s) whose.*

On va à cet hypermarché-ci ou à **celui qui** ouvre plus tôt?
Are we going to this supermarket here or the one that opens earlier?

La pâtisserie Michèle, c'est **celle que** tu aimes bien?
Is the Michèle pastry shop the one you like?

Ces enfants sont **ceux dont** l'arrière-grand-père est né en 1910.
These children are the ones whose great-grandfather was born in 1910.

- A prepositional phrase can also follow a demonstrative pronoun.

Mes livres et **ceux de** Nathalie sont dans notre chambre.
My books and those of Nathalie are in our bedroom.

Cette jupe en coton est moins chère que **celle en** soie.
This cotton skirt is less expensive than the silk one.

BLOC-NOTES
To review using **-ci** and **-là** with demonstrative adjectives, see **Fiche de grammaire 4.4, p. 384.**

ATTENTION!
Use a demonstrative pronoun followed by **-ci** or **-là** to express, respectively, the English words *latter* and *former.*

Tu prends les épinards ou les asperges? Celles-ci sont plus fraîches que ceux-là.
Are you having spinach or asparagus? The latter is fresher than the former.

BLOC-NOTES
To review relative pronouns, see **Structures 9.1, pp. 310–311.**

LEARNING STYLES
For Kinesthetic Learners Write sentences with demonstrative pronouns on the board. Call on various students to circle the demonstrative pronoun, underline the noun antecedent, then draw an arrow from the pronoun to the antecedent.

LEARNING STYLES
For Visual Learners Prepare several sets of pictures, such as a red coat and a blue coat. Hold up both pictures and ask students questions about them. Examples: **Préférez-vous celui-ci ou celui-là? Est-ce que vous allez acheter celui qui est rouge ou celui qui est bleu?** Students respond using demonstrative pronouns in their answers. Then give the sets of pictures to students to ask each other additional questions.

- Adjectives that modify forms of **celui** must agree with them in number and gender. Past participles should agree with forms of **celui** when appropriate.

Ceux qui sont **beaux** ne sont pas toujours sympathiques. *Those that are beautiful are not always nice.*	Leurs sœurs sont **celles** que nous avons **vues** ici hier? *Are their sisters the ones we saw here yesterday?*

- You can use **celui-là** or **celle-là** to refer to someone in a familiar or scornful fashion.

Le petit ami de Samira? Ah, **celui-là**! *Samira's boyfriend? Oh, that one!*	Elle croit qu'elle sait tout, **celle-là**? *Does she think she knows it all, that one?*

- **Ceci** and **cela** are also demonstrative pronouns. Unlike other pronouns, they do not refer to any noun in particular, but rather to an idea. **Ceci** draws attention to something that is about to be said; **cela** refers to something that has already been said.

Je vous dis **ceci**: il ne faut rien regretter. *I say this to you: you must not regret anything.*	On évite les préjugés. **Cela** va sans dire. *We avoid prejudices. That goes without saying.*

- Both **ceci** and **cela** have a literary tone to them. In everyday French, use **ce** or **ça**. Use **ce** before forms of **être**; use **ça** before other verbs.

before a form of *être* beginning with a consonant	Ce sont **mes enfants, Abdel et Fatih.** *Those/They are my children, Abdel and Fatih.*
before a form of *être* beginning with a vowel	C'est **du saumon grillé?** *Is that grilled salmon?*
before any other verb	Ça m'énerve**!** *That annoys me!*

- **C'est** can be used in many constructions.

C'est + name ***identifies a person.***	C'est **Ségolène.** *That/She is Ségolène.*
C'est + article or adjective + noun ***identifies a person or thing.***	C'est **mon arrière-grand-mère.** *That/She is my great-grandmother.*
C'est + disjunctive pronoun ***identifies a person.***	C'est **toi qui as trouvé ce chat?** *Are you the one that found this cat?*
C'est + adjective ***describes an idea or expresses an opinion.***	**Trois semaines de vacances!** C'est **super.** *Three weeks of vacation! That's great.*
infinitive + c'est + infinitive ***draws an equivalency between two actions.***	**Partir,** c'est **mourir un peu.** *To leave is to die a little.*

ATTENTION!

Forms of **celui** cannot stand alone; they must always be followed by **-ci/-là**, a relative clause, or a prepositional phrase.

BLOC-NOTES

To review past participle agreement, see **Fiche de grammaire 5.5, p. 390.**

BLOC-NOTES

To review the distinction between **il/elle est** and **c'est**, see **Fiche de grammaire 2.5, p. 378**.

TEACHING TIPS

Suggestion Prepare a handout of cloze sentences for students to complete with demonstrative pronouns. Ask students to read their completed sentences aloud and explain their answers.

Language Learning

- Point out that **ceci** and **cela** do not have gender and number forms because they do not refer to any specific noun. So, in contrast to **celui** and its forms, **ceci** and **cela** are considered *invariable (or indefinite) demonstrative pronouns.*
- Point out that **ceci** and **cela** are compound pronouns: **ce + ici→ceci** and **ce + là→cela.** (Remind students never to spell **cela** with an accent over the **a.**) Both of these pronouns can replace **ce**, but **ceci** is less common when speaking. Just like when people say **là** in lieu of **ici** (**On est là**. *We're here.*), they tend to use **cela** to mean *this* or *that.* **Ceci** is used when the speaker wants to emphasize the distinction between *this* and *that.*

NATIONAL STANDARDS

Cultures Point out that the name Samira is the feminine form of Samir. In Arabic, the name means "entertaining companion." The name Malik means "king." The feminine form is Malika, which means "queen." Have students research additional Arabic names and their meanings. Then have them research the origin and meaning of their own names.

DIFFERENTIATION

For Inclusion Have students work in pairs. Give them a copy of the printed videoscript. Have them go through and highlight all instances of **c'est**. Then have them identify which construction each one represents.

DIFFERENTIATION

To Challenge Learners Have students work in small groups to prepare, then present, a conversation at a family reunion. The conversation topics should include family members and their relationships as well as the food being served. Students should use vocabulary from **p. 186** and must include examples of the various demonstrative pronouns.

Mise en pratique

TEACHING TIPS

1 Suggestion While going over the answers, check students' comprehension by asking them to circle the part of each sentence that the pronoun refers to, if possible. **(1. la nièce (de mon voisin)**
2. *no specific part*
3. cet hypermarché
4. quelle personne
5. plusieurs surnoms)

1 À choisir Choisissez le bon pronom démonstratif pour compléter ces phrases.

1. Je parle de la nièce de mon voisin, tu sais, _____ qui vient de se marier.
   a. ceux b. celles-là (c.) celle
2. Nous vous avions parlé de _____, mais vous ne nous aviez pas écouté.
   (a.) ça b. celui c. ceux
3. Ils ont l'habitude de faire leurs courses à cet hypermarché, _____ on voit depuis (*from*) l'autoroute.
   (a.) celui qu' b. celle dont c. celui qui
4. De quelle personne veux-tu te plaindre au patron? De _____.
   a. celle pour (b.) celle-là c. cela
5. J'avais plusieurs surnoms quand j'étais enfant. Voici _____ je me souviens: «le peintre», «le fou» et «le gourmet».
   a. ceux-ci b. celui dont (c.) ceux dont

2 Suggestions

- Go over the answers as a class. Ask students to explain why they used the different demonstratives.
- Give this as an additional **modèle,** if necessary: **Quelles pommes Miriam a-t-elle lavées? (sont sur la table // celles qui / celles-là) (Elle a lavé celles qui sont sur la table.)**
- After students write their answers, have them work with a partner to ask and answer the questions orally.

2 Fès Le grand-père de Mohamed lui parle de sa jeunesse. Complétez l'histoire de sa rencontre avec la grand-mère de Mohammed à Fès.

c'est	cela	celle qui	celui où
ceci	celle dont	celles que	ceux dont

Fès est la quatrième ville du Maroc. C'est (1) ___celle qui___ m'est la plus chère parce que (2) ___c'est___ là où je suis né. Ah, mais tu sais déjà (3) ___cela___. Ta grand-mère et moi, nous habitions dans cette petite rue, (4) ___celle dont___ je connais bien le marchand de journaux. Mes amis, (5) ___ceux dont___ je t'ai parlé de nombreuses fois, travaillaient avec moi. Nous allions souvent dans ce petit café à la sortie du marché, tu sais, (6) ___celui où___ nous jouions aux échecs tous les jours. Je me souviens d'un après-midi où j'ai vu un groupe de jeunes filles, (7) ___celles que___ je voyais passer tous les jours à la même heure. Eh bien, je vais te dire (8) ___ceci___: j'ai épousé l'une d'elles.

Note
CULTURELLE

Fès fait partie des quatre villes impériales du **Maroc** avec **Marrakech**, **Meknès** et **Rabat**. Elles ont toutes été capitale du Maroc au moins une fois dans leur histoire. On peut découvrir le palais royal et les tanneries à Fès, la grande place **Jemaa el-Fna** à Marrakech, les ruines d'une antique cité romaine dans la banlieue de Meknès et la grande mosquée **Hassan II** à Rabat.

3 Lequel? Répondez aux questions avec le bon pronom démonstratif.

Modèle **Les parents de quelle amie travaillent ensemble? (Salima // ceux de / ceux que)**
Ceux de Salima travaillent ensemble.

1. Quelle capitale Marc veut-il visiter? (Algérie // celle dont / celle de)
2. À quels jours heureux pensez-vous? (notre jeunesse // ceux que / ceux de)
3. Quel manteau avez-vous choisi pour votre femme? (j'ai vu dans le catalogue // celui que / celui pour)
4. Qui sont ces enfants? (Béatrice // ceux de / ceux qui)
5. Quelle voiture regardent-ils? (Ø // celle-ci / celle dont)

3
1. Il veut visiter celle d'Algérie.
2. Nous pensons à ceux de notre jeunesse.
3. J'ai choisi celui que j'ai vu dans le catalogue.
4. Ces enfants sont ceux de Béatrice.
5. Ils regardent celle-ci.

Practice more at **vhlcentral.com.**

PRE-AP®

Integrated Skills Have students write a story similar to the one in Activity 2 about meeting their best friend. They can create pictures to accompany the story. Then have students read their stories to a partner. The partner checks accuracy of the demonstrative pronouns.

PRE-AP®

Interpersonal Speaking Ask students to work in pairs to research and print out several photos of each city mentioned in the **Note culturelle: Fès, Marrakech, Meknès,** and **Rabat**. Students then ask each other questions about the city using demonstrative pronouns. Example: **Préfères-tu ce monument-ci ou celui-là? / Je préfère celui-là. Il est superbe!**

Communication

4 **Rencontres** Vous venez de rencontrer un(e) ami(e) d'enfance et vous le racontez à un(e) camarade. À deux, imaginez la conversation et écrivez-la à l'aide de pronoms démonstratifs. Ensuite, jouez la scène devant la classe.

Modèle —Je viens de voir Éric, celui qui posait toujours des questions au prof.
—Celui qui parlait toujours en cours d'histoire?
—Non, celui dont la sœur nous avait montré ses photos de vacances.

5 **Qui est qui?** La classe se divise en deux équipes. Un des membres de l'équipe A pense à un(e) camarade de classe et donne trois indices (*clues*) sur lui/elle. Après chaque indice, l'équipe B essaye de deviner de qui il est question. Elle gagne trois points si elle devine avec le premier indice, deux points si elle devine avec deux indices et un point si elle devine avec les trois indices. Ensuite, inversez les rôles.

Modèle Je pense à celui/celle qui est autoritaire... Je pense à celui/celle pour qui manger des épinards est une obligation... C'est celui/celle dont les parents viennent de faire un voyage en Tunisie.

6 **Enquête** Demandez à des camarades de classe de décrire les personnes de cette liste. Ils doivent répondre avec des pronoms démonstratifs. Ensuite, présentez vos résultats à la classe.

Modèle Ma cousine Sophie est celle dont tout le monde parle dans la famille.

- vos parents
- vos grands-parents
- vos cousin(e)s
- vos frères/sœurs
- votre meilleur(e) ami(e)
- votre professeur

ressources

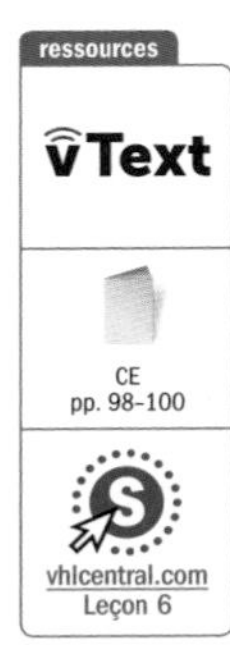

TEACHING TIPS

4 Previewing Strategy Before completing the activity, have students make a word web with information about a childhood friend (real or fictitious) to use in the conversation.

4 Suggestion Teach students the informal expression **c'est ça** for when their partner describes the person correctly and they wish to say *that's it* or *that's right* to end the conversation.

5 Previewing Strategy To prepare for the activity, have students write down a few facts about themselves that can be used as clues.

5 Suggestion Tell students to stay focused on using a demonstrative pronoun in every clue. If they forget, you could subtract one point from that team's score or they could lose their turn.

PRE-AP®

6 Interpersonal Speaking Have students bring some photos of family members and friends to class. Tell them to ask each other questions, pointing to different people in the pictures each time. Example:
—Comment s'appelle cette femme?
—Qui? Celle-ci?
—Non, celle-là.
—Celle-là, elle s'appelle Regina.
—Qui est-ce?
—C'est ma tante.

LEARNING STYLES

For Auditory Learners Play the **court métrage** (from this lesson or a previous lesson) again. Then have students work in groups of three to ask and answer questions using demonstrative pronouns about the characters, setting, and events. Then ask students to ask the class one of their questions.

LEARNING STYLES

For Visual Learners Have students research and print out photos of five different places in North Africa and Lebanon. The caption for each photo should give the name of the place and a one or two sentence description that uses demonstrative pronouns. Example: **l'île de Djerba—Celle qui a les plus belles plages de la Méditerranée. Celui qui vient à Djerba une fois y reviendra toujours.**

Key Standards
4.1, 5.1

Student Resources
Cahier de l'élève, pp. 101–104; Supersite: Activities, *eCahier*, Grammar Tutorials
Teacher Resources
Answer Keys; Audio Script; Audio Activity MP3s/CD; Testing program: Grammar Quiz

TEACHING TIPS

Suggestion To introduce the forms of the irregular **-re** verbs on **p. 206**, share an anecdote that includes examples of the verbs in the present and the past. Write the verb forms you use on the board as you tell the story.

Language Learning

- You may wish to assign the Grammar Tutorials as homework in preparation for the **Structures** lesson. These tutorials re-present the grammar taught in **D'accord! 1** and **2**.
- Point out that **se méprendre, reprendre,** and **surprendre** are also in the **prendre** verb family. Explain that **plaire** and **déplaire** can also be used in the first and second persons. These cases are most often in the context of personal relationships. Examples: **Je lui plais.** *He/She likes me.* **Est-ce que je te plais?** *Do you like me?* **Tu lui plais beaucoup.** *He/She likes you a lot.*
- **Plaire** is more commonly used than **déplaire**, which is more literary. In everyday language, one would say: **Il ne me plaît pas** rather than **Il me déplaît.**

Presentation Tutorial

6.3 Irregular *-re* verbs

—*Maman t'**a mis** des draps propres.*

ATTENTION!

Croire à + [*noun*] means *to believe in something*; **croire en** + [*noun*] means *to believe in someone.*

Blaise Pascal croyait-il en Dieu?
Did Blaise Pascal believe in God?

Décrire and **s'inscrire** (*to enroll*) are conjugated like **écrire**.

Remember that **apprendre** and **comprendre** are conjugated like **prendre**.

- You can see patterns in irregular **-re** verbs, but it is best to learn each verb individually.

	boire	croire	dire	écrire
je/j'	bois	crois	dis	écris
tu	bois	crois	dis	écris
il/elle	boit	croit	dit	écrit
nous	buvons	croyons	disons	écrivons
vous	buvez	croyez	dites	écrivez
ils/elles	boivent	croient	disent	écrivent
past participle	bu	cru	dit	écrit

	lire	prendre	craindre (*to fear*)	se plaindre
je	lis	prends	crains	me plains
tu	lis	prends	crains	te plains
il/elle	lit	prend	craint	se plaint
nous	lisons	prenons	craignons	nous plaignons
vous	lisez	prenez	craignez	vous plaignez
ils/elles	lisent	prennent	craignent	se plaignent
past participle	lu	pris	craint	plaint(e)(s)

Mon neveu **a bu** trois verres de lait.
My nephew drank three glasses of milk.

Mais **dis** quelque chose!
Well, say something!

Mes petits-enfants ne m'**écrivent** jamais.
My grandchildren never write me.

Est-ce que vous **comprenez** votre oncle?
Do you understand your uncle?

Je **crains** qu'elle ne m'aime plus.
I'm afraid she doesn't love me anymore.

Nous **nous sommes plaints** du service.
We complained about the service.

- The verb **plaire** (*to please*) is often used in the third person and usually takes an indirect object. Its past participle is **plu**. The English verb *to like* is typically used to translate it.

Cette fromagerie **leur plaît**.
They like this cheese shop.

Les produits bio **vous plaisent**?
Do you like organic food?

Le repas **lui a plu**.
She liked the meal.

DIFFERENTIATION

For Inclusion Have students work in pairs to practice the forms of the irregular **-re** verbs on **p. 206**. Distribute small whiteboards and a dry-erase marker to each pair (a set of index cards can also be used). Say the verb, a subject, and either "simple present" or "**passé composé**." Students work together to write the correct answer then hold it up.

DIFFERENTIATION

To Challenge Learners Ask students to write two sentences about various people they know (including themselves) for each verb on **p. 206**. One sentence must be in the simple present and one must be in the **passé composé**. They should try to use a variety of subject nouns or pronouns.

	mettre	suivre	vivre
je	mets	suis	vis
tu	mets	suis	vis
il/elle	met	suit	vit
nous	mettons	suivons	vivons
vous	mettez	suivez	vivez
ils/elles	mettent	suivent	vivent
past participle	mis	suivi	vécu

	rire	conduire	connaître
je	ris	conduis	connais
tu	ris	conduis	connais
il/elle	rit	conduit	connaît
nous	rions	conduisons	connaissons
vous	riez	conduisez	connaissez
ils/elles	rient	conduisent	connaissent
past participle	ri	conduit	connu

Nous **avons mis** un pull pour sortir.
We put on sweaters to go out.

Mes ancêtres **ont vécu** à Abidjan.
My ancestors lived in Abidjan.

Mes petits-enfants me **sourient** quand je chante pour eux.
My grandchildren smile at me when I sing to them.

Mon grand-père ne **conduit** plus.
My grandfather no longer drives.

Vous ne me **reconnaissez** pas?
Do you not recognize me?

Mon grand-oncle **a disparu** pendant la guerre.
My great uncle disappeared during the war.

- **Se mettre**, when followed by **à** + [*infinitive*], means *to start* (doing something).

Elle **s'est mise à** pleurer!
She started crying!

À six heures, je **me mets à faire** la cuisine.
At 6 o'clock, I start cooking.

- Note the double **i** spelling in the **nous** and **vous** forms of **rire** and **sourire** in the **imparfait**.

Nous **riions** beaucoup à l'école.
We used to laugh a lot at school.

Vous **souriiez** quand votre tante téléphonait.
You used to smile when your aunt called.

- The verb **naître**, conjugated like **connaître** in the present, is rarely used in this tense. Remember that the past participle agrees with the subject in compound tenses such as the **passé composé** and **plus-que-parfait**.

Ma grand-mère est **née** en 1935.
My grandmother was born in 1935.

Les jumeaux étaient-ils **nés** à cette époque?
Had the twins been born at that time?

ATTENTION!

Remember that **permettre** and **promettre** are conjugated like **mettre**.

Survivre is conjugated like **vivre**.

Use the expression **suivre un/des cours** to say *to take a class.*

Je suis un cours d'histoire de l'art.
I'm taking a course in art history.

Sourire is conjugated like **rire**.

Remember that **construire**, **détruire**, **produire**, **réduire**, and **traduire** are conjugated like **conduire**.

Disparaître, **paraître**, and **reconnaître** are conjugated like **connaître**.

Paraître is often used in the third person with an indirect object to say that something seems a certain way.

Ça me paraît difficile.
That seems difficult to me.

BLOC-NOTES

For a review on how **connaître** differs from **savoir**, see **Fiche de grammaire 9.4, p. 404.**

LEARNING STYLES

For Kinesthetic Learners In pairs, have students mime actions related to the irregular **-re** verbs for their partner to describe. They should give each description first using the simple present, then using the **passé composé**. This can also be done as a full class activity.

LEARNING STYLES

For Visual Learners Display a collection of photos that illustrate the irregular **-re** verbs around the room. Students should choose a picture and write a short description. Collect the descriptions, mix them up, and redistribute them to the class. Students find the picture that fits the description.

TEACHING TIPS

Suggestions

- Have students conjugate **promettre, survivre, sourire, produire,** and **reconnaître** in the present and the **passé composé.**
- Ask students personalized questions using the irregular **-re** verbs on **p. 207**. Example: **Qu'est-ce que vous avez mis dans votre sac ce matin? Est-ce que vos parents vous permettent d'aller au cinéma pendant la semaine?**

Suggestion Have students read the example sentences in the text aloud. Then ask them to change simple present tense sentences to the **passé composé**, and **passé composé** sentences to the simple present.

Language Learning

- Point out that **admettre, commettre, remettre,** and **soumettre** are also in the **mettre** verb family.
- Model the slight difference in pronunciation between **nous rions** and **nous riions**.
- Tell students that they may notice **naître** in the present tense in a literary context. Example: **On ne naît pas femme; on le devient. — Simone de Beauvoir**

TEACHING TIPS

1 Suggestion Review the simple present conjugation and the past participle of each verb in the box.

PRE-AP®

1 Presentational Writing Have students rewrite the conversation as a narrative.

2 Expansion Ask this additional item:
5. Ils ont trouvé le récit de l'accident dans le journal local. (Ils ont lu le récit de l'accident dans le journal local.)

3 Suggestion Suggested answers:
1. Mes parents ont construit une nouvelle maison il y a cinq ans.
2. Je crains de faire du mal à mon copain/ma copine.
3. Le fossé des générations disparaît quand les gens se parlent.
4. Les gens bien élevés écrivent des cartes de remerciement.
5. Mon arrière-grand-mère est née...

3 Expansion Have students rewrite their sentences using different subject nouns/ pronouns.

Language Learning Point out the difference in meaning between **faire mal** *to hurt physically* and **faire du mal** *to hurt emotionally.*

Mise en pratique

Note **CULTURELLE**

À **Tunis**, capitale et centre administratif de la **Tunisie**, la ville moderne et la **médina** (vieille ville) offrent un contraste saisissant (*striking*). D'un côté, on peut admirer les grandes villas des quartiers résidentiels. De l'autre, on peut entrer dans la médina par de vieilles portes, vestiges des fortifications qui entouraient autrefois la ville. On trouve dans la médina des **souks** (marchés) et des monuments historiques.

1 

Un repas authentique Claudia passe des vacances à Tunis, dans une famille. Ils voudraient préparer un repas traditionnel. Complétez la conversation logiquement.

apprendre	croire	plaire
comprendre	mettre	prendre
connaître	se plaindre	rire

MÈRE Alors, Claudia, quels plats tunisiens (1) connais-tu?
CLAUDIA Une fois, dans un resto maghrébin, je/j'(2) ai pris du couscous.
PÈRE Je/J' (3) crois que ça ferait un bon repas authentique.
GRAND-MÈRE Je ne/n' (4) me plains pas — j'adore le couscous!
Plus tard dans la cuisine...
CLAUDIA Je ne/n' (5) comprends pas cette recette. Peux-tu la traduire en anglais?
FILLE Non, moi non plus. Nous avons bien lu la recette. Nous (6) avons mis tous les ingrédients dans le bol. Maman, ce n'est pas drôle! Pourquoi est-ce que tu (7) ris?
MÈRE Désolée, mais apparemment vous deux, vous ne/n' (8) avez jamais appris à cuisiner!

2 

Autrement dit Réécrivez chaque phrase et remplacez le(s) mot(s) souligné(s) par un verbe irrégulier en **-re**. Ajoutez d'autres mots, si nécessaire. Suggested answers

1. Ma demi-sœur <u>est venue au monde</u> en 1998.
   Ma demi-sœur est née en 1998.
2. Tu n'aimes pas ton plat? Appelle le serveur et <u>dis-lui que tu n'es pas satisfait</u>!
   Appelle le serveur et plains-toi!
3. <u>Avez-vous peur des</u> gens rebelles?
   Craignez-vous les gens rebelles?
4. Ma famille <u>pense</u> que je n'ai pas assez d'amour-propre.
   Ma famille croit que je n'ai pas assez d'amour-propre.

3 

Phrases logiques

A. Écrivez cinq ou six phrases à l'aide des éléments de chaque colonne. Employez les verbes à des temps différents.

A	B	C
Mes parents	construire	une nouvelle maison...
Je	craindre	faire du mal à...
Le fossé des générations	disparaître	dans quelles circonstances?
Les gens bien élevés	écrire	des cartes de remerciement...
Mon arrière-grand-mère/père	naître	où et quand?
...?	survivre	...?

 **B.** À deux, créez un dialogue qui inclut au moins trois de vos phrases de la partie A.

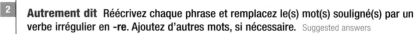

Practice more at **vhlcentral.com.**

DIFFERENTIATION

For Inclusion Provide students with a list of phrases that include irregular **-ir** verbs. Examples: **boire du lait ce matin, lire le journal hier, se plaindre des devoirs,** etc. Students write whether or not they did these things.

DIFFERENTIATION

To Challenge Learners Ask pairs of students to create a **Trouvez quelqu'un qui...** survey using an irregular **-ir** verb in each statement. Examples: **...boit du lait tous les jours, ...prend le bus à l'école, ...est né au mois de septembre**, etc. Next, have students ask their classmates appropriate questions to complete the survey with names. Finally, have pairs report on their findings.

Communication

4 **Questions spécifiques** À deux, répondez aux questions par des phrases complètes.

1. Combien d'e-mails écris-tu chaque jour? Combien en lis-tu?
2. Écris-tu des cartes de vœux? Ça te plaît? Pourquoi?
3. Quel genre de littérature lis-tu le plus souvent?
4. Quel membre de ta famille se plaint le plus? Et qui rit le plus?
5. T'es-tu déjà plaint(e) de ton père ou de ta mère? Pourquoi?
6. Connais-tu quelqu'un qui vit dans une région francophone? Si oui, laquelle?
7. As-tu déjà conduit une voiture? Si oui, quel âge avais-tu?
8. Tes parents te permettent-ils toujours de suivre les cours que tu veux?

5 **Une famille unie** Même les membres d'une famille unie ne s'entendent pas toujours parfaitement bien. À deux, posez des questions et décrivez cette scène à l'aide des verbes de la liste. Ensuite, imaginez une conversation entre les membres de la famille sur la photo.

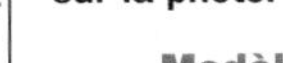

Modèle —Où vivent-ils?
—Je crois qu'ils vivent aux États-Unis.

apparaître	craindre	permettre
boire	croire	se plaindre
(se) comprendre	dire	plaire
contredire	écrire	prendre

6 **À votre santé!** Imaginez que vous soyez une équipe de rédacteurs qui travaillent pour un magazine de santé. Par petits groupes, discutez de ce qu'il faut faire pour rester en bonne santé physique et mentale. Ensuite, écrivez un article qui inclut vos suggestions et au moins huit verbes irréguliers en **-re**.

Prenez en charge votre santé!

Pour rester en bonne santé, riez souvent! Ce qu'il faut faire pour ne pas être malade…

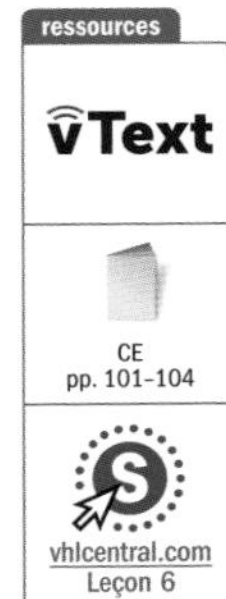

TEACHING TIPS

4 Expansion Take a class survey based on items 1, 4, and 7. Using the answers, ask questions with the comparative and superlative. Examples: **Quel(le) étudiant(e) écrit le plus d'e-mails? Et quel(le) étudiant(e) en écrit le moins? L'oncle de Brittany se plaint-il autant que la mère de Justin? Qui a conduit le plus tôt dans sa vie?** This will serve as a brief preview for **Structures 7.1, pp. 236–237.**

4 Virtual Chat You can also assign Activity 4 on the Supersite. Students record individual responses that appear in your gradebook.

5 Suggestion Suggested questions and answers: **Que boivent-ils? (Ils boivent du jus d'orange.) Que prennent-ils? (Ils prennent leur petit déjeuner.) Penses-tu que la fille et le père se comprennent bien? (Non, ils ne se comprennent pas du tout.) Qui contredit qui? (À mon avis, la fille contredit son père.) Que se disent-ils à ton avis? (Je crois que la fille dit: *J'y crois pas! Tu ne me permets pas de sortir vendredi soir?*) Qu'est-ce que le fils écrit? (Il écrit une dissertation.) Que fait la mère? (Elle semble chercher quelque chose dans le frigo.)**

5 Extra Practice Find additional photos of people talking in different situations. You can also point students to photos in the text. Have students write mini-conversations for these photos using the same list of verbs.

6 Extra Practice If class time does not suffice, give this as a homework writing assignment. You may wish to grade the article on grammatical accuracy, as well as creativity and organization.

DIFFERENTIATION

For Inclusion Give students a crossword puzzle that includes several of the irregular **-ir** verbs. Clues should consist of a subject noun or pronoun + a simple drawing that depicts the meaning of the verb. Example: **nous** + *a picture of a steering wheel.*

DIFFERENTIATION

To Challenge Learners Have groups of 6–8 students sit in a circle to create a story. One student is the "recorder" who writes what everyone says. Give each group an opening story statement that uses an irregular **-ir** verb. The first student continues the story, using a different irregular **-ir** verb, and so on. Students should be creative. Have a "recorder" write the story. Have groups read the stories to the class. Vote on the funniest story.

Key Standards

1.1, 1.2

TEACHING TIPS

Previewing Strategy To preview the activity, have students scan the sample ads and underline examples of the subjunctive, demonstrative pronouns, and irregular **-re** verbs.

Suggestion Have students work in pairs to practice their reading fluency. Students take turns reading each ad. The partner corrects any mispronunciations. Students should then record their readings of the ads and submit the recordings for a grade.

1 Suggestion Encourage students to use the subjunctive with all sorts of expressions: impersonal, will, emotion, etc.

2 Suggestion When alternating roles, tell students not to repeat the same thing their partner said.

3 Expansion Have at least four pairs play out the different scenes in front of the class.

Synthèse

Mariage toujours

Recherchons organisateur/organisatrice de mariages rapide et efficace. Nous retiendrons celui ou celle qui ne craint pas les obstacles, qui plaît et sourit aux clients. Contactez Samira à samira.alhafta@mariage.toujours.tn

Petits anges à garder

Un(e) baby-sitter est demandé(e) pour garder° deux enfants. Ceux-ci sont bien élevés et obéissants°. Il est indispensable que cette personne connaisse au moins une langue étrangère pour la leur enseigner. Appelez le 62.74.02.16.

garder *to look after*
obéissants *obedient*

À TABLE!

Un restaurant trois étoiles recherche un chef cuisinier qui connaisse la gastronomie maghrébine. Il est nécessaire que le candidat sache accommoder viandes et poissons avec les saveurs orientales. Il est recommandé que la personne ne se plaigne jamais. Celui dont les qualités correspondent à ces critères doit téléphoner au 78.96.29.54.

Appart' à partager

Jeunes filles recherchent un(e) colocataire pour partager un appartement au centre-ville. Il est essentiel que celui/celle qu'on choisira ne soit pas égoïste et rie souvent. Toute personne stricte et insupportable s'abstenir! Contactez-nous au 96.08.21.17.

1 **Besoin de travail** Vous avez besoin de travailler cette année. Écrivez votre propre annonce dans laquelle vous expliquez les critères que vous cherchez dans un travail.

Modèle Il faut que je puisse travailler le soir après 18 heures...

2 **Des annonces** Votre ami(e) n'a pas pu acheter son journal aujourd'hui et vous demande de lui donner les détails des annonces. À deux, alternez les rôles.

Modèle Deux filles ont un appartement à partager. Elles veulent que leur colocataire rie souvent!

3 **Mise en scène** Vous avez répondu à l'une des quatre annonces ci-dessus et maintenant les choses vont mal. À deux, imaginez la scène pour une de ces situations et jouez les rôles. Utilisez le présent du subjonctif et des pronoms démonstratifs.

Situation A: Le couple pour qui vous organisez le mariage est insupportable.
Situation B: Les petits anges sont en fait de petits démons.
Situation C: Les aide-cuisiniers qui travaillent pour vous sont incompétents.
Situation D: Les jeunes filles font trop la fête et vous dérangent souvent.

ressources
vText
vhlcentral.com
Leçon 6

PRE-AP®

Presentational Writing Have students write an alternative version of each ad as if they were placing each one. Students should first think about the criteria they would require for each situation. They should be sure to include examples of the structures learned in this lesson. Students will be evaluated on range of use of grammatical structures as well as accuracy.

PRE-AP®

Integrated Skills Have pairs or small groups of students write and then present the interview for one of the advertised positions. Students should be sure to get into character, speak slowly and clearly, and use intonation to emphasize important ideas.

Préparation

Vocabulaire de la lecture

les affaires (*f.*) *belongings*
affronter *to face*
confier *to confide; to entrust*
débuter *to begin*
se dérouler *to take place*
faire une demande en mariage *to propose*
les fiançailles (*f.*) *engagement*
une mariée *bride*
nécessiter *to require*

Vocabulaire utile

une alliance *wedding ring*
une bague de fiançailles *engagement ring*
le bouquet de la mariée *bouquet*
un marié *groom*
une robe de mariée *wedding gown*
un témoin *witness; best man; maid of honor*

1  **Le mariage** Vous allez vous marier et vous lisez un livre pour tout savoir sur les éléments-clés de la cérémonie. Trouvez le titre de chaque chapitre.

Sommaire

Chapitre 1: Les fiançailles 7
Vous êtes fiancés? Félicitations! C'est pendant cette période que vous préparez votre mariage.

Chapitre 2: L'alliance 15
C'est le symbole de votre union. Comment la choisir?

Chapitre 3: Les témoins 21
Ils sont à côté de vous pendant la cérémonie. Qui choisir? Quel cadeau leur offrir? Tout ce qu'il faut faire.

Chapitre 4: La robe de mariée 28
C'est la journée de la mariée! Les hommes seront beaux dans leur costume, mais tout le monde s'intéressera à ce qu'elle portera! Voici notre sélection.

Chapitre 5: Le bouquet de la mariée 35
Qu'est-ce qu'un mariage sans fleurs? Il faut choisir avec soin cet accessoire très important pour la mariée! Lisez nos conseils.

2  **Célébrations** Répondez aux questions et comparez avec un(e) camarade.

1. Dans votre famille, les traditions du mariage sont-elles similaires à celles mentionnées dans l'activité 1? En avez-vous d'autres? Décrivez-les.
2. Vos traditions incluent-elles une demande en mariage officielle? Offre-t-on une bague de fiançailles?
3. Quelles sont les étapes de la cérémonie du mariage?
4. Célébrez-vous d'une manière particulière d'autres étapes marquantes de la vie? Lesquelles? Comment les célébrez-vous?

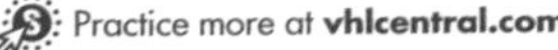

Section Goals
In **Culture**, students will read about marriage in Algeria.

Key Standards
1.2, 2.1, 2.2, 4.2

Student Resources
Supersite: Activities, Synced Reading

TEACHING TIPS

Synonymes
faire une demande en mariage↔demander quelqu'un en mariage
Point out that **une alliance** also means *alliance* and *union* (*of marriage*), depending on the context.
Mention the phrase **par alliance**, which means *by marriage*. Example: **Il est mon neveu par alliance**. *He is my nephew by marriage.*

1 Extra Practice Have students rewrite one of the chapter descriptions using more words from the new vocabulary list.

2 Suggestion Teach or remind students of the expression **ça dépend** so they can comfortably explain any exceptions or additions to celebratory traditions in their culture.

Extra Practice Play a game of ***Dans la boule de cristal***. Have individuals list three important things about themselves (their major, what they like, something about their family, etc.). Then have them exchange their lists with a partner, who will use the information to predict that student's future. Encourage creativity and productive reactions to their partner's predictions.

LEARNING STYLES

For Kinesthetic Learners Divide the class into five groups. Assign each one a chapter in the wedding book in Activity 1. Have students create and act out a skit for their chapter. They should include and act out not only the key word for the chapter, but other vocabulary words as well.

LEARNING STYLES

For Visual Learners Ask students to bring in photos of a family wedding and describe them for the class using the vocabulary words. Alternatively, students can find photos in magazines or on the Internet. After each presentation, call on students to ask questions about the people and events in the photos in order to also review the **Pour commencer** vocabulary on **p. 186**.

TEACHING TIPS

Previewing Strategy

- Before students turn to **p. 212**, ask them to make a quick sketch of what they think of when they hear the word **mariage**. Then have them open their books. Ask: **Comment évaluez-vous cette image en comparaison avec votre dessin?**
- Have students describe in detail the different people and what they are doing. Ask: **Êtes-vous déjà allé(e) à un mariage comme celui-ci? Où et quand? Êtes-vous déjà allé(e) à un mariage qui différait du mariage traditionnel à l'américaine? Décrivez-le.**

Reading Strategy Have pairs of students read the text, one paragraph at a time. After reading each paragraph, they close their books and write a summary. At the end of the reading, pairs compile their paragraph summaries into an article summary, using appropriate transitions words.

21st CENTURY SKILLS

Global Awareness
Students will gain perspectives on the Francophone world to develop respect and openness to others and to interact appropriately and effectively with citizens of Francophone cultures.

Jour de mariage

Hier, vendredi, j'étais invité au mariage d'un charmant couple algérien, Yasmina et Salim. Pour moi, Occidental, ce fut l'occasion d'ouvrir les yeux sur des traditions et un monde différents. Un peu perdu dans cette succession de cérémonies, j'ai posé des questions au jeune couple.

CRITICAL THINKING

Comprehension As pairs of students read the article, have them create two true/false statements for each paragraph. When they have finished the entire article, have each pair team up with another pair to ask and answer each other's statements. Students must correct any false statements.

CRITICAL THINKING

Analysis The culture reading notes that for all Maghreb festivities, the married women of the family gather to make couscous. Ask students to think of a typical holiday that is celebrated in the United States and/or in their families. Ask: **Quels sont les rôles typiques de chaque membre de la famille? Quels sont les rôles typiques des hommes et des femmes? Que pensez-vous de ces rôles? Devraient-ils changer?.**

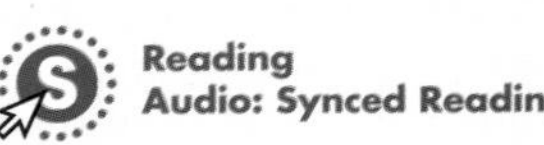

Le henné

Le henné est une plante qu'on trouve au **Maghreb**. Les femmes, mais aussi les hommes, se servent de cette poudre comme produit de tatouage, après l'avoir mélangée avec de l'eau. La **«hennayat»**, ou tatoueuse, l'applique parfois avec de la dentelle pour créer de jolis motifs. C'est aussi une substance qui sert à la teinture des cheveux.

PAUL Quels ont été les grands moments de la journée?

SALIM Tout a commencé en fin d'après-midi. Yasmina est arrivée chez moi, où elle est restée dans une pièce avec ses amies. La fête a vraiment débuté quand je suis arrivé pour la cérémonie avec les hommes, en marchant° au rythme de la musique. Tu as vu que les hommes et les femmes, et notre couple, sont restés séparés pendant toute la fête. Tout était fait pour rendre plus intense le moment où Yasmina et moi nous retrouverions en fin de soirée. Après le repas, les hommes, les femmes âgées et les enfants ont dansé. D'ailleurs°, je t'ai vu danser avec eux. Tu avais l'air de bien t'amuser. Puis, plus tard dans la soirée, la hennayat a tatoué mon index° avec du henné° pour me porter bonheur°. J'ai reçu de l'argent des invités, et j'ai enfin pu rejoindre Yasmina.

walking / *By the way* / *forefinger / henna* / *to bring happiness*

PAUL On m'a dit que «le mariage d'une nuit nécessite une année de préparation». Est-ce que cela a été le cas pour le vôtre?

YASMINA À peu près°. Il y a une semaine, Salim et moi sommes allés à la mosquée pour recevoir la bénédiction de l'imam, puis à la mairie pour signer les documents officiels. Deux jours avant la cérémonie du vendredi, j'ai célébré la fête de l'«Outia» qui symbolise le début de la préparation de la mariée. C'est aussi «la nuit du henné», la troisième et dernière nuit où on m'a tatoué les mains au henné. Ce produit végétal a une valeur spirituelle et protectrice. Plus le tatouage est foncé, plus il est beau et plus il a de la valeur. Il faut que le produit soit appliqué° trois fois pour qu'il imprègne la peau. Jeudi, j'ai envoyé toutes mes affaires chez Salim, et j'ai passé la journée à me reposer, afin d'affronter le rythme effréné° du lendemain.

Practically / *applied* / *frantic*

Plus tard, on m'a expliqué que Salim avait fait une demande en mariage traditionnelle qu'on appelle la «shart». Il y a deux mois, il est venu demander la main de Yasmina à ses parents et leur a offert la somme habituelle, équivalente à 1.500 $. Une semaine après, ils ont fêté la «djeria», les fiançailles. La hennayat a appliqué du henné et un Louis d'or° sur la paume de la main de Yasmina, et Salim a offert à sa fiancée un tailleur° blanc pour le mariage.

gold Louis coin / *woman's suit*

Salim m'a confié que toute cette effervescence lui a rappelé la cérémonie de sa circoncision. Il avait six ans. Il a vécu là un moment capital de son existence: Il faut passer par ce rite pour devenir musulman. En général, un garçon est circoncis entre la naissance et l'âge de six ans. Quand le garçon est plus âgé, le rite prend plus d'importance, parce qu'il se rend compte de sa signification et il reçoit plein de cadeaux.

Ces fêtes maghrébines ont au moins un point commun. Toutes les femmes mariées de la famille se réunissent dans la maison où vont se dérouler les festivités. Elles procèdent toujours au même rituel: le roulage°, étape importante dans la préparation du couscous. C'est toujours le plat principal des fêtes familiales, en Afrique du Nord.

rolling

Je me souviendrai de l'ambiance et des odeurs envoûtantes° qui m'auront fait découvrir un autre univers. Pendant un moment, j'étais à l'autre bout de la Terre. Me voilà de retour. Dommage°... ■

enchanting / *Too bad*

TEACHING TIPS

Suggestions

- Ask students to create a timeline of the wedding events. They can also make a simple illustration to accompany each event.
- Ask students to go through the text and locate examples of the subjunctive, demonstrative pronouns, and irregular **-re** verbs. Have volunteers write the sentences on the board, read them aloud, and highlight the grammatical structures.

NATIONAL STANDARDS

Cultures Couscous, a primary staple throughout the Maghreb, is a pasta made by rolling and shaping semolina wheat into small granules, moistening it, and coating it with finely ground wheat flour. It is traditionally served with meat or vegetable stew. Have students research other typical dishes from the Maghreb.

PRE-AP®

Integrated Skills Have students work in groups of three to write an interview between an American reporter and Yasmina's parents. The questions and answers should revolve around the proposal, the engagement, and the wedding ceremony. Students might also discuss the parents' hopes and dreams for Yasmina and their opinion of their son-in-law. Have pairs present their interviews for the class.

PRE-AP®

Presentational Writing Ask students to write an essay about a typical American engagement and wedding and an Algerian engagement and wedding. Students should organize their thoughts in a Venn diagram before drafting their essay. They can include ideas presented in the culture reading as well as ideas from additional research. They can also support their essay with captioned visuals to show the similarities and differences.

TEACHING TIPS

1 Cultural Note For item 7, point out that an official, traditional Algerian marriage proposal includes **la dot** (*dowry*). Demonstrate how to pronounce it. (Unlike most French words with a silent final consonant, pronounce the **t** like in the English word *dot*.)

2 Expansion Have pairs check and compare their answers.

2 Partner Chat You can also assign Activity 2 on the Supersite. Students work in pairs to record the activity online. The pair's recorded conversation will appear in your gradebook.

3 Expansion Take a poll to see how many students have heard of the superstition that bad weather on one's wedding day brings good luck. Then ask: **Pensez-vous que le vrai proverbe dise «plus vieux» or «pluvieux»** (*rainy*)**? Pourquoi?**

4 Expansion After discussing part B, have groups of three compare their points of view with those of another group. Then, depending on class size, have those groups of six decide on an opinion to present to the rest of the class.

1 Answers may vary slightly.
1. Il a été invité au mariage d'un couple algérien.
2. Non, il ne connaît pas bien les traditions algériennes.
3. Non, ils sont séparés pendant toute la fête. Les jeunes mariés se retrouvent à la fin.
4. Le couple va à la mairie.
5. C'est une plante qu'on trouve au Maghreb.
6. Elle applique du henné sur les mains du marié et de la mariée.
7. C'est une demande en mariage traditionnelle. Le jeune homme demande la main de la jeune fille à ses parents et leur offre une somme d'argent.
8. On les appelle la «djeria» et elles ont lieu une semaine après la «shart».
9. Il mentionne sa circoncision. Un garçon doit passer par ce rite pour devenir musulman.
10. En Afrique du Nord, le couscous fait toujours partie des fêtes familiales.

Analyse

1 Compréhension Répondez aux questions par des phrases complètes.

1. À quelle cérémonie l'auteur a-t-il été invité?
2. Connaît-il bien les traditions de cette culture?
3. Les hommes et les femmes font-ils la fête ensemble dans la culture algérienne?
4. Où va le couple pour officialiser son union?
5. Qu'est-ce que le henné?
6. Quel est le rôle de la hennayat dans la cérémonie?
7. Qu'est-ce que la «shart»?
8. Comment appelle-t-on les fiançailles algériennes? Quand ont-elles lieu?
9. Quelle autre cérémonie traditionnelle le marié mentionne-t-il? Que signifie cette cérémonie?
10. En Afrique du Nord, quel plat fait toujours partie des fêtes familiales?

2 Traditions Dans l'article, vous avez vu qu'au Maghreb les fêtes sont basées sur un rituel qui peut durer plusieurs jours. Ces grandes cérémonies sont l'essence même de la société maghrébine. À deux, répondez à ces questions.

1. Ce genre de grande cérémonie existe-t-il dans votre famille? Sinon, aimeriez-vous qu'elle joue un plus grand rôle dans votre vie?
2. Connaissez-vous d'autres cultures qui ont cette caractéristique?

3 «Mariage pluvieux, mariage heureux» Il paraît qu'il y a une erreur dans la transcription de ce proverbe et qu'il faudrait dire: «Mariage plus vieux, mariage heureux». Aujourd'hui, on se marie de plus en plus tard. Par groupes de trois, répondez aux questions.

- Comment expliquez-vous ce phénomène?
- Pensez-vous que si on se marie plus vieux, on a vraiment de meilleures chances d'avoir un mariage heureux?

4 Les grands événements de la vie

A. Quels sont les événements les plus importants de votre vie? Ajoutez quatre autres événements au tableau, puis classez-les (*rank them*) par ordre d'importance.

	Classement
Passer son permis de conduire	
Entrer au lycée	
Partir en vacances sans vos parents	
?	
?	
?	
?	

B. Pensez-vous que vos parents, quand ils étaient jeunes, ont donné la même importance que vous à ces événements? Par groupes de trois, discutez-en.

ressources
vText
vhlcentral.com
Leçon 6

Practice more at **vhlcentral.com.**

CRITICAL THINKING

Analysis Ask students to choose one sentence from the culture reading that stands out to them as particularly interesting or thought-provoking. Have them write the sentence and an explanation of the significance in the paragraph. Students should explain why this sentence is interesting to them.

CRITICAL THINKING

Comprehension and Evaluation Both the bride and the groom in Algeria receive tattoos made from henna. These traditional tattoos mark a passage in life and have symbolic meaning. Discuss the symbolism of the tattoos according to the culture reading. Then discuss the current practice of getting tattoos, their symbolism, and the pros and cons.

Préparation

À propos de l'auteur

Olivier Charneux (1963–) est né à Charleville-Mézières, France. Tout jeune, il perd son père et sa sœur aînée. Finalement, les Charneux sont obligés de vendre la maison familiale et de partir pour Reims. Olivier fait des études littéraires et artistiques et devient comédien au Théâtre du Soleil. Il entame (*starts*) ensuite sa carrière de dramaturge (*playwright*) et écrit régulièrement pour le théâtre. Il a publié trois romans *La grande vie* (1995), *Les dernières volontés* (1997) et *Nous vivons des vies héroïques* (2007) et deux récits autobiographiques *L'enfant de la pluie* (1999) et *Être un homme* (2001). *La logique des grands* est une nouvelle qui fait partie d'un recueil (*collection*) intitulé *J'ai dix ans* (2005).

Vocabulaire de la lecture

adoucir *to soften*
bougonner *to grumble*
céder à *to give in to*
s'échapper de *to escape from*
effrayer *to frighten*
être pris(e) *to be busy, taken up*
obliger *to force*
plaire *to please*
un retournement *turnaround; change of heart*
somnoler *to doze off*
supporter *to bear; to put up with*

Vocabulaire utile

un caprice *whim*
se décider *to make up one's mind*
s'entraîner *to practice; to train*
doué(e) *gifted*
un passe-temps *hobby*

1  **Vocabulaire** Complétez ces phrases à l'aide des mots de vocabulaire présentés sur cette page. Faites les conjugaisons ou ajoutez les articles nécessaires.

1. Ce film était tellement ennuyeux que je/j' _ai somnolé_ deux fois pendant la projection.
2. Ma mère _cède_ toujours aux caprices de ma petite sœur!
3. Ma mère est très occupée! Elle est toujours _prise_ par son travail.
4. Est-ce que tu viens avec nous ou pas? _Décide-toi_ !
5. Mon frère n'est jamais content. Il _bougonne_ tout le temps!
6. Ma meilleure amie est une virtuose du piano et de la flûte. Elle est très _douée_ pour la musique.

2  **Discussion** À deux, posez-vous ces questions. Expliquez vos réponses.

1. Quelles relations avais-tu avec tes parents à l'âge de dix ans? Et aujourd'hui?
2. À ton avis, tes parents te comprennent-ils? Te connaissent-ils vraiment?
3. Qui sont les plus capricieux (*capricious*), les adultes ou les enfants/adolescents?
4. Est-ce que tes parents cédaient à tes caprices quand tu étais enfant? Et à ceux de tes frères ou sœurs?
5. Est-ce la responsabilité des parents d'obliger parfois leur(s) enfant(s) à faire des choses qu'ils ne veulent pas faire?
6. Élèveras-tu tes enfants comme tes parents t'ont élevé(e)?
7. Quelles activités pratiquais-tu quand tu avais huit ans? Et maintenant?
8. Est-ce que tu joues d'un instrument? Si oui, duquel? À quel âge est-ce que tu as commencé à apprendre cet instrument?

Section Goals

In **Littérature**, students will:
- learn about writer Olivier Charneux
- read his short story ***La logique des grands***

Key Standards

1.2, 2.2, 3.1, 5.2

Student Resources
Cahier de l'élève, pp. 105–107; Supersite: Activities, Synced Reading, *eCahier*
Teacher Resources
Answer Keys

NATIONAL STANDARDS

Connections: Literature The events of Charneux's childhood greatly influenced his writing. Many of his works include autobiographical material. Discuss with students the names and works of authors they know for whom this is also true. Some examples might be: Ghislaine Sathoud, Amy Tan, Langston Hughes, Gary Soto, Khaled Hosseini.

TEACHING TIPS

Synonymes
effrayer↔faire peur, terrifier
bougonner↔râler, ronchonner

Suggestion Ask personalized questions with the new words and expressions. Examples: **Est-ce que les films d'horreur vous effraient? Avez-vous déjà somnolé pendant un cours? Qu'est-ce qui peut vous faire bougonner parfois? Quel est votre passe-temps favori?**

1 Expansion Use the completed sentences as the basis for a **dictée**.

2 Suggestions
- For item 2, have students give specific examples.
- For item 8, if students do not play an instrument, they can talk about someone they know who does.

CRITICAL THINKING

Comprehension Have small groups discuss what a parent should do when a child goes through certain moments in life. Examples: **Qu'est-ce qu'un père ou une mère doit faire quand son enfant a la grippe? Quand c'est son anniversaire? Quand il/elle reçoit de bonnes/mauvaises notes à l'école? Quand il/elle a un(e) petit(e) ami(e) désagréable?** etc. Then have groups present their ideas to the class.

CRITICAL THINKING

Synthesis and Evaluation Have students work in groups of four to debate Activity 2, item 6. Two students debate the pros of having children, and two students debate the cons. Tell students to prepare a list of points before conducting their debate. They might include issues such as responsibilities, expenses, schooling, manners, rewards, heartaches, etc. Remind students to use the new vocabulary as much as possible.

TEACHING TIPS

Previewing Strategy Ask one student to read the title aloud. Then have students look at and describe the image. Ask: **Selon vous, de quoi va parler ce texte?**

Reading Strategy Tell students that, as they read, they should think about their own experiences. This will help them relate to the character and understand him better.

PRE-AP®

Interpersonal Speaking Have a volunteer read aloud the mother's quote at the beginning of the story. Ask: **Êtes-vous d'accord avec cette déclaration? Expliquez.** Students should talk about personal experiences with music and its benefits. They can include information about listening to music, reading music, and playing an instrument.

PRE-AP®

Integrated Skills Have students listen to the dramatic recording of the reading. They should listen for the gist the first time. Ask: **Quel est le thème principal de cette histoire?** The second time, they should listen for key words and structures. Ask: **Qu'avez-vous appris de plus après cette deuxième écoute?** The third time, they should listen for full comprehension. Say: **Résumez brièvement l'histoire de cette nouvelle.**

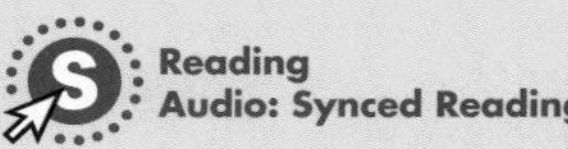

La LOGIQUE des GRANDS

Olivier Charneux

«Apprendre la musique, ça te fera du bien. La musique adoucit la vie et puis elle ouvre des horizons. Plus tard, tu me remercieras.» Voilà ce que m'avait dit ma mère pour justifier mon inscription au conservatoire de Charleville-Mézières. J'avais dix ans. Ouvrir des horizons ne relevait pas de mes préoccupations. Je pratiquais déjà la gymnastique le samedi, j'allais au patronage° le mercredi après-midi, au catéchisme le mercredi matin, à la messe le dimanche, au centre aéré et en colonie° pendant les vacances. Avec cette nouvelle activité, je serai pris maintenant le mardi soir et le jeudi soir et quelques dimanches après-midi pour des concerts. Ouf! Que me restera-t-il comme temps pour jouer avec mes copains? Pourquoi m'éloignait-on° ainsi de la maison? Je me posais mille questions parce que l'inconnu° effraye toujours et qu'apprendre est fatigant. Pourtant, au fond de moi, l'excitation battait son plein°. Je m'imaginais compositeur de symphonie, de chansons sur la vie, soliste, chef d'orchestre. Avoir mon instrument me paraissait primordial et urgent. Lequel? Après mûres réflexions° mon choix se porta sur la clarinette. Était-ce dû à Sydney Bechet ou au groupe Les Haricots Rouges dont ma mère possédait quelques disques? Leur façon de swinger, de passer du grave à l'aigu°, de parler presque, me plaisait. J'avais procédé par élimination. Le piano, ce n'était pas pour moi: trop de touches, trop volumineux, trop gosse° de riche. La batterie° me séduisait mais personne à la maison n'aurait supporté. La trompette nécessitait sans doute un souffle important°. L'accordéon m'attirait également mais je me jugeais trop petit encore pour pouvoir en porter un. Restait la clarinette. Je l'exigeai illico° pour pouvoir entrer au conservatoire.

patronage youth center
colonie summer camp
m'éloignait-on was I being taken out
l'inconnu the unknown
battait son plein was at its peak
mûres réflexions careful consideration
du grave à l'aigu from low to high (pitch)
gosse kid (colloquial)
batterie drums
souffle important powerful lungs
l'exigeai illico I demanded it immediately

TEACHING TIPS

Cultural Note Sydney Bechet (1897–1959) was an American jazz musician of Creole descent. He was born in New Orleans, but lived in Paris from 1951 until his death.

NATIONAL STANDARDS

Connections: Music
Les Haricots Rouges are a well-known French ragtime jazz combo. Ask students to watch an online video of the group. Then have them write a review (a description and a personal opinion) of the group and their music.

Suggestions
- Have students find examples of irregular **-re** verbs in the reading. Have them read the sentences aloud and note the infinitives.
- Discuss the expression **la logique des grands** (title). What does the author mean by this? What are some examples of **la logique des grands**?

CRITICAL THINKING

Analysis Ask a student to read aloud lines 5–10 [From **Je pratiquais déjà** to **jouer avec mes copains?**] Call on a few volunteers to restate the first sentence with information about their lives when they were ten years old. Then discuss the issue of children's busy lives these days. Ask: **Pensez-vous que les enfants aient trop d'activités de nos jours? Pesez le pour et le contre d'un emploi du temps riche en activités extra-scolaires.**

PRE-AP®

Presentational Writing Ask students to think about a time when, as a child, they had to do something that frightened them; for example, move to a new town, go to a new school, stay overnight at a friend's house. Have students write a paragraph describing the situation, why they were afraid, and how they felt after the experience. Tell students to include examples of the lesson vocabulary and grammar in their paragraph.

Suggestions

- Have students practice reading the story aloud, using the dramatic recording as a model.
- Ask a few students to describe the photo and how it relates to the story.
- Have students write words whose meanings they are not sure of on a piece of paper. Collect the papers. First, ask if anyone already knows the meaning of each word and can provide a sample sentence. If not, provide the meaning by using it in a context that clarifies the meaning.

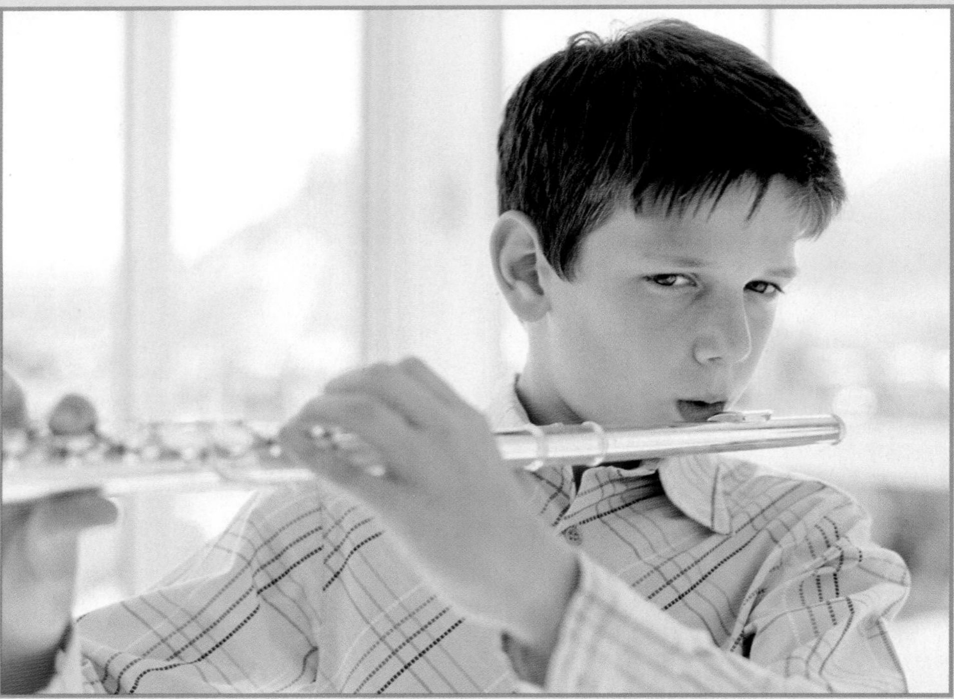

—Maman, achète-moi une clarinette tout de suite sinon° je n'y vais pas!

En général, ma mère cédait à mes caprices pour avoir la paix mais là, elle résistait, avec patience et pédagogie. Elle employa la logique des grands en m'expliquant qu'il fallait d'abord apprendre le solfège° puis s'essayer à la flûte à bec° pour voir si la musique me plairait avant d'envisager° l'achat d'un instrument. Elle ajouta qu'il lui paraissait précoce, à ses yeux, de le choisir maintenant, qu'elle connaissait mes retournements et in fine° elle me parla de son prix qui n'était pas comparable à un jouet. Je soupirai° devant tant de prudence et de cartésianisme°. Pourquoi, dans ce cas, ne pas me contenter de continuer à jouer sur des paquets de lessive dont je me servais régulièrement comme batterie? Mon frère aîné, lui, quand il apprit la nouvelle, se moqua de moi.

—Alors tu vas apprendre le pipeau°? me dit-il dans un rire.

Je le détestai et le pipeau avec. Ce mot me semblait ridicule. Je me sentais par avance ridicule. Pratiquer le pipeau me faisait honte.

Les locaux° du conservatoire étaient situés dans l'ancien hôtel de ville de Mézières, à l'arrière du bâtiment. Comme si l'on montait dans un grenier, il fallait emprunter un petit escalier en bois pour y accéder. Puis, l'on devait parcourir un long couloir sombre et poussiéreux°. Les salles, ayant probablement servi de bureaux à une autre époque, étaient petites.

otherwise · *music theory* · *recorder / to think about* · *lastly* · *sighed* · *Cartesianism (philosophical doctrine of René Descartes, a form of rationalism)* · *penny whistle* · *classrooms* · *dusty*

CRITICAL THINKING

Comprehension Ask students to read lines 39–54 [From **Les locaux du conservatoire** to **loin des contingences terrestres.**] in pairs. As they read, they should stop and discuss the location of the conservatory and what they visualize. Have them also visualize what the narrator is doing. Students should then make simple sketches to depict what they discussed to present to the class.

CRITICAL THINKING

Analysis Have students who have learned to play an instrument describe their experiences. Then ask the class to compare and contrast these experiences with the narrator's. Additionally, have the class compare and contrast learning how to play an instrument with learning how to play a sport.

yellowish / was flaking off / pipes / musty smell / filled / gurgled / piping / Treble/G clef / staffs / eighth note / trivial circumstances / I cursed

Je me souviens. Le parquet craquait. La peinture jaunâtre° sur les murs s'écaillait°. Les radiateurs étaient brûlants l'hiver et un problème de plomberie faisait chanter les tuyaux°. Pour finir, une odeur de renfermé° emplissait° l'atmosphère. Le tout me donnait envie de dormir. Pendant la plupart des cours de solfège, je somnolais. J'avais la sensation de partir, soit de m'échapper de la Terre, de voler dans l'espace, soit d'aller dans ses profondeurs à travers l'eau qui gargouillait° dans les canalisations°. Quand je revenais dans le présent de ce drôle d'endroit, je voyageais encore grâce aux notes, à la clef de sol° que je dessinais sur les portées°. Ce nouveau langage fait de blanches, de noires, de rondes, de croches°, me fascinait, m'entraînait lui aussi dans un autre monde, loin des contingences° terrestres. La pratique de la flûte me réveillait, m'excitait davantage que le solfège, même si souvent je pestais° de ne pas y arriver tout de suite. L'impatience coulait dans mon sang. Avec mes petits camarades, nous adorions souffler sans retenue pendant des heures, en

Si je prenais goût à ces «concerts» inhumains aux oreilles des autres, j'arrivais peu à peu à faire regretter à ma mère et à ma famille leur volonté de m'apprendre la musique.

a thought / reached / scales

passant des aigus au graves, sans souci° d'harmonie, sans nous rendre compte surtout de l'horreur stridente et insupportable de nos sons. Nul doute que le pire devait être atteint° lorsque le groupe entier s'essayait à l'unisson. Le professeur, confiant et patient, tentait en vain de retenir ses grimaces pour nous encourager. Un mal de tête devait l'attendre à la maison. Le temps passait. Si je prenais goût à ces «concerts» inhumains aux oreilles des autres, j'arrivais peu à peu à faire regretter à ma mère et à ma famille leur volonté de m'apprendre la musique. «Tu nous casses les oreilles avec ton pipeau!» bougonnait mon frère quand je répétais à la maison. «Tu veux pas aller jouer ailleurs!» soupirait ma mère qui ne supportait plus d'entendre mes gammes° et mes fausses notes dans sa cuisine. «Éloigne-toi de nos chambres. Va dehors. On n'arrive plus à faire nos devoirs!» se plaignaient mes sœurs cadettes. Je ne comprenais plus rien. Ils m'avaient obligé à faire de la musique, elle me faisait du bien, adoucissait ma vie, m'ouvrait des horizons et maintenant il fallait que j'arrête! Voilà ce que je pensais: «J'ai dix ans et les grands ne savent vraiment pas ce qu'ils veulent. Ils sont aussi changeants que la couleur des arbres en automne.» Au bout d'un an, je n'ai plus remis les pieds au conservatoire. ■

Suggestions

- As a final comprehension check, play the dramatic recording of the reading through once. Then play it again, stopping after each paragraph to ask yes/no or short answer questions.
- Ask: **Quelle était l'intention de l'auteur en écrivant cette nouvelle?**

Expansion Assign students to come up with alternate endings to the story.

Extra Practice

- Have students read another work by Olivier Charneux. They should present a summary to the class and provide a recommendation.
- Ask students to locate pictures of various musical instruments and create a music collage, identifying each instrument with a caption.

CRITICAL THINKING

Application Working in small groups, have students prepare a skit that dramatizes the story. Within the dramatization, they must include at least one example of each of the lesson's grammar points and ten words/expressions from the lesson's vocabulary. Have students perform their skits for the class.

CRITICAL THINKING

Evaluation First, ask students: **Qui est votre écrivain préféré? Pourquoi aimez-vous son style?** Then ask students to describe Olivier Charneux's writing style in their own words. Ask: **Est-ce que Charneux fait maintenant partie de vos auteurs favoris? Justifiez votre réponse.**

TEACHING TIPS

1 Expansion Have students write down one question they would like to ask that will help clarify any part of the story for them. Collect the questions and read them aloud for the class to answer.

2 Suggestion Call on various pairs to present their answer to each question.

PRE-AP®

2 Presentational Writing Assign question 6 for homework, asking students to write their answer in a paragraph.

21st CENTURY SKILLS

3 Flexibility and Adaptability Remind students to include input from all team members, adapting their presentation so it represents the whole group.

4 Suggestion Students may want to illustrate their stories with photos or sketches.

4 Expansion Have students deliver a dramatic presentation of their story.

Analyse

1 Suggested answers.
1. La mère du narrateur l'a obligé à apprendre la musique.
2. Il avait dix ans.
3. Il pratiquait la gymnastique, allait au patronage, au catéchisme, à la messe et au centre aéré. Pendant les vacances, il allait en colonie de vacances.
4. Non, il ne voulait pas apprendre la musique. Il craignait de ne plus avoir le temps de jouer avec ses copains et l'inconnu lui faisait peur.
5. Le narrateur a choisi la clarinette après avoir considéré le piano, la batterie, la trompette et l'accordéon.
6. Non. Sa famille ne supportait pas sa musique et tout le monde se plaignait.

1 Compréhension Répondez aux questions par des phrases complètes.

1. Qu'est-ce que la mère du narrateur l'a obligé à faire au début de la nouvelle?
2. Quel âge avait le narrateur quand il a commencé à suivre des cours de musique?
3. Quelles activités faisait régulièrement le narrateur dans la semaine? Et pendant les vacances?
4. Au début, le narrateur voulait-il apprendre la musique? Pourquoi?
5. Sur quel instrument est-ce que le narrateur a fixé son choix? Quels autres instruments a-t-il considérés avant de se décider?
6. Est-ce que le narrateur a continué de prendre des cours de musique? Expliquez.

2 Interprétation Avec un(e) partenaire, répondez aux questions par des phrases complètes.

1. Que ressentait le narrateur à l'idée d'apprendre la musique?
2. Pourquoi la mère du narrateur a-t-elle refusé de lui acheter immédiatement une clarinette?
3. Est-ce que le narrateur aimait ses cours de musique? Justifiez votre réponse.
4. Comment l'auteur décrit-il le conservatoire? Quelle impression souhaite-t-il donner à son lecteur? Quel était l'effet de ce cadre (*surroundings*) sur le narrateur?
5. Pourquoi la mère du narrateur a-t-elle regretté sa volonté de lui faire apprendre la musique?
6. Pourquoi est-ce que le narrateur se sent perdu à la fin? Expliquez votre réponse.

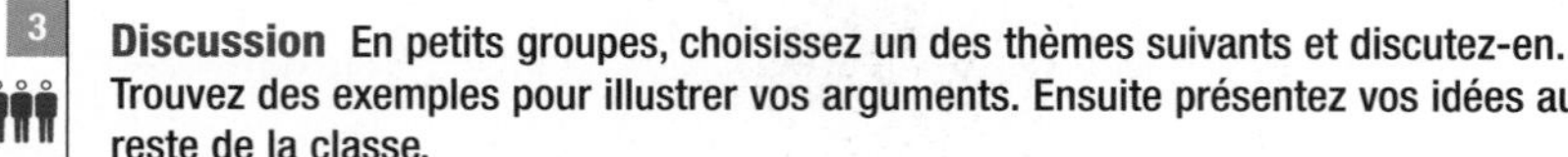

3 Discussion En petits groupes, choisissez un des thèmes suivants et discutez-en. Trouvez des exemples pour illustrer vos arguments. Ensuite présentez vos idées au reste de la classe.

- Les parents savent toujours ce qui conviendra (*will suit*) à leurs enfants.
- Les parents ne savent pas ce qu'ils veulent pour leurs enfants.
- Les enfants ont souvent tendance à résister aux volontés des parents.

4 Rédaction Vos parents vous ont-ils un jour obligé(e) à faire une activité avec des résultats inattendus? Décrivez un souvenir d'enfance, réel ou imaginaire, qui illustre d'une façon humoristique la «logique des grands» contradictoire que dénonce la nouvelle d'Olivier Charneux. Suivez le plan de rédaction pour écrire votre histoire.

Plan

1 Préparation Choisissez l'incident dont vous allez parler. Faites une liste chronologique des divers événements.

2 Histoire Racontez l'histoire avec beaucoup de détails et de descriptions. Quand est-ce que cela s'est passé? Comment est-ce que vos parents vous ont persuadé(e) de faire ce qu'ils voulaient? Comment vous sentiez-vous? Qu'est-ce qui s'est passé? Comment est-ce que votre famille, vos amis ou vos voisins ont réagi? Comment est-ce que l'affaire s'est terminée?

3 Conclusion Concluez votre histoire par une phrase humoristique qui reflète votre opinion.

ressources

vText

CE pp. 105-107

vhlcentral.com Leçon 6

Practice more at **vhlcentral.com.**

CRITICAL THINKING

Analysis At the end of the story, the author writes: **«les grands ne savent vraiment pas ce qu'ils veulent»**. Discuss why Charneux says this, citing examples from the story. Then ask students to relate this statement to their own experiences. Ask: **Diriez-vous la même chose? Donnez des exemples précis.**

CRITICAL THINKING

Synthesis Have students work in pairs to create a graphic novel version of the story. Students should download photos from the Internet or draw pictures as well as write captions and dialogue. Collect the graphic novels and redistribute them to other students, allowing time for them to read at least two versions.

En famille

Les membres de la famille

un(e) arrière-grand-père/mère *great-grandfather/grandmother*
un beau-fils/-frère/-père *son-/brother-/father-in-law; stepson/father*
une belle-fille/-sœur/-mère *daughter-/sister-/mother-in-law; stepdaughter/mother*
un(e) demi-frère/-sœur *half brother/sister*
un(e) enfant/fille/fils unique *only child*
un époux/une épouse *spouse; husband/wife*
un(e) grand-oncle/-tante *great-uncle/-aunt*
des jumeaux/jumelles *twin brothers/sisters*
un neveu/une nièce *nephew/niece*
un(e) parent(e) *relative*
un petit-fils/une petite-fille *grandson/granddaughter*

La vie familiale

déménager *to move*
élever (des enfants) *to raise (children)*
être désolé(e) *to be sorry*
gâter *to spoil*
gronder *to scold*
punir *to punish*
regretter *to regret*
remercier *to thank*
respecter *to respect*
surmonter *to overcome*

La cuisine

un aliment *(type or kind of) food*
une asperge *asparagus*
un citron *lemon*
un citron vert *lime*
un conservateur *preservative*
des épinards (m.) *spinach*
une fromagerie *cheese store*
un hypermarché *large supermarket*
un raisin (sec) *grape (raisin)*
le saumon *salmon*
une supérette *mini-market*
la volaille *poultry/fowl*

alimentaire *related to food*
bio(logique) *organic*

La personnalité

le caractère *character, personality*

autoritaire *bossy*
bien/mal élevé(e) *well-/bad-mannered*
égoïste *selfish*
exigeant(e) *demanding*
insupportable *unbearable*
rebelle *rebellious*
soumis(e) *submissive*
strict(e) *strict*
uni(e)/lié(e) *close-knit*

Les étapes de la vie

l'âge (*m.*) adulte *adulthood*
l'enfance (*f.*) *childhood*
la jeunesse *youth*
la maturité *maturity*
la mort *death*
la naissance *birth*
la vieillesse *old age*

Les générations

l'amour-propre (*m.*) *self-esteem*
le fossé des générations *generation gap*
la patrie *homeland*
une racine *root*
un rapport/une relation *relation/relationship*
un surnom *nickname*

hériter *to inherit*
ressembler (à) *to resemble, to look like*
survivre *to survive*

Court métrage

une cité *low-income housing development*
un complexe d'infériorité *inferiority complex*
un foulard *headscarf*
la gêne *embarrassment*
un(e) intellectuel(le) *intellectual*
la pension *benefits*
un(e) travailleur/travailleuse manuel(le) *blue-collar worker*
un voyou *hoodlum*

chuchoter *to whisper*
déranger *to bother, to disturb*
mépriser *to have contempt for*
soûler *to bug; to talk to death*
traîner *to hang around; to drag*
traiter avec condescendance *to patronize*

tendu(e) *tense*

Culture

les affaires (*f.*) *belongings*
une alliance *wedding ring*
une bague de fiançailles *engagement ring*
le bouquet de la mariée *bouquet*
les fiançailles (*f.*) *engagement*
un marié *groom*
une mariée *bride*
une robe de mariée *wedding gown*
un témoin *witness; best man; maid of honor*

affronter *to face*
confier *to confide; to entrust*
débuter *to begin*
se dérouler *to take place*
faire une demande en mariage *to propose*
nécessiter *to require*

Littérature

un caprice *whim*
un passe-temps *hobby*
un retournement *turnaround; change of heart*

adoucir *to soften*
bougonner *to grumble*
céder à *to give in to*
se décider *to make up one's mind*
s'échapper de *to escape from*
effrayer *to frighten*
s'entraîner *to practice; to train*
être pris(e) *to be busy, taken up*
obliger *to force*
plaire *to please*
somnoler *to doze off*
supporter *to bear; to put up with*

doué(e) *gifted*

ressources
vText
CE p. 108
vhlcentral.com Leçon 6

Key Standards
4.1

Student Resources
Cahier de l'élève, p. 108; Supersite: Vocabulary, *eCahier*
Teacher Resources
Audio Activity MP3s/CD; Testing program: Lesson Test

TEACHING TIPS

Language Learning

- If they haven't already, have students make flashcards with pictures on one side and vocabulary words on the other. Once students have their flashcards made, encourage pairs to play the game **Guerre!** in which each partner holds his or her deck of flashcards. On the count of three, each partner flips one card over, picture side up. The first person to say both French words wins both cards. If no one says the words correctly, both students take their cards back and put them at the bottom of their pile, noting the vocabulary words they missed for next time.
- Play a game of **Dessinez, c'est gagné** (Win, Lose, or Draw). Divide the class into two teams. Have a member from each team come to the board. Secretly give them a vocabulary word that can be represented visually. Then the members draw a picture that represents the word. The first team to guess the word gets a point.

21st CENTURY SKILLS

Leadership and Responsibility Extension Project
Establish a partner classroom in the Francophone world. As a class, have students decide on three questions they want to ask the partner class related to the topic of the lesson they have just completed. Based on the responses they receive, work as a class to explain to the partner class one aspect of their responses that surprised the class and why.

DIFFERENTIATION

For Inclusion Give small groups of students each a pile of pictures that look as though they might be related to the vocabulary in this lesson. Encourage them to sort the pictures according to categories and then label the categories and the pictures. Students can use the categories provided in **Vocabulaire** or make up their own. Ask each group to share its pictures, categories, and labels with the class.

DIFFERENTIATION

To Challenge Learners Have students work in pairs to create a cartoon strip with scene descriptors and dialogue. Students must use at least two words from each of the nine categories. Grade students on vocabulary use, grammar/spelling accuracy, and creativity.

Lesson Goals

In **Leçon 7**, students will:

- learn vocabulary related to progress, technology, inventions, science, astronomy, the universe, and people in science
- watch the short film ***Le Manie-Tout***
- learn about Belgium, Switzerland, and Luxembourg
- learn about **Nao**, a French robot
- study the comparative and superlative of adjectives and adverbs
- study the **futur simple**
- study the subjunctive with expressions of doubt and conjunctions
- study the past subjunctive
- learn about CERN, the European Organization for Nuclear Research
- read Didier Daeninckx's short story ***Solitude numérique***

21st CENTURY SKILLS

Initiative and Self-Direction
Students can monitor their progress online using the Supersite activities and assessments.

TEACHING TIPS

Point de départ
Ask students questions about the photo. Examples: **Qui et que voyez-vous sur cette photo? Quel est le rapport entre cette photo et la légende «La technologie, produit du cerveau humain»?**

Suggestion Have students work in small groups to read the paragraph in the white box and to discuss answers to the questions.

LEÇON 7

À la recherche du progrès

Depuis la naissance de l'humanité, les sciences et la technologie ont tellement progressé qu'on se demande s'il y a des limites à ce que les humains peuvent faire dans ce domaine. Et aujourd'hui, quelle place la technologie a-t-elle dans notre société? Les nouvelles technologies et les découvertes scientifiques ouvrent de nouveaux horizons. Mais que penser de leur mise en application? Est-elle vraiment toujours celle que les scientifiques avaient prévue?

La technologie, produit du cerveau humain

INSTRUCTIONAL RESOURCES

Student Resources
Print: Student Book, Workbook (*Cahier de l'élève*)
Supersite: vhlcentral.com, **vText**, *eCahier*, Audio, Video, Practice

Teacher Resources
Print: Teacher's Edition, Answer Keys, Testing Program
Technology: Audio MP3s on CD (Textbook, Testing Program, Audio Program), Video Program DVD (Film Collection)
Supersite: vhlcentral.com, Lesson Plans, Grammar Tutorials, Grammar Slides, Testing Program, Audio and Video Scripts, Answer Key, Audio MP3s, Streaming Video (Film Collection), Digital Image Bank, Learning Management System (Gradebook, Assignments)

Voice boards on the Supersite allow you and your students to record and share up to five minutes of audio. Use voice boards for presentations, oral assessments, discussions, directions, etc.

226 **COURT MÉTRAGE**
Dans ce film de **Georges Le Piouffle**, le jeune Martin espère que *Le Manie-Tout*, inventeur mystérieux, pourra tout réparer dans son curieux atelier.

232 **IMAGINEZ**
La **Belgique**, la **Suisse** et le **Luxembourg** sont trois pays multilingues où il se passe beaucoup de choses. Cosmopolites, leurs trois grandes villes francophones, **Bruxelles**, **Genève** et **Luxembourg**, allient passé et modernité. Découvrez aussi **Nao**, le petit robot français intelligent.

249 **CULTURE**
Les recherches que le **CERN** effectue en Suisse sont-elles l'avenir de la science ou bien représentent-elles un danger pour la planète? Partons à la découverte d'un univers particulier.

253 **LITTÉRATURE**
Quand la technologie prend trop de place dans la vie… *Solitude numérique*, une nouvelle de l'écrivain français **Didier Daeninckx**, met en scène un couple qui ne parvient plus à communiquer.

Destination:
BELGIQUE, SUISSE ET LUXEMBOURG

229

250

224 **POUR COMMENCER**

236 **STRUCTURES**

7.1 The comparative and superlative of adjectives and adverbs

7.2 The futur simple

7.3 The subjunctive with expressions of doubt and conjunctions; the past subjunctive

257 **VOCABULAIRE**

TEACHING TIPS

Previewing Strategy Have small groups make a timeline that charts important scientific and technological advances over the past 100 years. Have them exchange timelines with another group to compare and discuss. Introduce new vocabulary from **Pour commencer, p. 224**, as needed. Then ask: **Quelle invention, à votre avis, a pris le plus d'importance dans notre société? En a-t-elle trop?**

Suggestions

- Ask students to describe what they see in the two photos on **p. 223**. Ask: **Quel est le rapport entre ces photos et la description de leur section respective?**
- Ask students to describe any works of literature they know where technology plays a major role. Examples: ***De la Terre à la Lune*** (Jules Verne), ***Frankenstein*** (Mary Shelley) Discuss what they like/don't like about this kind of literature.

NATIONAL STANDARDS

Cultures **La Belgique, la Suisse,** and **le Luxembourg** are multilingual countries. Ask students to research what languages are spoken in each country. Then have them highlight and caption each area on a map.

DIFFERENTIATION

For Inclusion Have students think about the words they already know for science and technology. Have them work in pairs to make one cluster map for **les sciences** and one for **la technologie**. Example, **les sciences** in center circle, three circles around it with **la biologie, la chimie, l'astronomie;** three circles around **la biologie** with **les animaux, les plantes, le corps,** etc.

DIFFERENTIATION

To Challenge Students Have students work in small groups. Ask them to research science or technology summer camps. They can use the key words "summer camp science" or "summer camp technology." Have them choose one program that interests them and write a short description of it in French. Then have them present their findings to the class. Finally, ask the class to imagine that the entire class has received a scholarship. Which camp would the class choose?

Section Goals

In **Pour commencer**, students will learn and practice vocabulary related to progress, technology, inventions, science, astronomy, the universe, and people in science.

Key Standards

1.1, 1.2, 4.1

Student Resources
Cahier de l'élève, pp. 109–111; Supersite: Activities, Vocabulary, *eCahier*
Teacher Resources
Answer Keys; Audio Script; Audio Activity MP3s/CD; Testing program: Vocabulary Quiz

TEACHING TIPS

Synonymes

- **un CD-ROM↔un cédérom**
- **innovant↔innovateur/innovatrice**
- **soigner↔guérir**

Language Learning

- Point out that it is more common to say **un portable** instead of **un téléphone portable**, and **un appareil numérique** instead of **un appareil photo numérique**.
- **Un ordinateur portable** is also called **un portable**.
- **ovni = objet volant non-identifié**

Suggestions

- Ask students about their technology, computer, and Internet use. Examples: **Avez-vous un appareil photo numérique? Quand est-ce que vous l'utilisez? Quel est votre moteur de recherche préféré? Est-ce que vous vous servez d'un correcteur orthographique tout le temps?**
- Ask students to provide definitions of some of the words. Examples: **Que veut dire «ADN»? «cloner»? «ovni»? «télescope»? «astrologue»?**

Extra Practice In pairs, have students think of the top three problems they would solve through inventions and share them with the class.

POUR COMMENCER

Le progrès et la recherche

Audio: Vocabulary Practice
My Vocabulary

La technologie

une adresse e-mail *e-mail address*
un appareil (photo) numérique *digital camera*
un CD-ROM *CD-ROM*
un correcteur orthographique *spell check*
le cyberespace *cyberspace*
l'informatique (*f.*) *computer science*
un lecteur de DVD *DVD player*
un mot de passe *password*
un moteur de recherche *search engine*
un ordinateur portable *laptop*

un outil *tool*
un (téléphone) portable *cell phone*

une puce (électronique) *(electronic) chip*

effacer *to erase*
graver (un CD) *to burn (a CD)*
sauvegarder *to save*
télécharger *to download*

avancé(e) *advanced*
innovant(e) *innovative*
révolutionnaire *revolutionary*

Les inventions et la science

l'ADN (*m.*) *DNA*
un brevet d'invention *patent*
une cellule *cell*

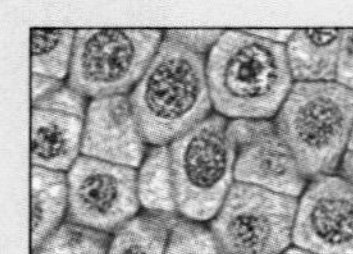

une découverte (capitale) *(breakthrough) discovery*
une expérience *experiment*
un gène *gene*
la génétique *genetics*
une invention *invention*
la recherche *research*
une théorie *theory*

cloner *to clone*
contribuer (à) *to contribute*
créer *to create*
guérir *to cure; to heal*
inventer *to invent*
prouver *to prove*
soigner *to treat; to look after (someone)*

biochimique *biochemical*
contraire à l'éthique *unethical*
éthique *ethical*
spécialisé(e) *specialized*

L'univers et l'astronomie

l'espace (*m.*) *space*

une étoile (filante) *(shooting) star*
un(e) extraterrestre *alien*
la gravité *gravity*
un ovni *U.F.O.*

la survie *survival*
un télescope *telescope*

atterrir *to land*
explorer *to explore*

Les gens dans les sciences

un(e) astrologue *astrologer*
un(e) astronaute *astronaut*
un(e) astronome *astronomer*
un(e) biologiste *biologist*
un(e) chercheur/chercheuse *researcher*

un(e) chimiste *chemist*

un(e) ingénieur *engineer*
un(e) mathématicien(ne) *mathematician*
un(e) scientifique *scientist*

ressources

vText | CE pp. 109–111 | vhlcentral.com Leçon 7

LEARNING STYLES

For Auditory Learners In small groups, have students take turns naming their favorite Internet sites, giving the URL for each. Which sites do they visit to download music? Photos? What programs do they use to surf the web? For e-mail?

LEARNING STYLES

For Kinesthetic Learners Divide the class into groups of four to act out a talk show in which three scientists talk about their revolutionary work; the fourth student is the host. They should say what they have been investigating and what they have discovered, using at least five of the vocabulary words. For a connection to technology, have students videotape their presentation and share it with the class.

Mise en pratique

1 Associations Trouvez le mot de la colonne de droite qui est associé aux termes de la colonne de gauche. Soyez logique!

__d__ 1. un extraterrestre, l'espace, atterrir	a. révolutionnaire
__c__ 2. une astronome, un biologiste, une chimiste	b. une découverte
__f__ 3. télécharger, sauvegarder	c. des scientifiques
__b__ 4. une nouveauté, une invention, une création	d. un ovni
__a__ 5. avancé, innovant	e. ADN
__e__ 6. la génétique, un gène	f. graver

2 Mots mélangés Cherchez les mots qui correspondent aux définitions et qui sont cachés dans la grille.

1. Personne qui dirige un projet industriel.
2. Force qui attire les corps vers le centre de la Terre.
3. Établir la vérité d'un fait.
4. Ensemble des informations que l'on trouve sur Internet.
5. S'occuper de quelqu'un pour le guérir.

C	H	E	R	C	H	E	U	S	E
O	O	Q	P	Y	T	É	A	O	É
N	N	I	C	B	P	P	A	I	F
T	I	A	T	E	G	R	S	G	Y
R	N	V	R	R	R	O	T	N	G
I	G	É	N	E	I	U	R	E	R
B	É	T	T	S	N	V	O	R	A
U	N	H	S	P	G	E	L	É	V
E	I	I	E	A	E	R	O	S	I
R	E	Q	U	C	V	B	G	D	T
T	U	U	C	E	U	R	U	U	É
I	R	E	C	L	O	N	E	R	E

6. Femme qui fait de la recherche scientifique.
7. Relatif à la morale.
8. Créer un être qui est identique à l'original.
9. Participer à un travail fait en commun.
10. Personne qui étudie les étoiles pour prédire les événements futurs.

2
1. ingénieur
2. gravité
3. prouver
4. cyberespace
5. soigner
6. chercheuse
7. éthique
8. cloner
9. contribuer
10. astrologue

3 Que faut-il pour...? À deux, dites ce qu'il vous faut dans chaque cas.

adresse e-mail	**correcteur orthographique**	**moteur de recherche**
appareil numérique	**étoile filante**	**ordinateur portable**
brevet d'invention	**mot de passe**	**télescope**

1. Pour recevoir des messages électroniques, il faut __une adresse e-mail__.
2. Pour que votre rêve se réalise, il faut regarder __une étoile filante__ et faire un vœu.
3. Pour surfer sur le web à la plage, il faut __un ordinateur portable__.
4. Pour taper (*type*) sans faire d'erreurs, il faut __un correcteur orthographique__.
5. Pour entrer sur un site web protégé, il faut __un mot de passe__.
6. Pour prendre des photos que vous pouvez télécharger plus tard, il faut __un appareil numérique__.
7. Pour observer les étoiles et les planètes, il faut __un télescope__.
8. Pour obtenir le droit exclusif de vendre sa dernière nouveauté, il faut __un brevet d'invention__.

Practice more at **vhlcentral.com.**

TEACHING TIPS

1 Suggestion Check comprehension by asking students to explain their answers.

1 Expansion Have pairs of students make up five groupings. Each grouping should include four words/expressions, only three of which are logically associated. Have pairs exchange activities with another pair to circle **l'intrus**.

2 Expansion Have students convert the definitions into questions and take turns asking and answering in order to check their answers with one another. Example: **1. Comment appelle-t-on une personne qui dirige un projet industriel? (On l'appelle un ingénieur.)**

3 Expansion In pairs, have students write sentences for the unused item (**moteur de recherche**) and other new vocabulary words, such as **lecteur de DVD** and **portable**.

Suggestion Survey the class about science courses they have taken. Ask students about their interests and future plans, encouraging them to use as many vocabulary words as possible. Example: **Aimeriez-vous avoir un métier dans le domaine scientifique?**

NATIONAL STANDARDS

Communities Have students use the vocabulary items as Internet search terms. Ask them to print out some of the web pages and images to use in creating collage posters about technology and research in Belgium, Luxembourg, and Switzerland.

LEARNING STYLES

For Auditory Learners Have pairs reneact a short telephone conversation between two friends in which one experiences a technical disaster, and the other resolves it. Have each pair sit back-to-back and role-play their conversation for the class.

LEARNING STYLES

For Visual Learners Find photos (from magazines or the Internet) that illustrate the science and technology items and concepts. Have students work in small groups. Give several photos to each group. Students first identify the item or concept and say to which vocabulary category it belongs. Then they discuss their experiences with the items and concepts.

Section Goals

In **Court métrage**, students will:

- watch the short film ***Le Manie-Tout***
- practice listening for and using vocabulary and grammar from the lesson

Key Standards

1.2, 2.1, 2.2, 4.1, 4.2, 5.2

Student Resources
Cahier de l'élève, pp. 124–125; Supersite: Video, Activities, *eCahier*
Teacher Resources
Answer Keys, Video Script & Translation, Film Collection DVD

TEACHING TIPS

Synonymes

- **affolé(e)↔paniqué(e), alarmé(e)**
- **lancer↔jeter**
- **traîner↔flâner**

Suggestions

- Ask students to provide sample sentences for the words. The sentences must clearly show the meaning.
- Assign one or more vocabulary words to each student so that all vocabulary words are assigned. Ask students to make a simple sketch to illustrate the meaning of each word. Collect all the sketches. Display them one at a time at random and call on students to provide the word. Then ask a question using that word. For example: **Qu'est-ce que vous dites quand quelqu'un éternue?**

1 Expansion Have students work in pairs and use the paragraph to practice their fluency. Each student should read the entire paragraph.

Préparation

Vocabulaire du court métrage

affolé(e) *distraught*
atterrir *to land*
un cartable *school bag*
se dépêcher *to hurry up*
lancer *to throw*
manier *to handle, to wield*
retenir *to hold something back*
la virgule *comma*

Vocabulaire utile

un atelier *workshop*
la curiosité *curiosity*
effrayant(e) *frightening*
en désordre *messy, untidy*
éternuer *to sneeze*
un fauteuil roulant *wheelchair*
un(e) magicien(ne) *magician*
poussiéreux(-euse) *dusty*
une ruelle *alleyway*
un(e) sorcier / sorcière *sorcerer, wizard*
une vitrine *store window, window display*

EXPRESSIONS

un compte à rebours *countdown*
décolage immédiat pour... *immediate take-off for...*
faire bouger quelque chose *to set something in motion*
griller quelqu'un *to pass, to overtake someone*

1  **Mission pour Mars** Thomas est astronaute. Complétez le récit de son voyage dans l'espace à l'aide du vocabulaire et des expressions ci-dessus.

«(1) ___Décollage immédiat pour___ Mars!» a annoncé le capitaine du vaisseau spatial (*spaceship*). (2) ___Le compte à rebours___ a commencé: 5, 4, 3... Je/J' (3) ___ai retenu___ mon souffle (*breath*) et, quelques secondes plus tard, nous étions dans l'espace. J'étais un peu (4) ___affolé(e)___ mais la présence de mon ami et collègue, Gustave, m'a rassuré. Gustave était un personnage étrange: il était paralysé des deux jambes et se déplaçait dans (5) ___un fauteuil roulant___, mais il prétendait avoir des pouvoirs surnaturels, un peu comme (6) ___un sorcier / un magicien___. Il disait qu'il pouvait (7) ___faire bouger___ les objets avec son esprit, comme un chevalier Jedi. À ses pieds, il avait toujours un vieux (8) ___cartable___ en cuir noir rempli de documents (9) ___en désordre___, sans aucune logique d'organisation. Cette mallette (*briefcase*) était toujours (10) ___poussiéreuse___, comme s'il l'avait laissée sur une étagère pendant des années, et je ne pouvais m'empêcher d' (11) ___éternuer___ bruyamment (*loudly*) chaque fois qu'il l'ouvrait. Le voyage était assez long, alors nous avons traîné dans (12) ___l'atelier___, au milieu des outils (*tools*) et des robots. Finalement, nous sommes arrivés sur Mars. Notre vaisseau était difficile à (13) ___manier___ mais le capitaine a réussi à (14) ___atterrir___. Quand nous sommes descendus, nous avons fait la connaissance d'un petit extraterrestre vert très amical et avec un excellent sens de l'humour!

Practice more at **vhlcentral.com.**

CRITICAL THINKING

Comprehension Have students work in pairs to create either a crossword or a word search that includes ten of the new words. The cues for the crossword and the list for the word search should be the English translations. Then have pairs exchange puzzles with another pair. You may want to photocopy all the puzzles for all students to complete.

EXPANSION

Application Locate an online video of Neil Armstrong's moon landing and one of a space shuttle launch and/or docking with the International Space Station. Show both to the class. Ask pairs to choose one space trip to write about. They should write a paragraph similar to that in Activity 1, using ten items from the new vocabulary. Have pairs read their paragraphs to the class in the style of a news broadcast, accompanied by images.

2  **Innovations** Associez chaque découverte avec le problème qu'elle a résolu (*solved*). Vous ne pouvez pas associer la même innovation à plus d'un problème.

_c_ 1. On ne pouvait pas conserver le lait trop longtemps.	a. le fauteuil roulant
_b_ 2. On était tout le temps malade.	b. les vaccins
_f_ 3. Les boissons étaient tout le temps chaudes.	c. la pasteurisation
_e_ 4. La recherche d'informations nécessitait une encyclopédie.	d. l'ascenseur
_d_ 5. C'était très fatigant d'aller au dernier étage d'un immeuble.	e. l'internet
_a_ 6. Les personnes handicapées ou blessées ne pouvaient pas se déplacer.	f. le réfrigérateur

3 **L'espoir** Répondez à chaque question avec un(e) partenaire.

1. Pensez-vous que la science soit la clé du progrès?
2. Comment définissez-vous le progrès? Est-il toujours une bonne chose?
3. Y a-t-il des innovations scientifiques, médicales ou technologiques que vous espérez voir se matérialiser dans le futur?
4. Êtes-vous le genre de personne qui espère ou qui agit (*acts*)? Donnez des exemples concrets.

4  **Personnellement** Répondez aux questions avec un(e) partenaire.

1. Êtes-vous déjà allé(e) dans un lieu inconnu par simple curiosité? Où et quand? Que s'est-il passé? Qu'y avez-vous trouvé?
2. La dernière fois qu'un membre de votre famille a eu un sérieux problème de santé, qu'avez-vous fait pour l'aider? Y a-t-il quelque chose que vous auriez espéré pouvoir faire pour lui ou elle?
3. Quand vous êtes à l'école, avez-vous parfois l'impression que le temps passe plus vite que d'ordinaire? Plus lentement? Expliquez quand et pourquoi.
4. Connaissez-vous un inventeur ou une inventrice dans votre entourage? Qu'a-t-il/elle inventé?

5  **Anticipez** Regardez ces trois photographies tirées du court métrage et décrivez ce que vous y voyez. À quel genre de film vous attendez-vous? Selon vous, que va-t-il se passer?

TEACHING TIPS

2 Extra Practice Ask students for other discoveries or inventions, such as penicillin or x-rays. Compile a class list. Then have students write sentences for the problems the discoveries/inventions solved. In addition, students can research who discovered or invented each one.

3 Suggestions
- For question 1, ask students to justify their answers with examples.
- For question 3, ask students why these innovations are important to them.
- Ask a few pairs to summarize their answers for each item for the class.

4 Suggestion For question 2, if students are not comfortable talking about a family member, they can mention a famous personality or historical figure.

4 Expansion After answering question 4, present the following definition of *relativity*, by Albert Einstein: **Quand un homme reste avec une jolie fille pendant une heure, il a l'impression que ça n'a duré qu'une minute. Mais qu'il reste assis sur un fourneau brûlant pendant une minute, ça lui semblera une éternité. C'est cela la relativité.** Ask students to write a similar definition using school or other situations for the metaphors.

5 Previewing Strategy Discuss with students the names and story lines of their favorite children's books and movies. Ask students what in particular they like about the stories.

PRE-AP®

Audiovisual Interpretive Communication Students look back on their own experiences with and/or attitudes about the particular theme or context to which the film will relate.

PRE-AP®

Presentational Writing Ask students to write their response to Activity 4, question 1. Their stories should be 2–3 paragraphs long and should be accompanied by one or more illustrations or photos. Students can "embellish" to make the story more interesting or funny. They should use vocabulary from **pp. 224** and **226**, as much as possible.

PRE-AP®

Integrated Skills Have students work in pairs to write a brief conversation between the people in the third still. Encourage the use of vocabulary from **p. 226**. Then have students present their conversations to the class. Post the written conversations on the board. After watching the film, determine which conversation was closest to the real one.

TEACHING TIPS

Suggestions

- Have students look at the movie poster and describe what they see. Ask: **Qu'est-ce que ces deux garçons regardent? Selon vous, quelle est leur relation? Où sont-ils? Quelles émotions lisez-vous sur leur visage?**
- Call on volunteers to read the list of credits. Discuss the function of each role in creating a movie.
- Have students look at the six stills from the film on **p. 229**, without reading the captions. Tell students to describe what they see.

Expansion Ask students to sketch an alternative poster for the film before and after viewing. Then discuss the posters, commenting on the differences.

NATIONAL STANDARDS

Cultures Historically, French films have not achieved great commercial success in the United States. The most successful French production was *March of the Penguins*, which grossed about $75 million at the U.S. box office. However, the original French was dubbed into English. The film won the 2005 Academy Award for Best Documentary Feature. Have students research other French films that have had some success in the U.S.

21st CENTURY SKILLS

Social and Cross-Cultural Skills
Have students work in groups to choose one or two aspects of the film that is different from what they would expect in their daily life. Ask students to write two to three sentences about the difference(s) and how they would explain what is different to a visitor from that culture.

Video: Short Film

Le Manie-tout

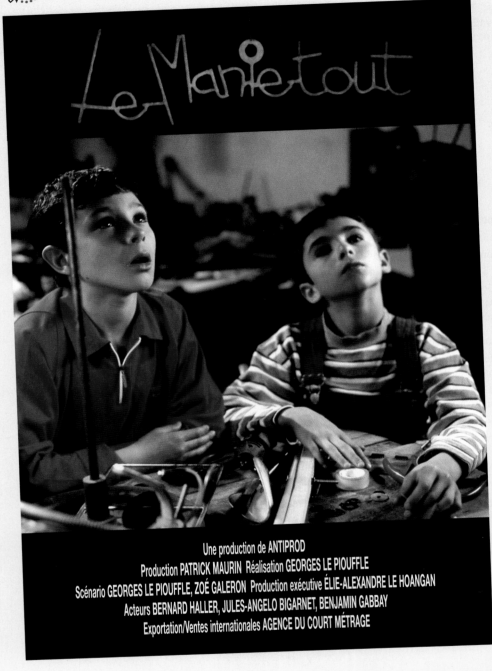

Une production de ANTIPROD
Production PATRICK MAURIN Réalisation GEORGES LE PIOUFFLE
Scénario GEORGES LE PIOUFFLE, ZOÉ GALERON Production exécutive ÉLIE-ALEXANDRE LE HOANGAN
Acteurs BERNARD HALLER, JULES-ANGELO BIGARNET, BENJAMIN GABBAY
Exportation/Ventes internationales AGENCE DU COURT MÉTRAGE

CRITICAL THINKING

Knowledge Ask students to define the word *imagination*. Then discuss some of the classic things children imagine, such as having the ability to fly or being a princess. Encourage students to share some of their childhood fantasies. Ask: **Quelle est l'importance de l'imaginaire chez les enfants? Imaginer est-il différent d'inventer? Les parents et les écoles devraient-ils encourager l'imagination? Si oui, comment?**

CRITICAL THINKING

Analysis Based on the movie stills and captions, ask students to think of a character from a book or movie who is similar to **le Manie-Tout**. First have students describe the character. Then ask: **En quoi ces deux personnages se ressemblent-ils? En quoi sont-ils différents?**

INTRIGUE *Sur le chemin de l'école, le jeune Martin découvre le mystérieux atelier du Manie-Tout au détour d'une ruelle.*

1

MÈRE L'avion de 8h30 vient d'atterrir... Nous informons Martin qu'il ferait bien de se dépêcher...

2

MANIE-TOUT Comment tu t'appelles?
MARTIN Martin.
MANIE-TOUT Et ton cartable, il s'appelle comment?
MARTIN Mais il n'a pas de nom, c'est un cartable.
MANIE-TOUT Chaque chose a un nom… Il suffit de le trouver. Orcus! Allez hop, Orcus!

3

MARTIN Allez, Orcus, allez viens.

4

BASILE C'est qui qui est devant?
MARTIN C'est moi.
BASILE Oh tu es là?
MARTIN Ouais, je te grille.
BASILE C'est toujours toi qui gagnes.
LE PÈRE Allez, ça suffit les extra-terrestres. Allez, décollage immédiat pour Uranus, le compte-à-rebours a commencé: 4, 3, 2, 1…

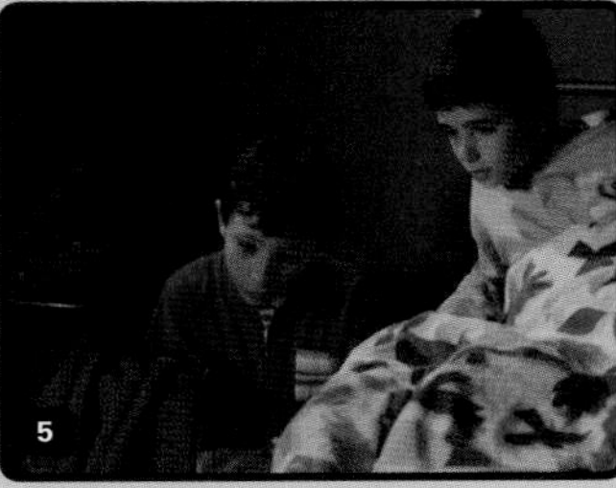

5

MARTIN Ouais, allez viens Orcus! Je t'assure, je l'ai vu marcher!
BASILE Tu es sûr qu'il s'appelle Arcus?
MARTIN Non, c'est Orcus!

6

MARTIN Et vous pouvez tout faire bouger?
MANIE-TOUT Tout ce qui a un nom.
MARTIN Tout ce qui a un nom…

Note CULTURELLE

le «grand manitou»

Dans la culture des Algonquins, une tribu d'Indiens d'Amérique, le manitou est une entité surnaturelle, une sorte de divinité. Dans le français courant, un «grand manitou» désigne de nos jours une personne importante, avec beaucoup d'influence. Insinuer que quelqu'un se prend pour le «grand manitou» peut également être une critique si vous estimez que cette personne est prétentieuse.

TEACHING TIPS

Film Synopsis A young boy, Martin, discovers an old shop run by a mysterious, elderly man. The **Manie-Tout** makes Martin's school bag come to life. Can he do the same for other things as well?

Previewing Strategy Ask students to describe the characters' personalities based on the movie stills and captions. Then encourage them to make predictions about how the film ends.

Suggestions
- Show the film the first time through without pausing for students to get the gist.
- Show the film a second time, pausing after approximately every 30 seconds and asking students to summarize what they saw.
- Show the film a third time, again pausing after approximately every 30 seconds. Tell one student to ask a question about the content, then point to another student to answer the question.

Cultural Note The spelling of the Algonquin word **manitou** is a result of the French influence on the tribe. The Algonquins first met the French explorer Samuel de Champlain in 1603 and many Algonquins became allies of the French. In addition, the Algonquins lived in the area of Québec that was settled by the French.

CRITICAL THINKING

Comprehension Divide the class into five groups. Assign each group a block of three minutes of film time, and ask them to write a four-question mini-quiz about that section of the film. Collect all the mini-quizzes, and prepare a 20-question quiz with the questions given sequentially. After students take the quiz, replay the film. Stop at appropriate points for students to check their answers.

CRITICAL THINKING

Knowledge and Synthesis Have students work in pairs. With the aid of the videoscript, ask them to write a ten-sentence summary of the video. They should write one sentence each on ten strips of paper. Pairs then work with another pair and arrange the other pair's sentences in sequential order.

TEACHING TIPS

Previewing Strategy Before beginning the **Analyse** section, replay the audio only of the film for students to practice their listening skills.

1 Suggestion Go over the comprehension questions as a class. Replay scenes from the film as necessary.

1 Expansion Have pairs of students write two additional comprehension questions for another pair to answer.

2 Suggestion Discuss students' answers as a class. Replay scenes of the film as necessary or have students look at the videoscript.

2 Extra Practice Ask students to compare themselves with Martin and with **le Manie-Tout**. Ask: **Qu'est-ce que vous avez en commun avec chaque personnage?**

3 Suggestion Tell students to write a few descriptions of each still before comparing the four stills.

Analyse

1 Answers may vary slightly.
1. Il va être en retard à l'école.
2. Les fenêtres sont poussiéreuses et l'intérieur est en désordre.
3. Il voit des outils, des objets bizarres, du bois, du métal.
4. Il fait une dictée.
5. Il a oublié son cartable.
6. Son cartable peut «marcher».
7. Il a traîné, il n'est pas rentré directement à la maison.
8. Il peut faire bouger tout ce qui a un nom.

1 Compréhension Répondez aux questions par des phrases complètes.

1. Pourquoi est-ce que la mère de Martin lui dit de se dépêcher au début du film?
2. Dans un premier temps (*At first*), qu'est-ce qui peut laisser Martin penser que l'atelier est abandonné?
3. Que voit Martin à l'intérieur de l'atelier, par la fenêtre?
4. Quel type d'activité est-ce que Martin fait à l'école?
5. Après l'école, Martin retourne à l'atelier du vieil homme puis s'enfuit en courant. Mais il doit y retourner encore une fois. Pourquoi?
6. À la grande surprise de Martin, que fait son cartable?
7. Quand Martin rentre chez lui en fin de journée, sa mère n'est pas très contente. De quoi est-ce qu'elle l'accuse?
8. D'après le Manie-Tout, qu'est-ce qu'il peut faire bouger?

2 Interprétation Répondez aux questions avec un(e) partenaire.

1. Comment interprétez-vous l'annonce d'aéroport qu'entend Martin quand sa mère lui parle au début du film?
2. À quel moment est-ce qu'on découvre que Basile est paralysé? Y a-t-il d'autres indications de son handicap avant cette scène?
3. «Maman, elle dit que tous ses muscles, ils sont dans sa tête.» Que veut dire la mère des deux garçons à propos de Basile? Expliquez avec vos propres mots.
4. Comment interprétez-vous la fenêtre de l'atelier qui se fêle (*cracks*) quand Martin la frappe à la fin du film?
5. Au début, Martin a peur du Manie-Tout. Est-ce que le personnage du vieil homme et son atelier sont vraiment effrayants? Qu'est-ce qui accentue la tension dans ce court métrage et crée une atmosphère inquiétante (*unsettling*)?

3 Point commun Regardez les quatre photos tirées du court métrage ci-dessous. Avec un partenaire, déterminez ce que ces quatre scènes ont en commun.

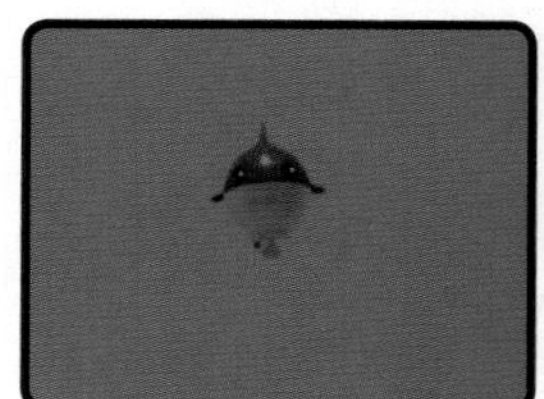

Practice more at **vhlcentral.com.**

CRITICAL THINKING

Comprehension Replay the video for the class. Pause at the end of various events. Ask students to describe the event. Then ask: **Est-ce réellement arrivé ou bien Martin l'a-t-il imaginé? Expliquez.**

Presentational Writing Ask half the class to write a character analysis of Martin and the other half to write an analysis of **le Manie-Tout**. Students should first review the film, watching for the character's actions, words, thoughts, feelings, motivations, and how all this affects the character's behavior. They should also mention how the character changes throughout the film. Then have students work with a partner who has written about the other character to peer edit their assignments.

PRE-AP®

4 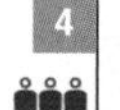 **Changer le monde** Martin aimerait tellement pouvoir faire quelque chose pour son frère handicapé. Y a-t-il une cause humanitaire, scientifique ou médicale qui vous touche particulièrement? Formez de petits groupes et présentez la cause qui vous est chère à vos camarades. Puis dites ce que vous faites actuellement pour changer les choses. Finalement, dites de quelle manière vous espérez contribuer au progrès dans ce domaine quand vous serez plus âgé(e)s.

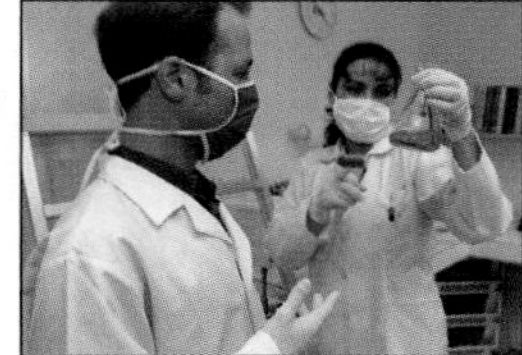

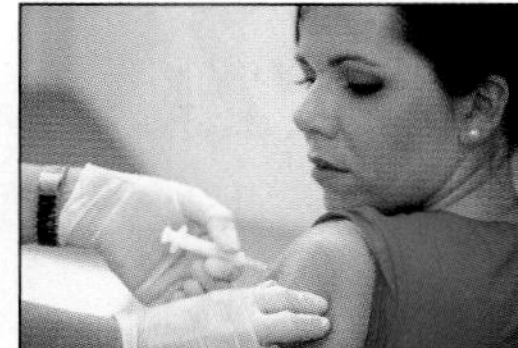

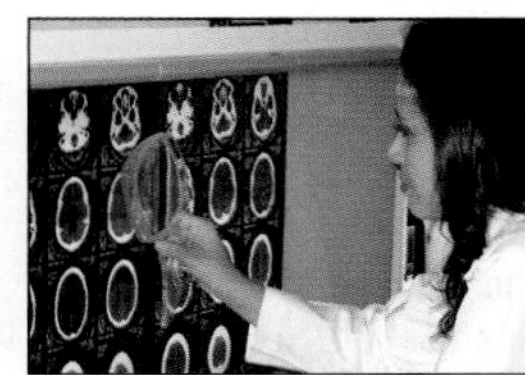

5  **Jeu de mots** Dans la ruelle, Martin découvre une étrange boutique qui s'appelle «Au Manie-Tout». Après avoir lu la note culturelle en marge de la page 229, discutez avec un(e) partenaire du rapport entre le titre du court métrage, le nom de l'atelier et le personnage du vieil homme qui y travaille. Vous comparerez ensuite votre analyse à celle d'une autre paire.

6  **Citations** Quand Martin pénètre dans l'atelier, le court métrage s'éloigne de la réalité et prend des allures de conte (*tale*). En petits groupes, lisez les citations suivantes et expliquez comment chacune d'entre elles peut s'appliquer au court métrage «Le Manie-Tout».

«Mais qu'est-ce qu'un conte, sinon une vision différente de la réalité?»
—Jean Van Hamme

«La vie est un conte de fée qui perd ses pouvoirs magiques lorsque nous grandissons.»
—Robert Lalonde

«Le conte est difficile à croire; Mais tant que dans le monde on aura des enfants, des mères et des mères-grands, on en gardera la mémoire.»
—Charles Perrault

«La vie ressemble à un conte; ce qui importe, ce n'est pas sa longueur, mais sa valeur.»
—Sénèque

«Les génies n'existent que dans les contes pour enfants.»
—Marc Gendron

7  **C'est pas sorcier!** Avec un(e) partenaire, vous allez écrire un dialogue dans lequel un inventeur un peu «sorcier» trouve une solution innovante à une situation problématique qu'on vient de lui exposer. L'un de vous jouera le rôle de l'inventeur et l'autre celui de la personne qui lui explique le problème. Soyez prêt(e)s à jouer cette scène devant la classe.

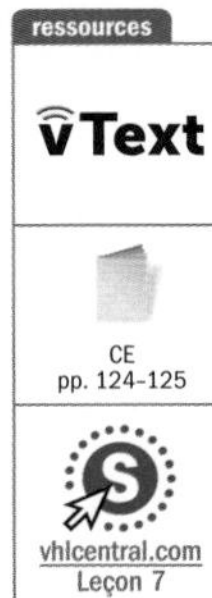

TEACHING TIPS

4 Expansion

- Have groups choose one of the causes discussed and present it to the class.
- Students can also research what is currently being done about their causes.

6 Previewing Strategy Call on various students to read each quote aloud. Discuss the meaning of each one.

PRE-AP®

6 Presentational Speaking Ask students to read a fairy tale by Charles Perrault and provide a brief review to the class.

7 Suggestion As an option, students can create a cartoon to illustrate their dialogues.

7 Extra Practice If time and resources permit, have students film their scenes outside of class. View the group's videos and discuss the different interpretations.

CRITICAL THINKING

Evaluation and Analysis First ask students: **Quel âge avez-vous?** Then ask: **Avez-vous aimé «Le Manie-Tout»? Pourquoi ou pourquoi pas?** Then finally, ask: **Selon vous, les contes sont-ils vraiment réservés aux enfants? Expliquez.** Discuss children's movies that have been as successful with adults as with children, and why students think these movies were successful.

CRITICAL THINKING

Application Have students work in pairs to create a cartoon or graphic novel of an original fairy tale. Students should draw on their experiences as a child, while also incorporating the theme and vocabulary of Lesson 7. Illustrations can be sketches or photos downloaded from the Internet. Display all published fairy tales for the class to read.

Section Goals

In **Imaginez**, students will:

- read about Belgium, Switzerland, and Luxembourg
- be introduced to sights and attractions of Belgium, Switzerland, and Luxembourg
- learn about French words used in Belgium and Switzerland

21st CENTURY SKILLS

Global Awareness
Students will gain perspectives on the Francophone world to develop respect and openness to other cultures.

Key Standards

2.1, 2.2, 3.2, 4.2, 5.1

Student Resources
Cahier de l'élève, p. 112; Supersite: Activities, *eCahier*
Teacher Resources
Answer Keys

AFFECTIVE DIMENSION
Point out that many of the boldfaced words are cognates and/or names of places students might know. Have students work in pairs and make a list of the boldfaced words. Then ask them to write their guess at a translation for each word. Go through the answers as a class.

TEACHING TIPS
Reading Strategy Ask students to read the **Vrai ou faux?** and **Complétez** questions on **p. 234** before reading the article. As they read, have them take notes on the information that relates to the questions.

Suggestions

- Ask students if they have ever been to **la Belgique, la Suisse,** or **le Luxembourg**. Ask if they went there for vacation, and their general feelings about these European countries.
- Ask students what they already know about each country. Compile a class list of information.

Galerie de Créateurs

IMAGINEZ

LA BELGIQUE, LA SUISSE ET LE LUXEMBOURG

Des cités cosmopolites

Découvrir l'**Europe** francophone, c'est aussi partir à la rencontre de la **Belgique**, du **Luxembourg** et de la **Suisse**.

En Belgique, on parle le français dans la partie sud du pays, dans la région de la **Wallonie**, et à **Bruxelles**, qui est la capitale du royaume°. Elle abrite° le siège du **Conseil**, de la **Commission** et du **Parlement européens**. Des gens de toute l'Europe viennent donc vivre et travailler à Bruxelles. Cette partie-là de la ville est très moderne. Tout autour de la **Grand-Place**, Bruxelles a aussi une partie historique. Le **Manneken-Pis** et l'**Atomium** en sont sans doute les deux plus grandes attractions. Le Manneken-Pis est le **Belge** le plus célèbre du monde: c'est la petite statue en bronze d'un jeune garçon qui urine dans une fontaine. Il représente l'indépendance d'esprit des Bruxellois. L'**Atomium** est une construction géante de 102 mètres de haut, en forme de molécule de fer° qui a été assemblée pour l'**Exposition universelle** de 1958. De son «atome» le plus élevé, on peut admirer le panorama de la ville entière.

La Grand-Place, à Bruxelles

Plus au sud, il y a le **Luxembourg** et sa capitale qui porte le même nom. À l'image de Bruxelles, la population y est très cosmopolite: on dit que 60% seulement des habitants sont luxembourgeois d'origine. La ville, mondialement connue pour son système bancaire, est aussi réputée pour le shopping de luxe et ses magasins. Il y a également beaucoup de musées dédiés à l'art, à la culture, à l'industrie ou à la nature. La partie historique de Luxembourg et les fortifications sont classées au patrimoine mondial de l'**UNESCO**. Pour aller au café ou au restaurant, il faut se diriger vers sa splendide **place d'Armes**. Après avoir bien profité des terrasses, on peut se balader dans les rues piétonnes et admirer l'architecture.

Un horloger travaille sur une montre suisse.

Certains de ces traits se retrouvent aussi à **Genève**, la plus grande ville francophone de **Suisse**. C'est le siège de nombreuses multinationales et d'organisations internationales et non gouvernementales, dont l'**ONU**° et la **Croix-Rouge**°. C'est également un grand centre bancaire, comme Luxembourg. La rade° est connue pour son jet d'eau° illuminé, mais aussi pour ses quais° fleuris, ses jardins botaniques et ses maisons historiques. Les bains publics des **Pâquis** sont une véritable institution. Tous s'y réunissent dans une atmosphère typiquement genevoise pour profiter de la plage, des saunas et des plongeoirs°. Sur la rive gauche de la rade, il y a aussi le **Jardin anglais** et sa célèbre **horloge° fleurie**, en référence à la spécialité d'horlogerie° de luxe de la ville. Enfin, Genève est la capitale culinaire de la Suisse. Sa spécialité: le filet de perche° du **lac Léman**.

En somme, ces trois métropoles marient parfaitement leur art de vivre traditionnel et leur grande modernité.

royaume *kingdom* **abrite** *houses* **fer** *iron* **ONU** *UNO* **Croix-Rouge** *Red Cross* **rade** *harbor* **jet d'eau** *fountain* **quais** *wharves* **plongeoirs** *diving boards* **horloge** *clock* **horlogerie** *clock- and watch-making* **perche** *perch*

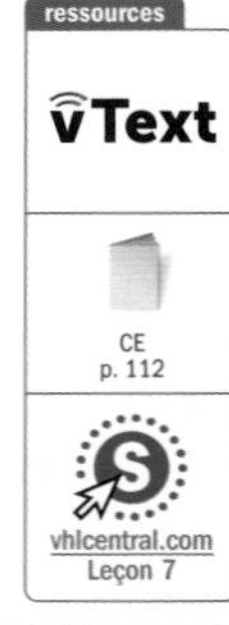

CRITICAL THINKING

Knowledge and Comprehension After reading the article, randomly name one of the three countries, then point to a student. The student should provide one piece of information learned about the country. Add the information to the class list started in the **Suggestion** above. Do this a few times for each country.

CRITICAL THINKING

Synthesis and Evaluation In pairs, have students write (a) a paraphrase of paragraph 1, (b) a summary of paragraphs 2, 3, 4, and (c) a paraphrase of paragraph 5. Remind students that *paraphrase* means to restate in their own words, and *summarize* means to simplify and explain the passage. Have various pairs present what they wrote for the class to evaluate for content and grammatical accuracy.

Découvrons
la Belgique, le Luxembourg et la Suisse

La montagne de Bueren Ce n'est pas une montagne, mais un escalier monumental, à **Liège,** en Belgique. Ses **373 marches**° ont été construites en 1875 pour faciliter l'ascension des soldats vers la citadelle et on leur a donné le nom d'un défenseur historique de Liège, **Vincent de Bueren**. La montée est dure, mais on peut se reposer sur les bancs installés sur des paliers°, et en haut, la vue est magnifique!

Le chocolat belge Qualité et tradition ont fait la réputation du chocolat belge. L'histoire commence avec **Jean Neuhaus** en 1857, qui vendait du chocolat amer° dans sa pharmacie, à **Bruxelles**. Avec son fils, il invente ensuite les **confiseries**°. En 1912, son petit-fils crée la **praline**, le premier chocolat fourré° puis le **ballotin**° à offrir. Aujourd'hui, cette tradition belge est bien vivante. C'est une compagnie belge, **Léonidas**, qui est le leader mondial de la vente de pralines.

Banques luxembourgeoises Le Luxembourg est un paradis bancaire. On compte plus de **217 banques** sur le territoire, et le secret bancaire y est garanti par la constitution. Environ 30% de l'économie du pays dépend des banques et de leur rôle financier international. Résultat: le PNB° par habitant est l'un des plus élevés du monde, et les **Luxembourgeois** bénéficient d'un excellent niveau de vie.

Bertrand Piccard C'est un homme remarquable! Ce fils et petit-fils d'inventeurs suisses a en effet réalisé en 1999 le premier tour du monde en ballon°. Avec **Brian Jones**, son coéquipier°, ils ont mis 20 jours. C'est un aventurier qui a aussi du cœur. Il a financé une campagne de lutte° en **Afrique** contre le **noma**, une maladie qui touche les enfants. Son dernier projet en date? Construire un avion solaire!

marches *steps* **paliers** *landings* **amer** *bitter* **confiseries** *confectioneries* **fourré** *filled* **ballotin** *box of chocolates* **PNB** *GNP* **ballon** *hot air balloon* **coéquipier** *teammate* **lutte** *fight*

Le français parlé en Belgique et en Suisse

Les belgicismes

le bassin de natation	la piscine
blinquer	briller; *shine*
un essuie	une serviette
une heure de fourche	une heure de libre
octante	quatre-vingts
savoir	pouvoir

La Suisse

c'est bonnard!	c'est sympa!
un cheni	un désordre
une chiclette	un chewing-gum
un cornet	un sac plastique
fais seulement!	je t'en prie!
huitante	quatre-vingts
un linge	une serviette de bain
un natel	un téléphone portable
poutser	nettoyer

En Suisse et en Belgique

le déjeuner	le petit-déjeuner
le dîner	le repas de midi
nonante	quatre-vingt-dix
septante	soixante-dix

TEACHING TIPS

Language Learning Point out these additional expressions from Belgium and Switzerland:
la gazette (Belgique)→le journal
tirer sur (Belgique)→ressembler à
Mettez-vous! (Belgique) → Asseyez-vous!
déguiller (Suisse)→tomber
une bonnemain (Suisse)→un pourboire
emmoder (Suisse)→démarrer

Extra Practice

- Have students work in small groups to create either a dialogue or a story with the vocabulary words in the text as well as the words above. They should present their work to their classmates, who will translate it into standard French.
- Have students work in groups of four. Student 1 reads the first of the four **Découvrons** paragraphs. Student 2 asks a question about the information. Student 3 answers the question. Student 4 writes the answer and confirms its accuracy. Then Student 2 reads the next paragraph, and so on.
- In groups, have students research other places of interest in these three countries. Ask them if they are familiar with any of the subjects treated in the texts. Then have volunteers share their experience or knowledge with the class.

PRE-AP®

Presentational Speaking Working in small groups, have students prepare a formal presentation about Belgium, Switzerland, or Luxembourg. They should research information on the economy of the country and information on science and technology research going on there. Students should use at least four sources (print and/or Internet). Help students also find podcasts related to their country. Each student in the group must participate in the oral presentation. Students are graded on completeness of content, accuracy of language, and pronunciation. After each presentation, classmates ask each other comprehension questions about what they heard.

Qu'avez-vous appris?

TEACHING TIPS

1 Suggestion Call on volunteers to write the corrected statements on the board. As a class, correct any spelling, syntactical, or grammatical errors.

2 Suggestion Give students time to write out their answers to the completions. Then ask volunteers to write them on the board.

Suggestion As an alternative, you may want to have some students research the chocolate industry in Switzerland.

NATIONAL STANDARDS

Connections: Social Studies The executive and legislative branches of the European Union are housed in Brussels. **La Commission européenne** is the executive branch and **le Conseil de l'Union européenne** and **le Parlement européen** form the EU's legislature. Have students research the governance of the European Union.

1 **Vrai ou faux?** Indiquez si ces affirmations sont vraies ou fausses. Corrigez les fausses. *Answers may vary slightly.*

1. La Belgique, le Luxembourg et la Suisse font partie de l'Europe francophone. *Vrai.*
2. Bruxelles abrite le siège du Conseil, de la Commission et du Parlement européens. *Vrai.*
3. L'Atomium est une petite statue en bronze d'un jeune garçon qui urine dans une fontaine. *Faux. C'est le Manneken-Pis.*
4. Le quartier historique et les fortifications de Bruxelles sont classés au patrimoine mondial de l'UNESCO. *Faux. Ce sont le quartier historique et les fortifications de Luxembourg.*
5. La montagne de Bueren est un grand escalier de 373 marches. *Vrai.*
6. Le chocolat belge est réputé pour sa qualité. *Vrai.*

2 **Complétez** Complétez chaque phrase logiquement. *Answers may vary slightly.*

1. L'Atomium est… qui a été assemblée pour l'Exposition universelle de 1958. *une construction géante en forme de molécule de fer*
2. En référence à sa spécialité d'horlogerie de luxe, … *la ville de Genève a une horloge fleurie.*
3. La famille Neuhaus de Bruxelles a inventé… *les confiseries au chocolat, la praline et le ballotin.*
4. Le Luxembourg est un paradis bancaire car… *on y compte plus de 217 banques.*
5. Avec Brian Jones, Bertrand Piccard est le premier homme à… *avoir fait le tour du monde en ballon.*
6. Le dernier projet de Piccard est… *la construction d'un avion solaire.*

Projet

Les chocolats

Imaginez que vous soyez journaliste et que vous vouliez faire un reportage sur l'importance du chocolat à Bruxelles. Ensuite préparez votre reportage d'après les critères suivants et présentez-le à la classe.

- Choisissez des lieux à visiter à Bruxelles pour mieux connaître l'histoire et la culture du chocolat.
- Trouvez des photos montrant (*showing*) sa fabrication.
- Choisissez une compagnie en particulier dont vous allez faire un portrait.
- Trouvez la recette d'une ou deux spécialités de Bruxelles.

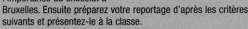

Practice more at **vhlcentral.com.**

ÉPREUVE

Trouvez la bonne réponse.

1. De l'atome le plus haut de l'Atomium, on peut admirer ______.
   a. le Jardin anglais b. la place d'Armes c. la campagne (d.) le panorama de Bruxelles
2. La capitale du Luxembourg s'appelle ______.
   (a.) Luxembourg b. Genève c. Bueren d. Piccard
3. Seulement ______ des habitants de Luxembourg sont luxembourgeois d'origine.
   a. 40 % b. 50 % (c.) 60 % d. le tiers
4. Le symbole de la rade de Genève est ______.
   (a.) son jet d'eau b. son horloge fleurie c. sa buvette d. ses restaurants
5. Genève est connue pour la fabrication ______.
   (a.) de montres de luxe b. de ballons c. de fusées d. d'ordinateurs
6. Genève est ______ de la Suisse.
   a. le centre financier b. la capitale c. le port (d.) la capitale culinaire
7. Quand on monte les marches de la montagne de Bueren, on ______.
   a. doit se dépêcher (b.) peut s'arrêter sur des paliers pour se reposer c. ne voit rien de spécial d. est suivi par des soldats
8. Léonidas est le leader mondial de la vente de ______.
   a. ballotins b. confiseries c. chocolats (d.) pralines
9. Bertrand Piccard est non seulement un aventurier, mais il a aussi ______.
   a. une sœur b. des enfants c. un avion (d.) du cœur
10. Un linge, c'est une serviette de bain ______.
   (a.) en Suisse b. en Belgique c. au Luxembourg d. en Suisse et en Belgique

PRE-AP®

Integrated Skills The International Red Cross was founded in 1863 by the Genevan Jean Henri Dunant. The French version of the International Red Cross's website (www.icrc.org) includes a video (an animated version of a comic book by Moebius) that shows the history of the organization. Have students watch the video and take notes. Then have them summarize what they learned.

PRE-AP®

Presentational Writing Have students investigate the names of well-known people (historical or current) from the three countries. They should then research biographical information on one person as well as information about his/her impact on society. Students should draft a well-organized report, including visuals and a list of sources, for a classmate to peer edit. Based on the edit, students revise their reports.

Video: TV Clip

Nao

1 Préparation Répondez aux questions.

1. Qu'est-ce que la technologie peut faire pour l'humanité que les gens eux-mêmes ne peuvent pas faire?
2. Que pensez-vous de l'intelligence artificielle? Est-ce un cadeau à l'humanité? Est-elle dangereuse? Expliquez votre réponse.

Vocabulaire du film

cabochard(e) *stubborn*
une cannette (*beverage*) *can*
une gamme *range, model*
embarqué(e) *built in*
viser *to target*

l'intelligence artificielle au service de l'homme

Préparez-vous à vivre dans le futur: Nao le robot arrive bientôt chez vous! Ce robot humanoïde unique a été mis au point (*developed*) par Aldebaran Robotics, une compagnie française installée à Paris. S'il est aussi utilisé par les scientifiques, Nao est avant tout pour le grand public. Non seulement il est intelligent, mais il sait aussi parfaitement communiquer. Il est donc destiné à remplacer Aïbo, le petit chien de compagnie de Sony. Dans sa dernière version, Nao mesure environ 60 cm, a deux mains articulées, et utilise la reconnaissance vocale. Ce petit robot est aussi équipé d'un outil de programmation qui permet de lui faire apprendre toutes sortes de comportements (*behaviors*) nouveaux. Ainsi, Nao peut devenir un robot de compagnie, un garde-malade infatigable ou, tout simplement, votre partenaire de jeu favori.

2 Compréhension Répondez aux questions par de phrases complètes

1. Qu'est-ce que Nao peut faire grâce au wifi et à la reconnaissance vocale?
   Il peut être connecté sur Internet pour vous lire vos e-mails ou des histoires.
2. À quoi sert l'outil de programmation dont Nao est équipé?
   Il permet de lui enseigner des comportements.
3. Quel type de public est visé par les créateurs de Nao?
   Ils visent surtout les fanas de technologie, les techno-addicts, les ingénieurs, les techniciens et les gens qui aiment bricoler des ordinateurs.

3 Discussion Discutez des questions suivantes en petits groupes.

1. D'après vous, à quoi pourrait servir un robot comme Nao à l'avenir?
2. Nao pourrait avoir une personnalité. À votre avis, est-ce une bonne chose? Pourquoi ou pourquoi pas?
3. À votre avis, ce type de robot va-t-il avoir du succès dans les années à l'avenir? Pourquoi ou pourquoi pas?

4 Application Mon propre robot

Si vous pouviez créer le robot idéal, que ferait-il? Quelles gammes de comportements aimeriez-vous que ce robot possède? Comment l'utiliseriez-vous?

Practice more at **vhlcentral.com.**

Section Goals

In this section, students will:
- watch a video clip about the French humanoid robot Nao

Student Resources
Cahier de l'élève, p. 112; Supersite: Video, Activities, *eCahier*
Teacher Resources
Video Script & Translation; Answer Key

TEACHING TIPS

Previewing Strategy Before watching the video clip, brainstorm tasks that students would like a robot to help them do. Make a list of the top ten ideas. After watching the video, see which ones Nao can actually do.

Suggestions
- On their first viewing, have students watch the video clip without sound and ask them to make a list of things they know about Nao. Then have them watch the clip again, this time with sound, filling in more details.
- Have students work with a partner to answer the **Compréhension** questions. Then have each pair of students create three additional questions for another pair to answer.
- Have students use the Internet to do research about other technical innovations developed in various Francophone countries. Have them report orally on their findings.

21st CENTURY SKILLS

Social and Cross-Cultural Skills Have students work in groups to choose one or two aspects of the film that is different from what they would expect in their daily life. Ask students to write two to three sentences about the difference(s) and how they would explain what is different to a visitor from that culture.

CRITICAL THINKING

Analysis Divide the class into small groups and ask students to discuss why they think robots are often designed to mimic human or animal appearance. Have students consider the various ways in the video clip in which Nao showed "human" behavior. Ask them if they think the tendency to imbue robots with these anthropomorphized characteristics is solely for amusement or whether there are also functional reasons.

EXPANSION

Extra Practice Have students visit the Aldebaran Robotics website at www.aldebaran-robotics.com/fr to find out more information about Nao and the company that developed it. Ask them to share some interesting facts they discovered.

Section Goals

In **Structures**, students will learn:

- the comparative and superlative of adjectives and adverbs
- the **futur simple**
- the subjunctive with expressions of doubt and conjunctions
- the past subjunctive

Key Standards

4.1, 5.1

Student Resources
Cahier de l'élève, pp. 113–115; Supersite: Activities, *eCahier*, Grammar Tutorials
Teacher Resources
Answer Keys; Audio Script; Audio Activity MP3s/CD; Testing program: Grammar Quiz

TEACHING TIPS

Language Learning

- Remind students that adjectives agree in gender and number with the nouns they modify. For a review of the forms of adjectives, see **Structures 2.2, pp. 56–57**.
- Point out that **que** and what follows it are optional if the items being compared are evident.
- Tell students that they must repeat the comparative word before each adjective. Example: **Ce portable est plus performant et plus cher que l'appareil numérique**. *This cell phone is more powerful and expensive than the digital camera.*
- Point out that, to express the comparative of nouns and verbs, **autant** is required instead of **aussi**. Examples: **Étudiez-vous autant que vos amis? Avez-vous autant de devoirs qu'eux?**

Suggestion Practice the comparative and superlative forms by asking students questions. Examples: **Est-ce que vous trouvez la biologie plus difficile que les maths? Quelle matière est-ce que vous trouvez la plus facile?**

7.1 The comparative and superlative of adjectives and adverbs

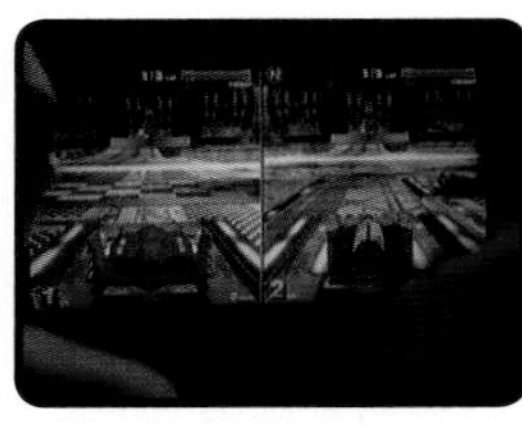

*—Mon vaisseau est **plus** rapide **que** le tien!*

ATTENTION!

Remember that **que** becomes **qu'** before a vowel sound.

Caroline est plus jeune qu'Ousmane.

Adjectives

- To make comparisons between people or things, place **plus** (*more*), **moins** (*less*), or **aussi** (*as*) before the adjective, and **que** (*than* or *as*) after it.

Cette invention est **plus** innovante **que** la précédente.
This invention is more innovative than the previous one.

Les planètes Uranus et Neptune sont **moins** lumineuses **que** les étoiles.
The planets Uranus and Neptune are less bright than stars.

Ce moteur de recherche est **aussi** efficace **que** celui-là.
This search engine is as efficient as that one.

- Form the superlative by using the appropriate definite article along with the comparative form.

C'est **l'**ordinateur **le plus rapide** de la faculté de médecine.
It is the fastest computer in the medical school.

C'est elle qui a proposé **la** théorie **la plus révolutionnaire.**
She proposed the most revolutionary theory.

- The preposition **de** following the superlative means *in* or *of.*

*Voici **la meilleure** invention **du** monde.*

- When using the superlative of an adjective that precedes the noun it modifies, the superlative form also precedes the noun as well.

Vous travaillez sur **le plus petit** ordinateur du lycée.
You're working on the smallest computer in the high school.

As-tu visité **les plus beaux** monuments de la ville?
Did you visit the most beautiful monuments in town?

BLOC-NOTES

For a review of adjectives that are placed in front of the nouns they modify, see **Structures 2.2, pp. 56-57**

LEARNING STYLES

For Visual Learners Provide photos from magazines, newspapers, or the Internet to present and practice the comparative form. Make sure that the photos represent obvious similarities and differences between the objects or scenes. If new vocabulary is needed, provide a word bank on the board.

LEARNING STYLES

For Auditory Learners Provide pairs of students with 8–10 slips of paper. Each slip has a comparative or superlative sentence on it that can be easily illustrated. Students take turns reading a sentence while the other student draws what he/she hears. When finished drawing, the student holds up the picture and describes it by repeating the sentence he/she heard.

- The adjectives **bon** and **mauvais** have irregular comparative and superlative forms.

Adjective	Comparative	Superlative
bon(ne)(s) *good*	**meilleur(e)(s)** *better*	**le/la/les meilleur(e)(s)** *the best*
mauvais(e)(s) *bad*	**pire(s)** *or* **plus mauvais(e)(s)** *worse*	**le/la/les pire(s)** *or* **le/la/les plus mauvais(e)(s)** *the worst*

Djamel a acheté un télescope de **meilleure** qualité.
Djamel bought a better quality telescope.

Charlotte a écrit **le plus mauvais** discours de la classe.
Charlotte wrote the worst speech in the class.

Adverbs

- When comparing adverbs, place **plus**, **moins**, or **aussi** before the adverb and **que** after it.

Romane surfe sur le web **plus** rapidement **qu'**Émilie.
Romane surfs the Web faster than Émilie.

Ce moteur de recherche va **moins** vite **que** l'autre.
This search engine works less quickly than the other one.

- Because adverbs are invariable, the definite article used in the superlative is always **le**.

C'est Laure et moi qui travaillons **le plus sérieusement**.
Laure and I work the most seriously.

C'est mon frère qui conduit **le moins patiemment**.
My brother drives the least patiently.

- The adverbs **bien** and **mal** have irregular comparative and superlative forms.

Adverb	Comparative	Superlative
bien *well*	**mieux** *better*	**le mieux** *the best*
mal *badly*	**plus mal** *or* **pis** (seldom used) *worse*	**le plus mal** *or* **le pis** (seldom used) *the worst*

Cet outil-ci marche **mieux que** celui-là.
This tool works better than that one.

C'est cet outil-là qui marche **le plus mal**.
That tool works the worst.

C'est Léonie qui joue **le mieux** *du violon.*

BLOC-NOTES

To review adverbs, see **Structures 2.3, pp. 56-57**

ATTENTION!

Be careful not to confuse the adjectives **bon** (*good*) and **mauvais** (*bad*) with the adverbs **bien** (*well*) and **mal** (*badly*).

La chanson est bonne/mauvaise.
The song is good/bad.

Elle chante bien/mal.
She sings well/badly.

TEACHING TIPS

Language Learning Point out that **mauvais(e)** has irregular (**pire**) and regular (**plus mauvais[e]**) forms. Examples are: **Cet article est pire que le précédent. Il fait plus mauvais aujourd'hui qu'hier.**

Suggestion Practice the structures by asking volunteers questions about classroom objects. Example: **Est-ce que ce sac est plus grand que celui-là? (Non. Il est plus petit.)**

Language Learning Even though **pis** is seldom used, point out the common expression **tant pis** (*too bad*), as opposed to **tant mieux** (*so much the better*). **Pis** would be used in literary contexts, particularly in the classics.

Suggestion Students might learn the comparative and superlative forms more quickly if they use them in a personal context. Have them think of original sentences about themselves. Encourage them to consider friends and family members and the different aspects in which they are similar or different. Remind students to be kind in their descriptions.

DIFFERENTIATION

For Inclusion Have students work in pairs and give them five minutes to write as many sentences as possible comparing vacation sites or countries. Example: **Disneyworld est plus amusant que les chutes du Niagara. Le Mexique est plus chaud que l'Espagne.** Call on volunteers to write some of their sentences on the board. Correct any errors.

DIFFERENTIATION

To Challenge Learners Have students choose eight pictures from their textbook to write comparative and superlative sentences about. They must write: two comparatives with adjectives; two superlatives with adjectives; two comparatives with adverbs; two superlatives with adverbs. Then have students work in pairs to show each photo and read the sentence.

TEACHING TIPS

Previewing Strategy Before assigning the activities, first make a chart with three columns on the board and label them **Adjective, Comparative,** and **Superlative.** Call out an adjective and have a volunteer write the adjective and the forms on the board. Then make another chart with **Adverb, Comparative,** and **Superlative,** and do the same.

1 Expansion Have two students act out the conversation for the class.

1 Extra Practice Have pairs of students write and act out a similar conversation about one of the following topics, or one of their choosing: **aller au restaurant / manger à la maison; habiter en ville / habiter à la campagne; aller au cinéma / regarder un DVD.**

2 Suggestion Suggested answers: **A. Einstein est le scientifique le plus connu du 20e siècle. Genève est la ville la plus cosmopolite de Suisse. Jacques Brel est le chanteur le plus célèbre de Belgique. *Harry Potter* est le livre le plus populaire du moment. B. Einstein est plus connu que Bose. Berne est moins cosmopolite que Genève. Jacques Brel est plus célèbre qu'Edmée Daenen. *Harry Potter* est aussi populaire que *The Lord of the Rings*.**

2 Extra Practice Have students change the nouns in the first column to another one of the same category. Then have them make new sentences, changing the words in the third and fourth columns as necessary.

3 Expansion Have students ask each other questions that elicit more comparatives and superlatives. Example: **Le déjeuner d'aujourd'hui était-il meilleur que celui d'hier?**

Mise en pratique

Note **CULTURELLE**

La compagnie aérienne nationale belge, la **Sabena**, est créée en 1923 et disparaît en 2001. **Swissair** était la compagnie aérienne nationale suisse. Elle est créée en 1931 et fusionne avec Crossair en 2002, sous le nom de **Swiss**. En 1934, Swissair est la première à engager (*hire*) des hôtesses de l'air.

1 **Le meilleur** Patricia et Fabrice parlent des moyens de transport et ils ne sont pas d'accord. Complétez leur dialogue à l'aide des éléments de la liste.

aussi	le pire	mieux que	plus
la plus	le plus	moins	que

PATRICIA Je refuse de prendre l'avion. J'ai trop peur.

FABRICE Mais l'avion est le transport (1) ___le plus___ sûr du monde!

PATRICIA Peut-être, mais c'est (2) ___plus___ agréable de prendre le train, parce que tu peux regarder le paysage. Et puis, le train est (3) ___moins___ cher.

FABRICE Mais voler, c'est la façon de voyager (4) ___la plus___ avantageuse! Tu peux regarder des films et on te sert à manger.

PATRICIA Et l'attente à l'aéroport? C'est (5) ___le pire___ moment du voyage.

FABRICE Eh bien, je trouve qu'attendre à l'aéroport est toujours (6) ___mieux que___ passer des jours à voyager pour arriver à la même destination.

PATRICIA Je t'assure que je ne suis toujours pas convaincue que l'avion soit (7) ___aussi___ pratique (8) ___que___ le train. Alors, je propose que tu prennes l'avion et moi le train, et on se retrouve à l'hôtel.

2 **À former**

A. Utilisez le superlatif pour faire des phrases complètes avec les éléments proposés.

Modèle L'avion est le mode de transport le plus sûr du monde.

l'avion	le mode de transport	sûr	du monde
Einstein	scientifique	connu	du 20e siècle
Genève	ville	cosmopolite	de Suisse
Jacques Brel	chanteur	célèbre	de Belgique
Harry Potter	livre	populaire	du moment

B. Maintenant, faites des phrases avec le comparatif.

Modèle L'avion est plus sûr que la voiture.

3 **Rendez-vous** Hier soir, votre grand frère avait rendez-vous avec une inconnue (*blind date*). À deux, employez des comparatifs et des superlatifs pour parler de son rendez-vous. Aidez-vous des mots de la liste.

Modèle C'était le pire rendez-vous de sa vie!

blagues	film	vêtements
cheveux	restaurant	viande
conversation	salade	voiture

Practice more at **vhlcentral.com.**

LEARNING STYLES

For Kinesthetic Learners Place the names of 20 famous people into a hat. Select two students to stand in front of the class and have them each draw a name and read it aloud. Call on a volunteer and give him/her ten seconds to compare the two famous people. Classmates should clap if they agree with the statement.

LEARNING STYLES

For Auditory Learners Provide pairs of students with a list of at least ten scenarios. Examples: **Vous n'aimez pas le dîner qu'on vous a servi. Vous avez échoué à votre examen d'histoire. Le livre que vous venez de lire n'était pas intéressant.** Students take turns reading a scenario and making two rejoinder statements about each one using comparatives and superlatives.

Communication

4 **Plus ou moins** Avec un(e) camarade de classe, comparez ces éléments à tour de rôle. Soyez inventifs.

Modèle —L'écran de mon ordinateur fait 17 pouces.
—Le mien fait 15 pouces. Il est moins grand que le tien.
—Ton écran est le moins grand des deux.

- votre appareil (photo) numérique
- votre famille
- votre téléphone portable
- votre maison/appartement
- votre ordinateur
- vos parents
- votre vie sociale
- votre film préféré
- votre connexion Internet
- ?

5 **Au musée des Sciences** Vos camarades et vous êtes au musée des Sciences où vous découvrez les progrès technologiques des derniers siècles. Par groupes de trois, imaginez la vie aux périodes proposées et faites trois comparaisons pour chacune.

Modèle Au Moyen Âge, la vie était plus difficile sans le radiateur.

au Moyen Âge (*Middle Ages*)	à la création des États-Unis	au début du 20e siècle	il y a vingt ans

6 **Et votre vie à vous?** Par groupes de trois, discutez des aspects de votre vie quotidienne qui bénéficient des progrès technologiques. Comment était votre vie avant l'arrivée de ces technologies? Comment est-elle aujourd'hui? Employez des comparatifs et des superlatifs.

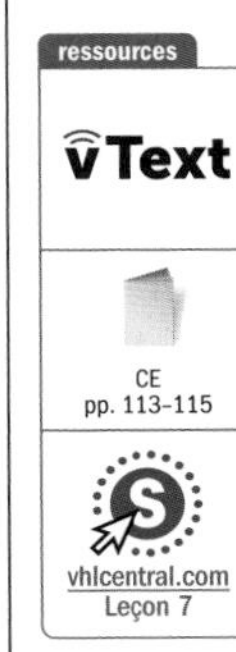

TEACHING TIPS

Previewing Strategy Before assigning the activities, review lesson vocabulary.

4 Language Learning To teach or review possessive pronouns **le mien, le tien,** etc., see **Fiche de grammaire 6.5, p. 394.**

5 Previewing Strategy Before completing the activity, have students brainstorm a list of items they typically find in a science museum.

5 Expansion Have students say during which time period they would prefer to live. Then have groups discuss their preferences using comparatives and superlatives.

6 Extra Practice Have students interview older generations in their family to see how certain technological advances affected their lives. Then have a class discussion based on what students found.

PRE-AP®

Presentational Writing Have students write two pages about the best and the worst technology tools they have ever used. For example, they can write about cell phones, computers, televisions, DVD players, and cameras. They should include comparatives and superlatives that they have learned in this lesson. Tell students: **Vous allez écrire 2 pages au sujet des meilleures et des pires innovations technologiques que vous ayez utilisées. Justifiez vos positions et soyez aussi précis que possible. Utilisez le comparatif et le superlatif des adjectifs et des adverbes dans vos descriptions.** Evaluate students on their range of vocabulary, accuracy of grammar, and organization of ideas.

Key Standards

4.1, 5.1

Student Resources
Cahier de l'élève, pp. 116–118; Supersite: Activities, *eCahier*, Grammar Tutorials
Teacher Resources
Answer Keys; Audio Script; Audio Activity MP3s/CD; Testing program: Grammar Quiz

TEACHING TIPS

Previewing Strategy Prepare an anecdote of things that will happen tomorrow, next week, next month, and next year. Use multiple examples of the **futur simple** of regular **-er** and **-ir** verbs as well as spelling change **-er** verbs. First, relate the anecdote orally. Then, display the story. When you come to a **futur simple** form, highlight it. Ask students to draw conclusions about the formation and use of this tense.

Language Learning

- You may wish to assign the Grammar Tutorials as homework in preparation for the **Structures** lesson. These tutorials re-present the grammar taught in **D'accord! 1** and **2**.
- Remind students that the English auxiliary verb *will* does not have a single-word French equivalent.
- More examples of definite difference between the use of **futur proche** and **futur simple: Il va bientôt arriver. Il arrivera dans quelques jours.**
- The **futur proche** is used mostly in spoken language to indicate things that will happen soon. The **futur simple** is used more in written language and when it is used in the spoken language, there is a connotation of will and determination. Examples: **Je vais y arriver.** *I'll manage.* **J'y arriverai.** *I will make it.*

7.2 The *futur simple*

*—Et vous **pourrez** le faire marcher après?*

BLOC-NOTES

To review the **futur proche**, see **Structures 1.2, pp. 20-21.**

- You have learned to use **aller** + [*infinitive*] to say that something is going to happen in the immediate future (the **futur proche**). To talk about something that will happen further ahead in time, use the **futur simple**.

Futur proche	Futur simple
Je **vais effacer** la dernière phrase avant de sauvegarder mon essai. *I'm going to erase the last sentence before saving my essay.*	Nous **effacerons** les photos de l'appareil après les avoir imprimées. *We will erase the pictures on the camera after printing them.*

- Form the simple future of regular **-er** and **-ir** verbs by adding these endings to the infinitive. For regular **-re** verbs, take the **-e** off the infinitive before adding the endings.

	parler	réussir	attendre
je/j'	parlerai	réussirai	attendrai
tu	parleras	réussiras	attendras
il/elle	parlera	réussira	attendra
nous	parlerons	réussirons	attendrons
vous	parlerez	réussirez	attendrez
ils/elles	parleront	réussiront	attendront

- Spelling-change **-er** verbs undergo the same change in the future tense as they do in the present.

je me promène	je me promènerai
j'emploie	j'emploierai
j'essaie *or* j'essaye	j'essaierai *or* j'essayerai
j'appelle	j'appellerai
je projette	je projetterai

- Verbs with an **é** before the infinitive ending, such as **espérer**, **préférer**, and **répéter**, do not undergo a spelling change in the future tense.

Nous **suggérerons** à Fatih qu'il reste chez nous. — *We will suggest to Fatih that he stay with us.*

LEARNING STYLES

For Kinesthetic Learners Play **Pass the Chalk**. Form teams of six. Give the first student in each team a piece of chalk. Write a verb on the board and say: **Allez-y!** The first students should run to the board, write the **je** future form of the verb, run back to their team, and pass the chalk to the next player, who will run to the board and conjugate the **tu** form. The chalk is passed until a team completes the verb conjugation correctly, earning a point.

LEARNING STYLES

For Auditory Learners In pairs, students write a short horoscope. Tell them to make only positive or funny predictions about their partners. Have volunteers read their partner's horoscope aloud twice. Ask students to raise their hands each time they hear a future verb form. On the second reading, as students raise their hands, record the verbs on the board. Post horoscopes around the room.

- Many common verbs have an irregular future stem. Add the future endings to these stems.

infinitive	stem	future	infinitive	stem	future
aller	ir-	j'irai	pleuvoir	pleuvr-	il pleuvra
avoir	aur-	j'aurai	pouvoir	pourr-	je pourrai
courir	courr-	je courrai	recevoir	recevr-	je recevrai
devoir	devr-	je devrai	savoir	saur-	je saurai
envoyer	enverr-	j'enverrai	tenir	tiendr-	je tiendrai
être	ser-	je serai	valoir	vaudr-	il vaudra
faire	fer-	je ferai	venir	viendr-	je viendrai
falloir	faudr-	il faudra	voir	verr-	je verrai
mourir	mourr-	je mourrai	vouloir	voudr-	je voudrai

- Verbs in the simple future are usually translated with *will* or *shall* in English.

Nous **aurons** un lecteur de DVD dans notre chambre.
We will have a DVD player in our room.

Un jour, on **pourra** se promener sur la planète Mars.
One day, we will be able to walk on Mars.

- Use the future tense instead of the imperative to make a command sound more forceful.

Tu **viendras** au restaurant avec nous ce soir.
You will come to the restaurant with us tonight.

Vous **ferez** passer le message à votre professeur.
You'll pass along the message to your teacher.

- After **dès que** (*as soon as*) or **quand** put the verb in the future tense if the action takes place in the future. The verb in the main clause should be in the future or the imperative.

	FUTURE	MAIN CLAUSE: FUTURE OR IMPERATIVE
Dès que	**vous aurez un brevet,**	**vous pourrez vendre votre invention.**
Quand	**tu seras dans l'ovni,**	**pose des questions aux extraterrestres!**

- The same kind of structure can be used with the conjunctions **aussitôt que** (*as soon as*), **lorsque** (*when*), and **tant que** (*as long as*). Note that in English, the verb following them is most often in the present tense.

Nous vous recevrons **aussitôt que** vous arriverez au laboratoire.
We will welcome you as soon as you arrive at the laboratory.

Tant qu'ils seront curieux, les astronomes étudieront l'origine de l'univers.
As long as they're curious, astronomers will study the universe's origin.

- To talk about events that might occur in the future, use a **si...** (*if...*) construction. Use the present tense in the **si** clause and the **futur proche**, **futur simple**, or imperative in the main clause. Remember that **si** and **il** contract to become **s'il**.

S'il y **a** un film intéressant à la télé ce soir, **dis**-le-moi.
If there's an interesting movie on TV tonight, tell me.

Si Aïcha **achète** un appareil numérique, elle me **donnera** son appareil traditionnel.
If Aïcha buys a digital camera, she'll give me her traditional camera.

ATTENTION!

Apercevoir has a future stem like that of **recevoir**. Similarly, **devenir** and **revenir** are like **venir**, and **maintenir** and **retenir** are like **tenir**.

J'apercevrai.

Vous reviendrez.

Ils maintiendront.

ATTENTION!

In spoken French, the present tense is used sometimes to express future actions.

Nous nous retrouvons au cybercafé.

We're meeting at the cybercafé.

Use the present tense of **devoir** + [*infinitive*] to express an action that you suppose will happen.

Benoît doit arriver dans les prochains jours.

Benoît must be arriving in the next few days.

BLOC-NOTES

To learn how to use **si** clauses to express contrary-to-fact situations, see **Structures 10.3, pp. 354-355**.

TEACHING TIPS

Suggestions

- Have students work in pairs to ask and answer personalized questions using the common verbs with irregular future stems. Example: **Quand est-ce que tu feras tes devoirs ce soir? Est-ce que tu recevras un appareil numérique pour ton anniversaire?**
- Ask students to each state one New Year's resolution using the **futur simple**.

Language Learning Mention that using the **futur simple** in place of the imperative can also make it sound like a more polite request. Example: **Vous éteindrez la lumière, s'il vous plaît**. *Turn out the light, please.*

Suggestion First, ask students to complete this sentence with a personalized response: **Dès que je quitterai l'école cet après-midi...** Write the answers on the board to clarify the tenses used. Then provide additional sentence starters with **dès que** and **quand** for students to complete.

Language Learning Emphasize that **si** in a **si** clause is a conjunction. It is different from the adverb **si** (**J'étais si fatigué que je me suis couché à huit heures.**) and **si** used instead of **oui** for a negative question.

DIFFERENTIATION

For Inclusion Divide the class into ten groups. Assign each group one of the bullet points on **pp. 240–241**. Ask groups to review their bullet point, practice explaining it to each other, and write new, easier example sentences. Then have each group reteach its point to the class. Allow time after each presentation for the class to ask questions. To continue the activity, have groups design a short exercise that quizzes the class on their understanding of their point. The class completes all exercises.

TEACHING TIPS

1 Suggestion Remind students to watch for irregular verbs as they complete the activity.

1 Extra Practice Have students search a French-language website for their horoscope for a week. Have them print out each day's horoscope and highlight the uses of the **futur simple**.

2 Suggestion Review how to say years by having volunteers read aloud each sign of the Chinese calendar.

2 Expansion Have pairs exchange papers and ask them to speculate about whether each prediction will come true. Examples:
—Tu prouveras qu'une nouvelle théorie mathématique est vraie.
—Je réussirai au prochain examen de maths!

3 Expansion Have students use the **il/elle** forms of the **futur simple** to summarize their partner's responses to the class.

3 Virtual Chat You can also assign Activity 3 on the Supersite. Students record individual responses that appear in your gradebook.

Mise en pratique

1 **Horoscope chinois** Lisez les prédictions de l'horoscope chinois pour le signe du dragon. Mettez les verbes au futur simple.

TRAVAIL Cette semaine, vous (1) devrez (devoir) travailler dur. Vous ne (2) pourrez (pouvoir) pas vous reposer, parce que votre patron (3) sera (être) très exigeant. Mais ça (4) vaudra (valoir) la peine. On vous (5) donnera (donner) une augmentation et vos collègues (6) seront (être) jaloux.

ARGENT Dès que vous (7) comprendrez (comprendre) qu'il ne faut pas trop dépenser, votre situation financière (8) ira (aller) mieux. Pour devenir millionnaire, il vous (9) faudra (falloir) beaucoup de volonté et de patience. Mais vous (10) tiendrez (tenir) bon. Peut-être que vous (11) recevrez (recevoir) l'héritage d'une tante éloignée.

SANTÉ Vous (12) aurez (avoir) des problèmes respiratoires. Mais vous (13) saurez (savoir) y faire face. Des membres de votre famille vous (14) suggéreront (suggérer) sûrement des moyens de combattre ce trouble.

AMOUR Quelqu'un (15) voudra (vouloir) faire votre connaissance et (16) réussira (réussir) à vous rendre heureux/heureuse.

2 **Un autre horoscope** À deux, écrivez l'horoscope de votre camarade de classe. Utilisez les éléments de la liste. Ensuite, comparez vos horoscopes à ceux du reste de la classe.

aller	devoir	finir	quand	si
créer	être	maintenir	réussir	tant que
dès que	faire	prouver	savoir	venir

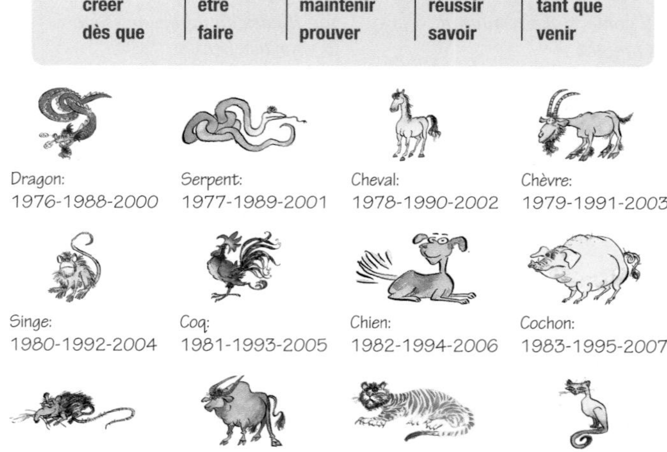

3 **Vos projets** Comment passerez-vous l'été? Répondez à ces questions avec des verbes au futur simple. Expliquez vos réponses à un(e) camarade de classe.

1. Est-ce que vous travaillerez? Où?
2. Sortirez-vous le soir et le week-end?
3. Suivrez-vous des cours? Lesquels?
4. Partirez-vous en vacances? Où?

Practice more at **vhlcentral.com.**

LEARNING STYLES

For Visual Learners Show pictures of future events both cataclysmic (ice age, nuclear war, etc.) and not (personal flying machines, colonies on Mars, etc.). Ask volunteers to look at the pictures and call out a future sentence that describes it. Then ask students to form small groups. Give each group one picture. Have the group write five future statements about the picture.

LEARNING STYLES

For Auditory Learners Divide the class into two teams. Indicate one team member at a time, alternating between teams. Call out an infinitive and a subject pronoun and have the team member give the correct future form. Award one point for each correct answer. The team with the most points wins.

Communication

4 **Invention**

A. Avec un(e) camarade de classe, vous devez vous préparer pour une conférence de presse où vous présenterez votre invention. À l'aide du tableau, imaginez ce que vous direz à la presse. Employez le futur simple.

Titre de l'invention	
À quoi servira-t-elle?	
À qui sera-t-elle destinée?	
Comment fonctionnera-t-elle?	
Améliorera-t-elle la vie quotidienne?	

B. Ensuite, présentez votre invention à la classe, sans dire exactement ce que c'est. Vos camarades doivent poser des questions pour deviner de quelle sorte d'objet il s'agit. Utilisez le futur simple.

Modèle À quel moment de la journée s'en servira-t-on?

5 **Que se passera-t-il?** Tout change avec le temps. À deux, discutez de l'avenir des éléments suivants.

- la télévision
- New York
- Internet
- les livres
- la génétique
- le clonage
- la conquête spatiale
- l'humanité
- l'ADN
- la religion

6 **Dans 20 ans** Par petits groupes, faites une liste de cinq personnes ou compagnies célèbres dans le domaine de la science et la technologie, et imaginez comment elles seront dans 20 ans.

7 **Situations** À deux, choisissez un de ces thèmes et inventez une conversation au futur simple entre les deux personnes décrites.

- Deux étudiant(e)s viennent d'obtenir leur diplôme scientifique et parlent de ce qu'ils/elles feront pour devenir riches et célèbres.
- Deux astronautes se dirigent vers la planète Mars. Ils/Elles sont les premiers/premières à faire ce voyage et discutent de ce qu'ils/elles feront une fois sur place.
- Deux chercheurs/chercheuses scientifiques viennent de faire une découverte capitale et parlent de ce qu'elle apportera au monde.
- Deux informaticien(ne)s créent un site web et parlent de ses avantages comparé à celui de la concurrence (*competition*).

Note CULTURELLE

La **Belgique** et la **Suisse** sont à l'origine de certains objets qui font partie de notre quotidien: de Belgique, les patins à roulette de **Jean-Joseph Merlin** et le saxophone d'**Adolphe Sax**; de Suisse, le velcro de **Georges de Mestral** et le moteur à explosion de **François Isaac de Rivaz**. Cette dernière invention a révolutionné notre monde parce qu'on s'en sert tous les jours pour faire fonctionner nos moyens de transport.

PRE-AP®

Presentational Speaking Tell students to think about what their life will be like in the future. Then have them draw a series of illustrations showing what they will be doing next summer, in two years, in five years, in ten years, in twenty years, and in fifty years. Students work in small groups to orally present their illustrations using the **futur simple**. Other group members ask questions about their classmates' future.

PRE-AP®

Presentational Writing Have students write an essay about the life of a teenager in 50 years. Say: **À quoi ressemblera la vie des adolescents dans 50 ans? Imaginez leur vie sociale, familiale et scolaire dans un rédaction de deux pages. Mentionez leur utilisation de la technologie et les découvertes scientifiques qui changeront leur vie.**

NATIONAL STANDARDS

Connections: Science The **Note culturelle** points out a few examples of important Belgian and Swiss inventions. Have students research additional inventions and discoveries by French-speaking Belgian and Swiss people and companies. Some examples are: aluminum foil by the company Alusuisse and Tamiflu flu medicine by Roche.

TEACHING TIPS

4 Expansion Have the class discuss the merits and drawbacks of each invention. For example, they can talk about cost, profitability, ease of use, and market need.

5 Suggestion Tell students to think of a particular year in the future to describe each item from the list. Example: **La télévision en 2057 aura mille chaînes**.

5 Partner Chat You can also assign Activity 5 on the Supersite. Students work in pairs to record the activity online. The pair's recorded conversation will appear in your gradebook.

6 Suggestions

- Model the activity by citing an example and briefly talking about it as a class.
- After groups finish their discussion, have one student from each group provide a summary to the class.

PRE-AP®

7 Interpersonal Speaking Have volunteers perform their conversations for the class. For listening comprehension, ask students to write down the verbs used in the future tense.

7 Partner Chat You can also assign Activity 7 on the Supersite. Students work in pairs to record the activity online. The pair's recorded conversation will appear in your gradebook.

Key Standards
4.1, 5.1

Student Resources
Cahier de l'élève, pp. 119–122; Supersite: Activities, *eCahier*
Teacher Resources
Answer Keys; Audio Script; Audio Activity MP3s/CD; Testing program: Grammar Quiz

TEACHING TIPS
Language Learning
- Remind students that the subjunctive is required for many expressions of will, opinion, and emotion. Refer them to **Structures 6.1** for review.
- Teach the class these additional expressions of doubt that are followed by the subjunctive: **Il n'est pas certain que…, Il n'est pas clair que…**
- Remind students that although the word *that* is optional in English, **que** must be used in French. Example: **Il est peu probable qu'il vienne.** *It's unlikely (that) he's coming.*

Suggestions
- Read the expressions of doubt or uncertainty aloud. Point to various students to complete them with a personalized subordinate clause.
- Ask students to determine which expressions in the chart would call for the indicative when used in the affirmative. (**il n'est pas évident que, il n'est pas sûr que, il n'est pas vrai que**)

Presentation

7.3 The subjunctive with expressions of doubt and conjunctions; the past subjunctive

—Je doute que tu ***te sois dépêché*** *de rentrer…*

The subjunctive with expressions of doubt and conjunctions

- Use the subjunctive in subordinate clauses after expressions of doubt or uncertainty.

Il est peu probable qu'il **soit** astronaute.
It's unlikely that he's an astronaut.

Il est possible qu'on **atterrisse** en avance.
It's possible that we're landing early.

- These expressions of doubt or uncertainty are typically followed by the subjunctive.

douter que…	*to doubt that…*	**Il n'est pas évident que…**	*It's not obvious that…*
Il est douteux que…	*It's doubtful that…*	**Il n'est pas sûr que…**	*It's not sure that…*
Il est impossible que…	*It's impossible that…*	**Il n'est pas vrai que…**	*It's not true that…*
Il est peu probable que…	*It's unlikely that…*	**Il semble que…**	*It seems that…*
Il est possible que…	*It's possible that…*	**Il se peut que…**	*It's possible that…*

BLOC-NOTES
To review other expressions that are used with the subjunctive, see **Structures 6.1, pp. 198-199.**

- Some expressions call for the subjunctive in the negative, but take the indicative in the affirmative. This is because only the negative statements express uncertainty or doubt.

Indicative	Subjunctive
Je suis sûr qu'elle **vient** aujourd'hui. *I'm sure she's coming today.*	Je ne suis pas sûr qu'elle **vienne** demain. *I'm not sure she's coming tomorrow.*

- The verbs **croire, espérer,** and **penser** in negative statements or in questions also require the subjunctive in the subordinate clause. In affirmative statements, the verb in the subordinate clause is in the indicative.

Indicative	Subjunctive	Subjunctive
Je crois qu'elle **part**. *I believe she's leaving.*	Je ne crois pas qu'elle **parte**. *I don't believe she's leaving.*	Croyez-vous qu'elle **parte**? *Do you believe she's leaving?*

ATTENTION!
In a negative question containing **penser, croire,** or **espérer**, the subordinate clause takes the indicative.
Ne penses-tu pas que c'est une découverte capitale?
Don't you think it's a breakthrough discovery?

DIFFERENTIATION
For Inclusion Give students a worksheet of statements that use **être sûr, croire, espérer,** and **penser** plus a subordinate clause. Have students first rewrite the statements in the negative. Then have them rewrite the statements as questions. With a partner, they then take turns reading all the sentences aloud.

DIFFERENTIATION
To Challenge Learners Have students work in pairs to create a conversation between Negative Nick/Nicole and Positive Paul/Paula. Some topics are: **les ordinateurs du futur, un vaccin contre le rhume, les voyages vers MARS, les OVNI.** Students should use a minimum of six expressions of doubt in both the affirmative and the negative. They should also include questions with these expressions.

- The subjunctive is also required after these conjunctions.

à condition que	*on the condition that*	**en attendant que**	*waiting for*
à moins que	*unless*	**jusqu'à ce que**	*until*
afin que	*in order that*	**pour que**	*so that*
avant que	*before*	**pourvu que**	*provided that*
bien que	*although*	**quoique**	*although*
de peur que	*for fear that*	**sans que**	*without*

Bien que ses intentions **soient** bonnes, elle se trompe souvent.
Although her intentions are good, she is often mistaken.

Ils expliquent leur recherche pour que nous en **connaissions** les conséquences.
They explain their research so that we know the consequences.

ATTENTION!

If the subject of the main clause is the same as the subject of the subordinate clause, these conjunctions are followed by the infinitive instead of the subjunctive: **à condition de**, **à moins de**, **afin de**, **avant de**, **de peur de**, **en attendant de**, **pour**, and **sans**.

Il est entré sans parler.
He came in without speaking.

On arrivera en retard à moins de prendre le train.
We'll arrive late unless we take the train.

The past subjunctive

- If the verb in a subordinate clause following a subjunctive trigger took place in the past, use the past subjunctive.
- Like the **passé composé** and the **plus-que-parfait**, the past subjunctive is formed by combining a helping verb (**avoir** or **être**) with a past participle. In the past subjunctive, the helping verb is in the present subjunctive.

Il se peut qu'ils **aient oublié** la réunion de neuf heures.
It's possible that they forgot the 9 o'clock meeting.

Nous ne sommes pas certains qu'elle **soit arrivée** avant nous.
We are not certain that she arrived before us.

ATTENTION!

The expressions **à moins que, de peur que, de crainte que, sans que,** and **avant que** are often accompanied by the **ne explétif**. The word **ne** is placed before the subjunctive form of the verb; it is not a negation and adds no meaning to the statement.

Les élèves arrivent avant que le professeur ne commence son cours.
The students arrive before the teacher starts his class.

- If a verb takes the helping verb **avoir** in the **passé composé** or **plus-que-parfait**, it also takes **avoir** in the past subjunctive.

j'ai téléchargé	que j'aie téléchargé
tu as téléchargé	que tu aies téléchargé
il/elle a téléchargé	qu'il/elle ait téléchargé
nous avons téléchargé	que nous ayons téléchargé
vous avez téléchargé	que vous ayez téléchargé
ils/elles ont téléchargé	qu'ils/elles aient téléchargé

- If a verb takes the helping verb **être** in the **passé composé** or **plus-que-parfait**, it also takes **être** in the past subjunctive.

je me suis adapté(e)	que je me sois adapté(e)
tu t'es adapté(e)	que tu te sois adapté(e)
il/elle s'est adapté(e)	qu'il/elle se soit adapté(e)
nous nous sommes adapté(e)s	que nous nous soyons adapté(e)s
vous vous êtes adapté(e)(s)	que vous vous soyez adapté(e)(s)
ils/elles se sont adapté(e)s	qu'ils/elles se soient adapté(e)s

TEACHING TIPS

Suggestions

- Give students sentence starters with conjunctions that require the subjunctive. Have students complete the sentences. Example: **Elle a réussi à l'examen bien que...** Remind students that there must be a change of subject.
- Write students' sentences on the board. Use different colors or symbols (underline, circle, star, etc.) to indicate the different parts of speech or different verb endings.

Language Learning

- Ask students to explain when and why the present subjunctive is used. (To express doubt, emotion, opinion, etc.) Point out that the past subjunctive is used for the same reasons.
- Point out that the rules for agreement of the past participle also apply to the past subjunctive. Example: **Où sont les clés? Il se peut qu'elle les ai oubliées à la maison.**

NATIONAL STANDARDS

Comparisons Formation of the subjunctive in English is simple. For all verbs, except the past of "be", the subjunctive form is the same as the bare infinitive (the infinitive without "to"). For this reason, English speakers often don't realize that they are using the subjunctive. Example: *It is important that you be on time.* Have students work with their English teacher to clarify the explanation of the subjunctive through the use of example sentences.

LEARNING STYLES

For Visual Learners Ask students to fold a blank piece of paper into four squares. Then ask them to choose two sample sentences from **p. 244** and two from **p. 245** to illustrate with a simple sketch. Students should also label each sketch with the French and English sentences. Have students share the completed sketches with the class.

LEARNING STYLES

For Auditory Learners Create several sentences, some using the subjunctive and some using the indicative in the subordinate clause. Sentences should be in the present and the past. When students hear the subjunctive, they raise their pencil. When they hear the indicative, they raise their book. For each sentence, ask students for the expression that called for the subjunctive or the indicative.

TEACHING TIPS

1 Suggestion Ask students to explain the reason for their choices.

1 Expansion Have students use the expressions on **pp. 244–245** to write two more sentences, one with the present subjunctive and one with the past subjunctive.

1 Extra Practice Ask students to write a new ending for each sentence, beginning with the blank.

2 Previewing Strategy Have students identify the expression of doubt or certainty or the conjunction that precedes each blank. Also have them identify the form—indicative or subjunctive—that each requires.

3 Expansion

- Give students this additional item: **Il est sûr qu'on soignera tous les enfants du monde.**
- Ask groups to present their opinions to the class.

3 Extra Practice Have students rewrite each sentence using the negative of the expression, being careful to use the indicative or the subjunctive as appropriate.

NATIONAL STANDARDS

Connections: Science The first **TGV (Train à Grande Vitesse)** was put into service on September 27, 1981. It linked Lyon and Paris. Have students research the technology of the **TGV**, its history, and some of its milestones.

Mise en pratique

1 **À choisir** Choisissez la forme correcte du verbe pour compléter les phrases.

1. Il est évident qu'il ______________ (n'est pas venu / ne soit pas venu) nous voir.
2. Il faut y croire jusqu'à ce qu'on ______________ (réussit / réussisse).
3. Nous sommes sûrs que tu ______________ (vas mettre au point / ailles mettre au point) ton invention.
4. Vous avez visité toute la ville sans qu'elles ______________ (se soient reposées / se sont reposées) une seule fois?
5. Il est impossible que vous ______________ (avez vu / ayez vu) ce film; il n'est pas encore sorti.
6. Va dire à ta mère que Lucie ______________ (dort / dorme) toujours.
7. Quoique nous ne leur ______________ (ayons pas rendu / avons pas rendu) visite, nous avons beaucoup pensé à eux.
8. Ils vont m'aider pour que je ______________ (finis / finisse) plus tôt.

2 **Le Thalys** Complétez cet e-mail avec les formes correctes des verbes entre parenthèses.

De: Caroline <caroline.romain@email.fr>
Pour: Stéphane <stéphane.Bertaud@email.fr>
Sujet: Qu'en penses-tu?

Je prévois d'aller à Bruxelles la semaine prochaine. Avant de confirmer ma réservation sur le Thalys, je veux m'assurer que c'est une bonne idée. J'ai écrit un e-mail à un ami qui habite là-bas, mais il est peu probable qu'il l' (1) ___ait lu___ (lire). Je sais qu'il (2) ___est___ (être) très occupé et je crois qu'il n' (3) ___a___ (avoir) jamais le temps de répondre à ses e-mails. Alors il se peut que j'y (4) ___arrive___ (arriver) sans que sa famille et lui le (5) ___sachent___ (savoir). Alors, de peur que je ne (6) ___visite___ (visiter) cette ville toute seule, pourrais-tu m'y accompagner pour que je ne me (7) ___sente___ (sentir) pas isolée?

Réponds-moi vite!
Caroline

Note **CULTURELLE**

Thalys est le nom du train qui relie (*links*) **Paris** à **Bruxelles**. Le voyage dure (*lasts*) en général une heure et 20 minutes, pour une distance d'environ 300 km. Il est le prolongement du système ferroviaire (*railway*) français qui utilise le **TGV**. Bien que Bruxelles soit la principale gare du Thalys, cette ville n'est pas sa seule destination depuis Paris. Le train va jusqu'à **Amsterdam**, aux Pays-Bas, et jusqu'à **Cologne**, en Allemagne.

3 **Logique ou illogique?** Par groupes de trois, dites si les phrases sont logiques ou illogiques et employez le subjonctif, si nécessaire, pour justifier votre opinion.

Modèle **Il n'est pas certain que la technologie rende la vie plus facile.**
C'est illogique! Il est sûr que la technologie rend la vie plus facile.

	Logique	Illogique
1. Il est évident que les voyages sur la Lune sont inutiles.	☐	☐
2. Il est douteux qu'on puisse améliorer les ordinateurs.	☐	☐
3. Il est vrai que les humains ont marché sur la planète Vénus.	☐	☐
4. Il est possible que les scientifiques aient commencé à cloner des humains.	☐	☐
5. Il est peu probable que nous connaissions les conséquences de la recherche génétique.	☐	☐

Practice more at **vhlcentral.com.**

DIFFERENTIATION

For Inclusion Have students write three sentences about things they are sure about and three sentences about things they doubt. The verb in the subordinate clause should be in the present tense. Have students highlight the expressions of certainty and doubt and underscore the verbs in the subordinate clauses. Then have students do the same, this time with the verb in the subordinate clause in the past tense.

DIFFERENTIATION

To Challenge Learners For Activity 2, have students write Stéphane's response to Caroline, using the present and past subjunctive. Then ask them to exchange e-mails with a partner to correct. Partners should explain their suggested corrections. Have volunteers read their e-mails to the class.

Communication

4 **Conseils** Voici Bernard. Il déteste les sciences, mais il veut quand même devenir astronaute. À deux, utilisez ces éléments pour lui dire ce que vous en pensez.

Modèle —Il est possible que tu deviennes astronaute, mais tu devras d'abord avoir de meilleures notes en maths.
—Tu y arriveras, à condition que tu fasses tes devoirs tous les jours.

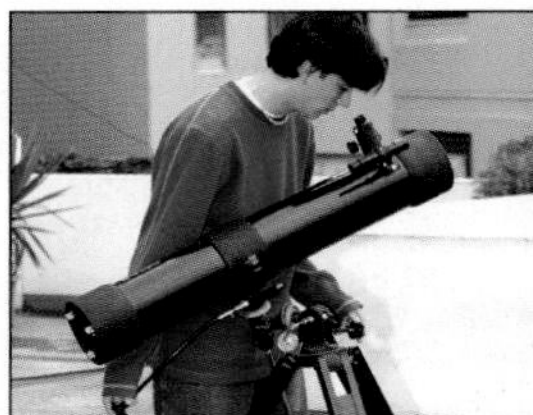

à condition que	Il est vrai que
afin que	Il se peut que
croire	jusqu'à ce que
(ne pas) douter que	penser
Il est possible que	pour que

5 **L'avenir** Par groupes de trois, imaginez comment sera l'avenir en 2050 et en 2100. Utilisez le plus possible des expressions du subjonctif et présentez vos idées à la classe.

Modèle Il est peu probable que les pays arrêtent de faire la guerre.

- la population
- les relations internationales
- la technologie
- la conquête de l'espace

6 **Voyage dans l'espace** Imaginez que vous fassiez un voyage dans l'espace pour fonder une nouvelle civilisation sur une autre planète. Par groupes de trois, employez le subjonctif pour discuter de vos craintes et des nouvelles possibilités.

Craintes concernant la survie	Nouvelles possibilités
______	______
______	______
______	______
______	______

ressources

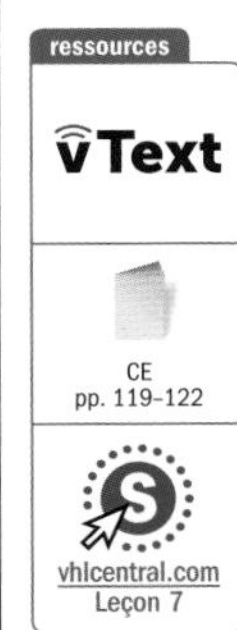

TEACHING TIPS

4 Extra Practice
- Ask students to personalize the activity by talking about the profession they would like to pursue. Remind students of the science professions on **p. 222**. You may want to brainstorm a list of other professions as well.
- As another variation, have students think of a time when they or someone they know wanted to do something unrealistic. Have pairs discuss advice they received or gave others using as many expressions of doubt as appropriate.

4 Partner Chat You can also assign Activity 4 on the Supersite. Students work in pairs to record the activity online. The pair's recorded conversation will appear in your gradebook.

5 Language Learning Have students compare the uses of the future versus the subjunctive. Example: **Il est douteux que les nations s'arrêtent de faire la guerre, mais j'espère qu'elles s'arrêteront.**

5 Expansion Have students add other topics to the list. Examples: **l'éducation, la santé, l'économie, l'environnement, la musique, les sports.**

6 Suggestion Encourage students to be creative. Have them look at the **Pour commencer** vocabulary on **p. 222** if they need ideas.

PRE-AP®

Integrated Skills Working in pairs, have students make up an imaginary story about something that happened to them. Examples: they encountered a UFO and went up into space, they won a million dollars and spent it, they discovered a cure for cancer and won the Nobel Prize. Some details of the story should be possible and some should be unlikely. Then have students present their story to another pair. These students listen to the story, interrupting to give their reaction to the details. Example: **Nous avons trouvé un billet de loterie sur le trottoir. / Il se peut que vous ayez trouvé un billet de loterie sur le trottoir**. Have a few groups present their story + reactions to the class.

Key Standards
1.1, 1.2

TEACHING TIPS

Extra Practice Assign the reading as homework. Have students take notes about what they think of Gérard's ideas versus those of Pascal. Briefly discuss students' impressions as a class. Tell them to keep the notes for a subsequent activity. (See **3. Extra Practice** below.)

Synthèse

Pascal va bientôt hériter d'une grande fortune. Il se rend compte qu'il pourra réaliser ses rêves les plus fous. Cependant°, son seul rêve est de devenir immortel. D'après lui, le seul procédé° capable de répondre à cette demande, c'est le clonage. Mais le clonage reproductif, ou humain, est interdit dans de nombreux pays. Il décide d'en parler à un ami, Gérard, qui est scientifique. Celui-ci va alors tout faire pour convaincre Pascal de ne pas se lancer dans cette entreprise, qui est l'idée la moins intelligente qu'il ait eue.

GÉRARD D'un point de vue éthique, c'est un concept qui dérange°. L'ONU et l'UNESCO ont déclaré la manipulation de l'ADN à des fins reproductives contraire à l'éthique. De plus, être cloné ne rend pas immortel. Ensuite, du point de vue scientifique, l'expérience a montré que ces progrès avaient leurs limites. Les cellules clonés des animaux présentaient des tares. Il n'est donc pas évident que le clonage d'un humain puisse marcher. Je doute que cela soit possible un jour.

PASCAL Mais il est possible qu'ils aient fait des erreurs. Et le clonage n'est pas forcément mauvais; il sert aussi à soigner.

GÉRARD Il est vrai que, d'un autre côté, les chercheurs qui ont fait cette découverte capitale ont permis d'inventer d'autres moyens de guérir. Mais ce dont tu rêves est différent. En résumé, la génétique n'est pas une chose à prendre à la légère. Tu réussiras mieux ta vie si tu arrêtes de penser à ça.

Finalement, bien que cela ait été son désir le plus cher, Pascal se rend compte que c'était une excentricité de sa part. Il décide d'oublier l'idée du clonage et de dépenser son argent autrement. ■

However · *technique* · *disturbs*

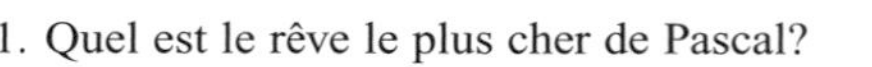

1 Expansion Give a related interpretation activity: **Qu'est-ce que Pascal décidera de faire avec son argent? Imaginez plusieurs possibilités et discutez-en à deux.**

1 Answers may vary slightly.
1. Le clonage est le rêve le plus cher de Pascal.
2. Il va essayer de convaincre Pascal de ne pas être cloné.
3. Non, il doute que cela soit possible un jour.
4. Il réussira mieux sa vie s'il arrête de penser au clonage.

1 Compréhension Répondez aux questions à l'aide des nouvelles structures.

1. Quel est le rêve le plus cher de Pascal?
2. Qu'est-ce que Gérard va essayer de faire?
3. Gérard pense-t-il que le clonage humain soit possible?
4. D'après Gérard, comment Pascal réussira-t-il mieux sa vie?

2 Previewing Strategy Do the **modèle** with a volunteer. Then have other volunteers point out the use of the comparative, the future tense, and the subjunctive.

2 Votre double À deux, imaginez que votre camarade et vous ayez été cloné(e)s. À deux, créez une conversation où vous essayez de vérifier si l'autre est vraiment «l'original(e)». Utilisez les nouvelles structures de cette leçon.

Modèle —Il est impossible que tu sois l'original(e), il/elle est plus aimable que toi.
—Je serai toujours l'original(e).

3 Extra Practice Have students look back at their notes about Pascal and Gérard, then further research the topic of cloning. Divide the class into two groups, **pour** and **contre**, to conduct a formal debate.

3 Pour ou contre? Êtes-vous pour ou contre le clonage? Par groupes de trois, discutez de ce sujet a l'aide des structures de cette leçon. Considérez ces éléments:

- l'aspect éthique
- l'aspect économique
- l'aspect biologique
- l'aspect pratique

PRE-AP®

Integrated Skills Have students work in pairs to create a skit between a fortune teller and a client. The skit should include examples of all structures covered in this lesson. Have students present their skits to the class. Evaluate the skits on coverage and accuracy of lesson structures, pronunciation, and effectiveness of presentation.

PRE-AP®

Presentational Writing Ask students to locate an online French news report related to cloning. Have them read the report and take notes. Then have them write a summary using the structures presented in this lesson. At the end of the report, students should evaluate the report on its clarity and completeness.

Préparation

Vocabulaire de la lecture

l'antimatière (*m.*) *antimatter*
c'est-à-dire *that is to say; i.e*
de pointe *cutting edge*
détruire *to destroy*
envisager *to envision*
la mise en marche *start-up*
nucléaire *nuclear*
une particule *particle*
porter plainte *to file a complaint*
prédire *predict*
la recherche fondamentale *basic research*
repousser les limites *to push boundaries*
un trou noir *black hole*

Vocabulaire utile

faire une expérience *to conduct an experiment*
une innovation *innovation*
la recherche appliquée *applied research*

1  **Complétez** Utilisez le vocabulaire qui convient pour compléter les phrases.

1. Un chimiste doit faire une expérience pour avoir un résultat.
2. Ma meilleure amie dit qu'elle peut prédire le futur en lisant les lignes de ma main.
3. Manon est arachnophobe, c'est-à-dire qu'elle a peur des araignées (*spiders*).
4. La mise en marche d'une machine précède toujours son extinction.
5. Si quelqu'un pouvait inventer un robot capable de faire la cuisine, ce serait une innovation révolutionnaire!
6. Il est plus facile de détruire que de construire.
7. Quand vous êtes agressé(e) dans la rue, il faut aller au commissariat de police pour porter plainte.
8. Mon frère voudrait être ingénieur dans une industrie de pointe comme l'informatique ou l'aérospatiale.

2  **La science dans le monde** Répondez aux questions et comparez vos réponses avec celles d'un(e) camarade.

1. Aimez-vous les sciences? Expliquez.
2. Aimeriez-vous être un(e) scientifique? Dans quel domaine?
3. La science joue-t-elle un rôle dans votre vie de tous les jours? Si oui, de quelle manière? Comment est-ce que la recherche scientifique pourrait améliorer votre quotidien?
4. Y a-t-il des inventions ou de nouvelles technologies qui ont rendu votre vie quotidienne plus facile?
5. Que pensez-vous du travail en équipe? Quels en sont les avantages?
6. Est-ce que la recherche scientifique vous inquiète dans certains domaines?

3  **L'union fait la force** L'article que vous allez lire évoque la collaboration scientifique entre différents pays. Par groupes de trois ou quatre, imaginez que vous êtes des scientifiques internationaux qui décident de s'associer dans un but commun. Quel mystère voulez-vous percer (*unravel*)? Comment avez-vous l'intention de procéder?

Practice more at **vhlcentral.com.**

Section Goals

In **Culture**, students will read about CERN, the European Laboratory for Particle Physics.

Key Standards

1.2, 2.1, 2.2, 4.2

Student Resources
Supersite: Activities, Synced Reading

TEACHING TIPS

Synonyms
prédire↔pronostiquer, présager

NATIONAL STANDARDS

Connections: Science The CERN laboratory focuses on particle physics, the study of subatomic particles. Have students research basic information about this branch of physics, where major international laboratories are, and what research is being done.

Suggestions Ask questions using the new vocabulary. Examples: **Avez-vous déjà porté plainte? Pourquoi? Avez-vous déjà fait des expériences scientifiques? Qu'avez-vous constaté?**

Extra Practice Have students research more information about black holes to present to the class.

1 Previewing Suggestion Have students scan the sentences for vocabulary with which they may not be familiar. Write the words on the board and go over the meanings.

2 Suggestion Encourage students who answer no to item 1 to look at all aspects of science and discuss areas that may be of interest to them, such as health or meteorology.

DIFFERENTIATION

For Inclusion For Activity 1, provide students with two or three answers to choose from for each item. Then have students work in pairs to correct their answers and explain their choices. You may also want to provide additional items to help students learn and practice all the new vocabulary.

DIFFERENTIATION

To Challenge Students Ask students to interview a science teacher. They should ask why the person chose the field of study (science in general or the science specialty) and what he/she likes about it. Have students report back to the class. They should also note whether the information the teacher gave might influence their own career decision.

TEACHING TIPS

NATIONAL STANDARDS

Connections: Science The Big Bang Theory suggests that the universe originated about 14 billion years ago as the result of a huge explosion. This theory was proposed by the Belgian scientist George Lemaître in 1927. Ask students to research additional information about this theory and other theories that try to explain the origin of the universe.

Cultural Note The acronym CERN stands for **Conseil européen pour la recherche nucléaire**. This was the name of the provisional council that set up the laboratory. When the permanent council took over, they decided to keep the name, mainly because it was easier to pronounce than the potential acronym OERN.

AFFECTIVE DIMENSION

Some students may find scientific informational texts intimidating. A variety of strategies can be used to make the text more approachable. Examples: activating students' prior knowledge about the subject; providing students with background knowledge as appropriate; asking students to scan for cognates.

Previewing Strategies

- Tell students to look at the title and describe the photo. Then ask them to predict what the reading will be about.
- Before they begin reading, have students preview the comprehension questions on **p. 252**.

Mise en place du dernier tube contenant les électroaimants (*electromagnets*) supraconducteurs qui parcourent la circonférence du Grand collisionneur de hadrons. Un coup d'œil aux personnes en bas à droite de la photo permet de prendre conscience du gigantisme du LHC.

CERN À la découverte d'un univers particulier

CRITICAL THINKING

Knowledge and Evaluation As students read, tell them to write important information (main ideas and details) in an outline. Have them share their outlines with a partner. Pairs then combine their ideas for one consolidated outline. Call on a few pairs to present their outlines for the class to evaluate.

CRITICAL THINKING

Application Ask pairs of students to research and print out images online that could be used to illustrate the reading. They should find at least one image for each paragraph. Then, call on volunteers to read the **Culture** text aloud, one paragraph at a time. At the end of each paragraph, pairs hold up their images. The class chooses the best two images for each paragraph.

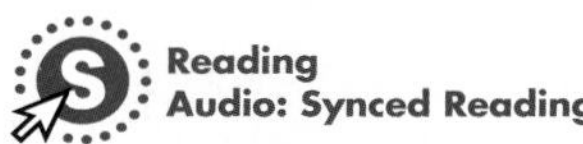

Big Bang!

C'est ce que certains avaient prédit qu'il arriverait à l'automne 2008. La terre devait exploser ou être engloutie° dans un trou noir! Pourquoi? À cause du LHC du CERN. Toutefois°, rien de ce que les scientifiques craignaient° ne s'est produit. Mais qu'est-ce que le CERN exactement? Et le LHC?

Le CERN est l'Organisation européenne pour la recherche nucléaire. Créé en 1952, le CERN se trouve à la frontière franco-suisse, à proximité de Genève. Il regroupe° près de 8.000 scientifiques de plus de 85 nationalités différentes qui travaillent ensemble. Il compte 20 états membres°.

À l'origine, l'objectif du CERN était de comprendre de quoi était constitué un atome. Aujourd'hui, ses scientifiques se concentrent sur la physique des particules. Si trouver des réponses aux grandes questions de l'univers et repousser les limites de la technologie font bien sûr partie des missions essentielles du CERN, le centre espère aussi rassembler les nations du monde autour de la science et former les scientifiques de demain.

La recherche fondamentale, c'est-à-dire sans but économique initial, est la raison d'être du CERN. Une des plus fameuses innovations issues de la recherche fondamentale du CERN est le World Wide Web. Eh, oui! Imaginez le monde sans la «toile°»! Mais qui se souvient encore de son origine? C'est pourtant au CERN que l'idée du Web a germé° dans la tête de Tim Berners-Lee et de son collègue Robert Cailliau. Leur idée était d'élaborer un système puissant et convivial alliant° les technologies des ordinateurs personnels, des réseaux informatiques et de l'hypertexte pour permettre aux scientifiques du monde entier de partager des informations. C'est ainsi que le premier site Web a vu le jour en 1991. Et, le 30 avril 1993, le CERN annonçait que le Web serait gratuit pour tout le monde.

Plus récemment, le CERN a fait la une des journaux en raison de la mise en marche de son Grand collisionneur de Hadrons (Large Hadron Collider — LHC). Le LHC est un gigantesque accélérateur de particules de 27 km de circonférence grâce auquel° les physiciens espèrent pouvoir étudier les plus petites particules connues, les trous noirs et l'antimatière, et peut-être ainsi en savoir plus sur la formation de l'univers. Pendant des mois avant sa mise en marche, nombreux étaient ceux qui prédisaient la destruction de la terre, aspirée° dans un trou noir produit par le LHC. Un des arguments avancés était qu'en apprenant comment le monde avait été créé, on risquait de le détruire par la même occasion°. Ainsi, deux Américains ont même porté plainte auprès d°'un juge à Hawaii dans l'espoir d'empêcher la mise en marche du LHC. Or°, le jour de sa mise en marche, il ne s'est rien passé de catastrophique.

(...) en apprenant comment le monde avait été créé, on risquait de le détruire par la même occasion.

Le CERN joue donc un rôle clé dans le développement des technologies du futur. Il tient aussi un rôle primordial dans l'enseignement des technologies de pointe. Et, malgré° les doutes et les inquiétudes de certains, il est désormais° aussi difficile d'envisager l'avenir sans le CERN que d'imaginer le monde moderne sans le World Wide Web! ■

engloutie engulfed; *Toutefois* However; *craignaient* feared; *regroupe* brings together; *états membres* member nations; *toile* web; *a germé* formed; *alliant* combining; *grâce auquel* thanks to which; *aspirée* sucked up; *par la même occasion* at the same time; *d'* to; *Or* And yet; *malgré* despite; *désormais* now

TEACHING TIPS

Reading Strategy Because informational texts give facts and examples, students should ask themselves questions with *who, what, when, where, why,* and *how* as they read. By focusing on the questions and answers, students will understand the text better.

Suggestions

- To practice their oral fluency, have students work in pairs and take turns reading aloud. Walk around the room and correct pronunciation as needed.
- Ask students to locate the words from the **Vocabulaire de la lecture** within the article and read those sentences aloud. Then have them provide original sentences with the words.

Extra Practice Have students research the following:

- important achievements of CERN
- the names of the 20 member states
- the role of the U.S. in CERN

21st CENTURY SKILLS

Global Awareness
Students will gain perspectives on the Francophone world to develop respect and openness to others and to interact appropriately and effectively with citizens of Francophone cultures.

CRITICAL THINKING

Evaluation Write this line from the article on the board: **Le CERN [...] espère rassembler les nations du monde autour de la science et former les scientifiques de demain.** Call on students to explain this statement. Then discuss the importance of CERN and its future role in the world.

CRITICAL THINKING

Analysis Ask students to watch one or more online videos about CERN. Have them write a summary to present to the class. Students should compare and contrast what they learned in the reading with what they learned in the video. Ask: **Est-ce que la vidéo que vous avez vue a changé votre opinion sur le CERN? De quelle manière?**

TEACHING TIPS

1 Suggestion Ask students to work in pairs and read aloud the section of the text where they found the answer to each question.

21st CENTURY SKILLS

Technology Literacy
Ask students to prepare a digital presentation on recent scientific discoveries or inventions from scientists of the Francophone world.

2 Suggestion Have students reflect on the article. Some people might say that the time and money spent on the LHC and research into the origin of the universe could be better spent on more practical issues that touch the lives of more people. Do we sometimes see this "abstract" research eventually having practical effects on our everyday lives?

3 Suggestion An issue that students might want to discuss is stem cell research (**la recherche sur les cellules souches**)

4 Suggestion A few other examples are: the aqualung (France), the snowmobile (Canada), the neon lamp (France), the electronic watch (Belgium).

4 Expansion Have students include the story of how the inventors came up with their ideas.

21st CENTURY SKILLS

Flexibility and Adaptability
Remind students to include input from all team members, adapting their presentation so it represents the whole group.

Analyse

1
1. Le LHC a été mis en marche pour la première fois.
2. Le CERN est l'Organisation européenne pour la recherche nucléaire.
3. Ses objectifs sont la recherche, l'éducation et la collaboration entre les pays.
4. C'est la recherche scientifique qui n'a pas de but économique.
5. C'est le World Wide Web.
6. C'est un gigantesque accélérateur de particules qui permet d'étudier l'antimatière et la formation de l'univers.
7. Il est supposé permettre de comprendre la formation de l'univers.
8. Certaines personnes pensent qu'il peut détruire la terre.

1 **Compréhension** Répondez aux questions par des phrases complètes.

1. Qu'est-ce qui s'est passé au CERN à l'automne 2008?
2. Qu'est-ce que le CERN?
3. Quels sont les objectifs du CERN?
4. Qu'est-ce que la recherche fondamentale?
5. Quelle invention du CERN est la plus connue et la plus utilisée au quotidien?
6. Qu'est-ce que le Grand Collisionneur de Hadrons?
7. À quoi est supposé servir le LHC?
8. Pourquoi est-ce que le LHC fait peur à certains?

2 **La science utile** La recherche scientifique doit-elle être avant tout pratique ou bien nous permettre de trouver des réponses à des questions métaphysiques? Qu'en pensez-vous? À deux, faites une liste des problèmes pratiques ainsi que des questions théoriques auxquels vous espérez que la science puisse un jour apporter une réponse. Classez cette liste selon vos priorités et comparez-la à celle d'une autre paire.

3 **Peur de l'inconnu** De nos jours, certains sont préoccupés par la recherche scientifique, et tout particulièrement par les recherches effectuées par le CERN. En petits groupes, discutez de ce phénomène.

- Est-ce un sentiment nouveau ou bien cette peur a-t-elle toujours existé?
- Certaines innovations ou figures de l'histoire ont-elles provoqué une réaction similaire au sein de l'opinion publique? Pensez par exemple à Christophe Colomb et son projet de rejoindre les Indes par l'ouest. Qu'en pensaient les gens à son époque?
- Plus généralement, faut-il se méfier (*distrust*) de ce qu'on ne connaît pas?

4 **Sciences et francophonie** En petits groupes, choisissez une innovation technologique ou scientifique issue de la recherche effectuée dans un pays francophone. Préparez une présentation sur cette technologie ou cette avancée scientifique et expliquez comment elle améliore le quotidien de chacun. Vous pourriez par exemple parler des inventions suivantes:

- le TGV (France)
- le cinématographe (France)
- le Velcro® (Suisse)
- l'anti-histamine (Suisse)
- le moteur à combustion interne (Belgique)
- ...

ressources
vText
vhlcentral.com
Leçon 7

Practice more at **vhlcentral.com.**

PRE-AP®

Integrated Skills Ask students to make a detailed list of their daily schedule, from waking up to an alarm clock to falling asleep at night to music. For each activity, they should list any technology device they use. Then ask them what they would do in each case if they could not use any technology. Finally, ask: **Quels avantages y a-t-il à ne pas être trop dépendant de la technologie?**

PRE-AP®

Presentational Writing Have students work in pairs and use their imagination to write a science-fiction short story that takes place at CERN. Tell students to review all lesson vocabulary and grammar, and include several examples in their story. They should also illustrate their stories with sketches and/or photos printed from the Internet.

Préparation

À propos de l'auteur

Didier Daeninckx (1949–) est né à Saint-Denis, banlieue parisienne, dans une famille modeste. En 1984, son deuxième roman, *Meurtres pour mémoire*, le fait connaître. Porte-drapeau (*Flag bearer*) du roman noir, Daeninckx place toujours ses œuvres dans la réalité sociale et politique de leur époque. Il écrit aussi des bandes dessinées, des livres pour la jeunesse, des pièces de théâtre et des nouvelles. Aujourd'hui, il travaille pour un journal en ligne, *amnistia.net*, où il dénonce ce qu'il appelle le négationnisme: la tendance à oublier certains événements historiques.

Vocabulaire de la lecture

un abonnement *subscription*
s'adresser la parole *to speak to one another*
couper de *to cut off from*
le désespoir *despair*
une échelle *ladder*
hurler *to shout*
un loyer *rent*
numérique *digital*
une parabole *satellite dish*
régler *to adjust*
une retransmission *broadcast*
se taire (*irreg.*) *to be quiet*

Vocabulaire utile

agir *to take action*
contrarier *to thwart*
obsédé(e) *obsessed*

1 **Énigmes** Lisez les définitions et associez un terme des listes de vocabulaire ci-dessus à chacune d'entre elles.

1. Il est peut être mensuel ou annuel. un abonnement
2. Si vous ne parlez pas, vous le faites. se taire
3. C'est une bonne idée de vérifier qu'elle est stable avant d'y monter. une échelle
4. On doit le payer chaque mois au propriétaire quand on est locataire. un loyer
5. Deux personnes ne le font pas quand elles sont très fâchées. s'adresser la parole
6. C'est ce qu'on a envie de faire quand le dentiste n'utilise pas d'anesthésie. hurler
7. C'est ce qu'il faut faire à votre antenne quand votre réception est mauvaise. régler
8. Vous pouvez la trouver sur un toit ou dans un livre de maths. une parabole
9. Une personne passive ne le fait pas. agir
10. Vous l'êtes si vous pensez à quelque chose constamment. obsédé(e)

2 **Discussion** À votre avis, que veut dire le titre *Solitude numérique*? Discutez-en à deux puis présentez vos idées à la classe.

3 **La vie quotidienne et la technologie** Par groupes de trois, répondez aux questions.

1. Quelle invention électronique particulière utilisez-vous le plus souvent?
2. Votre vie serait-elle différente sans cette invention? Expliquez.
3. Combien de temps par jour passez-vous à regarder la télé, à surfer sur Internet, à parler au téléphone ou à écouter de la musique?
4. Quelle influence l'utilisation d'appareils électroniques a-t-elle sur vos rapports avec les autres?

Practice more at **vhlcentral.com.**

Section Goals

In **Littérature**, students will:
- learn about writer Didier Daeninckx
- read his story ***Solitude numérique***

Key Standards

1.2, 2.2, 3.1, 5.2

Student Resources
Cahier de l'élève, pp. 123–125; Supersite: Activities, Synced Reading, *eCahier*
Teacher Resources
Answer Keys

TEACHING TIPS

Synonymes
hurler↔crier
contrarier↔contrecarrer

PRE-AP®

1 Interpersonal Speaking Have pairs come up with a brief dialogue that includes at least six of the words used in the activity.

2 Suggestion Give students an outline for their discussion: **1. la signification du titre 2. le thème de la lecture 3. les choses qui, dans la vie, contribuent à la solitude.**

3 Suggestion Tell students to draw specific examples from various everyday situations. At first, they may not even realize how many hi-tech devices they use.

CRITICAL THINKING

Knowledge and Comprehension Ask students to research additional information about Didier Daeninckx and his works. Compile the information as a class to complete a full profile of the author. Students can also search for video clips of Daeninckx and/or his works and present a summary to the class.

CRITICAL THINKING

Evaluation There are many who feel that technology has as many drawbacks as it has benefits. Ask students to name some of the possible drawbacks. Discuss whether students feel they are subject to these drawbacks and whether they feel they can be overcome.

TEACHING TIPS

Previewing Strategies

- Ask students to write a brief description of the photo. They should describe what the people look like, what they are doing, and how they both feel.
- Have students work in pairs to make up a brief conversation between the two people in the photo. Ask a few pairs to present their conversations to the class.
- Have students note the first clause in the reading: **Le pire**. Ask them what this tells them about the probable tone of the story.

Reading Strategy Tell students that as they read ***Solitude numérique***, they should relate the characters' experiences and the events to their own lives. This will help them relate to the story and understand it better.

Suggestion Play the dramatic recording of the story for students to get the gist. Then have them listen to the recording again for full comprehension and for correct pronunciation and intonation. Finally, have them work in small groups to take turns reading blocks of text aloud to practice fluency.

Language Learning Explain that **pavillon** is used to describe a one-family house in the suburbs of Paris.

solitude NUMÉRIQUE

Didier Daeninckx

Le pire, si Martine y réfléchissait, c'est que c'était elle qui avait enclenché° le processus en lui offrant tout le matériel° et l'abonnement à Gold-Sport, deux ans plus tôt pour son anniversaire... Et quand elle voulait être sincère, elle arrivait à s'avouer° qu'elle avait une idée derrière la tête en choisissant ce cadeau: le retenir à la maison, samedis soir et dimanches après-midi tout au long de la saison footballistique. Le couper de toute cette bande de supporters assoiffés° qui lui volait ses week-ends. Elle le revoyait qui déballait° la parabole, plus heureux encore que le gamin qu'elle imaginait, agenouillé° près du sapin de Noël° devant son premier vélo. Ils avaient passé deux jours entiers à déterminer le meilleur angle de la réception, puis à installer la coupole° sur le toit° du pavillon°, à régler la monture° polaire motorisée afin de

had set in motion; *equipment*; *to admit to oneself*; *thirsty*; *was unpacking*; *kneeling*; *Christmas tree*; *dome*; *roof / house*; *mounting*

CRITICAL THINKING

Comprehension and Application Have students work in pairs to make a series of sketches to illustrate lines 13–23. They should also write a caption under each sketch. Have pairs present their sketches to another pair. One student reads the captions while pointing to the sketches. The other student mimes the events.

CRITICAL THINKING

Analysis Ask students to work in pairs to describe a situation similar to the one described in lines 18-23. Some examples might be setting up a new phone, setting up a new computer, or installing new computer software. In addition to describing the series of events, they should talk about the emotions they felt throughout the process.

capter° aussi bien le satellite Astra qu'Eutelstat. Régis, qui déprimait dès qu'il fallait changer le sac de l'aspirateur ou nettoyer le filtre du lave-vaisselle, se révéla° un pilote hors pair° dans la conduite du numérique. Les caractéristiques des décodeurs Vidéocrypt et Syster n'eurent plus de secrets pour lui, de même que les signaux oscillants°, les angles d'azimut satellitaires, les Puissances Isotropes Rayonnées Équivalentes° ou l'activation des circuits de clamp°! Il se mit à parler une langue dont elle perdit rapidement la grille de décryptage°, où il était question de «source duo-bloc», de «réchauffeurs souples°», de «doublement de câble coaxial», de «polariseur mécanique», sans même tenir compte des «Low Noise Block» et autres «Duobinaire Multiplexed Analog Components»! Ils ne s'adressèrent plus la parole qu'en de rares occasions, entre deux retransmissions. Le plus souvent elle dormait, quand il venait se coucher, gavé° d'émotions. Un an plus tard, c'est lui qui lui fit un cadeau: la première parabole fut rejointe par sa sœur presque jumelle afin de détecter les signaux d'autres satellites évoluant° plus à l'est ou plus à l'ouest. Au lieu de suivre les péripéties° d'un match P.S.G.-Auxerre sur le plastique froid des fauteuils du Parc, Régis pouvait assister, confortablement installé sur son canapé°, en direct aux matchs de championnat d'Indonésie, de Colombie, de Chine, se tenir au courant°, heure par heure, du goal-average de la troisième division camerounaise, vibrer aux tirs au but° d'une finale amateur disputée au fin fond° de la Finlande. Le budget consacré° aux abonnements atteignait maintenant celui du loyer. Le quatrième décodeur, une merveille permettant également de compresser les images, de les stocker° sur vidéodisques tout en regardant un autre programme, arriva dans le salon débordant° d'électronique pour le deuxième anniversaire de l'abonnement à Gold-Sport. Martine fit une ultime tentative° pour renouer° le dialogue avec Régis en lui apportant son habituel plateau-repas°. Il lui fit signe de se taire, de la main, absorbé par le ralenti° séquentiel qu'il venait de programmer sur une antique lucarne de Platini° dans un but italien. Elle traversa le jardin, sortit l'échelle double du garage pour aller l'appuyer° contre l'arrière du pavillon. Parvenue sur le toit, elle vint se placer à genoux entre les deux paraboles dans lesquelles, pour qu'il l'entende enfin, elle se mit à hurler son désespoir. ■

Ils ne s'adressèrent plus la parole qu'en de rares occasions...

capter: to pick up (a signal)
se révéla / hors pair: turned out to be / outstanding
oscillants: fluctuating signals
Puissances Isotropes Rayonnées Équivalentes: Equivalent Radiated Isotropic Powers
circuits de clamp: clamp circuits
grille de décryptage: decyphering grid
réchauffeurs souples: flexible heaters
gavé: filled
évoluant: moving
péripéties: events
canapé: couch
se tenir au courant: to keep informed
tirs au but: penalty shots
au fin fond / consacré: in the farthest reaches / devoted to
stocker: to store
débordant: overflowing
ultime tentative: last attempt
renouer: to resume
plateau-repas / ralenti: meal on a tray / slow-motion
lucarne de Platini: Platini's shot in a top corner of the net
appuyer: to lean

TEACHING TIPS

Reading Strategy Ask students to relate the experience of Régis to themselves or to someone they know. How is the situation similar? How is it different? Then ask them to relate the experience of Martine to themselves or to someone they know. How is it similar? How is it different?

Cultural Notes

- Point out that the **Parc** refers to **Parc des Princes**, which is the oldest soccer stadium in Paris.
- Explain that Michel Platini (1955–) was the best French soccer player in the 70s and 80s. He is still regarded as one of the best soccer players in the world.

Suggestions

- Have groups of three students prepare a three-sentence summary of the story and write it on the board. Read all the summaries and have the class vote on the best one.
- Ask students: **Est-ce que le titre *Solitude numérique* capture l'essence de cette histoire? Pourquoi ou pourquoi pas? Suggérez d'autres titres.**
- Ask students to think about how much money they (and/or their family) spend on technology every month (telephones, TV, Internet, satellite radio, etc.). Ask: **Si vous deviez réduire le budget que vous allouez à la technologie de moitié, comment vous y prendriez-vous?**

PRE-AP®

Integrated Skills Have students work in groups of three to write skits based on the story. One student plays the narrator and the others play Régis and Martine. Within the narration and dialogue, students should use several examples of structures learned in this lesson. Have groups perform their skits for the class.

PRE-AP®

Presentational Writing Ask students to think about how much time they spend per day on these activities: **surfer sur le Net, envoyer des textos, parler au téléphone, jouer aux jeux vidéos, regarder la télévision**, etc. Then have them write an essay that includes this information and explains whether this is a good use of their time. Does technology interfere with other activities and with face-to-face communication?

Analyse

TEACHING TIPS

1 Suggestion Ask students to work in pairs to discuss the answers to the questions.

2 Extra Practice Have students write a brief summary of the story using their answers from Activity 1 and the statements in Activity 2 as a guide.

3 Expansion In pairs, have students describe a situation in which technology (satellite TV/radio, video games, etc.) had a negative effect on their personal life or that of someone they know. Have them draw comparisons between their situation and that of the characters from the story.

4 Previewing Strategy Before assigning the activity, have the class brainstorm the things a marriage counselor does, such as ask questions, have the couple do a role play, and give advice.

PRE-AP®

5 Presentational Writing As an alternate writing assignment, have students write a one-page story about how science or technology affected the main character(s).

1 Suggested answers
1. Régis et Martine. Ils sont mariés ou ils vivent en union libre.
2. Elle lui a offert du matériel et un abonnement à Gold-Star.
3. Elle voulait retenir Régis à la maison le week-end.
4. Il est très content, comme un enfant à Noël.
5. Non, parce qu'il passe trop de temps devant la télé.
6. Elle va sur le toit et elle hurle son désespoir. Elle est malheureuse parce qu'elle n'arrive plus à communiquer avec Régis.

1 Compréhension Répondez aux questions.

1. Qui sont les deux personnages principaux de cette lecture? Quelles relations ont-ils?
2. Quel cadeau Martine a-t-elle offert à Régis?
3. Quelle idée Martine avait-elle en tête en lui offrant ce cadeau?
4. Quelle est la réaction de Régis en recevant le cadeau?
5. Est-ce que Martine est contente de la réaction de Régis? Pourquoi?
6. Qu'est-ce que Martine fait à la fin de l'histoire? Pourquoi réagit-elle comme ça?

2 Les événements À deux, mettez les événements de l'histoire dans l'ordre chronologique. Ensuite, comparez vos résultats avec ceux des autres groupes.

__3__ Régis passe deux jours à déterminer le meilleur angle de réception.
__4__ Régis achète une deuxième parabole.
__2__ Régis déballe la parabole.
__6__ Martine va sur le toit et hurle.
__5__ Martine essaie de parler à Régis.
__1__ Martine offre à Régis un abonnement à Gold-Star.

3 Les rapports Par groupes de trois, discutez des rapports entre Régis et Martine.

1. Décrivez les rapports entre Régis et Martine.
2. Comment sait-on que tout ne va pas bien entre eux? Citez des exemples.
3. Cette lecture contient beaucoup de vocabulaire technique. Pourquoi l'utilisation de ces mots vous aide-t-elle à vous mettre dans la peau de Martine?
4. À votre avis, quelle est la cause des problèmes entre Martine et Régis?

4 Jeu de rôles Par groupes de trois, jouez les rôles de Régis, de Martine et d'un conseiller matrimonial. À tour de rôle, Martine et Régis expliquent leur point de vue sur la situation, puis le conseiller leur dit ce qu'ils devraient faire. Jouez la scène devant la classe.

5 Rédaction Imaginez une technologie qui est peut-être pratique aujourd'hui, mais qui, à votre avis, deviendra bientôt obsolète. Suivez le plan de rédaction pour écrire un article qui explique pourquoi. Employez des comparatifs et des superlatifs, le futur simple et le subjonctif.

Plan

1. **Organisation** Faites une liste des avantages et des inconvénients de cette technologie.
2. **Une technologie** Dans un paragraphe, décrivez cette technologie. Dans un autre paragraphe, explorez les problèmes qui lui sont associés.
3. **Conclusion** Pour terminer, décrivez la technologie qui la remplacera.

Practice more at **vhlcentral.com.**

CRITICAL THINKING

Analysis Refer students back to the questions posed in the lesson opener on **p. 222**. Ask: **Après avoir lu *Solitude numérique*, avez-vous changé d'avis à propos de l'influence qu'a la technologie sur la vie des gens? En outre, comment répondrait Daeninckx à ces questions?**

CRITICAL THINKING

Application Have students work in pairs. Half the pairs write a Dear Abby letter from Régis as well as the response. The other half writes a letter from Martine as well as the response. Ask pairs to read their letters aloud. The class decides which letters best represent the situation of each character and which responses provide the best advice.

Le progrès et la recherche

Audio: Vocabulary
Flashcards
My Vocabulary

La technologie

une adresse e-mail *e-mail address*
un appareil (photo) numérique *digital camera*
un CD-ROM *CD-ROM*
un correcteur orthographique *spell check*
le cyberespace *cyberspace*
l'informatique (*f.*) *computer science*
un lecteur de DVD *DVD player*
un mot de passe *password*
un moteur de recherche *search engine*
un ordinateur portable *laptop*
un outil *tool*
un (téléphone) portable *cell phone*
une puce (électronique) *(electronic) chip*

effacer *to erase*
graver (un CD) *to burn (a CD)*
sauvegarder *to save*
télécharger *to download*

avancé(e) *advanced*
innovant(e) *innovative*
révolutionnaire *revolutionary*

Les inventions et la science

l'ADN (*m.*) *DNA*
un brevet d'invention *patent*
une cellule *cell*
une découverte (capitale) *(breakthrough) discovery*
une expérience *experiment*
un gène *gene*
la génétique *genetics*
une invention *invention*
la recherche *research*
une théorie *theory*

cloner *to clone*
contribuer (à) *to contribute*
créer *to create*
guérir *to cure; to heal*
inventer *to invent*
prouver *to prove*
soigner *to treat; to look after (someone)*

biochimique *biochemical*
contraire à l'éthique *unethical*
éthique *ethical*
spécialisé(e) *specialized*

L'univers et l'astronomie

l'espace (*m.*) *space*
une étoile (filante) *(shooting) star*
un(e) extraterrestre *alien*
la gravité *gravity*
un ovni *U.F.O.*
la survie *survival*
un télescope *telescope*

atterrir *to land*
explorer *to explore*

Les gens dans les sciences

un(e) astrologue *astrologer*
un(e) astronaute *astronaut*
un(e) astronome *astronomer*
un(e) biologiste *biologist*
un chercheur/une chercheuse *researcher*
un(e) chimiste *chemist*
un(e) ingénieur *engineer*
un(e) mathématicien(ne) *mathematician*
un(e) scientifique *scientist*

Court métrage

un atelier *workshop*
un cartable *school bag*
la curiosité *curiosity*
un fauteuil roulant *wheelchair*
un(e) magicien(ne) *magician*
une ruelle *alleyway*
un(e) sorcier / sorcière *sorcerer, wizard*
une vitrine *store window, window display*
la virgule *comma*

atterrir *to land*
se dépêcher *to hurry up*
éternuer *to sneeze*
lancer *to throw*
manier *to handle, to weild*
retenir *to hold something back*

affolé(e) *distraught*
effrayant(e) *frightening*
poussiéreux(-euse) *dusty*

en désordre *messy, untidy*

Culture

l'antimatière (*m.*) *antimatter*
une innovation *innovation*
la mise en marche *start-up*
une particule *particle*
la recherche appliquée *applied research*
la recherche fondamentale *basic research*
un trou noir *black hole*

détruire *to destroy*
envisager *envision*
faire une expérience *to conduct an experiment*
porter plainte *to file a complaint*
prédire *predict*
repousser les limites *to push boundaries*

nucléaire *nuclear*

c'est-à-dire *that is to say; i.e*
de pointe *cutting edge*

Littérature

un abonnement *subscription*
le désespoir *despair*
une échelle *ladder*
un loyer *rent*
une parabole *satellite dish*
une retransmission *broadcast*

s'adresser la parole *to speak to one another*
agir *to take action*
contrarier *to thwart*
couper de *to cut off from*
hurler *to shout*
régler *to adjust*
se taire (*irreg.*) *to be quiet*

numérique *digital*
obsédé(e) *obsessed*

Key Standards
4.1

Student Resources
Cahier de l'élève, p. 126; Supersite: Vocabulary, *eCahier*
Teacher Resources
Audio Activity MP3s/CD; Testing program: Lesson Test

Language Learning

- Have students make bilingual flashcards, with French on one side and English on the other. Encourage them to draw pictures or add other visuals. Then, have them practice the vocabulary with a partner.
- Give students blank **bingo** cards with large squares. List 20–30 vocabulary words that lend themselves to being represented through pictures. Have students illustrate a vocabulary word in each square. Then give each student a small handful of playing pieces (beans, coins, pieces of paper, etc.) Play several rounds of bingo, allowing students to win horizontally, vertically, or diagonally.
- Have students, working in pairs, create a dictionary of at least ten words. Then, have them submit their work to an "editor"—another pair of students. Ask volunteers to share any particularly good or funny definitions.

21st CENTURY SKILLS

Leadership and Responsibility Extension Project
Establish a partner classroom in the Francophone world. As a class, have students decide on three questions they want to ask the partner class related to the topic of the lesson they have just completed. Based on the responses they receive, work as a class to explain to the partner class one aspect of their responses that surprised the class and why.

DIFFERENTIATION

For Inclusion Have pairs of students play Hangman. The "illustrator" should give a broad hint as to which category in the vocabulary list the word comes from. Example: **C'est un mot en rapport avec l'Internet**. After the student guesses the word, he/she should also provide the English equivalent.

DIFFERENTIATION

To Challenge Students Divide the class into seven groups. Assign a vocabulary category to each group. Students write a short story that incorporates at least six words from the category. The story should also include the grammar points introduced in Lesson 7. Have students present their stories to the class. Vote on the most interesting, the funniest, and the best use of lesson structures.

Lesson Goals

In **Leçon 8**, students will:
- learn vocabulary related to sports, leisure time, arts, theater, shopping, and clothes
- watch the short film ***Le ballon prisonnier***
- read about the Indian Ocean
- learn about the poet Khaleel Torabully
- study infinitives
- study prepositions with geographical names
- study the **conditionnel**
- read an article about recreation in **la Réunion**
- read Jean-Jacques Sempé and René Goscinny's story ***Le football***

21st CENTURY SKILLS

Initiative and Self-Direction
Students can monitor their progress online using the Supersite activities and assessments.

TEACHING TIPS

Point de départ As a class, discuss what students see in the photo. Ask: **Êtes-vous d'accord avec la légende «L'évasion et l'amusement sont des besoins fondamentaux»? Expliquez.**

Suggestion Have students work in small groups to read the paragraph in the white box. Ask them to discuss the answers to the questions and then present their ideas to the class.

LEÇON **8**

S'évader et s'amuser

Les îles ont toujours fait rêver. Elles donnent au visiteur le sentiment d'être libre. Est-ce parce qu'elles ne sont rattachées à aucune terre? Est-ce pour cela aussi qu'on aime y pratiquer des sports extrêmes? Pourquoi des gens risquent-ils leur vie pour s'amuser? D'autres prennent leur sport préféré très au sérieux. Mais quand le jeu n'est plus qu'une compétition, quand un loisir devient une raison de vivre, que se passe-t-il?

L'évasion et l'amusement sont des besoins fondamentaux.

INSTRUCTIONAL RESOURCES

Student Resources
Print: Student Book, Workbook (*Cahier de l'élève*)
Supersite: vhlcentral.com, **vText**, *eCahier*, Audio, Video, Practice

Teacher Resources
Print: Teacher's Edition, Answer Keys, Testing Program
Technology: Audio MP3s on CD (Textbook, Testing Program, Audio Program), Video Program DVD (Film Collection)

Supersite: vhlcentral.com, Lesson Plans, Grammar Tutorials, Grammar Slides, Testing Program, Audio and Video Scripts, Answer Key, Audio MP3s, Streaming Video (Film Collection), Digital Image Bank, Learning Management System (Gradebook, Assignments)

Voice boards on the Supersite allow you and your students to record and share up to five minutes of audio. Use voice boards for presentations, oral assessments, discussions, directions, etc.

262 COURT MÉTRAGE

Dans *Le ballon prisonnier* du réalisateur français **Cyril Gelblat**, un jeune garçon, **Dylan**, veut réaliser un jour son rêve et devenir footballeur professionnel. Mais ce rêve est-il vraiment le sien?

268 IMAGINEZ

Dépaysement et évasion sont au rendez-vous dans cet article sur les îles de l'**océan Indien**! Puis le poète et réalisateur **Khal Torabully** nous entraîne sur son **île Maurice** natale dont il explore le passé comme le présent.

285 CULTURE

L'article *La Réunion, île intense*, vous fera découvrir qu'une île lointaine n'est pas toujours synonyme de sieste sur la plage. En fait, l'**île de la Réunion** est un vrai paradis pour les amateurs de sports extrêmes.

289 LITTÉRATURE

Dans *Le football*, une histoire extraite du livre *Le petit Nicolas*, de **Sempé** et **Goscinny**, une bande de copains essaie d'organiser un match de foot. Pas facile, car tout le monde a son mot à dire!

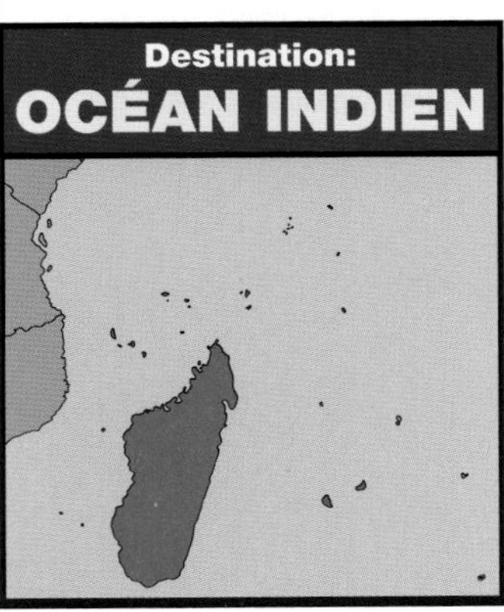

265

286

260 POUR COMMENCER

272 STRUCTURES

8.1 Infinitives

8.2 Prepositions with geographical names

8.3 The conditionnel

295 VOCABULAIRE

TEACHING TIPS

Previewing Strategy

Working in pairs, have students ask each other the following questions: **Que fais-tu pour te divertir quand tu as deux heures de liberté? Et si tu as deux jours? Si tu as deux semaines?** Have students share their partner's answers with the class. Then ask specific questions to preview the new vocabulary on **p. 260**. Examples: **Qui est déjà allé à un vernissage ou à une exposition? Êtes-vous membre d'un club sportif?**

Suggestions

- Read the description of the **Court métrage** and look at the photo. Ask students to predict the answer to the question **Mais ce rêve est-il aussi le sien?**
- Ask students to locate **la Réunion** on the map of **Le monde francophone** at the front of the book. Have them describe its location in relation to the other continents.
- Discuss with students any extreme sports they know about or have participated in. Ask: **Pesez** (*Weigh*) **le pour et le contre des sports extrêmes.**

LEARNING STYLES

For Auditory Learners Have students work in pairs. Students take turns giving a one-sentence description of one of the photos. The other student points to the photo. After several rounds, have students give their general impressions of what they see in each photo.

LEARNING STYLES

For Visual Learners Ask one student to read aloud the lesson title: **S'évader et s'amuser.** Ask another student to describe the photo on **p. 258**. Then ask: **Si vous étiez l'éditeur/-trice de ce livre, quelle(s) photo(s) est-ce que vous incluriez pour illustrer ce titre?** Tell students to think about their answer to this question and create a new version of the lesson opener image.

Section Goals

In **Pour commencer**, students will learn and practice vocabulary related to sports, leisure time, arts, theater, shopping, and clothes.

Key Standards

1.1, 1.2, 4.1

Student Resources
Cahier de l'élève, pp. 127–129; Supersite: Activities, Vocabulary, *eCahier*
Teacher Resources
Answer Keys; Audio Script; Audio Activity MP3s/CD; Testing program: Vocabulary Quiz

TEACHING TIPS

Synonymes

- **complet↔à guichets fermés**

Language Learning

- **Un guichet** is a *box office* so the phrase **à guichets fermés** literally means the box offices are closed because all tickets have been sold.
- Explain that **faire match nul** is used for the final result of a game. Example: **Lyon et Paris ont fait match nul, deux partout**. To say *to tie* during the game, use **égaliser**. Example: **À la dixième minute du match, Lyon a égalisé**.
- Point out that **inspirateur** and **inspiratrice** usually describe people. To say that *something* is inspiring, use **qui inspire**.
- Remind students that **un ticket (de métro, d'autobus)**, is usually a smaller, simpler document than **un billet (d'avion, de train)**.

Cultural Note

Pétanque, invented in Provence in the early 1900s, is closely related to the game "Bocce balls" and more distantly related to "Horseshoes."

POUR COMMENCER

Les passe-temps

Audio: Vocabulary Practice
My Vocabulary

Le sport

l'alpinisme (*m.*) *mountain climbing*

un arbitre *referee*
un club sportif *sports club*
une course *race*
un(e) fan (de) *fan (of)*
un pari *bet*
une patinoire *skating rink*
le saut à l'élastique *bungee jumping*
le ski alpin/de fond *downhill/cross-country skiing*

un supporter (de) *fan; supporter (of)*

admirer *to admire*
(se) blesser *to injure (oneself); to get hurt*
s'étonner *to be amazed*
faire match nul *to tie (a game)*
jouer au bowling *to go bowling*
marquer (un but/un point) *to score (a goal/a point)*
siffler *to whistle (at)*

Le temps libre

le billard *pool*

les boules (*f.*)/la pétanque *petanque*
les cartes (*f.*) (à jouer) *(playing) cards*
les fléchettes (*f.*) *darts*

un jeu vidéo/de société *video/board game*

des loisirs (*m.*) *leisure; recreation*
un parc d'attractions *amusement park*
un rabat-joie *killjoy; party pooper*

bavarder *to chat*
célébrer/fêter *to celebrate*
se divertir *to have a good time*
faire passer *to spread (the word)*
porter un toast (à quelqu'un) *to propose a toast*
prendre un verre *to have a drink*
se promener *to take a stroll/walk*
valoir la peine *to be worth it*

Les arts et le théâtre

un billet/ticket *ticket*
une comédie *comedy*
une exposition *exhibition; art show*
un groupe *musical group/band*
un(e) musicien(ne) *musician*
une pièce (de théâtre) *(theater) play*
un spectacle *show; performance*
un spectateur/une spectatrice *spectator*
un tableau *painting*
un vernissage *art exhibit opening*

applaudir *to applaud*
faire la queue *to wait in line*

obtenir (des billets) *to get (tickets)*

complet *sold out*
divertissant(e) *entertaining*
émouvant(e) *moving*

Le shopping et les vêtements

des baskets (*f.*)/des tennis (*f.*) *sneakers/tennis shoes*
un bermuda *(a pair of) bermuda shorts*
une boutique de souvenirs *gift shop*
un caleçon *boxer shorts*
une culotte *underpants (for females)*
une garde-robe *wardrobe*
un gilet *sweater/sweatshirt (with front opening)*
une jupe (plissée) *(pleated) skirt*
un magasin de sport *sporting goods store*
un nœud papillon *bow tie*
une robe de soirée *evening gown*
un slip *underpants (for males)*
des souliers (*m.*) *shoes*
des talons (*m.*) (aiguilles) *(stiletto) heels*

ressources

vText | CE pp. 127-129 | vhlcentral.com Leçon 8

LEARNING STYLES

For Kinesthetic Learners Ask students to imagine that they are going on vacation to a place of their choice. They should make a schedule for one week of all the activities that they would like to do. Students present their schedule to a partner by acting out each activity.

LEARNING STYLES

For Auditory Learners Have students work in pairs. For each category of vocabulary, students take turns asking and answering personalized questions. Example: **As-tu déjà fait du saut à l'élastique? Est-ce que tu voudrais en faire? Pourquoi ou pourquoi pas?**

Mise en pratique

1 **Les catégories** Mettez chaque mot de la liste dans la bonne catégorie. N'oubliez pas de rajouter l'article qui convient. Answers may vary slightly.

alpinisme	course	jeu de société	pièce	souliers
caleçon	gilet	musicien(ne)	se promener	tableau
comédie	groupe	pétanque	saut à l'élastique	vernissage

Les sports extrêmes (1) l'alpinisme, (2) le saut à l'élastique, (3) une course
Les loisirs (4) la pétanque, (5) se promener, (6) un jeu de société
Le théâtre (7) une comédie, (8) une pièce (de théâtre)
La musique (9) un(e) musicien(ne), (10) un groupe
Les beaux-arts (11) un vernissage, (12) un tableau
Les vêtements (13) un caleçon, (14) un gilet, (15) des souliers

2 **Conversation** Complétez la conversation entre ces trois amis.

GAVIN Alors, qu'est-ce que vous faites cet été? Du sport?
JOCELYNE Lundi prochain, je pars à la montagne pour faire de (1) l'alpinisme toute la semaine!
COLLINE Toute seule?
JOCELYNE Mais non, je préfère en faire avec des amis. Je vous invite. Faites (2) passer! Parlez-en aux copains.
COLLINE Moi, je ne peux pas y aller. Mercredi, mon ami le sculpteur va avoir son premier (3) vernissage au musée d'Art moderne.
GAVIN Et moi aussi, j'ai un engagement: mon (4) groupe donne un concert jeudi soir.
COLLINE Génial! Comment est-ce que j'obtiens (5) des billets?
GAVIN Tu ne peux plus en (6) obtenir. C'est (7) complet en fait.
COLLINE Dommage… mais tant mieux pour ton (8) spectacle!
JOCELYNE Allons prendre (9) un verre. Il faut (10) célébrer/fêter tous ces événements!

3 **Conversez** À deux, posez-vous ces questions. Ensuite, discutez de vos réponses.

1. À quoi préfères-tu occuper ton temps libre? Quels sont tes loisirs préférés?
2. De quels sports es-tu fan? Lequel aimes-tu le mieux?
3. T'es-tu déjà blessé(e) quand tu pratiquais un sport ou une autre activité?
4. Quel est le spectacle que tu as trouvé le plus émouvant récemment? Pourquoi?
5. Est-ce que quelqu'un t'a déjà traité(e) de (*called*) rabat-joie? Pour quelle raison?
6. Décris ta garde-robe. Que portes-tu quand tu pratiques ton sport préféré ou pendant tes heures de loisirs?

4 **Du temps libre** Imaginez que vous et un groupe de vos amis ayez une semaine de libre. Pour en profiter autant que possible, vous faites des projets. Quelles activités pratiquerez-vous? Où irez-vous? Discutez de vos idées avec trois camarades de classe.

Practice more at **vhlcentral.com.**

TEACHING TIPS

Previewing Strategy With books closed, hold up pictures (from magazines or the Internet) of teens spending free time together and name the activities each teen is doing. Then point to the pictures asking, **Sont-ils à un concert?**, etc. Follow up by asking students about what they do in their free time.

1 Expansion Have students check their answers in pairs.

2 Expansion Have students use the vocabulary on **p. 295** to write down five activities they think their partners enjoy. Then have them exchange lists to see how well they know each other.

3 Extra Practice Ask volunteers to list some weekend events taking place in your area. In pairs, have students write a conversation in which they try to decide on an activity to do together that weekend.

3 Virtual Chat You can also assign Activity 3 on the Supersite. Students record individual responses that appear in your gradebook.

4 Suggestion After students discuss ideas for activities, have the group agree on one activity to do together each day. Then have students create a schedule to present to the class.

NATIONAL STANDARDS

Cultures Students in France and its overseas departments participate in many activities during their school vacations. Students in public schools generally have the following time off: one week at the end of October, two weeks at Christmas, two weeks in February, two weeks in April, and two months in the summer. Have students research the current French school vacation calendar.

LEARNING STYLES

For Visual Learners Bring in pictures of recreational activities from the vocabulary on **p. 260**. In small groups, have students pass the images around the class. Give groups two minutes to discuss each picture, encouraging them to use as many new vocabulary words as possible. Then have a member from each group describe one of the pictures to the class.

LEARNING STYLES

For Kinesthetic Learners Have small groups of students prepare humorous skits of a shopping trip for clothing. They should include items from **Le shopping et les vêtements** as well as any others they want to include. Students can use actual articles of clothing or pictures as props. Groups present their skits for the class. The class votes on the most humorous skit.

Section Goals

In **Court métrage**, students will:

- watch the short film ***Le ballon prisonnier***
- practice listening for and using vocabulary and grammar from the lesson

Key Standards

1.2, 2.1, 2.2, 4.1, 4.2, 5.2

Student Resources
Cahier de l'élève, pp. 142–143; Supersite: Video, Activities, *eCahier*
Teacher Resources
Answer Keys, Video Script & Translation, Film Collection DVD

TEACHING TIPS

Suggestions

- Call out vocabulary words for students to mime, draw, or explain. Students should choose the mode they feel is most appropriate.
- Ask personalized questions to practice the new vocabulary. Example: **Avez-vous déjà vécu quelque chose par l'intermédiaire de quelqu'un? Qui était cette personne? Expliquez la situation.**

1 Expansion Have students think of an additional **logique ou illogique** statement to ask a partner.

2 Expansion

- Ask students to explain each of the answers.
- To inspire a related discussion, ask: **Quelqu'un a-t-il déjà vécu quelque chose par votre intermédiaire?**

Préparation

Vocabulaire du court métrage

un capitaine *captain*
un centre de formation *sports training school*
un club *team*
un coup franc *free kick*
un duel *one-on-one*
en pointe *forward, up front*
une faute *foul*
lâcher *to let go*
une revanche *revenge*
la veille *day before*

Vocabulaire utile

un entraîneur *coach*
un maillot *jersey*
un terrain (de foot) *(soccer) field*
les vestiaires (*m.*) *locker room*
vivre quelque chose par l'intermédiaire de quelqu'un *to live something vicariously through someone*
vivre (quelque chose) par procuration *to live (something) vicariously*

EXPRESSIONS

avoir les jambes coupées *to have legs like lead*
bourrer le crâne à quelqu'un *to fill someone's head*
faire un dessin à quelqu'un *to spell it out for someone*
sortir du lot *to stand out*

1 Answers may vary.
1. logique
2. illogique; Leur entraîneur est un homme de trente ans.
3. logique
4. illogique; Le match de demain aura lieu sur le terrain de foot, près de chez moi.
5. illogique; Il a bourré le crâne à son fils.
6. logique
7. logique
8. illogique; Tu vas le lâcher, le ballon/le maillot, oui ou non?

1 **Logique ou illogique?** Décidez si ces phrases sont logiques ou illogiques et corrigez celles qui sont illogiques.

1. J'ai les jambes coupées d'avoir couru si vite.
2. Leur entraîneur est un enfant de trois ans.
3. Ce terrain de foot est en mauvais état.
4. Le match de demain aura lieu dans les vestiaires.
5. Il a bourré le crâne à son maillot.
6. C'est le capitaine qui va tirer le coup franc.
7. Voilà! Vous avez enfin réalisé votre rêve de vous battre en duel!
8. Tu vas la lâcher, la faute, oui ou non?

2 **Vivre par procuration** Lisez les phrases suivantes et décidez si oui ou non elles décrivent des situations où les gens vivent par procuration.

	oui	non
1. En ce moment, mes amis d'enfance vivent des choses formidables et j'adore entendre parler de ce qui leur arrive.	■	□
2. Toute la famille a fait une partie (*game*) de foot ensemble.	□	■
3. Michel lit beaucoup de magazines de voyage, mais ne part jamais.	■	□
4. Elle vit devant son poste de télévision.	■	□
5. Mme Vendel voulait devenir joueuse professionnelle de tennis, et aujourd'hui, elle est heureuse, car son fils a peut-être une carrière devant lui dans ce sport.	■	□
6. Nous avons toujours rêvé de vivre ailleurs, et maintenant, c'est fait.	□	■

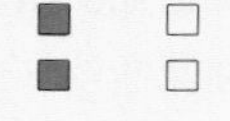

ressources

vText

vhlcentral.com
Leçon 8

Practice more at **vhlcentral.com.**

CRITICAL THINKING

Application Have small groups work together to create a mini-conversation between a coach and a soccer team. They must use at least three words or expressions from each group of vocabulary words. Have groups present their conversations for the class to evaluate for range of vocabulary and interest level.

CRITICAL THINKING

Synthesis Students make a three-column **B-D-A** chart with the headings, **Before, During,** and **After**. In the **Before** column, students record predictions of the content of the film based on its title and the vocabulary. While watching, they take notes in the **During** column on what they hear and see. After viewing, they write in the **After** column comparisons and contrasts between their **Before** and **During** notes.

3 **Enquête** Demandez à des camarades quels sont leurs loisirs ou quels sports ils pratiquent et pourquoi. À deux, discutez des résultats. Y a-t-il une activité qui est pratiquée plus que les autres? Pour quelles raisons vos camarades la pratiquent-ils?

Loisirs	Sports

4 **Préparation** À deux, discutez des questions et répondez-y par des phrases complètes.

1. Avez-vous les mêmes goûts que vos parents en matière de sports ou de loisirs?
2. Quel âge aviez-vous quand vous avez commencé votre sport préféré ou votre activité préférée?
3. Pourquoi avez-vous décidé d'arrêter ou de continuer cette activité?
4. Qu'est-ce qui vous influence le plus dans le choix d'une activité?

5 **Devenir pro** Par groupes de quatre, répondez aux questions suivantes.

1. Peut-on faire des études et du sport, sans sacrifier l'un ou l'autre?
2. Les parents doivent-ils soutenir leurs enfants coûte que coûte (*at all costs*)? Vaut-il mieux qu'ils soient réalistes et les encouragent à choisir une autre voie?
3. Parfois, les parents cherchent à vivre un rêve par l'intermédiaire de leurs enfants. Que pensez-vous de cette attitude?

6 **Que se passe-t-il?** Par petits groupes, regardez les images du film et décrivez ce que vous voyez. Ensuite, imaginez ce qui va se passer.

1.

2.

3.

4.

TEACHING TIPS

3 Expansion Ask this follow-up question: **Quelles activités de la liste aimeriez-vous essayer?**

4 Suggestion To give students ideas for item 4, put these options on the board: **1. le coût, 2. la proximité des équipements** *(sports facilities)*, **des terrains, du court, 3. la mode,** and **4. la curiosité.**

5 Suggestion Encourage students to draw upon their own childhood experiences with sports or other competitive activities to answer and discuss the questions.

6 Expansion Have volunteers read their descriptions of the images to the class, who will say which image was being depicted.

PRE-AP®

Audiovisual Interpretive Communication
Students look at images that engage more senses on which to both reflect and prepare to understand the film.

PRE-AP®

Integrated Skills Have students work in small groups to research the history of soccer, the names of the positions, and the basic rules. Groups prepare an oral presentation of this information as well as a narrated demonstration of how the game is played. They can call students from the "audience" to participate in the demonstration.

PRE-AP®

Integrated Skills Ask students to locate online a French video of a soccer game. Students should watch and listen to the game, taking notes on the action and the score. They then prepare a brief sports report to present to the class. As an alternative, students can find a video about the game of soccer or soccer players.

Le ballon prisonnier

Une production de LA LUNA PRODUCTIONS et 6 PHALANGES FILMS
Scénario et réalisation CYRIL GELBLAT
Production SÉBASTIEN HUSSENOT
Direction de la photographie FRANK VAN VUGHT Montage image PAULINE DAIROU
Montage son GILLES BÉNARDEAU Son ARNAUD MOMENCEAU Musique LAURENT PÉREZ
Décors FRED BERGE Acteurs YANNIS BELAL/ZINEDINE SOUALEM/MARILYNE CANTO/MALCOLM CONRATH

TEACHING TIPS

Previewing Strategies

- Have students describe the images in the movie poster. Ask: **Selon vous, quel va être le ton du film?**
- Read aloud the title of the film. Ask: **Utiliseriez-vous l'adjectif *prisonnier* pour décrire un *ballon*? Qu'est-ce que le titre vous laisse présager** (*predict*) **du film?**
- Ask students to talk about their experiences with soccer. Ask: **Avez-vous déjà joué au foot? Y jouez-vous actuellement? Espérez-vous continuer à y jouer? Avez-vous déjà assisté à un match de football professionnel? Qui jouait? Que savez-vous du football professionnel?**
- You might tell students that **le ballon prisonnier**, or **la balle aux prisonniers**, is also the name of the playground game known as *dodge ball* in the U.S. As they watch the film, ask students to think about the meaning of the title.

AFFECTIVE DIMENSION

Let students know that they should draw on prior knowledge and experiences to help them understand new material. ***Le ballon prisonnier*** is a movie built around young people, their parents, and sports dreams. Have students work in pairs to talk about movies or TV shows that portray these ideas.

21st CENTURY SKILLS

Social and Cross-Cultural Skills
Have students work in groups to choose one or two aspects of the film that is different from what they would expect in their daily life. Ask students to write two to three sentences about the difference(s) and how they would explain what is different to a visitor from that culture.

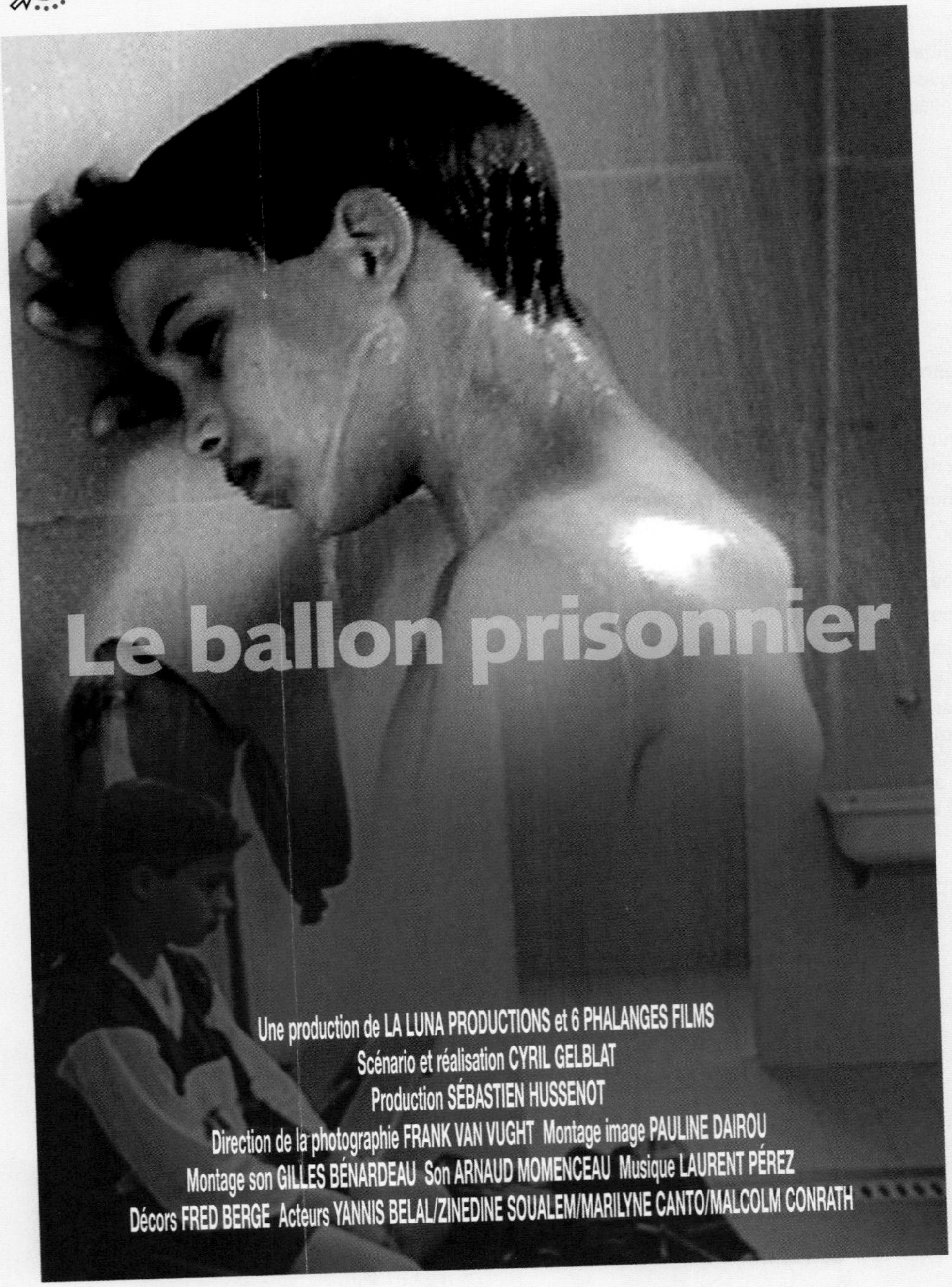

CRITICAL THINKING

Application Ask pairs of students to create alternate posters for the film, based on their predictions and impressions thus far. Display the posters at the front of the room and ask the class to vote on different categories for: **Le meilleur dessin, Le meilleur contenu, Le plus drôle, Le plus profond,** etc.

CRITICAL THINKING

Evaluation Working in small groups, have students discuss the two images of the boy in the poster. They should talk about which image might come first in the film and how the boy feels in each.

INTRIGUE *Le jeune Dylan souhaite réaliser le rêve de son père et devenir footballeur professionnel.*

DYLAN Il a le ballon… Zidane qui passe à Dylan Belgazi… qui accélère et… but! *(Il imite un commentateur)* … — Dylan, Dylan… on parle de vous dans les plus grands clubs. — Oui, c'est vrai. Il y a des contacts…

DYLAN Maman, je peux avoir du poulet?
PÈRE Tu fais exprès ou quoi? Les veilles de matchs, c'est féculents° et sucres lents°, sinon tu as les jambes coupées. Demain, c[e n]'est pas des rigolos° en face.

MÈRE Tu ne veux pas arrêter de lui bourrer le crâne avec ça? Il y en a combien, un sur cent qui finit professionnel.
PÈRE Je n'ai pas dit que je voulais qu'il soit professionnel, j'ai juste dit qu'on allait tout faire pour, c'est tout. Demain, il y aura tous les recruteurs.

ENTRAÎNEUR Salut les gars! Vous savez contre qui on joue aujourd'hui. Dylan, tu joues en pointe. Leur libero°, il est pour toi. Il monte souvent sur les corners. Tu [ne] le lâches pas, Dylan.

ENTRAÎNEUR Dylan, tu le prends!
PÈRE Allez! Allez! Allez!… Mets le pied°! Cours! Cours! Dylan! Ne le lâche pas! Qu'est-ce que tu fais? Tu regardes!

ENTRAÎNEUR Qu'est-ce qui se passe en attaque, là? Il faut provoquer! Bon, Jeff, tu vas remplacer Dylan en pointe. Allez, on y va! On se motive, là!

féculents *starches* **sucres lents** *carbohydrates*
rigolos *jokers* **libero** *sweeper*
Mets le pied! *Get your foot in there!*

Note
CULTURELLE

L'argent dans le foot

Pour beaucoup, le foot est un ascenseur social. C'est le sport qui reste de loin le mieux payé de France. Au plus haut niveau, le salaire moyen des joueurs est de 400.000 euros par an. Les meilleurs joueurs gagnent tous des salaires supérieurs au million d'euros. Bientôt, les amateurs de foot pourront investir en bourse dans leurs clubs préférés. Plusieurs clubs européens ont déjà tenté l'expérience, mais rares sont ceux qui sont prouvés rentables. Cela n'arrêtera sans doute pas les investisseurs français: quand on aime, on ne compte pas!

investir -
en bourse
rentables -

TEACHING TIPS

Film Synopsis Young Dylan Belgazi will one day become a professional soccer player. His father said so.

Previewing Strategy Divide the class into groups of four and assign a role to each student. Have groups read the dialogue aloud. Then have them characterize the father. Ask: **Que veut M. Belgazi pour son fils, à votre avis? Qu'est-ce qui le motive?** Note students' responses on the board both before and after viewing the film. Then discuss any differences in their answers and why their opinions changed.

Suggestion Have students read the **Note culturelle** and discuss these questions in groups: **Quels sont vos athlètes professionnels préférés? Qu'est-ce qui les motive le plus? L'amour du sport, l'argent ou autre chose?**

CRITICAL THINKING

Analysis Play the film up to the point where the soccer team takes the field. Have students describe and analyze the people and events up to this point. Then have them predict what will happen during the game. Play the game portion of the film for students to check their predictions.

CRITICAL THINKING

Application Have students form small groups. Ask each group to predict what will happen in scene 7. Then have them illustrate a still for the scene using sketches, downloads, or magazine pictures. The still should be enlarged so that the class can see it clearly. Then have groups write dialogue beneath their still. Finally, ask each group to show their still to the class and read their conclusion.

TEACHING TIPS

1 Suggestion To check students' comprehension, call on volunteers to answer the questions.

2 Expansion Ask these additional follow-up analysis questions: **Si vous étiez Dylan avec ses parents à table, quelle serait votre réaction face aux commentaires de vos parents? Que leur auriez-vous dit? Dylan serait-il aussi triste si son père s'impliquait moins dans le foot? Pourquoi?**

2 Extra Practice Have students describe where Dylan lives. Then ask: **Pensez-vous que le rêve du père soit influencé par l'endroit où ils habitent? Si oui, de quelle manière?**

3 Suggestion For item 2, work with the whole class to come up with a list of as many places and situations in which students might have witnessed similar events. Then have volunteers point out one of the items on the list and explain what they witnessed there. Possible items to include: **dans un centre de formation, pendant une course, à la patinoire (pendant une compétition), sur un terrain de foot (pendant un match)**, etc.

Analyse

1 Answers may vary slightly.
1. Il imagine qu'il joue avec des joueurs professionnels et qu'il marque des buts.
2. Il imagine qu'il est interviewé par des journalistes sur sa carrière de footballeur professionnel.
3. Il lui conseille de manger ses pâtes et de ne pas manger de poulet.
4. Il fait ses devoirs. / Il étudie l'anglais.
5. Le père de Djibrill et l'entraîneur se connaissent bien. Ils travaillent ensemble depuis dix ans.
6. Ils échangent des photos de joueurs de foot pour leurs albums.
7. Dylan joue en pointe.
8. Il ne doit pas lâcher le grand joueur de l'autre équipe.
9. Jeff remplace Dylan.
10. L'équipe de Dylan gagne le match.

1 **Compréhension** Répondez aux questions par des phrases complètes.

1. Qu'est-ce que Dylan imagine quand il joue tout seul au foot?
2. Qu'est-ce que Dylan imagine quand il s'arrête de jouer?
3. Pendant le repas, qu'est-ce que son père conseille à Dylan?
4. Que fait Dylan avec sa mère après le dîner?
5. Le père croit connaître la vraie raison pour laquelle Djibrill est numéro dix. Quelle est cette raison?
6. Que font les joueurs avant que l'entraîneur arrive dans les vestiaires?
7. À quel poste joue Dylan?
8. Qu'est-ce que Dylan doit faire pendant le match?
9. Qui remplace Dylan sur le terrain?
10. Qui gagne le match?

2  **Interprétation** À deux, répondez aux questions et expliquez vos réponses.

1. Pourquoi la mère n'est-elle pas contente quand le père offre à Dylan des photos de joueurs pour son album?
2. Est-ce que Dylan écoute les conseils de son père? Donnez des exemples.
3. Quelle est l'attitude du père pendant le match?
4. Comprenez-vous la réaction de Dylan quand il est remplacé?
5. Que ressent le père quand il voit Dylan pleurer?
6. Que ressent chaque personnage à la fin, dans la voiture?

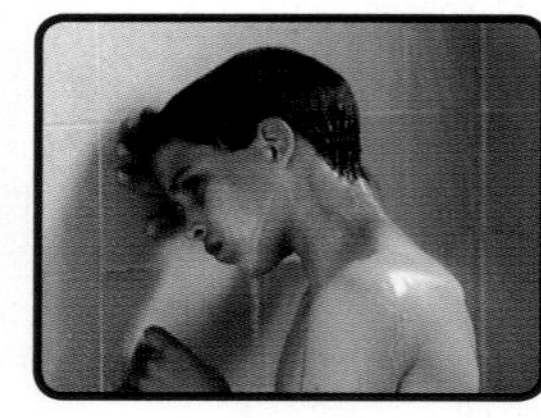

3  **Et les parents?** Par petits groupes, répondez aux questions.

1. Que pensez-vous du père et de la mère? D'après vous, lequel des deux a la meilleure approche? Justifiez votre réponse.
2. Avez-vous déjà été témoin ou avez-vous déjà entendu parler d'une situation comme celle qui est présentée dans le film? Où cela?
3. Comment les parents devraient-ils se comporter pendant une compétition à laquelle leur enfant participe?
4. Pensez-vous que les enfants soient motivés par l'attitude des parents?
5. Quelles devraient être les raisons pour lesquelles un enfant pratique un sport ou participe à une activité?

Practice more at **vhlcentral.com.**

PRE-AP®

Presentational Writing At the dinner table, the mother and the father speak aloud to Dylan and to each other. Based on what students saw throughout the film, what do they think the parents were also thinking during dinner? Have students write the inner monologue of each parent. Remind students to first organize their ideas in a graphic organizer of their choosing.

PRE-AP®

Presentational Speaking Based on their reaction to what they saw in the film as well as on personal experience and opinion, ask students to write the five most important characteristics of a parent whose child plays sports or takes part in another activity. Then have them work with a partner to combine their ideas and then present them to the class.

4 **Les thèmes du film** Par groupes de trois, réfléchissez aux thèmes du film. Choisissez chacun un thème et expliquez ce qui le relie à l'histoire. Ensuite, décidez quel est le thème principal du film. N'hésitez pas à en suggérer d'autres.

- La fascination pour le monde du football
- Vivre par procuration
- Réaliser un rêve
- Pousser un enfant à la compétition
- Donner à quelqu'un la possibilité de réussir

5 **Monologues** À deux, écrivez un petit monologue où chaque personnage du film se présente et raconte son histoire.

Modèle Bonjour. Je m'appelle Dylan…

6 **Moi, si…** Et si vous pouviez changer l'histoire? À deux, pensez à deux ou trois scènes du film et modifiez-les en fonction de vos envies. Comparez votre nouveau scénario avec celui d'un autre groupe.

Modèle
DYLAN Maman, je peux avoir du poulet?
PÈRE Tu peux, Dylan, mais rappelle-toi que tu as un match demain. Il y aura tous les recruteurs.

7 **La conversation** À deux, imaginez la conversation entre Dylan et son père une fois qu'ils sont arrivés à la maison. Présentez votre dialogue à la classe.

- Qui parle le premier?
- Quel est le ton de la conversation?
- Que font-ils à la fin de la conversation?

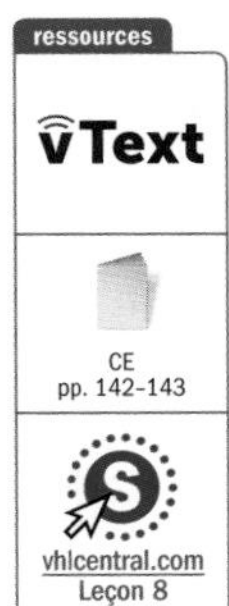

TEACHING TIPS

PRE-AP®

4 Presentational Writing As an optional writing assignment, have students choose one of the given themes or a theme of their own. Then ask them to write a few paragraphs explaining what the theme means to them and why it is the main theme of the film, and their own beliefs about the role parents ought to play in amateur sports.

5 Expansion Ask a few volunteers to read their monologues to the class without revealing the name of the person. Call on other students to say which character is speaking.

6 Expansion Have pairs act out their adapted scenes for the class.

7 Expansion As a variation, ask: **Que dirait la mère si elle était là? Traiterait-elle Dylan différemment de son mari?**

CRITICAL THINKING

Analysis and Evaluation Ask students to complete their **B-D-A** charts from **p. 262**, recording their impressions and reactions to the film in the **After** column. Have volunteers share their charts with the class. Ask students how completing this chart has helped them understand and enjoy the film better.

CRITICAL THINKING

Evaluation Display the scene 7 stills that groups created from the Application activity on **p. 265**. Ask students to discuss which group's prediction was closest to the ending and why. If there is a dispute, have volunteers present their points. Then have a class vote between the disputed posters.

Section Goals

In **Imaginez**, students will:

- read about Francophone islands in the Indian Ocean
- be introduced to French words from the Indian Ocean
- learn about animals and natural wonders of the Indian Ocean

21st CENTURY SKILLS

Global Awareness
Students will gain perspectives on the Francophone world to develop respect and openness to others and to interact appropriately and effectively with citizens of Francophone cultures.

Key Standards

2.1, 2.2, 3.2, 4.2, 5.1

Student Resources
Cahier de l'élève, p. 130; Supersite: Activities, *eCahier*
Teacher Resources
Answer Keys

TEACHING TIPS

Suggestion Have students read **pp. 268–269** before class. To check comprehension, list the important sites mentioned in the article and have students work in pairs to write a brief description of each place. Call on volunteers to share their answers with the class.

Extra Practice In pairs, ask students to find additional photos of the places mentioned on **pp. 268–269**. Then, have them create and write a postcard using one of their photos.

IMAGINEZ L'OCÉAN INDIEN

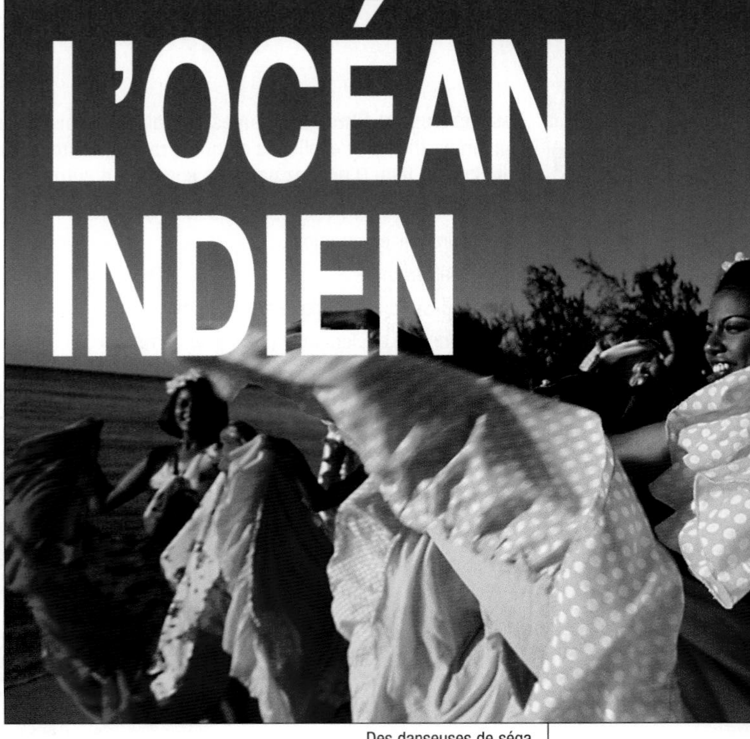

Des danseuses de séga

Dépaysement garanti!

Les îles francophones de l'**océan Indien** ont tout pour charmer le voyageur qui recherche l'exotisme.

Madagascar, la «**perle de l'océan Indien**», située à 400 km à l'est du **Mozambique**, est la plus grande île de cette région du monde. Les habitants, les **Malgaches**, vous saluent d'un «tonga soa» qui signifie «bienvenue» en malgache. L'île est connue pour ses parcs naturels, mais elle vit aussi de la production d'épices comme la cannelle°, le poivre et la **vanille**, dont elle est le premier producteur mondial. À l'origine la vanille vient du Mexique. Les conquistadors espagnols en ont rapporté en Espagne. Et ce sont des colons français qui l'ont importée à Madagascar. La vanille est en fait le fruit d'une orchidée grimpante°, la seule qui produise des fruits.

Dans le **canal du Mozambique**, qui sépare Madagascar du continent africain, on trouve **Mayotte**, département et région d'outre-mer française, et l'archipel des **Comores**. Le **lagon de Mayotte**, qui entoure l'île, est l'un des plus grands du monde avec plus de 200 espèces de coraux° et 100 espèces de mollusques. Et seulement 4% des récifs° ont été explorés! Aux **Comores**, à l'ouest de Mayotte, on trouve l'ilang-ilang, plante dont on se sert en parfumerie. L'archipel en est le premier producteur du monde. On peut y voir aussi une faune unique: les makis, de grands lémuriens venus de Madagascar, et les margouillats, petits lézards de couleur crème dévoreurs de moustiques. Faire de la voile° aux **Seychelles** est le meilleur moyen de découvrir les 115 îles qui composent cet archipel, situé au nord-est de Madagascar. Réputées pour leur climat tropical et leurs plages idylliques, les Seychelles vivent essentiellement du tourisme.

La colline de Chamarel, à l'île Maurice

L'île de la Réunion, à l'est de Madagascar, se distingue par ses paysages volcaniques époustouflants°. Pour vraiment l'apprécier, il faut l'explorer à pied et faire de longues randonnées autour de ses pitons° volcaniques et de ses cirques. Après l'effort, les visiteurs pourront déguster un cari° au son du **séga** et du **maloya**, chants° et danses typiques de l'océan Indien dont le rythme varie d'une île à l'autre. À 250 kilomètres de la Réunion, on trouve l'**île Maurice**. La **colline° de Chamarel**, mosaïque bleue, verte, jaune et rouge, est une curiosité de la nature à voir absolument. Ces couleurs étonnantes seraient dues à l'érosion de roches volcaniques.

Oui, pour celui qui est prêt à faire le voyage, l'exotisme sera au rendez-vous.

D'ailleurs...

Madagascar produit plus de 700 tonnes de vanille par an. Comme la fleur n'est pas originaire de cette île, il n'existe pas d'insecte capable de la féconder°. La culture de la vanille se fait donc entièrement à la main.

cannelle *cinnamon* **grimpante** *climbing* **coraux** *coral* **récifs** *reefs* **Faire de la voile** *Sailing* **époustouflants** *breathtaking* **pitons** *peaks* **cari** *curry* **chants** *songs* **colline** *hill* **féconder** *pollinate*

ressources

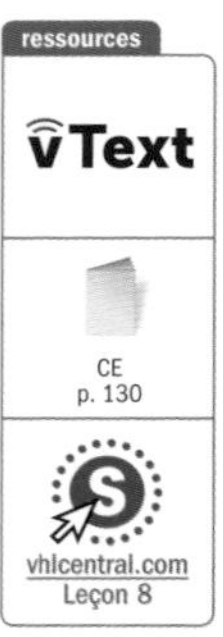

PRE-AP®

Presentational Speaking with Cultural Comparison Working in small groups, have students prepare a formal oral presentation about one of the Francophone islands in the Indian Ocean. They should investigate the government, history, geography, and culture. They should also find information about sports and activities. Students should research at least four sources on the Internet. Help students as needed to also find podcasts or online videos related to their island. After students take notes on the sources and consolidate their information, they prepare an oral presentation accompanied by visuals. Each member must speak for about two minutes. In their presentation, students should mention at least two cultural differences between their island and other territories and/or their own culture.

Découvrons des merveilles de la nature

Le piton de la Fournaise Il appartient à un grand massif volcanique qui couvre le sud-est de l'île de la Réunion. Son sommet° est à 2.631 m. À côté, se trouve le piton des Neiges à 3.070 m. Le piton de la Fournaise est moins haut, mais c'est le volcan actif de l'île. Malgré ses éruptions régulières, il n'est pas considéré comme dangereux car ses laves° sont liquides.

L'île d'Aldabra C'est un îlot° très sec° et sauvage des Seychelles, et c'est un véritable paradis terrestre pour les tortues géantes. Des espèces qui vivaient à la Réunion, à Madagascar ou sur l'île Maurice ont disparu, mais sur Aldabra, on compte plus de 150.000 individus. Ces tortues sont les plus grosses du monde: elles peuvent peser jusqu'à 300 kg, et vivre jusqu'à 150 ans!

Le jardin de Pamplemousse Pierre Poivre, botaniste royal, a créé ce jardin sur l'île Maurice en 1767. Avec ses 85 variétés de palmiers°, ce jardin est une invitation au voyage. Le jardin de Pamplemousse° abrite° de vrais trésors botaniques, comme de nombreuses plantes tropicales, des nénuphars° géants et le tallipot, un palmier aux feuilles immenses qui fleurit une fois tous les 60 ans.

Le dodo Gros oiseau gris, le dodo est proche du pigeon, avec un bec recourbé°. Il pesait 20 kg et pouvait vivre jusqu'à 30 ans. Le dodo habitait l'île Maurice à l'époque de sa découverte par le Portugais Alfonso de Albuquerque, en 1598. Comme il ne volait° pas, les marins° le chassaient° pour le manger et il a été rapidement exterminé. Aujourd'hui, on peut en voir une reproduction au musée d'Histoire naturelle de Port-Louis, la capitale.

sommet *summit* **laves** *lava* **îlot** petite île **sec** *dry* **palmiers** *palm trees* **Pamplemousse** *Grapefruit* **abrite** *houses* **nénuphars** *lili pads* **bec recourbé** *curved beak* **volait** *fly* **marins** *sailors* **chassaient** *hunted*

Le français parlé dans l'océan Indien

Mots

un baba	un bébé
une eau sucrée	une boisson au citron
un gazon	une boule de riz ou de maïs *(corn)* froide
l'île rouge	Madagascar
la langue zoreille	le français
une magination	une pensée; *thought*
une tortue bon-dieu	une coccinelle; *ladybug*

Expressions

à coup de main	à la main
débasculer une porte	ouvrir une porte
ouvrir le linge	étendre le linge; *to hang out the laundry*
partager un grain de sel	se connaître, avoir une relation
prendre pied	s'installer chez quelqu'un

TEACHING TIPS

Cultural Note Point out that French is an official language in **Madagascar, Mayotte, les Comores, les Seychelles, la Réunion**, and that **le créole** is also spoken. French and Creole are also widely spoken in **l'île Maurice.**

Suggestions

- Ask questions to practice the words and expressions in **Le français parlé dans l'océan Indien**. Example: **Si vous étiez de Madagascar, quelle boisson rafraîchissante commanderiez-vous dans un café?**
- Ask students to look at the pictures on **pp. 268–269**. Give descriptive sentences of the pictures. Students point to the pictures.

NATIONAL STANDARDS

Connections: Economics Students learned that vanilla is a major export of Madagascar. Have students research the major source of income of each Francophone island in the Indian Ocean and include the information in a chart. What conclusions can they draw from the information?

21st CENTURY SKILLS

Technology Literacy Ask students to prepare a digital presentation on another natural marvel of a Francophone island in the Indian Ocean, inspired by the information on these two pages.

CRITICAL THINKING

Comprehension Divide the class into seven groups and assign each group one of the three major paragraphs in **Dépaysement garanti!** or one of the four paragraphs of **Découvrons...** Have each group write a summary of their paragraph to present to the class. Have a "recorder" write the summary on the board. The class corrects the summary for content and grammar.

PRE-AP®

Presentational Writing Have students imagine that they have just finished a tour of the Francophone islands of the Indian Ocean. Ask them to write a long email home talking about what they saw and did. Students should also incorporate vocabulary from **Pour commencer** on **p. 260**.

TEACHING TIPS

Suggestion Have students complete the comprehension activities with a partner, scanning or rereading portions of the text as necessary.

1 Suggestion Have pairs of students create three additional items, then exchange items with another pair.

Suggestion As an alternative, make a handout of the **Épreuve** cloze sentences without the multiple-choice answers. Have students complete the sentences.

2 Suggestion Remind students to answer in complete sentences. Ask volunteers to write them on the board.

Previewing Strategy To prepare students for the project, ask them if they are familiar with any of the Indian Ocean islands. Have them give examples of anything they would do on any of those islands. Example: **Que peut-on faire sur une île? Que peut-on y visiter?**

Qu'avez-vous appris?

1 **Associez** Faites correspondre les mots et les noms avec les définitions.

1. __d__ Séga et maloya
2. __b__ Les Comores
3. __f__ Le lagon de Mayotte
4. __a__ Les colons français
5. __e__ L'île Maurice
6. __c__ L'île d'Aldabra

a. Ce sont eux qui ont importé la vanille à Madagascar.
b. On y trouve des makis et des margouillats.
c. Un îlot sec qui est un véritable paradis terrestre pour les tortues géantes.
d. Les chants et danses typiques de l'océan Indien.
e. Une île où se trouve le jardin de Pamplemousse.
f. On y recense plus de 200 espèces de coraux et 100 espèces de mollusques.

2 **Questions** Répondez aux questions. Answers may vary slightly.

1. Que faut-il faire pour vraiment apprécier la Réunion? Il faut l'explorer à pied et faire de grandes randonnées autour de ses pitons et de ses cirques.
2. Quel est le produit principal de Madagascar? La vanille est le produit principal de Madagascar.
3. Combien de kilomètres séparent la Réunion de l'île Maurice? 250 km les séparent.
4. Où se trouve le piton de la Fournaise? Il se trouve dans un grand massif volcanique qui couvre le sud-est de l'île de la Réunion.
5. Qui a créé le jardin de Pamplemousse et quand? Pierre Poivre, botaniste royal, l'a créé en 1767.
6. À quoi ressemblait le dodo? À un gros oiseau gris, proche du pigeon, avec un bec recourbé.

Projet

Une croisière dans l'océan Indien

Organisez une croisière dans l'océan Indien. Recherchez toutes les informations dont vous avez besoin pour créer votre itinéraire. Ensuite, préparez votre voyage d'après les critères suivants:

- Choisissez quatre destinations et explorez un port ou un lieu par île.
- Écrivez une description de chaque visite dans votre journal.
- Racontez vos aventures à la classe et montrez des photos de chaque lieu visité. Expliquez où vous êtes allé(e), ce que vous avez vu et parlez de ce que vous avez aimé.

Practice more at **vhlcentral.com.**

ÉPREUVE

Trouvez la bonne réponse.

1. ______ est la «perle de l'océan Indien».
   a. La Réunion (b.) Madagascar
   c. Le Mozambique d. L'île Maurice
2. Sur l'île Maurice, ______ est une curiosité de la nature.
   (a.) la colline de Chamarel b. le canal du Mozambique
   c. Aldabra d. la plage
3. ______ est un plat typique de la cuisine réunionnaise.
   a. La salade b. Le riz froid
   (c.) Le cari d. Le malayo
4. Seulement ______ des récifs de Mayotte ont été explorés.
   (a.) 4% b. 6%
   c. 20% d. 14%
5. ______ est originaire du Mexique.
   a. Le dodo (b.) La vanille
   c. L'ilang-ilang d. Le séga
6. «Tonga soa» veut dire ______ en malgache.
   a. «bonjour» b. «comment ça va?»
   c. «merci» (d.) «bienvenue»
7. ______ entoure l'île de Mayotte.
   a. Un Malgache (b.) Un lagon
   c. Madagascar d. L'océan Pacifique
8. Le dodo habitait ______.
   a. Madagascar b. les Seychelles
   c. les Comores (d.) l'île Maurice
9. Les Seychelles sont un archipel de ______ îles.
   a. 2 b. 7
   c. 100 (d.) 115
10. Le piton de la Fournaise n'est pas dangereux car ______.
    a. c'est un volcan actif
    b. il est à côté du piton des Neiges
    c. il ne mesure que 2.631 mètres
    (d.) ses laves sont liquides
11. Un baba, c'est ______.
    (a.) un bébé
    b. un fruit
    c. une boisson au citron
    d. un insecte

CRITICAL THINKING

Comprehension Ask students to write an **Associez** activity to accompany their **Projet**. During each presentation, the class takes notes. After the presentation, they complete the activity. The presenter calls on classmates to provide the answers.

CRITICAL THINKING

Synthesis Ask pairs of students to choose the Francophone island in the Indian Ocean that interests them the most. Students create a "website" for the island enticing tourists to come visit. The website should include photos and information about the island such as tourist sites, activities, weather, excursions, accommodations, etc.

Galerie de Créateurs

Littérarure/Cinéma: Khaleel «Khal» Torabully

1 Préparation Répondez à ces questions sur l'expression individuelle.

1. Avez-vous une passion? Laquelle? Que révèle cette passion au sujet de votre histoire personnelle et de vos valeurs fondamentales?
2. Comment est-ce que vous partagez vos valeurs et vos idées avec les autres?
3. De quels clubs ou groupes est-ce que vous êtes membre? Pourquoi? Quelles actions de ces groupes correspondent à vos valeurs et à vos idées?

Khal Torabully: défenseur de la «coolitude»

Né à l'île Maurice, Khal Torabully est un poète et un réalisateur qui a étudié en France. Son œuvre abondante raconte l'histoire de son île et de la population mauricienne. Il aime jouer avec les rythmes et les mots. Il révèle dans sa poésie son concept de la «coolitude», le fait de voir au-delà de (beyond) l'époque colonialiste et de créer des ponts entre les peuples, entre les continents et entre les cultures. Il se base sur l'histoire de son peuple pour s'interroger (wonder) sur le monde contemporain. Avec deux autres auteurs, Khal Torabully est à l'origine de la fondation d'une association littéraire, l'Internationale des Poètes. L'idée de cette association est née au moment de la parution de La Cendre des mots, recueil de poèmes écrits à la suite de l'incendie qui a détruit la bibliothèque de Bagdad, pendant la guerre en Irak, en 2003.

2 Compréhension Répondez par des phrases complètes.

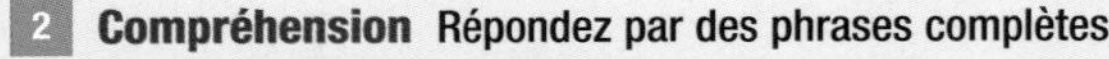

1. Que raconte l'œuvre de Khal Torabully?
   Elle raconte l'histoire de son peuple et de son île, l'île Maurice.
2. Qu'est-ce qu'il aime faire dans sa poésie?
   Il aime jouer avec les rythmes et les mots.
3. Qu'est-ce que la «coolitude»? C'est le fait de voir au-delà de l'époque colonialiste et de créer des ponts entre les peuples, entre les continents et entre les cultures.
4. Qu'est-ce que *La Cendre des mots*? C'est un recueil de poèmes écrits à la suite de l'incendie qui a détruit la bibliothèque de Bagdad, pendant la guerre en Irak, en 2003.
5. Qu'est-ce que l'Internationale des Poètes?
   C'est une association littéraire fondée par Khal Torabully et deux autres auteurs.

Khaleel «Khal» Torabully

3 Discussion Discutez avec un(e) partenaire et puis avec la classe.

Khal Torabully veut créer des ponts entre les peuples et les cultures par l'intermédiaire de la littérature et du cinéma. Pensez-vous que cela soit possible? Expliquez votre opinion personnelle en utilisant des exemples.

4 Application Créer des ponts

D'après la lecture, Torabully a rejoint d'autres poètes pour exprimer son message et améliorer la vie des autres. Préparez une présentation dans laquelle (a) vous définissez un message que vous voudriez exprimer aux autres, (b) vous expliquez le moyen que vous allez utiliser pour exprimer ce message et (c) vous citez des personnes ou des groupes qui pourraient vous aider dans cette mission.

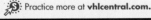

Practice more at **vhlcentral.com.**

Section Goals
In this section, students will:
- learn about writer/director Khal Torabully

Student Resources
Cahier de l'élève, p. 130; Supersite: Activities, *eCahier*
Teacher Resources
Answer Key

Suggestions
- Have students research information on Torabully's career as a movie director and present their findings to the class.
- Divide the students into several groups and assign one of the Francophone Indian Ocean islands featured on **pp. 268–269** to each group. Have them research other famous authors, artists, and musicians from their assigned islands and do an oral presentation in class.

Suggestion Explain that the basis of the term **coolitude** is the word "coolie"—an unskilled and poorly-paid laborer, usually from the Far East.

Extra Practice Ask students to locate and read a few poems by Khal Torabully. Have them bring their favorite one to class to read aloud and discuss.

CRITICAL THINKING

Knowledge Have students work in pairs to write an eight-question **épreuve** for **Khaleel «Khal» Torabully**. Students then exchange **épreuves** with another pair and take each other's quiz. Call on each pair to write one completed correct sentence on the board.

CRITICAL THINKING

Expansion Have students choose one of the Indian Ocean islands featured on **pp. 268–269** and use the information they learned as well as any additional information they might find doing further research to write a poem about the island they selected.

Section Goals

In **Structures**, students will learn:

- infinitives
- prepositions with geographical names
- the **conditionnel**

Key Standards

4.1, 5.1

Student Resources
Cahier de l'élève, pp. 131–133; Supersite: Activities, *eCahier*, Grammar Tutorials
Teacher Resources
Answer Keys; Audio Script; Audio Activity MP3s/CD; Testing program: Grammar Quiz

TEACHING TIPS

Language Learning

- You may wish to assign the Grammar Tutorials as homework in preparation for the **Structures** lesson. These tutorials re-present the grammar taught in **D'accord! 1** and **2**.
- Have a student explain what an infinitive is. (It is the most basic, unconjugated form of a verb.)
- Point out that the preposition **pour** is often followed by an infinitive: **Je vais à l'île Maurice pour visiter le jardin de Pamplemousse.**

Suggestion Review the list of verbs and expressions followed by a preposition and an infinitive. Have students read the lists out loud so that they internalize the verb + preposition pairings. Then have them give sample sentences in the affirmative or negative of each one.

Language Learning

- Teach students the French version of Shakespeare's quote from Hamlet, **«Être ou ne pas être»** so they memorize how to negate an infinitive.
- Remind students that impersonal expressions can be in any tense: **Il était bon de vous revoir. Il faudra se réunir plus souvent.**

Presentation Tutorial

8.1 Infinitives

—Je ne veux rien ***voir passer!***

ATTENTION!

Remember that **aller** + [*infinitive*] describes actions occurring in the near future and **venir de** + [*infinitive*] describes actions that have or had *just* occurred.

Ils vont marquer un but!
They're going to score a goal!

Il venait de fêter son 100e anniversaire quand il est mort.
He had just celebrated his 100th birthday when he died.

BLOC-NOTES

The **faire causatif**, formed with **faire** + [*infinitive*], means *to have (someone) do something.* For an explanation of this construction, see **Fiche de grammaire 9.5, p. 406.**

BLOC-NOTES

For a list of verbs accompanied by a preposition and an infinitive, see **Fiche de grammaire 8.4, p. 400.**

- An infinitive can follow many conjugated verbs directly. To negate the conjugated verb, place **ne... pas** (**jamais**, etc.) around it.

aimer *to like to*	**devoir** *to have to/must*	**prétendre** *to claim to*
compter *to expect to*	**espérer** *to hope to*	**regarder** *to watch*
croire *to believe to be (doing something)*	**laisser** *to allow to*	**savoir** *to know how to*
désirer *to want to*	**oser** *to dare to*	**sembler** *to appear to*
détester *to hate to*	**paraître** *to seem to*	**souhaiter** *to wish to*
écouter *to listen to*	**penser** *to intend to*	**venir** *to come to*
entendre *to hear*	**pouvoir** *to be able to/can*	**voir** *to see*
	préférer *to prefer to*	**vouloir** *to want to*

Nous **comptons obtenir** des billets.
We're expecting to get tickets.

Il **ne prétend pas être** un fan de l'équipe.
He doesn't claim to be a fan of the team.

- Many verbs are used with a preposition, usually **à** or **de**, before the infinitive.

Les meilleurs athlètes **arrivent à finir** la course.
The best athletes manage to run the whole race.

Ils **n'oublient jamais de siffler** pendant le match.
They never forget to whistle during the game.

- Remember to place any pronouns before either the conjugated verb or the infinitive, depending on which one they are the objects of. Do not contract the prepositions **à** and **de** with the direct object pronouns **le** and **les**.

Je **l'ai entendue chanter** une fois.
I heard her sing once.

Tu n'**oublieras** pas **de le faire**.
You won't forget to do it.

- To negate an infinitive after a conjugated verb, place both **ne** *and* **pas** directly before the infinitive. Place **ne** and **pas** directly before any pronouns that accompany the infinitive.

Le prof a décidé de **ne pas venir**.
The teacher decided not to come.

Vous préférez **ne pas leur en parler**?
You prefer not to speak to them about it?

- Impersonal expressions of the type **Il est...** + [*adjective*] are followed by **de** + [*infinitive*] to describe a general opinion. **Il faut...** and **Il vaut mieux...** can be followed directly by an infinitive to express obligation.

Il est important de faire de la gym.
It is important to work out.

Il faut se détendre après le travail.
One has to relax after work.

DIFFERENTIATION

For Inclusion Have students make flashcards of the verbs followed directly by an infinitive (from **p. 272**) and those followed by **à** and **de** (from **p. 400**). They put the verb on one side and either *infinitive*, **à** + *infinitive*, or **de** + *infinitive* on the other side. Students work with a partner. With infinitives on the top of the deck, students draw a card and say what follows each verb.

DIFFERENTIATION

To Challenge Students Tell students to look back at the article **Dépaysement garanti!** on **p. 268**. They should locate any examples of the infinitive and write the sentences on a piece of paper. Have them highlight the infinitives and explain each use.

- Some verbs usually take an indirect object before **de** + [*infinitive*]. Such verbs include **commander**, **conseiller**, **demander**, **dire**, **permettre**, **promettre**, and **suggérer**.

Maman **lui a demandé d'acheter** des épinards.
Mom asked him to buy spinach.

Nous **leur permettons de rentrer** à onze heures.
We let them come home at 11 o'clock.

- The present participle can act as the subject of a verb in English, but in this case French uses the infinitive.

Être un enfant n'est pas toujours facile.
Being a child is not always easy.

Voir, c'est **croire**.
Seeing is believing.

- The infinitive is often used to give instructions or commands, as in recipes or on public signs.

Mettre au four pendant 15 minutes.
Put in the oven for 15 minutes.

Ne pas **toucher**!
Do not touch!

- The past infinitive is formed with the infinitive of **avoir** or **être** plus the past participle of the verb. The past infinitive is often used with **après**.

Après avoir crié pendant deux heures au match, j'avais mal à la gorge.
After shouting for two hours at the game, my throat hurt.

Hier soir, ils ont décidé de voir une pièce **après être sortis**.
Last night, they decided to see a play after going out.

- A past participle used with the past infinitive agrees just as it would if the helping verb were conjugated. Place object pronouns before the helping verb.

On n'aimait plus la comédie **après l'avoir vue** cinq fois.
We didn't like the comedy any more after seeing it five times.

Après s'être promenée sous la pluie, elle a attrapé un rhume.
After walking in the rain, she caught a cold.

- Use an infinitive instead of the subjunctive when there is no change of subject between clauses or with impersonal expressions that have a general meaning and no true subject.

Subjunctive: subject change between clauses	Infinitive: no subject change between clauses
Papa désire que nous allions à la plage. *Dad wants us to go to the beach.*	Papa désire aller à la plage. *Dad wants to go to the beach.*
Stéphanie et Lionel préfèrent que leurs enfants ne regardent pas trop la télévision. *Stéphanie and Lionel prefer that their children do not watch too much television.*	Stéphanie et Lionel préfèrent ne pas trop regarder la télévision. *Stéphanie and Lionel prefer to not watch too much television.*
Il vaut mieux qu'elle mette un anorak pour faire du ski. *She should wear a parka to go skiing.*	Il vaut mieux mettre un anorak pour faire du ski. *It's best to wear a parka to go skiing.*

BLOC-NOTES

To review past participle agreement, see **Fiche de grammaire 5.5, p. 390.**

BLOC-NOTES

To review the use of **il est/c'est** + [*adjective*] + **de/à** + [*infinitive*], see **Fiche de grammaire 2.5, p. 378.**

TEACHING TIPS

Language Learning

- Point out that these verbs follow the pattern verb + **à quelqu'un de**. Give examples with object nouns. Example: **Mes parents permettent à mon frère d'aller au match de foot.**
- Point out that in the second bullet the infinitive acts as a noun. For example, **voir** is the subject of the sentence **Voir, c'est croire.**
- Tell students to use the **infinitive** instead of a **tu** or **vous** form of the imperative when the command is impersonal, that is, when the audience is unknown.
- Explain that the past infinitive is used to express an action that took place prior to the action of the verb in the main clause, but only when the subordinate and main subjects are the same. Example: **Après avoir dansé toute la nuit, nous étions épuisés.**
- Point out, that in the negative, the **ne** and **pas** can be placed (a) together before the infinitive, or (b) around the infinitive. Example: **Je suis content de ne pas avoir manqué le match.** *ou* **Je suis content de n'avoir pas manqué le match.**

Suggestion Write the sample sentences for past infinitive agreement on the board. Circle each past participle, then draw an arrow to the subject or object that dictates the agreement.

LEARNING STYLES

For Visual Learners Have pairs of students identify ten photos within their textbook of people doing a variety of activities. For each photo, they must make up an appropriate present affirmative sentence, a present negative sentence, and a past sentence. Each pair then presents one of their photos to the class. One student says the sentences while the other writes them on the board. The class makes any corrections.

LEARNING STYLES

For Auditory Learners Give pairs of students a series of sentences that use the infinitive because there is no subject change between the clauses. Student A reads the first sentence, then gives a subject noun/pronoun that is different from the subject of the main clause (of his/her choosing). Student B repeats the sentence using the different subject and a clause in the subjunctive. Each student does this for all sentences.

AFFECTIVE DIMENSION
Students may be concerned about learning the various infinitive structures. Assure them that with repeated review and practice, the structures will become instinctive. For all activities, have students read their completed sentences aloud a few times.

TEACHING TIPS

Cultural Note Mention that the **JIOI** take place at irregular intervals, not every four years. Participating islands include **les Comores, Madagascar, les Maldives, l'île Maurice, la Réunion,** and **les Seychelles.** They take turns in organizing the games.

1 Expansion Have pairs of students create five more items for another pair to complete.

2 Expansion
- In pairs, have students check each other's answers.
- Have students change the affirmative items to the negative and the negative items to the affirmative. Note that the placement of **ne...pas** will vary according to what makes the most sense in the context of the sentence.

3 Expansion After completing the conversation, have students read it with a partner.

Mise en pratique

Note **CULTURELLE**

Les Jeux des îles de l'océan Indien, ou les **JIOI**, sont des jeux «olympiques» exclusivement réservés aux habitants des îles de l'**océan Indien**. C'est l'**île de la Réunion** qui en est à l'origine. Elle a organisé les premiers jeux en 1979.

1 **À compléter** Décidez si le verbe entre parenthèses doit rester à l'infinitif ou être conjugué.

1. Veux-tu ____venir____ (venir) avec moi à la plage?
2. Il croit qu'il ____a____ (avoir) toujours raison.
3. Nous aimons ____regarder____ (regarder) les gens qui ____marchent____ (marcher) dans la rue.
4. Nathalie ne veut pas ____lire____ (lire) ce livre; il est trop difficile à ____comprendre____ (comprendre).
5. Vous désirez ____participer____ (participer) aux Jeux des îles de l'océan Indien?
6. J'ai besoin que tu ____fasses____ (faire) les courses aujourd'hui.
7. L'agent de voyage m'a suggéré d' ____attendre____ (attendre) un peu avant de ____réserver____ (réserver) une chambre d'hôtel.
8. Il semble que vous ____ayez peur de____ (avoir peur de) peu de choses.

2 **À relier** Formez des phrases complètes à l'aide des éléments donnés.

1. les enfants / aimer / manger / des glaces
2. nous / venir de / participer / à une course nautique
3. tu / ne pas / oser / jouer / aux fléchettes
4. mes parents / avoir l'intention de / prendre / des vacances / à l'île Maurice
5. je / ne pas / avoir / vouloir / sortir / hier soir
6. il / désirer / vous / aller / voir / le spectacle
7. le guide / souhaiter / faire / visiter / les maisons coloniales
8. vous / aller / prendre un verre / après le travail

2
1. Les enfants aiment manger des glaces.
2. Nous venons de participer à une course nautique.
3. Tu n'oses pas jouer aux fléchettes.
4. Mes parents ont l'intention de prendre des vacances à l'île Maurice.
5. Je n'ai pas voulu sortir hier soir.
6. Il désire que vous alliez voir le spectacle.
7. Le guide souhaite faire visiter les maisons coloniales.
8. Vous allez prendre un verre après le travail.

3 **Projets de week-end** Mathilde et Chloé se racontent ce qu'elles prévoient de faire le week-end prochain. Complétez la conversation à l'aide des éléments de la liste.

Answers may vary slightly.

compter faire	falloir faire	paraître	préférer rester
à découvrir	avoir l'intention de	penser faire	à préparer
entendre dire	laisser bouillir	avoir peur de	vouloir

CHLOÉ Alors? Tu (1) ____comptes faire____ quoi ce week-end?
MATHILDE Eh bien, je/j' (2) ____ai l'intention de____ faire un tour à la campagne.
CHLOÉ Et tu sais où exactement?
MATHILDE Je/J' (3) ____ai entendu dire____ que la forêt de l'Est est (4) ____à découvrir____. On y trouve pleins de lémuriens (*lemurs*).
CHLOÉ Oui, c'est vrai. Il (5) ____paraît____ qu'il y en a beaucoup.
MATHILDE Et toi? Que (6) ____penses____ -tu ____faire____?
CHLOÉ Oh, je/j' (7) ____préfère rester____ à la maison. J'ai une tonne de choses (8) ____à préparer____ pour la fête de samedi soir et je/j' (9) ____ai peur de____ ne pas avoir le temps de tout faire.
MATHILDE Eh! (10) ____Vouloir____, c'est pouvoir! Bon. Maintenant, il (11) ____faut faire____ ce gâteau. Que dit la recette?
CHLOÉ «(12) ____Laisser bouillir____ pendant 5 minutes.»

Practice more at **vhlcentral.com.**

DIFFERENTIATION

For Inclusion Provide students with a copy of the videoscript for them to highlight the infinitives used throughout. Discuss the reason for each use of the infinitive. Then replay the **Court métrage** for students to hear the infinitives in their natural, spoken context.

DIFFERENTIATION

To Challenge Students Have students work in pairs to create a personalized version of the **Projets de week-end** conversation in Activity 3. Students must use a variety of infinitive constructions as well as affirmative and negative examples and present and past examples. Then have students present their conversations to the class.

Communication

4 **Achats de vêtements** Vous êtes dans un grand magasin de vêtements. À deux, créez un dialogue où votre camarade et vous êtes le client/la cliente et le vendeur/la vendeuse. Utilisez l'infinitif. Ensuite, jouez la scène devant la classe.

Modèle —Que désirez-vous?
—Je souhaite acheter une robe noire que j'ai vue la semaine dernière, mais elle semble ne plus être dans votre magasin.

5 **Votre opinion** Que pensez-vous de ces formes de loisirs? À deux, faites part de votre opinion à l'aide de l'infinitif.

- fêter le Nouvel An à Paris
- le saut à l'élastique
- l'alpinisme
- le ski de fond
- aller à un concert de hard rock
- le ski nautique
- faire une croisière (*cruise*)

6 **Vos projets** Que souhaitez-vous faire la prochaine fois qu'il y aura un long week-end? Par petits groupes, expliquez vos projets à vos camarades de classe qui vont vous poser des questions pour en savoir plus. Utilisez l'infinitif le plus possible.

Modèle Le long week-end prochain, j'espère aller faire du camping avec ma famille...

ressources

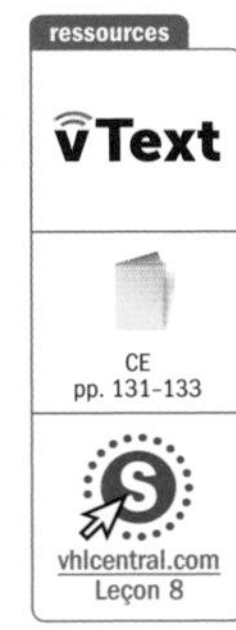

TEACHING TIPS

4 Previewing Strategies
- Before assigning the activity, call on students to read the **modèle** for the class.
- Brainstorm the types of things one talks about when shopping, such as size, fit, color, and price. Review necessary vocabulary.

4 Suggestion For inspiration, have students look at the **Le shopping et les vêtements** portion of the vocabulary on **p. 260.**

4 Partner Chat You can also assign Activity 4 on the Supersite. Students work in pairs to record the activity online. The pair's recorded conversation will appear in your gradebook.

5 Suggestions
- You may want to provide students with a word bank for each activity.
- Encourage students to think of their own ideas for discussion, in addition to those given.

5 Partner Chat You can also assign Activity 5 on the Supersite. Students work in pairs to record the activity online. The pair's recorded conversation will appear in your gradebook.

6 Previewing Strategy Conduct a brief brainstorming session for activities to do on a long weekend and note them on the board to facilitate students' discussion.

CRITICAL THINKING

A Story Create a series of five pictures. The first four show events before and during a soccer match. The fifth shows the empty field, a big question mark, and the words **À vous de compléter l'histoire**. Give students 2 minutes to study the pictures and think about the story and how it ends. Then say: **À l'aide de la construction préposition + infinitif, racontez l'histoire présentée dans cette série d'images et complétez-la**.

PRE-AP®

Presentational Writing Have students write a 200-word essay for Activity 6. Tell them to first determine a format for their essay, such as a sequence of events, a listing of options by preference, or a note to a parent explaining the merits of the various activities. Remind them to include examples of the various infinitive constructions.

Key Standards

4.1, 5.1

Student Resources
Cahier de l'élève, pp. 134–136; Supersite: Activities, *eCahier*
Teacher Resources
Answer Keys; Audio Script; Audio Activity MP3s/CD; Testing program: Grammar Quiz

TEACHING TIPS

Language Learning Point out that a few countries do not take an article: **Israël, Saint-Marin,** and **Monaco**.

Suggestions

- Call out the name of a country in French. Point to a student to repeat the name along with the article.
- Have students research the French name for any other countries they are interested in, such as where they would like to visit or where their ancestors are from.

Suggestion Have students complete a map of the United States (blank except for the borders) with the names of the states in French.

Language Learning

- Point out that the **c** in **Antarctique** may not always be pronounced. Have students repeat both pronunciations after you.
- Tell students that **Antarctique** is an exception to the rule about prepositions with continents (which are all feminine). The correct preposition is **de l'Antarctique.**

Presentation

8.2 Prepositions with geographical names

Dylan et ses parents habitent ***à Nice****.*

ATTENTION!

In French, **Mexico** is a false cognate. It means Mexico City, not Mexico.

- Like other French nouns, geographical place names have gender.
- Countries that end in **-e** are feminine, except for **le Belize**, **le Cambodge**, **le Mexique**, **le Mozambique**, and **le Zimbabwe**, which are masculine.
- Countries that do not end in **-e** are masculine, except for **la Guyana**.

Masculine countries		Feminine countries	
l'Afghanistan	*Afghanistan*	**l'Algérie**	*Algeria*
le Brésil	*Brazil*	**l'Allemagne**	*Germany*
le Cambodge	*Cambodia*	**l'Angleterre**	*England*
le Canada	*Canada*	**l'Argentine**	*Argentina*
le Danemark	*Denmark*	**la Belgique**	*Belgium*
l'Iran	*Iran*	**la Colombie**	*Colombia*
l'Irak	*Iraq*	**la Côte d'Ivoire**	*Ivory Coast*
le Japon	*Japan*	**l'Espagne**	*Spain*
le Luxembourg	*Luxemburg*	**la France**	*France*
le Maroc	*Morocco*	**la Grèce**	*Greece*
le Mexique	*Mexico*	**l'Italie**	*Italy*
le Pérou	*Peru*	**la Russie**	*Russia*
le Sénégal	*Senegal*	**la Suisse**	*Switzerland*
le Viêt-nam	*Vietnam*	**la Turquie**	*Turkey*

- Some country names are plural: **les États-Unis** and **les Pays-Bas** (*the Netherlands*).
- Masculine islands like **Cuba**, **Haïti**, **Madagascar**, and **Maurice** never take an article. The same is true of small European islands like **Malte** and **Chypre**.
- Provinces and regions generally follow the same rules as countries: **la Bretagne**, **le Manitoba**, **la Normandie**, **la Provence**, **le Québec**.
- States that end in **-e** are usually feminine: **la Floride**, **la Louisiane**, **la Géorgie**, **la Virginie (occidentale)**, **la Californie**, **la Pennsylvanie**, and **la Caroline du Nord/du Sud**. **Le Maine**, **le Tennessee**, and **le Nouveau-Mexique** are exceptions.
- States that do not end in **-e** are masculine: **le Kansas**, **le Michigan**, **l'Oregon**, **le Texas**, etc.
- Do not use an article with a city unless the article is a part of the name, such as **Le Caire**, **Le Havre**, **Le Mans**, **La Nouvelle-Orléans**, and **La Rochelle**.
- All of the continents are feminine: **l'Afrique**, **l'Amérique du Nord**, **l'Amérique du Sud**, **l'Antarctique**, **l'Asie**, **l'Australie**, and **l'Europe**.

DIFFERENTIATION

For Inclusion Have students make a 5-column chart with the following continent names as heads: **l'Afrique, l'Amérique du Nord, l'Amérique du Sud, l'Asie, l'Europe**. Ask students to work with a partner and write each country name from the chart in the correct column. Students can check their answers with a world map.

DIFFERENTIATION

To Challenge Students Using the countries in the chart, have students list the top five masculine countries and the top five feminine countries they would like to visit in order of preference. Then have them locate the countries and highlight them on a world map. You might want to use the map of **Le monde francophone** at the front of the book. Then have pairs of students compare their choices and explain why they want to visit each country.

- The gender of a place name usually determines the preposition you use. Use this chart to determine which preposition to use to say *to*, *in*, or *at*.

With...	use:
cities	**à**
continents	**en**
feminine countries and provinces	**en**
masculine countries and provinces	**au**
masculine countries and provinces that begin with a vowel	**en**
plural countries	**aux**
feminine states	**en**
most masculine states	**dans le/l'** *or* **dans l'état de/d'/du/de l'**

Vous allez **à** Londres?
Are you going to London?

Lucie va **en** Côte d'Ivoire.
Lucie is going to the Ivory Coast.

Je vais **au** Maroc.
I'm going to Morocco.

La France est **en** Europe.
France is in Europe.

Ils sont **aux** Pays-Bas.
They are in the Netherlands.

Mon cousin est **en** Irak.
My cousin is in Iraq.

- Use this chart to determine which preposition to use to say *from*.

With...	use:
cities	**de/d'**
continents	**de/d'**
feminine countries and provinces	**de/d'**
masculine countries and provinces	**du**
masculine countries and provinces that begin with a vowel	**d'**
plural countries	**des**
feminine states	**de/d'**
masculine states	**du/de l'**

Nous arrivons **de** New York.
We are arriving from New York.

Tu es **d'**Asie?
Are you from Asia?

Nous sommes **des** États-Unis.
We are from the United States.

Elle est **du** Japon.
She is from Japan.

- The prepositions used with certain islands are exceptions to these rules.

With...	to say *to, in,* or *at,* use:	to say *from,* use:
Cuba	**à**	**de**
Haïti	**en**	**d'**
Madagascar	**à**	**de**
Martinique	**à la**	**de** *or* **de la**

Elle rêve d'aller **à la Martinique.**

ATTENTION!

To say someone is *in, at,* or going *to* a masculine state, you can use either **dans le** or **dans l'état de/du/de l'**. With **Texas** and **Nouveau-Mexique**, use **au**.

Chicago est dans (l'état de) l'Illinois.

Chicago is in (the state of) Illinois.

but

Nous sommes au Texas.

We are in Texas.

ATTENTION!

If the definite article is part of a city name, include the article along with the preposition. In this case, form the usual contractions with **à** and **de**.

Ils sont au Caire.

They are in Cairo.

Il vient de La Nouvelle-Orléans.

He is from New Orleans.

TEACHING TIPS

Suggestion Ask volunteers to give a sample sentence for each instance in the chart. You may want to use the following sentence starters: **Cet été, j'ai l'intention de visiter... / Je voudrais habiter...**

Suggestion Ask volunteers to give a sample sentence for each instance in the chart. You may want to use the following sentence starter: **Mes ancêtres viennent...**

Suggestion To help students memorize the gender of geographical place names, divide the class into two teams. Call out names of countries, cities, states, provinces, etc. Individuals from each team take turns answering **C'est masculin** or **C'est féminin**. Teams earn one point per correct answer. The team with the most points after every student in the class has taken a turn wins.

LEARNING STYLES

For Kinesthetic Learners First, display a large world map at the front of the room. Then print out copies of the flags of several countries. Distribute one to each student. First, students write the French name of the country on their flag. Then, each one comes to the front of the class and says that he/she is from that country. Finally, they pin their flag on the appropriate place on the map, saying what continent the country is in.

LEARNING STYLES

For Auditory Learners Have students work in pairs. Students take turns making up places where they live. If Student A names a city, Student B says the state or country. If Student A names a country, Student B says the continent. Example: **J'habite à Tokyo. → Alors, tu es du Japon. / J'habite au Japon → Alors, tu es d'Asie.**

TEACHING TIPS

1 Expansion

- Have students explain each of their answers to a partner.
- Give these additional items:

7. Mes parents veulent aller _____ Mexique l'année prochaine.
(a.) à (b.) en (c.) au

8. Pendant mon retour de vacances _____ Australie, mon avion a été bloqué _____ Hong-Kong.
(a.) dans l'… à (b.) à l'… en (c.) en… à

2 Language Learning Have students note the closing of the postcard: **À +**. This is short for **À plus tard**. The abbreviation is often used at the end of an informal note, email, or text message.

PRE-AP®

2 Interpersonal Writing Have students write a brief postcard to the person of their choice, modeled on the one in the activity. Allow them to choose the places, but require that they include at least six geographical prepositions.

3 Expansion Have pairs read their conversations to the class who will vote on their favorite one.

Mise en pratique

1 **Où?** Choisissez la bonne réponse parmi celles proposées.

1. _____ Alaska est à l'ouest _____ Canada.
   a. La… de (b.) L'… du c. Le… de la
2. Dans quelle ville es-tu? _____ Saint-Denis?
   a. En (b.) À c. Au
3. Je vais souvent _____ Madagascar et _____ la Réunion pour mes vacances.
   (a.) à… à b. en… à c. au… au
4. _____ Groenland appartient _____ Danemark.
   (a.) Le… au b. Le… en c. La… dans le
5. Mes parents habitent _____ Pierre, _____ Dakota du Sud.
   a. en… en (b.) à… dans le c. à… au
6. Il s'est perdu quelque part _____ Pérou, _____ Amérique du Sud.
   a. dans le… dans l' b. dans le… à l' (c.) au… en

2 **L'océan Indien** Louis envoie une carte postale à son frère. Choisissez les bonnes prépositions pour compléter le texte.

Salut Juju!

Mercredi soir, nous avons fêté notre anniversaire de mariage (1) _à_ Port-Louis. Au bout de quelques jours, nous avons pris l'avion pour aller (2) _à_ la Réunion. Ensuite, nous avons pu admirer la somptueuse île de Madagascar, et surtout l'art de la marqueterie, (3) _à_ Ambositra, une ville située (4) _dans la_ province de Fianarantsoa. Et voilà! Aujourd'hui, nous sommes (5) _aux_ Seychelles où le temps est magnifique. Nous sommes arrivés hier matin (6) _de_ Madagascar. L'archipel des Seychelles est merveilleux. Demain, nous avons prévu d'aller (7) _à_ Mahé, l'île principale. L'année prochaine, nous souhaitons aller (8) _en_ Afrique. Quand nous pensons au temps pluvieux qu'il doit faire (9) _au_ Havre, nous n'avons pas envie de rentrer (10) _en_ France.

À +
Louis et Carole

Julien Lacour
74, rue Vendôme
76600 Le Havre
France

Note CULTURELLE

Des personnalités françaises du 18e siècle sont à l'origine du nom de certains endroits, dans l'océan Indien. **Jean Moreau de Séchelles**, contrôleur des finances sous Louis XV, a donné son nom à l'archipel des **Seychelles**, et le navigateur **Bertrand-François Mahé de La Bourdonnais** à son île principale, **Mahé**, après que les Français ont découvert l'archipel en 1756. Les noms sont restés depuis, même sous domination britannique.

3 **À vous d'écrire** Créez des phrases complètes à l'aide des éléments de chaque colonne. Ensuite, à deux, imaginez une conversation avec les phrases que vous venez d'écrire.

aller	à	Caire
arriver	au(x)	Europe
se divertir	dans le/l'	Massachusetts
être	de(s)/d'	Portugal
se promener	de l'	Saint-Pétersbourg
venir	du	Seychelles
?	en	?

Practice more at vhlcentral.com.

DIFFERENTIATION

For Inclusion Give students a **dictée** of ten sentences using the various prepositions with geographical names. Have students work in pairs to correct each other's sentences. Then have volunteers write the correct sentences on the board. Call on other volunteers to read the sentences aloud.

DIFFERENTIATION

To Challenge Students For additional practice, write **à, en,** and **de** on three index cards and shuffle them. Have volunteers pick a card and create a sentence using that preposition or a form of it. Appoint one student to record the sentences and read them back to the class to create an absurd story. Ask volunteers to present some examples to the class. Then discuss which one of the three was most commonly used.

Communication

4  **Votre rêve** Passez dans la classe et demandez à dix camarades à quel endroit précis de la planète ils rêvent d'habiter. Collectez les informations sur une feuille de papier, puis présentez-les à la classe. N'oubliez pas d'écrire les prépositions correspondantes.

	Ville	Pays	Continent
Delphine	à Florence	en Italie	en Europe

5 **Un tour du monde** À deux, créez l'itinéraire d'un fabuleux tour du monde. Donnez les détails de la localisation de chaque étape: la ville, la région ou l'état (si c'est le cas), le pays et le continent.

Modèle Jour 1: départ d'Albany, dans l'état de New York, aux États-Unis, en Amérique du Nord et arrivée à Mexico, au Mexique.

Jour 2: départ de Mexico, au Mexique, en Amérique du Nord et arrivée à Buenos Aires, en Argentine, en Amérique du Sud.

6  **Et vous?** Racontez vos dernières vacances. À quel endroit êtes-vous allé(e)? Quel était votre itinéraire? Montrez-le sur une carte pour aider vos camarades de classe à visualiser votre voyage. Ensuite, vos camarades vous posent des questions pour savoir ce que vous avez fait.

Modèle Je suis allé(e) à San Diego, en Californie, pour voir mes grands-parents. Ensuite, je suis allé(e) à Tijuana, au Mexique…

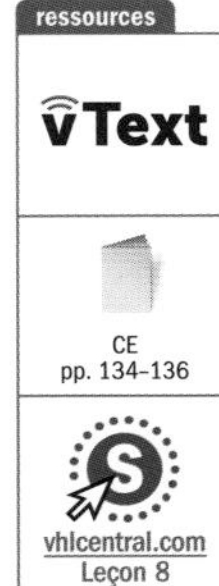

TEACHING TIPS

4 Suggestion Tell students to ask each other this question each time: **À quel endroit de la planète rêves-tu d'habiter?**

4 Extra Practice Do a variation of the activity where students chose only Francophone places. Compile a class list of the places chosen in order of preference to determine which Francophone place is most attractive to students.

5 Expansion

- Ask students to also name one or more sites they will visit and/or what they will do in each place.
- Have students present their itineraries to the class. Encourage students to ask their classmates questions at the end of each presentation. Example: **Pourquoi cette région t'intéresse-t-elle?**

6 Suggestion Tell students that the vacation can be a real one or a made-up one. Have group members guess if the itinerary is fictitious or not.

6 Language Learning Use this activity to review and recycle the pronouns **y** and **en**. Example: **Depuis combien de temps tes grands-parents y habitent-ils?**

21st CENTURY SKILLS

6 Collaboration
If you have access to students in a Francophone country, ask them to tell your class about their most recent vacation as a model for this activity. If possible initiate a conversation about common vacation spots and activities.

DIFFERENTIATION

For Inclusion Have small groups of students sit in a circle and play the game **Un tour du monde**. Give them a starting location for a world trip. Example: **Nous allons à Tahiti.** The first student says the phrase and then adds another one. Example: **Nous allons à Tahiti. Après, nous allons au Japon.** The next student repeats both phrases and adds a third one. Play continues until students can no longer remember all the phrases.

DIFFERENTIATION

To Challenge Students Have students find a paragraph or article in the book and analyze the use of **à, en,** and **de** with geographical names. The **Imaginez** sections are particularly appropriate. Ask volunteers to present some examples to the class. Then discuss which one of the three prepositions was most commonly used.

Key Standards

4.1, 5.1

Student Resources
Cahier de l'élève, pp. 137–140; Supersite: Activities, *eCahier*, Grammar Tutorials
Teacher Resources
Answer Keys; Audio Script; Audio Activity MP3s/CD; Testing program: Grammar Quiz

TEACHING TIPS

Language Learning

- You may wish to assign the Grammar Tutorials as homework in preparation for the **Structures** lesson. These tutorials re-present the grammar taught in **D'accord! 1** and **2**.
- Briefly review that the conditional is a mood, like the subjunctive, and not a tense, like the future.
- Point out that, since the English auxiliary *would* does not have an exact French equivalent, its meaning is expressed by the conditional verb formation as a whole.
- To translate some English conditional expressions, such as *I would* and *Would you?*, tell students to ask themselves the questions *I would what?* and *Would you…?* This will give them the context they need to express the idea in French. Example: **Irais-tu en vacances aux Comores?** *Would you go on vacation to the Comoros islands?* **Moi non, je n'irais pas.** *I wouldn't.* **Moi si, j'irais.** *I would.*
- Before teaching the conditional of irregular forms, ask students to list all the irregular future stems they can remember in three minutes. Then have them count up and shout out how many they remembered. Finally, as a class, list the irregular stems on the board.

Presentation Tutorial

8.3 The *conditionnel*

—Il y en a combien, un sur cent qui finit professionnel. Pourquoi ce ***serait*** *lui?*

- The **conditionnel** is used to soften a request, to indicate that a statement might be contrary to reality, or to show that an action was going to happen at some point in the past. It is often translated into English as *would…* or *could…*
- The **conditionnel** is formed with the same stems as the **futur simple**. The endings for the **conditionnel** are the same as those for the **imparfait**.

BLOC-NOTES

To review formation of the **futur simple**, see **Structures 7.2, pp. 240–241.**

The **conditionnel** of regular verbs

	parler	réussir	attendre
je/j'	parlerais	réussirais	attendrais
tu	parlerais	réussirais	attendrais
il/elle	parlerait	réussirait	attendrait
nous	parlerions	réussirions	attendrions
vous	parleriez	réussiriez	attendriez
ils/elles	parleraient	réussiraient	attendraient

- Any **-er** verbs with spelling changes in their **futur simple** stem have the same changes in the **conditionnel**.

je me promènerai	je me promènerais
j'emploierai	j'emploierais
j'essaierai *or* j'essayerai	j'essaierais *or* j'essayerais
j'appellerai	j'appellerais
je projetterai	je projetterais

- Verbs that have an irregular stem in the **futur simple** have the same stem in the **conditionnel**.

Nous **irions** au cinéma s'il y avait des films intéressants à voir.
We would go to the cinema if there were interesting movies to see.

Qu'est-ce que tu **ferais**, toi, dans les circonstances actuelles?
What would you do under the present circumstances?

- Use the **conditionnel** to describe hypothetical events.

Vous **pourriez** venir à cinq heures.
You could come at 5 o'clock.

Un jour, j'**aimerais** visiter les Seychelles.
One day, I'd like to visit the Seychelles.

ATTENTION!

Remember that the English *would* can be translated with the **imparfait** or the **conditionnel**. To express ongoing or habitual actions in the past in French, use the **imparfait**.

Pépé parlait souvent de son enfance.
Gramps would (used to) talk often about his childhood.

but

Pépé parlerait de son enfance s'il était là.
Gramps would talk about his childhood if he were here.

LEARNING STYLES

For Visual Learners After teaching the forms of the conditional for regular, spelling-change, and irregular verbs, write the subject pronouns from the chart on the board. Call out several different verbs. For each one, ask a student to come to the board. Give him/her two different color pieces of chalk or markers. The student writes the stem with one color and the endings with another. Any spelling-change should be underlined.

LEARNING STYLES

For Kinesthetic Learners Play **Pass the Chalk**. Form teams of six. Give the first student in each team a piece of chalk. Write a verb on the board and say: **Allez-y!** The first students run to the board and write the **je** conditional form of the verb, run back to their team, and pass the chalk. The next players run to the board to conjugate the **tu** form. Play continues until a team completes the conjugation correctly, earning a point.

- The hypothetical aspect of the **conditionnel** makes it useful in polite requests and propositions. The verbs most often used in phrases of this type are **aimer**, **pouvoir**, and **vouloir**.

Nous **aimerions** vous poser des questions. *We would like to ask you some questions.*	Je **voudrais** porter un toast. *I would like to make a toast.*
Est-ce que je **pourrais** parler à Bertrand? *May I speak to Bertrand?*	Pardon, monsieur, **auriez**-vous l'heure, s'il vous plaît? *Pardon, sir, would you have the time, please?*

- Conditional forms of **devoir** followed by an infinitive tell what *should* or *ought to* happen. Conditional forms of **pouvoir** followed by an infinitive tell what *could* happen.

Tu **devrais sortir** plus souvent avec nous. *You should go out more often with us.*	On **pourrait passer** la matinée au parc. *We could spend the morning at the park.*

- Another use for the **conditionnel** is in a clause after **au cas où** (*in case*). Note that English uses the indicative for these phrases.

Apportez de l'argent **au cas où** il y **aurait** encore des tickets à vendre. *Bring some money in case there are still tickets for sale.*	Je mettrai des baskets **au cas où** on **irait** à pied au vernissage. *I'll wear sneakers in case we go to the art opening on foot.*

- In some cases, the **conditionnel** is used to express uncertainty about a fact.

Selon le journal, il y **aurait** plus de 100 parcs d'attractions au Texas. *According to the newspaper, there are more than 100 amusement parks in Texas.*	Le film dit que nous n'**aurions** plus le temps de sauver la planète. *The movie is saying that we don't have any more time to save the planet.*

- The **conditionnel** is used sometimes in the context of the past to indicate what was to happen in the future. This usage is called the *future in the past.*

Pépé a dit qu'il **fêterait** son 95ᵉ anniversaire dans un parc d'attractions. *Gramps said he would celebrate his 95th birthday at an amusement park.*	Je pensais que maman **mettrait** mes affaires dans ma chambre, mais elle les a mises dehors. *I thought Mom would put my things in my room, but she put them outside.*

- Form contrary-to-fact statements about what *would happen* if something else *were to occur* by using the **imparfait** and the **conditionnel**.

Si j'**étais** toi, je **mettrais** des baskets pour aller me promener. *If I were you, I would put on sneakers to take a walk.*	On **pourrait** arriver avant l'ouverture **si** Jean-Yves **faisait** la queue pour nous. *We could arrive before the opening if Jean-Yves stood in line for us.*

ATTENTION!

To indicate that an event was going to happen in the past, you can also use the verb **aller** in the **imparfait** plus an infinitive.

M. LeFloch a dit qu'il allait bavarder avec un ami.

Mr. LeFloch said he was going to chat with a friend.

BLOC-NOTES

To review **si** clauses, see **Structures 10.3, pp. 354–355.**

TEACHING TIPS

Language Learning Point out that inversions like **Pourrais-je, Devrais-je**, etc. are correct, but usually only seen in literary or formal contexts. So, tell them to use **Est-ce que je pourrais/devrais**/etc. in everyday conversation. **Pourrais-je** is used when one makes a business phone call: Example: **Pourrais-je parler à M. Dupont, s'il vous plaît?** *May I speak with Mr. Dupont, please?*

Suggestions

- Ask students to turn to a partner and make a polite request using the conditional. Example: **Est-ce que je pourrais emprunter ton stylo?**
- Working in pairs, have students give each other two pieces of advice using the conditional of **devoir**.
- Make a list on the board of ten statements of fact from the newspaper. Ask students to restate them starting with **Selon le journal, ...**
- Have students write their own personalized sample sentence for each of the conditional uses.

DIFFERENTIATION

For Inclusion Give students a series of sentence starters to complete with a verb in the conditional. Examples: **Si j'avais une nouvelle voiture... / Si je parlais avec le président... / Si je pouvais voler...** You may also want to provide a word box of possible verbs. Have students share their answers with the class.

DIFFERENTIATION

To Challenge Students Have students work in small groups to write a story that includes at least one example of each of the uses of the conditional. They should also use a variety of verbs and try to include several examples of vocabulary words from **Pour commencer** on **p. 260**. Ask volunteers to read aloud or act out their story for the class.

TEACHING TIPS

1 Expansion

- Have three volunteers act out the conversation while the rest of the students check their answers.
- Have students explain the use of the conditional in each sentence.

Mise en pratique

1 **À compléter** Complétez la conversation qu'Aurélie a avec ses copains. Employez le conditionnel du verbe le plus logique. Vous pouvez utiliser certains verbes plus d'une fois.

aller	avoir	dire	être	hurler	pouvoir
appeler	devoir	se divertir	faire	mettre	vouloir

GAVIN Qu'est-ce que tu (1) __voudrais__ faire pour fêter ton anniversaire?

AURÉLIE Je ne sais pas… Que (2) __feriez__-vous à ma place?

LEENA Moi, j' (3) __irais__ jouer au bowling avec des copains.

AURÉLIE Je suis nulle au bowling. Je ne me (4) __divertirais__ pas.

GAVIN Nous (5) __pourrions__ passer une journée au parc d'attractions!

AURÉLIE Non, mes parents m'ont dit que j' (6) __aurais__ si peur des montagnes russes (*roller coasters*) que je (7) __hurlerais__ sans arrêt. Mes amis ne (8) __pourraient__ rien faire pour me calmer.

GAVIN Je vois. Je (9) __dirais__ que tu n'en as pas de bons souvenirs.

LEENA Faisons un pique-nique — ce (10) __serait__ plus simple.

AURÉLIE Quelle bonne idée! Au cas où il (11) __ferait__ frais, on (12) __devrait__ apporter un gilet.

2 Previewing Strategy Before completing the activity, have students describe the scene in each picture.

2 Language Learning Ask students what kind of situations are in this activity and why they must use the conditional. (They are contrary-to-fact situations, so the statements must express what we would do if we were in the places given.)

2 Expansion For each item, have one student give his/her answer. Then ask another student to use the third person form to say what the first student said. Example: **S'il était dans un gymnase, il jouerait au basket.**

3 Expansion You may wish to have students discuss this activity with a partner. Then have volunteers share their sentences with the class.

2 **Si vous étiez là…** Quelle activité pratiqueriez-vous si vous étiez à ces endroits?

Modèle **jouer**
Si j'étais dans un gymnase, je jouerais au basket.

2 Suggested answers.
1. Si j'étais au cinéma, je regarderais un film.
2. Si j'étais au café, je prendrais un chocolat ou un sandwich.
3. Si j'étais au marché, j'achèterais des produits frais.
4. Si j'étais à la patinoire, je patinerais.
5. Si j'étais à la mer, je ferais de la planche à voile.
6. Si j'étais à Paris, j'irais voir la tour Eiffel.

1. **regarder**

2. **prendre**

3. **acheter**

4. **patiner**

5. **faire**

6. **aller voir**

3 **Le loto** Imaginez que vous gagniez à la loterie. Que feriez-vous avec cet argent? Expliquez votre réponse en huit à dix phrases. Utilisez le conditionnel dans chaque phrase.

Practice more at **vhlcentral.com.**

LEARNING STYLES

For Visual Learners After students have completed Activity 1, ask them to turn it into a comic strip. Students should work in pairs to plan the frames, sketch the drawings, and write the dialogue. Display the comic strips around the room for the class to read. As a variation, students can write their own version of the original conversation provided they include ten examples of the conditional.

LEARNING STYLES

For Kinesthetic Learners Tell students to think of their dream vacation. Then have them work with a partner to role-play a scene with a travel agent. Encourage them to use gestures, facial expressions, and voice to convey meaning. They can also include props, such as pictures, maps, or a globe. Ask volunteers to perform their role-plays for the class.

Communication

4 **Un voyage**

A. Un de vos amis projette de faire avec sa famille un voyage à Madagascar, que vous avez visité l'an dernier. Il vous demande des conseils sur le logement, la meilleure date de départ et sur les activités possibles là-bas. À deux, jouez les rôles à l'aide des éléments ci-dessous et des informations données dans la Note culturelle.

Modèle —Où devrions-nous rester?
—Je pense que vous devriez rester à Antananarivo.

aimer	aller au musée	prendre une chambre à l'hôtel
devoir	faire une randonnée	visiter des sites historiques
pouvoir	faire du camping	?
vouloir	nager en piscine/dans l'océan	

Ma sœur, Julie, adore les animaux sauvages et les sciences, surtout la biologie.

Moi, c'est Mike, j'adore l'histoire, l'art, et j'aime aussi beaucoup lire et écrire.

Ma mère, Suzanne, n'aime pas rester dehors trop longtemps parce qu'elle déteste les insectes.

B. Imaginez que d'autres membres de la famille voyagent avec Mike, sa sœur et sa mère. Qu'aiment-ils faire? Qu'aimeraient-ils faire et voir à Madagascar?

5 **Que feriez-vous?** Pensez à ce que vous feriez dans ces situations. Discutez de chacune par petits groupes.

Note
CULTURELLE

Le meilleur moment pour venir visiter **Madagascar**, c'est en hiver et au printemps, entre juillet et octobre. Pendant cette période, il ne fait pas trop chaud et il pleut moins. Avec sa faune et sa flore uniques au monde, on y appréciera les randonnées, le camping, les parcs nationaux et les réserves naturelles. Pour ceux qui préfèrent l'art et l'histoire, il y a le **Palais de la reine** à **Antananarivo**, la capitale. On peut y visiter plusieurs autres musées et sites historiques, par exemple, le **Musée d'art et d'archéologie** et le **Palais de justice**.

ressources

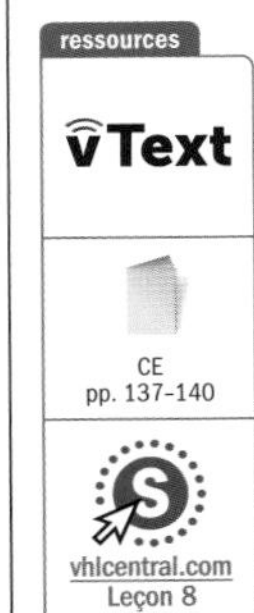

TEACHING TIPS
NATIONAL STANDARDS

Connections: Science The island of Madagascar is the fourth largest island in the world. It is home to 5% of the world's plants and animals. Of these, 80% are unique to Madagascar, such as the lemur. Have students research the ecology of the country and why some ecologists call it the "eighth continent."

4 Suggestion Encourage students to use additional verbs and to add their own ideas.

4 Expansion Ask students related personalized questions. Examples: **À quelle saison de l'année iriez-vous à Madagascar? Où aimeriez-vous faire un séjour?**

4 Extra Practice Have students complete the same activity for another Francophone island in the Indian Ocean of their choosing.

5 Previewing Strategy Initiate a discussion about the images before assigning the activity. Example: **Que ressent le jeune homme sur l'illustration de gauche? Que ressentiriez-vous à sa place?**

5 Expansion Have students think of additional scenarios, draw simple sketches of them, and say what they would do in the situations.

LEARNING STYLES

For Visual Learners Show students a series of eight photos depicting different scenes from the Francophone islands of the Indian Ocean. Give students 30 seconds to look at each photo and think of a statement to make about the photo. Say: **Dites-moi quelque chose au sujet de chacune de ces photos en utilisant un verbe au conditionnel. Variez votre vocabulaire ainsi que les différents emplois du conditionnel.**

PRE-AP®

Integrated Skills Pairs of students should write a conversation. Student A has lots of problems this week (e.g. no spending money, hasn't been sleeping well, etc.). Student B gives advice to the friend using the conditional in various sentence types. Have pairs present their conversations. The class evaluates the presentations for variety of uses of the conditional, pronunciation, and interest.

Key Standards
1.1, 1.2

TEACHING TIPS

Suggestion Divide the class into groups of four. Have each group member be responsible for taking notes about his/her classmates' opinions on one of the four topics. Then have students compare notes with those responsible for the same topic from the other groups.

Expansion Ask follow-up questions about each topic that elicit use of the conditional, infinitives, and geographical prepositions. Examples: **Si quelqu'un vous disait que le patinage artistique n'était qu'un loisir, que répondriez-vous? À votre avis, vaut-il mieux ne jamais copier de musique ou cette pratique devrait-elle devenir légale? Y a-t-il des endroits dans le monde où la violence dans les médias ne pose pas de problème?**

2 Extra Practice Have students write a brief paragraph that describes their own viewpoint on one of the topics.

3 Suggestion Remind students to use the structures from this lesson as much as possible.

21st CENTURY SKILLS

3 Flexibility and Adaptability Remind students to include input from all team members, adapting their presentation so it represents the whole group.

Synthèse

1 Sport ou loisir? Quand un loisir devient-il un sport? Certains, comme en Russie et dans d'autres pays d'Europe, considèrent que la gymnastique et le patinage artistique sont des sports, et ils aimeraient voir cette idée plus généralement acceptée. Pour d'autres, ce sont des loisirs. De même, le poker, le golf et le bowling peuvent être vus comme de simples passe-temps ou des sports à part entière.

2 Légitime ou illégitime? Depuis plusieurs années, aux États-Unis comme ailleurs, la copie illégale de musique sur Internet a eu un impact néfaste° sur l'industrie des CD et des DVD. D'après certains défenseurs de cette pratique, la raison en est que les produits originaux sont devenus trop chers. D'autres disent que la piraterie est inévitable, parce que tout le monde peut copier de la musique et des films, confortablement installé chez lui.

néfaste° harmful

3 Violence et divertissement La violence dans les médias est de plus en plus choquante. Beaucoup de personnes sont préoccupées par l'impact que ces divertissements peuvent avoir sur les enfants et les adultes, et voudraient que leur utilisation ait des limites. Leurs créateurs veulent se défendre en disant que ces produits n'influencent ni le comportement de l'utilisateur ni celui du spectateur.

4 L'argent et le jeu Dans la plupart des états d'Amérique du Nord, on peut acheter des tickets de grattage°, jouer au loto et faire des paris. D'un autre côté, il est illégal de jouer aux jeux d'argent, comme on le ferait dans les casinos. Quelle est la différence entre les jeux de hasard des établissements spécialisés et ceux auxquels on peut jouer chez soi?

grattage° scratch

1 Answers may vary slightly.
1. Certaines personnes voudraient que leur utilisation ait des limites.
2. On peut y copier de la musique et des films.
3. En Amérique du Nord, dans la plupart des états, on ne peut pas jouer à des jeux d'argent, dans les casinos.
4. Certaines personnes aimeraient que ces activités soient considérées comme des sports.

1 Qu'avez-vous compris? Répondez aux questions par des phrases complètes.

1. Que voudraient certaines personnes concernant la violence dans les médias?
2. Que peut-on faire chez soi avec Internet?
3. Dans la plupart des états d'Amérique du Nord, à quoi ne peut-on pas jouer?
4. Qu'aimeraient certaines personnes pour la gymnastique et le patinage artistique?

2 À votre avis? Par groupes de trois, donnez votre opinion sur les sujets traités dans le texte. Ensuite, défendez-la à l'aide des structures de cette leçon.

3 Vos suggestions Avec le même groupe, choisissez un de ces sujets. Créez trois personnages: deux d'entre eux ont une opinion différente, le troisième est indécis. Ensuite, jouez la scène devant la classe qui choisira le groupe le plus convaincant.

Modèle
—Pour moi, toutes les activités qui font bouger sont des sports.
—Non, je ne suis pas d'accord. Beaucoup trop d'activités deviendraient des sports, alors.
—Je dois dire que je ne sais pas quoi penser.

ressources
vText
vhlcentral.com Leçon 8

DIFFERENTIATION

For Inclusion As a Previewing Strategy for the **Synthèse**, have students work in pairs to read the four paragraphs. Have them identify examples of the structures from this lesson. Then have them ask each other comprehension question on the content. Finally, use one of the paragraphs to do a cloze **dictée**.

DIFFERENTIATION

To Challenge Students Ask students to research and print out a French-language article about one of the four topics. Have them read the article and write a summary to present to the class. They should use the structures of the lesson as much as possible. At the end of the summary, students should express their opinion on the topic and note if the article changed their opinion.

Préparation

Vocabulaire de la lecture

escalader *to climb, to scale*
glisser *to glide*
grimper à *to climb*
le parapente *paragliding*
parcourir *to go across*
la roche *rock*
sauter *to jump*
tenter *to attempt; to tempt*
un(e) vacancier/ère *vacationer*
voler *to fly*
un VTT (vélo tout terrain) *mountain bike*

Vocabulaire utile

un casse-cou *daredevil*
se dépasser *to go beyond one's limits*
un frisson *thrill*
lézarder au soleil *to bask in the sun*
une montée d'adrénaline *adrenaline rush*
vaincre ses peurs *to confront one's fears*

1  **Journal de vacances** Patrick, un jeune Français qui est en vacances à la Réunion avec des amis, tient un journal (*keeps a diary*). Complétez cet extrait à l'aide des mots de vocabulaire.

mercredi 12 juillet

Nous voici à la Réunion depuis une semaine. C'est assez calme car il n'y a pas trop de (1) __vacanciers__ en ce moment. L'île est tellement belle qu'en arrivant, nous avons abandonné l'idée de voyager en bus. Nous avons décidé de (2) __parcourir__ l'île en (3) __VTT__ pour mieux profiter des paysages. Véritable (4) __casse-cou__ qui n'a peur de rien, Gilles a voulu tenter (5) __le parapente__ et il a réussi à me convaincre d'essayer aussi. Quelle expérience! On a vraiment l'impression de (6) __voler__ comme un oiseau. Demain, nous allons escalader le piton de la Fournaise, un des volcans les plus actifs du monde! Après tout ça, je pense qu'on va avoir envie d'aller sur la plage pour (7) __lézarder au soleil__!

2 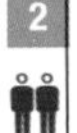 **Les sports extrêmes** Répondez aux questions et comparez vos réponses avec celles d'un(e) camarade.

1. Qu'est-ce que c'est pour vous un sport extrême? Donnez quelques exemples de sports que vous considérez extrêmes.
2. Avez-vous déjà essayé ou bien pratiquez-vous régulièrement un sport extrême? Si oui, lequel? Sinon, aimeriez-vous essayer? Expliquez.
3. Connaissez-vous des endroits dans le monde qui sont réputés pour la pratique des sports extrêmes? Lesquels? Quels sports y pratique-t-on?

3 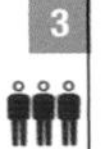 **À l'écran** Vous regardez la télé? Vous allez souvent au cinéma? Par groupes de trois, listez quatre films ou émissions de télé et le sport extrême qui y est pratiqué. Comparez vos idées avec celles des autres groupes.

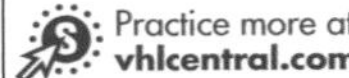

Section Goals

In **Culture**, students will read about recreation in **la Réunion**.

Key Standards

1.2, 2.1, 2.2, 4.2

Student Resources
Supersite: Activities, Synced Reading

TEACHING TIPS

Synonymes

- **parcourir↔traverser**
- **une roche↔un rocher**
- **un frisson↔un frissonnement**

- Point out that **frissonnement** is found in a literary context. It can also refer to the rustling of leaves in a tree. Explain that **frisson** and **frissonnement** are synonyms only when they mean *shiver* or *shudder*.

1 Expansion Ask this related question and discuss as a class: **Tenez-vous un journal de voyage? Quels sont les avantages d'en tenir un?**

2 Expansion Ask these additional questions: **Si vous pratiquez un sport extrême, avez-vous peur quand vous le pratiquez? Si vous faisiez du saut à l'élastique pour la première fois, auriez-vous peur? Et si c'était pour la dixième fois?**

3 Expansion Make a table on the board with the two columns **Titre du film/de l'émission** and **Sport extrême pratiqué**. Have students fill out the table and compare ideas as a class.

DIFFERENTIATION

For Inclusion Ask students to use the vocabulary in sentences that convey the meaning. Then ask them to rewrite the statements as cloze sentences and exchange papers with a partner. Finally, after students complete the sentences, have pairs regroup to correct them.

DIFFERENTIATION

To Challenge Students One of France's most famous climbers is Alain Robert, also known as the "French Spider-man." But Alain Robert's extreme sport is climbing buildings, not rocks or mountains. Have students research a few articles about Robert's accomplishments and watch a few videos. Then have them present a brief report about what Robert does and their opinion about this extreme sport.

TEACHING TIPS

Previewing Strategy Have students describe what they see in the photo. Then have them give personal comments about what the man is doing using the conditional. Finally, based on the photo and the title of the article, ask students what they think the reading is about.

Suggestion Have each student research and print out from the Internet three photos of **la Réunion** of places or activities that interest them the most. Students should write a caption for each one. Display all the photos and have students walk around the room and review them.

Reading Strategy Divide the class into seven groups. Assign each group one of the paragraphs to read together. Then have them reread their paragraph and outline the main idea and details. On the board, have students record their main idea and details in order. Then, as a class, make changes to the outline to make it complete. Finally, reread the entire article as a class.

NATIONAL STANDARDS

Connections: Social Studies The island of **la Réunion** is one of France's **départements d'outre-mer**. Its culture is a blend of European, African, Indian, Chinese, and indigenous traditions. Have students research and present information on the following topics: history, geography, economy, demographics, and ecology.

La Réunion, île intense

PRE-AP®

Integrated Skills Locate a few videos online dealing with different aspects of **la Réunion**. First have students just listen to the sound and talk about what they heard. Then have them watch the video to confirm their comprehension. Finally, have students write a summary of what they learned from the various videos.

PRE-AP®

Presentational Speaking Have students prepare an informal talk about one of the extreme sports mentioned in the reading: **le fly** (*kite*) **surf, le canyoning, le parapente,** etc. They should include information about its origin, what the sport entails, what equipment is used, and locations where people do it. They should also show various photos and/or online videos to support their information. Encourage students to use the various structures studied in this lesson.

Aaah! La plage! Les cocotiers°! Les bains de soleil! Des vacances de rêve sur une île de l'océan Indien! Qui ne serait pas tenté? Mais… et s'il y avait autre chose à faire sur l'île de la Réunion? Si vous aimez marcher, grimper, escalader, sauter, glisser, voler… c'est bien à la Réunion, à 800 kilomètres à l'est de Madagascar, qu'il faut aller passer vos prochaines vacances. D'ailleurs, ce n'est certainement pas par hasard qu'on la surnomme «l'île intense».

Il ne fait aucun doute que l'Indiana Jones qui sommeille° en vous aura envie de pratiquer les nombreuses activités sportives, souvent extrêmes, présentes sur l'île. Il y en a pour tous les goûts.

Ce n'est certainement pas par hasard qu'on la surnomme «l'île intense».

L'océan, les rivières, les cascades… l'eau est omniprésente. Côté océan, le fly surf ou kite surf est devenu très à la mode. On se sert d'un immense cerf-volant° pour surfer autant sur l'eau que dans les airs. Côté rivières et cascades, les aventuriers trouveront leur bonheur avec le canyoning. Il existe sur l'île plus de 70 canyons praticables. Certains diront que le canyon du Trou blanc, situé à l'ouest de l'île, est celui qu'il faut absolument essayer. C'est ce qu'on appelle un aqualand naturel, fait de nombreux toboggans° formés dans la roche. Par contre, les intrépides tenteront de descendre le Trou de Fer, canyon grandiose, situé dans la partie nord de l'île. Il faut deux à trois jours pour le parcourir.

La Réunion est aussi un vrai paradis pour les amateurs de courses d'endurance. Depuis quelques années, elle est le théâtre de plusieurs courses à pied extrêmes. La plus impressionnante est sans aucun doute le Grand Raid, surnommée la Diagonale des Fous. Il s'agit de traverser l'île de part en part°. Le parcours équivaut à° huit marathons classiques. Les 2.000 concurrents doivent «survivre» à un dénivelé° de 8.000 mètres formé par cinq sommets dont le plus haut atteint 2.411 mètres. Les trois quart des participants finissent la course et gagnent alors le fameux t-shirt jaune, «J'ai survécu».

La Mégavalanche est une autre épreuve sportive° qui est de plus en plus en vogue. Imaginez plus de 400 concurrents qui descendent à grande vitesse une montagne en VTT. Le départ est à 2.200 mètres d'altitude et l'arrivée au bord de la mer.

L'île est un lieu idéal pour ceux qui rêvent de voler. Il y a plusieurs choix possibles, dont le parapente, le saut à l'élastique et la tyrolienne. Celle-ci compte de plus en plus d'amateurs. Les gens aiment la sensation que leur procure° la traversée d'un ravin à 100 km/h (*65 m/h*), attachés à un câble. Ils ont le sentiment extraordinaire de voler.

Enfin, les fous de vulcanologie, aussi bien que les vacanciers en manque de sensations fortes, seront ravis° de leur ascension du piton de la Fournaise. Mais attention aux éruptions! C'est l'un des quatre volcans les plus actifs du monde et l'un des plus impressionnants.

Les 2.500 km^2 de l'île, soit deux fois la taille de la ville de New York, offrent une succession de paysages aussi divers que ceux d'un continent. Cela explique le grand nombre d'activités sportives et de sports extrêmes qu'on peut y pratiquer. Alors, cette petite île perdue au milieu de l'océan Indien mérite le détour, non? Allez! Patience! Plus que quelques heures d'avion, et vous y serez! ■

cocotiers: coconut palms
sommeille: lies dormant
cerf-volant: kite
toboggans: slides
de part en part: straight through / *équivaut à: est égal à*
dénivelé: difference in altitude
épreuve sportive: sports event
procure: donne
ravis: très heureux

TEACHING TIPS

Suggestions

- Have students go through the text and locate examples of articles and prepositions used with geographic places. Ask them to explain each use.
- Read the article out loud. Ask students to raise their hands when they hear an infinitive. Pause to identify the word and have students explain the use.
- Have students compare and contrast **le Grand Raid** and **la Mégavalanche** with **le Dakar** (see **p. 156**).
- Call on volunteers to act out the various sports and activities. The class guesses what is being demonstrated.
- Have students make an inventory of all the Francophone places they have "visited" in the **Imaginez** and **Culture** sections throughout the book. Discuss the merits of each place and take a class vote on which places attract them the most.

21st CENTURY SKILLS

Global Awareness
Students will gain perspectives on the Francophone world to develop respect and openness to others and to interact appropriately and effectively with citizens of Francophone cultures.

CRITICAL THINKING

Analysis Ask pairs to choose one sentence from the article that strikes them as particularly interesting. Then ask them to write a paragraph explaining its significance to the article and to the student. Ask volunteers to share their paragraph with the class.

CRITICAL THINKING

Comprehension and Analysis Ask students to make three Venn diagrams to compare and contrast **la Réunion** with your area. They should make a diagram for geography, tourism, and sports. Then have them use this information to write an essay. In their conclusion, they should say which place they prefer and why.

TEACHING TIPS

1 Suggestion Have students check their answers in pairs, pointing out where in the article they found the responses.

2 Expansion
- Ask each student to write one additional comprehension question. Compile the questions and distribute them to the class for answering.
- Ask students to write a paragraph for one of their answers as a homework assignment.

2 Virtual Chat You can also assign Activity 2 on the Supersite. Students record individual responses that appear in your gradebook.

3 Expansion Ask: **Pouvez-vous citer des exemples en faveur des sports extrêmes et en leur défaveur? Un sport extrême peut-il être une forme de rébellion? Ou plutôt un moyen de se détendre?**

4 Suggestion Before groups identify their place, have them read aloud a few descriptive sentences from their paragraphs. The class guesses which place is going to be presented.

4 Extra Practice For a related project, assign groups to research other islands in the Indian Ocean, then write a travel article entitled **Un week-end à**.... If time permits, have students create a visual and oral presentation.

Analyse

1 Answers may vary slightly.
1. Elle se trouve dans l'océan Indien, à 800 kilomètres à l'est de Madagascar.
2. Elle est surnommée «l'île intense» parce qu'on peut y pratiquer de nombreuses activités sportives extrêmes.
3. Le canyoning mélange l'escalade et l'eau.
4. Le kite surf se fait avec un énorme cerf-volant.
5. C'est une course d'endurance pendant laquelle on traverse toute l'île à pied.
6. Ils peuvent participer à la Mégavalanche. C'est une course où les concurrents descendent une montagne à grande vitesse en VTT.
7. Il faut utiliser un câble pour la tyrolienne. On traverse des ravins à 100 km/h, attaché à un câble.
8. On peut escalader le piton de la Fournaise, un des quatre volcans les plus actifs du monde.

1 Compréhension Répondez aux questions par des phrases complètes.

1. Où se trouve l'île de la Réunion?
2. Pourquoi l'île de la Réunion est-elle surnommée «l'île intense»?
3. Quelle activité mélange l'escalade et l'eau?
4. Quel sport extrême se fait avec un énorme cerf-volant?
5. Qu'est-ce que c'est, le Grand Raid?
6. À quelle course les fans de VTT peuvent-ils participer? Décrivez-la en une phrase.
7. Pour quel sport faut-il utiliser un câble? Décrivez-le.
8. Si on s'intéresse à la vulcanologie, qu'est-ce qu'on peut faire à la Réunion?

2 En voyage Répondez aux questions et comparez vos réponses avec celles d'un(e) camarade.

1. L'article vous donne-t-il envie de visiter l'île de la Réunion? Pourquoi?
2. Quand vous voyagez, préférez-vous pratiquer des activités sportives — qu'elles soient extrêmes ou non — ou lézarder au soleil? Pourquoi?
3. Quelles sont les trois choses qui déterminent le plus le choix de votre destination (le climat, l'histoire, les musées, les logements, les restaurants, les prix, les magasins, etc.)? Expliquez.

3 Le sport en évolution? La pratique des sports extrêmes est un phénomène grandissant. Aujourd'hui en effet, ils sont de plus en plus populaires, surtout auprès (*with*) des jeunes, et on peut en pratiquer presque partout. Pourquoi, à votre avis? Par petits groupes, discutez de cette évolution.

4 Pourquoi visiter... Par petits groupes, choisissez un endroit que vous connaissez et qui offre un grand choix d'activités (sportives ou non). Faites une liste de tout ce qu'on peut y faire et écrivez un article de trois paragraphes. Puis, présentez ce lieu à la classe et expliquez pourquoi il est, à votre avis, l'endroit idéal.

Endroit idéal	Activités
________	1. ________
	2. ________
	3. ________
	4. ________

Practice more at **vhlcentral.com.**

PRE-AP®

Integrated Skills Ask students to work in small groups to create an advertising campaign for **la Réunion**, including a slogan, a print brochure, a website, and a TV spot. Students can refer to campaigns for other tourist places. Have groups present their campaigns to the class. Evaluate the presentations on completeness of content, creativeness, accuracy of language, and range of vocabulary and lesson grammar.

PRE-AP®

Presentational Writing Tell students to imagine that they have entered a contest to win a free one-month trip to **la Réunion**. They must write a one-page letter explaining why they want to visit the island and why they are the best candidates. Have students read their letters to the "evaluation committee" (the class) who will choose the winner.

Préparation

À propos des auteurs

Jean-Jacques Sempé (1932–) est né à Bordeaux, en France. En 1954, il crée avec René Goscinny une bande dessinée, *Les aventures du Petit Nicolas*. Ensemble, ils écriront cinq romans du petit Nicolas. Depuis 1960, Sempé publie ses propres recueils de dessins humoristiques, comme *Les musiciens* en 1979. C'est aussi en 1979 qu'il commence à dessiner régulièrement pour la couverture du magazine *The New Yorker*. Depuis plus de 40 ans, Sempé crée des œuvres à l'humour subtil pour les enfants et pour les adultes.

René Goscinny (1926–1977) est né à Paris, mais a passé toute son enfance à Buenos Aires, en Argentine. En 1945, il est allé s'installer avec sa mère, aux États-Unis où il a travaillé comme traducteur. Pendant sa carrière, en collaboration avec plusieurs artistes, il a écrit les scénarios de bandes dessinées célèbres, comme *Lucky Luke* avec Morris, *Le Petit Nicolas* avec Jean-Jacques Sempé, *Astérix et Obélix* avec Albert Uderzo. C'est un des scénaristes les plus connus d'Europe. Il est mort à Paris, à l'âge de 51 ans.

Vocabulaire de la lecture

s'apercevoir *to realize, to notice*
le ballon *ball*
se battre (*irreg.*) *to fight*
chouette *great, cool*
déchirer *to tear*
de nouveau *again*
dedans *inside*
un mouchoir *handkerchief*
une partie *game, match*
sauf *except*
un sifflet *whistle*
souffler *to blow*
surveiller *to keep an eye on*

Vocabulaire utile

la concurrence *competition*
le personnage *character (in a story or play)*

ressources
v̂Text
vhlcentral.com Leçon 8

Note CULTURELLE

Il y a 222 aventures du **Petit Nicolas** écrites par **René Goscinny** et illustrées par **Sempé**. Pour écrire ces histoires, **Goscinny** s'est servi du langage plein de charme des enfants. D'ailleurs, beaucoup de jeunes Français connaissent le petit Nicolas et ses aventures. Ils connaissent aussi: Alceste, son meilleur copain; Agnan, le chouchou de la maîtresse (*teacher's pet*); Geoffroy, dont le papa est très riche; Rufus, fils d'un agent de police; Eudes; Clotaire et les autres.

1 **Définitions** Faites correspondre chaque mot à sa définition.

__c__ 1. se rendre compte	a. surveiller
__e__ 2. un objet dont se sert l'arbitre	b. de nouveau
__d__ 3. un match	c. s'apercevoir
__a__ 4. regarder de près	d. une partie
__b__ 5. encore une fois	e. un sifflet
__f__ 6. super, excellent	f. chouette

2 **Préparation** À quels jeux jouiez-vous avec vos ami(e)s quand vous étiez petit(e)? Quelles sortes de problèmes se présentaient pendant le jeu? Discutez-en avec un(e) camarade de classe.

3 **Discussion** Quel sera le thème de cette lecture? Par groupes de trois, discutez de vos idées.

- Réfléchissez au titre.
- Regardez les illustrations.
- Donnez votre opinion sur ce qui va se passer.

Practice more at **vhlcentral.com**.

Section Goals

In **Littérature**, students will:
- learn about artist Jean-Jacques Sempé and writer René Goscinny
- read their story ***Le football***

Key Standards

1.2, 2.2, 3.1, 5.2

Student Resources
Cahier de l'élève, pp. 141–143; Supersite: Activities, Synced Reading, *eCahier*
Teacher Resources
Answer Keys

TEACHING TIPS

Suggestions
- Discuss the author team of *Les aventures du petit Nicolas*. Ask: **Pourquoi est-ce que Sempé et Goscinny se sont-ils associés? Quels sont les avantages et les inconvénients de travailler sur un projet avec un partenaire?**
- Ask students if they are familiar with any of the comic books written by Goscinny. (Some have also been made into cartoons and movies.) If so, ask students to describe them. If not, bring in examples for students to look at.

Synonymes
- **s'apercevoir↔remarquer**

Suggestion Discuss with students the kinds of children's books and comic books they enjoyed and which were their favorites.

21st CENTURY SKILLS

2 Collaboration
If you have access to students in a Francophone country, ask them to tell your class about the games they played when they were little kids and the kinds of children's books and comics books they enjoyed the most.

CRITICAL THINKING

Comprehension and Analysis Ask students to form small groups. Have groups write a short story using the vocabulary presented here. Once groups have a final draft, ask students to use their story to create an illustrated cartoon strip. Have students present their cartoons to the class. Have them also discuss the process of working on it as a team.

CRITICAL THINKING

Analysis and Synthesis Have students work in pairs. Based on the author information and the vocabulary, ask them to predict what the story will be about. Provide each pair with two copies of a story map. Have pairs fill out the first map to predict the characters, setting, plot, problem, solution, etc. Have them fill out the second one as they read the story.

TEACHING TIPS

Suggestions

- Ask students to look at the illustration and describe what they see. Ask: **À quoi ressemble cette image? (à un ballon de foot)**
- Have students predict if this illustration depicts the beginning, the middle, or the end of the story.
- Discuss the merits of black-and-white art vs. color art. Which do students prefer? Why?
- Tell students that ***Le ballon*** is a first-person narrative, that is, the story is told by the main character Nicolas. Ask: **Est-ce que le fait que le narrateur soit un jeune garçon change votre rapport à l'histoire? Expliquez.**

NATIONAL STANDARDS

Comparisons In France, **le football** is the most popular sport. Children can be found playing **le foot** every chance they get and wearing their favorite player's shirt. Ask students what the most popular sport(s) are in the U.S. and in their town. Discuss children's involvement in sport(s). Include ideas of what they play, when they play, where they play, and how else they show their love of the sport (such as with hats and shirts).

Le **football**

Sempé-Goscinny

CRITICAL THINKING

Knowledge and Evaluation Ask students to recall a time when they and their friends decided to play a pick-up game of basketball, soccer, hide-and-seek, etc. Have them describe where they played, who played, who had what position, etc. Then have them analyze the situation. Ask: **Est-ce que c'était un match amical? Y a-t-il eu des désaccords? Comment ont-ils été résolus? Y avait-il un meneur et, si oui, pourquoi?**

CRITICAL THINKING

Analysis Have students prepare a flow chart to complete as they read the story. They should start with three boxes and add more as needed. In the boxes they will write how they think Nicolas feels at different points of the story and include an example to support the statement. At the end, discuss how Nicolas' attitude changes and why.

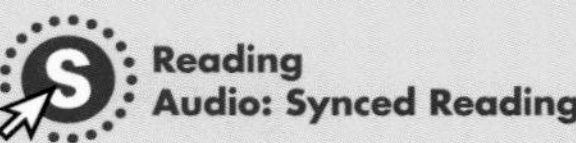

Il a fallu décider comment former les équipes, pour qu'il y ait le même nombre de joueurs de chaque côté.

Alceste nous a donné rendez-vous, à un tas de° copains de la classe, pour cet après-midi dans le terrain vague°, pas loin de la maison. Alceste c'est mon ami, il est gros, il aime bien manger, et s'il nous a donné rendez-vous, c'est parce que son papa lui a offert un ballon de football tout neuf° et nous allons faire une partie terrible°. Il est chouette, Alceste.

Nous nous sommes retrouvés sur le terrain à trois heures de l'après-midi, nous étions dix-huit. Il a fallu décider comment former les équipes, pour qu'il y ait le même nombre de joueurs de chaque côté.

Pour l'arbitre, ça a été facile. Nous avons choisi Agnan. Agnan c'est le premier de la classe, on ne l'aime pas trop, mais comme il porte des lunettes on ne peut pas lui taper dessus°, ce qui, pour un arbitre, est une bonne combine°. Et puis, aucune équipe ne voulait d'Agnan, parce qu'il est pas très fort pour le sport et il pleure trop facilement. Là où on a discuté, c'est quand Agnan a demandé qu'on lui donne un sifflet. Le seul qui en avait un, c'était Rufus, dont le papa est agent de police.

«Je ne peux pas le prêter, mon sifflet à roulette, a dit Rufus, c'est un souvenir de famille°.» Il n'y avait rien à faire. Finalement, on a décidé qu'Agnan préviendrait° Rufus et Rufus sifflerait à la place d'Agnan.

«Alors? On joue ou quoi? Je commence à avoir faim, moi!» a crié Alceste.

Mais là où c'est devenu compliqué, c'est que si Agnan était arbitre, on n'était plus que dix-sept joueurs, ça en faisait un de trop pour le partage. Alors, on a trouvé le truc: il y en a un qui serait arbitre de touche° et qui agiterait un petit drapeau, chaque fois que la balle sortirait du terrain. C'est Maixent qui a été choisi. Un seul arbitre de touche, ce n'est pas beaucoup pour

un tas de: beaucoup de
terrain vague: *vacant lot*
neuf: nouveau
terrible: fantastique
taper dessus: frapper
combine: *clever trick*
souvenir de famille: *heirloom*
préviendrait: *would tell*
arbitre de touche: *linesman*

TEACHING TIPS

Suggestions

- Play the dramatic recording of the story through once. Then play it again, stopping after a few paragraphs to ask yes/no or short answer questions.
- Have volunteers read the paragraphs on this page aloud slowly, illustrating the content with pantomimes and facial expressions.
- After reading lines 12–19, ask volunteers if they have ever experienced a situation of choosing players for a team such as the one depicted here. Ask: **Comment cette méthode de sélection est-elle vécue par un enfant?**

Language Note In line 7, point out that this is a slang meaning of the word **terrible**. Also point out **chouette**, a slang word that means *great, cool*. Ask students: **Pourquoi l'auteur utilise-t-il de l'argot dans ce texte?**

PRE-AP®

Integrated Skills Have students work in groups of eight. Assign the main roles in the story to group members—Nicolas, Alceste, Agnan, Rufus, Maixent, Eudes, Geoffrey, Joachim. Students will also play the roles of the other children in the soccer game. Provide students with materials for making sock puppets and for designing a set. (Alternatively, ask students to bring in the materials.) As the class progresses through the story, stop and allow time for groups to prepare a script for each page. At the end of the story, students put their script together and present a puppet show to the class. If possible, videotape the shows for students to share with their family.

TEACHING TIPS

Suggestions

- As students listen to the dramatic recording or you read aloud, be sure students know what part they are hearing/you are reading. Periodically walk around the room and point to the line to refocus students, as needed.
- Stop periodically and ask students to summarize what has happened so far.
- Ask a volunteer to describe the picture on the page. Ask another student the identity of the character. (Agnan)
- Have students create similar drawings of the other characters in the story.

Language Note Have students note that in speech, the **ne** of the **ne...pas** construction is often dropped. See lines 70 and 83.

surveiller tout le terrain mais Maixent court très vite, il a des jambes très longues et toutes maigres, avec de gros genoux sales. Maixent, il ne voulait rien savoir, il voulait jouer au ballon, lui, et puis il nous a dit qu'il n'avait pas de drapeau. Il a tout de même accepté d'être arbitre de touche pour la première mi-temps°. Pour le drapeau, il agiterait son mouchoir qui n'était pas propre, mais bien sûr, il ne savait pas en sortant de chez lui que son mouchoir allait servir de drapeau.

half-time period

«Bon, on y va?» a crié Alceste.

Après, c'était plus facile, on n'était plus que seize joueurs.

Il fallait un capitaine pour chaque équipe. Mais tout le monde voulait être capitaine. Tout le monde sauf Alceste, qui voulait être goal, parce qu'il n'aime pas courir. Nous, on était d'accord, il est bien, Alceste, comme goal; il est très large et il couvre bien le but. Ça laissait tout de même quinze capitaines et ça en faisait plusieurs de trop.

«Je suis le plus fort, criait Eudes, je dois être capitaine et je donnerai un coup de poing° sur le nez de celui qui n'est pas d'accord!

punch

—Le capitaine c'est moi, je suis le mieux habillé!» a crié Geoffroy, et Eudes lui a donné un coup de poing sur le nez.

C'était vrai, que Geoffroy était bien habillé, son papa, qui est très riche, lui avait acheté un équipement complet de joueur de football, avec une chemise rouge, blanche et bleue.

«Si c'est pas moi le capitaine, a crié Rufus, j'appelle mon papa et il vous met tous en prison!»

Moi, j'ai eu l'idée de tirer au sort° avec une pièce de monnaie. Avec deux pièces de monnaie, parce que la première s'est perdue dans l'herbe et on ne l'a jamais retrouvée. La pièce, c'était Joachim qui l'avait prêtée et il n'était pas content de l'avoir perdue; il s'est mis à la chercher, et pourtant Geoffroy lui avait promis que son papa lui enverrait un chèque pour le rembourser. Finalement, les deux capitaines ont été choisis: Geoffroy et moi.

to draw lots

«Dites, j'ai pas envie d'être en retard pour le goûter, a crié Alceste. On joue?»

Après, il a fallu former les équipes. Pour tous, ça allait assez bien, sauf pour Eudes. Geoffroy et moi, on voulait Eudes, parce que, quand il court avec le ballon, personne ne l'arrête. Il ne joue pas très bien, mais il fait peur. Joachim était tout content parce qu'il avait retrouvé sa pièce de monnaie, alors on la lui a demandée pour tirer Eudes au sort, et on a perdu la pièce de nouveau. Joachim s'est remis à la chercher, vraiment fâché, cette fois-ci, et c'est à la courte paille° que Geoffroy a gagné Eudes. Geoffroy l'a désigné comme gardien de but, il s'est dit que personne n'oserait s'approcher de la cage et encore moins° mettre le ballon dedans. Eudes se vexe facilement. Alceste mangeait des biscuits, assis entre les pierres qui marquaient son but. Il n'avait pas l'air

by drawing straws

much less

CRITICAL THINKING

Knowledge and Comprehension Have students work in small groups. Assign a set of lines to each group. Students write three comprehension questions for their set of lines. Collect all the questions and ask them to the class. If students have trouble answering, tell them in which set of lines the information is found.

CRITICAL THINKING

Comprehension and Application Have students choose one of the characters to write about. They should first include information found in the story, and based on that information, flesh out the rest of the character. They should talk about physical appearance, personality, family, and interests. Then have students compare what they wrote with another student who chose the same character.

content. «Alors, ça vient, oui?» il criait.

On s'est placés sur le terrain. Comme on n'était que sept de chaque côté, à part les gardiens de but, ça n'a pas été facile. Dans chaque équipe on a commencé à discuter. Il y en avait des tas qui voulaient être avant-centres°. Joachim voulait être arrière-droit°, mais c'était parce que la pièce de monnaie était tombée dans ce coin et il voulait continuer à la chercher tout en jouant°.

Dans l'équipe de Geoffroy ça s'est arrangé très vite, parce que Eudes a donné des tas de coups de poing et les joueurs se sont mis à leur place sans protester et en se frottant° le nez. C'est qu'il frappe dur, Eudes!

Dans mon équipe, on n'arrivait pas à se mettre d'accord°, jusqu'au moment où Eudes a dit qu'il viendrait nous donner des coups de poing sur le nez à nous aussi: alors, on s'est placés.

Agnan a dit à Rufus: «Siffle!» et Rufus, qui jouait dans mon équipe, a sifflé le coup d'envoi°. Geoffroy n'était pas content. Il a dit: «C'est malin°! Nous avons le soleil dans les yeux! Il n'y a pas de raison que mon équipe joue du mauvais côté du terrain!»

Moi, je lui ai répondu que si le soleil ne lui plaisait pas, il n'avait qu'à fermer les yeux, qu'il jouerait peut-être même mieux comme ça. Alors, nous nous sommes battus. Rufus s'est mis à souffler dans son sifflet à roulette.

«Je n'ai pas donné l'ordre de siffler, a crié Agnan, l'arbitre c'est moi!» Ça n'a pas plu à Rufus qui a dit qu'il n'avait pas besoin de la permission d'Agnan pour siffler, qu'il sifflerait quand il en aurait envie, non mais tout de même. Et il s'est mis à siffler comme un fou. «Tu es méchant, voilà ce que tu es!» a crié Agnan, qui a commencé à pleurer.

Tout le monde criait, courait. On s'amusait vraiment bien, c'était formidable!

«Eh, les gars!°» a dit Alceste, dans son but.

Mais personne ne l'écoutait. Moi, je continuais à me battre avec Geoffroy, je lui avais déchiré sa belle chemise rouge, blanche et bleue, et lui il disait: «Bah, bah, bah! Ça ne fait rien! Mon papa, il m'en achètera des tas d'autres!» Et il me donnait des coups de pied°, dans les chevilles. Rufus courait après Agnan qui criait: «J'ai des lunettes! J'ai des lunettes!» Joachim, il ne s'occupait de personne, il cherchait sa monnaie, mais il ne la trouvait toujours pas. Eudes, qui était resté tranquillement dans son but, en a eu assez et il a commencé à distribuer des coups de poing sur les nez qui se trouvaient le plus près de lui, c'est-à-dire sur ceux de son équipe. Tout le monde criait, courait. On s'amusait vraiment bien, c'était formidable!

«Arrêtez, les gars!» a crié Alceste de nouveau.

Alors Eudes s'est fâché. «Tu étais pressé de jouer, il a dit à Alceste, eh! bien, on joue. Si tu as quelque chose à dire, attends la mi-temps!»

«La mi-temps de quoi? a demandé Alceste. Je viens de m'apercevoir que nous n'avons pas de ballon, je l'ai oublié à la maison!» ■

center forwards · *right back* · *while still playing* · *while rubbing* · *to come to an agreement* · *kick-off* · *Nice going!* · *guys* · *kicks*

TEACHING TIPS

Suggestions

- Have pairs of students create a set of illustrations to depict lines 155–174.
- Ask students to check their predictions about the illustration on **p. 290**. Were they correct or do they need to change their answer?
- Have students take turns reading a quote from one of the characters. The class guesses who says the line.
- Have pairs of students go back through the reading, noting examples of infinitives and the conditional and explaining the various uses.
- Ask students to give their impressions of the conclusion of the story.

PRE-AP®

Presentational Speaking Ask students to prepare an oral presentation in which they compare and contrast this story with a children's story they know or a children's movie they have seen. They should talk about the characters, the setting, and the action. They should also talk about the problem and how it was resolved.

PRE-AP®

Interpersonal Writing Ask students to write a letter to the author and artist summarizing their impressions of the story and the art, citing specific examples. Students exchange letters with a partner to edit for content, vocabulary use, and grammar. Have students revise for your review.

TEACHING TIPS

1 Expansion Discuss students' responses as a class, encouraging them to ask each other questions about any discrepancies.

2 Language Learning Have students review comparatives and superlatives of adjectives and adverbs, **Structures 6.1, pp. 198–199**, by comparing the different characters.

3 Suggestion Tell students that their paragraph should be eight to ten sentences long.

4 Expansion Have one group member report the group's answers to each item.

5 Previewing Strategy Before writing, have pairs review the uses of infinitives and the conditional. Then discuss which usages would be most helpful in writing their funny stories.

5 Expansion
- Have students exchange drafts for peer editing.
- Read aloud several stories, without saying who wrote it. Have the class guess whose story it is. (Check with students that they are comfortable reading their story to the class.)

Analyse

1 Suggested answers.
1. Ils voulaient jouer au football parce que le papa d'Alceste lui a offert un ballon.
2. Ils ont choisi Agnan parce qu'il porte des lunettes et qu'on ne peut pas lui taper dessus.
3. Le mouchoir de Maixent servait de drapeau. Il n'était pas propre.
4. Tout le monde, sauf Alceste.
5. Il n'aime pas courir.
6. Ils ont tiré au sort avec une pièce de monnaie.
7. Geoffroy et Nicolas.
8. Alceste avait oublié son ballon à la maison.

1 Compréhension Répondez aux questions.

1. Pourquoi les enfants sont-ils allés sur le terrain vague? Qu'est-ce qui leur a donné cette idée?
2. Qui ont-ils choisi pour arbitre? Pourquoi?
3. Qu'est-ce qui servait de drapeau? Comment était cet objet?
4. Qui voulait être capitaine?
5. Pourquoi Alceste ne voulait-il pas être capitaine?
6. Comment ont-ils choisi les deux capitaines?
7. Quels garçons ont été choisis pour être capitaines?
8. Pourquoi les garçons n'ont-ils pas pu faire une partie de football après tout?

2 Les personnages À deux, décrivez le caractère de ces personnages de l'histoire. Comment sont-ils? Qu'est-ce qui les distingue les uns des autres? Ensuite, comparez vos descriptions avec celles de la classe.

1. Alceste
2. Agnan
3. Maixent
4. Geoffroy
5. Eudes
6. Nicolas

3 Interprétation À deux, racontez l'essentiel de cette histoire en huit à dix phrases. Utilisez au moins huit verbes de la liste. Comparez votre résumé avec ceux de la classe.

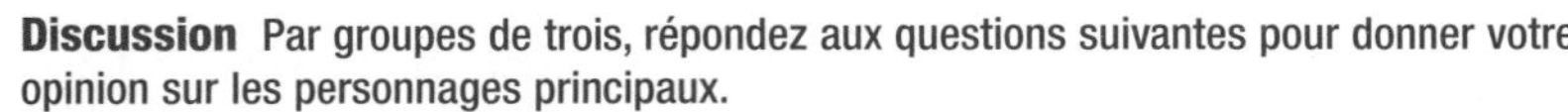

4 Discussion Par groupes de trois, répondez aux questions suivantes pour donner votre opinion sur les personnages principaux.

1. Quel est le personnage que vous aimez le mieux? Pourquoi vous plaît-il?
2. Quel est le personnage que vous aimez le moins? Pourquoi ne vous plaît-il pas?
3. Avez-vous connu des personnes qui ressemblaient aux personnages de cette histoire? Étaient-ce des enfants ou des adultes? Expliquez.
4. Avec quel personnage de l'histoire vous identifiez-vous? Pourquoi?

5 Rédaction Racontez une histoire drôle de votre enfance. Suivez le plan de rédaction.

Plan

1 **Organisation** Choisissez l'histoire que vous allez raconter. Faites une liste des événements et mettez-les dans l'ordre chronologique.

2 **Histoire** Racontez les événements dans un paragraphe. Utilisez le discours direct (*direct quotations*) pour ajouter de l'humour à votre histoire.

3 **Conclusion** Terminez votre histoire par une phrase qui en sera la chute (*punch line*).

ressources

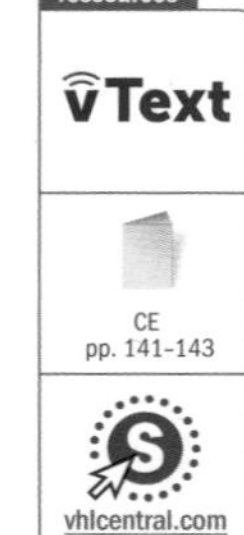

Practice more at **vhlcentral.com.**

CRITICAL THINKING

Evaluation Ask students to evaluate the effectiveness of the story. Ask: **Est-ce que l'histoire a captivé votre attention? Pensez-vous que l'auteur et l'artiste dépeignent bien l'enfance?** Then have students write a brief review. Provide some book review samples as a reference.

CRITICAL THINKING

Analysis Bring in several examples of French comic books (especially those that were illustrated by Goscinny) and examples of U.S. comic books. Have students evaluate the books for content, style, art work, format, etc. Then have a compare-and-contrast discussion of the French and the U.S. books.

Les passe-temps

Audio: Vocabulary
Flashcards
My Vocabulary

Le sport

l'alpinisme (*m.*) *mountain climbing*
un arbitre *referee*
un club sportif *sports club*
une course *race*
un(e) fan (de) *fan (of)*
un pari *bet*
une patinoire *skating rink*
le saut à l'élastique *bungee jumping*
le ski alpin/de fond *downhill/cross-country skiing*
un supporter (de) *fan; supporter (of)*

admirer *to admire*
(se) blesser *to injure (oneself); to get hurt*
s'étonner *to be amazed*
faire match nul *to tie (a game)*
jouer au bowling *to go bowling*
marquer (un but/un point) *to score (a goal/a point)*
siffler *to whistle (at)*

Le temps libre

le billard *pool*
les boules (*f.*)/la pétanque *petanque*
les cartes (*f.*) (à jouer) *(playing) cards*
les fléchettes (*f.*) *darts*
un jeu vidéo/de société *video/board game*
des loisirs (*m.*) *leisure; recreation*
un parc d'attractions *amusement park*
un rabat-joie *killjoy; party pooper*

bavarder *to chat*
célébrer/fêter *to celebrate*
se divertir *to have a good time*
faire passer *to spread (the word)*
porter un toast (à quelqu'un) *to propose a toast*
prendre un verre *to have a drink*
se promener *to take a stroll/walk*
valoir la peine *to be worth it*

Les arts et le théâtre

un billet/ticket *ticket*
une comédie *comedy*
une exposition *exhibition; art show*
un groupe *musical group/band*
un(e) musicien(ne) *musician*
une pièce (de théâtre) *(theater) play*
un spectacle *show; performance*
un spectateur/une spectatrice *spectator*
un tableau *painting*
un vernissage *art exhibit opening*

applaudir *to applaud*
faire la queue *to wait in line*
obtenir (des billets) *to get (tickets)*

complet *sold out*
divertissant(e) *entertaining*
émouvant(e) *moving*

Le shopping et les vêtements

des baskets (*f.*)/des tennis (*f.*) *sneakers/tennis shoes*
un bermuda *(a pair of) bermuda shorts*
une boutique de souvenirs *gift shop*
un caleçon *boxer shorts*
une culotte *underpants (for females)*
une garde-robe *wardrobe*
un gilet *sweater/sweatshirt (with front opening)*
une jupe (plissée) *(pleated) skirt*
un magasin de sport *sporting goods store*
un nœud papillon *bow tie*
une robe de soirée *evening gown*
un slip *underpants (for males)*
des souliers (*m.*) *shoes*
des talons (*m.*) (aiguilles) *(stiletto) heels*

Court métrage

un capitaine *captain*
un centre de formation *sports training school*
un club *team*
un coup franc *free kick*
un duel *one-on-one*
un entraîneur *coach*
une faute *foul*
un maillot *jersey*
une revanche *revenge*
un terrain (de foot) *(soccer) field*
la veille *day before*
les vestiaires (*m.*) *locker room*

lâcher *to let go*
vivre quelque chose par l'intermédiaire de quelqu'un *to live something vicariously through someone*
vivre (quelque chose) par procuration *to live (something) vicariously*

en pointe *forward, up front*

Culture

un casse-cou *daredevil*
un frisson *thrill*
une montée d'adrénaline *adrenaline rush*
le parapente *paragliding*
la roche *rock*
un(e) vacancier/ère *vacationer*
un VTT (vélo tout terrain) *mountain bike*

se dépasser *to go beyond one's limits*
escalader *to climb, to scale*
glisser *to glide*
grimper à *to climb*
lézarder au soleil *to bask in the sun*
parcourir *to go across*
sauter *to jump*
tenter *to attempt; to tempt*
vaincre ses peurs *to confront one's fears*
voler *to fly*

Littérature

le ballon *ball*
la concurrence *competition*
un mouchoir *handkerchief*
une partie *game, match*
le personnage *character (in a story or play)*
un sifflet *whistle*

s'apercevoir *to realize, to notice*
se battre (*irreg.*) *to fight*
déchirer *to tear*
souffler *to blow*
surveiller *to keep an eye on*

chouette *great, cool*
de nouveau *again*
dedans *inside*
sauf *except*

ressources

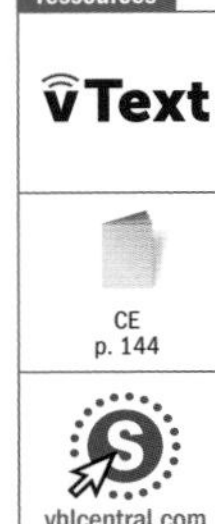

Key Standards

4.1

Student Resources
Cahier de l'élève, p. 144; Supersite: Vocabulary, *eCahier*
Teacher Resources
Audio Activity MP3s/CD; Testing program: Lesson Test

TEACHING TIPS

Language Learning

- Play a game of **Catégories**. Have students form pairs and close their books. Name a category of the vocabulary section. Allow students two minutes to jot down every vocabulary word they can think of in that category. Then tally the points by this method: One pair reads their list slowly. If another pair has the same word they raise their hands. Both pairs cross the shared words off their lists. When the first pair finishes reading their list, another pair begins reading any words not yet crossed out. After all pairs have read their remaining words, they tally the number and compare scores.
- Ask students to write a 20-question vocabulary quiz for their classmates. Encourage them to vary the style of questions, such as multiple choice, fill-in, sentence writing, and picture identification. Then have students exchange their quiz with another student. Once students have completed their quizzes, they return the quiz for correction to the person who designed it.

21st CENTURY SKILLS

Leadership and Responsibility Extension Project
Establish a partner classroom in the Francophone world. As a class, have students decide on three questions they want to ask the partner class related to the topic of the lesson they have just completed. Based on the responses they receive, work as a class to explain to the partner class one aspect of their responses that surprised the class and why.

LEARNING STYLES

For Kinesthetic Learners Play a game of **Dessinez, c'est gagné.** Divide the class into two teams. Have a member from each team come to the board. Secretly give them a vocabulary word that can be represented visually. Then the members draw a picture that represents the word. The first team to guess the word gets a point.

LEARNING STYLES

For Auditory Learners Play **Bingo**. Photocopy a bingo card for each student. Students illustrate or define a vocabulary word in each box to fill all the boxes. For the first few rounds, act out the words if possible. In later rounds call out conjugated forms of the verbs or sample sentences. If students have the word on their bingo card, they cover it with a playing piece (beans, etc.). Play to win horizontally, vertically, diagonally, or "cover all."

Lesson Goals

In **Leçon 9**, students will:

- study vocabulary related to work, people at work, and finances
- watch the short film ***Bonne nuit Malik***
- learn about Brazzaville and Kinshasa
- watch an ad for **Oui Marketing**, a Canadian company specializing in marketing campaigns
- study and practice relative pronouns
- study and practice the present participle
- study and practice irregular **-oir** verbs
- read an article about women entrepreneurs in Africa
- read **Marie Le Drian's** story ***Profession libérale***

21st CENTURY SKILLS

Initiative and Self-Direction
Students can monitor their progress online using the Supersite activities and assessments.

TEACHING TIPS

Point de départ Discuss the photo and the caption. Ask: **Êtes-vous d'accord avec la légende «Avec de l'initiative, on peut surmonter beaucoup d'obstacles»? Expliquez. Quelles autres qualités sont nécessaires pour réussir?**

Suggestion Have students work in small groups to read the paragraph in the yellow box. Ask them to discuss the answers to the questions and then present their ideas to the class. Then discuss which professions might have the most positive impact on others.

LEÇON 9

Perspectives de travail

Après avoir fait des études, on est souvent plein d'ambition. On veut réussir sa carrière professionnelle. Mais qu'est-ce que cela veut dire? Faire ce qu'on aime? Avoir un impact positif sur les autres? Pour ceux qui n'ont pas fait d'études, est-ce qu'il y a la possibilité d'une carrière professionnelle? Pourquoi? N'avons-nous pas tous un talent que nous pouvons transformer en une entreprise?

Avec de l'initiative, on peut surmonter beaucoup d'obstacles.

INSTRUCTIONAL RESOURCES

Student Resources
Print: Student Book, Workbook (*Cahier de l'élève*)
Supersite: vhlcentral.com, **vText**, *eCahier*, Audio, Video, Practice

Teacher Resources
Print: Teacher's Edition, Answer Keys, Testing Program
Technology: Audio MP3s on CD (Textbook, Testing Program, Audio Program), Video Program DVD (Film Collection)
Supersite: vhlcentral.com, Lesson Plans, Grammar Tutorials, Grammar Slides, Testing Program, Audio and Video Scripts, Answer Key, Audio MP3s, Streaming Video (Film Collection), Digital Image Bank, Learning Management System (Gradebook, Assignments)

Voice boards on the Supersite allow you and your students to record and share up to five minutes of audio. Use voice boards for presentations, oral assessments, discussions, directions, etc.

300 **COURT MÉTRAGE**
Malik et son jeune frère Bilal sont préoccupés par le travail, chacun à sa manière. Dans ce court-métrage de **Bruno Danan**, le nouvel emploi de Malik va le confronter à ses origines, mais l'éthique a-t-elle encore sa place quand votre salaire est en jeu?

306 **IMAGINEZ**
En **Afrique Centrale**, deux capitales, **Brazzaville** et **Kinshasa**, forment une des plus grandes métropoles francophones du monde. Sur un autre continent, l'agence québécoise **Oui Marketing** présente sa vision de l'industrie de la publicité.

323 **CULTURE**
L'article, *Des Africaines entrepreneuses*, pulvérise les préjugés au sujet des femmes en **Afrique**. Grâce au micro-financement, un grand nombre d'entre elles peuvent créer leur propre entreprise.

327 **LITTÉRATURE**
Avec beaucoup d'humour, **Marie Le Drian** nous montre, dans *Profession libérale*, les avantages d'exercer une profession où on n'a pas de patron.

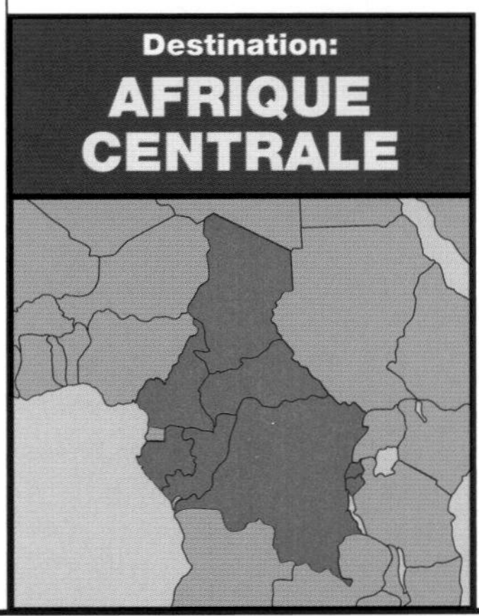

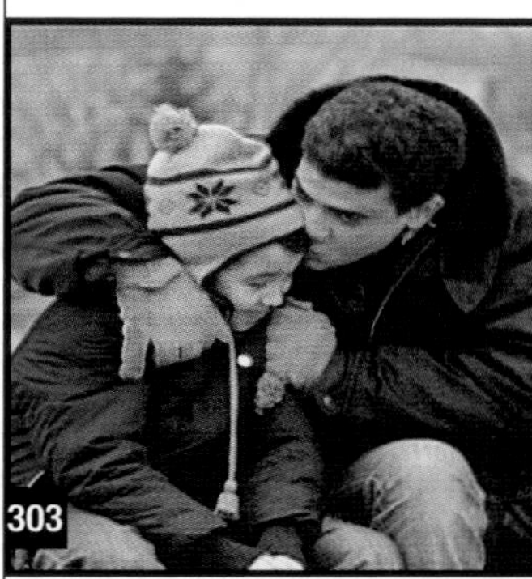

298 **POUR COMMENCER**

310 **STRUCTURES**

9.1 Relative pronouns

9.2 The present participle

9.3 Irregular -oir verbs

331 **VOCABULAIRE**

TEACHING TIPS

Previewing Strategy Ask students questions about their personal career goals. Examples: **Dans quel domaine aimeriez-vous faire votre carrière? Quels avantages ont ceux qui réussissent leurs études? Connaissez-vous quelqu'un qui n'a pas de diplômes? Quelles possibilités a-t-il/elle maintenant? Fait-il/elle un travail important ou intéressant? Avons-nous le droit de dire qu'un emploi n'est pas important, ou pas intéressant?**

Suggestions

- Give students a copy of a map of Africa with only country borders. Have them highlight the countries shown on the map on **p. 297** and write the names of the countries. Then have them add the cities of Brazzaville and Kinshasa and label the Congo River.
- Discuss with students the concept of microfinancing—providing financial services for poor and low-income clients. One of the goals is to help poor people out of poverty by providing small loans for little or no collateral. Ask: **Quels sont les avantages de ce système pour les clients? Quels risques prennent ces institutions financières?**

DIFFERENTIATION

For Inclusion Have students work in pairs to brainstorm a list of five to seven professions and words related to professions. As a class, compile all the vocabulary for students to refer to throughout the lesson. If no one has included any financial professions, suggest a few. Examples: **banquier, analyste financier, agent de change.**

DIFFERENTIATION

To Challenge Students Have students choose one of the illustrations on the two pages. Students write a paragraph that includes the following: a physical description of the picture, how the people feel, what the people might be saying, and how t hey feel about the picture.

Section Goals

In **Pour commencer**, students will learn and practice vocabulary related to work, people at work, and finances.

Key Standards

1.1, 1.2, 4.1

Student Resources
Cahier de l'élève, pp. 145–147; Supersite: Activities, Vocabulary, *eCahier*
Teacher Resources
Answer Keys; Audio Script; Audio Activity MP3s/CD; Testing program: Vocabulary Quiz

TEACHING TIPS

Synonymes

diriger↔administrer, gérer
exiger↔requérir
licencier↔renvoyer

Fainéant can also be an adjective, synonymous to **paresseux**.

une carte de crédit/de retrait↔une carte bancaire
un(e) gérant(e)↔un(e) directeur/directrice

Language Learning

- Point out that **licencier** means *to lay off* while **renvoyer** means *to fire.*
- Mention that **un gérant** is a term more specifically used for a manager of a store or of a bank agency, while **un directeur** is a very general term that's applied to a number of management positions. **Chef** is used for mid-management positions as in **un chef de service** (*department head*).
- A *CEO* is called **un PDG (president directeur général)**
- Reintroduce review words: **dépenser** (*to spend*), **emprunter** (*to borrow*), and **prêter** (*to loan*).

POUR COMMENCER

Le travail et les finances

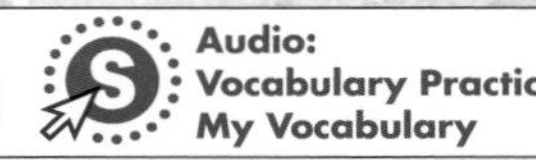

Le monde du travail

une augmentation (de salaire) *raise (in salary)*
un budget *budget*
le chômage *unemployment*
un(e) chômeur/chômeuse *unemployed person*
un entrepôt *warehouse*
une entreprise (multinationale) *(multinational) company*
un(e) fainéant(e) *lazybones*

une formation *training*
un grand magasin *department store*

un poste *position, job*
une réunion *meeting*
le salaire minimum *minimum wage*
un syndicat *labor union*
une taxe *tax*
le temps de travail *work schedule*

avoir des relations (*f.*) *to have connections*
démissionner *to quit*
embaucher *to hire*
être promu(e) *to be promoted*
être sous pression (*f.*) *to be under pressure*

exiger *to demand*
gagner sa vie *to earn a living*
gérer/diriger *to manage; to run*
harceler *to harass*
licencier *to lay off; to fire*
poser sa candidature à/pour *to apply for*
solliciter un emploi *to apply for a job*

au chômage *unemployed*
(in)compétent(e) *(in)competent*
en faillite *bankrupt*

Les finances

la banqueroute *bankruptcy*
une carte de crédit/de retrait *credit/ATM card*
un chiffre *figure; number*
un compte chèques *checking account*
un compte d'épargne *savings account*
la crise économique *economic crisis*
une dette *debt*
un distributeur automatique *ATM*
des économies (*f.*) *savings*
un marché (boursier) *(stock) market*
la pauvreté *poverty*

les recettes (*f.*) et les dépenses (*f.*) *receipts and expenses*

avoir des dettes *to be in debt*
déposer *to deposit*
économiser *to save*
investir *to invest*
profiter de *to take advantage of; to benefit from*
toucher *to get; to receive (a salary)*

à court/long terme *short-/long-term*
disposé(e) (à) *willing (to)*
épuisé(e) *exhausted*

financier/financière *financial*
prospère *successful; flourishing*

Les gens au travail

un cadre *executive*
un(e) comptable *accountant*
un(e) conseiller/conseillère *advisor*
un(e) consultant(e) *consultant*
un(e) employé(e) *employee*
un(e) gérant(e) *manager*
un homme/une femme d'affaires *businessman/woman*

un(e) membre/un(e) adhérent(e) *member*
un(e) propriétaire *owner*
un(e) vendeur/vendeuse *salesman/woman*

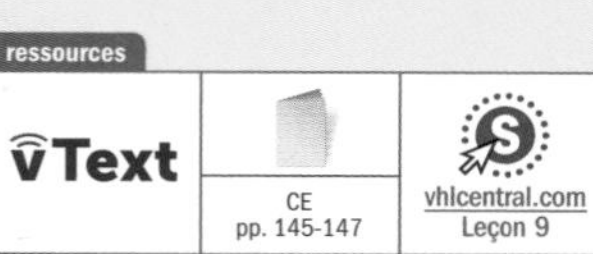

LEARNING STYLES

For Kinesthetic Learners Have students work in pairs and choose one of the pictures on **p. 298** to act out using the new vocabulary. They should think about what the person or people in the picture are saying and doing. If there is only one person in the picture, they should imagine how a second person would interact in the scene. Ask them to make up a short story or conversation for one picture to act out for the class. The class guesses which picture is being depicted.

For Visual Learners Divide students into pairs and assign them four vocabulary words from each section. Have each pair draw one picture that includes all four words. Tell them not to label the pictures. Finally, have students display their finished pictures and ask other students to determine which words are illustrated.

Mise en pratique

1 **Au travail** Choisissez le meilleur terme pour compléter chaque phrase.

adhérent	compte d'épargne	fainéant	licencier	promu
comptable	dettes	gérant	pression	syndicats

1. Je suis ___gérant(e)___ d'un magasin, je le dirige.
2. Ma patronne m'a ___licencié(e)___, je suis donc au chômage.
3. Je dépense plus d'argent que je n'en touche, alors j'ai des ___dettes___.
4. Pour économiser, mon ami dépose souvent de l'argent sur son ___compte d'épargne___.
5. Je veux devenir ___comptable___ parce que j'aime travailler avec les chiffres.
6. J'étais heureux d'être ___promu___ avec augmentation de salaire.
7. Je l'ai licencié parce que c'était un ___fainéant___.
8. Une femme d'affaires est souvent sous ___pression___.

2 **Mots croisés** Complétez la grille par les mots qui correspondent aux définitions.

Horizontalement
A. Un rendez-vous entre collègues
C. Calcul des recettes et des dépenses
F. Décider d'abandonner son emploi
J. Elle peut être de crédit ou de retrait
M. Somme à payer au gouvernement sur le prix des objets achetés

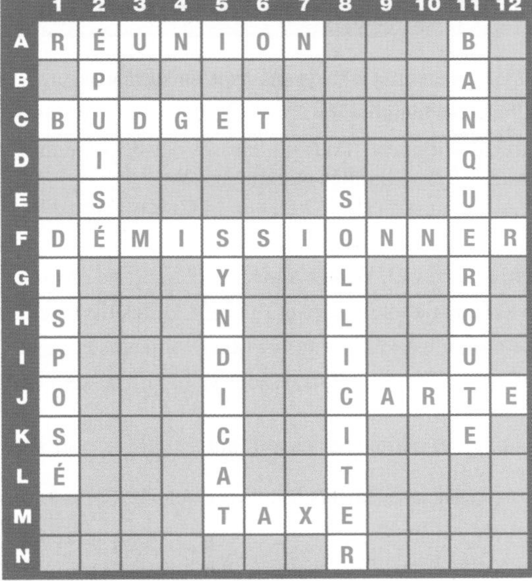

Verticalement
1. Prêt à faire quelque chose
2. Très fatigué
5. Association qui défend les intérêts professionnels communs
8. Poser sa candidature
11. Ce qu'on déclare quand on est en faillite

3 **Les solutions** Discutez de ces problèmes à deux. Ensuite, trouvez des solutions.

A. Après avoir terminé mes études de finances, j'ai obtenu mon premier emploi à la bourse. J'ai perdu ce travail et j'ai de plus en plus de dettes. Je sollicite toutes sortes d'emplois, mais personne ne m'embauche. Faut-il avoir des relations bien placées?

B. Je dirige une entreprise très prospère, et j'ai donc beaucoup d'argent sur mon compte d'épargne. J'ai envie de faire des investissements, mais je ne comprends pas comment ça fonctionne. Quels profits pourrais-je en tirer?

Practice more at **vhlcentral.com.**

PRE-AP®

Integrated Skills Have students review the vocabulary related to the world of work. Provide them with some want ads from a recent French-language newspaper or printed out from the Internet. Tell them to choose a job, write out why they think they are qualified, and write questions they would ask a future employer. Then tell them to imagine they are calling the office number and leave a message on the answering machine with all pertinent data. They should speak for at least one minute and ask two questions. Say: **Vous allez appeler un employeur potentiel et lui exposer vos qualifications. Posez au moins deux questions sur le travail auquel vous postulez. Utilisez le vouvoiement.**

TEACHING TIPS

1 Suggestion Remind students to make any necessary agreements.

1 Expansion Have students go over their answers in pairs.

21st CENTURY SKILLS

Financial, Economic, Business, and Entrepreneurial Literacy
Ask questions that will activate prior knowledge about the topic and prepare them to compare with what they learn in the chapter. For example: Do you work outside of school? What is the role of work in your life? How could that role be improved? Be prepared to compare your experience around work with what you learn in this lesson.

2 Suggestion Have pairs ask each other questions that elicit the correct responses. Example:
—Comment appelle-t-on un rendez-vous entre collègues?
—On l'appelle… une réunion.

3 Suggestion To guide students in their discussion, ask: **Comment la personne qui a «le problème A» pourrait-elle aider celle qui a «le problème B» et vice versa?**

Extra Practice Have students work in groups to discuss their dream job. Ask: **Quel est le poste de vos rêves? Voudriez-vous devenir cadre dans une entreprise, un homme ou une femme d'affaires? Combien toucheriez-vous?** Then have them discuss the advantages or disadvantages of their chosen careers.

Previewing Strategy Survey students' work and financial experience. Ask: **Avez-vous déjà préparé votre curriculum vitæ? Avez-vous déjà eu un entretien d'embauche? Avez-vous un compte bancaire? Mettez-vous de l'argent de côté?**

Section Goals

In **Court métrage**, students will:

- watch the short film ***Bonne nuit Malik***
- practice listening for and using vocabulary and grammar from the lesson

Key Standards

1.2, 2.1, 2.2, 4.1, 4.2, 5.2

Student Resources
Cahier de l'élève, pp. 160–161; Supersite: Video, Activities, *eCahier*
Teacher Resources
Answer Keys, Video Script & Translation, Film Collection DVD

NATIONAL STANDARDS

Cultures In the film, Malik uses the word **pote**. This word is used in the slogan of the anti-racism organization **SOS Racisme: Touche pas à mon pote**. Ask students to research information about the organization—its goal, history, activities, and logo—to present to the class.

TEACHING TIPS

Suggestion Introduce the new vocabulary with some questions. Examples: **Quand votre réveil sonne le matin, est-ce que vous vous rendormez? Quelle est votre poésie favorite?**

1 Suggestion Have students compare their answers in pairs.

2 Expansion Call on students to read the full sentences aloud. Correct pronunciation errors.

Préparation

Vocabulaire du court métrage

- **une boîte (de nuit)** *(night)club*
- **un boulot** *job*
- **des consignes (*f.*)** *instructions*
- **une poésie** *poem*
- **un portier** *bouncer*
- **un(e) pote** *friend, buddy*
- **raconter** *to tell*
- **récupérer** *to recover; to rest*
- **se rendormir** *to go back to sleep*
- **retirer** *to take off*
- **taper** *to hit*
- **se terminer** *to end*

Vocabulaire utile

- **la boxe** *boxing*
- **faire carrière (dans)** *to pursue a career (in)*
- **pouvoir se regarder dans une glace** *to be able to live with oneself*
- **s'en sortir** *to make it*
- **une tâche** *task*
- **taquiner** *to tease*

EXPRESSIONS

- **donner sa langue au chat** *to give up trying to guess something*
- **être à l'essai** *to be on a trial period (at a job)*
- **faire une sortie avec l'école** *to go on a school trip*
- **point barre** *end of story*
- **savoir s'y prendre** *to know how to go about something*

1 **Au bureau** Complétez les phrases à l'aide des mots de vocabulaire.

1. Le contrat de Claire est bientôt fini, il ___se termine___ à la fin du mois.
2. Guillaume est très désorganisé. Pour lui, classer des documents et ranger son bureau sont des ___tâches___ inutiles et ennuyeuses.
3. Avant de partir en vacances, Hélène laisse toujours des ___consignes___ à son assistant.
4. Avant de se mettre au travail, Benoît aime ___retirer___ ses chaussures.
5. La patronne de Clément adore parler et ___raconter___ des histoires à ses employés.
6. Pignon, écoutez-moi, c'est tout! Faites ce que je vous dis et ___point barre___.
7. Émilie sera d'abord ___à l'essai___. Puis, si tout va bien, elle sera embauchée à temps plein.
8. Quand la photocopieuse ne marche pas, il faut ___taper___ sur son flanc (*side*).

2 **Associations** À deux, reliez les éléments des deux colonnes. Soyez logiques!

___e___	1. Puisque tu ne sais pas,	a. ...va récupérer!
___c___	2. Les enfants t'adorent,	b. ...tu dois vraiment être passionné.
___f___	3. Si tu travailles bien à l'école,	c. ...tu sais vraiment t'y prendre pour leur parler.
___b___	4. Si tu veux faire carrière dans un domaine particulier,	d. ...tu peux te regarder dans une glace.
___a___	5. Tu es fatigué,	e. ...donne ta langue au chat.
___d___	6. Quand tu n'as pas honte de tes actions,	f. ...ce sera plus facile de t'en sortir dans ta vie adulte.

ressources
vText
vhlcentral.com
Leçon 9

Practice more at **vhlcentral.com.**

CRITICAL THINKING

Comprehension and Application Have students work in small groups to write a short skit about the theme of the working world. The skit must incorporate at least eight of the new vocabulary words. Remind students to also review the **Pour commencer** vocabulary. Have all groups present their skits. Ask the class to listen for and list the vocabulary used.

CRITICAL THINKING

Analysis Ask students to write a brief paragraph about the meaning of the expression **pouvoir se regarder dans une glace**. They should first write about the literal meaning, with examples of when people look in a mirror. They should then write about the figurative meaning, focusing on the symbolism of the mirror.

3 **Le travail** En petits groupes, répondez aux questions.

1. Pensez-vous qu'il soit important d'aimer son travail? Expliquez.
2. Les gens autour de vous aiment-ils leur travail en général? Qu'est-ce qui semble rendre leur profession plus ou moins agréable?
3. D'après vous, quels sont les problèmes que les gens rencontrent le plus souvent dans leur travail?
4. Comment imaginez-vous votre propre vie professionnelle? Dans quel domaine allez-vous essayer de faire carrière et pourquoi?
5. Pourriez-vous garder un emploi qui serait en opposition avec vos idées?
6. Est-ce qu'il y a des emplois qui peuvent avoir un impact négatif sur votre vie privée ou ne pas être appréciés par votre famille?

4 **Enquête** Qu'est-ce que c'est, l'emploi idéal? À deux, demandez à vos camarades d'évaluer l'importance (de 1 à 3) de ces critères, puis commentez les résultats en paires.

Critères

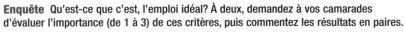

- Un bon salaire
- La taille de l'entreprise
- Des projets motivants
- Des tâches variées
- Un bureau ou un équipement moderne
- De bons horaires
- Un(e) patron(ne) compréhensif/-ive
- Un vrai esprit d'équipe
- Des collègues sympas
- La tolérance et le respect de la diversité
- Pouvoir rester soi-même
- Avoir le sentiment de faire un travail utile
- Autre (précisez)

5 **Les lycéens et l'emploi** À deux, posez-vous ces questions. À défaut de pouvoir (*If you cannot*) répondre personnellement à certaines questions, parlez d'une de vos connaissances.

1. As-tu actuellement (*currently*) un job après l'école et/ou pendant le week-end? Si oui, que fais-tu? As-tu eu des difficultés à obtenir ce travail?
2. As-tu déjà été candidat(e) à un emploi pour lequel tu n'as pas été sélectionné(e)? Si oui, comment expliques-tu ce rejet?
3. Est-ce plutôt facile ou difficile de trouver un travail quand on est lycéen(ne) dans ta ville ou ton village? Quels facteurs semblent jouer un rôle dans le processus de sélection? Quels types d'emploi sont généralement accessibles aux lycéen(ne)s?

6 **Anticipez** En petits groupes, imaginez ce que ce personnage fait comme travail et quelle(s) responsabilité(s) il a dans la vie. A-t-il l'air heureux? Quels problèmes professionnels peut-il avoir?

TEACHING TIPS

3 Suggestions

- For item 1, discuss the benefits of doing something you don't like.
- For item 3, also ask students to discuss the general problems they have in their school life and then ask if they see similarities between the two lists.

4 Suggestion Discuss the details of each item in the list. For example: What is a good salary for an entry-level job? Is flex-time important?

5 Previewing Strategy You may want to review the **Note culturelle** on **p. 191**.

PRE-AP®

Audiovisual Interpretive Communication
Students interact with prompts that engage more experiences on which to both reflect and prepare to understand the film.

6 Previewing Strategy Before discussing the questions, have students describe the photos in as much detail as possible.

6 Suggestion Tell groups to write out their descriptions in five or six sentences. Then have volunteers read them for the class in order to compare ideas.

CRITICAL THINKING

Comprehension and Analysis Have students research and print out job descriptions from the Internet. Discuss the working conditions of the jobs. Then have students choose which job is best for them based on their rankings in Activity 4, and explain why.

PRE-AP®

Interpersonal Speaking Have students work in pairs to prepare and present an interview between a job applicant and a human resources director. Students must first decide on a job and create its description. The HR director will ask the interviewee about his/her job qualifications. The interviewee will ask questions about the job's responsibilities and the working conditions.

TEACHING TIPS

Suggestions

- Have students look at the movie poster and describe what they see. Ask: **À quoi pense chaque personne sur cette affiche? Que se disent-ils? Selon vous, qu'est-il arrivé avant cette scène? Que va-t-il se passer?**
- Give each student some sticky tabs and ask them to label the poster with as many nouns, verbs, and adjectives as they can.

21st CENTURY SKILLS

Social and Cross-Cultural Skills Have students work in groups to choose one or two aspects of the film that is different from what they would expect in their daily life. Ask students to write two to three sentences about the difference(s) and how they would explain what is different to a visitor from that culture.

Video: Short Film

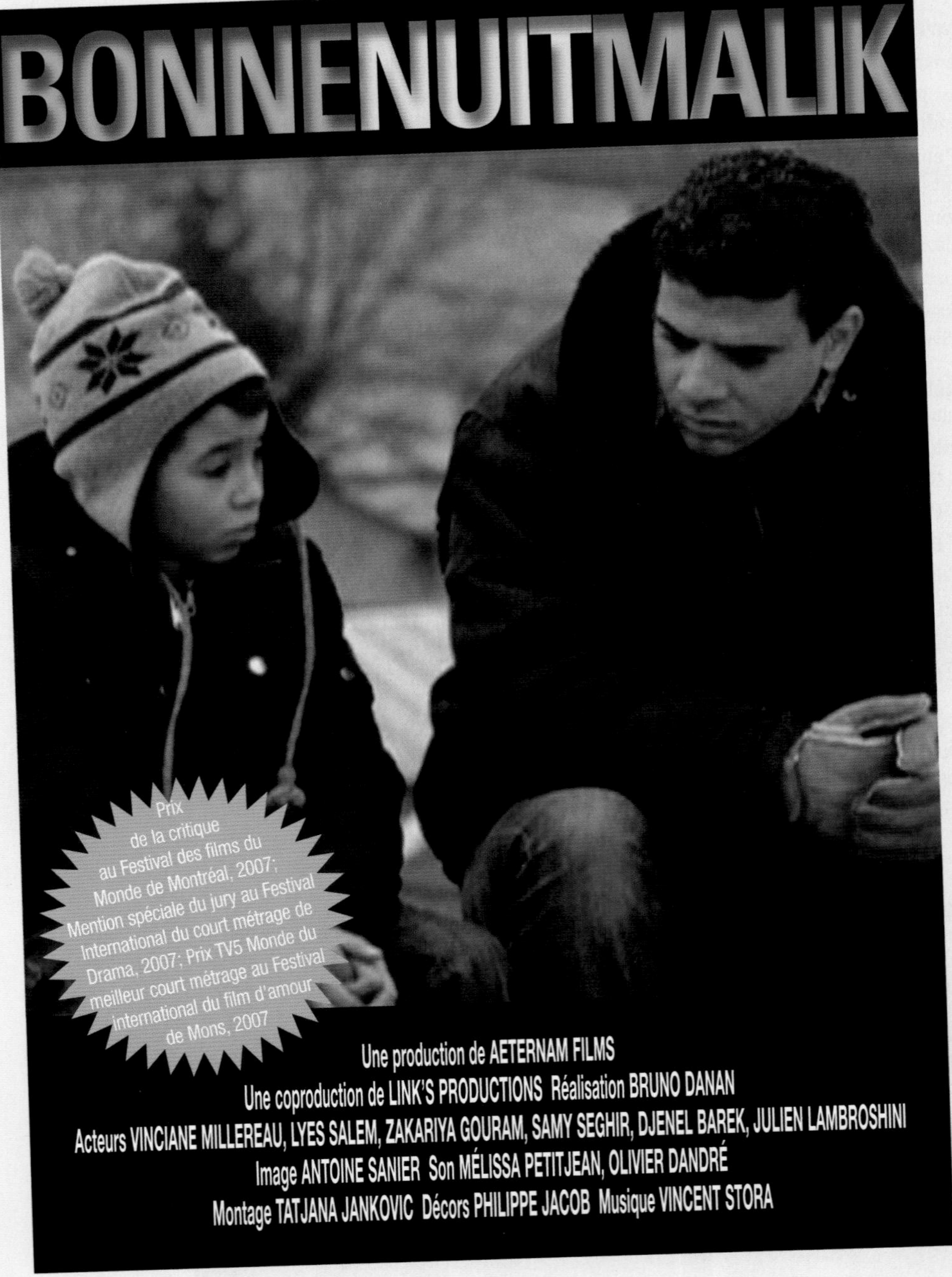

BONNENUITMALIK
Prix de la critique au Festival des films du Monde de Montréal, 2007; Mention spéciale du jury au Festival International du court métrage de Drama, 2007; Prix TV5 Monde du meilleur court métrage au Festival international du film d'amour de Mons, 2007
Une production de AETERNAM FILMS
Une coproduction de LINK'S PRODUCTIONS Réalisation BRUNO DANAN
Acteurs VINCIANE MILLEREAU, LYES SALEM, ZAKARIYA GOURAM, SAMY SEGHIR, DJENEL BAREK, JULIEN LAMBROSHINI
Image ANTOINE SANIER Son MÉLISSA PETITJEAN, OLIVIER DANDRÉ
Montage TATJANA JANKOVIC Décors PHILIPPE JACOB Musique VINCENT STORA

CRITICAL THINKING

Analysis and Synthesis After students watch the film, ask them to sketch a new poster. They should create an image that they feel best portrays the content and meaning of the film. Ask students to describe their poster and compare and contrast it with the poster on this page. Display the posters in the room for the class to choose the one that best represents the film.

CRITICAL THINKING

Comprehension Discuss sibling relationships with students. Tell students to observe the relationship between the two brothers as they watch the film and jot down notes. Then have students write a brief paragraph describing the relationship as well as their opinion of the older brother's actions and words.

INTRIGUE *Il encourage son jeune frère Bilal à exprimer son originalité à l'école, mais Malik défendra-t-il sa propre identité dans son nouveau travail?*

MALIK La petite Juliette, elle est toujours amoureuse de toi?
BILAL N'importe quoi…
MALIK La prof m'a dit que vous vous étiez fait des bisous…
BILAL Non.
MALIK Vas-y, montre-moi comment elle t'a fait un bisou…

MALIK «Elles sont parties?»
BILAL Féminin?
MALIK Féminin quoi?
BILAL Féminin pluriel?
MALIK Et ça se termine comment alors?
BILAL Ah oui! «ies»
MALIK Ben ouais, ce n'est pas compliqué!

PATRON Merci… Bon, c'était du bon boulot ce soir… Tu sais t'y prendre, ça va… Il ne devrait pas y avoir de problème pour la suite. Tiens.
MALIK Merci.
PATRON Bon, à demain alors?
MALIK Tchao.
PATRON Bonsoir.

BILAL C'est dur, les rimes. Même la professeur, elle a dit qu'on n'était pas obligé.
MALIK Mais justement, c'est ça qui fera ton originalité!
BILAL Je ne sais pas trop…
MALIK Tu n'es pas convaincu? Mais essaye! Tu vas cartonner, tu vas voir!

MALIK Bonsoir… Vous êtes ensemble?
COUPLE Heu… Ouais!
MALIK Désolé, ce ne sera pas possible pour ce soir…
FEMME C'est quoi ce délire°?…
MALIK N'insistez pas, c'est négatif.

MALIK Il est trop tôt, rendors-toi!
BILAL C'est pour ma poésie. Il faut que je la récite devant la classe aujourd'hui.
MALIK Bon, ben vas-y.
BILAL C'est une chauve-souris°, il dort le jour et vit la nuit… Tu dors? Bonne nuit Malik.

C'est quoi ce délire? *What's going on here?* **chauve-souris** *bat*

Note CULTURELLE

CDD ou CDI?

Il y a beaucoup d'acronymes dans le marché du travail français. Quand on a un emploi, on peut être embauché en intérim si c'est une mission temporaire (on est alors intérimaire); en CDD, ou contrat à durée déterminée, si c'est un travail de quelques mois; et en CDI, ou contrat à durée indéterminée, si le poste est permanent. Le salaire minimum est appelé le SMIC, c'est-à-dire Salaire minimum interprofessionnel de croissance.

TEACHING TIPS

Film Synopsis A young man of Arab descent and his little brother are busy with their work—the older brother with his new job and the younger brother with writing a poem for school.

Previewing Strategies

- In pairs, ask students to cover up the captions and look at just the images. Ask them to invent original captions, based solely on the visual cues.
- Ask students to describe the characters' personalities based on the movie stills and captions. Then encourage them to make predictions about how the film ends.

Suggestions

- Show the film the first time through without pausing so that students can just get the gist.
- Show the film a second time, pausing after approximately every 30 seconds and ask comprehension questions.
- Show the film a third time, again pausing after approximately every 30 seconds. Ask students for a summary.
- Ask students to analyze the predictions they made about the content of the film.

CRITICAL THINKING

Analysis Before viewing the film, ask students to describe what each character is feeling in each still. Encourage students to focus on facial expressions and body language for clues. When showing the film, pause after reaching each still on this page. Have students confirm their descriptions.

CRITICAL THINKING

Comprehension Throughout the film, Malik gives his little brother advice and lessons. Show the film again and have students tell you to stop at these points. Discuss these teaching moments and what they tell you about Malik's character.

TEACHING TIPS

Previewing Strategy Before beginning the **Analyse** section, replay the audio only of the film for students to practice their listening skills.

1 Suggestion Replay relevant sections of the film and have students check their answers.

2 Suggestion Have students work in pairs and write the sentences on separate strips of paper. Then have them arrange the strips in chronological order.

3 Expansion Have students write two more interpretation questions using new vocabulary from the film. Call on volunteers to ask their questions to the rest of the class.

4 Suggestion Discuss students' answers as a class. Replay scenes of the film as necessary or to illustrate the discussion.

Analyse

1 Answers may vary slightly.
1. Faux. Ils se parlent dans le canapé. Malik lit un livre et Bilal fait ses devoirs.
2. Faux. Il vient d'obtenir ce poste et il est à l'essai.
3. Vrai.
4. Faux. Ils parlent de Bilal et de son école.
5. Faux. Bilal vient avec lui pour le regarder.
6. Faux. Il ne travaille plus au club.
7. Vrai.
8. Faux. Il veut que Malik garde son calme.

1 Compréhension Dites si ces phrases sont vraies ou fausses. Corrigez les fausses.

1. Au début du film, Malik et Bilal jouent ensemble aux jeux vidéo.
2. Malik travaille au club depuis longtemps.
3. Les habitués du club sont plutôt blancs.
4. Quand Malik et Bilal sont ensemble, ils parlent beaucoup du club.
5. Malik va seul à son entraînement de boxe.
6. L'autre portier du club ne travaille maintenant que le week-end.
7. L'homme et la femme en couple ne veulent pas rentrer dans le club sans leur ami.
8. Le patron de Malik trouve qu'il a eu raison de se mettre en colère.

2 L'histoire À deux, remettez les événements du court métrage dans le bon ordre. Puis utilisez ces phrases comme point de départ pour un résumé plus détaillé de l'histoire.

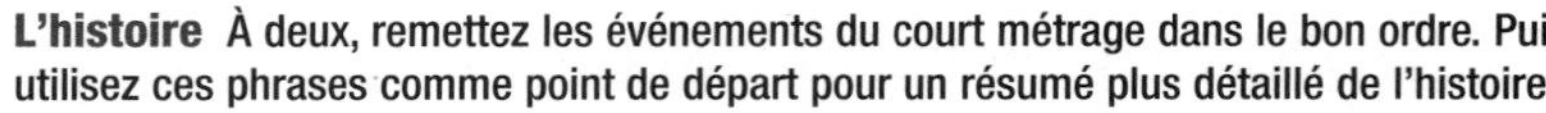

__3__ 1. Malik fait bien son travail de portier et son patron est content.
__6__ 2. Malik refuse l'entrée du club à un couple accompagné d'un jeune homme d'origine maghrébine.
__4__ 3. Bilal regarde Malik s'entraîner à la salle de boxe.
__1__ 4. Malik taquine Bilal au sujet de Juliette.
__7__ 5. Bilal récite sa poésie à Malik.
__5__ 6. Malik et Bilal discutent de la poésie que Bilal doit écrire pour l'école.
__2__ 7. Malik aide Bilal à faire ses devoirs de grammaire.

3 Interprétation À deux, répondez aux questions et justifiez vos réponses.

1. Est-ce que Malik s'occupe bien de son petit frère?
2. À quoi Malik pense-t-il quand il se rase?

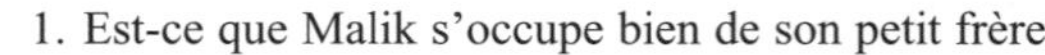

3. Pourquoi est-ce que Bilal admire Malik? Justifiez votre réponse.
4. Est-ce que Bilal a suivi les conseils de Malik pour écrire sa poésie?
5. Pourquoi l'homme qui se présente au club demande-t-il à Malik si «son boulot, [c'est] de ne pas [le] reconnaître»? Malik connaît-il cet homme?

4 Professionnel En petits groupes, comparez le comportement de Malik au travail et dans sa vie privée. Comment sont ses vêtements? Son attitude? Essayez de trouver le plus de différences possible.

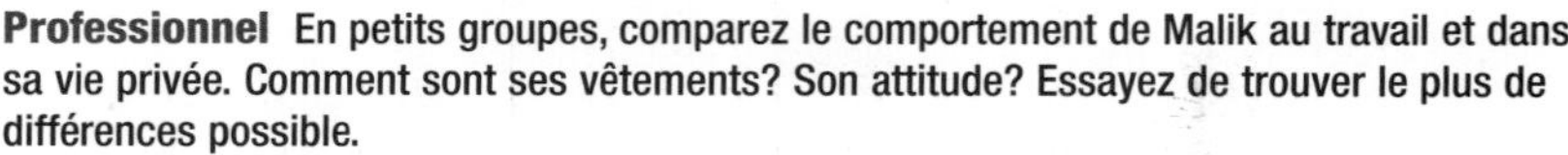

Practice more at **vhlcentral.com.**

PRE-AP®

Presentational Writing Replay the two scenes in the film where Malik is looking at himself in the mirror. Then have students write two paragraphs, one for each scene. The paragraph should be Malik's inner dialogue for that scene. Students should think about what happened immediately before the scene and what will happen after.

CRITICAL THINKING

Analysis Call on various students for an analysis of both Malik and Bilal. Then ask: **Qu'est-ce que vous admirez chez Malik et Bilal?** Then have students compare themselves with Malik and Bilal. Ask: **Avez-vous des points communs avec chacun de ces personnages?**

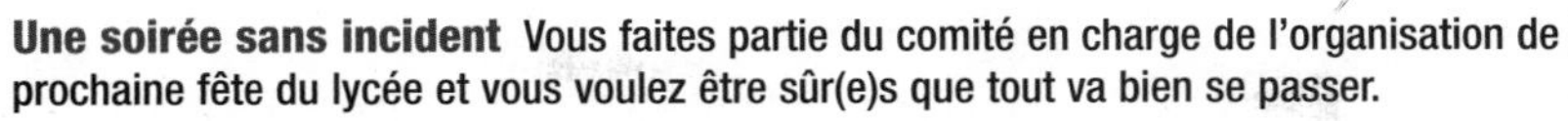

5 **Une soirée sans incident** Vous faites partie du comité en charge de l'organisation de la prochaine fête du lycée et vous voulez être sûr(e)s que tout va bien se passer.

A. À deux, écrivez une offre d'emploi pour recruter du personnel de sécurité. Décrivez les responsabilités de ce poste et expliquez les qualités que vous recherchez.

B. Préparez une petite scène d'entretien d'embauche (*job interview*) où l'un d'entre vous fait partie du comité et l'autre est un candidat potentiel. Le candidat est-il embauché? Soyez prêt(e)s à jouer la scène pour la classe.

6 **Le dilemme** Malik se conforme au racisme de son patron, ce qui lui pose un sérieux conflit identitaire. En petits groupes, discutez de sa situation.

- Comprenez-vous les raisons pour lesquelles il veut garder ce poste?
- Feriez-vous les mêmes choix si vous étiez à sa place?
- Dans sa situation, auriez-vous comme lui des difficultés à vous regarder dans une glace?
- Que lui conseilleriez-vous de faire maintenant?
- Pourquoi certaines personnes gardent-elles parfois des postes qu'elles n'aiment pas?

7 **Le travail en chanson**

A. En petits groupes, choisissez un des extraits de chanson suivants. Identifiez son message principal avant de simplifier ce que dit le chanteur avec vos propres mots.

1. Extrait de *Le travail, c'est la santé* par Henri Salvador et Maurice Pon:

«Hommes d'affaire et meneurs de foule
Travaillent à en perdre la boule
Et meurent d'une maladie de cœur,
C'est très rare chez les pétanqueurs.

(Refrain)

Le travail, c'est la santé.
Rien faire, c'est la conserver.
Les prisonniers du boulot
Ne font pas de vieux os (*bones*).»

2. Extrait de *Il changeait la vie* par Jean-Jacques Goldman:

«C'était un professeur, un simple professeur,
Qui pensait que savoir était un grand trésor,
Que tous les moins que rien n'avaient, pour s'en sortir,
Que l'école et le droit qu'a chacun de s'instruire.

(Refrain)

Il y mettait du temps, du talent et du cœur.
Ainsi passait sa vie au milieu de nos heures.
Et loin des beaux discours, des grandes théories,
À sa tâche chaque jour, on pouvait dire de lui: il changeait la vie.»

B. Ensuite, organisez un débat sur le thème: Qu'est-ce qui est le plus important? Le travail ou la vie privée? Divisez la classe en deux camps et utilisez les chansons, le court métrage et votre expérience personnelle pour trouver des arguments.

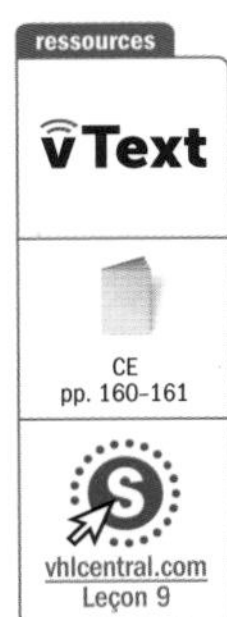

TEACHING TIPS

5 Previewing Strategy Provide students with examples of job ads. Discuss the elements included in each one, such as responsibilities, qualifications, benefits, etc.

5 Extra Practice Ask students to research recommendations of what a job candidate should and shouldn't do in an interview. Discuss the ideas as a class and compile a Top Ten list of Shoulds and Shouldn'ts.

7 Suggestions
- Call on various students to read the lyrics of each song aloud.
- Play an online version of each one for students to hear the music and watch the video.
- Have students create a visual to illustrate the content of each song.

21st CENTURY SKILLS

7 Civic Literacy Discuss racism with students. What are some causes of racism? What are some examples of racism? How can racism be overcome?

CRITICAL THINKING

Comprehension and Analysis Replay the ending of the video where Bilal recites his poem. Have students summarize the content of the poem and discuss the meaning of the images the boy uses. Ask: **Qu'est-ce que le poème révèle sur les sentiments de Bilal vis-à-vis de son grand frère Malik? Qu'avez-vous pensé du poème?**

CRITICAL THINKING

Synthesis Ask students to think about what might become of Malik and Bilal. Have students make predictions of each one's life in one month, one year, five years, and ten years. They should include information about their future work life and their finances, using vocabulary and grammar from the lesson. Students should also explain the basis for their predictions.

Section Goals

In **Imaginez**, students will:

- read about Brazzaville and Kinshasa
- be introduced to French words used in Central Africa
- learn about important institutions and people of Central Africa

21st CENTURY SKILLS

Global Awareness
Students will gain perspectives on the Francophone world to develop respect and openness to other cultures.

Key Standards

2.1, 2.2, 3.2, 4.2, 5.1

Student Resources
Cahier de l'élève, p. 148; Supersite: Activities, *eCahier*
Teacher Resources
Answer Keys

AFFECTIVE DIMENSION

Due to the similarity of names of the countries, students may have difficulty following the article **Brazzaville et Kinshasa**. Visual support will help ease any anxiety. Display a large map of **la République du Congo** and **la République démocratique du Congo**. Have a student come up and highlight the Congo River in green. Have another student highlight Brazzaville in one color and Kinshasa in another color. Students should refer to the map whenever a location is mentioned in the text.

TEACHING TIPS

Suggestion Ask students to locate and print out from the Internet two to three photos of Brazzaville and of Kinshasa. Have them present the photos and display them in the classroom.

Extra Practice Have students map their own route through Central Africa to visit at least one additional site in each country.

Galerie de Créateurs

IMAGINEZ L'AFRIQUE

Brazzaville et Kinshasa

Imaginez un fleuve majestueux en plein cœur° de l'Afrique et deux cités qui se dressent° fièrement, de part et d'autre°. Ce fleuve, c'est le **Congo**, et ces villes, ce sont **Brazzaville** et **Kinshasa**. Sur la rive droite, Brazzaville, la capitale de la **République du Congo**. Sur la rive gauche, Kinshasa, la capitale de la **République démocratique du Congo** ou **RDC**. Pour différencier ces deux pays, on les appelle souvent **Congo-Brazzaville** et **Congo-Kinshasa**. Leur histoire est parallèle, mais pas identique: durant la période coloniale, le Congo-Brazzaville appartenait à la **France**, alors que le Congo-Kinshasa était **belge**. À l'époque, la capitale du Congo-Kinshasa se nommait **Léopoldville**. Pendant une quinzaine d'années, le Congo-Kinshasa s'est aussi appelé **Zaïre**. Brazzaville et Kinshasa ont donc en commun leur culture francophone. Elles sont aussi réunies par le Congo, qu'on peut facilement traverser en bateau. Les jeunes **Brazzavillois** par exemple préfèrent souvent étudier à Kinshasa. Comme les **Kinois** sont six fois plus nombreux, beaucoup font aussi le trajet en sens inverse.

Brazzaville a été fondée en 1880 par un explorateur français et a su préserver son patrimoine architectural historique. Pensez à visiter la **basilique sainte Anne du Congo**, dont la toiture° verte change de couleur avec la lumière, la **Case des messageries fluviales**, une très belle case° coloniale sur pilotis° qui abritait les bureaux des messageries fluviales, et le **port des pêcheurs de Yoro**, le site du village précolonial. Brazzaville est aussi intéressante pour ses marchés très animés. Près de la poste, vous trouverez de l'artisanat: sculptures en cuivre° ou en bois, vannerie°, bijoux... Goûtez aussi à un plat typique, comme le **saka-saka**, à base de feuilles de manioc°, ou le poulet en sauce à la noix de palme°.

La ville de Brazzaville

Une vendeuse d'huile de palmier, sur le Congo

De l'autre côté du fleuve, Kinshasa offre plusieurs points de vue splendides sur le Congo. La **promenade de la Raquette**, promenade plantée d'arbres qui borde le fleuve, est réputée pour ses magnifiques couchers de soleil°. Un autre quartier agréable est celui de la résidence présidentielle, sur le **Mont Ngaliema**. On peut y voir des jardins fleuris, des fontaines, un théâtre de verdure° et même un zoo. Tout près, toujours dans la commune de **Ngaliema**, se trouve le quartier du **Mont Fleury**, qui doit° son nom de **«Beverly Hills de Kinshasa»** à ses riches villas. Parmi les sites historiques de Kinshasa, citons le **«Wenge» de Selembau**, un arbre plusieurs fois centenaire°. Si vous aimez l'art, rendez-vous à l'**Académie des beaux-arts**, fondée en

D'ailleurs...
Ensemble, Brazzaville et Kinshasa forment la plus grande agglomération urbaine d'Afrique subsaharienne. Cette grande métropole totalise environ 9.500.000 habitants, ce qui en fait aussi le deuxième centre urbain du monde francophone, après Paris.

cœur centre **se dressent** *stand* **de part et d'autre** de chaque côté **toiture** *roofing* **case** maison **pilotis** *stilts* **cuivre** *copper* **vannerie** *basketry* **feuilles de manioc** *cassava leaves* **noix de palme** *palm nut* **couchers de soleil** *sunsets* **théâtre de verdure** théâtre en plein air **doit** *owes* **centenaire** âgé de cent ans

ressources

vText

CE p. 148

vhlcentral.com Leçon 9

CRITICAL THINKING

Comprehension Have the class work in groups of three. The group reads the entire article **Brazzaville et Kinshasa**. Then each group member takes responsibility for one paragraph and makes an outline of main ideas and supporting details. Students check each other's work and compile their full outline for your review.

CRITICAL THINKING

Application Have students choose the site mentioned in the article that interests them the most. They should research additional information about the place as well as one or more photos. Students present their information in a manner that persuades the class to visit. The class votes on the most interesting site.

CENTRALE

1943, où les artistes vendent leurs œuvres. Mais que vous passiez par Kinshasa ou par Brazzaville, surtout ne limitez pas votre visite à ces deux villes: beaucoup de surprises vous attendent aussi aux alentours°!

alentours *surroundings*

Le français parlé en Afrique Centrale

Brazzaville

À tout moment!	À la prochaine!
une coiffe	une coupe de cheveux; *haircut*
méchant	fort
mystique	bizarre
la neige	une pluie très fine
varier	s'énerver

Kinshasa

un américain	un original, non-conformiste
casser le bic	ne plus faire d'études
un chiklé	un chewing-gum
griffé(e)	bien habillé(e)
le palais	la maison
le radio-trottoir	la rumeur
le retour	la monnaie

Découvrons l'Afrique Centrale

Écrans noirs Depuis sa création à **Yaoundé**, au **Cameroun**, en 1997, le festival **Écrans noirs** est devenu une manifestation importante pour les cinéphiles d'**Afrique Centrale**. Il contribue surtout à la promotion et à la diffusion du cinéma francophone africain, mais aussi de films venant° d'autres pays francophones, non africains. Cette rencontre est également l'occasion de séminaires et de débats. Chaque année, l'**Écran d'honneur** est attribué à un jeune réalisateur africain prometteur°.

BDEAC La **Banque de développement des États de l'Afrique Centrale** a été créée en 1975 par le Cameroun, la République Centrafricaine, le Congo, le Gabon, la Guinée-Équatoriale et le Tchad. La banque finance aussi parfois les projets d'États africains non membres. Sa mission est d'aider au développement social et économique de ces pays. Elle intervient donc dans des secteurs très variés, aussi bien publics que privés, comme les infrastructures, l'agriculture ou l'industrie.

Les forêts tropicales du Gabon Le **Gabon** a de vastes forêts tropicales. Malgré une exploitation intensive, les deux tiers° des forêts existent encore. L'arbre le plus exploité de cette forêt est l'**okoumé**, qui ne pousse° qu'au Gabon, en Guinée et au Congo. On l'a utilisé dans la construction de la **Bibliothèque nationale de Paris** et du train **Eurostar**, et on en fait aussi du contreplaqué°.

Esther Kamatari C'est une femme à plusieurs facettes°. Elle est née et a grandi au **Burundi**. En 1964, son père, le prince, est assassiné et elle s'exile en France à la fin de ses études, en 1970. À Paris, elle sera le premier mannequin° noir à travailler en France. Mais la princesse Kamatari ne s'arrête pas là: elle participe activement à plusieurs associations humanitaires et en 2004, elle se présente aux élections présidentielles du Burundi.

venant *coming* **prometteur** *promising* **tiers** *third* **pousse** *grows* **contreplaqué** *plywood* **à plusieurs facettes** *multi-faceted* **mannequin** *model*

TEACHING TIPS

Language Learning Point out these additional expressions from Central Africa:
une erreur de vitesse (RDC) → une faute d'inattention
faire un tour à la pharmacie (Cameroun)→aller au café
Il déplace la marchandise. (RDC)→C'est un voleur.
un tiens-pour-toi (RDC)→un pourboire
un ziboulateur (République Centrafricaine)→un tire-bouchon; *corkscrew*
des histoires de queue-de-chat (Cameroun)→des histoires inimaginables

Suggestion Ask students to write two short conversations, one with vocabulary used in Brazzaville and one with vocabulary used in Kinshasa. They should use at least four of the words in each conversation.

Extra Practice Divide the class into small groups and have each group select one of the four texts under **Découvrons l'Afrique Centrale**. Have students do additional research on that subject and ask them to share their information with the class.

NATIONAL STANDARDS

Connections: Social Studies The motto of **la République du Congo** is **Unité, Travail, Progrès.** The motto of **la République démocratique du Congo** is **Justice, Paix, Travail.** Have students research information about the history and economy of the countries that might explain the significance of these mottos.

PRE-AP®

Presentational Writing Ask students to research current events in one of the Central African countries. They should focus on the current political or cultural situation. Students should first take notes, then write a short essay summarizing their findings. If time permits, have students read their essays to a group or the class.

PRE-AP®

Presentational Speaking Tell students to visit the **Écrans noirs** website (ecransnoirs.com) and take notes on what they learn about the film festival. They can supplement this information with additional research on the Internet. Then have them give a short oral presentation on the various aspects of the festival.

TEACHING TIPS

Suggestions

- Have students complete Activities 1 and 2 in pairs. Then, have them write three additional comprehension questions to ask the class.
- Have students complete the **Épreuve** individually. Then go over the answers as a class.

Extra Practice Use the completed sentences from the **Épreuve** as the basis for a **dictée**.

Qu'avez-vous appris?

1 **Associez** Indiquez quelles définitions de la colonne de droite correspondent aux mots et aux noms de la colonne de gauche.

1. __e__ Kinshasa
2. __d__ Brazzaville
3. __b__ Brazzaville et Kinshasa
4. __f__ Écrans noirs
5. __c__ la BDEAC
6. __a__ l'okoumé

a. l'arbre le plus exploité de la forêt gabonaise
b. le deuxième centre urbain du monde francophone
c. une institution qui aide au développement social et économique des pays d'Afrique Centrale
d. la capitale de la République du Congo
e. la capitale de la République démocratique du Congo
f. une manifestation importante pour les cinéphiles d'Afrique Centrale

2 **Complétez** Complétez chaque phrase logiquement.

Answers will vary. Possible answers provided.

1. Les deux capitales Brazzaville et Kinshasa ont en commun… leur culture francophone et le fleuve Congo.
2. À Brazzaville, les sites historiques à visiter sont… la basilique sainte Anne du Congo, la Case des messageries fluviales et le port des pêcheurs de Yoro.
3. … sont des plats congolais typiques. Le saka-saka à base de feuilles de manioc et le poulet en sauce à la noix de palme.
4. Pour se promener à Kinshasa, il faut aller… sur la promenade de la Raquette et dans le quartier de la résidence présidentielle.
5. Parmi les sites historiques de Kinshasa, il y a… le «Wenge» de Selembau, un arbre plusieurs fois centenaire.
6. Le festival Écrans noirs contribue à… la promotion et à la diffusion du cinéma francophone.

Projet

Un reportage photo

Imaginez que vous soyez photographe pour une grande revue géographique. Recherchez toutes les informations dont vous avez besoin pour écrire un article sur la nature en Afrique Centrale.

- Choisissez trois sites naturels exceptionnels.
- Trouvez des photos qui représentent le patrimoine naturel de ces sites.
- Montrez ces photos à la classe et expliquez pourquoi vous les avez choisies.

ÉPREUVE

Trouvez la bonne réponse.

1. ______ sépare Kinshasa et Brazzaville.
   a. Un grand lac b. Une forêt tropicale (c.) Le Congo d. Zaïre
2. Le Zaïre est l'ancien nom ______.
   a. du Congo-Brazzaville b. de Léopoldville c. du fleuve Congo (d.) du Congo-Kinshasa
3. Kinshasa a ______ d'habitants que Brazzaville.
   (a.) six fois plus b. autant c. six fois moins d. un peu plus
4. Brazzaville a été fondée en ______ par un explorateur français.
   a. 1800 b. 1900 (c.) 1880 d. 1770
5. Kinshasa offre plusieurs ______ sur le Congo.
   a. ponts b. opinions c. ports (d.) points de vue splendides
6. Chaque année, ______ est attribué à un jeune réalisateur africain prometteur.
   a. l'Écran noir (b.) l'Écran d'honneur c. le film d'honneur d. le festival
7. La BDEAC peut parfois financer les projets de ______.
   (a.) pays africains non membres b. banques étrangères c. pays non africains d. membres européens
8. Les ______ de la forêt du Gabon existent encore.
   a. trois quarts b. un quart c. trois tiers (d.) deux tiers
9. Esther Kamatari est une femme à plusieurs facettes car ______.
   a. c'est une princesse b. elle vit au Burundi et en France (c.) elle a travaillé dans la mode, la politique et l'humanitaire d. elle est mannequin
10. À Kinshasa, quand on casse le bic, on ______.
   (a.) ne fait plus d'études b. est un original c. part très loin c. s'énerve

Suggestion When presenting their **Projet**, suggest to students that they write key facts and phrases on index cards in order to guide them when they speak.

NATIONAL STANDARDS

Connections: Biology The Central African country of Gabon, located on the equator, has rainforests that cover about 80% of the country. These biodiverse rainforests include 8,000–10,000 species of plants, 670 species of birds and 200 species of mammals. Have students research additional information about the rainforests of this tropical country.

CRITICAL THINKING

Knowledge and Evaluation Have students consider what they learned about Central Africa and prepare two questions that they still have. Compile a class list of questions. Assign one or two questions to different students for homework. Students present their information the next day.

CRITICAL THINKING

Evaluation Before beginning the **Projet**, have the class determine a list of evaluation criteria. Students should keep this list in mind as they prepare their presentations. After each presentation, the class makes its evaluation. In addition, students should give a few suggestions for how the presentation could be improved.

Oui Marketing

1 Préparation Répondez aux questions et discutez-en avec la classe.

1. Comment définissez-vous le mot «marketing»? Qu'évoque ce concept, pour vous? S'applique-t-il uniquement aux biens de consommation et aux services ou bien peut-on aussi parler de «marketing» en ce qui concerne les personnes?
2. Dans le monde du travail, quelles stratégies de «marketing» peut-on employer pour plaire à un employeur potentiel? Citez-en quelques exemples.

Vocabulaire du film

le rayonnement des marques *the big brands' influence*
avoir pour mandat *to be mandated to*
acharné *relentless, fierce*
le pouvoir d'achat *purchasing power*
prendre le dessus *to get the upper hand*
se fier à *to rely on, to trust*

Oui Marketing: Mais qui s'en préoccupe vraiment?

L'agence Oui Marketing est une agence de marketing québécoise fondée en 1999 et basée dans la ville de Montréal. Elle se spécialise dans les domaines suivants: analyse de marque, marketing interactif, design Web et campagnes publicitaires, entre autres. Dans la vidéo que vous allez voir, qui s'agit d'un clip de promotion pour l'agence elle-même, celle-ci explique sa conception de la publicité grâce à une technique de communication innovante et audacieuse appelée la «pensée inversée».

2 Compréhension Répondez aux questions par des phrases complètes.

1. D'après la première partie de la vidéo, quel est le but des publicitaires aujourd'hui? Et dans la deuxième partie, contre quoi se battent les publicitaires? Leur but est de vendre une tonne d'objets inutile. Ils se battent contre la pollution visuelle.

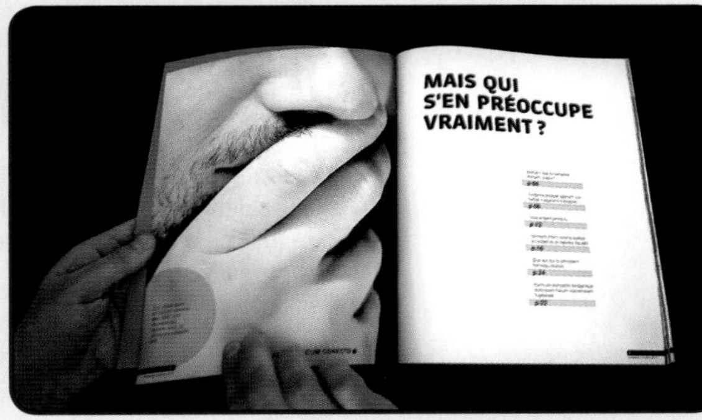

2. Quelles sont les deux visions contradictoires présentées dans la vidéo au sujet de la technologie? La technologie contrôle notre monde. Notre monde contrôle la technologie.
3. Dans la deuxième partie de la vidéo, comment sont décrites les créations développées par les annonceurs? Ce sont des créations qui servent les consommateurs.

3 Discussion Discutez en petits groupes puis avec la classe.

1. Dans cette vidéo, Oui Marketing utilise la technique de la «pensée inversée» pour présenter deux façons très différentes de concevoir le marketing. Décrivez ces deux visions et discutez-en. Que pensez-vous de la vidéo et de la technique de communication employée par Oui Marketing? Est-elle originale? Efficace? Si vous étiez un employeur, auriez-vous envie d'embaucher l'agence Oui Marketing pour créer une campagne publicitaire pour vos produits ou vos services? Justifiez votre réponse.
2. Dans le monde d'aujourd'hui où la finance et l'argent jouent un rôle très important, avec laquelle de ces deux déclarations contradictoires qu'on entend dans la vidéo êtes-vous d'accord? Expliquez et justifiez votre opinion.
   «L'individu perd toute valeur sans un pouvoir d'achat.»
   «Un pouvoir d'achat perd toute valeur sans l'individu.»

4 Application Votre campagne marketing

Si vous étiez à la recherche d'un emploi, comment feriez-vous votre propre «marketing» lors d'un entretien avec un employeur potentiel? Que diriez-vous pour le convaincre de vous embaucher? Quelles qualités et expériences mettriez-vous en avant? Préparez votre campagne marketing et présentez-la à la classe.

Practice more at **vhlcentral.com.**

Section Goals

In this section, students will:
- watch an ad for **Oui Marketing**, a Canadian company specializing in marketing campaigns

Student Resources
Cahier de l'élève, p. 148; Supersite: Video, Activities, *eCahier*
Teacher Resources
Video Script & Translation; Answer Key

TEACHING TIPS

Suggestions
- Ask students if they can think of an interesting marketing campaign or advertisement. What company was it for? What product did it advertise? What made the ad stand out? Why?
- Have students work in pairs to write a short paragraph that summarizes the content of the video clip.

Suggestion Show additional commercials for a variety of French products and companies. (Many can be found on the Internet but be sure to preview them for appropriateness.) Ask students to compare and contrast them with typical American ads for similar products or companies. Ask: **Quelles sont les similarités et les différences entre ces publicités? Lesquelles préférez-vous? Pourquoi?**

Extra Practice Have students work in small groups to create a "reverse thinking" presentation like the one featured in the ad on a topic of their choice related to the chapter themes.

21st CENTURY SKILLS

Social and Cross-Cultural Skills Have students work in groups to choose one or two aspects of the film that is different from what they would expect in their daily life. Ask students to write two to three sentences about the difference(s) and how they would explain what is different to a visitor from that culture.

CRITICAL THINKING

Application and Analysis Have students brainstorm and discuss arguments that support each of the statements listed in question 2 of **Compréhension** to see which of the two the majority of the class agrees with and why.

CRITICAL THINKING

Knowledge Have students write a three-item quiz for the **Oui Marketing** video. Students then work with a partner to answer each other's questions and check their answers.

Section Goals

In **Structures**, students will learn:

- relative pronouns
- the present participle
- irregular **-oir** verbs

Key Standards

4.1, 5.1

Student Resources
Cahier de l'élève, pp. 149–151; Supersite: Activities, *eCahier*, Grammar Tutorials
Teacher Resources
Answer Keys; Audio Script; Audio Activity MP3s/CD; Testing program: Grammar Quiz

TEACHING TIPS

Language Learning

- You may wish to assign the Grammar Tutorials as homework in preparation for the **Structures** lesson. These tutorials re-present the grammar taught in **D'accord! 1** and **2**.
- Tell students that relative pronouns can be used in both restrictive (no commas) and nonrestrictive (usually with commas) clauses. Examples: **C'est le poste que je voulais.** *That's the job I wanted.* **Ce poste, que j'ai sollicité, inclut une prime deux fois par an.** *This job, for which I applied, includes a bonus twice a year.*
- Point out that **que** and **qui** are the most commonly used relative pronouns. Since **que** replaces a direct object, it can mean *that, which,* or *whom.* Correspondingly, since **qui** replaces a subject, it can mean *who, that,* or sometimes *which.*
- Explain that **que** is typically followed by a noun or pronoun, as in **Le livre <u>que nous</u> avons acheté...**, whereas **qui** is more often than not followed by a verb, as in **Le livre <u>qui est</u> sur l'étagère...**

Presentation Tutorial

9.1 Relative pronouns

Les rimes... c'est ***ce qui*** *fera ton originalité.*

- Relative pronouns are used to link two ideas containing a common element into a single, complex sentence, thereby eliminating the repetition of the common element. The relative pronoun to use is determined by the grammatical function of the noun it replaces, called the *antecedent*.
- In the sentences below, the common element, or antecedent, is **l'employé**. Because **l'employé** is the subject of the second sentence, the relative pronoun **qui** replaces it.

On a renvoyé **l'employé**. *They fired the employee.* 〉 **L'employé** était un fainéant. *The employee was lazy.* 〉 On a renvoyé l'employé **qui** était un fainéant. *They fired the employee who was lazy.*

- The relative pronoun **que** replaces a direct object.

Le poste est excellent. *The job is excellent.* 〉 J'ai trouvé **le poste**. *I found the job.* 〉 Le poste **que** j'ai trouvé est excellent. *The job that I found is excellent.*

ATTENTION!

In English, relative pronouns can sometimes be omitted. Relative pronouns cannot be omitted in French.

Le chat que j'ai perdu est noir et blanc.

The cat (that) I lost is black and white.

- A past participle that follows the relative pronoun **que** agrees in gender and number with its antecedent.

La tarte **que** tu as **faite** était délicieuse.
The pie that you made was delicious.

- The relative pronoun **où** can stand for a place or a time, so it can mean *where* or *when.*

C'est un musée **où** on peut voir de l'art moderne.
It's a museum where you can see modern art.

Téléphone-moi au moment **où** elle arrive.
Call me the moment that (when) she arrives.

Musée des Beaux Arts à Montréal

LEARNING STYLES

For Visual Learners Write some example sentences in one color on the board. Give volunteers a different color marker or chalk and ask them to circle the relative pronouns. Then have them draw an arrow to the nouns to which the pronouns refer.

LEARNING STYLES

For Auditory Learners Say some sentence starters using relative pronouns for students to complete. Use vocabulary from **Pour commencer** on **p. 298**. Examples: **Un fainéant est quelqu'un qui... Comptable est un poste que... La crise économique est un problème que...**

- The relative pronoun **dont** replaces an object of the preposition **de**.

On a eu **la réunion**. *We had the meeting.*	Je t'ai parlé **de la réunion**. *I talked to you about the meeting.*	On a eu la réunion **dont** je t'ai parlé. *We had the meeting (that) I talked to you about.*

- Since the preposition **de** can indicate possession, **dont** can mean *whose.*

La femme **dont** le mari est soldat est arrivée en avance.
The woman, whose husband is a soldier, arrived early.

- Use **lequel** as a relative pronoun to represent the object of a preposition. Note that the preposition is retained and always precedes the relative pronoun.

J'ai un outil **avec lequel** je peux réparer ta voiture.
I have a tool with which I can fix your car.

C'est la raison **pour laquelle** je suis venu.
This is why (the reason for which) I came.

- Remember that **lequel** and its forms **laquelle**, **lesquels**, and **lesquelles** agree in gender and number with the objects they represent. Remember, too, that when **lequel** combines with **à** or **de**, contractions may be formed.

With *à*	With *de*
auquel	**duquel**
auxquels	**desquels**
auxquelles	**desquelles**

- The relative pronoun **lequel** usually does not refer to people. If the object of the preposition is human, use the relative pronoun **qui** along with the preposition.

C'est l'ordinateur **sur lequel** je travaille. *This is the computer on which I work.*	***but***	C'est la femme **avec qui** je travaille. *This is the woman with whom I work.*

- If a relative pronoun refers to an unspecified antecedent, use **ce que**, **ce qui**, or **ce dont**, which often mean *what.*

Le problème **qui** m'inquiète, c'est le chômage. *The problem that worries me is unemployment.*	**Ce qui** m'inquiète, c'est le chômage. *What worries me is unemployment.*
Le sport **que** je préfère, c'est le ski. *The sport that I prefer is skiing.*	**Ce que** je préfère, c'est le ski. *What I prefer is skiing.*
Le chien **dont** elle a peur, c'est un caniche. *The dog that she's afraid of is a poodle.*	**Ce dont** elle a peur, c'est un caniche. *What she's afraid of is a poodle.*

BLOC-NOTES

To review all the forms of **lequel**, see **Structures 1.3, pp. 24–25**.

TEACHING TIPS

Language Learning

- Point out common verbs that are often used with **dont**: **parler de, rêver de, se souvenir de**, etc. Show additional sample sentences, such as: **J'ai enfin reçu l'augmentation dont je rêvais!** *I finally got the raise I was dreaming of/about!* **C'était une expérience dont on se souviendra.** *That was an experience that we'll remember.*
- Mention that, usually in formal or literary French, forms of **lequel** can be used to refer to people. Example: **Sa mère était la seule personne sur laquelle il pouvait toujours compter.** *His mother was the only person on whom he could always count.*
- In a literary context, **lequel** is also used as a subject: **La vendeuse est venue parler au client, lequel lui a dit ce qu'il cherchait.** *The saleswoman came to talk to the customer, who told her what he was looking for.*
- Mention that, in informal French, it is not incorrect to say **C'est** or **Voilà pourquoi je suis venu(e)**.

LEARNING STYLES

For Auditory Learners After teaching relative pronouns, ask students to close their books. Slowly read aloud sample sentences. Ask students to raise their hands when they hear a relative pronoun.

LEARNING STYLES

For Kinesthetic Learners Ask pairs to write five sample sentences of their own on slips of paper. Ask them to separate the slips at the end of the first clause, cutting the slip in half. Then have them mix up their ten slips of paper and exchange them with another pair, who will reassemble the puzzle-piece sentences.

TEACHING TIPS

1 Expansion Have students make up two fill-in-the-blank sentences, modeled on those in the activity, for their partner to complete.

1 Extra Practice For each item, have students choose one of the other relative pronoun options and rewrite the end of the sentence so that the pronoun is correct.

2 Suggestion Remind students to identify the antecedent, if it exists, and pay attention to its gender/ number when necessary.

3 Expansion Give these additional items: **7. Le président a licencié le cadre. Le cadre harcelait tous les employés. (Le président a licencié le cadre qui harcelait tous les employés.) 8. J'aime bien les vendeurs du grand magasin. Le grand magasin est sur le boulevard. (J'aime bien les vendeurs du grand magasin qui est sur le boulevard.)**

Suggestion Bring in pictures from magazines or find pictures on the Internet and ask questions that use relative pronouns or elicit them in student answers. Example: **Qui lit le journal? (La jeune femme rousse qui est assise sur le banc lit le journal.)**

Mise en pratique

1 **À choisir** Choisissez le bon mot pour compléter la phrase.

1. Je viens de voir le chef d'entreprise ____ a le plus d'employés dans la ville.
   (a.) qui b. que c. dont
2. La banque ____ j'avais mis toutes mes économies a brûlé!
   a. laquelle b. dont (c.) où
3. Le directeur commercial ____ l'entreprise a embauché est incompétent.
   (a.) que b. duquel c. auquel
4. C'est la réunion pendant ____ Paulette a parlé de son projet.
   a. qui b. que (c.) laquelle
5. Nous avons dépensé l'argent ____ nous devions payer le loyer.
   a. que (b.) avec lequel c. lequel
6. Cette femme cadre ____ on nous a parlé avant-hier sera bientôt licenciée.
   (a.) dont b. laquelle c. qui

2 **À compléter** Complétez le paragraphe à l'aide des pronoms relatifs de la liste. Un des pronoms est utilisé deux fois.

auquel	dont	où	que
avec qui	duquel	pour laquelle	qui

Notre compagnie, (1) ___qui___ s'occupe d'import-export, nous a demandé d'aller voir un client à Kinshasa. Le patron souhaitait que nous fassions connaissance avec ce client. C'est la raison (2) ___pour laquelle___ il nous a envoyés à Kinshasa, le mois dernier. Après avoir travaillé, nous avons fait un tour de bateau sur le fleuve Congo. Les collègues (3) ___avec qui___ je suis monté sur le bateau ont eu peur de tomber à l'eau. Mais nous avons tous été enchantés de cette journée en plein air. L'hôtel (4) ___où___ nous étions descendus avait un restaurant (5) ___dont___ la cuisine était délicieuse. J'ai choisi le plat (6) ___que___ mon amie congolaise m'avait recommandé avant le départ. Le meilleur moment, (7) ___auquel___ nous pensons encore mes collègues et moi, est celui (8) ___où___ nous avons tous été pris en photo, au restaurant, avec notre client congolais.

Note
CULTURELLE

Le **fleuve Congo**, qui prend sa source à 1.435 mètres d'altitude, est le deuxième fleuve d'**Afrique** par sa longueur, après le **Nil**. Il est aussi le deuxième du monde par son débit (*flow rate*), après l'**Amazone**. Il traverse six pays d'Afrique Centrale: principalement le Congo et la RDC, mais aussi l'Angola, le Cameroun, la République Centrafricaine, la Zambie et la Tanzanie.

3 **À lier** Liez (*Connect*) les deux phrases avec le bon pronom relatif.

Modèle **L'entreprise est prospère. Je dirige l'entreprise.**
L'entreprise que je dirige est prospère.

1. J'ai beaucoup d'économies. J'ai gardé mes économies à la maison.
2. La vendeuse a déménagé hier. Elle habitait à côté de chez moi.
3. Mes collègues ont suivi une formation en informatique. J'avais envie de suivre cette formation.
4. Le poste est encore libre. Je rêve de ce poste.
5. Cette entreprise est en faillite. Ils s'occupent de cette entreprise.
6. Ce projet est un succès. J'ai travaillé sur ce projet.

3 Suggested answers
1. J'ai beaucoup d'économies que j'ai gardées à la maison.
2. La vendeuse qui habitait à côté de chez moi a déménagé hier.
3. Mes collègues ont suivi une formation en informatique que j'avais envie de suivre.
4. Le poste dont je rêve est encore libre.
5. Cette entreprise dont ils s'occupent est en faillite.
6. Ce projet sur lequel j'ai travaillé est un succès.

Practice more at **vhlcentral.com.**

DIFFERENTIATION

For Inclusion Write the various relative pronouns, all forms, on index cards. Distribute one to each student. Display a series of sentences, one at a time, with a blank where the relative pronoun goes. There should be only one right answer per sentence. Read the first sentence and model the thinking process for determining which pronoun goes in the blank. The student with the correct index card comes up and writes the answer in the blank. For the rest of the sentences, have volunteers model the thinking process.

PRE-AP®

Integrated Skills The Congo River plays a vital role in the daily life of the Francophone countries in Central Africa. Have students research additional information about the river to present to the class. They should also search for video clips online, such as "Congo River: **Au-delà des ténèbres**."

Communication

4 

Une future rencontre Vous avez fini vos études il y a quelques années et vous rencontrez un(e) ancien(ne) camarade de classe dans la rue. Vous parlez de ce qui est arrivé depuis votre dernière rencontre. À deux, créez la conversation à l'aide des éléments de la liste.

avec lequel	dont	que
de laquelle	où	qui

Modèle —Tu te souviens de Richard? Il est propriétaire d'une entreprise dont les profits n'arrêtent pas d'augmenter!
—Et as-tu revu Sabrina? Elle est gérante du grand magasin qui vient d'ouvrir au centre-ville.

5 **Vos camarades** Sur une feuille de papier, notez les noms de quelques camarades de classe. Pour chacun(e), écrivez une phrase pour le/la décrire à l'aide d'un pronom relatif. Ensuite, partagez vos phrases avec le reste de la classe.

Valérie	Valérie appartient au groupe d'élèves avec qui je sors souvent.

6 

Votre premier travail Par petits groupes, décrivez votre premier travail à l'aide de ces éléments. Vos camarades de classe vous poseront des questions qui contiennent des pronoms relatifs. Vous n'avez jamais eu d'emploi? Parlez de votre premier jour à l'école.

Modèle —Quelle est la personne dont tu te souviens le mieux?
—Mon patron. C'était la personne avec qui je m'entendais le mieux.

Au travail:
- votre patron(ne)
- vos collègues
- votre temps de travail
- vos clients

À l'école:
- votre professeur
- vos camarades
- votre emploi du temps
- vos devoirs

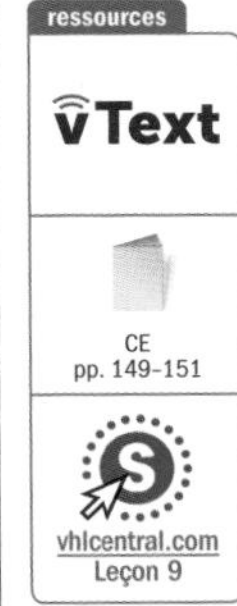

TEACHING TIPS

4 Suggestion Brainstorm conversation topic ideas with students.

4 Expansion Call on two volunteers to act out the **modèle**. Then have them identify the relative pronouns and explain their function.

4 Partner Chat You can also assign Activity 4 on the Supersite. Students work in pairs to record the activity online. The pair's recorded conversation will appear in your gradebook.

5 Expansion
- Have students write one of their sentences on the board, leaving a blank in place of the relative pronoun. Then have the class complete the sentences.
- Ask students to read their sentences aloud, but use the word **quelqu'un** in place of each student's name. The class guesses who is being described.

6 Expansion Call on various groups to present some of their conversations. The class listens for the use of relative pronouns. Have volunteers correct any incorrect uses or explain the accurate uses.

DIFFERENTIATION

For Inclusion Divide the class into pairs. Create a simple conversation with blanks for the relative pronouns and give each pair a copy. Then ask students to complete the conversation. Have pairs share the completed conversations with the class.

PRE-AP®

Presentational Writing Ask students to think about their ideal job. Then have them write a letter to an imaginary company offering this job. They should talk about why they are interested in the job and give their qualifications. They must include at least one instance of each relative pronoun: **qui, que, où, dont, lequel, ce qui, ce que, ce dont.**

Key Standards
4.1, 5.1

Student Resources
Cahier de l'élève, pp. 152–154; Supersite: Activities, *eCahier*
Teacher Resources
Answer Keys; Audio Script; Audio Activity MP3s/CD; Testing program: Grammar Quiz

TEACHING TIPS

Language Learning

- Caution students that, although the formation of the present participle is quite similar to English with the suffixes *-ing* and **-ant**, the functions of the French present participle are very different. Tell them not to translate present participles from English to French without first evaluating the context.
- Point out that for reflexive verbs, the reflexive pronoun represents the subject of the sentence. Example: **En me rasant, je me suis coupé.**

Suggestion Call out various verb infinitives. Have one student give the **nous** form. Then another student gives the present participle.

9.2 The present participle

***Sachant** que son travail l'oblige à discriminer, Malik a du mal à se regarder dans une glace.*

BLOC-NOTES

To find the **nous** forms of the present tense of other verbs, consult the verb tables at the end of the book.

- To form the present participle, drop the **-ons** ending from the **nous** form of the present tense of a verb and replace it with **-ant**.

Present participles of some common verbs

Infinitive	*Nous* form	Present participle
aller	allons	allant
boire	buvons	buvant
choisir	choisissons	choisissant
dire	disons	disant
écrire	écrivons	écrivant
faire	faisons	faisant
lire	lisons	lisant
parler	parlons	parlant
prendre	prenons	prenant
vendre	vendons	vendant
venir	venons	venant

- There are only three irregular present participles in French. They are considered irregular because they are *not* based upon the **nous** forms of the present tense.

Infinitive	Present participle
être	étant
avoir	ayant
savoir	sachant

***Étant** très sociable, elle a présenté son cousin à son petit ami.*

LEARNING STYLES

For Auditory Learners Tell students to work in pairs and turn to **Pour commencer** on **p. 298**. One student calls out a verb/ verbal expression from the list. The other student provides the past participle. To further challenge students, have them give a sample sentence using the past participle.

LEARNING STYLES

For Kinesthetic Learners To practice the present participle forms, call out a verb infinitive and throw a soft, foam ball to a student. The student gives the form. That student then gives another verb infinitive, and tosses the ball to a different student. If at any point someone gives a wrong answer, the ball goes back to the original thrower for another turn.

- Present participles are usually the equivalent of English verbs ending in *-ing*. They are typically preceded by the preposition **en**, meaning *while* or *by*.

  Il lui a indiqué le chemin **en regardant** le plan du quartier.
  He gave her directions while looking at the map of the neighborhood.

- Use the present participle to say what caused something or how something occurred.

  Gérard s'est cassé le bras **en tombant** du toit.
  Gérard broke his arm by falling off of the roof.

- **En** + [*present participle*] can also mean that something is done *as soon as* something else happens. In this case, it is often the equivalent of the English expression *upon* + the *-ing* form of a verb.

  Il va téléphoner **en arrivant** à la gare.
  He's going to call upon arriving at the station.

- Use the expression **tout en** to emphasize that two unrelated actions are taking place simultaneously.

  Il conduit **tout en mangeant** un sandwich.
  He's driving while eating a sandwich.

- When a present participle is used as an adjective, it agrees in gender and number with the noun it modifies.

  Nous n'avons pas d'eau **courante**!
  We don't have any running water!

  Ces filles sont **charmantes**.
  These girls are charming.

- Present participles used as adjectives usually correspond to English words ending in *-ing*. Depending on the interpretation of the adjective, however, this is not always the case.

  Nous avons vu un film **amusant**.
  We saw a funny (amusing) movie.

- Present participles can sometimes be used as nouns. These nouns are often professions or other words that refer to a person who engages in a particular activity.

  consulter (*to consult*) → **un(e) consultant(e)** (*consultant*)
  gérer (*to manage*) → **un(e) gérant(e)** (*manager*)

ATTENTION!

The present participle does not correspond to all *-ing* forms of English verbs. Remember, the present tense in French can have several meanings.

Je parle.

I speak. / I do speak. / I am speaking.

To say that something is happening in the present time, use the present tense, not a present participle.

TEACHING TIPS

Language Learning Explain that present participles are invariable when used as verbs. Additional example: **Je lui ai transmis le message en envoyant un e-mail.** *I passed the message along to him by sending an e-mail.*

Suggestion Ask students to give sample sentences for things one can/cannot/ should not do simultaneously. Example: **On peut écouter de la musique en conduisant. Mais on ne devrait pas regarder un plan en conduisant.**

Suggestion Brainstorm a list of adjectives students know that are present participles. Examples: **agaçant, émouvant, irritant, terrifiant.**

Language Learning Explain that there are several differences in spelling between certain adjectives/ nouns and their corresponding present participles. Examples: **convaincant** (adjective) versus **en convainquant** (present participle); **différent** (adjective) versus **en différant** (present participle); **fatigant** (adjective) versus **en fatiguant** (present participle)

LEARNING STYLES

For Auditory Learners Have students work in pairs. Give each pair a series of sentences that use the expression **pendant que**. Students take turns reading the sentences and changing them to use the present participle. Example: **Il indique le chemin pendant qu'il regarde le plan. → Il indique le chemin en regardant le plan.**

LEARNING STYLES

For Visual Learners Give pairs of students a set of six pictures (from magazines or the Internet). Have students make up sentences for the pictures using the present participle. The sentences can be descriptions, quotes, or comments. Then have two pairs combine to present their pictures and sentences.

TEACHING TIPS

1 Expansion In pairs, have students read each other the completed sentences in order to check their answers.

NATIONAL STANDARDS

Connections: Social Studies **Yaoundé** is the capital city of the Central African country of **Cameroun**. **Cameroun** is often called "Africa in miniature" due to its geological and cultural diversity. Have students research information about the country to explain this designation.

2 Expansion Ask students to go through the items, indicating whether each present participle acts as an adjective or as a noun.

2 Extra Practice Have students change the noun in sentences 1–7 to one of the opposite gender and rewrite the new sentences.

3 Cultural Note ***La vie en rose*** is the famous song by French singer **Édith Piaf**. If possible, play Piaf's version of the song for students.

3 Expansion For a related discussion, ask: **Y a-t-il des choses que vous aimez faire en même temps?**

Mise en pratique

1 **À choisir** **Mettez au participe présent les verbes entre parenthèses.**

1. Charlotte a mangé son repas tout en __lisant__ (lire) son livre.
2. Mon père a fêté sa retraite en __dansant__ (danser) toute la nuit.
3. __Ayant__ (Avoir) eu le temps d'arriver à la gare, Mamadou attend le prochain train pour Yaoundé.
4. En __écoutant__ (écouter) ce qu'il a à dire, nous trouverons de meilleurs arguments.
5. Antoine gagne sa vie en __investissant__ (investir).
6. En __demandant__ (demander) une augmentation de salaire, j'aimerais améliorer ma situation financière.
7. Il vient d'être licencié. __Étant__ (Être) maintenant au chômage, il a le temps de jouer sur son ordinateur toute la journée.
8. Nous finirons le projet tout en __sachant__ (savoir) que nous ne serons pas toujours d'accord!

2 **À trouver** **Complétez les phrases. Servez-vous du participe présent des verbes de la liste comme adjectifs ou comme noms. Faites tous les changements nécessaires.**

amuser	émigrer	gagner	tomber
charmer	exiger	imposer	toucher

1. En France on peut voir de grands monuments __imposants__.
2. La classe a lu des histoires __touchantes__ sur des enfants malades.
3. Cette ville est remplie de beaux princes __charmants__.
4. On n'a pas encore annoncé les __gagnants__ du concours (*contest*).
5. La formation que vous faites est très __exigeante__, mais elle est indispensable.
6. Nous avons passé deux journées __amusantes__ au parc d'attractions.
7. Les __émigrants__ ont quitté leur pays pour commencer une nouvelle vie.
8. Nous sommes rentrés à la maison, à la nuit __tombante__.

3 **Autrement dit** **Liez (*Connect*) ces phrases à l'aide d'un participe présent.**

Modèle **Magali prend sa douche. Elle chante *La vie en rose*.**
Magali prend sa douche tout en chantant *La vie en rose*.

1. La secrétaire parle au téléphone. Elle écrit rapidement.
2. Ces hommes d'affaires préparent le budget de l'année prochaine. Ils discutent des investissements.
3. Ces femmes achètent ce qui leur plaît. Elles dépensent sans compter.
4. Je travaille beaucoup. Je profite des vacances que l'entreprise offre.
5. Ma collègue me raconte son week-end. Elle sait que je ne l'écoute pas.
6. Le nouveau retraité pleure. Il finit son discours d'adieu (*farewell*).

3
1. La secrétaire parle au téléphone tout en écrivant rapidement.
2. Ces hommes d'affaires préparent le budget de l'année prochaine tout en discutant des investissements.
3. Ces femmes achètent ce qui leur plaît tout en dépensant sans compter.
4. Je travaille beaucoup tout en profitant des vacances que l'entreprise offre.
5. Ma collègue me raconte son week-end tout en sachant que je ne l'écoute pas.
6. Le nouveau retraité pleure tout en finissant son discours d'adieu.

Practice more at **vhlcentral.com.**

DIFFERENTIATION

For Inclusion Prepare a story that includes multiple examples of the present participle and its uses. Give a copy of the story to students and ask them to find and highlight each example. Then have them write the participles in a list, with the infinitive next to each one.

DIFFERENTIATION

To Challenge Students Have small groups of students work together to write and act out a humorous skit about someone who never does one thing at a time. Let students know that the end result of the person's action can be disastrous or surprisingly lucky. If possible, video students' presentations for them to evaluate their performance.

Communication

4 

Première journée de travail Aujourd'hui, c'était la première journée de travail de Magali. Par groupes de trois, imaginez ce qu'elle a fait. Employez le participe présent des verbes de la liste.

Modèle Magali est restée calme tout en étant sous pression.

assister à une réunion	être sous pression
découvrir son bureau	profiter de sa pause
déjeuner avec des collègues	rencontrer le syndicat
écouter des conseils	répondre au téléphone
être épuisée	?

5 **Qu'est-il arrivé?** Par groupes de quatre, choisissez trois événements de la liste et, pour chacun, racontez quelque chose qui est arrivé pendant que vous y étiez. Comment avez-vous réagi? Utilisez le participe présent dans vos discussions.

Modèle Tout en conduisant pendant l'examen du permis, je me suis aperçu que je n'avais pas attaché ma ceinture.

- un bal de fin d'année
- une cérémonie de remise de diplômes (*graduation*)
- un accident que vous avez eu ou auquel vous avez assisté
- un entretien d'embauche
- le premier jour au lycée
- le moment où vous avez reçu une lettre d'acceptation
- l'examen du permis de conduire
- un anniversaire mémorable

6 

Entretien d'embauche Kemajou sollicite un poste à la banque du Cameroun. Il passe un entretien avec la chef du personnel, Madame Koua. À deux, imaginez la conversation en employant le participe présent.

Modèle —Connaissez-vous l'équivalence en euros pour gérer des comptes en francs CFA?
—Oui, madame. Dans mon ancien emploi, j'ai appris à gérer les équivalences en travaillant avec des clients étrangers.

Note CULTURELLE

D'abord appelé le franc des «Colonies Françaises d'Afrique» (CFA) en 1945, **la monnaie** des pays africains francophones devient, en 1958, le franc de la «Communauté Française d'Afrique». Il existe deux sortes de francs **CFA**: le franc de la Communauté Financière d'Afrique pour les pays d'**Afrique de l'Ouest** et le franc de la Coopération Financière en **Afrique Centrale** pour les pays d'Afrique Centrale, les deux monnaies étant distinctes l'une de l'autre.

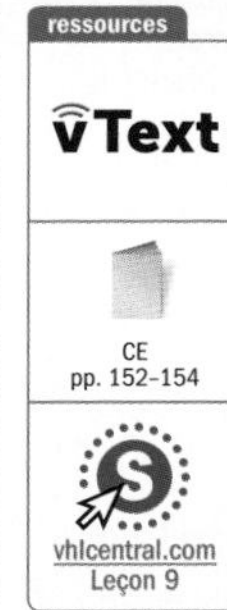

TEACHING TIPS

4 Suggestion Encourage students to be creative and to use additional verbs not found in the list.

PRE-AP®

5 Presentational Writing Have students write a short story that ties together several events. This also serves as a review of the **passé composé** and **imparfait**.

Extra Practice After reading the **Note culturelle**, have students research the value of the dollar versus the two kinds of francs **CFA**. Give them a list of five dollar amounts to convert into each version of the franc **CFA**.

6 Previewing Strategy Before students complete the activity, discuss the kinds of questions that are often asked at job interviews.

6 Partner Chat You can also assign Activity 6 on the Supersite. Students work in pairs to record the activity online. The pair's recorded conversation will appear in your gradebook.

6 Expansion Bring up the concept of multitasking to inspire a brief, related class discussion. Ask: **Vous est-il facile de faire plusieurs choses à la fois? Si vous avez déjà eu un entretien d'embauche, vous a-t-on demandé si vous pouviez faire plusieurs choses en même temps?**

PRE-AP®

Integrated Skills Have students make a comic strip based on the information in Activity 4. They should illustrate the events of Magali's day in sequential order. Each panel of the cartoon should have a narrative sentence and a dialogue including a present participle. Have students present their comic strip to the class, using gestures and intonation. Evaluate students on creativity, range of vocabulary, and use and accuracy of grammar.

PRE-AP®

Presentational Writing Have students write an essay based on Activity 4 with the title **Première journée au lycée cette année**. They will need to make appropriate changes in the expressions. Remind them to refer to the vocabulary in **Pour commencer** on **p. 298**. Also suggest that they use a flow chart to organize the events of the day before drafting their essay.

Key Standards

4.1, 5.1

Student Resources
Cahier de l'élève, pp. 155–158; Supersite: Activities, *eCahier*, Grammar Tutorials
Teacher Resources
Answer Keys; Audio Script; Audio Activity MP3s/CD; Testing program: Grammar Quiz

TEACHING TIPS

Language Learning

- You may wish to assign the Grammar Tutorials as homework in preparation for the **Structures** lesson. These tutorials re-present the grammar taught in **D'accord! 1** and **2**.
- Remind students that the meanings of **vouloir** and **pouvoir** can change slightly in different tenses. Example: **Je ne pouvais pas licencier Darren; il était mon mentor.** *I couldn't lay off Darren; he was my mentor.* **Mais il n'a pas pu finir le projet à temps.** *But he did not manage to finish the assignment on time.*
- Point out the expression **vouloir bien** (*to be glad to*).
- Teach the common expression: **Ça ne vaut pas la peine.** *It's not worth it.*
- Point out that **devoir** can also be translated as *ought to.* Advise students to use **devoir** to avoid the subjunctive when expressing obligation and necessity. Example: **Tu dois sortir.** instead of **Il faut que tu sortes.**

Presentation Tutorial

9.3

Irregular *-oir* verbs

*Il **vaut** mieux que vous partiez...*

- French verbs that end in **-oir** are irregular. They do not all follow the same pattern.
- The verbs **vouloir** and **pouvoir** follow a similar pattern. Note the stem change in the **nous** and **vous** forms.

pouvoir (*to be able*)		**vouloir** (*to want*)	
je **peux**	nous **pouvons**	je **veux**	nous **voulons**
tu **peux**	vous **pouvez**	tu **veux**	vous **voulez**
il/elle **peut**	ils/elles **peuvent**	il/elle **veut**	ils/elles **veulent**
past participle: **pu**		past participle: **voulu**	

ATTENTION!

Because the verb **valoir** means *to be worth* (*money, effort, etc.*), its subject is most often an inanimate object rather than a human being. The most common forms encountered are the third-person singular and plural forms.

- Like **pouvoir** and **vouloir**, the singular forms of **valoir** end in **-x**, **-x**, and **-t**. Note the stem in the plural forms.

valoir (*to be worth*)	
je **vaux**	nous **valons**
tu **vaux**	vous **valez**
il/elle **vaut**	ils/elles **valent**
past participle: **valu**	

*Ces bijoux **valent** beaucoup d'argent.*

ATTENTION!

The prefix **re-** usually means *to do something again.* For example, the verb **revoir** means *to see again.* **Revoir** is conjugated like **voir**.

J'ai revu le film.

I saw the film again.

- The verbs **voir** and **devoir** follow similar patterns. They also have stem changes in the **nous** and **vous** forms.

voir (*to see*)		**devoir** (*to have to, must; to owe*)	
je **vois**	nous **voyons**	je **dois**	nous **devons**
tu **vois**	vous **voyez**	tu **dois**	vous **devez**
il/elle **voit**	ils/elles **voient**	il/elle **doit**	ils/elles **doivent**
past participle: **vu**		past participle: **dû**	

DIFFERENTIATION

For Inclusion Have students work in pairs or small groups to practice the forms of **pouvoir**, **vouloir**, **valoir**, **voir**, and **devoir**. If possible, distribute small whiteboards and a dry-erase marker to each group. Say the verb, a subject pronoun, and a tense. The first group to hold up the correct answer wins a point. The pair or group with the most points wins a small prize or extra credit.

DIFFERENTIATION

To Challenge Students Have students write a question in the present tense and a question in the past tense for each verb. The topics should be things that they would ask a classmate. Questions can be yes/no or information questions. Then have students work with a partner to ask and answer the questions.

- Like **voir** and **devoir**, the singular forms of **savoir** end in **-s**, **-s**, and **-t**. Note the different stems in the singular and plural forms.

savoir (*to know*)	
je **sais**	nous **savons**
tu **sais**	vous **savez**
il/elle **sait**	ils/elles **savent**
past participle: **su**	

Ils ***savent*** *danser.*

- The verbs **recevoir**, **apercevoir**, and **percevoir** follow the same pattern. Note the **ç** in all forms except for **nous** and **vous**.

recevoir (*to receive*)		**apercevoir** (*to perceive*)	
je **reçois**	nous **recevons**	j'**aperçois**	nous **apercevons**
tu **reçois**	vous **recevez**	tu **aperçois**	vous **apercevez**
il/elle **reçoit**	ils/elles **reçoivent**	il/elle **aperçoit**	ils/elles **aperçoivent**
past participle: **reçu**		past participle: **aperçu**	

- Due to their meanings, the verbs **pleuvoir** and **falloir** have only third-person singular forms.

pleuvoir (*to rain*)	**falloir** (*to be necessary, to have to, must*)
il **pleut**	il **faut**
past participle: **plu**	past participle: **fallu**

Il **pleut** souvent au printemps.
It often rains in the spring.

Il **faut** prendre le train.
It's necessary to take the train.

- The verb **s'asseoir** is very irregular. Like other reflexive verbs, it is accompanied by a reflexive pronoun and takes the helping verb **être** in the **passé composé**.

s'asseoir (*to sit*)	
je **m'assieds**	nous nous **asseyons**
tu **t'assieds**	vous vous **asseyez**
il/elle **s'assied**	ils/elles **s'asseyent**
past participle: **assis(e/es)**	

Ils ***se sont assis*** *par terre.*

BLOC-NOTES

Remember that French has two different verbs that mean *to know*: **savoir** and **connaître**. To review their different uses, see **Fiche de grammaire 9.4, p. 404.**

ATTENTION!

The verbs **apercevoir** and **percevoir** both mean *to perceive*, but they are not interchangeable. **Apercevoir** usually refers to visual perception, as in *to see* or *to notice*. **Percevoir** usually refers to more general perception, as in *to detect* or *to sense*.

ATTENTION!

You can use **il faut** to refer to a variety of subjects. Depending upon the context, it can mean *I must, you must, one must, they must*, and so on. Regardless of meaning, the subject is always **il**.

TEACHING TIPS

Language Learning Remind students that **savoir** in the **passé composé** means *to find out*.

Suggestion Ask students personalized questions with **savoir**. Example: **Lola, est-ce que tu sais/vous savez jouer du piano?** After the student answers, ask another student about the first student: **Est-ce que Lola sait jouer du piano?**

Suggestion Call on students to provide sentences using **recevoir, apercevoir**, and **percevoir** and write them on the board for the class to correct.

Suggestion To practice **s'asseoir**, have students act out and narrate the various forms.

Language Learning Mention that, in spoken French, one often hears the **-oi-** conjugation of **s'asseoir**: **je m'assois, tu t'assois, il/elle s'assoit**, and **ils/elles s'assoient**.

LEARNING STYLES

For Auditory Learners Prepare a series of sentences using irregular **-oir** verbs. Some should be logical and some should be illogical. Examples: **Vous devez faire vos devoirs. / Il pleut dans la salle de classe.** Students should make two signs, one for **logique** and one for **illogique**. As you say each sentence aloud, students hold up the appropriate sign for each sentence.

LEARNING STYLES

For Visual Learners Have students identify six photos in the text that they can write about using six different irregular **-oir** verbs. Then have them work with a partner to show the photos they chose and provide their sentences. Then have each student present one photo to the class.

Mise en pratique

1 **Mini-dialogues** Complétez logiquement chaque dialogue à l'aide des verbes de la liste.

s'asseoir	pleuvoir	savoir	voir
falloir	recevoir	valoir	vouloir

—J'aime sortir par tous les temps: quand il fait soleil, quand il y a du vent... même quand il (1) ___pleut___!

—Pas vrai! Je te/t' (2) ___ai vu(e)___ hier quand ton parapluie s'est cassé. Tu étais vraiment de mauvaise humeur.

—(3) ___Sais___-tu qu'on a changé la date de la réunion?

—Non, je ne le savais pas. (4) ___Faut___-il choisir une nouvelle date?

—Est-ce que nous (5) ___avons reçu___ le coup de téléphone de notre entrepôt en Chine?

—Oui, ils disent que, si on détruit les marchandises, on sera en faillite. Elles (6) ___valent___ trop cher.

—(7) ___Assieds___-toi sur cette chaise. Il faut que je te parle.

—D'accord, de quoi (8) ___veux___-tu me parler?

2  **Un nouveau règlement** L'entreprise pour laquelle Julie travaille vient de changer de direction (*management*). Voici quelques règles que son nouveau patron veut mettre en application. Complétez ces phrases à l'aide de verbes en **-oir**. Suggested answers

Nouveau règlement:

1. Vous ne ___pouvez___ plus varier votre temps de travail.
2. Il ___faut___ absolument arriver à neuf heures, au plus tard.
3. Tous les employés ___doivent___ déjeuner entre midi et 13h00.
4. Sur le marché boursier, il ___vaut___ mieux investir dans l'entreprise.
5. Si quelqu'un ___aperçoit___ un collègue qui en harcèle un autre, dites-le-moi tout de suite.
6. Si vous ___voulez___ téléphoner à un(e) ami(e), attendez 17h00.
7. Même si nous ___recevons___ des salaires différents, il faut nous respecter mutuellement.
8. Pour être promu, un employé ___doit___ suivre toutes ces règles.

3  **Conseils** Yves est sous pression au bureau et sa vie privée est un désastre. À deux, trouvez huit conseils à lui donner en utilisant des verbes en **-oir**.

Modèle Vous pouvez démissionner et chercher un autre emploi.

 Practice more at **vhlcentral.com.**

TEACHING TIPS

1 Previewing Strategy Before beginning the activity, review the conjugation of each verb.

PRE-AP®

1 Interpersonal Speaking
- Call on volunteers to perform several of the short dialogues for the class.
- Have pairs of students write two additional dialogues to perform for the class.

2 Expansion
- Ask: **Si vous étiez le/la patron(ne), quelles règles voudriez-vous garder? Lesquelles voudriez-vous remplacer?**
- Ask students to think of additional office rules using irregular **-oir** verbs.

3 Expansion As a variation, have one student be the counselor and the other play the role of Yves.

DIFFERENTIATION

For Inclusion Following the model of Activity 2, have students work in pairs to create a set of five rules for students. They should use a different irregular **-oir** verb for each rule. Then compile a class list of rules to post on the bulletin board.

DIFFERENTIATION

To Challenge Students Have pairs of students prepare a conversation that is a variation of Activity 3. One student plays a student who is under a lot of pressure and having trouble in and out of school. The other student plays a counselor and offers advice. Have pairs present their conversations. The class discusses the counselor's advice and adds additional advice.

Communication

4 **Questions personnelles** À deux, posez-vous ces questions et soyez créatifs pour expliquer vos réponses.

La vie scolaire

Que doivent faire les élèves pour réussir aux examens?

Qu'as-tu fait la dernière fois qu'il a plu pendant le cours de sport?

Les relations personnelles

Que reçois-tu d'habitude pour ton anniversaire? De la part de qui? Qu'as-tu reçu pour ton dernier anniversaire? De la part de qui?

Quand quelqu'un s'intéresse à toi, t'en aperçois-tu facilement?

L'argent et le travail

À qui peux-tu emprunter de l'argent? Dois-tu de l'argent à quelqu'un en ce moment?

Combien vaut ton bien (*possession*) le plus précieux?

Sais-tu quel travail tu aimerais faire après tes études? Lequel?

Faut-il toucher un salaire élevé pour se sentir riche?

5 **Au syndicat** À deux, imaginez que vous soyez des travailleurs membres du même syndicat. Jouez les rôles de ces deux collègues qui ne sont jamais d'accord, en utilisant des verbes en **-oir**.

Modèle —Il faut demander une augmentation de salaire.
—On ne doit pas en demander une. Tu sais qu'ils ne peuvent pas nous la donner.

6 **À propos de vos camarades** Par groupes de quatre, devinez pour quel membre de votre groupe ces observations sont vraies. Si vous n'êtes pas d'accord avec l'opinion que vos camarades ont de vous, expliquez-leur votre point de vue.

Modèle **vouloir: devenir cadre**
—Dave, tu veux devenir cadre d'une entreprise après l'université, non?
—Pas du tout! Je voulais l'année dernière, mais je ne sais plus. C'est toi, Jessica, qui devrais être cadre. Tu peux diriger un groupe.

1. s'apercevoir: que la richesse ne remplace pas forcément le bonheur
2. s'asseoir: au premier rang
3. devoir: poser sa candidature pour un poste à la bibliothèque
4. ne pas pouvoir: économiser d'argent
5. recevoir: du courrier tous les jours
6. revoir: son film préféré plus de trois fois

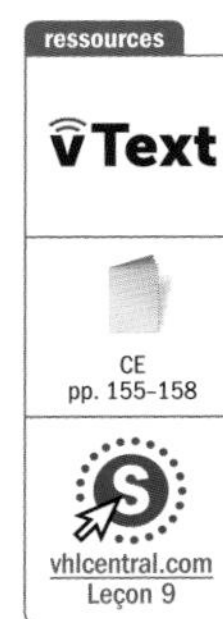

LEARNING STYLES

For Visual Learners Show five pictures of people in work situations, such as working at a desk in an office, at a bank, or in a business meeting. Give students two minutes to look at the pictures in order to produce comments based on what they see. Evaluation criteria: Grammatical accuracy, range of vocabulary, pronunciation, fluency.

PRE-AP®

Presentational Writing Have students write a two-page essay based on Activity 6, item 1. It should include vocabulary and structures from the lesson, as well as an introduction and a few well-organized paragraphs, each with a main idea and supporting details. Students can base their ideas on personal experiences as well as what they have heard in the news, such as what happens to lottery winners and celebrities.

TEACHING TIPS

4 Expansion
- Have students ask each other three additional questions, one related to each category.
- Add other categories and questions for students to ask and answer. Categories should be based on previous **Pour commencer** sections. For example: **le sport, la technologie, la cuisine, les medias**, etc.

4 Virtual Chat You can also assign Activity 4 on the Supersite. Students record individual responses that appear in your gradebook.

5 Previewing Strategy Before beginning the activity, you may want to give background information about **les syndicats. Les syndicats sont des associations de travailleurs qui se regroupent pour défendre des intérêts communs. La personne à la tête d'un syndicat négocie auprès d'un employeur toutes les questions contractuelles comme les salaires, les horaires, les avantages sociaux, la sécurité au travail, etc.**

5 Partner Chat You can also assign Activity 5 on the Supersite. Students work in pairs to record the activity online. The pair's recorded conversation will appear in your gradebook.

5 Language Learning Point out the uses of **il faut** and **on doit** in the **modèle**, which effectively express obligation without using the subjunctive.

6 Suggestion Model a positive response as well. Example: **Oui, c'est vrai. Je pense avoir les qualités requises pour être un bon cadre. Une bonne gestion est la clé de la réussite d'une entreprise.**

6 Expansion Give students these additional ideas: **7. savoir: cuisiner à la française (ou à l'italienne, etc.) 8. ne pas vouloir: prêter ses affaires.**

Key Standards
1.1, 1.2

TEACHING TIPS

Extra Practice As a preview, have students research the life and work of the philosopher **Alain**. Ask them to present their findings to the class in a brief presentation.

Language Learning Point out the use of **l'on** in the second quote. The **l'** is included for a more harmonious pronunciation than **qu'on**. The **l'on** construction is more common in written French than spoken because it is more formal.

Extra Practice Ask students to research other proverbs or sayings about work and present them to the class for discussion. Examples: **L'homme naquit pour travailler, comme l'oiseau pour voler.** *Rabelais, Le Quart Livre, XXIV (1552).* **Notre meilleur ami, c'est encore le travail.** *Jean-François Collin d'Harleville, Les mœurs du jour, I, IV (1800).*

1 Expansion Have students discuss their answers in pairs.

2 Expansion If students researched Alain ahead of time, ask them to compare their reactions to these quotes to others Alain made that they may have found.

3 Suggestion If you prefer, have individual students write their own quote and then share them in small groups.

Synthèse

Le philosophe français, Alain (1868–1951), né sous le nom d'Émile-Auguste Chartier, est connu pour ses idées pacifistes et libérales. Profondément marqué par les horreurs de la Première Guerre mondiale, il écrit des articles en faveur du pacifisme tout en combattant les autoritarismes. Étant professeur, il exerce une grande influence sur ses élèves, dont certains deviennent célèbres et lui doivent leur carrière de philosophe. Dans les citations suivantes on voit que ses idées sur le travail sont assez révolutionnaires pour l'époque°.

time

> Ce qui console d'un travail difficile,
> c'est qu'il est «difficile».
>
> La loi suprême de l'invention humaine
> est que l'on n'invente qu'en travaillant.
>
> La vie est un travail
> qu'il faut faire debout°.
>
> *Alain*

standing up

1
1. Alain était philosophe tout en gagnant sa vie comme professeur.
2. Il écrivait sur le pacifisme tout en combattant les autoritarismes.
3. On peut dire que ses idées sur le travail sont révolutionnaires pour l'époque.
4. Il dit que la vie est un travail qu'il faut faire debout.

1 Compréhension Répondez à ces questions.

1. Quel travail faisait Alain tout en gagnant sa vie comme professeur?
2. Que faisait Alain en même temps qu'il écrivait des articles sur le pacifisme?
3. Que peut-on dire de ses idées sur le travail?
4. Comment Alain décrit-il la vie dans une de ses citations?

2 Réactions Que pensez-vous des trois citations d'Alain? Discutez de chacune avec un(e) camarade, en réfléchissant aux idées ci-dessous.

- Pensez à trois situations dans lesquelles chaque citation vous inspirerait.
- Trouvez des liens entre les pensées d'Alain sur le travail et celles sur la liberté et le pacifisme.
- Dites si vous êtes d'accord ou pas avec chaque citation. Expliquez pourquoi.

3 À vous de citer Par petits groupes, imaginez que vous soyez philosophe (si vous ne l'êtes pas déjà!). Écrivez une phrase qui explique vos pensées sur le travail et son influence sur la vie du travailleur. Pour vous aider, utilisez votre imagination, les citations d'Alain et les structures de cette leçon.

ressources
vText
vhlcentral.com
Leçon 9

DIFFERENTIATION

For Inclusion Use the quotes as an opportunity to review grammatical structures from this lesson and previous lessons. Example: **ce qui/ce que, ne… que, en travaillant, il faut.** Refer students back to the pages where these structures were taught, review the structures, then have students explain their use in the quotes.

DIFFERENTIATION

To Challenge Students France has produced many famous philosophers such as Voltaire, René Descartes, Jean-Jacques Rousseau, Jean-Paul Sartre, Albert Camus, and Simone de Beauvoir. Have students choose one philosopher to research. They should find (a) basic biographical information; (b) information about the person's philosophy; (c) one or more quotes.

Préparation

Vocabulaire de la lecture

un chef d'entreprise *head of a company*
l'entraide (*f.*) *mutual aid*
entreprendre *to undertake*
évoquer *to evoke*
inhabituel(le) *unusual*
monter une entreprise *to create a company*
obtenir un prêt *to secure a loan*
la précarité *insecurity of income*
un revenu *income*

Vocabulaire utile

demander un prêt *to apply for a loan*
l'encadrement (*m.*) *supervisory staff*
s'entourer de *to surround oneself with*
faire un emprunt *to take out a loan*
rembourser *to reimburse*
retirer (un profit, un revenu) de *to get (benefit, income) out of*

1  **Le bon leader** Complétez ce petit texte à l'aide des mots de la liste de vocabulaire.

Qu'est-ce qui caractérise (1) ___un chef d'entreprise___ exceptionnel? D'abord ses qualités personnelles, car il doit avoir ambition et volonté. Un bon leader saura aussi s'entourer d' (2) ___un encadrement___ performant et de haut niveau. Il prendra soin de l'ensemble de ses employés pour les protéger de (3) ___la précarité___ et les motiver. Il encouragera (4) ___l'entraide___ au sein de l'entreprise. Il aura aussi de bonnes relations avec sa banque, pour pouvoir faire (5) ___un emprunt___ quand c'est nécessaire. Un bon dirigeant saura (6) ___rembourser___ ses dettes à temps. Grâce à lui, l'entreprise se développera et (7) ___retirera___ des profits de son activité.

2  **Aux enfants** Vous devez expliquer ces concepts à des enfants. À deux, trouvez des définitions simples et utilisez des exemples.

Concepts	Définitions/Exemples
le chef d'entreprise	
entreprendre	
la précarité	
un prêt	
retirer un profit	
un revenu	

3  **À votre avis?** Que pensez-vous de ces affirmations? Discutez-en par groupes de trois. Puis choisissez les trois plus utiles pour réussir sa carrière professionnelle.

- Il est nécessaire d'entreprendre pour espérer et de persévérer pour réussir.
- Il n'y a pas un caractère d'entrepreneur, mais il faut du caractère pour en être un.
- La raison d'être d'une entreprise est de trouver des clients et de les garder.
- Les entreprises qui réussissent sont celles qui ont une âme.
- Travailler, c'est bon pour ceux qui n'ont rien à faire.
- Rien de plus simple que de vieillir jeune (*stay young*): il suffit de travailler dans la joie.

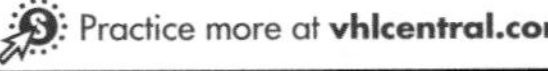

Section Goals

In **Culture**, students will read about women entrepreneurs in Africa.

Key Standards

1.2, 2.1, 2.2, 4.2

Student Resources
Supersite: Activities, Synced Reading

TEACHING TIPS

Synonymes
rassembler↔réunir
inhabituel(le)↔inaccoutumé(e)
la précarité↔la fragilité

Mention **insolite**, which also means *unusual* but with the connotation of being *bizarre*.

Language Learning
- Point out that **le revenu** also means *revenue*.
- Point out that **inaccoutumé(e)** is mostly used in a formal and a literary context.

1 Language Learning Remind students to include articles when necessary, and tell them to pay attention to verb tense.

2 Expansion Have pairs form groups of four to compare their definitions.

3 Expansion Encourage groups to remark on the differences (or similarities) between these affirmations and the quotes from **Alain** on the previous **Synthèse, p. 322**.

21st CENTURY SKILLS

3 Collaboration
If you have access to students in a Francophone country, ask them to share their reactions to the affirmations on Activity 3 with your class.

CRITICAL THINKING

Comprehension and Evaluation For Activity 1, first ask students basic comprehension questions about the content. Example: **Nommez deux qualités personnelles d'un chef d'entreprise exceptionnel.** Then discuss the various statements in the paragraph. Which do students agree with? Which do they disagree with? What other information would they add?

CRITICAL THINKING

Evaluation For Activity 2, ask pairs to present their definitions and examples. Have the class evaluate them and choose the best one for each concept. Compile the list. If possible, invite a student from another French class to this class. Various students present the definitions and examples. The other French student assesses whether he/she now understands the concept.

TEACHING TIPS

Previewing Strategies

- Have students describe the woman and the scene in the photo.
- Tell students to note the article title: **Des Africaines entrepreneuses**. Ask: **D'après son titre et la photo qui l'illustre, qui est au centre de cet article?**

AFFECTIVE DIMENSION

The article **Des Africaines entrepreneuses** deals with economics in Africa, a topic with which many students may be unfamiliar. Gaining some prior knowledge on this topic will make it easier for students to access the reading, thereby reducing anxiety. Have pairs of students research the economic situation in Cameroun. Discuss their findings as a class.

NATIONAL STANDARDS

Connections: Economics

The organization **ASAFE** was founded by Gisèle Yitamben. **ASAFE** is a network organization that provides entrepreneurial woman with microfinance, business education, and counseling. Have students research additional information about the organization, where it operates, and its successes.

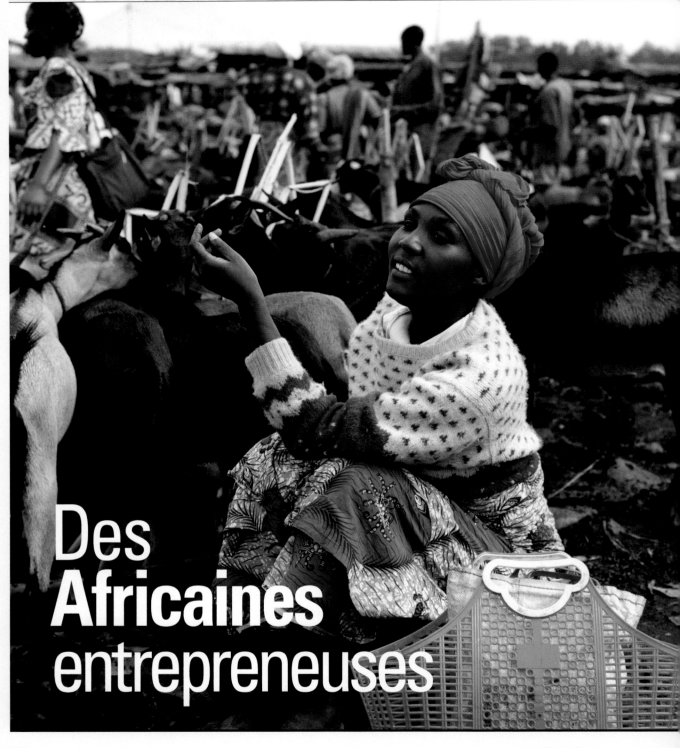

21st CENTURY SKILLS

Global Awareness

Students will gain perspectives on the Francophone world to develop respect and openness to others and to interact appropriately and effectively with citizens of Francophone cultures.

Des **Africaines** entrepreneuses

CRITICAL THINKING

Knowledge The title of the reading includes the word *entrepreneurial*. Discuss with students the connotative and denotative meanings of the word. Ask if they know anyone that they would consider an entrepreneur (personal acquaintances or well-known people, such as Bill Gates). Also discuss the pros and cons of working in an entrepreneurial environment or working for a well-established large company.

CRITICAL THINKING

Comprehension Have students prepare a Main Idea/Details graphic organizer to use as they read the article. They should include one main idea for each of the five paragraphs and several details. At the end of the reading, as a class, have students review what they wrote and make revisions as necessary.

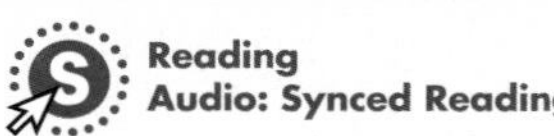
Reading
Audio: Synced Reading

Les confitures d'Afrique

Dans certains pays, la fabrication de confitures pour l'exportation existe depuis plus de cinquante ans. Elles sont à l'ananas, à la banane, à la goyave (*guava*), à la papaye. Leur goût exotique est très apprécié dans les pays occidentaux.

La confiote. Qu'est-ce que c'est? Pour certains, ce mot familier évoque simplement de la confiture. Mais posez la question à Robertine Bounkeu, et elle vous répondra que c'est toute sa vie. «Les Confiotes» est le nom de l'entreprise qu'elle a récemment montée au Cameroun. Une entreprise alléchante°: la fabrication de produits haut de gamme° à base de fruits, comme des sirops, des confitures ou «confiotes» et des liqueurs. Mais pour celui qui connaît la société camerounaise, y voir une femme devenir chef d'entreprise est inhabituel. En Afrique Centrale, comme sur tout le continent africain, la précarité touche tout particulièrement les femmes, pour des raisons sociales, économiques et juridiques. Quel est donc le secret de la réussite de Robertine Bounkeu? L'Association pour le Soutien et l'Appui à la Femme Entrepreneur ou ASAFE. Cette association en est une parmi beaucoup d'autres du même genre qui fleurissent° au Cameroun depuis les années 1990. Les organisations non gouvernementales participent à cet effort, principalement au moyen d'aides financières.

alléchante° appétissante · haut de gamme° *top of the line* · fleurissent° se multiplient

Ces associations ont pour but d'améliorer la condition des femmes en les rendant maîtresses de leur destinée. Elles leur proposent donc une aide financière à court terme, des conseils et une formation comme des cours d'informatique. C'est un concept révolutionnaire dans une Afrique où la majorité des femmes reste encore dépendante de l'homme. Dans le cas de Robertine Bounkeu, c'est le programme «Femme Crédit Épargne» (FCE) qui lui a permis d'obtenir un prêt. Ce système encourage l'entraide entre les femmes: celles-ci forment de petits groupes de soutien pour améliorer leurs chances de succès. Robertine Bounkeu dit que «c'est difficile de se lancer dans une telle activité avec peu de moyens et seulement la rage de réussir». Adhérer à l'ASAFE lui a donc «permis de passer progressivement du stade° de hobby épisodique° à la petite entreprise de plus en plus structurée».

stade° *stage* · épisodique° *occasional*

Comme elle, beaucoup de femmes se lancent dans la fondation d'entreprise. L'agriculture est leur principale occupation, mais les revenus ne sont pas suffisants. Elles se tournent alors vers d'autres possibilités. C'est là qu'entrent en scène les organisations et associations destinées à aider les femmes en quête de réussite sociale. Parmi ces organisations, les instituts de microfinance forment la base fondamentale du lancement° d'un projet. D'ailleurs, le microfinancement s'est rapidement propagé sur le continent. L'Africa Microfinance Network (AFMIN) regroupe plus de 800 organisations qui participent quotidiennement à la création d'entreprises. Grâce à leur collaboration, des femmes courageuses font naître une Afrique nouvelle.

lancement° *launching*

Robertine Bounkeu ne compte pas s'arrêter là. Elle a pour ambition de développer son entreprise, et elle a déjà amélioré son matériel pour répondre à la demande qui s'amplifie. Ses «confiotes» n'ont pas fini de faire des heureux ni des émules°. On ne peut décidément pas arrêter un esprit qui aime entreprendre.

émules° imitateurs

Dans tous les pays d'Afrique, les femmes sont essentielles à la vie de la communauté. Elles éduquent et nourrissent. Quoi de mieux pour l'avenir de l'Afrique que leur émancipation et l'élargissement de leurs pouvoirs? ■

TEACHING TIPS

Previewing Strategy
Preview the article by having students scan for cognates. Discuss as a class the meanings of the words and determine if they're true or false cognates.

Reading Strategy Ask the class to form four small groups. Assign each group one of the paragraphs from the article. Ask the group to read, summarize, and present the paragraph to the class.

Suggestions

- Have students work in pairs. For each paragraph, students compose three true/false questions for another pair to answer.
- Ask students to locate examples of relative pronouns and present participles in the reading. Discuss the uses of each.
- Create a cloze **dictée** from several of the sentences in the reading. Read the sentences for students to fill in the missing words. Students open their books and check their work.

CRITICAL THINKING

Knowledge Ask pairs to describe again what they see in the photo on **p. 324**. Then ask them to connect the image with the reading. Have volunteers share their impressions with the class. Did they change their description from what they said before reading the article?

CRITICAL THINKING

Evaluation Ask students to reread and then analyze the concluding paragraph of the reading. Does the paragraph correctly sum up the ideas covered in the article? Ask: **Quel est l'effet de conclure un article avec une question?**

TEACHING TIPS

1 Expansion

- Have students go over their answers and compare them with a partner.
- Have volunteers write their answers on the board for the class to correct and discuss.

2 Suggestion Point out the irony in **Allais'** quote. Ask: **Y a-t-il des gens qui pensent vraiment comme cela?**

2 Partner Chat You can also assign Activity 2 on the Supersite. Students work in pairs to record the activity online. The pair's recorded conversation will appear in your gradebook.

3 Previewing Strategy Before completing the activity, review with students what they have learned about microfinancing in this lesson. Students may also want to do additional research.

4 Previewing Strategy Have students brainstorm the kinds of things that are discussed with a banker when asking for a loan. Examples: company expenses, company income, amount of the loan, repayment terms, collateral.

4 Expansion After students play out their scenes, have the class vote for the most convincing, realistic, or inventive idea.

21st CENTURY SKILLS

4 Flexibility and Adaptability Remind students to include input from all team members, adapting their presentation so it represents the whole group.

Analyse

1 Answers may vary slightly.
1. Des confitures à l'ananas, à la banane, à la goyave, à la papaye.
2. Elle fabrique des produits haut de gamme à base de fruits, comme des sirops, des confitures ou «confiotes» et des liqueurs.
3. Non, car une femme chef d'entreprise au Cameroun, c'est inhabituel.
4. Non, elle a réussi avec l'aide de l'Association pour le Soutien et l'Appui à la Femme Entrepreneur ou ASAFE.
5. Ces associations leur proposent une aide financière à court terme, des conseils et une formation comme des cours d'informatique.
6. Il encourage l'entraide entre les femmes et celles-ci forment de petits groupes de soutien.
7. Parce que l'agriculture est leur principale occupation, mais les revenus ne sont pas suffisants.
8. Oui, car c'est la base fondamentale du lancement d'un projet et plus de 800 organisations participent chaque jour à la création d'entreprises.
9. Non, elle ne compte pas s'arrêter là. Elle a pour ambition de développer son entreprise, et elle a déjà amélioré son matériel pour répondre à la demande qui s'amplifie.
10. Parce que les femmes sont essentielles à la vie de la communauté, et tout ce qui aide à leur émancipation est une bonne chose.

ressources

vText

vhlcentral.com Leçon 9

1 Compréhension Répondez aux questions par des phrases complètes.

1. Quelles sortes de confitures sont faites en Afrique?
2. Que fabrique l'entreprise «Les Confiotes»?
3. L'exemple de Robertine Bounkeu est-il typique de la société camerounaise?
4. Robertine Bounkeu a-t-elle réussi toute seule?
5. Que propose ce genre d'association aux femmes africaines?
6. Comment fonctionne le programme «Femme Crédit Épargne»?
7. Pourquoi beaucoup de femmes se lancent-elles dans la fondation d'entreprise?
8. Le micro-financement est-il important pour l'Afrique? Pourquoi?
9. Robertine Bounkeu a-t-elle déjà réalisé tous ses projets?
10. Pourquoi les femmes chefs d'entreprises sont-elles une bonne chose pour l'Afrique?

2 Citation à commenter À deux, expliquez et commentez cette citation d'Alphonse Allais, écrivain et humoriste français du 19e siècle.

> On ne prête qu'aux riches, et on a raison, les pauvres remboursent plus difficilement.

1. Que dit Alphonse Allais dans cette citation? Y voyez-vous une forme d'humour?
2. Quels liens y a-t-il entre cette citation et l'article que vous venez de lire?
3. Êtes-vous d'accord avec ce que dit Alphonse Allais? Expliquez.

3 Le slogan À deux, inspirez-vous de la citation ci-dessus pour créer un slogan en faveur du (*in favor of*) micro-financement. Servez-vous du vocabulaire de la lecture. Puis la classe choisira le meilleur slogan.

4 Création d'entreprise Par groupes de trois, choisissez une idée d'entreprise dans la liste ci-dessous ou créez votre propre idée. Imaginez une conversation entre un jeune entrepreneur et deux banquiers. Utilisez les mots du vocabulaire pour décrire votre projet et demander un prêt. Ensuite, jouez la scène devant la classe.

- un café-laverie
- un service de transport en bateau
- une entreprise de fabrication de snowboards
- un restaurant spécialisé dans les desserts
- un service de décoration d'intérieur
- ?

Modèle

Élève 1: Je voudrais faire un emprunt pour développer ma nouvelle idée: un café-laverie.

Élève 2: Vous allez vous entourer de serveurs sympathiques?

Élève 3: Il faudra rembourser le prêt d'ici trois ans.

Practice more at **vhlcentral.com.**

PRE-AP®

Integrated Skills Have students work in pairs. One student is a reporter and the other is Robertine Bounkeu. The reporter asks Robertine about her business, her financing, and her plans for the future. Have volunteers present their interviews to the class. The class decides which interview best represents what they learned in the reading.

PRE-AP®

Integrated Skills Have students identify and then watch/listen to one or more radio and/or TV broadcasts about financial topics. Since the broadcasts may be somewhat technical, tell students to listen for basic meaning and for key vocabulary words learned in the lesson. Students should take notes and then present a summary to the class.

Préparation

À propos de l'auteur

Marie Le Drian (1949–) est née dans le Morbihan, en Bretagne, une région au nord-ouest de la France. Aujourd'hui elle vit toujours en Bretagne, dans la région du Finistère sud. Dans ses livres, elle parle de la vie quotidienne et des gens ordinaires. Elle prend souvent pour thème des femmes qui se trouvent dans des situations où elles souffrent, mais l'humour est presque toujours présent dans ses œuvres. Le Drian a publié des recueils de nouvelles et plusieurs romans dont le plus récent, *Le Corps perdu de Suzanne Thover*, qui a paru (*published*) en 2013. Son livre *Le petit bout du L*, a obtenu le Prix des écrivains bretons.

Vocabulaire de la lecture

- **abîmé(e)** *damaged*
- **un(e) abonné(e)** *subscriber*
- **un bénéfice** *profit*
- **une camionnette** *small truck or van*
- **causer** *to chat*
- **épais(se)** *thick*
- **un horaire** *schedule*
- **une perte** *loss*
- **une revendication** *demand*
- **un sou** *penny*

Vocabulaire utile

- **un(e) entrepreneur/entrepreneuse** *entrepreneur*
- **fascinant(e)** *fascinating*
- **ingrat(e)** *thankless*
- **la réussite** *success*
- **stimulant(e)** *challenging*

1 **Qu'est-ce que c'est?** Trouvez les mots qui correspondent aux définitions.

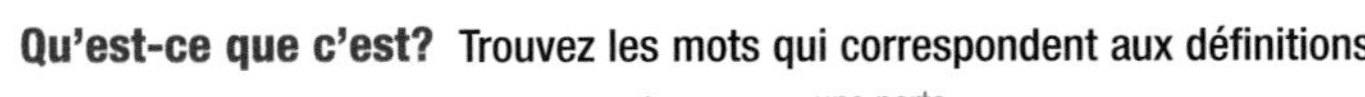

1. l'argent que perd une entreprise: une perte
2. une demande: une revendication
3. l'argent que gagne une entreprise: un bénéfice
4. parler: causer
5. quelqu'un qui reçoit régulièrement le même journal: un abonné
6. une pièce de monnaie: un sou

2 **Préparation** Répondez individuellement à ces questions, puis discutez-en à deux.

1. Quelle profession voudriez-vous exercer un jour?
2. Quels avantages offre le fait de travailler pour une entreprise multinationale?
3. Quels avantages offre le fait d'être entrepreneur?
4. Quelles sortes de problèmes se présentent entre les employés et les patrons?
5. Quels sont les avantages et les inconvénients que présentent les syndicats?

3 **Débat** Réfléchissez individuellement à la déclaration suivante. Puis, défendez votre point de vue dans un groupe composé d'étudiants aux opinions diverses.

Il est préférable d'être entrepreneur que de travailler pour une entreprise.

- Prenez position pour ou contre cette déclaration.
- Préparez-vous à défendre votre position.
- Préparez des arguments contre la position opposée.
- Pensez à des exemples qui soutiennent votre point de vue.

Practice more at **vhlcentral.com.**

ressources

vText

vhlcentral.com
Leçon 9

Note CULTURELLE

Les professions libérales sont des professions à caractère intellectuel qu'on exerce de manière indépendante. Les avocats, les experts-comptables (*certified public accountants*), les architectes, les ingénieurs, les pharmaciens exercent une profession libérale. Ces professions sont toutes contrôlées par des organisations professionnelles.

Section Goals

In **Littérature**, students will:
- learn about writer Marie Le Drian
- read her story ***Profession libérale***

Key Standards

1.2, 2.2, 3.1, 5.2

Student Resources
Cahier d'activités, pp. 53, 87-88; Supersite: Activities, Synced Reading, *eCahier*
Teacher Resources
Answer Keys

TEACHING TIPS

Synonymes
abîmé(e)↔endommagé(e)
un horaire↔un emploi du temps

1 Expansion Have each student come up with two more definitions. Then have students work in pairs to guess each other's words.

2 Expansion In two columns on the board, have volunteers list what they think are the positive and negative aspects of working for a large company versus being one's own boss. Leave this table on the board for the next activity.

21st CENTURY SKILLS

2 Collaboration
If you have access to students in a Francophone country, ask them to share their responses to the questions on Activity 2 with your class.

3 Suggestion To support their arguments, have students cite specific examples from any work experiences they may have or those of someone they know. Have students refer to the table from the previous activity.

CRITICAL THINKING

Knowledge and Comprehension Ask students to use the new vocabulary in sentences that convey the meaning. Then ask them to rewrite the sentences as cloze sentences and exchange papers with a partner. Finally, after students complete the sentences, have pairs regroup to correct them.

CRITICAL THINKING

Synthesis and Application Have the class think of the names of movies or TV shows that show working establishments, such as *The Office*. Make a list on the board. Then ask students to give descriptions of the movies or shows using the new vocabulary as well as vocabulary from **Pour commencer** on **p. 298**.

PROFESSION

Marie Le Drian

Il voulait que j'exerce une profession libérale. Lui: mon père.

– T'es capable. Avec une profession libérale, disait mon père, ils te demanderont sûrement d'aller sur la liste. Tu choisis la bonne et ton avenir est assuré.

J'ai fait mon possible.

Au journal, ils m'ont dit:

– Vous avez le statut de profession libérale.

J'ai signé.

– Tu verras, t'as pas de patron sur le dos. Pas de femme de patron non plus! C'est les pires... Le patron, il a parfois le dos tourné°, vraiment tourné, disait mon père, sa femme, elle, a les yeux partout. Elle voit même où on pose les nôtres. T'as pas de syndicat qui tienne le coup avec une femme de patron. Choisis donc une profession libérale. T'es capable. T'as tes propres horaires. T'arrives quand tu veux. T'as pas de sirène. T'as tes pauses. S'il y a du bénéfice, c'est tout pour toi. Au moins, t'en vois la couleur.

– Et s'il y a perte?

– Y'aura pas perte. T'es capable.

Il m'a tout expliqué, mon père. Nous sommes sortis en ville plusieurs samedis. Tous les deux, côte à côte dans les rues. Depuis, je sais reconnaître à vu d'œil une femme de patron: rien qu'à son rouge à lèvres°, à sa manière de demander du feu°, son chemin ou même l'heure. À l'entendre, grâce à mon père, je la devine.

– Profession libérale sans employé surtout, disait mon père, dès que t'embauches, ta femme devient femme de patron. Les pires!

J'ai écouté mon père. J'ai une profession libérale. C'est ce qu'ils ont dit au journal:

–Vous avez le statut de profession libérale. Vous êtes votre propre chef.

Je le suis. J'habite une petite chambre meublée à l'entrée de la cité. Indépendante totalement. C'est préférable avec une profession libérale.

La camionnette freine devant ma porte à 2 h 30 du matin. Le chauffeur jette le paquet de journaux. C'est juste le moment où je finis mon café dans mon coin de cuisine. Je ne sors pas causer avec le type° de la camionnette. Je préfère éviter les contacts. J'entends le bruit du paquet sur le ciment. Encore une petite lampée°: c'est ma liberté cette resucée° de

is not looking
lipstick
ask for a light
guy
gulp / a drop more

TEACHING TIPS

Previewing Strategy Ask students to read the title of the reading and describe the photo. Then, using this information, ask students to predict the content of the reading.

Reading Strategy Visualizing location and movement can help students understand the reading better. As they read, tell students to visualize where the characters are and what they are doing. They should look for details in the reading that give them this information.

Suggestion Play the dramatic recording of the reading through once. Then play it again, stopping after a few paragraphs to ask yes/no or short answer questions.

NATIONAL STANDARDS

Comparisons Ask a few students to reread some of the father's dialogue aloud. Point out that in conversation, speakers tend to drop or elide sounds and words. Ask students to identify some examples, such as the **u** of **tu**, the word **ne**, or the **il** of **il y a**. Then have students provide examples of similar situations in English.

Cultural Note Explain that **«ils te demanderont sûrement d'aller sur la liste»** refers to local elections, in which candidates present their **liste électorale** consisting of the names of those who would make up his or her staff. These people are often in **professions libérales**.

CRITICAL THINKING

Application Ask students to read the story in pairs. As they read, they should stop and discuss the location and movements that they visualize (see Reading Strategy above). Students should then make simple sketches to depict what they visualized to share with the class.

CRITICAL THINKING

Knowledge and Analysis Have students think about the various **professions libérales** mentioned in the **Note culturelle** on **p. 327**. Add other possibilities to the list. Some examples might be a textbook editor, telemarketer, or online instructor. Then discuss the qualities a person would need to have to be successful working outside of an office situation.

LIBÉRALE

café avant de commencer. Je sors. Le type de la camionnette a déjà filé°. Il est minuté°, lui. Moi aussi, je suis minuté, mais j'organise. Rien à voir! Je prends le paquet et j'enlève les ficelles° sur ma table de cuisine. Je ne regarde rien. Les gros titres° ne m'ont jamais intéressé. Je remplis ma carriole° et mes sacoches°.

Il est pile° 3 heures. Je démarre. Profession libérale de la nuit. J'ai un vélo à sacoches et une carriole derrière. On m'a déconseillé la Mobylette. La Mobylette réveille. À 3 heures du matin, tout le quartier dort. Il paraît que même à vélo certains m'entendent dans la nuit. Je ne vois pas comment mes freins huilés chaque soir pourraient réveiller quelqu'un. Ma dynamo° est silencieuse. Je l'ai changée. D'être en profession libérale occasionne des frais°, mais, côté bruit, j'ai pris mes précautions, alors qu'on ne vienne pas me raconter d'histoires: ceux qui croient m'entendre freiner étaient déjà debout° dans leur cuisine allumée. Pas pour me surprendre, non! Pour deviner mon passage. Savoir que je suis là.

On ne se voit pas. Je n'ai, la nuit, rencontré aucun abonné. Pas plus d'abonnés à boîtes que d'abonnés à tubes. Des tubes exprès. Pour ceux-là, je dois rouler les nouvelles. Elles sont certainement moins abîmées que dans les boîtes. Au journal, on m'a expliqué que je devais préparer mes petites affaires—plier°, rouler—chez moi. Je n'aime pas. Je préfère arranger le journal devant la boîte ou devant le tube. Boîte: je plie. Tube: je roule. J'ai alors vraiment l'esprit de décision de la profession libérale.

Le samedi, le journal sort un supplément télévision. Le supplément est imbriqué°. Ils me l'ont dit:

– Nous imbriquons le supplément du samedi. L'ensemble est plus épais. Vous aurez du mal avec les tubes.

Je m'en débrouille°, du mal. L'épaisseur

- filé° *sped away* / minuté° *timed*
- ficelles° *strings*
- gros titres° *headlines*
- carriole° *cart* / sacoches° *saddlebags*
- pile° *on the dot*
- dynamo° *electrical generator for bicycle light*
- frais° *expenses*
- debout° *up*
- plier° *to fold*
- imbriqué° *inserted*
- débrouille° *manage*

fait partie des difficultés de la profession libérale.

Par contre, le supplément sportif du lundi n'est pas imbriqué. Le type de la camionnette jette deux paquets le lundi matin à 2 h 30 et je n'ai qu'une demi-heure pour insérer le supplément sportif avec les résultats de première et de deuxième division dans le journal ordinaire. J'imbrique deux cent quatre-vingts suppléments sportifs en me levant de temps en temps pour boire une petite resucée de café.

Ils n'ont sans doute pas de personnel au central pour imbriquer dans la nuit du dimanche au lundi. Ils ne m'ont pas demandé de le faire. J'ai pris l'initiative. Les initiatives sont la base de la profession libérale.

Grâce à moi, chaque lundi matin, les deux cent quatre-vingts foyers de la cité ont les résultats sportifs imbriqués dans les nouvelles régionales. Je ne sais pas comment ils font dans les autres cités. Nous n'avons pas de contacts. Pas de réunions. Pas de syndicat.

Je n'ose pas réclamer° au central qu'ils imbriquent eux-mêmes le lundi. Ce serait une revendication.

– Dans une profession libérale, mon grand, pas de revendication. Si ça ne va pas, tu t'en prends° qu'à toi-même. T'es payé à l'acte°, disait mon père.

L'acte, ici, c'est le pli. Je suis payé au pli. Pas un sou de plus le jour de l'imbrication. C'est ma faute. Je n'avais qu'à prévoir le jour où j'ai signé ce contrat de profession libérale.

Il est 3 heures. Je sors dans la nuit. Libre.

Mon père serait fier. Pas de sirène. Pauses à volonté. Pas de syndicat. On ne m'a pas encore demandé d'aller sur la liste des municipales°, mais c'est pour bientôt. J'ai déjà été pressenti°. Je dirai oui. Je suis libre de mes actes. Je n'ai pas de patron sur le dos.

Sa femme, je ne l'ai jamais vue. Elle ne sait même pas qui je suis. ■

- réclamer° *to complain*
- t'en prends° *take it out on*
- à l'acte° *by the job*
- municipales° *elections for mayor*
- pressenti° *approached*

TEACHING TIPS

Cultural Note **Mobylette** was the brand name of a moped manufactured by the French company **Motobécane** from 1949 to 1997.

Suggestions

- Ask students if any of their families have a newspaper delivered to their home. Discuss the changing nature of the newspaper industry.
- Bring in a copy of a Sunday newspaper and show students the inserts. Ask a volunteer to use the newspaper as a prop and act out lines 76–106.
- Have students work in pairs and locate six examples of sentences with relative pronouns. Ask them to write each sentence on a piece of paper, highlight the pronoun, and draw an arrow to the noun it replaces (as shown on **p. 310**).
- Ask students to summarize the father's attitude towards the narrator's job. Then ask for their opinion of the father.

PRE-AP®

Interpersonal Speaking Have students work in pairs to plan a "television interview." One student plays the role of the narrator and the other of the interviewer. The interviewer asks questions about the narrator's job and how he feels about his job. Students should include information from the reading as well as information that they have inferred. Pairs present their interviews to the class.

PRE-AP®

Presentational Writing Ask students to write an essay about a parent's role in a young person's career decisions. They should discuss the things a parent should or should not say and do. Students may also want to include information about the advice their own parents have given them about a future career. Remind students to organize their thoughts in a graphic organizer before writing, and to use vocabulary and grammar from the lesson.

TEACHING TIPS

1 Suggestions

- To work on listening comprehension, play or read aloud sections of ***Profession libérale***. Pause for students to check their answers and ask related comprehension questions.
- Have volunteers write their answers on the board for the class to correct for content, spelling, and grammar.

2 Expansion For a related discussion, ask: **Pensez-vous comme le narrateur ou plutôt comme son père? Expliquez.**

3 Suggestion Challenge students to use at least two examples of each grammar point from this lesson and ten vocabulary words from **p. 331**.

3 Expansion Call on volunteers to perform their dialogues for the class.

5 Suggestion Remind students that their intro paragraphs should present what the text will be about, while the conclusion paragraph should not only summarize, but also reflect on specific points mentioned.

Analyse

1 Suggested answers
1. Il distribue les journaux.
2. Il lui a dit de choisir une profession libérale.
3. Elles ont les yeux partout.
4. Il habite dans une chambre meublée et indépendante.
5. Il jette un paquet de journaux et il file.
6. Il est minuté. Ils n'ont pas de contact.
7. Il le prend, il enlève les ficelles et il remplit sa carriole et ses sacoches.
8. Il ne doit pas réveiller les gens qui dorment.
9. Il imbrique le supplément sportif. C'est le narrateur qui en a eu l'idée.
10. Il n'y a pas de revendication dans une profession libérale.

1 Compréhension Répondez aux questions.

1. Quelle profession exerce le narrateur?
2. Quelle sorte de profession son père lui a-t-il conseillé de choisir?
3. Pourquoi est-ce que son père n'aime pas les femmes de patron?
4. Où habite le narrateur?
5. Qu'est-ce que fait le chauffeur de la camionnette à 2h30 du matin?
6. Pourquoi est-ce que le narrateur ne parle pas au chauffeur de la camionnette?
7. Qu'est-ce que le narrateur fait avec le paquet de journaux?
8. Pourquoi est-ce que le narrateur doit être silencieux?
9. Qu'est-ce qu'il fait le lundi? Qui en a eu l'idée?
10. Pourquoi est-ce qu'il ne veut pas présenter de revendication?

2 Interprétation À deux, répondez à ces questions par des phrases complètes.

1. Selon le père du narrateur, quels sont les avantages d'une profession libérale?
2. De quels avantages le narrateur profite-t-il dans sa profession?
3. Quels sont les avantages dont il ne profite pas dans sa profession?
4. À votre avis, est-ce que le narrateur a choisi une profession libérale? Pourquoi?
5. Que pensez-vous de son choix? Croyez-vous que le narrateur en soit satisfait? Pourquoi?

3 Imaginez Le père du narrateur serait-il fier de son fils? Que se diraient-ils? À deux, écrivez une conversation entre eux à l'aide d'au moins six mots de la liste.

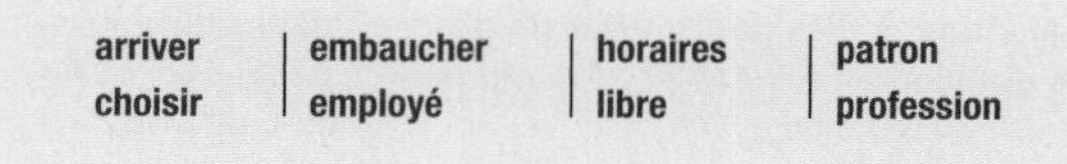

4 Discussion Par groupes de trois, discutez des thèmes de l'histoire.

- Discutez du thème de la solitude. Citez des exemples du texte.
- Discutez du thème de la liberté. Citez des exemples du texte.
- Y a-t-il de l'ironie dans cette histoire? Expliquez.

5 Rédaction Explorez une profession de votre choix. Suivez le plan de rédaction.

Plan

1. **Organisation** Pensez à une profession. Faites une liste des avantages et des inconvénients de ce travail. Cherchez des mots dans un dictionnaire, si nécessaire.
2. **Point de vue** Écrivez deux paragraphes. Dans le premier paragraphe, expliquez les avantages de la profession. Dans le deuxième paragraphe, expliquez ses inconvénients.
3. **Conclusion** Expliquez s'il y a plus d'avantages que d'inconvénients ou vice versa. Aimeriez-vous exercer cette profession? Pourquoi?

ressources
vText
CE pp. 159-161
vhlcentral.com Leçon 9

PRE-AP®

Interpersonal Writing Ask students to write a letter to the author, summarizing their impressions of the story. Then, ask them to exchange the letter with a partner to edit the content and grammar. Finally, ask students to write a final copy for you to review.

CRITICAL THINKING

Synthesis As a class, compile a list of careers, especially developing careers (such as those associated with green technology or new medical advancements) or those that are in high demand. Then discuss the qualifications for these jobs and the work they entail. Have students choose the career that interests them the most and write a short paragraph explaining why.

Le travail et les finances

Audio: Vocabulary
Flashcards
My Vocabulary

Le monde du travail

une augmentation (de salaire) *raise (in salary)*
un budget *budget*
le chômage *unemployment*
un(e) chômeur/chômeuse *unemployed person*
un entrepôt *warehouse*
une entreprise (multinationale) *(multinational) company*
un(e) fainéant(e) *lazybones*
une formation *training*
un grand magasin *department store*
un poste *position, job*
une réunion *meeting*
le salaire minimum *minimum wage*
un syndicat *labor union*
une taxe *tax*
le temps de travail *work schedule*

avoir des relations (*f.*) *to have connections*
démissionner *to quit*
embaucher *to hire*
être promu(e) *to be promoted*
être sous pression (*f.*) *to be under pressure*
exiger *to demand*
gagner sa vie *to earn a living*
gérer/diriger *to manage; to run*
harceler *to harass*
licencier *to lay off; to fire*
poser sa candidature à/pour *to apply for*
solliciter un emploi *to apply for a job*

au chômage *unemployed*
(in)compétent(e) *(in)competent*
en faillite *bankrupt*

Les finances

la banqueroute *bankruptcy*
une carte de crédit/de retrait *credit/ATM card*
un chiffre *figure; number*
un compte chèques *checking account*
un compte d'épargne *savings account*
la crise économique *economic crisis*
une dette *debt*
un distributeur automatique *ATM*
des économies (*f.*) *savings*
un marché (boursier) *(stock) market*
la pauvreté *poverty*
les recettes (*f.*) et les dépenses (*f.*) *receipts and expenses*

avoir des dettes *to be in debt*
déposer *to deposit*
économiser *to save*
investir *to invest*
profiter de *to take advantage of; to benefit from*
toucher *to get/receive (a salary)*

à court/long terme *short-/long-term*
disposé(e) (à) *willing (to)*
épuisé(e) *exhausted*
financier/financière *financial*
prospère *successful; flourishing*

Les gens au travail

un cadre *executive*
un(e) comptable *accountant*
un(e) conseiller/conseillère *advisor*
un(e) consultant(e) *consultant*
un(e) employé(e) *employee*
un(e) gérant(e) *manager*
un homme/une femme d'affaires *businessman/woman*
un(e) membre/un(e) adhérent(e) *member*
un(e) propriétaire *owner*
un(e) vendeur/vendeuse *salesman/woman*

Court métrage

une boîte (de nuit) *(night)club*
un boulot *job*
la boxe *boxing*
des consignes (*f.*) *instructions*
une poésie *poem*
un portier *bouncer*
un(e) pote *friend, buddy*
une tâche *task*

faire carrière (dans) *to pursue a career (in)*
pouvoir se regarder dans une glace *to be able to live with oneself*
raconter *to tell*
récupérer *to recover; to rest*
se rendormir *to go back to sleep*
retirer *to take off*
s'en sortir *to make it*
taper *to hit*
taquiner *to tease*
se terminer *to end*

Culture

un chef d'entreprise *head of a company*
l'encadrement (*m.*) *supervisory staff*
l'entraide (*f.*) *mutual aid*
la précarité *insecurity of income*
un revenu *income*

demander un prêt *to apply for a loan*
s'entourer de *to surround oneself with*
entreprendre *to undertake*
évoquer *to evoke*
faire un emprunt *to take out a loan*
monter une entreprise *to create a company*
obtenir un prêt *to secure a loan*
rembourser *to reimburse*
retirer (un profit, un revenu) de *to get (benefit, income) out of*

inhabituel(le) *unusual*

Littérature

un(e) abonné(e) *subscriber*
un bénéfice *profit*
une camionnette *small truck or van*
un(e) entrepreneur/entrepreneuse *entrepreneur*
un horaire *schedule*
une perte *loss*
la réussite *success*
une revendication *demand*
un sou *penny*

causer *to chat*

abîmé(e) *damaged*
épais(se) *thick*
fascinant(e) *fascinating*
ingrat(e) *thankless*
stimulant(e) *challenging*

ressources

CE p. 162

vhlcentral.com
Leçon 9

LEARNING STYLES

For Auditory Learners Play **Bingo**. Photocopy a bingo card for each student. On their cards, students illustrate 25 of the vocabulary words that lend themselves to visual representation. For the first few rounds, pantomime the words. In later rounds, simply call out the word. If students have the word on their bingo card, they cover it with a playing piece (beans, coins, or pieces of colored paper work well).

LEARNING STYLES

For Kinesthetic Learners Play a game of **Dessinez, c'est gagné**. Divide the class into two teams. Have a member from each team come to the board. Secretly give these team members a vocabulary word that can be represented visually. Then, they draw a picture that represents the word. The first team to guess the word earns a point.

Key Standards

4.1

Student Resources
Cahier de l'élève, p. 162; Supersite: Vocabulary, *eCahier*
Teacher Resources
Audio Activity MP3s/CD; Testing program: Lesson Test

TEACHING TIPS

Language Learning

- Have students create flashcards. Once students have their flashcards completed, encourage pairs to play a game in which each partner holds his or her deck of flashcards. On the count of three, both partners each flip one card over, so that the picture/sentence/definition side is up. The first student to say both French words wins both cards. If no one says the words correctly, both students take their cards back and put them at the bottom of their pile, noting the vocabulary words they missed for next time.
- Have students form five groups. Assign each a vocabulary category: **le monde du travail, les finances, les gens au travail, court métrage, culture**, and **littérature**. Groups make signs for their category. Read the vocabulary list out of order, allowing time for groups to raise their card when they hear a word associated with their category. If two groups raise their cards, discuss whether the word can be in both categories.

21st CENTURY SKILLS

Leadership and Responsibility Extension Project
Establish a partner classroom in the Francophone world. As a class, have students decide on three questions they want to ask the partner class related to the topic of the lesson they have just completed. Based on the responses they receive, work as a class to explain to the partner class one aspect of their responses that surprised the class and why.

Lesson Goals

In **Leçon 10**, students will:

- be introduced to vocabulary related to animals, nature, natural phenomena, and making use of nature or destroying it
- watch the short film ***L'homme qui plantait des arbres***
- learn about French Polynesia, New Caledonia, and Asia
- learn about movie director Rithy Panh
- study and practice the past conditional
- study and practice the future perfect
- study and practice **si** clauses
- read an article about the natural wonders of the Pacific
- read Jean-Baptiste Tati-Loutard's poem ***Baobab***

21st CENTURY SKILLS

Initiative and Self-Direction
Students can monitor their progress online using the Supersite activities and assessments.

TEACHING TIPS

Point de départ Ask students to look at the photo and say what they see, hear, feel, and smell. Then have them answer the question in the caption **«Plage de rêve ou paysage en voie d'extinction?»**.

Suggestion Have students work in small groups to read the paragraph in the white box. They should discuss the questions and defend their opinions.

LEÇON 10

Les richesses naturelles

On ne parle sans doute jamais assez des richesses naturelles de la planète et de leur préservation. On pourrait se demander s'il reste encore des paysages intacts. Et si c'est le cas, est-il encore possible de les préserver? Certains parlent de créer des réserves marines dans les océans. Utopie ou réalisme? Ne faut-il pas en effet beaucoup de réalisme pour sauver la planète? Mais ne faut-il pas aussi croire profondément en ce qu'on fait pour parvenir à un résultat?

Les Calanques
Cassis, France

INSTRUCTIONAL RESOURCES

Student Resources
Print: Student Book, Workbook (*Cahier de l'élève*)
Supersite: vhlcentral.com, **vText**, *eCahier*, Audio, Video, Practice

Teacher Resources
Print: Teacher's Edition, Answer Keys, Testing Program
Technology: Audio MP3s on CD (Textbook, Testing Program, Audio Program), Video Program DVD (Film Collection)

Supersite: vhlcentral.com, Lesson Plans, Grammar Tutorials, Grammar Slides, Testing Program, Audio and Video Scripts, Answer Key, Audio MP3s, Streaming Video (Film Collection), Digital Image Bank, Learning Management System (Gradebook, Assignments)

Voice boards on the Supersite allow you and your students to record and share up to five minutes of audio. Use voice boards for presentations, oral assessments, discussions, directions, etc.

336 **COURT MÉTRAGE**
L'homme qui plantait des arbres, le film d'animation de **Frédéric Back**, Canadien d'origine allemande, nous raconte l'histoire d'un homme et de la renaissance d'une région.

342 **IMAGINEZ**
À l'époque de l'**Indochine française**, on parlait français au **Vietnam**, au **Cambodge** et au **Laos**. Que reste-t-il de l'influence francophone dans cette région du monde? Le cinéaste cambodgien **Rithy Panh** revient, lui, sur le génocide des Khmers rouges depuis la France, sa terre d'exile.

359 **CULTURE**
Dans l'article, *Les richesses du Pacifique*, nous voyons que les plus grandes richesses naturelles des îles du **Pacifique** se trouvent sous l'eau.

363 **LITTÉRATURE**
Le poète **Jean-Baptiste Tati-Loutard** évoque, dans son poème *Baobab*, un élément-clé de la nature en Afrique.

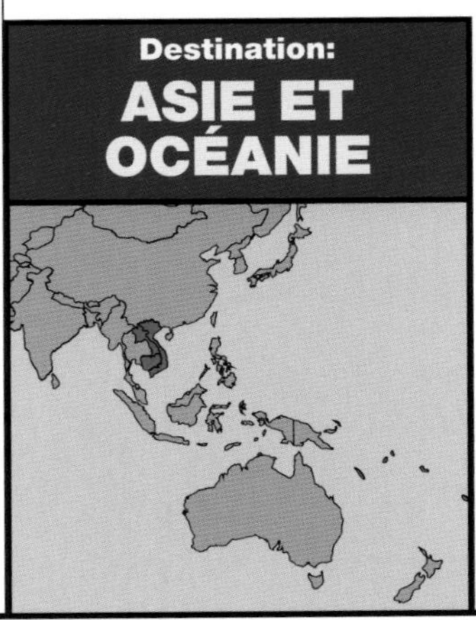

339

334 **POUR COMMENCER**

346 **STRUCTURES**

10.1 The past conditional

10.2 The future perfect

10.3 Si clauses

367 **VOCABULAIRE**

TEACHING TIPS

Previewing Strategy Ask questions that preview the vocabulary on **p. 334**. Examples: **Quel problème écologique vous inquiète le plus? Le réchauffement climatique? La déforestation? La pollution? Que pouvons-nous faire pour préserver les richesses naturelles?**

Suggestions

- The **Court métrage** is a **film d'animation**. Ask students to name some of their favorite **films d'animation** and to briefly describe them.
- Have students discuss what they know about **Vietnam, Cambodge,** and **Laos**. Ask where they learned about these countries (social studies class, the news, movies, etc.). Ask: **Globalement, quelles sont vos impressions sur ces pays?**
- Ask students if they know what a **baobab** is: **un arbre des régions tropicales d'Afrique et d'Australie, dont le tronc peut atteindre 25 mètres de circonférence et dont les fruits sont comestibles** (*Larousse Pratique. © 2005 Éditions Larousse.*) Display pictures of the tree and the fruit.
- Have students work in pairs to make up two questions about each photo on the two pages. Then have them exchange questions with another pair. Pairs ask and answer each other's questions.

LEARNING STYLES

For Visual Learners Have students work in pairs. Students take turns giving one-sentence descriptions of the pictures. The other student points to the appropriate picture. Students should give two descriptions of each picture.

LEARNING STYLES

For Kinesthetic Learners Display a map of Asia and the South Pacific similar to the one on this page. Write the names of all the countries on cards. Hand cards to students and have them come up and tape the cards in the correct places on the map. Students can refer to the map of **Le monde Francophone** in the front of the book for help. Then call on various students to highlight the names of the Francophone countries using a highlighter.

Section Goals

In **Pour commencer**, students will learn and practice vocabulary related to animals, nature, natural phenomena, and saving or destroying nature.

Key Standards

1.1, 1.2, 4.1

Student Resources
Cahier de l'élève, pp. 163–165; Supersite: Activities, Vocabulary, *eCahier*
Teacher Resources
Answer Keys; Audio Script; Audio Activity MP3s/CD; Testing program: Vocabulary Quiz

TEACHING TIPS

Synonymes

une chaîne montagneuse↔ une chaîne de montagnes
un ouragan↔un cyclone, une tempête
jeter↔mettre aux ordures

Language Learning Explain that a **fleuve** dumps into the ocean, but a **rivière** is usually smaller because it is an affluent of a **fleuve**.

Suggestions

- Ask students to name what they see in each picture and then give an additional comment. Example: **C'est un arc-en-ciel. Les arcs-en-ciel ont lieu quand le soleil brille pendant la pluie.**
- Have students add the names of other animals they know. Then ask volunteers to mime any of the animals for the class to guess.

NATIONAL STANDARDS

Communities Have students use the vocabulary items as Internet search terms. Ask them to print out some of the web pages to use in creating collage posters about ecology and efforts to protect the environment.

POUR COMMENCER

Notre monde

Audio: Vocabulary Practice
My Vocabulary

La nature

un arc-en-ciel *rainbow*

un archipel *archipelago*
une barrière/un récif de corail *barrier/coral reef*
une chaîne montagneuse *mountain range*
un fleuve/une rivière *river*
une forêt (tropicale) *(rain) forest*
la Lune *Moon*

la mer *sea*
un paysage *landscape; scenery*
le soleil *sun*
une superficie *surface area; territory*
une terre *land*

en plein air *outdoors*
insuffisant(e) *insufficient*
potable *drinkable*
protégé(e) *protected*
pur(e) *pure; clean*
sec/sèche *dry*

Les animaux

une araignée *spider*
un cochon *pig*
un lion *lion*
un mouton *sheep*
un ours *bear*
un poisson *fish*
un singe *monkey*
un tigre *tiger*

Les phénomènes naturels

l'érosion (*f.*) *erosion*
un incendie *fire*
une inondation *flood*
un ouragan *hurricane*
une pluie acide *acid rain*
le réchauffement climatique *global warming*
la sécheresse *drought*
un tremblement de terre *earthquake*

Se servir de la nature ou la détruire

le bien-être *well-being*
un combustible *fuel*
la consommation d'énergie *energy consumption*
la couche d'ozone *ozone layer*
un danger *danger*
les déchets (*m.*) *trash*

la déforestation *deforestation*
l'environnement (*m.*) *environment*
le gaspillage *waste*
un nuage de pollution *smog*

la pollution *pollution*
une ressource *resource*
une source d'énergie *energy source*

chasser *to hunt*
empirer *to get worse*
épuiser *to use up*
être contaminé(e) *to be contaminated*
gaspiller *to waste*
jeter *to throw away*
menacer *to threaten*
nuire à *to harm*
polluer *to pollute*

préserver *to preserve*
prévenir *to prevent*
protéger *to protect*
résoudre *to solve*
respirer *to breathe*
supporter *to put up with*
tolérer *to tolerate*
urbaniser *to urbanize*

en voie d'extinction *endangered*
jetable *disposable*
nuisible *harmful*
renouvelable *renewable*
toxique *toxic*

ressources

vText	CE pp. 163-165	vhlcentral.com Leçon 10

LEARNING STYLES

For Visual Learners With books closed, hold up images of nature, animals, natural phenomena, and environmental concerns. Name the objects and concepts in the pictures as you post them on the wall. After all are posted, point to the pictures at random and ask students questions about them.

LEARNING STYLES

For Auditory Learners Have groups of four or five students work together to tell a humorous or scary story of a camping trip. One student gives the first sentence, the second gives the second sentence, and so on until the story is complete. Have students present their stories to the class. Vote on the funniest and the scariest story.

Mise en pratique

1 **Vrai ou faux?** Indiquez si chaque phrase est vraie ou fausse. Ensuite, corrigez les phrases fausses.

1. Le désert est un endroit très humide.
2. Un paysage est une petite superficie que l'on regarde de près.
3. Il ne faut pas boire d'eau potable parce qu'elle est nuisible à la santé.
4. On dit que l'ours est le roi des animaux.
5. Une trop grande consommation d'énergie nuit à l'environnement.
6. Une sécheresse est une longue période où il pleut beaucoup.
7. Un problème est quelque chose à résoudre.
8. Le gaspillage des sources d'énergie diminue le réchauffement climatique.

1 Corrected sentences may vary.
1. Faux. L'air est très sec dans le désert.
2. Faux. Un paysage est grand et on le regarde de loin.
3. Faux. On peut boire de l'eau potable parce qu'elle n'est pas nuisible.
4. Faux. On dit que le lion est le roi des animaux..
5. Vrai.
6. Faux. C'est une longue période où il n'y a pas assez de pluie.
7. Vrai.
8. Faux. Le gaspillage des sources d'énergie augmente le réchauffement climatique.

2 **Bonjour de Polynésie** Complétez cette carte postale que Viana a écrite à son copain Loïc. Ajoutez l'article qui convient et faites les accords nécessaires.

araignée	bien-être	en voie d'extinction	insuffisant	protéger	soleil
archipel	déforestation	inondation	préserver	singe	tropicale

Cher Loïc,

Comment vas-tu? J'espère qu'il fait bon chez toi. Ici, il fait un temps merveilleux! Je suis bien bronzée parce que (1) le soleil *est brûlant. Par contre, on a eu des pluies torrentielles la semaine dernière et j'ai eu peur qu'il y ait (2)* une inondation.

Hier, j'ai enfin réalisé mon rêve de faire une randonnée près de Mangaréva, l'île principale de (3) l'archipel *des Gambier. J'ai observé toutes sortes d'animaux dans la forêt (4)* tropicale*: différentes espèces de (5)* singes*, comme des orangs-outans et des chimpanzés, et j'ai vu une grosse (6)* araignée *de six centimètres! Ce n'était pas grave parce que je n'ai pas peur des arachnides. Malheureusement, quelques espèces sont (7)* en voie d'extinction*, alors il faut bien (8)* protéger *la biodiversité! Le guide m'a dit que (9)* la déforestation *risque de détruire la forêt et que les animaux risquent de disparaître. J'ai envie de me joindre au groupe de gens qui veulent (10)* préserver *cette belle région, riche en ressources naturelles.*

Écris-moi une lettre ou un e-mail pour me donner de tes nouvelles, dès que tu auras un instant. Tu me manques!

Gros bisous,
Viana

Loïc Duperray
2 bis, rue de la Tannerie
40990 St-Paul les Dax
France

3 **Soyons proactifs!** Imaginez qu'une usine locale pollue la région dans laquelle vous habitez. Par petits groupes, écrivez aux responsables un e-mail dans lequel vous expliquez le problème, faites part de votre inquiétude et donnez des conseils pour améliorer la situation et protéger la nature et les animaux concernés.

Practice more at **vhlcentral.com.**

TEACHING TIPS

1 Expansion Have students write two more true/false statements using the new vocabulary. Call on volunteers to read their statements and have classmates answer **vrai** or **faux**.

NATIONAL STANDARDS

Connections: Geography Viana's email in Activity 2 is about her trip to **Mangaréva,** the main island of the Gambier Islands in French Polynesia. Have students research the location and geography of the island and write a brief paragraph to present to the class. The presentation should be accompanied by a map and one or more photos of the island.

PRE-AP®

2 Interpersonal Writing Have pairs write postcards to each other, using the one in the activity as a model.

3 Expansion Have students follow up by talking about whether the action of writing a letter or calling politicians can make a difference in helping environmental issues. Ask: **Avez-vous déjà écrit une lettre aux responsables ou leur avez-vous téléphoné pour vous plaindre de la pollution?**

PRE-AP®

Presentational Speaking Assign a geographical region of the Francophone world to students. Have them prepare a presentation on the flora and fauna of the region. Encourage them to use visuals—photos and/or video clips. Have the other students ask questions about the region. Also, have the class evaluate the presentations for range of vocabulary, clarity of organization, pronunciation, and accuracy of grammar.

PRE-AP®

Presentational Speaking Ask students to research environmental practices at your school and talk about them for two minutes. They should include answers to these questions: **Quelles initiatives est-ce que notre école a prises pour économiser le papier et réduire le gaspillage? Que faut-il faire pour faire des économies d'énergie? Que peut-on faire de plus?**

Section Goals

In **Court métrage**, students will:

- watch the short film ***L'homme qui plantait des arbres***
- practice listening for and using vocabulary and grammar from the lesson

Key Standards

1.2, 2.1, 2.2, 4.1, 4.2, 5.2

Student Resources
Cahier de l'élève, pp. 178–179; Supersite: Video, Activities, *eCahier*
Teacher Resources
Answer Keys, Video Script & Translation, Film Collection DVD

TEACHING TIPS

Synonymes
jadis↔autrefois, anciennement, auparavant

Point out that **autrefois** is the most common, and that **anciennement** is not as literary as **jadis**.

Language Learning

- Point out that **jadis** is found in a literary context. Demonstrate how to pronounce **jadis**. Unlike most French words, you do pronounce the **s**.
- Mention that **une pépinière** is also used figuratively to talk about a place where you can find young talent. Example: **Cette école est une pépinière de jeunes talents**.
- In the statement **L'ambition s'y démesure**, point out that author Giono uses the noun **la démesure** as a verb.
- Point out that the standard phrase is **entretenir des rancœurs**, not **mijoter des rancœurs**. Ask students why they think the author uses **mijoter** instead.
- Explain that **lever le camp** is informal and has a military connotation.

2 Expansion Have students make up more items with vocabulary not yet used.

Préparation

Vocabulaire du court métrage

- **l'acharnement (*m.*)** *determination*
- **un(e) berger/bergère** *shepherd(ess)*
- **un bûcheron** *lumberjack*
- **le charbon (de bois)** *(char)coal*
- **un chêne** *oak tree*
- **déblayer** *to clear away*
- **un gland** *acorn*
- **jadis** *formerly, in the past*
- **une pépinière** *nursery*
- **pousser** *to grow*
- **une ruche** *beehive*
- **un ruisseau** *stream*
- **se soucier (de quelque chose)** *to care (about something)*
- **un troupeau** *flock*

Vocabulaire utile

- **le feuillage** *foliage*
- **une source** *(aquatic) spring*
- **tenace** *tenacious*

EXPRESSIONS

- **À tout hasard…** *Just in case…*
- **en vase clos** *cut off from the outside world*
- **Il avait été entendu que…** *It was understood that…*
- **L'ambition irraisonnée s'y démesure.** *Irrational ambition runs wild.*
- **Les femmes mijotent des rancœurs.** *Rancor simmers among the women.*
- **lever le camp** *to break camp, to leave*

1  **Définitions** Associez chaque mot ou expression avec sa définition.

g 1. un combustible obtenu à partir du bois		a. une source
f 2. là où vivent les abeilles		b. l'acharnement
h 3. le fruit du chêne		c. un bûcheron
c 4. une personne qui coupe du bois dans les forêts		d. une pépinière
a 5. de l'eau qui sort de terre		e. un berger
d 6. endroit où on fait pousser des arbres		f. une ruche
e 7. une personne qui garde des moutons		g. le charbon de bois
b 8. le contraire de la tendance à vouloir abandonner		h. un gland

2  **Complétez** Complétez les phrases et faites les accords nécessaires.

1. ___Jadis___, la région était déserte et sans âme.
2. Chaque année, les fleurs de ton jardin ___poussent___ de plus en plus abondamment.
3. Nous avons passé nos vacances ___en vase clos___, éloignés de la ville et de nos amis.
4. ___Il avait été entendu___ qu'on mangerait tous ensemble pour son anniversaire.
5. Ils sont passés ___à tout hasard___ pour voir si on était là.
6. Dans cette horrible famille, les cousins se battent et leurs femmes ___mijotent des rancœurs___.
7. Quand vous vous serez assez reposés, ___levez le camp___ pour repartir.
8. Maréva est beaucoup plus ___tenace___ que son frère.

ressources
vText
vhlcentral.com Leçon 10

Practice more at **vhlcentral.com.**

CRITICAL THINKING

Comprehension and Application Based on the vocabulary lists, have students discuss what they think the film will be about and why. Then have them work in small groups to create a short story using at least ten of the words.

CRITICAL THINKING

Knowledge and Analysis In small groups, have students discuss films or TV shows they have seen that involve an environmental issue or problem. (Example: *WALL•E*) Have them describe the events in the film. Ask: **Est-ce que la situation était représentée de façon réaliste? En quoi cette situation a-t-elle affecté les personnages du film, la société ou le gouvernement?**

3 **Comparez** À deux, décrivez et comparez ces deux illustrations montrant la même région à 35 ans d'intervalle.

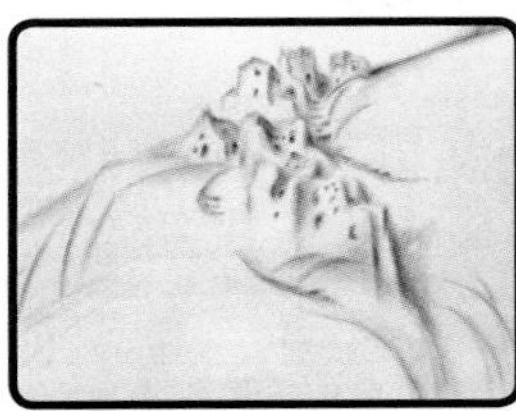

4 **Préparation** À deux, répondez aux questions et expliquez vos réponses.

1. La ténacité est-elle une qualité importante dans la vie?
2. Est-ce qu'un être humain peut agir efficacement sans technologie?
3. La solitude rend-elle les hommes heureux ou malheureux?
4. Est-il rare de trouver des gens qui offrent spontanément leur hospitalité?
5. Quelles sont les raisons pour lesquelles des gens veulent habiter un endroit précis?
6. Quelles sont les caractéristiques d'une terre fertile et prospère?
7. Participez-vous à la protection de l'environnement? Que faites-vous?
8. Est-il possible qu'une seule personne ait un impact sur la qualité de l'environnement?

5 **Enquête** Demandez à des camarades de décrire le personnage le plus extraordinaire qu'ils aient rencontré dans leur vie. Par petits groupes, discutez des résultats. Parmi les personnes mentionnées, qui aimeriez-vous rencontrer et pourquoi?

6 **Décrivez** Par groupes de trois, décrivez les images et dites ce que font les gens. Quels sentiments ces images vous inspirent-elles?

TEACHING TIPS

3 Suggestion To help students' discussion, ask: **Comment ces changements se sont-ils produits? Serait-il possible que la région redevienne comme avant?**

4 Expansion Have students share their answers to generate a class discussion.

21st CENTURY SKILLS

4 Collaboration
If you have access to students in a Francophone country, ask them to share their responses to questions on Activity 4 with your class.

PRE-AP®

Audiovisual Interpretive Communication
Students interact with prompts that engage more experiences on which to both reflect and prepare to understand the film.

5 Expansion Have students explain at least three reasons why the person they chose is the most extraordinary.

6 Expansion Have each group choose an image and write a brief conversation or caption that corresponds to it. Encourage the use of vocabulary from **p. 336**.

PRE-AP®

Presentational Writing Have students write an essay based on their discussion of extraordinary people in Activity 5. They should write about two of the people discussed, comparing and contrasting their activities, their qualities, and why they should be admired. Have students exchange essays with a group member for peer editing, then revise according to the suggestions.

PRE-AP®

Integrated Skills Ask students to locate a news article about a person who is involved in resolving an environmental problem. Students read their articles and take notes. They then present a summary of the article to the class, using vocabulary from **p. 336** as well as from **Pour commencer** on **p. 334**. In addition, they should give their opinion about the person and his/her work and determination.

TEACHING TIPS

Suggestions

- Ask students to describe what they see in the picture, using vocabulary from **p. 336**.
- Have students note that the film won an Oscar for Best Animated Short Film. In 2001, the category for Best Animated Feature Film was added. Have students research what films have won this award and talk about which ones they have seen. Discuss whether any of these films deal with environmental issues.
- Have students read the credits at the bottom of the poster. Discuss the significance of each of these roles for an animated film and how they differ from a film with actors.

Previewing Strategy Have students scan the stills and the captions on **p. 339** and read the **Note culturelle**. Ask: **Si Elzéard Bouffier est un personnage fictif, de qui s'est inspiré l'auteur pour créer ce personnage? Et le narrateur, est-ce une personne réelle?** Mention that Giono and his father used to go out in the countryside with acorns in their pockets. They would plant them hoping that oak trees would grow.

21st CENTURY SKILLS

Social and Cross-Cultural Skills
Have students work in groups to choose one or two aspects of the film that is different from what they would expect in their daily life. Ask students to write two to three sentences about the difference(s) and how they would explain what is different to a visitor from that culture.

L'Homme qui plantait des arbres
Oscar du meilleur film d'animation, 1988; Grand prix et Prix du public, Festival international du cinéma d'animation d'Annecy, 1987
Une production de RADIO-CANADA
Réalisation FRÉDÉRIC BACK Scénario JEAN GIONO © Éditions Gallimard
Production FRÉDÉRIC BACK/HUBERT TISON Montage NORBERT PICKERING
Son HERVÉ BIBEAU/MICHEL DESCOMBES/ANDRÉ GAGNON
Musique DENIS L. CHARTRAND/NORMAND ROGER
Narration PHILIPPE NOIRET

CRITICAL THINKING

Analysis Ask students to analyze the man shown in the picture in order to create his profile. They should speculate on where he is from, where he lives now, what he does for a living, how old he is, etc. Remind students to use the vocabulary on **p. 336**.

CRITICAL THINKING

Evaluation Before students watch the short film, have them imagine that they are film critics. Ask them to jot down three criteria they will use to evaluate the film; for example: animation, character development, sound effects. After the class has watched the film, have students share their personal opinions based on these criteria.

INTRIGUE *Un berger transforme une région entière.*

NARRATEUR Il y a bien des années, je faisais une course à pied° dans cette région des Alpes qui pénètre en Provence, dans une désolation sans exemple. Il me sembla apercevoir dans le lointain une petite silhouette noire. Je me dirigeai vers elle. C'était un berger.

NARRATEUR Il me conduisit à sa bergerie. Le berger déversa° sur la table un tas de glands. Il plantait des chênes. Il s'appelait Elzéard Bouffier. Il avait jugé que ce pays mourait par manque d'arbres. Il avait résolu de remédier à cet état de choses.

NARRATEUR L'année d'après, il y eut la guerre de 14. Sorti de la guerre, je repris le chemin de ces contrées désertes. Il avait continué à planter. Les chênes de 1910 avaient dix ans et étaient plus hauts que moi et que lui. Je vis couler° de l'eau dans des ruisseaux qui avaient toujours été à sec.

NARRATEUR À partir de 1920, je ne suis jamais resté plus d'un an sans rendre visite à Elzéard Bouffier. En 1935, une véritable délégation administrative vint examiner la «*forêt naturelle*». Il était impossible de n'être pas subjugué° par la beauté de ces jeunes arbres en pleine santé.

NARRATEUR J'ai vu Elzéard Bouffier pour la dernière fois en 1945. Je ne reconnaissais plus les lieux de mes premières promenades. Les maisons neuves étaient entourées de jardins où poussaient les légumes et les fleurs. C'était désormais° un endroit où l'on avait envie d'habiter.

NARRATEUR Quand je pense qu'un homme seul, réduit à ses simples ressources physiques et morales, a suffi pour faire surgir du désert ce pays de Canaan, je trouve que, malgré tout, la condition humaine est admirable.

faisais une course à pied *was hiking*
déversa *poured* **couler** *running*
subjugué *enthralled* **désormais** *from then on*

Note CULTURELLE

Vergons

Aujourd'hui, Vergons existe toujours. C'est un charmant petit village de montagne, d'une centaine d'habitants, situé à 1.000 mètres d'altitude, dans une partie encore très sauvage du département des Alpes de Haute Provence, pas très loin de Nice. On y voit des collines plantées d'arbres. Si Vergons est bien réel, le personnage d'Elzéard Bouffier, lui, est imaginaire.

TEACHING TIPS

Film Synopsis Elzéard Bouffier is a shepherd who lives in a remote valley in the Alps of Provence. A man of few words, he sets himself the task of transforming an arid landscape into a thriving forest, one seed at a time.

Suggestions

- Play the film for students, stopping periodically to describe the setting. Have students note how the setting evolves throughout the story.
- While watching the film, have students listen to the tone and manner with which the narrator speaks. After watching, have students work in groups to practice their fluency by reading the still captions aloud.

Extra Practice Have students research the director, Frédéric Back (1924–), whose films often involve preservation of nature, or Jean Giono (1895–1970), the author of the text being read in this movie. Have them report back to the class and explain why they think Giono's words inspired Back to create the film without even adapting the screenplay.

CRITICAL THINKING

Comprehension Ask pairs of volunteers to read the script below the video stills aloud. Then, as a class, summarize the film based on the content of the stills. You may want to use a story map or a graphic organizer to record the class's summary of the film.

CRITICAL THINKING

Analysis Have students research John Chapman, known as "Johnny Appleseed." This American pioneer and conservationist introduced apple trees to several states in the U.S. Ask students to compare and contrast the American with Elzéard Bouffier. They should discuss the men's backgrounds, their personalities, their work, and their legacies.

TEACHING TIPS
Suggestions
- Replay the film. Students tell you to stop the film at the point at which they can answer each question.
- Alternatively, have pairs go over the comprehension questions together. Replay scenes from the film so they can check their answers.
- Have pairs of students write three additional comprehension questions for another pair to answer.

2A Suggestion You may want to give students a copy of the videoscript for them to complete the activity.

2B Expansion For any living people listed, have students research what efforts they are currently taking part in.

Analyse

1 Answers may vary slightly.
1. L'histoire se passe dans une très vieille région des Alpes, en Provence.
2. Il cherche de l'eau.
3. C'est une vraie maison en pierre, avec un toit solide.
4. Ce sont des endroits où l'on vit mal et qui ont beaucoup de problèmes.
5. Il les examine parce qu'il ne veut que des glands parfaits.
6. Il met le petit sac de glands dans l'eau.
7. Les chênes de 1910 ont dix ans et sont plus hauts que lui et qu'Elzéard.
8. Il a planté des chênes.
9. Vergons avait dix à douze maisons et trois habitants qui étaient sauvages, se détestaient et vivaient de la chasse.
10. Plus de dix mille personnes doivent leur bonheur à Elzéard.

2 Answers may vary.
1. «... des bûcherons qui font du charbon de bois... Il y a concurrence sur tout, aussi bien pour la vente du charbon de bois que pour le banc à l'église...»
2. «On décida de faire quelque chose et, heureusement, on ne fit rien, sinon la seule chose utile: mettre la forêt sous la sauvegarde de l'État et interdire qu'on vienne y charbonner.»
3. «Et elle [la forêt] exerça son pouvoir de séduction sur le député lui-même.»
4. «Avant de partir, mon ami fit simplement une brève suggestion à propos de certaines essences auxquelles le terrain d'ici paraissait devoir convenir. C'est grâce à ce capitaine que, non seulement la forêt, mais le bonheur de cet homme furent protégés.»
5. «... on n'avait jamais assez de bois. On commença à faire des coupes dans les chênes de 1910, mais ces quartiers sont si loin de tous réseaux routiers que l'entreprise se révéla très mauvaise au point de vue financier. On l'abandonna.»
6. «Une population venue des plaines s'est fixée dans le pays... des hommes et des femmes bien nourris, des garçons et des filles qui savent rire.»

1 **Compréhension** Répondez aux questions par des phrases complètes.

1. Où l'histoire se passe-t-elle?
2. Que cherche le narrateur après trois jours de marche?
3. Comment est la maison d'Elzéard Bouffier?
4. Comment sont les villages de la région que le narrateur connaît bien?
5. Pourquoi Elzéard examine-t-il les glands?
6. Que fait-il du petit sac de glands, juste avant de partir avec son troupeau le matin?
7. Comment sont les chênes de 1910 quand le narrateur revient après la guerre?
8. Quelle est l'espèce principale qu'Elzéard a plantée depuis dix ans?
9. Comment était Vergons en 1913?
10. Combien de personnes doivent leur bonheur à Elzéard?

2 **Les arbres**

A. Les personnages de l'histoire ont des rapports très différents avec les arbres et la forêt de Vergons. Pour chaque personnage, groupe ou période, faites une liste des citations qui lui correspondent:

Modèle
- Elzéard Bouffier
  «Je [le] pris pour le tronc d'un arbre solitaire. Il plantait des chênes.»

- les villages, quand le narrateur passe pour la première fois
  ____
  ____
- la délégation de 1935
  ____
  ____
- le député
  ____
- le capitaine forestier, ami du narrateur
  ____
  ____
- la guerre de 1939
  ____
  ____
- les gens de Vergons après 1945
  ____
  ____

B. Comparez votre liste avec celle d'un(e) camarade et répondez aux questions.
- Est-ce que l'auteur Jean Giono aime les arbres et la nature? Expliquez.
- Connaissez-vous d'autres artistes (écrivains, musiciens, peintres...) pour qui la nature a beaucoup d'importance?

Practice more at **vhlcentral.com.**

CRITICAL THINKING

Comprehension and Application After viewing the film, ask students to design a new poster. Each student presents the poster to the class, describing what is included and explaining why it represents the film. The class votes on the best new poster.

PRE-AP®

Presentational Writing Ask pairs of students to write a one- to two-paragraph review of the film. Students' introduction should summarize the film. The middle should give their opinion(s) with supporting examples from the film. Their endings should recommend the film (or not) and summarize why. Have pairs exchange their paragraph with at least one other pair and compare the reviews.

3 **Interprétation** À deux, répondez aux questions et expliquez vos réponses.

1. Pourquoi le narrateur a-t-il du mal à trouver de l'eau?
2. Que veut dire le narrateur quand il déclare: «La société de cet homme donnait la paix»?
3. Pourquoi Elzéard Bouffier plante-t-il des arbres?
4. Pourquoi le narrateur veut-il rester une journée de plus?
5. Pourquoi Elzéard a-t-il changé de métier quand le narrateur revient après la guerre?
6. Pourquoi les gens parlent-ils d'une «forêt naturelle»?
7. Que veut dire le garde forestier par cette phrase à propos d'Elzéard: «Il en sait beaucoup plus que tout le monde»?
8. Que pense le narrateur d'Elzéard?

4 **Le symbole** Que représente pour vous le geste, souvent symbolique, de planter un arbre? Discutez-en par petits groupes.

- Donnez des exemples précis et expliquez la signification du geste.
- Connaissez-vous d'autres cultures où planter un arbre est un symbole important?
- Avez-vous déjà planté un arbre? Expliquez.

5 **Le résumé** Par groupes de trois, résumez en une dizaine de lignes l'histoire d'Elzéard Bouffier. Puis, comparez votre texte à celui d'un autre groupe.

6 **L'adaptation** Elzéard Bouffier est un homme simple qui poursuit un but généreux dans l'anonymat et la solitude. À deux, réfléchissez à une adaptation de son histoire transposée dans un autre contexte. Ensuite, présentez votre version à la classe.

- Quelle est l'action extraordinaire et anonyme de votre personnage?
- Comment s'appelle-t-il/elle?
- Où et comment vit-il/elle, et quels obstacles doit-il/elle surmonter?

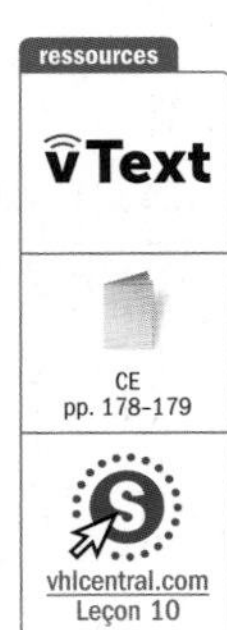

TEACHING TIPS

3 Expansion To prompt a related, personalized discussion, ask: **Les arbres sont-ils importants pour vous? Que représentent-ils dans votre vie? Et la nature, est-elle capable de guérir les blessures de l'âme comme elle l'a fait pour le narrateur dans le film?**

4 Suggestion For a related project, join forces with the science department and organize a tree planting day with your students. Alternatively, the class can plant seeds for small plants to grow in the classroom.

5 Suggestion Have students use their answers to the comprehension and interpretation questions as an outline for their summary.

5 Expansion Have pairs write their ten sentences on separate index cards. Have them mix up the cards and give them to another pair to put in sequential order.

6 Expansion As a follow-up discussion, survey students to find out how many have done anonymous, selfless good deeds. Ask: **Était-il facile de garder l'anonymat ou vouliez-vous qu'on sache ce que vous faisiez?**

PRE-AP®

Presentational Writing After students answer Activity 3, item 8, ask them to write a paragraph for this question: **Que pensez-vous d'Elzéard?** Students should include information about the man's character, his way of life, and his actions. Remind students that they should focus on their opinion of Elzéard, and not merely a description.

PRE-AP®

Interpersonal Speaking Have students work in small groups to create a mini-skit with two scenes. The first is a scene with the three inhabitants of Vergons in 1913. The second is a scene of the inhabitants of Vergons in 1945. The two scenes should show and talk about the metamorphosis of the area due to the determination of Elzéard Bouffier.

Section Goals

In **Imaginez**, students will:

- read about French Polynesia, New Caledonia, and Asia
- be introduced to French words and phrase from Vietnam, Laos, Cambodia, and New Caledonia
- learn about aspects of Francophone Asia and **les DROM**

21st CENTURY SKILLS

Global Awareness
Students will gain perspectives on the Francophone world to develop respect and openness to others cultures.

Key Standards

2.1, 2.2, 3.2, 4.2, 5.1

Student Resources
Cahier de l'élève, p. 166; Supersite: Activities, *eCahier*
Teacher Resources
Answer Keys

TEACHING TIPS

Reading Strategies

- Encourage students to look at titles, words in boldface, art, and photographs presented on **pp. 342–343**. Ask them: **Que pensez-vous apprendre? Quelle section vous intéresse le plus? Reconnaissez-vous déjà des endroits mentionnés?**
- Have students read the pages before class. To check comprehension, list the important sights mentioned in the article and have students work in pairs to write a brief description of each place. Call on volunteers to share their answers with the class.

AFFECTIVE DIMENSION

Ask students to work in pairs and choose a graphic organizer that will allow them to comprehend and synthesize the information about Francophone Asia. Examples: outline, web, chart, etc. Students complete the graphic organizer and present it to the class.

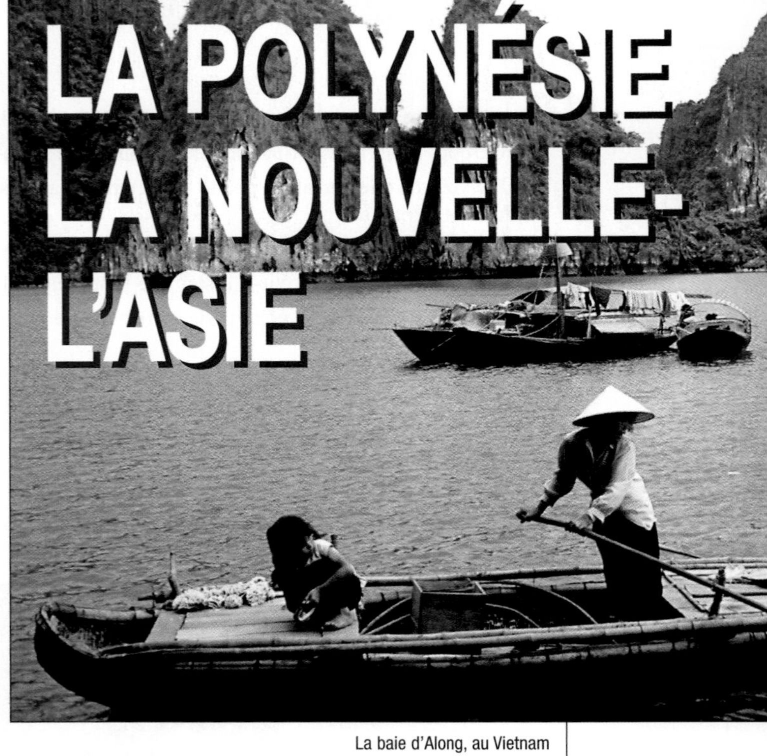

La baie d'Along, au Vietnam

IMAGINEZ

Fascinante Asie

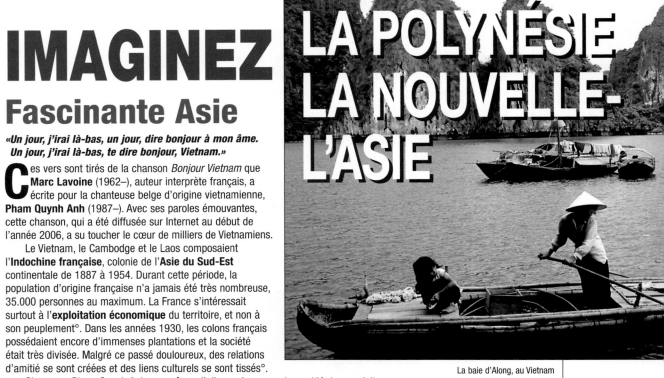

«Un jour, j'irai là-bas, un jour, dire bonjour à mon âme. Un jour, j'irai là-bas, te dire bonjour, Vietnam.»

Ces vers sont tirés de la chanson *Bonjour Vietnam* que **Marc Lavoine** (1962–), auteur interprète français, a écrite pour la chanteuse belge d'origine vietnamienne, **Pham Quynh Anh** (1987–). Avec ses paroles émouvantes, cette chanson, qui a été diffusée sur Internet au début de l'année 2006, a su toucher le cœur de milliers de Vietnamiens.

Le Vietnam, le Cambodge et le Laos composaient l'**Indochine française**, colonie de l'**Asie du Sud-Est** continentale de 1887 à 1954. Durant cette période, la population d'origine française n'a jamais été très nombreuse, 35.000 personnes au maximum. La France s'intéressait surtout à l'**exploitation économique** du territoire, et non à son peuplement°. Dans les années 1930, les colons français possédaient encore d'immenses plantations et la société était très divisée. Malgré ce passé douloureux, des relations d'amitié se sont créées et des liens culturels se sont tissés°.

Si comme Pham Quynh Anh vous rêvez d'aller un jour au Vietnam, il y a plusieurs endroits à ne pas manquer. La **baie d'Along**, dans le **golfe du Tonkin**, au nord du pays, est connue pour sa beauté, avec ses 2.000 îles et îlots de calcaire° qui émergent des eaux couleur émeraude. Elle doit aussi son charme à ses villages de pêcheurs et à leurs maisons flottantes.

Un tour en cyclopousse° du vieux quartier ou de l'un des nombreux petits lacs bordés° de pagodes révélera tout le charme d'**Hanoï**, capitale du Vietnam. Fondée il y a trois mille ans, Hanoï est le centre culturel du Vietnam. Le **delta du Mékong** et **Hô Chi Minh-Ville**, anciennement **Saïgon**, la capitale coloniale, sont aussi des étapes incontournables. La moitié des produits agricoles du pays proviennent du delta. Et à Hô Chi Minh-Ville, de nombreux monuments rappellent la présence française, comme la Grande poste conçue par **Gustave Eiffel**.

Les voyageurs francophones connaissent moins bien le **Laos** et le **Cambodge**, mais c'est en train de changer. Au Laos, les visiteurs doivent s'arrêter à **Vientiane**, la capitale fondée au 16e siècle, dont certains monuments rappellent la France, comme le **Patouxai** qui ressemble à l'**Arc de Triomphe**. **Luang Prabang**, magnifique cité royale avec sa trentaine de temples bouddhistes, est un exemple remarquable de fusion entre architecture traditionnelle et urbanisme européen. Le Cambodge, «pays du sourire», est réputé pour son hospitalité. On y trouve **Angkor**, célèbre site de la culture **Khmer**, dont les merveilles d'architecture occupent plus de

Angkor Vat, le plus grand temple d'Angkor, au Cambodge

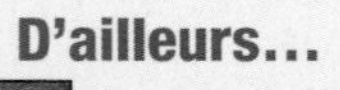

D'ailleurs...

Les paysages du Vietnam, du Laos et du Cambodge sont très variés, mais les rizières° sont partout présentes. Au Cambodge, elles occupent 70% des terres cultivées, au Vietnam 75% et au Laos 80%. Les espèces de riz du Laos sont les plus diverses: On en recense entre 3 et 4.000! Il y a même des rizières au centre de Vientiane, sa capitale.

peuplement *population* **se sont tissés** *were forged* **calcaire** *limestone* **cyclopousse** *rickshaw pulled by a bicycle* **bordés** *lined* **rizières** *rice fields*

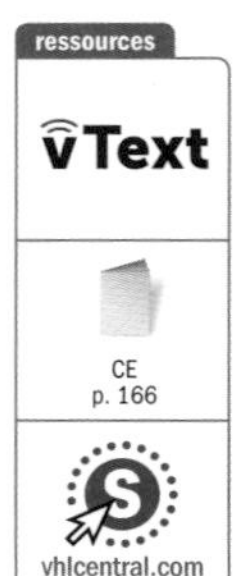

CRITICAL THINKING

Synthesis and Analysis On the Internet, there is a video showing the sites of Vietnam accompanied by the song *Bonjour Vietnam*. Show the video and have students describe the sights. Combining what they read in the textbook and what they saw in the video, have students give their impressions of Vietnam and whether or not they would like to visit.

CRITICAL THINKING

Application Have pairs of students research one of three Asian Francophone countries. They should find basic facts about the country's history, geography, government, economy, and people. Students create a poster of their findings, including some visuals, and display them around the room.

FRANÇAISE, CALÉDONIE,

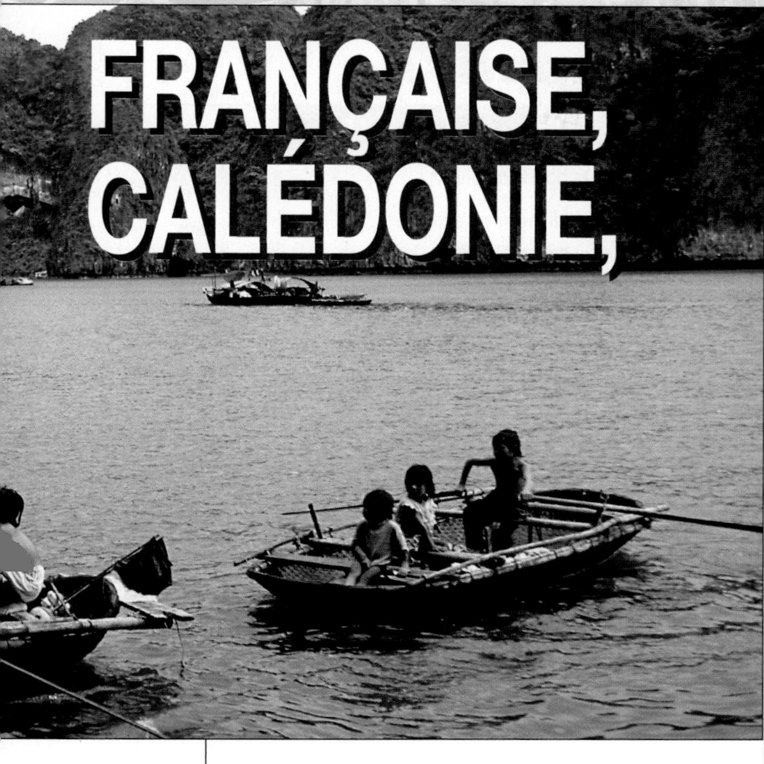

400 km^2. Dans ces deux pays, la francophonie a moins d'influence qu'au Viêt-nam, mais le français y est encore parlé.

Ces dernières années, des classes bilingues ont été créées dans cette partie de l'Asie, pour assurer l'enseignement de la langue aux jeunes générations. Alors, si en visite là-bas, on vous accueille avec un «Bonjour et bienvenue», ne soyez pas étonnés!

En Asie et en Océanie

Des mots utilisés au Viêt-nam, au Cambodge et au Laos

une jonque	une barque; *boat*
une pagode	un temple
un pousse-pousse	*rickshaw*
un sampan	une barque en bois

Le français parlé en Nouvelle-Calédonie

avoir la boulette	être en forme; *to feel great*
C'est choc!	C'est super!
les claquettes	les tongs; *flip-flops*
feinter	blaguer; *to joke*
Il est bon?	Ça va?
pète-claquettes	ennuyeux, casse-pieds; *bore*
Va baigner!	Va-t-en!; *Go away!*

Découvrons l'Asie francophone et les DROM

Heiva C'est la fête populaire la plus importante de **Tahiti**. Elle a lieu en juillet et on y organise beaucoup de concours sportifs traditionnels: courses de pirogues° ou de porteurs de fruits, lancer du javelot°, lever de pierre, tressage°, préparation du coprah à base de noix de coco° et montée de cocotier. Il y a aussi beaucoup de costumes, de danses et de chants traditionnels.

Pondichéry et Chandernagor Au 17e siècle, la France a colonisé une partie de l'Inde. **Pondichéry** et **Chandernagor** étaient ses deux comptoirs° les plus importants et ce, jusque dans les années 1950. Chandernagor, sur les rives° du **Gange**, et Pondichéry, sur la côte sud-est, sont aujourd'hui des villes indiennes où on peut voir des traces de la présence française. Par exemple à Pondichéry, certains noms de rues sont indiqués en français et les policiers portent des képis° rouges.

Le nickel Le nickel est rare sur terre et les gisements° de la **Nouvelle-Calédonie** constituent entre 20 et 40% de la production mondiale. C'est la plus grande richesse de l'île, environ 80% de ses exportations. Excellent conducteur°, le nickel résiste bien aux produits chimiques et s'oxyde peu. Il est donc très utile dans les industries chimique, navale ou automobile, le bâtiment et l'électroménager°. Il sert aussi à fabriquer les pièces de 1 et 2 euros.

Tahiti Pearl Regatta La Tahiti Pearl Regatta est le rendez-vous annuel des amateurs de voile° en **Polynésie**. C'est d'abord une course de trois jours, où les participants naviguent en pleine mer° ou dans des lagons et doivent traverser des passes°. Mais c'est aussi une vraie fête. Plongée, pirogues, jeux polynésiens et pétanque sont au programme. Le soir, les participants se retrouvent autour du tamaara'a géant, un grand repas traditionnel.

courses de pirogues *canoe races* **javelot** *spear* **tressage** *weaving* **noix de coco** *coconut* **comptoirs** *trading posts* **rives** *banks* **képis** *French military caps* **gisements** *deposits* **conducteur** *conductive* **électroménager** *home appliances* **voile** *sailing* **pleine mer** *deep sea* **passes** *channels*

TEACHING TIPS

Suggestions

- Have students work in small groups and create either a dialogue or a story with the words used in Asia and Oceania. They should present their work to their classmates, who will translate it into standard French.
- Divide the class into six groups. Assign each group one of the pictures on **pp. 342–343**, and ask them to write three statements about the picture. Students should be creative with their statements. Collect the statements and read them aloud in random order. Students guess which picture is being described.

Extra Practice Refer students to **vistahigherlearning.com** for more information on **la Polynésie française, la Nouvelle-Calédonie** and **l'Asie**. Have them research other places or events of interest and characteristics in those regions.

NATIONAL STANDARDS

Comparisons Have students compare and contrast the **Heiva** festival of **Tahiti** with the **Carnaval** festival of **Québec**, or another Francophone festival of their choosing. They should discuss the activities that take place and the type of food usually served. They should end with a statement of which festival they would prefer to attend and why.

PRE-AP®

Interpersonal Speaking Have students work in pairs to make up a phone conversation. Student A has just returned from a trip to **Vietnam, Cambodge,** and **Laos**. Student B asks questions about the countries. Student A answers the questions using information from the reading and vocabulary words used there. Pairs present their phone conversations to the class, sitting back-to-back.

PRE-AP®

Integrated Skills Ask students to research the geography, flora, and fauna of **Tahiti** in order to create a travel brochure for an eco-trip to the exotic island. They should use information from the reading and their research. They must also include at least ten vocabulary words from **Pour commencer** on **p. 334**. Have students present their brochures to the class.

TEACHING TIPS

Suggestion As an alternative, make a handout of the **Épreuve** cloze sentences without the multiple-choice answers. Have students complete the sentences.

1 Expansion Call on volunteers to write the corrected statements on the board. As a class, correct any spelling, syntactical, or grammatical errors.

2 Suggestion Have students complete questions in pairs, scanning or rereading portions of the text as necessary.

Previewing Strategy To prepare students for the project, ask them if they are familiar with Asian food and with Asia in general, and list their responses on the board. Examples: **Avez-vous déjà mangé dans un restaurant vietnamien, laotien ou cambodgien? Êtes-vous déjà allé(e) dans un de ces pays? À quoi la cuisine asiatique vous fait-elle penser? À votre avis, quels sont les points communs entre les cuisines de ces pays?** Write students' responses to the right of each question on the board.

Suggestion Encourage students to make their presentations interactive by beginning with a thought-provoking question.

Qu'avez-vous appris?

1 **Vrai ou faux?** Indiquez si les affirmations sont vraies ou fausses, et corrigez les fausses. Answers may vary slightly.

1. Marc Lavoine a écrit la chanson *Bonjour Vietnam* pour Pham Quynh Anh. Vrai.
2. Au Laos, la cité royale de Luang Prabang possède une trentaine de temples bouddhistes. Vrai.
3. La francophonie a moins d'influence au Viêt-nam qu'au Cambodge. Faux. La francophonie a plus d'influence au Vietnam qu'au Cambodge.
4. Des classes bilingues ont été récemment créées pour assurer l'enseignement du français aux jeunes Vietnamiens, Laotiens et Cambodgiens. Vrai.
5. Le Heiva est fêté en Inde. Faux. Il est fêté à Tahiti.
6. La Nouvelle-Calédonie est un gros producteur d'argent. Faux. La Nouvelle-Calédonie est un gros producteur de nickel.

2 **Questions** Répondez aux questions. Answers may vary slightly.

1. Quels pays composaient l'Indochine française? Le Vietnam, le Cambodge et le Laos composaient l'Indochine française.
2. Quand l'Indochine française a-t-elle disparu? Elle a disparu en 1954.
3. À quoi s'intéressait surtout la France en Indochine? Elle s'intéressait surtout à l'exploitation économique de l'Indochine.
4. Quelles sortes de concours sont organisés pour le Heiva? Des concours sportifs traditionnels sont organisés.
5. Où se trouve Chandernagor? Chandernagor se trouve sur les rives du Gange.
6. Qu'est-ce que la Tahiti Pearl Regatta? C'est le rendez-vous annuel des amateurs de voile en Polynésie.

Projet

Voyage culinaire

Imaginez que vous soyez guide et que vous organisiez un circuit à la découverte de la cuisine vietnamienne, laotienne ou cambodgienne. Faites des recherches pour créer votre itinéraire. Ensuite, préparez votre circuit d'après les critères suivants:

- Choisissez trois ou quatre lieux à visiter en rapport avec votre sujet.
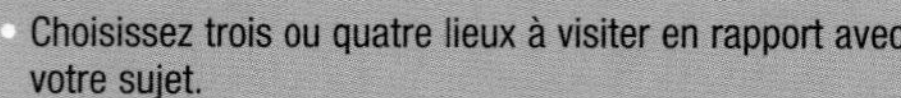
- Sélectionnez des plats typiques ou des ingrédients locaux.
- Trouvez des photos des plats, des ingrédients et des lieux que vous avez choisis.
- Montrez les photos et décrivez votre circuit à la classe. Expliquez pourquoi vous avez choisi ces étapes.

ÉPREUVE

Trouvez la bonne réponse.

1. À Hanoï, il faut faire le tour ______.
   (a.) d'un des nombreux petits lacs b. de la baie c. d'une de ses 2.000 îles d. du temple bouddhiste
2. Angkor est un célèbre site ______.
   a. bouddhiste b. du vieux Saigon (c.) de la culture Khmer d. du Viêt-nam
3. Le Laos possède environ ______ espèces de riz.
   (a.) 3.500 b. 1.500 c. 10.500 d. 35.000
4. À Tahiti, le Heiva a lieu ______.
   a. le lundi (b.) en juillet c. tous les cinq ans d. en juin
5. ______ fait partie des concours organisés pour le Heiva.
   a. Le lancer de pierre b. Le tatouage c. Le ramassage de noix de coco (d.) La course des porteurs de fruits
6. Pondichéry et Chandernagor étaient des comptoirs français ______.
   (a.) en Inde b. en Asie continentale c. au Cambodge d. au Viêt-nam
7. Le nickel représente ______ des exportations de Nouvelle-Calédonie.
   a. la moitié (b.) 80% c. les trois quarts d. 90%
8. Le nickel ______.
   a. n'est pas utile (b.) résiste bien aux produits chimiques c. s'oxyde beaucoup d. est abondant sur terre
9. Les participants de la Tahiti Pearl Regatta se retrouvent le soir autour ______.
   a. d'une partie de pétanque (b.) d'un grand repas traditionnel c. d'un concert d. d'un barbecue sur la plage
10. La Tahiti Pearl Regatta est une course qui dure ______.
   a. une semaine b. deux jours (c.) trois jours d. trois semaines

Practice more at **vhlcentral.com.**

CRITICAL THINKING

Knowledge and Analysis Provide students with the lyrics of *Bonjour Vietnam*. Ask students what the song is about. (A young girl of Vietnamese origin is growing up in another country and knows very little about the country of her ancestors. She wants to learn more.) Ask: **Que savez-vous du pays de vos ancêtres? Comment avez-vous obtenu ces renseignements?** Discuss with students the importance of knowing about one's roots.

CRITICAL THINKING

Application Have students choose a Francophone country or region in Asia or Oceania and research the history of French involvement. They should present their information in a paragraph accompanied by a timeline. They can also research current events, especially in regards to current French involvement or influence.

Galerie de Créateurs

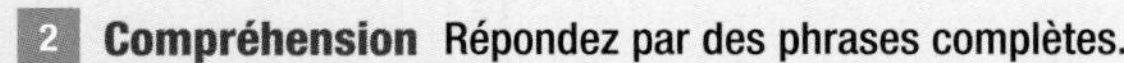

Cinéma: Rithy Panh

1 Préparation Répondez à ces questions sur le partage des expériences. Pensez à une tragédie ou à une difficulté personnelle qui vous a fait souffrir. Avec qui est-ce que vous l'avez partagée? Comment l'avez-vous partagée? Expliquez en quoi vos émotions ont changé en partageant votre expérience.

Rithy Panh: survivant des Khmers rouges

En 1975, les Khmers rouges exilent Rithy Panh et sa famille de Phnom Penh, la capitale du Cambodge. Puis, en 1980, Rithy Panh se réfugie à Paris où il suit des études de cinéma et obtient son diplôme. Le génocide, dans lequel une partie de sa famille a péri (*perished*), forge depuis le début l'inspiration de ce réalisateur cambodgien. En 1994, *Le Peuple du riz* raconte la lutte pour la survie d'une famille rurale cambodgienne, après le génocide. Plus récemment, en 2002, dans le documentaire *S21, la machine de mort khmère rouge*, Rithy Panh met en scène des gardiens de prison et les trois survivants du S21, centre de détention, de torture et d'exécution jusqu'en 1979. Des années après la fermeture du camp, il a demandé à ces gardiens de refaire les gestes mécaniques qu'ils faisaient. Par ces images, le réalisateur arrive à rendre présents tous les prisonniers qui sont absents du film. Aujourd'hui, il travaille à la création d'un Centre de ressources audiovisuelles du Cambodge. À l'aide de ses films et de ce centre, Rithy Panh s'efforce (*tries hard*) de ressusciter la culture de son pays.

Rithy Panh

2 Compréhension Répondez par des phrases complètes.

1. Pourquoi Rithy Panh a-t-il quitté son pays natal? Il a été exilé par les Khmers rouges.
2. Quel est le sujet des films de Rithy Panh? C'est le génocide dans lequel une partie de sa famille a péri.
3. Qu'est-ce que c'est, le S21? C'est un centre de détention, de torture et d'exécution des Khmers rouges.
4. Comment Rithy Panh a-t-il rendu les prisonniers du S21 présents dans son documentaire? Il a mis en scène des gardiens de prison et leur a demandé de refaire les gestes mécaniques qu'ils faisaient.

3 Discussion Discutez en groupes et puis avec la classe

Selon la lecture, Panh a mis en scène des gardiens du S21 et leur a demandé de refaire leurs gestes dans le film. Il voulait ainsi aider les Cambodgiens à «guérir» des atrocités commises par les Khmers rouges. Êtes-vous d'accord avec cette idée? Pourquoi? Comment est-ce que les victimes d'une telle tragédie peuvent s'exprimer et «guérir»? Discutez de ces questions et justifiez vos réponses.

4 Application Comment «guérir» les cœurs

Pensez à une tragédie qui a fait souffrir un peuple, une culture, une personne ou vous-même. Comment peut-on partager cette expérience avec le reste du monde afin qu'elle ne se répète pas? Comment peut-on aider les cœurs des victimes à en «guérir»? Préparez une présentation sur ce sujet.

Practice more at **vhlcentral.com.**

Section Goals

In this section, students will:

- learn about the Cambodian filmmaker Rithy Panh

Student Resources
Cahier de l'élève, p. 166; Supersite: Activities, *eCahier*
Teacher Resources
Answer Key

NATIONAL STANDARDS

Connections: Social Studies The **Khmers rouges** were followers of the Communist Party that ruled Cambodia from 1975 to 1979. During this time, about 1.5 million Cambodians are believed to have died due to the radical social reforms that were instituted in order to achieve an agrarian-based Communist society. Many of the deaths were of the educated intellectual elite who were murdered and tortured. Have students research additional information about this period in Cambodia's history.

TEACHING TIPS

Extra Practice Some students may wish to watch the documentary ***S21, la machine de mort khmère rouge***. Have them write a synopsis and a review to present to the class.

CRITICAL THINKING

Knowledge Have students work in pairs to create a series of **vrai/faux** statements about the reading selection on Rithy Panh. Have the pairs read their statements and ask the class to answer **vrai** or **faux**.

PRE-AP®

Presentational Speaking Divide the students into several groups and have the groups research other famous artists from Francophone Asia. Have them do oral presentations in class. Ask them to include images or excerpts from works by their featured artists.

Section Goals

In **Structures**, students will learn:

- the past conditional
- the future perfect
- **si** clauses

Key Standards

4.1, 5.1

Student Resources
Cahier de l'élève, pp. 167–169; Supersite: Activities, *eCahier*
Teacher Resources
Answer Keys; Audio Script; Audio Activity MP3s/CD; Testing program: Grammar Quiz

TEACHING TIPS

Suggestions

- Review past participles of regular, spelling-change, and irregular verbs taught throughout the book. Refer to the end matter for a full list.
- Call out an infinitive from the list, then a subject pronoun. Point to a student, who gives the conditional past.
- Prepare a set of affirmative conditional sentences. Read each sentence, followed by a negative expression. Call on a student to change the sentence using that expression.
- Write the sample sentence: **Je ne trouve pas les clés que vous auriez vues hier dans la cuisine**. on the board. Draw a line under **les clés** and **vues**. Say a new noun. Have a volunteer come up, erase **les clés**, write the new noun, and make any necessary agreement change.

Presentation

10.1 The past conditional

—*Qui **aurait pu** imaginer... une telle obstination dans la générosité la plus magnifique?*
D'après Jean Giono, *L'Homme qui plantait des arbres*, © Éditions Gallimard

BLOC-NOTES
To review formation and use of the **conditionnel**, see **Structures 8.3, pp. 280–281**.

- Use the past conditional (**le conditionnel passé**) to express an action that *would have occurred* in the past.

Conditionnel	Past conditional
Sans les nuages de pollution, on respirerait mieux. *Without smog, we'd breathe better.*	**Sans les nuages de pollution, nos ancêtres auraient mieux respiré.** *Without smog, our ancestors would have breathed better.*

- The past conditional is formed with a **conditionnel** form of **avoir** or **être** and the past participle of the main verb. Use the same helping verb as you would for any other compound tense, such as the **passé composé**, the **plus-que-parfait**, or the future perfect.

	faire	partir	se lever
je/j'	aurais **fait**	serais **parti(e)**	**me** serais **levé(e)**
tu	aurais **fait**	serais **parti(e)**	**te** serais **levé(e)**
il/elle	aurait **fait**	serait **parti(e)**	**se** serait **levé(e)**
nous	aurions **fait**	serions **parti(e)s**	**nous** serions **levé(e)s**
vous	auriez **fait**	seriez **parti(e)(s)**	**vous** seriez **levé(e)(s)**
ils/elles	auraient **fait**	seraient **parti(e)s**	**se** seraient **levé(e)s**

- Verbs in the past conditional follow the same patterns as they do in other compound tenses for negation, adverb and pronoun placement, and past participle agreement.

Il y a cent ans, **personne ne** nous aurait parlé de la pluie acide.
100 years ago, no one would have talked to us about acid rain.

Nathalie aurait **bien** ri si elle avait entendu cette blague.
Nathalie would have laughed a lot if she had heard that joke.

Je ne trouve pas **les clés que** vous auriez **vues** hier dans la cuisine.
I cannot find the keys that you might have seen in the kitchen yesterday.

Nous serions **déjà** partis si cela avait été possible.
We would have already left if it had been possible.

LEARNING STYLES

For Kinesthetic Learners On slips of paper write cloze sentences in the past conditional (with the verbs blanked out). On other strips of paper, write the past conditional answers for each cloze sentence. Give each student a slip of paper and have him or her walk around the room, read the slip aloud, and try to find the slip's mate. Once all students are matched, have pairs read their sentence for the class.

LEARNING STYLES

For Auditory Learners Prepare a set of sample sentences, some with the conditional, some with the past conditional, and some with the future perfect. Give each student three cards, on which they write C, PC, and FP. Then read the sentences aloud. Students hold up the C card when they hear the conditional, the PC card when they hear the past conditional, and the FP card when they hear the future perfect.

- Use the past conditional with certain verbs to express regret or reproach. In the past conditional, **aimer** + [*infinitive*] means *would have liked to*; **devoir** + [*infinitive*] means *should have*; **pouvoir** + [*infinitive*] means *could have*; and **vouloir** + [*infinitive*] means *would have liked to.*

Vous **auriez dû étudier** un peu plus longtemps.
You should have studied a little longer.

Nous **aurions aimé regarder** un film différent.
We would have liked to watch a different film.

Tu **aurais** quand même **pu** m'**appeler** hier soir.
You could have at least called me last night.

J'**aurais voulu lire** l'article sur les sources d'énergie.
I would have liked to read the article about energy sources.

- Use the **conditionnel** or the past conditional with the expression **au cas où** (*in case*).

Prends ton portable **au cas où** le train **arriverait** en retard.
Bring your cell phone in case train arrives late.

Prends ton portable **au cas où** le train **serait** déjà **parti** quand vous arriverez à la gare.
Bring your cell phone in case the train has already left when you arrive at the station.

- You have learned that the **conditionnel** can express a future action when talking about the past. The past conditional can act as a *future perfect in the past*, describing events that were to have taken place at a later point.

Maman nous a dit qu'elle **rentrerait** avant minuit.
Mom told us that she would come home before midnight.

Maman nous avait dit qu'elle **serait rentrée** avant minuit, mais elle n'a pas pu.
Mom had told us that she would come home before midnight, but she couldn't.

- Just as the **conditionnel** can express uncertainty about events in the present, the past conditional can express uncertainty about events in the past.

Selon le journal, il y **aurait** une centaine d'habitants dans ce village.
According to the newspaper, there might be a hundred or so inhabitants in this town.

Selon le journal, il y **aurait eu** une centaine de manifestants samedi.
According to the newspaper, there might have been a hundred or so protesters on Saturday.

BLOC-NOTES

To review the *future in the past* use of the **conditionnel**, see **Structures 8.3, pp. 280–281**.

TEACHING TIPS

Suggestion Ask volunteers to share personal regrets they have. Elicit sentences with **aimer, devoir,** and **vouloir**.

Language Learning Point out that the conditional perfect is commonplace in the news when the exact information is not known yet and assumptions are being made. Example: **Apparemment, l'ouragan n'aurait pas causé de victimes.**

Suggestion Provide additional sample sentences using the conditional to express a future action. Have students change them to the past conditional.

Suggestion Ask students to write two more sample sentences for each point. Have them write their examples on the board for the class to review.

DIFFERENTIATION

For Inclusion Write a list of about twenty-two verb infinitives on the board. Include regular **-er**, **-ir**, **-re** verbs, irregular verbs, and reflexive verbs. Then distribute about thirty index cards to pairs of students. Students create one set with the eight subject pronouns. They create another set with the verb infinitives. Students then take turns drawing a card from each pile and saying the pronoun + past conditional form.

DIFFERENTIATION

To Challenge Students Working in small groups, have students list famous movies or stories that have an ending they do not like. Then have them describe what would have happened in their version of the story. Example: **Dans notre histoire, Roméo et Juliette ne se seraient pas suicidés. Juliette se serait réveillée avant que Roméo ait bu le poison.**

TEACHING TIPS

1 Expansion Have students work with a partner to explain why the past conditional was necessary in each sentence.

2 Expansion Have students share their responses with a small group to hear the range of possible answers.

2 Cultural Note The name of the Gauguin painting is ***Femmes de Tahiti*** (1891). It is housed in the **Musée d'Orsay** in Paris. The museum displays mainly French art dating from 1848 to 1915.

NATIONAL STANDARDS

Comparisons The island of **Tahiti** is especially well-known for its tropical beauty. One of its main sources of income is tourism. Have students research a variety of photos that they feel to be the highlights of the island. They should write a caption for each one. Display all the photos in the classroom. As a class, compare and contrast Tahiti with other Francophone tourist destinations learned about in the textbook.

Cultural Note

In 1841, Herman Melville (the author of *Moby Dick* and *Billy Budd*) began working on a whaling ship under a strict captain. Disillusioned, he and another sailor deserted the ship in the Marquesas Islands in 1842. When he left the Marquesas and landed in Tahiti, he was briefly jailed for desertion. Upon his return to the U.S., Melville wrote about his adventures in the South Seas in *Typee* and *Omoo*.

3 Suggestion Tell students to be creative in completing the sentences, like in the **modèle**.

Mise en pratique

1 **À compléter** Employez le conditionnel passé des verbes entre parenthèses.

1. Selon mon oncle, l'ouragan ___aurait détruit___ (détruire) un centaine de bâtiments.
2. Les journaux ont annoncé qu'à cause d'une demande inhabituelle, nous ___aurions épuisé___ (épuiser) nos réserves de combustibles.
3. Je ___me serais acheté___ (s'acheter) la plus grande voiture, mais j'avais peur qu'elle nuise à l'environnement.
4. Je/J' ___aurais voulu voir___ (vouloir voir) moins de pollution, mais j'ai dû rester longtemps dans la capitale.
5. Tu as dit aux représentants de la société de recyclage que tu ___n'aurais pas gaspillé___ (ne pas gaspiller) les produits non-renouvelables.

2 (answers)
1. J'y serais allé, mais...
2. On m'en aurait servi, mais...
3. Ils m'auraient parlé français, mais...
4. Je me serais fait de nouveaux amis, mais...
5. Je les aurais découvertes, mais...
6. Elle les aurait évoqués, mais...

2 **Y est-il vraiment allé?** Michel a passé des vacances à Tahiti, et ses amis lui demandent comment ça s'est passé. Mais il leur répond évasivement. Employez le conditionnel passé pour répondre comme Michel. Soyez créatif/créative.

Modèle **Tu as visité les quartiers intéressants de Papeete?**
Je les aurais visités, mais je n'avais pas le plan de la ville.

1. Alors, tu es allé à la plage?
2. On t'a servi de délicieux fruits tropicaux?
3. Est-ce que les habitants t'ont parlé français?
4. T'es-tu fait de nouveaux amis?
5. Alors, tu as découvert d'autres îles de l'archipel de la Société?
6. L'île évoque au moins les tableaux de Gauguin?

Note CULTURELLE

Tahiti est la plus grande des **îles de la Société**, un des cinq archipels qui constituent la **Polynésie française**. De nombreux personnages célèbres sont passés par la Polynésie française, pour des raisons assez diverses. Le peintre français **Paul Gauguin** y a vécu à la fin du 19e siècle, jusqu'à sa mort en 1903. L'écrivain américain **Herman Melville**, par contre (*on the other hand*), a été emprisonné à Papeete en 1842.

3 (answers)
1. Malika, elle, aurait dormi chez sa copine Manon.
2. Malika, elle, aurait emporté son ordinateur portable.
3. Malika, elle, aurait souvent mangé dans une pizzeria.
4. Malika, elle, aurait joué au tennis.
5. Malika, elle, serait sortie tous les soirs.
6. Malika, elle, aurait bronzé à la plage.
7. Le premier jour, Malika serait partie à midi.
8. Malika, elle, serait rentrée un vendredi.

3 **Qu'aurait-elle fait?** Malika a passé ses vacances en famille, mais elle aurait aimé les passer avec ses amis. Dites ce qu'elle aurait préféré faire en leur compagnie.

Modèle **Malika et sa famille sont allés dans un musée de peintures. (au centre commercial)**
Malika, elle, serait allée au centre commercial.

1. Ils ont dormi à l'hôtel. (chez sa copine Manon)
2. Ils ont emporté des jeux de société (*boardgames*). (son ordinateur portable)
3. Ils ont souvent mangé dans une crêperie. (dans une pizzeria)
4. Ils ont joué à la pétanque. (au tennis)
5. Ils sont sortis un soir sur trois. (tous les soirs)
6. Ils ont bronzé dans leur jardin. (à la plage)
7. Le premier jour, ils sont partis à 6 heures du matin. (à midi)
8. Ils sont rentrés un dimanche. (un vendredi)

Practice more at **vhlcentral.com.**

PRE-AP®

Presentational Speaking Ask students to prepare a multimedia presentation of the life and work of the artist Paul Gauguin. The presentation should include a biography, a photo of Gauguin, a self-portrait, an explanation of his painting style, and the influences on his style. Provide students with copies of a few of his paintings to present and analyze. (Due to the subject matter of some of Gauguin's paintings, you will want to select the paintings presented.) In their presentations, students should include vocabulary and grammar taught throughout the lesson. For variety, you may wish to have some students present different artists, such as Camille Pissarro, Paul Cézanne, Henri Matisse, or Georges Braque (all of whom Gauguin painted with or influenced).

Communication

4 **Qu'auriez-vous fait?** À deux, regardez les illustrations et, à tour de rôle, dites ce que vous auriez fait dans chaque situation. Servez-vous des mots de la liste, si nécessaire.

Modèle Moi, je me serais fâché contre le garçon avec la glace.

acheter	crier	un médecin
appeler	se fâcher	salir
un costume	une glace	téléphoner

5 **Des excuses** Martin, votre meilleur ami, est allé en vacances à Tahiti. Vous lui demandez s'il (*if he*) a fait toute une liste de choses, mais il a toujours une bonne excuse pour expliquer que non. Avec un(e) partenaire, jouez tour à tour le rôle de Martin et imaginez la conversation. Soyez créatifs/créatives!

Modèle **nager dans l'océan Pacifique**
Vous avez nagé dans l'océan Pacifique?
J'aurais nagé dans l'océan, mais c'était trop dangereux!

- bronzer sur la plage
- voir la Tahiti Pearl Regatta
- nous acheter des cadeaux
- visiter des musées
- assister au Heiva
- rencontrer des Tahitiens

6  **Des regrets?** Qu'est-ce que vous n'avez pas fait dans la vie parce que vous avez choisi de faire autre chose? Le regrettez-vous? Par groupes de trois, employez le conditionnel passé des verbes **aimer**, **devoir**, **pouvoir** et **vouloir** pour parler de vos choix à vos camarades.

Modèle J'aurais pu visiter l'Europe l'été dernier, mais j'ai choisi de passer deux semaines chez ma grand-mère, qui fêtait son 80e anniversaire.

Qu'auriez-vous...

- aimé faire?
- dû faire?
- pu faire?
- voulu faire?

Qu'avez-vous fait à la place?

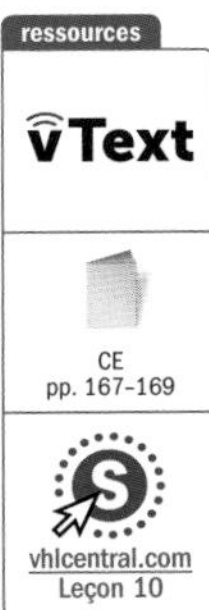

ressources
vText
CE
pp. 167–169
vhlcentral.com
Leçon 10

TEACHING TIPS

4 Expansion Have students tell their partner about a situation that did not go as planned and what they would have done differently. Then volunteers share their partner's stories with the class.

4 Partner Chat You can also assign Activity 4 on the Supersite. Students work in pairs to record the activity online. The pair's recorded conversation will appear in your gradebook.

5 Partner chat You can also assign Activity 5 on the Supersite. Students work in pairs to record the activity online. The pair's recorded conversation will appear in your gradebook.

6 Expansion Ask students to write sentences like the one given in the **Modèle** on a slip of paper. Collect the papers. Choose one at random and read it aloud. Students raise their hand when they hear a past conditional form. Then the class guesses who wrote the statement.

LEARNING STYLES

For Visual Learners Provide small groups of students with additional pictures similar to those in Activity 4. (As an alternative, students can locate the pictures.) Ask students to first simply describe what's happening in each picture. Then have each group member say what they would have done in each situation.

LEARNING STYLES

For Auditory Learners Ask students to write answers on a slip of paper. Collect the papers. Choose one at random and read it aloud. Students raise their hand when they hear a past conditional form. Then the class guesses who wrote the statement.

Key Standards
4.1, 5.1

Student Resources
Cahier de l'élève, pp. 170–172; Supersite: Activities, *eCahier*
Teacher Resources
Answer Keys; Audio Script; Audio Activity MP3s/CD; Testing program: Grammar Quiz

TEACHING TIPS
Language Learning
- Point out that the future perfect can also be used to make a simple assumption about a past event. Example: **Tout est brûlé. Il y aura eu un incendie.** *Everything is burned. There must have been a fire.*
- To illustrate the future perfect, draw a timeline on the board and label it *past, present,* and *future*. Write these three sentences under the appropriate headings: **À quelle heure sont-ils partis?** *At what time did they leave?* **Quelle heure est-il?** *What time is it?* **Seront-ils arrivés avant dix heures?** *Will they arrive before 10 o'clock?*

Presentation

10.2 The future perfect

Elzéard Bouffier ***aura planté*** *des hectares et des hectares d'arbres avant sa mort en 1947.*

- Use the future perfect (**le futur antérieur**) tense to describe an action that *will have occurred* before another action in the future.

Quand il arrivera, Martine **sera** déjà **partie**.
By the time he arrives, Martine will have already left.

Je prendrai une décision quand vous m'**aurez donné** plus d'informations.
I'll make a decision when you have given me more information.

BLOC-NOTES
To review the forms of the **futur simple**, see **Structures 7.2, pp. 240–241**.

- Verbs in the future perfect are formed with a **futur simple** form of **avoir** or **être** and the past participle of the main verb. Use the same helping verb as for other compound tenses, such as the **passé composé** and the **plus-que-parfait**.

	faire	partir	se lever
je/j'	aurai **fait**	serai **parti(e)**	**me** serai **levé(e)**
tu	auras **fait**	seras **parti(e)**	**te** seras **levé(e)**
il/elle	aura **fait**	sera **parti(e)**	**se** sera **levé(e)**
nous	aurons **fait**	serons **parti(e)s**	**nous** serons **levé(e)s**
vous	aurez **fait**	serez **parti(e)(s)**	**vous** serez **levé(e)(s)**
ils/elles	auront **fait**	seront **parti(e)s**	**se** seront **levé(e)s**

- Verbs in the future perfect follow the same patterns as they do in other compound tenses for negation, adverb and pronoun placement, and past participle agreement.

BLOC-NOTES
To review...
- negation, see **Structures 4.2, pp. 128–129**.
- pronoun order, see **Structures 5.3, pp. 168–169**.
- past participle agreement, see **Fiche de grammaire 5.5, p. 390.**

Negation	**Cette espèce n'aura pas entièrement disparu en 2040, j'espère.** *This species won't have completely disappeared by 2040, I hope.*
Adverb placement	**Il aura déjà passé deux jours à Papeete quand il viendra nous chercher à l'aéroport.** *He will have already spent two days in Papeete when he comes to pick us up at the airport.*
Pronoun placement	**Nous lui aurons déjà parlé quand nous arriverons en classe demain.** *We will have already talked to her when we get to class tomorrow.*
Past participle agreement	**À minuit, elles se seront déjà couchées.** *By midnight, they will have already gone to bed.*

LEARNING STYLES
For Auditory Learners Read aloud sample sentences, some in the simple future and some in the future perfect. Ask students to raise their hands when they hear the simple future and to raise a pencil when they hear the future perfect.

LEARNING STYLES
For Kinesthetic Learners Display a series of affirmative sentences with the future perfect on the board. Prepare a set of index cards with **ne...pas** (on two separate cards), various adverbs, and various pronouns. Give the cards to students. Students take their cards up to the board and indicate the words' position in each sentence.

- You may contrast two clauses —one with a verb in the future perfect and one with a verb in the **futur simple**— in order to establish that one event will happen before another.

First event	Second event
Quand tu auras fait tes courses, *When you've run your errands,*	**je viendrai te chercher en voiture.** *I'll come pick you up in the car.*

Dès qu'elle **sera arrivée** à Paris, elle **s'installera** à son hôtel.
As soon as she has arrived in Paris, she'll settle in at her hotel.

- You learned that you can use the **futur simple** after the conjunctions **aussitôt que** (*as soon as*), **dès que** (*as soon as*), **lorsque** (*when*), **quand** (*when*), and **tant que** (*as long as*), if they describe a future event. They can also be followed by a verb in the future perfect, which is the tense almost always used after **après que** (*after*) and **une fois que** (*once*).

Il partira **après qu'**on **aura mangé**.
He'll leave after we've eaten.

Tu m'appelleras **dès que** tu **seras rentré**?
Will you call me as soon as you've returned?

Aussitôt qu'elle **aura trouvé** un nouvel appartement, elle nous invitera.
As soon as she's found a new apartment, she'll invite us over.

Vous visiterez le zoo **une fois qu'**on **aura ouvert** l'exposition sur les ours.
You'll visit the zoo once they've opened the bear exhibit.

- When connecting two clauses, note the subtle distinction in meaning between a sentence that uses the **futur simple** after one of these conjunctions and one that uses the future perfect. In neither case are the English equivalents of these conjunctions followed by *will*.

Quand j'**aurai** des nouvelles, je vous **écrirai**.
When I get some news, I'll write you.

but

Quand j'**aurai eu** des nouvelles, je vous **écrirai**.
When I've gotten some news, I'll write you.

- Use **après que** with a conjugated verb when the subject of a subordinate clause is different from that of the main clause. Use **après** with the past infinitive when the subjects of both clauses are the same.

Different subjects	Same subjects
Mémé viendra nous rendre visite après qu'on aura fait le ménage. *Grandma will come visit us after we've done the housework.*	**Nous sortirons, mais seulement après avoir fait le ménage.** *We'll go out, but only after having done the housework.*

ATTENTION!

In the main clause, an imperative can appear in the place of a verb in the **futur simple**.

Quand tu auras fait les courses, téléphone-moi.

When you've run your errands, call me.

BLOC-NOTES

To review the use of the **futur simple** with certain conjunctions, see **Structures 7.2, pp. 240–241**.

BLOC-NOTES

To review formation and use of the past infinitive, see **Structures 8.1, pp. 272–273**.

TEACHING TIPS

Language Learning Point out that the future perfect is required in French even if the English translation sounds correct in the present or past tense.

Suggestion Call on students to complete this sentence starter: **Dès que j'aurai fini mes études...**

Suggestion Ask volunteers to complete these sentence starters:

Aussitôt que nous aurons gagné assez d'argent,...

Après que l'usine aura contaminé l'eau,...

Une fois que l'incendie aura commencé,...

Lorsqu'on aura épuisé le pétrole comme source d'énergie,...

Language Learning Explain that, even though *will* is not in the English translation, *when I will have...* is implied within the context.

DIFFERENTIATION

For Inclusion Use the sample sentences on **pp. 350–351** as the basis of a **dictée** on the future perfect. Give students a hand-out of the sentences with blanks for the verbs. Then read the sample sentences for students to complete. Students open their books and check their work.

DIFFERENTIATION

To Challenge Students Have students work in pairs to complete the following with five different ideas: **Le monde sera meilleur aussitôt que...** Remind students to use the **Pour commencer** vocabulary on **p. 334**. Have students present their ideas. As a class, discuss the ones that are likely to take place.

TEACHING TIPS

1 Suggestion Remind students to pay attention to which helping verb to use. The same rules for agreement apply as for the **passé composé**.

1 Extra Practice Have students read the sentences aloud in order to improve their fluency with this structure. Students can also record themselves to evaluate their pronunciation.

NATIONAL STANDARDS

Connections: Biology The island of **la Nouvelle-Calédonie** is located in the South Pacific and is surrounded by a green lagoon. Have students explore the biodiversity of the island and make a presentation to the class, using maps and photos to highlight the flora and fauna.

2 Expansion Have pairs check and justify their answers to each other.

3 Expansion Have students read the dialogue aloud with a partner to check their answers.

3 Extra Practice On the board, list the infinitives of several verbs that have irregular past participles. Have students work in pairs to write a new dialogue using the future perfect and five verbs from the list.

Mise en pratique

1 **À compléter...** **Mettez les verbes entre parenthèses au futur antérieur.**

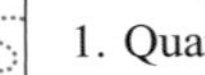

1. Quand le soleil __aura réapparu__ (réapparaître) après l'inondation, le niveau des eaux commencera à baisser.
2. Mesdames et messieurs, vous pourrez admirer la chaîne montagneuse lorsque vous __serez arrivés__ (arriver) au bout du sentier.
3. Le réchauffement de la planète, s'il continue, __aura tué__ (tuer) beaucoup de récifs de corail.
4. Après que nous __aurons fini__ (finir) de sauver les forêts tropicales, les températures de la planète se stabiliseront.
5. Dès que le nuage de pollution __se sera levé__ (se lever), je ferai du jogging.
6. On consommera moins de combustibles quand les habitants des grandes villes __auront appris__ (apprendre) à se servir des transports en commun.
7. Grâce aux nouveaux styles de construction, les tremblements de terre __auront détruit__ (détruire) moins de bâtiments au cours de ce siècle.
8. Je dépenserai beaucoup d'argent pour l'électricité tant que je __n'aurai pas jeté__ (ne pas jeter) mon vieux chauffe-eau (*water heater*), qui gaspille trop d'énergie.

Note CULTURELLE

Nouméa, capitale de la **Nouvelle-Calédonie**, collectivité française d'outre-mer (*overseas*) sui generis, c'est-à-dire une collectivité à statut particulier, est une des villes les plus industrialisées du Pacifique Sud. La ville prend pourtant des mesures pour préserver les richesses naturelles, et est aujourd'hui un exemple de l'harmonie entre nature et urbanisation.

2 **Avant le départ** **Monsieur Arnal et sa famille vont partir demain pour Nouméa. Mettez les verbes entre parenthèses au futur antérieur ou à l'infinitif passé.**

Demain, ma famille et moi devons partir tôt pour l'aéroport, et nous n'aurons pas de temps à perdre. Après que ma femme (1) __se sera levée__ (se lever), j'irai réveiller les enfants. Ils devront s'habiller rapidement après (2) __avoir pris__ (prendre) leur petit-déjeuner. Moi, après (3) __m'être brossé__ (se brosser) les dents, je ferai la vaisselle. Ma femme prendra sa douche aussitôt que je (4) __serai sorti__ (sortir) de la salle de bains. Après (5) __nous être habillés__ (s'habiller), nous téléphonerons à mes parents pour leur dire au revoir. Enfin, après (6) __avoir cherché__ (chercher) les passeports, ma femme donnera la clé de la maison aux voisins, qui vont la surveiller pendant notre absence.

3 **Dialogue** **Pascal énerve souvent Kamil, son camarade de chambre, parce qu'il fait beaucoup de promesses, mais ne fait jamais rien. À deux, terminez le dialogue.** Suggested answers

KAMIL Mais quand est-ce que tu vas ranger tes livres?
PASCAL Aussitôt que je/j' (1) __aurai fini mes devoirs__, je rangerai mes livres.
KAMIL Tes amis ont mangé dans la cuisine et sont partis sans la nettoyer.
PASCAL D'accord! Ils la nettoieront dès qu'ils (2) __auront terminé leurs examens__.
KAMIL Et mes CD? Pourquoi est-ce que vous les avez pris?
PASCAL Nous te les rendrons une fois que nous (3) __les aurons tous écoutés__.
KAMIL Ah, et il n'y a plus rien à manger dans le frigo.
PASCAL Je passerai au supermarché demain quand tu (4) __seras parti en cours__.
KAMIL Et j'en ai marre de tes vêtements sales par terre.
PASCAL Je ferai ma lessive aussitôt que je/j' (5) __serai revenu du supermarché__.
KAMIL Des promesses, toujours des promesses!

Practice more at **vhlcentral.com.**

LEARNING STYLES

For Kinesthetic Learners Have groups of four or five act out the scene in Activity 2. One student plays Monsieur Arnal who also narrates the scene. Students should use props, gestures, and facial expressions. For extra credit, they can introduce additional elements using the future perfect to the scene.

LEARNING STYLES

For Visual Learners Have pairs of students create a cartoon strip from the dialogue in Activity 3. For each sentence with a future perfect, they should show a split scene to visually indicate the timeline of activities. Display the cartoons for the class.

Communication

4 

En 2030 À deux, dites comment ces problèmes écologiques auront évolué en 2030. Ensuite, présentez vos prédictions à la classe.

Modèle **la pluie acide**
Nous aurons résolu le problème de la pluie acide en 2030. Les usines auront arrêté de polluer l'atmosphère.

- le réchauffement de la planète
- les sécheresses
- la consommation d'énergie
- la diminution de la couche d'ozone
- la déforestation
- ?

5 

Et vous en 2030? Par groupes de trois, dites ce qui aura changé dans votre vie personnelle, en 2030. Ensuite, expliquez à la classe ce qui aura changé dans la vie de vos camarades.

Modèle **vos relations avec vos parents**
Mes parents et moi, nous aurons appris à mieux nous entendre en 2030.

- vos finances
- votre carrière
- vos loisirs
- vos relations avec vos amis
- vos connaissances en français
- ?

6 

Les plus brillant(e)s Deux écologistes, chacun(e) se croyant plus brillant(e) que l'autre, parlent de ce qu'ils/elles auront fait à la fin de leur carrière pour sauver l'environnement et recevoir le prix Nobel de la paix. À deux, inventez le dialogue à l'aide du futur antérieur et des éléments donnés.

Votre pays d'origine	
Le problème sur lequel vous aurez travaillé	
La solution que vous aurez proposée	
Le moyen que vous aurez trouvé pour financer vos recherches	
Les procédures que vous aurez mises en place (*implemented*)	

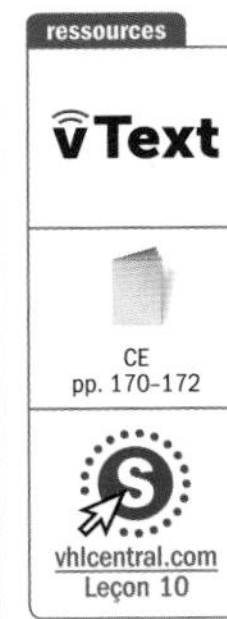

TEACHING TIPS

4 Expansion Call on volunteers to share their ideas with the class, who will express their agreement or disagreement. Example: **Ça sera terminé en 2030.**

4 Extra Practice Ask students to choose one of the ecological problems discussed in the activity and research what is currently being done about it. They should look at current news articles, take notes, and present a brief report to the class.

4 Partner Chat You can also assign Activity 4 on the Supersite. Students work in pairs to record the activity online. The pair's recorded conversation will appear in your gradebook.

5 Expansion Ask students to make anonymous lists of each member's responses using complete sentences. Then have groups exchange lists and try to identify each student based on the responses.

6 Previewing Strategies
- As a class, brainstorm a list of environmental problems for students to choose from.
- Do a **modèle** with a volunteer. Example:
  —Moi, j'aurai mis en place une nouvelle source d'énergie.
  —C'est tout? Moi, j'aurai résolu le problème du réchauffement climatique.

PRE-AP®

Presentational Writing Using their ideas from Activity 5, ask students to write a short futuristic story. The story explains what will or won't have happened in their lives in the next 20 years. Students should use several different verbs in the future perfect with a variety of conjunctions. They should also include examples with adverbs and negatives.

PRE-AP®

Presentational Speaking Have students use their ideas from Activity 6 to prepare and present a speech about the ecological problem they chose. They should be prepared to talk for one minute. Let them know that they will be graded on grammatical correctness, range of vocabulary, pronunciation, and overall fluency.

Key Standards
4.1, 5.1

Student Resources
Cahier de l'élève, pp. 173–176; Supersite: Activities, *eCahier*, Grammar Tutorials
Teacher Resources
Answer Keys; Audio Script; Audio Activity MP3s/CD; Testing program: Grammar Quiz

TEACHING TIPS
Language Learning
- You may wish to assign the Grammar Tutorials as homework in preparation for the **Structures** lesson. These tutorials re-present the grammar taught in **D'accord! 1** and **2**.
- Point out that **si** means *if* or sometimes *when*. For example, **quand** could easily replace the **si** in this sentence: **S'il fait soleil, mettez vos lunettes.** *If/When it's sunny, put on your glasses.*
- Emphasize that no contraction is made when **si** is followed by **elle, elles,** or **on**.

Suggestion Have students create their own main clause for each of the present tense **si** clauses.

Suggestion You may want to review the formation of the **imparfait** and the **conditionnel**.

Suggestion Have students work in pairs to make personalized suggestions and expressions of wish or regret.

10.3 Si clauses

*—**Si** on **compte** l'ancienne population . . . et les nouveaux venus, plus de dix mille personnes **doivent** leur bonheur à Elzéard Bouffier.*
D'après Jean Giono, *L'Homme qui plantait des arbres*, © Éditions Gallimard

- **Si** (*If*) clauses express a condition or event upon which another event depends. The **si** clause is the subordinate clause, and the result clause is the main clause.
- If the result clause is the timeless, automatic effect of a general cause or condition introduced by **si,** use the present tense in both clauses.

Si clause: present tense	Main clause: present tense
Si je suis malade, *If I am ill,*	**je reste chez moi.** *I stay at home.*

ATTENTION!
If the word following **si** is **il** or **ils**, make the contraction **s'il** or **s'ils**.

- To talk about possible future events, use the present tense in the **si** clause to say that if something occurs, something else will result. Use the **futur proche**, **futur simple**, or imperative in the main clause.

Si clause: present tense		Main clause
Si l'ouragan arrive ce soir, *If the hurricane arrives tonight,*	FUTUR PROCHE	**on va rester chez nous demain.** *we're going to stay home tomorrow.*
S'il continue à pleuvoir, *If it keeps raining,*	FUTUR SIMPLE	**il y aura des inondations.** *there will be floods.*
S'il y a des déchets par terre, *If there is trash on the ground,*	IMPERATIVE	**jetez-les dans la poubelle.** *throw it in the garbage.*

- A **si** clause can speculate on what *would happen* if a condition or event *were to occur*. For such contrary-to-fact statements, use a verb in the **imparfait** in the **si** clause and a verb in the **conditionnel** in the main clause.

Si clause: imparfait	Main clause: conditionnel
Si on donnait à manger aux animaux du zoo, *If we fed the zoo animals,*	**on mettrait leur vie en danger.** *we would put their lives in danger.*

- **Si** clauses with the **imparfait** are often used without a main clause to make a suggestion or to express a wish or regret. The main clause may also be omitted in English in these types of expressions.

Suggestion	**Si on allait au zoo demain?** *What if we went to the zoo tomorrow?*
Expression of wish or regret	**Si j'étais plus grand, plus beau, plus riche!** *If only I were taller, more handsome, richer!*

DIFFERENTIATION

For Inclusion Review the concepts of clause, subordinate, and main. Write an English sentence on the board: *If you have time, come with us.* Ask students to identify the subject of the sentence (*you*). Ask if there are any other subjects (*no*). Circle the subject. Then ask students to identify the two clauses (*If you have time* and *come with us*). Next ask students to decide which is the main clause, i.e. the clause that is a sentence all by itself (*come with us*). Label both clauses. Repeat the process with a French example.

DIFFERENTIATION

To Challenge Students Ask students to work in pairs and look back at **p. 339**. Have them create two sentences with a **si** clause for four of the six pictures. They must use a different tense in the main clause for each pair of sentences. Have students write their sentences on the board for the class to analyze and correct.

- To make a statement about something that occurred in the past and could have happened differently, use the **plus-que-parfait** in the **si** clause and the **conditionnel passé** in the main clause.

Si clause: **plus-que-parfait**	Main clause: **conditionnel passé**
Si **nous** avions fait **du camping,** *If we had gone camping,*	**nous** aurions économisé **de l'argent.** *we would have saved money.*
Si **vous** étiez arrivés **dix minutes plus tôt,** *If you had arrived ten minutes earlier,*	**vous n'**auriez **pas** manqué **les bandes-annonces.** *you would not have missed the previews.*

Si vous **étiez passés** par la pâtisserie, *If you had stopped by the pastry shop,* on **aurait eu** des croissants pour le petit-déjeuner. *we would have had croissants for breakfast.*

- When **si** does not mean *if*, use the tense called for by the meaning of the sentence.

Ils ne savent pas **si** les singes **aiment** vraiment les bananes.
They do not know whether monkeys really like bananas.

Mais **si**, je t'ai dit que ce produit était nuisible à l'environnement.
But I did tell you that product was harmful to the environment.

Summary of si clauses

	Subordinate clause	Main clause
Possible future events	**si + present**	**futur proche** **futur simple** **imperative**
Contrary-to-fact events	**si + imparfait** **si + plus-que-parfait**	**conditionnel** **conditionnel passé**

*Si les villages **étaient** moins dispersés, le narrateur ne **serait** pas **obligé** de marcher autant.*

ATTENTION!

In expressions of regret, the main clause with a verb in the conditional is sometimes omitted.

Si j'avais su!

If only I had known!

ATTENTION!

The order of the subordinate and main clauses can vary in any **si** construction.

Si on allait au zoo, on pourrait voir les tigres.

If we went to the zoo, we could see the tigers.

Restez à la maison si l'ouragan passe demain.

Stay at home if the hurricane comes tomorrow.

BLOC-NOTES

To review...

- the **futur proche**, see **Structures 1.2, pp. 20–21**.
- the **imperative**, see **Fiche de grammaire 1.5, p. 374**.
- the **imparfait**, see **Fiche de grammaire 3.5, p. 382**.
- the **conditionnel**, see **Structures 8.3, pp. 280–281**.
- the **plus-que-parfait**, see **Structures 4.1, pp. 124–125**.
- the **conditionnel passé**, see **Structures 10.1, pp. 346–347**.

TEACHING TIPS

Suggestions

- You may want to review the formation of the **plus-que-parfait** and the rules for agreement.
- Have students give a different main clause for each of the **si** clauses with the **plus-que-parfait**.

Language Learning Point out that **si** can also mean so. Example: **La terre est si sèche que rien ne peut pousser**.

Suggestions

- Begin several **si** clauses and call on volunteers to complete each sentence. Examples: **S'il fait beau aujourd'hui... S'il faisait beau... Si tu n'avais pas épuisé la source... Si les cochons étaient en voie d'extinction...**
- Have students copy the chart in their notebooks, leaving space for a fourth column with the head. **Sample sentence.** Students write a personalized sample sentence for each type of **si** clause.

DIFFERENTIATION

For Inclusion Prepare a handout of cloze sentences with blanks for the verbs. Give the verb infinitives in parentheses at the end of the sentences. Example: **Si tu ___ ton argent, tu n' ___ pas assez pour ton voyage. (gaspiller / avoir)** Have students work in pairs to determine which tense to use to complete each sentence. Have pairs work with another pair to check their answers.

DIFFERENTIATION

To Challenge Students Provide students with a copy of the **Court métrage** videoscript. Tell students to scan for sentences with **si**, to highlight them, and read them aloud. Then have them explain each use and the reason for the tenses used. Point out that **si** does not mean *if* in all uses.

TEACHING TIPS

1 Expansion Have pairs check each others' answers by rereading each sentence, inverting the clauses. Example: **Nous devrons faire la queue si ma copine Thérèse n'arrive pas bientôt**. Then call on a volunteer to explain the tenses of the verbs in each case.

2 Extra Practice In pairs, have students write a dialogue modeled on the one in this activity about what they would do if the end of today was the deadline for their ecology project.

3 Expansion Write **Si j'étais** on the board. After completing the activity, ask students to name additional famous people, contemporary as well as from the past, and call on volunteers to provide sentences about the people listed.

Mise en pratique

1 

Situations Complétez les phrases.

A. Situations possibles dans le futur

1. Si Thérèse n'__arrive__ (arriver) pas bientôt, nous devrons faire la queue.
2. Si vous __continuez__ (continuer) à chasser les ours, cette espèce va finir par être en voie d'extinction.

B. Situations hypothétiques dans le présent

3. Le trou dans la couche d'ozone __serait__ (être) encore plus grand si on utilisait encore certains produits nuisibles.
4. Si les gens __recyclaient__ (recycler) plus souvent, il n'y aurait pas autant de déchets par terre (*on the ground*).

C. Situations hypothétiques dans le passé

5. S'il __n'avait pas plu__ (ne pas pleuvoir), nous n'aurions pas vu cet arc-en-ciel.
6. Le prix des combustibles __aurait baissé__ (baisser) si nous avions choisi d'utiliser d'autres sources d'énergie.

2 

Il faut être optimiste Carole et Laëtitia travaillent pour Sauveterre, une organisation environnementale. Employez les temps qui conviennent pour compléter le dialogue.

CAROLE Si nous (1) __travaillons__ (travailler) jusqu'à dix heures ce soir, nous pourrons finir les nouvelles brochures sur le réchauffement de l'atmosphère.

LAËTITIA Penses-tu que les gens vont les jeter à la poubelle? S'ils s'inquiétaient vraiment pour l'environnement, les fleuves (2) __seraient__ (être) moins pollués et nous ne (3) __gaspillerions__ (gaspiller) pas autant d'énergie.

CAROLE C'est vrai. Mais si le public ne (4) __s'intéressait__ (s'intéresser) pas du tout à l'environnement et ne (5) __faisait__ (faire) pas d'efforts pour le protéger, nous respirerions un air encore plus impur et les forêts (6) __disparaîtraient__ (disparaître) plus vite.

LAËTITIA Tu as raison. Je ne me pose plus de questions. Alors si nous (7) __voyons__ (voir) quelqu'un jeter sa brochure à la poubelle, recyclons-la et (8) __soyons__ (être) optimistes!

3 

Si j'étais À deux, imaginez votre vie si vous étiez une de ces célébrités. Ensuite, à tour de rôle, présentez vos idées à la classe.

Modèle **Scarlett Johansson**
Si j'étais Scarlett Johansson, je travaillerais avec un réalisateur français.

- Justin Timberlake
- Madonna
- Will Smith
- Lindsay Lohan
- Zac Efron
- Miley Cyrus
- ?

 Practice more at **vhlcentral.com.**

DIFFERENTIATION

For Inclusion Have students work in pairs. Tell them to copy all the sample sentences from **pp. 356–357** onto index cards, putting the **si** clause on one card and the main clause on another one. Then have them mix up the cards. Students take turns drawing a card and then finding its match among the rest of the cards. Once the cards are matched, they read the sentence aloud.

DIFFERENTIATION

To Challenge Students Ask students to make a 10-question quiz of the **si** clauses, including all types and uses. Encourage students to be creative, writing multiple choice, short answer, fill-ins, and so on. Then ask them to exchange their quizzes with a partner, complete it, and regroup to correct it. Be available to settle any disputes over answers.

Communication

4 **Que feriez-vous?** À deux, regardez ces scènes et demandez-vous ce que vous feriez si vous étiez dans ces situations-là. Soyez créatifs!

Answers will vary. Sample answers:

Modèle —Qu'est-ce que tu ferais si quelqu'un te payait un voyage en Polynésie?
—Si quelqu'un me payait un voyage en Polynésie, je prendrais le premier avion.

Si mon grand-père me rendait visite, je serais heureux/heureuse de le recevoir.

Si un acteur voulait danser avec moi devant un public, je serais gêné(e).

Si ma voiture tombait en panne dans le désert, je téléphonerais à mon père.

Si je ne pouvais pas sortir d'un ascenseur, je paniquerais.

5 **Que se passerait-il?** Par groupes de trois, dites à vos camarades, à tour de rôle, ce que vous feriez dans les situations suivantes.

Modèle **Si tu étais un(e) athlète célèbre**
Si j'étais un(e) athlète célèbre, je donnerais une partie de mon salaire à mon ancien lycée.

1. Si tu étais un(e) chanteur/chanteuse célèbre
2. Si tu gagnais à la loterie
3. Si les cours étaient annulés pendant une semaine
4. Si tu trouvais une valise pleine d'argent
5. Si tu pouvais devenir invisible

6 **Trop peu!** Vous parlez à un expert en écologie, qui vous explique pourquoi l'environnement est en danger malgré (*despite*) tous les efforts faits pour le protéger. À deux, dites ce que vous ferez s'il est vrai que certains problèmes existent encore.

Modèle Si la déforestation est encore un problème, je n'achèterai plus le journal, mais je le lirai sur Internet.

ressources

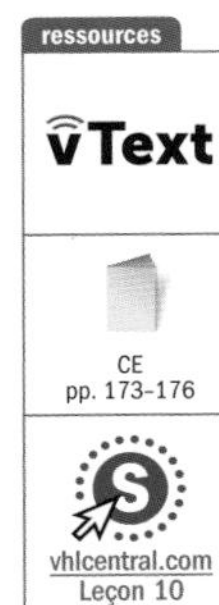

TEACHING TIPS

4 Previewing Strategy As a warm-up, have students look at the four illustrations and describe the people and what is happening in each one.

PRE-AP®

4 Presentational Writing As an optional writing activity, have pairs write a short story based on one of the pictures. Then have pairs exchange stories for peer-editing.

5 Expansion
- Have students guess what their partner would do in these situations:
  être président des États-Unis
  avoir huit enfants
  ne pas tolérer le gaspillage
- As a variation, bring in celebrity magazines and have students work in pairs and ask each other questions based on pictures of the celebrities.

6 Expansion Have one student be a reporter and the other an environmental expert who is being interviewed.

6 Partner Chat You can also assign Activity 6 on the Supersite. Students work in pairs to record the activity online. The pair's recorded conversation will appear in your gradebook.

LEARNING STYLES

For Visual Learners Have students locate at least five photos from magazines or the Internet that show situations similar in nature to those in Activity 4. Tell them to write a **si** clause for each one. The clauses must use a variety of tenses. Then, working with a partner, students show their pictures, say what they would do in each situation, and ask their partner what he/she would do.

LEARNING STYLES

For Auditory Learners Prepare a series of **si** clauses to equal half the number of students in the class. Write one half of each clause on an index card. Distribute the cards to students. Students get up and move around the class, saying their half of the **si** clause and trying to determine whose clause matches. When students have found their match, they stand together to one side. When all students are paired up, each pair reads their clause.

Key Standards
1.1, 1.2

TEACHING TIPS

Previewing Strategy Ask warm-up questions to preview the activities. Examples: **Quel temps fait-il à Papeete aujourd'hui? (Il fait mauvais. Il pleut, mais il fait assez chaud.) Si vous étiez à Nouméa demain, pourriez-vous lézarder au soleil? (Non, il pleuvra demain à Nouméa.)**

1 Suggestions
- Briefly review weather and related expressions before assigning the activity.
- Give students the option of adding other Francophone cities to the list.

2 Expansion As an expansion, have students pretend they are about to leave for a semester abroad, during which they plan to travel around. Then continue their list of things they will have done, seen, etc.

3 Suggestion Point out that the most suitable way to form the sentences in this context is: **Si + plus-que-parfait + passé du conditionnel.**

Synthèse

La météo

	Aujourd'hui	Demain	Après-demain
Bruxelles	Max. / Min. 4° C / –1° C	Max. / Min. 8° C / 5° C	Max. / Min. 6° C / 4° C
Dakar	Max. / Min. 22° C / 22° C	Max. / Min. 24° C / 21° C	Max. / Min. 26° C / 23° C
Montréal	Max. / Min. –2° C / –8° C	Max. / Min. 0° C / –4° C	Max. / Min. 4° C / 1° C
Nouméa	Max. / Min. 30° C / 25° C	Max. / Min. 28° C / 24° C	Max. / Min. 31° C / 22° C
Papeete	Max. / Min. 28° C / 24° C	Max. / Min. 26° C / 22° C	Max. / Min. 30° C / 25° C

1 **Les prévisions météo** Vous partez en vacances avec un(e) camarade et vous choisissez un endroit parmi (*among*) les villes présentées dans ces prévisions météo. Employez des phrases avec **si** pour dire vos préférences.

Modèle —J'irais bien à Nouméa, s'il ne pleuvait pas autant.
—S'il y fait moins chaud la semaine prochaine, partons pour Papeete.

2 **Quelle impatience!** Votre camarade et vous avez fait vos choix, et vous partez demain. Maintenant vous comptez impatiemment les secondes avant le départ. À tour de rôle, employez le futur antérieur pour dire dix choses que vous aurez faites dans une semaine.

Modèle Dans une semaine, nous aurons déjà nagé dans l'océan Pacifique.

3 **Catastrophe!** Vous et votre camarade venez de rentrer. Vos vacances se sont très mal passées! Dites chacun(e) cinq choses qui auraient pu les améliorer.

Modèle S'il n'avait pas plu tous les jours, nous serions sortis de l'hôtel.

ressources
vText
vhlcentral.com Leçon 10

LEARNING STYLES

For Visual Learners For Activity 2, ask students to create a simple drawing to accompany each of their statements. Alternatively, they can research a photo that illustrates any of the statements. Have students present each picture, describe the picture, and then give the statement with **le futur antérieur**.

LEARNING STYLES

For Kinesthetic Learners For Activity 3, have students create and then perform mini-skits showing the catastrophes. Students should rely on pantomime to show events such as a hurricane. Have the class evaluate the effectiveness and clarity of the pantomimes on a scale of 1 to 5.

Préparation

Vocabulaire de la lecture

abriter *to provide a habitat for*
un caillou (des cailloux) *pebble(s)*
l'épanouissement (*m.*) *development*
une ferme *farm*
une huître *oyster*
un lagon *lagoon*
une perle *pearl*
récolter *to harvest*
un requin *shark*
une tortue *turtle*

Vocabulaire utile

un dauphin *dolphin*
une éolienne *wind turbine*
un filet (de pêche) *(fishing) net*
pêcher *to fish*
la plongée (sous-marine/avec tuba) *diving; snorkeling*
une récolte *harvest*

1 

La rencontre Un journaliste faisant un reportage en Nouvelle-Calédonie rencontre un pêcheur sur la plage. Complétez leur dialogue à l'aide du vocabulaire fourni dans le tableau.

JOURNALISTE Ça fait longtemps que vous êtes pêcheur?
PÊCHEUR Depuis tout petit. Mon père (1) ___pêchait___ au harpon sur la barrière de corail. Moi, je préfère utiliser (2) ___un filet (de pêche)___.
JOURNALISTE C'est un métier difficile et dangereux?
PÊCHEUR Difficile, oui, dangereux, pas tellement. De temps en temps, on entend parler d'une attaque de (3) ___requins___, mais c'est plutôt rare.
JOURNALISTE Vous travaillez dans ce grand (4) ___lagon___?
PÊCHEUR Oui, il (5) ___abrite___ une grande variété d'espèces. Et puis, mon frère a (6) ___une ferme___ marine où il élève des (7) ___huîtres___ pour les perles. Cette année, (8) ___la récolte___ a été très abondante.
JOURNALISTE Bon, je vous remercie, et bonne continuation.

2 

Les fautes Vous avez fait un voyage à Tahiti avec un(e) ami(e). Maintenant vous êtes à une soirée où il/elle explique tout ce qui s'est passé. Corrigez ses fautes de vocabulaire.

Modèle — Nous avons mangé des *cailloux*. C'était délicieux.
— Non, nous avons mangé des huîtres! C'était délicieux.

1. — J'ai passé toute la journée dans un *filet de pêche* à étudier la vie marine.
   — Non, tu as passé toute la journée dans un lagon à étudier la vie marine.
2. — Nous avons vu deux fois des *dauphins* marcher sur la plage.
   — Non, nous avons vu deux fois des tortues marcher sur la plage.
3. — Les Tahitiens élèvent les huîtres pour leurs *cailloux*.
   — Non. Les Tahitiens élèvent les huîtres pour leurs perles.
4. — Les lagons *récoltent* des milliers d'espèces de poissons.
   — Non, les lagons abritent des milliers d'espèces de poissons.

3 

La nature et vous À deux, répondez aux questions et expliquez vos réponses.

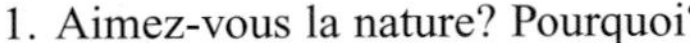

1. Aimez-vous la nature? Pourquoi?
2. Quels endroits naturels sont connus pour leur flore ou faune très diverse?
3. Avez-vous déjà visité un de ces endroits? Si oui, comment était-ce? Sinon, aimeriez-vous en visiter un?
4. Faut-il s'inquiéter de ce qui menace l'environnement dans une autre région du monde?

ressources

Section Goals

In **Culture**, students will read about the natural wonders of the Pacific.

Key Standards

1.2, 2.1, 2.2, 4.2

Student Resources
Supersite: Activities, Synced Reading

TEACHING TIPS

Language Learning Point out that **abriter** can also mean to house, as in: **Cet immeuble abrite le siège d'une banque.** *This building houses a bank's headquarters.* It can also mean *to offer shelter*, as in: **Il l'a abrité pour la nuit.** Or it can also be used as a reflexive **s'abriter: Il pleut. Je vais m'abriter sous cet arbre.**

1 Expansion Read each unused word from the vocabulary box aloud. Have pairs create sentences using a few of the words. Then have volunteers share their sentences with the class.

2 Expansion Call on two volunteers to act out the **modèle**. Then have pairs read their answers aloud to each other like mini-dialogues.

Previewing Strategy To preview the reading, ask students to share what they already know or have heard about New Caledonia, Tahiti, or pearl farming.

CRITICAL THINKING

Comprehension and Synthesis Ask students to create **Une histoire curieuse** using the vocabulary from this page and **p. 334**. Have groups sit in a circle. Assign one student to record the story. The first student starts the story with a sentence using a vocabulary word. The student to the right continues the story, and so on until they feel the story is finished. They should be creative or even silly. Have groups read their stories aloud.

CRITICAL THINKING

Application and Analysis Have groups of students research the flora and fauna of your area. Ask them to try to discover how humans impact the local flora and fauna. Then, using the vocabulary from this page and from **p. 334**, have a class discussion about this and about what animals and plants are in danger of extinction in your area.

TEACHING TIPS

Previewing Strategies

- Before students turn to **p. 360**, ask them to write a definition of the word **richesses** and what it means to them. Then have students open their books and look at the photo. Discuss how the image relates to the word **richesses**. At the end of the reading, have students return to their definition to see if they would like to revise it.
- Review with students what they have already learned about **la Nouvelle-Calédonie** and **Tahiti** in the lesson, either from the textbook or from research they may have done.
- Tell students to preview the **Compréhension** questions on **p. 362** before they begin reading.

Suggestions

- Review the use of articles and prepositions with islands. See **pp. 276–277. Tahiti** is masculine and **la Nouvelle-Calédonie** is feminine. Have students complete these sentences with the name of each place, using an article or preposition as appropriate: **___ est une île de l'Océanie. Je veux aller ___. Philippe vient ___.**
- Display a world map. Have students trace the route from your area to **la Nouvelle-Calédonie** and **Tahiti**.

21st CENTURY SKILLS

Global Awareness
Students will gain perspectives on the Francophone world to develop respect and openness to others and to interact appropriately and effectively with citizens of Francophone cultures.

CULTURE

Les richesses DU PACIFIQUE

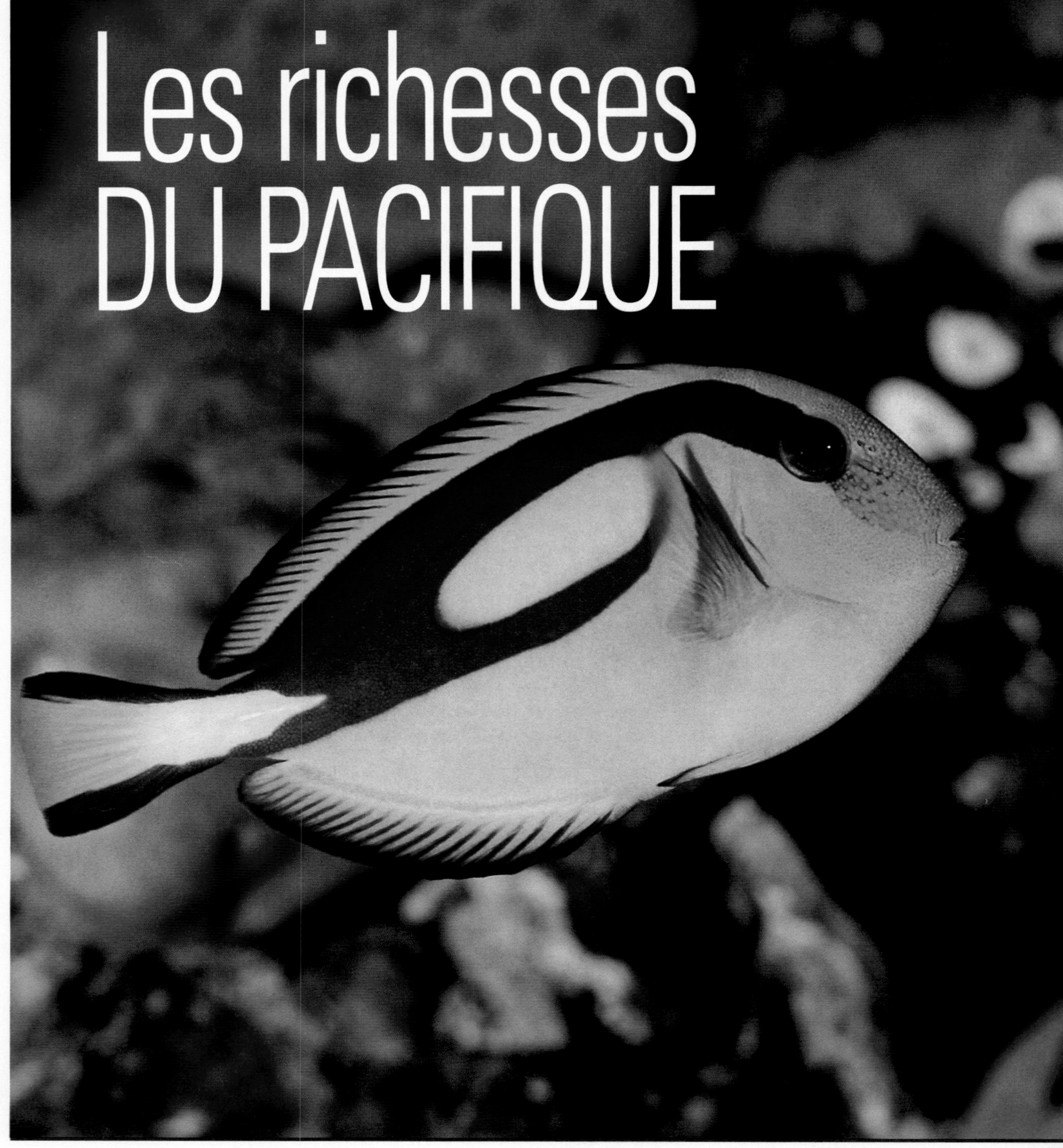

CRITICAL THINKING

Knowledge and Synthesis Ask students to download, photocopy, or draw pictures of at least three of the amazing species of flora or fauna from **la Nouvelle-Calédonie** and **Tahiti**. Place mural paper on the wall and have students create a mural with their images. Ask students to title their mural and display it in a prominent place in the school.

CRITICAL THINKING

Application After reading the article, have students work in pairs to create the dialogue and a few sketches for a **film d'animation** based on the photo on **p. 360**. Students should give the fish a name and have him/her talk about his/her life and adventures in the South Pacific. Have students present their ideas to the class. The class votes on which story should be made into a feature film.

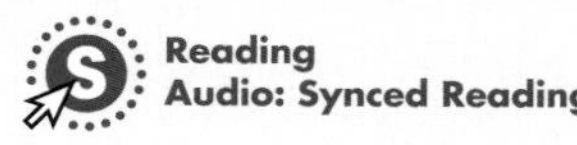

Vous avez sans doute entendu parler de la «grande barrière de corail», en Australie. Mais vous ne savez peut-être pas qu'il en existe une autre, très belle aussi, autour de la Nouvelle-Calédonie. Cette île de l'Océanie peut se vanter° d'avoir le lagon le plus vaste du monde. Ce trésor inestimable est connu pour être le deuxième plus grand ensemble corallien du monde. Il mesure 1.600 kilomètres (*1.000 miles*) de long et abrite 15.000 espèces végétales et animales. C'est l'un des temples de la biodiversité marine mondiale. On n'a identifié que 20% des espèces représentées, et de nouvelles espèces y sont régulièrement découvertes. La barrière de corail est aussi l'un des principaux habitats de la tortue verte, la tortue marine la plus rapide. Elle peut nager à plus de 30 km/h (*20 m/h*).

De nombreux dangers menacent le plein épanouissement de la barrière corallienne, en particulier la pollution et la vente de coraux. Cependant, la barrière autour de la Nouvelle-Calédonie est encore en très bon état de préservation. C'est pour protéger cette richesse écologique que le Ministère français de l'aménagement du territoire° et de l'environnement a proposé que la barrière corallienne soit classée au patrimoine mondial de l'UNESCO en 2008. Ce site serait ainsi le premier du domaine de l'Outre-mer français° à obtenir cette reconnaissance.

Et Tahiti? Quel est à votre avis le premier produit d'exportation de cette île paradisiaque? Les fruits de mer? Pas du tout! C'est la perle noire de culture qui arrive en tête des exportations de la Polynésie française, où on compte aujourd'hui près de 800 fermes perlières. Environ 5.000 personnes vivent de cette industrie. La perliculture connaît un développement prodigieux depuis les années 1980. Les exportations sont passées de 86 kilogrammes par an en 1980 à plus de 10 tonnes en 2003, en générant un profit de 85 millions d'euros. Les «richesses» du patrimoine océanique sont donc aussi des richesses au sens propre du terme°.

Les étapes de la perliculture

La perliculture compte six étapes. Ce sont des procédés très complexes et très délicats. Une fois que l'huître est fécondée° et greffée°, on l'élève pendant dix-huit mois pour qu'elle produise des perles qui sont ensuite récoltées.

Les beautés naturelles sous-marines sont encore mal connues du grand public. C'est pourquoi il existe des endroits en Polynésie française où l'on fait découvrir aux touristes la faune et la flore d'un lagon. Ce sont les lagoonariums, des réserves aquatiques en milieu naturel. Dans l'archipel de la Société, il en existe deux, à Tahiti et à Bora Bora. Ces aquariums géants ont des bassins° dans lesquels évoluent presque toutes les espèces aquatiques de cette région du monde. On a la possibilité d'assister au repas des requins donné à la main. Si on veut vivre une expérience inoubliable, le lagoonarium de Bora Bora propose même à ses visiteurs de nager parmi la faune marine.

«L'émerveillement° est le premier pas vers le respect», affirme l'écologiste Nicolas Hulot, président de la fondation écologique qui porte son nom. Il est essentiel de comprendre notre environnement aquatique pour l'admirer et le respecter. Jacques-Yves Cousteau fut un pionnier dans ce domaine en nous faisant découvrir ce monde du silence, dès les années 1950. Préservons notre patrimoine naturel. N'est-ce pas notre plus grande richesse? ■

- vanter: *boast*
- aménagement du territoire: *town and country planning*
- Outre-mer français: *French overseas*
- fécondée / greffée: *fertilized / grafted*
- au sens propre du terme: *literally*
- bassins: *pools*
- émerveillement: *wonder*

TEACHING TIPS

Reading Strategy Divide the class into five groups. Assign one paragraph of the reading to each group. Tell the groups to read their paragraph three times for complete comprehension. Then they write a summary of the paragraph. Have groups read their summaries in order.

Suggestions

- Ask students to locate the words from the **Vocabulaire de la lecture** within the article and read those sentences aloud. Then have them locate words from **Pour commencer** on **p. 334** and read those sentences aloud.
- Have students visit the UNESCO website and read the criteria for choosing World Heritage sites. Post the list in the classroom.
- Discuss the concept of **un lagoonarium**. Ask students: **Aimeriez-vous visiter un lagoonarium? Justifiez votre réponse.**
- Discuss the quote by Nicolas Hulot: **«L'émerveillement est le premier pas vers le respect.»** Do students agree with the statement and why?

NATIONAL STANDARDS

Connections: Science In the 1990s, France began testing of its nuclear weapons in the ocean near Tahiti. This testing sparked worldwide outrage. Have students research the reasons for the testing, the reasons for the protests, and the effects on Tahiti and its people.

CRITICAL THINKING

Comprehension and Synthesis Have students work in pairs, and assign one paragraph of the reading to each pair. Tell students to make up two questions about their paragraph. Then have students work with another pair, and ask and answer each other's questions. Pairs then move to another pair until they have answered questions about each paragraph.

CRITICAL THINKING

Comprehension After reading the article, have students research more information about Tahiti's pearl industry. They should find information about the importance of the industry to Tahiti, how pearls form, and the six criteria for judging pearls. Then ask them to summarize the information in their own words. They can also show pictures to accompany their summaries.

TEACHING TIPS

1 Expansion Have students work in pairs to answer the questions. Then go over the answers with the class. Ask students how their previous knowledge and/or opinions of New Caledonia and Tahiti compared to the information in the article.

2 Cultural Note Louis XV came to the throne at the age of five, and took formal control at the age of thirteen. In the early years of his reign, he was looked upon favorably by his nation and was known as **le Bien-Aimé**. However, in later years, he was considered ineffectual in both ruling his own country and in foreign policy. He was also despised for his life of indulgence and luxury. His quotation **"Après moi, le déluge"** has come to epitomize those who ruin people and the earth with no thought for tomorrow.

21st CENTURY SKILLS

2 Collaboration
If you have access to students in a Francophone country, ask them to share their reactions to the quotes on Activity 2 with your students.

3 Extra Practice If students do not know, have them research what natural resources or species are scarce or endangered in their area.

3 Partner Chat You can also assign Activity 3 on the Supersite. Students work in pairs to record the activity online. The pair's recorded conversation will appear in your gradebook.

4 Expansion Encourage students to think back to the questions asked on **p. 332** in the Lesson Opener. Also ask: **Découvrir une source d'énergie alternative, est-ce une idée utopique ou réaliste?**

1 Answers may vary slightly.
1. Ce sont la «grande barrière de corail» en Australie et la barrière de corail autour de la Nouvelle-Calédonie.
2. C'est le lagon le plus vaste du monde.
3. Parce qu'il abrite 15.000 espèces végétales et animales et on n'a identifié que 20% des espèces représentées.
4. Elle habite la barrière de corail de la Nouvelle-Calédonie et elle peut nager à plus de 30 km/h.
5. La pollution et la vente de coraux menacent la barrière corallienne de la Nouvelle-Calédonie.
6. Il a proposé qu'elle soit classée au patrimoine mondial de l'UNESCO.
7. C'est la perle noire de culture.
8. Non, elle compte six étapes et utilise des procédés très complexes et très délicats.
9. On féconde et on greffe une huître, puis on l'élève pendant dix-huit mois.
10. C'est une réserve aquatique en milieu naturel. On peut assister au repas des requins donné à la main ou même nager parmi la faune marine.

Analyse

1 Compréhension Répondez aux questions par des phrases complètes.

1. Quelles sont les deux plus grandes barrières de corail du monde?
2. Quelle est la caractéristique du lagon de la Nouvelle-Calédonie?
3. Pourquoi le lagon de la Nouvelle-Calédonie est-il considéré comme un temple de la biodiversité marine?
4. Que sait-on de la tortue verte?
5. Quelles sont les deux choses qui menacent la barrière corallienne de la Nouvelle-Calédonie?
6. Quelle initiative le gouvernement français a-t-il prise pour aider à sa préservation?
7. Quel est le premier produit d'exportation de Tahiti?
8. La perliculture est-elle facile?
9. Comment obtient-on une perle?
10. Qu'est-ce qu'un lagoonarium et que peut-on y faire?

2 Les citations À deux, lisez ces deux citations et répondez aux questions.

> La terre n'est pas un don de nos parents, ce sont nos enfants qui nous la prêtent.
> **— Proverbe indien**

> Après moi, le déluge (*flood*).
> **— attribué à Louis XV, roi de France de 1715 à 1774.**

- Que veut dire le proverbe indien? Est-ce un concept qui vous est familier?
- Que dit Louis XV? Pensez-vous qu'il soit sérieux?
- Êtes-vous d'accord avec ces citations? Expliquez.
- D'après vos observations, les gens autour de vous vivent-ils plutôt en accord avec le proverbe indien ou à la Louis XV?

3 Nos richesses naturelles À deux, faites la liste des richesses naturelles de votre région et dites si vous les considérez comme menacées. Pensez aux animaux, aux plantes, aux paysages, aux richesses du sous-sol (*subsoil*), etc. Puis, comparez votre liste avec celle d'un autre groupe.

4 Enquête Demandez à des camarades de classe quelle est, d'après eux/elles, la source d'énergie du futur et celle qui devrait être développée le plus rapidement. Notez leurs arguments. Ensuite, présentez vos résultats à la classe.

- l'énergie solaire
- l'huile végétale
- l'hydrogène
- l'énergie hydraulique
- le nucléaire
- l'énergie éolienne

ressources
vText
vhlcentral.com Leçon 10

 Practice more at **vhlcentral.com.**

PRE-AP®

Presentational Writing Have students use their answer to Activity 4 as the basis for a persuasive essay. Explain for students the structure of presenting a topic sentence that is a statement of opinion, two or three points with supporting information, and refuting counterpoints also with supporting information. In addition, remind students to use lesson vocabulary and grammatical structures.

PRE-AP®

Interpersonal Speaking Have students work in groups to prepare an interview between a reporter and a high school student from Tahiti who is interested in preserving the natural resources of the area. The reporter should ask questions about the flora and fauna of the island and what the Tahitian teen is doing to help protect the environment. Students may want to do additional research to support their interviews.

Préparation

À propos de l'auteur

Jean-Baptiste Tati-Loutard (1938–2009) est né dans la région de Pointe-Noire, en République du Congo. Il a fait des études à Bordeaux, en France, puis il a enseigné la littérature à l'Université de Brazzaville. Il a écrit plusieurs recueils de poèmes, dont *Les feux de la planète* (1977), et des nouvelles, comme *Nouvelles chroniques congolaises* (1980). Il a obtenu plusieurs prix, y compris le Grand Prix littéraire de l'Afrique Noire en 1987. C'est un style simple et classique qui caractérise ses œuvres, dans lesquelles il parle du contact de son pays avec la modernité. En 1975, Tati-Loutard est devenu homme politique. Il a été ministre des Hydrocarbures jusqu'à son décès en juillet 2009.

Vocabulaire de la lecture

- **agiter** *to shake*
- **se balancer** *to swing*
- **doucement** *gently*
- **exhorter** *to urge*
- **faiblir** *to weaken*
- **mêler** *to mix*
- **noueux/noueuse** *gnarled*
- **puiser** *to draw from*
- **raffermi(e)** *strengthened*
- **remuer** *to move*
- **se retourner** *to turn over*

Vocabulaire utile

- **la modernité** *modernity*
- **la nostalgie** *nostalgia*
- **un sens figuré/littéral** *figurative/literal sense*
- **le ton** *tone*

1 **Vocabulaire** Combinez les syllabes du tableau pour former sept mots du nouveau vocabulaire. Ensuite, écrivez sept phrases originales avec ces mots.

douce	re	a	ment
pui	gi	mê	nou
mu	ser	er	fai
eux	blir	ler	ter

agiter, doucement, faiblir, mêler, noueux, puiser, remuer

2 **La République du Congo** Que savez-vous de la République du Congo? À deux, répondez à autant de questions de la liste que possible. Ensuite, comparez vos connaissances avec celles de la classe.

- Où, en Afrique, se trouve la République du Congo?
- Quels pays l'entourent?
- Quelle est sa capitale?
- Quelles langues y parle-t-on?

2
1. en Afrique Centrale
2. le Cameroun, le Gabon, la République Centrafricaine, la République démocratique du Congo
3. Brazzaville
4. le français, le lingala, le monokutuba, le kikongo et d'autres

3 **Préparation** Pour parler de poésie, il faut être sensible aux symboles qui permettent la représentation abstraite d'objets ou de concepts. Dans la littérature, les écrivains emploient parfois des symboles pour enrichir leurs poèmes ou leur prose et en élargir l'interprétation. Réfléchissez à ces symboles. Que représentent-ils pour vous? Comparez vos idées avec celles de vos camarades de classe.

1. un drapeau
2. une croix (*cross*)
3. une colombe (*dove*)
4. une ampoule électrique (*light bulb*)
5. un serpent
6. une balance (*scale*)
7. un cygne (*swan*)
8. une étoile

Practice more at **vhlcentral.com.**

Section Goals

In **Littérature**, students will:
- learn about poet Jean-Baptiste Tati-Loutard
- read his poem ***Baobab***

Key Standards

1.2, 2.2, 3.1, 5.2

Student Resources
Cahier de l'élève, pp. 177–179; Supersite: Activities, Synced Reading, *eCahier*
Teacher Resources
Answer Keys

TEACHING TIPS

Suggestion Review with students what they learned about **la République du Congo** in the **Imaginez** section of **Leçon 9**. If the class researched photos for that lesson, display them again in the classroom.

Synonymes
agiter↔secouer
mêler↔mélanger

Language Learning Tell students that, to say *in the figurative/literal sense*, it is **au sens figuré/littéral** (not **dans le sens**).

1 **Language Learning** To teach students how to expand their French vocabulary, draw four columns on the board, labeled **substantifs, verbes, adjectifs,** and **adverbes**. One by one, have volunteers place new vocabulary words in the appropriate columns. Then, challenge students to come up with related parts of speech for each word. Discuss any changes in meaning. Examples:
un faible, faiblir, faible, faiblement
un nœud, nouer, noueux
adoucir, doux, doucement

2 **Suggestion** Have a volunteer point out where the Republic of Congo is on a map of Africa.

DIFFERENTIATION

For Inclusion Have pairs of students make index cards of the vocabulary words. They put the French words on individual cards and the English translations on other individual cards. Then students use the cards to play **Memory**. They take five French word cards and the corresponding English cards and place them upside down in a grid pattern. The first student turns over a card and has one turn to turn over the corresponding card. If he/she succeeds, he/she takes another turn. If he/she doesn't, the cards are turned face down again and the second student takes a turn. Play continues until all cards are turned over. The student with the most matches wins. Students can play again taking a different set of cards.

TEACHING TIPS

Suggestions

- Let students know that the trees in the photo are baobab trees. Then ask students to describe the scene and name the country where the photo was probably shot.
- Point out to students that the baobab tree is sometimes called the "upside-down tree" Ask student why the tree has this nickname.
- Ask students if they have ever walked through a forest of tall trees. Then ask: **Qu'avez-vous vu, entendu et senti dans cette forêt? Qu'avez-vous ressenti?**

NATIONAL STANDARDS

Connections: Science The baobab tree is native to Madagascar, Africa, and Australia. The tree has an enormous trunk and can grow to about 70 feet in height. Have students research information about the tree as well as photos of the different species.

Baobab

Jean-Baptiste Tati-Loutard

CRITICAL THINKING

Knowledge and Application Ask students to think about all the things that trees mean to them, both literal and figurative. Examples: **un abri contre le soleil, quelque chose à escalader, la force, la protection**. Then have students use these ideas to create a brief "**Ode à un arbre**." Ask volunteers to read their **Odes**. After students read the poem by Tati-Loutard, have them compare it to what they wrote.

CRITICAL THINKING

Comprehension and Analysis Some of your students may already be familiar with the novel ***Le Petit Prince*** by Antoine de Saint-Exupéry. If not, provide a summary of the story. Then give students a copy of Chapter 5, where **le Petit Prince** talks about the baobab trees on his planet. Have students compare and contrast the portrait of the baobab tree in this story and in the poem by Tati-Loutard.

Et je me sens raffermi quand ton sang fort Passe dans mon sang.

Baobab!° Je suis venu replanter mon être près de toi
Et mêler mes racines à tes racines d'ancêtre;
Je me donne en rêve tes bras noueux
Et je me sens raffermi quand ton sang° fort
Passe dans mon sang.
Baobab! «l'homme vaut ce que valent ses armes°».
C'est l'écriteau° qui se balance à toute porte de ce monde.
Où vais-je puiser tant de forces° pour tant de luttes
Si à ton pied je ne m'arc-boute°?
Baobab! Quand je serai tout triste
Ayant perdu l'air° de toute chanson,
Agite pour moi les gosiers° de tes oiseaux
Afin qu'à vivre ils m'exhortent.
Et quand faiblira le sol° sous mes pas°
Laisse-moi remuer la terre à ton pied:
Que doucement sur moi elle se retourne! ■

Baobab: a broad-trunked tree found primarily in Africa; sang: blood; armes: weapons; écriteau: small sign; forces: strength; m'arc-boute: brace myself against; air: tune; gosiers: gullets; sol / pas: ground/steps

TEACHING TIPS

Reading Strategy Play the dramatic recording of the poem. Remind students that it is not necessary to understand every word the first time through. Play the recording a second time. Pause after each complete clause or sentence and discuss the content. Finally, play the poem through a third time for full comprehension and enjoyment.

Suggestions

- Ask students to practice reading the poem aloud, using the dramatic recording as a model. Then ask them to memorize the poem to present to the class. Evaluate students on their fluency and dramatic delivery.
- Ask students to note the repetition of the exclamation **"Baobab!"** Ask them what effect this creates.

NATIONAL STANDARDS

Connections: Literature Jean-Baptiste Tati-Loutard was not only a poet, he was also a politician. He served as Minister of Higher Education, Minister of Arts and Culture, and Minister of Hydrocarbons. Have students research additional biographical information about Tati-Loutard's life, his political and literary career.

CRITICAL THINKING

Analysis Based on the information in the textbook as well as information researched for the National Standards suggestion above, ask students to speculate on how Tati-Loutard's life, profession, and literature reflect and influence one another. Then ask them to think about themselves and how the facts of their lives affect their educational career and their interests. Ask: **Quel aspect de votre vie influe le plus sur vos activités, scolaires comme extra-scolaires?** Example: **Ma mère vient de Roumanie et elle parle plusieurs langues, alors j'ai grandi avec l'envie d'apprendre des langues étrangères.**

CRITICAL THINKING

Application and Analysis Ask students to find and read another poem by Jean-Baptiste Tati-Loutard. Ask them to read the poem to the class, and discuss its meaning. Then have the class compare and contrast the new poems with ***Baobab***.

TEACHING TIPS

1 Expansion Discuss this related topic: identification and communication with nature or inanimate objects. Ask: **Vous est-il déjà arrivé de vous confier à un objet, plutôt qu'à une personne? Qu'est-ce que c'était? Lui avez-vous adressé la parole? Cela vous a-t-il aidé(e)? Pourquoi?**

2 Suggestion As an alternative presentation, give students three answer choices to choose from.

3 Suggestion Tell students to think about the five senses to help them determine and explain the feelings communicated in the poem.

5 Suggestion Students may want to also make sketches of their element to help them with ideas.

AFFECTIVE DIMENSION

If students are anxious about writing poetry, tell them to simply follow the writing plan without forcing anything that seems unnatural. Encourage them to embrace their own style without worrying about whether or not it is "good poetry."

Analyse

1 Suggested answers
1. Il s'adresse à un arbre.
2. Il s'identifie avec le baobab.
3. C'est une source de force.
4. La valeur d'un homme est basée sur sa capacité de faire la guerre ou de lutter.
5. Il lui demande de la force et du soutien.

1 Compréhension Répondez aux questions.

1. Ce poème s'adresse à qui ou à quoi?
2. Le narrateur s'identifie avec quoi dans le poème?
3. À quoi sert le baobab pour le narrateur?
4. Que veut dire «l'homme vaut ce que valent ses armes»?
5. Qu'est-ce que le narrateur demande au baobab?

2 Interprétation À deux, regardez cette liste de symboles utilisés dans le poème puis discutez de ce qu'ils représentent. Answers will vary. Suggested answers:

- le baobab — l'esprit de l'Afrique
- les racines — les ancêtres, les traditions anciennes
- le sang — la force dérivée de la tradition
- l'écriteau — la pression du monde moderne
- la chanson — la motivation, la raison d'être

3 Expliquez Quels sentiments ce poème évoque-t-il? Faites-en une liste d'au moins cinq. Ensuite, écrivez un paragraphe qui explique les sentiments exprimés dans ce poème.

4 Discussion D'après Tati-Loutard, «Le poète ne regarde jamais les choses; il se regarde dans les choses.» Par groupes de trois, discutez de la façon dont cette idée s'applique à ce poème. Ensuite présentez vos idées à la classe.

5 Rédaction Écrivez un poème. Suivez le plan de rédaction.

Plan

1 Organisation Pensez à un élément de la nature:

- un animal
- une plante
- une formation géographique
- ?

À quoi vous fait-il penser? Faites une liste de vos idées. Ensuite, faites une liste d'adjectifs qui le décrivent. Utilisez un bon dictionnaire, si nécessaire.

2 Votre poème Écrivez un poème sur le sujet que vous avez choisi selon cette formule.

Premier vers: Nommez votre sujet.
Deuxième vers: Décrivez-le à l'aide de trois adjectifs.
Troisième vers: Décrivez-le à l'aide de deux verbes.
Quatrième vers: Décrivez-le à l'aide d'une phrase complète.
Cinquième vers: Décrivez-le à l'aide d'un seul mot.

3 Conclusion Donnez un titre à votre poème puis lisez-le à la classe.

ressources

Practice more at **vhlcentral.com.**

CRITICAL THINKING

Evaluation Ask students to think about their first reaction to Tati-Loutard's poem. Did they like it or not? Ask: **Quelle est votre opinion définitive sur *Baobab*?** Ask them to support their opinion with specific information. They should think about the author's choice of genre, the format of the poem, the imagery, the length, etc. They should also consider what the poem made them think about and what they learned from it.

CRITICAL THINKING

Application and Evaluation Have students rewrite the content of the Tati-Loutard's poem as a paragraph. Then ask which genre they feel is more effective in this case. Discuss literary genres (novel, short story, poetry, drama, letter, fable, biography, essay, etc.) and how each one relates to an author's purpose. Say to students: **Si vous vouliez écrire quelque chose au sujet d'un aspect de votre vie, quel genre choisiriez-vous et pourquoi?**

Notre monde

Audio: Vocabulary
Flashcards
My Vocabulary

La nature

un arc-en-ciel *rainbow*
un archipel *archipelago*
une barrière/un récif de corail *barrier/coral reef*
une chaîne montagneuse *mountain range*
un fleuve/une rivière *river*
une forêt (tropicale) *(rain) forest*
la Lune *Moon*
la mer *sea*
un paysage *landscape; scenery*
le soleil *sun*
une superficie *surface area; territory*
une terre *land*

en plein air *outdoors*
insuffisant(e) *insufficient*
potable *drinkable*
protégé(e) *protected*
pur(e) *pure; clean*
sec/sèche *dry*

Les animaux

une araignée *spider*
un cochon *pig*
un lion *lion*
un mouton *sheep*
un ours *bear*
un poisson *fish*
un singe *monkey*
un tigre *tiger*

Les phénomènes naturels

l'érosion (*f.*) *erosion*
un incendie *fire*
une inondation *flood*
un ouragan *hurricane*
une pluie acide *acid rain*
le réchauffement climatique *global warming*
la sécheresse *drought*
un tremblement de terre *earthquake*

Se servir de la nature ou la détruire

le bien-être *well-being*
un combustible *fuel*
la consommation d'énergie *energy consumption*
la couche d'ozone *ozone layer*
un danger *danger*
les déchets (*m.*) *trash*
la déforestation *deforestation*
l'environnement (*m.*) *environment*
le gaspillage *waste*
un nuage de pollution *smog*
la pollution *pollution*
une ressource *resource*
une source d'énergie *energy source*

chasser *to hunt*
empirer *to get worse*
épuiser *to use up*
être contaminé(e) *to be contaminated*
gaspiller *to waste*
jeter *to throw away*
menacer *to threaten*
nuire à *to harm*
polluer *to pollute*
préserver *to preserve*
prévenir *to prevent*
protéger *to protect*
résoudre *to solve*
respirer *to breathe*
supporter *to put up with*
tolérer *to tolerate*
urbaniser *to urbanize*

en voie d'extinction *endangered*
jetable *disposable*
nuisible *harmful*
renouvelable *renewable*
toxique *toxic*

Court métrage

l'acharnement (*m.*) *determination*
un(e) berger/bergère *shepherd(ess)*
un bûcheron *lumberjack*
le charbon (de bois) *(char)coal*
un chêne *oak tree*
le feuillage *foliage*
un gland *acorn*
une pépinière *nursery*
une ruche *beehive*
un ruisseau *stream*
une source *(aquatic) spring*
un troupeau *flock*

déblayer *to clear away*
pousser *to grow*
se soucier (de quelque chose) *to care (about something)*

tenace *tenacious*

jadis *formerly, in the past*

Culture

un caillou (des cailloux) *pebble(s)*
un dauphin *dolphin*
une éolienne *wind turbine*
l'épanouissement (*m.*) *development*
une ferme *farm*
un filet (de pêche) *(fishing) net*
une huître *oyster*
un lagon *lagoon*
une perle *pearl*
la plongée (sous-marine/avec tuba) *diving; snorkeling*
une récolte *harvest*
un requin *shark*
une tortue *turtle*

abriter *to provide a habitat for*
pêcher *to fish*
récolter *to harvest*

Littérature

la modernité *modernity*
la nostalgie *nostalgia*
un sens figuré/littéral *figurative/literal sense*
le ton *tone*

agiter *to shake*
se balancer *to swing*
exhorter *to urge*
faiblir *to weaken*
mêler *to mix*
puiser *to draw from*
remuer *to move*
se retourner *to turn over*

noueux/noueuse *gnarled*
raffermi(e) *strengthened*

doucement *gently*

ressources

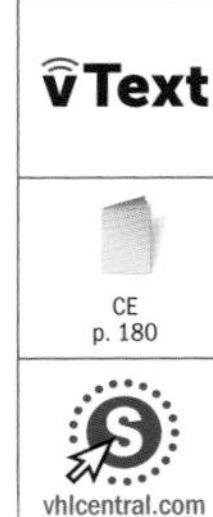

Key Standards

4.1

Student Resources
Cahier de l'élève, p. 180; Supersite: Vocabulary, *eCahier*
Teacher Resources
Audio Activity MP3s/CD; Testing program: Lesson Test

TEACHING TIPS

Language Learning

- Ask students to create flashcards of the words from the lesson. Then have pairs play the game **Timed Concentration**. Pairs place their flashcards with the vocabulary side down. Set a timer on one minute and say: **C'est parti!** Student A points to a card, names the vocabulary, and flips the card over to check. If correct, A keeps the card. If incorrect, A returns the card. After one minute is up, set the timer again for Student B. At the end of six minutes, pairs see who has the most cards.
- Ask students to pick three words from each category. Have them write sentences using those words. The sentences should convey the meanings of the words.

21st CENTURY SKILLS

Leadership and Responsibility Extension Project
Establish a partner classroom in the Francophone world. As a class, have students decide on three questions they want to ask the partner class related to the topic of the lesson they have just completed. Based on the responses they receive, work as a class to explain to the partner class one aspect of their responses that surprised the class and why.

LEARNING STYLES

For Visual Learners Have students choose 20 words and expressions from the vocabulary list. Encourage students to choose words that they think they will use or need to know later. Then have them create a collage with magazine clippings, downloaded images, or their own drawings, illustrating the words and expressions.

LEARNING STYLES

For Auditory Learners Give students seven index cards. Ask them to write the seven category names on each card. Read words from the lists at random. Students raise the card for the category associated with each word. Since some words may belong to different categories, such as some of the words from the **Court métrage**, let students know that they can raise two cards in some cases.

Fiches de grammaire

pages 369–411

Appendice A

Dialogues des courts métrages
pages 412–438

Appendice B

Tables de conjugaison
pages 440–453

Appendice C

Vocabulaire
- Français-Anglais
  pages 454–482
- Anglais-Français
  pages 483–507

Appendice D

Index
pages 508–509

Credits

pages 510–512

FICHES de GRAMMAIRE

Supplementary Grammar Coverage for D'ACCORD! 3

The **Fiches de grammaire** section is an invaluable tool for both instructors and students of intermediate French. It contains additional grammar concepts not covered within the core lessons of **D'ACCORD! 3**, as well as practice activities. For each lesson in **D'ACCORD! 3**, two additional grammar topics are offered with corresponding practice.

These concepts are correlated to the lessons in **Structures** by means of the **Bloc-notes** sidebars, which provide the exact page numbers where new concepts are taught in the **Fiches**.

This special supplement allows for great flexibility in planning and tailoring your course to suit the needs of whole classes and/or individual students. It also serves as a useful and convenient reference tool for students who wish to review previously learned material.

Table des matières

Leçon 1

1.4 Present tense of regular **-er**, **-ir**, and **-re** verbs 372
1.5 The imperative 374

Leçon 2

2.4 Nouns and articles 376
2.5 **Il est** and **c'est** 378

Leçon 3

3.4 Possessive adjectives 380
3.5 The **imparfait**: formation and uses 382

Leçon 4

4.4 Demonstrative adjectives 384
4.5 The **passé simple** 386

Leçon 5

5.4 Object pronouns 388
5.5 Past participle agreement 390

Leçon 6

6.4 Disjunctive pronouns 392
6.5 Possessive pronouns 394

Leçon 7

7.4 Past participles used as adjectives 396
7.5 Expressions of time 398

Leçon 8

8.4 Prepositions with infinitives 400
8.5 The subjunctive after indefinite antecedents and in superlative statements 402

Leçon 9

9.4 Savoir vs. **connaître** 404
9.5 Faire causatif 406

Leçon 10

10.4 Indirect discourse 408
10.5 The passive voice 410

1.4

Present tense of regular *-er*, *-ir*, and *-re* verbs

- Most French verbs that end in **-er** follow the same pattern.

parler	
je parle	**nous parlons**
tu parles	**vous parlez**
il/elle parle	**ils/elles parlent**

Elle **parle** au téléphone.

BLOC-NOTES

The present tense of spelling-change **-er** verbs is explained in **Structures 1.1, pp. 16–17.**

- Hundreds of verbs follow this pattern. Here are some more regular **-er** verbs.

aimer	(*to like, to love*)	donner	(*to give*)	oublier	(*to forget*)
arriver	(*to arrive*)	écouter	(*to listen to*)	penser	(*to think*)
chercher	(*to look for*)	habiter	(*to live in*)	regarder	(*to watch*)
compter	(*to count*)	inviter	(*to invite*)	travailler	(*to work*)

BLOC-NOTES

A handful of **-ir** verbs are irregular. To find out more about irregular **-ir** verbs, see **Structures 4.3, pp. 132–133.**

- Most verbs that end in **-ir** follow this pattern.

finir	
je finis	**nous finissons**
tu finis	**vous finissez**
il/elle finit	**ils/elles finissent**

Elle **finit** ses devoirs.

- Here are some more regular **-ir** verbs.

choisir	(*to choose*)	maigrir	(*to lose weight*)	réfléchir	(*to think (about)*)
grossir	(*to gain weight*)	obéir (à)	(*to obey*)	réussir (à)	(*to succeed*)

BLOC-NOTES

Irregular **-re** verbs are explained in **Structures 6.3**, **pp. 206–207.**

- Most verbs that end in **-re** follow this pattern.

vendre	
je vends	**nous vendons**
tu vends	**vous vendez**
il/elle vend	**ils/elles vendent**

Elle **vend** un pantalon.

- Here are some more regular **-re** verbs.

attendre	(*to wait (for)*)	descendre	(*to go down*)	perdre	(*to lose*)
défendre	(*to defend*)	entendre	(*to hear*)	répondre	(*to answer*)

Mise en pratique

1 **À compléter** **Employez la forme correcte des verbes entre parenthèses.**

1. Tu ___joues___ (jouer) au tennis samedi après-midi?
2. Mon cousin ___obéit___ (obéir) toujours à ses parents.
3. Nous ___habitons___ (habiter) à New York.
4. On ___grossit___ (grossir) quand on mange trop de pâtes.
5. Mes frères ___partagent___ (partager) un bel appartement.
6. Vous ___vendez___ (vendre) votre vélo?
7. Ces élèves ___s'entendent___ (s'entendre) bien.
8. Je ___compte___ (compter) sur ma meilleure amie.

2 **À choisir** **Choisissez les verbes qui complètent logiquement ces paragraphes. Faites tous les changements nécessaires. Chaque verbe n'est utilisé qu'une seule fois.**

agacer	écouter	finir	quitter
aimer	énerver	oublier	réussir
attendre	entendre	perdre	rêver
se disputer	étudier	poser	téléphoner

A. Nicolas, avant d'aller au cinéma, tu (1) ___finis___ tes devoirs. D'accord? Tu (2) ___attends___ toujours la dernière minute. Tu (3) ___perds___ ton temps et ça m' (4) ___énerve/agace___! Je ne suis pas contente. Est-ce que tu m' (5) ___entends___? Pourquoi est-ce que tu ne m' (6) ___écoutes___ jamais? Les élèves qui n' (7) ___étudient___ pas ne (8) ___réussissent___ pas au bac, tu sais!

B. J'en ai marre de mon petit ami. Il est charmant, mais il (9) ___oublie___ toujours nos rendez-vous. Je ne peux pas vous dire combien il m' (10) ___agace/énerve___! Nous (11) ___nous disputons___ souvent parce qu'il me (12) ___pose___ des lapins et qu'il ne me (13) ___téléphone___ pas. Je l' (14) ___aime___ toujours, mais je (15) ___rêve___ d'un petit ami plus sensible. Alors, c'est décidé. Ce week-end, je le (16) ___quitte___.

3 **Assemblez** **Assemblez les éléments des trois colonnes pour créer des phrases. Ajoutez tous les mots nécessaires.**

A	B	C
je	aimer	appartement
le prof	arriver	chocolat
mes camarades de classe	choisir	cours
ma sœur	descendre	devoirs
mon ami(e)	écouter	gare
mon frère	finir	hôtel
mes parents	habiter	montre
mon/ma petit(e) ami(e)	perdre	musique
nous	répondre	sac
tu	rester	question
?	vendre	voiture
	?	?

1.5

The imperative

- Use the imperative to give a command or make a suggestion.

Attends le bus! *Wait for the bus!*	**Attendons** le bus! *Let's wait for the bus!*	**Attendez** le bus! *Wait for the bus!*

- The imperative forms of **-ir** and **-re** verbs are the same as the present tense forms.

finir		**répondre**	
Present	**Imperative**	**Present**	**Imperative**
Tu finis.	**Finis!**	**Tu réponds.**	**Réponds!**
Nous finissons.	**Finissons!**	**Nous répondons.**	**Répondons!**
Vous finissez.	**Finissez!**	**Vous répondez.**	**Répondez!**

- Form the **tu** command of **-er** verbs by dropping the **-s** from the present tense form. The **nous** and **vous** forms are the same as the present tense forms.

danser	
Present	**Imperative**
Tu danses.	**Danse!**
Nous dansons.	**Dansons!**
Vous dansez.	**Dansez!**

- The imperative forms of **être**, **avoir**, and **savoir** are irregular.

avoir:	aie	ayons	ayez
être:	sois	soyons	soyez
savoir:	sache	sachons	sachez

Sois sage! *Be good!*	**Ayons** de la patience! *Let's have patience!*	**Sachez** que nous fermons. *Be advised that we're closing.*

- In negative commands, place **ne... pas** around the verb.

Ne sois **pas** nerveux! *Don't be nervous!*	**N'**oubliez **pas** notre rendez-vous! *Don't forget our date!*

- In affirmative commands, object pronouns and reflexive pronouns follow the verb and are joined by a hyphen. In negative commands, pronouns are placed in front of the verb with no hyphen.

Donnez-**les-moi**! *Give them to me!*	Ne **me les** donnez pas! *Don't give them to me!*
Lève-**toi**! *Get up!*	Ne **te** lève pas! *Don't get up!*

ATTENTION!

Although **aller** is irregular, like other **-er** verbs, it has no **-s** on the **tu** command form.

Va au marché!

Go to the market!

ATTENTION!

Do not drop the **-s** from the **tu** form of a command when it is followed by a pronoun that begins with a vowel.

Vas-y!

Go (there)!

Manges-en!

Eat some!

BLOC-NOTES

To review pronoun order, see **Structures 5.3, pp. 168–169.**

Mise en pratique

1 **Que fait-on?** Employez l'impératif pour donner des ordres ou pour faire des suggestions.

Modèle **Vous parlez à votre meilleur(e) ami(e): vous téléphoner**
Téléphone-moi!

Vous parlez à...		
votre petit(e) ami(e):	**de nouveaux élèves:**	**un(e) ami(e) de ce que vous pouvez faire ensemble:**
1. aller à la bibliothèque Va à la bibliothèque!	6. faire attention aux profs Faites attention aux profs!	11. aller au cinéma Allons au cinéma.
2. compter sur vous Compte sur moi!	7. se lever tôt Levez-vous tôt!	12. aller se promener Prenons un verre.
3. écrire souvent Écris-moi souvent!	8. aller aux cours Allez aux cours!	13. écouter de la musique Écoutons de la musique.
4. me donner la main Donne-moi la main!	9. avoir confiance Ayez confiance!	14. nager à la piscine Nageons à la piscine.
5. vous attendre après le cours Attends-moi après le cours!	10. ne pas sortir le samedi Ne sortez pas le samedi!	15. ne pas rester à la maison Ne restons pas à la maison.

2 **De bons conseils** **Que dites-vous dans ces situations? Utilisez l'impératif.** Suggested answers

1. Votre frère cadet refuse de boire son jus d'orange. Bois ton jus d'orange!
2. Vous étudiez et vos frères et sœurs parlent très fort. Parlez moins fort!
3. Vous demandez à vos parents de vous donner de l'argent. Donnez-moi de l'argent!
4. Votre meilleur ami part en vacances. Amuse-toi bien!
5. Il est dix heures du soir et votre petite sœur ne veut pas se coucher. Couche-toi!
6. Vous et votre ami(e) avez faim. Mangeons.

3 **Que disent-ils?** **Écrivez une phrase à l'impératif qui convient à chaque image.**

1. 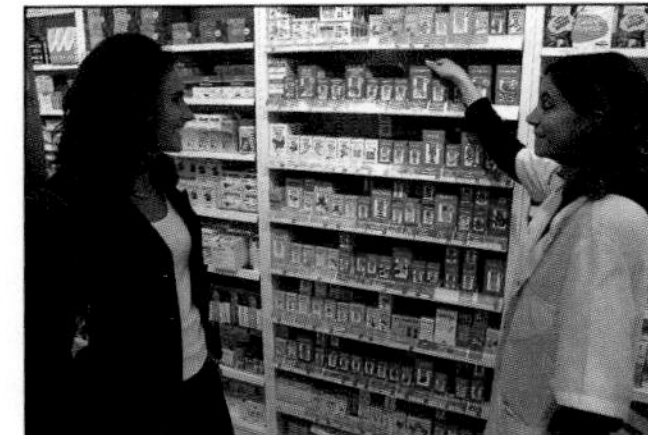

2.

3. 

4. 

2.4

Nouns and articles

- Definite and indefinite articles agree in gender and number with the nouns they modify.

	Definite articles		Indefinite articles	
	singular	plural	singular	plural
masculine	**le** musicien	**les** musiciens	**un** musicien	**des** musiciens
feminine	**la** musicienne	**les** musiciennes	**une** musicienne	**des** musiciennes

- The gender of nouns that refer to people typically matches the gender of the person: **un garçon** / **une fille**; **un chanteur** / **une chanteuse**; **un enfant** / **une enfant**.
- Certain noun endings provide clues to their gender.

Typical masculine endings

-age	le voyage	**-asme**	le sarcasme	**-if**	le tarif
-ail	le travail	**-eau**	le bureau	**-in**	le bassin
-ain	l'écrivain	**-ent**	l'argent	**-isme**	le surréalisme
-al	le journal	**-et**	le bonnet	**-ment**	le dépaysement
-as	le repas	**-ier**	le clavier	**-oir**	le pouvoir

Typical feminine endings

-ace	la place	**-ère**	la boulangère	**-sion**	l'expression
-ade	la charade	**-esse**	la tristesse	**-té**	la responsabilité
-aine	la laine	**-ette**	l'assiette	**-tié**	l'amitié
-ance	la chance	**-euse**	la chanteuse	**-tion**	l'addition
-ée	la journée	**-ie**	la pâtisserie	**-trice**	l'actrice
-ence	la compétence	**-ière**	la cuisinière	**-ture**	la rupture

ATTENTION!

There are several exceptions to these gender rules. When in doubt, use a dictionary.

l'eau (*f.*)	**la fin**
le génie	**le lycée**
la main	**le musée**
la peau	**la plage**

- To form the plural of most French nouns, add an **-s**. If a singular noun ends in **-s**, **-x**, or **-z**, its plural form remains the same: **le gaz** → **les gaz; le pays** → **les pays; la voix** → **les voix.**
- If a singular noun ends in **-au**, **-eau**, **-eu**, or **-œu**, its plural form usually ends in **-x**. If a singular noun ends in **-al**, drop the **-al** and add **-aux**.

le **chapeau**	le **jeu**	le **cheval**
les **chapeaux**	les **jeux**	les **chevaux**

- A few nouns have very irregular plural forms: **l'œil** → **les yeux**; **le ciel** → **les cieux**; **le monsieur** → **les messieurs**.

ATTENTION!

Here are a few exceptions.

le bijou (*jewel*)	**les bijoux**
le caillou (*pebble*)	**les cailloux**
le carnaval	**les carnavals**
le festival	**les festivals**
le récital	**les récitals**
le pneu	**les pneus**
le travail	**les travaux**

Mise en pratique

1 **Masculin ou féminin?** Ajoutez les articles indéfinis.

1. un acteur
2. une charcuterie
3. un appartement
4. une nation
5. une parade
6. un cahier
7. une pharmacienne
8. une adresse
9. un château
10. un miroir
11. un tarif
12. un changement
13. un animal
14. un lundi
15. une chance
16. une coiffeuse
17. une compétition
18. une idée
19. un million
20. un mariage

2 **Les pluriels** Dans les phrases suivantes, mettez au pluriel les noms soulignés. Faites tous les autres changements nécessaires.

1. On a volé mon bijou!
   On a volé mes bijoux!
2. Ce mois passe rapidement.
   Ces mois passent rapidement.
3. L'aspirine n'est pas bonne pour son mal de ventre.
   L'aspirine n'est pas bonne pour ses maux de ventre.
4. Hélène aime son nouveau chapeau.
   Hélène aime ses nouveaux chapeaux.
5. Le chat a fait beaucoup de bruit.
   Les chats ont fait beaucoup de bruit.
6. C'est papa qui a préparé le repas.
   C'est papa qui a préparé les repas.
7. Tu as acheté la chemise noire?
   Tu as acheté les chemises noires?
8. La couleur de cet arbre est très belle en automne.
   Les couleurs de cet arbre sont très belles en automne.
9. As-tu connu le fils de Monsieur Sévigny?
   As-tu connu les fils de Monsieur Sévigny?
10. Le feu a commencé à cause d'une allumette.
    Les feux ont commencé à cause d'une allumette.

3 **Ma ville idéale** Employez des articles définis et indéfinis pour parler de votre ville idéale. Utilisez le vocabulaire de la Leçon 2 autant que possible.

Modèle Les embouteillages ne me gênent pas, mais la vie nocturne doit être animée.

2.5

Il est and *c'est*

- **C'est** and **il/elle est** can both mean *it is* or *he/she is*. **Ce sont** and **ils/elles sont** mean *they are*. All of these expressions can refer to people or things.

- Use **c'est** and **ce sont** to identify people or things.

C'est mon stylo.
It's my pen.

Ce sont mes amis.
They are my friends.

C'est la famille Delorme.

- Use **il/elle est** and **ils/elles sont** to describe specific people or things that have been previously mentioned.

Essayez ce pain au chocolat!
Il est vraiment délicieux!
Try this chocolate croissant.
It's really delicious!

Voici Madame Duval et sa fille.
Elles sont bilingues.
Here are Mrs. Duval and her daughter.
They are bilingual.

- When stating a person's nationality, religion, political affiliation, or profession, **il/elle est** and **c'est un/une**, and their respective plural forms **ils/elles sont** and **ce sont des**, are both correct. If you include an adjective, you can only use **c'est un/une** or **ce sont des**.

Il est journaliste.
He's a journalist.

C'est un journaliste.
He's a journalist.

C'est un journaliste célèbre.
He's a famous journalist.

- To describe an idea or concept expressed as an infinitive rather than a noun, use the impersonal construction **il est** + [*adjective*] + **de** (**d'**) + [*infinitive*].

Il est important de se brosser les dents après les repas.
It is important to brush one's teeth after meals.

Il est essentiel d'apprendre une langue étrangère à l'école.
It is essential to learn a foreign language at school.

- Use **c'est** + [*adjective*] + **à** + [*infinitive*] if the object of the infinitive is not stated immediately after it or not stated at all. Compare these sentences.

Il est facile de vendre une maison.
It's easy to sell a house.

Une maison, **c'est facile à vendre**.
A house is easy to sell.

C'est facile à vendre!
It's easy to sell!

- Use **c'est** + [*adjective*] to describe an idea or concept that has already been mentioned or stated earlier in a sentence.

Se brosser les dents après les repas, **c'est** important.
Brushing one's teeth after meals is important.

J'apprends une langue étrangère à l'école. **C'est** vrai!
I'm learning a foreign language at school. It's true!

ATTENTION!

Note that no definite article is used with **il/elle est** and **ils/elles sont**.

Il est médecin.

He is a doctor.

Elles sont socialistes.

They are socialists.

ATTENTION!

Because infinitives and concepts typically have no gender, use only **il est** or **c'est** with them, never **elle est**. An adjective following **il est** or **c'est** is always in the masculine singular form.

Mise en pratique

1 **À compléter** Complétez les phrases suivantes à l'aide des expressions de la liste.

c'est	il est	ils sont
ce sont	elle est	elles sont

1. __C'est__ mon ami, Jacques. __Il est__ lycéen. __C'est__ un très bon ami.
2. __Ce sont__ les parents de Jean-Marc. __Ils sont__ canadiens. Son père, __il est__ infirmier et sa mère, __elle est__ avocate.
3. __C'est__ notre chien, Rufus. __C'est__ un berger allemand (*German shepherd*). __Il est__ génial!
4. __Ce sont__ Louise et Michèle. __Elles sont__ camarades de classe. Louise, __elle est__ timide et tranquille. Michèle, __elle est__ plutôt mélancolique.
5. __C'est__ mon bureau. __Il est__ grand et confortable. __Il est__ facile d'y travailler.

2 **Descriptions** Répondez aux questions. Ensuite, présentez vos descriptions à la classe.

1. Votre meilleur(e) ami(e): Qui est-ce? Comment est-il/elle physiquement? Quel genre de personnalité a-t-il/elle?
2. Une personne célèbre: Qui est-ce? Que fait-il/elle dans la vie? Comment est-il/elle physiquement? Est-ce que vous l'aimez bien? Pourquoi?
3. Une personne que vous admirez: Qui est-ce? Que fait-il/elle dans la vie? Quel genre de personnalité a-t-il/elle? Pourquoi l'admirez-vous?
4. La voiture de vos rêves: Qu'est-ce que c'est? Comment est-elle? Pourquoi vous plaît-elle?

3 **Qui est-ce?** Inventez une identité pour chaque personne. Identifiez-les et décrivez-les. Écrivez au moins trois phrases par photo.

Modèle C'est Francine. Elle est reporter. Elle est très professionnelle.

1.

2.

3.4 Possessive adjectives

- Possessive adjectives are used to express ownership or possession.

English meaning	masculine singular	feminine singular	plural
my	**mon**	**ma**	**mes**
your (familiar and singular)	**ton**	**ta**	**tes**
his, her, its	**son**	**sa**	**ses**
our	**notre**	**notre**	**nos**
your (formal or plural)	**votre**	**votre**	**vos**
their	**leur**	**leur**	**leurs**

- Possessive adjectives are placed before the nouns they modify.

C'est **ta** radio?
Is that your radio?

Non, mais c'est **ma** télévision.
No, but that's my television.

- Unlike English, French possessive adjectives agree in gender and number with the object owned rather than the owner.

mon magazine
my magazine

ma bande dessinée
my comic strip

mes journaux
my newspapers

- **Notre** and **votre** are used with singular nouns whether they are masculine or feminine.

notre neveu
our nephew

notre nièce
our niece

votre oncle
your uncle

votre tante
your aunt

- Regardless of gender, the plural forms of **notre** and **votre** are **nos** and **vos**.

nos cousins
our cousins

nos cousines
our (female) cousins

vos frères
your brothers

vos sœurs
your sisters

- The possessive adjectives **son**, **sa**, and **ses** reflect the gender and number of the noun possessed, not the owner. Context should tell you whether they mean *his* or *her*.

son père
his/her father

sa mère
his/her mother

ses parents
his/her parents

- Use **mon**, **ton**, and **son** before a feminine singular noun or adjective that begins with a vowel sound.

mon amie Nathalie *but* **ma** meilleure amie Nathalie
my friend Nathalie — *my best friend Nathalie*

son ancienne publicité *but* **sa** publicité
his/her/its former advertisement — *his/her/its advertisement*

ATTENTION!

Remember, you cannot use *'s* to express relationship or to show possession in French. Use **de** or **d'** along with the noun instead.

la maison de ma mère
my mother's house

Mise en pratique

1 **À choisir** Pour chaque phrase, choisissez l'adjectif possessif qui convient.

1. Le photographe a perdu (son /sa /ses) appareil photo!
2. Est-ce que c'est (ton / ta / tes) ordinateur?
3. Je vous présente (mon / ma / mes) parents.
4. Ils ont oublié (leur / leurs) parapluie?
5. Vous aimez ce magazine? Ma sœur adore (son / ses / sa) rubrique société.
6. Cette annonce est nulle! Voilà (mon / ma / mes) opinion!
7. (Votre / Vos) amis sont sympathiques.
8. La vedette n'a pas assisté à la première de (son / sa / ses) film.
9. Les critiques ont beaucoup aimé (notre / nos) documentaire.
10. Tu es sorti avec (ton / ta / tes) petite amie?

2 **À compléter** Trouvez le bon adjectif possessif.

1. (my) ___Mon___ copain habite un grand immeuble en ville.
2. (his) ___Sa___ femme est critique de cinéma.
3. (her) ___Son___ opinion est toujours impartiale.
4. (their) ___Leurs___ cousins sont arrivés hier soir.
5. (your, fam.) ___Tes___ cours sont intéressants?
6. (our) ___Nos___ moyens de communication sont modernes.
7. (its) ___Ses___ sous-titres sont en anglais.
8. (your, formal) ___Votre___ voisin est animateur de radio?

3 **C'est ton...?** Pour chaque groupe de mots, écrivez la question et répondez-y par oui ou par non. Employez les adjectifs possessifs qui correspondent.

Modèle **tu / cahier / elle**
—C'est ton cahier?
—Non, c'est son cahier.

1. vous / parents / nous
   Ce sont vos parents?
   Oui, ce sont nos parents.
2. ils / voiture / nous
   C'est leur voiture?
   Non, c'est notre voiture.
3. je / devoirs / tu
   Ce sont mes devoirs?
   Oui, ce sont tes devoirs.
4. elle / télévision / je
   C'est sa télévision?
   Non, c'est ma télévision.
5. tu / vedette préférée / il
   C'est ta vedette préférée?
   Non, c'est sa vedette préférée.
6. nous / professeur / vous
   C'est notre professeur?
   Oui, c'est votre professeur.

3.5

ATTENTION!

The **imparfait** and the **passé composé** are both used to talk about the past, but they are not interchangeable. Use the **passé composé** to talk about completed actions or events in the past. To review the **passé composé** vs. the **imparfait**, see **Structures 3.3, pp. 97–98.**

ATTENTION!

Verbs that end in **-ger** add an **e** before all endings except in the **nous** and **vous** forms. Similarly, the **c** in verbs that end in **-cer** becomes **ç** before all endings except in the **nous** and **vous** forms.

je mangeais *but* **nous mangions**

il commençait *but* **vous commenciez**

The *imparfait*: formation and uses

- The **imparfait** is used to talk about what used to happen or to describe conditions in the past.

Ils **regardaient** le feuilleton tous les jours.
They used to watch the soap opera every day.

Ce journaliste **avait** une bonne réputation.
This journalist had a good reputation.

- To form the **imparfait**, drop the **-ons** from the **nous** form of the present tense, and add these endings.

	penser (nous pens~~ons~~)	**finir** (nous finiss~~ons~~)	**vendre** (nous vend~~ons~~)
je	**pens**ais	**finiss**ais	**vend**ais
tu	**pens**ais	**finiss**ais	**vend**ais
il/elle	**pens**ait	**finiss**ait	**vend**ait
nous	**pens**ions	**finiss**ions	**vend**ions
vous	**pens**iez	**finiss**iez	**vend**iez
ils/elles	**pens**aient	**finiss**aient	**vend**aient

- Irregular verbs, too, follow this pattern: **j'allais**, **j'avais**, **je buvais**, **je faisais**, **je sortais**, etc.
- Only the verb **être** is irregular in the **imparfait**.

The imparfait of être	
j'**étais**	nous **étions**
tu **étais**	vous **étiez**
il/elle **était**	ils/elles **étaient**

Elle **était** fatiguée.

- The **imparfait** is used to talk about actions that took place repeatedly or habitually.

Nous **faisions** du jogging le matin.
We went jogging every morning.

Je **lisais** toujours mon horoscope.
I always used to read my horoscope.

- When narrating a story in the past, the **imparfait** is used to set the scene, such as describing the weather, what was going on, the time frame, and so on.

Il **faisait** froid.
It was cold.

Il n'y **avait** personne dans le parc.
There was no one in the park.

- The **imparfait** is used to describe states of mind that continued over an unspecified period of time in the past.

Nous **avions** peur.
We were afraid.

Je **voulais** partir.
I wanted to leave.

Mise en pratique

1 **À compléter** **Mettez les verbes à l'imparfait pour compléter ce paragraphe.**

Quand j' (1) ___étais___ (être) petit, j' (2) ___avais___ (avoir) beaucoup de copains. Nous (3) ___faisions___ (faire) du vélo et nous (4) ___jouions___ (jouer) dans le parc, en face de notre école. J' (5) ___étais___ (être) un élève assez sérieux. L'après-midi, mon meilleur ami et moi, nous (6) ___étudiions___ (étudier) ensemble. Je ne (7) ___regardais___ (regarder) pas trop la télé parce que mes parents (8) ___pensaient___ (penser) que les publicités (9) ___étaient___ (être) mauvaises pour les enfants. Mais j' (10) ___aimais___ (aimer) aller au cinéma avec mon frère. Il (11) ___était___ (être) plus fort que moi. Il me (12) ___protégeait___ (protéger) contre les garçons trop agressifs et il me (13) ___permettait___ (permettre) de sortir avec lui quelquefois. Il n' (14) ___était___ (être) pas toujours gentil, mais je l' (15) ___adorais___ (adorer) quand même.

2 **Il y a dix ans** **Comparez ces deux scènes. C'était comment il y a dix ans? C'est comment aujourd'hui?**

Il y a dix ans

Aujourd'hui

3 **Quand j'avais huit ans** **Utilisez les éléments donnés pour dire comment vous étiez à l'âge de huit ans.**

Modèle **avoir peur des monstres sous son lit**
J'avais peur des monstres.
J'appelais mes parents au milieu de la nuit!

1. avoir peur des monstres sous son lit
2. manger beaucoup de bonbons
3. jouer au football
4. offrir des cadeaux à ses parents
5. lire des bandes dessinées
6. ranger souvent sa chambre
7. aider sa mère ou son père
8. embêter son frère ou sa sœur
9. jouer à des jeux vidéo
10. faire du vélo

4.4

Demonstrative adjectives

- Demonstrative adjectives specify a noun to which a speaker is referring. They mean *this/these* or *that/those*. They can refer to people or things.

Ce cadeau est pour toi.

Demonstrative adjectives

	singular	plural
masculine (before a consonant)	**ce**	
masculine (before a vowel sound)	**cet**	**ces**
feminine	**cette**	

Ce drapeau est bleu, blanc et rouge.
This (That) flag is blue, white, and red.

Cette croyance est absurde, à mon avis.
That (This) belief is absurd, in my opinion.

Ces droits sont très importants.
These (Those) rights are very important.

- A noun must be masculine singular and begin with a vowel sound in order to use **cet**.

Cet homme politique était victorieux.
This (That) politician was victorious.

Cet avocat défend les minorités.
This (That) lawyer defends minorities.

- **Ce**, **cet**, **cette**, and **ces** can refer to a noun that is near (*this/these*) or far (*that/those*). Context will usually make the meaning clear.

- To distinguish between two different nouns of the same kind, add **-ci** (*this/these*) or **-là** (*that/those*) to the noun.

Ce parti politique**-ci** est libéral.
This political party is liberal.

Ce parti politique**-là** est conservateur.
That political party is conservative.

- The suffixes **-ci** and **-là** can also be used together to distinguish between similar items that are near and far.

Je voudrais **ce** gâteau**-ci**, s'il vous plaît, pas **ce** gâteau**-là**.
I would like this cake (here), please, not that cake (there).

On a lu **ces** magazines**-ci** et **ces** magazines**-là** aussi.
We read these magazines (here) and those magazines (there) too.

ATTENTION!

Use **cet** before an adjective that begins with a vowel sound and precedes a masculine singular noun.

cet ancien professeur de littérature

this former literature professor

Do not use **cet** before an adjective that begins with a consonant, even if the noun is masculine singular and begins with a vowel sound.

ce jeune homme

this young man

These exceptions occur with adjectives that are placed before the nouns they modify. Most adjectives go after the noun.

Mise en pratique

1 **À remplacer** Remplacez le singulier par le pluriel et vice versa.

Modèle **Cette voiture est vieille.**
Ces voitures sont vieilles.

1. Ces hommes politiques sont puissants.
   Cet homme politique est puissant.
2. Ce juge est juste.
   Ces juges sont justes.
3. Ces criminels sont analphabètes.
   Ce criminel est analphabète.
4. Ces voleuses veulent fuir.
   Cette voleuse veut fuir.
5. Ce terroriste désire faire la guerre.
   Ces terroristes désirent faire la guerre.
6. Ces activistes sont fâchés.
   Cet activiste est fâché.

2 **Je déteste mon quartier!** Ajoutez les adjectifs démonstratifs qui conviennent.

Je déteste habiter dans (1) ___ce___ quartier. On entend toujours du bruit à cause de (2) ___ce___ commissariat de police et de (3) ___cette___ caserne de pompiers. Et regardez (4) ___cette___ place! (5) ___Ce___ palais de justice est trop moderne, à mon avis. (6) ___Ces___ autres édifices sont vraiment laids! (7) ___Ce___ jardin public n'est jamais propre parce que (8) ___cette___ poubelle est trop petite. Vous voyez (9) ___cette___ circulation et (10) ___ces___ embouteillages? Quelle horreur! En plus, (11) ___cette___ rue n'a même pas de trottoir et (12) ___cet___ arrêt de bus n'a pas d'abri.

3 **Préférences** À l'aide du vocabulaire de la liste, dites quelles sont vos préférences et expliquez pourquoi. Employez des adjectifs démonstratifs.

Modèle J'aime le musée du Louvre. J'aime ce musée parce que...

chiens	passe-temps
dessert	réalisateur/réalisatrice
film	restaurant
jardin public	saison
légumes	sports
magasin	station de radio
musée	voiture
parti politique	?

4.5

The *passé simple*

- The **passé simple** is the literary equivalent of the **passé composé**. Like the **passé composé**, it denotes actions and events that have been completed in the past.

Passé composé		Passé simple	
Elle a lu le livre.	*She read the book.*	**Elle lut le livre.**	*She read the book.*

- To form the stem of the **passé simple**, you usually drop the **-er**, **-re**, or **-ir** ending from the infinitive. Then add these endings for regular verbs.

-er verbs: donner		-ir verbs: choisir		-re verbs: rendre	
je	donnai	je	choisis	je	rendis
tu	donnas	tu	choisis	tu	rendis
il/elle	donna	il/elle	choisit	il/elle	rendit
nous	donnâmes	nous	choisîmes	nous	rendîmes
vous	donnâtes	vous	choisîtes	vous	rendîtes
ils/elles	donnèrent	ils/elles	choisirent	ils/elles	rendirent

- Here are the **passé simple** forms of some common irregular verbs.

	être	avoir	faire	venir
je/j'	**fus**	**eus**	**fis**	**vins**
tu	**fus**	**eus**	**fis**	**vins**
il/elle	**fut**	**eut**	**fit**	**vint**
nous	**fûmes**	**eûmes**	**fîmes**	**vînmes**
vous	**fûtes**	**eûtes**	**fîtes**	**vîntes**
ils/elles	**furent**	**eurent**	**firent**	**vinrent**

- The **passé simple** stems of many irregular verbs are based on their past participles.

	boire (bu)	lire (lu)	partir (parti)	rire (ri)
je	bus	lus	partis	ris
tu	bus	lus	partis	ris
il/elle	but	lut	partit	rit
nous	bûmes	lûmes	partîmes	rîmes
vous	bûtes	lûtes	partîtes	rîtes
ils/elles	burent	lurent	partirent	rirent

ATTENTION!

Because the **passé simple** is a literary tense, it is not usually spoken unless a person is reading a text aloud. It is most important that readers be able to recognize and understand it.

ATTENTION!

Although **aller** is an irregular verb, in the **passé simple** it is like other **-er** verbs.

j'allai	**nous allâmes**
tu allas	**vous allâtes**
il/elle alla	**ils/elles allèrent**

ATTENTION!

Several verbs have very irregular forms in the **passé simple**, such as **naître**: **naqui-** and **mourir**: **mouru-**. Look verbs up in a dictionary or use the verb conjugation tables in the appendix until you learn to recognize them.

ATTENTION!

The **passé simple** stems of these verbs are also based on their past participles: **connaître**, **croire**, **devoir**, **fuir**, **mettre**, **plaire**, **pouvoir**, **savoir**, **sortir**, and **vivre**.

Mise en pratique

1 **À identifier** Identifiez l'infinitif de ces verbes puis donnez leur passé composé.

Modèle **je vendis**
vendre: j'ai vendu

1. nous fîmes faire: nous avons fait
2. vous eûtes avoir: vous avez eu
3. je chantai chanter: j'ai chanté
4. il alla aller: il est allé
5. tu vins venir: tu es venu(e)
6. Michel finit finir: Michel a fini
7. je dus devoir: j'ai dû
8. elles connurent connaître: elles ont connu
9. vous rendîtes rendre: vous avez rendu
10. elle fut être: elle a été

2 **À transformer** Mettez ces phrases au passé composé.

1. Ils allèrent en Asie.
Ils sont allés en Asie.
2. Je mangeai une pizza et je bus un coca.
J'ai mangé une pizza et j'ai bu un coca.
3. Vous fîtes un voyage en Australie.
Vous avez fait un voyage en Australie.
4. Nous vînmes avec Stéphanie et Paul.
Nous sommes venu(e)s avec Stéphanie et Paul.
5. Il eut un accident de voiture.
Il a eu un accident de voiture.
6. Tu vendis ta maison.
Tu as vendu ta maison.
7. Lise et Luc finirent leurs devoirs.
Lise et Luc ont fini leurs devoirs.
8. Catherine fit sa valise.
Catherine a fait sa valise.

3 **Un scandale** Remplacez le passé simple par le passé composé.

Un homme kidnappa la femme d'un député. Il téléphona au député au milieu de la nuit et le menaça. Il demanda la liberté de quelques terroristes emprisonnés. Heureusement, le criminel était plutôt bête parce qu'on sut tout de suite son numéro de téléphone et on l'arrêta le lendemain. Quand il se présenta devant le tribunal, le juge prononça une sentence assez sévère. L'homme passa 15 ans en prison.

Un homme a kidnappé la femme d'un député. Il a téléphoné au député au milieu de la nuit et l'a menacé. Il a demandé la liberté de quelques terroristes emprisonnés. Heureusement, le criminel était plutôt bête parce qu'on a su tout de suite son numéro de téléphone et on l'a arrêté le lendemain. Quand il s'est présenté devant le tribunal, le juge a prononcé une sentence assez sévère. L'homme a passé 15 ans en prison.

5.4

Object pronouns

- Direct and indirect object pronouns generally precede the verbs of which they are objects. In a simple tense, such as the present, the **futur**, or the **imparfait**, the object pronoun is placed in front of the verb.

Philippe **me** téléphone quelquefois.

Direct object pronouns		Indirect object pronouns	
me / m'	**nous**	**me / m'**	**nous**
te / t'	**vous**	**te / t'**	**vous**
le / la / l'	**les**	**lui**	**leur**

- Direct object pronouns directly receive the action of a verb.

Je **l'**aime.
I love him/her.

Elles **nous** voient.
They see us.

- Indirect object pronouns identify *to* whom or *for* whom an action is done.

Tu **me** parles?
Are you speaking to me?

Elle **vous** a acheté une robe bleue?
She bought a blue dress for you?

- When a pronoun is the object of a compound tense, such as the **passé composé**, it is placed in front of the helping verb.

Vous **l'**avez attendu?
Did you wait for him/it?

Je **lui** ai envoyé une lettre.
I sent him/her a letter.

- When a pronoun is the object of an infinitive, it is placed in front of the infinitive.

Nous voudrions **t'**inviter chez nous.
We would like to invite you to our place.

Elle va **leur** écrire une carte postale.
She is going to write them a postcard.

ATTENTION!

In the third person, singular direct object pronouns have gender. The indirect object pronoun **lui** does not. **Lui** and **leur** refer only to people and animals. Direct object pronouns **le**, **la**, and **les** refer to people, animals, or things.

Nous le voyons.
We see him/it.

Nous la voyons.
We see her/it.

Nous lui parlons.
We are speaking to him/her.

ATTENTION!

In most negative sentences, place **ne... pas** around the object pronoun and the conjugated verb.

Il ne m'aime pas.
He doesn't like me.

Je ne t'ai pas vu(e).
I didn't see you.

In sentences with infinitives, **ne... pas** goes around the conjugated verb, but the object pronoun usually goes before the infinitive.

Tu ne vas pas l'écouter.
You are not going to listen to it.

Mise en pratique

1 **À réécrire** **Réécrivez ces phrases et remplacez les mots soulignés par des pronoms d'objet direct ou indirect.**

1. Nous avons répondu au professeur.
   Nous lui avons répondu.
2. J'ai perdu mon sac.
   Je l'ai perdu.
3. Vous avez regardé le film avec Aurélie?
   Vous l'avez regardé avec Aurélie?
4. Elle parle à ses parents et à moi.
   Elle nous parle.
5. Ils ont modifié les frontières après la guerre.
   Ils les ont modifiées après la guerre.

2 **À compléter** **Remplacez l'objet par un pronom d'objet direct ou indirect.**

1. —Tu as pris l'autobus?
   —Oui, je ___l'___ ai pris.
2. —Nous allons expliquer la situation à ses parents?
   —Oui, vous allez ___leur___ expliquer la situation.
3. —Vous m'avez invité à votre fête?
   —Oui, nous ___t' / vous___ avons invité.
4. —Il va nous attendre à la gare?
   —Non, il va ___nous / vous___ attendre chez lui.
5. —Elle a parlé à Jules?
   —Oui, elle ___lui___ a parlé ce matin.

3 **À l'aéroport** **Utilisez les verbes de la liste et des pronoms d'objet direct ou indirect pour décrire ce que font les personnages et expliquer pourquoi.**

Modèle Sylvie lit le livre. Elle le lit parce qu'elle s'ennuie.

acheter	avoir	demander	écouter	parler	trouver
apporter	chercher	donner	lire	porter	?

5.5

Past participle agreement

- Past participle agreement occurs in French for several different reasons.

Vous êtes **allés** au théâtre.

- When the helping verb is **être**, the past participle agrees with the *subject*.

Anne est **partie** à six heures. *Anne left at 6 o'clock.*	Nous sommes **arrivés** en avance. *We arrived early.*

- Verbs that take **être** as the helping verb usually do not have direct objects. When they do, they take the helping verb **avoir**, in which case there is no past participle agreement.

Elle **est sortie**. *She went out.*	Elle **a sorti** la poubelle. *She took out the trash.*

- Reflexive verbs take the helping verb **être** in compound tenses such as the **passé composé** and **plus-que-parfait**. The past participle agrees with the reflexive pronoun if the reflexive pronoun functions as a direct object.

Nous **nous** sommes **habillées**. *We got dressed.*	Michèle **s'**était **réveillée**. *Michèle had woken up.*

- If a direct object *follows* the past participle of a reflexive verb, no agreement occurs.

Nadia s'est **coupée**. *Nadia cut herself.*	***but***	Nadia s'est **coupé** le doigt. *Nadia cut her finger.*

- If an object pronoun is indirect, rather than direct, the past participle does not agree. This also means there is no past participle agreement with several common reciprocal verbs, such as **se demander**, **s'écrire**, **se parler**, **se rendre compte**, and **se téléphoner**.

Elle nous a **téléphoné**. *She called us.*	Nous nous sommes **téléphoné**. *We called each other.*

- In compound tenses with **avoir**, past participles agree with preceding direct object pronouns. No agreement occurs with a direct object that is a noun rather than a pronoun.

J'ai **mis** les fleurs sur la table. *I put the flowers on the table.*	Je **les** ai **mises** sur la table. *I put them on the table.*

- In structures that use the relative pronoun **que**, past participles agree with their direct objects.

Voici les pommes **que** j'ai **achetées**. *Here are the apples that I bought.*	Il parle des buts **qu'**il a **atteints**. *He's talking about the goals he reached.*

BLOC-NOTES

To review the **passé composé** with **être** and with reflexive and reciprocal verbs, see **Structures 3.2, pp. 92–93**.

ATTENTION!

While the rules pertaining to past participle agreement may seem complex, just keep these two general points in mind: Past participles agree with direct objects when the object is placed in front of the verb for *any* reason. Past participles do not agree with indirect objects.

Mise en pratique

1 **À compléter** **Faites les accords, si nécessaire. S'il n'y a pas d'accord, mettez un X.**

1. Marie est né__e__ en Belgique.
2. Voici les hommes que j'ai vu__s__ en ville.
3. Céline a visité__X__ le musée du Louvre.
4. Mon ami et moi, nous sommes resté__s__ à l'hôtel.
5. Nos tantes se sont écrit__X__ beaucoup de lettres.
6. Sa copine et sa sœur sont allé__es__ au Canada.
7. Je me suis lavé__X__ les mains.
8. Grégoire et Inès se sont couché__s__ tôt hier soir.
9. Ces poires? Je les ai acheté__es__ au marché.
10. Tu as passé__X__ l'examen de français?

2 **Mini-dialogues** **Reconstituez les questions et inventez les réponses. Employez le passé composé et faites les accords nécessaires.** Suggested answers

Modèle **où / vous / naître**
—Où est-ce que vous êtes né(e)?
—Je suis né(e) à Dakar.

1. à quelle heure / tu / se coucher / samedi
—À quelle heure est-ce que tu t'es couché(e) samedi?
—Je me suis couché(e) à minuit.
2. quand / le président Kennedy / mourir
—Quand est-ce que le président Kennedy est mort?
—Il est mort en 1963.
3. pourquoi / vous / ne pas sortir
—Pourquoi est-ce que vous n'êtes pas sorti(e)s?
—Nous ne sommes pas sorti(e)s parce nous étions fatigué(e)s.
4. avec quoi / elle / se brosser / les dents
—Avec quoi est-ce qu'elle s'est brossé les dents?
—Elle s'est brossé les dents avec du dentifrice.
5. chez qui / ils / rester
—Chez qui est-ce qu'ils sont restés?
—Ils sont restés chez des copains.

3 **Mon enfance** **Écrivez au passé composé un paragraphe sur votre enfance. Utilisez au moins huit verbes de la liste. Faites tous les accords nécessaires.**

aller	habiter	rester
arriver	finir	se trouver
avoir	naître	venir
faire	rentrer	voyager

6.4 Disjunctive pronouns

- Disjunctive pronouns correspond to subject pronouns. Compare their meanings:

Subject pronouns	Disjunctive pronouns	Subject pronouns	Disjunctive pronouns
je (*I*)	moi (*me*)	nous (*we*)	nous (*us*)
tu (*you*)	toi (*you*)	vous (*you*)	vous (*you*)
il (*he*)	lui (*him*)	ils (*they*)	eux (*them*)
elle (*she*)	elle (*her*)	elles (*they*)	elles (*them*)

- Disjunctive pronouns have several uses. For example, they are used after most prepositions.

Ma nièce dîne chez **lui**.
My niece has dinner at his house.

Tu veux jouer au tennis avec **eux**?
Do you want to play tennis with them?

- Use them with **être** when identifying people and after **que** in comparisons.

Qui sonne à la porte? C'est **toi**?
Who is at the door? Is it you?

Ma belle-mère est plus âgée que **vous.**
My stepmother is older than you.

- Use disjunctive pronouns to express contrast.

Moi, j'ai peur des chiens, mais **lui**, il n'en a pas peur.
Me, I'm afraid of dogs, but he isn't afraid of them.

Mamie ne vous parle pas à **vous**. Elle nous parle à **nous**.
Grandma is not talking to you. She's talking to us.

- When **-même(s)** is added to a disjunctive pronoun, it means *myself*, *yourself*, etc.

Mon neveu la répare **lui-même**.
My nephew repairs it himself.

Elles remercient leur tante **elles-mêmes**.
They thank their aunt themselves.

- Normally, indirect object pronouns take the place of **à** + [*person*]. With certain verbs, however, disjunctive pronouns are typically used instead.

s'adresser à (*to address*)	s'habituer à (*to get used to*)
être à (*to belong to*)	s'intéresser à (*to be interested in*)
faire attention à (*to pay attention to*)	penser à (*to think about, to have on one's mind*)

Cette montre est à **moi**.
This watch belongs to me.

Personne ne s'intéresse à **elle**.
No one is interested in her.

- Whereas indirect object pronouns are placed in front of the verb and replace both the preposition and the noun, disjunctive pronouns follow the preposition and replace only the noun.

Indirect object pronoun

Je vous ai téléphoné.
I called you.

Disjunctive pronoun

J'ai pensé à vous.
I thought about you.

ATTENTION!

In English, to emphasize the subject or object of a verb, you can pronounce the pronoun with added stress. In French, add a disjunctive pronoun.

Tu n'en sais rien, **toi**!
You don't know anything about it.

On ne les a pas punis, **eux**.
We didn't punish them.

ATTENTION!

Penser de means *to think of*, as in *to have an opinion.* It is not interchangeable with **penser à**. Use disjunctive pronouns after **penser de**.

Qu'est-ce que tu penses d'eux?
What do you think of them?

Mise en pratique

1 **À compléter** **Trouvez les pronoms disjoints correspondants pour compléter les phrases.**

1. Olivier a visité le musée avec ___eux___ (*them*).
2. Maman est allée à la pharmacie pour ___elle___ (*her*).
3. Ma copine connaît ce quartier mieux que ___moi___ (*me*).
4. Je me suis assis derrière ___elles___ (*them*, fem.).
5. Ma nièce a couru après ___lui___ (*him*).
6. C'est ___toi___ (*you*, fam.) qui as préparé les tartes, n'est-ce pas?
7. Voici Robert et Lise. Vous vous souvenez d'___eux___ (*them*)?
8. Caroline est française, mais ___nous___ (*us*), nous sommes suisses.
9. Est-ce qu'on va aller chez ___vous___ (*you*, formal)?
10. Ma demi-sœur n'a que trois ans, mais elle peut s'habiller ___elle-même___ (*herself*).

2 **À remplacer** **Remplacez les mots soulignés par des pronoms disjoints.**

1. Je suis allée à la fête avec <u>Jean-Pierre</u>. lui
2. Tu as étudié chez <u>Denise</u>? elle
3. Qui vient avec <u>ton époux et toi</u>? vous
4. Elle partage un appartement avec <u>ses sœurs jumelles</u>. elles
5. C'est <u>Paul</u> qui n'a plus vingt ans. lui
6. Il faut faire attention à <u>tes parents</u>. eux
7. Ces chiens sont à <u>Michèle et à moi</u>. nous
8. Mon beau-fils s'intéresse à <u>Mireille</u>. elle

3 **Votre famille** **Parlez de votre famille à l'aide des prépositions de la liste et des pronoms disjoints.**

Modèle Ma mère est toujours occupée, alors je fais souvent des courses pour elle.

à	entre
à côté de	pour
avec	sans
chez	?
de	

6.5

Possessive pronouns

- Whereas possessive adjectives modify nouns, possessive pronouns replace them.

Possessive adjective	Possessive pronoun
—C'est mon frère qui t'a téléphoné?	**—Non, c'est le mien qui m'a téléphoné.**
—Is it my brother who called you?	*—No, it's mine who called me.*

Tu m'as déjà donné mon cadeau. Voici **le tien**.

- Possessive pronouns agree in gender and number with the nouns they replace. Like possessive adjectives, they also change forms according to the possessor.

	singular		plural	
	masculine	**feminine**	**masculine**	**feminine**
mine	**le mien**	**la mienne**	**les miens**	**les miennes**
yours	**le tien**	**la tienne**	**les tiens**	**les tiennes**
his, hers, its	**le sien**	**la sienne**	**les siens**	**les siennes**
ours	**le nôtre**	**la nôtre**	**les nôtres**	**les nôtres**
yours	**le vôtre**	**la vôtre**	**les vôtres**	**les vôtres**
theirs	**le leur**	**la leur**	**les leurs**	**les leurs**

ATTENTION!

Notice the **accent circonflexe** on **nôtre(s)** and **vôtre(s)**, which indicates that the **ô** is pronounced as a closed **o**, like **-eau** in the word **beau**. The **o** in the possessive adjectives **votre** and **notre**, however, is pronounced as an open **o**, like the **o** in the word **donne**.

- **Le sien**, **la sienne**, **les siens**, and **les siennes** can mean *his*, *hers*, or *its*. The form is determined by the gender and number of the noun possessed, not the possessor.
- Notice that possessive pronouns include definite articles. When combined with the prepositions **à** and **de**, the usual contractions must be formed.

Mme Michelin a parlé à mes parents et **aux tiens**.
Mme Michelin spoke to my parents and to yours.

Je me souviens de mon premier chien. Vous souvenez-vous **du vôtre**?
I remember my first dog. Do you remember yours?

- Possessive pronouns can also replace possessive structures with **de**.

Les voitures des voisins sont belles.
The neighbors' cars are beautiful.

Les leurs sont belles.
Theirs are beautiful.

La grand-mère d'Ahmed a 92 ans.
Ahmed's grandmother is 92 years old.

La sienne a 92 ans.
His is 92 years old.

Mise en pratique

1 **À transformer** Donnez le pronom possessif qui correspond.

Modèle **le beau-frère de Suzanne**
le sien

1. les parents de mes cousins les leurs
2. mon enfance la mienne
3. votre caractère le vôtre
4. tes ancêtres les tiens
5. nos neveux les nôtres
6. l'épouse de Franck la sienne
7. mes jumelles les miennes
8. leur voiture la leur

2 **À compléter** Employez des pronoms possessifs pour compléter ces phrases.

Modèle **J'habite avec mes grands-parents, mais tu n'habites pas avec** ___les tiens___.

1. Tu as ton vélo et j'ai ___le mien___.
2. Elle s'occupe de ses enfants et nous nous occupons ___des nôtres___.
3. On peut prendre mon camion ou vous pouvez prendre ___le vôtre___.
4. Nous avons besoin de nos congés et eux, ils ont besoin ___des leurs___.
5. Je m'entends bien avec ma famille. Tu t'entends bien avec ___la tienne___?
6. Moi, j'aime bien mon professeur, mais Valérie, elle n'aime pas ___le sien___.

3 **À qui est...?** Écrivez des questions et répondez-y par oui ou par non à l'aide des éléments donnés. Utilisez des pronoms possessifs.

Modèle **vous / disques compacts / elle**
—Ces disques compacts sont à vous?
—Non, ce sont les siens.

1.

tu / photos / je
—Ces photos sont à toi?
—Oui, ce sont les miennes.

2.

nous / ordinateur / elles
—Cet ordinateur est à nous?
—Non, c'est le leur.

3.

je / voiture / tu
—Cette voiture est à moi?
—Oui, c'est la tienne.

4.

ils / valises / nous
—Ces valises sont à eux?
—Non, ce sont les nôtres.

7.4

Past participles used as adjectives

- You may have noticed that the past participles of verbs can function as adjectives.

Nous sommes **mariés**.

- When a past participle is used as an adjective, it agrees in gender and number with the noun it modifies. Notice the different adjective forms based on the past participle of **construire**.

Cet immeuble est **construit** en briques.
This building is built out of bricks.

Ces immeubles sont **construits** en briques.
These buildings are built out of bricks.

Cette maison est **construite** en briques.
This house is built out of bricks.

Ces maisons sont **construites** en briques.
These houses are built out of bricks.

- Like other adjectives, past participles may follow a form of the verb **être** or they may be placed after the noun they modify.

La porte est **ouverte**.
The door is open.

Fermez cette porte **ouverte**.
Close that open door.

- Compare the meanings of these verbs with their past participles when used as adjectives. Notice that past participles often correspond to English words ending in *-ed*.

Infinitive		Past participle	
s'agenouiller	*to kneel*	**agenouillé(e)**	*kneeling*
s'asseoir	*to sit*	**assis(e)**	*seated*
couvrir	*to cover*	**couvert(e)**	*covered*
décevoir	*to disappoint*	**déçu(e)**	*disappointed*
écrire	*to write*	**écrit(e)**	*written*
fatiguer	*to tire*	**fatigué(e)**	*tired*
fermer	*to close*	**fermé(e)**	*closed*
se fiancer	*to become engaged*	**fiancé(e)**	*engaged*
se marier	*to marry*	**marié(e)**	*married*
ouvrir	*to open*	**ouvert(e)**	*open*
payer	*to pay*	**payé(e)**	*paid*
peindre	*to paint*	**peint(e)**	*painted*
prendre	*to take*	**pris(e)**	*taken*
préparer	*to prepare*	**préparé(e)**	*prepared*
réparer	*to repair*	**réparé(e)**	*repaired*
terminer	*to finish*	**terminé(e)**	*finished*

ATTENTION!

In certain expressions, some past participles are used as prepositions. In this case, they are placed in front of the noun and are invariable.

attendu	*considering*
étant donné	*given*
excepté	*except*
passé	*past, beyond*
vu	*given, in view of*
y compris	*including*

Vu toutes les solutions possibles, on atteindra le but.
Given all the possible solutions, we'll reach the goal.

Mise en pratique

1 **À compléter** **Utilisez le participe passé des verbes entre parenthèses pour compléter ces phrases. Faites les accords nécessaires.**

1. Pardon, madame, est-ce que cette chaise est __prise__ (prendre)?
2. Quand Mylène a entendu les nouvelles, elle a été __déçue__ (décevoir).
3. Après la tempête, nos maisons étaient __couvertes__ (couvrir) de neige.
4. Delphine et Rachid sont __mariés__ (marier).
5. Il est sept heures et le magasin est __fermé__ (fermer).
6. Cette lettre est __écrite__ (écrire) à la main.
7. Marc était __agenouillé__ (s'agenouiller) quand il lui a demandé de l'épouser.
8. Je suis heureux parce que toutes mes dettes sont __payées__ (payer)!

2 **Descriptions** **Décrivez ces photos à l'aide du participe passé des verbes suivants.**

s'asseoir	se fiancer	réparer
fatiguer	préparer	terminer

1. Ces lycéens sont __assis__.

2. Cet homme et cette femme sont __fiancés__.

3. Il est 10h00. Ce cours est __terminé__.

4. Micheline est très __fatiguée__.

5. Les plats ont été __préparés__ et sont sur la table.

6. Votre voiture est __réparée__, monsieur.

7.5

ATTENTION!

Note that unlike English, to talk about something that *has gone on* or *has been going on* in the past and is *still* going on, French uses the present tense.

ATTENTION!

The prepositions **depuis**, **pendant**, and **pour** can each mean *for*, but they are not interchangeable. Use **pour** with the present tense to talk about the planned duration of an action.

Il part pour six mois.

He's leaving for six months.

Expressions of time

- To say someone has been doing something *for* an amount of time or *since* a certain point in time, you can use the present tense along with **depuis**.

  Leyla étudie le français **depuis** un an.
  Leyla has been studying French for one year.

  Nous habitons Nice **depuis** 2005.
  We have lived in Nice since 2005.

- When combined with **que**, these expressions can be used instead of **depuis** to convey similar meanings. Notice the different word order.

  Ça fait deux semaines **que** Chantal est serveuse.
  Il y a deux semaines **que** Chantal est serveuse.
  Voilà deux semaines **que** Chantal est serveuse.
  Chantal has been a waitress for two weeks.

- When talking about the past, **il y a** + [*time expression*] means *ago*.

  Corinne a visité Paris **il y a six mois**.
  Corinne visited Paris six months ago.

  Il y a 20 ans, cette frontière n'existait pas.
  Twenty years ago, this border didn't exist.

- To talk about something that occurred in the past *for* a certain amount of time, but is no longer occurring, use **pendant** + [*time expression*].

  Elle a habité chez Karine **pendant six mois**.
  She lived at Karine's for six months.

  Pendant neuf ans ils ont étudié ces étoiles.
  For nine years they studied those stars.

- To ask for how long something that is no longer going on took place in the past, use **pendant combien de temps?** (*for how long?*). In this case, the verb is in the **passé composé**.

  Pendant combien de temps a-t-il travaillé pour vous?
  For how long did he work for you?

  Il est resté dans le laboratoire **pendant combien de temps**?
  For how long did he stay in the lab?

- To ask for how long something *has gone on* or *has been going on* that is *still going on*, use **depuis quand?** (*since when?*) or **depuis combien de temps?** (*for how long?*). The verb should be in the present tense.

  Depuis quand est-ce que tu as cet ordinateur portable?
  Since when have you had that laptop?

  Depuis combien de temps assistes-tu à ce cours?
  For how long have you attended this class?

- The **passé composé** may be used with **depuis** to say that something has *not* occurred for an amount of time.

  Mon copain ne m'a pas téléphoné **depuis** quatre jours.
  My friend has not called me for four days.

  Nous n'avons pas regardé la télé **depuis** le week-end dernier.
  We haven't watched TV since last weekend.

Mise en pratique

1 **À compléter** Complétez ces phrases. Employez les expressions **depuis, pendant, il y a** ou **pour.**

1. ___Il y a___ un an que j'ai cet appareil photo numérique.
2. Mes parents ont acheté des vêtements ___pour___ mon frère et moi.
3. Calista a vécu en France ___pendant___ cinq ans.
4. ___Depuis___ son arrivée, Florent est déprimé.
5. Nous avons écouté de la musique ___pendant___ trois heures, hier soir.
6. Manger léger (*light*), c'est bon ___pour___ la santé.
7. Ma fille n'a pas été malade ___depuis___ un an!
8. Cet été, je pars à Bruxelles ___pour___ trois mois.

2 **Depuis quand?** Parlez des thèmes suivants à l'aide des expressions de la liste.

Modèle **habiter cette ville**
Ça fait trois ans que j'habite cette ville.

il y a | ça fait | voilà

1. habiter cette ville
2. être lycéen(ne) ici
3. avoir un permis de conduire
4. connaître son/sa meilleur(e) ami(e)
5. étudier le français

3 **Et hier?** Parlez des activités suivantes. Utilisez le mot **pendant** dans vos réponses.

Modèle **étudier**
J'ai étudié pendant deux heures.

1. étudier
2. être sur le portable
3. regarder la télévision
4. surfer sur le web
5. faire du sport

4 **Et quoi d'autre?** Quels sont vos passe-temps? Depuis quand? Qu'avez-vous fait par le passé? Pendant combien de temps? Parlez de vos centres d'intérêt.

Modèle **jouer au football**
Je joue au football depuis six ans.

1. jouer au football, au basket, au volley...
2. chanter dans un chœur
3. jouer du piano, du violon, de la guitare...
4. se spécialiser dans...
5. sortir avec...

8.4

Prepositions with infinitives

BLOC-NOTES

To review verbs that can be followed directly by an infinitive, see **Structures 8.1, pp. 272–273**.

- You are already familiar with many verbs that can be followed directly by another verb. Only the first verb in a clause is conjugated. The rest are in the infinitive form.

J'**aime jouer** à la pétanque.
I like to play petanque.

Tu **vas aller faire** un bowling?
Are you going to go bowling?

- Several verbs require the preposition **à** before an infinitive.

Marithé **apprend à** faire de l'alpinisme.
Marithé learns to mountain climb.

Ils **se mettent à** jouer aux fléchettes.
They begin to play darts.

- These verbs take the preposition **à** before an infinitive.

aider à	*to help to*	**s'habituer à**	*to get used to*
s'amuser à	*to pass time by*	**hésiter à**	*to hesitate to*
apprendre à	*to learn to; to teach to*	**inviter à**	*to invite to*
arriver à	*to manage to*	**se mettre à**	*to begin to*
commencer à	*to begin to*	**réussir à**	*to succeed in*
continuer à	*to continue to*	**tenir à**	*to insist on*
encourager à	*to encourage to*		

ATTENTION!

Do not confuse the preposition **à** that precedes indirect objects with the prepositions **à** and **de** required before an infinitive.

On apprend à nager à Claude.

We're teaching Claude to swim.

Mes parents défendent à mon frère de conduire.

My parents forbid my brother to drive.

- Several verbs require the preposition **de** before an infinitive.

accepter de	*to accept to*	**finir de**	*to finish*
arrêter de	*to stop*	**s'occuper de**	*to take care of*
choisir de	*to choose to*	**oublier de**	*to forget to*
conseiller de	*to advise to*	**permettre de**	*to permit to*
décider de	*to decide to*	**promettre de**	*to promise to*
demander de	*to ask to*	**refuser de**	*to refuse to*
dire de	*to tell to*	**rêver de**	*to dream about*
empêcher de	*to prevent from*	**risquer de**	*to risk*
essayer de	*to try to*	**se souvenir de**	*to remember to*
être obligé(e) de	*to be required to*	**venir de**	*to have just*

Il **refuse de s'arrêter de** fumer.
He refuses to stop smoking.

Attention! Vous **risquez de** tomber!
Careful! You risk falling!

- Several expressions with **avoir** also take the preposition **de** before an infinitive.

avoir besoin de	*to need to*	**avoir peur de**	*to be afraid to*
avoir envie de	*to feel like*	**avoir raison de**	*to be right to*
avoir hâte de	*to be impatient to*	**avoir tort de**	*to be wrong in (doing something)*
avoir l'intention de	*to intend to*		

Mise en pratique

1 À compléter **Complétez ce paragraphe. Ajoutez les prépositions qui conviennent. S'il ne faut pas de préposition, mettez un X.**

La semaine dernière, ma cousine Julie a reçu un appel de Florence, sa copine mauricienne. Florence l'a invitée (1) ___à___ venir visiter l'île Maurice. Mon oncle et ma tante lui ont permis (2) ___d'___ y aller et Julie n'a pas hésité (3) ___à___ accepter l'invitation. Elle s'est tout de suite mise (4) ___à___ faire des projets pour le voyage. Elle adore (5) ___X___ voyager et elle rêve (6) ___de___ visiter un pays francophone depuis longtemps. Maintenant, elle n'arrête pas (7) ___de___ parler de son voyage. Elle m'a promis (8) ___de___ me rapporter un beau souvenir. Alors, j'essaie (9) ___d'___ être compréhensive, mais je commence (10) ___à___ en avoir marre! J'aimerais bien (11) ___X___ aller en vacances, moi aussi. Je suis peut-être un peu jalouse, mais il faut (12) ___X___ penser aux autres quand même!

2 À inventer **Faites des phrases originales à l'aide des éléments de chaque colonne. N'oubliez pas d'ajouter des prépositions, s'il le faut.**

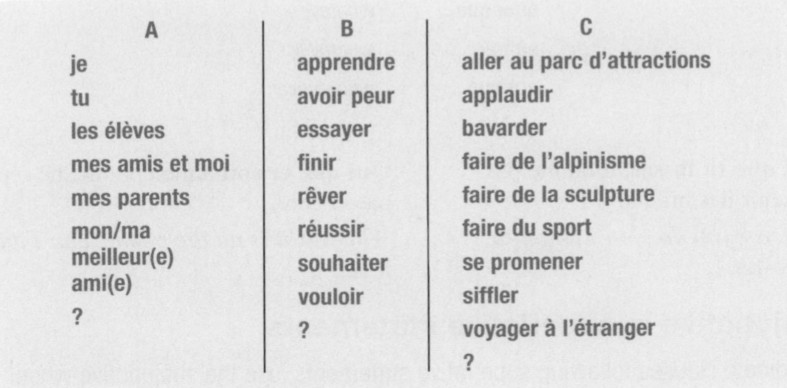

A	B	C
je	apprendre	aller au parc d'attractions
tu	avoir peur	applaudir
les élèves	essayer	bavarder
mes amis et moi	finir	faire de l'alpinisme
mes parents	rêver	faire de la sculpture
mon/ma meilleur(e) ami(e)	réussir	faire du sport
?	souhaiter	se promener
	vouloir	siffler
	?	voyager à l'étranger
		?

3 Questions **Répondez à ces questions.**

1. Qu'est-ce que vos parents vous encouragent à faire?
2. Qu'est-ce que vous avez promis à vos parents de ne jamais faire?
3. Qu'est-ce que vos professeurs vous ont demandé de faire cette semaine?
4. Qu'est-ce qu'on vous a invité(e) à faire ce week-end?
5. Qu'est-ce que vous rêvez de faire un jour?
6. Qu'est-ce que vous avez appris à faire récemment?
7. Qu'est-ce que vous êtes obligé(e) de faire la semaine prochaine?
8. Qu'est-ce que vous allez commencer à faire ce week-end?

ATTENTION!

Remember that an antecedent is a noun that another sentence element, such as a pronoun, follows and to which it refers.

Ces joueurs de foot? Je les admire.

Those soccer players? I admire them.

In this example, **Ces joueurs de foot** is the antecedent of the direct object pronoun **les**.

8.5

The subjunctive after indefinite antecedents and in superlative statements

The subjunctive after indefinite antecedents

- Use the subjunctive in a subordinate clause when the antecedent in the main clause is unknown or nonexistent. If the antecedent is known and specific, use the indicative.

Subjunctive: non-specific		Indicative: specific
Je cherche un ordinateur qui puisse ouvrir mes documents plus vite. *I'm looking for a computer that can open my documents faster.*	*but*	**Voici l'ordinateur qui peut ouvrir mes documents plus vite.** *Here's the computer that can open my documents faster.*
L'équipe a besoin de joueurs qui aient déjà été professionnels. *The team needs players who have already been professionals.*	*but*	**L'équipe vient de trouver cinq joueurs qui ont déjà été professionnels.** *The team just found five players who have already been professionals.*

- The subjunctive is used in indefinite structures that correspond to several English words ending in *-ever*.

quoi que...	*whatever...*
où que...	*wherever...*
qui que...	*who(m)ever...*

Quoi que tu fasses, n'oublie pas d'obtenir des billets.
Whatever you do, don't forget to get tickets.

Qui que ce soit au téléphone, ne répondez pas encore.
Whoever it is on the phone, don't answer it yet.

The subjunctive in superlative statements

- In subordinate clauses following superlative statements, use the subjunctive when expressing an opinion. When stating a fact, use the indicative.

L'île de la Réunion a les plages **les plus agréables que nous ayons visitées**.
Reunion Island has the most pleasant beaches that we visited.

but

La tour Eiffel est **le plus grand** monument **qu'on a construit** à Paris.
The Eiffel Tower is the tallest monument ever built in Paris.

- Some absolute statements are considered superlatives. Use the subjunctive in the subordinate clause after a main clause containing one of these expressions: **le/la/les seul(e)(s)** (*the only*), **ne... personne** (*nobody*), **ne... rien** (*nothing*), and **ne... que** (*only*).

Il **n'**y a **personne qui puisse** m'étonner.
There's nobody who can surprise me.

Houda est **la seule qui fasse** du ski.
Houda is the only one who skis.

Mise en pratique

1 À compléter Complétez les phrases à l'aide des expressions de la liste.

où que (qu') **qui que (qu')** **quoi que (qu')**

1. Qui que ce soit qui sonne à la porte, n'ouvrez pas!
2. Où que nous cherchions, nous ne trouvons pas nos clés.
3. Quoi qu' il fasse, son chien ne vient pas quand il l'appelle.
4. Quoi que tu dises, il ne faut pas porter de bermuda au restaurant.
5. Où que vous alliez au Louvre, vous verrez toujours de grandes œuvres d'art.

2 Subjonctif ou indicatif? Choisissez la forme du verbe qui convient le mieux.

1. «Papa» est le seul mot que ma fille (a / ait) dit jusqu'à maintenant.
2. Nous aimons bien le nouvel hypermarché qui (vend / vende) une plus grande variété de légumes.
3. La Suisse est le pays le plus propre qu'il y (a / ait) en Europe.
4. Elles cherchent un restaurant qui (sert / serve) de la cuisine japonaise.
5. Mon frère Henri est la seule personne qui me (comprend / comprenne).
6. Tu vas lire le roman d'Alexandre Jardin qui (est / soit) sorti cette semaine?
7. Vous voudriez élire un maire qui (sait / sache) prendre de bonnes décisions pour votre ville.
8. Il n'y a personne qui (connaît / connaisse) la bonne réponse.

3 Mon opinion Donnez votre opinion pour compléter chaque phrase.

Modèle ______________ **est le meilleur plat (que / qu' / qui)** ______________.
Le poisson est le meilleur plat qu'on serve au restaurant.

1. ______________ est le plus mauvais film (que / qu' / qui) ______________.
2. ______________ est la seule personne (que / qu' / qui) ______________.
3. ______________ est le cours le moins intéressant (que / qu' / qui) ______________.
4. ______________ est la plus jolie actrice (que / qu' / qui) ______________.
5. ______________ sont les vêtements les plus confortables (que / qu' / qui) ______________.
6. ______________ est le plus beau pays (que / qu' / qui) ______________.
7. ______________ est le meilleur professeur (que / qu' / qui) ______________.
8. ______________ sont les voitures les plus rapides (que / qu' / qui) ______________.
9. ______________ est le styliste le plus chic (que / qu' / qui) ______________.
10. ______________ est la plus forte équipe de basket (que / qu' / qui) ______________.

9.4 *Savoir* vs. *connaître*

- **Savoir** and **connaître** both mean *to know*, but they are used differently.

savoir	
je **sais**	nous **savons**
tu **sais**	vous **savez**
il/elle **sait**	ils/elles **savent**

Mon oncle est vendeur dans une épicerie, tu **sais**.

connaître	
je **connais**	nous **connaissons**
tu **connais**	vous **connaissez**
il/elle **connaît**	ils/elles **connaissent**

Vous **connaissez** Natifah? Elle est propriétaire de ce restaurant.

- **Savoir** means *to know a fact* or *to know how to do something.*

Il **sait** économiser.
He knows how to save.

Savez-vous où se trouve le distributeur?
Do you know where the ATM is located?

- **Connaître** means *to know* or *to be familiar with a person, place, or thing.*

Marc **connaît** un bon comptable.
Marc knows a good accountant.

Nous **connaissons** bien ce grand magasin.
We know this department store well.

- In the **passé composé**, **se connaître** means *met for the first time.*

Ils **se sont connus** en mai.
They met in May.

Nous **nous sommes connues** au bureau.
We met at the office.

- In the **passé composé**, **savoir** means *found out.*

Nous **avons su** qu'il avait beaucoup de dettes.
We found out that he had a lot of debts.

Elles **ont su** que leur père était au chômage.
They found out their father was unemployed.

- Note the meaning of **savoir** when it is negated in the **conditionnel**. In this context, **ne** is often used without **pas**. This particular usage is used mostly in literary French.

Il **ne saurait** vivre sans toi!
He wouldn't know how to live without you!

Je **ne saurais** vous le dire.
I couldn't tell you.

ATTENTION!

The verb **reconnaître** (*to recognize*) is conjugated like **connaître**: **je reconnais, tu reconnais, il/elle reconnaît, nous reconnaissons, vous reconnaissez, ils/elles reconnaissent**. Its past participle is **reconnu**.

Mise en pratique

1 **À compléter** **Décidez s'il faut employer savoir ou connaître.**

1. Est-ce que vous ___savez___ où se trouve la bibliothèque?
2. François ___sait___ conduire.
3. Nous nous sommes ___connus___ il y a deux ans.
4. ___Sais___-tu la date de son anniversaire?
5. Ils ___savent___ jouer à la pétanque.
6. Nous ___savons___ où Marc habite.
7. Vous ___connaissez___ bien la ville?
8. Tu ne ___sais___ pas pourquoi il est venu?
9. Christian ___connaît___ bien Bruxelles.
10. Quand est-ce qu'elle a ___su___ ce qui s'était passé?
11. Est-ce que tu ___connais___ quelqu'un qui habite en Afrique?
12. Mon frère ne ___sait___ pas passer l'aspirateur.

2 **À assembler** **Faites des phrases en assemblant les éléments des colonnes.**

A	B	C
je	connaître	parler français
tu	ne pas connaître	la ville de Washington
mon prof de français	savoir	faire une mousse au chocolat
mon/ma meilleur(e) ami(e)	ne pas savoir	faire le ménage
mon/ma frère/sœur		jouer de la guitare
le président		nager
mes parents		bien chanter
?		une personne célèbre
		naviguer sur Internet
		ce quartier
		?

3 **Qui et quoi** **Choisissez la forme de savoir ou de connaître qui convient pour décrire votre famille, vos amis ou des personnes célèbres.**

Modèle **faire la cuisine**
Mes frères savent faire la cuisine.

1. faire du ski
2. parler une langue étrangère
3. réparer une voiture
4. une actrice célèbre
5. un homme politique
6. danser
7. un bon restaurant
8. cette ville
9. jouer au billard
10. où se trouve un centre commercial
11. à quelle heure ferme la bibliothèque
12. bien étudier

9.5

Faire causatif

- The verb **faire** is often used as a helping verb along with an infinitive to mean *to have something done.*

J'**ai fait réparer** ma voiture.
I had my car repaired.

- **Faire causatif** can also mean *to cause something to happen* or *to make someone do something.*

Ce film me **fait pleurer**.
This movie makes me cry.

Nous vous **faisons perdre** votre temps?
Are we making you waste your time?

- When the infinitive that follows the verb **faire** takes only one object, it is always a direct object. Note, however, that pronouns are placed before the form of **faire**, rather than the infinitive.

Le propriétaire **fait travailler son fils**.
The owner makes his son work.

Tu **fais manger la soupe à tes enfants**.
You make your children eat the soup.

Le propriétaire **le fait travailler**.
The owner makes him work.

Tu **la leur fais manger**.
You make them eat it.

ATTENTION!

In the **faire causatif** construction, the infinitive phrase introduced by **faire** functions as its direct object. Therefore, the past participle **fait** never agrees with a preceding direct object pronoun.

Il a fait licencier les employés.
He had the employees laid off.
Il les a fait licencier.
He had them laid off.

- The reflexive verb **se faire** means *to have something done for* or *to oneself.*

Tu **t'es fait couper** les cheveux!
You had your hair cut!

- **Faire causatif** often has idiomatic meanings that do not translate literally as *to do* or *to make.*

faire bouillir	*to boil*	**faire savoir**	*to inform*
faire circuler	*to circulate*	**faire sortir**	*to show someone out*
faire cuire	*to cook*	**faire suivre**	*to forward*
faire entrer	*to show someone in*	**faire tomber**	*to drop*
faire fondre	*to melt*	**faire venir**	*to summon*
faire remarquer	*to point out*	**faire voir**	*to show, to reveal*

- While **faire** is used with verbs to mean *to make someone do something,* it is not used with adjectives. Use **rendre** with adjectives.

Cette crise économique me **rend** triste.
This economic crisis makes me sad.

Les dettes **rendent** la vie difficile.
Debts make life difficult.

Mise en pratique

1 **Les phrases** **Assemblez les éléments pour faire des phrases.**

Modèle **Nous étudions. / le professeur**
Le professeur nous fait étudier.

1. Leurs employés travaillent. / les gérants
2. Je pleure. / Élodie
3. L'entreprise signe des contrats. / la consultante
4. Mes sœurs font la cuisine. / mes parents
5. Nous avons vu ses photos. / Séverine
6. Tu as remarqué le problème. / Daniel
7. Je suis entré dans le salon. / tu
8. Il tape des lettres. / le cadre
9. Je suis venu. / la présidente de l'université
10. Tu fais la vaisselle. / ta mère

2 **À compléter** **Décidez s'il faut employer faire ou rendre.**

1. Les films romantiques me ___rendent___ heureuse.
2. Les histoires tristes me ___font___ pleurer.
3. Leur patron les ___rend___ furieux.
4. Cet article me ___fait___ réfléchir.
5. Cette bande dessinée me ___fait___ rire.
6. Toi, tu me ___rends___ fou!

3 **Questions** **Répondez à ces questions.**

1. Qui vous fait étudier?
2. Qu'est-ce qui vous fait rire?
3. Qu'est-ce qui vous rend triste?
4. Qu'est-ce qui vous fait éternuer?
5. Qu'est-ce qui vous rend malade?
6. Qu'est-ce qui vous fait perdre patience?
7. Qu'est-ce qui vous rend heureux/heureuse?
8. Vous coupez-vous les cheveux vous-même ou vous les faites-vous couper?
9. Réparez-vous votre voiture vous-même ou la faites-vous réparer?
10. Si vous en aviez la possibilité, que feriez-vous faire à votre professeur de français?

1

1. Les gérants font travailler leurs employés.
2. Élodie me fait pleurer.
3. La consultante fait signer des contrats à l'entreprise.
4. Mes parents font faire la cuisine à mes sœurs.
5. Séverine nous a fait voir ses photos.
6. Daniel t'a fait remarquer le problème.
7. Tu m'as fait entrer dans le salon.
8. Le cadre lui fait taper des lettres.
9. La présidente de l'université m'a fait venir.
10. Ta mère te fait faire la vaisselle.

10.4

Indirect discourse

- To tell what someone else says or said, you can use a direct quote or you can use indirect discourse.

Direct discourse	Indirect discourse
Marc dit: «Je ne veux pas chasser.» *Marc says, "I don't want to hunt."*	Marc dit qu'il ne veut pas chasser. *Marc says that he doesn't want to hunt.*

- Indirect discourse usually includes a verb related to speech, such as **crier**, **demander**, **dire**, **expliquer**, **répéter**, or **répondre**.

Solange **explique** que l'ouragan a causé des inondations.
Solange is explaining that the hurricane caused flooding.

- When relating what someone said *in the past*, the tense of the verb in the indirect statement differs from that of the verb in the direct statement.

Direct: present tense	Indirect: **imparfait**
Abdel a dit: «La rivière est polluée.» *Abdel said, "The river is polluted."*	Abdel a dit que la rivière était polluée. *Abdel said that the river was polluted.*

Direct: **passé composé**	Indirect: **plus-que-parfait**
Tu as crié: «Un singe a pris mon appareil photo!» *You yelled, "A monkey took my camera!"*	Tu as crié qu'un singe avait pris ton appareil photo. *You yelled that a monkey had taken your camera.*

Direct: **futur simple**	Indirect: **conditionnel**
Ils ont répété: «Une sécheresse menacera les poissons.» *They repeated, "A drought will threaten the fish."*	Ils ont répété qu'une sécheresse menacerait les poissons. *They repeated that a drought would threaten the fish.*

- Even when the introductory statement is in the past, if the **imparfait** or the **plus-que-parfait** is used in the direct statement, then it is also used in the indirect statement.

Direct: **imparfait**	Indirect: **imparfait**
Houda a dit: «J'utilisais des produits renouvelables.» *Houda said, "I used to use renewable products."*	Houda a dit qu'elle utilisait des produits renouvelables. *Houda said that she used to use renewable products.*

Direct: **plus-que-parfait**	Indirect: **plus-que-parfait**
Nous avons demandé: «Vous aviez vu des lions?» *We asked, "Had you seen lions?"*	Nous avons demandé si vous aviez vu des lions. *We asked if you had seen lions.*

ATTENTION!

If the introductory statement is in the present, the **futur simple**, the imperative, or the **conditionnel**, the tense of the verb in the indirect statement is the same as that of the verb in the direct statement.

Vous direz: «L'ouragan est imminent.»

You will say, "The hurricane is imminent."

Vous direz que l'ouragan est imminent.

You will say that the hurricane is imminent.

ATTENTION!

Note that a question reported through indirect discourse includes a clause that begins with **si** instead of **que**.

On demande toujours: «Économisez-vous de l'énergie?»

People always ask, "Do you save energy?"

On demande toujours si nous économisons de l'énergie.

People always ask if we save energy.

Mise en pratique

1 **Direct ou indirect?** **Ces phrases sont-elles écrites au discours direct ou indirect?**

1. Samuel répond toujours que tout va bien. indirect
2. Caroline répétait: «Je ne comprends pas la question.» direct
3. Le prof nous a dit que le cours commencerait à une heure. indirect
4. Tante Habiba a crié: «Bonjour les enfants!» direct
5. Coralie m'a demandé si j'avais dix euros. indirect

2 **À transformer** **Transformez ces phrases en les mettant au discours indirect.**

Modèle **Michèle dit: «Je suis malade.»**
Michèle dit qu'elle est malade.

1. Françoise dit: «Je vois une araignée!»
2. Mariam me demande: «Tu gardes ta sœur?»
3. Louise expliquera: «Ces singes habitaient dans la forêt tropicale.»
4. Édouard dit: «Vous n'aurez pas faim.»
5. Mes parents répondront: «Tu as fait attention à la consommation d'énergie.»
6. Nadège répète: «Je n'aime pas les cochons.»

2
1. Françoise dit qu'elle voit une araignée.
2. Mariam me demande si je garde ma sœur.
3. Louise expliquera que ces singes habitaient dans la forêt tropicale.
4. Édouard dit que nous n'aurons pas faim.
5. Mes parents répondront que j'ai fait attention à la consommation d'énergie.
6. Nadège répète qu'elle n'aime pas les cochons.

3 **Au passé** **Transformez ces phrases en les mettant au discours indirect. Cette fois, vous parlez de choses qui ont été dites hier.**

Modèle **Michèle a dit: «Je suis malade.»**
Michèle a dit qu'elle était malade.

1. Isabelle a dit: «J'ai déjà mangé.»
2. Karine a crié: «J'ai faim!»
3. Manon a demandé: «Où sont les toilettes?»
4. Daniel a expliqué: «Ils seront en retard ce soir.»
5. Nos amis ont répété: «Nous avons déjà vu ce film!»
6. Nathalie a répondu: «Je ne sais pas où sont les clés.»

3
1. Isabelle a dit qu'elle avait déjà mangé.
2. Karine a crié qu'elle avait faim.
3. Manon a demandé où étaient les toilettes.
4. Daniel a expliqué qu'ils seraient en retard ce soir-là.
5. Nos amis ont répété qu'ils avaient déjà vu ce film.
6. Nathalie a répondu qu'elle ne savait pas où étaient les clés.

10.5

The passive voice

- The passive voice consists of a form of **être** followed by a past participle which agrees in gender and number with the subject.

Active voice	Passive voice
Les ours mangent les poissons. *Bears eat fish.*	Les poissons sont mangés par les ours. *Fish are eaten by bears.*

- In the active voice, word order is normally [*subject*] + [*verb*] + [*object*].

SUBJECT	VERB	OBJECT
L'incendie	a détruit	les forêts.
The fire	*destroyed*	*the forests.*

- The passive voice places the focus on what happened rather than on the agent (the person or thing that performs an action). Word order changes to [*subject*] + [*verb*] + [*agent*], and the direct object of an active sentence becomes the subject in the passive voice.

SUBJECT	VERB	AGENT
Les forêts	ont été détruites	par l'incendie.
The forests	*were destroyed*	*by the fire.*

- The verb **être** can be used in different tenses with the passive voice. Note that the past participle always agrees with the subject of **être**.

L'eau **est contaminée** par l'usine.
The water is contaminated by the factory.

L'eau **a été contaminée** par l'usine.
The water was contaminated by the factory.

L'eau **sera contaminée** par l'usine.
The water will be contaminated by the factory.

- In a passive sentence, the agent is not necessarily mentioned at all.

La forêt **a été détruite**.
The forest was destroyed.

Les poissons **seront mangés**.
The fish will be eaten.

- If you want to mention the agent, you usually use **par** (*by*).

La couche d'ozone est menacée **par** la pollution.
The ozone layer is threatened by pollution.

- With certain verbs that convey a state resulting from an event or that express a feeling or a figurative sense, use **de** instead of **par**. Such verbs include **admirer**, **aimer**, **couvrir**, **craindre**, **détester**, and **entourer**.

Le toit était couvert **de** neige.
The roof was covered with snow.

Les peintures sont admirées **des** visiteurs.
The paintings are admired by the visitors.

ATTENTION!

The passive voice is not appropriate in some types of formal writing. Nevertheless, it has some useful applications, such as when you want to place emphasis on the event rather than on the agent or when the agent is unknown. Journalists and scientists often use the passive voice.

ATTENTION!

You can avoid mentioning an agent without using the passive voice by using the pronoun **on**.

On protège l'environnement.

The environment is protected (by someone).

Mise en pratique

1 **Voix active ou passive?** **Ces phrases sont-elles à la voix active ou passive?**

1. Le village a été détruit par un tremblement de terre. passive
2. Les policières ont prévenu le public. active
3. Les hommes ont chassé les lions. active
4. Les pluies acides sont causées par la pollution. passive
5. La forêt est protégée par les écologistes. passive
6. Jamel et Philippe ont vu le film. active
7. On chasse les ours. active
8. Le château est entouré d'un mur. passive

2 **À transformer** **Transformez ces phrases en les mettant à la voix passive.**

1. Tom Selleck interprète Dwight Eisenhower dans un film.
2. Léonard de Vinci a peint ces magnifiques tableaux.
3. On a détruit le mur de Berlin en 1989.
4. Alexander Fleming a découvert la pénicilline.
5. On a célébré le bicentenaire des États-Unis en 1976.
6. Jonas Salk a mis au point un vaccin contre la polio.

3 **Et les femmes?** **Transformez ces phrases en les mettant à la voix active.**

1. La Résistance a été soutenue par l'action de Joséphine Baker.
2. Certains avions ont été pilotés par Amelia Earhart.
3. La série *Harry Potter* est écrite par J. K. Rowling.
4. Helen Keller a été aidée par Anne Sullivan.
5. Beaucoup de matchs ont été gagnés par Billie Jean King.
6. Des thèmes vietnamiens sont choisis par Nguyen Dieu Thuy pour ses peintures.

2

1. Dwight Eisenhower est interprété par Tom Selleck dans un film.
2. Ces magnifiques tableaux ont été peints par Léonard de Vinci.
3. Le mur de Berlin a été détruit en 1989.
4. La pénicilline a été découverte par Alexander Fleming.
5. Le bicentenaire des États-Unis a été célébré en 1976.
6. Un vaccin contre la polio a été mis au point par Jonas Salk.

3

1. L'action de Joséphine Baker a soutenu la Résistance.
2. Amelia Earhart a piloté certains avions.
3. J. K. Rowling écrit la série *Harry Potter.*
4. Anne Sullivan a aidé Helen Keller.
5. Billie Jean King a gagné beaucoup de matchs.
6. Nguyen Dieu Thuy choisit des thèmes vietnamiens pour ses peintures.

Dialogues des courts métrages

LEÇON 1

Court métrage: *À tes amours*

Réalisateur: Olivier Peyon
Pays: France

LA SŒUR C'est incroyable ce que tu as grandi, hein! L'année dernière, tu étais aussi grand que moi, puis là tu me dépasses d'une tête.
LE FRÈRE Ben, tu n'es pas très grande aussi.
LA SŒUR Ben attends, je ne suis pas une naine, non plus. C'est bizarre, c'est que tu es long aussi. Tu fais du sport?
LE FRÈRE Du sport?
LA SŒUR Ouais.
LE FRÈRE Tu plaisantes.
LA SŒUR Mais, ça t'étofferait, tu vois. C'est vachement joli le cadeau que tu as acheté à Papa. Tu me diras combien je te dois? Et à qui tu les racontes tes histoires?
LE FRÈRE Ben à personne.
LA SŒUR Si tu étais amoureux, tu me le dirais?
LE FRÈRE Ça ne te regarde pas.
LA SŒUR Ben allez, tu es amoureux? Ben alors, tu me dis? Comment elle s'appelle?
LE FRÈRE Tu sais que tu es chiante, toi. Elle s'appelle Céleste.
LA SŒUR Céleste! C'est joli, c'est très joli même. Et elle t'aime?
LE FRÈRE Ben je ne sais pas.
LA SŒUR Comment ça tu ne sais pas? Tu ne lui as pas demandé, tu ne lui as rien dit?
LE FRÈRE Oh mais ça ne se fait pas comme ça, hein.
LA SŒUR Ben tu es con, qu'est-ce que tu attends, de te la faire piquer?
LE FRÈRE Si tu crois que c'est facile.
LA SŒUR Ben ce n'est facile pour personne, hein.
LE FRÈRE De toute façon, elle va se foutre de moi.
LA SŒUR Ben peut-être, mais peut être pas, peut-être qu'elle n'attend que ça. On va s'asseoir? … Bon, tu ne vas pas être comme tous ces mecs. Je te jure, s'il y en avait un qui pouvait se lancer, je crois que je ne l'enverrais pas chier.
LE FRÈRE Qu'est ce qu'il y a?
LA SŒUR Tu es amoureux. Mon petit frère est amoureux.
LE FRÈRE Pfff... Tu es chiante, tu vois on ne peut jamais rien te dire.
LA SŒUR Non mais arrête! Je ne me moque pas. Je trouve ça bien, je trouve ça très bien même.
LE FRÈRE Je n'y arriverai jamais.
LA SŒUR Mais si. Dis lui ce qui te passe par la tête, c'est tout.
LE FRÈRE Je te dis que je ne pourrai pas.
LA SŒUR Mais arrête, tu pourras. Je suis sûre que tu en meurs d'envie. Tiens! On n'a qu'à essayer. Imagine que je suis Céleste. Je te dis d'imaginer.
LE FRÈRE Ben oui, mais là...
LA SŒUR Ben quoi là! Ben avec moi tu ne prends aucun risque. Bon allez. On y va.
LE FRÈRE Bon.... Céleste... heu, je t'aime.
LA SŒUR C'est bien... C'est bien, mais c'est un peu court, non?
LE FRÈRE Ah bon?
LA SŒUR Mais attends... "Je t'aime", c'est quand même une sacrée nouvelle, non? [Il ne] Faut pas que ça tombe comme un cheveu sur la soupe. [Il] Faut que tu la prépares. Et puis une fois qu'elle est prête, paf, tu lui dis en conclusion.
LE FRÈRE Ah tu crois...?
LA SŒUR Ben ouais.
LE FRÈRE Et je lui dis quoi avant?
LA SŒUR Ben je ne sais pas moi. Tu lui parles d'elle, de toi, de ce que tu aimes chez elle...

LE FRÈRE Et puis si elle part, je ne suis pas comme un con.
LA SŒUR Ah oui, mais ça, c'est le risque... mais bon, tu n'en mourras pas, hein! Bon allez, on y retourne! Tu veux me prendre la main?
LE FRÈRE Ça [ne] va pas!
LA SŒUR Attends, mais moi je dis ça, c'est pour t'aider.
LE FRÈRE Ce n'est pas ça, mais je préfère essayer sans. Céleste... heu... Je voulais te parler, mais ce n'est pas évident. Ce n'est pas évident parce que je n'ai pas l'habitude... heu Céleste... heu... Je t'aime.
LA SŒUR Développe!
LE FRÈRE Mais comment tu veux que je développe là, si tu parles tout le temps!
LA SŒUR Bon ben d'accord, excuse-moi, je me tais!
LE FRÈRE Merci! Céleste... bon... heu... Tu crois sûrement que... que la première fois qu'on s'est rencontré, c'était à la fête de Fabrice. Eh ben ce n'est pas vrai. Non moi... Ça faisait deux mois que je rêvais de toi. Je ne savais pas que c'était toi hein... Non je ne savais même pas que tu existais pour de vrai. J'étais peinard dans mes rêves, on était heureux, plus rien n'avait d'importance. Alors quand j'ai débarqué dans cette fête et que je t'ai vue là, dans un coin en train de danser, et ben, ben moi j'ai cru que j'étais en train de dormir. Alors je me suis approché de toi en... en faisant semblant de danser, et... Non, tu as eu raison de me foutre un pain, mais... Il fallait que je te pince, pour être sûr. Enfin ce qui est sûr, c'est... Je t'ai tout de suite préférée à mon rêve. L'autre jour là, quand on discutait tous ensemble, eh ben, je te regardais l'air de rien, et tu avais un truc bizarre dans les... dans les yeux. Moi je croyais que c'était du maquillage qui avait fait une petite boule, mais non, en fait c'était un cil, un long cil. Il est tombé de ta joue, je ne sais pas, tu avais dû fermer l'œil, rien qu'un tout petit peu, un petit battement. J'étais comme un con, je.... j'avais envie de le... le cueillir, le manger, enfin... enfin tu vois... Toi, tu me parlais, mais moi je n'écoutais plus, je regardais ton cil. Alors j'ai fait un vœu. Et c'est là que tu as... tu as remonté ta mèche derrière ton oreille, comme tu fais, tu as passé ton doigt sur ta joue délicatement. Hop, le cil, il est tombé. Oh moi, j'étais fou, je n'en pouvais plus, j'avais envie de t'embrasser. Je te jure. Mais enfin je... je ne veux pas te faire peur hein, je veux juste que tu saches. Je sais qu'on est jeune, qu'on a tout le temps, mais... Ce n'est pas une raison non plus. Il y a des gens qui attendent toute leur vie, moi j'en connais. Alors heu... Si tu penses que... que ça pourrait coller, ben... ben je suis là quoi. Voilà! ... Alors... C'é... Ce n'était pas trop? Tu es sûre hein? Tu n'as rien à me dire alors? Mais alors quoi?!!!!
LA SŒUR Tu as oublié de dire “je t'aime”.

LEÇON 2

Court métrage: *J'attendrai le suivant...*

Réalisateur: Philippe Orreindy
Pays: France

ANTOINE Mesdames, Mesdemoiselles... Messieurs, bonsoir. Excusez-moi de vous déranger... Je sais bien que vous êtes énormément sollicités à l'heure actuelle. Tout d'abord, je m'en excuse... et puis, je me présente. Je m'appelle Antoine et j'ai 29 ans. Rassurez-vous, je ne vais pas vous demander d'argent. Ce qui m'amène à vous ce soir, eh bien, c'est que j'ai lu récemment, dans un magazine qu'il y avait en France près de 5 millions de femmes célibataires. Où sont-elles? Ça fait bientôt trois ans et demi que je suis tout seul. Je n'ai pas honte de le dire... Mais j'en ai marre! Pour passer ses soirées devant son micro-onde, pour regarder ses programmes débiles à la télé, ce n'est pas une vie. Minitel, Internet... pour se faire poser des lapins... Ça ne m'intéresse pas! Je suis informaticien... je gagne bien ma vie... 2.600 euros par mois... je suis assez sportif... je fais bien la cuisine... Vous pouvez rire, vous pouvez rire... Moi, je crois au bonheur. Je cherche simplement une femme, ou bien une jeune femme... de 18 à 55 ans, voilà, qui aurait, elle aussi, du mal à rencontrer quelqu'un... par les voies normales... et qui voudrait, pourquoi pas... partager quelque chose de sincère avec quelqu'un. Voilà... Si l'une d'entre vous se sent intéressée... eh bien, elle peut descendre discrètement à la station suivante... Je la rejoindrai sur le quai.

HOMME Mais arrêtez vos salades, là! Restez célibataire! Moi, ça fait cinq ans que je suis marié avec une emmerdeuse! Si vous voulez, je vous donne son numéro de téléphone au boulot... Elle est coiffeuse. Vous l'appelez, vous voyez avec elle... Mais il ne faudra pas venir vous plaindre après, hein!...
ANTOINE C'est très aimable à vous, Monsieur, mais je ne cherche pas la femme d'un autre. Ou alors, il faudrait peut-être lui demander son avis, non?
HOMME Mais non! Elle est d'accord, j'en suis sûr! Il n'y a que l'argent qui l'intéresse! Et je crois que vous en avez, vous, non?
ANTOINE Je cherche l'amour, moi, Monsieur, je ne cherche pas un marché!
HOMME Oh là là, eh, vous êtes mal barré dans la vie, vous, hein! Il va falloir que vous en fassiez des rames de métro!
ANTOINE Excusez ce monsieur, qui, je pense, ne connaîtra jamais l'amour.
HOMME Abruti!
ANTOINE C'est ça... C'est ça... Mesdemoiselles, je réitère ma proposition. S'il y en a une parmi vous qui est sensible à ma vision de l'amour, eh bien, qu'elle descende... Mademoiselle, c'était un sketch.

ANTOINE Si le spectacle vous a plu...
HOMME ...une petite pièce sera la bienvenue.

LEÇON 3

Court métrage: *Le Technicien*

Réalisateur: Simon-Olivier Fecteau
Pays: Canada

CLIENT C'est ma TV. Elle est toute brisée. Elle est toute brisée.
TECHNICIEN OK. OK. Ben, si vous me laissez entrer, on va regarder ça.
CLIENT Regarde!

Jour 238 de cette guerre qui, jusqu'à présent, a fait des milliers de victimes...

CLIENT Voilà...
TECHNICIEN Ben, écoutez, c'est une vieille TV. C'est normal, c'est un peu flou.
CLIENT Non, non, non, regarde!

Depuis 2005, l'incidence des cancers s'est accrue de 35% pour les hommes et de 43% pour les femmes...

CLIENT Et ça?

La crise économique mondiale frappe à tous les niveaux. Les PME sont particulièrement touchées par cette décroissance qui a pris le secteur...

CLIENT Et ça?

La famine en Éthiopie touche des millions d'enfants entraînant chez plusieurs la malnutrition grave ou même la mort. L'Éthiopie a une longue histoire...

CLIENT Regarde!

Émilie aurait été aperçue pour la dernière fois près du parc Wilbrod à l'angle des rues Lanouette...

CLIENT Peux-tu me réparer ma TV?

... et les affiches sont distribuées un peu partout...

TECHNICIEN Écoutez, euh... c'est pas le genre d'affaires qu'on prend, juste... Y a pas de formation qui... qui...
CLIENT Peux-tu la réparer?
TECHNICIEN Bien... On va regarder si c'est pas un problème technique. Peut-être les câbles...

Ça va très mal, cette année... Randy Furby va pouvoir faire une croix sur son rêve olympique...

TECHNICIEN Ouais, ben, comme je pensais, c'est pas le câble, hein. Tout est bon au *reset*. Je peux toujours aller vérifier dehors aussi.

Pour Furby, cette année, ça va mal, ça va très mal...

Nous avons, dans la région... nous avons des images en direct. On voit ici ce que l'on croit être le repaire d'Abdu Al-Maoud, le chef de la rébellion sudiste alors que... Attendez, on m'informe qu'un homme, oui, on le voit à l'écran, un homme inconnu semble faire son chemin à travers les balles. Il se protège et il entre à l'intérieur du repaire. Il semble discuter avec quelqu'un et il est prêt à ressortir de l'édifice. Il semble être en compagnie d'Abdu Al-Maoud qui agite un drapeau blanc. Mesdames et messieurs, c'est absolument incroyable. Le chef des sudistes offrirait sa reddition, se rendrait. C'est un conflit quasi-centenaire qui serait réglé. Nous assistons à un jour véritablement historique. Maintenant, l'information qui demeure, c'est de connaître l'identité de cet homme...

Aujourd'hui, à la bourse mondiale, le NASDAQ a affiché une hausse saisissante de 2400 points et qui semble avoir redémarré l'économie mondiale. Aucun analyste n'est en mesure d'expliquer cette hausse. Par ailleurs, la devise d'Éthiopie a également fait un gain historique de 1200%, ce qui a propulsé le pays le plus pauvre au rang des plus riches en une après-midi.

On aurait peut-être trouvé un remède... On soupçonne cet individu d'être à l'origine de cette découverte extraordinaire...

Complètement raté! Mais, mais... Ils reçoivent l'aide d'un balayeur et... c'est réussi! Furby s'en va aux Olympiques!

—J'étais tombée dans un trou dans la forêt et puis il y a un monsieur qui m'a sortie.
—Et il est où, ce monsieur?
—Là-bas.

Mesdames et messieurs, nous apprenons à l'instant qu'un tsunami a frappé la côte ouest du Japon.

CLIENT T'as pas fini.

La secousse sismique d'une magnitude de 9,3 sur l'échelle de Richter s'est produite...

LEÇON 4

Court métrage: *La révolution des crabes*

Réalisateur: Arthur de Pins
Pays: France

CRABE NARRATEUR Dans les eaux marronâtres de l'estuaire de la Gironde, entre les rochers repeints au fuel et le sable vaseux qui abrite les meilleures huîtres du monde, personne ne se doute de la tragédie qui nous frappe depuis 120 millions d'années: nous, les Pachygrapsus marmoratus, appelés communément «chancres mous» ou plus souvent, «crabes dépressifs». Vous savez, nous sommes les crabes carrés, les pas beaux, même pas bouffables, ceux que les gamins s'amusent à attraper afin de leur arracher les pattes. Les crabes qui puent, les crabes qui donnent des maladies. Bref, une espèce qui n'a jamais demandé à voir le jour.
CRABE 1 Bon, ben... ce n'est pas tout ça, mais il faut que j'y aille. Tu pars par où?
CRABE 2 Par là. Et toi?
CRABE 1 Ah, moi, je vais par là.
CRABE 2 Bon, à la revoyure!
CRABE 1 Tchao.
CRABE 2 Tchao.
CRABE 1 Et merde!

CRABE NARRATEUR Car notre tragique destin est bien pire que tout cela. Si la nature nous a permis de nous déplacer sur le côté, comme nos cousins les étrilles ou les tourteaux, elle ne nous a pas, en revanche, accordé le droit de pouvoir tourner. Une tare génétique qui nous condamne à marcher toute notre vie suivant la même ligne droite.
CRABE 3 Alors, poupée, toujours dans le droit chemin?
CRABE 4 Ouais, c'est ça. Casse-toi!

CRABE NARRATEUR Notre destin est tracé dès notre naissance en fonction de l'emplacement de notre ponte. Certains ont de la chance, d'autres moins. Certains ont une vie passionnante, d'autres moins. Malgré toutes ces inégalités, nous finissons tous par devenir fonctionnaires. Mais certains peuvent voir leur destin changer d'une minute à l'autre.
CRABE 5 Eh! Qu'est-ce qui se passe? On dirait que c'est mon jour de chance! Ouais! Super! Je change de trajectoire! Tchao, mon pote!
CRABE 6 Veinard!
CRABE 5 À moi la nouvelle vie! Brazil!

CRABE NARRATEUR De qui tenons-nous ce handicap? Je ne saurais même pas vous dire où nous nous trouvons dans l'échelle de l'évolution. Je crois qu'on est par là. Ou alors, euh, non, peut-être quelque part par là. Je ne sais pas. Un jour, un gamin a arraché les pattes de l'un d'entre nous. Le pauvre a tourné en rond pendant des mois. Mais à quelque chose, malheur est bon. Et à mesure qu'il tournait, le crabe réfléchissait. Et il est devenu philosophe; enfin, disons un peu moins bête que les autres. Il a compris beaucoup de choses sur notre condition. Ses pattes ayant repoussé, il est monté sur un rocher et on l'a écouté.
CRABE PHILOSOPHE Mes frères, nous sommes esclaves de notre carapace!
CRABE NARRATEUR Et il nous a dit ceci:
CRABE PHILOSOPHE Les tourteaux savent tourner, mais ne vont nulle part. Nous, on va tout droit, mais au moins, on va quelque part!
CRABE NARRATEUR Alors, qu'est-ce qui a changé? D'accord, on ne peut toujours pas tourner. Mais maintenant, on est fier d'être des Pachygrapsus marmoratus. Mais attendez de savoir ce qui m'est arrivé bien des années plus tard, à la suite d'une catastrophe, comme vous seuls, les humains, savez les faire. J'allais me faire aplatir par un ferry de 200 mètres de long qui recouvrait toute ma trajectoire. J'étais foutu. Eh oui, j'avais tourné, et compris du même coup que si on ne tournait pas, ce n'était pas à cause de notre carapace, c'est parce qu'on était trop cons. Mais déjà les miens me regardaient avec un drôle d'air.

CRABE 7 Mais il est fou!
CRABE NARRATEUR ...disaient-ils.
CRABE 8 Il a bifurqué!
CRABE 9 Mais où est donc passé sa dignité?
CRABE NARRATEUR Oui, chez les crabes, on ne rigole pas avec les mœurs. Je me suis donc remis dans mon axe et j'ai poursuivi mon destin. Mais un jour peut-être, se souviendra-t-on qu'à cet endroit précis, un Pachygrapsus marmoratus a délibérément changé de direction.

LEÇON 5

Court métrage: *Samb et le commissaire*

Réalisateur: Olivier Sillig
Pays: Suisse

Depuis 1994, suite à une décision du peuple suisse, le 1er août, jour de la fête nationale, est férié. Évidemment certains services assurent une permanence.

VOIX C'est normal, les gens, ils en ont marre. Il faut toujours que ce soit eux.
COMMISSAIRE Mais je sais! Ils sont de plus en plus nombreux. Mais enfin! Appeler les flics pour un gamin! Non! À cette station-service, ils... ils exagèrent! Vraiment! Tiens! Envoyez-le-moi! Entrez!
VOIX Voilà le client, Commissaire.
COMMISSAIRE Oui, merci. Alors, c'est vrai ce qu'on dit? Vous êtes tous des voleurs? Incroyable! Incroyable! À ton âge, tu es déjà un voleur! Eh ben! vous êtes jolis! Assieds-toi! Assieds-toi, nomdebleu! Bon! Alors? Tu t'appelles comment? Ton nom? Non! non! non! non! Te, te, te, te! Te! Juste ton nom. Je vous connais, vous êtes des bavards terribles, vous! Alors, ton nom? Comment t'appelles-tu? Tu t'appelles comment? Tu ne veux pas parler? Quel âge as-tu? Il ne sait pas son âge! Écoute! Tu vois, moi, je m'appelle Knöbel, Commissaire Knöbel. Et toi? Tu ne sais pas dire ton nom. C'est dingue! Vingt francs. Vingt francs! Porter plainte pour vingt balles! Il faut vraiment que les gens en aient marre de vous, hein! Et tes parents? Ils sont où aujourd'hui, tes parents? Ah! Eux aussi, ils sont allés apprendre l'hymne national! Alors quoi?
VOIX Ça ne répond nulle part. C'est férié aujourd'hui.
COMMISSAIRE Férié! Férié! Mais ce que les gens sont patriotes aujourd'hui! Alors, c'est comment, ton nom? Hein? Ben, attends! Je ne veux pas te manger! Je veux juste voir s'il y a ton nom sur le collier! Je roque. Knöbel! Oui, oui! Petit roque. Nimzo-Indienne? Je... Oui, oui, je crois, oui! Salut! Knöbel. Des carottes. Oui. Trois citrons. De la «Saint-Marc». Du pain. Oui. Ah! Ben oui, maman, oui, c'est jour férié, tout est fermé. Mais non, ce n'est pas grave. Oui, à tout à l'heure, maman. Mais, dis donc! Tu dois avoir faim, toi! Apportez à manger au gamin!
VOIX Tout est fermé.
COMMISSAIRE Tout est fermé, tout est fermé! Et alors, en face?

COMMISSAIRE Mange! Mais mange! Il y a sans doute du porc là-dedans! Les musulmans ne mangent pas de porc! Vous devriez savoir ça! Il faut s'adapter, nomdebleu! Les Africains sont musulmans! L'Islam! Ah! C'est tout ce que j'ai trouvé! Mais enfin au moins, tu connais!
SAMB Monsieur! Je m'appelle Samb. Samb. Et toi? Non! non! Juste votre nom!
COMMISSAIRE Knöbel. Commissaire Knöbel.
SAMB Non! Non! Votre nom! Votre vrai nom!
COMMISSAIRE Aah! Hugo. Avec un H.
SAMB Et votre papa?
COMMISSAIRE François, Louis.
SAMB En un seul mot ou en deux mots?
COMMISSAIRE François, virgule, Louis. Ouais, c'est... c'est presque ça.
SAMB Et le nom de votre maman?
COMMISSAIRE Louise, Irène, Augustine, née Roulet.
SAMB Roulet?
COMMISSAIRE Oui, c'est son nom de jeune fille. Ça veut dire qu'avant, elle s'appelait Roulet. Et maintenant, elle s'appelle Knöbel. Comme mon père, comme mon papa. Comme moi.
SAMB Parce qu'elle est encore en vie, votre maman?
COMMISSAIRE Ben ouais, bien sûr!
SAMB Et votre papa aussi?
COMMISSAIRE Ben oui! Aussi.
SAMB Vous avez de la chance.
COMMISSAIRE De la chance?

SAMB Oui, mes parents à moi, ils sont morts! Kakachnikov! Et puis... mon oncle, ma tante, Bassala, Anny, Isamfam. Ils se sont mis à tirer sur moi. Mais j'ai réussi à me cacher. Quand je suis revenu, ils avaient foutu le feu à tout! Tout brûlait. Même mon ballon! Il n'y avait plus rien!

COMMISSAIRE Les parents! Quels parents? Bon! J'arrive. Ah! c'est vous les parents? Messieurs dames! Bon, ce n'est pas grave. Ce n'est pas grave du tout! Ce n'est qu'un gamin, nomdebleu! C'est, c'est un môme, hein?... Bon! Pour ce qui est de la plainte, là, on laisse tomber, on écrase!
SAMB Eh! Mon ballon!
COMMISSAIRE *Ton* ballon!

LEÇON 6

Court métrage: *De l'autre côté*

Réalisateur: Nassim Amaouche
Pays: Algérie/France

PÈRE Le bouchon! Tu as compris? Je vais t'expliquer. Soulève le bouchon et baisse le bouchon! Regarde! Toc, toc, toc, toute la nuit, elles restent, les gouttes! Toc, toc, toc, il y en a marre! Tu as compris? Il y en a marre! Regarde! Monte et descend toute la nuit!
MALIK Ah, c'est ça qui fait toc, toc, toc! Tu vois, je le savais. Je l'ai entendu, tout ça! hop! hop! toc! toc! Mais bientôt, je vais le faire bien! hop! hop! hop!

MÈRE Malik!
MALIK Ouais, ouais! Qu'est-ce qu'il y a? Qu'est-ce qu'il y a encore?
MÈRE Ton frère, il va arriver pour la fête.
MALIK Il n'est pas encore mort, celui-là?
MÈRE Il t'a pris la chambre, aussi.
MALIK Et je vais dormir où, moi?
MÈRE Avec le petit!
MALIK Non, s'il te plaît! Ne me fais pas ça! Il va me soûler encore avec ses lapins! Je veux un jaune, je veux un rouge, un lapin vert, un lapin...! En plus, il pue, ton môme! J'en ai marre!
PÈRE Tu as compris?
(Malik: Vas-y, toi, avec tes toc, toc, toc chelous, là!)

MÈRE Samir!
SAMIR Tu es toute seule?
MÈRE Ton père, il est sorti. Il va acheter le pain, il va arriver, hein... Ça va?
SAMIR Mmm... Ça va, ça n'a pas trop changé.
MÈRE Ah oui. On a fait un peu la peinture et tout ça.
SAMIR Et Malik, il est où?
MÈRE Oh, Malik il traîne toujours au café, avec les voyous! Il ne change pas! Je suis contente, mon fils...
SAMIR Et le petit, ça va?
MÈRE Oui, il dort. Il est fatigué un petit peu. Tu as maigri.
SAMIR Bah, je mange plus comme avec toi!
MÈRE Mais j'ai téléphoné chez toi. Je suis tombée sur une fille qui était très gentille.
SAMIR Ouais, elle m'a dit que tu avais appelé.
MÈRE Comment elle s'appelle?
SAMIR Julie.
MÈRE Julie! Oh! Amène-la, s'il te plaît, amène-la!
SAMIR Ouais, je la ramènerai, un jour.
MÈRE Amène-la!
SAMIR Tiens, c'est pour la fête. Vous faites ça où?
MÈRE Chez Farida. On fait une petite fête entre les amis, la famille, un petit orchestre. C'est bien.
SAMIR Je la ramènerai. Mais...
MÈRE Attends, attends! Ça, le jour où elle vient, Julie, on fait ça. Moi, j'achète une belle robe et pour ton père, un beau costume, cravate. Mais Malik, il sort!
SAMIR Qu'est-ce que tu me racontes là? Je ne te demande pas de te déguiser ni de cacher Malik!
MÈRE J'ai dit qu'il faut aller au centre!
PÈRE Je sais, je sais, le centre, il est fermé! Il y a rien que ça, il n'y a pas le choix!
SAMIR Non, mais, ça va. Il est très bien, celui-là!
PÈRE Ça va, toi?
SAMIR Ça va bien, papa?
PÈRE Oui, ça va, oui.
SAMIR C'est la forme?
PÈRE Ouais, ça va... ça va...

SAMIR Ça va mieux, ta jambe?
PÈRE Ça va, ça va... L'hiver, quand il fait froid, ça me fait mal... Mais l'été, ça va...
MÈRE Ils vont lui couper la pension parce qu'il traîne, il traîne, il traîne avec les papiers! Tu ne peux pas l'aider, ton père?
SAMIR Mais si, bien sûr.
PÈRE Arrête un peu, toi, avec les papiers! Toujours pension! Papiers! Pension! Oh! Arrête. Je vais les faire, ces papiers, ça va!
SAMIR Non, mais, je peux t'aider si tu veux, ça ne me dérange pas.
PÈRE Non, non. Ça va, merci. Alors, tu as mis la robe pour aider les voyous, maintenant?
SAMIR Ben ouais, hein. Je commence... Je suis stagiaire et... je suis commis d'office...
PÈRE Ouais, ouais, d'office.
SAMIR Tu sais, quand les gens, ils n'ont pas d'argent pour...
PÈRE Je sais, je sais, je sais qu'est-ce que c'est «d'office». Je sais.
SAMIR Bon. Je vais aller voir le petit.

ABDEL Non! Le retour! Samir! Bien?
SAMIR Tu as changé ton carrosse?
ABDEL Ben, ouais, dis donc. Ils me l'ont explosé, les petits, à monter dessus tout le temps!
SAMIR Comment ça va, Abdel?
ABDEL Ça va? Bien? Et toi, tranquille?
SAMIR Tranquille, ouais.
ABDEL Ça me fait plaisir! Tu es frais, là! Je parie que tu as pris un appart' et tout?
SAMIR Oui, un petit truc. Il faudrait que vous passiez.
ABDEL On va passer, dès qu'on aura le temps. Tu sais, en ce moment... Tu as appris pour Stéphane?
SAMIR Je sais. Sa mère, elle m'a donné son numéro d'écrou. Je vais m'occuper de son dossier.
ABDEL Ne t'occupe de rien! Franchement, les mecs, ils font n'importe quoi! Ils croient que...
MANU Alors, Samir, tu vas bien? La forme?
SAMIR Alors, Manu?
MANU Ça va, la petite... Alors, Abdel, ça va? La forme?
SAMIR Comment tu vas, toi? Tu as grandi, toi. Oh! Elle a poussé, hein!
MANU Tu as vu, elle grandit tous les jours, trois centimètres, je sais pas! Alors, tu es là pour la fête!
ABDEL Manu, explique-moi un truc... Ta fille, à chaque fois qu'elle me voit, elle a le syndrome fauteuil! J'ai mal au pied!
MANU Abdel, tu la connais.
ABDEL Tu as mal au pied?
MANU Elle a une entorse! Allez, c'est bon.
ABDEL Allez, arrête le cinéma et monte! Bon, Manu je te l'embarque!
MANU Tu essaies de ne pas être trop long, Abdel!
ABDEL Tranquille. Comme d'hab'!
MANU Mais non, pas comme d'hab', pas comme d'hab'! Là, ce coup-ci, il y a sa mère qui l'attend! Je compte sur toi!
ABDEL Pas de problème. Samir, je te vois après, le jeune homme, à la soirée. [Ne] t'inquiète [pas]! Bon, Manu! [Ne] t'inquiète [pas]! Ça va, les gars? Bien?
JEUNE Eh! Abdel! Fais attention au virage du 37!
ABDEL Rentre chez toi avec tes blagues à deux francs!
JEUNE C'est pour ton bien!
PETITE FILLE Toboggan!

MALIK Oh! Le grand frère! Ça va? Tu vas bien?
SAMIR Comment tu vas?
MALIK Maman, elle t'a mis des draps propres...
SAMIR J'aurais pu dormir avec le petit.
MALIK Non, mais attends, tu rigoles! C'est encore ta chambre! Je prends juste une chemise et je m'en vais! En plus, si tu pues toujours autant des pieds, tu vas le tuer, le môme! Allez, à tout à l'heure!
SAMIR Bonne nuit, Malik.

SAMIR Salut crapule!
GARÇON Samir!
SAMIR Comment ça va?
GARÇON Ils m'ont coupé la zézette!
SAMIR Non! En entier?
GARÇON Non, il m'en reste un peu, quand même! Pourquoi ils m'ont fait ça?
SAMIR Ben, je ne sais pas. Maintenant, tu deviens un homme!
GARÇON Et à l'école, ils ne sont pas des hommes alors?
SAMIR Si, mais un peu moins que toi... Mais ne t'inquiète pas. Le plus dur, il est passé. Maintenant, samedi, il va y avoir une grande fête avec des gens que tu ne connais pas qui vont te donner plein d'argent! Tu pourras t'acheter plein de cadeaux.
GARÇON Je sais. Malik, il m'a dit. Avec cet argent, je vais pouvoir m'acheter une ferme, des lapins, des coqs, et puis surtout des lapins! Mais je vais quand même prendre un lion parce que Malik, il a dit que son chien, il allait bouffer mes lapins!
SAMIR N'écoute pas Malik! Mais le lion, c'est une très bonne idée pour te défendre! Allez, au lit! Va te coucher! À demain!

MÈRE Laisse, laisse, laisse, laisse, laisse-moi faire! Donne! Donne!
PÈRE Qu'est-ce qui te fait rire, toi? Pourquoi tu rigoles? Allez, dis-moi, pourquoi tu rigoles?
MALIK Ce n'est pas moi qui rigole!
PÈRE Si, tu rigoles!
MALIK Arrête de rigoler, toi!
PÈRE Allez, dis-moi pourquoi tu rigoles.
SAMIR Non, mais, tu peux laisser. Ça ne me dérange pas.
PÈRE Non, de toute façon, ça sert à rien de le voir. C'est idiot, ça.
SAMIR Si, j'aime bien. Je regarde de temps en temps, ce n'est pas mal.
PÈRE Ah, oui? Tu t'intéresses à ça?
SAMIR Ben, de temps en temps, je regarde à la maison, quand j'ai le temps.
PÈRE De toute façon, moi, ça ne m'intéresse pas.
SAMIR Il s'est passé quoi depuis la dernière fois, là, depuis la semaine dernière?
PÈRE Ben, la blonde a laissé tomber son mari... elle est partie avec un autre.
MALIK Mais qu'est-ce que tu racontes! Elle est toujours avec le grand du premier épisode!
PÈRE Quel grand?
MALIK Le grand du premier épisode!
PÈRE Ah, oui?
MALIK Il ne regarde pas! Tu as vu comme il nous fait son cinéma, celui-là! Tu fais ton cinéma parce qu'il est là!
PÈRE Qu'est-ce tu parles [racontes], toi?
MALIK Tu es un malin, toi!
PÈRE Qu'est-ce tu parles [racontes]?
MALIK En vérité, sur la tête de ma mère, il kiffe sur elle! Il kiffe! Il kiffe! Tu aimes bien les bonnes...
PÈRE Allez! Va, va! Hier soir, tu as encore oublié le bouchon! Va, va! Il ne faut pas l'écouter, lui! Il est malade!

PÈRE Allô?
FONCTIONNAIRE Oui, j'écoute.
PÈRE Bonjour, monsieur. Voilà, je m'appelle Boujira. Je vous téléphone au sujet d'un dossier. Voilà, j'ai retrouvé la feuille... Elle est là!
FONCTIONNAIRE Oui. Attendez, attendez... Vous avez dû avoir mon collègue... C'est pour une pension d'invalidité?
PÈRE Voilà, c'est ça, oui.
FONCTIONNAIRE Rappelez-moi votre nom?
PÈRE Boujira.
FONCTIONNAIRE Une minute, s'il vous plaît... Ah! Ben oui. Effectivement, il manque la B110.
PÈRE Oui, parce que je me suis trompé. Au lieu de vous envoyer la bleue, je vous ai envoyé la rouge.

FONCTIONNAIRE Mais non, mais, la rouge, vous la conservez! Dites-moi, votre dossier, vous l'avez rempli vous-même?
PÈRE Oui, oui, moi-même, oui.
FONCTIONNAIRE Eh ben, vous avez de la chance d'être tombé sur mon collègue! Les dossiers comme celui-ci, moi, je les renvoie à l'expéditeur! Non, mais, vous vous rendez compte qu'on passe parfois une heure à déchiffrer l'écriture? On reçoit vingt dossiers par jour! Faites le calcul! Bon, que vous ne sachiez pas très bien écrire, je comprends tout à fait. Mais quand même, faites un effort! Appliquez-vous un minimum ou faites-vous aider!
PÈRE Oui, parce que voilà, j'ai fait les cases avec un stylo blanc à la fin.
FONCTIONNAIRE Allez, ce n'est pas grave. Renvoyez-moi l'attestation... et la feuille bleue cette fois, hein?
PÈRE Oui, monsieur, oui. Merci.
FONCTIONNAIRE Au revoir.
PÈRE Au revoir, monsieur, bonne journée.
SAMIR C'était la sécu?
PÈRE Oui.
SAMIR Et ils te reçoivent toujours comme ça?
PÈRE Ah! Ils sont braves avec moi.
SAMIR Ah, tu trouves? Ils te parlent comme à un gamin et ça ne te pose pas de problèmes?
PÈRE Non, mais ils sont sympas. De toute façon, c'est moi qui ai rempli tout ça avec le blanc...
SAMIR Et alors? Ce n'est pas ton professeur, et tu n'as pas 10 ans pour qu'il te parle comme ça, celui-là!
PÈRE Ce n'est pas grave...
SAMIR Bientôt, il va te donner des devoirs à faire, c'est ça?
PÈRE Mais non, ce n'est pas grave!
SAMIR Bien sûr que c'est grave! Mais si, c'est grave! Tu te fais humilier et en plus, tu le remercies! Pourquoi tu rampes toujours comme ça! D'où elle vient, ta honte? Explique-moi, papa! D'où elle vient? Tu sais pourquoi il te parle comme ça, ce mec-là? Parce qu'il l'a sentie, ta honte! Tu commences à me respecter comme tu respectes cet abruti au téléphone! Mais je n'en veux pas de ce respect-là, papa! C'est quoi votre truc, là? Vous croyiez que j'allais vous mépriser, c'est ça?

JEUNE Ça va, Samir?
SAMIR Ça va?

MALIK Il est là, le petit?
SAMIR Non, il est à la salle avec les parents.
MALIK Dépêche-toi! Dépêche-toi! Dépêche-toi!
SAMIR Qu'est-ce que c'est que ça?
MALIK C'est [Ce sont] des lapins pour le petit. Comme ça, il me casse plus les...! Ah! Voilà! Je veux des lapins! Je veux des lapins! Comme ça, il me casse plus les pieds! Je suis content! Hein, ma caille? Quoi, qu'est-ce qu'il y a?
SAMIR Ben, rien.
MALIK Comme tu m'as parlé! Tu es comme ça. Tu ne te reconnais pas? Non, mais, il croit qu'on les a tapés! On ne les a pas tapés! Hein?
SAMIR J'ai dit ça, moi?
MALIK Tu me regardais comme ça! Attends! On a frappé, on a frappé [chez le] mec! Tu crois qu'on les a tapés?
AMIS Mais, bien sûr qu'on les a volés!
MALIK Ah ouais, on les a volés... Vous êtes graves, vous! Eh! Samir! Viens voir, je te dis!

ABDEL Moi, je suis d'accord avec toi là-dessus. Franchement, il n'y a pas de problème. Mais lui, il...
MALIK Allez, il faut y aller, maintenant.
ABDEL Ouais. On se voit tout à l'heure, de toute façon.
MALIK Eh! Mets une chemise, mets un costume, un truc bien!
ABDEL Ça va! On n'est pas des sauvages, quand même! On sait s'habiller!
MALIK N'oublie pas les tunes pour le petit!
ABDEL C'est à lui qu'il faut le dire pour la tune!
MALIK Il faut des tunes, ce soir! Et mets une chemise, et enlève-moi ton blouson.

SAMIR Sinon, tu es toujours avec Stéphanie?
MALIK Ouais. Mais elle me soûle en ce moment, grave. Mais bon, je crois que c'est ce que je kiffe. Et toi?
SAMIR Bof.
MALIK Quoi, bof? Arrête de mentir. Maman m'a dit qu'elle avait eu une meuf au téléphone.
SAMIR Tu connais maman... elle s'emballe vite.
MALIK Arrête! Un avocat, ça peut bander! Je n'aurais jamais cru!
SAMIR Espèce de bouffon! Et le boulot, alors, comment ça se passe?
MALIK Ça va. Toujours dans les inventaires. En plus, là, c'est la période, il y a beaucoup de boulot. Mais bon, ça va. Pas très intéressant, mais au moins, je ne m'encroûte pas dans la même boîte... ça, c'est bien.
SAMIR Il doit y avoir un truc pour toi au cabinet, je crois... coursier. Bon, ça va, c'est tranquille et en plus, ce n'est pas très, très compliqué.
MALIK Parce que si c'était compliqué, tu ne me l'aurais jamais proposé... con comme je suis!
SAMIR Qu'est-ce que tu me racontes là!
MALIK Rien. Ne te retourne pas, Samir! Fonce! Tu ne dois rien à personne. Moi, ça va. La dernière fois chez le boucher, papa a fait tomber ta photo par terre, tu sais, celle où tu es sapé comme une gonzesse, avec ta robe. Maman m'a dit que ce n'est pas la première fois, en plus, qu'il fait tomber son portefeuille devant les gens. Regardez mon fils comme il est beau! Il a mis 30 ans à construire sa vengeance. Et je crois qu'elle ressemble beaucoup à ta gueule. Comment ça doit être dur de passer de l'autre côté... Lourd à porter... Avec tous ces cravatés qui te regardent sûrement comme un objet exotique quand tu es avec eux. Tu crois que je ne vois pas? Et les parents... Quand tu reviens, qu'ils ne savent même plus comment te prendre... Eh ouais. Mais, dis-toi que c'est un luxe de te prendre la tête dessus! Tu sais, ça? Maintenant, tu y es, de l'autre côté. Que tu le veuilles ou pas, tu y es et tu n'as pas mille questions à te poser! Il n'a pas gueulé de la journée. J'ai été voir maman, elle m'a tout raconté...

PÈRE Il faut vous dépêcher! Il y a la mère qui attend!
MALIK Ouais, c'est bon! Vas-y! Dépêche-toi, toi! Il n'est pas beau, ton fils?
PÈRE Ton père, il est beau. Moi, je suis l'original. Toi, tu n'es rien que la photocopie!
MALIK Ah bon. Je ne suis pas beau, moi?
PÈRE Ah! Tu es beau.
MALIK C'est toi le plus beau!
PÈRE Où il est, ton frère?
MALIK Dans la salle de bain, là-bas. Vas-y! Dépêchez-vous, on y va!

PÈRE Samir, il faut se dépêcher. Il y a ta mère qui nous attend.
SAMIR Je sais... mais il n'y a que ça comme rasoir?
PÈRE Laisse, laisse! Tu vas te couper! Tu sais, ton frère, il ne se rase pas. Il a la peau de bébé.
MALIK On y va quand vous voulez!

LEÇON 7

Court métrage: *Le Manie-Tout*

Réalisateur: Georges le Piouffle
Pays: France

MARTIN Vas-y, lance, ouais vas-y… Lance!
MÈRE L'avion de 8h30 vient d'atterrir... Nous informons Martin qu'il ferait bien de se dépêcher...

MAÎTRESSE Les chevaux affolés, virgule, les chevaux affolés…

MARTIN C'est mon cartable.
MANIE-TOUT Comment tu t'appelles?
MARTIN Martin.
MANIE-TOUT Et ton cartable, il s'appelle comment?
MARTIN Mais il n'a pas de nom, c'est un cartable.
MANIE-TOUT Chaque chose a un nom… Il suffit de le trouver. Orcus! Allez hop!
MARTIN Au revoir. Allez, Orcus, allez viens.

MÈRE Tu as encore traîné... Ton frère t'attend... Dépêche-toi. Donne-moi ton cartable.
MARTIN Et puis d'abord, c'est Orcus.
BASILE Ouais, je suis là, viens! Ouais, super!
PÈRE Ouh la la, j'ai attrapé un gros poisson, mon gros poisson. Martin, tu sors s'il te plaît!
MARTIN Déjà?
PÈRE Et oui, déjà!
BASILE C'est qui qui est devant?
MARTIN C'est moi.
BASILE Oh tu es là?
MARTIN Ouais, je te grille.
BASILE C'est toujours toi qui gagnes.
PÈRE Allez, ça suffit les extra-terrestres. Allez, décollage immédiat pour Uranus, le compte-à-rebours a commencé: 4,3,2,1…
MARTIN Orcus, allez viens Orcus! Je t'assure, je l'ai vu marcher!
BASILE Tu es sûr qu'il s'appelle Arcus?
MARTIN Non, c'est Orcus.

MANIE-TOUT Et Orcus, qu'est-ce que tu en as fait?
MARTIN Il se repose. Et vous pourrez le faire marcher après?
MANIE-TOUT Allez Ahurin… Et voilà. Oh! Un œuf! Il est gentil, l'oiseau. Un œuf, tout petit et invisible, mais c'est un vrai!
MARTIN Et vous pouvez tout faire bouger?
MANIE-TOUT Tout ce qui a un nom.
MARTIN Tout ce qui a un nom…

MARTIN C'est par ici, dépêche-toi! Regarde, c'est lui le MANIE-TOUT. Maman, elle dit que tous ses muscles, ils sont dans sa tête.
BASILE Regarde, ouaaaaaaa, c'est des vraies dents. Tu as vu les grandes oreilles?
MANIE-TOUT Je ne peux pas le faire marcher.
MARTIN Mais si, il a un nom, il s'appelle Basile.
BASILE Bah, qu'est-ce qu'il fait?
MARTIN C'est quoi, ça?
MANIE-TOUT Retenez-le avec les mains. Attention, je coupe!
MARTIN Ça va?
BASILE Ouais, c'est bizarre…

LEÇON 8

Court métrage: *Le ballon prisonnier*

Réalisateur: Cyril Gelblat
Pays: France

DYLAN 1, 2, 3, 4... 1, 2, 3, 4, 5, 6, 7, 8, 9, 10, 11, 12, 13
(À lui-même: Ouais, il a le ballon... Il en dribble 1, 2. Ouais. Il continue son action, il déborde. Zidane qui passe à Dylan Belgazi... Talonnade... Thierry Henry... qui accélère et But! Ouais!)
Ouais! Ouais!
Eh, Dylan, Dylan! Qu'est ce que vous ressentez après cette victoire? Oui, euh, je suis très content, mais c'est avant tout la victoire d'un groupe, et à partir de là, on a répondu présent dans les duels, et voilà, quoi... On parle de vous dans les plus grands clubs. Oui, c'est vrai, il y a des contacts, mais, euh... je suis encore sous contrat avec l'ASPTT Nice et rien n'est fait.
MÈRE Dylan! Tu rentres, on va dîner!

DYLAN Maman, je peux avoir du poulet?
PÈRE Mais tu fais exprès ou quoi? Qu'est-ce que je t'ai dit? Les veilles de match, c'est féculents et sucres lents, sinon tu as les jambes coupées et tu ne cours pas.
MÈRE Enfin, ça va, il peut quand même manger une cuisse de poulet la veille d'un match!
PÈRE Ne fais pas l'idiot, Dylan, demain c'est [ce ne sont] pas des rigolos en face, si tu sors du lot, ils vont te contacter. Alors, tu manges tes pâtes.

MÈRE Translate in English. Caterpillar.
DYLAN Mille-pattes.
MÈRE Très bien. Goat.
DYLAN Euh... Contrarié.
MÈRE Ah non, ça, c'est chèvre. Alors, vas-y, contrarié.
DYLAN Euh... Worri-ed.
MÈRE Non. Wooorried.
DYLAN Worried.
MÈRE Worried.
DYLAN Worried.
MÈRE Très bien. Bon allez, finis tes mots et commence les verbes.
PÈRE Eh! Dylan, Dylan, dans quelle main? Gagné. Si tu marques un but demain, tu en auras 5 de plus. OK?
MÈRE Bon, Dylan, va réviser tes verbes dans ta chambre, mon cœur. Non, mais, tu ne veux pas un peu arrêter de lui bourrer le crâne avec ça? Il y en a combien, un sur cent qui finit professionnel. Pourquoi ça serait lui?
PÈRE Oui, c'est ça, vas-y, décourage-le, toi. Je n'ai pas dit que je voulais qu'il soit professionnel, j'ai juste dit qu'on allait tout faire pour, c'est tout. Demain, il y aura tous les recruteurs, c'est l'OGC Nice en face. Dans 3 ans, il a l'âge du centre de formation, c'est maintenant que ça se joue.
MÈRE Et qu'est-ce qu'il fera de ses 10 doigts si ça se passe pas comme tu le dis?
PÈRE Mais arrête de parler de ce que tu ne connais pas! Attends, dans tous les centres de formation, ils étudient maintenant. Qu'est ce que tu crois, toi? C'est [Ce ne sont] plus des débiles mentaux, les joueurs. C'est fini, ça.
MÈRE Ah bon?
PÈRE Ben ouais. Puis, de toute façon, il n'est pas question qu'il en sorte avec rien dans la tête. À 35 ans, il est fini, le joueur de foot. Regarde les joueurs, quand ils arrêtent, ils sont tous, je ne sais pas moi, commentateurs à CANAL+ ou euh...
MÈRE Ou quoi? Non mais, ou quoi?
PÈRE Eh ben, tout ça, quoi.
Allez, Dylan. 9 heures. Tu te couches.
DYLAN Mais je ne suis pas fatigué.
PÈRE Ce n'est pas le problème que tu sois fatigué ou pas, petit bonhomme. C'est l'heure. Allez. Au dodo. Bon, on reprend. Tu mets le pied, hein? Dans tous les duels et agressif, hein? Et sur tous les ballons. Et s'il y a un coup franc ou un penalty, ben, tu t'imposes pour le tirer.

MÈRE Mais puisqu'il te dit que c'est Djibrill qui joue les coups-francs.
PÈRE Attends, tu frappes mieux que Djibrill. Attends, je ne vois pas pourquoi c'est toujours lui qui les tire. Ça va, Djibrill il est capitaine, il est numéro 10, il ne veut pas jouer tout seul aussi.
MÈRE C'est vrai! Pourquoi ce n'est pas toi qui est le numéro 10?
DYLAN Parce que je suis attaquant et l'attaquant, il a le 9.
PÈRE Ouais, c'est ça. Je vais te dire, moi, pourquoi il ne l'a pas. C'est parce que le père de Djibrill, il est pote avec l'entraîneur, c'est tout. Hein, depuis 10 ans qu'ils bossent ensemble au tri. C'est même lui qui l'a fait rentrer à la CGT, le père à Djibrill.

ENTRAÎNEUR 1 Salut, les gars!
ENFANTS Salut!
ENTRAÎNEUR 1 Bon, allez! Les photos, les albums, on arrête, là, maintenant, hein. Et on se concentre. Bon, je n'ai pas besoin de vous faire un dessin, vous savez contre qui on joue, aujourd'hui, hein? Entre les Postes et l'OGC NICE, c'est trente ans de concurrence derrière. C'est un peu les pros contre les amateurs, là. Alors, si vous avez une revanche à prendre, c'est maintenant.
ENTRAÎNEUR 2 Allez, les gars! De l'agressivité! On va au charbon!
ENTRAÎNEUR 1 Bon, ce n'est pas compliqué, ils sont plus grands que vous, alors surtout, vous ne jouez pas en l'air, sinon ils vont vous bouffer, les gars. Leur point faible, c'est leur gardien, alors je veux que vous provoquiez des fautes, d'accord? Djibrill, c'est toi qui tire les coups francs. Hein, petit? Allez! Yazid, Julien, costauds en défense, je ne veux rien voir passer, d'accord? Dylan, tu joues en pointe. Alors, devant, tu pivotes, tu percutes et tu provoques des fautes. OK? Leur libero, le grand noir, là, c'est un tout bon, lui. Il est pour toi. Il monte souvent sur les corners, alors tu ne le lâches pas, Dylan. Ce n'est pas compliqué, quand il va pisser, tu vas pisser avec lui. OK? Bon, allez! De l'énergie, là! Oh! Réveillez-vous un peu, là! Oh! Qu'est-ce que c'est que ça?
PÈRE Dylan, tu as compris? S'il va pisser, tu vas pisser avec lui. Allez, Dylan!

PÈRE Regarde-le. Le type, là, il mesure combien?
AUTRE PÈRE Oh, il est grand.
PÈRE Il mesure 1m60 déjà.
AUTRE PÈRE Non, mais c'est bon, on va y arriver.
ENTRAÎNEUR 1 Djibrill, à l'extérieur! Yazid, tu montes. Ouais, voilà. Très bien. Monte! Monte! Mets le pied! Julien, monte! Allez! Va, va, va! Tu gardes le ballon! Allez! Va! C'est bien! Garde le ballon! Dylan, tu le prends!
PÈRE Reviens, reviens, reviens! Allez, allez, allez! Mets le pied, mets le pied!
AUTRE PÈRE Mais, vas-y!
ENTRAÎNEUR 1 C'est bien! Djibrill, monte!
PÈRE Voilà, cours, cours! Dylan! Ne le lâche pas! Ne le lâche pas, on te dit! Reste en pointe, reste en pointe! Mais qu'est-ce que tu fais?
ENTRAÎNEUR 1 Dylan! Qu'est-ce que tu fais?
PÈRE Tu regardes!
ENTRAÎNEUR 1 Bon, allez les gars, corner! Allez! Chacun le sien, les gars! Voilà! Dylan!
PÈRE Ne le lâche pas! Dylan!

ENTRAÎNEUR 1 Allez asseyez-vous, tranquille, tranquille... On se détend, on se relaxe... Venez boire un peu. Voilà. On n'est mené que 1-0, hein? C'est rattrapable. Ce n'est pas très grave. Alors on ne se laisse pas aller, les gars! D'accord? Jouez davantage sur les ailes, jouez davantage sur Julien. OK? Et pressez-moi les défenseurs latéraux. Hein, ils ne savent pas jouer au ballon, ces deux-là. Bon, eh! Et qu'est ce qu'il se passe en attaque, là! Hein? Franchement. Il faut provoquer! On dirait des gonzesses avec un ballon, là. Je ne comprends pas très bien! Parce que c'est [ce sont] des hommes en face, comme vous. Alors, montrez-moi ce que vous avez dans le ventre! Bon, Jeff, tu vas remplacer Dylan en pointe. Tu joues en pivot. Libère les espaces pour Djibrill. D'accord? Et le grand black, tu ne me le lâches pas d'une semelle. OK? On a compris? C'est bon? Allez, on y va! C'est pour l'avenir qu'on se motive! Allez, les gars! Allez! On se motive, là!

ÉQUIPE On a gagné! On a gagné! Pour Djibrill Hip hip hip hourra! Hip hip hip hourra! A tchic, a tchic, a tchic, aïe aïe aïe! A tchic aïe, a tchic aïe!

LEÇON 9

Court métrage: *Bonne nuit Malik*

Réalisateur: Bruno Danan
Pays: France

MALIK La petite Juliette, elle est toujours amoureuse de toi?
BILAL N'importe quoi...
MALIK Allez, elle m'a dit, la prof, que vous vous étiez fait des bisous...
BILAL N'importe quoi!
MALIK Ce n'est pas vrai?
BILAL Non.
MALIK Vas-y, montre-moi comment elle t'a fait un bisou...
BILAL Et toi... Tu n'as même pas de copine et tu parles avec moi...
MALIK Je n'ai pas de copine parce que je ne sais pas faire de bisous. Vas-y, montre-moi comment tu fais des bisous, comme ça je vais apprendre et j'aurai une copine après.
BILAL Arrête, je n'en ai pas fait de bisous!
MALIK Vas-y, fais-le moi s'il te plaît!
BILAL Non, je n'ai pas fait de bisous!
MALIK Attends... Comment elle t'a fait? Elle t'a fait comme ça?
BILAL Arrête, mais non, mais non....
MALIK Vas-y, elle t'a fait comme ça?
BILAL Mais je ne sais pas!
MALIK Vas-y, vas-y...
BILAL Mais je te jure, elle ne m'a pas fait de bisous.
MALIK Mais si, arrête... Elle t'a vu, la prof. Elle me l'a dit!
BILAL C'est une menteuse...
MALIK Eh! Regarde, comme ça! Vous vous êtes regardés droit dans les yeux... Attends, je t'explique comment elle a fait... Vous vous êtes regardés droit dans les yeux... Après, toi, tu as fait... Et elle, elle est venue et elle a fait...

MALIK «Elles sont parties?»
BILAL Féminin?
MALIK Féminin quoi?
BILAL Féminin pluriel?
MALIK Ben oui! Et ça se termine comment alors? «i»... Cherche, écris-le... «i»... oui, «ie».
BILAL Ah oui! «ies».
MALIK Ben ouais, ce n'est pas compliqué! Bon, j'y vais... N'oublie pas de te brosser les dents...

PATRON Ouais, c'est bon ceux-là. Tu les repères... C'est des habitués.
MALIK Bonsoir.
CLIENTE Bonsoir.
MALIK Bonne soirée...

CLIENT Allez, soyez sympa, quoi! J'ai travaillé toute la journée, j'ai envie de me détendre un peu...
MALIK Écoutez, moi aussi je travaille... Désolé.

MALIK Désolé, messieurs dames. Ce n'est pas possible pour ce soir... Bonne soirée.

PATRON Merci... Bon ben, c'était du bon boulot ce soir... Tu sais t'y prendre, ça va... Il ne devrait pas y avoir de problème pour la suite. Tiens.
MALIK Merci.
PATRON Bon, à demain alors?
MALIK Tchao.
PATRON Bonsoir.

BILAL Malik...
MALIK Chut... Tais-toi, rendors-toi...

ENTRAÎNEUR Lève bien tes bras...Voilà... Regarde ce qui se passe... Feinte-le, feinte-le un peu... Voilà... Lève les bras... On ne pousse pas... Bouge, bouge...
ENTRAÎNEUR Ça va? C'est bon? Ça va aller?
PARTENAIRE Ouais, ça va...
ENTRAÎNEUR Ok, retire le casque... Bon, bien les gars, bon crochet en tous cas. Super, ok, ça va aller, maintenant récup'. C'est parti, vous retirez les gants et vous allez en récup'.
PARTENAIRE Bravo.
MALIK Merci.
ENTRAÎNEUR Ok, deux autres... On y va. Messieurs, en garde, protège-dents... tous les deux... Allez!

MALIK Vas-y, tape...
BILAL Arh!
MALIK Arh quoi?!

BILAL Jérémy raconte ses vacances à la mer, alors moi je ne sais pas trop... Comme on avait fait une sortie au zoo avec l'école, j'ai pensé faire quelque chose sur les animaux... Tu crois que c'est bien, toi, une poésie sur les animaux?
MALIK Ben... Ouais, c'est bien les animaux... Mais, à mon avis, c'est mieux si tu racontes quelque chose sur toi... Tu vois, tu parles de toi, je ne sais pas, de tes potes, d'où tu habites... Tu vois, c'est plus original... Non?... Et puis, si tu essaies de le faire en plus avec des rimes... C'est.... Tu vois?
BILAL C'est dur les rimes. Même la professeur, elle a dit qu'on n'était pas obligé.
MALIK Ce n'est pas, d'abord, la professeur, c'est le professeur.
BILAL Oui. Même le professeur, elle a dit qu'on n'est pas obligé.
MALIK Ben, on n'est pas obligé! Mais justement, c'est ça qui fera ton originalité! Et forcément, ce sera beaucoup mieux!
BILAL Je ne sais pas trop...
MALIK Tu n'es pas convaincu? Mais essaye! Tu vas cartonner, tu vas voir!

MALIK Bonsoir... Ça va?... Bonne soirée...
COUPLE Bonsoir.
MALIK Bonsoir... Vous êtes tous les trois ensemble?
COUPLE Heu... Ouais!
MALIK Désolé, ce ne sera pas possible pour ce soir...
FEMME Ah oui, mais on doit rejoindre des gens à l'intérieur.
MALIK Désolé.
FEMME C'est quoi, ce délire?
HOMME Écoutez, je vous promets que c'est vrai. On est avec trois amis, on a passé la soirée ensemble. Ils ont dû arriver il y a une dizaine de minutes, pas plus...
MALIK N'insistez pas, c'est négatif.
FEMME Mais puisqu'on vous dit qu'on est en train de fêter un anniversaire, il y a des gens qui nous attendent à l'intérieur. C'est fou! Pourquoi on ne peut pas entrer?!
MALIK Il est tard, je ne vous connais pas, et je ne laisse entrer que les habitués.
HOMME Ah, moi, je suis déjà venu une fois!
MALIK D'accord... Alors, l'ancien portier ne travaille plus ici, je suis le nouveau portier et je ne vous connais pas... D'accord?!
FEMME Bon... et on fait quoi alors?
AMI DU COUPLE Pourquoi tu ne dis pas que c'est parce que je suis là?
MALIK Ce n'est pas le problème. Le truc ici, c'est que c'est un club privé.
AMI DU COUPLE Une boîte privée qui n'accepte pas les arabes?
MALIK Un club privé, c'est tout!
AMI DU COUPLE On n'a pas de baskets, on est bien habillé, on doit rejoindre du monde... Qu'est-ce qui te gêne à part ma gueule?
MALIK J'ai des consignes. Je ne laisse entrer que les habitués.
FEMME Comment tu sais qu'on est habitué ou pas puisque tu es nouveau?

HOMME Attends s'il te plaît… Voilà, si c'est ça, c'est vraiment un bon ami, on a fait nos études ensemble, il n'y a pas plus sympa que lui et il n'y aura aucun problème, d'accord?
AMI DU COUPLE Attends, qu'est-ce que tu dis, là? Je suis le bicot qui ne tâche pas, c'est ça? Tu n'as rien à lui dire, moi je suis comme je suis… Si monsieur ne veut pas, c'est qu'il a ses consignes!
MALIK Si je ne veux pas, pourquoi tu insistes?!... Écoute, je n'ai rien contre toi, ok? Si je te laisse entrer, je perds mon boulot. Je suis à l'essai ici.
AMI DU COUPLE Et c'est quoi ton boulot, de ne pas me reconnaître?… De quoi tu as peur, là?
MALIK Tu arrêtes de foutre ton bordel et tu dégages! Putain, mais tu dégages, je t'emmerde, ok!! Tu arrêtes!
PATRON Oh! Oh! Ce n'est pas bientôt fini votre bordel, là! Et toi, tu te casses! Tu te casses, tu n'as rien à faire ici, tu es trop excité, ok!
AMI DU COUPLE Qu'est-ce que tu crois, tu ne vois pas qu'on se sert de toi, non?!
PATRON Vous, vous pouvez rentrer si vous voulez rejoindre vos amis.
FEMME Non mais tu crois qu'on va le laisser tout seul?! Allez, viens, on se casse!
PATRON Et ben, cassez-vous!
AMI DU COUPLE *phrase en arabe*
PATRON Et toi, je ne veux plus te voir ici, tu as compris?!
AMI DU COUPLE *phrase en arabe*
PATRON Vas-y, rentre!
PATRON Mais qu'est-ce que tu fais ce soir?! Tu t'es fait bouffer… Tu es frappé ou quoi?! Tu n'as pas à te poser de questions: «Bonsoir. Vous, vous rentrez. Lui, non». Après, ils décident. Tu ne parles pas, tu ne réfléchis pas, tu n'hésites pas et tu fermes ta gueule! Tu es payé pour faire un boulot, tu le fais, point barre!... D'autant plus que tu aurais pu te faire bouffer si c'était un vrai malade, le mec… Tu le connais?... Tu le connais ou quoi?!
MALIK Non, je ne le connais pas…
PATRON Vas-y, va fumer une cigarette, va…

BILAL Malik!
MALIK Il est trop tôt, rendors-toi!
BILAL Non, c'est 7h30, je me lève. C'est pour ma poésie. Je peux te la réciter.
MALIK Non mais, vas-y, laisse tomber, je suis crevé. Tu me la réciteras demain.
BILAL S'il te plaît, je la connais bien en plus. Il faut que je la récite devant la classe aujourd'hui.
MALIK Bon ben, vas-y.
BILAL C'est une chauve-souris, il dort le jour et vit la nuit.
Quand il va travailler, moi, je vais me coucher.
C'est un grand zèbre bizarre,
il a une chemise blanche sous une veste noire.
Sur ses cheveux, il met de drôles de lotions.
Je ne le reconnais plus, c'est comme un caméléon.
Quand il sort du bâtiment, il croise un angora.
Je ne sais pas où il va, je donne ma langue au chat.
Mon grand frère, ce n'est pas comme un hibou, ou encore une chouette,
mais, si vous le connaissez, vous verrez qu'il est chouette.

… Tu dors?... Bonne nuit Malik.

LEÇON 10

Court métrage: *L'Homme qui plantait des arbres*

Réalisateur: Frédéric Back
Pays: Québec (Canada)

D'après Jean Giono, *L'Homme qui plantait des arbres,* © Éditions Gallimard

NARRATEUR Il y a bien des années, je faisais une longue course à pied, sur des hauteurs absolument inconnues des touristes, dans cette très vieille région des Alpes qui pénètre en Provence. C'était, au moment où j'entrepris ma longue promenade dans ces déserts, des landes nues et monotones, vers 1.200 ou 1.300 mètres d'altitude. Il n'y poussait que des lavandes sauvages.

Je traversais ce pays dans sa plus grande largeur et, après trois jours de marche, je me trouvais dans une désolation sans exemple. Je campais à côté d'un squelette de village abandonné. Je n'avais plus d'eau depuis la veille et il me fallait en trouver. Ces maisons agglomérées, en ruine, comme un vieux nid de guêpes, me firent penser qu'il avait dû y avoir là, dans le temps, une fontaine ou un puits. Il y avait bien une fontaine, mais sèche. Les cinq à six maisons, sans toiture, rongées de vent et de pluie, la petite chapelle au clocher écroulé, étaient rangées comme le sont les maisons et les chapelles dans les villages vivants. Mais toute la vie avait disparu.

C'était un beau jour de juin avec un grand soleil, mais sur ces terres sans abri et hautes dans le ciel, le vent soufflait avec une brutalité insupportable. Ses grondements dans les carcasses des maisons étaient ceux d'un fauve dérangé dans son repas. Il me fallut lever le camp. À cinq heures de marche de là, je n'avais toujours pas trouvé d'eau et rien ne pouvait me donner l'espoir d'en trouver. C'était partout la même sécheresse, les mêmes herbes ligneuses. Il me sembla apercevoir, dans le lointain, une petite silhouette noire, debout. Je la pris pour le tronc d'un arbre solitaire. À tout hasard, je me dirigeai vers elle. C'était un berger! Une trentaine de moutons couchés sur la terre brûlante se reposaient près de lui.

Il me fit boire à sa gourde. Un peu plus tard, il me conduisit à sa bergerie, dans une ondulation du plateau. Il tirait son eau, excellente, d'un trou naturel, très profond, au-dessus duquel il avait installé un treuil rudimentaire.

Cet homme parlait peu. C'est le fait des solitaires. Mais on le sentait sûr de lui et confiant dans cette assurance. C'était insolite, dans ce pays dépouillé de tout. Il n'habitait pas une cabane mais une vraie maison en pierre où l'on voyait très bien comment son travail personnel avait rapiécé la ruine qu'il avait trouvée là à son arrivée. Son toit était solide et étanche. Le vent qui le frappait faisait sur les tuiles le bruit de la mer sur les plages. Son ménage était en ordre, son parquet balayé, son fusil graissé. La soupe bouillait sur le feu. Je remarquai alors qu'il était aussi rasé de frais, que tous ses boutons étaient solidement cousus, que ses vêtements étaient reprisés avec le soin minutieux qui rend les reprises invisibles.

Il me fit partager sa soupe. Comme après, je lui offrais ma blague à tabac, il me dit qu'il ne fumait pas. Son chien, silencieux comme lui, était bienveillant, sans bassesse.

Il avait été entendu que je passerais la nuit là, le village le plus proche étant encore à plus d'une journée et demie de marche. Je connaissais parfaitement le caractère des rares villages de cette région. Il y en a quatre ou cinq dispersés loin les uns des autres sur les flancs de ces hauteurs, dans les taillis de chênes blancs à la toute extrémité des routes carrossables. Ils sont habités par des bûcherons qui font du charbon de bois. Ce sont des endroits où l'on vit mal. Les familles, serrées les unes contre les autres dans ce climat qui est d'une rudesse excessive, aussi bien l'été que l'hiver, exaspèrent leur égoïsme en vase clos. L'ambition irraisonnée s'y démesure, dans le désir continu de s'échapper de cet endroit. Les hommes vont porter leur charbon à la ville, puis retournent. Les plus solides qualités craquent sous cette perpétuelle douche écossaise. Les femmes mijotent des rancœurs. Il y a concurrence sur tout, aussi bien pour la vente du charbon de bois que pour le banc à l'église, pour les vertus qui se combattent entre elles, pour les vices qui se combattent entre eux, et pour la mêlée générale des vices et des vertus, sans repos. Par là-dessus, le vent, également sans repos, irrite les nerfs. Il y a des épidémies de suicides et de nombreux cas de folie, presque toujours meurtriers.

Le berger, qui ne fumait pas, alla chercher un petit sac et déversa sur la table un tas de glands. Il se mit à les examiner un après l'autre avec beaucoup d'attention, séparant les bons des mauvais. Je fumais ma pipe. Je proposai de l'aider. Il me dit que c'était son affaire. En effet: voyant le soin qu'il mettait à ce travail, je n'insistai pas. Ce fut toute notre conversation. Quand il eut du côté des bons un tas de glands assez gros, il les compta par paquet de dix. Ce faisant, il éliminait encore les petits fruits ou ceux qui étaient légèrement fendillés, car il les examinait de fort près. Quand il eut ainsi devant lui cent glands parfaits, il s'arrêta et nous allâmes nous coucher.

La société de cet homme donnait la paix. Je lui demandai le lendemain la permission de me reposer tout le jour chez lui. Il trouva [cela] tout naturel, ou, plus exactement, il me donna l'impression que rien ne pouvait le déranger. Ce repos ne m'était pas absolument obligatoire, mais j'étais intrigué et je voulais en savoir plus. Il fit sortir son troupeau et le mena à la pâture. Avant de partir, il trempa dans un seau d'eau le petit sac où il avait mis les glands soigneusement choisis et comptés.

Je remarquai qu'en guise de bâton, il emportait une tringle de fer grosse comme le pouce et longue d'environ un mètre cinquante. Je fis celui qui se promène en se reposant et je suivis une route parallèle à la sienne. La pâture de ses bêtes était dans un fond de combe. Il laissa le petit troupeau à la garde du chien, et monta vers l'endroit où je me tenais. J'eus peur qu'il vînt pour me reprocher mon indiscrétion, mais pas du tout. C'était sa route et il m'invita à l'accompagner si je n'avais rien de mieux à faire. Il allait à deux cents mètres de là, sur la hauteur.

Arrivé à l'endroit où il désirait aller, il se mit à planter sa tringle de fer dans la terre. Il faisait ainsi un trou, dans lequel il mettait un gland, puis il rebouchait le trou. Il plantait des chênes! Je lui demandai si la terre lui appartenait. Il me répondit que non. Savait-il à qui elle était? Il ne le savait pas. Il supposait que c'était une terre communale ou peut-être était-elle la propriété de gens qui ne s'en souciaient pas? Lui ne se souciait pas de connaître les propriétaires. Il planta ainsi ses cent glands avec un soin extrême.

Après le repas de midi, il recommença à trier sa semence. Je mis, je crois, assez d'insistance dans mes questions puisqu'il y répondit. Depuis trois ans, il plantait des arbres dans cette solitude. Il en avait planté cent mille. Sur les cent mille, vingt mille étaient sortis. Sur ces vingt mille, il comptait encore en perdre la moitié, du fait des rongeurs ou de tout l'imprévisible dessein de la Providence. Restaient dix mille chênes qui allaient pousser dans cet endroit où il n'y avait rien auparavant.

C'est à ce moment-là que je me souciai de l'âge de cet homme. Il avait visiblement plus de cinquante ans. Cinquante-cinq, me dit-il. Il s'appelait Elzéard Bouffier. Il avait possédé une ferme dans les plaines. Il y avait réalisé sa vie. Il avait perdu son fils unique, puis sa femme. Il s'était retiré dans la solitude où il prenait plaisir à vivre lentement, avec ses brebis et son chien. Il avait jugé que ce pays mourait par manque d'arbres. Il ajouta que, n'ayant pas d'occupations très importantes, il avait résolu de remédier à cet état de choses.

Mon jeune âge me forçait à imaginer l'avenir en fonction de moi-même et d'une certaine recherche du bonheur. Je lui dis que, dans trente ans, ces dix mille chênes seraient magnifiques. Il me répondit très simplement que si Dieu lui prêtait vie, dans trente ans, il en aurait planté tellement d'autres que ces dix mille seraient comme une goutte d'eau dans la mer.

Il étudiait déjà la reproduction des hêtres et il en avait, près de sa maison, une pépinière issue des faines. Les sujets qu'il avait protégés de ses moutons étaient de toute beauté. Il pensait également à des bouleaux pour les fonds où, me dit-il, une certaine humidité dormait à quelques mètres de la surface du sol.

Nous nous séparâmes le lendemain.

L'année d'après, il y eut la guerre de 1914, dans laquelle je fus engagé pendant cinq ans. Un soldat d'infanterie ne pouvait guère y réfléchir à des arbres.

Sorti de la guerre, je me trouvai à la tête d'une prime de démobilisation minuscule, mais avec le grand désir de respirer un peu d'air pur. C'est sans idée préconçue, sauf celle-là, que je repris le chemin de ces contrées désertes.

Le pays n'avait pas changé. Toutefois, au-delà du village mort, j'aperçus dans le lointain une sorte de brouillard gris qui recouvrait les hauteurs comme un tapis. Depuis la veille, je m'étais remis à penser à ce berger planteur d'arbres. «Dix mille chênes, me disais-je, occupent vraiment un très large espace».

J'avais vu mourir trop de monde pendant cinq ans pour ne pas imaginer facilement la mort d'Elzéard Bouffier. D'autant que, lorsqu'on en a vingt, on considère les hommes de cinquante comme des vieillards à qui il ne reste plus qu'à mourir. Il n'était pas mort! Il avait changé de métier! Il ne possédait plus que quatre brebis, mais, par contre, une centaine de ruches. Il s'était débarrassé des moutons qui mettaient en péril ses plantations d'arbres. Il ne s'était pas du tout soucié de la guerre. Il avait imperturbablement continué à planter.

Les chênes de 1910 avaient alors dix ans et étaient plus hauts que moi et que lui. Le spectacle était impressionnant. J'étais littéralement privé de parole! Et comme lui ne parlait pas, nous passâmes tout le jour en silence à nous promener dans sa forêt. Elle avait, en trois tronçons, onze kilomètres de long et trois kilomètres dans sa plus grande largeur. Quand on se souvenait que tout était sorti des mains et de l'âme de cet homme, sans moyen technique, on comprenait que les hommes pourraient être aussi efficaces que Dieu dans d'autres domaines que la destruction.

Il avait suivi son idée, et les hêtres qui m'arrivaient aux épaules, répandus à perte de vue, en témoignaient. Les chênes étaient drus et avaient dépassé l'âge où ils étaient à la merci des rongeurs. Quant aux desseins de la Providence elle-même, pour détruire l'œuvre créée, il lui faudrait avoir désormais recours aux cyclones. Il me montra d'admirables bosquets de bouleaux qui dataient de cinq ans, c'est-à-dire de 1915, de l'époque où je combattais à Verdun. Il leur avait fait occuper tous les fonds où il soupçonnait, avec juste raison, qu'il y avait de l'humidité presque à fleur de terre. Ils étaient tendres comme des adolescents, et très décidés.

La création avait l'air, d'ailleurs, de s'opérer en chaîne. Il ne s'en souciait pas. Il poursuivait obstinément sa tâche très simple. Mais en redescendant par le village, je vis couler de l'eau dans des ruisseaux qui, de mémoire d'homme, avaient toujours été à sec. C'était la plus formidable opération de réaction qu'il m'ait été donné de voir. Ces ruisseaux secs avaient jadis porté de l'eau dans des temps très anciens. Certains de ces villages tristes dont j'ai parlé au début de mon récit s'étaient construits sur les emplacements d'anciens villages gallo-romains dont il restait encore des traces, dans lesquelles les archéologues avaient fouillé et ils avaient trouvé des hameçons à des endroits où, au vingtième siècle, on était obligé d'avoir recours à des citernes pour avoir un peu d'eau.

Le vent aussi dispersait certaines graines. En même temps que l'eau réapparut, réapparaissaient les saules, les osiers, les prés, les jardins, les fleurs et une certaine façon de vivre.

Mais la transformation s'opérait si lentement qu'elle entrait dans l'habitude sans provoquer d'étonnement. Les chasseurs qui montaient dans les solitudes à la poursuite des lièvres ou des sangliers avaient bien constaté le foisonnement des petits arbres, mais ils l'avaient mis sur le compte des malices naturelles de la terre. C'est pourquoi personne ne touchait à l'œuvre de cet homme. Si on l'avait soupçonné, on l'aurait contrarié. Il était insoupçonnable. Qui aurait pu imaginer, dans les villages et les administrations, une telle obstination dans la générosité la plus magnifique?

À partir de 1920, je ne suis jamais resté plus d'un an sans rendre visite à Elzéard Bouffier. Je ne l'ai jamais vu fléchir ni douter. Et pourtant, Dieu sait si Dieu même y pousse! Je n'ai pas fait le compte de ses déboires. On imagine bien, cependant, que pour une réussite semblable, il a fallu vaincre l'adversité. Que, pour assurer la victoire d'une telle passion, il a fallu lutter avec le désespoir.

Pour avoir une idée à peu près exacte de ce caractère exceptionnel, il ne faut pas oublier qu'il s'exerçait dans une solitude totale... Si totale que, vers la fin de sa vie, il avait perdu l'habitude de parler. Ou, peut-être, n'en voyait-il pas la nécessité?

En 1933, il reçut la visite d'un garde-forestier éberlué! Ce fonctionnaire lui intima l'ordre de ne pas faire de feu dehors, de peur de mettre en danger la croissance de cette forêt naturelle. C'était la première fois, lui dit cet homme naïf, qu'on voyait une forêt pousser toute seule.

En 1935, une véritable délégation administrative vint examiner la «forêt naturelle». Il y avait un grand personnage des Eaux et Forêts, un député, des techniciens. On prononça beaucoup de paroles inutiles. On décida de faire quelque chose et, heureusement, on ne fit rien, sinon la seule chose utile: mettre la forêt sous la sauvegarde de l'État et interdire qu'on vienne y charbonner. Car il était impossible de n'être pas subjugué par la beauté de ces jeunes arbres en pleine santé. Et elle exerça son pouvoir de séduction sur le député lui-même.

J'avais un ami, parmi les capitaines forestiers, qui était de la délégation. Je lui expliquai le mystère. Un jour de la semaine d'après, nous allâmes tous les deux à la recherche d'Elzéard Bouffier. Nous le trouvâmes en plein travail, à vingt kilomètres de l'endroit où avait eu lieu l'inspection.

Ce capitaine forestier n'était pas mon ami pour rien. Il connaissait la valeur des choses. J'offris les quelques œufs que j'avais apportés en présent. Nous partageâmes notre casse-croûte en trois et quelques heures passèrent dans la contemplation muette du paysage.

Le côté d'où nous venions était couvert d'arbres de six à sept mètres de haut. Je me souvenais de l'aspect du pays en 1913... Le désert. Le travail paisible et régulier, l'air vif des hauteurs, la frugalité et surtout la sérénité de l'âme avaient donné à ce vieillard une santé presque solennelle. C'était un athlète de Dieu. Je me demandais combien d'hectares il allait encore couvrir d'arbres.

Avant de partir, mon ami fit simplement une brève suggestion à propos de certaines essences auxquelles le terrain d'ici paraissait devoir convenir. Il n'insista pas, pour la bonne raison, me dit-il après, que «Ce bonhomme en sait plus que moi.» Au bout d'une heure de marche, l'idée ayant fait son chemin en lui, il ajouta: «Il en sait beaucoup plus que tout le monde. Il a trouvé un fameux moyen d'être heureux!» C'est grâce à ce capitaine que, non seulement la forêt, mais le bonheur de cet homme furent protégés.

L'œuvre ne courut un risque grave que pendant la guerre de 1939. Les automobiles marchant alors au gazogène, on n'avait jamais assez de bois. On commença à faire des coupes dans les chênes de 1910, mais ces quartiers sont si loin de tous réseaux routiers que l'entreprise se révéla très mauvaise au point de vue financier. On l'abandonna. Le berger n'avait rien vu. Il était à trente kilomètres de là, continuant paisiblement sa besogne, ignorant la guerre de 1939, comme il avait ignoré la guerre de 1914.

J'ai vu Elzéard Bouffier pour la dernière fois en juin 1945. Il avait alors quatre-vingt-sept ans. J'avais donc repris la route du désert, mais maintenant, malgré le délabrement dans lequel la guerre avait laissé ce pays, il y avait un car qui faisait le service entre la vallée de la Durance et la montagne. Je mis sur le compte de ce moyen de transport relativement rapide le fait que je ne reconnaissais plus les lieux de mes premières promenades. J'eus besoin d'un nom de village pour conclure que j'étais bien cependant dans cette région jadis en ruines et désolée. Le car me débarqua à Vergons.

En 1913, ce hameau de dix à douze maisons avait trois habitants. Ils étaient sauvages, se détestaient, vivaient de chasse au piège. Leur condition était sans espoir.

Tout était changé... L'air lui-même. Au lieu des bourrasques sèches et brutales qui m'accueillaient jadis, soufflait une brise souple chargée d'odeurs. Un bruit semblable à celui de l'eau venait des hauteurs. C'était celui du vent dans les forêts. Enfin, chose plus étonnante, j'entendis le vrai bruit de l'eau coulant dans un bassin. Je vis qu'on avait fait une fontaine, qu'elle était abondante et, ce qui me toucha le plus: on avait planté près d'elle un tilleul, symbole incontestable d'une résurrection.

Par ailleurs, Vergons portait les traces d'un travail pour l'entreprise duquel l'espoir est nécessaire. L'espoir était donc revenu. On avait déblayé les ruines, abattu les pans de murs délabrés. Les maisons neuves, crépies de frais, étaient entourées de jardins potagers où poussaient, mélangés mais alignés, les légumes et les fleurs, les choux et les rosiers, les poireaux et les gueules-de-loup, les céleris et les anémones. C'était désormais un endroit où l'on avait envie d'habiter.

À partir de là, je fis mon chemin à pied. La guerre dont nous sortions à peine n'avait pas permis l'épanouissement complet de la vie, mais Lazare était hors du tombeau. Sur les flancs abaissés de la montagne, je voyais de petits champs d'orge et de seigle en herbe. Au fond des étroites vallées, quelques prairies verdissaient.

Il n'a fallu que les huit ans qui nous séparent de cette époque pour que tout le pays resplendisse de santé et d'aisance. Sur l'emplacement des ruines que j'avais vues en 1913 s'élèvent maintenant des fermes propres, bien crépies, qui dénotent une vie heureuse et confortable. Les vieilles sources, alimentées par les pluies et les neiges que retiennent les forêts, se sont remises à couler. À côté de chaque ferme, dans des bosquets d'érables, les bassins des fontaines débordent sur des tapis de menthe fraîche. Les villages se sont reconstruits peu à peu. Une population venue des plaines où la terre se vend cher s'est fixée dans le pays, y apportant de la jeunesse, du mouvement, de l'esprit d'aventure. On rencontre dans les chemins des hommes et des femmes bien nourris, des garçons et des filles qui savent rire et ont repris goût aux fêtes campagnardes. Si on compte l'ancienne population, méconnaissable depuis qu'elle vit avec douceur, et les nouveaux venus, plus de dix mille personnes doivent leur bonheur à Elzéard Bouffier.

Quand je pense qu'un homme seul, réduit à ses simples ressources physiques et morales, a suffi pour faire surgir du désert ce pays de Canaan, je trouve que, malgré tout, la condition humaine est admirable. Mais, quand je fais le compte de tout ce qu'il a fallu de constance dans la grandeur d'âme et d'acharnement dans la générosité pour obtenir ce résultat, je suis pris d'un immense respect pour ce vieux paysan sans culture qui a su mener à bien cette œuvre digne de Dieu.

Elzéard Bouffier est mort paisiblement en 1947, à l'hospice de Banon.

Tables de conjugaison

Guide to the Verb List and Tables

The list of verbs below includes irregular, reflexive, and spelling-change verbs introduced as active vocabulary in **D'ACCORD! 3**. Each verb is followed by a model verb that has the same conjugation pattern. The number in parentheses indicates where in the verb tables (pages 442–453) you can find the model verb. Regular **-er**, **-ir**, and **-re** verbs are conjugated like **parler** (1), **finir** (2) and **vendre** (3), respectively. The phrase **p.c.** with **être** after a verb means that it is conjugated with **être** in the **passé composé** and other compound tenses. (See page 463.) Reminder: All reflexive (pronominal) verbs use être as their auxiliary verb, and they are alphabetized under the non-reflexive infinitive.

accueillir like ouvrir (34)
s'acharner like se laver (4)
acheter (7)
s'adapter like se laver (4)
s'adresser like se laver (4)
agacer like commencer (9)
aller (13); **p.c.** with **être**
s'améliorer like se laver (4)
amener like acheter (7)
s'amuser like se laver (4)
apercevoir like recevoir (40)
s'apercevoir like recevoir (40) *except* **p.c.** with **être**
appartenir like tenir (48)
appeler (8)
apprendre like prendre (39)
s'appuyer like employer (10) *except* **p.c.** with **être**
s'arrêter like se laver (4)
arriver like parler (1) *except* **p.c.** with **être**
s'asseoir (14); **p.c.** with **être**
s'assimiler like se laver (4)
s'associer like se laver (4)
atteindre like éteindre (26)
s'attendre like vendre (3) *except* **p.c.** with **être**
avancer like commencer (9)
avoir (5)
se balancer like commencer (9) *except* **p.c.** with **être**
balayer like employer (10) *except* **y** to **i** change optional
se battre (15); **p.c.** with **être**
se blesser like se laver (4)
boire (16)
se brosser like se laver (4)
se casser like se laver (4)
célébrer like préférer (12)
se coiffer like se laver (4)
combattre like se battre (15) *except* **p.c.** with **avoir**
commencer (9)
se comporter like se laver (4)
comprendre like prendre (39)
conduire (17)
connaître (18)
se connecter like se laver (4)
se consacrer like se laver (4)
considérer like préférer (12)
construire like conduire (17)
convaincre like vaincre (49)
se coucher like se laver (4)
se couper like se laver (4)
courir (19)
couvrir like ouvrir (34)
craindre like éteindre (26)
croire (20)
se croiser like se laver (4)
déblayer like essayer (10)
se débrouiller like se laver (4)
se décourager like manger (11) *except* **p.c.** with **être**
découvrir like ouvrir (34)
décrire like écrire (23)
se demander like se laver (4)
déménager like manger (11)
se dépasser like se laver (4)
se dépêcher like se laver (4)
se déplacer like commencer (9)
déranger like manger (11)
se dérouler like se laver (4)
descendre like vendre (3) *except* **p.c.** with **être; p.c. w/avoir** if takes a direct object
se déshabiller like se laver (4)
se détendre like vendre (3) *except* **p.c.** with **être**
détruire like conduire (17)
devenir like venir (51); **p.c.** with **être**
devoir (21)
dire (22)
diriger like manger (11)
disparaître like connaître (18)
se disputer like se laver (4)
se divertir like finir (2) *except* **p.c.** with **être**
divorcer like commencer (9)
dormir like partir (35) *except* **p.c.** with **avoir**
se douter like se laver (4)
écrire (23)
effacer like commencer (9)
élever like acheter (7)
élire like lire (30)
s'embrasser like se laver (4)
emménager like manger (11)
emmener like acheter (7)
émouvoir (24)
employer (10)
s'endormir like partir (35); **p.c.** with **être**
enlever like acheter (7)
s'énerver like se laver (4)
s'enfoncer like commencer (9) *except* **p.c.** with **être**
s'engager like manger (11) *except* **p.c.** with **être**
ennuyer like employer (10)
s'ennuyer like employer (10) *except* **p.c.** with **être**
s'enrichir like finir (2) *except* **p.c.** with **être**
s'entendre like vendre (3) *except* **p.c.** with **être**
s'étonner like se laver (4)
s'entourer like se laver (4)
entreprendre like prendre (39)
entrer like parler (1) *except* **p.c.** with **être**
entretenir like tenir (48)
s'entretenir like tenir (48) *except* **p.c.** with **être**
envoyer (25)
épeler like appeler (8)
espérer like préférer (12)
essayer like employer (10) *except* **y** to **i** change optional

essuyer like employer (10)
s'établir like finir (2) *except* **p.c.** with **être**
éteindre (26)
s'étendre like vendre (3) *except* **p.c.** with **être**
être (6)
s'excuser like se laver (4)
exiger like manger (11)
se fâcher like se laver (4)
faire (27)
falloir (28)
se fiancer like commencer (9) *except* **p.c.** with **être**
finir (2)
forcer like commencer (9)
se fouler like se laver (4)
fuir (29)
s'habiller like se laver (4)
s'habituer like se laver (4)
harceler like acheter (7)
s'informer like se laver (4)
s'inquiéter like préférer (12) *except* **p.c.** with **être**
s'inscrire like écrire (23) *except* **p.c.** with **être**
s'installer like se laver (4)
interdire like dire (22) *except* **vous interdisez** (present) and **interdisez** (imperative)
s'intégrer like préférer (12) *except* **p.c.** with **être**
s'intéresser like se laver (4)
s'investir like finir (2) *except* **p.c.** with **être**
jeter like appeler (8)
lancer like commencer (9)
se lancer like commencer (9) *except* **p.c.** with **être**
se laver (4)
lever like acheter (7)
se lever like acheter (7) *except* **p.c.** with **être**
se libérer like se laver (4)
lire (30)
loger like manger (11)
maintenir like tenir (48)
manger (11)
se maquiller like se laver (4)
se marier like se laver (4)
se méfier like se laver (4)
menacer like commencer (9)
mener like acheter (7)
mentir like partir (35) *except* **p.c.** with **avoir**
mettre (31)
se mettre like mettre (31) *except* **p.c.** with **être**
monter like parler (1) *except* **p.c.** with **être; p.c.** w/**avoir** if takes a direct object
se moquer like se laver (4)
mourir (32); **p.c.** with **être**
nager like manger (11)
naître (33); **p.c.** with **être**
nettoyer like employer (10)
nuire like conduire (17)
obtenir like tenir (48)
s'occuper like se laver (4)
offrir like ouvrir (34)
s'orienter like se laver (4)
ouvrir (34)
paraître like connaître (18)
parcourir like courir (19)
parler (1)
partager like manger (11)
partir (35); **p.c.** with **être**
parvenir like venir (51)
passer like parler (1) *except* **p.c.** with **être**
payer like employer (10) *except* **y** to **i** change optional
se peigner like se laver (4)
percevoir like recevoir (40)
permettre like mettre (31)
peser like acheter (7)
placer like commencer (9)
se plaindre like éteindre (26) *except* **p.c.** with **être**
plaire (36)
pleuvoir (37)
plonger like manger (11)
posséder like préférer (12)
pouvoir (38)
prédire like dire (22) *except* **vous prédisez** (present) and **prédisez** (imperative)
préférer (12)
prendre (39)
prévenir like venir (51) *except* **p.c.** with **avoir**
prévoir like voir (53)
produire like conduire (17)
projeter like appeler (8)
se promener like acheter (7) *except* **p.c.** with **être**
promettre like mettre (31)
protéger like préférer (12) *except* takes **e** between **g** and vowels **a** and **o**
provenir like venir (51)
ranger like manger (11)
rappeler like appeler (8)
se rappeler like appeler (8) *except* **p.c.** with **être**
se raser like se laver (4)
se rassurer like se laver (4)
se rebeller like se laver (4)
recevoir (40)
se réconcilier like se laver (4)
reconnaître like connaître (18)
réduire like conduire (17)
régner like préférer (12)
rejeter like appeler (8)
rejoindre (41)
se relever like acheter (7) *except* **p.c.** with **être**
remplacer like commencer (9)
renouveler like appeler (8)
rentrer like parler (1) *except* **p.c.** with **être**
renvoyer like envoyer (25)
répéter like préférer (12)
se reposer like se laver (4)
reprendre like prendre (39)
résoudre (42)
ressentir like partir (35) *except* **p.c.** with **avoir**
rester like parler (1) *except* **p.c.** with **être**
retenir like tenir (48)
retourner like parler (1) *except* **p.c.** with **être**
se retourner like se laver (4)
retransmettre like mettre (31)
se réunir like finir (2) *except* **p.c.** with **être**
se réveiller like se laver (4)
revenir like venir (51); **p.c.** with **être**
revoir like voir (53)
se révolter like se laver (4)
rire (43)
rompre (44)
savoir (45)
se sécher like préférer (12) *except* **p.c.** with **être**
séduire like conduire (17)
sentir like partir (35) *except* **p.c.** with **avoir**
servir like partir (35) *except* **p.c.** with **avoir**
se servir like partir (35); **p.c.** with **être**
sortir like partir (35); **p.c.** with **être**
se soucier like se laver (4)
souffrir like ouvrir (34)
soulager like manger (11)
soulever like acheter (7)
sourire like rire (43)
soutenir like tenir (48)
se souvenir like venir (51); **p.c.** with **être**
subvenir like venir (51) *except* **p.c.** with **avoir**
suffire like lire (30)
suggérer like préférer (12)
suivre (46)
surprendre like prendre (39)
survivre like vivre (52)
se taire (47)
télécharger like manger (11)
tenir (48)
tomber like parler (1) *except* **p.c.** with **être**
traduire like conduire (17)
se tromper like se laver (4)
se trouver like se laver (4)
vaincre (49)
valoir (50)
vendre (3)
venir (51); **p.c.** with **être**
vivre (52)
voir (53)
vouloir (54)
voyager like manger (11)

Tables de conjugaison

Regular verbs

	Infinitive	INDICATIVE					CONDITIONAL	SUBJUNCTIVE	IMPERATIVE
	Present participle Past participle Past infinitive	Subject Pronouns	Present	Passé simple	Imperfect	Future	Present	Present	
1	parler	je	parle	parlai	parlais	parlerai	parlerais	parle	
	(to speak)	tu	parles	parlas	parlais	parleras	parlerais	parles	parle
		il/elle/on	parle	parla	parlait	parlera	parlerait	parle	
	parlant	nous	parlons	parlâmes	parlions	parlerons	parlerions	parlions	parlons
	parlé	vous	parlez	parlâtes	parliez	parlerez	parleriez	parliez	parlez
	avoir parlé	ils/elles	parlent	parlèrent	parlaient	parleront	parleraient	parlent	
2	finir	je	finis	finis	finissais	finirai	finirais	finisse	
	(to finish)	tu	finis	finis	finissais	finiras	finirais	finisses	finis
		il/elle/on	finit	finit	finissait	finira	finirait	finisse	
	finissant	nous	finissons	finîmes	finissions	finirons	finirions	finissions	finissons
	fini	vous	finissez	finîtes	finissiez	finirez	finiriez	finissiez	finissez
	avoir fini	ils/elles	finissent	finirent	finissaient	finiront	finiraient	finissent	
3	vendre	je	vends	vendis	vendais	vendrai	vendrais	vende	
	(to sell)	tu	vends	vendis	vendais	vendras	vendrais	vendes	vends
		il/elle/on	vend	vendit	vendait	vendra	vendrait	vende	
	vendant	nous	vendons	vendîmes	vendions	vendrons	vendrions	vendions	vendons
	vendu	vous	vendez	vendîtes	vendiez	vendrez	vendriez	vendiez	vendez
	avoir vendu	ils/elles	vendent	vendirent	vendaient	vendront	vendraient	vendent	

Reflexive (Pronominal)

	Infinitive	INDICATIVE					CONDITIONAL	SUBJUNCTIVE	IMPERATIVE
	Present participle Past participle Past infinitive	Subject Pronouns	Present	Passé simple	Imperfect	Future	Present	Present	
4	se laver	je	me lave	me lavai	me lavais	me laverai	me laverais	me lave	
	(to wash oneself)	tu	te laves	te lavas	te lavais	te laveras	te laverais	te laves	lave-toi
		il/elle/on	se lave	se lava	se lavait	se lavera	se laverait	se lave	
	se lavant	nous	nous lavons	nous lavâmes	nous lavions	nous laverons	nous laverions	nous lavions	lavons-nous
	lavé	vous	vous lavez	vous lavâtes	vous laviez	vous laverez	vous laveriez	vous laviez	lavez-vous
	s'être lavé(e)(s)	ils/elles	se lavent	se lavèrent	se lavaient	se laveront	se laveraient	se lavent	

Auxiliary verbs: *avoir* and *être*

	Infinitive	INDICATIVE					CONDITIONAL	SUBJUNCTIVE	IMPERATIVE
	Present participle Past participle Past infinitive	Subject Pronouns	Present	Passé simple	Imperfect	Future	Present	Present	
5	avoir	j'	ai	eus	avais	aurai	aurais	aie	
	(to have)	tu	as	eus	avais	auras	aurais	aies	aie
		il/elle/on	a	eut	avait	aura	aurait	ait	
	ayant	nous	avons	eûmes	avions	aurons	aurions	ayons	ayons
	eu	vous	avez	eûtes	aviez	aurez	auriez	ayez	ayez
	avoir eu	ils/elles	ont	eurent	avaient	auront	auraient	aient	
6	être	je (j')	suis	fus	étais	serai	serais	sois	
	(to be)	tu	es	fus	étais	seras	serais	sois	sois
		il/elle/on	est	fut	était	sera	serait	soit	
	étant	nous	sommes	fûmes	étions	serons	serions	soyons	soyons
	été	vous	êtes	fûtes	étiez	serez	seriez	soyez	soyez
	avoir été	ils/elles	sont	furent	étaient	seront	seraient	soient	

Compound tenses

INDICATIVE							CONDITIONAL		SUBJUNCTIVE	
Subject pronouns	Passé composé		Pluperfect		Future perfect		Past		Past	
j'	ai		avais		aurai		aurais		aie	
tu	as	parlé	avais	parlé	auras	parlé	aurais	parlé	aies	parlé
il/elle/on	a	fini	avait	fini	aura	fini	aurait	fini	ait	fini
nous	avons	vendu	avions	vendu	aurons	vendu	aurions	vendu	ayons	vendu
vous	avez		aviez		aurez		auriez		ayez	
ils/elles	ont		avaient		auront		auraient		aient	
je (j')	suis		étais		serai		serais		sois	
tu	es		étais		seras		serais		sois	
il/elle/on	est	allé(e)(s)	était	allé(e)(s)	sera	allé(e)(s)	serait	allé(e)(s)	soit	allé(e)(s)
nous	sommes		étions		serons		serions		soyons	
vous	êtes		étiez		serez		seriez		soyez	
ils/elles	sont		étaient		seront		seraient		soient	

Verbs with spelling changes

	Infinitive / Present participle / Past participle / Past infinitive	INDICATIVE: Subject Pronouns	INDICATIVE: Present	INDICATIVE: Passé simple	INDICATIVE: Imperfect	INDICATIVE: Future	CONDITIONAL: Present	SUBJUNCTIVE: Present	IMPERATIVE
7	acheter	j'	achète	achetai	achetais	achèterai	achèterais	achète	
	(to buy)	tu	achètes	achetas	achetais	achèteras	achèterais	achètes	achète
		il/elle/on	achète	acheta	achetait	achètera	achèterait	achète	
	achetant	nous	achetons	achetâmes	achetions	achèterons	achèterions	achetions	achetons
	acheté	vous	achetez	achetâtes	achetiez	achèterez	achèteriez	achetiez	achetez
	avoir acheté	ils/elles	achètent	achetèrent	achetaient	achèteront	achèteraient	achètent	
8	appeler	j'	appelle	appelai	appelais	appellerai	appellerais	appelle	
	(to call)	tu	appelles	appelas	appelais	appelleras	appellerais	appelles	appelle
		il/elle/on	appelle	appela	appelait	appellera	appellerait	appelle	
	appelant	nous	appelons	appelâmes	appelions	appellerons	appellerions	appelions	appelons
	appelé	vous	appelez	appelâtes	appeliez	appellerez	appelleriez	appeliez	appelez
	avoir appelé	ils/elles	appellent	appelèrent	appelaient	appelleront	appelleraient	appellent	
9	commencer	je	commence	commençai	commençais	commencerai	commencerais	commence	
	(to begin)	tu	commences	commenças	commençais	commenceras	commencerais	commences	commence
		il/elle/on	commence	commença	commençait	commencera	commencerait	commence	
	commençant	nous	commençons	commençâmes	commencions	commencerons	commencerions	commencions	commençons
	commencé	vous	commencez	commençâtes	commenciez	commencerez	commenceriez	commenciez	commencez
	avoir commencé	ils/elles	commencent	commencèrent	commençaient	commenceront	commenceraient	commencent	
10	employer	j'	emploie	employai	employais	emploierai	emploierais	emploie	
	(to use; to employ)	tu	emploies	employas	employais	emploieras	emploierais	emploies	emploie
		il/elle/on	emploie	employa	employait	emploiera	emploierait	emploie	
	employant	nous	employons	employâmes	employions	emploierons	emploierions	employions	employons
	employé	vous	employez	employâtes	employiez	emploierez	emploieriez	employiez	employez
	avoir employé	ils/elles	emploient	employèrent	employaient	emploieront	emploieraient	emploient	
11	manger	je	mange	mangeai	mangeais	mangerai	mangerais	mange	
	(to eat)	tu	manges	mangeas	mangeais	mangeras	mangerais	manges	mange
		il/elle/on	mange	mangea	mangeait	mangera	mangerait	mange	
	mangeant	nous	mangeons	mangeâmes	mangions	mangerons	mangerions	mangions	mangeons
	mangé	vous	mangez	mangeâtes	mangiez	mangerez	mangeriez	mangiez	mangez
	avoir mangé	ils/elles	mangent	mangèrent	mangeaient	mangeront	mangeraient	mangent	

	Infinitive Present participle Past participle Past infinitive	INDICATIVE Subject Pronouns	Present	Passé simple	Imperfect	Future	CONDITIONAL Present	SUBJUNCTIVE Present	IMPERATIVE
12	préférer	je	préfère	préférai	préférais	préférerai	préférerais	préfère	
	(to prefer)	tu	préfères	préféras	préférais	préféreras	préférerais	préfères	préfère
		il/elle/on	préfère	préféra	préférait	préférera	préférerait	préfère	
	préférant	nous	préférons	préférâmes	préférions	préférerons	préférerions	préférions	préférons
	préféré	vous	préférez	préférâtes	préfériez	préférerez	préféreriez	préfériez	préférez
	avoir préféré	ils/elles	préfèrent	préférèrent	préféraient	préféreront	préféreraient	préfèrent	

Irregular verbs

	Infinitive Present participle Past participle Past infinitive	INDICATIVE Subject Pronouns	Present	Passé simple	Imperfect	Future	CONDITIONAL Present	SUBJUNCTIVE Present	IMPERATIVE
13	aller	je (j')	vais	allai	allais	irai	irais	aille	
	(to go)	tu	vas	allas	allais	iras	irais	ailles	va
		il/elle/on	va	alla	allait	ira	irait	aille	
	allant	nous	allons	allâmes	allions	irons	irions	allions	allons
	allé	vous	allez	allâtes	alliez	irez	iriez	alliez	allez
	être allé(e)(s)	ils/elles	vont	allèrent	allaient	iront	iraient	aillent	
14	s'asseoir	je	m'assieds	m'assis	m'asseyais	m'assiérai	m'assiérais	m'asseye	
	(to sit down,	tu	t'assieds	t'assis	t'asseyais	t'assiéras	t'assiérais	t'asseyes	assieds-toi
	to be seated)	il/elle/on	s'assied	s'assit	s'asseyait	s'assiéra	s'assiérait	s'asseye	
	s'asseyant	nous	nous asseyons	nous assîmes	nous asseyions	nous assiérons	nous assiérions	nous asseyions	asseyons-nous
	assis	vous	vous asseyez	vous assîtes	vous asseyiez	vous assiérez	vous assiériez	vous asseyiez	asseyez-vous
	s'être assis(e)(s)	ils/elles	s'asseyent	s'assirent	s'asseyaient	s'assiéront	s'assiéraient	s'asseyent	
15	se battre	je	me bats	me battis	me battais	me battrai	me battrais	me batte	
	(to fight)	tu	te bats	te battis	te battais	te battras	te battrais	te battes	bats-toi
		il/elle/on	se bat	se battit	se battait	se battra	se battrait	se batte	
	se battant	nous	nous battons	nous battîmes	nous battions	nous battrons	nous battrions	nous battions	battons-nous
	battu	vous	vous battez	vous battîtes	vous battiez	vous battrez	vous battriez	vous battiez	battez-vous
	s'être battu(e)(s)	ils/elles	se battent	se battirent	se battaient	se battront	se battraient	se battent	

	Infinitive Present participle Past participle Past infinitive	INDICATIVE Subject Pronouns	Present	Passé simple	Imperfect	Future	CONDITIONAL Present	SUBJUNCTIVE Present	IMPERATIVE
16	boire	je	bois	bus	buvais	boirai	boirais	boive	
	(to drink)	tu	bois	bus	buvais	boiras	boirais	boives	bois
		il/elle/on	boit	but	buvait	boira	boirait	boive	
	buvant	nous	buvons	bûmes	buvions	boirons	boirions	buvions	buvons
	bu	vous	buvez	bûtes	buviez	boirez	boiriez	buviez	buvez
	avoir bu	ils/elles	boivent	burent	buvaient	boiront	boiraient	boivent	
17	conduire	je	conduis	conduisis	conduisais	conduirai	conduirais	conduise	
	(to drive; to lead)	tu	conduis	conduisis	conduisais	conduiras	conduirais	conduises	conduis
		il/elle/on	conduit	conduisit	conduisait	conduira	conduirait	conduise	
	conduisant	nous	conduisons	conduisîmes	conduisions	conduirons	conduirions	conduisions	conduisons
	conduit	vous	conduisez	conduisîtes	conduisiez	conduirez	conduiriez	conduisiez	conduisez
	avoir conduit	ils/elles	conduisent	conduisirent	conduisaient	conduiront	conduiraient	conduisent	
18	connaître	je	connais	connus	connaissais	connaîtrai	connaîtrais	connaisse	
	(to know, to be	tu	connais	connus	connaissais	connaîtras	connaîtrais	connaisses	connais
	acquainted with)	il/elle/on	connaît	connut	connaissait	connaîtra	connaîtrait	connaisse	
	connaissant	nous	connaissons	connûmes	connaissions	connaîtrons	connaîtrions	connaissions	connaissons
	connu	vous	connaissez	connûtes	connaissiez	connaîtrez	connaîtriez	connaissiez	connaissez
	avoir connu	ils/elles	connaissent	connurent	connaissaient	connaîtront	connaîtraient	connaissent	
19	courir	je	cours	courus	courais	courrai	courrais	coure	
	(to run)	tu	cours	courus	courais	courras	courrais	coures	cours
		il/elle/on	court	courut	courait	courra	courrait	coure	
	courant	nous	courons	courûmes	courions	courrons	courrions	courions	courons
	couru	vous	courez	courûtes	couriez	courrez	courriez	couriez	courez
	avoir couru	ils/elles	courent	coururent	couraient	courront	courraient	courent	
20	croire	je	crois	crus	croyais	croirai	croirais	croie	
	(to believe)	tu	crois	crus	croyais	croiras	croirais	croies	crois
		il/elle/on	croit	crut	croyait	croira	croirait	croie	
	croyant	nous	croyons	crûmes	croyions	croirons	croirions	croyions	croyons
	cru	vous	croyez	crûtes	croyiez	croirez	croiriez	croyiez	croyez
	avoir cru	ils/elles	croient	crurent	croyaient	croiront	croiraient	croient	

	Infinitive Present participle Past participle Past infinitive	INDICATIVE Subject Pronouns	 Present	 Passé simple	 Imperfect	 Future	CONDITIONAL Present	SUBJUNCTIVE Present	IMPERATIVE
21	devoir	je	dois	dus	devais	devrai	devrais	doive	
	(to have to; to owe)	tu	dois	dus	devais	devras	devrais	doives	dois
		il/elle/on	doit	dut	devait	devra	devrait	doive	
	devant	nous	devons	dûmes	devions	devrons	devrions	devions	devons
	dû	vous	devez	dûtes	deviez	devrez	devriez	deviez	devez
	avoir dû	ils/elles	doivent	durent	devaient	devront	devraient	doivent	
22	dire	je	dis	dis	disais	dirai	dirais	dise	
	(to say, to tell)	tu	dis	dis	disais	diras	dirais	dises	dis
		il/elle/on	dit	dit	disait	dira	dirait	dise	
	disant	nous	disons	dîmes	disions	dirons	dirions	disions	disons
	dit	vous	dites	dîtes	disiez	direz	diriez	disiez	dites
	avoir dit	ils/elles	disent	dirent	disaient	diront	diraient	disent	
23	écrire	j'	écris	écrivis	écrivais	écrirai	écrirais	écrive	
	(to write)	tu	écris	écrivis	écrivais	écriras	écrirais	écrives	écris
		il/elle/on	écrit	écrivit	écrivait	écrira	écrirait	écrive	
	écrivant	nous	écrivons	écrivîmes	écrivions	écrirons	écririons	écrivions	écrivons
	écrit	vous	écrivez	écrivîtes	écriviez	écrirez	écririez	écriviez	écrivez
	avoir écrit	ils/elles	écrivent	écrivirent	écrivaient	écriront	écriraient	écrivent	
24	émouvoir	j'	émeus	émus	émouvais	émouvrai	émouvrais	émeuve	
	(to move)	tu	émeus	émus	émouvais	émouvras	émouvrais	émeuves	émeus
		il/elle/on	émeut	émut	émouvait	émouvra	émouvrait	émeuve	
	émouvant	nous	émouvons	émûmes	émouvions	émouvrons	émouvrions	émouvions	émouvons
	ému	vous	émouvez	émûtes	émouviez	émouvrez	émouvriez	émouviez	émouvez
	avoir ému	ils/elles	émeuvent	émurent	émouvaient	émouvront	émouvraient	émeuvent	
25	envoyer	j'	envoie	envoyai	envoyais	enverrai	enverrais	envoie	
	(to send)	tu	envoies	envoyas	envoyais	enverras	enverrais	envoies	envoie
		il/elle/on	envoie	envoya	envoyait	enverra	enverrait	envoie	
	envoyant	nous	envoyons	envoyâmes	envoyions	enverrons	enverrions	envoyions	envoyons
	envoyé	vous	envoyez	envoyâtes	envoyiez	enverrez	enverriez	envoyiez	envoyez
	avoir envoyé	ils/elles	envoient	envoyèrent	envoyaient	enverront	enverraient	envoient	

	Infinitive Present participle Past participle Past infinitive	INDICATIVE Subject Pronouns	Present	Passé simple	Imperfect	Future	CONDITIONAL Present	SUBJUNCTIVE Present	IMPERATIVE
26	éteindre	j'	éteins	éteignis	éteignais	éteindrai	éteindrais	éteigne	
	(to turn off)	tu	éteins	éteignis	éteignais	éteindras	éteindrais	éteignes	éteins
		il/elle/on	éteint	éteignit	éteignait	éteindra	éteindrait	éteigne	
	éteignant	nous	éteignons	éteignîmes	éteignions	éteindrons	éteindrions	éteignions	éteignons
	éteint	vous	éteignez	éteignîtes	éteigniez	éteindrez	éteindriez	éteigniez	éteignez
	avoir étient	ils/elles	éteignent	éteignirent	éteignaient	éteindront	éteindraient	éteignent	
27	faire	je	fais	fis	faisais	ferai	ferais	fasse	
	(to do; to make)	tu	fais	fis	faisais	feras	ferais	fasses	fais
		il/elle/on	fait	fit	faisait	fera	ferait	fasse	
	faisant	nous	faisons	fîmes	faisions	ferons	ferions	fassions	faisons
	fait	vous	faites	fîtes	faisiez	ferez	feriez	fassiez	faites
	avoir fait	ils/elles	font	firent	faisaient	feront	feraient	fassent	
28	falloir								
	(to be necessary)								
		il	faut	fallut	fallait	faudra	faudrait	faille	
	fallu								
	avoir fallu								
29	fuir	je	fuis	fuis	fuyais	fuirai	fuirais	fuie	
	(to flee)	tu	fuis	fuis	fuyais	fuiras	fuirais	fuies	fuis
		il/elle/on	fuit	fuit	fuyait	fuira	fuirait	fuie	
	fuyant	nous	fuyons	fuîmes	fuyions	fuirons	fuirions	fuyions	fuyons
	fui	vous	fuyez	fuîtes	fuyiez	fuirez	fuiriez	fuyiez	fuyez
	avoir fui	ils/elles	fuient	fuirent	fuyaient	fuiront	fuiraient	fuient	
30	lire	je	lis	lus	lisais	lirai	lirais	lise	
	(to read)	tu	lis	lus	lisais	liras	lirais	lises	lis
		il/elle/on	lit	lut	lisait	lira	lirait	lise	
	lisant	nous	lisons	lûmes	lisions	lirons	lirions	lisions	lisons
	lu	vous	lisez	lûtes	lisiez	lirez	liriez	lisiez	lisez
	avoir lu	ils/elles	lisent	lurent	lisaient	liront	liraient	lisent	

	Infinitive	INDICATIVE						CONDITIONAL	SUBJUNCTIVE	IMPERATIVE
	Present participle Past participle Past infinitive	Subject Pronouns	Present	Passé simple	Imperfect	Future		Present	Present	
31	mettre	je	mets	mis	mettais	mettrai		mettrais	mette	
	(to put)	tu	mets	mis	mettais	mettras		mettrais	mettes	mets
		il/elle/on	met	mit	mettait	mettra		mettrait	mette	
	mettant	nous	mettons	mîmes	mettions	mettrons		mettrions	mettions	mettons
	mis	vous	mettez	mîtes	mettiez	mettrez		mettriez	mettiez	mettez
	avoir mis	ils/elles	mettent	mirent	mettaient	mettront		mettraient	mettent	
32	mourir	je	meurs	mourus	mourais	mourrai		mourrais	meure	
	(to die)	tu	meurs	mourus	mourais	mourras		mourrais	meures	meurs
		il/elle/on	meurt	mourut	mourait	mourra		mourrait	meure	
	mourant	nous	mourons	mourûmes	mourions	mourrons		mourrions	mourions	mourons
	mort	vous	mourez	mourûtes	mouriez	mourrez		mourriez	mouriez	mourez
	être mort(e)(s)	ils/elles	meurent	moururent	mouraient	mourront		mourraient	meurent	
33	naître	je	nais	naquis	naissais	naîtrai		naîtrais	naisse	
	(to be born)	tu	nais	naquis	naissais	naîtras		naîtrais	naisses	nais
		il/elle/on	naît	naquit	naissait	naîtra		naîtrait	naisse	
	naissant	nous	naissons	naquîmes	naissions	naîtrons		naîtrions	naissions	naissons
	né	vous	naissez	naquîtes	naissiez	naîtrez		naîtriez	naissiez	naissez
	être né(e)(s)	ils/elles	naissent	naquirent	naissaient	naîtront		naîtraient	naissent	
34	ouvrir	j'	ouvre	ouvris	ouvrais	ouvrirai		ouvrirais	ouvre	
	(to open)	tu	ouvres	ouvris	ouvrais	ouvriras		ouvrirais	ouvres	ouvre
		il/elle/on	ouvre	ouvrit	ouvrait	ouvrira		ouvrirait	ouvre	
	ouvrant	nous	ouvrons	ouvrîmes	ouvrions	ouvrirons		ouvririons	ouvrions	ouvrons
	ouvert	vous	ouvrez	ouvrîtes	ouvriez	ouvrirez		ouvririez	ouvriez	ouvrez
	avoir ouvert	ils/elles	ouvrent	ouvrirent	ouvraient	ouvriront		ouvriraient	ouvrent	
35	partir	je	pars	partis	partais	partirai		partirais	parte	
	(to leave)	tu	pars	partis	partais	partiras		partirais	partes	pars
		il/elle/on	part	partit	partait	partira		partirait	parte	
	partant	nous	partons	partîmes	partions	partirons		partirions	partions	partons
	parti	vous	partez	partîtes	partiez	partirez		partiriez	partiez	partez
	être parti(e)(s)	ils/elles	partent	partirent	partaient	partiront		partiraient	partent	

	Infinitive Present participle Past participle Past infinitive	Subject Pronouns	INDICATIVE Present	INDICATIVE Passé simple	INDICATIVE Imperfect	INDICATIVE Future	CONDITIONAL Present	SUBJUNCTIVE Present	IMPERATIVE
36	plaire	je	plais	plus	plaisais	plairai	plairais	plaise	
	(to please)	tu	plais	plus	plaisais	plairas	plairais	plaises	plais
		il/elle/on	plaît	plut	plaisait	plaira	plairait	plaise	
	plaisant	nous	plaisons	plûmes	plaisions	plairons	plairions	plaisions	plaisons
	plu	vous	plaisez	plûtes	plaisiez	plairez	plairiez	plaisiez	plaisez
	avoir plu	ils/elles	plaisent	plurent	plaisaient	plairont	plairaient	plaisent	
37	pleuvoir								
	(to rain)								
		il	pleut	plut	pleuvait	pleuvra	pleuvrait	pleuve	
	pleuvant								
	plu								
	avoir plu								
38	pouvoir	je	peux	pus	pouvais	pourrai	pourrais	puisse	
	(to be able)	tu	peux	pus	pouvais	pourras	pourrais	puisses	
		il/elle/on	peut	put	pouvait	pourra	pourrait	puisse	
	pouvant	nous	pouvons	pûmes	pouvions	pourrons	pourrions	puissions	
	pu	vous	pouvez	pûtes	pouviez	pourrez	pourriez	puissiez	
	avoir pu	ils/elles	peuvent	purent	pouvaient	pourront	pourraient	puissent	
39	prendre	je	prends	pris	prenais	prendrai	prendrais	prenne	
	(to take)	tu	prends	pris	prenais	prendras	prendrais	prennes	prends
		il/elle/on	prend	prit	prenait	prendra	prendrait	prenne	
	prenant	nous	prenons	prîmes	prenions	prendrons	prendrions	prenions	prenons
	pris	vous	prenez	prîtes	preniez	prendrez	prendriez	preniez	prenez
	avoir pris	ils/elles	prennent	prirent	prenaient	prendront	prendraient	prennent	
40	recevoir	je	reçois	reçus	recevais	recevrai	recevrais	reçoive	
	(to receive)	tu	reçois	reçus	recevais	recevras	recevrais	reçoives	reçois
		il/elle/on	reçoit	reçut	recevait	recevra	recevrait	reçoive	
	recevant	nous	recevons	reçûmes	recevions	recevrons	recevrions	recevions	recevons
	reçu	vous	recevez	reçûtes	receviez	recevrez	recevriez	receviez	recevez
	avoir reçu	ils/elles	reçoivent	reçurent	recevaient	recevront	recevraient	reçoivent	
41	rejoindre	je	rejoins	rejoignis	rejoignais	rejoindrai	rejoindrais	rejoigne	
	(to join)	tu	rejoins	rejoignis	rejoignais	rejoindras	rejoindrais	rejoignes	rejoins
		il/elle/on	rejoint	rejoignit	rejoignait	rejoindra	rejoindrait	rejoigne	
	rejoignant	nous	rejoignons	rejoignîmes	rejoignions	rejoindrons	rejoindrions	rejoignions	rejoignons
	rejoint	vous	rejoignez	rejoignîtes	rejoigniez	rejoindrez	rejoindriez	rejoigniez	rejoignez
	avoir rejoint	ils/elles	rejoignent	rejoignirent	rejoignaient	rejoindront	rejoindraient	rejoignent	

	Infinitive	INDICATIVE					CONDITIONAL	SUBJUNCTIVE	IMPERATIVE
	Present participle Past participle Past infinitive	Subject Pronouns	Present	Passé simple	Imperfect	Future	Present	Present	
42	résoudre	je	résous	résolus	résolvais	résoudrai	résoudrais	résolve	
	(to solve)	tu	résous	résolus	résolvais	résoudras	résoudrais	résolves	résous
		il/elle/on	résout	résolut	résolvait	résoudra	résoudrait	résolve	
	résolvant	nous	résolvons	résolûmes	résolvions	résoudrons	résoudrions	résolvions	résolvons
	résolu	vous	résolvez	résolûtes	résolviez	résoudrez	résoudriez	résolviez	résolvez
	avoir résolu	ils/elles	résolvent	résolurent	résolvaient	résoudront	résoudraient	résolvent	
43	rire	je	ris	ris	riais	rirai	rirais	rie	
	(to laugh)	tu	ris	ris	riais	riras	rirais	ries	ris
		il/elle/on	rit	rit	riait	rira	rirait	rie	
	riant	nous	rions	rîmes	riions	rirons	ririons	riions	rions
	ri	vous	riez	rîtes	riiez	rirez	ririez	riiez	riez
	avoir ri	ils/elles	rient	rirent	riaient	riront	riraient	rient	
44	rompre	je	romps	rompis	rompais	romprai	romprais	rompe	
	(to break)	tu	romps	rompis	rompais	rompras	romprais	rompes	romps
		il/elle/on	rompt	rompit	rompait	rompra	romprait	rompe	
	rompant	nous	rompons	rompîmes	rompions	romprons	romprions	rompions	rompons
	rompu	vous	rompez	rompîtes	rompiez	romprez	rompriez	rompiez	rompez
	avoir rompu	ils/elles	rompent	rompirent	rompaient	rompront	rompraient	rompent	
45	savoir	je	sais	sus	savais	saurai	saurais	sache	
	(to know)	tu	sais	sus	savais	sauras	saurais	saches	sache
		il/elle/on	sait	sut	savait	saura	saurait	sache	
	sachant	nous	savons	sûmes	savions	saurons	saurions	sachions	sachons
	su	vous	savez	sûtes	saviez	saurez	sauriez	sachiez	sachez
	avoir su	ils/elles	savent	surent	savaient	sauront	sauraient	sachent	
46	suivre	je	suis	suivis	suivais	suivrai	suivrais	suive	
	(to follow)	tu	suis	suivis	suivais	suivras	suivrais	suives	suis
		il/elle/on	suit	suivit	suivait	suivra	suivrait	suive	
	suivant	nous	suivons	suivîmes	suivions	suivrons	suivrions	suivions	suivons
	suivi	vous	suivez	suivîtes	suiviez	suivrez	suivriez	suiviez	suivez
	avoir suivi	ils/elles	suivent	suivirent	suivaient	suivront	suivraient	suivent	
47	se taire	je	me tais	me tus	me taisais	me tairai	me tairais	me taise	
	(to be quiet)	tu	te tais	te tus	te taisais	te tairas	te tairais	te taises	tais-toi
		il/elle/on	se tait	se tut	se taisait	se taira	se tairait	se taise	
	se taisant	nous	nous taisons	nous tûmes	nous taisions	nous tairons	nous tairions	nous taisions	taisons-nous
	tu	vous	vous taisez	vous tûtes	vous taisiez	vous tairez	vous tairiez	vous taisiez	taisez-vous
	s'être tu(e)(s)	ils/elles	se taisent	se turent	se taisaient	se tairont	se tairaient	se taisent	

	Infinitive Present participle Past participle Past infinitive	INDICATIVE Subject Pronouns	 Present	 Passé simple	 Imperfect	 Future	CONDITIONAL Present	SUBJUNCTIVE Present	IMPERATIVE
48	tenir	je	tiens	tins	tenais	tiendrai	tiendrais	tienne	
	(to hold)	tu	tiens	tins	tenais	tiendras	tiendrais	tiennes	tiens
		il/elle/on	tient	tint	tenait	tiendra	tiendrait	tienne	
	tenant	nous	tenons	tînmes	tenions	tiendrons	tiendrions	tenions	tenons
	tenu	vous	tenez	tîntes	teniez	tiendrez	tiendriez	teniez	tenez
	avoir tenu	ils/elles	tiennent	tinrent	tenaient	tiendront	tiendraient	tiennent	
49	vaincre	je	vaincs	vainquis	vainquais	vaincrai	vaincrais	vainque	
	(to defeat)	tu	vaincs	vainquis	vainquais	vaincras	vaincrais	vainques	vaincs
		il/elle/on	vainc	vainquit	vainquait	vaincra	vaincrait	vainque	
	vainquant	nous	vainquons	vainquîmes	vainquions	vaincrons	vaincrions	vainquions	vainquons
	vaincu	vous	vainquez	vainquîtes	vainquiez	vaincrez	vaincriez	vainquiez	vainquez
	avoir vaincu	ils/elles	vainquent	vainquirent	vainquaient	vaincront	vaincraient	vainquent	
50	valoir	je	vaux	valus	valais	vaudrai	vaudrais	vaille	
	(to be worth)	tu	vaux	valus	valais	vaudras	vaudrais	vailles	vaux
		il/elle/on	vaut	valut	valait	vaudra	vaudrait	vaille	
	valant	nous	valons	valûmes	valions	vaudrons	vaudrions	valions	valons
	valu	vous	valez	valûtes	valiez	vaudrez	vaudriez	valiez	valez
	avoir valu	ils/elles	valent	valurent	valaient	vaudront	vaudraient	vaillent	
51	venir	je	viens	vins	venais	viendrai	viendrais	vienne	
	(to come)	tu	viens	vins	venais	viendras	viendrais	viennes	viens
		il/elle/on	vient	vint	venait	viendra	viendrait	vienne	
	venant	nous	venons	vînmes	venions	viendrons	viendrions	venions	venons
	venu	vous	venez	vîntes	veniez	viendrez	viendriez	veniez	venez
	être venu(e)(s)	ils/elles	viennent	vinrent	venaient	viendront	viendraient	viennent	
52	vivre	je	vis	vécus	vivais	vivrai	vivrais	vive	
	(to live)	tu	vis	vécus	vivais	vivras	vivrais	vives	vis
		il/elle/on	vit	vécut	vivait	vivra	vivrait	vive	
	vivant	nous	vivons	vécûmes	vivions	vivrons	vivrions	vivions	vivons
	vécu	vous	vivez	vécûtes	viviez	vivrez	vivriez	viviez	vivez
	avoir vécu	ils/elles	vivent	vécurent	vivaient	vivront	vivraient	vivent	
53	voir	je	vois	vis	voyais	verrai	verrais	voie	
	(to see)	tu	vois	vis	voyais	verras	verrais	voies	vois
		il/elle/on	voit	vit	voyait	verra	verrait	voie	
	voyant	nous	voyons	vîmes	voyions	verrons	verrions	voyions	voyons
	vu	vous	voyez	vîtes	voyiez	verrez	verriez	voyiez	voyez
	avoir vu	ils/elles	voient	virent	voyaient	verront	verraient	voient	

	Infinitive Present participle Past participle Past infinitive	INDICATIVE						CONDITIONAL	SUBJUNCTIVE	IMPERATIVE
		Subject Pronouns	Present	Passé simple	Imperfect	Future		Present	Present	
54	vouloir	je	veux	voulus	voulais	voudrai		voudrais	veuille	
	(to want, to wish)	tu	veux	voulus	voulais	voudras		voudrais	veuilles	veuille
		il/elle/on	veut	voulut	voulait	voudra		voudrait	veuille	
	voulant	nous	voulons	voulûmes	voulions	voudrons		voudrions	voulions	veuillons
	voulu	vous	voulez	voulûtes	vouliez	voudrez		voudriez	vouliez	veuillez
	avoir voulu	ils/elles	veulent	voulurent	voulaient	voudront		voudraient	veuillent	

Vocabulaire

Guide to Vocabulary

This glossary contains the words and expressions listed on the **Vocabulaire** page found at the end of each unit or lesson of **D'ACCORD!** The number following an entry indicates the **D'ACCORD!** level and unit/lesson where the term was introduced or considered. For example, the first entry in the glossary, **à**, was introduced in **D'ACCORD!** Level 1 Unit 4 and covered again in Level 3 Lesson 5.

Abbreviations used in this glossary

adj.	adjective	*disj.*	disjunctive	*interj.*	interjection	*part.*	partitive	*rel.*	relative
adv.	adverb	*d.o.*	direct object	*interr.*	interrogative	*p.p.*	past participle	*sing.*	singular
art.	article	*f.*	feminine	*inv.*	invariable	*pl.*	plural	*sub.*	subject
comp.	comparative	*fam.*	familiar	*i.o.*	indirect object	*poss.*	possessive	*super.*	superlative
conj.	conjunction	*form.*	formal	*m.*	masculine	*prep.*	preposition	*v.*	verb
def.	definite	*imp.*	imperative	*n.*	noun	*pron.*	pronoun		
dem.	demonstrative	*indef.*	indefinite	*obj.*	object	*refl.*	reflexive		

Français–Anglais

A

à *prep.* at, in, to; **I-4, III-5**
à ce moment-là *adv.* at that moment **III-3**
à condition de *prep.* provided (that) **III-7**
à condition que *conj.* on the condition that **III-7**
à moins de *prep.* unless **III-7**
à moins que *conj.* unless **III-7**
à partir de *prep.* from **III-**
à travers *prep.* throughout
au chômage *adj.* unemployed **III-9**
À bientôt. See you soon. **I-1**
à condition que on the condition that, provided that **II-7**
à côté de *prep.* next to **I-3**
À demain. See you tomorrow. **I-1**
à droite (de) *prep.* to the right (of) **I-3**
à gauche (de) *prep.* to the left (of) **I-3**
à … heure(s) at … (o'clock) **I-4**
à la radio on the radio **II-7**
à la télé(vision) on television **II-7**
à l'étranger abroad, overseas **I-7**
à mi-temps half-time (*job*) **II-5**
à moins que unless **II-7**
à plein temps full-time (*job*) **II-5**
À plus tard. See you later. **I-1**
À quelle heure? What time?; When? **I-2**
À qui? To whom? **I-4**
À table! Let's eat! Food is on! **II-1**
à temps partiel part-time (*job*) **II-5**
À tout à l'heure. See you later. **I-1**
au bout (de) *prep.* at the end (of) **II-4**
au contraire on the contrary **II-7**
au fait by the way **I-3**
au printemps in the spring **I-5**
Au revoir. Good-bye. **I-1**
au secours help **II-3**
au sujet de on the subject of, about **II-6**
abîmé(e) *adj.* damaged **III-9**
abolir *v.* to abolish **II-6**
abonné(e) *m., f.* subscriber **III-9**
abonnement *m.* subscription **III-7**
aborder *v.* to tackle; to approach
abriter *v.* to provide a habitat for **III-10**
absolument *adv.* absolutely **I-8, III-2**
abus de pouvoir *m.* abuse of power **III-4**
abuser *v.* to abuse **III-4**
accablé(e) *adj.* overwhelmed **III-1**
accident *m.* accident **II-3**
avoir un accident to have/to be in an accident **II-3**
accompagner *v.* to accompany **II-4**
accoucher *v.* to give birth
acharnement *m.* determination **III-10**
acharner: s'acharner sur *v.* to persist relentlessly **III-5**
acheter *v.* to buy **I-5, III-1**
acteur *m.* actor **I-1**
actif/active *adj.* active **I-3, III-2**
activement *adv.* actively **I-8**
activiste *m., f.* militant activist **III-4**
actrice *f.* actress **I-1**
actualisé(e) *adj.* updated **III-3**
actualité *f.* current events **III-3**
adapter: s'adapter *v.* to adapt **III-5**
addition *f.* check, bill **I-4**
adhérent(e) *m., f.* member **III-9**
adieu farewell **II-6**
admirer *v.* to admire **III-8**
ADN *m.* DNA **III-7**
adolescence *f.* adolescence **I-6**
adorer *v.* to love **I-2**
s'adorer *v.* to adore one another **II-3**
J'adore… I love… **I-2**
adoucir *v.* to soften **III-6**
adresse *f.* address **II-4**
adresse e-mail *f.* e-mail address **III-7**
adresser: s'adresser la parole *v.* to speak to one another **III-7**
aérobic *m.* aerobics **I-5**
faire de l'aérobic *v.* to do aerobics **I-5**
aéroport *m.* airport **I-7**
affaires *f.* belongings **III-6**
affaires *f., pl.* business **I-3**
affectueux/affectueuse *adj.* affectionate **III-1**
affiche *f.* poster **I-8**
afficher *v.* to post **II-5**
affolé(e) *adj.* distraught **III-7**
affronter *v.* to face **III-6**
afin de *prep.* in order to **III-2**
afin que *conj.* in order that **III-7**
agacer *v.* to annoy **III-1**
âge *m.* age **I-6**
âge adulte *m.* adulthood **I-6, III-6**
agence de voyages *f.* travel agency **I-7**

agent *m.* officer; agent **II-3**
agent de police *m.* police officer **II-3, III-2**
agent de voyages *m.* travel agent **I-7**
agent immobilier *m.* real estate agent **II-5**
agir *v.* to take action **III-7**
il s'agit de it's a matter of; it's about
agiter *v.* to shake **III-10**
agréable *adj.* pleasant **I-1**
agriculteur/agricultrice *m., f.* farmer **II-5**
aider (à) *v.* to help (*to do something*) **I-5**;
s'aider *v.* to help one another **II-3**
aie (avoir) *imp. v.* have **I-7**
ail *m.* garlic **II-1**
aimer *v.* to like **I-2, III-1;** to love **III-1**
s'aimer (bien) *v.* to love (like) one another **II-3**
aimer mieux to prefer **I-2**
aimer que… to like that… **II-6**
J'aime bien… I really like… **I-2**
Je n'aime pas tellement… I don't like … very much. **I-2**
aîné(e) *adj.* elder **I-3**
ainsi *adv.* thus **III-2**
air *m.* air
en plein air *adj.* outdoors **III-10**
algérien(ne) *adj.* Algerian **I-1**
aliment *m.* (type or kind of) food **II-1, III-6**
alimentaire *adj.* related to food **III-6**
Allemagne *f.* Germany **I-7**
allemand(e) *adj.* German **I-1**
aller *v.* to go **I-4, III-1**
s'en aller *v.* to go/fade away
aller de l'avant *v.* to forge ahead **III-5**
aller à la pêche to go fishing **I-5**
aller aux urgences to go to the emergency room **II-2**
aller avec to go with **I-6**
aller-retour *adj.* round-trip **I-7**
billet aller-retour *m.* round-trip ticket **I-7**
Allons-y! Let's go! **I-2**
Ça va? What's up?; How are things? **I-1**
Comment allez-vous? *form.* How are you? **I-1**
Comment vas-tu? *fam.* How are you? **I-1**
Je m'en vais. I'm leaving. **I-8**
Je vais bien/mal. I am doing well/badly. **I-1**
J'y vais. I'm going/coming. **I-8**
Nous y allons. We're going/coming. **II-1**

allergie *f.* allergy **II-2**
Allez. Come on. **I-5**
alliance *f.* wedding ring **III-6**
allô *(on the phone)* hello **I-1**
allumer *v.* to turn on **II-3**;
s'allumer *v.* to light up **II-3**
alors *adv.* so **III-2**; then **III-2**; at that moment **I-2**
alpinisme *m.* mountain climbing **III-8**
amants *m.* lovers
ambiance *f.* atmosphere **III-2**
âme sœur *f.* soul mate **III-1**
améliorer *v.* to improve **II-5, III-2**
s'améliorer *v.* to better oneself **III-5**
amende *f.* fine **II-3**
amener *v.* to bring (*someone*) **I-5, III-1**
américain(e) *adj.* American **I-1**
football américain *m.* football **I-5**
ami(e) *m., f.* friend **I-1**
petit(e) ami(e) *m., f.* boyfriend/girlfriend **I-1**
amitié *f.* friendship **I-6, III-1**
amour *m.* love **I-6**
amoureux/amoureuse *adj.* in love **I-6, III-1**
tomber amoureux/amoureuse (de) to fall in love (with) **I-6, III-1**
amour-propre *m.* self-esteem **III-6**
amusant(e) *adj.* fun **I-1**
amuser *v.* to amuse **III-2**;
s'amuser *v.* to play; to have fun **II-2, III-2**
s'amuser à *v.* to pass time by **II-3**
an *m.* year **I-2**
analphabète *adj.* illiterate **III-4**
ancêtre *m., f.* ancestor **III-1**
ancien(ne) *adj.* ancient, old; former **II-7, III-2**
ange *m.* angel **I-1**
anglais(e) *adj.* English **I-1**
angle *m.* corner **II-4**
Angleterre *f.* England **I-7**
animal *m.* animal **II-6**
animateur/animatrice de radio *m., f.* radio presenter **III-3**
animé(e) *adj.* lively **III-2**
année *f.* year **I-2**
cette année this year **I-2**
anniversaire *m.* birthday **I-5**
C'est quand l'anniversaire de… ? When is …'s birthday? **I-5**
C'est quand ton/votre anniversaire? When is your birthday? **I-5**
annuler (une réservation) *v.* to cancel (a reservation) **I-7**
anorak *m.* ski jacket, parka **I-6**
antimatière *f.* antimatter **III-7**

antipathique *adj.* unpleasant **I-3**
anxieux/anxieuse *adj.* anxious **III-1**
août *m.* August **I-5**
apercevoir *v.* to catch sight of **II-4, III-2;** to perceive **III-9**
s'apercevoir *v.* to realize **II-4, III-2, III-8;** to notice **III-8**
aperçu (apercevoir) *p.p.* seen, caught sight of **II-4**
apparaître *v.* to appear **III-1**
appareil *m.* (on the phone) telephone **II-5**
appareil (électrique/ménager) *m.* (electrical/household) appliance **I-8**
appareil photo (numérique) *m.* (digital) camera **II-3, III-7**
C'est M./Mme/Mlle … à l'appareil. It's Mr./Mrs./Miss … on the phone. **II-5**
Qui est à l'appareil? Who's calling, please? **II-5**
appartement *m.* apartment **I-7**
appartenir (à) *v.* to belong (to) **III-5**
appeler *v.* to call **II-5, III-1;**
s'appeler *v.* to be named, to be called **II-2**
Comment t'appelles-tu? *fam.* What is your name? **I-1**
Comment vous appelez-vous? *form.* What is your name? **I-1**
Je m'appelle… My name is… **I-1**
applaudir *v.* to applaud **II-7, III-8**
applaudissement *m.* applause **II-7**
apporter *v.* to bring, to carry (*something*) **I-4**
apprendre (à) *v.* to teach; to learn (*to do something*) **I-4**
appris (apprendre) *p.p., adj.* learned **I-6**
approuver une loi *v.* to pass a law **III-4**
appuyer: s'appuyer sur *v.* to rely on
après *prep.* after **I-2, III-8**
après que *conj.* after **III-7**
après-demain *adv.* day after tomorrow **I-2**
après-midi *m.* afternoon **I-2**
cet après-midi this afternoon **I-2**
de l'après-midi in the afternoon **I-2**
demain après-midi *adv.* tomorrow afternoon **I-2**
hier après-midi *adv.* yesterday afternoon **I-7**
araignée *f.* spider **III-10**
arbitre *m.* referee **III-8**
arbre *m.* tree **II-6**
arc-en-ciel *m.* rainbow **III-10**
archipel *m.* archipelago **III-10**
architecte *m., f.* architect **I-3**
architecture *f.* architecture **I-2**

argent *m.* money **II-4**
dépenser de l'argent *v.* to spend money **I-4**
déposer de l'argent *v.* to deposit money **II-4**
retirer de l'argent *v.* to withdraw money **II-4**
argent *m.* silver **III-2**
argument de vente *m.* selling point
arme *f.* weapon **III-4**
armée *f.* army **III-4**
armoire *f.* armoire, wardrobe **I-8**
arrêt d'autobus (de bus) *m.* bus stop **I-7, III-2**
arrêter (de faire quelque chose) *v.* to stop (doing something) **II-3**
s'arrêter *v.* to stop (oneself) **II-2, III-2**
arrière-grand-mère *f.* great-grandmother **III-6**
arrière-grand-père *m.* great-grandfather **III-6**
arrivée *f.* arrival **I-7**
arriver (à) *v.* to arrive; to manage (*to do something*) **I-2, III-3**
art *m.* art **I-2**
beaux-arts *m., pl.* fine arts **II-7**
artifice: feu d'artifice *m.* fireworks display **III-2**
artiste *m., f.* artist **I-3**
ascenseur *m.* elevator **I-7, III-3**
asperge *f.* asparagus **III-6**
aspirateur *m.* vacuum cleaner **I-8**
passer l'aspirateur to vacuum **I-8**
aspirine *f.* aspirin **II-2**
asseoir: s'asseoir *v.* to sit **II-2, III-9**
asservissement *m.* enslavement **III-4**
Asseyez-vous! (s'asseoir) *imp. v.* Have a seat! **II-2**
assez *adv.* (*before adjective or adverb*) pretty; quite **I-8**
assez (de) (*before noun*) enough (of) **I-4**
pas assez (de) not enough (of) **I-4**
assez *adv.* quite **III-2**
assez de enough **III-5**
assiette *f.* plate **II-1**
assimilation *f.* assimilation **III-5**
assimiler: s'assimiler à *v.* to blend in **III-1**
assis (s'asseoir) *p.p., adj.* (*used as past participle*) sat down; (*used as adjective*) sitting, seated **II-2**
assister *v.* to attend **I-2**
associer: s'associer à *v.* to join forces with
assurance (maladie/vie) *f.* (health/life) insurance **II-5**
astrologue *m., f.* astrologer **III-7**
astronaute *m., f.* astronaut **III-7**
astronome *m., f.* astronomer **III-7**
atelier *m.* workshop **III-7**
athlète *m., f.* athlete **I-3**
attacher *v.* to attach **II-3**
attacher sa ceinture de sécurité to buckle one's seatbelt **II-3**
atteindre *v.* to reach
attendre *v.* to wait for **I-6, III-2**
s'attendre à quelque chose *v.* to expect something **III-2, III-3**
attendrissant(e) *adj.* endearing
attention *f.* attention **I-5**
faire attention (à) *v.* to pay attention (to) **I-5**
attention: attirer l'attention (sur) *v.* to draw attention to
atterrir *v.* to land **III-7**
attirer *v.* to attract **III-5**
attirer l'attention sur *v.* to draw attention to **III-3**
au (à + le) *prep.* to/at the **I-4**
au cas où *conj.* in case **III-10**
auberge de jeunesse *f.* youth hostel **I-7**
aucun(e) *adj.* no; *pron.* none **II-2**
ne… aucun(e) none, not any **II-4**
audace *f.* boldness
auditeur/auditrice *m., f.* (radio) listener **III-3**
augmentation (de salaire) *f.* raise (in salary) **II-5, III-9**
augmenter *v.* to grow **III-5**
aujourd'hui *adv.* today **I-2, III-2**
auquel (à + lequel) *pron., m., sing.* which one **II-5**
aussi *adv.* too, as well; as **I-1**
Moi aussi. Me too. **I-1**
aussi … que (*used with an adjective*) as … as **II-1, III-7**
aussitôt que *conj.* as soon as **III-7**
autant *adv.* so much/many **III-2**
autant de … que *adv.* (*used with noun to express quantity*) as much/as many … as **II-6**
auteur/femme auteur *m., f.* author **II-7**
autobus *m.* bus **I-7, III-2**
arrêt d'autobus *m.* bus stop **I-7, III-2**
prendre un autobus to take a bus **I-7**
automne *m.* fall **I-5**
à l'automne in the fall **I-5**
autoritaire *adj.* bossy **III-6**
autoroute *f.* highway **II-3**
autour (de) *prep.* around **II-4**
autre *adj.* another **III-2**; different **III-2**; other **III-4**
autrefois *adv.* in the past **I-8**
aux (à + les) to/at the **I-4**
auxquelles (à + lesquelles) *pron., f., pl.* which ones **II-5**
auxquels (à + lesquels) *pron., m., pl.* which ones **II-5**
avance *f.* advance **I-2**
en avance *adv.* early **I-2**
avancé(e) *adj.* advanced **III-7**
avancer *v.* to advance, to move forward **III-1**
avant (de/que) *adv.* before **I-7, III-7**
avant-hier *adv.* day before yesterday **I-7**
avec *prep.* with **I-1**
Avec qui? With whom? **I-4**
avenir *m.* future
aventure *f.* adventure **II-7**
film d'aventures *m.* adventure film **II-7**
avenue *f.* avenue **II-4**
avion *m.* airplane **I-7**
prendre un avion *v.* to take a plane **I-7**
avocat(e) *m., f.* lawyer **I-3**
avocat(e) *m., f.* lawyer **III-4**
avoir *v.* to have **I-2, III-1**
aie *imp. v.* have **I-2**
avoir besoin (de) to need (*something*) **I-2**
avoir chaud to be hot **I-2**
avoir confiance en soi to be confident **III-1**
avoir de la chance to be lucky **I-2**
avoir de l'influence (sur) to have influence (over) **III-4**
avoir des dettes to be in debt **III-9**
avoir des préjugés to be prejudiced **III-5**
avoir des relations to have connections **III-9**
avoir envie (de) to feel like (*doing something*) **I-2**
avoir faim to be hungry **I-4**
avoir froid to be cold **I-2**
avoir l'habitude de to be used to **III-1**
avoir honte (de) to be ashamed (of) **I-2, III-1;** to be embarrassed (of) **III-1**
avoir le mal du pays to be homesick **III-5**
avoir le trac to have stage fright **III-3**
avoir mal to have an ache **II-2**
avoir mal au cœur to feel nauseated **II-2**
avoir peur (de/que) to be afraid (of/that) **I-2, III-2**
avoir raison to be right **I-2**
avoir soif to be thirsty **I-4**
avoir sommeil to be sleepy **I-2**
avoir tort to be wrong **I-2**
avoir un accident to have/to be in an accident **II-3**
avoir un compte bancaire to have a bank account **II-4**
en avoir marre to be fed up **I-3**
avouer *v.* to admit
avril *m.* April **5**
ayez (avoir) *imp. v.* have **I-7**
ayons (avoir) *imp. v.* let's have **I-7**

B

bac(calauréat) *m.* an important exam taken by high-school students in France **I-2**
bague *f.* ring **III-3**
bague de fiançailles *f.* engagement ring **III-6**
baguette *f.* baguette **I-4**
baignoire *f.* bathtub **I-8**
bain *m.* bath **I-6**
salle de bains *f.* bathroom **I-8**
baisser *v.* to decrease **III-5**
balai *m.* broom **I-8**
balancer: se balancer *v.* to swing **III-10**
balayer *v.* to sweep **I-8, III-1**
balcon *m.* balcony **I-8**
ballon *m.* ball **III-8**
banane *f.* banana **II-1**
banc *m.* bench **II-4**
bancaire *adj.* banking **II-4**
avoir un compte bancaire *v.* to have a bank account **II-4**
bande dessinée (B.D.) *f.* comic strip **5**
bande *f.* gang **III-5**
bande originale *f.* sound track **III-3**
banlieue *f.* suburb **I-4, III-2;** outskirts **III-2**
banque *f.* bank **II-4**
banqueroute *f.* bankruptcy **III-9**
banquier/banquière *m., f.* banker **II-5**
barbant *adj.,*
barbe *f.* drag **I-3**
barrière de corail *f.* barrier reef **III-10**
bas(se) *adj.* low **III-2**
basculer *v.* to tip over **III-4**
baseball *m.* baseball **I-5**
basket(-ball) *m.* basketball **I-5**
baskets *f.* sneakers **III-8,** tennis shoes **I-6, III-8**
bateau *m.* boat **I-7, III-4**
bateau-mouche *m.* riverboat **I-7**
prendre un bateau *v.* to take a boat **I-7**
bâtiment *m.* building **II-4**
batterie *f.* drums **II-7, III-2**
battre: se battre *v.* to fight **III-8**
bavard(e) *m., f.* chatterbox **III-5**
bavarder *v.* to chat **I-4, III-8**
beau (belle) *adj.* handsome; beautiful **I-3, III-2**
faire quelque chose de beau *v.* to be up to something interesting **II-4**
Il fait beau. The weather is nice. **I-5**
beaucoup (de) *adv.* a lot **III-2,** (of) **I-4**
Merci (beaucoup). Thank you (very much). **I-1**
beau-fils *m.* son-in-law **III-6;** stepson **III-6**
beau-frère *m.* brother-in-law **I-3, III-6**
beau-père *m.* father-in-law; stepfather **I-3; III-6**
beaux-arts *m., pl.* fine arts **II-7**
belge *adj.* Belgian **I-7**
Belgique *f.* Belgium **I-7**
belle *adj., f.* (*feminine form of* **beau**) beautiful **I-3**
belle-fille *f.* daughter-in-law **III-6;** stepdaughter **III-6**
belle-mère *f.* mother-in-law; stepmother I-3, **III-6**
belle-sœur *f.* sister-in-law **I-3, III-6**
bénéfice *m.* profit **III-9**
bénéficier de *v.* to enjoy **III-5**
berger/bergère *m., f.* shepherd(ess) **III-10**
bermuda *m.* (a pair of) bermuda shorts **III-8**
besoin *m.* need **I-2**
avoir besoin (de) to need (*something*) **I-2**
bête *adj.* stupid **III-4**
beurre *m.* butter **I-4**
bibliothèque *f.* library **I-1**
bien *adv.* well **I-7, III-2**
bien des *adj.* many **III-5**
bien que *conj.* although **III-7**
bien sûr *adv.* of course **I-2**
Je vais bien. I am doing well. **I-1**
Très bien. Very well. **I-1**
bien-être *m.* well-being **III-10**
bientôt *adv.* soon **I-1, III-2**
À bientôt. See you soon. **I-1**
bienvenu(e) *adj.* welcome **I-1**
bière *f.* beer **I-6**
bifurquer *v.* to turn off course **III-4;** to change direction **III-4**
bijouterie *f.* jewelry store **II-4**
bilingue *adj.* bilingual **III-1**
billard *m.* pool **III-8**
billet *m.* (*travel*) ticket **I-7;** (*money*) bills, notes **II-4**
billet aller-retour *m.* round-trip ticket **I-7**
billet *m.* ticket **III-8**
bio(logique) *adj.* organic **III-6**
biochimique *adj.* biochemical **III-7**
biologie *f.* biology **I-2**
biologiste *m., f.* biologist **III-7**
biscuit *m.* cookie **I-6**
blague *f.* joke **I-2**
blanc(he) *adj.* white **I-6, III-2**
blesser: (se) blesser *v.* to injure (oneself) **II-2, III-8;** to get hurt **III-8**
blessure *f.* injury, wound **II-2**
bleu(e) *adj.* blue **I-3**
blond(e) *adj.* blonde **I-3**
blouson *m.* jacket **I-6**
bœuf *m.* beef **II-1**
boire *v.* to drink **I-4, III-3**
bois *m.* wood **II-6**
boisson (gazeuse) *f.* (carbonated) drink/beverage **I-4**
boîte *f.* box; can **II-1, III-5;** box **III-5**
boîte aux lettres *f.* mailbox **II-4**
boîte de conserve *f.* can (of food) **II-1**
boîte de nuit *f.* nightclub **I-4, III-9**
boiter *v.* to limp
bol *m.* bowl **II-1**
bon(ne) *adj.* kind; good **I-3, III-2**
bon marché *adj.* inexpensive **I-6**
Il fait bon. The weather is good/ warm. **I-5**
bonbon *m.* candy **I-6**
bonheur *m.* happiness **I-6**
Bonjour. Good morning.; Hello. **I-1**
Bonsoir. Good evening.; Hello. **I-1**
bonté *f.* kindness
bouche *f.* mouth **II-2**
boucherie *f.* butcher's shop **II-1**
boue *f.* mud
bouger *v.* to move **III-5**
bougonner *v.* to grumble **III-6**
boulangerie *f.* bread shop, bakery **II-1**
boules *f.* petanque **III-8**
boulevard *m.* boulevard **II-4**
suivre un boulevard *v.* to follow a boulevard **II-4**
boulot *m.* job **III-9**
bouquet de la mariée *m.* bouquet **III-6**
bourse *f.* scholarship, grant **I-2**
bout *m.* end **II-4**
au bout (de) *prep.* at the end (of) **II-4**
bouteille (de) *f.* bottle (of) **I-4, III-5**
boutique *f.* boutique, store **II-4**
boutique de souvenirs *f.* gift shop **III-8**
boxe *f.* boxing **III-9**
bras *m.* arm **II-2**
brasserie *f.* café; restaurant **II-4**
bref/brève *adj.* brief **III-2**
Brésil *m.* Brazil **I-7**
brésilien(ne) *adj.* Brazilian **I-7**
brevet d'invention *m.* patent **III-7**
bricoler *v.* to tinker; to do odd jobs **I-5**
brièvement *adv.* briefly **III-2**
brillant(e) *adj.* bright **I-1**
bronzer *v.* to tan **I-6**
brosse (à cheveux/à dents) *f.* (hair/ tooth)brush **II-2**
brosser: se brosser *v.*
(les cheveux/les dents) *v.* to brush one's (hair/teeth) **II-1, III-2**

brûler *v.* to burn **III-5**
bruit *m.* noise **III-1**
brun(e) *adj.* (*hair*) dark **I-3**
bruyamment *adv.* noisily **III-2**
bruyant(e) *adj.* noisy **III-2**
bu (boire) *p.p.* drunk **I-6**
bûcheron *m.* lumberjack **III-10**
budget *m.* budget **III-9**
bureau *m.* desk; office **I-1**
  bureau de poste *m.* post office **II-4**
bus *m.* bus **I-7**
  arrêt d'autobus (de bus) *m.* bus stop **I-7**
  prendre un bus *v.* to take a bus **I-7**
but *m.* goal **III-5**

C

c'est... *it/that* is... **I-1**
  C'est de la part de qui? On behalf of whom? **II-5**
  C'est le 1er (premier) octobre. It is October first. **I-5**
  C'est M./Mme/Mlle ... (à l'appareil). It's Mr./Mrs./Miss ... (on the phone). **II-5**
  C'est quand l'anniversaire de... ? When is ...'s birthday? **I-5**
  C'est quand ton/votre anniversaire? When is your birthday? **I-5**
  Qu'est-ce que c'est? What is it? **I-1**
ça *pron.* that; this; it **I-1**
  Ça dépend. It depends. **I-4**
  Ça ne nous regarde pas. That has nothing to do with us.; That is none of our business. **II-6**
  Ça suffit. That's enough. **I-5, III-4**
  Ça te dit? Does that appeal to you? **II-6**
  Ça va? What's up?; How are things? **I-1**
  ça veut dire that is to say **II-2**
  Comme ci, comme ça. So-so. **I-1**
cabine téléphonique *f.* phone booth **II-4**
cadeau *m.* gift **I-6**
  paquet cadeau wrapped gift **I-6**
cadet(te) *adj.* younger **I-3**
cadre *m.* executive **III-9**
cadre/femme cadre *m., f.* executive **II-5**
café *m.* café; coffee **I-1**
  terrasse de café *f.* café terrace **I-4**
  cuillère à café *f.* teaspoon **II-1**
cafetière *f.* coffeemaker **I-8**
cahier *m.* notebook **I-1**
caillou (cailloux) *m.* pebble(s) **III-10**
calculatrice *f.* calculator **I-1**
caleçon *m.* boxer shorts **III-8**
calme *adj.* calm **I-1**; *m.* calm **I-1**
camarade *m., f.* friend **I-1**
  camarade de chambre *m., f.* roommate **I-1**
  camarade de classe *m., f.* classmate **I-1**
caméra vidéo *f.* camcorder **II-3**
caméscope *m.* camcorder **II-3**
camionnette *f.* small truck or van **III-9**
campagne *f.* country(side) **I-7**
  pain de campagne *m.* country-style bread **I-4**
  pâté (de campagne) *m.* pâté, meat spread **II-1**
camping *m.* camping **I-5**
  faire du camping *v.* to go camping **I-5**
Canada *m.* Canada **I-7**
canadien(ne) *adj.* Canadian **I-1, III-2**
canapé *m.* couch **I-8**
candidat(e) *m., f.* candidate; applicant **II-5**
cantine *f.* (school) cafeteria **II-1**
capitaine *m.* captain **III-8**
capitale *f.* capital **I-7**
capot *m.* hood **II-3**
caprice *m.* whim **III-6**
capter *v.* to get a signal
car *conj.* for; because **III-4**
caractère *m.* character, personality **III-6**
carafe (d'eau) *f.* pitcher (of water) **II-1**
carie *f.* cavity
carotte *f.* carrot **II-1**
carré(e) *adj.* square **III-4**
carrefour *m.* intersection **II-4**
carrière *f.* career **II-5**
cartable *m.* school bag **III-7**
carte *f.* card **III-8**
  carte de crédit *f.* credit card **III-9**
  carte de retrait *f.* ATM card **III-9**
  cartes (à jouer) *f.* (playing) cards **III-8**
carte *f.* map **I-1**; menu **II-1**; card **II-4**
  payer avec une carte de crédit to pay with a credit card **II-4**
  carte postale *f.* postcard **II-4**
  cartes *f. pl.* (*playing*) cards **I-5**
cas: au cas où *conj.* in case **III-10**
caserne de pompiers *f.* fire station **III-2**
casquette *f.* (baseball) cap **I-6**
casse-cou *m.* daredevil **III-8**
casser: se casser *v.* to break **II-2**; to scram **III-4**
cassette vidéo *f.* videotape **II-3**
catastrophe *f.* catastrophe **II-6**
cauchemar *m.* nightmare
cause *f.* cause **III-5**
causer *v.* to chat **III-9**
cave *f.* basement, cellar **I-8**
CD *m.* CD(s) **II-3**
ce *dem. adj., m., sing.* this; that **I-6**
  ce matin this morning **I-2**
  ce mois-ci this month **I-2**
  Ce n'est pas grave. It's no big deal. **I-6**
  ce soir this evening **I-2**
  ce sont... those are... **I-1**
  ce week-end this weekend **I-2**
céder à *v.* to give in to **III-6**
ceinture *f.* belt **I-6**
  attacher sa ceinture de sécurité *v.* to buckle one's seatbelt **II-3**
célèbre *adj.* famous **II-7**
célébrer *v.* to celebrate **I-5, III-8**
célibataire *adj.* single **I-3, III-1**
celle *pron., f., sing.* this one; that one; the one **II-6**
celles *pron., f., pl.* these; those; the ones **II-6**
cellule *f.* cell **III-7**
celui *pron., m., sing.* this one; that one; the one **II-6**
censure *f.* censorship **III-3**
cent *m.* one hundred **I-3**
  cent mille *m.* one hundred thousand **I-5**
  cent un *m.* one hundred one **I-5**
  cinq cents *m.* five hundred **I-5**
centième *adj.* hundredth **I-7**
centrale nucléaire *f.* nuclear plant **II-6**
centre commercial *m.* shopping center, mall **I-4**
centre de formation *m.* sports training school **III-8**
centre-ville *m.* city/town center, downtown **I-4, III-2**
cependant *adv.* yet
certain(e) *adj.* certain **II-1, III-4**
  Il est certain que... It is certain that... **II-7**
  Il n'est pas certain que... It is uncertain that... **II-7**
certainement *adv.* certainly **III-3**
cerveau *m.* brain
ces *dem. adj., m., f., pl.* these; those **I-6**
c'est-à-dire that is to say **III-7**
cet *dem. adj., m., sing.* this; that **I-6**
  cet après-midi this afternoon **I-2**
cette *dem. adj., f., sing.* this; that **I-6**
  cette année this year **I-2**
  cette semaine this week **I-2**
ceux *pron., m., pl.* these; those; the ones **II-6**
chacun(e) *pron.* each one
chagrin *m.* sorrow; affliction **III-3**
chaîne (de télévision) *f.* (television) channel **II-3**
chaîne *f.* network **III-3**
  chaîne montagneuse *f.* mountain range **III-10**
chaîne stéréo *f.* stereo system **II-3**
chaise *f.* chair **I-1**
chambre *f.* bedroom **I-8**

chambre (individuelle) *f.* (single) room **I-7**
camarade de chambre *m., f.* roommate **I-1**
champ *m.* field **II-6**
champagne *m.* champagne **I-6**
champignon *m.* mushroom **II-1**
chance *f.* luck **I-2**
avoir de la chance *v.* to be lucky **I-2**
chanson *f.* song **II-7**
chantage *m.* blackmail **III-2**
faire du chantage to blackmail **III-4**
chanter *v.* to sing **I-5**
chanteur/chanteuse *m., f.* singer **I-1**
chaos *m.* chaos **III-5**
chapeau *m.* hat **I-6**
chaque *adj.* each **I-6, III-4,** every single **III-4**
charbon (de bois) *m.* char(coal) **III-10**
charcuterie *f.* delicatessen **II-1**
charmant(e) *adj.* charming **I-1, III-1**
chasse *f.* hunt **II-6**
chasser *v.* to hunt **II-6, III-10**
chat *m.* cat **I-3**
châtain *adj.* (*hair*) brown **I-3, III-2**
châtiment *m.* punishment **III-5**
chaud *m.* heat **I-2**
avoir chaud *v.* to be hot **I-2**
Il fait chaud. *(weather)* It is hot. **I-5**
chauffeur de taxi/de camion *m.* taxi/truck driver **II-5**
chaussette *f.* sock **I-6**
chaussure *f.* shoe **I-6**
chef d'entreprise *m.* head of a company **II-5, III-9**
chef-d'œuvre *m.* masterpiece **II-7**
chemin *m.* path; way **II-4**
suivre un chemin *v.* to follow a path **II-4**
chemise (à manches courtes/ longues) *f.* (short-/long-sleeved) shirt **I-6**
chemisier *m.* blouse **I-6**
chêne *m.* oak tree **III-10**
chèque *m.* check **II-4**
compte-chèques *m.* checking account **II-4**
payer par chèque *v.* to pay by check **II-4**
cher/chère *adj.* dear **III-2**; expensive **I-6, III-2**
chercher *v.* to look for **I-2**
chercher un/du travail to look for work **II-4**
chercheur/chercheuse *m., f* researcher **II-5, III-7**
chéri(e) *adj.* dear, beloved, darling **I-2**
cheval *m.* horse **I-5**
faire du cheval *v.* to go horseback riding **I-5**
cheveux *m., pl.* hair **II-1**
brosse à cheveux *f.* hairbrush **II-2**
cheveux blonds blond hair **I-3**
cheveux châtains brown hair **I-3**
se brosser les cheveux *v.* to brush one's hair **II-1**
cheville *f.* ankle **II-2**
se fouler la cheville *v.* to twist/ sprain one's ankle **II-2**
chez *prep.* at the place or home of **I-3, III-5**
passer chez quelqu'un *v.* to stop by someone's house **I-4**
chic *adj.* chic **I-4**
chien *m.* dog **I-3**
chiffre *m.* figure **III-9;** number **III-9**
chimie *f.* chemistry **I-2**
chimiste *m., f.* chemist **III-7**
Chine *f.* China **I-7**
chinois(e) *adj.* Chinese **I-7**
choc culturel *m.* culture shock **III-1**
chocolat (chaud) *m.* (hot) chocolate **I-4**
chœur *m.* choir, chorus **II-7**
choisir *v.* to choose **I-4, III-3**
chômage *m.* unemployment **II-5**
être au chômage *v.* to be unemployed **II-5**
chômage *m.* unemployment **III-9**
au chômage *adj.* unemployed **III-9**
chômeur/chômeuse *m., f.* unemployed person **II-5**
chômeur/chômeuse *m., f.* unemployed person **III-9**
chose *f.* thing **I-1**
quelque chose *m.* something; anything **I-4**
chouette *adj.* great **III-8;** cool **III-8**
chronique *f.* column **III-3**
chrysanthèmes *m., pl.* chrysanthemums **II-1**
chuchoter *v.* to whisper **III-6**
chut shh **II-7**
-ci *(used with demonstrative adjective* **ce** *and noun or with demonstrative pronoun* **celui***)* here **I-6**
ce mois-ci this month **I-2**
ciel *m.* sky **II-6**
cil *m.* eyelash **III-1**
cinéma (ciné) *m.* movie theater, movies **I-4**
cinéma *m.* cinema **III-2,** movie theater **III-2**
cinémathèque *f.* film library **III-2**
cinq *m.* five **I-1**
cinquante *m.* fifty **I-1**
cinquième *adj.* fifth **I-7**
circulation *f.* traffic **II-3, III-2**
cirque *m.* circus **III-3**
citadin(e) *m., f.* city/town dweller **III-2**
cité *f.* low-income housing development **III-6**
citoyen(ne) *m., f.* citizen **III-2**
citron *m.* lemon **III-6;** *adj.* lemon **III-2**
citron vert *m.* lime **III-6**
clair(e) *adj.* clear **II-7**
Il est clair que… It is clear that… **II-7**
classe *f.* (*group of students*) class **I-1**
camarade de classe *m., f.* classmate **I-1**
salle de classe *f.* classroom **I-1**
clavier *m.* keyboard **II-3**
clé *f.* key **I-7**
client(e) *m., f.* client; guest **I-7**
clip vidéo *m.* music video **III-3**
cloîtrer *v.* to cloister **III-2;** to enclose **III-2**
cloner *v.* to clone **III-7**
clous *m.* crosswalk **III-2**
club *m.* team **III-8**
club sportif *m.* sports club **III-8**
cochon *m.* pig **III-10**
cœur *m.* heart **II-2**
avoir mal au cœur to feel nauseated **II-2**
coffre *m.* trunk **II-3**
se coiffer *v.* to do one's hair **II-2**
coiffeur/coiffeuse *m., f.* hairdresser **I-3**
coin *m.* corner **II-4**
colère *f.* anger **1, III-4**
se mettre en colère contre to get angry with **III-1**
colis *m.* package **II-4**
collège *m.* middle school **III-5**
colocataire *m, f.* roommate **III-2;** cotenant **III-2**
colocataire *m., f.* roommate (*in an apartment*) **I-1**
colon *m.* colonist **III-4**
combattre *v.* to fight **III-4**
Combien (de)… ? *adv.* How much/ many… ? **I-1**
Combien coûte... ? How much is... ? **I-4**
combiné *m.* receiver **II-5**
combustible *m.* fuel **III-10**
comédie (musicale) *f.* comedy (musical) **II-7, III-8**
comédien(ne) *m., f.* actor **III-3**
commander *v.* to order **II-1**
comme *adv.* how; like, as **I-2**
Comme ci, comme ça. So-so. **I-1**
commencer (à) *v.* to begin (*to do something*) **I-2**
commencer *v.* to begin **III-1**
comment *adv.* how **I-4**
Comment? *adv.* What? **I-4**
Comment allez-vous?, *form.* How are you? **I-1**
Comment t'appelles-tu? *fam.* What is your name? **I-1**
Comment vas-tu? *fam.* How are you? **I-1**
Comment vous appelez-vous? *form.* What is your name? **I-1**
commérages *m.* gossip **III-1**

commerçant(e) *m., f.* shopkeeper **II-1**
commissaire (de police) *m.* (police) commissioner **III-5**
commissariat de police *m.* police station **II-4, III-2**
commode *f.* dresser, chest of drawers **I-8**
communication *f.* communication **III-3**
compact disque *m.* compact disc **II-3**
compétent(e) *adj.* competent **III-9**
complet/complète *adj.* full (no vacancies) **I-7**; complete **III-2**; sold out **III-8**
complexe d'infériorité *m.* inferiority complex **III-6**
complicité *f.* deep, intimate bond **III-1**
comportement *m.* behavior **III-3**
comporter: se comporter *v.* to behave **III-3,** to act **III-3**
composer (un numéro) *v.* to dial (a number) **II-3**
compositeur *m.* composer **II-7**
compréhension *f.* understanding **III-5**
comprendre *v.* to understand **I-4**
compris (comprendre) *p.p., adj.* understood; included **I-6**
comptable *m., f.* accountant **II-5, III-9**
compte d'épargne *m.* savings account **III-9**
compte *m.* account (at a bank) **II-4**
  avoir un compte bancaire *v.* to have a bank account **II-4**
  compte-chèques *m.* checking account **II-4, III-9**
  compte d'épargne *m.* savings account **II-4**
  se rendre compte *v.* to realize **II-2**
compter *v.* to expect to **III-8**
  compter sur *v.* to rely on **III-1**
  compter sur quelqu'un *v.* to count on someone **I-8**
concert *m.* concert **II-7**
concurrence *f.* competition **III-8**
condition *f.* condition
  à condition de *prep.* provided (that) **III-7**
  à condition que *conj.* on the condition that **III-7**
condition *f.* condition **II-7**
  à condition que on the condition that…, provided that… **II-7**
conducteur/conductrice *m., f.* driver **III-2**
conduire *v.* to drive **I-6, III-3**
conduit (conduire) *p.p., adj.* driven **I-6**
confiance *f.* confidence **III-1**
  avoir confiance en soi to be confident **III-1**
  faire confiance (à quelqu'un) to trust (someone) **III-1**
confier *v.* to confide **III-6**; to entrust **III-6**
confiture *f.* jam **II-1**
conformiste *adj.* conformist **III-5**
confusément *adv.* confusedly **III-2**
congé *m.* day off **I-7**
  jour de congé *m.* day off **I-7**
  prendre un congé *v.* to take time off **II-5**
congélateur *m.* freezer **I-8**
connaissance *f.* acquaintance **I-5**
  faire la connaissance de *v.* to meet *(someone)* **I-5**
connaître *v.* to know, to be familiar with **I-8, III-3;**
se connaître *v.* to know one another **II-3**
connecté(e) *adj.* connected **II-3**
  être connecté(e) avec quelqu'un *v.* to be online with someone **I-7, II-3**
connu (connaître) *p.p., adj.* known; famous **I-8**
consacrer: se consacrer à *v.* to dedicate oneself to **III-4**
conseil *m.* advice **II-5, III-1**
conseiller/conseillère *m., f.* consultant; advisor **II-5, III-9**
conservateur/conservatrice *adj.* conservative **III-2, III-4;** *m.* preservative **III-6**
considérer *v.* to consider **I-5, III-1**
consignes *f pl.* instructions **III-9**
console de jeux *f.* game console
consommation d'énergie *f.* energy consumption **III-10**
constamment *adv.* constantly **I-8, III-2**
constater *v.* to notice; to ascertain
construire *v.* to build, to construct **I-6, III-2**
consultant(e) *m., f.* consultant **III-9**
consulter *v.* to consult **III-9**
contaminé(e) *adj.* contaminated **III-10**
  être contaminé(e) to be contaminated **III-10**
conte *m.* tale **II-7**
content(e) *adj.* happy **II-5, III-6**
  être content(e) que *v.* to be happy that… **II-6**
contestation *f.* (a) protest **III-2**
continuer (à) *v.* to continue (*doing something*) **II-4**
contraire *adj.* contrary **II-7**
  au contraire on the contrary **II-7**
contraire à l'éthique *adj.* unethical **III-7**
contrarié(e) *adj.* upset **III-1**
contrarier *v.* to thwart **III-7**
contribuer (à) *v.* to contribute **III-7**
controverse *f.* controversy
convaincre *v.* to convince **III-3**
copain/copine *m., f.* friend **I-1**
corbeille (à papier) *f.* wastebasket **I-1**
corps *m.* body **II-2**
correcteur orthographique *m.* spell check **III-7**
costume *m.* (*man's*) suit **I-6**
côte *f.* coast **II-6**
coton *m.* cotton **II-4**
cou *m.* neck **II-2**
couche d'ozone *f.* ozone layer **III-10**
couche d'ozone *f.* ozone layer **II-6**
  trou dans la couche d'ozone *m.* hole in the ozone layer **II-6**
couche sociale *f.* social level **III-5**
coucher: se coucher *v.* to go to bed **II-2, III-2**
couler *v.* to flow; to run (water)
couleur *f.* color **I-6**
  De quelle couleur… ? What color… ? **I-6**
couloir *m.* hallway **I-8**
coup franc *m.* free kick **III-8**
coupable *adj.* guilty **III-4**
couper de *v.* to cut off from **III-7**
  se couper *v.* to cut oneself **III-2**
couple *m.* couple **I-6**
courage *m.* courage **II-5, III-5**
courageux/courageuse *adj.* courageous, brave **I-3**
couramment *adv.* fluently **I-8**
courir *v.* to run **I-5, III-3**
courrier *m.* mail **II-4**
cours d'art dramatique *m.* drama course **III-3**
cours *m.* class, course **I-2, III-3**
course *f.* errand **II-1**
  faire les courses *v.* to go (grocery) shopping **II-1**
course *f.* race **III-8**
court(e) *adj.* short **I-3, III-2**
  à court terme *adj.* short-term **III-9**
  chemise à manches courtes *f.* short-sleeved shirt **I-6**
couru (courir) *p.p.* run **I-6**
cousin(e) *m., f.* cousin **I-3**
couteau *m.* knife **II-1**
coûter *v.* to cost **I-4**
  coûter cher *v.* to cost a lot **III-2**
  Combien coûte… ? How much is… ? **I-4**
couvert (couvrir) *p.p.* covered **II-3**
couverture *f.* blanket, cover **I-8, III-3**
couvrir *v.* to cover **II-3, III-4**
covoiturage *m.* carpooling **II-6**
craindre *v.* to fear **III-6**
crainte: de crainte que *conj.* for fear that **III-7**
cravate *f.* tie **I-6**
crayon *m.* pencil **I-1**

créer *v.* to create **III-7**
crème *f.* cream **II-1, III-2**; *adj.* cream **III-2**
crème à raser *f.* shaving cream **II-2**
crêpe *f.* crêpe **I-5**
crevé(e) *adj.* deflated; blown up **II-3**
pneu crevé *m.* flat tire **II-3**
cri *m.* shout, cry **III-2**
crier *v.* to yell
crime *m.* crime **III-4**
criminel(le) *m., f.* criminal **III-4**
crise *f.* crisis **III-9**
crise d'hystérie *f.* nervous breakdown
crise économique *f.* economic crisis **III-9**
critique *f.* review; criticism **II-7**
croire (que) *v.* to believe (that) **II-7, III-3**
ne pas croire que... to not believe that… **II-7**
croisement *m.* intersection **III-2**
croissant *m.* croissant **I-4**
croissant(e) *adj.* growing **II-6**
population croissante *f.* growing population **II-6**
croyance *f.* belief **III-4**
cru (croire) *p.p.* believed **II-7**
cruauté *f.* cruelty **III-4**
cruel(le) *adj.* cruel **I-3, III-2**
cueillir *v.* to pick **III-1**; to pluck **III-1**
cuillère (à soupe/à café) *f.* (soup/tea)spoon **II-1**
cuir *m.* leather **II-4**
cuisine *f.* cooking; kitchen **I-5**
cuisiner *v.* to cook **II-1**
faire la cuisine *v.* to cook **I-5**
cuisinier/cuisinière *m., f.* cook **II-5**
cuisinière *f.* stove **I-8**
cuisse *f.* thigh
culotte *f.* underpants (for females) **III-8**
curieux/curieuse *adj.* curious **I-3**
curiosité *f.* curiosity **III-7**
curriculum vitæ (C.V.) *m.* résumé **II-5**
cybercafé *m.* cybercafé **II-4**
cyberespace *m.* cyberspace **III-7**

D

d'abord *adv.* first **I-7, III-2**
d'accord *(tag question)* all right? **I-2**; *(in statement)* okay **I-2**
être d'accord to be in agreement **I-2**
d'autres *m., f.* others **I-4**
d'habitude *adv.* usually **I-8**
danger *m.* danger **II-6, III-10**
dangereux/dangereuse *adj.* dangerous **II-3, III-2**
dans *prep.* in **I-3, III-5; inside III-5**
danse *f.* dance **II-7**
danser *v.* to dance **I-4**
danseur/danseuse *m., f.* dancer **II-7**
date *f.* date **I-5**
Quelle est la date? What is the date? **I-5**
dauphin *m.* dolphin **III-10**
de l' *part. art., m., f., sing.* some **I-4**
de la *part. art., f., sing.* some **I-4**
de/d' *prep.* from; of **I-1, I-3, III-7**
de crainte que *conj.* for fear that **III-7**
de l'après-midi in the afternoon **I-2**
de laquelle *pron., f., sing.* which one **II-5**
de nouveau *adv.* again **III-8**
de peur de *prep.* for fear of **III-7**
de peur que *conj.* for fear that **III-7**
de pointe cutting edge **III-7**
De quelle couleur... ? What color… ? **I-6**
De rien. You're welcome. **I-1**
de taille moyenne of medium height I-3
de temps en temps *adv.* from time to time **I-8, III-2**
débarrasser la table *v.* to clear the table **I-8**
débarquer *v.* to arrive (colloquial) **III-1**
débile *adj.* moronic **III-2**
déblayer *v.* to clear away **III-10**
déboisement *m.* deforestation **II-6**
débrouiller: se débrouiller *v.* to figure it out; to manage
début *m.* beginning; debut **II-7**
débuter *v.* to begin **III-6**
décédé(e) *adj.* deceased
décembre *m.* December **I-5**
déchets *m.* trash **III-10**
déchets toxiques *m., pl.* toxic waste **II-6**
déchirer *v.* to tear **III-8**
décider (de) *v.* to decide *(to do something)* **II-3**;
se décider *v.* to make up one's mind **III-6**
déclencher *v.* to cause
décourager: se décourager *v.* to lose heart **III-5**
découvert (découvrir) *p.p.* discovered **II-3**
découverte (capitale) *f.* (breakthrough) discovery **III-7**
découvrir *v.* to discover **II-3, III-4**
décrire *v.* to describe **I-7, III-6**
décrit (décrire) *p.p., adj.* described **I-7**
décrocher *v.* to pick up **II-5**
déçu(e) *adj.* disappointed **III-4**
dedans *adv.* inside **III-2, III-8**
défaite *f.* defeat **III-4**
défaut *m.* flaw **III-3**
défavorisé(e) *adj.* underprivileged **III-5**
défendre *v.* to defend **III-4**
défi *m.* challenge **III-5**
défilé *m.* parade **III-2**
déforestation *f.* deforestation **III-10**
degrés *m., pl.* *(temperature)* degrees **I-5**
Il fait ... degrés. *(to describe weather)* It is ... degrees. **I-5**
dehors *adv.* outside **III-2**
déjà *adv.* already **I-5, III-2**
déjeuner *m.* lunch **II-1;** *v.* to eat lunch **I-4**
délicieux/délicieuse *delicious* **I-8**
demain *adv.* tomorrow **I-2, III-2**
À demain. See you tomorrow. **I-1**
après-demain *adv.* day after tomorrow **I-2**
demain matin/après-midi/soir *adv.* tomorrow morning/afternoon/evening **I-2**
demande *f.* proposal **III-6**
faire une demande en mariage *to* propose **III-6**
demander *v.* to ask for **III-2**;
se demander *v.* to wonder **III-2**
demander (à) *v.* to ask (someone), to make a request (of someone) **I-6**
demander que... *v.* to ask that… **II-6**
demander un prêt to apply for a loan **III-9**
démarrer *v.* to start up **II-3**
déménager *v.* to move **I-1, I-8, III-6**
demie half **I-2**
et demie half past … (o'clock) **I-2**
demi-frère *m.* half-brother, stepbrother **I-3, III-6**
demi-sœur *f.* half-sister, stepsister **I-3, III-6**
démissionner *v.* to quit, to resign **II-5, III-9**
démocratie *f.* democracy **III-4**
dent *f.* tooth **II-1**
brosse à dents *f.* toothbrush **II-2**
se brosser les dents *v.* to brush one's teeth **II-1**
dentifrice *m.* toothpaste **II-2**
dentiste *m., f.* dentist **I-3**
départ *m.* departure **I-7**
dépasser *v.* to pass; to overtake **III-1**;
se dépasser *v.* to go beyond one's limits; to go over; to pass **II-3, III-8**
dépaysement *m.* change of scenery **III-1**; disorientation **III-1**
dépêcher: se dépêcher *v.* to hurry **II-2, III-2, III-7**
dépense *f.* expenditure, expense **II-4**
dépenser *v.* to spend **I-4**

dépenser de l'argent *v.* to spend money **I-4**
dépenses *f.* expenses **III-9**
déplacer: se déplacer *v.* to move, to change location **II-4**
déposer *v.* to deposit **III-9**
déposer de l'argent *v.* to deposit money **II-4**
déprimé(e) *adj.* depressed **II-2, III-1**
depuis *adv.* since; for **II-1**
député(e) *m.,* f. deputy (politician) **III-4**; representative **III-4**
déranger *v.* to bother **I-1, III-6;** to disturb **III-6**
dernier/dernière *adj.* last **I-2, III-2;** final **III-2**
lundi (mardi, etc.) dernier *last* Monday (Tuesday, etc.) **III-3**
dernièrement *adv.* lastly, finally **I-8**
dérouler: se dérouler *v.* to take place **III-6**
derrière *prep.* behind **I-3, III-5**
des (de + les) *m., f., pl.* of the **I-3**
des *part. art., m., f., pl.* some **I-4**
dès que *adv.* as soon as **II-5, III-7**
désabusé(e) *adj.* disillusioned
désagréable *adj.* unpleasant **I-1**
descendre *v.* to go down **III-2**; to get off **III-2**
descendre (de) *v.* to go downstairs; to get off; to take down **I-6**
désert *m.* desert **II-6**
désespéré(e) *adj.* desperate
désespoir *m.* despair **III-7**
déshabiller: se déshabiller *v.* to undress **II-2, III-2**
désirer *v.* to want (that) **I-5**; to desire **III-6**; to want to **III-8**
désolé(e) *adj.* sorry **I-6, III-6**
être désolé(e) que to be sorry that… **II-6**
desquelles (de + lesquelles) *pron., f., pl.* which ones **II-5**
desquels (de + lesquels) *pron., m., pl.* which ones **II-5**
dessert *m.* dessert **I-6**
dessin animé *m.* cartoon **II-7**
dessiner *v.* to draw **I-2**
détendre: se détendre *v.* to relax **II-2, III-2**
détester *v.* to hate **I-2, III-8**
Je déteste... I hate… **I-2**
détruire *v.* to destroy **I-6, III-7**
détruit (détruire) *p.p., adj.* destroyed **I-6**
dette *f.* debt **III-9**
avoir des dettes to be in debt **III-9**
deuil *m.* bereavement; grief **III-1**
deux *m.* two **I-1**
deuxième *adj.* second **I-7**
devant *prep.* in front of **I-3, III-5**
développement *m.* development **III-5**
développer *v.* to develop **II-6**
devenir *v.* to become **II-1, III-3**
deviner *v.* to guess **III-5**
devoir *m.* homework **I-2**; *v.* to have to, must **II-1, III-3**; to owe **III-9**
dialogue *m.* dialog **III-5**
dictature *f.* dictatorship **III-4**
dictionnaire *m.* dictionary **I-1**
différemment *adv.* differently **I-8**
différence *f.* difference **I-1**
différent(e) *adj.* different **I-1**
difficile *adj.* difficult **I-1**
dimanche *m.* Sunday **I-2**
dîner *m.* dinner **II-1;** v. to have dinner **I-2**
diplôme *m.* diploma, degree **I-2**
dire *v.* to say **I-7, III-3;**
se dire *v.* to tell one another **II-3**
Ça te dit? Does that appeal to you? **II-6**
ça veut dire that is to say **II-2**
dire au revoir to say goodbye **III-5**
veut dire *v.* means, signifies **II-1**
direct: en direct *adj., adv.* live **III-3**
diriger *v.* to manage **II-5, III-9;** to run **III-9**
discret/discrète *adj.* discreet; unassuming **I-3**
discuter *v.* discuss **I-6**
disposé(e) (à) *adj.* willing (to) **III-9**
disposer de *v.* to have at one's disposal
disputer: se disputer (avec) *v.* to argue (with) **II-2**
disque *m.* disk **II-3**
compact disque *m.* compact disc **II-3**
disque dur *m.* hard drive **II-3**
dissertation *f.* essay **II-3**
distance *f.* distance **III-5**
formation à distance *f.* distance learning **III-5**
distributeur automatique/de billets *m.* ATM **II-4, III-9**
dit (dire) *p.p., adj.* said **I-7**
diversité *f.* diversity **III-5**
divertir *v.* to entertain **III-3**
se divertir *v.* to have a good time **III-8**
divertissant(e) *adj.* entertaining **III-8**
divertissement *m.* entertainment **III-3**
divorce *m.* divorce **I-6**
divorcé(e) *adj.* divorced **I-3**
divorcer *v.* to divorce **I-3, III-1**
dix *m.* ten **I-1**
dix-huit *m.* eighteen **I-1**
dixième *adj.* tenth **I-7**
dix-neuf *m.* nineteen **I-1**
dix-sept *m.* seventeen **I-1**
documentaire *m.* documentary **II-7, III-3**
doigt *m.* finger **II-2**
doigt de pied *m.* toe **II-2**
domaine *m.* field **II-5**
dommage *m.* harm **II-6**
Il est dommage que... It's a shame that… **II-6**
donc *adv.* so **III-2,** therefore **I-7, III-2**
donner (à) *v.* to give (*to someone*) **I-2**
donner *v.* to give **III-2;**
se donner *v.* to give one another **II-3**
donner des indications to give directions **III-2**
dont *rel. pron.* of which; of whom; whose; that **II-3, III-9**
dormir *v.* to sleep **I-5, III-4**
dos *m.* back **II-2**
sac à dos *m.* backpack **I-1**
douane *f.* customs **I-7**
doucement *adv.* gently **III-2**
douche *f.* shower **I-8**
prendre une douche *v.* to take a shower **II-2**
doué(e) *adj.* talented, gifted **II-7; III-6**
douleur *f.* pain **II-2, III-1**; suffering **III-1**
douter *v.* to doubt (that) **II-7, III-2;**
se douter (de) *v.* to suspect **III-2, III-4**
douteux/douteuse *adj.* doubtful **II-7**
Il est douteux que... It is doubtful that… **II-7**
doux/douce *adj.* sweet; soft **I-3, III-2**
douze *m.* twelve **I-1**
draguer *v.* to flirt III-1; to try to "pick up" **III-1**
dramaturge *m.* playwright **II-7**
drame (psychologique) *m.* (psychological) drama **II-7**
drapeau *m.* flag **III-4**
draps *m., pl.* sheets **I-8**
droit *m.* law **I-2;** right **III-4**
droits de l'homme *m.* human rights **III-4**
droite *f.* the right (side) **I-3**
à droite de *prep.* to the right of **I-3**
drôle *adj.* funny **I-3**
dû (devoir) *p.p., adj.* (*used with infinitive*) had to; (*used with noun*) due, owed **II-1**
du *part. art.,m., sing.* some **I-4**
du (de + le) *m., sing.* of the **I-3**
dû/due à *adj.* due to **III-5**
duel *m.* one-on-one **III-8**
duper *v.* to trick **III-2**
duquel (de + lequel) *pron., m., sing.* which one **II-5**

E

eau (minérale) *f.* (mineral) water **I-4**
carafe d'eau *f.* pitcher of water **II-1**

écart *m.* discrepancy **III-5;** gap **III-5**
s'échapper de *v.* to escape from **III-6**
écharpe *f.* scarf **I-6**
échecs *m., pl.* chess **I-5**
échelle *f.* ladder **III-7**
écœurer *v.* to sicken, to nauseate **III-1**
échouer *v.* to fail **I-2**
éclair *m.* éclair **I-4**
école *f.* school **I-2**
écologie *f.* ecology **II-6**
écologique *adj.* ecological **II-6**
économe *adj.* thrifty **III-1**
économie *f.* economics **I-2**
économies *f.* savings **III-9**
économiser *v.* to save **III-9**
écotourisme *m.* ecotourism **II-6**
écouter *v.* to listen (to) **I-2, III-8**
écouteurs *m.* headphones **II-3**
écran *m.* screen **II-3, III-3**
écraser *v.* to crush; to run over
écrire *v.* to write **I-7, III-3;**
s'écrire *v.* to write one another **II-3**
écrit (écrire) *p.p., adj.* written **I-7**
écrivain/femme écrivain *m., f.* writer **II-7**
écureuil *m.* squirrel **II-6**
édifice *m.* building **III-2**
éditeur/éditrice *m., f.* publisher **III-3**
éducation physique *f.* physical education **I-2**
effacer *v.* to erase **I-1, II-3, III-7**
effet de serre *m.* greenhouse effect **II-6**
effets spéciaux *m.* special effects **III-3**
effort *m.* effort **III-5**
effrayant(e) *adj.* frightening **III-7**
effrayer *v.* to frighten **III-6**
égal(e) *adj.* equal **III-4**
égaler *v.* to equal **I-3**
égalité *f.* equality **III-4**
église *f.* church **I-4**
égocentrique *adj.* egocentric **III-3**
égoïste *adj.* selfish **I-1, III-6**
Eh! *interj.* Hey! **I-2**
élection *f.* election **III-4**
gagner les élections to win elections **III-4**
perdre les élections to lose elections **III-4**
électricien/électricienne *m., f.* electrician **II-5**
électrique *adj.* electric **I-8**
appareil électrique/ménager *m.* electrical/household appliance **I-8**
élégant(e) *adj.* elegant **I-1**
élevé *adj.* high **II-5**
élève *m., f.* pupil, student **I-1**
élevé(e) *p.p.* raised
bien élevé(e) *adj.* well-mannered **III-6**
mal élevé(e) *adj.* bad-mannered **III-6**
élever (des enfants) *v.* to raise (children) **III-6**
élire *v.* to elect **III-4**
elle *pron., f.* she; it **I-1;** her **I-3**
elle est... she/it is... **I-1**
elles *pron., f.* they **I-1;** them **I-3**
elles sont... they are... **I-1**
e-mail *m.* e-mail **II-3**
emballage (en plastique) *m.* (plastic) wrapping/packaging **II-6**
embaucher *v.* to hire **II-5, III-9**
embouteillage *m.* traffic jam **III-2**
embrasser: s'embrasser *v.* to kiss one another **II-3**
embrayage *m.* (*automobile*) clutch **II-3**
émigré(e) *m., f.* emigrant **III-5**
émigrer *v.* to emigrate **III-1**
émission (de télévision) *f.* (television) program **II-7, III-3**
emménager *v.* to move in **I-8**
emmener *v.* to take (*someone*) **I-5, III-1**
émotif/émotive *adj.* emotional
émouvant(e) *adj.* moving **III-8**
émouvoir *v.* to move **III-3**
empêcher (de) *v.* to stop **III-2;** to keep from (doing something) **III-2**
empirer *v.* to get worse **III-10**
emploi *m.* job **II-5, III-9**
emploi à mi-temps/à temps partiel *m.* part-time job **II-5**
emploi à plein temps *m.* full-time job **II-5**
solliciter un emploi to apply for a job **III-9**
employé(e) *m., f.* employee **I-5, III-9**
employer *v.* to use, to employ **I-5**
emprisonner *v.* to imprison **III-4**
emprunt *m.* loan **III-9**
faire un emprunt to take out a loan **III-9**
emprunter *v.* to borrow **II-4**
en *prep.* in **I-3, III-5;** at **III-5**
en attendant de *prep.* waiting to **III-7**
en attendant que *conj.* waiting for **III-7**
en automne in the fall **5**
en avance *early* **I-2**
en avoir marre to be fed up **I-6**
en désordre messy, untidy **III-7**
en direct *adj., adv.* live **III-3**
en effet indeed; in fact **II-6**
en été in the summer **I-5**
en face (de) *prep.* facing, across (from) **I-3**
en faillite *adj.* bankrupt **III-9**
en fait in fact **I-7**
en général *adv.* in general **I-8, III-2**
en hiver in the winter **I-5**
en moyenne on average **III-3**
en outre *adv.* in addition
en plein air in fresh air **II-6, III-10**
en pointe *adv.* forward **III-8**, up front **III-8**
en retard late **I-2**
en sécurité *adj.* sure **III-2**
en tout cas in any case **I-6**
en vacances on vacation **I-7**
en voie d'extinction *adj.* endangered **III-10**
être en ligne to be online **II-3**
en *pron.* some of it/them; about it/them; of it/them; from it/them **II-2**
Je vous en prie. *form.* Please.; You're welcome. **I-1**
Qu'en penses-tu? What do you think about that? **II-6**
encadrement *m.* supervisory staff **III-9**
enceinte *adj.* pregnant **II-2**
Enchanté(e). Delighted. **I-1**
encore *adv.* again; still **I-3, III-2**
s'endormir *v.* to fall asleep, to go to sleep **II-2**
endroit *m.* place **I-4**
énergie *f.* energy **III-10**
énergie (nucléaire/solaire) *f.* (nuclear/solar) energy **II-6**
énerver *v.* to annoy **III-1;**
s'énerver *v.* to get worked up, to become upset **II-2**
enfance *f.* childhood **I-6, III-6**
enfant *m., f.* child **I-3**
enfant unique *m., f.* only child **III-6**
enfin *adv.* finally, at last **I-7, III-2**
enfler *v.* to swell **II-2**
enfoncer: s'enfoncer *v.* to drown
engager: s'engager (envers quelqu'un) *v.* to commit (to someone) **III-1;** to get involved **III-3**
enlever la poussière *v.* to dust **I-8**
enlever *v.* to kidnap **III-4**
ennuyer *v.* to bore **III-1;** to bother **III-2;** s'ennuyer v. to get bored **II-2, III-2**
ennuyeux/ennuyeuse *adj.* boring **I-3**
énorme *adj.* enormous, huge **I-2**
énormément *adv.* enormously **III-2**
enquête *f.* investigation
enquêter (sur) *v.* to research **III-3;** to investigate **III-3**
enregistrer *v.* to record **II-3, III-3**
enregistreur DVR *m.* DVR **II-3**
enrichir: s'enrichir *v.* to become rich **III-5**
enseigne *f.* store name **III-3**
enseignement *m.* education **III-5**
enseigner *v.* to teach **I-2**
ensemble *adv.* together **I-6**

ensuite *adv.* then, next **I-7, III-2**
entendre *v.* to hear **I-6, III-2;**
s'entendre bien *v.* to get along well **II-2, III-1**
enthousiaste *adj.* enthusiastic **III-1;** excited **III-1**
entourer: s'entourer de *v.* to surround oneself with **III-9**
entracte *m.* intermission **II-7**
entraide *f.* mutual aid **III-9**
s'entraîner *v.* to practice; to train **III-1, III-6**
entraîneur *m.* coach **III-8**
entre *prep.* between **I-3**
entrée *f.* appetizer, starter **II-1**
entrepôt *m.* warehouse **III-9**
entreprendre *v.* to undertake **III-9**
entrepreneur/entrepreneuse *m., f.* entrepreneur **III-9**
entreprise (multinationale) *f.* (multinational) company **III-9;** firm, business **II-5**
monter une entreprise to create a company **III-9**
entrer *v.* to enter **I-7, III-3**
entretenir: s'entretenir (avec) *v.* to talk **III-2**, to converse **III-2**
entretien *m.* interview **III-3**
entretien d'embauche *m.* job interview
passer un entretien *to* have an interview **II-5**
envahir *v.* to invade **III-3**
enveloppe *f.* envelope **II-4**
envie *f.* desire, envy **I-2**
avoir envie (de) *to* feel like (*doing something*) **I-2**
environnement *m.* environment **II-6, III-10**
envisager *v.* to envision **III-7**
envoyé(e) spécial(e) *m., f.* correspondent **III-3**
envoyer (à) *v.* to send (*to someone*) **I-5, III-1**
éolienne *f.* wind turbine **III-10**
épais(se) *adj.* thick **III-9**
épanouissement *m.* development **III-10**
épargne *f.* savings **II-4**
compte d'épargne *m.* savings account **II-4**
épeler *v.* to spell **III-1**
épicerie *f.* grocery store **I-4**
épinards *m.* spinach **III-6**
épouser *v.* to marry **I-3**
épouvantable *adj.* dreadful **I-5**
Il fait un temps épouvantable. The weather is dreadful. **I-5**
époux/épouse *m., f.* spouse **III-6;** husband/wife **I-3, III-6**
épuisé(e) *adj.* exhausted **III-9**
épuiser *v.* to use up **III-10**
équipe *f.* team **I-5**
érosion *f.* erosion **III-10**
escalader *v.* to climb **III-8,** to scale **III-8**
escalier *m.* staircase **I-8**
escargot *m.* escargot, snail **II-1**
esclavage *m.* slavery **III-4**
esclave *m., f.* slave **III-4**
espace *m.* space **II-6, III-7**
Espagne *f.* Spain **I-7**
espagnol(e) *adj.* Spanish **I-1**
espèce (menacée) *f.* (endangered) species **II-6**
espérer *v.* to hope **I-5, III-1**
espionner *v.* to spy **III-4**
espoir *m.* hope **III-2**
esprit *m.* spirit **III-1**
essayer *v.* to try **I-5, III-1**
essence *f.* gas **II-3**
réservoir d'essence *m.* gas tank **II-3**
voyant d'essence *m.* gas warning light **II-3**
essentiel(le) *adj.* essential **II-6, III-6**
Il est essentiel que… It is essential that… **II-6**
essuie-glace *m.* **(essuie-glaces** *pl.***)** windshield wiper(s) **II-3**
essuyer (la vaisselle/la table) *v.* to wipe (*the dishes/the table*) **I-8**
est *m.* east **II-4**
Est-ce que… ? *(used in forming questions)* **I-2**
estropié(e) *m., f.* cripple
et *conj.* and **I-1**
Et toi? *fam.* And you? **I-1**
Et vous? *form.* And you? **I-1**
établir: s'établir *v.* to settle **III-5**
étage *m.* floor **I-7**
étagère *f.* shelf **I-8**
étape *f.* stage **I-6**
état d'âme *m.* qualm; feeling **III-1**
état civil *m.* marital status **I-6**
États-Unis *m., pl.* United States **I-7**
été (être) *p.p.* been **I-6**
été *m.* summer **I-5**
en été in the summer **I-5**
éteindre *v.* to turn off **II-3**
étendre: s'étendre *v.* to spread **III-2**
éternuer *v.* to sneeze **II-2, III-7**
éthique *adj.* ethical **III-7**
étoile *f.* star **II-6**
étoile (filante) *f.* (shooting) star **III-7**
étonnant(e) *adj.* surprising **III-6**
étonné(e) *adj.* surprised **III-6**
étonner: s'étonner *v.* to be amazed **III-8**
étranger *m.* (*places that are*) abroad, overseas **I-7**
à l'étranger abroad, overseas **I-7**
étranger/étrangère *m., f.* foreigner **III-2;** stranger **III-2**
étranger/étrangère *adj.* foreign **I-2**
langues étrangères *f., pl.* foreign languages **I-2**
étrangler *v.* to strangle **II-5**
être *v.* to be **I-1, III-1**
être à la une to be on the front page **III-3**
être bien/mal payé(e) to be well/badly paid **II-5**
être connecté(e) avec quelqu'un to be online with someone **I-7, II-3**
être contaminé(e) to be contaminated **III-10**
être désolé(e) to be sorry **III-6**
être en ligne avec to be online with **II-3**
être en pleine forme to be in good shape **II-2**
être perdu(e) to be lost **III-2**
être pris(e) to be busy, taken up **III-6**
être promu(e) to be promoted **III-9**
être sous pression to be under pressure **III-9**
études (supérieures) *f., pl.* studies; (higher) education **I-2**
étudiant(e) *m., f.* student **I-1**
étudier *v.* to study **I-2**
eu (avoir) *p.p.* had **I-6**
eux *disj. pron., m., pl.* they, them **I-3**
évadé(e) *adj.* escaped **III-4**
événement *m.* event **III-3**
évidemment *adv.* obviously, evidently; of course **I-8, III-2**
évident(e) *adj.* evident, obvious **II-7, III-1, III-7**
Il est évident que It is evident that… **II-7**
évier *m.* sink **I-8**
éviter (de) *v.* to avoid (*doing something*) **II-2**
évoluer *v.* to evolve
évoquer *v.* to make think of **III-9**
exactement *adv.* exactly **II-1**
examen *m.* exam; test **I-1**
être reçu(e) à un examen *v.* to pass an exam **I-2**
passer un examen *v.* to take an exam **I-2**
exclu(e) *adj.* excluded **III-5**
Excuse-moi. *fam.* Excuse me. **I-1**
exercice *m.* exercise **II-2**
faire de l'exercice *v.* to exercise **II-2**
exhorter *v.* to urge **III-10**
exigeant(e) *adj.* demanding **II-5, III-6**

profession (exigeante) *f.* a (demanding) profession **II-5**
exiger *v.* to demand **III-6, III-9**
exiger (que) *v.* to demand (that) **II-6**
expérience (professionnelle) *f.* (professional) experience **II-5**
expérience *f.* experiment **III-7**
expliquer *v.* to explain **I-2**
explorer *v.* to explore **I-4, III-7**
exposition *f.* exhibition **II-7, III-8;** art show **III-8**
exprès *adv.* on purpose **III-4**
faire exprès to do it on purpose **III-4**
exprimer *v.* to express **III-1, III-3**
extinction *f.* extinction **II-6**
en voie d'extinction *adj.* endangered **III-10**
extrait *m.* excerpt **III-3**
extraterrestre *m., f.* alien **III-7**

F

fâché(e) *adj.* angry **III-1;** mad **III-1**
fâcher: se fâcher (contre) *v.* to get angry (with) **III-2**
facilement *adv.* easily **I-8**
facteur *m.* mailman **II-4**
faculté *f.* university; faculty **I-1**
faible *adj.* weak **I-3**
faiblir *v.* to weaken **III-10**
faillite: en faillite *adj.* bankrupt **III-9**
faim *f.* hunger **I-4**
avoir faim *v.* to be hungry **I-4**
fainéant(e) *m., f.* lazybones **III-9**
faire *v.* to do; to make **I-5, III-1**
faire attention (à) *v.* to pay attention (to) **I-5**
faire carrière (dans) to pursue a career (in) **III-9**
faire confiance (à quelqu'un) to trust (someone) **III-1**
faire de l'aérobic *v.* to do aerobics **I-5**
faire de l'exercice *v.* to exercise **II-2**
faire de la gym *v.* to work out **I-5**
faire de la musique *v.* to play music **II-5**
faire de la peinture *v.* to paint **II-7**
faire de la planche à voile *v.* to go windsurfing **I-5**
faire des projets *v.* to make plans **II-5**
faire du camping *v.* to go camping **I-5**
faire du chantage to blackmail **III-4**
faire du cheval *v.* to go horseback riding **I-5**
faire du jogging *v.* to go jogging **I-5**
faire du shopping *v.* to go shopping **I-7**
faire du ski *v.* to go skiing **I-5**
faire du sport *v.* to do sports **I-5**
faire du vélo *v.* to go bike riding **I-5**
faire exprès to do it on purpose **III-4**
faire la connaissance de *v.* to meet (*someone*) **I-5**
faire la cuisine *v.* to cook **I-5**
faire la fête *v.* to party **I-6**
faire la lessive *v.* to do the laundry **I-8**
faire la poussière *v.* to dust **I-8**
faire la queue to wait in line **II-4, III-8**
faire match nul to tie (a game) **III-8**
faire la vaisselle *v.* to do the dishes **I-8**
faire le lit *v.* to make the bed **I-8**
faire le ménage *v.* to do the housework **I-8**
faire le plein *v.* to fill the tank **II-3**
faire les courses *v.* to run errands **II-1**
faire les musées *v.* to go to museums **II-7**
faire les valises *v.* to pack one's bags **I-7**
faire mal *v.* to hurt **II-2**
faire passer to spread (the word) **III-8**
faire plaisir à quelqu'un *v.* to please someone **II-5**
faire quelque chose de beau *v.* to be up to something interesting **II-4**
faire sa toilette *v.* to wash up **II-2**
faire sa déclaration d'amour *v.* to declare one's love **III-1**
faire sans to do without **III-5**
faire un effort to make an effort **III-5**
faire un emprunt to take out a loan **III-9**
faire un séjour *v.* to spend time (somewhere) **I-7**
faire un tour (en voiture) *v.* to go for a walk (drive) **I-5**
faire une demande en mariage to propose **III-6**
faire une expérience to carry out an experiment **III-7**
faire une piqûre *v.* to give a shot **II-2**
faire une promenade *v.* to go for a walk **I-5**
faire une randonnée *v.* to go for a hike **I-5**
faire visiter *v.* to give a tour **I-8**
fait (faire) *p.p., adj.* done; made **I-6**
faits divers *m.* news items **III-3**
falaise *f.* cliff **II-6**
falloir *v.* to be necessary **III-6;** to have to **III-9**
Il faut que... *One* must... **III-6;** It is necessary that... **III-6**
fallu (falloir) *p.p.* (*used with infinitive*) had to... **I-6**
Il a fallu... It was necessary to... **I-6**
famille *f.* family **I-3**
fan (de) m., *f.* fan (of) **III-8**
fanfare *f.* marching band **III-2**
fascinant(e) *adj.* fascinating **III-9**
fatigué(e) *adj.* tired **I-3**
faut (falloir) *v.* (*used with infinitive*) is necessary to... **I-5**
Il a fallu... It was necessary to... **I-6**
Il fallait... One had to... **I-8**
Il faut que... One must.../It is necessary that... **II-6**
faute *f.* foul **III-8**
fauteuil *m.* armchair **I-8**
fauteuil rolant *m.* wheelchair **III-7**
faux/fausse *adj.* false **III-2;** wrong **III-2**
favori(te) *adj.* favorite **I-3, III-2**
fax *m.* fax (machine) **II-3**
félicitations congratulations **II-7**
femme *f.* woman; wife **I-1**
femme d'affaires businesswoman **I-3, III-9**
femme au foyer housewife **II-5**
femme auteur author **II-7**
femme cadre executive **II-5**
femme écrivain writer **II-7**
femme peintre painter **II-7**
femme politique politician **II-5, III-4**
femme pompier firefighter **II-5**
femme sculpteur sculptor **II-7**
fenêtre *f.* window **I-1**
fer à repasser *m.* iron **I-8**
férié(e) *adj.* holiday **I-6, III-5**
jour férié *m.* holiday **I-6**
ferme *f.* farm **III-10**
fermé(e) *adj.* closed **II-4**
fermer *v.* to close; to shut off **II-3**
festival (festivals pl.) *m.* festival **II-7**
fête *f.* party **I-6;** celebration **I-6**
fête foraine *f.* carnival **III-2**
faire la fête *v.* to party **I-6**
fêter *v.* to celebrate **I-6, III-8**
feu (tricolore) *m.* traffic light **III-2**
feu d'artifice *m.* fireworks display **III-2**
feu de signalisation *m.* traffic light **II-4**
feuillage *m.* foliage **III-10**
feuille de papier *f.* sheet of paper **I-1**
feuilleton *m.* soap opera **II-7, III-3;** series **III-3**
février *m.* February **I-5**
facile *adj.* easy **I-2**

fiançailles *f.* engagement **III-6**
fiancé(e) *adj.* engaged **I-3**
fiancé(e) *m.*, f. fiancé **I-6**
fiancer: se fiancer *v.* to get engaged **III-1**
fichier *m.* file **II-3**
fidèle *adj.* faithful **III-1**
fier/fière *adj.* proud **I-3, III-2**
fierté *f.* pride
fièvre *f.* fever **II-2**
avoir de la fièvre *v.* to have a fever **II-2**
filet (de pêche) *m.* (fishing) net **III-10**
fille *f.* girl; daughter **I-1**
fille unique *f.* only child **III-6**
film (d'aventures, d'horreur, de science-fiction, policier) *m.* (adventure, horror, science-fiction, crime) film **II-7**
film *m.* movie **III-3**
sortir un film to release a movie **III-3**
fils *m.* son **I-3**
fils unique *m.* only child **III-6**
fin *f.* end **II-7**
finalement *adv.* finally **I-7, III-3**
financier/financière *adj.* financial **III-9**
fini (finir) *p.p., adj.* finished, done, over **I-4**
finir (de) *v.* to finish (doing something) **I-4**
fléchettes *f.* darts **III-8**
fleur *f.* flower **I-8**
fleuve *m.* river **II-6, III-10**
flic *m.* cop **III-5**
foire *f.* fair **III-2**
fois *f.* time **I-8**
deux fois *adv.* twice **I-8, III-3**
une fois *adv.* once **I-8, III-3**
une fois que *conj.* once **III-10**
fonctionner *v.* to work, to function **II-3**
fonds *m.* funds
fontaine *f.* fountain **II-4**
foot(ball) *m.* soccer **I-5**
football américain *m.* football **I-5**
forcer *v.* to force **III-1**
forêt (tropicale) *f.* (rain) forest **II-6, III-10**
forfait *m.* phone plan; fixed rate **III-3**
formateur/formatrice *m., f.* trainer
formation *f.* education; training **II-5, III-9**
formation à distance *f.* distance learning **III-5**
forme *f.* shape; form **II-2**
être en pleine forme *v.* to be in good shape **II-2**
formidable *adj.* great **I-7**
formulaire *m.* form **II-4**
remplir un formulaire to fill out a form **II-4**
fort(e) *adj.* strong **I-3**
fossé des générations *m.* generation gap **III-6**
fou/folle *adj.* crazy **I-3, III-2**
foulard *m.* headscarf **III-6**
foule *f.* (the) masses; crowd **III-4;** mob **III-4**
fouler: se fouler (la cheville) *v.* to twist/to sprain one's (ankle) **II-2**
four (à micro-ondes) *m.* (microwave) oven **I-8**
fourchette *f.* fork **II-1**
frais/fraîche *adj.* fresh; cool **I-5, III-2**
Il fait frais. (*weather*) It is cool. **I-5**
fraise *f.* strawberry **II-1**
franc/franche *adj.* frank **III-1, III-2**
français(e) *adj.* French **I-1**
France *f.* France **I-7**
franchement *adv.* frankly, honestly **I-8, III-2**
frappant(e) *adj.* striking **III-3**
frapper *v.* to knock; to hit
freiner *v.* to brake **II-3**
freins *m., pl.* brakes **II-3**
fréquenter *v.* to frequent; to visit **I-4**
frère *m.* brother **I-3**
beau-frère *m.* brother-in-law **I-3**
demi-frère *m.* half-brother, stepbrother **I-3**
frigo *m.* refrigerator **I-8**
frisé(e) *adj.* curly **I-3**
frisson *m.* thrill **III-8**
frites *f., pl.* French fries **I-4**
froid *m.* cold **I-2**
avoir froid to be cold **I-2**
Il fait froid. (*weather*) It is cold. **I-5**
fromage *m.* cheese **I-4**
fromagerie *f.* cheese store **III-6**
front *m.* forehead
frontière *f.* border **III-5**
fruit *m.* fruit **II-1**
fruits de mer *m., pl.* seafood **II-1**
fuir *v.* to flee **III-1**
fumé(e) *adj.* smoked **III-6**
fumer *v.* to smoke **II-2**
funérailles *f., pl.* funeral **II-1**
furieux/furieuse *adj.* furious **II-6**
être furieux/furieuse que *v.* to be furious that… **II-6**
fusée *f.* rocket

G

gagner *v.* to win; to earn **I-5, II-5 III-4**
gagner les élections to win elections **III-4**
gagner sa vie to earn a living **III-9**
gamin(e) *m., f.* kid **III-5**
gamme de produits *f.* line of products
gant *m.* glove **I-6**
garage *m.* garage **I-8**
garer: se garer *v.* to park **II-3**
garanti(e) *adj.* guaranteed **I-5**
garçon *m.* boy **I-1**
garder la ligne *v.* to stay slim **II-2**
garde-robe *f.* wardrobe **III-8**
gare (routière) *f.* train station (bus station) **I-7**
gaspillage *m.* waste **II-6, III-10**
gaspiller *v.* to waste **II-6, III-10**
gâteau *m.* cake **I-6**
gâter *v.* to spoil **III-6**
gauche *f.* the left (side) **I-3**
à gauche (de) *prep.* to the left (of) **I-3**
gazeux/gazeuse *adj.* carbonated, fizzy **I-4**
boisson gazeuse *f.* carbonated drink/beverage **I-4**
gêne *f.* embarrassment **III-6**
gêné(e) *adj.* embarrassed **III-2**
gène *m.* gene **III-7**
gêner *v.* to bother **III-1;** to embarrass **III-1**
généreux/généreuse *adj.* generous **I-3**
génétique *f.* genetics **III-7**
génial(e) *adj.* great **I-3, III-1;** terrific **III-1**
genou *m.* knee **II-2**
genre *m.* genre **II-7**
gens *m., pl.* people **I-7**
gentil(le) *adj.* nice **I-3, III-2**
gentiment *adv.* nicely **I-8, III-2;** kindly **III-2**
géographie *f.* geography **I-2**
gérant(e) *m., f.* manager **II-5, III-9**
gérer *v.* to manage **III-9;** to run **III-9**
gestion *f.* business administration **I-2**
gilet *m.* sweater **III-8;** sweatshirt (with front opening) **III-8**
glace *f.* ice cream **I-6**
glaçon *m.* ice cube **I-6**
gland *m.* acorn **III-10**
glissement de terrain *m.* landslide **II-6**
glisser *v.* to glide **III-8**
golf *m.* golf **I-5**
gorge *f.* throat **II-2**
goûter *m.* afternoon snack **II-1;** *v.* to taste **II-1**
gouvernement *m.* government **II-6, III-4**
gouverner *v.* to govern **III-4**
grâce à *prep.* thanks to **III-1**
grand magasin *m.* department store **III-9**
grand(e) *adj.* big **I-3, III-2;** tall **III-2;** great **III-2**
grand magasin *m.* department store **I-4**
grandir *v.* to grow up
grand-mère *f.* grandmother **I-3**
grand-oncle *m.* great-uncle **III-6**
grand-père *m.* grandfather **I-3**
grands-parents *m.*, pl. grandparents **I-3**

grand-tante *f.* great-aunt **III-6**
gras/grasse *adj.* fat, plump **III-4**
gratin *m.* gratin **II-1**
gratte-ciel *m.* skyscraper **III-2**
gratuit(e) *adj.* free **II-7, III-3**
grave *adj.* serious **II-2**
  Ce n'est pas grave. It's okay.; No problem. **I-6**
graver *v.* to record, to burn (CD, DVD) **II-3, III-7**
gravité *f.* gravity **III-7**
grec/grecque *adj.* Greek **III-2**
greffer *v.* to transplant **III-2;** to graft **III-2**
grève (sur le tas) *f.* (sit-in) strike **III-2**
grillé(e) *adj.* grilled **III-6,** broiled **III-6**
grille-pain *m.* toaster **I-8**
grimper à *v.* to climb **III-8**
grippe *f.* flu **II-2**
gris(e) *adj.* gray **I-6**
gronder *v.* to scold **III-6**
gros(se) *adj.* fat **I-3, III-2**
grossir *v.* to gain weight **I-4**
grotte *f.* cave **III-3**
groupe *m.* musical group **III-8;** band **III-8**
guérir *v.* to get better **II-2;** to cure **III-7,** to heal **III-7**
guerre *f.* war
  guerre (civile) *f.* (civil) war **III-4**
  guerre de Sécession *f.* American Civil War **III-4**
guitare *f.* guitar **II-7**
gym *f.* exercise **I-5**
  faire de la gym *v.* to work out **I-5**
gymnase *m.* gym **I-4**

H

habiller: s'habiller *v.* to get dressed **II-2, III-2**
habitat *m.* habitat **II-6**
  sauvetage des habitats *m.* habitat preservation **II-6**
habitation *f.* housing **III-2**
habiter (à) *v.* to live (in/at) **I-2**
habituer: s'habituer à *v.* to get used to **III-2**
haine *f.* hatred **III-4**
harceler *v.* to harass **III-9**
haricots verts *m., pl.* green beans **II-1**
haut(e) *adj.* high **III-2**
hebdomadaire *m.* weekly magazine **III-3**
hégémonie *f.* hegemony
Hein? *interj.* Huh?; Right? **I-3**
herbe *f.* grass **II-6**
hériter *v.* to inherit **III-6**
hésiter (à) *v.* to hesitate (*to do something*) **II-3**
heure(s) *f.* hour, o'clock; time **I-2**
  à ... heure(s) at ... (o'clock) **I-4**
  À quelle heure? What time?; When? **I-2**
  À tout à l'heure. See you later. **I-1**
  Quelle heure avez-vous? *form.* What time do you have? **I-2**
  Quelle heure est-il? What time is it? **I-2**
heureusement *adv.* fortunately, happily **I-8, III-2**
heureux/heureuse *adj.* happy **I-3, III-2**
  être heureux/heureuse que ... to be happy that... **II-6**
hier (matin/après-midi/soir) *adv.* yesterday (morning/afternoon/ evening) **I-7, III-2**
  avant-hier *adv.* day before yesterday **I-7**
  hier (matin, soir, etc.) *adv.* yesterday (morning, evening, etc.) **III-3**
histoire *f.* history; story **I-2, III-1**
hiver *m.* winter **I-5**
  en hiver in the winter **I-5**
homme *m.* man **I-1**
  homme d'affaires *m.* businessman **I-3, III-9**
  homme politique *m.* politician **II-5, III-4**
honnête *adj.* honest **II-7, III-1**
honte *f.* shame **I-2, III-1**
  avoir honte (de) *v.* to be ashamed (of) **I-2, III-1;** to be embarrassed (of) **III-1**
hôpital *m.* hospital **I-4**
horaire *m.* schedule **III-9**
horloge *f.* clock **I-1**
hors-d'œuvre *m.* hors d'oeuvre, appetizer **II-1**
hôte/hôtesse *m., f.* host **I-6**
hôtel de ville *m.* city/town hall **III-2**
hôtel *m.* hotel **I-7**
hôtelier/hôtelière *m., f.* hotel keeper **I-7**
huile *f.* oil **II-1**
  huile *f.* (automobile) oil **II-3**
  huile d'olive *f.* olive oil **II-1**
  vérifier l'huile to check the oil **II-3**
  voyant d'huile *m.* oil warning light **II-3**
huit *m.* eight **I-1**
huitième *adj.* eighth **I-7**
huître *f.* oyster **III-10**
humain(e) *adj.* human **III-1**
humanité *f.* humankind **III-5**
humeur *f.* mood **I-8**
  être de bonne/mauvaise humeur *v.* to be in a good/bad mood **I-8I**
hurler *v.* to shout **III-7**
hypermarché *m.* large supermarket **III-6**

I

ici *adv.* here **I-1**
ici *adv.* here **III-2**
idéaliste *adj.* idealistic **III-1**
idée *f.* idea **I-3**
il *sub. pron.* he; it **I-1**
  il est... he/it is... **I-1**
  Il n'y a pas de quoi. It's nothing.; You're welcome. **I-1**
  Il vaut mieux que... It is better that... **II-6**
Il faut (falloir) *v.* (*used with infinitive*) It is necessary to... **I-6**
  Il a fallu... It was necessary to... **I-6**
  Il fallait... One had to... **I-8**
  Il faut (que)... One must.../It is necessary that... **II-6**
il y a there is/are **I-1**
  il y a eu there was/were **I-6**
  il y avait there was/were **I-8**
  Qu'est-ce qu'il y a? What is it?; What's wrong? **I-1**
  Y a-t-il... ? Is/Are there... ? **I-2**
il y a... (*used with an expression of time*) ... ago **II-1**
île *f.* island **II-6**
ils *sub. pron., m., pl.* they **I-1**
  ils sont... they are... **I-1**
immédiatement *adv.* immediately **III-3**
immeuble *m.* building **I-8**
immigration *f.* immigration **III-5**
immigré(e) *n.* immigrant **III-5**
immigrer *v.* to immigrate **III-1**
impartial(e) *adj.* impartial **III-3;** unbiased **III-3**
impatient(e) *adj.* impatient **I-1**
imperméable *m.* rain jacket **I-5**
important(e) *adj.* important **I-1, III-6**
  Il est important que... It is important that... **II-6**
impossible *adj.* impossible **II-7, III-7**
  Il est impossible que... It is impossible that... **II-7**
imprimante *f.* printer **II-3**
imprimer *v.* to print **II-3**
inattendu(e) *adj.* unexpected **III-2**
incendie *m.* fire **II-6, III-10**
  prévenir l'incendie to prevent a fire **II-6**
incertitude *f.* uncertainty **III-5**
incompétent(e) *adj.* incompetent **III-9**
incontournable *adj.* to be reckoned with
incroyable *adj.* incredible **II-3**
indépendamment *adv.* independently **I-8**
indépendant(e) *adj.* independent **I-1**
indications *f.* directions **II-4, III-2**
  donner des indications to give directions **III-2**

indice *m.* clue, indication **III-4**
indiquer *v.* to indicate **I-5**
indispensable *adj.* essential, indispensable **II-6, III-6**
Il est indispensable que… It is essential that… **II-6**
individualité *f.* individuality **III-5**
perte de l'individualité *f.* loss of individuality **III-5**
individuel(le) *adj.* single, individual **I-7**
chambre individuelle *f.* single (hotel) room **I-7**
inégal(e) *adj.* unequal **III-4**
inégalité *f.* inequality **III-4**
inférieur(e) *adj.* inferior **III-2**
infidèle *adj.* unfaithful **III-1**
infirmier/infirmière *m., f.* nurse **II-2**
influence *f.* influence **III-4**
avoir de l'influence (sur) to have influence (over) **III-4**
influent(e) *adj.* influential **III-3**
informations (infos) *f., pl.* news **II-7**
informatique *f.* computer science **I-2, III-7**
informer: s'informer (par les médias) *v.* to keep oneself informed (through the media) **III-3**
ingénieur *m.* engineer **I-3, III-7**
ingrat(e) *adj.* thankless **III-9**
inhabituel(le) *adj.* unusual **III-9**
injuste *adj.* unfair **III-4**
injustice *f.* injustice **III-4**
innovant(e) *adj.* innovative **III-7**
innovation *f.* innovation **III-7**
inondation *f.* flood **III-10**
inoubliable *adj.* unforgettable **III-1**
inquiet/inquiète *adj.* worried **I-3, III-1, III-2**
inquiéter: s'inquiéter *v.* to worry **II-2, III-2**
inscrire: s'inscrire *v.* to enroll **III-6**
insensible *adj.* insensitive **III-2**
instabilité *f.* instability **III-5**
installer: s'installer *v.* to settle **III-5**
instrument *m.* instrument **I-1**
insuffisant(e) *adj.* insufficient **III-10**
insupportable *adj.* unbearable **III-6**
intégration *f.* integration **III-5**
intégrer: s'intégrer (à un groupe) *v.* to belong (to a group) **III-1**
intellectuel(le) *adj.* intellectual **I-3, III-6**; *adj.* intellectual **III-2**
intelligent(e) *adj.* intelligent **I-1**
interdire *v.* to forbid, to prohibit **II-6**
intéressant(e) *adj.* interesting **I-1**
intéresser: s'intéresser (à) *v.* to be interested (in) **II-2, III-2**
interview *f.* interview **III-3**
inutile *adj.* useless **I-2**
inventer *v.* to invent **III-7**
invention *f.* invention **III-7**
investir *v.* to invest **III-9;**
s'investir *v.* to put oneself into
invité(e) *m., f.* guest **I-6**
inviter *v.* to invite **I-4**
irlandais(e) *adj.* Irish **I-7**
Irlande *f.* Ireland **I-7**
Italie *f.* Italy **I-7**
italien(ne) *adj.* Italian **I-1**

J

jadis *adv.* formerly **III-10,** in the past **III-10**
jaloux/jalouse *adj.* jealous **I-3, III-1**
jamais *adv.* never **I-5, III-2**
ne… jamais never, not ever **II-4**
jambe *f.* leg **II-2**
jambon *m.* ham **I-4**
janvier *m.* January **I-5**
Japon *m.* Japan **I-7**
japonais(e) *adj.* Japanese **I-1**
jardin *m.* garden; yard **I-8**
jardin public *m.* public garden **III-2**
jaune *adj.* yellow **I-6**
je/j' *sub. pron.* I **I-1**
Je vous en prie. *form.* Please.; You're welcome. **I-1**
jean *m., sing.* jeans **I-6**
jetable *adj.* disposable **III-10**
jeter *v.* to throw **I-1;** to throw away **II-6, III-10**
jeu *m.* game **I-5, III-8**
jeu de société *m.* board game **III-8**
jeu télévisé *m.* game show **II-7**
jeu vidéo (des jeux vidéo) *m.* video game(s) **II-3**
jeudi *m.* Thursday **I-2**
jeune *adj.* young **I-3, III-2**
jeunes mariés *m., pl.* newlyweds **I-6**
jeunesse *f.* youth **I-6, III-6**
auberge de jeunesse *f.* youth hostel **I-7**
jogging *m.* jogging **I-5**
faire du jogging *v.* to go jogging **I-5**
joie *f.* joy
joli(e) *adj.* handsome; beautiful; pretty **I-3, III-2**
joue *f.* cheek **II-2, III-1**
jouer (à/de) *v.* to play (a sport/a musical instrument) **I-5**
jouer un rôle *v.* to play a role **II-7**
jouer au bowling *to* go bowling **III-8**
joueur/joueuse *m., f.* player **I-5**
jour *m.* day **I-2**
jour de congé *m.* day off **I-7**
jour férié *m.* holiday **I-6, III-5**
Quel jour sommes-nous? What day is it? **I-2**
journal *m.* newspaper; journal **I-7, III-3**
journaliste *m., f.* journalist **I-3, III-3**
journée *f.* day **I-2**
juge *m., f.* judge **III-4**
juger *v.* to judge **III-4**
juillet *m.* July **I-5**
juin *m.* June **I-5**
jumeaux/jumelles *m., f.* twin brothers/sisters **III-6**
jungle *f.* jungle **II-6**
jupe (plissée) *f.* (pleated) skirt **I-6, III-8**
juré(e) *m., f.* juror **III-4**
jus (d'orange/de pomme) *m.* (orange/apple) juice **I-4**
jusqu'à (ce que) *prep.* until **II-4, III-7**
juste *adv.* just; right **I-3, III-4**
juste à côté *right* next door **I-3**
justice *f.* justice **III-4**

K

kidnapper *v.* to kidnap **III-4**
kilo(gramme) *m.* kilo(gram) **II-1, III-5**
kiosque *m.* kiosk **I-4**

L

l' *def. art., m., f. sing.* the **I-1;** *d.o. pron., m., f.* him; her; it **I-7**
l'un(e) à l'autre to one another **II-3**
l'un(e) l'autre one another **II-3**
-là *(used with demonstrative adjective* **ce** *and noun or with demonstrative pronoun* **celui***)* there **I-6**
la *def. art., f. sing.* the I-1; *d.o. pron., f.* her; it **I-7**
là(-bas) (over) there **I-1, III-2**
laboratoire *m.* laboratory
lac *m.* lake **II-6**
lâcher *v.* to let go **III-8**
lagon *m.* lagoon **III-10**
laid(e) *adj.* ugly **I-3**
laine *f.* wool **II-4**
laisser *v.* to let, to allow **II-3, III-8**
laisser tranquille *v.* to leave alone **II-2**
laisser un message *v.* to leave a message **II-5**
laisser un pourboire *v.* to leave a tip **I-4**
lait *m.* milk **I-4**
laitue *f.* lettuce **II-1**
lampe *f.* lamp **I-8**
lancement *m.* launch
lancer *v.* to throw **III-1, III-7**; to launch **III-5;**
se lancer *v.* to launch into; to take the plunge **III-1, III-5**

langue *f.* language **III-5**
langues (étrangères) *f., pl.* (foreign) languages **I-2**
langue maternelle *f.* native language **III-5**
langue officielle *f.* official language **III-5**
langueur *f.* listlessness **III-1**
lapin *m.* rabbit **II-6, III-1**
poser un lapin (à quelqu'un) to stand (someone) up **III-1**
laquelle *pron., f., sing.* which one **II-5**
à laquelle *pron., f., sing.* which one **II-5**
de laquelle *pron., f., sing.* which one **II-5**
large *adj.* loose; big **I-6**
larme *f.* tear **III-1**
las/lasse *adj.* weary
lavabo *m.* bathroom sink **I-8**
lave-linge *m.* washing machine **I-8**
laver *v.* to wash **I-8**
se laver (les mains) *v.* to wash oneself (one's hands) **II-2, III-2**
laverie *f.* laundromat **II-4**
lave-vaisselle *m.* dishwasher **I-8**
le *def. art., m. sing.* the **I-1;** *d.o. pron.* him; it **I-7**
le/la meilleur(e) *adj.* the best **III-7**
lecteur MP3 / (de) CD/DVD *m.* MP3/ CD/DVD player **II-3, III-7**
légume *m.* vegetable **II-1**
lendemain *m.* next day
lent(e) *adj.* slow **I-3**
lentement *adv.* slowly **III-2**
lequel *pron., m., sing.* which one **II-5**
auquel (à + lequel) *pron., m., sing.* which one **II-5**
duquel (de + lequel) *pron., m., sing.* which one **II-5**
les *def. art., m., f., pl.* the **I-1;** *d.o. pron., m., f., pl.* them **I-7**
lesquelles *pron., f., pl.* which ones **II-5**
auxquelles (à + lesquelles) *pron., f., pl.* which ones **II-5**
desquelles (de + lesquelles) *pron., f., pl.* which ones **II-5**
lesquels *pron., m., pl.* which ones **II-5**
auxquels (à + lesquels) *pron., m., pl.* which ones **II-5**
desquels (de + lesquels) *pron., m., pl.* which ones **II-5**
lessive *f.* laundry **I-8**
faire la lessive *v.* to do the laundry **I-8**
lettre *f.* letter **II-4**
boîte aux lettres *f.* mailbox **II-4**
lettre de motivation *f.* letter of application **II-5**
lettre de recommandation *f.* letter of recommendation, reference letter
lettres *f.,* pl. humanities **I-2**
leur *i.o. pron., m., f., pl.* them **I-6**
leur(s) *poss. adj., m., f.* their **I-3**
lever *v.* to lift **III-1;**
se lever *v.* to get up, to get out of bed **II-2, III-2**
lézarder au soleil *v.* to bask in the sun **III-8**
liaison *f.* affair; relationship
libéral(e) *adj.* liberal **III-4**
libérer: se libérer *v.* to free oneself **III-4**
liberté *f.* freedom **III-3, III-4**
liberté de la presse *f.* freedom of the press **III-3**
librairie *f.* bookstore **I-1**
libre *adj.* available **I-7**
licencier *v.* to lay off **III-9;** to fire **III-9**
lié(e) *adj.* close-knit **III-6**
lien *m.* link **II-3,** connection **III-2**
lieu *m.* place **I-4**
ligne *f.* figure, shape **II-2**
garder la ligne *v.* to stay slim **II-2**
limitation de vitesse *f.* speed limit **II-3**
limonade *f.* lemon soda **I-4**
linge *m.* laundry **I-8**
lave-linge *m.* washing machine **I-8**
sèche-linge *m.* clothes dryer **I-8**
lion *m.* lion **III-10**
liquide *m.* cash (*money*) **II-4**
payer en liquide *v.* to pay in cash **II-4**
lire *v.* to read **I-7, III-3**
lit *m.* bed **I-7**
faire le lit *v.* to make the bed **I-8**
litre *m.* liter **III-5**
littéraire *adj.* literary **II-7**
littérature *f.* literature **I-1**
livre *m.* book **I-1**
logement *m.* housing **I-8, III-2**
logiciel *m.* software, program **II-3**
loi *f.* law **II-6, III-4**
approuver une loi to pass a law **III-4**
loin de *prep.* far from **I-3**
lointain(e) *adj.* distant
loisir *m.* leisure activity **I-5**
loisirs *m.* leisure **III-8;** recreation **III-8**
long(ue) *adj.* long **I-3, III-2**
à long terme *adj.* long-term **III-9**
chemise à manches longues *f.* long-sleeved shirt **I-6**
longtemps *adv.* for a long time **I-5, III-3**
lorsque *conj.* when **III-7**
louer *v.* to rent **I-8**
loyer *m.* rent **I-8, III-7**
lu (lire) *p.p.* read **I-7**
lui *pron., sing.* he **I-1;** him **I-3;** *i.o. pron.* (*attached to imperative*) to him/her **II-1**
lundi *m.* Monday **I-2**
Lune *f.* Moon **II-6, III-10**
lunettes (de soleil) *f., pl.* (sun) glasses **I-6**
lutte *f.* fight
lutter *v.* to fight **III-5;** to struggle **III-5**
luxe *m.* luxury **III-5**
lycée *m.* high school **I-1**
lycéen(ne) *m., f.* high school student **I-2**

M

ma *poss. adj., f., sing.* my **I-3**
Madame *f.* Ma'am; Mrs. **I-1**
Mademoiselle *f.* Miss **I-1**
magasin *m.* store **I-4**
grand magasin *m.* department store **I-4**
magasin de sport *m.* sporting goods store **III-8**
magazine *m.* magazine **II-7**
magicien(ne) *m., f.* magician **III-7**
magnétophone *m.* tape recorder **II-3**
magnétoscope *m.* videocassette recorder (VCR) **II-3**
mai *m.* May **I-5**
maigre *adj.* thin, scrawny **III-4**
maigrir *v.* to lose weight **I-4**
maillot *m.* jersey **III-8**
maillot de bain *m.* swimsuit, bathing suit **I-6**
main *f.* hand **I-5**
sac à main *m.* purse, handbag **I-6**
maintenant *adv.* now **I-5, III-2**
maintenir *v.* to maintain **II-1, III-4**
maire *m.* mayor **III-2**
mairie *f.* town/city hall; mayor's office **II-4**
mais *conj.* but **I-1**
mais non (but) of course not; no **I-2**
maison *f.* house **I-4**
rentrer à la maison *v.* to return home **I-2**
mal *adv.* badly **I-7, III-2**
Je vais mal. I am doing badly. **I-1**
le plus mal *super. adv.* the worst **II-1, III-7**
se porter mal *v.* to be doing badly **II-2**
mal *m.* illness; ache, pain **II-2**
avoir mal *v.* to have an ache **II-2**
avoir mal au cœur *v.* to feel nauseated **II-2**
faire mal *v.* to hurt **II-2**
malade *adj.* sick, ill **II-2**
tomber malade *v.* to get sick **II-2**
maladie *f.* illness **II-5**
assurance maladie *f.* health insurance **II-5**
maladroit(e) *adj.* awkward, clumsy **III-1**
malheureusement *adv.* unfortunately, unhappily **I-2, III-2**

malheureux/malheureuse *adj.* unhappy **I-3**
malhonnête *adj.* dishonest **III-1**
maltraitance *f.* abuse **III-5**
manche *f.* sleeve **I-6**
chemise à manches courtes/longues *f.* short-/long-sleeved shirt **I-6**
mangeable *adj.* edible **III-4**
manger *v.* to eat **I-2, III-1**
salle à manger *f.* dining room **I-8**
manier *v.* to handle, to wield **III-7**
manifestation *f.* demonstration **III-2**
manque *m.* lack **III-5**
manquer à *v.* to miss **III-5**
manteau *m.* coat **I-6**
maquillage *m.* makeup **II-2**
se maquiller *v.* to put on makeup **II-2, III-2**
marchand de journaux *m.* newsstand **II-4**
marché *m.* deal **III-2**
marché (boursier) *m.* (stock) market **I-4, III-9**
bon marché *adj.* inexpensive **I-6**
marcher *v.* to walk (*person*) **I-5**; to work (*thing*) **II-3**
mardi *m.* Tuesday **I-2**
mari *m.* husband **I-3**
mariage *m.* marriage; wedding (*ceremony*) **I-6, III-1**
faire une demande en mariage to propose **III-6**
marié *m.* groom **III-6**
marié(e) *adj.* married **I-3**
mariée *f.* bride **III-6**
robe de mariée *f.* wedding gown **III-6**
marier: se marier avec *v.* to marry **III-1**
mariés *m., pl.* married couple **I-6**
jeunes mariés *m., pl.* newlyweds **I-6**
marocain(e) *adj.* Moroccan **I-1**
marquant(e) *adj.* striking **III-3**
marque *f.* brand **III-3**
marquer (un but/un point) *v.* to score (a goal/a point) **III-8**
marre: en avoir marre (de) to be fed up (with) **III-1**
marron *adj., inv.* (not for hair) brown **I-3, III-2**
marron *m.* chestnut **III-2**
mars *m.* March **I-5**
martiniquais(e) *adj.* from Martinique **I-1**
match *m.* game **I-5**
matériau *m.* material
maternel(le) *adj.* maternal
mathématicien(ne) *m., f.* mathematician **III-7**
mathématiques (maths) *f., pl.* mathematics **I-2**
matière première *f.* raw materia
matin *m.* morning **I-2**
ce matin *adv.* this morning **I-2**
demain matin *adv.* tomorrow morning **I-2**
hier matin *adv.* yesterday morning **I-7**
matinée *f.* morning **I-2**
maturité *f.* maturity **III-6**
mauvais(e) *adj.* bad **I-3, III-2**
Il fait mauvais. The weather is bad. **I-5**
le/la plus mauvais(e) *super. adj.* the worst **II-1, III-7**
plus mauvais(e) *adj.* worse **III-7**
mayonnaise *f.* mayonnaise **II-1**
me/m' *pron., sing.* me; myself **I-6**
mec *m.* guy **II-2, III-1**
mécanicien(ne) *m.,f.* mechanic **II-3**
méchant(e) *adj.* mean **I-3**
médecin *m.* doctor **I-3**
médias *m.* media **III-3**
médicament (contre/pour) *m.* medication (against/for) **II-2**
méfier: se méfier de *v.* to be distrustful/wary of **III-2**, to distrust **III-2**
meilleur(e) *comp. adj.* better **II-1, III-2**
le/la meilleur(e) *super. adj.* the best **II-1**
mélancolique *adj.* melancholic
mélange *m.* mix **III-1**
mêler *v.* to mix **III-10**
membre *m.* member **II-7, III-9**
même *adj.* even **I-5**; same **III-2**; very **III-2**
-même(s) *pron.* -self/-selves **I-6**
menace *f.* threat **III-4**
menacé(e) *adj.* endangered **II-6**
espèce menacée *f.* endangered species **II-6**
menacer *v.* to threaten **III-1**
ménage *m.* housework **I-8**
faire le ménage *v.* to do housework **I-8**
ménager/ménagère *adj.* household **I-8**
appareil ménager *m.* household appliance **I-8**
tâche ménagère *f.* household chore **I-8**
mener *v.* to lead **III-1, III-5**
mensonger/mensongère *adj.* lying **III-2**; deceptive **III-2**
mensuel *m.* monthly magazine **III-3**
mention *f.* distinction **II-5**
mentir *v.* to lie **III-1**
menu *m.* menu **II-1**
mépriser *v.* to have contempt for **III-6**
mer *f.* sea **I-7, III-10**
Merci (beaucoup). Thank you (very much). **I-1**
mercredi *m.* Wednesday **I-2**
mère *f.* mother **I-3**
belle-mère *f.* mother-in-law; stepmother **I-3**
mériter *v.* to deserve **III-1**; to be worth **III-1**
mes *poss. adj., m., f., pl.* my **I-3**
message *m.* message **II-5**
laisser un message *v.* to leave a message **II-5**
message publicitaire *m.* advertisement **III-3**
messagerie *f.* voicemail **II-5**
mesure: prendre des mesures pour to take action to
métaphore *f.* metaphor **III-4**
météo *f.* weather **II-7**
métier *m.* profession **II-5**
métro *m.* subway **I-7, III-2**
rame de métro *f.* subway train **III-2**
station de métro *f.* subway station **I-7, III-2**
metteur en scène *m.* director (*of a play*) **II-7**
mettre *v.* to put, to place **I-6, III-2**;
se mettre *v.* to put (*something*) on (yourself) **II-2**
mettre au point to develop
mettre la table to set the table **I-8**
se mettre à *v.* to begin **II-2, III-2**
se mettre en colère contre to get angry with **II-2, III-1**
meuble *m.* piece of furniture **I-8**
mexicain(e) *adj.* Mexican **I-1**
Mexique *m.* Mexico **I-7**
Miam! *interj.* Yum! **I-5**
micro-onde *m.* microwave oven **I-8**
four à micro-ondes *m.* microwave oven **I-8**
midi *m.* noon **I-2**
après-midi *m.* afternoon **I-2**
mieux *adv.* better **II-1, III-2**
aimer mieux *v.* to prefer **I-2**
Il vaut mieux que It is better that… **III-6**
le mieux *super. adv.* the best **II-1, III-7**
se porter mieux *v.* to be doing better **II-2**
mignon(ne) *adj.* cute **III-2**
militant(e) *m., f.* activist **III-4**
mille *m.* one thousand **I-5**
cent mille *m.* one hundred thousand **I-5**
milliardaire *m., f.* billionaire **III-3**
million, un *m.* one million **I-5**
deux millions *m.* two million **I-5**
minuit *m.* midnight **I-2**
miroir *m.* mirror **I-8**
mis (mettre) *p.p.* put, placed **I-6**
mise en marche *f.* start-up **III-7**
miser sur *v.* to count on
se mobiliser *v.* to rally **III-3**
mode *f.* fashion **I-2**
modéré(e) *adj.* moderate **III-4**

modernité *f.* modernity **III-10**
modeste *adj.* modest **II-5**
mœurs *f.* customs **III-4**, habits **III-4**
moi *disj. pron., sing.* I, me **I-3;** *pron.* (*attached to an imperative*) to me, to myself **II-1**
Moi aussi. Me too. **I-1**
Moi non plus. Me neither. **I-2**
moins *adv.* before … (o'clock) **I-2;** less **III-7**
à moins de *prep.* unless **III-7**
à moins que *conj.* unless **III-7**
moins (de) *adv.* less (of); fewer **I-4**
le/la moins *super. adv.* (*used with verb or adverb*) the least **II-1**
le moins de… (*used with noun to express quantity*) the least… **II-6**
moins de… que… (*used with noun to express quantity*) less… than… **II-6**
mois *m.* month **I-2**
ce mois-ci this month **I-2**
moitié *f.* half **III-5**
môme *m., f.* kid **III-5**
moment *m.* moment **I-1**
mon *poss. adj., m., sing.* my **I-3**
monarchie absolue *f.* absolute monarchy **III-4**
monde *m.* world **I-7**
mondialisation *f.* globalization **III-5**
moniteur *m.* monitor **II-3**
monnaie *f.* change, coins; money **II-4**
Monsieur *m.* Sir; Mr. **I-1**
montagne *f.* mountain **I-4**
montée d'adrénaline *f.* adrenaline rush **III-8**
monter *v.* to go up, to come up; to get in/on, to ascend **I-7, III-3**
monter (dans une voiture, dans un train) *v.* to get (in a car, on a train) **III-2**
monter une entreprise to create a company **III-9**
montre *f.* watch **I-1**
montrer (à) *v.* to show (*to someone*) **I-6**
moquer: se moquer de *v.* to make fun of **III-1, III-2**
morale *f.* moral **III-4**
morceau (de) *m.* piece, bit (of) **I-4**
mort (mourir) *p.p., adj.* (*as past participle*) died; (*as adjective*) dead **I-7**
mort *f.* death **I-6, III-6**
mot de passe *m.* password **II-3, III-7**
moteur *m.* engine **II-3**
moteur de recherche *m.* search engine **III-7**
mouchoir *m.* handkerchief **III-8**
mourir *v.* to die **I-7, III-3**
moutarde *f.* mustard **II-1**
mouton *m.* sheep **III-10**
moyen(ne) *adj.* medium **I-3**
de taille moyenne of medium height **I-3**
en moyenne on average **III-3**
moyens de communication *m.* media **III-3**
MP3 *m.* MP3 **II-3**
muet(te) *adj.* mute **III-2**
multinationale *f.* multinational company **III-3**
mur *m.* wall **I-8**
mûr(e) *adj.* mature **III-1**
musée *m.* museum **I-4, III-2**
faire les musées *v.* to go to museums **II-7**
musical(e) *adj.* musical **II-7**
comédie musicale *f.* musical **II-7**
musicien(ne) *m., f.* musician **I-3, III-8**
musique: faire de la musique *v.* to play music **II-7**

N

naïf/naïve *adj.* naïve **I-3, III-2**
naissance *f.* birth **I-6, III-6**
naître *v.* to be born **I-7, III-3**
nappe *f.* tablecloth **II-1**
natalité *f.* birthrate **III-5**
nationalité *f.* nationality **I-1**
Je suis de nationalité I am of … nationality. **I-1**
Quelle est ta nationalité? *fam.* What is your nationality? **I-1**
Quelle est votre nationalité? *fam., pl., form.* What is your nationality? **I-1**
nature *f.* nature **II-6**
naturel(le) *adj.* natural **II-6**
ressource naturelle *f.* natural resource **II-6**
naturellement *adv.* naturally **III-2**
navette spatiale *f.* space shuttle
naviguer sur Internet/le web to search the Web **III-3**
né (naître) *p.p., adj.* born **I-7**
ne/n' no, not **I-1**
ne… aucun(e) none, not any **II-4**
ne… jamais never, not ever **II-4**
ne… ni… ni… neither… nor… **II-4**
ne… pas no, not **I-2**
ne… personne nobody, no one **II-4**
ne… plus no more, not anymore **II-4**
ne… que only **II-4**
ne… rien nothing, not anything **II-4**
N'est-ce pas? (*tag question*) Isn't it? **I-2**
nécessaire *adj.* necessary **II-6, III-6**
Il est nécessaire que… It is necessary that… **II-6**
nécessiter *v.* to require **III-6**
neiger *v.* to snow **I-5**
Il neige. It is snowing. **I-5**
nerveusement *adv.* nervously **I-8**
nerveux/nerveuse *adj.* nervous **I-3**
net(te) *adj.* clean **III-2**
nettoyer *v.* to clean **I-5, III-1**
neuf *m.* nine **I-1**
neuvième *adj.* ninth **I-7**
neveu *m.* nephew **I-3, III-6**
nez *m.* nose **II-2**
ni *nor* **II-4**
ne… ni… ni… neither… nor **II-4**
nièce *f.* niece **I-3, III-6**
niveau *m.* level **II-5**
niveau de vie *m.* standard of living **III-5**
nager *v.* to swim **I-4**
noblesse *f.* nobility **III-4**
nœud papillon *m.* bow tie **III-8**
noir(e) *adj.* black **I-3**
nombreux/nombreuse *adj.* numerous **III-5**
non no **I-2**
mais non (but) of course not; no **I-2**
non-conformiste *adj.* nonconformist **III-5**
nord *m.* north **II-4**
nos *poss. adj., m., f., pl.* our **I-3**
nostalgie *f.* nostalgia **III-10**
note *f.* (*academics*) grade **I-2**
notoriété *f.* fame **III-3**
notre *poss. adj., m., f., sing.* our **I-3**
noueux/noueuse *adj.* gnarled **III-10**
nourrir *v.* to feed
nourriture *f.* food, sustenance **II-1**
nous *pron.* we **I-1;** us **3;** ourselves **II-2**
nouveau/nouvelle *adj.* new **I-3, III-2**
nouveauté *f.* development
nouvelle vague *f.* new wave **III-1**
nouvelles *f., pl.* news **II-7**
nouvelles locales/ internationales *f.* local/ international news **III-3**
novembre *m.* November **I-5**
nuage de pollution *m.* pollution cloud; smog **II-6, III-10**
nuageux/nuageuse *adj.* cloudy **I-5**
Le temps est nuageux. It is cloudy. **I-5**
nucléaire *adj.* nuclear **II-6, III-7**
centrale nucléaire *f.* nuclear plant **II-6**
énergie nucléaire *f.* nuclear energy **II-6**
nuire à *v.* to harm **III-10**
nuisible *adj.* harmful **III-10**
nuit *f.* night **I-2**
boîte de nuit *f.* nightclub I-4
nul(le) *adj.* useless **I-2**
nulle part *adv.* nowhere **III-2**

numérique *adj.* digital **III-7**
numéro *m.* (telephone) number **II-3**
composer un numéro *v.* to dial a number **II-3**
recomposer un numéro *v.* to redial a number **II-3**

O

O.R.T.F. Office de la Radio et de la Télévision françaises *m.* **III-2**
oser *v.* to dare to **III-8**
objet *m.* object **I-1**
obliger *v.* to force **III-6**
obsédé(e) *adj.* obsessed **III-7**
obtenir (des billets) *v.* to get (tickets) **III-8**
obtenir un prêt to secure a loan **III-9**
obtenir *v.* to get, to obtain **II-5**
occupé(e) *adj.* busy **I-1**
occuper: s'occuper (de) *v.* to take care (*of something*), to see to **II-2**
octobre *m.* October **I-5**
œil (les yeux) *m.* eye (eyes) **II-2**
œuf *m.* egg **II-1**
œuvre *f.* artwork, piece of art **II-7**
chef-d'œuvre *m.* masterpiece **II-7**
hors-d'œuvre *m.* hors d'oeuvre, starter **II-1**
offert (offrir) *p.p.* offered **II-3**
office du tourisme *m.* tourist office **II-4**
offrir *v.* to offer **II-3, III-4**
oignon *m.* onion **II-1**
oiseau *m.* bird **I-3**
olive *f.* olive **II-1**
huile d'olive *f.* olive oil **II-1**
ombre *f.* shadow **III-3**
omelette *f.* omelette **5**
on *sub. pron., sing.* one (we) **I-1**
on y va let's go **II-2**
oncle *m.* uncle **I-3**
onze *m.* eleven **I-1**
onzième *adj.* eleventh **I-7**
opéra *m.* opera **II-7**
opprimé(e) *adj.* oppressed **III-4**
optimiste *adj.* optimistic **I-1**
or *m.* gold **III-2**
orageux/orageuse *adj.* stormy **I-5**
Le temps est orageux. It is stormy. **I-5**
orange *adj. inv.* orange **I-6, III-2;** *f.* orange **II-1, III-2**
orateur/oratrice *m., f.* speaker **III-2;** orator **III-2**
orchestre *m.* orchestra **II-7**
ordinateur *m.* computer **I-1;** portable laptop **III-7**
ordonnance *f.* prescription **II-2**
ordre public *m.* public order **III-4**
ordures *f., pl.* trash **II-6**
ramassage des ordures *m.* garbage collection **II-6**
oreille *f.* ear **II-2**
oreiller *m.* pillow **I-8**
organiser (une fête) *v.* to organize/to plan (a party) **I-6**
orgueilleux/orgueilleuse *adj.* proud **III-1**
orienter: s'orienter *v.* to get one's bearings **II-4**
origine *f.* heritage **I-1**
Je suis d'origine... I am of... heritage. **I-1**
orteil *m.* toe **II-2**
où *adv., rel. pron.* where **I-4, III-9;** when **III-9**
ou *or* **I-3**
ouais *adv.* yeah **I-2**
oublier (de) *v.* to forget (*to do something*) **I-2**
ouest *m.* west **II-4**
oui *adv.* yes **I-2**
ouragan *m.* hurricane **III-10**
ours *m.* bear **III-10**
outil *m.* tool **III-7**
outre *prep.* besides
en outre *adv.* in addition
ouvert (ouvrir) *p.p., adj.* (*as past participle*) opened; (*as adjective*) open **II-3**
ouvrier/ouvrière *m., f.* worker, laborer **II-5**
ouvrir *v.* to open **II-3, III-3**
ovni *m.* U.F.O. **III-7**
ozone *m.* ozone **II-6**
trou dans la couche d'ozone *m.* hole in the ozone layer **II-6**

P

pacifique *adj.* peaceful **III-4**
page d'accueil *f.* home page **II-3**
page sportive *f.* sports page **III-3**
pain (de campagne) *m.* (country-style) bread **I-4**
paix *f.* peace **III-4**
palais de justice *m.* courthouse **III-2**
paniquer *v.* to panic
panne *f.* breakdown, malfunction **II-3**
tomber en panne *v.* to break down **II-3**
panneau *m.* road sign **III-2**
panneau d'affichage *m.* billboard **III-2**
pantalon *m., sing.* pants **I-6**
pantoufle *f.* slipper **II-2**
papeterie *f.* stationery store **II-4**
papier *m.* paper **I-1**
corbeille à papier *f.* wastebasket **I-1**
feuille de papier *f.* sheet of paper **I-1**
paquet *m.* package **III-5**
paquet cadeau *m.* wrapped gift **I-6**
par *prep.* by, through; on **I-3**
par jour/semaine/mois/an per day/week/month/year **I-5**
par rapport à *prep.* compared to
par terre on the ground **III-1**
parabole *f.* satellite dish **III-7**
paraître *v.* to seem, to appear
parapente *m.* paragliding **III-8**
parapluie *m.* umbrella **I-5**
paroi *f.* wall **III-3**
parc *m.* park **I-4**
parc d'attractions *m.* amusement park **III-8**
parce que *conj.* because **I-2**
parcourir *v.* to go across **III-8**
parcours *m.* career
Pardon. Pardon (me). **I-1**
Pardon? What? **I-4**
pare-brise *m.* windshield **II-3**
pare-chocs *m.* bumper **II-3**
pareil(le) *adj.* similar **III-5;** alike **III-5**
parent(e) *m., f.* relative **III-6**
parents *m., pl.* parents **I-3**
paresseux/paresseuse *adj.* lazy **I-3**
parfait(e) *adj.* perfect **I-4**
parfois *adv.* sometimes **I-5, III-2**
pari *m.* bet **III-8**
parking *m.* parking lot **II-3**
parler (à) *v.* to speak (to) **I-6;**
se parler *v.* to speak to one another **II-3**
parler (au téléphone) *v.* to speak (on the phone) **I-2**
parler bas/fort *v.* to speak loudly/softly **III-2**
partage des richesses *m.* distribution of wealth **III-5**
partager *v.* to share **I-2, III-1**
parti politique *m.* political party **III-4**
partial(e) *adj.* partial **III-3;** biased **III-3**
particule *f.* particle **III-7**
partie *f.* game **III-8;** match **III-8**
partir *v.* to leave **I-5, III-3**
à partir de *prep.* from **III-1**
partir en vacances *v.* to go on vacation **I-7**
partisan *m.* proponent **III-5**
partout *adv.* everywhere **III-2**
parvenir à *v.* to attain **III-5;** to achieve **III-5**
pas (de) *adv.* no, none **II-4**
ne... pas no, not **I-2**
pas de problème no problem **II-4**
pas du tout not at all **I-2**
pas encore not yet **I-8**
Pas mal. Not badly. **I-1**
passager/passagère *m., f.* passenger **I-7, III-2;** *adj.* fleeting **III-1**

passé *m.* past **III-2**
passeport *m.* passport **I-7**
passer *v.* to pass by; to spend time **I-7, III-3**
passer (devant) *v.* to go past **III-2**
passer chez quelqu'un *v.* to stop by someone's house **I-4**
passer l'aspirateur *v.* to vacuum **I-8**
passer un examen *v.* to take an exam **I-2**
passe-temps *m.* pastime, hobby **1-5, III-6**
passionnant(e) *adj.* exciting **III-4**
pâté (de campagne) *m.* pâté, meat spread **II-1**
paternel(le) *adj.* paternal
pâtes *f., pl.* pasta **II-1**
patiemment *adv.* patiently **I-8, III-2**
patient(e) *m., f.* patient **II-2;** *adj.* patient **I-1**
patienter *v.* to wait (on the phone), to be on hold **II-5**
patiner *v.* to skate **I-4**
patinoire *f.* skating rink **III-8**
pâtisserie *f.* pastry shop, bakery, pastry **II-1**
patrie *f.* homeland **III-6**
patrimoine culturel *m.* cultural heritage **III-5**
patron(ne) *m., f.* boss
patte *f.* paw **III-4**
pauvre *adj.* poor **I-3, III-2;** unfortunate **III-2**
pauvreté *f.* poverty **III-9**
payé (payer) *p.p., adj.* paid **II-5**
être bien/mal payé(e) *v.* to be well/badly paid **II-5**
payer *v.* to pay **I-5, III-1**
payer avec une carte de crédit *v.* to pay with a credit card **II-4**
payer en liquide *v.* to pay in cash **II-4**
payer par chèque *v.* to pay by check **II-4**
pays *m.* country **I-7**
paysage *m.* landscape **III-10;** scenery **III-10**
peau *f.* skin **II-2**
pêche *f.* fishing **I-5;** peach **II-1**
aller à la pêche *v.* to go fishing **I-5**
pêcher *v.* to fish **III-10**
peigne *m.* comb **II-2**
peigner: se peigner *v.* to comb **III-2**
peinard(e) *adj.* happy, tranquil, at ease (slang) **III-1**
peine *f.* sorrow; grief **III-1**
Ce n'est pas la peine que... It is not worth the effort... **III-6**
peintre/femme peintre *m., f.* painter **II-7**
peinture *f.* painting **II-7**
pendant (que) *prep.* during, while **I-7**
pendant (*with time expression*) *prep.* for **II-1**
pendant une heure (un mois, etc.) *adv.* for an hour (a month, etc.) **III-3**
pénible *adj.* tiresome **I-3**
penser (que) *v.* to think (that) **I-2;** to intend to **III-8**
ne pas penser que... to not think that... **II-7**
Qu'en penses-tu? What do you think about that? **II-6**
pension *f.* benefits **III-6**
pépinière *f.* nursery **III-10**
percevoir *v.* to perceive **III-9**
perdre *v.* to lose **I-6, III-4**
perdre les élections to lose elections **III-4**
perdre son temps *v.* to lose/to waste time **I-6**
perdu *p.p., adj.* lost **II-4**
être perdu(e) to be lost **II-4, III-2**
père *m.* father **I-3**
beau-père *m.* father-in-law; stepfather **I-3**
perle *f.* pearl **III-10**
permettre (de) *v.* to allow (*to do something*) **I-6**
permis (permettre) *p.p., adj.* permitted, allowed **I-6**
permis *m.* permit; license **II-3**
permis de conduire *m.* driver's license **II-3**
persévérance *f.* perserverance **III-5**
personnage *m.* character (in a story or play) **III-8**
personnage (principal) *m.* (main) character **II-7**
personne *f.* person **I-1**; *pron.* no one **II-4**
ne... personne nobody, no one **II-4**
personnifier *v.* to personify **III-4**
perte *f.* loss **III-9**
perte de l'individualité *f.* loss of individuality **III-5**
peser *v.* to weigh **III-1**
pessimiste *adj.* pessimistic **I-1**
pétanque *f.* petanque **III-8**
petit(e) *adj.* small; short (*stature*) **I-3, III-2**
petit(e) ami(e) *m., f.* boyfriend/ girlfriend **I-1**
petit-déjeuner *m.* breakfast **II-1**
petite-fille *f.* granddaughter **I-3, III-6**
petit-fils *m.* grandson **I-3, III-6**
petits pois *m., pl.* peas **II-1**
petits-enfants *m., pl.* grand-children **I-3**
peu *adv.* little; not much (of) **I-2, III-2**
peu (de) *m.* few **III-5;** a little (of) **III-5**
peu mûr(e) *adj.* immature **III-1**
peuplé(e) *adj.* populated **III-2**
(peu/très) peuplé(e) *adj.* (sparsely/ densely) populated **III-2**
peupler *v.* to populate **III-2**
peur *f.* fear **I-2, III-4**
avoir peur (de/que) *v.* to be afraid (of/that) **I-2, III-2**
de peur de *prep.* for fear of **III-7**
de peur que *conj.* for fear that **III-7**
vaincre ses peurs to confront one's fears **III-8**
peut-être *adv.* maybe, perhaps **I-2, III-2**
phares *m., pl.* headlights **II-3**
pharmacie *f.* pharmacy **II-2**
pharmacien(ne) *m., f.* pharmacist **II-2**
philosophie *f.* philosophy **I-2**
photo(graphie) *f.* photo(graph) **I-3**
photographe *m., f.* photographer **III-3**
physique *f.* physics **I-2**
piano *m.* piano **II-7**
pièce (de théâtre) *f.* (theater) play **II-7, III-8**
pièce *f.* room **I-8**
pièces de monnaie *f., pl.* change **II-4**
pied *m.* foot **II-2**
pierre *f.* stone **II-6**
piéton(ne) *m., f.* pedestrian **III-2**
pilule *f.* pill **II-2**
pique-nique *m.* picnic **II-6**
piquer *v.* to steal (slang) **III-1**
piqûre *f.* shot, injection **II-2**
faire une piqûre *v.* to give a shot **II-2**
pire *adj.* worse **II-1, III-7**
le/la pire *super. adj.* the worst **II-1, III-1, III-7**
pis *adv.* worse **III-7**
le pis *adv.* the worst **III-7**
piscine *f.* pool **I-4**
placard *m.* closet; cupboard **I-8**
place *f.* square; place; plaza **I-4, III-2;** *f.* seat **II-7**
placer *v.* to place **1**
plage *f.* beach **I-7**
plaindre: se plaindre *v.* to complain **III-2**
plaire *v.* to please **III-6**
plaisir *m.* pleasure, enjoyment **II-5**
faire plaisir à quelqu'un *v.* to please someone **II-5**
plan *m.* map **I-7**
utiliser un plan *v.* to use a map **I-7**
planche à voile *f.* windsurfing **I-5**
faire de la planche à voile *v.* to go windsurfing **I-5**

planète *f.* planet **II-6**
sauver la planète *v.* to save the planet **II-6**
plainte: porter plainte to file a complaint **III-7**
plaire *v.* to please **III-6**
plante *f.* plant **II-6**
plastique *m.* plastic **II-6**
emballage en plastique *m.* plastic wrapping/packaging **II-6**
plat (principal) *m.* (main) dish **II-1**
plein air *m.* outdoor, open-air **II-6**
plein(e) *adj.* full **III-2**
pleine forme *f.* good shape, good state of health **II-2**
être en pleine forme *v.* to be in good shape **II-2**
pleurer *v.* to cry **III-1**
pleuvoir *v.* to rain **I-5, III-3**
Il pleut. It is raining. **I-5**
plombier *m.* plumber **II-5**
plongée (sous-marine/avec tuba) *f.* diving/snorkeling **III-10**
plonger *v.* to dive **III-1**
plu (pleuvoir) *p.p.* rained **I-6**
pluie acide *f.* acid rain **II-6, III-10**
plupart *f., pron.* most (of them) **III-4**
plus *adv.* (*used in comparatives, superlatives, and expressions of quantity*) more **I-4, III-7**
le/la plus ... *super. adv.* (*used with adjective*) the most **II-1**
le/la plus mauvais(e) *super. adj.* the worst **II-1**
le plus *super. adv.* (*used with verb or adverb*) the most **II-1**
le plus de... (*used with noun to express quantity*) the most... **II-6**
le plus mal *super. adv.* the worst **II-1**
ne... plus no more, not anymore **II-4**
plus... que (*used with adjective*) more... than **II-1**
plus de more of **I-4**
plus de... que (*used with noun to express quantity*) more... than **II-6**
plus mal *comp. adv.* worse **II-1**
plus mauvais(e) *comp. adj.* worse **II-1**
plus mal *adv.* worse **III-7**
plusieurs *adj.* several **I-4, III-4**; *pron.* several (of them) **III-4**
plutôt *adv.* rather **I-2**
pneu (crevé) *m.* (flat) tire **II-3**
vérifier la pression des pneus *v.* to check the tire pressure **II-3**
poème *m.* poem **II-7**
poésie *f.* poem **III-9**
poète/poétesse *m., f.* poet **II-7**
point *m.* (*punctuation mark*) period **II-3**
pointe: en pointe *adv.* forward III-8, up front **III-8;**
de pointe cutting edge **III-7**
poire *f.* pear **II-1**
poisson *m.* fish **I-3, III-10**
poissonnerie *f.* fish shop **II-1**
poitrine *f.* chest **II-2**
poivre *m.* (*spice*) pepper **II-1**
poivron *m.* (*vegetable*) pepper **II-1**
polémique *f.* controversy **III-5**
poli(e) *adj.* polite **I-1**
police *f.* police (force) **II-3, III-2**
agent de police *m.* police officer **II-3, III-2**
commissaire (de police) *m.* police commissioner **III-5**
commissariat de police *m.* police station **II-4, III-2**
préfecture de police *f.* police headquarters **III-2**
policier *m.* police officer **II-3**
film policier *m.* detective film **II-7**
policière *f.* police officer **II-3**
poliment *adv.* politely **I-8, III-2**
politique *adj.* political **I-2**
femme politique *f.* politician **II-5**
homme politique *m.* politician **II-5**
sciences politiques (sciences po) *f., pl.* political science **I-2**
politique *f.* policy; politics **III-4**
polluer *v.* to pollute **II-6, III-10**
pollution *f.* pollution **II-6, III-10**
nuage de pollution *m.* pollution cloud **II-6**
polyglotte *adj.* multilingual **III-5**
pomme de terre *f.* potato **II-1**
pomme *f.* apple **II-1**
pompier/femme pompier *m., f.* firefighter **II-5**
pont *m.* bridge **II-4, III-2**
population croissante *f.* growing population **II-6**
porc *m.* pork **II-1**
portable *m.* cell phone **II-3, III-7**
porte *f.* door **I-1**
porter *v.* to carry; to wear **I-6;**
se porter mal/mieux *v.* to be ill/better **II-2**
porter plainte to file a complaint **III-7**
porter un toast (à quelqu'un) to propose a toast (to someone) **III-8**
portier/portière *m., f.* bouncer, doorman **III-9**
portière *f.* car door **II-3**
portrait *m.* portrait **5**
poser *v.* to pose
poser sa candidature à/pour to apply for **III-9**
poser un lapin (à quelqu'un) to stand (someone) up **III-1**
poser une question (à) *v.* to ask (*someone*) a question **I-6**
posséder *v.* to possess, to own **I-5, III-1**
possible *adj.* possible **II-7, III-6**
Il est possible que... It is possible that... **II-6**
poste *f.* postal service; post office **II-4**
bureau de poste *m.* post office **II-4**
poste *m.* position **II-5, III-9**, job **III-9**
poste de télévision *m.* television set **II-3**
poster une lettre *v.* to mail a letter **II-4**
postuler *v.* to apply **II-5**
potable *adj.* drinkable **III-10**
pote *m., f.* friend, buddy **III-9**
poulet *m.* chicken **II-1**
pour *prep.* for **I-5, III-7;** in order to **III-7**
pour qui? for whom? **I-4**
pour rien for no reason **I-4**
pour que *conj.* so that **II-7, III-7**
pourboire *m.* tip **I-4**
laisser un pourboire *v.* to leave a tip **I-4**
pourquoi? *adv.* why? **I-2**
pourtant *adv.* though; however
pourvu que *conj.* provided that **III-7**
pousser *v.* to grow **III-10**
poussière *f.* dust **I-8**
enlever/faire la poussière *v.* to dust **I-8**
poussiéreux(-euse) *adj.* dusty **III-7**
pouvoir *m.* power; *v.* to be able to, *v.* can **II-1, III-3**
Il se peut que... It's possible that... **III-7**
pouvoir se regarder dans une glace to be able to live with oneself **III-9**
pratiquer *v.* to play regularly, to practice **I-5**
préavis *m.* notice **III-2**
précarité *f.* insecurity of income **III-9**
précisément *adv.* precisely **III-2**
prédire *v.* to predict **III-5, III-7**
préfecture de police *f.* police headquarters **III-2**
préférer *v.* to prefer **III-1**
préférer (que) *v.* to prefer (that) **I-5**
préféré(e) *adj.* favorite, preferred **I-2**
préjugé *m.* prejudice **III-5**
avoir des préjugés to be prejudiced **III-5**
premier *m.* the first (*day of the month*) **I-5**

C'est le 1er (premier) octobre. It is October first. **I-5**
premier/première *adj.* first **I-2, III-2**
première *f.* premiere **III-3**
prendre *v.* to take **I-4, III-3;** to have **I-4, III-3**
prendre des mesures pour to take action to
prendre sa retraite *v.* to retire **I-6**
prendre un train/avion/taxi/autobus/bateau *v.* to take a train/plane/taxi/bus/boat **I-7**
prendre un congé *v.* to take time off **II-5**
prendre une douche *v.* to take a shower **II-2**
prendre (un) rendez-vous *v.* to make an appointment **II-5**
prendre un verre to have a drink **III-8**
préparer *v.* to prepare (for) **I-2;**
se préparer (à) *v.* to get ready; to prepare (*to do something*) **II-2**
près (de) *prep.* close (to), near **I-3**
tout près (de) very close (to) **II-4**
présenter *v.* to present, to introduce **II-7**
Je te présente... *fam.* I would like to introduce... to you. **I-1**
Je vous présente... *fam.,* form. I would like to introduce... to you. **I-1**
préservation *f.* protection **II-6**
préserver *v.* to preserve **II-6, III-10**
président(e) *m., f.* president **III-4**
presque *adv.* almost **I-2, III-3**
presse *f.* press **III-3**
liberté de la presse *f.* freedom of the press **III-3**
presse à sensation *f.* tabloid(s) **III-3**
pressé(e) *adj.* hurried **II-1**
pression *f.* pressure **II-3, III-9**
être sous pression to be under pressure **III-9**
vérifier la pression des pneus to check the tire pressure **II-3**
prêt *m.* loan **III-9**
demander un prêt to apply for a loan **III-9**
obtenir un prêt to secure a loan **III-9**
prêt(e) *adj.* ready **I-3**
prétendre *v.* to claim to **III-8**
prêter (à) *v.* to lend (to someone) **I-6**
prévenir *v.* to prevent **III-10**
prévenir l'incendie *v.* to prevent a fire **II-6**
prévoir *v.* to predict
prévu(e) *adj.* foreseen **III-5**
prime *f.* bonus
principal(e) *adj.* main, principal **II-1**
personnage principal *m.* main character **II-7**
plat principal *m.* main dish **II-1**
principes *m.* principles **III-5**
printemps *m.* spring **I-5**
au printemps in the spring **I-5**
pris (prendre) *p.p., adj.* taken **I-6**
prise de conscience *f.* realization
privé(e) *adj.* private **III-2**
prix *m.* price **I-4**
probable: peu probable *adj.* unlikely **III-7**
probablement *adv.* probably **III-2**
problème *m.* problem **I-1**
procédé *m.* process
prochain(e) *adj.* next **I-2, III-2;** following **III-2**
produire *v.* to produce **I-6**
produit (produire) *p.p., adj.* produced **I-6**
produit *m.* product **II-6**
professeur *m.* teacher, professor **I-1**
profession (exigeante) *f.* (demanding) profession **II-5**
professionnel(le) *adj.* professional **II-5**
expérience professionnelle *f.* professional experience **II-5**
profit *m.* benefit **III-9**
retirer un profit de to get benefit out of **III-9**
profiter (de) *v.* to take advantage (of); to enjoy **II-7, III-9;** to benefit from **III-9**
profondément *adv.* profoundly **III-2**
programme *m.* program **II-7**
programme spatial *m.* space program
projet *m.* project **II-5**
faire des projets *v.* to make plans **II-5**
projeter *v.* to plan 1, **III-5**
promenade *f.* walk, stroll **I-5**
faire une promenade *v.* to go for a walk **I-5**
promener: se promener *v.* to take a stroll/walk **II-2, III-8**
promettre *v.* to promise **I-6**
promis (promettre) *p.p., adj.* promised **I-6**
promotion *f.* promotion **II-5**
promu(e): être promu(e) to be promoted **III-9**
proposer (que) *v.* to propose (that) **II-6, III-6**
proposer une solution *v.* to propose a solution **II-6**
propre *adj.* own **III-2;** clean **III-2, I-8**
propriétaire *m., f.* owner **I-8, III-9;** landlord/landlady **I-8**
prospère *adj.* successful **III-9;** flourishing **III-9**
protecteur/protectrice *adj.* protective **III-2**
protection *f.* protection **II-6**
protégé(e) *adj.* protected **III-10**
protéger *v.* to protect **I-5, III-10**
protester *v.* to protest **III-2**
prouver *v.* to prove **III-7**
prudent(e) *adj.* prudent **III-1**
psychologie *f.* psychology **I-2**
psychologique *adj.* psychological **II-7**
psychologue *m., f.* psychologist **II-5**
pu (pouvoir) *p.p.* (*used with infinitive*) was able to **II-1**
public/publique *adj.* public **III-2**
publicité (pub) *f.* advertisement **II-7, III-3;** advertising **III-3**
publier *v.* to publish **II-7, III-3**
puce (électronique) *f.* (electronic) chip **III-7**
puis *adv.* then **I-7**
puiser *v.* to draw from **III-10**
puisque *conj.* since
puissant(e) *adj.* powerful **III-4**
pull *m.* sweater **I-6**
punir *v.* to punish **III-6**
punition *f.* punishment **III-4**
pur(e) *adj.* pure **II-6, III-10;** clean **III-10**

Q

quand *adv.* when **I-4**
C'est quand l'anniversaire de ...? When is ...'s birthday? **I-5**
C'est quand ton/votre anniversaire? When is your birthday? **I-5**
quand *conj.* when **III-7**
quarante *m.* forty **I-1**
quart *m.* quarter **I-2**
et quart a quarter after... (o'clock) **I-2**
quartier *m.* area, neighborhood **I-8, III-2**
quatorze *m.* fourteen **I-1**
quatre *m.* four **I-1**
quatre-vingts *m.* eighty **I-3**
quatre-vingt-dix *m.* ninety **I-3**
quatrième *adj.* fourth **I-7**
que *adv.* only **II-4**
ne... que only **II-4**
que/qu' *rel. pron.* that; which **II-3, III-9;** *conj.* than **II-1, II-6**
plus/moins ... que (*used with adjective*) more/less ... than **II-1**
plus/moins de ... que (*used with noun to express quantity*) more/less ... than **II-6**
que/qu'...? *interr. pron.* what? I-4
Qu'en penses-tu? What do you think about that? **II-6**

Qu'est-ce que c'est? What is it? **I-1**
Qu'est-ce qu'il y a? What is it?; What's wrong? **I-1**
québécois(e) *adj.* from Quebec **I-1**
quel(le)(s)? *interr. adj.* which? **I-4;** what? **I-4**
À quelle heure? What time?; When? **I-2**
Quel jour sommes-nous? What day is it? **I-2**
Quelle est la date? What is the date? **I-5**
Quelle est ta nationalité? *fam.* What is your nationality? **I-1**
Quelle est votre nationalité? *form.* What is your nationality? **I-1**
Quelle heure avez-vous? *form.* What time do you have? **I-2**
Quelle heure est-il? What time is it? **I-2**
Quelle température fait-il? (*weather*) What is the temperature? **I-5**
Quel temps fait-il? What is the weather like? **I-5**
quelqu'un *pron.* someone **II-4, III-4**
quelque *adj.* some **III-4**
quelque chose *m.* something; anything **I-4, III-4**
Quelque chose ne va pas. Something's not right. **I-5**
quelque part *adv.* somewhere **III-2**
quelquefois *adv.* sometimes **I-8, III-2**
quelques-un(e)s *pron.* some **I-4, III-4,** a few (of them) **III-4**
question *f.* question **I-6**
poser une question (à) to ask (*someone*) a question **I-6**
queue *f.* line **II-4**
faire la queue *v.* to wait in line **II-4**
qui *rel. pron.* who **III-9;** whom **III-9;** that **III-9**
qui? *interr. pron.* who? **I-4;** whom? **I-4;** *rel. pron.* who, that **II-3**
à qui? to whom? **I-4**
avec qui? with whom? **I-4**
C'est de la part de qui? On behalf of whom? **II-5**
Qui est à l'appareil? Who's calling, please? **II-5**
Qui est-ce? Who is it? **I-1**
quinze *m.* fifteen **I-1**
quitter (la maison) *v.* to leave (the house) **I-4, III-1;** to leave behind **III-5;**
se quitter *v.* to leave one another **II-3**
Ne quittez pas. Please hold. **II-5**
quitter quelqu'un to leave someone **III-1**
quoi? *interr.* pron. what? **I-1**
Il n'y a pas de quoi. It's nothing.; You're welcome. **I-1**
quoi que ce soit whatever it may be **II-5**
quoique *conj.* although **III-7**
quotidien(ne) *adj.* daily **III-2**

R

rabat-joie *m.* killjoy **III-8**, party pooper **III-8**
raccrocher *v.* to hang up **II-5**
racine *f.* root **III-6**
raconter (une histoire) *v.* to tell (a story) **III-9**
radio *f.* radio **II-7, III-3**
à la radio on the radio **II-7**
animateur/animatrice de radio *m., f.* radio presenter **III-3**
station de radio *f.* radio station **III-3**
raffermi(e) *adj.* strengthened **III-10**
raffoler de *v.* to be crazy about **III-5**
raide *adj.* straight **I-3**
raisin *m.* grape **III-6**
raisin sec *m.* raisin **III-6**
raison *f.* reason; right **I-2**
avoir raison *v.* to be right **I-2**
ramassage des ordures *m.* garbage collection **II-6**
rame de métro *f.* subway train **III-2**
randonnée *f.* hike **I-5**
faire une randonnée *v.* to go for a hike **I-5**
ranger *v.* to tidy up, to put away **I-8, III-1**
rapide *adj.* fast **I-3**
rapidement *adv.* rapidly **I-8**
rappeler *v.* to recall 1; to call back **III-1**
rapport *m.* relation **III-6**
rarement *adv.* rarely **I-5, III-2**
raser: se raser *v.* to shave **II-2, III-2**
rasoir *m.* razor **II-2**
rassembler *v.* to gather **III-2**
rassurer: se rassurer *v.* to reassure oneself **III-2**
ravi(e) *adj.* delighted **III-6**
ravissant(e) *adj.* beautiful; delightful **II-5**
réagir *v.* to react
réalisateur/réalisatrice *m., f.* director (*of a movie*) **II-7, III-3**
réaliser (un rêve) *v.* to fulfill (a dream) **III-5**
rebelle *adj.* rebellious **III-6**
reboisement *m.* reforestation
récemment *adv.* recently **III-3**
récent(e) *adj.* recent **II-7**
réception *f.* reception desk **I-7**
recettes et dépenses *f.* receipts and expenses **III-9**
recevoir *v.* to receive **II-4, III-3**
réchauffement climatique *m.* global warming **III-10**
réchauffement de la Terre *m.* global warming **II-6**
recherche *f.* research **III-7**
recherche appliquée *f.* applied research **III-7**
recherche fondamentale *f.* basic research **III-7**
rechercher *v.* to search for, to look for **II-5**
récif de corail *m.* coral reef **III-10**
récolte *f.* harvest **III-10**
récolter *v.* to harvest **III-10**
recommandation *f.* recommendation **II-5**
recommander *v.* to recommend **III-6**
recommander (que) *v.* to recommend (that) **II-6**
recomposer (un numéro) *v.* to redial (a number) **II-3**
réconcilier: se réconcilier *v.* to make up **II-7**
reconnaître *v.* to recognize **I-8, III-6**
reconnu (reconnaître) *p.p., adj.* recognized **I-8**
reçu (recevoir) *p.p., adj.* received **I-7;** *m.* receipt **II-4**
être reçu(e) à un examen to pass an exam **I-2**
récupérer *v.* to recover; to rest **III-9**
recyclage *m.* recycling **II-6**
recycler *v.* to recycle **II-6**
rédacteur/rédactrice *m., f.* editor **III-3**
redémarrer *v.* to restart, to start again **II-3**
redoutable *adj.* formidable **III-3**
réduire *v.* to reduce **I-6**
réduit (réduire) *p.p., adj.* reduced **I-6**
référence *f.* reference **II-5**
réfléchir (à) *v.* to think (about), to reflect (on) **I-4**
refuser (de) *v.* to refuse (*to do something*) **II-3**
regarder *v.* to watch **I-2, III-8;**
se regarde *v.* to look at oneself; to look at each other **II-2**
Ça ne nous regarde pas. That has nothing to do with us.; That is none of our business. **II-6**
régime *m.* diet **II-2**
être au régime *v.* to be on a diet **II-1**
régime totalitaire *m.* totalitarian regime **III-4**
région *f.* region **II-6**
règle *f.* rule **III-5**
régler *v.* to adjust **III-7**
regretter (que) *v.* to regret (that) **II-6, III-6**
réitérer *v.* to reiterate **III-2**
rejeter *v.* to reject **III-1, III-5**
rejoindre *v.* to join **III-1**

relation *f.* relationship **III-1, III-6**
avoir des relations to have connections **III-9**
relever: se relever *v.* to get up again **II-2**
rembourser *v.* to reimburse **III-9**
remercier *v.* to thank **III-6**
remplacer *v.* to replace **II-1**
remplir (un formulaire) *v.* to fill out (a form) **II-4**
remuer *v.* to move **III-10**
rémunérer *v.* to pay
rencontrer *v.* to meet **I-2;**
se rencontrer *v.* to meet one another, to make each other's acquaintance **II-3**
rendez-vous *m.* date; appointment **I-6, III-1**
prendre (un) rendez-vous *v.* to make an appointment **II-5**
rendre (à) *v.* to give back, to return (to) **I-6**
rendre visite (à) *v.* to visit **I-6**
se rendre compte de *v.* to realize **II-2, III-2**
se rendormir *v.* to go back to sleep **III-9**
renouvelable *adj.* renewable **III-10**
renouveler *v.* to renew **III-1**
rentrer (à la maison) *v.* to return (home) **I-2, III-3**
rentrer (dans) *v.* to hit **II-3**
renverser *v.* to overthrow **III-4**
renvoyer *v.* to dismiss, to let go **II-5**
réparer *v.* to repair **II-3**
repartir *v.* to go back **II-7**
repas *m.* meal **II-1**
repasser *v.* to take again **II-7**
repasser (le linge) *v.* to iron (the laundry) **I-8**
fer à repasser *m.* iron **I-8**
répéter *v.* to repeat; to rehearse **I-5, III-1**
répondeur (téléphonique) *m.* answering machine **II-3**
répondre (à) *v.* to respond, to answer (to) **I-6**
reportage *m.* news report **III-3**
reporter *m.* reporter (male or female) **III-3**
reposer: se reposer *v.* to rest **II-2, III-2**
repousser les limites to push boundaries **III-7**
reprendre *v.* to pick up again; to resume
requin *m.* shark **III-10**
réseau (social) *m.* (social) network **II-3, III-3**
réservation *f.* reservation **I-7**
annuler une réservation *v.* to cancel a reservation **I-7**
réservé(e) *adj.* reserved **I-1**
réserver *v.* to reserve **I-7**
réservoir d'essence *m.* gas tank **II-3**
résidence universitaire *f.* dorm **I-8**
résoudre *v.* to solve **III-10**
respecter *v.* to respect **III-6**
respirer *v.* to breathe **III-10**
responsabilité *f.* responsibility **III-1**
ressembler (à) *v.* to resemble **III-6,** to look like **III-6**
ressentir *v.* to feel **III-1**
ressource *f.* resource **III-10**
ressource naturelle *f.* natural resource **II-6**
restaurant *m.* restaurant **I-4**
restaurant universitaire (resto U) *m.* university cafeteria **I-2**
rester *v.* to stay **I-7, III-3**
résultat *m.* result **I-2**
retenir *v.* to keep, to retain **II-1;** to hold something back **III-7**
retirer (de l'argent) *v.* to withdraw (money) **II-4;** to take off **III-9**
retirer (un profit, un revenu) de to get (benefit, income) out of **III-9**
retourner *v.* to return **I-7, III-3;**
se retourner *v.* to turn over **III-10**
retournement *m.* turnaround, change of heart **III-6**
retraite *f.* retirement **I-6**
prendre sa retraite *v.* to retire **I-6**
retraité(e) *m., f.* retired person **II-5**
retransmettre *v.* to broadcast **III-3**
retransmission *f.* broadcast **III-7**
retrouver *v.* to find (again); to meet up with **I-2;**
se retrouver *v.* to meet one another (*as planned*) **II-3**
rétroviseur *m.* rear-view mirror **II-3**
réunion *f.* meeting **II-5, III-9**
réunir: se réunir *v.* to get together **III-2**
réussir (à) *v.* to succeed (*in doing something*) **I-4, III-7**
réussite *f.* success **II-5, III-9**
revanche *f.* revenge **III-8**
rêve *m.* dream **III-5**
réveil *m.* alarm clock **II-2**
réveiller: se réveiller *v.* to wake up **II-2, III-2**
revendication *f.* demand **III-9**
revendiquer *v.* to demand **III-5**
revenir *v.* to come back **II-1, III-3**
revenu *m.* income **III-9**
retirer un revenu de to get income out of **III-9**
rêver (de) *v.* to dream about **II-3, III-1**
rêveur/rêveuse *adj.* full of dreams **III-2**
revoir *v.* to see again **II-7, III-9**
Au revoir. Good-bye. **I-1**
révolter: se révolter *v.* to rebel **III-4**
révolutionnaire *adj.* revolutionary **III-7**
revu (revoir) *p.p.* seen again **II-7**
rez-de-chaussée *m.* ground floor **I-7**
rhume *m.* cold **II-2**
ri (rire) *p.p.* laughed **I-6**
richesses *f.* wealth **III-5**
partage des richesses *m.* distribution of wealth **III-5**
rideau *m.* curtain **I-8**
rien *m.* nothing **II-4**
De rien. You're welcome. **I-1**
ne… rien nothing, not anything **II-4**
ne servir à rien *v.* to be good for nothing **II-1**
rigoler *v.* to joke (about) **III-4**
rire *v.* to laugh **I-6, III-3**
rivière *f.* river **II-6, III-10**
riz *m.* rice **II-1**
robe *f.* dress **I-6**
robe de mariée *f.* wedding gown **III-6**
robe de soirée *f.* evening gown **III-8**
roche *f.* rock **III-8**
rôle *m.* part, role **II-6, III-3**
jouer un rôle *v.* to play a role **II-7**
roman *m.* novel **II-7**
rompre *v.* to break up **III-1**
rond-point *m.* rotary **III-2;** roundabout **III-2**
rose *adj.* pink **I-6**
roue (de secours) *f.* (emergency) tire **II-3**
rouge *adj.* red **I-6**
rouler (en voiture) *v.* to drive **I-7, III-2**
route *f.* road
roux/rousse *adj.* red-haired **III-2**
rubrique société *f.* lifestyle section **III-3**
ruche *f.* beehive **III-10**
rue *f.* street **II-3, III-2**
suivre une rue *v.* to follow a street **II-4**
ruelle *f.* alleyway **III-7**
ruisseau *m.* stream **III-10**
rupture *f.* breakup

S

S'il te plaît. *fam.* Please. **I-1**
S'il vous plaît. *form.* Please. **I-1**
sa *poss. adj., f., sing.* his; her; its **I-3**
sable *m.* sand
sac *m.* bag **I-1**
sac à dos *m.* backpack **I-1**
sac à main *m.* purse, handbag **I-6**
sacré(e): un(e) sacré(e)… *adj.* a heck of a… **III-1**
sain(e) *adj.* healthy **II-2**
saison *f.* season **I-5**
salade *f.* salad **II-1**

salaire (élevé/modeste) *m.* (high/low) salary **II-5, III-9**
augmentation de salaire *f.* raise in salary **II-5**
salaire minimum *m.* minimum wage **III-9**
sale *adj.* dirty **I-8**
salir *v.* to soil, to make dirty **I-8**
salle *f.* room **I-8**
salle à manger *f.* dining room **I-8**
salle de bains *f.* bathroom **I-8**
salle de classe *f.* classroom **I-1**
salle de séjour *f.* living/family room **I-8**
salon *m.* formal living room, sitting room **I-8**
salon de beauté *m.* beauty salon **II-4**
Salut! Hi!; Bye! **I-1**
samedi *m.* Saturday **I-2**
sandwich *m.* sandwich **I-4**
sans *prep.* without **I-8, III-7**
sans doute *adv.* no doubt **III-2**
sans que *conj.* without **II-7, III-7**
santé *f.* health **II-2**
être en bonne/mauvaise santé *v.* to be in good/bad health **II-2**
saucisse *f.* sausage **II-1**
sauf *adv.* except **III-8**
saumon *m.* salmon **III-6**
saut à l'élastique *m.* bungee jumping **III-8**
sauter *v.* to jump **III-8**
sauvegarder *v.* to save **II-3, III-7**
sauver (la planète) *v.* to save (the planet) **II-6, III-4**
sauvetage des habitats *m.* habitat preservation **II-6**
savoir *v.* to know (*facts*), to know how to do something **I-8, III-3**
savoir (que) *v.* to know (that) **II-7**
Je n'en sais rien. *I* don't know anything about it. **II-6**
savon *m.* soap **II-2**
scandale *m.* scandal **III-4**
sciences *f., pl.* science **I-2**
sciences politiques (sciences po) *f., pl.* political science **I-2**
scientifique *m., f.* scientist **III-7**
sculpteur/femme sculpteur *m., f.* sculptor **II-7**
sculpture *f.* sculpture **II-7**
se/s' *pron., sing., pl.* (*used with reflexive verb*) himself; herself; itself; **II-2** (*used with reciprocal verb*) each other **II-3**
séance *f.* show; screening **II-7**
sec/sèche *adj.* dry **III-10**
sèche-linge *m.* clothes dryer **I-8**
sécher: se sécher *v.* to dry oneself **II-2**
sécheresse *f.* drought **III-10**
secours *m.* help **II-3**
Au secours! Help! **II-3**
sécurité *f.* security **III-4,** safety **III-4**
attacher sa ceinture de sécurité *v.* to buckle one's seatbelt **II-3**
séduire *v.* to seduce **III-3;** to captivate **III-3**
séduisant(e) *adj.* attractive **III-1**
seize *m.* sixteen **I-1**
séjour *m.* stay **I-7**
faire un séjour *v.* to spend time (*somewhere*) **I-7**
salle de séjour *f.* living room **I-8**
sel *m.* salt **II-1**
semaine *f.* week **I-2**
cette semaine this week **I-2**
sembler *v.* to appear to **III-8**
Il semble que... It seems that... **III-7**
sénégalais(e) *adj.* Senegalese **I-1**
sens figuré/littéral *m.* figurative/literal sense **III-10**
sensibiliser *v.* to increase awareness **III-3**
sensible *adj.* sensitive **III-1**
sentier *m.* path **II-6**
sentir bon/mauvais *v.* to smell good/bad **III-2**
sentir *v.* to feel; to smell; to sense **I-5;**
se sentir *v.* to feel **II-2**
séparé(e) *adj.* separated **I-3**
sept *m.* seven **I-1**
septembre *m.* September **I-5**
septième *adj.* seventh **I-7**
sérieux/sérieuse *adj.* serious **I-3**
serpent *m.* snake **II-6**
serre *f.* greenhouse **II-6**
effet de serre *m.* greenhouse effect **II-6**
serré(e) *adj.* tight **I-6**
serveur/serveuse *m., f.* server **I-4**
serviette *f.* napkin **II-1**
serviette (de bain) *f.* (bath) towel **II-2**
servir *v.* to serve **I-5, III-2;**
se servir de *v.* to use **III-2**
ses *poss. adj., m., f., pl.* his; her; its **I-3**
seul(e) *adj.* only **III-2;** alone **III-2, III-5**
seulement *adv.* only **I-8**
shampooing *m.* shampoo **II-2**
shopping *m.* shopping **I-7**
faire du shopping *v.* to go shopping **I-7**
short *m., sing.* shorts **I-6**
si *adv.* (*when contradicting a negative statement or question*) yes **I-2**
si *conj.* if **II-5, III-7**
siffler *v.* to whistle (at) **III-8**
sifflet *m.* whistle **III-8**
signer *v.* to sign **II-4**
sincère *adj.* sincere **I-1**
singe *m.* monkey **III-10**
site Internet/web *m.* web site **II-3, III-3**
six *m.* six **I-1**
sixième *adj.* sixth **I-7**
sketch *m.* skit **III-2**
ski *m.* skiing **I-5, III-8**
faire du ski *v.* to go skiing **I-5**
station de ski *f.* ski resort **I-7**
ski alpin/de fond *m.* downhill/cross-country skiing **III-8**
skier *v.* to ski **I-5**
slip *m.* underpants (for males) **III-8**
smartphone *m.* smartphone **II-3**
SMS *m.* text message **II-3**
sociable *adj.* sociable **I-1**
société de consommation *f.* consumer society **III-3**
sociologie *f.* sociology **I-1**
sœur *f.* sister **I-3**
belle-sœur *f.* sister-in-law **I-3**
demi-sœur *f.* half-sister, stepsister **I-3**
soie *f.* silk **II-4**
soif *f.* thirst **I-4**
avoir soif *v.* to be thirsty **I-4**
soigner *v.* to treat **III-7;** to look after (someone) **III-7**
soin *m.* care
soir *m.* evening **I-2**
ce soir *adv.* this evening **I-2**
demain soir *adv.* tomorrow evening **I-2**
du soir *adv.* in the evening **I-2**
hier soir *adv.* yesterday evening **I-7**
soirée *f.* evening **I-2**
sois (être) *imp. v.* be **I-2**
soixante *m.* sixty **I-1**
soixante-dix *m.* seventy **I-3**
solaire *adj.* solar **II-6**
énergie solaire *f.* solar energy **II-6**
soldat *m.* soldier **III-1**
soldes *f., pl.* sales **I-6**
soleil *m.* sun **I-5, III-10**
Il fait (du) soleil. It is sunny. **I-5**
solliciter *v.* to solicit **III-2**
solliciter un emploi to apply for a job **III-9**
solution *f.* solution **II-6**
proposer une solution *v.* to propose a solution **II-6**
sommeil *m.* sleep **I-2**
avoir sommeil *v.* to be sleepy **I-2**
somnoler *v.* to doze off **III-6**
son *poss. adj., m., sing.* his; her; its **I-3**
sonner *v.* to ring **II-3;** to strike; to sound
sorcier/sorcière *m., f.* magician, wizard **III-7**
sorte *f.* sort, kind **II-7**
sortie *f.* exit **I-7**
sortie dans l'espace *f.* space walk **III-7**

sortir *v.* to go out, to leave **I-5;** to take out **I-8**
s'en sortir to make it **III-9**
sortir avec *v.* to go out with **III-1**
sortir la/les poubelle(s) *v.* to take out the trash **I-8**
sortir un film to release a movie **III-3**
sou *m.* penny **III-9**
soucier: se soucier (de quelque chose) *v.* to care (about something) **III-10**
soudain *adv.* suddenly **I-8, III-2**
souffert (souffrir) *p.p.* suffered **II-3**
souffler *v.* to blow **III-8**
souffrir *v.* to suffer **II-3, III-4**
souhaiter (que) *v.* to wish (that) **II-6;** to hope **III-6;** to wish to **III-8**
soulager *v.* to relieve
soûler *v.* to bug **III-6;** to talk to death **III-6**
soulever *v.* to raise
souliers *m.* shoes **III-8**
soumis(e) *adj.* submissive **III-6**
soupe *f.* soup **I-4**
cuillère à soupe *f.* soupspoon **II-1**
source *f.* (aquatic) stream **III-10**
source d'énergie *f.* energy source **III-10**
sourd(e) *adj.* deaf **III-5**
sourire *v.* to smile **I-6;** *m.* smile **II-4**
souris *f.* mouse **II-3**
sous *prep.* under **I-3**
sous-sol *m.* basement **I-8**
sous-titres *m.* subtitles **III-3**
sous-vêtement *m.* underwear **I-6**
soutenir (une cause) *v.* to support (a cause) **III-3, III-5**
soutien *m.* support **III-2**
souvenir: se souvenir de *v.* to remember **II-2, III-2**
souvent *adv.* often **I-5, III-2**
soyez (être) *imp. v.* be **I-7**
soyons (être) *imp. v.* let's be **I-7**
spécialisé(e) *adj.* specialized **III-7**
spécialiste *m., f.* specialist **II-5**
spectacle *m.* show **I-5, III-8;** performance **III-8**
spectateur/spectatrice *m., f.* spectator **II-7, III-8**
sport *m.* sport(s) **I-5**
faire du sport *v.* to do sports **I-5**
sportif/sportive *adj.* athletic **I-3**
spot publicitaire *m.* advertisement **III-3**
stade *m.* stadium **I-5**
stage *m.* internship; professional training **II-5**
stage (rémunéré) *m.* (paid) training course
stagiaire *m., f.* trainee
station (de métro) *f.* (subway) station **I-7, III-2**
station de ski *f.* ski resort **I-7**
station de métro *f.* subway station **III-2**
station de radio *f.* radio station **III-3**
station-service *f.* service station **II-3**
station spatiale *f.* space station
statue *f.* statue **II-4**
steak *m.* steak **II-1**
stimulant(e) *adj.* challenging **III-9**
stratégie commerciale *f.* marketing strategy
strict(e) *adj.* strict **III-6**
studio *m.* studio (*apartment*) **I-8**
stylisme *m.*
de mode *f.* fashion design **I-2**
stylo *m.* pen **I-1**
su (savoir) *p.p.* known **I-8**
sucre *m.* sugar **I-4**
sud *m.* south **II-4**
suggérer (que) *v.* to suggest (that) **II-6, III-6**
suisse *adj.* Swiss **I-1**
Suisse *f.* Switzerland **I-7**
suivre (un chemin/une rue/un boulevard) *v.* to follow (a path/a street/a boulevard) **II-4**
suivre *v.* to follow **III-3**
sujet *m.* subject **II-6**
au sujet de on the subject of; about **II-6**
supérette *f.* mini-market **III-6**
superficie *f.* surface area **III-10;** territory **III-10**
supermarché *m.* supermarket **II-1**
supplice *m.* torture
supporter (de) *m.* fan, supporter **III-8;** *v.* to bear, to put up with **III-6, III-10**
supposer *v.* to assume **III-5**
supposition *f.* assumption **III-5**
sur *prep.* on **I-3, III-5**
sûr(e) *adj.* safe **III-2;** sure, certain **II-1, III-7**
bien sûr of course **I-2**
Il est sûr que... It is sure that... **II-7**
Il n'est pas sûr que... It is not sure that... **II-7**
sûrement *adv.* surely **III-3**
sûreté publique *f.* public safety **III-4**
surfer sur Internet/le web to search the Web **II-3, III-3**
surmonter *v.* to overcome **III-6**
surnom *m.* nickname **III-6**
surpeuplé(e) *adj.* overpopulated **III-5**
surpopulation *f.* overpopulation **II-6, III-5**
surprenant(e) *adj.* surprising **III-6**
surpris (surprendre) *p.p., adj.* surprised **I-6**
être surpris(e) que... *v.* to be surprised that... **II-6**
faire une surprise à quelqu'un *v.* to surprise someone **I-6**
surtout *adv.* especially; above all **I-2, III-2**
surveiller *v.* to keep an eye on **III-8**
survie *f.* survival **III-7**
survivre *v.* to survive **III-6**
sympa(thique) *adj.* nice **I-1**
symptôme *m.* symptom **II-2**
syndicat *m.* (*trade*) union **II-5, III-9**
système féodal *m.* feudal system **III-4**

T

ta *poss. adj., f., sing.* your **I-3**
table *f.* table **I-1**
À table! Let's eat! Food is ready! **II-1**
débarrasser la table *v.* to clear the table **I-8**
mettre la table *v.* to set the table **I-8**
tableau *m.* blackboard; picture **I-1;** *m.* painting **II-7, III-8**
tablette (tactile) *f.* tablet computer **II-3**
tâche *f.* task **III-9**
tâche ménagère *f.* household chore **I-8**
taille *f.* size; waist **I-6**
de taille moyenne of medium height **I-3**
tailleur *m.* (*woman's*) suit; tailor **I-6**
taire: se taire *v.* to be quiet **III-1, III-2, III-7**
talons (aiguilles) *m.* (stiletto) heels **III-8**
tant de... *adv.* so many...
tant que *conj.* as long as **III-7**
tante *f.* aunt **I-3**
taper *v.* to hit **III-9**
tapis *m.* rug **I-8**
taquiner *v.* to tease **III-9**
tard *adv.* late **I-2, III-2**
À plus tard. See you later. **I-1**
tare *f.* defect **III-4**
tarte *f.* pie; tart **II-1**
tas de *m.* a lot of **III-5**
tasse (de) *f.* cup (of) **I-4, III-5**
taxe *f.* tax **III-9**
taxi *m.* taxi **I-7**
prendre un taxi *v.* to take a taxi **I-7**
te/t' *pron., sing., fam.* you **I-7;** yourself **II-2**
tee-shirt *m.* tee shirt **I-6**
tel(le) *adj.* such a(n) **III-4, III-5**
télécarte *f.* phone card **II-5**
télécharger *v.* to download **II-3, III-7**
télécommande *f.* remote control **II-3**
téléphone *m.* telephone **I-2**
parler au téléphone *v.* to speak on the phone **I-2**

téléphone portable *m.* cell phone **III-7**
téléphoner (à) *v.* to telephone (*someone*) **I-2;**
se téléphoner *v.* to phone one another **II-3**
téléphonique *adj.* (*related to the*) telephone **II-4**
cabine téléphonique *f.* phone booth **II-4**
télescope *m.* telescope **III-7**
téléspectateur/téléspectatrice *m., f.* television viewer **III-3**
télévision *f.* television **I-1**
à la télé(vision) *on* television **II-7**
chaîne (de) télévision *f.* television channel **II-3**
tellement *adv.* so much **I-2**
Je n'aime pas tellement... I don't like… very much. **I-2**
témoigner de *v.* to be witness to **III-5**
témoin *m.* witness **III-5;** witness **III-6;** best man **III-6;** maid of honor **III-6**
température *f.* temperature **I-5**
Quelle température fait-il? What is the temperature? **I-5**
temps *m. sing.* time **I-5, III-2**
de temps en temps *adv.* from time to time **I-8, III-2**
emploi à mi-temps/à temps partiel *m.* part-time job **II-5**
emploi à plein temps *m.* full-time job **II-5**
temps de travail *m.* work schedule **III-9**
temps libre *m.* free time **I-5**
temps *m., sing.* weather **I-5**
Il fait un temps épouvantable. The weather is dreadful. **I-5**
Le temps est nuageux. It is cloudy. **I-5**
Le temps est orageux. It is stormy. **I-5**
Quel temps fait-il? What is the weather like? **I-5**
tenace *adj.* tenacious **III-10**
tendresse *f.* affection
tendu(e) *adj.* tense **III-6**
Tenez! (tenir) *imp. v.* Here! **II-1**
tenir *v.* to hold **II-1, III-4**
tennis *f.* sneakers **III-8,** tennis shoes **III-8**
tennis *m.* tennis **I-5**
tenter *v.* to attempt **III-8;** to tempt **III-8**
se terminer *v.* to end **III-9**
terrain (de foot) *m.* (soccer) field **III-8**
terrasse (de café) *f.* (café) terrace **I-4**
Terre *f.* Earth **II-6**
réchauffement de la Terre *m.* global warming **II-6**
terre *f.* land **III-10**
terrorisme *m.* terrorism **III-4**
terroriste *m., f.* terrorist **III-4**
tes *poss. adj., m., f., pl.* your **I-3**
tête *f.* head **II-2**
texto *m.* text message **II-3**
thé *m.* tea **I-4**
théâtre *m.* theater **II-7, III-8**
théorie *f.* theory **III-7**
thon *m.* tuna **II-1**
ticket de bus/métro *m.* bus/subway ticket **I-7**
ticket *m.* ticket **III-8**
Tiens! (tenir) *imp. v.* Here! **II-1**
tigre *m.* tiger **III-10**
timbre *m.* stamp **II-4**
timide *adj.* shy **I-1, III-1**
tiret *m.* (*punctuation mark*) dash; hyphen **II-3**
tiroir *m.* drawer **I-8**
titre *m.* headline **III-3**
toi *disj. pron., sing., fam.* you **I-3**
toi *refl. pron., sing., fam.* (*attached to imperative*) yourself **II-2**
toi non plus *you* neither **I-2**
toilette *f.* washing up, grooming **II-2**
faire sa toilette to wash up **II-2**
toilettes *f., pl.* restroom(s) **I-8**
toit *m.* roof **III-1**
tolérer *v.* to tolerate **III-10**
tomate *f.* tomato **II-1**
tomber *v.* to fall **I-1, I-7**
tomber amoureux/amoureuse (de) to fall in love (with) **I-6, III-1**
tomber en panne *v.* to break down **II-3**
tomber/être malade *v.* to get/be sick **II-2**
tomber sur quelqu'un *v.* to run into someone **I-7**
ton *m.* tone **III-10**
ton *poss. adj., m., sing.* your **I-3**
tort *m.* wrong; harm **I-2**
avoir tort *v.* to be wrong **I-2**
tortue *f.* turtle **III-10**
tôt *adv.* early **I-2, III-2**
toucher *v.* to get/receive (a salary) III-9
toujours *adv.* always **I-8, III-2**
tour *m.* tour **I-5**
faire un tour (en voiture) *v.* to go for a walk (drive) **I-5**
tourisme *m.* tourism **II-4**
office du tourisme *m.* tourist office **II-4**
tourner *v.* to shoot (a film) **III-3;** to turn **II-4;**
se tourner *v.* to turn (oneself) around **II-2**
tous/toutes *pron.* all (of them) **III-4**
tousser *v.* to cough **II-2**
tout *m., sing.* all **I-4**
tous les (*used before noun*) all the... **I-4**
tous les jours *adv.* every day **I-8**
toute la *f., sing.* (*used before noun*) all the... **I-4**
toutes les *f., pl.* (*used before noun*) all the... **I-4**
tout le *m.,* sing. (*used before noun*) all the... **I-4**
tout le monde *everyone* **II-1**
tout *pron.* everything **III-4;** *adv.* very
tout à coup *adv.* all of a sudden **III-3**
tout de suite *adv.* right away **III-3**
tout(e) *adv.* (*before adjective or adverb*) very, really **I-3**
À tout à l'heure. See you later. **I-1**
tout à coup suddenly **I-7**
tout à fait absolutely; completely **II-4**
tout de suite right away **I-7**
tout droit straight ahead **II-4**
tout d'un coup *adv.* all of a sudden **I-8**
tout près (de) really close by, really close (to) **I-3**
tout(e)/tous/toutes (les) *adj.* every **III-4,** all **III-4**
toxique *adj.* toxic **II-6, III-10**
déchets toxiques *m., pl.* toxic waste **II-6**
trac *m.* stage fright **II-5, III-3**
avoir le trac to have stage fright **III-3**
traduire *v.* to translate **I-6**
traduit (traduire) *p.p., adj.* translated **I-6**
tragédie *f.* tragedy **II-7**
trahison *f.* betrayal **III-1**
train *m.* train **I-7, III-2**
monter dans un train to get on a train **III-2**
traîner *v.* to hang around **III-6;** to drag **III-6**
traite des Noirs *f.* slave trade **III-4**
traiter *v.* to treat
traiter avec condescendance to patronize **III-6**
trajectoire *f.* path **III-4**
trajet *m.* trip, journey
tranche *f.* slice **II-1**
tranquille *adj.* calm; quiet; serene **II-2, III-1**
laisser tranquille *v.* to leave alone **II-2**
transports en commun *m.* public transportation **III-2**
travail *m.* work **II-4**
chercher un/du travail *v.* to look for work **II-4**
trouver un/du travail *v.* to find a job **II-5**
travail manuel *m.* manual labor **III-5**

travailler dur *v.* to work hard **III-2**
travailler *v.* to work **I-2**
travailleur/travailleuse *adj.* hardworking **I-3, III-2**
travailleur/travailleuse manuel(le) *m.,* f. blue-collar worker **III-6**
travaux *m.* construction **III-2**
travers: à travers *prep.* throughout **III-3**
traverser *v.* to cross **II-4**
treize *m.* thirteen **I-1**
tremblement de terre *m.* earthquake **III-10**
trente *m.* thirty **I-1**
très *adv.* (before adjective or adverb) very, really **I-8, III-2**
Très bien. *Very* well. **I-1**
tribunal *m.* court **III-4**
triste *adj.* sad **I-3**
être triste que... *v.* to be sad that… **II-6**
tristesse *f.* sadness
trois *m.* three **I-1**
troisième *adj.* third **I-7**
tromper *v.* to deceive **III-2;**
se tromper (de) *v.* to be mistaken (about) **II-2**
trop *adv.* too many/much **I-4, III-2**
trop de too much of **III-5**
tropical(e) *adj.* tropical **II-6**
forêt tropicale *f.* tropical forest **II-6**
trottoir *m.* sidewalk **III-2**
trou (dans la couche d'ozone) *m.* hole (in the ozone layer) **II-6**
trou noir *m.* black hole **III-7**
troupe *f.* company, troupe **II-7**
troupeau *m.* flock **III-10**
trouver *v.* to find; to think **I-2**
trouver un/du travail *v.* to find a job **II-5**
se trouver *v.* to be located **II-2, III-2**
truc *m.* thing **I-7**
tu *sub. pron., sing., fam.* you **I-1**
tuer *v.* to kill **III-4**

U

un *m.* (*number*) one **I-1**
un(e) *indef. art.* a; an **I-1**
uni(e) *adj.* close-knit **III-6**
union *f.* union **III-1**
vivre en union libre to live together (as a couple) **III-1**
unir *v.* to unite **III-2**
universitaire *adj.* (*related to the*) university **I-1**
restaurant universitaire (resto U) *m.* university cafeteria **I-2**
université *f.* university **I-1**
urbaniser *v.* to urbanize **III-10**
urbanisme *m.* city/town planning **III-2**
urgences *f., pl.* emergency room **II-2**
aller aux urgences *v.* to go to the emergency room **II-2**
usé(e) *adj.* worn out **III-2**
usine *f.* factory **II-6**
utile *adj.* useful **I-2**
utiliser (un plan) *v.* use (a map) **I-7**

V

vacances *f., pl.* vacation **I-7**
partir en vacances *v.* to go on vacation **I-7**
vacancier/vacancière *m., f.* vacationer **III-8**
vache *f.* cow **II-6**
vaincre *v.* to defeat **III-4**
vaincre ses peurs to confront one's fears **III-8**
vaisselle *f.* dishes **I-8**
faire la vaisselle *v.* to do the dishes **I-8**
lave-vaisselle *m.* dishwasher **I-8**
valeur *f.* value **III-5**
valise *f.* suitcase **I-7**
faire les valises *v.* to pack one's bags **I-7**
vallée *f.* valley **II-6**
valoir *v.* to be worth **III-6**
valoir la peine to be worth it **III-8**
variétés *f., pl.* popular music **II-7**
vaut (valloir) *v.* **Il vaut mieux que** It is better that **II-6**
vedette (de cinéma) *f.* (movie) star (male or female) **III-3**
veille *f.* day before **III-8**
vélo *m.* bicycle **I-5**
faire du vélo *v.* to go bike riding **I-5**
velours *m.* velvet **II-4**
vendeur/vendeuse *m., f.* salesman/woman **I-6, III-9**
vendre *v.* to sell **I-6**
vendredi *m.* Friday **I-2**
vengeance *f.* revenge **III-5**
venir *v.* to come **II-1, III-3**
venir de *v.* (*used with an infinitive*) to have just **II-1**
vent *m.* wind **I-5**
Il fait du vent. It is windy. **I-5**
ventre *m.* stomach **II-2**
vérifier (l'huile/la pression des pneus) *v.* to check (the oil/the tire pressure) **III-3**
véritable *adj.* true, real **II-4**
vérité *f.* truth **III-2**
vernissage *m.* art exhibit opening **III-8**
verre (de) *m.* glass (of) **I-4, III-5**
prendre un verre to have a drink **III-8**
vers *adv.* about **I-2**
vert(e) *adj.* green **I-3**
haricots verts *m., pl.* green beans **II-1**
vestiaires *m.* locker room **III-8**
vêtements *m., pl.* clothing **I-6**
sous-vêtement *m.* underwear **I-6**
vétérinaire *m., f.* veterinarian **II-5**
veuf/veuve *m., f.* widower/widow **III-1;** adj. widowed **I-3, III-1**
veut dire (vouloir dire) *v.* means, signifies **II-1**
viande *f.* meat **II-1**
victime *f.* victim **III-4**
victoire *f.* victory **III-4**
victorieux/victorieuse *adj.* victorious **III-4**
vide *adj.* empty **III-2**
vidéoclip *m.* music video **III-3**
vie *f.* life **I-6**
assurance vie *f.* life insurance **II-5**
gagner sa vie to earn a living **III-9**
niveau de vie *m.* standard of living **III-5**
vie nocturne *f.* nightlife **III-2**
vieille *adj., f.* (*feminine form of* **vieux**) old **I-3**
vieillesse *f.* old age **I-6, III-6**
vieillir *v.* to grow old
vietnamien(ne) *adj.* Vietnamese **I-1**
vieux/vieille *adj.* old **I-3, III-2**
ville *f.* city; town **I-4**
vin *m.* wine **I-6**
vingt *m.* twenty **I-1**
vingtième *adj.* twentieth **I-7**
violence *f.* violence **III-4**
violet(te) *adj.* purple; violet **I-6**
violon *m.* violin **II-7, III-2**
virer *v.* to fire
virgule *f.* comma **III-7**
visage *m.* face **II-2**
visite *f.* visit **I-6**
rendre visite (à) *v.* to visit (*a person or people*) **I-6**
visiter *v.* to visit (*a place*) **I-2**
faire visiter *v.* to give a tour **I-8**
vite *adv.* quickly **I-1, III-2;** quick, hurry **I-4**
vitesse *f.* speed **II-3**
vitrine *f.* store window, window display **III-7**
vivre *v.* to live **III-1**
vivre en union libre to live together (as a couple) **III-1**
vivre (quelque chose) par procuration to live (something) vicariously **III-8**
vivre quelque chose par l'intermédiaire de quelqu'un to live something vicariously through someone **III-8**
vœu *m.* wish **III-1, III-5**
voici here is/are **I-1**
voie *f.* lane **III-2;** road **III-2;** track **III-2;** means **III-2;** channel **III-2**

voilà there is/are **I-1**
voir *v.* to see **II-7, III-3**
voisin(e) *m., f.* neighbor **I-3**
voiture *f.* car **II-3, III-2**
faire un tour en voiture *v.* to go for a drive **I-5**
monter dans une voiture to get in a car **III-2**
rouler en voiture *v.* to ride in a car **I-7**
voix *f.* voice
vol *m.* flight **I-7**
volaille *f.* poultry **III-6**
volant *m.* steering wheel **II-3**
volcan *m.* volcano **II-6**
voler *v.* to steal **III-5;** to fly **III-8**
voleur/voleuse *m., f.* thief **III-4**
volley(-ball) *m.* volleyball **I-5**
volontiers *adv.* willingly **II-2**
vos *poss. adj., m., f., pl.* your **I-3**
voter *v.* to vote **III-4**
votre *poss. adj., m., f., sing.* your **I-3**
vouloir *v.* to want, to mean (*with* **dire**) **II-1. III-3**
ça veut dire that is to say **II-2**
en vouloir (à) to have a grudge **III-5**
s'en vouloir *v.* to be angry with oneself **III-5**
veut dire *v.* means, signifies **II-1**
vouloir (que) *v.* to want (that) **II-6**
voulu (vouloir) *p.p., adj.* (*used with infinitive*) wanted to… ; (*used with noun*) planned to/for **II-1**
vous *pron., sing., pl., fam., form.* you **I-1;** *d.o. pron.* you **I-7;** yourself, yourselves **II-2**
voyage *m.* trip **I-7**
agence de voyages *f.* travel agency **I-7**
agent de voyages *m.* travel agent **I-7**
voyager *v.* to travel **I-2, III-1**
voyant (d'essence/d'huile) *m.* (gas/oil) warning light **II-3**
voyou *m.* hoodlum **III-6**
vrai(e) *adj.* true; real **I-3, III-2**
Il est vrai que… It is true that… **II-7**
Il n'est pas vrai que... It is untrue that… **II-7**
vraiment *adv.* really, truly **I-5, III-2**
VTT (vélo tout terrain) *m.* mountain bike **III-8**
vu (voir) *p.p.* seen **II-7**

W

W.-C. *m., pl.* restroom(s) **I-8**
wagon *m.* subway car **III-2**
web *m.* Web **III-3**
week-end *m.* weekend **I-2**
ce week-end this weekend **I-2**

Y

y *pron.* there; at (*a place*) **II-2**
j'y vais I'm going/coming **I-8**
nous y allons we're going/coming **II-1**
on y va let's go **II-2**
Y a-t-il… ? Is/Are there… ? **I-2**
yaourt *m.* yogurt **II-1**
yeux (œil) *m., pl.* eyes **I-3**

Z

zéro *m.* zero **I-1**
zut *interj.* darn **I-6**

Anglais–Français

A

a lot (of) beaucoup (de) *adv.* **I-4**
a un(e) *indef. art.* **I-1**
able: to be able to pouvoir *v.* **II-1**
abolish abolir *v.* **II-6**
about vers *adv.* **I-2**
it's about il s'agit de
above: above all surtout *adv.* **III-2**
abroad à l'étranger **I-7**
absolute monarchy monarchie absolue *f.* **III-4**
absolutely absolument *adv.* **I-8, III-2** tout à fait *adv.* **I-6**
abuse abus *m.* **III-4;** maltraitance *f.* **III-5**; abuser *v.* **III-4**
abuse of power abus de pouvoir *m.* **III-4**
accident accident *m.* **II-2**
to have / to be in an accident avoir un accident *v.* **II-3**
accompany accompagner *v.* **II-4**
account (at a bank) compte *m.* **II-4**
checking account compte-chèques *m.* **II-4**
to have a bank account avoir un compte bancaire *v.* **II-4**
accountant comptable *m., f.* **II-5, III-9**
acid rain pluie acide *f.* **II-6, III-10**
acorn gland *m.* **III-10**
acquaintance connaissance *f.* **I-5**
across from en face de *prep.* **I-3**
act se comporter *v.* **III-3**
active actif/active *adj.* **I-3, III-2**
actively activement *adv.* **I-8**
activist militant(e) *m., f.*
militant activist activiste *m., f.* **III-4**
actor acteur/actrice *m., f.* **I-1**
actor comédien(ne) *m., f.* **III-3**
achieve parvenir à *v.* **III-5**
adapt s'adapter *v.* **III-5**
address adresse *f.* **II-4, III-7**
adjust régler *v.* **III-7**
administration: business administration gestion *f.* **I-2**
admire admirer *v* **III-8**
admit avouer *v.*
adolescence adolescence *f.* **I-6**
adore adorer **I-2**
I love... J'adore... **I-2**
to adore one another s'adorer *v.* **II-3**
adrenaline rush montée d'adrénaline *f.* **III-8**
adulthood âge adulte *m.* **I-6, III-6**
advance avancer *v.*
advanced avancé(e) *adj.* **III-7**
adventure aventure *f.* **II-7**
adventure film film *m.* d'aventures **II-7**
advertisement message publicitaire *m.*, spot publicitaire *m.* **III-3,** publicité *f.*, pub *f.* **III-3, II-7**
advertising publicité *f.*, pub *f.* **III-3**
advice conseil *m.* **II-5, III-1**
advisor conseiller/conseillère *m., f.* **II-5, III-9**
aerobics aérobic *m.* **I-5**
to do aerobics faire de l'aérobic *v.* **I-5**
affair liaison *f.*
affection tendresse *f.*
affectionate affectueux/affectueuse *adj.* **III-1**
affliction chagrin *m.* **III-1**
afraid: to be afraid of/that avoir peur de/que *v.* **II-6, III-2**
after après (que) *adv.* **I-7;** après que *conj.* **III-7**
afternoon après-midi *m.* **I-2**
... (o'clock) in the afternoon ... heure(s) de l'après-midi **I-2**
afternoon snack goûter *m.* **II-1**
again encore *adv.* **I-3, III-2,** de nouveau *adv.* **III-8**
age âge *m.* **I-6**
agent: travel agent agent de voyages *m.* **I-7**
real estate agent agent immobilier *m.* **II-5**
ago *(with an expression of time)* il y a... **II-1**
agree: to agree (with) être d'accord (avec) *v.* **I-2**
airport aéroport *m.* **I-7**
alarm clock réveil *m.* **II-2**
Algerian algérien(ne) *adj.* **I-1**
alien extraterrestre *m., f.* **III-7**
alike pareil(le) *adj.* **III-5**
alleyway ruelle *f.* **III-7**
almost presque *adv.* **I-5, III-3**
alone seul(e) *adj.* **III-2, III-5**
alone: to leave alone laisser tranquille *v.* **II-2**
already déjà *adv.* **I-3, III-2**
although bien que *conj* **III-7,** quoique *conj.* **III-7**
always toujours *adv.* **I-8, III-2**
all right? *(tag question)* d'accord? **I-2**
all the... *(agrees with noun that follows)* tout le... *m., sing;* toute la... *f., sing;* tous les... *m., pl.;* toutes les... *f., pl.* **I-4**
all tous/toutes *pron.* **III-4**; tout(e)/ tous/toutes *adj.* **III-4**
all tout *m., sing.* **I-4**
all of a sudden soudain *adv.* **I-8**; tout à coup *adv.* **III-3**; tout d'un coup *adv.* **I-7**
allergy allergie *f.* **II-2**
allow *(to do something)* laisser *v.* **II-3, III-8**; permettre (de) *v.* **I-6**
allowed permis (permettre) *p.p., adj.* **I-6**
amazed: to be amazed s'étonner *v.* **III-8**
American américain(e) *adj.* **I-1**
amuse amuser *v.* **III-2**
amusement park parc d'attractions *m.* **III-8**
an un(e) *indef. art.* **I-1**
ancestor ancêtre *m., f.* **-1**
ancient *(placed after noun)* ancien(ne) *adj.* **II-7, III-2**
and et *conj.* **I-1**
And you? Et toi?, *fam.*; Et vous? *form.* **I-1**
angel ange *m.* **I-1**
anger colère *f.* **III-4**; fâcher *v.* **III-2**
angry fâché(e) *adj.* **III-1**
to be angry with oneself s'en vouloir *v.* **III-5**
to become angry s'énerver *v.* **II-2**
to get angry with se mettre en colère contre **II-2, III-1,** se fâcher contre *v.* **III-2**
animal animal *m.* **II-6**
ankle cheville *f.* **II-2**
annoy agacer *v.* **III-1**, énerver *v.* **III-1**
another un(e) autre *adj.* **III-2**
answering machine répondeur téléphonique *m.* **II-3**
antimatter antimatière *f.* **III-7**
anxious anxieux/anxieuse *adj.* **III-1**
apartment appartement *m.* **I-7**
appear apparaître *v.* **III-3**; paraître *v.*;
to appear sembler *v.* **III-8**
appetizer entrée *f.* **II-1**; hors-d'œuvre *m.* **II-1**
applaud applaudir *v.* **II-7, III-8**
applause applaudissement *m.* **II-7**
apple pomme *f.* **II-1**
appliance appareil *m.* **I-8**
electrical/household appliance appareil *m.* électrique/ménager **I-8**
applicant candidat(e) *m., f.* **II-5**
applied research recherche appliquée *f.* **III-7**
apply for poser sa candidature à/pour **III-9**
to apply for a job solliciter un emploi **III-9**
to apply for a loan demander un prêt **III-9**
apply postuler *v.* **II-5**
appointment rendez-vous *m.* **II-5**
to make an appointment prendre (un) rendez-vous *v.* **II-5**
approach aborder *v*
April avril *m.* **I-5**
archipelago archipel *m.* **III-10**
architect architecte *m., f.* **I-3**
architecture architecture *f.* **I-2**
Are there... ? Y a-t-il... ? **I-2**

area quartier *m.* **I-8**
argue *(with)* se disputer (avec) *v.* **II-2**
arm bras *m.* **II-2**
armchair fauteuil *m.* **I-8**
armoire armoire *f.* **I-8**
army armée *f.* **III-4**
around autour (de) *prep.* **II-4**
arrival arrivée *f.* **I-7**
arrive arriver (à) *v.* **I-2, III-3**; débarquer (colloquial) *v.* **III-1**
art art *m.* **I-2**
artwork, piece of art *m.,* œuvre *f.* **II-7**
fine arts beaux-arts *m., pl.* **II-7**
art exhibit opening vernissage *m.* **III-8**
art show exposition *f.* **III-8**
artist artiste *m., f.* **I-3**
as (like) comme *adv.* **I-6**
as ... as *(used with adjective to compare)* aussi ... que **II-1, III-7**
as long as tant que *conj.* **III-7**
as much ... as *(used with noun to express comparative quantity)* autant de ... que **II-6**
as soon as dès que *conj.* **II-5, III-7**, aussitôt que *conj.* **III-7**
ascend monter *v.* **III-3**
ascertain constater *v.* **III-3**
ashamed: to be ashamed (of) avoir honte (de) **I-2, III-1**
ask demander *v.* **I-2, III-2**
to ask (someone) demander (à) *v.* **I-6**
to ask (someone) a question poser une question (à) *v.* **I-6**
to ask that... demander que... **II-6**
asparagus asperge *f.* **III-6**
aspirin aspirine *f.* **II-2**
asset atout *m.*
assimilation assimilation *f.* **III-5**
assume supposer *v.* **III-5**
assumption supposition *f.* **III-5**
astrologer astrologue *m., f.* **III-7**
astronaut astronaute *m., f.* **III-7**
astronomer astronome *m., f.* **III-7**
at à *prep.* **I-4, III-5**; en **III-5**
at ... (o'clock) à ... heure(s) **I-4**
at the doctor's office chez le médecin *prep.* **I-2**
at (someone's) house chez... *prep.* **I-2, III-5**
at the end (of) au bout (de) *prep.* **II-4**
at last enfin *adv.* **II-3, III-2**
at that moment à ce moment-là **III-3**
athlete athlète *m., f.* **-3**
ATM card carte de retrait *f.* **III-9**
ATM distributeur automatique *m.* **II-4, III-9**
atmosphere ambiance *f.* **III-2**
attain parvenir à *v.* **III-5**
attempt tenter *v.* **III-8**
attend assister *v.* **I-2**
attention attention *f.* **III-3**
to draw attention (to) attirer l'attention (sur)
attract attirer *v.* **III-5**
attractive séduisant(e) *adj.* **III-1**
August août *m.* **I-5**
aunt tante *f.* **I-3**
author auteur/femme auteur *m., f.* **II-7**
autumn automne *m.* **I-5**
in autumn en automne **I-5**
available *(free)* libre *adj.* **I-7**
avenue avenue *f.* **II-4**
average: on average en moyenne **III-3**
avoid éviter de *v.* **II-2**
awkward maladroit(e) *adj.* **III-1**

B

backpack sac à dos *m.* **I-1**
bad mauvais(e) *adj.* **I-3, III-2**
badly mal *adv.* **I-7, III-2**
I am doing badly. Je vais mal. **I-1**
to be doing badly se porter mal *v.* **II-2**
bad-mannered mal élevé(e) *adj.* **III-6**
baguette baguette *f.* **I-4**
bakery boulangerie *f.* **II-1**
balcony balcon *m.* **I-8**
ball ballon *m.* **III-8**
banana banane *f.* **II-1**
band groupe *m.* **III-8**
bank banque *f.* **II-4**
to have a bank account avoir un compte bancaire *v.* **II-4**
banker banquier/banquière *m., f.* **II-5**
banking bancaire *adj.* **II-4**
bankrupt en faillite *adj.* **III-9**
bankruptcy banqueroute *f.* **III-9**
barrier reef barrière de corail *f.* **III-10**
baseball baseball *m.* **I-5**
baseball cap casquette *f.* **I-6**
basement sous-sol *m.*; cave *f.* **I-8**
basic research recherche fondamentale *f.* **III-7**
bask in the sun lézarder au soleil *v.* **III-8**
basketball basket(-ball) *m.* **I-5**
bath bain *m.* **I-6**
bathing suit maillot de bain *m.* **I-6**
bathroom salle de bains *f.* **I-8**
bathtub baignoire *f.* **I-8**
back dos *m.* **II-2**
be être *v.* **I-1, III-1**; *v.* sois (être) *imp., v.* **I-7**; soyez (être) *imp. v.* **I-7**
to be able pouvoir *v.* **III-3**
to be able to live with oneself pouvoir se regarder dans une glace **III-9**
to be afraid avoir peur **III-2**
to be amazed s'étonner *v.* **III-8**
to be angry with oneself s'en vouloir *v.* **III-5**
to be busy être pris(e) **III-6**
to be confident avoir confiance en soi **III-1**
to be contaminated être contaminé(e) **III-10**
to be crazy about raffoler de *v.* **III-5**
to be distrustful of se méfier de *v.* **III-2**
to be embarrassed avoir honte (de) **III-1**
to be homesick avoir le mal du pays **III-5**
to be in debt avoir des dettes **III-9**
to be interested (in) s'intéresser (à) **III-2**
to be located se trouver *v.* **III-2**
to be lost être perdu(e) **III-2**
to be mistaken se tromper *v.* **III-1, III-2**
to be on the front page être à la une **III-3**
to be prejudiced avoir des préjugés **III-5**
to be promoted être promu(e) **III-9**
to be quiet, silent se taire *v.* **III-1, III-2, III-7**
to be reckoned with incontournable *adj.*
to be sorry être désolé(e) **III-6**
to be under pressure être sous pression **III-9**
to be used to avoir l'habitude de **III-1**
to be wary of se méfier de *v.* **III-2**
to be witness to témoigner de *v.* **III-5**
to be worth it valoir la peine *v.* **III-8**
to be wrong se tromper *v.* **III-1**
beach plage *f.* **I-7**
beans haricots *m., pl.* **II-1**
green beans haricots verts *m., pl.* **II-1**
bear ours *m.* **III-10**; supporter *v.* **III-6**
bearings: to get one's bearings s'orienter *v.* **II-4**
beautiful beau (belle) *adj.* **I-3, III-2**
beauty salon salon *m.* de beauté **II-4**
because car *conj.* **III-4**; parce que *conj.* **I-2**
become devenir *v.* **II-1, III-3**
to become rich s'enrichir *v.* **III-5**
bed lit *m.* **I-7**
to go to bed se coucher *v.* **II-2, III-2**
bedroom chambre *f.* **I-8**
beef bœuf *m.* **II-1**
beehive ruche *f.* **III-10**
been été (être) *p.p.* **I-6**
beer bière *f.* **I-6**
before avant de *prep.*; avant que *conj.* **I-7, III-7**
before *(o'clock)* moins *adv.* I-2
begin *(to do something)* commencer (à) *v.* **I-2, III-1;** se mettre à *v.* **II-2, III-2**; débuter *v.* **III-6**

beginning début *m.* **II-7**
behave se comporter *v.* **III-3**
behavior comportement *m.* **III-3**
behind derrière *prep.* **I-3, III-5**
Belgian belge *adj.* **I-7**
Belgium Belgique *f.* **I-7**
belief croyance *f.* **III-4**
believe (that) croire (que) *v.* **II-7**
believed cru (croire) *p.p.* **II-7**
belong (to) appartenir (à) *v.* **III-5;**
to belong (to a group) s'intégrer (à un groupe) *v.* **III-1**
belongings affaires *f.* **III-6**
belt ceinture *f.* **I-6**
to buckle one's seatbelt attacher sa ceinture de sécurité *v.* **II-3**
bench banc *m.* **II-4**
benefit from profiter de *v.* **III-9**
to get benefit out of retirer un profit de **III-9**
benefits pension *f.* **III-6**
bereavement deuil *m.* **III-1**
bermuda shorts (a pair of) bermuda *m.* **III-8**
best man témoin *m.* **III-6**
best: the best le mieux *super. adv.* **II-1, III-7**; le/la meilleur(e) *super. adj.* **II-1, III-7**
betrayal trahison *f.* **III-1**
better meilleur(e) *comp. adj.*; mieux *comp. adv.* **II-1 III-2**
It is better that... Il vaut mieux que/qu'... **II-6, III-6**
to be doing better se porter mieux *v.* **II-2**
to better oneself s'améliorer *v.* **III-5**
to get better *(from illness)* guérir *v.* **II-2**
between entre *prep.* **I-3**
beverage (carbonated) boisson *f.* (gazeuse) **I-4**
biased partial(e) *adj.* **III-3**
bicycle vélo *m.* **I-5**
to go bike riding faire du vélo *v.* **I-5**
big grand(e) *adj.* **I-3, III-2**; *(clothing)* large *adj.* **I-6**
bilingual bilingue *adj.* **III-1**
bill (in a restaurant) addition *f.* **I-4**
billboard panneau d'affichage *m.* **III-2**
billionaire milliardaire *m., f.* **III-3**
bills *(money)* billets *m., pl.* **II-4**
biochemical biochimique *adj.* **III-7**
biologist biologiste *m., f.* **III-7**
biology biologie *f.* **I-2**
bird oiseau *m.* **I-3**
birth naissance *f.* **I-6, III-6**
to give birth accoucher *v.*
birthday anniversaire *m.* **I-5**
birthrate natalité *f.* **III-5**
bit (of) morceau (de) *m.* **I-4**
black noir(e) *adj.* **I-3**
black hole trou noir *m.* **III-7**
blackboard tableau *m.* **I-1**
blackmail faire du chantage *v.* **III-4**
blanket couverture *f.* **I-8**
blend in s'assimiler à *v.* **III-1**
blonde blond(e) *adj.* **I-3**
blouse chemisier *m.* **I-6**
blow souffler *v.* **III-8**
blue bleu(e) *adj.* **I-3**
blue-collar worker travailleur/travailleuse manuel(le) *m., f.* **III-6**
board game jeu de société *m.* **III-8**
boat bateau *m.* **I-7, III-4**
body corps *m.* **II-2**
boldness audace *f.*
bond *(deep, intimate)* complicité *f.* **III-1**
bonus prime *f.*
book livre *m.* **I-1**
bookstore librairie *f.* **I-1**
border frontière *f.* **III-5**
bore ennuyer *v.* **III-1**
bored: to get bored s'ennuyer *v.* **II-2, III-2**
boring ennuyeux/ennuyeuse *adj.* **I-3**
born: to be born naître *v.* **III-3**
born: to be born naître *v.* **I-7**; né (naître) *p.p., adj.* **I-7**
borrow emprunter *v.* **II-4**
boss patron(ne) *m., f.*
bossy autoritaire *adj.* **III-6**
bother gêner *v.* **III-1**, ennuyer *v.* **III-2**; déranger *v.* **III-1, III-6**
bottle (of) bouteille (de) *f.* **I-4, III-5**
boulevard boulevard *m.* **II-4**
bouncer portier/portière *m., f.* **III-9**
bouquet bouquet de la mariée *m.* **III-6**
boutique boutique *f.* **II-4**
bow tie nœud papillon *m.* **III-8**
bowl bol *m.* **II-1**
bowling bowling *m.* **III-8**
to go bowling jouer au bowling **III-8**
box boîte *f.* **II-1, III-5**
boxer shorts caleçon *m.* **III-8**
boxing boxe *f.* **III-9**
boy garçon *m.* **I-1**
boyfriend petit ami *m.* **I-1**
brain cerveau *m.*
brake freiner *v.* **II-3**
brakes freins *m., pl.* **II-3**
brand marque *f.* **III-3**
brave courageux/courageuse *adj.* **I-3**
Brazil Brésil *m.* **I-7**
Brazilian brésilien(ne) *adj.* **I-7**
bread pain *m.* **I-4**
country-style bread pain *m.* de campagne **I-4**
bread shop boulangerie *f.* **II-1**
break down tomber en panne *v.* **II-3**
break se casser *v.* **II-2**
break up rompre *v.* **III-1**; *(to leave one another)* se quitter *v.* **II-3**
breakdown panne *f.* **II-3**
breakfast petit-déjeuner *m.* **II-1**
breakup rupture *f.*
breathe respirer *v.* **III-10**
bride mariée *f.* **III-6**
bridge pont *m.* **II-4, III-2**
briefly brièvement *adv.* **III-2**
bright brillant(e) *adj.* **I-1**
bring *(a person)* amener *v.* **I-5, III-1** ; *(a thing)* apporter *v.* **I-4**
broadcast retransmission *f.* **III-7**; retransmettre *v.* **III-3**
broiled grillé(e) *adj.* **III-6**
broom balai *m.* **I-8**
brother frère *m.* **I-3**
brother-in-law beau-frère *m.* **I-3, III-6**
brown marron *adj., inv.* **I-3**
brown (hair) châtain *adj.* **I-3, III-2**
brush (hair/tooth) brosse *f.* (à cheveux/à dents) **II-2**
to brush one's hair/teeth se brosser les cheveux/les dents *v.* **II-1, III-2**
buckle: to buckle one's seatbelt attacher sa ceinture de sécurité *v.* **II-3**
buddy pote *m., f.* **III-9**
budget budget *m.* **III-9**
bug soûler *v.* **III-6**
build construire *v.* **I-6, III-2**
building bâtiment *m.* **II-4**; édifice *m.* **III-2**; immeuble *m.* **I-8**
bumper pare-chocs *m.* **II-3**
bungee jumping saut à l'élastique *m.* **III-8**
burn brûler *v.* **III-5**; graver (un CD) *v.* **II-3, III-7**
bus autobus *m.* **I-7**
bus stop arrêt d'autobus (de bus) *m.* **I-7, III-2**
bus terminal gare *f.* routière **I-7**
business (profession) affaires *f., pl.* **I-3**; *(company)* entreprise *f.* **II-5**
business administration gestion *f.* **I-2**
businessman homme d'affaires *m.* **I-3, III-9**
businesswoman femme d'affaires *f.* **I-3, III-9**
busy occupé(e) *adj.* **I-1**
but mais *conj.* **I-1**
butcher's shop boucherie *f.* **II-1**
butter beurre *m.* **I-4**
buy acheter *v.* **I-5, III-1**
by par *prep.* **I-3**
Bye! Salut! *fam.* **I-1**

C

cabinet placard *m.* **I-8**
café café *m.* **I-1**; brasserie *f.* **II-4**
café terrace terrasse *f.* de café **I-4**
cybercafé cybercafé *m.* **II-4**
cafeteria *(school)* cantine *f.* **II-1**
cake gâteau *m.* **I-6**
calculator calculatrice *f.* **I-1**
calm calme *adj.* **I-1**; calme *m.* **I-1**; tranquille *adj.* **III-1**
call appeler *v.* **III-1**

to call back rappeler *v.* **III-1**
call appeler *v.* **II-5**
camcorder caméra vidéo *f.* **II-3**; caméscope *m.* **II-3**
camera appareil photo *m.* **II-3**
digital camera appareil photo *m.* numérique **II-3**
camping camping *m.* **I-5**
to go camping faire du camping *v.* **I-5**
can (of food) boîte (de conserve) *f.* **II-1**; boîte *f.* **III-5**; pouvoir *v.* **III-3**
Canada Canada *m.* **I-7**
Canadian canadien(ne) *adj.* **I-1, III-2**
cancel (a reservation) annuler (une réservation) *v.* **I-7**
candidate candidat(e) *m., f.* **II-5**
candy bonbon *m.* **I-6**
cap: baseball casquette *f.* **I-6**
capital capitale *f.* **I-7**
captain capitaine *m.* **III-8**
captivate séduire *v.* **III-3**
car voiture *f.* **II-3, III-2**
to get in a car monter dans une voiture **III-2**
to ride in a car rouler en voiture *v.* **I-7**
carbonated drink/beverage boisson *f.* gazeuse **I-4**
card *(letter)* carte postale *f.* **II-4;**
credit card carte *f.* de crédit **II-4**
to pay with a credit card payer avec une carte de crédit *v.* **II-4**
cards *(playing)* cartes *f.* **I-5, III-8**
playing cards cartes à jouer *f.* **III-8**
care soin *m.*
to care (about something) se soucier (de quelque chose) *v.* **III-10**
career carrière *f.* **II-5**; parcours *m.*
to pursue a career (in) faire carrière (dans) **III-9**
careful prudent(e) *adj.* **III-1**
carnival fête foraine *f.* **III-2**
carpooling covoiturage *m.* **II-6**
carrot carotte *f.* **II-1**
carry apporter *v.* **I-4**
to carry out an experiment faire une experience **III-7**
cartoon dessin animé *m.* **II-7**
case: in any case en tout cas **I-6**
in case au cas où *conj.* **III-10**
cash liquide *m.* **II-4**
to pay in cash payer en liquide *v.* **II-4**
cat chat *m.* **I-3**
catastrophe catastrophe *f.* **II-6**
catch sight of apercevoir *v.* **II-4, III-2**
cause cause *f.* **III-5**; raison *f.* **III-1**; déclencher *v.*
cave grotte *f.* **III-3**
cavity carie *f.*
CD(s) CD *m.* **II-3**
CD/DVD/MP3 player lecteur (de) CD/DVD / lecteur MP3 *m.* **II-3**
celebrate célébrer *v.* **I-5, III-8**; fêter *v.* **I-6, III-8**
celebration fête *f.* **I-6**
cell cellule *f.* **III-7**
cell phone (téléphone) portable *m.* **II-3, III-7**
cellar cave *f.* **I-8**
censorship censure *f.* **III-3**
center: city/town center centre-ville *m.* **I-4**
certain certain(e) *adj.* **III-4, II-1**; sûr(e) *adj.* **II-7**
It is certain that... Il est certain que... **II-7**
It is uncertain that... Il n'est pas certain que... **II-7**
certainly certainement *adv.* **III-3**
chair chaise *f.* **I-1**
challenge défi *m.* **III-5**
challenging stimulant(e) *adj.* **III-9**
champagne champagne *m.* **I-6**
change (coins) (pièces *f. pl.* de) monnaie **II-4**
change changement *m.*
change of heart retournement **III-6**
change of scenery dépaysement *m.* **III-1**
to change direction bifurquer *v.* **III-4**
channel (television) chaîne *f.* (de télévision) **II-3**
channel voie *f.* **III-2**
chaos chaos *m.* **III-5**
character caractère *m.* **III-6**; *(in a story or play)* personnage *m.* **II-7, III-8**
main character personnage principal *m.* **II-7**
charcoal charbon de bois *m.* **III-10**
charming charmant(e) *adj.* **I-1, III-1**
chat bavarder *v.* **I-4, III-8**; causer *v.* **III-9**
chatterbox bavard(e) *m., f.* **III-5**
check chèque *m.* **II-4**; *(bill)* addition *f.* **I-4**
to pay by check payer par chèque *v.* **II-4**
to check (the oil/the air pressure) vérifier (l'huile/la pression des pneus) *v.* **II-3**
checking account compte-chèques *m.* **II-4, III-9**
cheek joue *f.* **II-2, III-1**
cheese fromage *m.* **I-4**
cheese store fromagerie *f.* **III-6**
chemist chimiste *m., f.* **III-7**
chemistry chimie *f.* **I-2**
chess échecs *m., pl.* **I-5**
chest poitrine *f.* **II-2**
chest of drawers commode *f.* **I-8**
chestnut marron *m.* **III-2**; marron *adj.* **III-2**
chic chic *adj.* **I-4**
chicken poulet *m.* **II-1**
child enfant *m., f.* **I-3**
child enfant *m., f.* **III-6**
only child enfant unique *m., f.* **III-6**; fille/fils unique *m., f.* **III-6**
childhood enfance *f.* **I-6, III-6**
China Chine *f.* **I-7**
Chinese chinois(e) *adj.* **I-7**
chip puce *f.* **III-7**
choir chœur *m.* **II-7**
choose choisir *v.* **I-4, III-3**
chorus chœur *m.* **II-7**
chrysanthemums chrysanthèmes *m., pl.* **II-1**
church église *f.* **I-4**
cinema cinéma *m.* **III-2**
circus cirque *m.* **III-3**
citizen citoyen(ne) *m., f.* **III-2**
city center centre-ville *m.* **III-2**
city dweller citadine(e) *m., f.* **III-2**
city hall hôtel de ville *m.* **III-2**; mairie *f.* **II-4**
city planning urbanisme *m.* **III-2**
city ville *f.* **I-4**
city/town center centre-ville *m.* **I-4**
civil war guerre civile *f.* **III-4**
American Civil War guerre de Sécession *f.* **III-4**
claim to prétendre *v.* **III-8**
class *(group of students)* classe *f.* **I-1**; *(course)* cours *m.* **I-2**
classmate camarade de classe *m., f.* **I-1**
classroom salle *f.* de classe **I-1**
clean nettoyer *v.* **I-5**, III-1; net(te) *adj.* **III-2**, propre *adj.* **I-8, III-2**; pur(e) *adj.* **III-10**
clear clair(e) *adj.* **II-7**
It is clear that... Il est clair que... **II-7**
to clear the table débarrasser la table **I-8**
clear away déblayer *v.* **III-10**
client client(e) *m., f.* **I-7**
cliff falaise *f.* **II-6**
climb escalader *v.* **III-8**; grimper à *v.* **III-8**
clock horloge *f.* **I-1**
alarm clock réveil *m.* **II-2**
cloister cloîtrer *v.* **III-2**
clone cloner *v.* **III-7**
close (to) près (de) *prep.* **I-3**
very close (to) tout près (de) **II-4**
close fermer *v.* **II-3**
closed fermé(e) *adj.* **II-4**
close-knit uni(e) *adj.* **III-6;** lié(e) *adj.* **III-6**
closet placard *m.* **I-8**
clothes dryer sèche-linge *m.* **I-8**
clothing vêtements *m., pl.* **I-6**
cloudy nuageux/nuageuse *adj.* **I-5**
It is cloudy. Le temps est nuageux. **I-5**
clue indice *m.* **III-4**
clutch embrayage *m.* **II-3**
clumsy maladroit(e) *adj.* **III-1**
coach entraîneur *m.* **III-8**

coal charbon *m.* **III-10**
coast côte *f.* **II-6**
coat manteau *m.* **I-6**
coffee café *m.* **I-1**
coffeemaker cafetière *f.* **I-8**
coins pièces *f. pl.* de monnaie **II-4**
cold froid *m.* **I-2**
to be cold avoir froid *v.* **I-2**
(weather) **It is cold.** Il fait froid. **I-5**
cold rhume *m.* **II-2**
colonist colon *m.* **III-4**
color couleur *f.* **I-6**
What color is… ? De quelle couleur est... ? **I-6**
column chronique *f.* **III-3**
comb peigne *m.* **II-2**; se peigner *v.* **III-2**
come venir *v.* **I-7, III-3**
to come back revenir *v.* **II-2, III-3**
Come on. Allez. **I-2**
comedy comédie *f.* **II-7, III-8**
comic strip bande dessinée (B.D.) *f.* **I-5**
comma virgule *f.* **III-7**
commissioner commissaire *m.* **III-5**
commit (to someone) s'engager (envers quelqu'un) *v.* **III-1**
compact disc compact disque *m.* **II-3**
company *(troop)* troupe *f.* **II-7**
company entreprise *f.* **III-9**
compared to par rapport à *prep.*
competent compétent(e) *adj.* **III-9**
competition concurrence *f.* **III-8**
complain se plaindre *v.* **III-2**
complete complet/complète *adj.* **III-2**
completely tout à fait *adv.* **I-6**
composer compositeur *m.* **II-7**
computer ordinateur *m.* **I-1**
computer science informatique *f.* **I-2, III-7**
concert concert *m.* **II-7**
condition condition *f.*
on the condition that à condition que *conj.* **III-7**
confide confier *v.* **III-6**
confident: to be confident avoir confiance en soi **III-1**
conformist conformiste *adj.* **III-5**
confront one's fears vaincre ses peurs **III-8**
confusedly confusément *adv.* **III-2**
congratulations félicitations **II-7**
connection lien *m.* **III-2**
conservative conservateur/conservatrice *adj.* **III-2, III-4**
consider considérer *v.* **I-5, III-1**
constantly constamment *adv.* **I-8, III-2**
construct construire *v.* **I-6**
construction travaux *m. pl.* **III-2**
consult consulter *v.* **III-9**
consultant conseiller/conseillère *m., f.* **II-5**; consultant(e) *m., f.* **III-9**
consumer society société de consummation *f.* **III-3**

contaminated: to be contaminated être contaminé(e) **III-10**
contempt: to have contempt for mépriser *v.* **III-6**
continue (doing something) continuer (à) *v.* **II-4**
contribute contribuer (à) *v.* **III-7**
controversy controverse *f.*, polémique *f.* **III-5**
converse s'entretenir (avec) *v.* **III-2**
convince convaincre *v.* **III-3**
cook cuisiner *v.* **II-1**; faire la cuisine *v.* **I-5**; cuisinier/cuisinière *m., f.* **II-5**
cookie biscuit *m.* **I-6**
cooking cuisine *f.* **I-5**
cool frais/fraîche *adj.* **III-2**, chouette *adj.* **III-8**
cool: *(weather)* **It is cool.** Il fait frais. **I-5**
cop flic *m.* **III-5**
coral reef récif de corail *m.* **III-10**
corner angle *m.* **II-4**; coin *m.* **II-4**
correspondent envoyé(e) spécial(e) *m., f.* **III-3**
cost a lot coûter cher *v.* **III-2**
cost coûter *v.* **I-4**
co-tenant colocataire *m., f.* **III-2**
cotton coton *m.* **I-6**
couch canapé *m.* **I-8**
cough tousser *v.* **II-2**
count (on someone) compter (sur quelqu'un) *v.* **I-8**
country pays *m.* **I-7**
country(side) campagne *f.* **I-7**
country-style de campagne *adj.* **I-4**
couple couple *m.* **I-6**
courage courage *m.* **II-5, III-5**
courageous courageux/courageuse *adj.* **I-3**
course cours *m.* **I-2**
court tribunal *m.* **III-4**
courthouse palais de justice *m.* **III-2**
cousin cousin(e) *m., f.* **I-3**
cover couverture *f.* **III-3**; couvrir *v.* **II-3, III-4**
covered couvert(e) (couvrir) *p.p.* **II-3**
cow vache *f.* **II-6**
crazy fou/folle *adj.* **I-3, III-2**
to be crazy about raffoler de *v.* **III-5**
cream crème *f.* **II-1, III-2**; crème *adj* **III-2**
create créer *v.* **III-7**
to create a company monter une entreprise **III-9**
credit card carte de crédit *f.* **II-4, III-9**
crêpe crêpe *f.* **I-5**
crime crime *m.* **III-4**
crime film film policier *m.* **II-7**
criminal criminel(le) *m., f.* **III-4**
cripple estropié(e) *m., f.*
croissant croissant *m.* **I-4**
cross traverser *v.* **II-4**
cross-country skiing ski de fond *m.* **III-8**

crosswalk clous *m. pl.* **III-2**
crowd foule *f.* **III-4**
cruel cruel(le) *adj.* **I-3, III-2**
cruelty cruauté *f.* **III-4**
crush écraser *v.*
cry cri *m.* **III-2**; pleurer *v.* **III-1**
cry pleurer *v.*
cup (of) tasse (de) *f.* **I-4**
cultural heritage patrimoine culturel *m.* **III-5**
culture shock choc culturel *m.* **III-1**
cup tasse *f.* **III-5**
cupboard placard *m.* **I-8**
cure guérir *v.* **III-7**
curiosity curiosité *f.* **III-7**
curious curieux/curieuse *adj.* **I-3**
curly frisé(e) *adj.* **I-3**
currency monnaie *f.* **II-4**
current events actualité *f.* **III-3**
curtain rideau *m.* **I-8**
customs douane *f.* **I-7**
customs mœurs *f.* **III-4**
cut oneself se couper *v.* **III-2**
to cut off from couper de *v.* **III-7**
cute mignon(ne) *adj.* **III-2**
cutting edge de pointe **III-7**
cybercafé cybercafé *m.* **II-4**
cyberspace cyberespace *m.* **III-7**

D

daily quotidien(ne) *adj.* **III-2**
damaged abîmé(e) *adj.* **III-9**
dance danse *f.* **II-7**
to dance danser *v.* **I-4**
danger danger *m.* **II-6, III-10**
dangerous dangereux/dangereuse *adj.* **II-3, III-2**
dare oser *v.* **III-8**
daredevil casse-cou *m.* **III-8**
dark (hair) brun(e) *adj.* **I-3**
darling chéri(e) *adj.* **I-2**
darn zut **II-3**
darts fléchettes *f.* **III-8**
dash *(punctuation mark)* tiret *m.* **II-3**
date *(day, month, year)* date *f.* **I-5**; *(meeting)* rendez-vous *m.* **I-6**
to make a date prendre (un) rendez-vous *v.* **II-5**
date rendez-vous *m.* **III-1**
daughter fille *f.* **I-1**
daughter-in-law belle-fille *f.* **III-6**
day jour *m.* **I-2**; journée *f.* **I-2**
day after tomorrow après-demain *adv.* **I-2**
day before veille *f.* **III-8**
day before yesterday avant-hier *adv.* **I-7**
day off congé *m.*, jour de congé *m.* **I-7**
next day lendemain *m.*
deaf sourd(e) *adj.* **III-5**
deal marché *m.* **III-2**
dear cher/chère *adj.* **I-2, III-2**
death mort *f.* **I-6, III-6**

debt dette *f.* **III-9**
to be in debt avoir des dettes **III-9**
deceased décédé(e) *adj.*
deceive tromper *v.* **III-2**
December décembre *m.* **I-5**
deceptive mensonger/mensongère *adj.* **III-2**
decide (to do something) décider (de) *v.* **II-3**
declare one's love faire sa déclaration d'amour *v.* **III-1**
decrease baisser *v.* **III-5**
dedicate oneself to se consacrer à *v.* **III-4**
defeat défaite *f.* **III-4**; vaincre *v.* **III-4**
defect tare *f.* **III-4**
defend défendre *v.* **III-4**
deforestation déboisement *m.* **II-6, III-10**
degree diplôme *m.* **I-2**
degrees *(temperature)* degrés *m., pl.* **I-5**
It is... degrees. Il fait... degrés. **I-5**
delicatessen charcuterie *f.* **II-1**
delicious délicieux/délicieuse *adj.* **I-4**
delighted ravi(e) *adj.* **III-6**; Enchanté(e). *p.p., adj.* **I-1**
demand (that) exiger (que) *v.* **II-6**
demand revendication *f.* **III-9**; revendiquer *v.* **III-5**; exiger *v.* **III-6, III-9**
demanding exigeant(e) *adj.* **III-6**
demanding exigeant(e) *adj.*
demanding profession profession *f.* exigeante **II-5**
democracy démocratie *f.* **III-4**
demonstration manifestation *f.* **III-2**
dentist dentiste *m., f.* **I-3**
department store grand magasin *m.* **I-4, III-9**
departure départ *m.* **I-7**
deposit déposer *v.* **III-9**
to deposit money déposer de l'argent *v.* **II-4**
depressed déprimé(e) *adj.* **II-2, III-1**
deputy député(e) *m., f.* **III-4**
descend descendre *v.* **III-3**
describe décrire *v.* **I-7, III-6**
described décrit (décrire) *p.p., adj.* **I-7**
desert désert *m.* **II-6**
deserve mériter *v.* **III-1**
design (fashion) stylisme (de mode) *m.* **I-2**
desire désirer *v.* **III-6**
desire envie *f.* **I-2**
desk bureau *m.* **I-1**
despair désespoir *m.* **III-7**
desperate désespéré(e) *adj.*
dessert dessert *m.* **I-6**
destroy détruire *v.* **I-6, III-7**
destroyed détruit (détruire) *p.p., adj.* **I-6**
detective film film policier *m.* **II-7**
determination acharnement *m.* **III-10**
detest détester *v.* **I-2**
I hate... Je déteste... **I-2**
develop développer *v.* **II-6**; mettre au point *v.*
development nouveauté *f.*; développement *m.* **III-5**; épanouissement *m.* **III-10**
dial (a number) composer (un numéro) *v.* **II-3**
dialog dialogue *m.* **III-5**
dictatorship dictature *f.* **III-4**
dictionary dictionnaire *m.* **I-1**
die mourir *v.* **I-7, III-3**
died mort (mourir) *p.p., adj.* **I-7**
diet régime *m.* **II-2**
to be on a diet être au régime **II-1**
difference différence *f.* **I-1**
different autre *adj.* **III-2**; différent(e) *adj.* **I-1**
differently différemment *adv.* **I-8**
difficult difficile *adj.* **I-1**
digital camera appareil (photo) numérique *m.* **II-3, III-7**
digital numérique *adj.* **III-7**
dining room salle à manger *f.* **I-8**
dinner dîner *m.* **II-1**
to have dinner dîner *v.* **I-2**
diploma diplôme *m.* **I-2**
directions indications *f.* **II-4, III-2**
director *(movie)* réalisateur/réalisatrice *m., f.* **III-3**; *(play/show)* metteur en scène *m.* **II-7**
dirty sale *adj.* **I-8**
disappointed déçu(e) *adj.* **III-4**
discover découvrir *v.* **II-3, III-4**
discovered découvert (découvrir) *p.p.* **II-3**
discovery découverte *f.* **III-7**
(breakthrough) discovery découverte (capitale) *f.* **III-7**
discreet discret/discrète *adj. I-3*
discrepancy écart *m.* **III-5**
discuss discuter *v.* **II-3**
dish (food) plat *m.* **II-1**
to do the dishes faire la vaisselle *v.* **I-8**
dishonest malhonnête *adj.* **III-1**
dishwasher lave-vaisselle *m.* **I-8**
disillusioned désabusé(e) *adj.*
dismiss renvoyer *v.* **II-5**
disorientation dépaysement *m.* **III-1**
disposable jetable *adj.* **III-10**
disposal: to have at one's disposal disposer de *v.*
distance learning formation à distance *f.* **III-5**
distant lointain(e) *adj.*
distinction mention *f.* **II-5**
distraught affolé(e) *adj.* **III-7**
distribution of wealth partage des richesses *m.* **III-5**
distrust se méfier de *v.* **III-2**
distrustful: to be distrustful of se méfier de *v.* **III-2**
disturb déranger *v.* **III-6**
dive plonger *v.* **III-1**
diversity diversité *f.* **III-5**
diving plongée sous-marine *f.* **III-10**
divorce divorce *m.* **I-6**
to divorce divorcer *v.* **I-3, III-1**
divorced divorcé(e) *p.p., adj.* **I-3**
DNA ADN *m.* **III-7**
do *(make)* faire *v.* **I-5, III-1**
to do odd jobs bricoler *v.* **I-5**
doctor médecin *m.* **I-3**
documentary documentaire *m.* **II-7, III-3**
dog chien *m.* **I-3**
dolphin dauphin *m.* **III-10**
done fait (faire) *p.p., adj.* **I-6**
door *(building)* porte *f.* **I-1**; (automobile) portière *f.* **II-3**
doorman (doorkeeper) portier/portière *m., f.* **III-9**
dorm résidence *f.* universitaire **I-8**
doubt (that)... douter (que)... *v.* **II-7, III-2**
doubtful douteux/douteuse *adj.* **II-7**
It is doubtful that... Il est douteux que... **II-7, III-7**
downhill skiing ski alpin *m.* **III-8**
download télécharger *v.* **II-3, III-7**
downtown centre-ville *m.* **I-4, III-2**
doze off somnoler *v.* **III-6**
drag barbant(e) *adj.* **I-3**; barbe *f.* **I-3**
drag traîner *v.* **III-6**
drama course cours d'art dramatique *m.* **III-3**
drape rideau *m.* **I-8**
draw dessiner *v.* **I-2**
draw tirer *v.*
to draw attention to attirer l'attention sur *v.* **III-3**
to draw from puiser *v.* **III-10**
drawer tiroir *m.* **I-8**
dreadful épouvantable *adj.* **I-5**
dream (about) rêver (de) *v.* **II-3, III-1**
dreams, full of rêveur/rêveuse *adj.* **III-2**
dress robe *f.* **I-6**
to dress s'habiller *v.* **II-2**
dresser commode *f.* **I-8**
drink (carbonated) boisson *f.* *(gazeuse)* **I-4**
to drink boire *v.* **I-4, III-3**
to have a drink prendre un verre **III-8**
drinkable potable *adj.* **III-10**
drive rouler (en voiture) *v.* **III-2**; conduire *v.* **I-6, III-3**
to go for a drive faire un tour en voiture **I-5**
driven conduit (conduire) *p.p.* **I-6**
driver (taxi/truck) chauffeur (de taxi/de camion) *m.* **II-5**; conducteur/conductrice *m., f.* **III-2**
driver's license permis *m.* de conduire **II-3**
drought sécheresse *f.* **III-10**
drown s'enfoncer *v.*
drums batterie *f.* **II-7, III-2**

drunk bu (boire) *p.p.* **I-6**
dry oneself se sécher *v.* **II-2**
dry sec/sèche *adj.* **III-10**
dryer (clothes) sèche-linge *m.* **I-8**
due dû(e) (devoir) *adj.* **II-1, III-5**
during pendant *prep.* **I-7**
dust enlever/faire la poussière *v.* **I-8**
dusty poussiéreux(-euse) *adj.* **III-7**
DVD player lecteur (de) DVD *m.* **III-7**
DVR enregistreur DVR *m.* **II-3**

E

each chaque *adj.* **III-4**
each one chacun(e) *pron.*
ear oreille *f.* **II-2**
early en avance *adv.* **I-2**; tôt *adv.* **I-2**; **III-2**
earn gagner *v.* **II-5**
earn a living gagner sa vie **III-9**
Earth Terre *f.* **II-6**
earthquake tremblement de terre *m.* **III-10**
easily facilement *adv.* **I-8**
east est *m.* **II-4**
easy facile *adj.* **I-2**
eat manger *v.* **I-2, III-1**
to eat lunch déjeuner *v.* **I-4**
éclair éclair *m.* **I-4**
ecological écologique *adj.* **II-6**
ecology écologie *f.* **II-6**
economic crisis crise économique *f.* **III-9**
economics économie *f.* **I-2**
ecotourism écotourisme *m.* **II-6**
edible mangeable *adj.* **III-4**
editor rédacteur/rédactrice *m., f.* **III-3**
education enseignement *m.* **III-5**; formation *f.* **II-5**
each chaque *adj.* **I-6**
effect: in effect en effet **II-6**
effort effort *m.* **III-5**
to make an effort faire un effort **III-5**
egg œuf *m.* **II-1**
egocentric égocentrique *adj.* **III-3**
eight huit *m.* **I-1**
eighteen dix-huit *m.* **I-1**
eighth huitième *adj.* **I-7**
eighty quatre-vingts *m.* **I-3**
eighty-one quatre-vingt-un *m.* **I-3**
elder aîné(e) *adj.* **I-3**
elect élire *v.* **III-4**
election élection *f.* **III-4**
to lose elections perdre les élections **III-4**
to win elections gagner les élections **III-4**
electric électrique *adj.* **I-8**
electrical appliance appareil *m.* électrique **I-8**
electrician électricien/électricienne *m., f.* **II-5**
electronic chip puce électronique *f.* **III-7**
elegant élégant(e) *adj.* **I-1**
elevator ascenseur *m.* **I-7, III-3**
eleven onze *m.* **I-1**
eleventh onzième *adj.* **I-7**
e-mail e-mail *m.* **II-3**
e-mail address adresse e-mail *f.* **III-7**
embarrass gêner *v.* **III-1**
embarrassed gêné(e) *adj.* **III-2**
to be embarrassed avoir honte (de) **III-1**
embarrassment gêne *f.* **III-6**
emergency room urgences *f., pl.* **II-2**
to go to the emergency room aller aux urgences *v.* **II-2**
emigrant émigré(e) *m., f.* **III-5**
emigrate émigrer *v.* **III-1**
emotional émotif/émotive *adj.*
employ employer *v.* **I-5**
employee employé(e) *m., f.* **III-9**
empty vide *adj.* **III-2**
enclose cloîtrer *v.* **III-2**
end fin *f.* **II-7**; se terminer *v.* **III-9**
endangered en voie d'extinction *adj.* **III-10**; menacé(e) *adj.* **II-6**
endangered species espèce *f.* menacée **II-6**
endearing attendrissant(e) *adj.*
energy énergie *f.* **III-10**
energy consumption consommation d'énergie *f.* **III-10**
energy source source d'énergie *f.* **III-10**
engaged fiancé(e) *adj.* **I-3**
engaged: to get engaged se fiancer *v.* **III-1**
engagement fiançailles *f.* **III-6**
engagement ring bague de fiançailles *f.* **III-6**
engine moteur *m.* **II-3**
engineer ingénieur *m.* **I-3, III-7**
England Angleterre *f.* **I-7**
English anglais(e) *adj.* **I-1**
enjoy bénéficier de *v.* **III-5**
enormous énorme *adj.* **I-2**
enormously énormément *adv.* **III-2**
enough (of) assez (de) *adv.* **I-4, III-5**
not enough (of) pas assez (de) **I-4**
that's enough ça suffit **III-4**
enroll s'inscrire *v.* **III-6**
enslavement asservissement *m.* **III-4**
enter entrer *v.* **I-7, III-3**
entertain divertir *v.* **III-3**
entertaining divertissant(e) *adj.* **III-8**
entertainment divertissement *m.* **III-3**
enthusiastic enthousiaste *adj.* **III-1**
entrepreneur entrepreneur/entrepreneuse *m., f.* **III-9**
entrust confier *v.* **III-6**
envelope enveloppe *f.* **II-4**
environment environnement *m.* **II-6, III-10**
envision envisager *v.* **III-3**
equal égal(e) *adj.* **III-4**
equal égaler *v.* **I-3**
equality égalité *f.* **III-4**
erase effacer *v.* **III-1, II-3, III-7**
erosion érosion *f.* **III-10**
errand course *f.* **II-1**
escape from s'échapper de *v.* **III-6**
escaped évadé(e) *adj.* **III-4**
escargot escargot *m.* **II-1**
especially surtout *adv.* **I-2**
essay dissertation *f.* **II-3**
essential essentiel(le) *adj.* **II-6, III-6**; indispensable *adj.* **III-6**
It is essential that... Il est essentiel/indispensable que... **II-6**
ethical éthique *adj.* **III-7**
even même *adv.* **I-5**
evening soir *m.*; soirée *f.* **I-2**
... (o'clock) in the evening ... heures du soir **I-2**
evening gown robe de soirée *f.* **III-8**
event événement *m.* **III-2**
every chaque *adj.* **III-4,** tout(e)/tous/toutes (les) *adj.* **III-4**
every day tous les jours *adv.* **I-8**
everyone tout le monde *m.* **II-1**
everything tout *pron.* **III-4**
everywhere partout *adv.* **III-2**
evident évident(e) *adj.* **II-7**
It is evident that... Il est évident que... **II-7**
evidently évidemment *adv.* **I-8**
evolve évoluer *v.*
exactly exactement *adv.* **II-1**
exam examen *m.* **I-1**
except sauf *prep.* **III-8**
excerpt extrait *m.* **III-3**
excited enthousiaste *adj.* **III-1**
exciting passionnant(e) *adj.* **III-4**
excluded exclu(e) *adj.* **III-5**
Excuse me. Excuse-moi. *fam.* **I-1**; Excusez-moi. *form.* **I-1**
executive cadre/femme cadre *m., f.* **II-5, III-9**
exercise exercice *m.* **II-2**
to exercise faire de l'exercice *v.* **II-2**
exhausted épuisé(e) *adj.* **III-9**
exhibit exposition *f.* **II-7**
exhibition exposition *f.* **III-8**
exit sortie *f.* **I-7**
expect s'attendre à *v.* **III-2; to expect** compter *v.* **III-8; to expect something** s'attendre à quelque chose *v.* **III-3**
expenditure dépense *f.* **II-4**
expenses dépenses *f.* **III-9**
expensive cher/chère *adj.* **I-6, III-2**
experiment expérience *f.* **III-7**
to carry out an experiment faire une expérience **III-7**
explain expliquer *v.* **I-2**
explore explorer *v.* **I-4, III-7**
express exprimer *v.* **III-1, III-3**
extinction extinction *f.* **II-6**
eye (eyes) œil (yeux) *m.* **II-2**
eyelash cil *m.* **III-1**

F

face affronter *v.* **III-6**
face visage *m.* **II-2**
facing en face (de) *prep.* **I-3**
fact: in fact en fait **I-7**
factory usine *f.* **II-6**
fade (away) s'en aller *v.*
fail échouer *v.* **I-2**
fair foire *f.* **III-2;** juste *adj.* **III-4**
faithful fidèle *adj.* **III-1**
false faux/fausse *adj.* **III-2**
fall automne *m.* **I-5**
  in the fall en automne **I-5**
  to fall tomber *v.* **I-7**
  to fall in love tomber amoureux/amoureuse *v.* **I-6**
  to fall asleep s'endormir *v.* **II-2**
fall tomber *v.* **III-1**
  to fall in love (with) tomber amoureux/amoureuse (de) **III-1**
fame notoriété *f.* **III-3**
family famille *f.* **I-3**
famous célèbre *adj.* **II-7;** connu (connaître) *p.p., adj.* **I-8**
fan (of) fan (de) *m., f.* **III-8;** supporter (de) *m.* **III-8**
far (from) loin (de) *prep.* **I-3**
farewell adieu *m.* **II-6**
farm ferme *f.* **III-10**
farmer agriculteur/agricultrice *m., f.* **II-5**
fascinating fascinant(e) *adj.* **III-9**
fashion mode *f.* **I-2**
  fashion design stylisme de mode *m.* **I-2**
fast rapide *adj.* **I-3;** vite *adv.* **I-8**
fat gros(se) *adj.* **I-3, III-2;** gras(se) *adj.* **III-4**
father père *m.* **I-3**
father-in-law beau-père *m.* **I-3, III-6**
favorite favori/favorite *adj.* **III-2, I-3;** préféré(e) *adj.* **I-2**
fax machine fax *m.* **II-3**
fear peur *f.* **I-2, III-4;** craindre *v.* **III-6**
  for fear of de peur de *prep.* **III-7**
  for fear that de peur que *conj.* **III-7;** de crainte que *conj.* **III-7**
  to confront one's fears vaincre ses peurs **III-8**
  to fear that avoir peur que *v.* **II-6**
February février *m.* **I-5**
fed: to be fed up (with) en avoir marre (de) **I-3, III-1**
feed nourrir *v.*
feel *(to sense)* sentir *v.* **I-5;** *(state of being)* se sentir *v.* **II-2;** ressentir *v.* **III-1**
  to feel like (doing something) avoir envie (de) **I-2**
  to feel nauseated avoir mal au cœur **II-2**
feeling état d'âme *m.* **III-1**
festival (festivals) festival (festivals) *m.* **II-7**
feudal system système féodal *m.* **III-4**
fever fièvre *f.* **II-2**
  to have fever avoir de la fièvre *v.* **II-2**
few (of them) quelques-un(e)s *pron.* **III-4;** (un) peu de **III-5**
fiancé fiancé(e) *m., f.* **I-6**
field *(terrain)* champ *m.* **II-6;** *(of study)* domaine *m.* **II-5**
field: (soccer) field terrain (de foot) *m.* **III-8**
fifteen quinze *m.* **I-1**
fifth cinquième *adj.* **I-7**
fifty cinquante *m.* **I-1**
fight lutte *f.;* combattre *v.* **III-4;** lutter *v.* **III-5;** se battre *v.* **III-8**
figure *(physique)* ligne *f.* **II-2**
figure chiffre *m.* **III-9**
  to figure it out se débrouiller *v.*
file fichier *m.* **II-3**
film film *m.* **II-7**
  adventure/crime film film *m.* d'aventures/policier **II-7**
film critic critique de cinéma *m., f.* **III-3**
film library cinémathèque *f.* **III-2**
fill: to fill out a form remplir un formulaire *v.* **II-4**
  to fill the tank faire le plein *v.* **II-3**
final dernier/dernière *adj.* **III-2**
finally enfin *adv.* **I-7, III-2;** finalement *adv.* **I-7, III-3;** dernièrement *adv.* **I-8**
financial financier/financière *adj.* **III-9**
find (a job) trouver (un/du travail) *v.* **II-5**
  to find again retrouver *v.* **I-2**
fine amende *f.* **II-3**
fine arts beaux-arts *m., pl.* **II-7**
finger doigt *m.* **II-2**
finish (doing something) finir (de) *v.* **I-4, II-3**
fire incendie *m.* **II-6, III-10;** licencier *v.* **III-9;** virer *v.*
fire station caserne de pompiers *f.* **III-2**
firefighter pompier/femme pompier *m., f.* **II-5**
fireworks display feu d'artifice *m.* **III-2**
firm *(business)* entreprise *f.* **II-5**
first d'abord *adv.* **I-7, III-2;** premier/première *adj.* **I-2, III-2;** premier *m.* **I-5**
  It is October first. C'est le 1er (premier) octobre. **I-5**
fish poisson *m.* **I-3, III-10;** pêcher *v.* **III-10**
fish shop poissonnerie *f.* **II-1**
fishing pêche *f.* **I-5**
  to go fishing aller à la pêche *v.* **I-5**
fishing net filet (de pêche) *m.* **III-10**
five cinq *m.* **I-1**
fixed rate forfait *m.* **III-3**
flag drapeau *m.* **III-4**
flat tire pneu *m.* crevé **II-3**
flaw défaut *m.* **III-3**
flee fuir *v.* **III-1**
fleeting passager/passagère *adj.* **III-1**
flight *(air travel)* vol *m.* **I-7**
flirt draguer *v.* **III-1**
flock troupeau *m.* **III-10**
flood inondation *f.* **III-10**
floor étage *m.* **I-7**
flourishing prospère *adj.* **III-9**
flow couler *v.*
flower fleur *f.* **I-8**
flu grippe *f.* **II-2**
fluently couramment *adv.* **I-8**
fly voler *v.* **III-8**
foliage feuillage *m.* **III-10**
follow (a path/a street/a boulevard) suivre (un chemin/une rue/un boulevard) *v.* **II-4, III-3**
following prochain(e) *adj.* **III-2**
food *(type or kind of)* aliment *m.* **II-1, III-6;** *(before a noun)* alimentaire **III-6;** nourriture *f.* **II-1**
foot pied *m.* **II-2**
football football américain *m.* **I-5**
for car *conj.* **III-4;** pour *prep.* **III-7, I-5;** pendant *prep.* **II-1**
  for an hour (a month, etc.) pendant une heure (un mois, etc.) *adv.* **III-3**
  for fear of de peur de *prep.* **III-7**
  for fear that de peur que *conj.* **III-7;** de crainte que *conj.* **III-7**
  For whom? Pour qui? **I-4**
forbid interdire *v.* **II-6**
force forcer *v.* **III-1**
forehead front *m.*
foreign étranger/étrangère *adj.* **I-2**
  foreign languages langues *f., pl.* étrangères **I-2**
foreigner étranger/étrangère *m., f.* **III-2**
forest forêt *f.* **II-6, III-10**
  tropical forest forêt tropicale *f.* **II-6**
force obliger *v.* **III-6**
forge: to forge ahead aller de l'avant **III-5**
forget (to do something) oublier (de) *v.* **I-2**
fork fourchette *f.* **-1**
form formulaire *m.* **II-4**
former *(placed before noun)* ancien(ne) *adj.* **II-7, III-2**
formerly jadis *adv.* **III-10**
formidable redoutable *adj.* **III-3**
forseen prévu(e) *adj.* **III-5**
fortunately heureusement *adv.* **I-8**
forty quarante *m.* **I-1**
forward en pointe *adv.* **III-8**
foul faute *f.* **III-8**
fountain fontaine *f.* **II-4**
four quatre *m.* **I-1**
fourteen quatorze *m.* **I-1**
fourth quatrième *adj.* **I-7**
France France *f.* **I-7**
frank franc(he) *adj.* **III-1**

frankly franchement *adv.* **I-8, III-2**
free *(at no cost)* gratuit(e) *adj.* **II-7, III-3**
free time temps libre *m.* **I-5**
free kick coup franc *m.* **III-8**
free oneself se libérer *v.* **III-4**
freedom liberté *f.* **III-3**
freedom of the press liberté de la presse *f.* **III-3**
freezer congélateur *m.* **I-8**
French français(e) *adj.* **I-1**
French fries frites *f., pl.* **I-4**
frequent (to visit regularly) fréquenter *v.* **I-4**
fresh frais/fraîche *adj.* **I-5, III-2**
Friday vendredi *m.* **I-2**
friend ami(e) *m., f.* **I-1**; copain/copine *m., f.* **I-1**; pote *m., f.* **III-9**
friendship amitié *f.* **I-6, III-1**
frighten effrayer *v.* **III-6**
frightening effrayant(e) *adj.* **III-7**
from à partir de *prep.* **III-1**
from de/d' *prep.* **I-1**
from time to time de temps en temps *adv.* **I-8, III-2**
front: in front of devant *prep.* **I-3, III-5**
fruit fruit *m.* **II-1**
fuel combustible *m.* **III-10**
fulfill (a dream) réaliser (un rêve) *v.* **III-5**
full *(no vacancies)* complet (complète) *adj.* **I-7**
full plein(e) *adj.* **III-2**
full-time job emploi *m.* à plein temps **II-5**
fun amusant(e) *adj.* **I-1**
to have fun *(doing something)* s'amuser (à) *v.* **II-3. III-2**
to make fun of se moquer de *v.* **III-1, III-2**
funds fonds *m.*
funeral funérailles *f., pl.* **II-1**
funny drôle *adj.* **I-3**
furious furieux/furieuse *adj.* **II-6**
to be furious that... être furieux/furieuse que... *v.* **II-6**
future avenir *m.*

G

gain: gain weight grossir *v.* **I-4**
game *(amusement)* jeu *m.* **I-5**; *(sports)* match *m.* **I-5**; partie *f.* **III-8**
game console console de jeux *f.*
game show jeu télévisé *m.* **II-7**
gang bande *f.* **III-5**
gap écart *m.* **III-5**
garage garage *m.* **I-8**
garbage ordures *f., pl.* **II-6**
garbage collection ramassage *m.* des ordures **II-6**
garden jardin *m.* **I-8**
garlic ail *m.* **II-1**
gas essence *f.* **II-3**
gas tank réservoir d'essence *m.* **II-3**
gas warning light voyant *m.* d'essence **II-3**
gather rassembler *v.* **III-2**
gene gène *m.* **III-7**
generally en général *adv.* **I-8**
generation gap fossé des générations *m.* **III-6**
generous généreux/généreuse *adj.* **I-3**
genetics génétique *f.* **III-7**
genre genre *m.* **II-7**
gentle doux/douce *adj.* **I-3**
gently doucement *adv.* **III-2**
geography géographie *f.* **I-2**
German allemand(e) *adj.* **I-1**
Germany Allemagne *f.* **I-7**
get (a salary) toucher *v.* **III-9**
to get a divorce divorcer *v.* **III-1**
to get a signal capter *v.* **III-9**
to get along well s'entendre bien **III-1**
to get along with s'entendre bien avec **III-2**
to get angry with se mettre en colère contre **III-1**, se fâcher contre *v.* **III-2**
to get benefit out of retirer un profit de **III-9**
to get bored s'ennuyer *v.* **III-2**
to get dressed s'habiller *v.* **III-2**
to get engaged se fiancer *v.* **III-1**
to get hurt (se) blesser *v.* **III-8**
to get (in a car, on a train) monter (dans une voiture, dans un train) *v.* **III-2**
to get income out of retirer un revenu de **III-9**
to get involved s'engager *v.* **III-3**
to get off descendre *v.* **III-2**
to get (tickets) obtenir (des billets) **III-8**
to get together se réunir *v.* **III-2**
to get up se lever *v.* **III-2**
to get used to s'habituer à *v.* **III-2**
to get worse empirer *v.* **III-10**
get *(to obtain)* obtenir *v.* **II-5**
get along well (with) s'entendre bien (avec) *v.* **II-2**
get off descendre (de) *v.* **I-6**
get up se lever *v.* **II-2**
get up again se relever *v.* **II-2**
gift cadeau *m.* **I-6**
wrapped gift paquet cadeau *m.* **I-6**
gift shop boutique de souvenirs *f.* **III-8**
gifted doué(e) *adj.* **II-7; III-6**
girl fille *f.* **I-1**
girlfriend petite amie *f.* **I-1**
give *(to someone)* donner (à) *v.* **I-2, III-2**
to give a shot faire une piqûre *v.* **II-2**
to give a tour faire visiter *v.* **I-8**
to give back rendre (à) *v.* **I-6**
to give birth accoucher *v.* **III-6**
to give directions donner des indications **III-2**
to give in to céder à *v.* **III-6**
to give one another se donner *v.* **II-3**
glass (of) verre (de) *m.* **I-4, III-5**
glasses lunettes *f., pl.* **I-6**
sunglasses lunettes de soleil *f., pl.* **I-6**
glide glisser *v.* **III-8**
global warming réchauffement climatique *m.* **II-6, III-10**
globalization mondialisation *f.* **III-5**
glove gant *m.* **I-6**
gnarled noueux/noueuse *adj.* **III-10**
go aller *v.* **I-4, III-1**
I'm going. J'y vais. **I-8**
Let's go! Allons-y! **I-4**; On y va! **II-2**
to go (away) s'en aller *v.* **III-1, III-2**
to go across parcourir *v.* **III-8**
to go back repartir *v.* **II-7**
to go back (home) rentrer *v.* **III-3**
to go back to sleep se rendormir *v.* **III-9**
to go beyond one's limits se dépasser *v.* **III-8**
to go bowling jouer au bowling **III-8**
to go down descendre *v.* **III-2**
to go downstairs descendre (de) *v.* **I-6**
to go out sortir *v.* **I-7**
to go out with sortir avec *v.* **III-1**
to go over dépasser *v.* **II-3**
to go past passer (devant) *v.* **III-2**
to go to bed se coucher *v.* **III-2**
to go up monter *v.* **I-7, III-3**
to go with aller avec *v.* **I-6**
goal but *m.* **III-5**
gold or *m.* **III-2**
golf golf *m.* **I-5**
good bon(ne) *adj.* **I-3, III-2**
Good evening. Bonsoir. **I-1**
Good morning. Bonjour. **I-1**
to be good for nothing ne servir à rien *v.* **II-1**
to be in a good mood être de bonne humeur *v.* **I-8**
to be in good health être en bonne santé *v.* **II-2**
to be in good shape être en pleine forme *v.* **II-2**
to be up to something interesting faire quelque chose de beau *v.* **II-4**
goodbye au revoir **I-1, III-5**
to say goodbye dire au revoir **III-5**
gossip commérages *m.* **III-1**
govern gouverner *v.* **III-4**
government gouvernement *m.* **II-6, III-4**
grade *(academics)* note *f.* **I-2**
graft greffer *v.* **III-2**
grandchildren petits-enfants *m., pl.* **I-3**
granddaughter petite-fille *f.* **I-3, III-6**
grandfather grand-père *m.* **I-3**

grandmother grand-mère *f.* **I-3**
grandparents grands-parents *m., pl.* **I-3**
grandson petit-fils *m.* **I-3, III-6**
grant bourse *f.* **I-2**
grape raisin *m.* **III-6**
grass herbe *f.* **II-6**
gratin gratin *m.* **II-1**
gravity gravité *f.* **III-7**
gray gris(e) *adj.* **I-6**
great formidable *adj.* **I-7**; génial(e) *adj.* **I-3, III-1**; grand(e) *adj.* **III-2**; chouette *adj.* **III-8**
great-aunt grand-tante *f.* **III-6**
great-grandfather arrière-grand-père *m.* **III-6**
great-grandmother arrière-grand-mère *f.* **III-6**
great-uncle grand-oncle *m.* **III-6**
Greek grec/grecque *adj.* **III-2**
green vert(e) *adj.* **I-3**
green beans haricots verts *m., pl.* **II-1**
greenhouse serre *f.* **II-6**
  greenhouse effect effet de serre *m.* **II-6**
grief deuil *m.* **III-1**; peine *f.* **III-1**
grilled grillé(e) *adj.* **III-6**
grocery store épicerie *f.* **I-4**
groom marié *m.* **III-6**
groom: to groom oneself *(in the morning)* faire sa toilette *v.* **II-2**
ground
  ground floor rez-de-chaussée *m.* **I-7**
  on the ground par terre **III-1**
grow augmenter *v.* **III-5**; pousser *v.* **III-10**
  to grow old vieillir *v.*
  to grow up grandir *v.*
growing population population *f.* croissante **II-6**
grudge: to have a grudge en vouloir (à) *v.* **III-5**
grumble bougonner *v.* **III-6**
guaranteed garanti(e) *p.p., adj.* **I-5**
guess deviner *v.* **III-5**
guest invité(e) *m., f.* **I-6**; client(e) *m., f.* **I-7**
guilty coupable *adj.* **III-4**
guitar guitare *f.* **II-7**
guy mec *m.* **II-2, III-1**
gym gymnase *m.* **I-4**

H

habitat habitat *m.* **II-6**
  habitat preservation sauvetage des habitats *m.* **II-6**
  provide a habitat for abriter *v.* **III-10**
habits mœurs *f.* **III-4**
had eu (avoir) *p.p.* **I-6**
  had to dû (devoir) *p.p.* **II-1**
hair cheveux *m., pl.* **II-1**
  to brush one's hair se brosser les cheveux *v.* **II-1**
  to do one's hair se coiffer *v.* **II-2**
hairbrush brosse *f.* à cheveux **II-2**
hairdresser coiffeur/coiffeuse *m., f.* **I-3**
half demie *f.* **I-2**; moitié *f.* **III-5**
half brother demi-frère *m.* **I-3, III-6**
  half past ... (o'clock) ... et demie **I-2**
half sister demi-sœur *f.* **I-3, III-6**
half-time job emploi *m.* à mi-temps **II-5**
hallway couloir *m.* **I-8**
ham jambon *m.* **I-4**
hand main *f.* **I-5**
handbag sac à main *m.* **I-6**
handkerchief mouchoir *m.* **III-8**
handle manier *v.* **III-7**
handsome beau *adj.* **I-3, III-2**
hang around traîner *v.* **III-6**
hang up raccrocher *v.* **II-5**
happily heureusement *adv.* **III-2**
happiness bonheur *m.* **I-6**
happy heureux/heureuse *adj.* **III-2, II-5**; content(e) *adj.* **III-6, II-5**
  to be happy that... être content(e) que... *v.* **II-6**; être heureux/heureuse que... *v.* **II-6**
harass harceler *v.* **III-9**
hard drive disque (dur) *m.* **II-3**
hard-working travailleur/travailleuse *adj.* **I-3, III-2**
harm nuire à *v.* **III-10**
harmful nuisible *adj.* **III-10**
harvest récolte *f.* **III-10**; récolter *v.* **III-10**
hat chapeau *m.* **I-6**
hate détester *v.* **I-2, III-8**
  I hate... Je déteste... **I-2**
hatred haine *f.* **III-4**
have avoir *v.* **I-2, III-1**; aie (avoir) *imp., v.* **I-7**; ayez (avoir) *imp. v.* **I-7**; prendre *v.* **I-4, III-3**
  to have a drink prendre un verre **III-8**
  to have a good time se divertir *v.* **III-8**
  to have a grudge en vouloir (à) *v.* **III-5**
  to have an ache avoir mal *v.* **II-2**
  to have at one's disposal disposer de *v.* **III-7**
  to have connections avoir des relations **III-9**
  to have contempt for mépriser *v.* **III-6**
  to have fun s'amuser *v.* **III-2**
  to have influence (over) avoir de l'influence (sur) **III-4**
  to have stage fright avoir le trac **III-3**
  to have to devoir *v.* **II-1, III-3**; falloir *v.* **III-3**
he il *sub. pron.* **I-1**
head *(body part)* tête *f.* **II-2**; *(of a company)* chef *m.* d'entreprise **II-5, III-9**
headache: to have a headache avoir mal à la tête *v.* **II-2**
headlights phares *m., pl.* **II-3**
headline gros titre *m.* **III-3**
headphones écouteurs *m.* **II-3**
headscarf foulard *m.* **III-6**
heal guérir *v.* **III-7**
health insurance assurance *f.* maladie **II-5**
health santé *f.* **II-2**
  to be in good health être en bonne santé *v.* **II-2**
healthy sain(e) *adj.* **II-2**
hear entendre *v.* **I-6, III-2**
heart cœur *m.* **II-2**
heat chaud *m.* **I-2**
heels talons *m.* **III-8**
hegemony hégémonie *f.*
help au secours **II-3**
  to help *(to do something)* aider (à) *v.* **I-5**
  to help one another s'aider *v.* **II-3**
hello *(on the phone)* allô **I-1**; *(in the evening)* Bonsoir. **I-1**; *(in the morning or afternoon)* Bonjour. **I-1**
her la/l' *d.o. pron.* **I-7**; lui *i.o. pron.* **I-6**; *(attached to an imperative)* -lui *i.o. pron.* **II-1**
her sa *poss. adj., f., sing.* **I-3**; ses *poss. adj., m., f., pl.* **I-3**; son *poss. adj., m., sing.* **I-3**
here ici *adv.* **I-1, III-2**; *(used with demonstrative adjective* ce *and noun or with demonstrative pronoun* celui*)*; -ci **I-6**
  Here is.... Voici... **I-1**
  Here! Tenez! *form., imp. v.* **II-1**; Tiens! *fam., imp., v.* **II-1**
heritage patrimoine *m.* **III-5**
  cultural heritage patrimoine culturel *m.* **III-5**
  I am of... heritage. Je suis d'origine... **I-1**
herself *(used with reflexive verb)* se/s' *pron.* **II-2**
hesitate *(to do something)* hésiter (à) *v.* **II-3**
Hey! Eh! *interj.* **I-2**
Hi! Salut! *fam.* **I-1**
high élevé(e) *adj.* **II-5**; haut(e) *adj.* **III-2**
high school lycée *m.* **I-1**
  high school student lycéen(ne) *m., f.* **I-2**
higher education études supérieures *f., pl.* **I-2**
highway autoroute *f.* **II-3**
hike randonnée *f.* **I-5**
  to go for a hike faire une randonnée *v.* **I-5**
him lui *i.o. pron.* **I-6**; le/l' *d.o. pron.* **I-7**; *(attached to imperative)* -lui *i.o. pron.* **II-1**

himself *(used with reflexive verb)* se/s' *pron.* **II-2**
hire embaucher *v.* **II-5, III-9**
his sa *poss. adj., f., sing.* **I-3**; ses *poss. adj., m., f., pl.* **I-3**; son *poss. adj., m., sing.* **I-3**
history histoire *f.* **I-2**
hit frapper *v.*; rentrer (dans) *v.* **II-3**; taper **III-9**
hobby passe-temps *m.* **III-6**
hold tenir *v.* **II-1, III-4**
to hold back retenir *v.* **III-7**
to be on hold patienter *v.* **II-5**
hole in the ozone layer trou dans la couche d'ozone *m.* **II-6**
holiday jour férié *m.* **I-6**; férié(e) *adj.* **I-6**
home *(house)* maison *f.* **I-4**
at *(someone's)* **home** chez... *prep.* **I-4**
home page page d'accueil *f.* **II-3**
homeland patrie *f.* **III-6**
homesick: to be homesick avoir le mal du pays **III-5**
homework devoir *m.* **I-2**
honest honnête *adj.* **II-7, III-1**
honestly franchement *adv.* **I-8**
hood capot *m.* **II-3**
hoodlum voyou *m.* **III-6**
hope espoir *m.* **III-2**; espérer *v.* **I-5, III-1**; souhaiter *v.* **III-6**
hors d'oeuvre hors-d'œuvre *m.* **II-1**
horse cheval *m.* **I-5**
to go horseback riding faire du cheval *v.* **I-5**
hospital hôpital *m.* **I-4**
host hôte/hôtesse *m., f.* **I-6**
hot chaud *m.* **I-2**
It is hot *(weather)*. Il fait chaud. **I-5**
to be hot avoir chaud *v.* **I-2**
hot chocolate chocolat chaud *m.* **I-4**
hotel hôtel *m.* **I-7**
(single) **hotel room** chambre *f.* (individuelle) **I-7**
hotel keeper hôtelier/hôtelière *m., f.* **I-7**
hour heure *f.* **I-2**
house maison *f.* **I-4**
at *(someone's)* **house** chez... *prep.* **I-2**
to leave the house quitter la maison *v.* **I-4**
to stop by someone's house passer chez quelqu'un *v.* **I-4**
household ménager/ménagère *adj.* **I-8**
household appliance appareil *m.* ménager **I-8**
household chore tâche ménagère *f.* **I-8**
housewife femme au foyer *f.* **II-5**
housework: to do the housework faire le ménage *v.* **I-8**
housing logement *m.* **I-8, III-2**; habitation *f.* **III-2**
how comme *adv.* **I-2**; comment? *interr. adv.* **I-4**
How are you? Comment allez-vous? *form.* **I-1**; Comment vas-tu? *fam.* **I-1**
How many/How much (of)? Combien (de)? **I-1**
How much is... ? Combien coûte... ? **I-4**
however pourtant *adv.*
huge énorme *adj.* **I-2**
Huh? Hein? *interj.* **I-3**
human humain(e) *adj.*
human rights droits de l'homme *m.* **III-4**
humanities lettres *f., pl.* **I-2**
humankind humanité *f.* **III-5**
hundred: one hundred cent *m.* **I-5**
five hundred cinq cents *m.* **I-5**
one hundred one cent un *m.* **I-5**
one hundred thousand cent mille *m.* **I-5**
hundredth centième *adj.* **I-7**
hunger faim *f.* **I-4**
hungry: to be hungry avoir faim *v.* **I-4**
hunt chasse *f.* **II-6, III-10**
to hunt chasser *v.* **II-6**
hurricane ouragan *m.* **III-10**
hurried pressé(e) *adj.* **II-1**
hurry se dépêcher *v.* **II-2, III-2, III-7**
hurt faire mal *v.* **II-2**
to hurt oneself se blesser *v.* **II-2**
husband mari *m.*; époux *m.* **I-3, III-6**
hyphen *(punctuation mark)* tiret *m.* **II-3**

I

ice cream glace *f.* **I-6**
ice cube glaçon *m.* **I-6**
idea idée *f.* **I-3**
idealistic idéaliste *adj.* **III-1**
if si *conj.* **II-5, III-7**
I je *sub. pron.* **I-1**; moi *disj. pron., sing.* **I-3**
ill: to become ill tomber malade *v.* **II-2**
illiterate analphabète *adj.* **III-4**
illness maladie *f.* **II-5**
immature peu mûr(e) *adj.* **III-1**
immediately immédiatement *adv.* **III-3**; tout de suite *adv.* **I-4**
immigrant immigré(e) *n.* **III-5**
immigrate immigrer *v.* **III-1**
immigration immigration *f.* **III-5**
impartial impartial(e) *adj.* **III-3**
impatient impatient(e) *adj.* **I-1**
important important(e) *adj.* **I-1, III-6**
It is important that… Il est important que… II-6
impossible impossible *adj.* **II-7, III-7**
It is impossible that… Il est impossible que... **II-7**
imprison emprisonner *v.* **III-4**
improve améliorer *v.* *II-5*, **III-2**
in dans *prep.* **I-3, III-5**; en *prep.* **I-3, III-5**; à *prep.* **I-4, III-5**
in addition en outre *adv.*
in case au cas où *conj.* **III-10**
in front of devant *prep.* **III-5**
in general en général *adv.* **III-2**
in order that afin que *conj.* **III-7**
in order to afin de *prep.* **III-2**; pour *prep.* **III-7**
in the past autrefois *adv.*
included compris (comprendre) *p.p., adj.* **I-6**
income revenu *m.* **III-9**
to get income out of retirer un revenu de **III-9**
incompetent incompétent(e) *adj.* **III-9**
increase awareness sensibiliser *v.* **III-3**
incredible incroyable *adj.* **II-3**
independent indépendant(e) *adj.* **I-1**
independently indépendamment *adv.* **I-8**
indicate indiquer *v.* **I-5**
indication indice *m.* **III-4**
indispensable indispensable *adj.* **II-6**
individuality individualité *f.* **III-5**
loss of individuality perte de l'individualité *f.* **III-5**
inequality inégalité *f.* **III-4**
inexpensive bon marché *adj.* **I-6**
inferior inférieur(e) *adj.* **III-2**
inferiority complex complexe d'infériorité *m.* **III-6**
influence influence *f.* **III-4**
to have influence (over) avoir de l'influence (sur) **III-4**
influential influent(e) *adj.* **III-3**
inherit hériter *v.* **III-6**
injection piqûre *f.* **II-2**
to give an injection faire une piqûre *v.* **II-2**
injure (oneself) (se) blesser *v.* **III-8**
injury blessure *f.* **II-2**
injustice injustice *f.* **III-4**
innovation innovation *f.* **III-7**
innovative innovant(e) *adj.* **III-7**
insecurity of income précarité *f.* **III-9**
insensitive insensible *adj.* **III-2**
inside dans *prep.* **III-5**; dedans *adv.* **III-2, III-8**
instability instabilité *f.* **III-5**
instructions consignes *f. pl.* **III-9**
instrument instrument *m.* **I-1**
insufficient insuffisant(e) *adj.* **III-10**
insurance (health/life) assurance *f.* (maladie/vie) **II-5**
integration intégration *f.* **III-5**
intellectual intellectuel(le) *m., f.* **III-6**; intellectuel(le) *adj.* **I-3, III-2**
intelligent intelligent(e) *adj.* **I-1**
intend to penser *v.* **III-8**
interested: to be interested (in) s'intéresser (à) *v.* **II-2**
interesting intéressant(e) *adj.* **I-1**
intermission entracte *m.* **II-7**
Internet site site Internet *m.* **III-3**
internship stage *m.* **II-5**
intersection carrefour *m.* **II-4, III-2**

interview entretien *m.* **III-3**, interview *f.* **III-3**
job interview entretien d'embauche *m.*
to have an interview passer un entretien **II-5**
introduce présenter *v.* **I-1**
I would like to introduce *(name)* **to you.** Je te présente… , *fam.* **I-1**
I would like to introduce *(name)* **to you.** Je vous présente… , *form.* **I-1**
invade envahir *v.* **III-3**
invent inventer *v.* **III-7**
invention invention *f.* **III-7**
invest investir *v.* **III-9**
investigate enquêter (sur) *v.* **III-3**
investigation enquête *f.*
invite inviter *v.* **I-4**
involved: to get involved s'engager *v.*
Ireland Irlande *f.* **I-7**
Irish irlandais(e) *adj.* **I-7**
iron fer à repasser *m.* **I-8**
to iron *(the laundry)* repasser (le linge) *v.* **I-8**
island île *f.* **II-6**
isn't it? *(tag question)* n'est-ce pas? **I-2**
it: It depends. Ça dépend. **I-4**
It is… C'est… **I-1**
it: it's about il s'agit de
it's a matter of il s'agit de
Italian italien(ne) *adj.* **I-1**
Italy Italie *f.* **I-7**
itself *(used with reflexive verb)* se/s' *pron.* **II-2**

J

jacket blouson *m.* **I-6**
jam confiture *f.* **II-1**
January janvier *m.* **I-5**
Japan Japon *m.* **I-7**
Japanese japonais(e) *adj.* **I-1**
jealous jaloux/jalouse *adj.* **I-3, III-1**
jeans jean *m. sing.* **I-6**
jersey maillot *m.* **III-8**
jewelry store bijouterie *f.* **II-4**
job poste *m.* **III-9**; emploi *m.* **III-9**; boulot *m.* **III-9**
job interview entretien d'embauche *m.* **III-9**
jogging jogging *m.* **I-5**
to go jogging faire du jogging *v.* **I-5**
join rejoindre *v.* **III-1**
to join forces with s'associer à *v.*
joke blague *f.* **I-2**
joke (about) rigoler *v.* **III-4**
journalist journaliste *m., f.* **I-3, III-3**
journey trajet *m.*
joy joie *f.*
judge juge *m., f.* **III-4**; juger *v.* **III-4**
juice (orange/apple) jus *m.* (d'orange/de pomme) **I-4**
July juillet *m.* **I-5**
jump sauter *v.* **III-8**
June juin *m.* **I-5**
jungle jungle *f.* **II-6**
juror juré(e) *m., f.* **III-4**
just *(barely)* juste *adv.* **I-3**
justice justice *f.* **III-4**

K

keep garder *v.*
to keep an eye on surveiller *v.* **III-8**
to keep from (doing something) empêcher (de) *v.* **III-2**
to keep oneself informed (through the media) s'informer (par les médias) *v.* **III-3**
keep retenir *v.* **II-1**
key clé *f.* **I-7**
keyboard clavier *m.* **II-3**
kid gamin(e) *m., f.* **III-5**, môme *m., f.* **III-5**
kidnap enlever *v.* **III-4**, kidnapper *v.* **III-4**
kilo(gram) kilo(gramme) *m.* **II-1, III-5**
kill tuer *v.* **III-4**
killjoy rabat-joie *m.* **III-8**
kind bon(ne) *adj.* **I-3**
kindly gentiment *adv.* **III-2**
kindness bonté *f.*
kiosk kiosque *m.* **I-4**
kiss one another s'embrasser *v.* **II-3**
kitchen cuisine *f.* **I-8**
knee genou *m.* **II-2**
knife couteau *m.* **II-1**
knock frapper *v.* **III-1**
know *(as a fact)* savoir *v.* **I-8, III-3**; *(to be familiar with)* connaître *v.* **I-8, III-3**
to know one another se connaître *v.* **II-3**
I don't know anything about it. Je n'en sais rien. **II-6**
to know that... savoir que... **II-7**
known *(as a fact)* su (savoir) *p.p.* **I-8**; *(famous)* connu (connaître) *p.p., adj.* **I-8**

L

labor union syndicat *m.* **III-9**
laboratory laboratoire *m.*
laborer ouvrier/ouvrière *m., f.* **II-5**
lack manque *m.* **III-5**
ladder échelle *f.* **III-7**
lagoon lagon *m.* **III-10**
lake lac *m.* **II-6**
lamp lampe *f.* **I-8**
land terre *f.* **III-10**; atterir *v.* **III-7**
landlord propriétaire *m., f.* **I-3**
landscape paysage *m.* **III-10**
landslide glissement de terrain *m.* **II-6**
lane voie *f.* **III-2**
language langue *f.* **I-2, III-5**
foreign languages langues *f., pl.* étrangères **I-2**
native language langue maternelle *f.* **III-5**
official language langue officielle *f.* **III-5**
laptop ordinateur portable *m.* **III-7**
last dernier/dernière *adj.* **I-2, III-2**
at last enfin *adv.* **III-2**
last Monday (Tuesday, etc.) lundi (mardi, etc.) dernier *adv.* **III-3**
lastly dernièrement *adv.* **I-8**
late *(when something happens late)* en retard *adv.* **I-2**; *(in the evening, etc.)* tard *adv.* **I-2, III-2**
laugh rire *v.* **I-6, III-3**
laughed ri (rire) *p.p.* **I-6**
launch lancement *m.*; lancer *v.* **III-5**
to launch into se lancer *v.* **III-1, III-5**
laundromat laverie *f.* **II-4**
laundry: to do the laundry faire la lessive *v.* **I-8**
law *(academic discipline)* droit *m.* **I-2**; *(ordinance or rule)* loi *f.* **II-6, III-4**
to pass a law approuver une loi **III-4**
lawyer avocat(e) *m., f.* **I-3, III-4**
lay off *(let go)* renvoyer *v.* **II-5**; licencier *v.* **III-9**
lazy paresseux/paresseuse *adj.* **I-3**
lazybones fainéant(e) *m., f.* **III-9**
lead mener *v.* **III-1, III-5**
learned appris (apprendre) *p.p.* **I-6**
least moins **II-1**
the least... *(used with adjective)* le/la moins… *super. adv.* **II-1**
the least... *(used with noun to express quantity)* le moins de… **II-6**
the least... *(used with verb or adverb)* le moins... *super. adv.* **II-1**
leather cuir *m.* **I-6**
leave partir *v.* **I-5, III-3**; quitter *v.* **I-4**
I'm leaving. Je m'en vais. **I-8**
to leave alone laisser tranquille *v.* **II-2**
to leave behind quitter *v.* **III-5**
to leave one another se quitter *v.* **II-3**
to leave someone quitter quelqu'un *v.* **III-1**
left: to the left (of) à gauche (de) *prep.* **I-3**
leg jambe *f.* **II-2**
leisure loisir(s) *m.* **III-8**
leisure activity loisir *m.* **I-5**
lemon citron *m.* **III-6**; citron *adj.* **III-2**
lemon soda limonade *f.* **I-4**
lend (to someone) prêter (à) *v.* **I-6**
less moins *adv.* **I-4, III-7**
less of... *(used with noun to express quantity)* moins de... **I-4**

less ... than *(used with noun to compare quantities)* moins de... que **II-6**
less... than *(used with adjective to compare qualities)* moins... que **II-1**
let laisser *v.* **II-3**
to let go *(to fire or lay off)* renvoyer *v* **II-5**
Let's go! Allons-y! **I-4**; On y va! **II-2**
let go lâcher *v.* **III-8**
letter lettre *f.* **II-4**
letter of application lettre *f.* de motivation **II-5**
letter of recommendation/ reference lettre *f.* de recommandation **II-5**
lettuce laitue *f.* **II-1**
level niveau *m.* **II-5**
liberal libéral(e) *adj.* **III-4**
library bibliothèque *f.* **I-1**
license: driver's license permis *m.* de conduire **II-3**
lie mentir *v.* **III-1**
life vie *f.* **I-6, II-5**
life insurance assurance *f.* vie
lifestyle section rubrique société *f.* **III-3**
lift lever *v.* **III-1**
light: warning light *(automobile)* voyant *m.* **II-3**
oil/gas warning light voyant *m.* d'huile/d'essence **II-3**
like *(as)* comme *adv.* **I-6;**
to like aimer *v.* **I-2, III-1**
I don't like ... very much. Je n'aime pas tellement... **I-2**
I really like... J'aime bien... **I-2**
to like one another s'aimer bien *v.* **II-3**
to like that... aimer que... *v.* **II-6**
lime citron vert *m.* **III-6**
limp boiter *v.*
line queue *f.* **II-4, III-8**
line of products gamme de produits *f.*
to wait in line faire la queue **II-4, III-8**
link lien *m.* **II-3**
lion lion *m.* **III-10**
listen (to) écouter *v.* **I-2, III-8**
listener auditeur/auditrice *m., f.* **III-3**
listlessness langueur *f.* **III-1**
liter litre *m.* **III-5**
literary littéraire *adj.* **II-7**
literature littérature *f.* **I-1**
little *(not much)* **(of)** peu (de) *adv.* **I-4, III-2**
little of (un) peu de **III-5**
live en direct *adj., adv.* **III-3**
live vivre *v.* **III-1**
to live (something) vicariously vivre (quelque chose) par procuration **III-8**
to live something vicariously through someone vivre quelque chose par l'intermédiaire de quelqu'un **III-8**
to live together (as a couple) vivre en union libre **III-1**
live (in) habiter (à) *v.* **I-2**
lively animé(e) *adj.* **III-2**
living room *(informal room)* salle de séjour *f.* **I-8**; *(formal room)* salon *m.* **I-8**
loan prêt *m.* **III-9**; emprunt *m.* **III-9**
to apply for a loan demander un prêt **III-9**
to secure a loan obtenir un prêt **III-9**
to take out a loan faire un emprunt **III-9**
located: to be located se trouver *v.* **II-2, III-2**
locker room vestiaires *m.* **III-8**
long long(ue) *adj.* **I-3, III-2**
a long time longtemps *adv.* **I-5**
as long as tant que *conj.* **III-7**
long-term à long terme *adj.* **III-9**
look *(at one another)* regarder *v.* **II-3**; *(at oneself)* se regarder *v.* **II-2**
look for chercher *v.* **I-2**
to look after (someone) soigner *v.* **III-7**
to look for work chercher du/un travail **II-4**
to look like ressembler (à) *v.* **III-6**
loose *(clothing)* large *adj.* **I-6**
lose perdre *v.* **III-4**
to lose heart se décourager *v.* **III-5**
to lose elections perdre les élections **III-4**
to lose time perdre son temps *v.* **I-6**
to lose weight maigrir *v.* **I-4**
loss perte *f.* **III-9**
loss of individuality perte de l'individualité *f.* **III-5**
lost perdu(e) *adj.* **III-2**
to be lost être perdu(e) **II-4, III-2**
lot: a lot beaucoup *adv.* **III-2**
a lot of beaucoup de **I-4, III-5**; un tas de **III-5**
love aimer *v.* **III-1**
love amour *m.* **I-6**
to love adorer *v.* **I-2**
I love... J'adore... **I-2**
to love one another s'aimer *v.* **II-3**
to be in love être amoureux/ amoureuse *v.* **I-6**
low bas(se) *adj.* **III-2**
luck chance *f.* **I-2**
to be lucky avoir de la chance *v.* **I-2**
lumberjack bûcheron *m.* **III-10**
lunch déjeuner *m.* **II-1**
to eat lunch déjeuner *v.* **I-4**
luxury luxe *m.* **III-5**
lying mensonger/mensongère *adj.* **III-2**

M

ma'am Madame. *f.* **I-1**
machine: answering machine répondeur *m.* **II-3**
mad fâché(e) *adj.* **III-1**
to get mad s'énerver *v.* **II-2**
made fait (faire) *p.p., adj.* **I-6**
magazine magazine *m.* **II-7**
magician magicien(ne) *m., f.* **III-7**
maid of honor témoin *m.* **III-6**
mail courrier *m.* **II-4**
mailbox boîte *f.* aux lettres **II-4**
mailman facteur *m.* **II-4**
main character personnage principal *m.* **II-7**
main dish plat (principal) *m.* **II-1**
maintain maintenir *v.* **II-1, III-4**
make faire *v.* **I-5, III-1**
to make an effort faire un effort **III-5**
to make fun of se moquer de *v.* **III-1, III-2**
to make it s'en sortir **III-9**
to make think of évoquer *v.* **III-9**
make up se réconcilier *v.* **II-7;**
make up one's mind se décider *v.* **III-6**
makeup maquillage *m.* **II-2**
to put on makeup se maquiller *v.* **II-2, III-2**
malfunction panne *f.* **II-3**
man homme *m.* **I-1**
manage *(in business)* diriger *v.* **II-5, III-9**; *(to do something)* arriver à *v.* **I-2**; gérer *v.* **III-9,** se débrouiller *v.*
manager gérant(e) *m., f.* **II-5, III-9**
manual labor travail manuel *m.* **III-5**
many (of) beaucoup (de) *adv.* **I-4**; bien des *adj.* **III-5**
How many (of)? Combien (de)? **I-1**
map *(of a city)* plan *m.* **I-7**; *(of the world)* carte *f.* **I-1**
March mars *m.* **I-5**
marching band fanfare *f.* **III-2**
marital status état civil *m.* **I-6**
market marché *m.* **I-4, III-9**
marketing strategy stratégie commerciale *f.*
marriage mariage *m.* **I-6, III-1**
married marié(e) *adj.* **I-3**
married couple mariés *m., pl.* **I-6**
marry épouser *v.* **I-3**; se marier avec *v.* **III-1**
Martinique: from Martinique martiniquais(e) *adj.* **I-1**
masses foule *f.*
masterpiece chef-d'œuvre *m.* **II-7**
match partie *f.* **III-8**
material matériau *m.*
maternal maternel(le) *adj.*
mathematician mathématicien(ne) *m., f.* **III-7**

mathematics mathématiques (maths) *f., pl.* **I-2**
matter: it's a matter of il s'agit de
mature mûr(e) *adj.* **III-1**
maturity maturité *f.* **III-6**
May mai *m.* **I-5**
maybe peut-être *adv.* **I-2, III-2**
mayonnaise mayonnaise *f.* **II-1**
mayor maire *m.* **III-2**
mayor's office mairie *f.* **II-4**
me moi *disj. pron., sing.* **I-3**; (attached to imperative) -moi *pron.* **II-1**; me/m' *i.o. pron.* **I-6**; me/m' *d.o. pron.* **I-7**
Me too. Moi aussi. I-1
Me neither. Moi non plus. I-2
meal repas *m.* **II-1**
mean méchant(e) *adj.* **I-3**
to mean *(with dire)* vouloir *v.* **II-1**
means voie *f.* **III-2**
that means ça veut dire *v.* **II-1**
meat viande *f.* **II-1**
mechanic mécanicien/mécanicienne *m., f.* **II-3**
media moyens de communication *m.* **III-3**; médias *m.* **III-3**
medication (against/for) médicament (contre/pour) *m.* **II-2**
meet *(to encounter, to run into)* rencontrer *v.* **I-2**; *(to make the acquaintance of)* faire la connaissance de *v.* **I-5**; se rencontrer *v.* **II-3**; *(planned encounter)* se retrouver *v.* **II-3**
meeting réunion *f.* **II-5, III-9**; rendez-vous *m.* **I-6**
melancholic mélancolique *adj.*
member membre *m.* **II-7**; membre *m.* **III-9**; adhérent(e) *m., f.* **III-9**
menu menu *m.* **II-1**; carte *f.* **II-1**
message message *m.* **II-5**
to leave a message laisser un message *v.* **II-5**
messy en désordre **III-7**
metaphor métaphore *f.* **III-4**
Mexican mexicain(e) *adj.* **I-1**
Mexico Mexique *m.* **I-7**
microwave oven four à micro-ondes *m.* **I-8**
middle school collège *m.* **III-5**
midnight minuit *m.* **I-2**
militant activist activiste *m., f.* **III-4**
milk lait *m.* **I-4**
mineral water eau *f.* minérale **I-4**
mini-market supérette *f.* **III-6**
minimum wage salaire minimum *m.* **III-9**
mirror miroir *m.* **I-8**
Miss Mademoiselle *f.* **I-1**
miss manquer à *v.* **III-5**
mistaken: to be mistaken (about something) se tromper (de) *v.* **II-2, III-1, III-2**
mix mélange *m.* **III-1**; mêler *v.* **III-10**
mob foule *f.* **III-4**
moderate modéré(e) *adj.* **III-4**
modernity modernité *f.* **III-10**
modest modeste *adj.* **II-5**
moment moment *m.* **I-1, III-3**
at that moment à ce moment-là **III-3**
monarchy monarchie *f.* **III-4**
absolute monarchy monarchie absolue *f.* **III-4**
Monday lundi *m.* **I-2**
money argent *m.* **II-4**; *(currency)* monnaie *f.* **II-4**
to deposit money déposer de l'argent *v.* **II-4**
monitor moniteur *m.* **II-3**
monkey singe *m.* **III-10**
month mois *m.* **I-2**
this month ce mois-ci **I-2**
monthly magazine mensuel *m.* **III-3**
Moon Lune *f.* **II-6, III-10**
moral morale *f.* **III-4**
more plus *adv.* **I-4, III-7**
more of plus de **I-4**
more … than *(used with noun to compare quantities)* plus de… que **II-6**
more … than *(used with adjective to compare qualities)* plus… que **II-1**
morning matin *m.* **I-2**; matinée *f.* **I-2**
this morning ce matin **I-2**
Moroccan marocain(e) *adj.* **I-1**
moronic débile *adj.* **III-2**
most plupart *f. pron.* **III-4**; plus **II-1**
the most… *(used with adjective)* le/la plus... *super. adv.* **II-1**
the most… *(used with noun to express quantity)* le plus de... **II-6**
the most… *(used with verb or adverb)* le plus... *super. adv.* **II-1**
mother mère *f.* **I-3**
mother-in-law belle-mère *f.* **I-3, III-6**
mountain montagne *f.* **I-4**
mountain bike VTT (vélo tout terrain) *m.* **III-8**
mountain climbing alpinisme *m.* **III-8**
mountain range chaîne montagneuse *f.* **III-10**
mouse souris *f.* **II-3**
mouth bouche *f.* **II-2**
move émouvoir *v.* **III-3**; *(to get around)* se déplacer *v.* **II-4**; bouger *v.* **III-5**; remuer *v.* **III-10**
to move forward avancer *v.*
to move in emménager *v.* **I-8**
to move out déménager *v.* **I-8, III-1, III-6**
movie film *m.* **II-7**
adventure/horror/science-fiction/crime movie film *m.* d'aventures/d'horreur/de science-fiction/policier **II-7**
movie star vedette de cinéma *f.* **III-3**
movie theater cinéma (ciné) *m.* **I-4, III-2**
moving émouvant(e) *adj.* **III-8**
MP3 MP3 *m.* **II-3**
much (as much … as) *(used with noun to express quantity)* autant de … que *adv.* **II-6**
How much *(of something)*? Combien (de)? **I-1**
How much is... ? Combien coûte... ? **I-4**
too much of trop de **III-5**
mud boue *f.*
multilingual polyglotte *adj.* **III-5**
multinational company multinationale *f.* **III-3**; entreprise multinationale *f.* **III-9**
museum musée *m.* **I-4, III-2**
to go to museums faire les musées *v.* **II-7**
mushroom champignon *m.* **II-1**
music video clip vidéo *m.* **III-3**, vidéoclip *m.* **III-3**
music: to play music faire de la musique **II-7**
musical comédie *f.* musicale **II-7**; musical(e) *adj.* **II-7**
musical group groupe *m.* **III-8**
musician musicien(ne) *m., f* **I-3, III-8**
must *(to have to)* devoir *v.* **II-1, III-3**
One must… Il faut que… **I-5, III-6**
mustard moutarde *f.* **II-1**
mute muet(te) *adj.* **III-2**
mutual aid entraide *f.* **III-9**
my ma *poss. adj., f., sing.* **I-3**; mes *poss. adj., m., f., pl.* **I-3**; mon *poss. adj., m., sing.* **I-3**
myself me/m' *pron., sing.* **II-2**; *(attached to an imperative)* -moi *pron.* **II-1**

N

naïve naïf (naïve) *adj.* **I-3, III-2**
name: My name is… Je m'appelle… **I-1**
named: to be named s'appeler *v.* **II-2**
napkin serviette *f.* **II-1**
nationality nationalité *f.*
I am of … nationality. Je suis de nationalité… **I-1**
native language langue maternelle *f.* **III-5**
natural naturel(le) *adj.* **II-6**
natural resource ressource naturelle *f.* **II-6**
naturally naturellement *adv.* **III-2**
nature nature *f.* **II-6**
nauseate écœurer *v.* **III-1**
nauseated: to feel nauseated avoir mal au cœur *v.* **II-2**
near (to) près (de) *prep.* **I-3**
very near (to) tout près (de) **II-4**
necessary nécessaire *adj.* **II-6, III-6**

It was necessary... *(followed by infinitive or subjunctive)* Il a fallu... **I-6**
It is necessary.... *(followed by infinitive or subjunctive)* Il faut que... **I-5, III-6**
It is necessary that... *(followed by subjunctive)* Il est nécessaire que/qu'... **II-6**
neck cou *m.* **II-2**
need besoin *m.* **I-2**
to need avoir besoin (de) *v.* **I-2**
neighbor voisin(e) *m., f.* **I-3**
neighborhood quartier *m.* **I-8, III-2**
neither... nor ne... ni... ni... *conj.* **II-4**
nephew neveu *m.* **I-3, III-6**
nervous nerveux/nerveuse *adj.* **I-3**
nervous breakdown crise d'hystérie *f.*
nervously nerveusement *adv.* **I-8**
net filet *m.* **III-10**
network chaîne *f.* **III-3**; réseau *m.* **III-3**
social network réseau social *m.* **II-3**
never jamais *adv.* **I-5, III-2**; ne... jamais *adv.* **II-4**
new nouveau/nouvelle *adj.* **I-3, III-2**
new wave nouvelle vague *f.* **III-1**
newlyweds jeunes mariés *m., pl.* **I-6**
news informations (infos) *f., pl.* **II-7**; nouvelles *f., pl.* **II-7, III-3**
international news nouvelles internationales *f.* **III-3**
local news nouvelles locales *f.* **III-3**
news items faits divers *m.* **III-3**
news report reportage *m.* **III-3**
newspaper journal *m.* **I-7, III-3**
newsstand marchand de journaux *m.* **II-4**
next ensuite *adv.* **I-7**; prochain(e) *adj.* **I-2**
next to à côté de *prep.* **I-3**
next prochain(e) *adj.* **III-2**; ensuite *adv.* **III-2**
next day lendemain *m.*
nice gentil/gentille *adj.* **I-3, III-2**; sympa(thique) *adj.* **I-1**
nicely gentiment *adv.* **I-8, III-2**
nickname surnom *m.* **III-6**
niece nièce *f.* **I-3, III-6**
night nuit *f.* **I-2**
nightclub boîte (de nuit) *f.* **I-4, III-9**
nightlife vie nocturne *f.* **III-2**
nightmare cauchemar *m.*
nine neuf *m.* **I-1**
nine hundred neuf cents *m.* **I-5**
nineteen dix-neuf *m.* **I-1**
ninety quatre-vingt-dix *m.* **I-3**
ninth neuvième *adj.* **I-7**
no *(at beginning of statement to indicate disagreement)* (mais) non **I-2**; aucun(e) *adj.* **II-2**
no more ne... plus **II-4**
no problem pas de problème **II-4**
no reason pour rien **I-4**
no, none pas (de) **II-4**
no doubt sans doute *adv.* **III-2**
no one personne *pron.* **II-4**
nobility noblesse *f.* **III-4**
nobody ne... personne **II-4**
noise bruit *m.* **III-1**
noisily bruyamment *adv.* **III-2**
noisy bruyant(e) *adj.* **III-2**
nonconformist non-conformiste *adj.* **III-5**
none *(not any)* ne... aucun(e) **II-4**
noon midi *m.* **I-2**
north nord *m.* **II-4**
nose nez *m.* **II-2**
nostalgia nostalgie *f.* **III-10**
not ne... pas **I-2**
not at all pas du tout *adv.* **I-2**
Not badly. Pas mal. **I-1**
to not believe that ne pas croire que *v.* **II-7**
to not think that ne pas penser que *v.* **II-7**
not yet pas encore *adv.* **I-8**
notebook cahier *m.* **I-1**
notes billets *m., pl.* **II-3**
nothing rien *indef. pron.* **II-4**
It's nothing. Il n'y a pas de quoi. **I-1**
notice préavis *m.* **III-2**; constater *v.*; s'apercevoir *v.* **II-4, III-8**
novel roman *m.* **II-7**
November novembre *m.* **I-5**
now maintenant *adv.* **I-5, III-2**
nowhere nulle part *adv.* **III-2**
nuclear nucléaire *adj.* **II-6, III-7**
nuclear energy énergie nucléaire *f.* **II-6**
nuclear plant centrale nucléaire *f.* **II-6**
number chiffre *m.* **III-9**
numerous nombreux/nombreuse *adj.* **III-5**
nurse infirmier/infirmière *m., f.* **II-2**
nursery pépinière *f.* **III-10**

O

O.R.T.F. Office de la Radio et de la Télévision françaises *m.* **III-2**
o'clock: It's... (o'clock). Il est... heure(s). **I-2**
at ... (o'clock) à ... heure(s) **I-4**
oak tree chêne *m.* **III-10**
object objet *m.* **I-1**
obsessed obsédé(e) *adj.* **III-7**
obtain obtenir *v.* **II-5**
obvious évident(e) *adj.* **II-7, III-1, III-7**
It is obvious that... Il est évident que... **II-7**
obviously évidemment *adv.* **I-8, III-2**
October octobre *m.* **I-5**
of course bien sûr *adv.*; évidemment *adv.* **I-2**
of course not *(at beginning of statement to indicate disagreement)* (mais) non **I-2**
of de/d' *prep.* **I-3**
of medium height de taille moyenne *adj.* **I-3**
of the du (de + le) **I-3**
of which, of whom dont *rel. pron.* **II-3**
offer offrir *v.* **II-3, III-4**
offered offert (offrir) *p.p.* **II-3**
office bureau *m.* **I-4**
at the doctor's office chez le médecin *prep.* **I-2**
official language langue officielle *f.* **III-5**
often souvent *adv.* **I-5, III-2**
oil huile *f.* **II-1**
automobile oil huile *f.* **II-3**
oil warning light voyant *m.* d'huile **II-3**
olive oil huile *f.* d'olive **II-1**
to check the oil vérifier l'huile *v.* **II-3**
okay d'accord **I-2**
old age vieillesse *f.* **I-6, III-6**
old ancien(ne) *adj.* **III-2**; vieux/vieille *adj.* **III-2**; *(placed after noun)* ancien(ne) *adj.* **I-3**
olive olive *f.* **II-1**
olive oil huile *f.* d'olive **II-1**
omelette omelette *f.* **I-5**
on sur *prep.* **I-3, III-5**
on average en moyenne **III-3**
On behalf of whom? C'est de la part de qui? **II-5**
on the condition that... à condition que **II-7, III-7**
on television à la télé(vision) **II-7**
on the contrary au contraire **II-7**
on the radio à la radio **II-7**
on the subject of au sujet de **II-6**
on vacation en vacances **I-7**
once une fois *adv.* **I-8, III-3**; une fois que *conj.* **III-10**
one un *m.* **I-1**
one on *sub. pron., sing.* **I-1**
one another l'un(e) à l'autre **II-3**
one another l'un(e) l'autre **II-3**
one had to... il fallait... **I-8**
One must... Il faut que/qu'... **II-6**
One must... Il faut... *(followed by infinitive or subjunctive)* **I-5**
one million un million *m.* **I-5**
one million *(things)* un million de... **I-5**
one-on-one duel *m.* **III-8**
onion oignon *m.* **II-1**
online en ligne **II-3**
to be online être en ligne *v.* **II-3**
to be online (with someone) être connecté(e) (avec quelqu'un) *v.* **I-7, II-3**
only ne... que **II-4**; seulement *adv.* **I-8**; seul(e) *adj.* **III-2**

open ouvrir *v.* **II-3, III-3;** ouvert(e) *adj.* **II-3**
opened ouvert (ouvrir) *p.p.* **II-3**
opera opéra *m.* **II-7**
oppressed opprimé(e) *adj.* **III-4**
optimistic optimiste *adj.* **I-1**
or ou **I-3**
orange orange *f.* **II-1, III-2**; orange *adj.* **I-6, III-2**
orator orateur/oratrice *m., f.* **III-2**
orchestra orchestre *m.* **II-7**
order commander *v.* **II-1**
organic bio(logique) *adj.* **III-6**
organize (a party) organiser (une fête) *v.* **I-6**
orient oneself s'orienter *v.* **II-4**
others d'autres **I-4**
our nos *poss. adj., m., f., pl.* **I-3**; notre *poss. adj., m., f., sing.* **I-3**
outdoor *(open-air)* plein air **II-6, III-10**
outside dehors *adv.* **III-2**
outskirts banlieue *f.* **III-2**
over fini(e) *adj., p.p.* **I-7**
over there là-bas *adv.* **I-1**
overcome surmonter *v.* **III-6**
overpopulated surpeuplé(e) *adj.* **III-5**
overpopulation surpopulation *f.* **II-6, III-5**
overseas à l'étranger *adv.* **I-7**
overtake dépasser *v.* **III-1**
overthrow renverser *v.* **III-4**
overwhelmed accablé(e) *adj.* **III-1**
owe devoir *v.* **III-9**
owed dû (devoir) *p.p., adj.* **II-1**
own posséder *v.* **I-5**
own propre *adj.* **III-2**
owner propriétaire *m., f.* **I-3, III-9**
oyster huître *f.* **III-10**
ozone ozone *m.* **II-6**
  hole in the ozone layer trou dans la couche d'ozone *m.* **II-6**
  ozone layer couche d'ozone *f.* **III-10**

P

pack: to pack one's bags faire les valises **I-7**
package colis *m.* **II-4;** paquet *m.* **III-5**
page page *f.* **III-3**
  sports page page sportive *f.* **III-3**
  to be on the front page être à la une **III-3**
paid payé (payer) *p.p., adj.* **II-5**
  to be well/badly paid être bien/mal payé(e) **II-5**
paid training course stage rémunéré *m.* **III-9**
pain douleur *f.* **II-2; III-1**
paint faire de la peinture *v.* **II-7**
painter peintre/femme peintre *m., f.* **II-7**
painting peinture *f.* **II-7;** tableau *m.* **II-7, III-8**
Palm Pilot palm *m.* **I-1**
panic paniquer *v.*
pants pantalon *m., sing.* **I-6**
paper papier *m.* **I-1**
parade défilé *m.* **III-2**
paragliding parapente *f.* **III-8**
Pardon (me). Pardon. **I-1**
parents parents *m., pl.* **I-3**
park parc *m.* **I-4**
  to park se garer *v.* **II-3**
parka anorak *m.* **I-6**
parking lot parking *m.* **II-3**
part rôle *m.* **III-3**
partial partial(e) *adj.* **III-3**
particle particule *f.* **III-7**
part-time job emploi *m.* à mi-temps/à temps partiel *m.* **II-5**
party fête *f.* **I-6**
  to party faire la fête *v.* **I-6**
party pooper rabat-joie *m.* **III-8**
pass dépasser *v.* **II-3, III-1;** passer *v.* **I-7, III-3**
  to pass a law approuver une loi **III-4**
  to pass an exam être reçu(e) à un examen *v.* **I-2**
passenger passager/passagère *m., f.* **I-7, III-2**
passport passeport *m.* **I-7**
password mot de passe *m.* **II-3, III-7**
past passé *m.* **III-2**
  in the past autrefois *adv.* **I-8;** jadis *adv.* **III-10**
pasta pâtes *f., pl.* **II-1**
pastime passe-temps *m.* **I-5**
pastry pâtisserie *f.* **II-1**
pastry shop pâtisserie *f.* **II-1**
pâté pâté (de campagne) *m.* **II-1**
paternal paternel(le) *adj.*
path sentier *m.* **II-6;** chemin *m.* **II-4;** trajectoire *f.* **III-4**
patient patient(e) *adj.* **I-1**
patiently patiemment *adv.* **I-8, III-2**
patronize traiter avec condescendance *v.* **III-6**
paw patte *f.* **III-4**
pay payer *v.* **I-5, III-1;** rémunérer *v.*
  to pay by check payer par chèque *v.* **II-4**
  to pay in cash payer en liquide *v.* **II-4**
  to pay with a credit card payer avec une carte de crédit *v.* **II-4**
  to pay attention (to) faire attention (à) *v.* **I-5**
peace paix *f.* **III-4**
peaceful pacifique *adj.* **III-4**
peach pêche *f.* **II-1**
pear poire *f.* **II-1**
pearl perle *f.* **III-10**
peas petits pois *m., pl.* **II-1**
pebble(s) caillou (cailloux) *m.* **III-10**
pedestrian piéton(ne) *m., f.* **III-2**
pen stylo *m.* **I-1**
pencil crayon *m.* **I-1**
penny sou *m.* **III-9**
people gens *m., pl.* **I-7**
pepper *(spice)* poivre *m.* **II-1**; *(vegetable)* poivron *m.* **II-1**
per day/week/month/year par jour/semaine/mois/an **I-5**
perceive apercevoir *v.* **III-9**; percevoir *v.* **III-9**
perfect parfait(e) *adj.* **I-2**
performance spectacle *m.* **III-8**
perhaps peut-être *adv.* **I-2, III-2**
period *(punctuation mark)* point *m.* **II-3**
permit permis *m.* **II-3**
permitted permis (permettre) *p.p., adj.* **I-6**
perseverance persévérance *f.* **III-5**
persist relentlessly s'acharner sur *v.* **III-5**
person personne *f.* **I-1**
personality caractère *m.* **III-6**
personify personnifier *v.* **III-4**
pessimistic pessimiste *adj.* **I-1**
petanque boules *f.* **III-8,** pétanque *f.* **III-8**
pharmacist pharmacien(ne) *m., f.* **II-2**
pharmacy pharmacie *f.* **II-2**
philosophy philosophie *f.* **I-2**
phone téléphone *m.* **III-7**
phone booth cabine téléphonique *f.* **II-4**
phone card télécarte *f.* **II-5**
phone one another se téléphoner *v.* **II-3**
phone plan forfait *m.* **III-3**
photo(graph) photo(graphie) *f.* **I-3**
photographer photographe *m., f.* **III-3**
physical education éducation physique *f.* **I-2**
physics physique *f.* **I-2**
piano piano *m.* **II-7**
pick cueillir *v.* **III-1**
pick up décrocher *v.* **II-5**
pick up again reprendre *v.*
picnic pique-nique *m.* **II-6**
picture tableau *m.* **I-1**
pie tarte *f.* **II-1**
piece (of) morceau (de) *m.* **I-4**
  piece of furniture meuble *m.* **I-8**
pig cochon *m.* **III-10**
pill pilule *f.* **II-2**
pillow oreiller *m.* **I-8**
pink rose *adj.* **I-6**
pitcher (of water) carafe (d'eau) *f.* **II-1**
place endroit *m.* **I-4;** lieu *m.* **I-4**
place placer *v.* **III-1**
  to take place se dérouler *v.* **III-6**
plan projeter *v.* **III-1, III-5**
planet planète *f.* **II-6**
plans: to make plans faire des projets *v.* **II-5**
plant plante *f.* **II-6**
plastic plastique *m.* **II-6**
plastic wrapping emballage en plastique *m.* **II-6**

plate assiette *f.* **II-1**
play pièce (de théâtre) *f.* **II-7, III-8**
play s'amuser *v.* **II-2;** *(a sport/a musical instrument)* jouer (à/de) *v.* **I-5**
  to play regularly pratiquer *v.* **I-5**
  to play sports faire du sport *v.* **I-5**
  to play a role jouer un rôle *v.* **II-7**
player joueur/joueuse *m., f.* **I-5**
playing cards cartes à jouer *f.* **III-8**
playwright dramaturge *m.* **II-7**
plaza place *f.* **III-2**
pleasant agréable *adj.* **I-1**
please: to please (someone) faire plaisir (à quelqu'un) *v.* **II-5, III-6**
  Please. S'il te plaît. *fam.* **I-1**
  Please. S'il vous plaît. *form.* **I-1**
  Please. Je vous en prie. *form.* **I-1**
  Please hold. Ne quittez pas. **II-5**
pleated plissé(e) *adj.* **III-8**
pluck cueillir *v.* **III-1**
plumber plombier *m.* **II-5**
plump gras(se) *adj.* **III-4**
poem poème *m.* **II-7;** poésie *f.* **III-9**
poet poète/poétesse *m., f.* **II-7**
police police *f.* **II-3, III-2;** policier *adj.* **II-7**
police commissioner commissaire (de police) *m.* **III-5**
police headquarters préfecture de police *f.* **III-2**
police officer agent de police *m.* **II-3, III-2**; policier m. **II-3**; policière *f.* **II-3**
police station commissariat de police *m.* **II-4, III-2**
policy politique *f.*
polite poli(e) *adj.* **I-1**
politely poliment *adv.* **I-8, III-2**
political party parti politique *m.* **III-4**
political science sciences politiques (sciences po) *f., pl.* **I-2**
politician homme/femme politique *m., f.* **II-5, III-4**
politics politique *f.* **III-4**
pollute polluer *v.* **II-6, III-10**
pollution pollution *f.* **II-6, III-10**
  pollution cloud nuage de pollution *m.* **II-6**
pool billard *m.* **III-8**
pool piscine *f.* **I-4**
poor pauvre *adj.* **I-3, III-2**
popular music variétés *f., pl.* **II-7**
populate peupler *v.* **III-2**
populated peuplé(e) *adj.* **III-2**
  densely populated très peuplé(e) *adj.* **III-2**
  sparsely populated peu peuplé(e) *adj.* **III-2**
population population *f.* **II-6**
  growing population population *f.* croissante **II-6**
pork porc *m.* **II-1**
portrait portrait *m.* **I-5**
position *(job)* poste *m.* **II-5, III-9**
possess *(to own)* posséder *v.* **I-5, III-1**
possible possible *adj.* **II-7, III-6**
  It is possible that... Il est possible que... **II-6;** Il se peut que... **III-7**
post afficher *v.* **II-5**
post office bureau de poste *m.* **II-4**
postal service poste *f.* **II-4**
postcard carte postale *f.* **II-4**
poster affiche *f.* **I-8**
potato pomme de terre *f.* **II-1**
poultry volaille *f.* **III-6**
poverty pauvreté *f.* **III-9**
power pouvoir *m.*
  abuse of power abus de pouvoir *m.* **III-4**
powerful puissant(e) *adj.* **III-4**
practice pratiquer *v.* **I-5;** s'entraîner *v.* **III-1, III-6**
precisely précisément *adv.* **III-2**
predict prévoir *v.*; prédire *v.* **III-5, III-7**
prefer aimer mieux *v.* **I-2;** préférer (que) *v.* **I-5, III-1**
pregnant enceinte *adj.* **II-2**
prejudiced: to be prejudiced avoir des préjugés **III-5**
premiere première *f.* **III-3**
prepare (for) préparer *v.* **I-2**
  to prepare *(to do something)* se préparer (à) *v.* **II-2**
prescription ordonnance *f.* **II-2**
present présenter *v.* **II-7**
preservation: habitat preservation sauvetage des habitats *m.* **II-6**
preservative conservateur *m.* **III-6**
preserve préserver *v.* **II-6, III-10**
president président(e) *m., f.* **III-4**
press presse *f.* **III-3**
  freedom of the press liberté de la presse *f.* **III-3**
pressure pression *f.* **II-3, III-9**
  to check the tire pressure vérifier la pression des pneus *v.* **II-3**
pretty joli(e) *adj.* **I-3, III-2;** *(before an adjective or adverb)* assez *adv.* **I-8**
prevent prévenir *v.* **III-10**
  to prevent a fire prévenir l'incendie *v.* **II-6**
price prix *m.* **I-4**
pride fierté *f.*
principal principal(e) *adj.* **II-4**
principles principes *m.* **III-5**
print imprimer *v.* **II-3**
printer imprimante *f.* **II-3**
private privé(e) *adj.* **III-2**
probably probablement *adv.* **III-2**
problem problème *m.* **I-1**
process procédé *m.*
produce produire *v.* **I-6**
produced produit (produire) *p.p., adj.* **I-6**
product produit *m.* **II-6**
profession métier *m.* **II-5;** profession *f.* **II-5**
  demanding profession profession *f.* exigeante **II-5**
professional professionnel(le) *adj.* **II-5**
  professional experience expérience professionnelle *f.* **II-5**
profit bénéfice *m.* **III-9**
profoundly profondément *adv.* **III-2**
program programme *m.* **II-7;** *(software)* logiciel *m.* **II-3;** *(television)* émission *f.* de télévision **II-7, III-3**
prohibit interdire *v.* **II-6**
project projet *m.* **II-5**
promise promettre *v.* **I-6**
promised promis (promettre) *p.p., adj.* **I-6**
promoted promu(e) *adj.* **III-9**
promotion promotion *f.* **II-5**
proponent partisan *m.* **III-5**
propose proposer *v.* **III-6;** faire une demande en mariage **III-6**
  to propose a toast porter un toast (à quelqu'un) **III-8**
propose that... proposer que... *v.* **II-6**
  to propose a solution proposer une solution *v.* **II-6**
protect protéger *v.* **I-5, III-10**
protected protégé(e) *adj.* **III-10**
protection préservation *f.* **II-6;** protection *f.* **II-6**
protective protecteur/protectrice *adj.* **III-2**
protest contestation *f.* **III-2;** protester *v.* **III-2**
proud orgueilleux/orgueilleuse *adj.* **III-1;** fier/fière *adj.* **I-3, III-2**
prove prouver *v.* **III-7**
provide a habitat for abriter *v.* **III-10**
  provided (that) à condition de *prep.* **7**
  provided that pourvu que *conj.* **III-7**
psychological psychologique *adj.* **II-7**
psychological drama drame psychologique *m.* **II-7**
psychologist psychologue *m., f.* **II-5**
psychology psychologie *f.* **I-2**
public public/publique *adj.* **III-2**
public garden jardin public *m.* **III-2**
public holiday (jour) férié *m.* **III-5**
public order ordre public *m.* **III-4**
public safety sûreté publique *f.* **III-4**
public transportation transports en commun *m.* **III-2**
publish publier *v.* **II-7, III-3**
publisher éditeur/éditrice *m., f.* **III-3**
punish punir *v.* **III-6**
punishment punition *f.* **III-4;** châtiment *m.* **III-5**
pure pur(e) *adj.* **II-6, III-10**
purple violet(te) *adj.* **I-6**
purse sac à main *m.* **I-6**
pursue : to pursue a career (in) faire carrière (dans) **III-9**
push boundaries repousser les limites **III-7**
put mettre *v.* **I-6, III-2**

put mis (mettre) *p.p.* **I-6**
to put (on) (yourself) se mettre *v.* **II-2**
to put away ranger *v.* **I-8**
to put oneself into s'investir *v.*
to put on makeup se maquiller *v.* **II-2, III-2**
to put up with supporter *v.* **III-6, III-10**

Q

qualm état d'âme *m.* **III-1**
quarter quart *m.* **I-2**
a quarter after ... (o'clock) ... et quart **I-2**
Quebec: from Quebec québécois(e) *adj.* **I-1**
question question *f.* **I-6**
to ask (someone) a question poser une question (à) *v.* **I-6**
quick vite *adv.* **I-4**
quickly vite *adv.* **I-1, III-2**
quiet tranquille *adj.* **III-1**
to be quiet se taire *v.* **III-2, III-7**
quit démissionner *v.* **III-9**
quite *(before an adjective or adverb)* assez *adv.* **I-8, III-2**

R

rabbit lapin *m.* **II-6**
race course *f.* **III-8**
radio listener auditeur/auditrice *m., f.* **III-3**
radio presenter animateur/animatrice de radio *m., f.* **III-3**
radio station station de radio *f.* **III-3**
rain forest forêt tropicale *f.* **II-6, III-10**
rain jacket imperméable *m.* **I-5**
rain pleuvoir *v.* **I-5, III-3**
acid rain pluie *f.* acide **II-6**
It is raining. Il pleut. **I-5**
It was raining. Il pleuvait. **I-8**
rainbow arc-en-ciel *m.* **III-10**
rained plu (pleuvoir) *p.p.* **I-6**
raise (in salary) augmentation (de salaire) *f.* **II-5, III-9**
to raise soulever *v.*
to raise (children) élever (des enfants) *v.* **III-6**
raisin raisin sec *m.* **III-6**
rally se mobiliser *v.* **III-3**
rapidly rapidement *adv.* **I-8**
rarely rarement *adv.* **I-5, III-2**
rather plutôt *adv.* **I-1**
ravishing ravissant(e) *adj.* **II-5**
raw material matière première *f.*
razor rasoir *m.* **II-2**
react réagir *v.*
reach atteindre *v.*
read lire *v.* **I-7, III-3;** lu (lire) *p.p., adj.* **I-7**
ready prêt(e) *adj.* **I-3**
real (true) vrai(e) *adj.;* véritable *adj.* **I-3, III-2**
real estate agent agent immobilier *m.* **II-5**
realization prise de conscience *f.*
realize se rendre compte de **II-2, III-2**; s'apercevoir *v.* **III-2, III-8**
really vraiment *adv.* **I-5. III-2**; *(before adjective or adverb)* tout(e) *adv.* **I-3**; *(before adjective or adverb)* très *adv.* **I-8**
really close by tout près **I-3**
rear-view mirror rétroviseur *m.* **II-3**
reason raison *f.* **I-2, III-1**
reassure oneself se rassurer *v.* **III-2**
rebel se révolter *v.* **III-4**
rebellious rebelle *adj.* **III-6**
recall rappeler *v.* **III-1**
receipts and expenses recettes et dépenses *f.* **III-9**
receive recevoir *v.* **II-4, III-3**
to receive *(a salary)* toucher *v.* **III-9**
received reçu (recevoir) *p.p., adj.* **II-4**
receiver combiné *m.* **II-5**
recent récent(e) *adj.* **II-7**
recently récemment *adv.* **III-3**
reception desk réception *f.* **I-7**
reckoned: to be reckoned with incontournable *adj.*
recognize reconnaître *v.* **I-8, III-6**
recognized reconnu (reconnaître) *p.p., adj.* **I-8**
recommend recommander *v.* **III-6**
recommend that... recommander que... *v.* **II-6**
recommendation recommandation *f.* **II-5**
record enregistrer *v.* **II-3, III-3**
(CD, DVD) graver *v.* **II-3**
recover récupérer *v.* **III-9**
recreation loisir(s) *m.* **III-8**
recycle recycler *v.* **II-6**
recycling recyclage *m.* **II-6**
red rouge *adj.* **I-6**
red-haired roux/rousse *adj.* **III-2**
redial recomposer (un numéro) *v.* **II-3**
reduce réduire *v.* **I-6**
reduced réduit (réduire) *p.p., adj.* **I-6**
referee arbitre *m.* **III-8**
reference référence *f.* **II-5**
reflect (on) réfléchir (à) *v.* **I-4**
reforestation reboisement *m.*
refrigerator frigo *m.* **I-8**
refuse (to do something) refuser (de) *v.* **II-3**
region région *f.* **II-6**
regret regretter *v.* **III-6**
regret that... regretter que... **II-6**
rehearse répéter *v.* **III-1**
reimburse rembourser *v.* **III-9**
reiterate réitérer *v.* **III-2**
reject rejeter *v.* **III-1, III-5**
relation rapport *m.* **III-6**; relation *f.* **III-6**
relationship liaison *f.*; rapport *m.* **III-6**, relation *f.* **III-1, III-6**
relative parent(e) *m., f.* **III-6**
relax se détendre *v.* **II-2, III-2**
release a movie sortir un film *v.* **III-3**
relieve soulager *v.*
rely on compter sur *v.* **III-1**; s'appuyer sur *v.*
remember se souvenir (de) *v.* **II-2, III-2**
remote control télécommande *f.* **II-3**
renew renouveler *v.* **III-1**
renewable renouvelable *adj.* **III-10**
rent loyer *m.* **I-8, III-7**
to rent louer *v.* **I-8**
repair réparer *v.* **II-3**
repeat répéter *v.* **I-5, III-1**
replace remplacer *v.* **III-1**
reporter reporter *m.* **III-3**
representative député(e) *m., f.* **III-4**
require nécessiter *v.* **III-6**
research recherche *f.* **III-7**; enquêter (sur) *v.* **III-3**
applied research recherche appliquée *f.* **III-7**
basic research recherche fondamentale *f.* **III-7**
research rechercher *v.* **II-5**
researcher chercheur/chercheuse *m., f.* **II-5, III-7**
resemble ressembler (à) *v.* **III-6**
reservation réservation *f.* **I-7**
to cancel a reservation annuler une réservation **I-7**
reserve réserver *v.* **I-7**
reserved réservé(e) *adj.* **I-1**
resign démissionner *v.* **II-5**
resort (ski) station *f.* (de ski) **I-7**
resource ressource *f.* **III-10**
respect respecter *v.* **III-6**
respond répondre (à) *v.* **I-6**
responsibility responsabilité *f.* **III-1**
rest se reposer *v.* **II-2, III-2**; récupérer *v.* **III-9**
restart redémarrer *v.* **II-3**
restaurant restaurant *m.* **I-4**
restroom(s) toilettes *f., pl.* **I-8**; W.-C. *m., pl.*
result résultat *m.* **I-2**
résumé curriculum vitæ (C.V.) *m.* **II-5**
resume reprendre *v.*
retake repasser *v.* **II-7**
retire prendre sa retraite *v.* **I-6**
retired person retraité(e) *m., f.* **II-5**
retirement retraite *f.* **I-6**
return retourner *v.* **I-7, III-3**
to return (home) rentrer (à la maison) *v.* **I-2**
revenge vengeance *f.* **III-5,** revanche *f.* **III-8**
review *(criticism)* critique *f.* **II-7**
revolutionary révolutionnaire *adj.* **III-7**
rice riz *m.* **II-1**
rich riche *adj.*

to become rich s'enrichir *v.* **III-5**
ride: to go horseback riding faire du cheval *v.* **I-5**
to ride in a car rouler en voiture *v.* **I-7**
right away tout de suite *adv. III-3*
right juste *adv.* **I-3**
to the right (of) à droite (de) *prep.* **I-3**
to be right avoir raison **I-2**
right away tout de suite **I-7**
right next door juste à côté **I-3**
ring bague *f.* **III-3**
engagement ring bague de fiançailles *f.* **III-6**
wedding ring alliance *f.* **III-6**
ring sonner *v.* **II-3**
river fleuve *m.* **II-6, III-10,** rivière *f.* **II-6, III-10**
riverboat bateau-mouche *m.* **I-7**
road route *f.*; voie *f.* **III-2**
road sign panneau *m.* **III-2**
rock roche *f.* **III-8**
rocket fusée *f.*
role rôle *m.* **II-6, III-3**
roof toit *m.* **III-1**
room pièce *f.* **I-8;** salle *f.* **I-8**
bedroom chambre *f* **I-7**
classroom salle *f.* de classe **I-1**
dining room salle *f.* à manger **I-8**
single hotel room chambre *f.* individuelle **I-7**
roommate camarade de chambre *m., f.* **I-1**; *(in an apartment)* colocataire *m., f.* **I-1,III-2**
root racine *f.* **III-6**
rotary rond-point *m.* **III-2**
roundabout rond-point *m.* **III-2**
round-trip aller-retour *adj.* **I-7**
round-trip ticket/billet *m.* aller-retour **I-7**
rug tapis *m.* **I-8**
rule règle *f.* **III-5**
run courir *v.* **I-5, III-3**; gérer *v.* **III-9**; diriger *v.* **III-9**; couru (courir) *p.p., adj.* **I-6**
to run *(water)* couler *v.*
to run into someone tomber sur quelqu'un *v.* **I-7**

S

sad triste *adj.* **I-3**
to be sad that... être triste que... *v.* **II-6**
sadness tristesse *f.*
safe sûr(e) *adj.* **III-2;** en sécurité *adj.* **III-2**
safety sécurité *f.* **II-3, III-4**
public safety sûreté publique *f.* **III-4**
said dit (dire) *p.p., adj.* **I-7**
salad salade *f.* **II-1**
salary (a high, low) salaire (élevé, modeste) *m.* **II-5, III-9**
sales soldes *f., pl.* **I-6**
salesman vendeur *m.* **III-9**
saleswoman vendeuse *f.* **III-9**
salmon saumon *m.* **III-6**
salon: beauty salon salon *m.* de beauté **II-4**
salt sel *m.* **II-1**
same même *adj.* **III-2**
sand sable *m.*
sandwich sandwich *m.* **I-4**
sat (down) assis (s'asseoir) *p.p.* **II-2**
satellite dish parabole *f.* **III-7**
Saturday samedi *m.* **I-2**
sausage saucisse *f.* **II-1**
save sauver *v.* **III-4**; sauvegarder *v.* **II-3, III-7**; économiser *v.* **III-9**
save the planet sauver la planète *v.* **II-6**
savings économies *f.* **III-9**; épargne *f.* **II-4**
savings account compte d'épargne *m.* **II-4, III-9**
say dire *v.* **I-7, III-3**
to say goodbye dire au revoir **III-5**
scale escalader *v.* **III-8**
scandal scandale *m.* **III-4**
scarf écharpe *f.* **I-6**
scenery paysage *m.* **III-10**
science sciences *f., pl.* **I-2**
political science sciences politiques (sciences po) *f., pl.* **I-2**
scientist scientifique *m., f.* **III-7**
scold gronder *v.* **III-6**
score (a goal/a point) marquer (un but/un point) *v.* **III-8**
scram se casser *v.* **III-4**
scrawny maigre *adj.* **III-4**
screen écran *m.* **II-3, III-3**
screening séance *f.* **II-7**
sculptor sculpteur/femme sculpteur *m., f.* **II-7**
sculpture sculpture *f.* **II-7**
schedule horaire *m.* **III-9**
scholarship bourse *f.* **I-2**
school école *f.* **I-2**
school bag cartable *m.* **III-7**
sea mer *f.* **I-7, III-10**
seafood fruits de mer *m., pl.* **II-1**
search engine moteur de recherche *m.* **III-7**
search for chercher *v.* **I-2**
search the Web naviguer sur Internet/le web *v.* **III-3**; surfer sur Internet/le web *v.* **III-3**
to search for work chercher du travail *v.* **II-4**
season saison *f.* **I-5**
seat place *f.* **II-7**
seatbelt ceinture de sécurité *f.* **II-3**
to buckle one's seatbelt attacher sa ceinture de sécurité *v.* **II-3**
seated assis(e) *p.p., adj.* **II-2**
second deuxième *adj.* **I-7**
secure a loan obtenir un prêt **III-9**
security sécurité *f.* **II-3, III-4**
seduce séduire *v.* **III-3**
see voir *v.* **II-7, III-3**; *(catch sight of)* apercevoir *v.* **II-4**
to see again revoir *v.* **II-7, III-9**
See you later. À plus tard. **I-1**
See you later. À tout à l'heure. **I-1**
See you soon. À bientôt. **I-1**
See you tomorrow. À demain. **I-1**
seem paraître *v.*
It seems that... Il semble que... **III-7**
seen aperçu (apercevoir) *p.p.* **II-4**; vu (voir) *p.p.* **II-7**
seen again revu (revoir) *p.p.* **II-7**
self/-selves même(s) *pron.* **I-6**
self-esteem amour-propre *m.* **III-6**
selfish égoïste *adj.* **I-1, III-6**
sell vendre *v.* **I-6, III-3**
seller vendeur/vendeuse *m., f.* **I-6**
selling point argument de vente *m.*
send envoyer *v.* **I-5, III-1**
to send *(to someone)* envoyer (à) *v.* **I-6**
to send a letter poster une lettre **II-4**
Senegalese sénégalais(e) *adj.* **I-1**
sense sens *m.* **III-10**
figurative sense sens figuré *m.* **III-10**
literal sense sens littéral *m.* **III-10**
sense sentir *v.* **I-5**
sensitive sensible *adj.* **III-1**
separated séparé(e) *adj.* **I-3**
September septembre *m.* **I-5**
series feuilleton *m.* **III-3**
serious grave *adj.* **II-2;** sérieux/sérieuse *adj.* **I-3**
serve servir *v.* **I-5, III-2**
server serveur/serveuse *m., f.* **I-4**
service station station-service *f.* **II-3**
set the table mettre la table *v.* **I-8**
settle (s')établir *v.* **III-5;** s'installer *v.* **III-5**
seven sept *m.* **I-1**
seven hundred sept cents *m.* **I-5**
seventeen dix-sept *m.* **I-1**
seventh septième *adj.* **I-7**
seventy soixante-dix *m.* **I-3**
several plusieurs *adj.* **I-4, III-4**
shadow ombre *f.* **III-3**
shake agiter *v.* **III-10**
shame honte *f.* **I-2**
It's a shame that... Il est dommage que... **II-6**
shampoo shampooing *m.* **II-2**
shape *(state of health)* forme *f.* **II-2**
share partager *v.* **I-2, III-1**
shark requin *m.* **III-10**
shave (oneself) se raser *v.* **II-2, III-2**
shaving cream crème à raser *f.* **II-2**
she elle *pron.* **I-1**
sheep mouton *m.* **III-10**
sheet of paper feuille de papier *f.* **I-1**
sheets draps *m., pl.* **I-8**
shelf étagère *f.* **I-8**
shepherd(ess) berger/bergère *m., f.* **III-10**

shh chut **II-7**
shirt (short-/long-sleeved) chemise (à manches courtes/longues) *f.* **I-6**
shoe chaussure *f.* **I-6**
shoes souliers *m.* **III-8**
shoot (a film) tourner *v.* **III-3**
shopkeeper commerçant(e) *m., f.* **II-1**
shopping shopping *m.* **I-7**
to go shopping faire du shopping *v.* **I-7**
to go (grocery) shopping faire les courses *v.* **II-1**
shopping center centre commercial *m.* **I-4**
short court(e) *adj.* **I-3, III-2**; (stature) petit(e) **I-3, III-2**
shorts short *m.* **I-6**
short-term à court terme *adj.* **III-9**
shot (injection) piqûre *f.* **II-2**
to give a shot faire une piqûre *v* **II-2**
shout cri *m.* **III-2**; hurler *v.* **III-7**
show spectacle *m.* **I-5, III-8**; *(movie or theater)* séance *f.* **II-7**
shower douche *f.* **I-8**
shut off fermer *v.* **II-3**
shy timide *adj.* **I-1, III-1**
sick: to get/be sick tomber/être malade *v.* **II-2**
sicken écœurer *v.* **III-1**
sidewalk trottoir *m.* **III-2**
sign signer *v.* **II-4**
signal: to get a signal capter *v.*
silk soie *f.* **I-6**
silver argent *m.* **III-2**
similar pareil(le) *adj.* **III-5**
since depuis *adv.* **II-1**
since puisque *conj.*
sincere sincère *adj.* **I-1**
sing chanter *v.* **I-5**
singer chanteur/chanteuse *m., f.* **I-1**
single *(marital status)* célibataire *adj.* **I-3, III-1**
single hotel room chambre *f.* individuelle **I-7**
sink évier *m.* **I-8**; *(bathroom)* lavabo *m.* **I-8**
sir Monsieur *m.* **I-1**
sister sœur *f.* **I-3**
sister-in-law belle-sœur *f.* **I-3, III-6**
sit s'asseoir *v.* **III-9**
sit down s'asseoir *v.* **II-2**
sit-in strike grève sur le tas *f.* **III-2**
sitting assis(e) *adj.* **II-2**
six six *m.* **I-1**
six hundred six cents *m.* **I-5**
sixteen seize *m.* **I-1**
sixth sixième *adj.* **I-7**
sixty soixante *m.* **I-1**
size taille *f.* **I-6**
skate patiner *v.* **I-4**
skating rink patinoire *f.* **III-8**
ski skier *v.* **I-5**; faire du ski **I-5**
ski jacket anorak *m.* **I-6**
ski resort station *f.* de ski **I-7**
skiing ski *m.* **I-5**
skin peau *f.* **II-2**
skirt: (pleated) skirt jupe (plissée) *f.* **I-6, III-8**
skit sketch *m.* **III-2**
sky ciel *m.* **II-6**
skyscraper gratte-ciel *m.* **III-2**
slave esclave *m., f.* **III-4**
slave trade traite des Noirs *f.* **III-4**
slavery esclavage *m.* **III-4**
sleep dormir *v.* **III-4**; sommeil *m.* **I-2**
to go back to sleep se rendormir *v.* **III-9**
to sleep dormir *v.* **I-5**
to be sleepy avoir sommeil *v.* **I-2**
sleeve manche *f.* **I-6**
slice tranche *f.* **II-1**
slipper pantoufle *f.* **II-2**
slow lent(e) *adj.* **I-3**
slowly lentement *adv.* **III-2**
small petit(e) *adj.* **I-3, III-2**
smartphone smartphone *m.* **II-3**
smell good/bad sentir bon/mauvais *v.* **I-5, III-2**
smile sourire *m.* **I-6**
to smile sourire *v.* **I-6**
smog nuage de pollution *m.* **III-10**
smoke fumer *v.* **II-2**
smoked fumé(e) *adj.* **III-6**
snack (afternoon) goûter *m.* **II-1**
snake serpent *m.* **II-6**
sneakers baskets *f.* **III-8**, tennis *f.* **III-8**
sneeze éternuer *v.* **II-2, III-7**
snorkeling plongée avec tuba *f.* **III-10**
snow neiger *v.* **I-5**
It is snowing. Il neige. **I-5**
It was snowing… Il neigeait… **I-8**
so si **II-3**; alors *adv.* **I-1, III-2**; donc *adv.* **III-2**
so many… tant de… *adj.*
so much/many autant *adv.* **III-2**
so that pour que *conj.* **II-7, III-7**
soap opera feuilleton *m.* **II-7, III-3**
soap savon *m.* **II-2**
soccer foot(ball) *m.* **I-5**
soccer field terrain de foot *m.* **III-8**
sociable sociable *adj.* **I-1**
social level couche sociale *f.* **III-5**
sociology sociologie *f.* **I-1**
sock chaussette *f.* **I-6**
soft doux/douce *adj.* **III-2**
soften adoucir *v.* **III-6**
software logiciel *m.* **II-3**
soil *(to make dirty)* salir *v.* **I-8**
solar solaire *adj.* **II-6**
solar energy énergie solaire *f.* **II-6**
sold out complet/complète *adj.* **III-8**
soldier soldat *m.* **III-1**
solicit solliciter *v.* **III-2**
solution solution *f.* **II-6**
solve résoudre *v.* **III-10**
some de l' *part. art., m., f., sing.* **I-4**
some de la *part. art., f., sing.* **I-4**
some des *part. art., m., f., pl.* **I-4**
some du *part. art., m., sing.* **I-4**
some quelques *adj.* **I-4**
some *(of it/them)* en *pron.* **II-2**
some quelques-un(e)s *pron.* **III-4**; quelque *adj.* **III-4**
someone quelqu'un *pron.* **II-4, III-4**
something quelque chose *m.* **I-4, III-4**
Something's not right. Quelque chose ne va pas. **I-5**
sometimes parfois *adv.* **I-5, III-2**; quelquefois *adv.* **I-8, III-2**
somewhere quelque part *adv.* **III-2**
son fils *m.* **I-3**
song chanson *f.* **II-7**
son-in-law beau-fils *m.* **III-6**
soon bientôt *adv.* **III-2**
as soon as dès que *conj.* **III-7**; aussitôt que *conj.* **III-7**
sorcerer sorcier/sorcière *m., f.* **III-7**
sorrow peine *f.* **III-1**; chagrin *m.* **III-1**
sorry désolé(e) **II-3, III-6**
to be sorry that… être désolé(e) que… *v.* **II-6, III-6**
sort sorte *f.* **II-7**
So-so. Comme ci, comme ça. **I-1**
soul mate âme sœur *f.* **III-1**
sound sonner *v.*
sound track bande originale *f.* **III-3**
soup soupe *f.* **I-4**
soupspoon cuillère à soupe *f.* **II-1**
south sud *m.* **II-4**
space espace *m.* **II-6, III-7**
space program programme spatial *m.*
space shuttle navette spatiale *f.*
space station station spatiale *f.*
space walk sortie dans l'espace *f.*
Spain Espagne *f.* **I-7**
Spanish espagnol(e) *adj.* **I-1**
speak (on the phone) parler (au téléphone) *v.* **I-2**
to speak (to) parler (à) *v.* **I-6**
to speak to one another se parler *v.* **II-3**; s'adresser la parole *v.* **III-7**
speak softly/loudly parler bas/fort *v.* **III-2**
speaker orateur/oratrice *m., f.* **III-2**
special effects effets spéciaux *m.* **III-3**
specialist spécialiste *m., f.* **II-5**
specialized spécialisé(e) *adj.* **III-7**
species espèce *f.* **II-6**
endangered species espèce *f.* menacée **II-6**
spectator spectateur/spectatrice *m., f.* **II-7, III-8**
speed limit limitation de vitesse *f.* **II-3**
speed vitesse *f.* **II-3**
spell épeler *v.* **III-1**
spell check correcteur orthographique *m.* **III-7**
spend dépenser *v.* **I-4**
to spend money dépenser de l'argent **I-4**
to spend time passer *v.* **I-7**
to spend time *(somewhere)* faire un séjour **I-7**

spider araignée *f.* **III-10**
spinach épinards *m.* **III-6**
spirit esprit *m.* **III-1**
spoil gâter *v.* **III-6**
spoon cuillère *f.* **II-1**
sport(s) sport *m.* **I-5**
to play sports faire du sport *v.* **I-5**
sporting goods store magasin de sport *m.* **III-8**
sports club club sportif *m.* **III-8**
sports page page sportive *f.* **III-3**
sports training school centre de formation *m.* **III-8**
sporty sportif/sportive *adj.* **I-3**
spouse époux/épouse *m., f.* **III-6**
sprain one's ankle se fouler la cheville **II-2**
spread s'étendre *v.* **III-2**
to spread (the word) faire passer **III-8**
spring printemps *m.* **I-5**
in the spring au printemps **I-5**
spring *(aquatic)* source *f.* **III-10**
spy espionner *v.* **III-4**
square *(place)* place *f.* **I-4**
square place *f.* **III-2**; carré(e) *adj.* **III-4**
squirrel écureuil *m.* **II-6**
stadium stade *m.* **I-5**
stage *(phase)* étape *f.* **I-6**
stage fright trac *m.* **II-5, III-3**
to have stage fright avoir le trac *v.* **III-3**
staircase escalier *m.* **I-8**
stamp timbre *m.* **II-4**
stand (someone) up poser un lapin (à quelqu'un) **III-1**
standard of living niveau de vie *m.* **III-5**
star étoile *f.* **II-6**
star: *(movie)* **star** vedette (de cinéma) *f.* **III-3**; *(shooting)* **star** étoile (filante) *f.* **III-7**
start up démarrer *v.* **II-3**
start-up mise en marche *f.* **III-7**
starter entrée *f.* **II-1**
station station *f.* **I-7**
subway station station *f.* de métro **I-7**
train station gare *f.* **I-7**
stationery store papeterie *f.* **II-4**
statue statue *f.* **II-4**
stay séjour *m.* **I-7**; rester *v.* **I-7, III-3**
to stay slim garder la ligne *v.* **II-2**
steak steak *m.* **II-1**
steal voler *v.* **III-5**
steering wheel volant *m.* **II-3**
stepbrother demi-frère *m.* **I-3**
stepdaughter belle-fille *f.* **III-6**
stepfather beau-père *m.* **I-3, III-6**
stepmother belle-mère *f.* **I-3, III-6**
stepsister demi-sœur *f.* **I-3**
stepson beau-fils *m.* **III-6**
stereo system chaîne stéréo *f.* **II-3**
stiletto heels talons aiguilles *m.* **III-8**
still encore *adv.* **I-3, III-2**

stock market marché boursier *m.* **III-9**
stomach ventre *m.* **II-2**
to have a stomach ache avoir mal au ventre *v.* **II-2**
stone pierre *f.* **II-6**
stop *(doing something)* arrêter (de faire quelque chose) *v.*; *(to stop oneself)* s'arrêter *v.* **II-2, III-2**
bus stop arrêt d'autobus (de bus) *m.* **I-7**
to stop by someone's house passer chez quelqu'un *v.* **I-4**
to stop from *(doing something)* empêcher (de) *v.* **III-2**
store magasin *m.*; boutique *f.* **II-4**
grocery store épicerie *f.* **I-4**
store name enseigne *f.* **III-3**
store window vitrine *f.* **III-7**
stormy orageux/orageuse *adj.* **I-5**
It is stormy. Le temps est orageux. **I-5**
story histoire *f.* **I-2**
stove cuisinière *f.* **I-8**
straight raide *adj.* **I-3**
straight ahead tout droit *adv.* **II-4**
stranger étranger/étrangère *m., f.*
strangle étrangler *v.* **II-5**
strawberry fraise *f.* **II-1**
stream ruisseau *m.* **III-10**
street rue *f.* **II-3, III-2**
to follow a street suivre une rue *v.* **II-4**
strengthened raffermi(e) *adj.* **III-10**
strict strict(e) *adj.* **III-6**
strike grève *f.* **III-2;** sonner *v.*
striking frappant(e) *adj.* **III-3**; marquant(e) *adj.* **III-3**
stroll: to take a stroll se promener *v.* **III-8**
strong fort(e) *adj.* **I-3**
struggle lutter *v.* **III-5**
student étudiant(e) *m., f.* **I-1;** élève *m., f.* **I-1**
high school student lycéen(ne) *m., f.* **I-2**
studies études *f.* **I-2**
studio *(apartment)* studio *m.* **I-8**
study étudier *v.* **I-2**
stupid bête *adj.* **III-4**
submissive soumis(e) *adj.* **III-6**
subscriber abonné(e) *m., f.* **III-9**
subscription abonnement *m.* **III-7**
subtitles sous-titres *m.* **III-3**
suburb(s) banlieue *f.* **I-4, III-2**
subway métro *m.* **I-7**
subway car wagon *m.* **III-2**
subway station station de métro *f.* **III-2**
subway station station *f.* de métro **I-7**
subway train rame de métro *f.* **III-2**
succeed *(in doing something)* réussir (à) *v.* **I-4, III-9**
success réussite *f.* **II-5, III-9**
successful prospère *adj.* **III-9**
such a(n) tel(le) *adj.* **III-4, III-5**

sudden: all of a sudden tout à coup *adv.* **III-3**
suddenly soudain *adv.* **I-8, III-2**; tout à coup *adv.* **I-7**; tout d'un coup *adv.* **I-8**
suffer souffrir *v.* **II-3, III-4**
suffered souffert (souffrir) *p.p.* **II-3**
suffering douleur *f.* **III-1**
sugar sucre *m.* **I-4**
suggest (that) suggérer (que) *v.* **II-6, III-6**
suit *(man's)* costume *m.* **I-6**; *(woman's)* tailleur *m.* **I-6**
suitcase valise *f.* **I-7**
summer été *m.* **I-5**
in the summer en été **I-5**
sun soleil *m.* **I-5, III-10**
to bask in the sun lézarder au soleil *v.* **III-8**
It is sunny. Il fait (du) soleil. **I-5**
Sunday dimanche *m.* **I-2**
sunglasses lunettes de soleil *f., pl.* **I-6**
supermarket supermarché *m.* **II-1**
large supermarket hypermarché *m.* **III-6**
supervisory staff encadrement *m.* **III-9**
support soutien *m.* **III-2**; *support (a cause)* soutenir (une cause) *v.* **III-3, III-5**
supporter supporter (de) *m.* **III-8**
sure sûr(e) **II-1, III-7**
It is sure that... Il est sûr que... **II-7**
It is unsure that... Il n'est pas sûr que... **II-7**
surely sûrement *adv.* **III-3**
surf on the Internet surfer sur Internet **II-3**
surface area superficie *f.* **III-10**
surprise (someone) faire une surprise (à quelqu'un) *v.* **I-6**
surprised surpris (surprendre) *p.p., adj.* **I-6;** étonné(e) *adj.* **III-6**
to be surprised that... être surpris(e) que... *v.* **II-6**
surprising étonnant(e) *adj.* **III-6,** surprenant(e) *adj.* **III-6**
surround oneself with s'entourer de *v.* **III-9**
survival survie *f.* **III-7**
survive survivre *v.* **III-6**
suspect se douter (de) *v.* **III-2, III-4**
sweater *(with front opening)* gilet *m.* **III-8;** pull *m.* **I-6**
sweatshirt *(with front opening)* gilet *m.* **III-8**
sweep balayer *v.* **I-8, III-1**
sweet doux/douce *adj.* **III-2**
swell enfler *v.* **II-2**
swim nager *v.* **I-4**
swimsuit maillot de bain *m.* **I-6**
swing se balancer *v.* **III-10**
Swiss suisse *adj.* **I-1**
Switzerland Suisse *f.* **I-7**
symptom symptôme *m.* **II-2**

T

table table *f.* **I-1**
to clear the table débarrasser la table *v.* **I-8**
tablecloth nappe *f.* **II-1**
tablet computer tablette (tactile) *f.* **II-3**
tabloid(s) presse à sensation *f.* **III-3**
tackle aborder *v.*
take prendre *v.* **I-4, III-3**
to take a shower prendre une douche **II-2**
to take a train (plane, taxi, bus, boat) prendre un train (un avion, un taxi, un autobus, un bateau) *v.* **I-7**
to take a walk se promener *v.* **II-2**
to take a stroll/walk se promener *v.* **III-8**
to take action agir *v.* **III-7**
to take action to prendre des mesures pour
to take advantage of profiter de *v.* **II-7, III-9**
to take an exam passer un examen *v.* **I-2**
to take care (of something) s'occuper (de) *v* **II-2**
to take off retirer *v.* **III-9**
to take out a loan faire un emprunt **III-9**
to take out the trash sortir la/les poubelle(s) *v.* **I-8**
to take place se dérouler *v.* **III-6**
to take the plunge se lancer *v.* **III-1**
to take someone emmener *v.* **I-5, III-1**
to take time off prendre un congé *v.* **II-5**
taken up (être) pris(e) *p.p., adj.* **I-6, III-6**
tale conte *m.* **II-7**
talented *(gifted)* doué(e) *adj.* **II-7**
talk s'entretenir (avec) *v.* **III-2**
to talk to death soûler *v.* **III-6**
tall grand(e) *adj.* **III-2**
tan bronzer *v.* **I-6**
tape recorder magnétophone *m.* **II-3**
tart tarte *f.* **II-1**
task tâche *f.* **III-9**
taste goûter *v.* **II-1**
tax taxe *f.* **III-9**
taxi taxi *m.* **I-7**
tea thé *m.* **I-4**
teach enseigner *v.* **I-2**
to teach *(to do something)* apprendre (à) *v.* **I-4**
teacher professeur *m.* **I-1**
team club *m.* **III-8;** équipe *f.* **I-5**
tear déchirer *v.* **III-8**
tear larme *f.* **III-1**
teaspoon cuillére à café *f.* **II-1**
tease taquiner *v.* **III-9**
tee shirt tee-shirt *m.* **I-6**
teeth dents *f., pl.* **II-1**
to brush one's teeth se brosser les dents *v.* **II-1**
telephone *(receiver)* appareil *m.* **II-5**
to telephone *(someone)* téléphoner (à) *v.* **I-2**
It's Mr./Mrs./Miss ... (on the phone.) C'est M./Mme/Mlle ... (à l'appareil.) **II-5**
telescope télescope *m.* **III-7**
television télévision *f.* **I-1**
television channel chaîne *f.* (de) télévision **II-3**
television program émission *f.* de télévision **II-7**
television set poste de télévision *m.* **II-3**
television viewer téléspectateur/téléspectatrice *m., f.* **III-3**
tell (a story) raconter (une histoire) *v.* **III-9**
tell one another se dire *v.* **II-3**
temperature température *f.* **I-5**
tempt tenter *v.* **III-8**
ten dix *m.* **I-1**
tenacious tenace *adj.* **III-10**
tennis tennis *m.* **I-5**
tennis shoes baskets *f.* **I-6, III-8**; tennis *f.* **III-8**
tense tendu(e) *adj.* **III-6**
tenth dixième *adj.* **I-7**
terminal (bus) gare *f.* routière **I-7**
terrace (café) terrasse *f.* de café **I-4**
terrific génial(e) *adj.* **III-1**
territory superficie *f.* **III-10**
terrorism terrorisme *m.* **III-4**
terrorist terroriste *m., f.* **III-4**
test examen *m.* **I-1**
text message texto, SMS *m.* **II-3**
than que/qu' *conj.* **II-1, II-6**
thank remercier *v.* **III-6**
thanks to grâce à *prep.* **III-1**
Thank you (very much). Merci (beaucoup). **I-1**
thankless ingrat(e) *adj.* **III-9**
that ce/c', ça **I-1**; que *rel. pron.* **II-3, III-9**; qui *rel. pron.* **III-9**
Is that... ? Est-ce... ? **I-2**
That's enough. Ça suffit. **I-5, III-4**
That has nothing to do with us. That is none of our business. Ça ne nous regarde pas. **II-6**
that is... c'est... **I-1**
that is to say ça veut dire **II-2**; c'est-à-dire **III-7**
theater théâtre *m.* **II-7**
their leur(s) *poss. adj., m., f.* **I-3**
them les *d.o. pron.* **I-7**; leur *i.o. pron., m., f., pl.* **I-6**
then alors *adv.* **I-7, III-2**; ensuite *adv.* **I-7, III-2**; puis *adv.* **I-7**; puis **I-4**
theory théorie *f.* **III-7**
there là **I-1, III-2**; y *pron.* **II-2**
Is there... ? Y a-t-il... ? **I-2**
over there là-bas *adv.* **I-1, III-2**
(over) there *(used with demonstrative adjective) ce and noun or with demonstrative pronoun celui)* -là **I-6**
There is/There are... Il y a... **I-1**
There is/There are.... Voilà... **I-1**
There was... Il y a eu... **I-6**; Il y avait... **I-8**
therefore donc *conj.* **I-7**
these/those ces *dem. adj., m., f., pl.* **I-6**
these/those celles *pron., f., pl.* **II-6**
these/those ceux *pron., m., pl.* **II-6**
they ils *sub. pron., m.* **I-1**; elles *sub. and disj. pron.,* f. **I-1**; eux *disj. pron., pl.* **I-3**
thick épais(se) *adj.* **III-9**
thief voleur/voleuse *m., f.* **III-4**
thigh cuisse *f.*
thin maigre *adj.* **III-4**
thing chose *f.* **I-1**; truc *m.* **I-7**
think (about) réfléchir (à) *v.* **I-4**
to think (that) penser (que) *v.* **I-2**
third troisième *adj.* **I-7**
thirst soif *f.* **I-4**
to be thirsty avoir soif *v.* **I-4**
thirteen treize *m.* **I-1**
thirty trente *m.* **I-1**
thirty-first trente et unième *adj.* **I-7**
this/that ce *dem. adj., m., sing.* **I-6**; cet *dem. adj., m., sing.* **I-6**; cette *dem. adj., f., sing.* **I-6**
this afternoon cet après-midi **I-2**
this evening ce soir **I-2**
this one/that one celle *pron., f., sing.* **II-6**; celui *pron., m., sing.* **II-6**
this week cette semaine **I-2**
this weekend ce week-end **I-2**
this year cette année **I-2**
those are... ce sont... **I-1**
though pourtant *adv.*
thousand: one thousand mille *m.* **I-5**
one hundred thousand cent mille *m.* **I-5**
threat danger *m.* **II-6**; menace *f.* **III-4**
threaten menacer *v.* **III-1**
three trois *m.* **I-1**
three hundred trois cents *m.* **I-5**
thrifty économe *adj.* **III-1**
thrill frisson *m.* **III-8**
throat gorge *f.* **II-2**
throughout à travers *prep.*
throw lancer *v.* **III-1, III-7**; jeter *v.* **III-1**
to throw away jeter *v.* **II-6, III-10**
Thursday jeudi *m.* **I-2**
thus ainsi *adv.* **III-2**
thwart contrarier *v.* **III-7**
ticket billet *m.* **I-7, III-8**; ticket *m.* **III-8**
round-trip ticket billet *m.* aller-retour **I-7**

bus/subway ticket ticket de bus/ de métro *m.* **I-7**
to get tickets obtenir des billets **III-8**
tidy up ranger *v.* **III-1**
tie *(a game)* faire match nul *v.* **III-8**
tie cravate *f.* **I-6**
tiger tigre *m.* **III-10**
tight serré(e) *adj.* **I-6**
time *(occurence)* fois *f.*; *(general sense)* temps *m., sing.* **I-5, III-2, III-3**
a long time longtemps *adv.* **I-5, III-3**
free time temps libre *m.* **I-5**
from time to time de temps en temps *adv.* **I-8, III-2**
to waste time perdre son temps *v.* **I-6**
to have a good time se divertir *v.* **III-8**
tinker bricoler *v.* **I-5**
tip pourboire *m.* **I-4**
to leave a tip laisser un pourboire *v.* **I-4**
tip over basculer *v.* **III-4**
tire pneu *m.* **II-3**
flat tire pneu *m.* crevé **II-3**
(emergency) **tire** roue (de secours) *f.* **II-3**
to check the tire pressure vérifier la pression des pneus *v.* **II-3**
tired fatigué(e) *adj.* **I-3**
tiresome pénible *adj.* **I-3**
to à *prep.* **I-4**; au (à + le) **I-4**; aux (à + les) **I-4**
to be in a bad mood être de mauvaise humeur **I-8**
to be in bad health être en mauvaise santé **II-2**
to do it on purpose faire exprès *v.* **III-4**
to do without faire sans *v.* **III-5**
to give directions donner des indications *v.* **III-2**
to light up s'allumer *v.* **II-3**
to pay with a credit card payer avec une carte de crédit *v.* **II-4**
to run over écraser *v.*
to show (to someone) montrer (à) *v.* **I-6**
to turn off course bifurquer *v.* **III-4**
to turn over se retourner *v.* **III-10**
toast toast *m.* **III-8**
to propose a toast porter un toast (à quelqu'un) *v.* **III-8**
toaster grille-pain *m.* **I-8**
today aujourd'hui *adv.* **I-2, III-2**
toe orteil *m.* **II-2**; doigt de pied *m.* **II-2**
together ensemble *adv.* **I-6**
to get together se réunir *v.* **III-2**
tolerate tolérer *v.* **III-10**
tomato tomate *f.* **II-1**
tomorrow (morning, afternoon, evening) demain (matin, après-midi, soir) *adv.* **I-2, III-2**
day after tomorrow après-demain *adv.* **I-2**
tone ton *m.* **III-10**
too aussi *adv.* **I-1**
too many/much (of) trop (de) **I-4, III-2**
tool outil *m.* **III-7**
tooth dent *f.* **II-1**
to brush one's teeth se brosser les dents *v.* **II-1**
toothbrush brosse *f.* à dents **II-2**
toothpaste dentifrice *m.* **II-2**
torture supplice *m.*
totalitarian regime régime totalitaire *m.* **III-4**
tour tour *m.* **I-5**
tourism tourisme *m.* **II-4**
tourist office office du tourisme *m.* **II-4**
towel (bath) serviette (de bain) *f.* **II-2**
town ville *f.* **I-4**
town center centre-ville *m.* **III-2**
town dweller citadin(e) *m., f.* **III-2**
town hall hôtel de ville *m.* **III-2**; mairie *f.* **II-4**
town planning urbanisme *m.* **III-2**
toxic toxique *adj.* **II-6, III-10**
toxic waste déchets toxiques *m., pl.* **II-6**
track voie *f.* **III-2**
traffic circulation *f.* **II-3, III-2**
traffic jam embouteillage *m.* **III-2**
traffic light feu (tricolore) *m.* **II-4, III-2**
tragedy tragédie *f.* **II-7**
train train *m.* **I-7, III-2**; s'entraîner *v.* **III-6**
to get on a train monter dans un train *v.* **III-2**
train station gare *f.* **I-7**; station *f.* de train **I-7**
trainee stagiaire *m., f.*
trainer formateur/formatrice *m., f.*
training course stage *m.*
training formation *f.* **II-5, III-9**
translate traduire *v.* **I-6**
translated traduit (traduire) *p.p., adj.* **I-6**
transplant greffer *v.* **III-2**
transportation transport *m.* **III-2**
trash déchets *m.* **II-6, III-10**
travel agency agence de voyages *f.* **I-7**
travel agent agent de voyages *m.* **I-7**
travel voyager *v.* **I-2, III-1**, se déplacer *v.*
treat traiter *v.*; soigner *v.* **III-7**
tree arbre *m.* **II-6**
trick duper *v.* **III-2**
trip trajet *m.*
trip voyage *m.* **I-7**
troop *(company)* troupe *f.* **II-7**
tropical tropical(e) *adj.* **II-6**
tropical forest forêt tropicale *f.* **II-6**
truck: small truck camionnette *f.* **III-9**
true vrai(e) *adj.* **I-3, III-2**; véritable *adj.* **I-6**
It is true that... Il est vrai que... **II-7**
It is untrue that... Il n'est pas vrai que... **II-7**
truly vraiment *adv.* **III-2**
trunk coffre *m.* **II-3**
trust (someone) faire confiance (à quelqu'un) **III-1**
truth vérité *f.* **III-2**
try essayer *v.* **I-5, III-1**
to try to "pick up" draguer *v.* **III-1**
Tuesday mardi *m.* **I-2**
tuna thon *m.* **II-1**
turn tourner *v.* **II-4**
to turn off éteindre *v.* **II-3**
to turn on allumer *v.* **II-3**
to turn (oneself) around se tourner *v.* **II-2**
turnaround retournement *m.* **III-6**
turtle tortue *f.* **III-10**
twelve douze *m.* **I-1**
twentieth vingtième *adj.* **I-7**
twenty vingt *m.* **I-1**
twenty-first vingt et unième *adj.* **I-7**
twenty-second vingt-deuxième *adj.* **I-7**
twice deux fois *adv.* **I-8, III-3**
twin sisters jumelles *f.* **III-6**
twin brothers jumeaux *m.* **III-6;**
twist one's ankle se fouler la cheville *v.* **II-2**
two deux *m.* **I-1**
two hundred deux cents *m.* **I-5**
two million deux millions *m.* **I-5**
type genre *m.* **II-7**

U

U.F.O. ovni *m.* **III-7**
ugly laid(e) *adj.* **I-3**
umbrella parapluie *m.* **I-5**
unbearable insupportable *adj.* **III-6**
unbiased impartial(e) *adj.* **III-3**
uncertainty incertitude *f.* **III-5**
uncle oncle *m.* **I-3**
under sous *prep.* **I-3**
underpants *(for females)* culotte *f.* **III-8**; *(for males)* slip *m.* **III-8**
underpriviliged défavorisé(e) *adj.* **III-5**
understand comprendre *v.* **I-4**
understanding compréhension *f.* **III-5**
understood compris (comprendre) *p.p., adj.* **I-6**
undertake entreprendre *v.* **III-9**
underwear sous-vêtement *m.* **I-6**
undress se déshabiller *v.* **II-2, III-2**
unemployed au chômage *adj.* **III-9**
unemployed person chômeur/ chômeuse *m., f.* **II-5, III-9**

to be unemployed être au chômage *v.* **II-5**
unemployment chômage *m.* **II-5, III-9**
unequal inégal(e) *adj.* **III-4**
unethical contraire à l'éthique *adj.* **III-7**
unexpected inattendu(e) *adj.* **III-2**
unfair injuste *adj.* **III-4**
unfaithful infidèle *adj.* **III-1**
unforgettable inoubliable *adj.* **III-1**
unfortunately malheureusement *adv.* **I-2**
unhappily malheureusement *adv.* **III-2**
unhappy malheureux/malheureuse *adj.* **I-3**
union syndicat *m.* **II-5**
unite unir *v.* **III-2**
United States États-Unis *m., pl.* **I-7**
university cafeteria restaurant universitaire (resto U) *m* **I-2**
university faculté *f.* **I-1**; université *f.* **I-1**
unless à moins de *prep.* **III-7**; à moins que *conj.* **II-7, III-7**
unlikely peu probable *adj.* **III-7**
unpleasant antipathique *adj.* **I-3**; désagréable *adj.* **I-1**
untidy en désordre **III-7**
until jusqu'à *prep.* **II-4**; jusqu'à ce que *conj.* **II-7, III-7**
unusual inhabituel(le) *adj.* **III-9**
up front en pointe *adv.* **III-8**
updated actualisé(e) *adj.* **III-3**
upset contrarié(e) *adj.* **III-1**
to become upset s'énerver *v.* **II-2**
urbanize urbaniser *v.* **III-10**
urge exhorter *v.* **III-10**
us nous *i.o. pron.* **I-6**; nous *d.o. pron.* **I-7**
use employer *v.* **I-5**
to use a map utiliser un plan *v.* **I-7**
use se servir de *v.* **III-2**
to use up épuiser *v.* **III-10**
useful utile *adj.* **I-2**
useless inutile *adj.* **I-2**; nul(le) *adj.* **I-2**
usually d'habitude *adv.* **I-8**

V

vacation vacances *f., pl.* **I-7**
vacation day jour de congé *m.* **I-7**
vacationer vacancier/vacancière *m., f.* **III-8**
vacuum aspirateur *m.* **I-8**
to vacuumn passer l'aspirateur *v.* **I-8**
value valeur *f.* **III-5**
valley vallée *f.* **II-6**
van: small van camionnette *f.* **III-9**
vegetable légume *m.* **II-1**
velvet velours *m.* **I-6**
very *(before adjective)* tout(e) *adv.* **I-3**; *(before adverb)* très *adv.* **I-8, III-2**; même *adj.* **III-2**
Very well. Très bien. **I-1**
veterinarian vétérinaire *m., f.* **II-5**
victim victime *f.* **III-4**
victorious victorieux/victorieuse *adj.* **III-4**
victory victoire *f.* **III-4**
video game jeu vidéo (des jeux vidéo) *m.* **II-3, III-8**
videocassette recorder (VCR) magnétoscope *m.* **II-3**
videotape cassette vidéo *f.* **II-3**
Vietnamese vietnamien(ne) *adj.* **I-1**
violence violence *f.* **III-4**
violet violet(te) *adj.* **I-6**
violin violon *m.* **II-7, III-2**
visit visite *f* **I-6**
to visit *(a place)* visiter *v.* **I-2**; *(a person or people)* rendre visite (à) *v.* **I-6**; *(to visit regularly)* fréquenter *v.* **I-4**
voice voix *f.*
voicemail messagerie *f.* **II-5**
volcano volcan *m.* **II-6**
volleyball volley(-ball) *m.* **I-5**
vote voter *v.* **III-4**

W

waist taille *f* **I-6**
wait *(for)* attendre *v.* **I-6, III-2**
to wait *(on the phone)* patienter *v.* **II-5**
to wait in line faire la queue **II-4, III-8**
waiting for en attendant que *conj.* **III-7**
wake up se réveiller *v.* **II-2, III-2**
walk promenade *f.* **I-5**; marcher *v.* **I-5**
to go for a walk faire une promenade **I-5**; faire un tour **I-5**
to take a walk se promener *v.* **III-8**
wall mur *m.* **I-8**; paroi *f.* **III-3**
want désirer *v.* **I-5**; vouloir *v.* **II-1**
want vouloir *v.* **III-3**
to want to désirer *v.* **III-8**
war guerre *f.*
civil war guerre civile *f.* **III-4**
wardrobe armoire *f.* **I-8**; garde-robe *f.* **III-8**
warehouse entrepôt *m.* **III-9**
warming: global warming réchauffement de la Terre *m.* **II-6**
warning light (gas/oil) voyant *m.* (d'essence/d'huile) **II-3**
wary: to be wary of se méfier de *v.* **III-2**
wash laver *v.* **I-8**
to wash oneself (one's hands) se laver (les mains) *v.* **II-2, III-2**
to wash up (in the morning) faire sa toilette *v.* **II-2**
washing machine lave-linge *m.* **I-8**
waste gaspillage *m.* **II-6, III-10**; gaspiller *v.* **II-6, III-10**
waste time perdre son temps *v.* **I-6**
wastebasket corbeille (à papier) *f.* **I-1**
watch montre *f.* **I-1**; regarder *v.* **I-2, III-8**
water eau *f.* **I-4**
mineral water eau *f.* minérale **I-4**
way *(by the way)* au fait **I-3**; *(path)* chemin **II-4**
we nous *pron.* **I-1**
weak faible *adj.* **I-3**
weaken faiblir *v.* **III-10**
wealth richesse *f.* **III-5**
distribution of wealth partage des richesses *m.* **III-5**
weapon arme *f.* **III-4**
wear porter *v.* **I-6**
weary las/lasse *adj.*
weather temps *m., sing.* **I-5**; météo *f.* **II-7**
The weather is bad. Il fait mauvais. **I-5**
The weather is dreadful. Il fait un temps épouvantable. **I-5**
The weather is good/warm. Il fait bon. **I-5**
The weather is nice. Il fait beau. **I-5**
Web web *m.* **III-3**
Web-site site Internet/web *m.* **II-3, III-3**
wedding mariage *m.* **I-6, III-1**
wedding gown robe de mariée *f.* **III-6**
wedding ring alliance *f.* **III-6**
Wednesday mercredi *m.* **I-2**
weekend week-end *m.* **I-2**
this weekend ce week-end *m.* **I-2**
weekly magazine hebdomadaire *m* **III-3**
weigh peser *v.* **III-1**
welcome bienvenu(e) *adj.* **I-1**
You're welcome. Il n'y a pas de quoi. **I-1**
well bien *adv.* **I-7, III-2**
I am doing well/badly. Je vais bien/mal. **I-1**
well-being bien-être *m.* **III-10**
well-mannered bien élevé(e) *adj.* **III-6**
west ouest *m.* **II-4**
What? Comment? *adv.* **I-4**; Pardon? **I-4**; Quoi? **I-1** *interr. pron.* **I-4**
What day is it? Quel jour sommes-nous? **I-2**
What is it? Qu'est-ce que c'est? *prep.* **I-1**
What is the date? Quelle est la date? **I-5**
What is the temperature? Quelle température fait-il? **I-5**
What is the weather like? Quel temps fait-il? **I-5**
What is your name? Comment t'appelles-tu? *fam.* **I-1**
What is your name? Comment vous appelez-vous? *form.* **I-1**

What is your nationality? Quelle est ta nationalité? *sing., fam.* **I-1**
What is your nationality? Quelle est votre nationalité? *sing., pl., fam., form.* **I-1**
What time do you have? Quelle heure avez-vous? *form.* **I-2**
What time is it? Quelle heure est-il? **I-2**
What time? À quelle heure? **I-2**
What do you think about that? Qu'en penses-tu? **II-6**
What's up? Ça va? **I-1**
whatever it may be quoi que ce soit **II-5**
What's wrong? Qu'est-ce qu'il y a? **I-1**
wheelchair fauteuil rolant *m.* **III-7**
when quand *adv.* **I-4, III-7**; lorsque *conj.* **III-7**; où *rel. pron.* **III-9**
When is ...'s birthday? C'est quand l'anniversaire de ...? **I-5**
When is your birthday? C'est quand ton/votre anniversaire? **I-5**
where où *adv., rel. pron.* **I-4, III-9**
which que *rel. pron.* **III-9**
of which dont *rel. pron. III-9*
which? quel(le)(s)? *adj.* **I-4**
which one à laquelle *pron., f., sing.* **II-5**
which one auquel (à + lequel) *pron., m., sing.* **II-5**
which one de laquelle *pron., f., sing.* **II-5**
which one duquel (de + lequel) *pron., m., sing.* **II-5**
which one laquelle *pron., f., sing.* **II-5**
which one lequel *pron., m., sing.* **II-5**
which ones auxquelles (à + lesquelles) *pron., f., pl.* **II-5**
which ones auxquels (à + lesquels) *pron., m., pl.* **II-5**
which ones desquelles (de + lesquelles) *pron., f., pl.* **II-5**
which ones desquels (de + lesquels) *pron., m., pl.* **II-5**
which ones lesquelles *pron., f., pl.* **II-5**
which ones lesquels *pron., m., pl.* **II-5**
while pendant que *prep.* **I-7**
whim caprice *m.* **III-6**
whisper chuchoter *v.* **III-6**
whistle sifflet *m.* **III-8**; siffler *v.* **III-8**
white blanc(he) *adj.* **I-6, III-2**
who qui *rel. pron.* **III-9**
who? qui? *interr. pron.* **I-4**; qui *rel. pron.* **II-3**
Who is it? Qui est-ce? **I-1**
Who's calling, please? Qui est à l'appareil? **II-5**
whom qui *rel. pron.* **III-9**
of whom dont *rel. pron.* **III-9**
whom? qui? *interr.* **I-4**
For whom? Pour qui? **I-4**
To whom? À qui? **I-4**
whose dont *rel. pron.* **III-9**
why? pourquoi? *adv.* **I-2, I-4**
widow veuve *f.* **III-1**
widowed veuf/veuve *adj.* **I-3, III-1**
widower veuf *m.* **III-1**
wield manier *v.* **III-7**
wife femme *f.* **I-1**; épouse *f.* **I-3, III-6**
willing (to) disposé(e) *adj.* **III-9**
willingly volontiers *adv.* **II-2**
win gagner *v.* **I-5, III-4**
to win elections gagner les élections **III-4**
wind vent *m.* **I-5**
It is windy. Il fait du vent. **I-5**
wind turbine éolienne *f.* **III-10**
window fenêtre *f.* **I-1**
window display vitrine *f.* **III-7**
windshield pare-brise *m.* **II-3**
windshield wiper(s) essuie-glace (essuie-glaces *pl.*) *m.* **II-3**
windsurfing planche à voile *f.* **I-5**
to go windsurfing faire de la planche à voile *v.* **I-5**
wine vin *m.* **I-6**
winter hiver *m.* **I-5**
in the winter en hiver **I-5**
wipe (the dishes/the table) essuyer (la vaisselle/la table) *v.* **I-8**
wish vœu *m.* **III-1, III-5**
to wish to souhaiter *v.* **III-8**
wish that... souhaiter que... *v.* **II-6**
with avec *prep.* **I-1**
with whom? avec qui? **I-4**
withdraw money retirer de l'argent *v.* **II-4**
without sans *prep.* **I-8, III-7**; sans que *conj.* **I-5, III-7**
witness témoin *m.* **III-5, III-6**
to be witness to témoigner de *v.* **III-5**
wizard sorcier/sorcière *m., f.* **III-7**
woman femme *f.* **I-1**
wonder se demander *v.* **III-2**
wood bois *m.* **II-6**
wool laine *f.* **I-6**
work travail *m.* **II-4**
to work travailler *v.* **I-2**; marcher *v.* **II-3**; fonctionner *v.* **II-3**
work (hard) travailler (dur) *v.* **III-2**
work out faire de la gym *v.* **I-5**
work schedule temps de travail *m.* **III-9**
worker ouvrier/ouvrière *m., f.* **II-5**; travailleur/travailleuse *m., f.* **III-6**
blue-collar worker travailleur/travailleuse manuel(le) *m., f.* **III-6**
workshop atelier *m.* **III-7**
world monde *m.* **I-7**
worn out usé(e) *adj.* **III-2**
worried inquiet/inquiète *adj.* **I-3, III-1, III-2**
worry s'inquiéter *v.* **II-2, III-2**
worse pire *comp. adj.* **II-1, III-7**; plus mal *comp. adv.* **II-1, III-7**; plus mauvais(e) *comp. adj.* **II-1, III-7**; pis *adv.* **III-7**
to get worse empirer *v.* **III-10**
worst: the worst le plus mal *super. adv.* **II-1, III-7**; le/la pire *super. adj.* **II-1, III-1, III-7**; le/la plus mauvais(e) *super. adj.* **II-1, III-7**; le pis *adv.* **III-7**
worth: to be worth mériter *v.* **III-1**; valoir *v.* **III-6**
It is not worth the effort... Ce n'est pas la peine que...**III-6**
to be worth it valoir la peine **III-8**
wound blessure *f.* **II-2**
wounded: to get wounded se blesser *v.* **II-2**
write écrire *v.* **I-7, III-3**
to write one another s'écrire *v.* **II-3**
writer écrivain/femme écrivain *m., f.* **II-7**
written écrit (écrire) *p.p., adj.* **I-7**
wrong tort *m.* **I-2;** faux/fausse *adj.* **III-2**
to be wrong se tromper *v.*; avoir tort *v.* **I-2**

Y

yeah ouais **I-2**
year an *m.* **I-2**; année *f.* **I-2**
yell crier *v.*
yellow jaune *adj.* **I-6**
yes oui **I-2**; *(when making a contradiction)* si **I-2**
yesterday (morning/afternoon evening) hier (matin/après-midi/soir) *adv* **I-7, III-2, III-3**
day before yesterday avant-hier *adv.* **I-7**
yet cependant *adv.*
yogurt yaourt *m.* **II-1**
you toi *disj. pron., sing., fam.* **I-3**; tu *sub. pron., sing., fam.* **I-1**; vous *pron., sing., pl., fam., form.* **I-1**
you neither toi non plus **I-2**
You're welcome. De rien. **I-1**
young jeune *adj.* **I-3, III-2**
younger cadet(te) *adj.* **I-3**
your ta *poss. adj., f., sing.* **I-3**; tes *poss. adj., m., f., pl.* **I-3**; ton *poss. adj., m., sing.* **I-3**; vos *poss. adj., m., f., pl.* **I-3**; votre *poss. adj., m., f., sing.* **I-3**
yourself te/t' *refl. pron., sing., fam.* **II-2**; toi *refl. pron., sing., fam.* **II-2**; vous *refl. pron., form.* **II-2**
youth jeunesse *f.* **I-6, III-6**
youth hostel auberge de jeunesse *f.* **I-7**
Yum! Miam! *interj.* **I-5**

Z

zero zéro *m.* **I-1**

Index

A

à
- contractions with **lequel** 25
- with geographical names 277
- with indirect objects 93
- with infinitives 272, 400

activities 73
adjectives
- comparative 236-237
- demonstrative 384
- gender and agreement 56-57
- indefinite 129
- interrogative 25
- past participles used as 396
- position 57
- possessive 380
- superlative 236–237

adverbs
- comparative 237
- formation 60
- position 61, 89, 350, 354
- superlative 237

aller
- **futur** 241
- imperative 374
- **passé composé** 92
- **passé simple** 386
- present 21
- present subjunctive 198
- with infinitive (**futur proche**) 21

animals and marine life 367
articles
- definite 376
- indefinite 376
- partitive 160-161

avoir
- as auxiliary verb in **passé composé** 88–89
- expressions with 20, 400
- **futur** 241
- imperative 374
- **passé simple** 386
- present 20
- present subjunctive 198

B

banking and financial terms 331
business vocabulary 331

C

c'est 203
- vs. **il/elle est** 378
- with adjectives 378

-ci 202, 384
city life 73
clothing 295
comparative
- of adjectives 236–237
- of adverbs 237

conditionnel
- formation and uses 280–281
- past 354–355

conjunctions
- with the **futur** 241
- with the future perfect 351
- with the subjunctive 245

connaître
- present 207, 404
- vs. **savoir** 404

continents, names of 276
contractions
- with **à** 25
- with **de** 25

D

de
- contractions with **lequel** 25
- for possession 380
- in passive voice 410
- used after a negative 129
- with expressions of quantity 161
- with geographical names 277
- with infinitives 272–273, 400
- with partitives 160–161

definite articles 376
demonstrative adjectives 384
demonstrative pronouns 202–205
depuis with time expressions 398
directions 73
direct object pronouns 388
disjunctive pronouns 392
dont 311

E

ecological terms 367
en
- uses 165
- with present participle 315

environmental terms 367
-er verbs
- **conditionnel** 280
- **futur** 240
- imperative 374
- **imparfait** 382
- **passé composé** 88
- past subjunctive 245
- present 372
- present subjunctive 198
- with spelling changes 16–17

être
- as auxiliary verb in **passé composé** 92–93
- **futur** 241
- imperative 374
- **imparfait** 382
- in passive voice 410
- **passé simple** 386
- present 20
- present subjunctive 198

expressions
- of quantity 161
- with **avoir** 20
- with **faire** 21

F

faire
- expressions with 21
- **futur** 241
- **passé composé** 88
- present 21
- present subjunctive 198

faire causatif, formation and uses 406
family and relatives 221
feelings 37
fine arts terms 395
food vocabulary 221
futur proche (**aller** + *infinitive*) 21
futur simple
- formation and uses 240–241, 351
- with **si** 241, 346
- with conjunctions 241

future perfect, formation and uses 350–351

G

geographical names
- gender 276
- prepositions with 277

H

household chores 21

I

if clauses 125, 346–347, 355
il/elle est
- vs. **c'est** 378
- with adjectives 378

il y a with time expressions 398
immigration terms 183
imparfait
- formation and uses 382
- vs. **passé composé** 96–97

imperative
- formation 53, 374
- order of pronouns 169

indefinite adjectives and pronouns 129
indefinite articles 376
indirect discourse vs. direct discourse 408

indirect object pronouns 388
infinitives
  uses 272–273
  with impersonal constructions 378
  with prepositions 400
interrogative words 24
-ir verbs
  conditionnel 280
  futur 240
  imperative 374
  imparfait 382
  passé composé 88, 92
  past subjunctive 245
  present tense of irregular verbs 132–133
  present tense of regular verbs 372
  present subjunctive 200

L

-la 204, 384
laws and rights 145
leisure activities 21, 295
lequel, **laquelle**, etc. 25, 311

M

media terms 109
-même(s) 392
movies and television 110

N

natural disasters 367
nature terms 367
negation and negative expressions 128, 129, 350, 354, 374
nouns
  formation of plural 376
  gender 376

O

occupations 73, 109, 145, 251, 331
-oir verbs, irregular 318–319
on 410
où 310

P

partitives 160-161
  with negative 129
passé composé
  with **avoir** 88–89
  with **être** 92–93
  vs. **imparfait** 96–97
passé récent (**venir de** + *infinitive*) 125 , 133
passé simple, formation and uses 386
passive voice, formation and uses 410
past conditional, formation and uses 346–347
past infinitive 273
pastimes 21, 295
past participles
  agreement 88, 92, 350, 354, 390
  irregular 88, 92
  regular 88
  used as adjectives 396
  used as prepositions 396
pendant with time expressions 398
people 73, 109, 145, 257
personalities 37, 221
personal relationships 37
places in a town or city 73, 221
plus-que-parfait, formation and uses 124–125, 347
politics 145
possessive adjectives 380
possessive pronouns 394
prepositions
  of location 164
  with geographical names 277
  with infinitives 400
present participles, formation and uses 314–315
present tense
  regular verbs 382
  irregular verbs *See verb tables* 442–445
  spelling-change verbs 16–17
problems and solutions 183
pronouns
  demonstrative 204–205
  direct object 388
  disjunctive 392
  en 165
  indefinite 129
  indirect object 388
  interrogative 25
  on 410
  order of 168–169, 350, 354, 374, 392
  possessive 394
  reflexive 52
  relative 310–311
  subject 392
  y 164

Q

quantity, expressions of 161
que 236–237, 310
quel, **quelle**, etc. 25
questions, formation of 24–25, 128
qui 310

R

-re verbs
  conditionnel 280
  futur 240
  imparfait 382
  imperative 374
  passé composé 88
  past subjunctive 245
  present tense of irregular verbs 208–209
  present tense of regular verbs 382
  present subjunctive 200
reflexive verbs
  future perfect 350
  imperative 53
  passé composé 93
  past conditional 364
  past subjunctive 246
  present 52, 53
  reciprocal 53, 93
relative pronouns 310–311
rendre with adjectives 406

S

savoir
  present 319, 404
  vs. **connaître** 404
science terms 257
security and threats 145
shopping vocabulary 295
si clauses 125, 354–355
society and change 183
spelling-change verbs
  conditionnel 280
  futur 240
  imparfait 382
  present tense 16–17
  present subjunctive 200
sports vocabulary 21, 295
stages of life 221
subject pronouns 392
subjunctive
  after indefinite antecedents 402
  in superlative statements 402
  present 200
  past 245
  vs. infinitive 245, 273
  with conjunctions 245
  with expressions of doubt 244
  with expressions of emotion 201
  with expressions of will 201
  with impersonal expressions 201
superlative
  of adjectives 236–237
  of adverbs 237

T

technology terms 257
theater vocabulary 295
time expressions 398

V

venir de + *infinitive* 125, 133
verbs followed by
  à + infinitive 272, 400
  an infinitive 272–273
  de + infinitive 272–273, 400

W

weather expressions 21

Y

y, uses 164

Credits

Text Credits

70–71 Print rights: Jacques Prévert, «Mai 1968», recueilli dans *Choses et autres*. © Éditions GALLIMARD. // Audio and electronic rights: © Fatras / Succession Jacques Prévert, electronic rights reserved.
106–107 *99 Francs* by Frédéric Beigbeder © 2000, Grasset & Fasquelle, Paris.
178–181 Site Lire Les Femmes Africaines.
216–219 By permission of Olivier Charneux.
254–255 *Passages d'enfer*, "Solitude numérique", Didier Daeninckx. © Éditions Denoël, 1998.
290–293 R. Goscinny et J-J. Sempé, extrait de «Le football», *Le Petit Nicolas*, IMAV éditions, Paris 2012. © IMAV editions / Goscinny – Sempé.
328–329 Traduction. By permission of Marie Le Drian.
364–365 Baobab, Jean-Baptiste Loutard, in *LES RACINES CONGOLAISES, précédé de La vie poétique*, series «Poètes des cinq continents», © Editions l'Harmattan, 2004.
435–438 © Jean Giono, *L'homme qui plantait des arbres*, adapted film version of the short story reprinted by permission of Éditions Gallimard.

Photography and Art Credits

All images © Vista Higher Learning unless otherwise noted.

Cover: (tr) © philipus/Alamy; (bl) © Hervé Hughes/Hemis/Corbis; (br) © Georgianna Lane/Garden Photo World/Corbis.

Front Matter (SE): i (tr) © philipus/Alamy; (bl) © Hervé Hughes/Hemis/Corbis; (br) © Georgianna Lane/Garden Photo World/Corbis; **xx** (l, r) © North Wind Picture Archives/Alamy; **xxi** (l) From Frank Bond, "Louisiana" and the Louisiana Purchase, Washington, Government Printing Office, 1912 Map No. 4. Courtesy of Library of Congress; (r) © Design Pics Inc./Alamy; **xxii** Renoir, Pierre-Auguste *Dance in the Country* 1883. Oil on canvas 180cm x 90cm (71in x 35in). Location: Musée d'Orsay, Paris. Photo credit: © The Gallery Collection/Corbis; **xxiii** (t) © Moodboard/Fotolia.com; (bl) © moshimochi/Shutterstock.com; (br) © wavebreakmedia ltd /Shutterstock.com; **xxiv** © JTB Photo Communications, Inc./Alamy; **xxv** (l) © Dave & Les Jacobs/Blend Images/Corbis; (r) © Yuri Arcurs/Shutterstock.com; **xxvi** © PASCAL FAYOLLE/NRJ/SIPA/Newscom.

Front Matter (TE): IAE-1 (tr) © philipus/Alamy; (bl) © Hervé Hughes/Hemis/Corbis; (br) © Georgianna Lane/Garden Photo World/Corbis; **IAE-21** © Monkey Business Images/Shutterstock.com; **IAE-25** © Image Source/Alamy; **IAE-26** © track5/iStockphoto.

Lesson One: 2 (full pg) © Jacob Wackerhausen/iStockphoto; **4** (tl) © quavondo/iStockphoto; (tr) © Royalty-Free/Corbis; (m) Anne Loubet; (bl) © Markus Moellenberg/Corbis; (br) Pascal Pernix; **12** (b) © GYI NSEA/iStockphoto; **12–13** (t) © Masterfile; **13** (tl) © Bettmann/CORBIS; (tr) © Stefano Bianchetti/Corbis; (bl) © Jeff Mitchell/Reuters/Corbis; (br) © Ethan Miller/Getty Images; **14** © Scott Olson/Getty Images; **16** (t) Anne Loubet; (m) Pascal Pernix; (b) © Cephas Picture Library/Alamy; **17** (t) © Radius Images/Alamy; (m) Anne Loubet; (b) Pascal Pernix; **19** Anne Loubet; **20** Anne Loubet; **21** (t) Anne Loubet; (b) Pascal Pernix; **22** © David H. Wells/CORBIS; **23** (t, mr, bl) Anne Loubet; (ml) © Vstock, LLC/Photolibrary; (br) Pascal Pernix; **24** Pascal Pernix; **27** (tl) Jessica Beets; (tr) © Directphoto.org/Alamy; (bl, br) Anne Loubet; **30** © Lee Celano/Reuters/Corbis; **31** © Chris Graythen/Getty Images; **32** © Duncan/Alamy; **33** © Mary Evans Picture Library/Alamy; **34** (full pg) © Hélène Desplechin/Getty Images.

Lesson Two: 38 (full pg) Janet Dracksdorf; **40** (tl) Pascal Pernix; (tm) Anne Loubet; (tr) © Digital Vision/Alamy; (bl) Janet Dracksdorf; (bm) Rossy Llano; (br) © Stockbyte/Getty Images; **47** Pascal Pernix; **48** (bl, br) Janet Dracksdorf; **48–49** (t) © Bryan F. Peterson/CORBIS; **49** (tl) © Thomas Kuiper; (tr) © Picture Contact BV/Alamy; (bl) © Chad Ehlers/Alamy; (br) © David C. Tomlinson/Getty Images; **50** Janet Dracksdorf; **51** (l) © Yann Arthus-Bertrand/CORBIS; (r) © Antoine Verdet/Altitude; **52** (l) © Media Bakery; (r) © Royalty-Free/Corbis; **58** © Hans Peter Merten/Corbis; **59** (tl) © Radius Images/Alamy; (tr) © Andrzej Gorzkowski/Alamy; (bl) © PHOVOIR/Alamy; (br) © George Simhoni/Masterfile; **66** © JEAN AYISSI/AFP/Getty Images; **67** © Amel Pain/Reuters/Corbis; **68** © Gail Mooney/CORBIS; **69** © Roger Viollet/Getty Images; **70** © Bruno Barbey/Magnum Photos.

Lesson Three: **74** (full pg) © Louie Psihoyos/Corbis; **76** (tl) Martín Bernetti; (tr) © E.J. Baumeister Jr./Alamy; (m) © urbancow/iStockphoto; (b) Ali Burafi; **83** © sablin/Fotolia.com; **84** (bl, br) © Bettmann/CORBIS; **84–85** (t) © Reuters/CORBIS; **85** (tl) © age fotostock/SuperStock; (tr) © Megapress/Alamy; (bl) © Marcel Pelletier/iStockphoto; (br) © Rudy Sulgan/Corbis; **86** © Design Pics Inc./Alamy; **88** Anne Loubet; **89** (l) Anne Loubet; (r) © Jenny Hill/iStockphoto; **92** (l, r) Anne Loubet; **93** (t) © David Young-Wolff/PhotoEdit; (b) © Buzzshotz/Alamy; **95** © aiok/Shutterstock.com; **96** (t, b) Pascal Pernix; **97** © Sharon Dominick/iStockphoto; **99** Anne Loubet; **100** Martín Bernetti; **102** © SHAMIL ZHUMATOV/Reuters/Corbis; **104** © SERGEI ILNITSKY/epa/Corbis; **105** © WireImage/Getty Images; **107** (full pg/background) © Sergey Nivens/Shutterstock.com; (foreground) © Lobur Alexey Ivanovich/Shutterstock.com.

Lesson Four: **110** (full pg) © Charles Platiau/Reuters/Corbis; **112** (t) © David Muscroft/Purestock/SuperStock; (b) Anne Loubet; **120** (b) © Patrick Eden/Alamy; **120–121** (t) © Jon Arnold Images/DanitaDelimont.com; **121** (tl) © Atlantide Phototravel/Corbis; (tr) © david sanger photography/Alamy; (bl) © Photononstop/Superstock; (br) John James (1780–1851). *Audubon*. Location: Bibliotheque de l'Institut de France, Paris, France. Photo credit: © Réunion des Musées Nationaux/Art Resource, NY; **122** ©2007 Joel Rogers/Joel Rogers Photography; **123** (l) © Daniel Dabriou; (r) © François Laroulandie; **125** Anne Loubet; **127** (t) © Trevor Smithers ARPS/Alamy; (b) © Thierry Tronnel/Sygma/Corbis; **134** Martín Bernetti; **135** (l) © Jon Arnold Images Ltd/Alamy; (r) © Robert Harding Picture Library Ltd/Alamy; **138** (full pg) © Ariana Cubillos/Associated Press; **140** © Don Hebert/Getty Images; **141** © Stocksnapper/Shutterstock.com; **142** (full pg) "Le Petit Journal", Paris, 3. volume, number 92, illustrated supplement, Saturday 27 August 1892. © INTERFOTO/Alamy.

Lesson Five: **146** (full pg) © Alibi Productions/Alamy; **148** (tl) © Hot Ideas/Photolibrary; (tr) Martín Bernetti; (bl) © Chris Lowe/Photolibrary; (bm) © Tom Grill/Corbis; (br) Pascal Pernix; **156** (b) © Africa/Fotolia.com; **156–157** (t) © George Clerk/iStockphoto; **157** (tl) © J-C.&D. Pratt/PhotoNonstop; (tr) © Nik Wheeler/CORBIS; (bl) © Martin Harvey/CORBIS; (br) © Julian Calder/CORBIS; **158** © Thomas Dutour/123RF; **160** Anne Loubet; **161** Anne Loubet; **163** Rossy Llano; **164** Anne Loubet; **165** Anne Loubet; **172** © Albrecht G. Schaefer/CORBIS; **174** (full pg) © Greenshoots Communications/Alamy; **176** © Sophie Bassouls/Sygma/Corbis; **177** © Ghislaine Sathoud; **178–179** © Patrick Robert/Sygma/CORBIS; **180** © Edward Parker/Alamy.

Lesson Six: **184** (full pg) © Echo/Getty Images; **186** (t) © Workbookstock/Getty Images; (m) Pascal Pernix; (b) © Image Source/Photolibrary; **187** Anne Loubet; **194** (bl) © Martin Harvey/Corbis; (br) © age fotostock/SuperStock; **194–195** (t) © Daryl Benson/Masterfile; **195** (tl) © OVIA IMAGES/Alamy; (tr) © Witr/Dreamstime.com; (bl) © Peter Adams/Getty Images; (br) © Yadid Levy/Alamy; **196** © Frans Lemmens/Lonely Planet Images/Getty Images; **197** (inset) © Bettina Schwarzwaelder/dpa/Corbis; © Reuters/CORBIS; **201** © Ocean/Corbis; **205** (t) © Robert Fried/Alamy; (b) Anne Loubet; **209** © Nancy Ney/Getty Images; **212** © Fayez Nureldine/AFP/Getty Images; **213** © Xavier Richer/PhotoNonstop; **215** Courtesy of Oliver Charneux; **216** (full pg) © Tyler Stalman/iStockphoto; **218** © George Doyle/Getty Images.

Lesson Seven: **222** (full pg) © Steve Read/Getty Images; **224** (tl, tr, ml, mr) Martín Bernetti; (tm) © Jim Zuckerman/CORBIS; (bl) © Pixel Embargo/Shutterstock.com; **231** (l) Martín Bernetti; (m) © Gina Sanders/Shutterstock.com; (r) Janet Dracksdorf; **232** (b) © DENIS BALIBOUSE/Reuters/Corbis; **232–233** (t) © Michael Utech/iStockphoto; **233** (tl) © Heinz-Dieter Falkenst/Age Fotostock; (tr) © Ken Welsh/Alamy; (bl) © Jean-Marc Charles/Sygma/Corbis; (br) © Johannes Simon/Stringer/Getty Images; **234** © Dave Bartruff/CORBIS; **236** Pascal Pernix; **237** Anne Loubet; **239** © manley099/iStockphoto; **244** © Simon Marcus/Corbis; **247** Martín Bernetti; **248** © Don Farrall/Getty Images; **250** (full pg) © Maximilien Brice/CERN; **252** Anne Loubet; **253** © TFI Sureau/Sipa Press; **254** © Scott Tysick/Masterfile.

Lesson Eight: **258** (full pg) © Medioimages/Photodisc/Getty Images; **260** (tl) © Kevin T. Gilbert/CORBIS; (tr) © John James Wood/Index Stock Imagery/Photolibrary; (ml) © FogStock LLC/Index Stock Imagery/Photolibrary; (mm) © Kim Kulish/Corbis; (mr) Martín Bernetti; (b) © James Marshall/CORBIS; **268** (bl) © Fabrice Bettex/Alamy; (br) © age fotostock/SuperStock; **268–269** (t) © Bob Thomas/Getty Images; **269** (tl) © Hemis/Alamy; (tr) © Morales/Age Fotostock; (bl) © imagebroker/Alamy; (br) © The Natural History Museum/Alamy; **270** © Robert Harding Picture Library Ltd/Alamy; **271** © Khaleel "Khal" Torabully; **275** (t) Anne Loubet; (b) © Brand X Pictures; **277** Anne Loubet; **279** Rossy Llano; **286** © Buzz Pictures/Alamy; **288** (l) © Mike Powell/Corbis; (r) © Brad Wrobleski/Masterfile; **289** (t) © Boue/Sipa Press; **289** (b) © Associated Press; **290** « Le football », *Le Petit Nicolas*, IMAV éditions, Paris 2012. © IMAV editions / Goscinny – Sempé; **292** « Le football », *Le Petit Nicolas*, IMAV éditions, Paris 2012. © IMAV editions / Goscinny – Sempé.

Lesson Nine: 296 (full pg) © Randy Faris/Corbis; **298** (tl, tr, b) Ventus Pictures; **306** (b) ©JEAN-PHILIPPE KSIAZEK/AFP/Getty Images; **306–307** (t) © marcus wilson-smith/Alamy; **307** (tl) Poster of the 14th edition of the Ecrans Noirs film festival © Abba Liman Abdel Aziz; (tr) © Panoramic/ZUMAPRESS.com/Newscom; (bl) © Gallo Images/CORBIS; (br) © Albert Facelly/Sipa Press; **308** © Juniors Bildarchiv/Alamy; **310** Rossy Llano; **313** Anne Loubet; **314** Pascal Pernix; **315** Rossy Llano; **318** Anne Loubet; **319** (t) Pascal Pernix; (b) Anne Loubet; **322** © Roger Viollet/Getty Images; **324** (full pg) © Bruno Fert/Corbis; **325** © Julian Nieman/Alamy; **327** © ANDERSEN/SIPA; **328** © EDUARD KORNIENKO/Reuters/Corbis.

Lesson Ten: 332 (full pg) Janet Dracksdorf; **334** (tl) © Ingram Publishing/SuperStock; (tr) © Tomas Sereda/Shutterstock.com; (m) Martín Bernetti; (bl) © pidjoe/iStockphoto; (br) © Matthias Kulka/Corbis; **337** © NASA; **341** © Nigel Hicks/Alamy; **342** (bl) © Jon Arnold Images Ltd/Alamy; (br) © Brian A. Vikander/CORBIS; **342–343** (t) © MELBA PHOTO AGENCY/Alamy; **343** (tl) © Hemis/Alamy; (tr) © Jacques Langevin/Sygma/Corbis; (bl) © Matthias Kulka/Corbis; (br) © Stephen Frink/Getty Images; **344** © Macduff Everton/CORBIS; **345** (l) © Photos 12/Alamy; (r) © Jean Baptiste Lacroix/WireImage/Getty Images; **348** Paul Gauguin (1848–1903). *Tahitian Women* or *On the Beach*. 1891. Oil on canvas, 69 x 91.5 cm. Location: Musee d'Orsay, Paris, France. Photo credit: © Bettmann/Corbis; **351** (l, r) Anne Loubet; **355** (l, r) Anne Loubet; **360** (full pg) © Robert Fried/Alamy; **361** © Louie Psihoyos/CORBIS; **363** Courtesy of Jean-Baptiste Tati-Loutard; **364–365** © Gallo Images/CORBIS.

Fiches de grammaire: 372 (t, m) Anne Loubet; (b) © Radius Images/Alamy; **374** Anne Loubet; **375** (tl, tr, bl) Pascal Pernix; (br) Anne Loubet; **378** Anne Loubet; **379** (t) Rossy Llano; (bl) Pascal Pernix; (br) Anne Loubet; **382** Anne Loubet; **384** Pascal Pernix; **388** Pascal Pernix; **390** Pascal Pernix; **394** Anne Loubet; **396** Anne Loubet; **397** (tl, tr, ml) Pascal Pernix; (mr, bl, br) Anne Loubet; **398** Pascal Pernix; **401** © Fabrice Bettex/Alamy; **404** (t) Anne Loubet; (b) Pascal Pernix; **406** (t) Anne Loubet; (b) Pascal Pernix; **407** (l, r) Anne Loubet; **409** Pascal Pernix; **411** © Mikhail Lavrenov/123RF.

Video Credits

Production Company: Klic Video Productions, Inc.
Lead Photographer: Pascal Pernix
Photographer, Assistant Director: Barbara Ryan Malcolm
Photography Assistant: Pierre Halart

Court métrage Credits

8–9 By permission of Athénaïse.
44–45 By permission of La Boîte.
80–81 By permission of FACTEUR 7.
116–117 By permission of Metronomic.
152–153 By permission of CinÉthique.
190–191 By permission of Nassim Amouche.
228–229 By permission of L'Agence du court metrage.
264–265 By permission of La Luna Productions
302–303 By permission of Premium Films.
338–339 By permission of Canadian Broadcasting Corporation.

Le Zapping Credits

15 By permission of CdH.
87 By permission of Editions Apaches.
159 By permission of Oxfam-Magasin du monde (Belgium).
235 © Newzy.
309 By permission of Oui Marketing.